ANALOG AUDIO

오디오의 세계에 깊이를 더해 줄 아날로그 사운드의 모든 것

ANALOG AUDIO

아날로그 오디오

김기인 글 · 사진

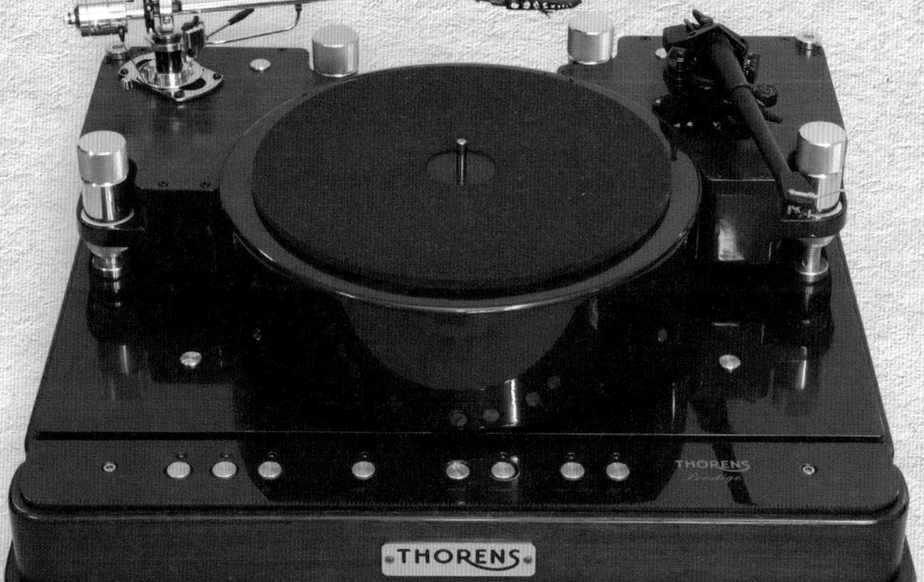

BOOKERS

"아날로그 오디오는 우리 시대 최고의 연주가를 나의 공간으로 초대해 가장 좋은 음질로 나만의 음악회를 열어주는 예술적 경지의 기계이다. 더군다나 편한 복장으로 내가 필요한 어느 때라도 음악회를 열 수 있다는 생각을 하다 보면 저절로 행복해진다. 이 책은 이런 행복을 위한 기초 가이드북이라고 생각하면 좋겠다."

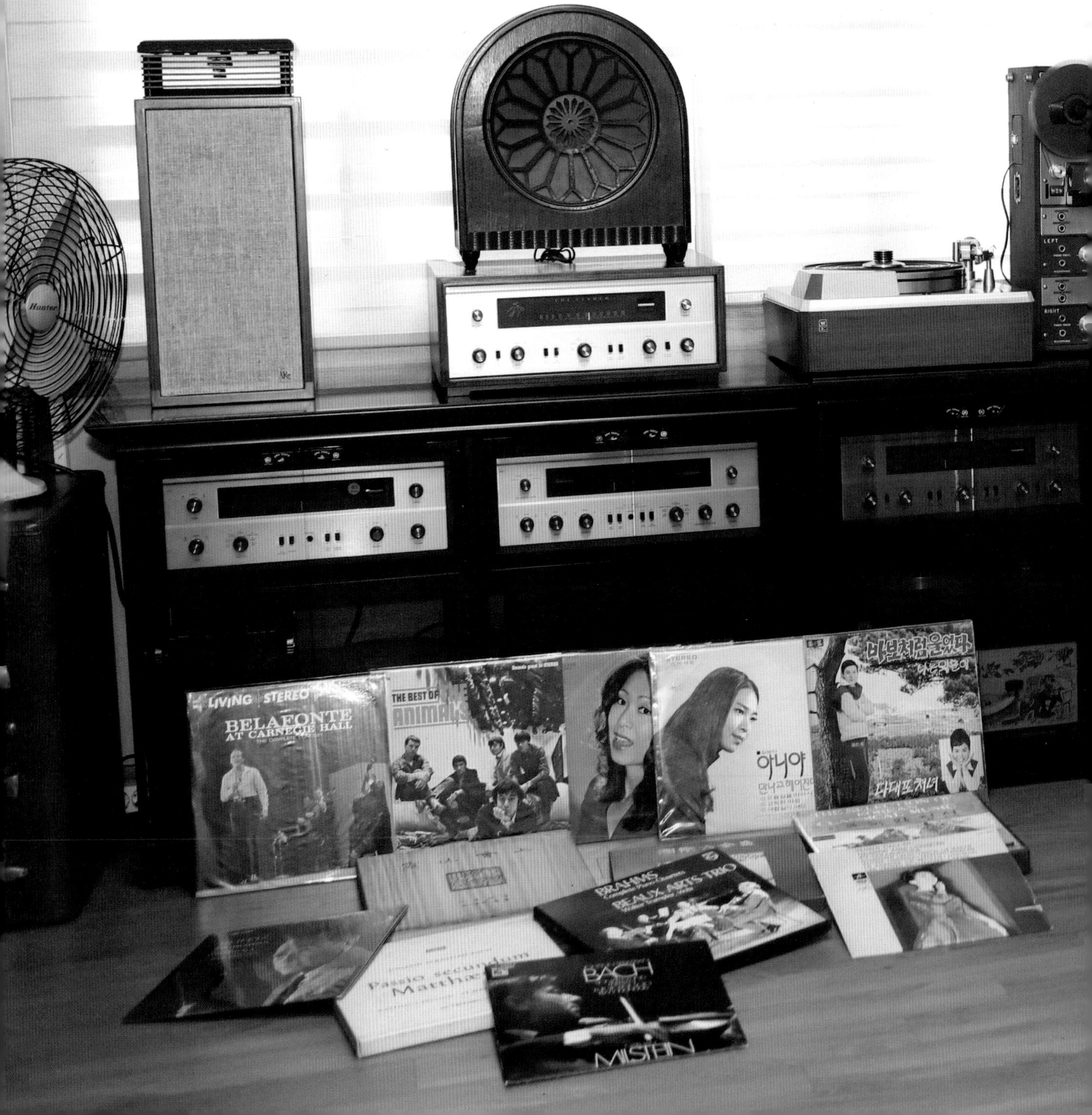

개정판 프롤로그

40여 년의 취미생활과 전문 실전 경험을 바탕으로 집필한 초판 출간 이후, 미진하거나 자료가 없어서 싣지 못했던 내용을 성원에 힘입어 4년 동안 꾸준히 수집하고 희귀 모델 및 아날로그 오디오의 역작 등을 촬영, 내용을 보완하여 개정판을 내게 되었다.

특히 오디오 마니아라면 궁금해하는 카트리지의 구형사진과 후기 사진을 비교 촬영하여 사진만 보아도 역사적 흐름을 볼 수 있도록 하였는데 이렇게 싣는 것은 여간 어려운 일이 아니었다. 고가품이 많을뿐더러 심지어 구하기도 어려웠기 때문이다. 그러한 모델 가운데 필자가 구매해 사용하는 것을 전제로 일본의 제작자를 설득하여 유산으로 상속된 귀중한 제품들을 수입하여 촬영한 것도 있다. 말하자면 한 장의 사진을 찍기 위해 자동차 한 대 값을 쓴 셈이다. 고에츠 카트리지를 아버지 롱바디 제품과 그 아들 숏바디 제품의 비교와 이해를 돕기 위해 나란히 놓고 찍는다거나 초기 탄노이 ⅢLZ 레드 유닛형과 후기 탄노이 ⅢLZ 골드 유닛형을 함께 싣는 등의 비교 촬영을 많이 하였다. 또한 독자들이 궁금해 할 내부 부품을 사진과 함께 분석하여 추가 반영하였으며 초판본에 실렸던 사진일지라도 더 좋은 상태의 제품이 있다면 재촬영하여 변경하였다.

이 책은 꼭 오디오 마니아를 위한 자료는 아니다. 아날로그 오디오를 이제 막 시작한 입문자, 아날로그 음반에 관심 있는 여성 등 아날로그 오디오의 저변을 넓히기 위해 기본적이면서도 짚고 넘어가면 좋을 내용을 위주로 가능한 쉽게 서술하였기 때문에 전문 마니아 입장에서는 부족함도 있으리라 생각한다. 그러나 차후 각 파트별로 전문 마니아를 위한 심층적 내용의 추가 서적을 집필할 계획을 전제로 출판한 것이니 각별한 양해를 구하는 바이다.

2022년 봄

김기인

일러두기

- 이 책에 수록된 오디오는, 오디오 역사상 꼭 짚고 넘어가야 할 모델 중 현시점에서 관심도가 높은 제품 위주로 필자가 직접 사용해보고 실물사진 촬영이 가능한 것들로 선정된 것이다. 탄노이 스피커나 마란츠, 매킨토시, 피셔 등 부품이 교체되지 않은 완벽한 제품을 골라 분해하여 비교 설명이 가능하도록 하였고, 가능한한 오리지널과 수리품을 동시 촬영하여 기재함으로 독자들의 이해를 돕고자 하였다.

- 태동기(유성기, 라디오, 녹음기), 소스기(카트리지, 톤암, 턴테이블), 프리앰프, 파워앰프, 리시버, 튜너, 인티앰프, 스피커, 소프트웨어(음반)순으로 나열하였고 마니아들의 관심이 집중된 오르토폰 카트리지 시리얼 넘버 보는 법과 탄노이 유닛 구분법, 스펙 보는 법 등을 후반부에 사진과 함께 정리하였다. 특히 중요 제품은 필자가 기고한 글 가운데 내용을 수정, 보완하였다.

- 각 챕터별 배열 기준은 제조사나 기능이 비슷한 제품끼리 모아 비교가 될 수 있도록 설명하고, 지명도나 중요도가 높은 모델부터 선별, 나열하였다.

- 제품 설명의 기준은 메인모델을 중심으로 파생모델이나 타사의 경쟁모델, 개선모델, 고급기와 보급기가 있으면 가능한 한곳에 모아 사진을 찍어 한눈에 차이점을 알아 볼 수 있게 하였고 특히 프리앰프인 마란츠 7C의 경우 오디오사에서 그 비중에 차지하는 바가 커서 자체 모델 설명, 매칭에 따른 연결 제품, 7C 포노단의 중요도 등에 따라 겹쳐 설명되는 경우도 있다.

- 변경모델, 비교모델의 경우 독자들의 이해를 돕기 위해 본문 내용에는 언급되지만 사진 촬영이 여의치 않은 경우도 있었으며, 이 책에 수록된 모든 사진들은 필자가 직접 촬영하는 것을 원칙으로 하였다.

- 사진 속 제품 이미지를 손상시키지 않기 위해서 캡션번호는 넣지 않았고 좌, 우, 위, 아래, 상단, 하단과 같은 말로 표기하였다. 부득이 한 경우엔 따로 번호를 기입하였다.

- 각종 단위의 경우 단위명을 그대로 사용했으며, 경우에 따라 한글명으로 표기하였다.

- 오디오 기기는 편의상 영문명과 한글명을 혼용하였다. 다만 오디오 기기를 영문으로 적을 경우 모델 넘버 사이에 하이픈을 넣었으며 한글명을 적을 경우엔 하이픈을 넣지 않았다. 레이블의 경우 영문명으로 그대로 적었으며, 라벨명은 한글로 기입하였다.

- SP, LP 선택의 기준은 가능한 각 분야를 대변하는 음반 위주로 사진 촬영이 가능한 것을 선택하였고 중요도가 비슷하다면 인기가 좋은 음반을 선택하였으며 또한 재반이나 리이슈반이 있다면 그것의 원반 또는 초반 위주로 선택하였다. 무엇보다 필자가 직접 들어보고 경험해본 음반을 우선하였다. 수록 곡목이 중요한 경우에는 골라 언급하였다.

- 오디오 기기, 소프트웨어의 가격은 국내 거래가 위주로 표기하였으나 제품의 상태에 따라 상당히 편차가 있으므로 참고만 하기를 바란다.

- '초반 LP재킷과 라벨'은 필자의 소장 음반 중 오리지널 초반 LP를 소개한 것이다. 유럽의 데카, 콜롬비아, HMV, DG, 필립스, 듀크릿 톰슨, 슈프라폰과 미국의 RCA, 머큐리, 캐피털, 블루노트, 프레스티지, 리버사이드 등 주요 레이블 가운데 퍼스트(1st) 프레싱 LP의 라벨을 제시하여 음반 구별에 참고가 될 수 있도록 하였다.

- 이 책에 등장하는 대부분의 외래어는 '외래어 표기법'을 따르고 있으나 오디오 업계의 오랜 관행으로 독자의 편의에 부합하는 경우에는 같은 표음의 다른 외래어와 혼동될 우려가 있어 이를 허용하였다.

- 도서는 『 』, 잡지명은 「 」, 음반은 〈 〉, 수록곡은 ' '로 표시하였다.

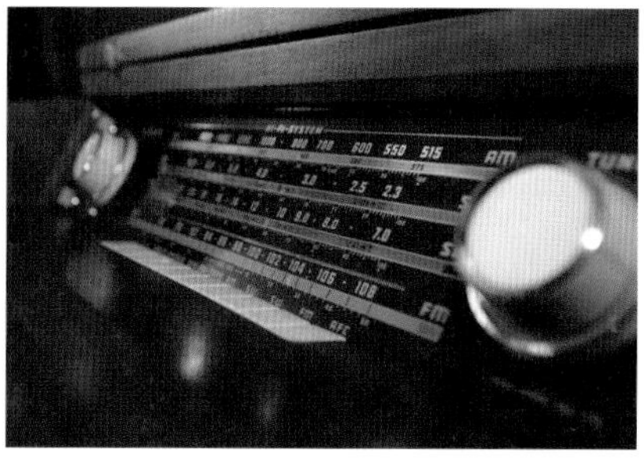

프롤로그

대학시절 음악에 심취하여 교내 고전음악감상실의 진행자로 활동하는 과정에서 여러 분야의 음악을 접하게 되었다. 클래식을 좋아하지만 특별히 국악에 더 관심이 높아 많은 국악 LP와 SP 음반을 수집하기도 하였다. 취미로 사진과 그림도 병행하였는데 아직까지 이어오고 있다. 그럼에도 불구하고 필자의 최고 관심사는 오디오가 아니라 문학적 스승으로 섬기는 니코스(『영혼의 자서전』, 『희랍인 조르바』 저자)와 나의 실존으로 공중에 떠서 도는 별과 이미 하나로 완성되어 있는 카이로스(Kairos)의 시간과 자연에 언어로 새겨져 있는 신의 말씀이다. 필자는 한평생 농부의 삶을 동경해왔다. 농부의 삶은 그대로 시인의 삶이라 생각하기 때문이다. 이젠 필자도 그 시인의 삶을 살기 위해 고향 충청도 심심산골의 농부가 될 준비를 차분히 하고 있다. 다 버릴 것이나 니코스와 노자와 성경만은 가지고 가리라 생각하지만 조금 욕심을 낸다면 간단한 오디오와 지금까지 들어왔던 LP도 싸볼까 고민 중이다. 때가 되면 오디오도 덧없는 것이 되어 버린다는 것을 이미 잘 알고 있기 때문이다.

필자의 오디오 생활은 시처럼 살고 싶어 하는 존재의 삶에서 시작된 여정이다. 한 마리의 바다거북 새끼가 모래 언덕에서 태어나 본능적으로 물로 향하듯 그렇게 걸음을 내딛고 다가선 첫 행로에 바다처럼 나타난 것이 음악이었고 그 음악으로 필자를 실어 나르는 배가 바로 오디오였다. 필자에겐 음악을 듣는 것과 시를 읽는 것은 동일한 행위다. '인능홍도 비도홍인(人能弘道 非道弘人)'은 논어에 나오는 말로 아마 그림으로 도를 넓힌 단원 김홍도의 홍도가 여기에서 나온 이름일 것이다. 이 말은 사람이 도를 넓히는 것이지 도가 사람을 넓히는 것이 아니라는 뜻인데 필자가 가장 좋아하는 논어의 문구다. 모든 것은 결국 다 도(道)로 통한다고 생각한다. 음악을 듣는 행위 역시 마찬가지다. 마음의 귀가 오디오의 깊이를 넓히는 것이지 고급 오디오가 사람 귀를 넓히는 것이 아니라는 뜻이다. 오디오의 성능이 아무리 좋고 그 음질이 아무리 좋아도 그 다루는 사람의 마음이 깊지 않으면 무슨 소용이 있겠는가.

우리는 지금껏 성능 좋은 오디오를 찾아 수많은 방황을 하여왔다. 그러나 좋은 오디오에 대한 기준과 결론은 없다. 항상 절대적인 음은 없고 사람에 따라 기준이 다른 데다 신제품 오디오는 한 해가 멀다하고 나올 뿐더러 고음질 음반 역시 새로운 하드웨어 포맷으로 쏟아져 나오기 때문이다. 음악을 들어야 하는데 음압(SPL)을 듣는 사람들이 너무 많다. 결국 음악자체의 깊이에 빠져들지 못하면 오디오 취미는 깊어지지도 않지만 결국 무의미하기까지 하다.

필자의 여정으로 오디오 취미를 되돌아보면 너무도 재미있고 신선했던 반면 시행착오도 많았다. 원하는 소리가 나오지 않거나 잘 듣던 오디오가 고장 났을 때는 싫증나고 심지어 고통을 느낄 때도 있었지만 오디오에 다시 몰입될 수밖에 없었던 까닭은 오디오가 음악의 아름다움을 전달해주는 매체로서의 근본적 기능 때문이었다. 수억 또는 수십억원 대의 오디오에 LP든 CD든 빈약하기 그지없는 음반을 소유한 마니아들을 수도 없이 보아왔다. 음악은 오디오에서 나오는 것이 아니라 음반에서 나온다. 그래서 하드웨어 오디오보다 소프트웨어 명반 한 장이 더욱 소중한 것이다. 그러다보니 자연히 CD보다는 아날로그 음반에 손이 가기 시작했는데 필자에게는 가장 완벽한 질의 음악적 기록물이 LP였기 때문이다. CD는 수많은 단계를 거치고 거쳐야 겨우 아날로그에 도달하지만 LP는 처음부터 그냥 아날로그로 시작한다. 그래서 최고의 디지털은 최고의 아날로그에 미치지 못하는 것이다. LP는 음악소스로 이미 1.0버전이 완성된 완전체라 생각한다. 인류역사상 가장 훌륭한 연주가들의 생생한 연주가 가장 좋은 음질로 담겨 있기 때문이다. 바로 그 연주가들을 내 집으로 초청해 가장 편하게 나만의 음악회를 열어주는 것이 아날로그 오디오다.

디지털 음원이 아날로그 음원보다 좋다 나쁘다를 떠나서 이젠 고인이 된 그 훌륭한 연주자의 녹음을 지금은 다시 확보할 수 없기에 아날로그 음원에 수록된 연주들은 최고의 음악적 가치인 동시 최고의 오디오적 가치를 지니고 있는 인류의 기록물이 되어버렸다. 아무리 디지털 기술이 완벽하다 해도 이미 손상되어버린 아날로그 마스터 자기 테이프 소스로는 그 시대 손상되지 않은 완벽한 자기 테이프로 만든 LP 아날로그 음질을 따라갈 수는 없는 것이다. 아날로그 마스터 테이프란 시간이 경과하면 자연히 고역 및 디테일 훼손이 뒤따르는 것이 당연지사기 때문인데 명연의 자기 마스터 테이프는 이미 녹음시점에서 50~60년이 지나버려 유실된 마스터가 많고 그나마 보존되어 있는 마스터도 열화 되어버렸다. 이것이 아날로그 마니아들이 1950~1965년 사이 명연주 초반을 찾는 이유이고 초반 값이 높은 이유에 대한 해명이기도 하다. 필자에게 인류 역사상 가장 아름다운 공산품의 예를 들라 하면 서슴없이 LP레코드를 선정하겠다. 이 시대 최고의 음악과 아름다운 재킷이 항상 신선한 즐거움과 영감을 주기 때문이다. 결국 이 감동이 아날로그 순례를 하게 된 동기인데 수없는 시행착오와 고뇌 끝에 인내와 사색으로 걸은 아날로그 기행, 그 여정을 이 책에 수록해본다.

그리고 이 책을 집필하는 데 도움을 주신 송중행, 성기명, 하원기, 신원열, 김명환 사장님과 일본 스테레오 사운드 회장 하라다 선생님, 고에츠 스가노 선생님, KBS FM 명연주 명음반 진행자 정만섭 씨, 『소리의 황홀』 저자 윤광준 씨, 웨스트 브릿지 김혜령 실장님께 이 자리를 빌어 감사드리는 바이다. 그리고 모든 여정을 이해해주고, 매사 따뜻한 눈으로 바라봐 준 아내 김태수와 아들 김형석에게도 고마움을 전한다.

2018년 가을

김 기 인

contents

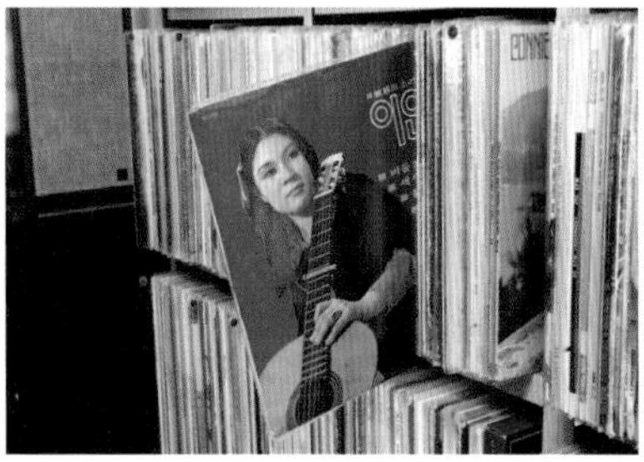

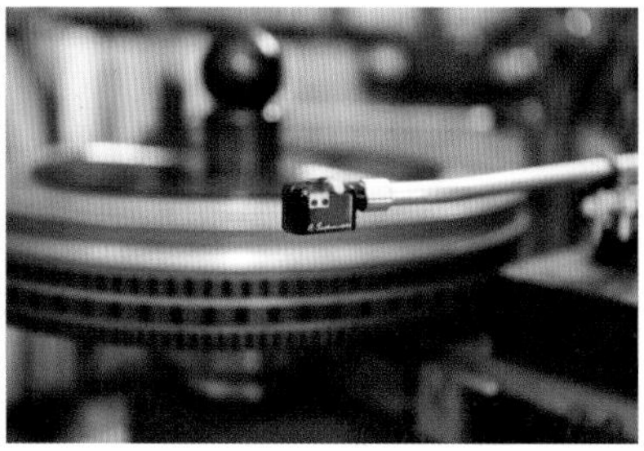

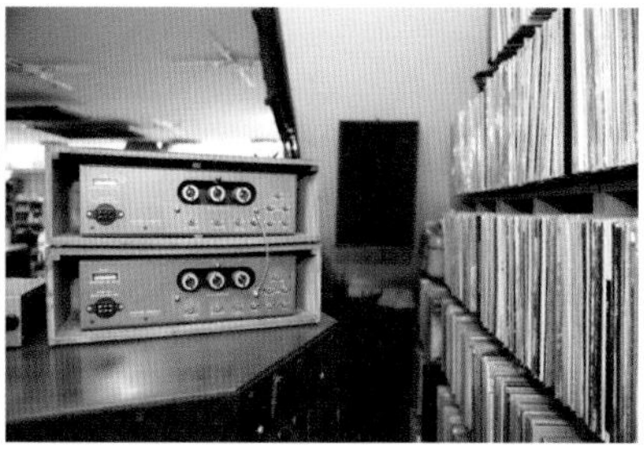

소리, 오디오, 음질이란 무엇일까?

소리란 무엇이고 오디오는 무엇이며 음질은 어떻게 결정될까?

소리는 물리적 공기파동이다. 음파 즉 공기진동이 우리 고막을 때리는 압력을 뇌에 전달하여 인간이 느낄 수 있는 최초 압력은 0.0003μb(마이크로바)이고 이것을 0dB(데시벨 : 여기서 벨은 전화를 발명한 벨이며 그의 이름을 따 단위를 정했다. 참고로 우리 대기의 기준 1기압은 1,013mb이다)로 표기한다. 그야말로 지극히 미세한 압력에 고막이 반응하는 것이다. 소리의 물리적 성격은 빛과 특성이 비슷하여 음은 빛의 밝기와 같이 거리의 제곱에 반비례하며 딱딱한 물체 즉 음향적인 거울이 있으면 반사되는데 틈이나 코너가 있으면 그 점을 원점으로 회절하고 직선성이 강하다. 소리의 성격을 모르겠으면 빛의 특성을 생각하여 스피커나 기타 악기 또는 발성체 위치에 손전등이 있다고 생각하면 소리가 우리 눈에 보여 이해하기 쉽다. 우리의 오감 중에 가장 기억력이 약한 부분은 바로 청각이다.

그렇다면 인간이 소리의 성격 즉 음질을 기억하는 시간은 얼마나 될까?

1일…, 1시간…, 그것도 아니면 30분 이내…아니다. 수초 이하다. 정확히 말하자면 1초 이내로 영점 몇 초 정도 밖에 되지 않는다. 그렇기 때문에 우리가 기본적으로 음질을 구별하기 힘든 것이다. 동일한 음을 놓고도 이렇다 저렇다 각자 해석이 많은 것도 또한 이 때문이다. 그렇다면 오디오 시스템(이하 오디오로 표기)에서 가장 정확한 음질 구분법은 소위 A·B 비교 테스트라고 하는 현장절환 음질 비교법일 것이다. 단 두 가지의 시스템을 동일 공간에 놓고 순간 절환하여 비교하는 방법을 뜻한다(우리 뇌에서 음질의 기억이 사라지기 전에 절환하는 것이다). 여기에 눈으로 보면 편견이 생길 수 있기 때문에 심리적 선입견을 배제하기 위해 제품을 커튼으로 가리고 블라인드 A·B 음질비교를 하면 가장 정확하다. 이를 '블라인드 테스트'라고 한다. 그러나 이것은 실제 현장에서 사전 준비가 철저히 되어 있지 않으면 의외로 실현하기 힘들다. 그 이유는 동일조건이란 것이 스피커 위치나 케이블 전원상태, 소스기 상태 등 여러 가지를 고려해야 하기 때문이다. 그런데 평론가들은 어떻게 소리 구분을 그렇게 잘해서 평가하는 글을 쓸까!

필자의 경우는 기억 시간이 짧은 음질을 다른 감각으로 변환시켜서 기억한다. 말하자면 다른 감각으로 기억을 전환시켜 뇌에 보관하는 것이다. 즉 촉감으로 변형시켜 음결이 거칠다거나 질감이 섬세하다 또는 음색이 비단 같다거나 차갑다, 밝다, 어둡다, 쓴다 등을 비롯한 수많은 변환 기억방법을 사용한다. 음질을 평가할 때 음은 물리적 성격이지만 우리 고막과 세반고리관을 지나면 신경 전기에너지로 절환되어 뇌에 이르게 된 후 종합적 감각 판단에 의해 이루어진다. 이 과정에서 수많은 부가영향효과에 따라 시너지 효과 또는 왜곡 현상이 일어난다. 말하자면 심리음향적 요인과 습관적 이해 해석의 인체습성으로 인해 사실과는 달리 여러 가지 착오변수가 뒤따른다는 뜻이다.

룸 어쿠스틱, 소리를 더 좋게 만드는 기초공사

음질은 결국 물리적 수치와는 달리 감성적, 철학적, 심지어는 영적 이해로 우리에게 최종 대답을 준다. 실제 동일 시스템일지라도 조명이 훌륭하면 음질은 좋게 들리며 술을 한잔 한다거나 좋은 사람과 함께 분위기 좋게 있으면 음질은 더욱 좋아지는데 오디오에 투자하는 비용의 1/100 정도만 조명에 투자해주어도 아마 오디오 투자 동일이상 성능증가를 맛볼 수 있을 것이다. 이와 같이 건축음향(실내흡음과 분산등 룸 어쿠스틱)에 오디오 예산 1/10정도만 투자하면 동일효과, 즉 그 10배 이상의 효과를 느낄 수 있다. 건축음향(룸 어쿠스틱)은 오디오에서 기초공사에 해당하기 때문이다. 우리가 실제 듣는 음의 11%만이 스피커에서 나오는 직접음이고 나머지 89%는 모두 대향벽(스피커 맞은편 음이 직접 부딪는 뒷벽)과 양 옆벽 천장 등에 부딪고 다시 부딪힌 1차, 2차, 3차 반사음이기 때문에 룸 어쿠스틱이 대단히 중요하다.

소리의 성격 즉 음질은 어떻게 보면 주위 건축환경적 요소에 기본적으로 지배된 후 2차적으로 오디오에 의해 결정된다고 보는 것이 맞을 정도다. 또 하나 이 건축음향과 같이 기초공사에 해당하는 것이 있는데 바로 질 좋은 전원을 확보하는 것이다. 처음 건축공사를 할 때부터 인입선으로부터 오디오 전원라인을 별도로 끌어낸다든가 접지를 따로 설정한다든가 부가 전원 장치를 추가하고 전원라인을 고급화 한다든가 하는 것이 모두 이에 속한다. 기초공사가 부족하면 아무리 훌륭한 오디오라도 그 성능을 발휘하지 못한다. 그런데도 국내 실정은 기초는 무시하고 무조건 시스템에만 투자하는 경향이 짙은데 말하자면 부실공사를 하는셈이다.

사람의 귀는 인지 왜곡이 많아 세팅이 중요한데 그 예를 들자면 다음과 같다. 우리의 귀는 음량 즉 소리의 크기가 작을수록 중역대(400~500Hz)부근의 주파수에 민감하고 그 이하 저역과 그 상위 주파수에서 둔감하다.

다시 말하면 소리가 작을수록 중역밖에 못 듣는다는 말이다. 이 특성을 플레처 먼슨(Fretcher–Munson)이 도표로 발표하였는데 '플레처 먼슨 그라프'라 한다[그림1]. 그리고 먼저 소리가 오는 쪽에서 방향감을 느끼는 것이 우리 귀의 성격이다. 귀가 좌우로 붙었기 때문에 상하보다는 좌우 방향에 민감한데 예를 들어 왼쪽, 오른쪽 두 스피커 중 몸이 오른쪽으로 치우쳐 있다면 오른쪽 스피커 소리가 먼저 도달하기 때문에(소리의 속도는 기온에 따라 변하지만 대략 초당 340m) 모든 소리가 오른쪽에서 온다고 생각하며, 음압(SPL–dB)도 크기 때문에 소리가 작게 들리는 왼쪽 스피커를 잘 인지하지 못한다. 결국 소리의 방향은 오른쪽이라 판단한다. 이를 허스 이펙트(Huss–Effect)라 하는데 우리 귀의 인지왜곡을 뜻하는 한 예이다.

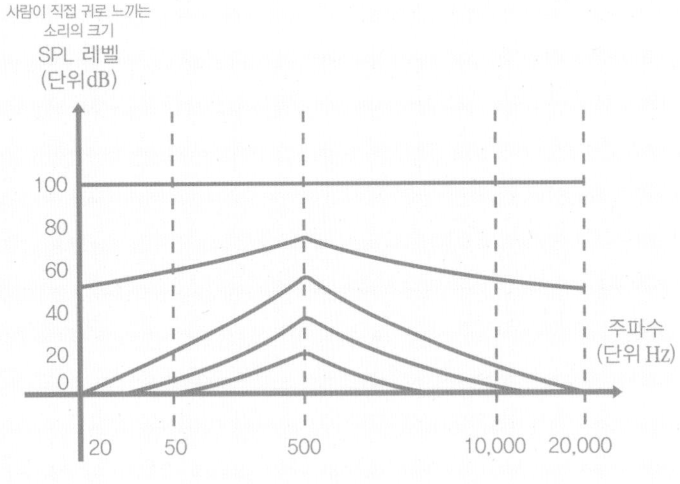

[그림1. 플레처 먼슨 그라프]

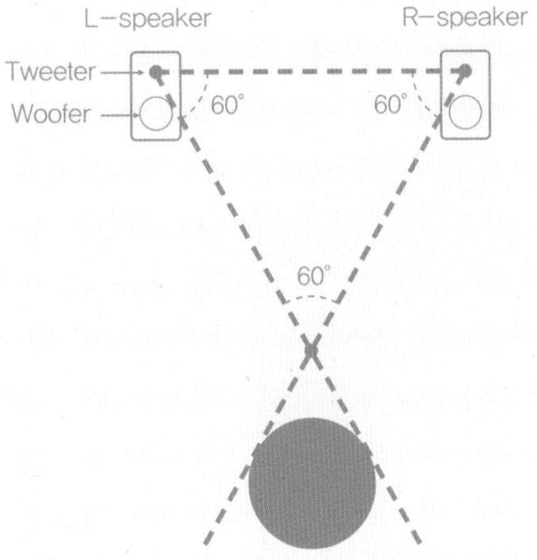

[그림2. 적정 리스닝 포인트]

따라서 L.R 스피커를 리스닝 포인트에서 정확히 대칭으로 설치해야하며 양 스피커와 정삼각을 이루는 꼭지점 이후에서 시청하는 것이 바람직하다[그림2]. 결국 음질은 모두 감성적, 심리적, 철학적, 영적 판단으로 결정되는 형이상학적 요소가 되어버리며 각자가 기준이 되어버려 완벽한 공통전달언어로 서로 정확히 이야기하기는 힘들어진다. 그렇지만 사람은 감각의 상식적 공감부위가 있기에 서로 대화는 가능하다. 그러나 좋은 건축환경과 양질의 전기 좋은 세팅을 했더라도 최종적 오디오 음질 판단은 비과학적인 요소에 의해 결정된다는 것을 오디오를 조금만 해보아도 알 수 있다. 그럼에도 사람들은 이 미신적 음질 결정 요소들을 정확히 스펙의 수치로 결정짓고 그것을 기준 삼으려는 경향이 있다. 그러나 음질은 스펙과 절대 일치하지 않는다. 스펙은 형이하학적이고 오디오의 음질은 도대체 스펙과는 관계없는 어떤 형이상학적 총합 이미지로 우리에게 다가오기 때문이다.

증폭기(프리·파워 등의 앰프 계통)에서 T.H.D(Total Harmonic Distortion) 즉 고조파의가 1%대인 구형 진공관 앰프가 T.H.D 0.005%인 TR앰프보다 좋은 소리를 내는가 하면 I.M.D(Inter-Modulation-Distortion : 혼변조의) 0.5%와 0.005% 두 앰프의 소리 차를 전혀 구분할 수 없을 뿐 아니라 출력의 경우도 8W 진공관 앰프가 200W TR앰프나 같은 진공관 50W 출력 앰프와 비교도 안 되는 음질과 힘을 보일 때도 있기 때문이다. 물론 거꾸로 20W TR앰프가 60W 진공관 앰프보다 더 좋은 소리를 내는 경우도 있다. 단 스피커의 능률이 따르는 경우지만 말이다. 오디오의 모든 스펙 즉 주파수 특성, 채널 분리도, S/N비, 트랜지언트(과도) 특성, 펄스 특성, 위상 특성, 다이내믹 특성, 감도, 내입력 어느 하나도 음질이나 성능을 규정짓지 못하고 있다. 심지어 비싸고 좋은 스펙의 오디오가 낮은 스펙의 저가장비보다 음질이 떨어지는 경우도 비일비재하다. 그래서 우리는 지금까지 음질과는 전혀 상관없는 엉뚱한 스펙만을 기준으로 오디오를 만들고 있는 것은 아닌지 깊게 반성하는 부류도 많다. 그러면 무엇이 음질과 관계있는 것일까? 필자의 주장은 아직까지 그것이 무엇인지 아무도 알지 못하고 있다고 말하고 싶다. 현대의 첨단 과학조차도 그 음질의 비밀을 밝히지 못하고 있기 때문에 오디오는 미신이란 결론에 도달한다. 특히 아날로그로 들어오면 이 현상은 더욱 두드러진다. 어느 특정 턴테이블이 질감이 좋고 따뜻하며 임장감이나 사실적 표현에 강점이 있어 내 취향에 맞는다. 그런데 무엇 때문에 그런 결과를 내는지는 모르는 것이다. 조합된 완제품의 결과적 성능이 나의 귀에 맞아 떨어질 뿐이다. 다만 이런 이유에서일 것이라고 추정해보는 것이 전부다. 즉 아이들러 타입에 무거운 플래터 깊은 축 베이스 토크가 좋은 모터에 저소음 구동 그리고 다이내믹 밸런스 롱암 장착 등. 그런데 그런 특성이 더 높게 갖추어져있고 초정밀 티타늄 프로페셔널 암이 장착되어 있는 다이렉트 드라이브 턴은 필자가 듣기에 왜 소리가 그보다 못할까. S/N비도 높고 토크도 쎄고 더 정숙한데 말이다. 무엇으로 규정하겠는가. 그 음질 차이를 오디오의 음질을 규정하는 절대 스펙은 한마디로 없다. 그래서 또다시 미신으로 치닫는다.

그럼 스피커는 어떤가. 1940년대 원천적 기술로 충실하게 만든 그 낡은 웨스턴 스피커나 탄노이 스피커가 현대 최첨단 프로세서로 만든 하이엔드 스피커의 음질을 뛰어 넘는 것은 무엇 때문인가. 그건 취향문제일까. 그렇지 않다. 음악도 잘 모르고 오디오도 모르는 문외한조차도 그 옛날 그 낡고 볼품없는 스피커에서 나오는 소리가 좋다고 말하니 말이다. 웨스턴 풀레인지 스피커의 스펙은 요즘 스피커 스펙으로 말하자면 컴퓨터용 스피커만도 못하다. 주파수 특성 70~13,000Hz, 내입력 8W. 그러나 요즘 하이엔드 스피커를 보면 주파수 특성 20~50,000Hz, 내입력 300W에 트위터(고역), 스쿼커(중역), 우퍼(저역)를 포함하여 도합 8개의 스피커가 한 박스에 내장되어 있고 무게는 100kg이 넘는데다 차보다도 훨씬 더 비싼 가격을 요구한다. 그런데 서로 잘 매칭시켰을 때 가격이 1/10도 안 되는 그 60년 전 스피커보다도 못하다는 해석이 많다. 고가의 하이엔드 스피커인데도 무언가 음악적으로 음질적으로 어필하는 바가 그 구닥다리 스피커에 비해 턱없이 부족한 것이다. 스펙은 비할 바가 아닌데도 말이다. 이것을 어떻게 설명하겠는가. 음질은 감성에 호소한다. 영혼에 배인 소리의 이해 방법이 결국 좋은 소리를 받아들이는 창구이다. 이것은 모든 개인이 다를 뿐 아니라 규정지을 수도 없다.

필자에게는 좋은 소리가 어떤 사람에게는 싫은 소리가 될 수 있으며, 전술한 조명을 잘 구현했을 때 음질이 좋게 들리는 심리음향 문제도 크고, 특히 룸 어쿠스틱이라 규정하는 건축음향 문제도 소리의 음질에 지대한 영향을 미친다. 소리는 결국 오디오만의 문제가 아니라 조명, 주변환경, 사람 각자의 청각특성과 영혼적 개성, 감성의 차등이 별별 음질의 차이를 규정하는 복합적 요소인 것이다. 거기에 음악이라는 예술성이 전달하는 뉘앙스가 오디오와 접맥되면 오디오는 결국 또 다시 미신이 되고 만다. 누구의 말을 들어서는 결코 안 되는데도 누구의 말을 너무 많이 듣는 것이 오디오 마니아의 약점이다.

그럴 수밖에 없다. 정확한 기준이 아무 데도 없기에 선 경험자, 많이 아는 사람, 오디오 평론가에게 귀를 기울일 수밖에 없다. 오디오에서 나오는 음악에 귀를 기울이지 않고 말이다. 그러다보니 자꾸만 미신으로 흘러가 버린다. 이론이 각자 분분하니까 말이다. 더군다나 그 오디오 선배라는 사람도 들어서 모집된 지식을 잘 알지도 못하고 전달하며 많이 안다는 사람도 조금 더 알 뿐 모르기는 매한가지며 평론가들은 전문가이긴 하나 또한 수입사, 잡지사, 독자 사이에서 절충안을 꾸며 글을 쓸 수밖에 없는 처지에 이르러 정작하고 싶은 말은 못하는 게 실정이다. 그럼 오디오에서 무엇을 믿어야 하는가. 한마디로 철저히 자신의 귀만 믿으라는 것이 필자 권고다. 삶에서도 남의 북소리에 장단 맞추고 살지 않으려면 자신만의 가치 기준 확립이 중요한 것처럼 오디오에서도 자기만의 가치기준을 갖는 것이 가장 중요하다. 자신이 좋으면 누가 뭐래도 동요되지 마라. 음질은 이미 철저히 개인성향이기 때문이다. 그것으로 족하며 음질의 근심으로 오디오가 부담이 되면 거기에는 음악을 전달하는 오디오의 본래 기능이 상실되어 오디오의 실존 또한 사라진다. 수십억대의 오디오 시스템을 구축하고 있는 베테랑도 오디오에 만족 못하고 근심하여 항상 걱정한다. 거기에는 음악이라는 아름다움이 어릴 겨를이 없다. 그것은 오디오가 아니다. 오로지 오디오는 음악예술을 전재로 할 때에만 가치를 잃지 않는다는 것을 명심하기 바란다. 더 좋은 소리가 문제가 아니다. 더 좋은 음악이 문제가 될 때에만 오디오는 비로소 제 자리에 안착한다. 소문도 믿지 말고 평론가도 믿지 말고 더더욱 장사꾼의 말은 믿지 마라. 자신의 귀만 믿고 꿋꿋이 펼쳐나가야 할 분야가 바로 오디오 취미이다. 오디오를 많이 한 사람들은 결국 자기가 생각하는 원초적 기기로 돌아온다.

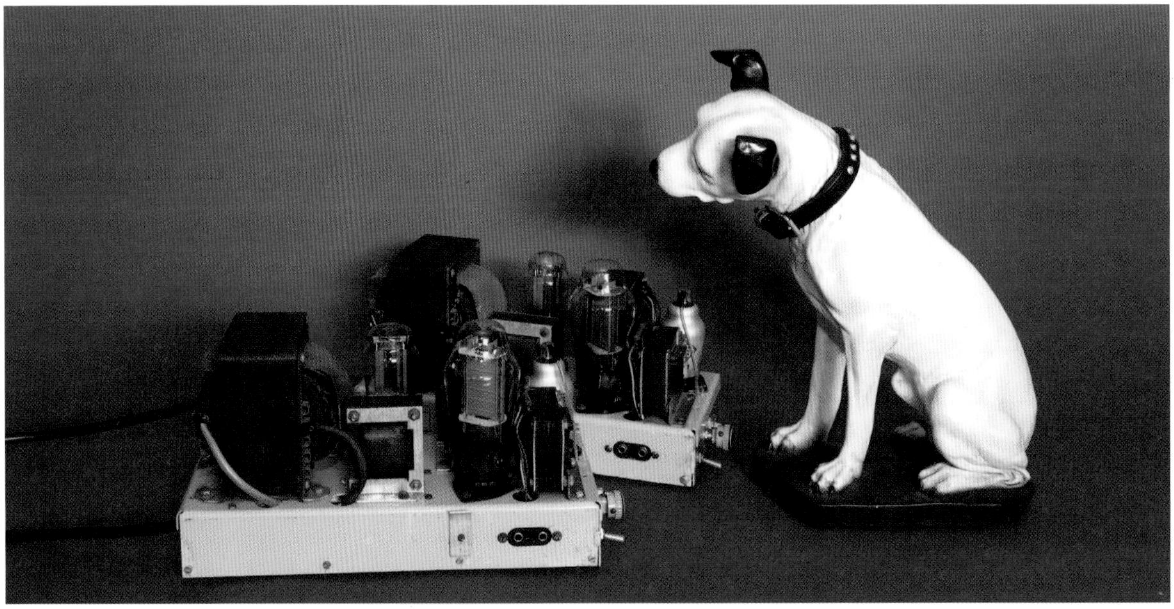

클래식 음악에서 'Come Back BACH'라는 말이 있듯 'Come Back Simple Audio System'이 되는데 그 오디오 시스템은 어떤 것일까? 단순하면서도 음악본질에 충실한 소리를 내는 부담 없고 편한 시스템이 결론이고 이 시스템에는 아무런 제한이 없다. 즉, 스펙이나 가격이나 모양이나 등등 그저 음악을 음악답게 전달하는 능력만이 선택기준이 되며 이 기준은 결국 미신에 가깝다. 미신은 나쁜 것만은 아니다. 미신은 그 믿음으로 최

고의 시스템임을 스스로 신뢰할 수 있는 창구이기도 하기 때문이다. 필자는 오히려 어떨 때는 오디오가 미신어서 좋다. 나의 미신으로 선택된 나의 오디오 시스템은 어느 누구의 수십 배의 고가 시스템보다도 더 좋은 소리를 낸다는 믿음으로 만족스런 음악 감상을 할 수 있도록 해주기 때문이다. 그렇다면 음질은 신념의 종착지로 귀착하게 된다. 오디오가 미신이 아닌 게 좋은 것인가! 오히려 미신이어서 좋다. 나쁜 음악이 없는 것처럼 고장만 아니라면 나쁜 오디오는 없다(나쁜 오디오가 딱하나 있는데 쓸데없이 값만 비싼 오디오다). 묵은지는 묵은지여서 좋고 겉절이는 겉절이어서 좋다. 오디오는 저마다의 특성을 가지고 저마다의 음질을 발산한다. 인간의 감성과 영적인 영역에 호소하는 기계인데 물리적 수치로 딱딱 떨어지면 멋이 나는가. 그 또한 감성적이고 예술적인 것이 좋지 않겠는가! 오히려 가격으로 성능이 결정되지 않아 다행이고 음질은 결국 미신이여서 희망차다. 여자의 아름다움이 수치로 결정되지 않아 더더욱 열정적일 수 있는 것처럼 저마다의 기계에 따른 매칭을 즐겨보는 것이 오히려 오디오 마니아의 자세다.

음악은 작곡가가 중계하는 신(神)과의 데이트다. 어떨 때는 육성으로 어떨 때는 마이크로. 성능이 좋은 마이크와 떨어지는 마이크는 있지만 어찌 그게 좋다 나쁘다라고 말할 수 있겠는가. 마이크에 따른 음색을 즐기며 신(神)과 데이트하면 될 뿐 진정한 오디오 마니아는 장비를 탓하지 않는다. 다만 음악을 즐길 뿐이다. 오디오가 미신이어서 오히려 나만의 최고 시스템이 존재할 수 있는 것이다. 시스템에 나만의 지식과 경제적 최선을 다한다. 그리고 그것으로 만족하고 음악을 들어라. 소리는 듣지 말고 그것도 육체적 귀가 아닌 영적 귀로…. 이것이 오디오에서 필자가 생각하는 음질이며 오디오적 가치다. 참고로 오디오와 레코드 평론가로서 필자는 음질은 무엇으로 평가하는가. 필자의 경우 항상 아래 다섯 가지를 기준으로 한다. 첫째는 음악성(musicality), 둘째는 음장감 또는 현장감(staging), 셋째는 해상력(resolution 또는 clarity), 넷째는 투명도(transparency), 다섯째는 박력감(dynamics)이다.

가장 중요한 항목은 물론 음악성이다. 음악 자체로 몰두되고 집중시키는 능력을 말한다. 음악적으로 얼마나 완벽한 전달력을 갖는가가 결국 오디오 시스템의 전부이기 때문이다. 좋아하는 음악을 틀어 놓았을 때 그 음악적 감동으로 나를 얼마나 깊게 끌어가느냐가 관건이다. 콘서트가 연주가들이 음악애호가들을 음악회장으로 초대하는 것이라면, 오디오는 우리 자신이 명연주가들을 우리의 집, 편안한 장소로 초대하여 음악회를 열어주는 타임머신이다. 오디오만 있으면 어느 나라, 어느 연주가, 심지어 이 땅에서 이미 타계한 명연주가까지도 아무 때나 초청해 그때 그 콘서트장의 명연주를 재현해준다. 오디오는 과거 귀족이나 황족만이 소유할 수 있었던 개인 고용악단이나 궁전악단을 이제는 특별히 나만의 개인 악단으로 소유할 수 있게 해주는 놀랍고 아름다운 현대발명품이다. 가능한 훌륭한 연주를 지금 내 방에 불러오고 싶기에 마니아들은 돈과 시간을 오디오에 투자하는 것이다.

오디오는 우리가 상상하는 이상으로 우리 삶에 지대한 영향을 주는 것으로 좀더 신중한 마음으로 이것에 접해야 한다고 생각한다. 오디오는 영적 접근력을 갖는 몇 되지 않는 인간의 기계이기 때문이다.

PART I »

아날로그 사운드의 태동

Nipper Dog
니퍼를 찾아서

HMV 130A Gramophone
금빛의 온화함

HMV 163 · 157 · 156 Wax Finish Oak Gramophone
음악과 함께 전해지는 오크 나무의 숨결

Victor Ⅴ Ⅴ - Ⅵ Phonograph
소리를 분출하는 홀, 오크 우드 혼과 빅터 포노그라프

Victor Credenza
빅터의 간판스타

Brun - Swick Seville Gramophone
모터 장치를 품은 유성기

유성기 바늘과 니들 박스

PHONOGRAPH
유성기

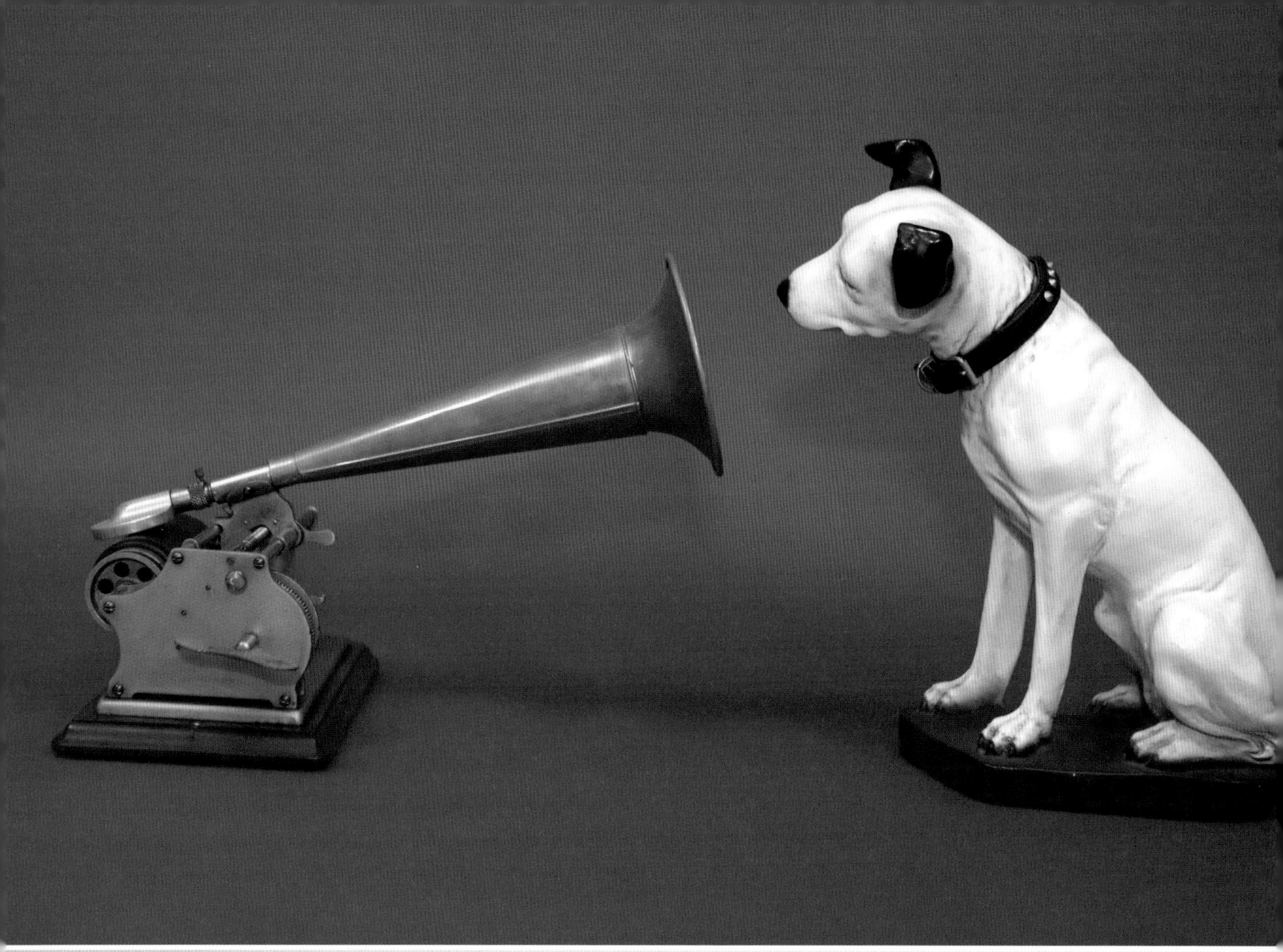
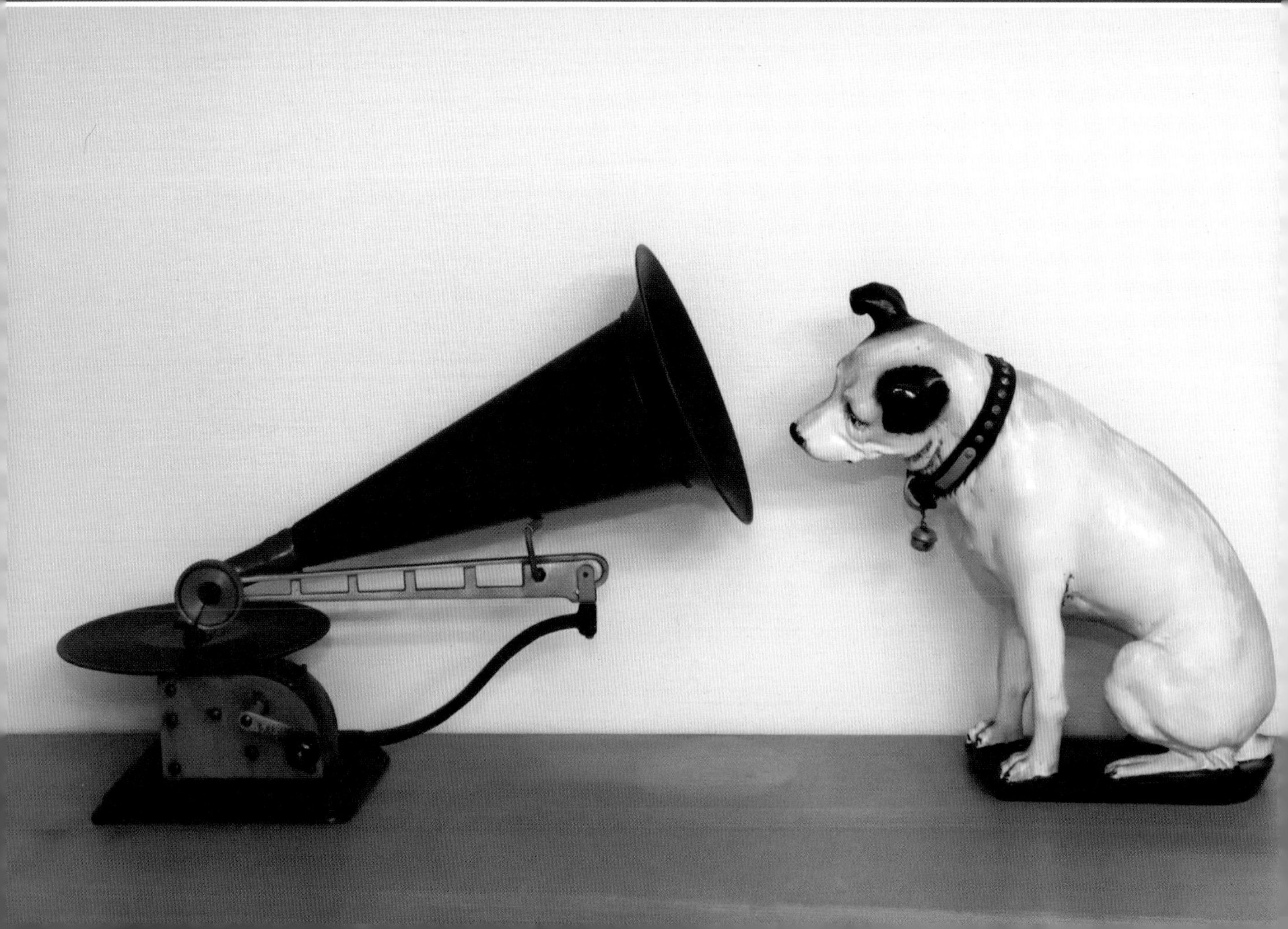

Nipper Dog

니퍼를 찾아서

필자의 눈길을 끄는 상표는 'His Master's Voice'로 불리는 그라모폰 유성기와 니퍼 독 마크다. 죽은 주인의 목소리가 유성기에서 울려 나오자 주인인줄 알고 소리 나는 혼 앞에 고개를 갸우뚱하고 있는 니퍼 독의 모습은 한 컷의 그림이지만 그 안에 애잔한 스토리를 담고 있어 어느 때에 보아도 매력 있다. 니퍼는 1884년에 태어나 1895년 가을에 죽었다. 그리고 그 이야기를 배경으로 프란시스 바로우(Francis Barraud)에 의해 1898년 가을부터 1899년 1월까지 유화로 그려졌다. 오리지널 그림은 36″×28″크기로 제작되었고, 1913~24년 사이에 공식적으로 24장의 카피본이 바로우에 의해 다시 그려졌는데, 사이즈는 27″×21″로 축소, 제작되었다고 한다. 오리지널은 영국에 있는 그라모폰 컴퍼니의 회의실에 있고, 나머지 카피들은 미국의 빅터사와 독일 몬트리올 베를리너 컴퍼니 등 주로 음반 회사와 유성기 회사에 산재되어 있지만, 모든 카피의 소재는 현재까지 정확히 파악되지 않고 있다.

니퍼 상표의 사용 권한은 기본적으로 영국 EMI(Electric & Musical Industries Ltd.)에 있고, 미국의 경우 빅터(Victor Talking Machine Company)에 있다가 1929년 RCA 빅터 컴퍼니로 개칭된 후 그 권한이 RCA로 넘어갔는데, 1985년 RCA와 GE(General Electric Company)가 합병되면서 그 이후부터는 GE로 권한이 계승되었다. 그리고 이웃나라 일본에서는 JVC가 권한을 가지고 있다. JVC는 2차 대전 전부터 미국 빅터사와 기술 협력 및 제조 협력을 해 자동적으로 미국 권한 니퍼 사용권을 계승받게 된 것 같다.

바로우의 초기 니퍼 그림은 사실 홀대받던 그림이었다. 그러나 영국 EMI에서 상표로 사용하자 급속도

»
실린더 유성기 앞의 니퍼(상단)와 1901년경 초기 콜롬비아 혼 유성기 앞의 니퍼(하단)
상세히 보면 두 니퍼의 인상이 다르다. 콜롬비아 혼 유성기는 디스크 센터 홀 직경이 1.4cm로 일반 SP디스크 센터 홀 0.7cm의 두배다.

로 전 세계 시장에 풀리면서 역사적인 그림이 되어버렸다. HMV의 그림에 나오는 유성기는 HMV의 전신인 그라모폰 No.4 모델로, 후면 수평으로 스프링 핸들이 달린 초기 버전이다. 그 이전의 스프링 노출형의 No.1 · No.2 · No.3가 있지만 바로우 시절에는 No.4 모델이 유행했었던 것 같다. 바로우가 HMV사를 대상으로 그림을 그려서 팔려고 했던 것은 아니고, 니퍼 스토리를 그림으로 구성하다 보니 결과적으로 HMV 상표가 되어버린 것이다. HMV는 결국 세계 최고급 유성기 메이커로 성장했고, 니퍼 마크를 사용하는 EMI 레코드사 역시 세계 최고의 음반 회사로 발전한다.

우리가 알고 있는 크림앤골드의 HMV 음반은 순수하게 니퍼 상표를 사용하는 EMI 초반이며, EMI의 재반, 3반 등 후기까지도 니퍼는 스탬프 독 또는 속칭 똥개(?) 등의 명칭으로 사용된다. 잘 아는 RCA 리빙 스테레오 초반의 쉐이드 독이 정통파 니퍼이다. 재반인 화이트 독에서도 니퍼의 모습은 유지되고 있지만 3반 등으로 넘어가면서 니퍼는 점차적으로 사라지고 RCA 마크로 대신하게 된다. 일본 JVC에서는 초기 진공관 라디오와 전축 등에서 소극적으로 니퍼 마크를 사용했고, 음반에는 잘 사용하지 않았으며, 역시 후반기로 넘어서며 점차 소멸된다. HMV 마크를 가장 최후까지 고수한 것은 역시 영국 EMI사로 1980년대 LP음반에서까지도 볼 수 있었으나 그 이후로는 시대감각에 뒤떨어진다는 이유로 점차 사용 빈도가 낮아진다.

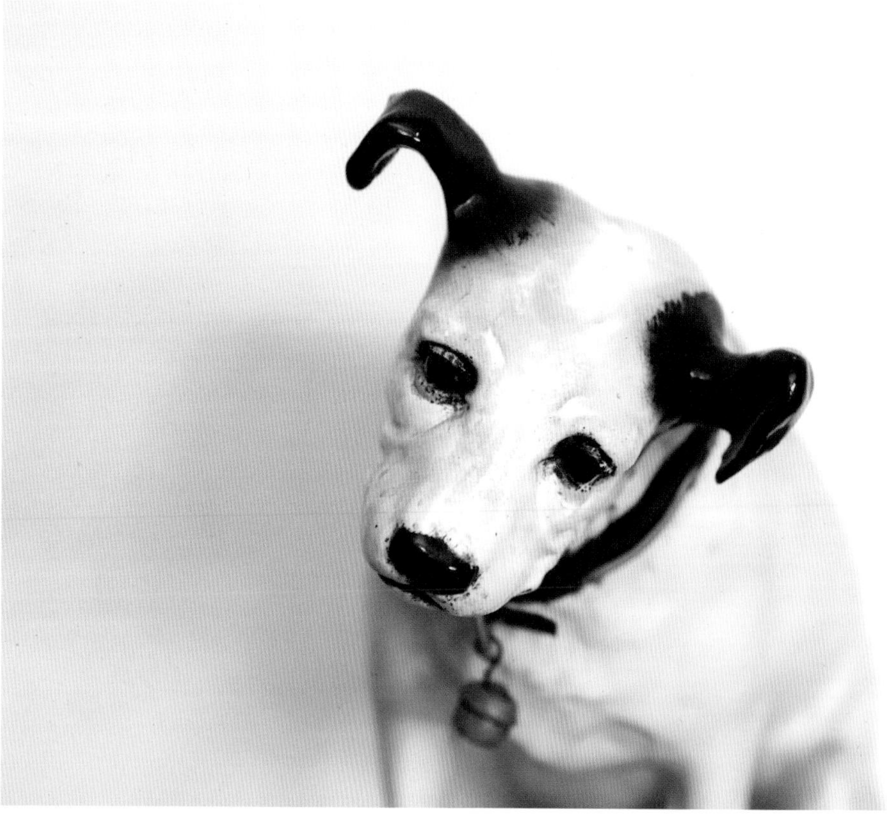

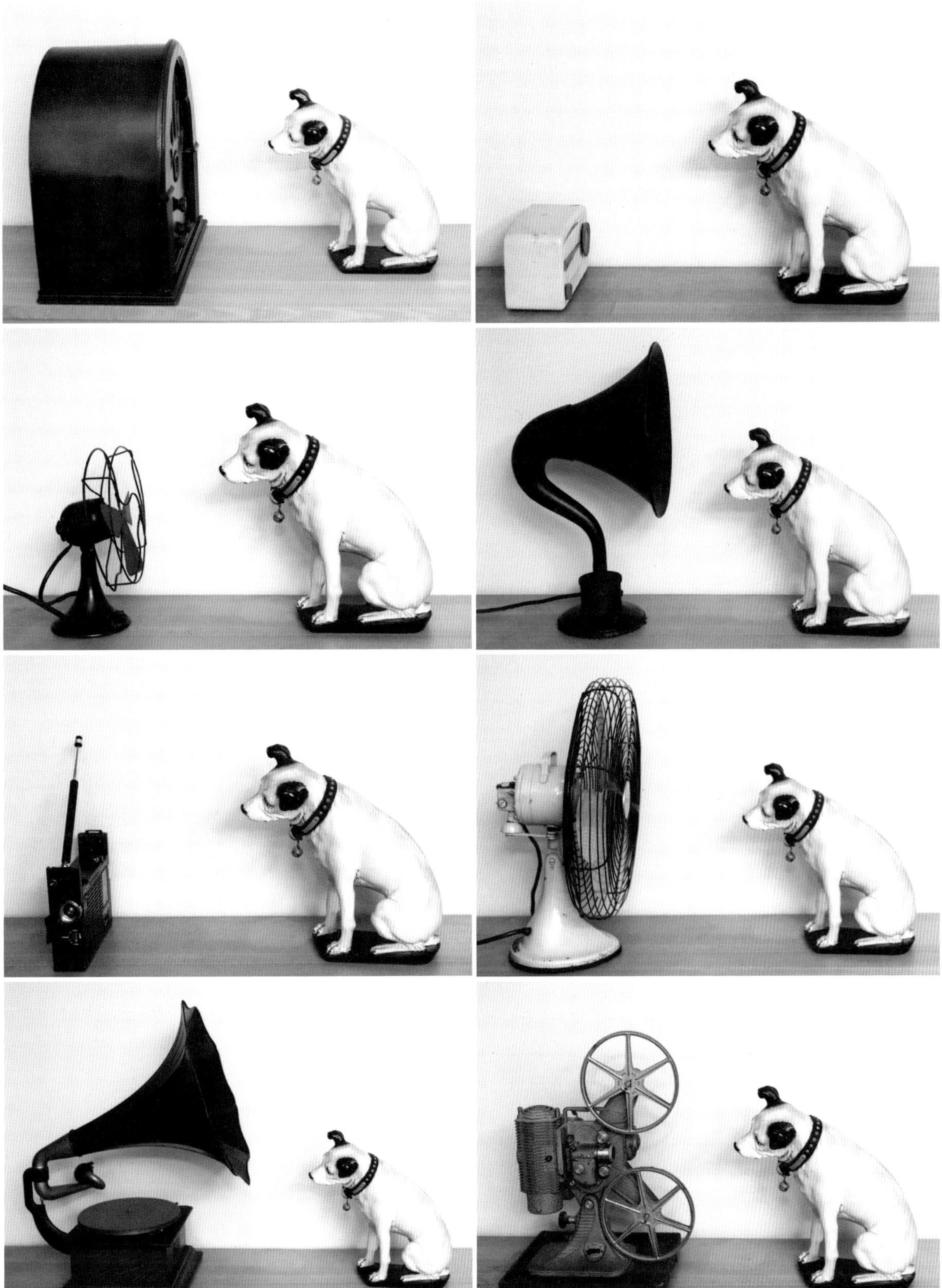

››
30쪽, 니퍼의 슬프디 슬픈 표정
31쪽, 각양각색의 초상

HMV 마크는 영국 EMI사가 채택한 이후 수많은 나라에서 각양각색의 상품에 적용되어 제품화된다. 도자기로 만든 실물 크기의 영국제 니퍼가 나오고, 이 실물 크기의 니퍼에도 양이 안 차 대형 니퍼, 소형 니퍼 등 수많은 모형과 액세서리가 제조되어 수집가나 관광객에게 판매되었다. 이 도자기 니퍼의 경우 가장 중요한 것이 얼굴 표정이다. 얼굴 표정이 슬프고 사납지 않은 것이 선호되며, 초기 오리지널 영국 도자기 니퍼는 수백만 원을 호가한다. 이 니퍼와 소형 혼 유성기를 같이 놓으면 그야말로 품격이 그만인 전시품이 된다.

HMV 니들 박스의 윗면에도 아름다운 니퍼 그림이 있다. 레드 톤, 브라운 톤, 블루 톤, 그린 톤 등의 니퍼들이 스틸 유성기 바늘의 라우드 톤(음량 음색 톤)을 대변하며 판매되어 니들 박스 수집가들의 심금을 울리고 있다. 그 외에 넥타이, 컵, 시계, 펜, 셔츠 등에 다양하게 그림이 사용되었고, 아직까지도 그 소품 수집가들이 많은 것으로 유명하다.

필자가 소유한 HMV 유성기의 157·163·202 등의 커버를 젖히면 안쪽에 상표인지 그림인지 모를 품위 있는 HMV 마크가 나타나는데, 작지만 그 품격은 대단해 어느 상표와도 견줄 수 없는 가치를 지니고 있다. 오늘도 파블로 카잘스의 1936년 HMV 녹음 〈바흐 무반주 첼로 모음곡〉 음반을 HMV 163 유성기에 걸고 들어본다. 실제 카잘스가 첼로를 연주하는 듯한 실감나는 음색이 마음을 적신다. 유성기 음반에서 울려 퍼지는 성악이나 현은 가히 실성에 가까워 어느 오디오 시스템도 따라올 수 없는 경지에 있어 놀라울 따름이다. 빙글빙글 돌아가는 회전 속에 무언가 니퍼의 혼이 도사리고 있는 듯한 착각에 빠진다. HMV 마크 속에서 백 삼십여 년을 살아온 최장수 개가 바로 니퍼이리라….

»
HMV 마크들과 니들박스(상단)와 니퍼 상표의 유성기판(하단)

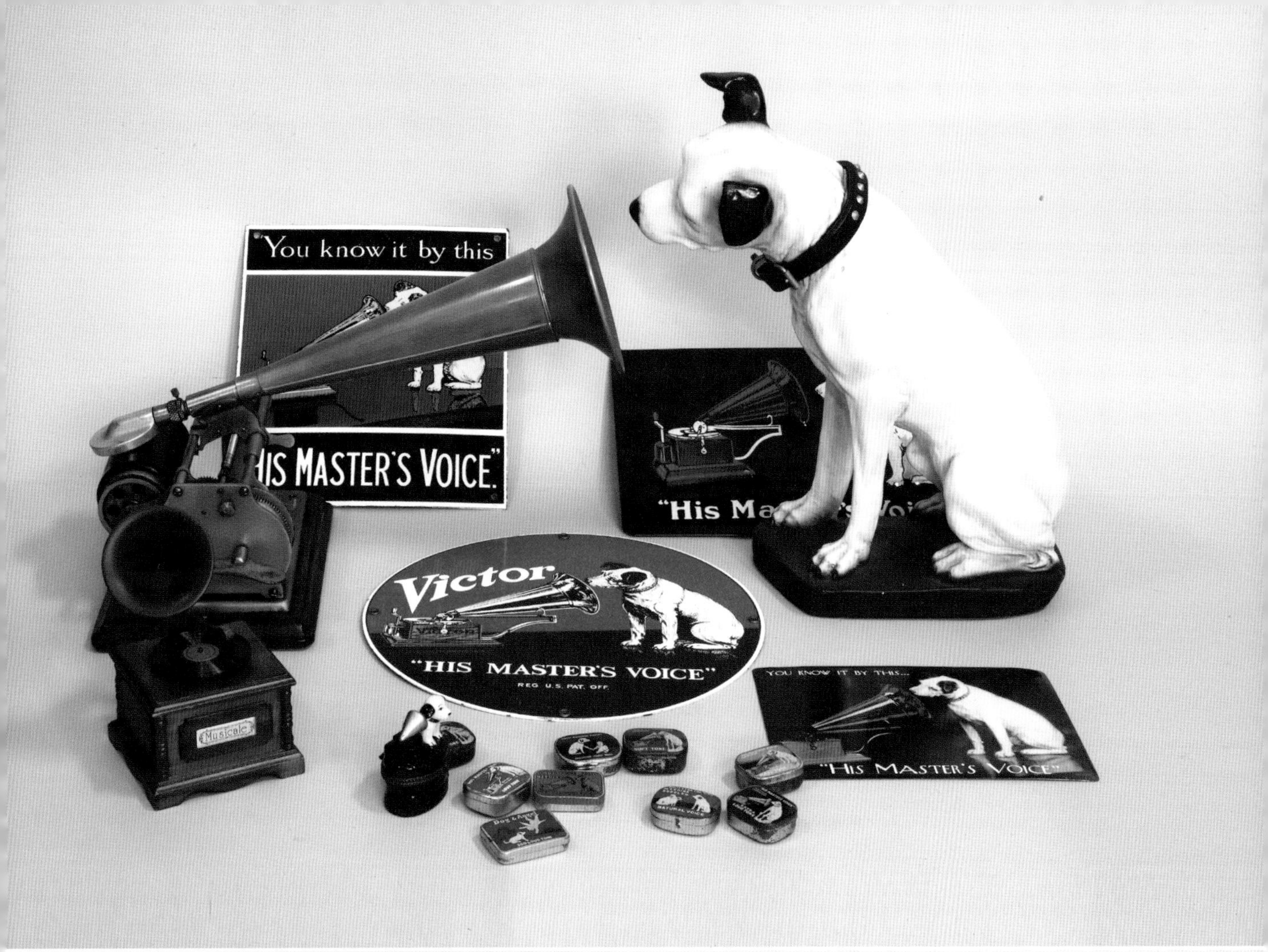
"You know it by this
"HIS MASTER'S VOICE".
Victor
"HIS MASTER'S VOICE"
REG. U.S. PAT. OFF.
YOU KNOW IT BY THIS...
"HIS MASTER'S VOICE"

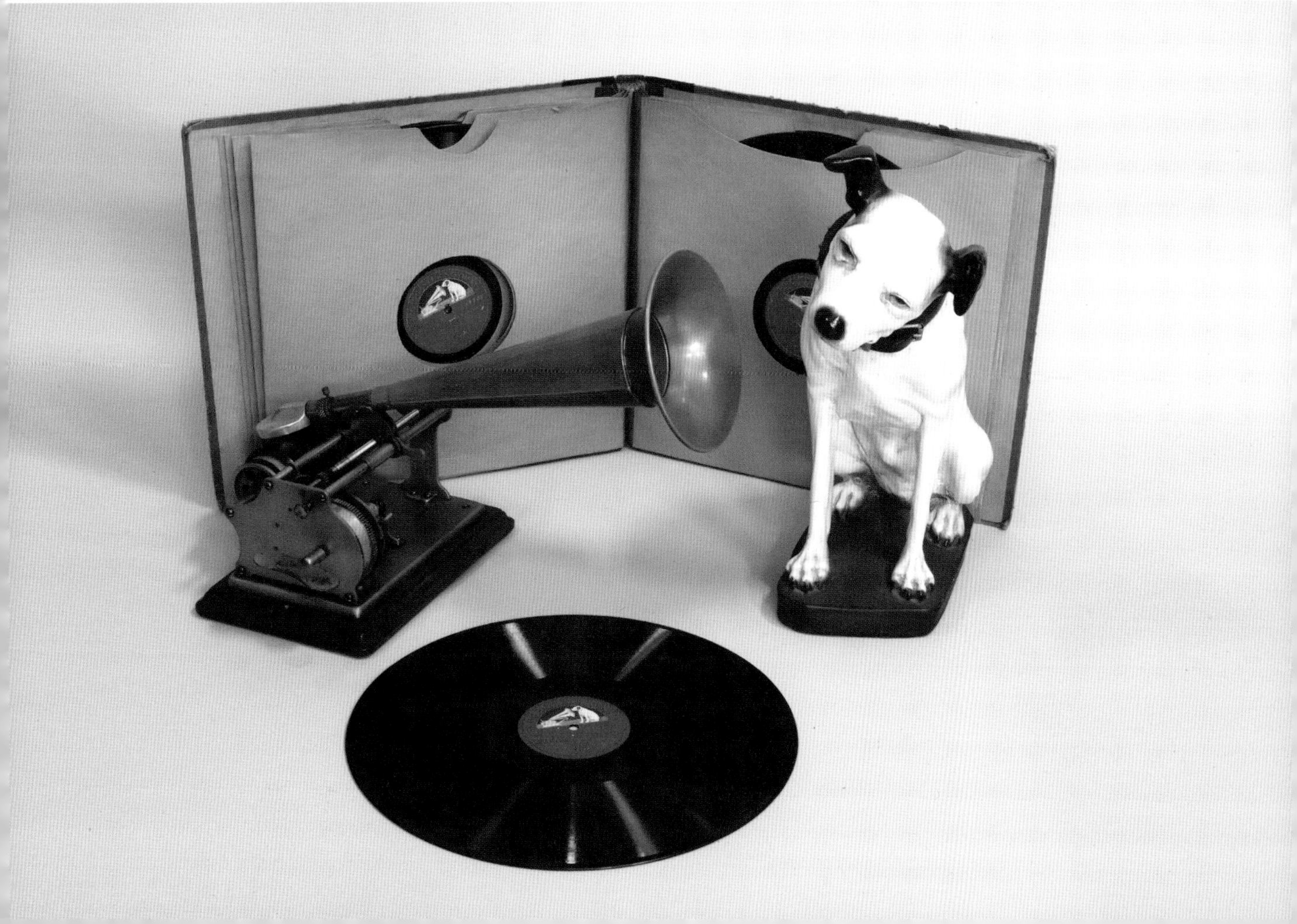

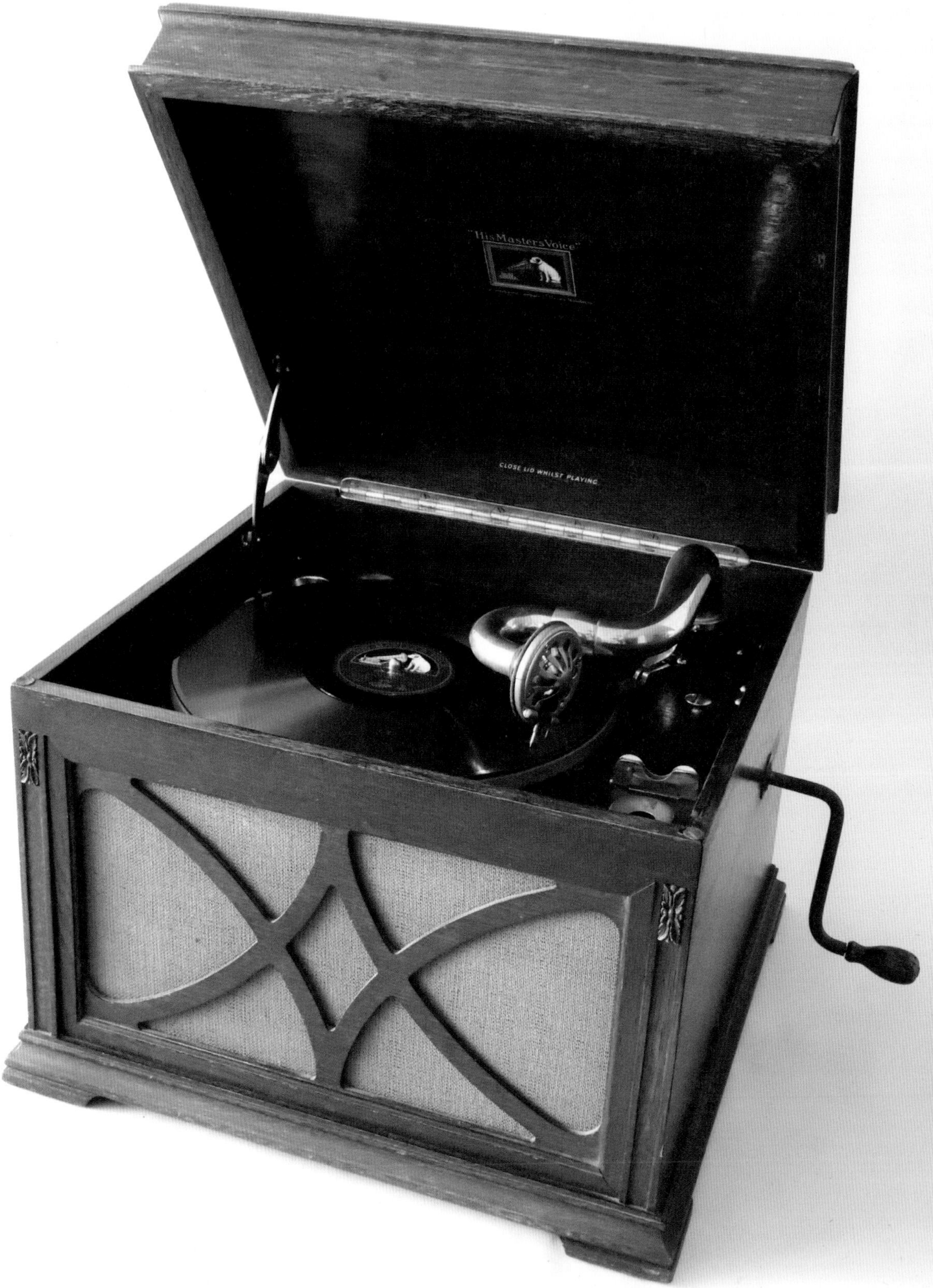
"His Masters Voice"
CLOSE LID WHILST PLAYING

HMV 130A Gramophone

금빛의 온화함

여름 후덥지근한 시절이 오면 항상 장마가 기다려진다. 하늘의 커튼이 드리우고 적절한 조명으로 온 세상이 분위기 있게 변하면 이윽고 나뭇잎과 처마에는 빗방울 부딪는 소리가 난다. 차를 몰고 숲으로 내달려 어느 한적한 시골에서 친구와 만나 술이라도 한잔 기울이며 살아온 이야기라도 나누고 싶지만 도시인의 각박한 생활에서는 그도 너무나 큰 호강이어서 엄두가 나지 않는다. 그러면 대안으로 내놓는 카드가 있는데 해묵은 유성기를 꺼내놓고 태엽을 감으며 하염없는 지난 세월의 상념에 잠기는 것이다. 태엽을 감을 때 팔뚝으로 전달되는 원시적 강철의 힘, 그 힘이 마치 필자의 도시생활에 반항하듯 달려든다. 그 힘의 마지막 끝에는 나의 팔 힘도 부쳐 나이 먹은 실감에 젖게 하는데, 그 시름은 플래터가 78rpm으로 빠르게 돌며 감겼던 태엽이 풀리기 시작하면 마음도 누그러져 한도 풀린다. 80여년 된 유성기의 태엽이 이리도 잘 풀리니 필자 역시도 80세가 되면 이렇게 잘 풀릴 수 있을 것 같은 상쾌하고 힘찬 희망이 샘솟는다.

오늘도 비가 왔다. 장마치고는 센 비는 아니지만 거실의 유리창으로는 바람 때문인지 빗소리가 제법 당차게 들린다. 어젯밤 먹다 남은 막걸리 병을 꺼내어서 찻잔에 따랐다. 그리고 구석에 웅크리고 자리한 HMV 130A를 옮겨왔다. 전면 비단 그릴이 아직도 해지지 않고 특유의 광채를 발하고 있었는데 마치 금빛에 해당하는 온화함과 윤기가 흘러나왔다. 뚜껑을 열면 아직도 번쩍거리는 백조목(Swan-Neck) 톤암이 용틀임을 한 채로 주인을 기다리며 잠을 자고 있다. 마치 은색 백조 한마리가 거기 둥우리를 튼 것 같다. 유명한 5A 사운드 복스는 백조의 머리 같이 고아한 자태를 살짝 숨기고 있는데 니들을 장착하는 삽입구는 배고

»
SP판이 플레이 되고 있는 HMV 130A

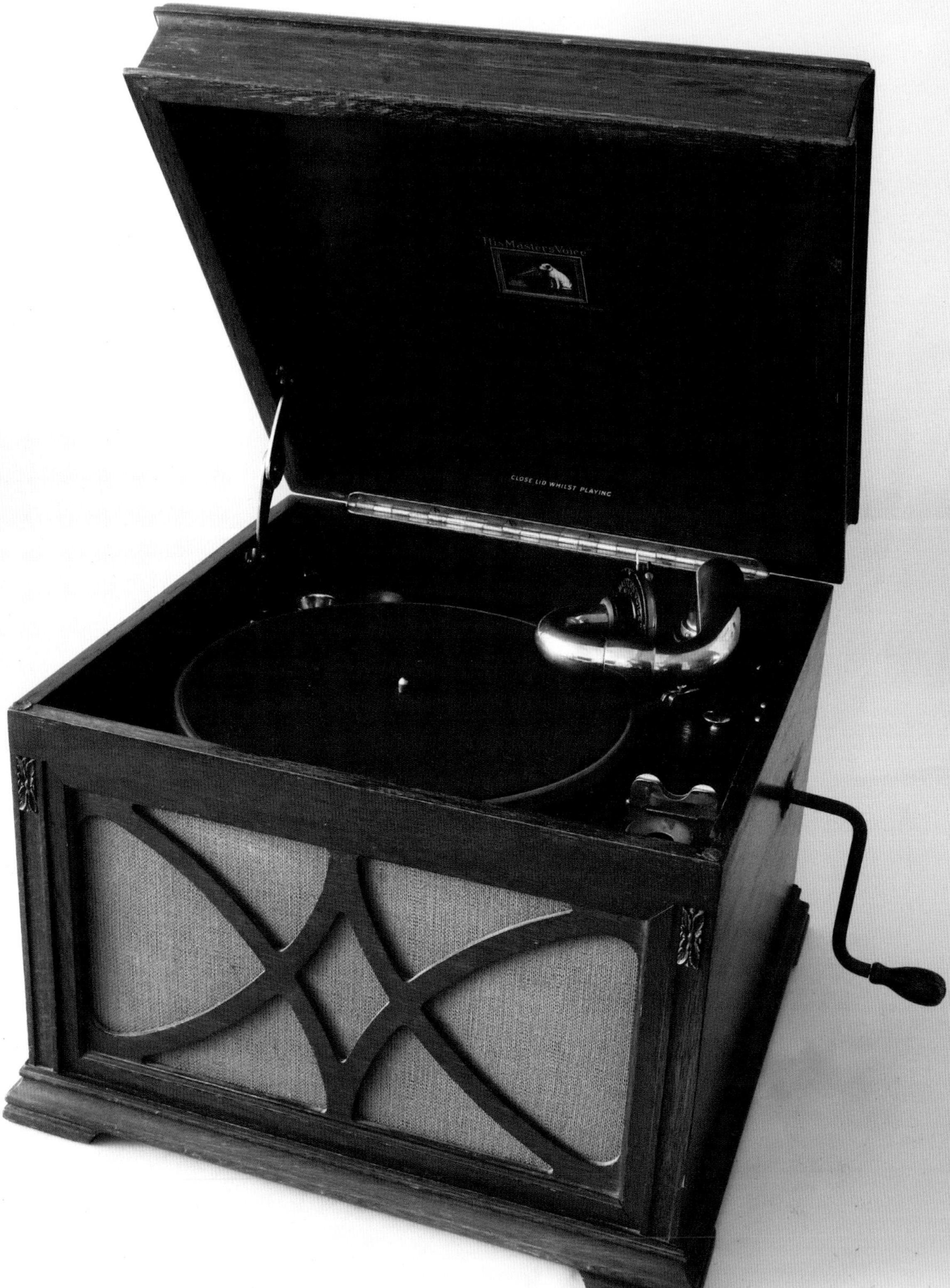

››
HMV 130A 전면

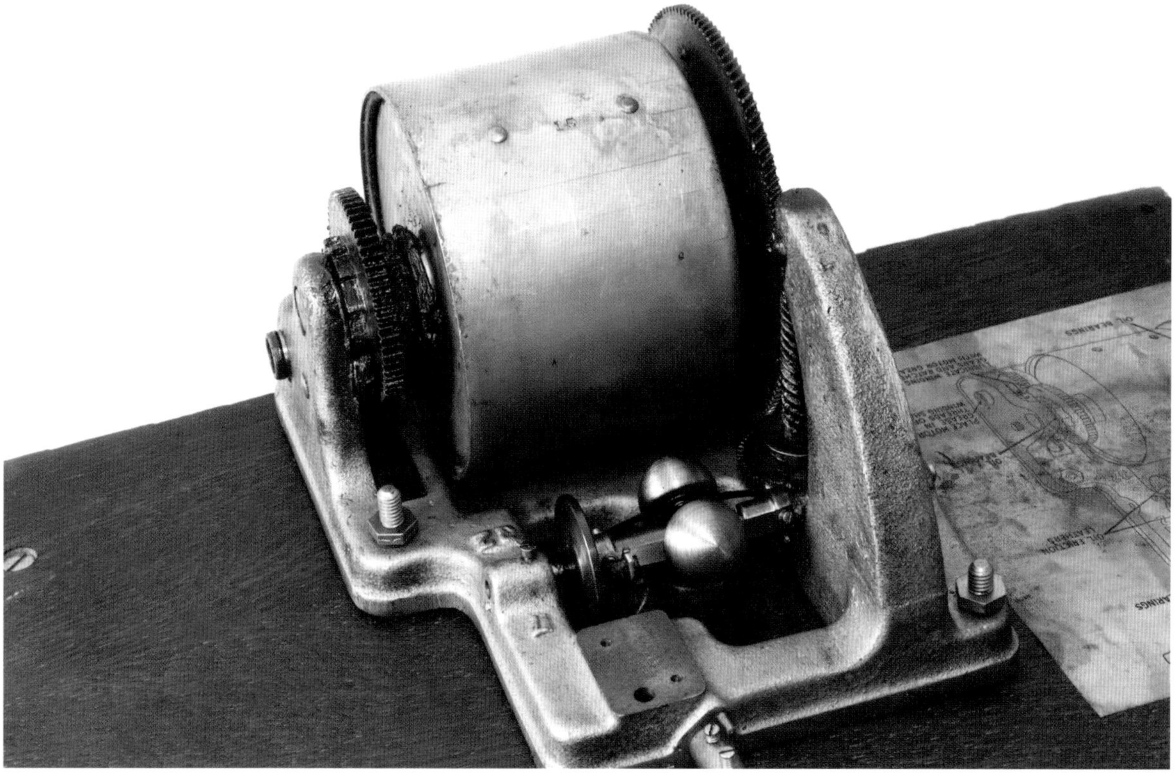

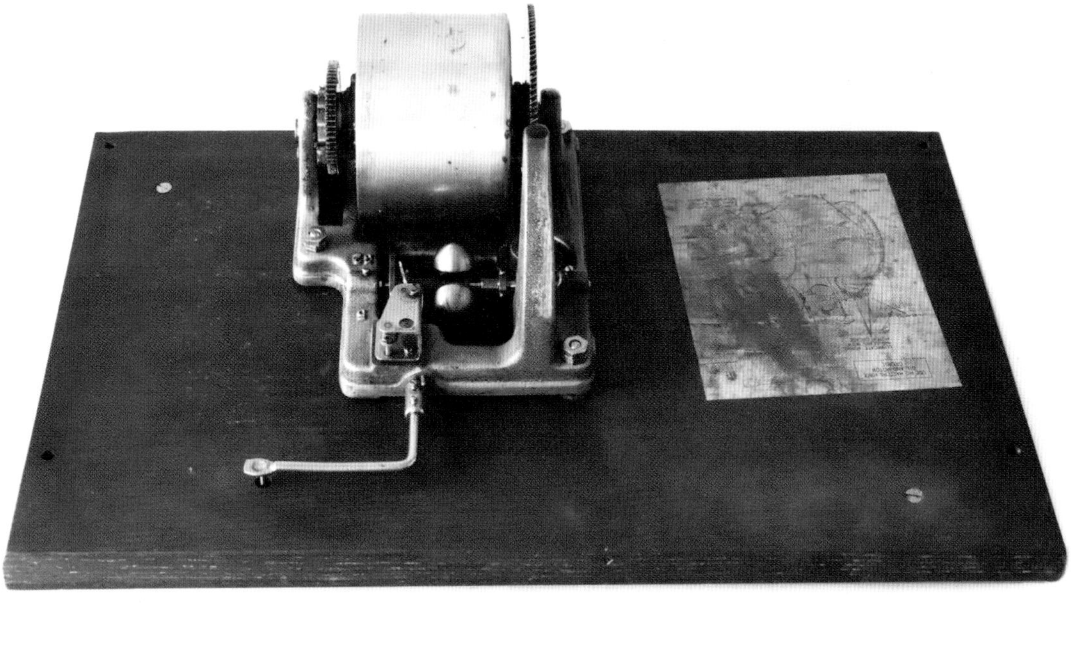

»
130A의 심장부 광폭 더블 스프링

픈 백조의 부리 같이 하늘을 향하고 있다. 백조목 톤암은 보이지 않는 백조 몸체로 이어져 내부 익스포넨셜(exponential) 혼으로 길을 열어 정면 비단 그릴까지 이어져 확산된다. 이는 웨스턴 13A 혼에서 보는 것과 같이 휘몰아치고 꺾여서 장착되어있다. 이만한 덩치에 이 길이의 혼을 꾸려 넣기가 그리 쉽지 않았으리라…. 연구와 고심 끝에 기묘하고도 아름답게 수납해놓았다.

내부 모터는 상급기에서 보이는 더블 스프링 광폭타입으로 30cm 플래터를 돌리고 있다. 플래터 윗면에는 짙은 밤색 천연 영국 울 패드가 깔려 있어 다크 오크 몸체와 조화롭다. 오토매틱 브레이크가 플래터 밑에 장착되어 주행이 끝나면 자동으로 정지된다. 모든 장식과 부품은 니켈 도금 되어있어 은은한 광채를 발하고 있는데 80년이 지난 지금까지도 변한 것이 없다. 1929~31년까지 3년간 만들어졌고 우드 왁스를 먹인 오크와 마호가니 마감의 두 종류가 제작되었다. 5A 복스는 진동판이 알루미늄으로 알텍의 탄젠셜 엣지 다이어프램(diaphragm)을 연상케 하는데 그보다도 훨씬 정교하다는 인상을 받는다. 상판 귀퉁이에는 바늘 수납통과 폐기 바늘 수납통이 마치 물확처럼 장착되어 있으며, 상판 아래쪽에는 그 유명한 니퍼 그림이 명화처럼 프린팅되어 있는데 그 고아함은 이루 말할 수 없을 정도로 태가 곱다.

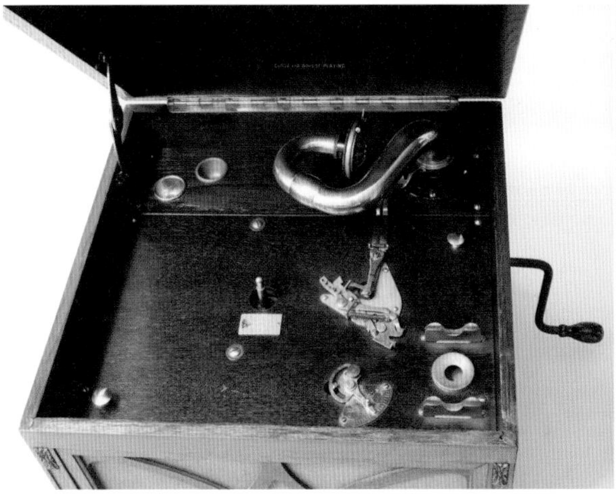

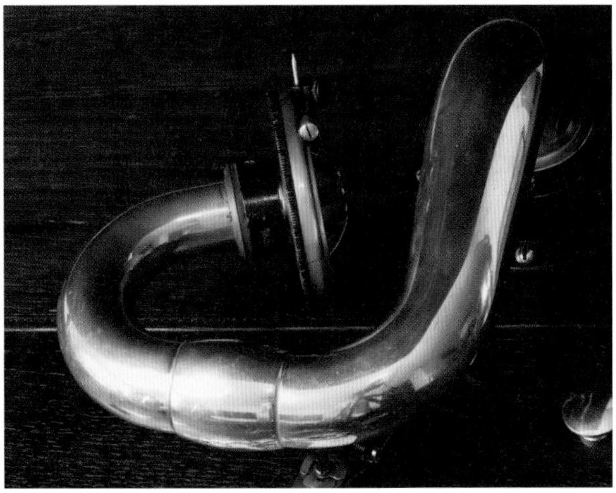

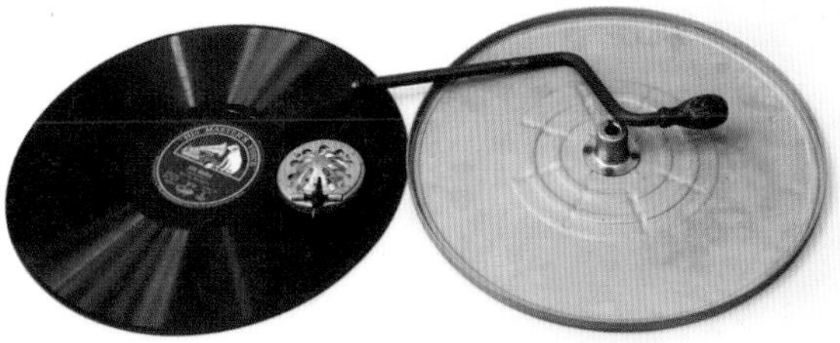

»
내부 장치들(상단 좌)과 백조목암(상단 우)
스프링핸들과 플래터 안쪽면(하단 좌)

오래된 오크에서 풍기는 향기와 닦으면 닦을수록 윤이 나는 나무 무늬 결은 정말 아껴주어야 할 물건이라는 생각이 새롭게 든다. 사방을 돌려가며 모양새를 보아도 어디하나 허술함이 없음은 새삼 영국인들의 장인 정신이 무엇인가 돌이켜 보게 했다. 기계 상태는 완벽에 가까워 태엽을 감아 놓으면 안정된 78rpm 주행으로 약 10분간 불평없이 음악을 들을 수 있다. 오늘은 옛 가수 도미의 '칸나의 사랑'을 올려놓고 예의 죽침을 장착한 후 추억에 휩싸여본다. 부드럽고도 사실적인 톤에 성량 또한 사람의 그것에 가까워 경건한 자세로 음악에 임하게 된다. 빗방울 사이로 퍼지는 막걸리 같은 유성기 소리에 빗소리와 어울리는 잡음소리가 혼합되어 막걸리에 녹아든 잔을 기울일 때, 세상의 무거운 시름도 놓을 수 있을 것 같은 상쾌함이 있어 감동한 날이었다. 유성기는 항상 이와 같이 필자에게 다가와 세상 오디오 제품 중 그 음악성과 음질에 비해 가장 저렴한 품목이라는 미소를 돌게 한다. 이런 유성기 세계의 즐거움이 필자를 추억으로 두 번 살게 한다.

»
(왼쪽부터)
자동브레이크
130A 윗면 커버 내부에 새겨진 바로우의 니퍼그림
130A 모델명 판과 축

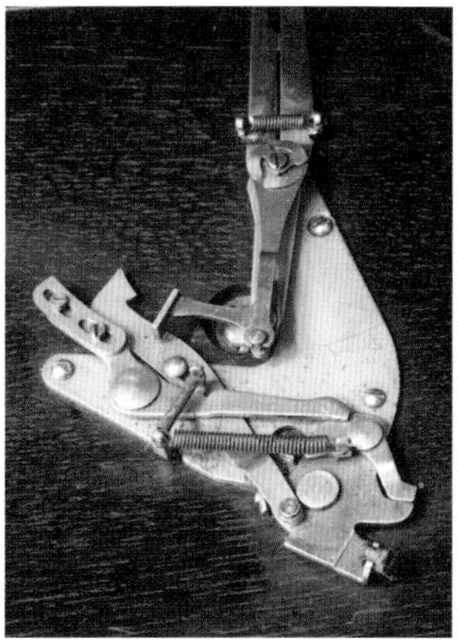

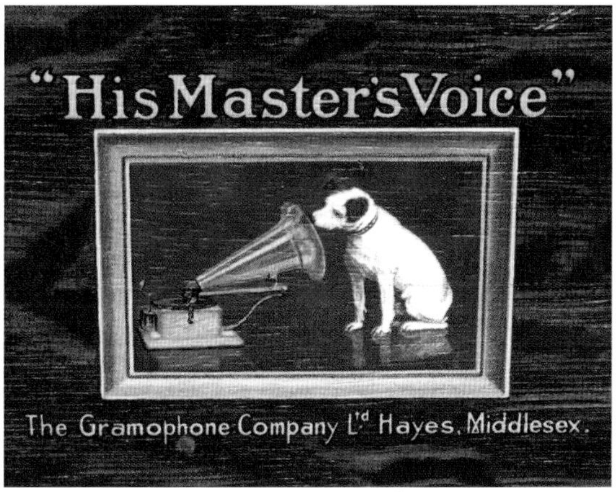

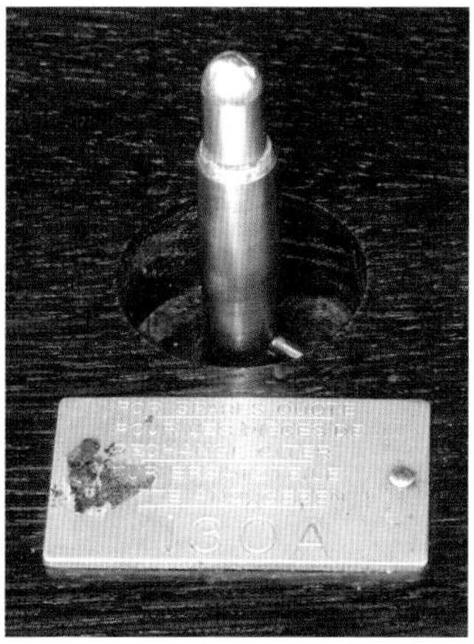

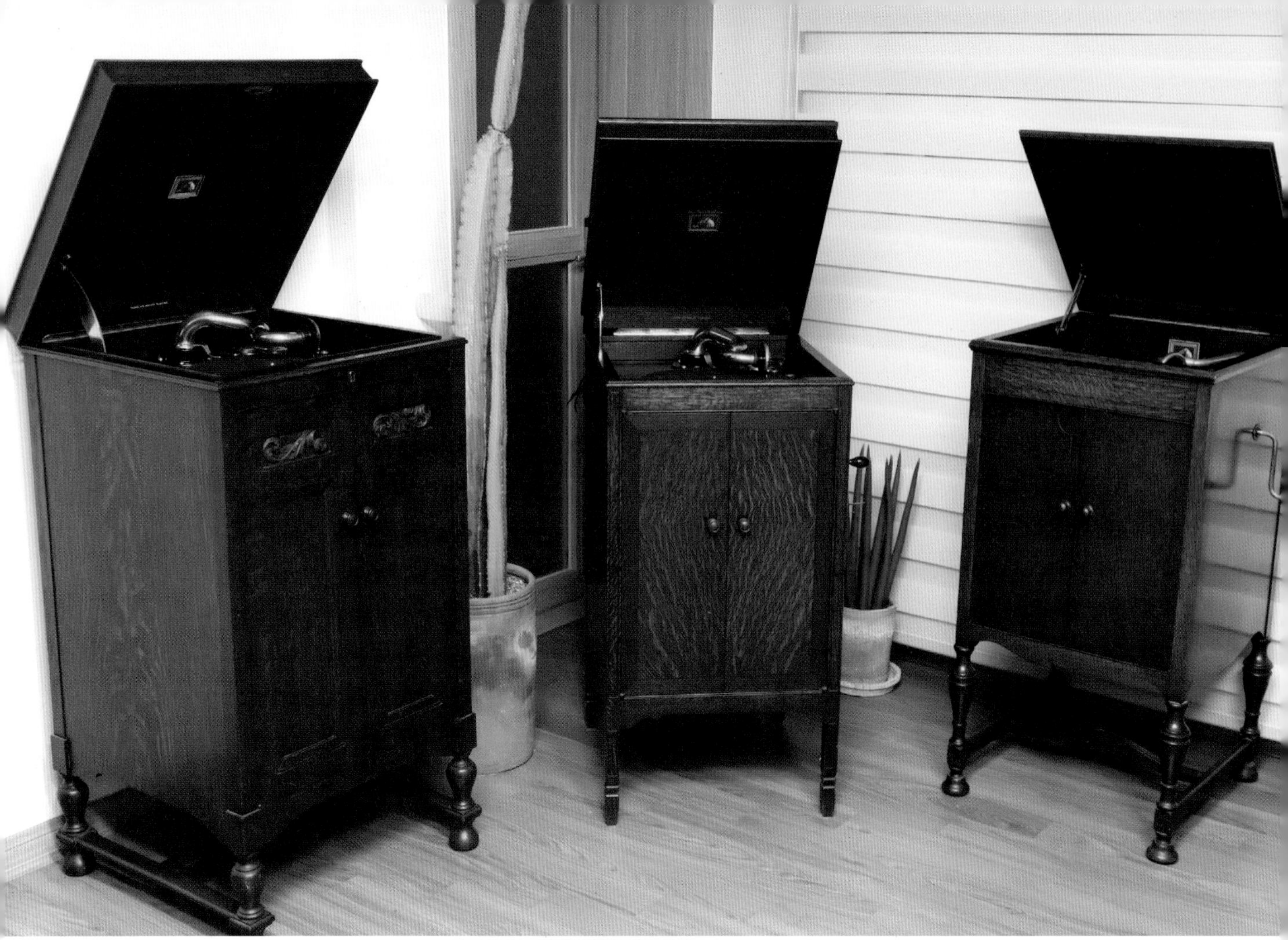

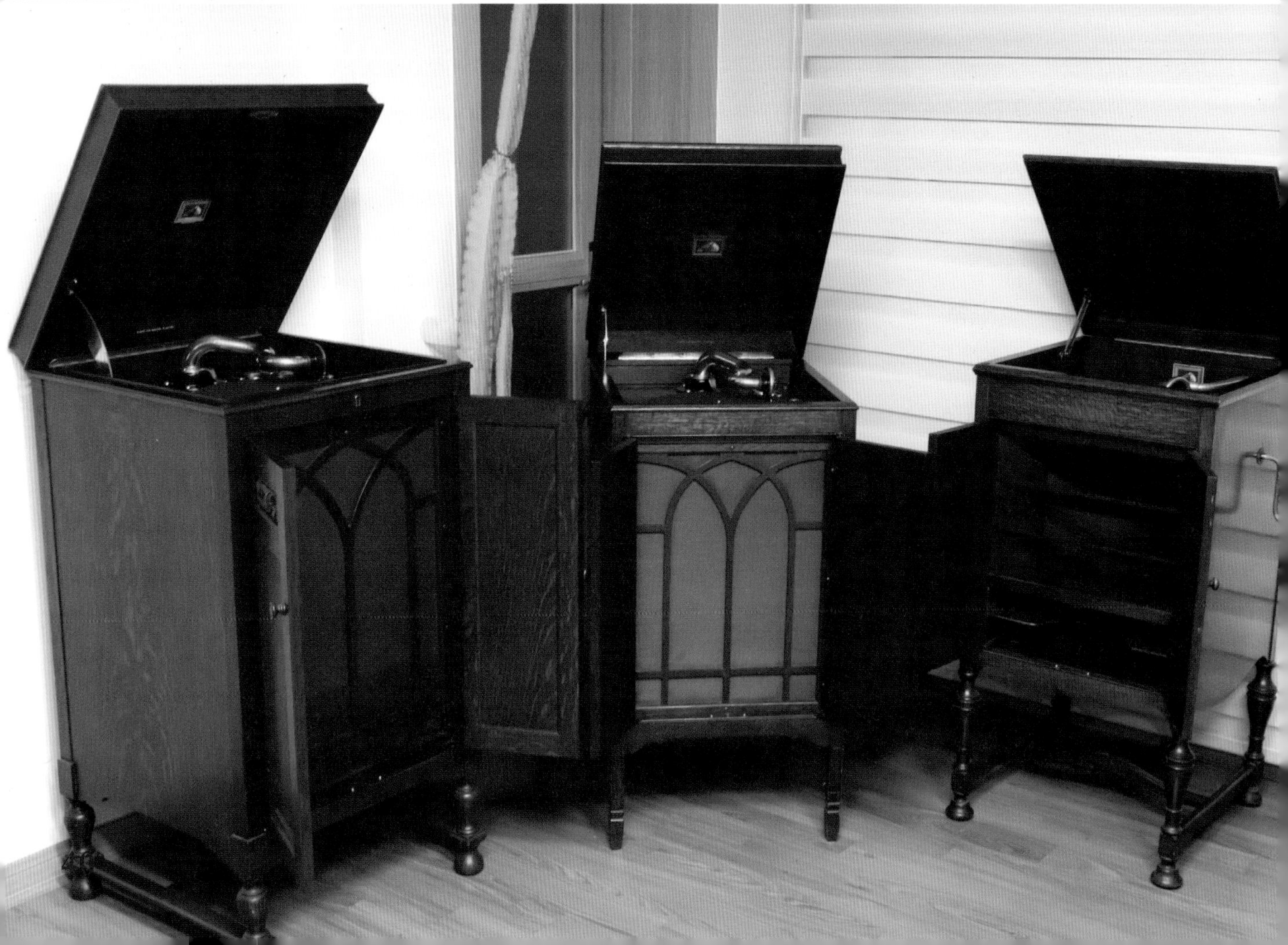

HMV 163·157·156 Wax Finish Oak Gramophone

음악과 함께 전해지는 오크 나무의 숨결

유성기를 갖고 싶다면 그 최고의 로망에 올라있는 것이 바로 영국의 HMV다. 미국에 빅터 유성기가 있다면 영국에는 HMV가 있는데, 서로 경쟁사였던 만큼 수많은 대응 모델이 있었다. 그러나 HMV에 비한다면 빅터 유성기는 어쩐지 한 번 신경이 덜 쓰인 듯한 느낌이며, 중후함에서는 밀리는 것이 필자의 소감이다. 이에 대해서는 타 마니아들도 비슷한 평가인데, 세계 경매 시장의 가장 고가 유성기에는 항상 HMV가 자리하고 있는 것을 보면 알 수 있다. 이제 HMV 유성기들의 상급기는 영국 본토에서도 구하기 힘들다. 그만큼 남아 있는 완벽한 컨디션의 제품들이 고갈되었다는 뜻일 게다. 또한 가격 자체도 대단히 상승폭이 커서 선뜻 손대기가 망설여진다. HMV의 최상급기로 203·202·194·193·163을 꼽는다. 이들은 모두 내부 구조가 동일하며, 특히 익스포넨셜 더블 굴곡의 톤 챔버를 전면 박스 공간에 수납하고 있다. 203·202의 경우 고급 승용차 한 대 값에 해당하는 고가품이고, 그 뒤를 이어 194·193·163이 비교적 고가 유성기로 HMV의 계보를 잇고 있다.

163은 두 모델이 존재한다. 하나는 유광 마호가니 캐비닛이며, 나머지는 무광 왁스 마감의 오크 캐비닛이다. 전면 그릴 격자와 문짝의 상부 조각에서 약간 차이날 뿐 이외는 모두 동일하다. 세계적으로 오크 캐비닛이 인기가 높다. 영국에서 들여온 163은 오크 캐비닛으로, 영국 귀족의 거실을 장식하던 명품이다. 후면은 오크원목을 그대로 잘라서 솔리드 우드로 직접 마감한 것과 합성목이 있고, 그 나머지 면은 오크를 두껍게 켜서 붙인 후 나무 잔물결 무늬를 그대로 살려 놓아 잔잔한 호수면을 보는 듯한 아름다움이 있다.

»
HMV 163·157·156의 외형(상단)과 전면문을 개방한 모습(하단)

문을 열면 브라운 옐로우 실크 위로 바로크 무늬를 연상시키는 보호 격자 그릴이 멋있다. 물론 격자 그릴도 오크 원목을 켜서 만든 것이며, 역시 나무 무늬는 살려 놓았다. 그릴 내부에는 복스에서 전면까지 길이가 약 1.8m에 가까운 익스포넨셜 폴딩혼이 접혀서 들어가 있다. 이 혼의 구조는 미국 빅터사에서도 비슷하게 사용하는데, 구조가 매우 탁월해 중후한 소리를 재생한다. 복스는 유명한 5A이며(203·202·194·193과 동일 사용 모델), 5A는 탄젠셜 에지의 알루미늄을 사용하는 2중 진동판으로 저역 특성이 탁월하다. 복스로부터 하부 혼까지는 산화은과 에나멜 도금의 대형 스원넥크 톤암이 장착된다. 사용하기 편리하고 모양이 유려해 HMV의 대표적 스윙암이라 부를 수 있다. 구동부는 1개의 더블 스프링에 의한 초강력 모터나 전기 모터가 사용되는데, 대부분 스프링 모터이며, 전기 모터 구동형은 매우 드물다. 한 번 풀로 스프링을 감으면 약 20분 동안 부드럽게 플래터가 돌아 약 4면 정도의 SP판을 감상할 수 있다. 스타트도 내부 스원넥크 스윙 암으로 하며, SP판이 다 돌면 자동으로 멈추는 오토매틱 브레이크가 장착되어 있다. 상부에는 30cm 직경의 턴테이블이 올라가고, 뒷면에 바늘통과 패기용바늘통이 수납되어있다.

캐비닛 상부 뚜껑을 열면 내부에 유명한 니퍼 그림이 프린팅 되어 있는데, 마치 프란시스 바로우의 니퍼 원화를 멀리서 감상하는 것 같은 착각이 든다. 이 그림이 지워지면 HMV 유성기의 가치도 떨어질 정도로 중요한 포인트다. 상부 커버 중앙에는 잠금장치가 되어 있어 열쇠로 잠글 수도 있다. 오른쪽에 모터감기용 핸들이 부착된다. 반대로 돌리면 제거되어 이동시에는 따로 보관할 수도 있다. 전체적으로 모양 자체가 대단히 중후하다. 거실에 163의 커버를 젖히고 놓아두면 온통 거실을 지배해 귀족적이고 아름다운 분위기로 만들어주는 특징이 있다. 유성기 자체에서도 향기로운 오크 향이 풍겨 나와 위스키 오크통이 연상된다. 잔잔한 오크 무늬가 한없는 물결을 자아낸다. 이 물결 무늬가 오크의 가장 큰 매력이다. HMV 163만 되어도 국내에서 잘 보이지 않는 희귀품이다. 특별히 귀족용으로 만든 것이어서 중후함이 이루 말할 수 없다. 163을 영국에서 경매 낙찰 받아들여올 때 필자의 가슴이 뛰었다. 박물관에서나 볼 수 있는 물건을 직접 만질 수 있다는 기대 때문이었다.

실물을 보니 상상보다 중후해 더할 것이 없었는데, 애장판 벨라폰테의 〈The Son of Mary〉 SP음반을 올려놓고 음악에 빠져들자 눈물이 날 정도였다. 그대로 벨라폰테의 음성이 살아서 나온다. 슬프며 습기가 적당한 인간의 성대 그 발성 그대로였다. 음량도 커서 웬만한 거실 정도는 충분히 울려 목소리 디테일이 살아난다. 지금까지 들었던 벨라폰테의 음성 중에 단연 최고였으며, 모든 오디오를 넘어선 발군의 사운드였다. 자크 티보 바이올린의 스페인 무곡은 바이올린의 진수가 무엇인지 여지없이 드러냈다. 현의 질감과 보잉이 그대로 살아 나오는 신비감을 맛보았다. 좋은 SP음반과 이 163 유성기만 있으면 어쩌면 하이엔드 오디오도 필요 없지 않을까하는 상념에 잠기게 한다. 언젠가 대중들을 대상으로 명 SP음반 감상회를 열어볼 생각인데, 일반 오디오 마니아들이 그 탁월함에 무어라 답할지 궁금하다.

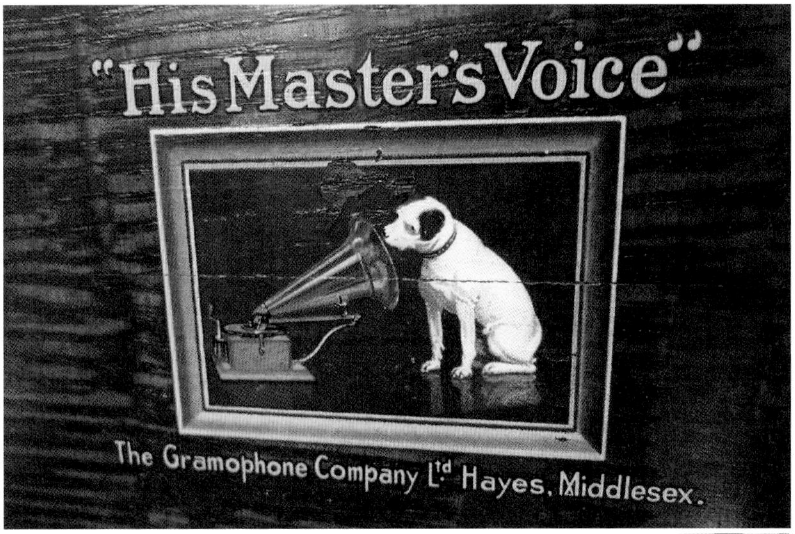

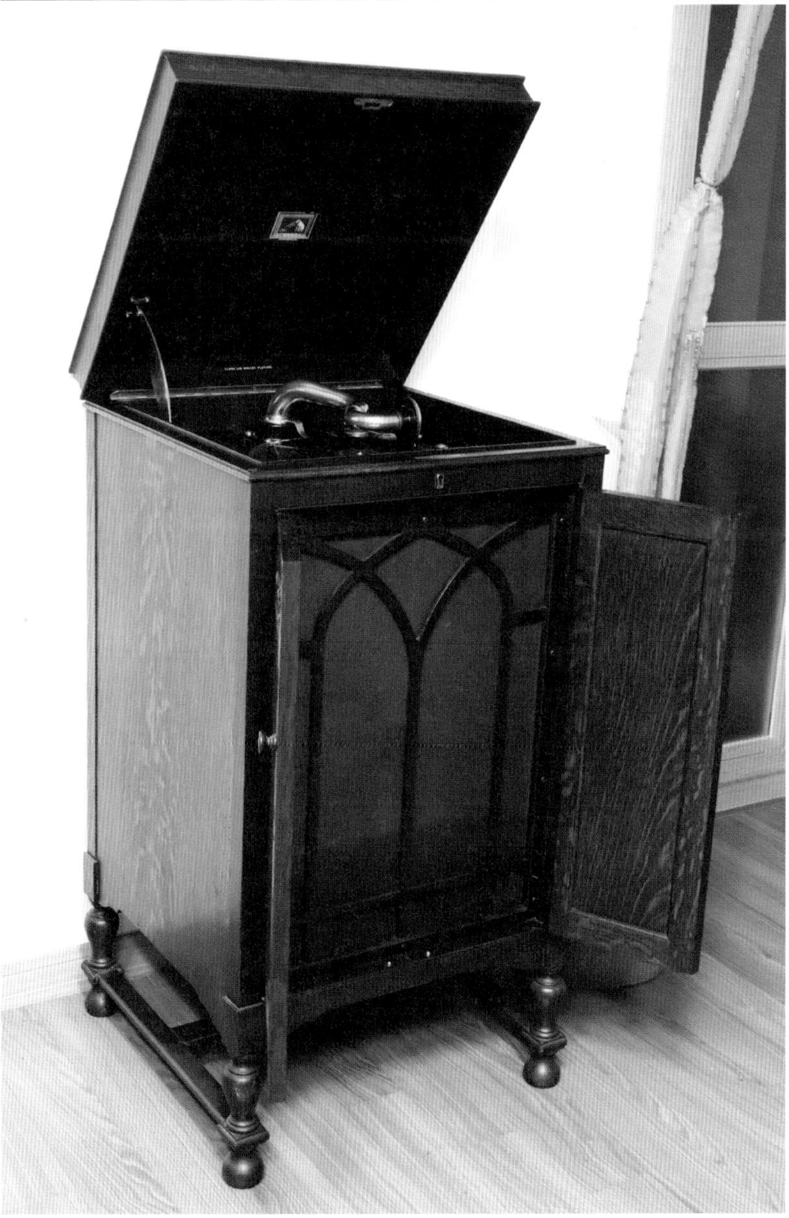

»
His Master's Voice 니퍼 독 마크(상단)
HMV 163 오크 캐비닛(하단)

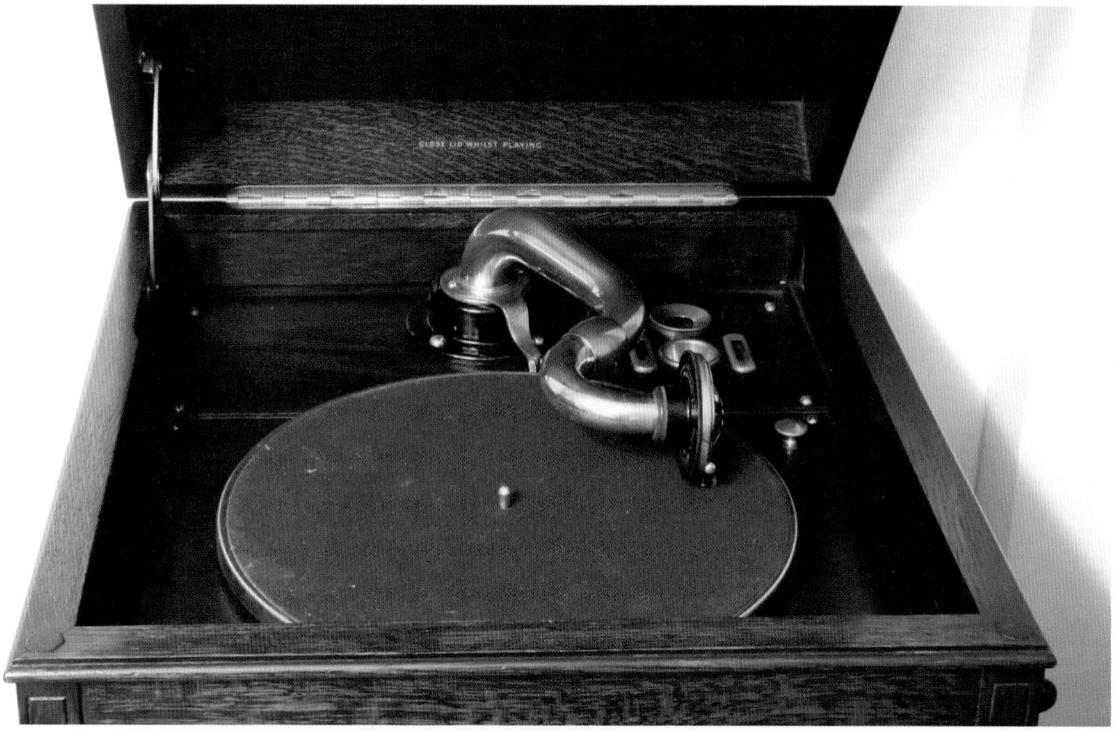
CLOSE LID WHILST PLAYING

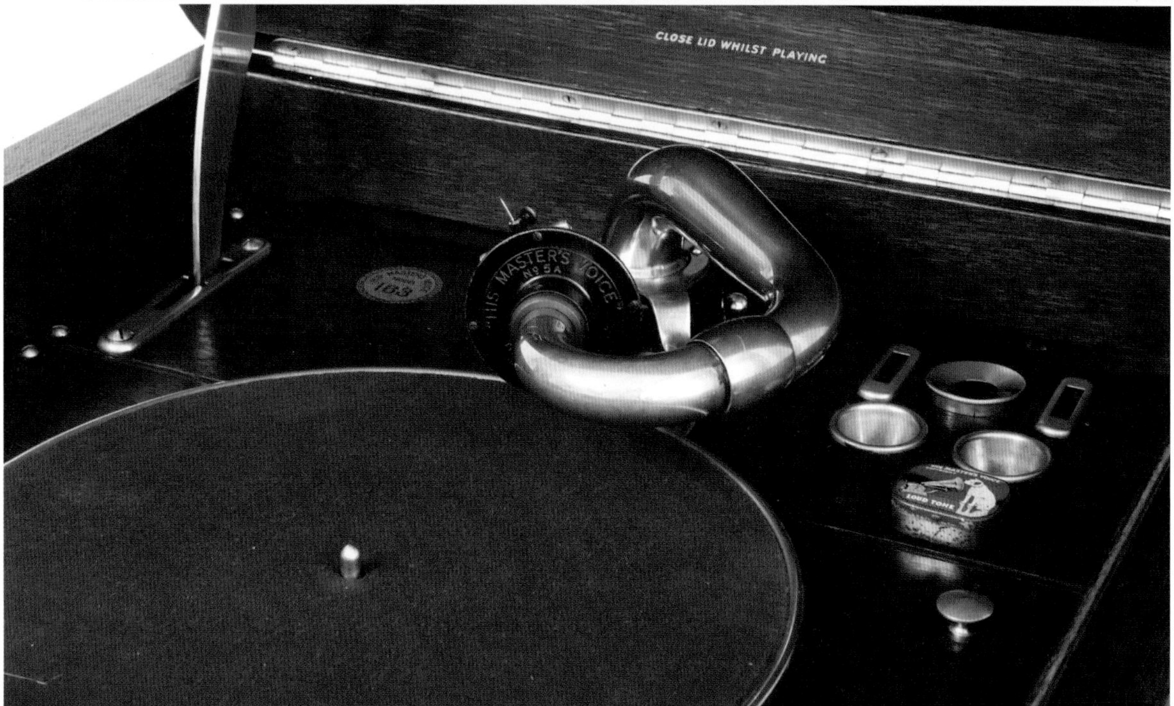
CLOSE LID WHILST PLAYING
"HIS MASTER'S VOICE"
Nº 5A
LOUD TONE

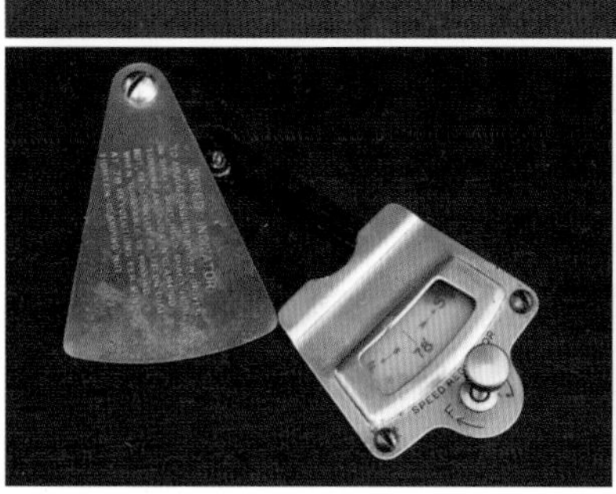

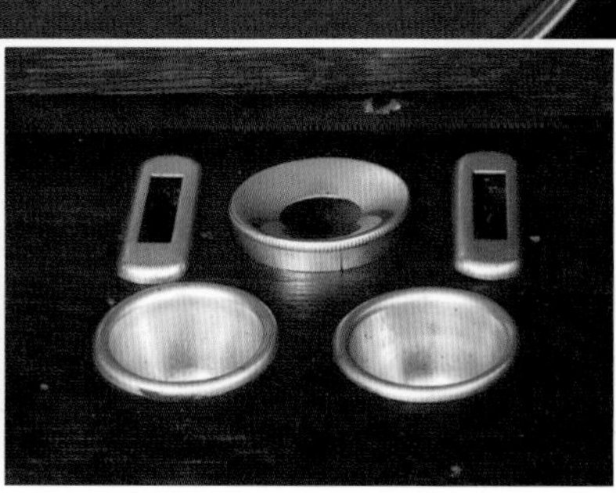

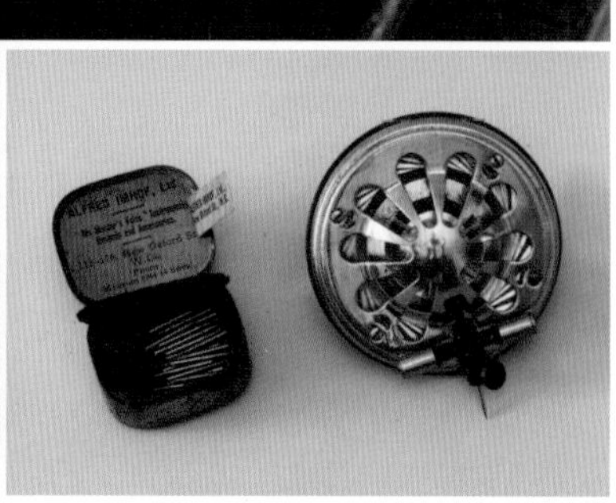

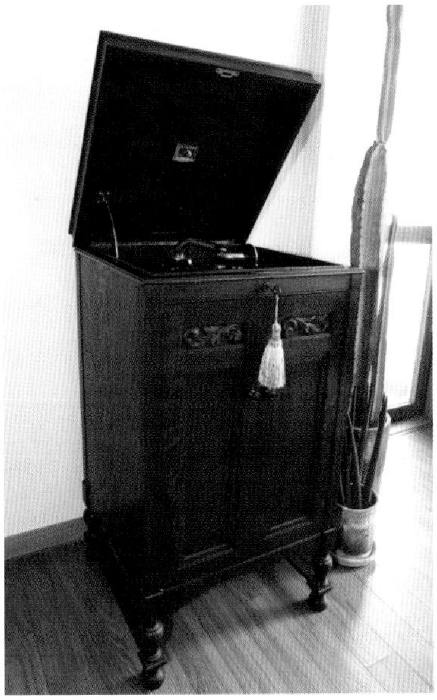

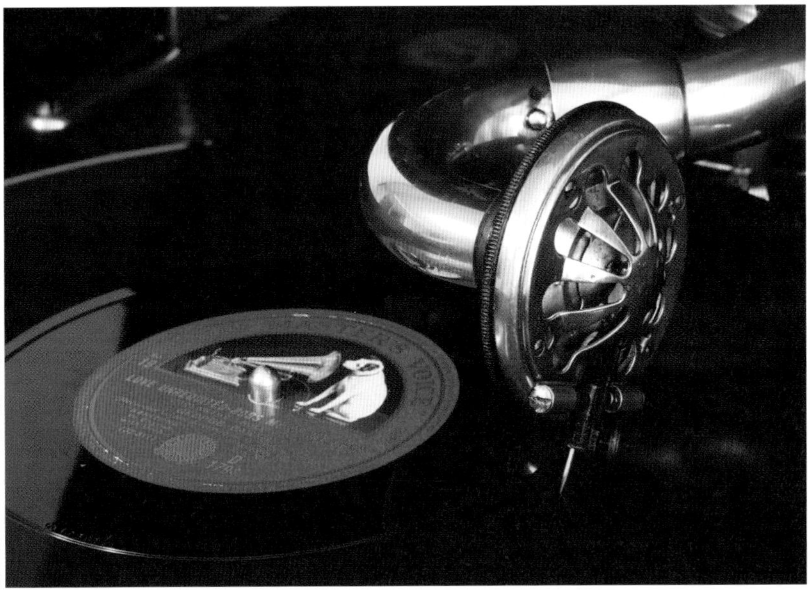

»
44쪽, 상단은 HMV 163의 상부 플래터
중간은 먹이를 물고 용틀임하는 백조머리
하단 좌측부터 속도계 내부사진. 앞 두 개는 미사용 니들 보관통, 후면은 사용 니들 보관통, 니들과 니들이 장착된 복스

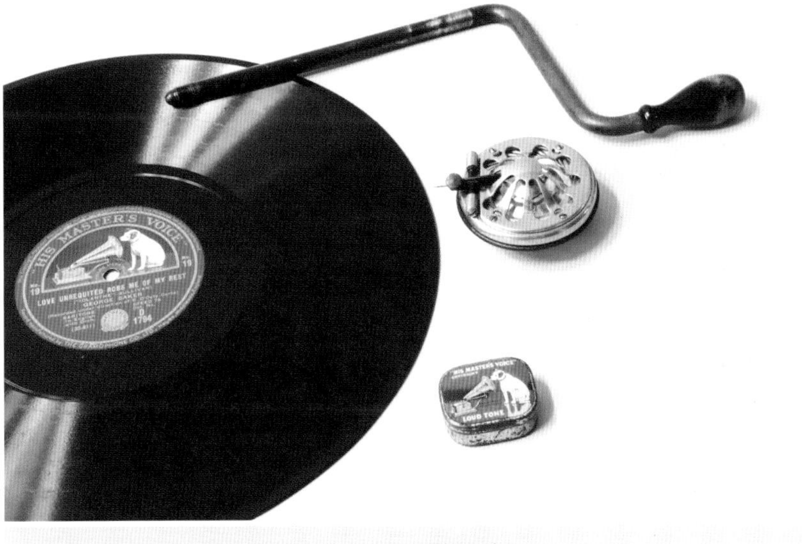

»
45쪽, 상단 좌측부터 HMV 163과 잠금키, SP판을 플레이하고 있는 복스, 중간은 스프링 감기 핸들과 복스 그리고 니들박스, 하단은 163의 심장부 더블 스프링

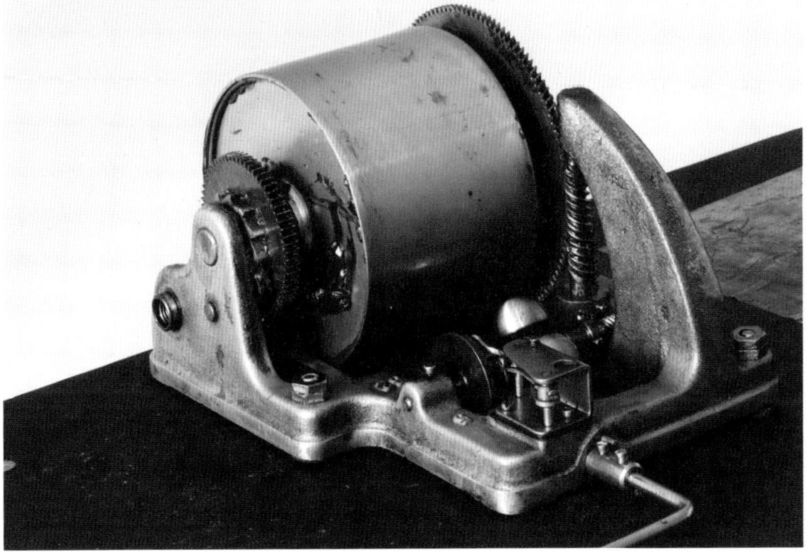

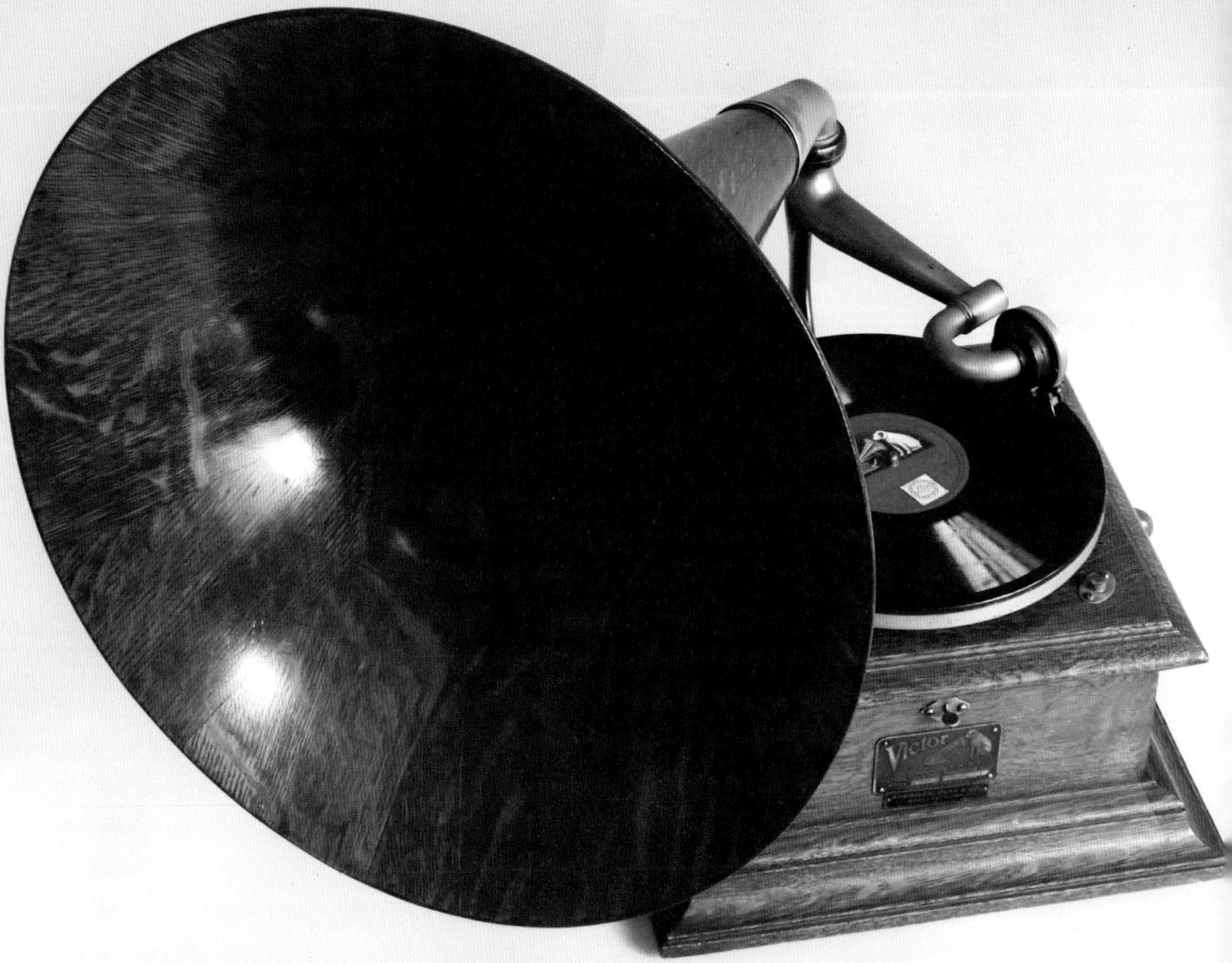
Victor

Victor VV-VI Phonograph

소리를 분출하는 홀, 오크 우드 혼과 빅터 포노그라프

허블 망원경이 찍은 지구의 모습은 우주에 덩그러니 떠있는 외톨이 혹성이었다. 주위가 온통 어두워 아무것도 없고 오로지 푸른 지구만 있는 모습은 고독하기 그지없었다. 지구가 저렇게 외로운데 그 가운데 있는 인간이야 오죽하겠는가라는 생각이 저절로 든다. 고독하다는 것은 결코 우연이 아니다. 그 고독으로부터 모든 인간의 역사는 시작되었다. 지구의 탄생 이전도 이미 고독했기에 말이다. 우주의 한가운데 50억 년 전 지구가 탄생하기도 전에 출발한 어느 성단의 빛이 이제야 지구에 도착해 우리 눈에 들어와 그 존재를 확인시킨다. 지구 위 하늘 별이 떠있는 우주는 시간의 전시장이다. 먼 우주로부터 이미 출발된 시간, 그리고 지금 미래로 출발하는 시간, 우리의 유일한 시간, 현재, 여기, 지금….

우주에는 모든 것을 삼켜서 새로운 기점을 만드는 블랙홀이 있다. 이 가상 블랙홀의 모양은 혼의 구조를 이루고 있다. 이 혼은 날렵하고 포용력이 있는데, 이 무양을 연상시키는 것이 바로 유성기나 스피커의 혼이다. 물론 이 혼은 빨아들이는 것이 아니라 역으로 분출하는 용도지만 말이다. 소리를 분출하는 것이 오디오의 혼인데 결국 빨아들인다는 것과 분출하는 것은 서로 극이지만 상호 밀접한 연관 관계가 있다. 블랙홀도 어쩌면 분출을 위한 흡입이기 때문이다. 필자가 혼을 좋아하는 것은 무언가 흡입하고 집중시키는 이 혼의 구조적 매력 때문일지 모른다. 사운드도 무언가 응집되어 분출된다는 인상을 항상 받기에 말이다.

가을의 혼으로 가장 좋아하는 것은 빅터의 물결무늬 오크 혼이 장착된 빅터VV-VI 모델이다. 이 유성기는 셔먼크래이(Sherman clay & Co.)사의 주문으로 만든 특주품으로, 항상 필자의 책상 위에서 그 위용을 자

»
물결무늬 오크 나무 혼이 아름답다

랑하고 있다. 이 유성기의 특징은 어디에 놓아도 그 공간의 공기를 흡입한다는 것이다. 그만큼 분위기를 압도하는 매력이 있다. 여러종의 혼 중에 가장 압권인 것은 역시 오크 우드 혼이다. 이 혼은 참나무를 얇게 켜서 조각조각 여러 겹 접착시켜 만든 것이다. 세월이 지나서(약 90년의 나이를 먹음) 트고 갈라지거나 변형이 될 만도 한데, 전혀 요지부동으로 원래의 형태를 유지하고 있는 것을 보면 정말 감탄스럽다.

이 혼은 별도로 분리해 보관할 수도 있는데 쉽게 본체에서 이탈되도록 설계되었다. 우드 혼 대신 모닝글로리 스틸 혼(나팔꽃 모양의 금속 혼으로, 주석 판을 이어 만든 후 칠한 것)으로 교환해 사용할 수도 있다. 실제 이 오크 혼을 분리해보면 의외로 무게가 가볍다는 것을 알 수 있는데 유성기의 넥에 지탱되어야 하기 때문에 무게가 많이 나가서는 당연히 안 되었던 것이다. 이런 구조로 얇게 만들 수밖에 없었던 것이 충분히 이해된다.

우드 혼의 사운드가 역시 자연스럽고 따뜻하다. 스틸 혼은 재질의 특성상 금속의 여운이 따라 붙고, 저역의 무게감이나 두께감이 우드 혼만 못하다. 오크 우드 혼의 잔물결 무늬는 정말 아름답다. 바라보고 있으면 가을 낙엽처럼 하늘거리고 있다는 생각이 들 정도로 압권이다. 빅터 VV-VI의 몸체 역시 오크이다. 전체 형태와 매스(mass) 밸런스가 잘 잡혀 있고, 하단에 'Sherman clay & Co.'라고 스틸플레이트가 부착되어 있다. 상부 플래터는 10인치이며, 다크 브라운 융으로 마감되어 있다. 스피드 컨트롤과 스토퍼가 있으며, 복스는 운모 진동판을 사용하는 익스히비션(exhibition) 모델이다. 이 복스는 대부분 테이블 모델에 사용되는 일반적인 복스로, 미국 빅터뿐 아니라 영국 HMV도 사용했다. 내부에는 싱글 스프링의 고급형 모터가 내장되어 있고, 상부 커버를 젖히고 점검할 수 있도록 편리하게 설계되었다. 우드 혼 옆에는 빅터 정품임을 나타내는 니퍼 마크가 선명하게 찍혀 있다. 우드 혼 하부에는 별도의 시리얼 넘버가 찍혀 있을 정도로 각별히 제작된 것이 이 우드 혼이다. 소리도 좋지만 소리를 듣지 않고 보는 것만으로도 충분히 제역할을 다하는 명품으로, 누구든 보기만하면 소장하고 싶어지는 매력 있는 예술품이다.

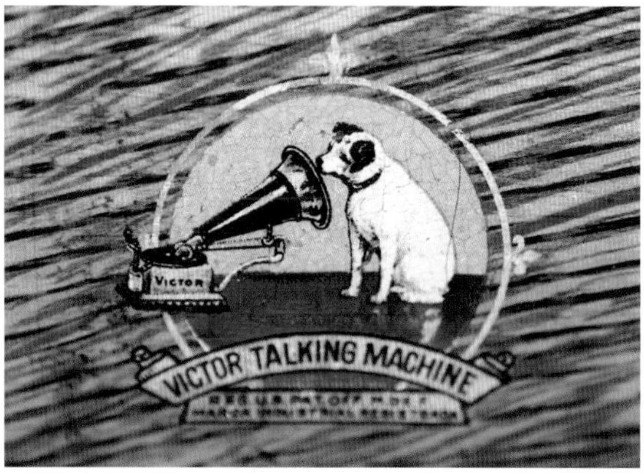

»
우드 혼 옆의 니퍼마크는 오리지널 혼임을 증명한다.

»
(상단 우측부터 시계방향으로) 내부 싱글 스프링 모습. 다양한 각도에서도 그 아름다움이 느껴진다. 위에서 찍은 모습. 우드 혼은 분리되어 스틸 혼으로 교환할 수도 있다. 동작하고 있는 모습

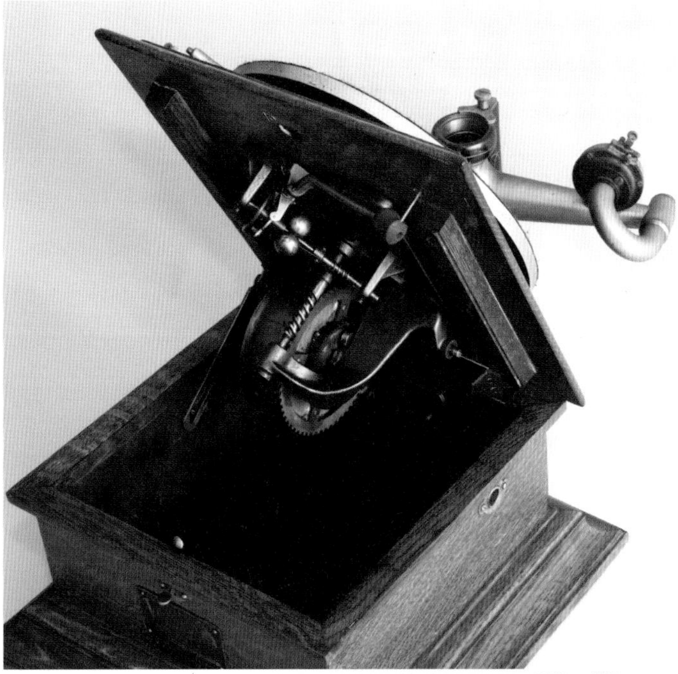

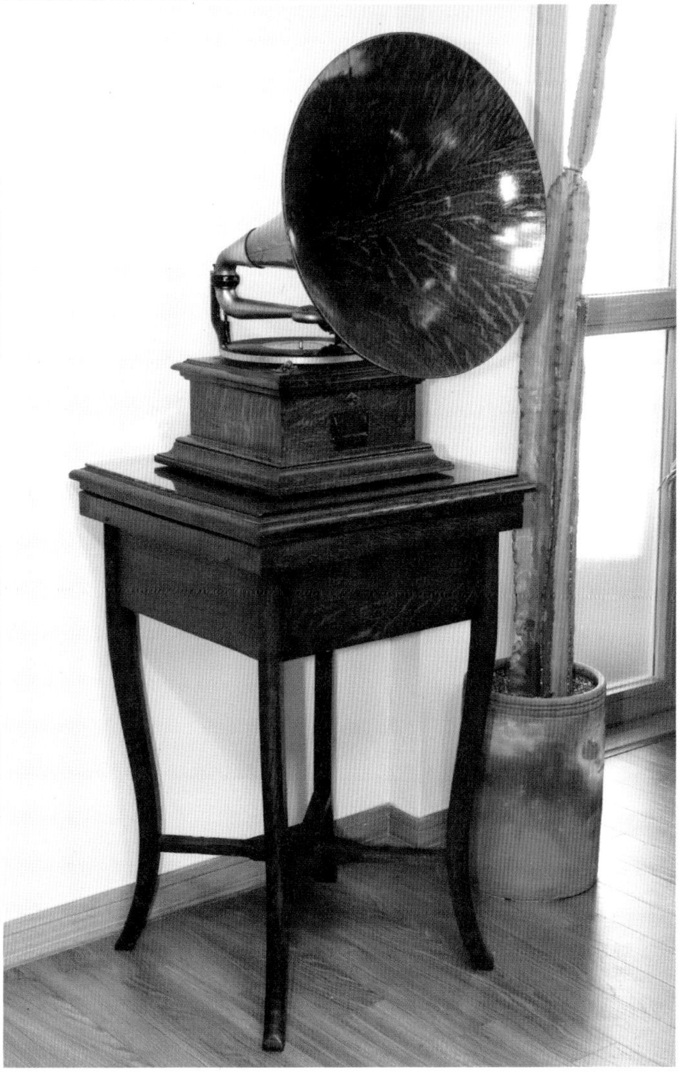

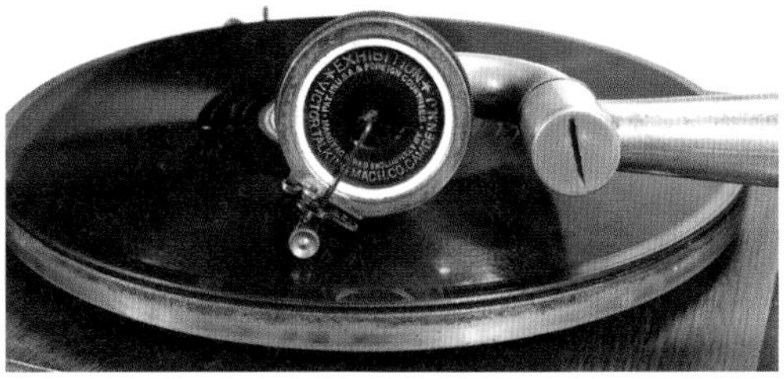

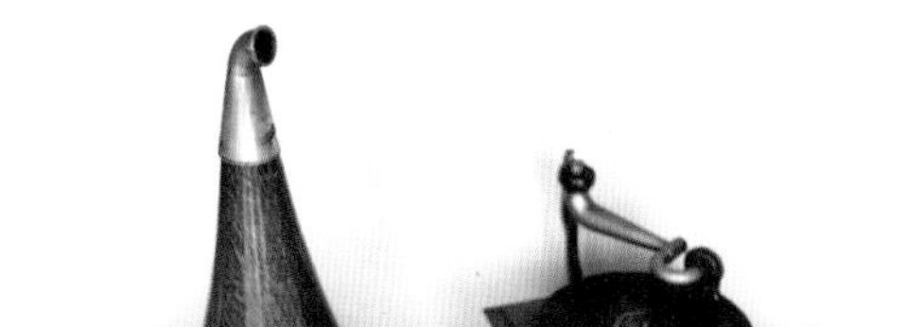

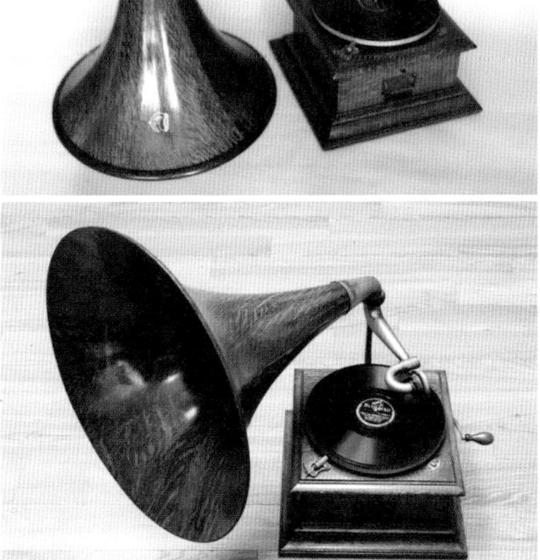

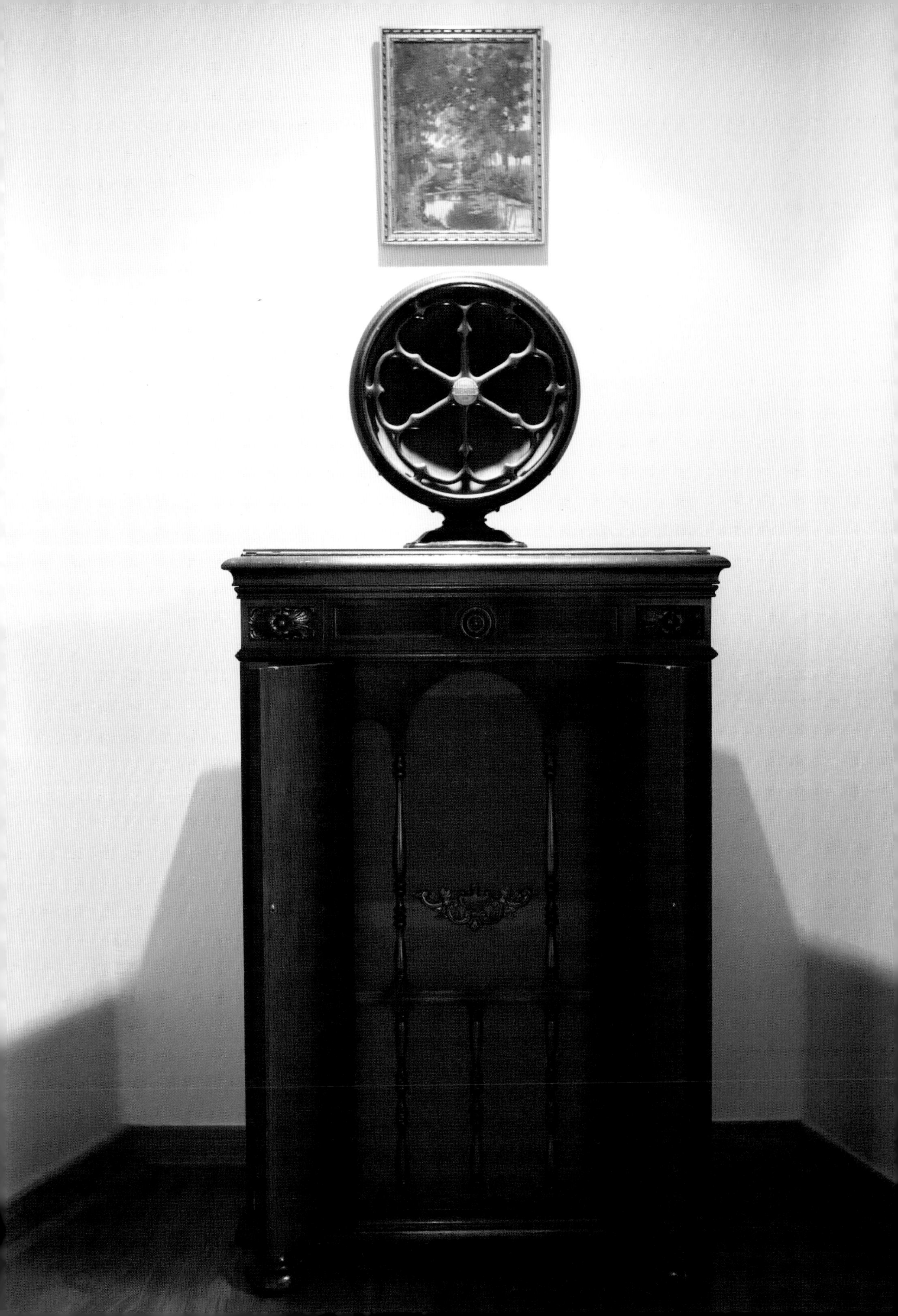

Victor Credenza

빅터의 간판스타

웨스턴 13A 혼을 사용하고 있을 적에 혼 옆의 스틸 라벨에서 아주 낯익은 문자를 보게 되었는데, 바로 'Victor' 마크였다. 이 마크는 필자가 소장하고 있는 그 유명한 '크리덴자(Credenza)' 유성기의 메인 라벨과 동일한 것이었기에 친근감이 들었던 것인데, 웨스턴 혼의 상당수는 유성기 회사인 빅터로라(Victrola)사가 웨스턴 주문에 의해 OEM 생산하였던 것이다. 크리덴자는 항상 필자의 거실에 우두커니 버티어 서서 그 위용을 자랑하고 있는데, 커버를 젖혀 놓으면 금도장된 턴테이블과 경첩 사운드복스 등이 황제처럼 점잖으면서 품위 있다.

크리덴자는 1925~28년까지 생산되었던 모델로, 발매 당시 론칭 제품은 2도어로 내부 혼 출구와 레코드 저장실을 함께 덮고 있었다. 이후 4도어로 바뀌어 레코드 저장실과 혼 출구 천 마감 부분이 별도의 문짝으로 각각 여닫게 된다. 전체 모양은 이탈리안 르네상스 스타일로 월넛과 마호가니 무늬의 2가지 옵션 사양이 있고, 기본 가격은 275달러였으나 (지금으로 따지면 자동차 3대 값 정도 될 것이다. 마차 3대 값에 해당하니 말이다) 1926년 1월에 300달러로 오른다. 소비자가 원하면 AC모터를 추가하여 35달러, DC모터를 추가하면 45달러의 별도 요금을 받았다. 차후 전기 픽업 암을 추가하고 앰프를 내장시킨 8-60 모델(크리덴자는 8-30 모델)이 옵션 판매되는데, 가격은 650달러로 2배가 넘었다. 그러나 현대의 마니아들에게는 오히려 순수 태엽식 8-30 크리덴자가 선호된다.

크리덴자 내부에는 스틸혼과 우드 폴딩 혼을 겹쳐 설계된 약 2m 길이의 익스포넨셜 혼이 내장되어 있는데, 이웃나라 일본에는 이 혼만 사용하기 위해 크리덴자 두 대를 구입하여 복스 위치에 WE 555 드라이버를

››
빅터 크리덴자

장착해 스트레오로 사용하는 마니아도 있다. 필자 생각으로는 웨스턴의 웬만한 혼보다 좋은 소리가 날 것이라 생각되며 부피가 타이트 하고 외형도 좋아 권장해볼 만하다. 특히 555 드라이버의 넥크가 크리덴자의 복스넥크와 직경이 동일하여 장착하기 쉬운 장점도 있다. 필자도 이를 위해 현재 준비 중에 있다. 이 2m 길이의 폴딩혼은 사운드복스로부터 전면 실크 천까지의 연장 길이를 뜻하는데, 내부 혼 구조를 보면 대단히 정교할 뿐 아니라 시각적 매력도 있다. 초반부 혼의 섬세한 부분은 모두 주물이고(약 1m정도 부위까지), 나머지는 특수합판을 휘어 가공한 후 원목 보강재로 보강하였다.

어떻든 크리덴자 내부에는 2개의 더블 스프링 구동부가 장착되어 한 번(약 100회 정도)의 와인딩으로 약 25분 정도의 플레이 타임을 제공하니 얼마나 정밀한 태엽 장치를 가지고 있나 상상이 되리라 믿는다. 사운드복스의 후면에는 'Victor Orthophonic' 마크가 새겨져 있고, 진동판을 보면 웨스턴 555의 그것과 동일한 원리임을 알 수 있는데, 약 90년이 지난 지금에도 별 이상 없이 소리를 내는 것을 보면 그들의 초기 완성도에 놀라움을 금치 못할 뿐이다. 윗면 커버 양쪽에는 에어 쇼바(쇼크 업소버)가 장착되어 커버를 들었다 놓으면 서서히 내려앉으며 닫힌다. 안전을 배려한 구조로 과연 빅터 최고의 명기라는 명성에 걸맞는다고 얘기할 수 있다. 턴테이블 우측에는 스피드 컨트롤 장치가 있어 78rpm 속도가 맞으면 숫자 78에 지시 바늘이 오도록 설계되었다. 지시 숫자를 보면서 조금씩 레버를 돌려 스피드를 컨트롤하는데, 상당히 정밀하게 회전 조정이 가능하다. 영국 HMV 203을 겨냥한 설계로, 두 제품은 각각 영국 유성기 사운드의 정점과 미국 유성기 사운드의 정점을 이루는 양대 극점이다. 실제 모터나 내부 혼 구조도 두 제품이 비슷하며 특히 사운드복스는 규격화되어 서로 교환사용이 가능하다.

동일한 크리덴자지만 내부 턴테이블이 중앙에 있지 않고 옆 오른쪽으로 치우친 모델이 있는데, 주니어 모델로 하급기다. 전면 실크 부분 하부 프레임이 2개이며(상급기는 3개) 내부 경첩 부분과 옆 에어 쇼바가 금도장이 되어 있지 않아 쉽게 구분 가능하다. 사운드는 두 제품이 동일하다. 크리덴자 사운드는 기본적으로 웨스턴과 동일하다. 오히려 보컬에 있어서는 생동감이 더한 특징이 있다. 복스바늘부분에 리프로듀서를 놓고 증폭된 사운드를 전기신호로 바꿔 진동시키면 스피커로도 사용 가능한데, 일본에는 이를 제품화하여 판매하는 회사도 있어 그들의 강한 취미성에 놀란 기억이 난다.

어떻든 좋은 판을 들어보면 전기적 확성 장치가 도저히 따라올 수 없는 생동감 있는 음색을 들을 수 있는데, 그래서인지 최근에는 마니아층이 한층 두터워진 것이 사실이다(사실 명반은 SP판에 다 있다 하여도 과언이 아니다). 그에 따라 가격도 많이 상승하여 깨끗한 제품은 천만 원을 훌쩍 넘어버렸다. 이럴 줄 알았다면 저렴할 때 여러 대를 구입해놓지 못한 것에 아쉬움이 남는다. 실컷 보고 듣고 장식품으로 사용하여 집안의 품위도 높이면서 가치는 계속 오르니 말이다. 사실 잘만 관리하면 오디오와는 달리 앞으로 백 년은 이상 없이 동작할 것이라 추정하는데, 결국 골동품화되는 추세다. 아메리칸 아날로그 사운드의 극단이라는 생각이 들어 더욱 애착이 간다.

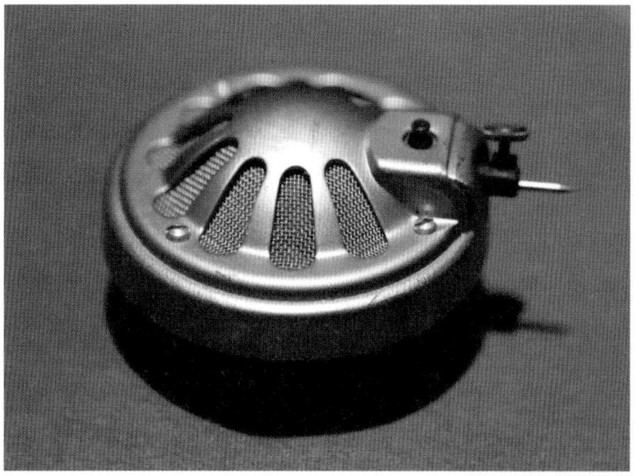

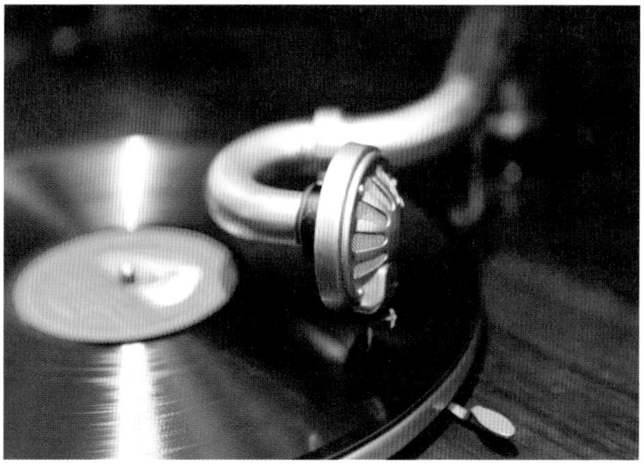

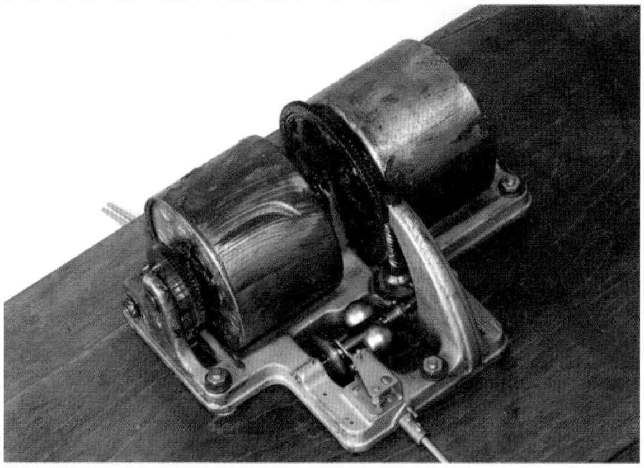

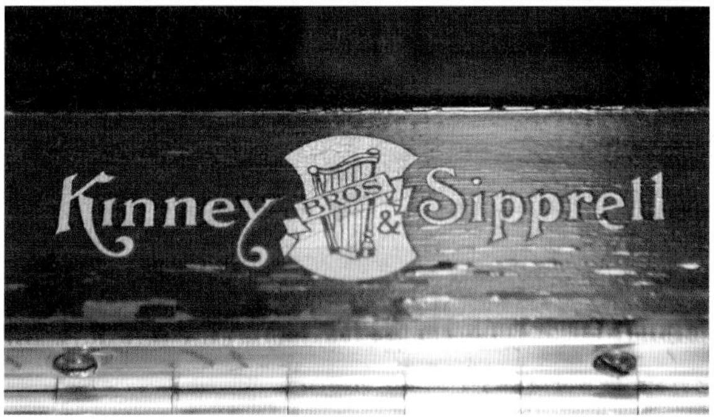

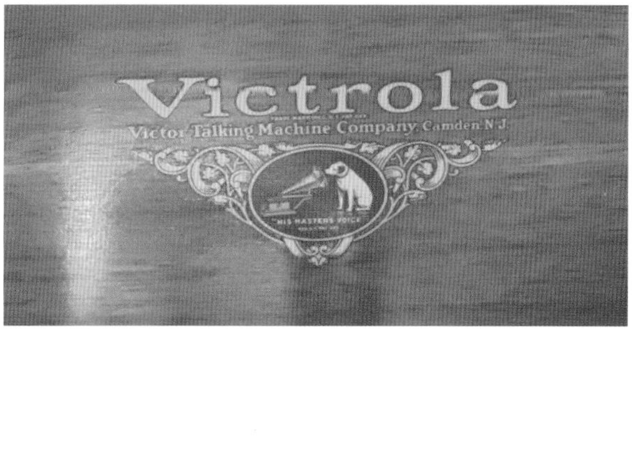

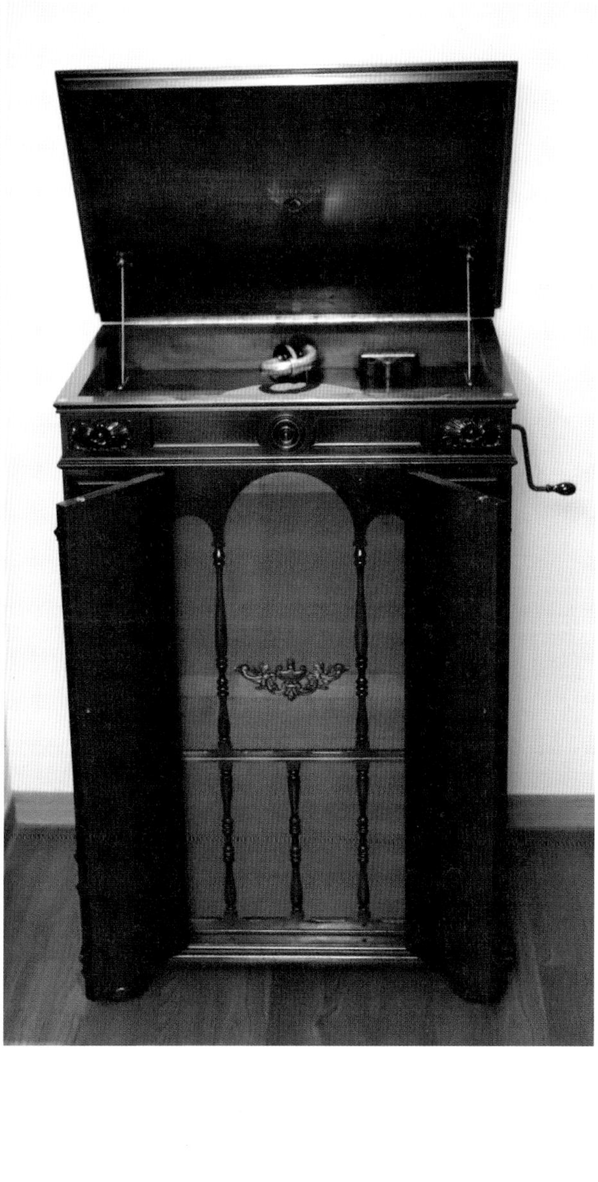

››
(맨 위부터) 금장 보호막으로 커버된 복스(좌)와 동작되고 있는 모습(우)
크리덴자 내부 2개의 더블 스프링, 구동부(좌)와 크리덴자의 전체모습(우)
Kinney Sipprell사 특주품을 나타내는 마크로, 당시 전시용으로 유명사들이 빅터로라에 특주했다.

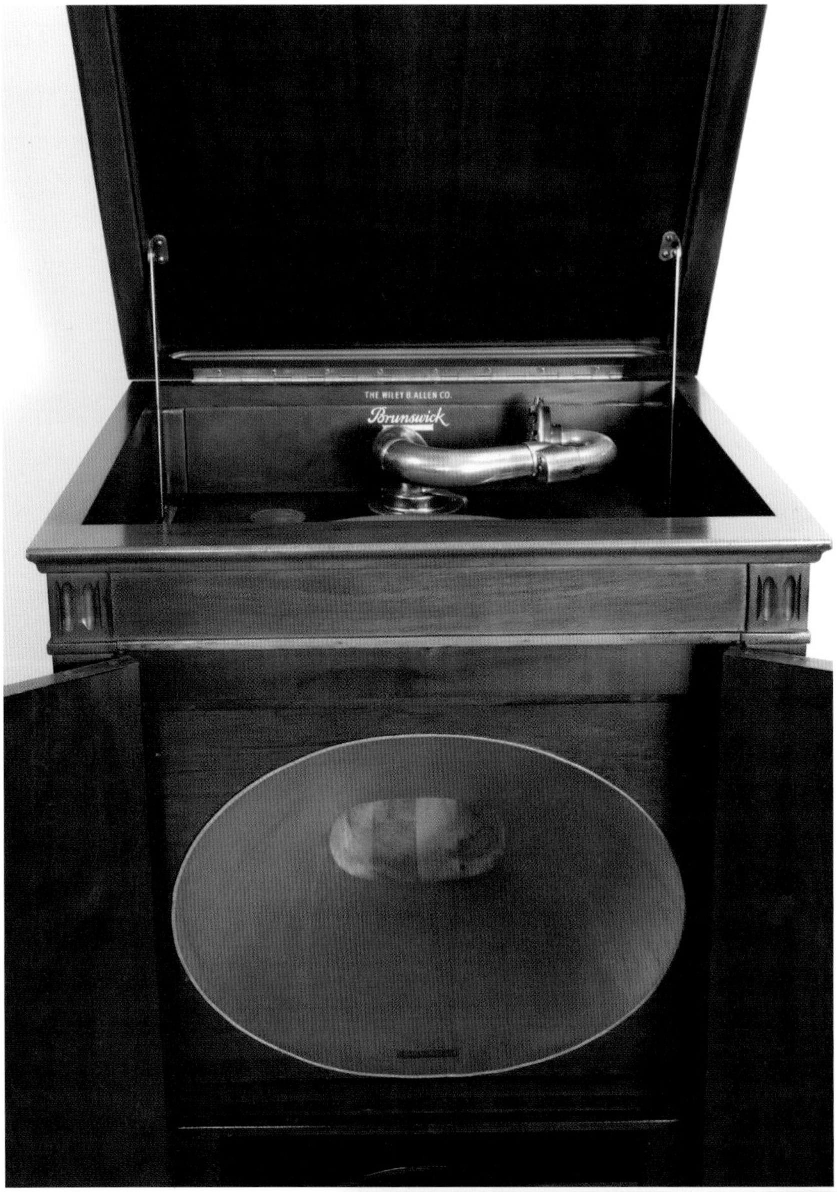
THE WILEY B. ALLEN CO.
Brunswick

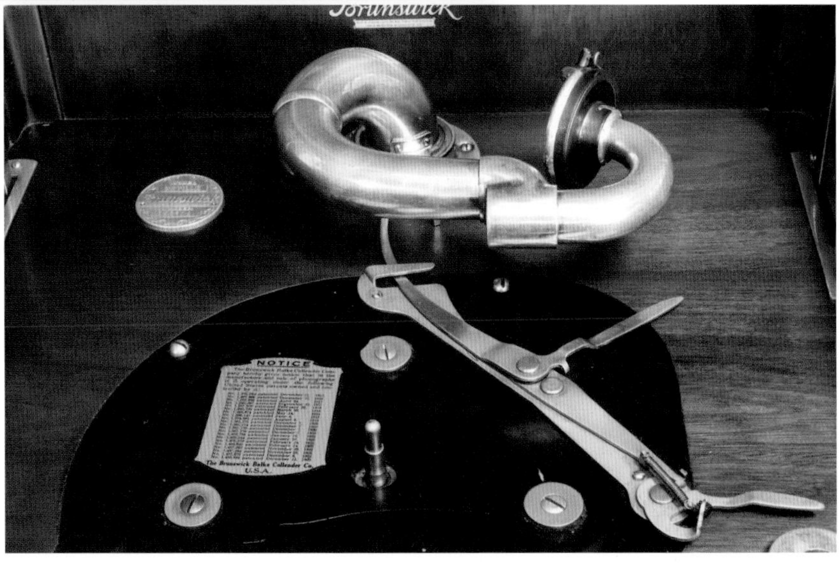
NOTICE

Brun-Swick Seville Gramophone

모터 장치를 품은 유성기

"바람아 불어만 다오 그 바람을 타고 즐겨줄 테니 마치 술을 타고 놀 듯…. 바람에 날려가지 않고 술에 소유당하지 않고 닥쳐오는 대상에 저항하지 않고 삶을 흐르게 하고 싶다. 그러나 살다 보면 바람도 잔잔해 속이 답답한 날이 부지기수라 무작정 바람 기다리기도 지칠 때가 있다. 그러면 이제 바람을 일으켜야 한다. 가슴 저 깊은 곳에서…" 그러나 그도 여의치 않아 선풍기로라도 바람을 일으켜 그 바람에 몸을 내맡기면 그제야 좀 숨통도 트인다.

벌써 여름 날씨로 접어들어 한낮의 기온이 36도를 넘어서면서 후덥지근한 답답함이 가슴을 짓누른다. 무엇을 해도 의욕이 싹트지 않고 그저 흘러가는 시간만 탓하게 되는 날, 문득 낡은 선풍기를 꺼내 들고 청소에 나선다. 족히 50년은 되어 보이는 선풍기지만 디자인이나 색깔이 친근감이 가서 정성스레 보수에 들어갔다. 칠도 벗겨지지 않고, 부품이 녹슨 곳도 없어 더욱 애착이 가는 웨스팅하우스(Westing-House)의 110V용 선풍기다. 전원을 넣자 신품처럼 선풍기가 돌기 시작하고 바람이 불어댔다. 요즘 선풍기와는 다른 시원하기 그지없는 바람이 필자의 얼굴 위로 쏟아졌다. 그리고는 눈을 감고 그 바람을 즐겼다. 세상의 바람도 다 이러하리라. 즐기려면 즐길 수도 있고, 저항하면 날려갈 수도 있는 게 바로 바람이다.

"바람아 불어만 다오 만약 불지 않는다면 내가 일으켜 불게 하리라. 가만 있으면 바람도 일지 않는다. 그러나 내가 달리면 그제야 귓가에 바람이 스쳐가는 즐거움을 맛본다." 꺼낸 김에 선풍기 옆 구석에서 브론스윅(Brun-Swick) 유성기를 내어 놓았다. 모델 세빌레(Seville)라는 유성기로 태엽식이 아닌 전동식, 즉 110V

»
내부 타원 우드혼(상단)와 내부 스틸암 그리고 복스와 스톱퍼(하단)

모터로 돌리는 특별한 제품이다. 브론스윅은 볼링 기구 제조사로 더 유명하다. 그들의 나무 다루는 기술을 총동원하여 1930년대에 전동식으로 만든 유성기가 바로 세빌레다. 무언가 탄탄하면서도 중후한 디자인으로 마감되었는데, 내부의 혼은 노란 집성목 타원 혼으로 상당히 아름답다. 전면 실크 그릴을 앞으로 떼어 내면 그 속에 유려한 나무 컬러의 우드 혼이 자리 잡고 있다. 전체적으로는 로코코 양식을 기본으로 한 조각에 마호가니 원목과 합판으로 마감되었다. 다크 브라운의 전체 컬러는 자연스럽게 집안 가구에 어울리도록 무광 오일 스테인으로 마감되었으며, 사이즈도 크지 않아 쉽게 세팅할 수 있는 장점이 있다.

턴테이블 플래터 위의 녹색 천만 삭아 떨어졌지, 그 외의 부분은 거의 신품과 동일한 상태이다. 전원 입력선은 고무 피복 위에 면을 씌운 것이어서 이미 부식되어 삭아 없어졌다. 전원선부터 다시 만들어 부착하고 스위치를 넣자 서서히 돌기 시작했다. 말라붙은 그리스 오일을 보충하자 즉시 정속이 나왔다. 스피드 컨트롤을 작동시키지 않아도 모터의 동작 상태가 완벽하고 쉽게 정속도를 얻을 수 있었는데, 기본 모터 외에 정속 기구나 컨트롤 방법은 예의 태엽식 유성기와 모두 동일한 방법을 사용하고 있었다. 세빌레의 장점은 태엽을 일일이 감을 필요 없이 장시간 SP음반을 감상할 수 있다는 것이다. 모터가 장착되었기 때문에 태엽보다는 힘 있게 돌아 소리에도 상당한 영향을 끼친다. 복스는 두랄루민 탄젠셜 에지의 일반형이다. 물론 고무 와셔는 굳어 있어 소리를 듣는데 지장 있나 의심했지만 전혀 이상 없이 작동해 안심했다.

»
웨스팅하우스 110V용 선풍기(좌)와 내부 전기 모터 구동부(우)

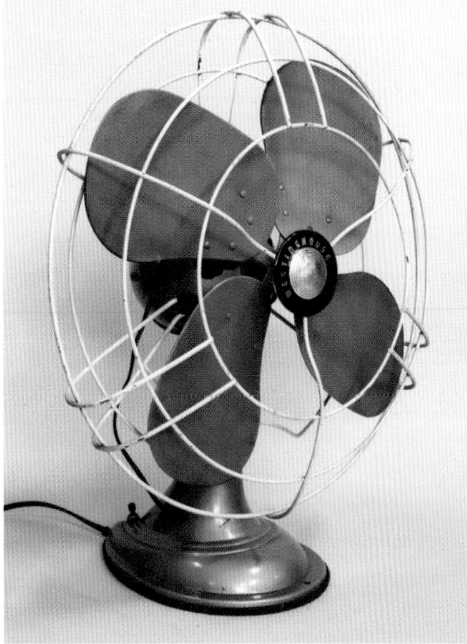

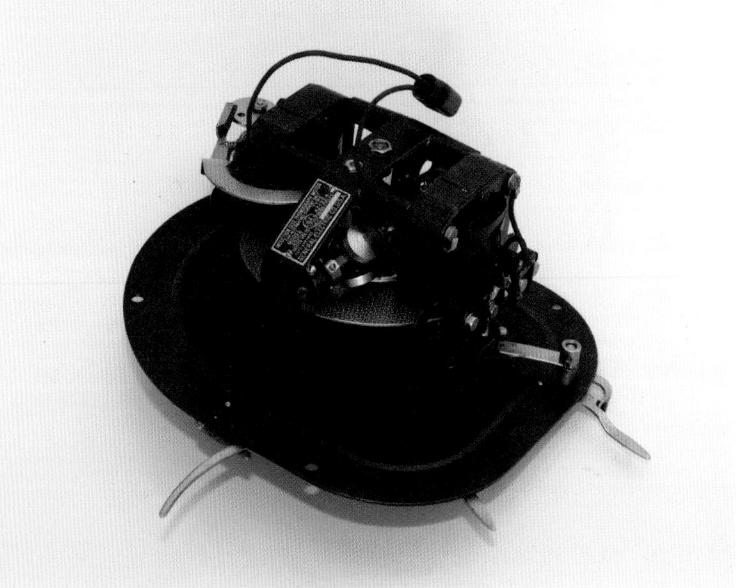

80여 년 된 기계들이 이상 없이 동작할 때 필자는 상쾌한 바람을 느낀다. 그냥 스스로 즐겨 보려고만 하면 여지없이 상쾌한 기분이 되어 그 바람을 즐길 수 있다. 상판 커버를 열면 거기에 아담하고도 유려하게 복스 암과 플래터가 자리하고 있다. SP음반을 올리고 스위치를 넣으면 모터가 돌고 즉시 78rpm이 나온다. 복스를 얹으면 소리가 나오는데, 역시 우드 혼의 부드럽고도 온도감이 있는 굵직한 음색이라는 것을 알 수 있다. 바이올린의 경우 실제 바이올린 사운드처럼 고혹적이면서도 사실적인데 감탄하지 않을 수 없다. 성악은 인간의 목청 음량만큼 올라가며 한마디로 실감난다. 78rpm으로 도는 상태에서 음반만 바꾸면 연속적으로 음악 감상에 임할 수 있는데, 그 소리 크기나 음색, 사실적 표현에 박수를 보낼 만큼 매혹되었다. 약하게 웨스팅 하우스 선풍기를 틀어 놓고 유성기를 듣는 초여름의 서정은 가히 누가 뭐래도 파격적 바람이다. 저 멀리 옛 삶의 추억에서 불어오는 고혹적 산들바람…

»
문짝이 닫힌 외형(좌) 브론스윅 세빌레 유성기(우)

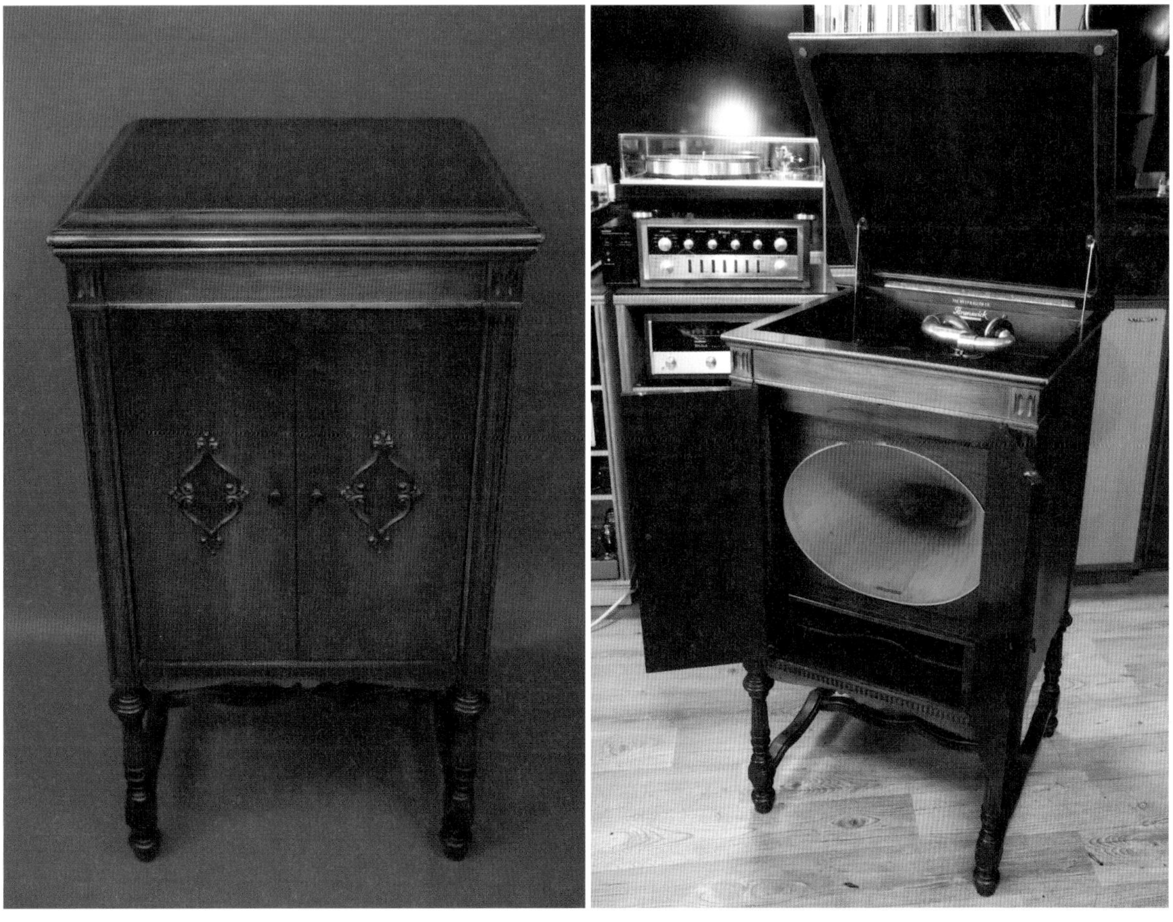

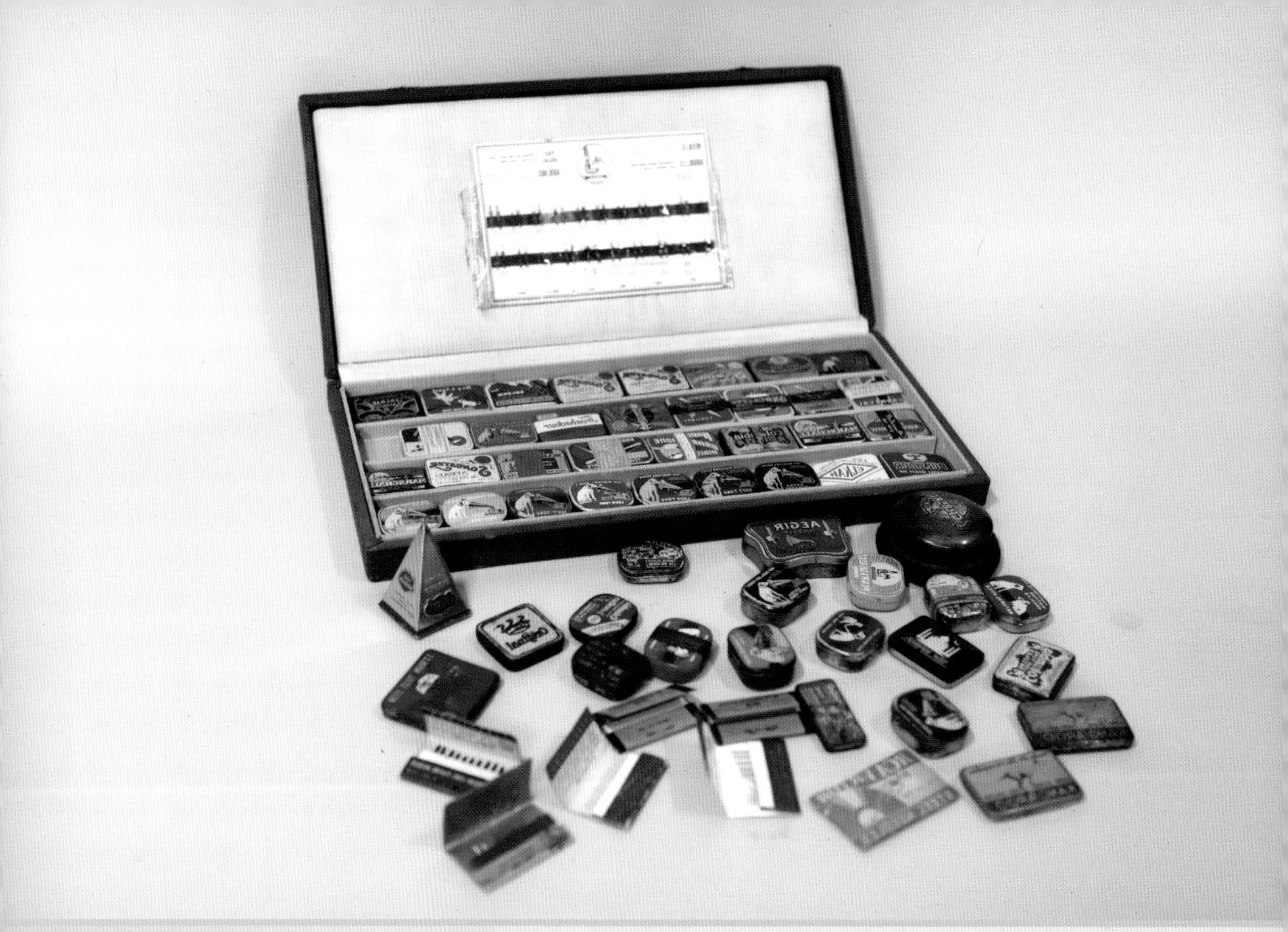
AEGIR

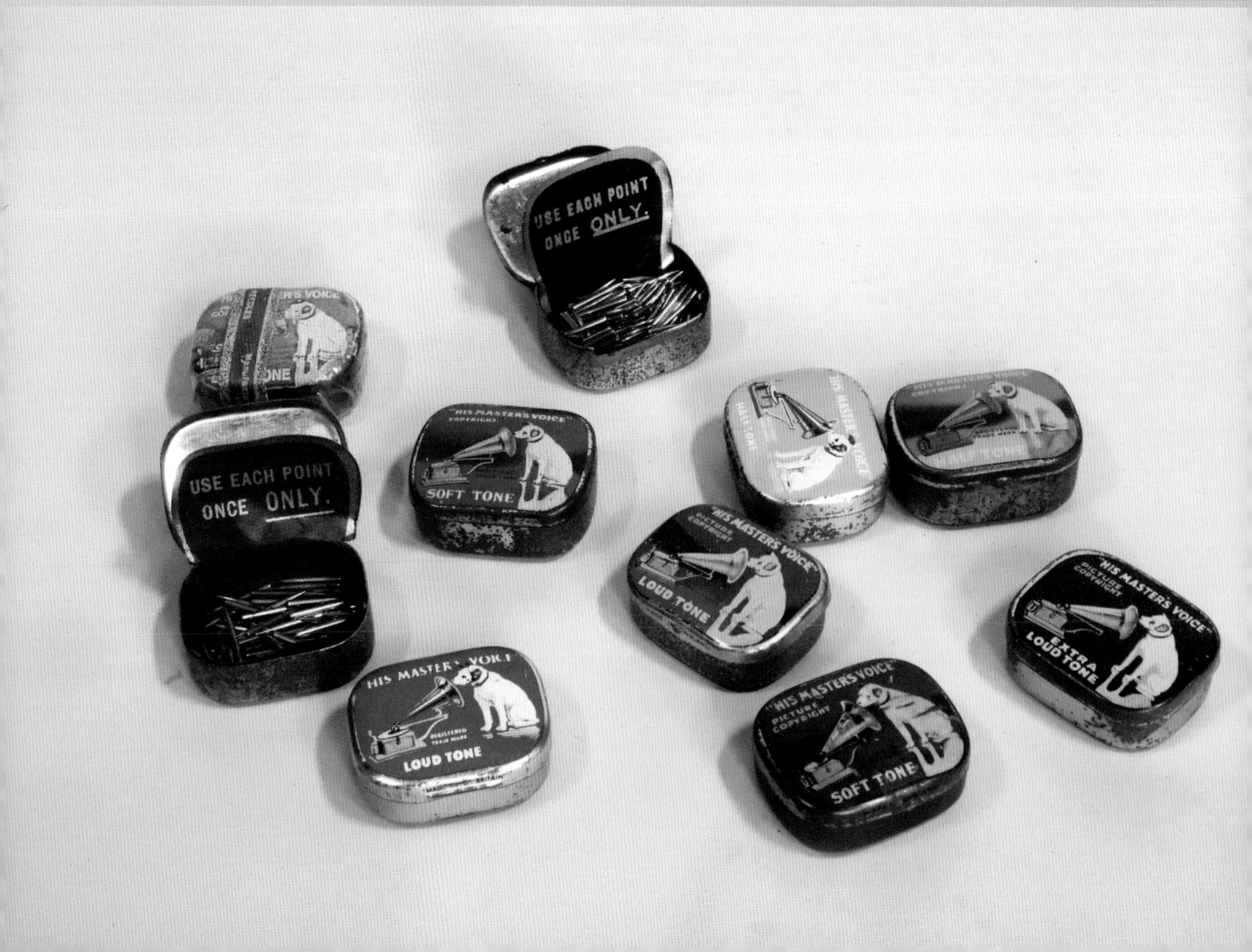
USE EACH POINT
ONCE ONLY.
USE EACH POINT
ONCE ONLY.
"HIS MASTERS VOICE"
COPYRIGHT
SOFT TONE
HIS MASTER'S VOICE
REGISTERED
TRADE MARK
LOUD TONE
"HIS MASTERS VOICE"
PICTURE
COPYRIGHT
LOUD TONE
"HIS MASTER'S VOICE"
PICTURE
COPYRIGHT
EXTRA
LOUD TONE
"HIS MASTERS VOICE"
PICTURE
COPYRIGHT
SOFT TONE

유성기 바늘과 니들 박스

유성기 수집가라면 그와 병행해 유성기 바늘 수집가가 되는 경우가 많다. 요즘 콘셉트로 말한다면 그 둔하디 둔한 유성기 사운드에 음질 변화가 얼마나 있겠는가 하겠지만, 그게 그렇지가 않다. 유성기 바늘에 따른 음색 변화나 음질 변화는 최근의 고급 카트리지들의 섬세한 음질 변화보다도 그 편차가 클지도 모른다. 유성기 바늘은 그 재질에 있어 대단히 다양한 양상을 보인다. 가장 흔한 것은 강철제 니들이다. 강철제도 단순하게 마감된 것이 아니라 철의 가공 강도와 두께, 모양에 따라 여러 가지 타입이 있으며, 그 각자의 음량이나 음질이 모두 다르다. 유명한 영국 HMV의 니들은 기본적으로 1번 사용하는 타입(Use Once Only)으로, 유성기 바늘의 기본이다. 강철을 가공한 1개의 바늘로, SP 음반 한 면을 들을 수 있게 가공되었다. 즉, 한 번 들으면 바늘이 편마모되도록 제조해서 SP 음반 자체의 손실을 최소화하면서 자연스러운 음색으로 사운드를 마감한다. 그러나 그들의 SP 니들은 형태에 따라 엑스트라 라운드 톤(Extra-Loud-Tone, 검은색 니들 박스), 라우드 톤(Loud-Tone, 붉은색 니들 박스), 할프 톤(Half-Tone, 노란색 니들 박스), 소프트 톤(Soft-Tone, 초록색 니들 박스)가 있으며, 라우드 톤에서 소프트 톤으로 갈수록 바늘이 얇고 섬세해지며, 음질도 동일한 패턴으로 변한다.

바늘 박스 겉면의 니퍼 그림이 아름다운 HMV 니들 박스는 수집가들의 수집 대상 1호이며, 전통적 SP 사운드 재생의 기준이기도 하다. 필자가 사용해 본 경험으로 SP음반 음구 손실도 적으며, 중역이 두툼하고 재생 음이 사실적인 특징을 가지고 있다. 내용물인 니들보다 오히려 박스 자체의 아름다움 때문에 구하는 사

»
각종 니들 박스와 박스 보관함(상단. 사진의 앞 맨 오른편 두 개는 캉가루로 유일한 국산 니들이다)
각종 HMV 니들 박스(하단)

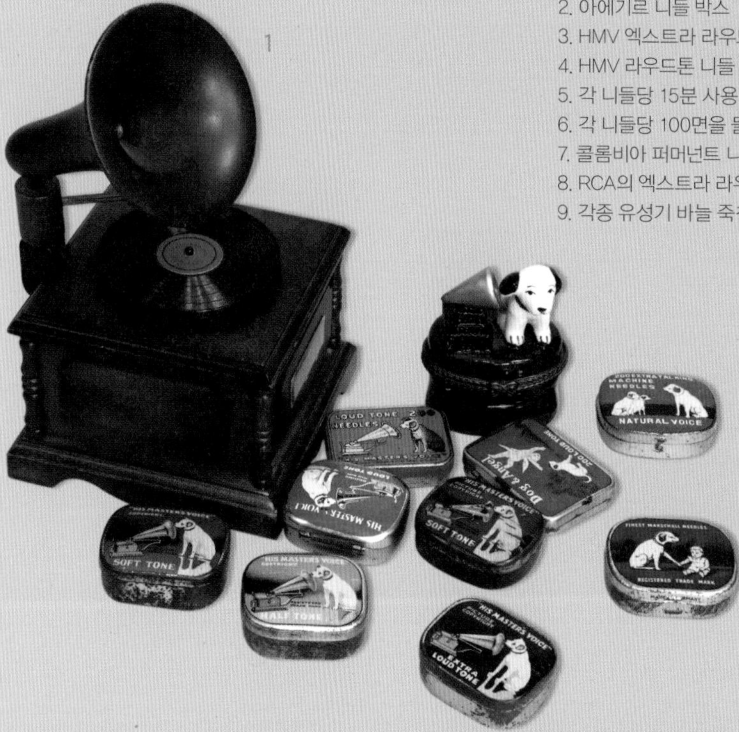

»
1. 여러가지 HMV 니들 박스
2. 아에기르 니들 박스
3. HMV 엑스트라 라우드톤 니들 박스
4. HMV 라우드톤 니들 박스
5. 각 니들당 15분 사용가능한 세미 퍼머넌트 골든 피라미드 니들 박스
6. 각 니들당 100면을 들을 수 있는 콜롬비아 퍼머넌트 니들
7. 콜롬비아 퍼머넌트 니들 포장 외형
8. RCA의 엑스트라 라우드 톤 니들 100벌크 포장
9. 각종 유성기 바늘 죽침과 금도금된 빅터롤라 텅스톤 퍼머넌트 니들이 보인다.

람들이 많은데, 비교적 힘들이지 않고 구할 수 있는 제품으로, 수집가라면 대부분 소지하고 있는 상황이다(실제 동작 시에는 한 번 사용하는 바늘의 경우 매번 교체해야 하기 때문에 불편함이 있어 유성기를 많이 듣는 마니아의 경우는 소위 약 10~20매의 SP음반 재생이 가능한 세미퍼머넌트(Semi-Permanent) 니들을 주로 사용한다). 이 방면에서 유명한 제품은 독일의 폴라 베어(Polar Bear) 니들과 미국 콜롬비아(Columbia)의 듀라골드(Duragold) 니들이다. 독일의 폴라 베어 제품은 초강성 강철을 사용해 가공한 것으로, 각 니들 몸체에 콘도르(Condor)라는 영문체로 글자가 음각되어 있으며, 복스에 집히는 부분은 붉은색 도장으로 마감되어 한 번 사용하면 도장이 벗겨지도록 고안되었다. 하단부에 양쪽으로 2개의 돌기가 나와 있어 쉽게 구분된다. 음이 명료하지만 약간 강한 톤을 유지하며, 세미 퍼머넌트 타입으로는 SP음반 음구 손상도 적은 편으로, 실제 사용 시에는 매 사용 시마다 바늘을 복스홀에서 돌려가면서 시청하는 것이 안전하다. 콜롬비아 세미 퍼머넌트 니들은 초강성 강철에 열처리를 한 후 금도금해 노란색을 띤다. 섬세하고 맑은 소리를 내며, SP 음반 손실 면에서는 폴라베어보다 불리하다. 그 외에도 독일의 마샬(Marschall)·아에기르(Aegir), 미국의 빅터(Victor)·송스터(Songster) 등 다양한 니들이 있으며, 각 회사마다 음색이나 수명 등에서 특징을 가지고 있다. 가장 장시간 사용 가능한 니들은 빅터롤라의 텅스톤(Tungs-Tone) 니들이다. 이 바늘은 끝부분에 별도의 강하지 않은 텅스텐 촉을 접합시켜 이 촉이 달면서 SP음반을 재생하도록 설계되었는데, 각 니들은 100~300매의 SP음반 재생이 가능하다. SP음반을 손상시키지 않고 니들 촉이 달면서 운행되는데, 수명이

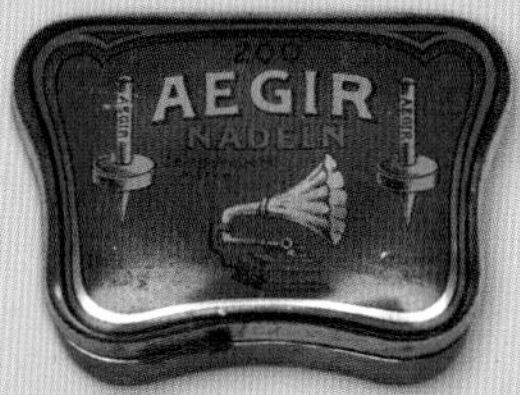

2

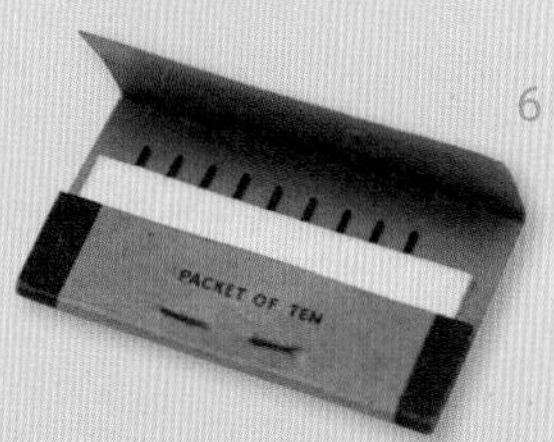

6

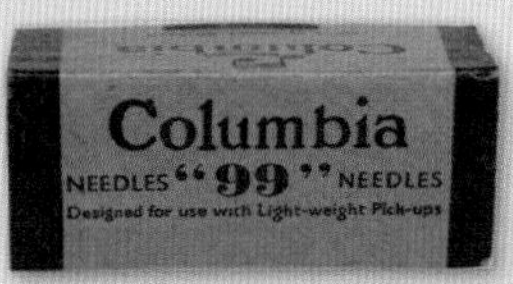

7

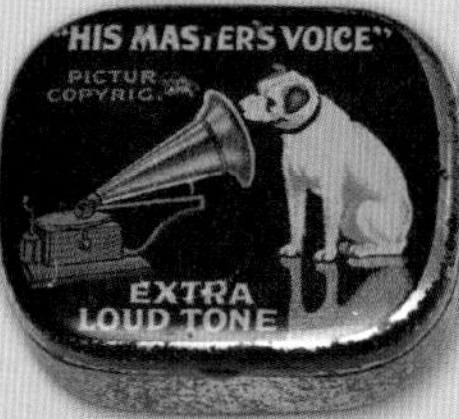

3

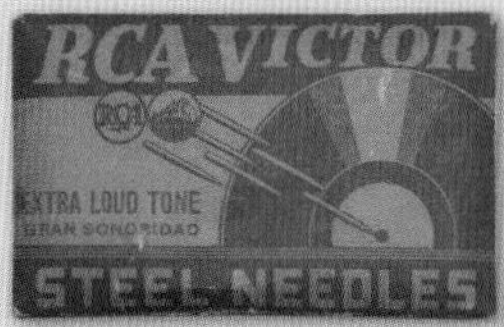

8

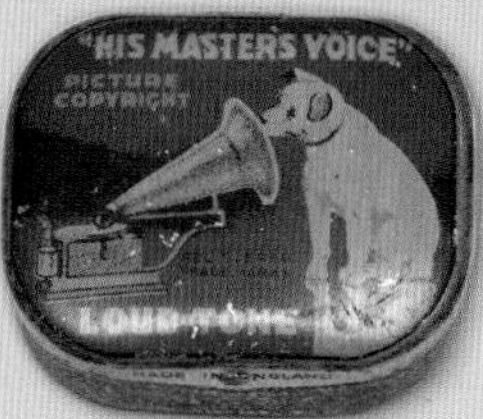

4

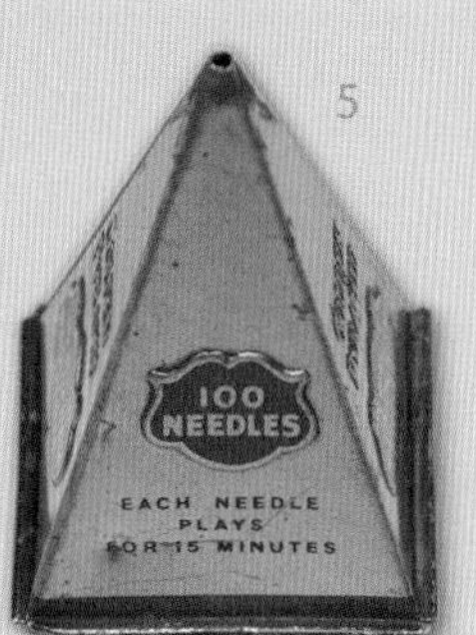

5

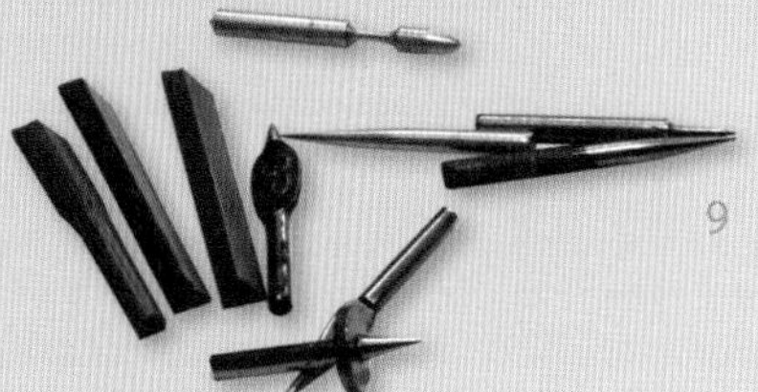
9

다하면 SP음반의 그루브를 읽지 못하고 미끄러지도록 설계되어 있다. 모양도 특이해 니들 중간에 깊은 홈이 파여져 있으며, 끝 부분에는 머리카락 두께의 촉이 약 1.5mm 나와 있는 것을 확인할 수 있다. 소리는 고역이 살아나오며 중역은 다소 얇다. 특히 저역감은 일반 바늘보다 많이 떨어진다. 다만 한 번 장착하면 거의 바늘 교환의 불편 없이 장시간 레코드 감상이 가능한 편리성이 있다.

가장 부드럽고 온도감이 높으며 자연스러운 소리를 재생하는 니들은 대나무를 사용해 만든 죽침이다. 죽침은 삼각형으로 가공해 딱딱한 외피 부위가 촉으로 사용되도록 복스에 장착된다. 한 번 사용할 때마다 죽침 전용 가위로 절단 후 재장착하도록 되어 있으며, 잘 건조된 고강성 대나무를 주로 사용하고, 집에서 만들어 사용해도 되는 것이 바로 죽침이다. 고역은 섬세하지 않지만 중·저역 특성이 좋고 부드러운 소리를 낸다. 가장 비싼 니들은 코끼리 상아로 만든 상아침이다. 이 상아침은 가격이 비싸지만 소리가 안정적이고 자연스러워 애호가가 많다. 끝이 닳으면 숫돌이나 사포로 갈아 쓰며, 구하기 쉽지 않은 유성기 바늘이다. 사용한 강철 바늘은 숫돌에 갈아 재사용이 가능한데, HMV에는 바늘을 재생시키는 SP음반 모양의 회전 숫돌도 있다. 유성기에 SP음반처럼 올려놓고 틀면서 사용한 니들을 복스에 장착 후 재생하면 사용된 바늘이 재생되고 재생 연마가 다 되면 저절로 회전을 멈추도록 설계되어 있다. 하지만 가능한 신품 바늘을 사용하는 것이 소리도 좋고 SP 음반 손실도 적어 재생 니들 사용이 권장 사항은 아니다.

H.L. Schroeder Radio Receiver
대중매체로 거듭난 라디오

AKAI 1710W · M-7 Tube Reel Recorder & Reel Tape
릴 테이프를 따라 흘러나오는 소리

Nordmende Tube Radio
마지막으로 소유할 단 하나의 음향기기

TFM-8100WA Sony Radio
오디오 세계로의 유혹

Bayreuth 5552MX Hifi Stereo
텔레푼켄 베이루트 디럭스 장전축

Revox G36 · B77 MK II
유유자적한 회전

Shure 55B와 RCA 77DX 마이크 세팅

RADIO
라디오

RECORDER
녹음기

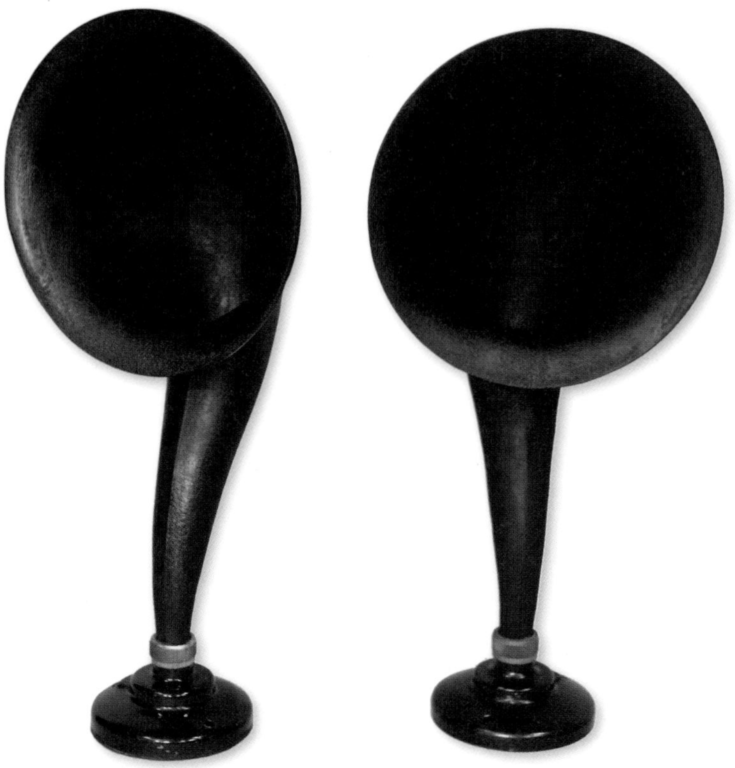

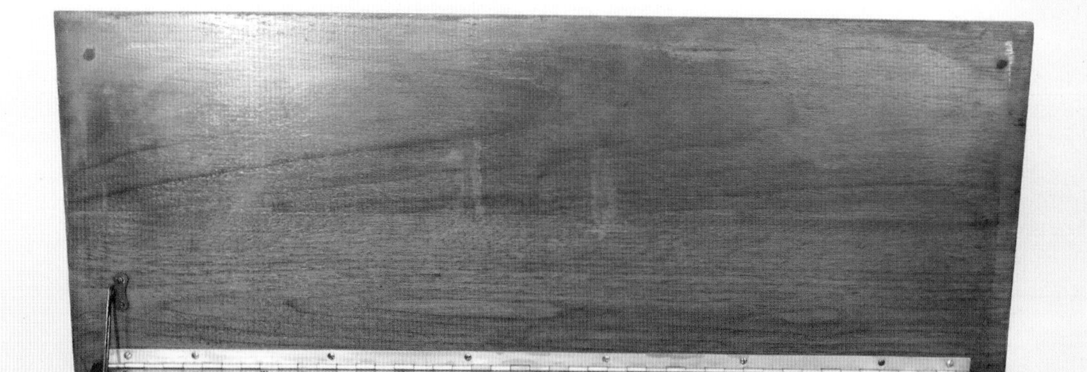

H.L. Schroeder Radio Receiver

대중매체로 거듭난 라디오

1857년 프랑스 레옹 스콧(Edouard Leon Scott de Martinville)이 에디슨 원통형 축음기와 비슷한 포노오토그래프(Phonoautograph)를 발명했고, 1877년 4월 역시 프랑스 샤를르 크로(Charles Cros)가 에디슨과 거의 비슷한 유성기 팔레오폰(Paleophone)을 발명해놓은 상태에서 발표 시기를 잡던 중, 같은 해 12월 에디슨이 대중 앞에서 공개 시연회를 열어 포노그라프(Phonograph)라는 유성기가 세계 최초의 음성 녹음 재생 유성기로 기록되었다. 시연회에서 에디슨은 '메리는 작은 양을 가졌네(Mary Had A Little Lamb)'를 직접 불러 녹음을 하고 재생했는데, 동(Copper) 실린더에 주석 호일을 감고 그 위에 인치당 10개의 소리 골(Groove)을 새긴 후 수동으로 돌려서 재생하는 원시적 실린더 유성기로, 주석 호일을 실린더로 사용했기 때문에 틴 포일(Tin Foil)이라 부르기도 했다.

이후 1887년 독일 에밀 베르리너(Emile Berliner)가 그라모폰(Gramophone)이라는 원반 유성기(72 rpm)를 발명해 대량 음반 생산이 가능해졌고, 셀락 SP음반이 비로소 대중적 사운드 재생의 문을 연 셈이 되었다. 엔리코 카루소는 SP음반 취입으로 인해 일약 스타가 되었고, 최초의 카루소 녹음 음반은 1902년에 발매되었다. 1925년부터는 집음기에 의한 어쿠스틱 녹음에서 벗어나 마이크를 사용하는 전기녹음이 시작되었으며, 1948년 미국 콜롬비아사에서 LP 모노 음반을 발표해 10인치로 15분, 12인치로 25분 정도를 녹음했다. 1958년 RIAA(Recording Industry Association of America Inc.)커브가 국제화되어 스테레오 LP가 실용화되며, 이때부터 1965년까지 약 7년 동안 소위 LP 황금시대가 열린다. 영국 콜롬비아, HMV, 데카, RCA, 머큐

>>
슈로더 라디오 마그네틱 혼(상단)과 리시버 본체(하단)

리 등에서 최고의 바이닐 음반들이 이때 발매되었다. 드디어 1981년 4월 15일 필립스, 소니, 폴리그램 등의 연합 기술을 바탕으로 카라얀이 참석한 가운데 CD의 최종 규격과 시연회를 개최하면서 디지털 음반 시대가 열린다. 이것이 대략적 음향 재생기와 관계된 우리들의 레코드 발전사다.

1877년 에디슨이 유성기를 발명한 직후 그 인기에 힘입어 라디오 방송도 덩달아 발전하는데, 최초의 라디오 방송 수신기도 이 무렵 상품화되었다. 초기 버전은 원시적인 광석 수신기였고, 진공관이 발명되면서 뉴트로다인 3구, 슈퍼헤테로다인 5구 등 기술적 발전과 함께 라디오 수신기도 줄지어 상품화된다. 초기 라디오들은 고가품이어서 대부분 원목 케이스에 육중한 코일과 바리콘, 트랜스 등을 탑재하고, 벌룬관을 장착하고 있다. 가장 많이 쓰는 관은 UV–216·202 이외 UV–200 시리즈와 UX–200·201·210·250·281 등의 UX–200 시리즈였으며, 3극관을 검파와 증폭 역할용으로 동시 사용한 것이 특징이다. 이 시기에 등장하는 라디오 회사는 저 유명한 웨스턴(Western), 드 포리스트(De Forest), 앳워터 켄트(Atwater–Kent), 마그나복스(Magnavox), RCA(Radio Corporation of America), 슈로더(H.L. Schroeder) 등이며, 모두 후기 진공관 앰프 시절까지 유지되는 회사들이다. 이 중 비교적 마이너 레이블 라디오로 슈로더 1924년 모델을 소개해보기로 한다.

당시 라디오 방송은 대부분 단파 위주였으며, 지금의 라디오 방송과는 차원이 달랐다. 초기는 헤드폰과 같은 이어폰으로 스피커를 대신하다가 후기에는 각 사에서 혼이 달린 라우드 스피커를 발매한다. 스피커라고 해봤자 전면에 혼이 달린 하이 임피던스 마그네틱 타입으로, 미세한 음량으로만 재생된다. 이 와중에 개선을 위한 연구가 진행되고 적용되어 소비자들의 귀를 유혹했는데, 사실적이면서 각 주파수 대역을 평탄하게 하려고 연구한 흔적이 여기저기 엿보이며, 가장 인간의 목소리와 흡사한 재생이라는 선전 문구도 많이 보인다. 마그네틱 혼은 지금의 스피커처럼 별도로 판매되었으며, 당시 가격으로 대당 20~30달러 정도하는 고가품이었다(라디오 본체는 60~100달러 선).

슈로더는 두 개의 RCA 모델 UZ–1325 라우드 스피커 혼을 사용하는 슈퍼헤테로다인 라디오다. 케이스는 모두 증기로 찐 오크 원목이며, 5개의 UX–201A가 내부에 장착되어 검파 및 증폭관으로 사용되었다. 모든 배선은 솔리드 사각 스틸 봉을 사용해 완성되었고, 내부의 바리콘이나 트랜스 코일 들이 마치 먼 우주로부터 날아 온 외계의 우주선 같아 이국적이다. 3개 코일의 비스듬한 배치는 각자 각도가 다르게 조정되어 있는데, 우주 레이더 안테나 같은 기분이 들어 환상적이다. 커버를 열고 내부를 보면 시각적 아름다움이 가히 일품이라 말할 수 있는데, 소리는 나지 않지만 그 소리가 부드럽게 울려 퍼지는 듯하며, 보는 재미만으로 가치가 충분히 있다. 진공관과 코일 등 여러 부품이 라디오 상자 안에서 협심해서 합주한다는 착각을 일으키게 한다. 소리를 내 보는 것은 어렵지 않으나 별 의미가 없는 듯해 시각적 감상용 라디오로 한 번 소개해본다.

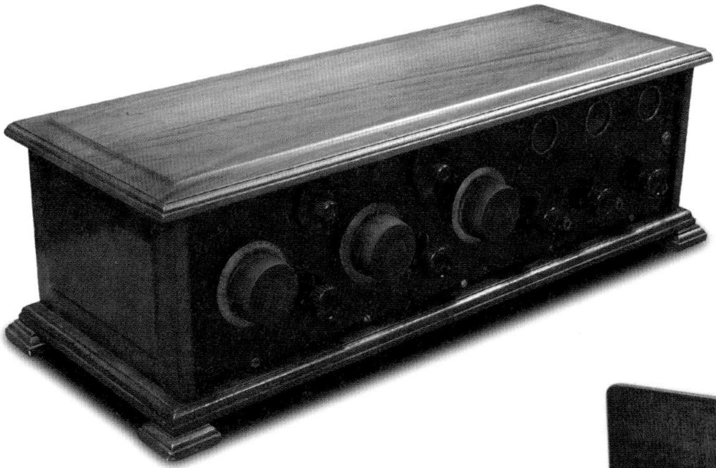

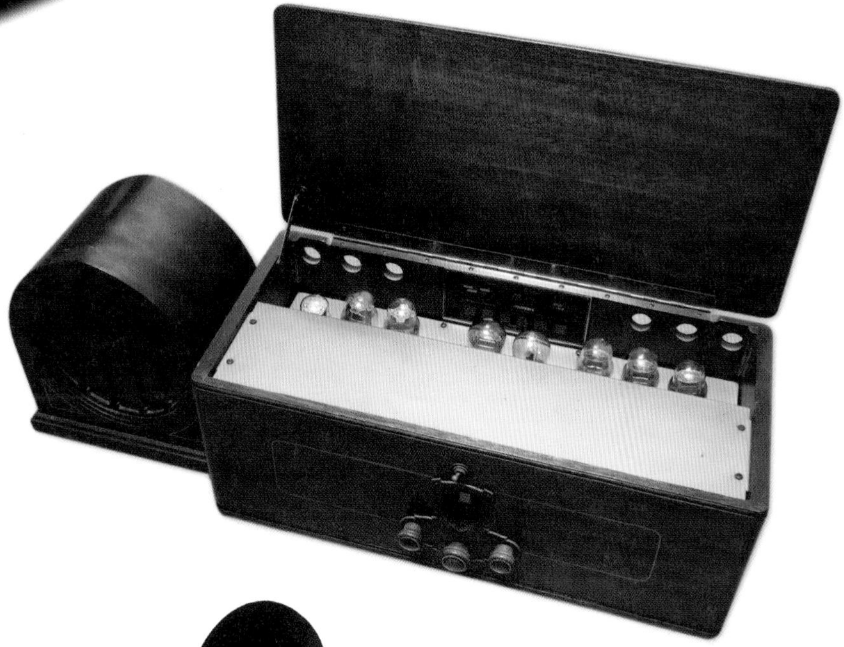

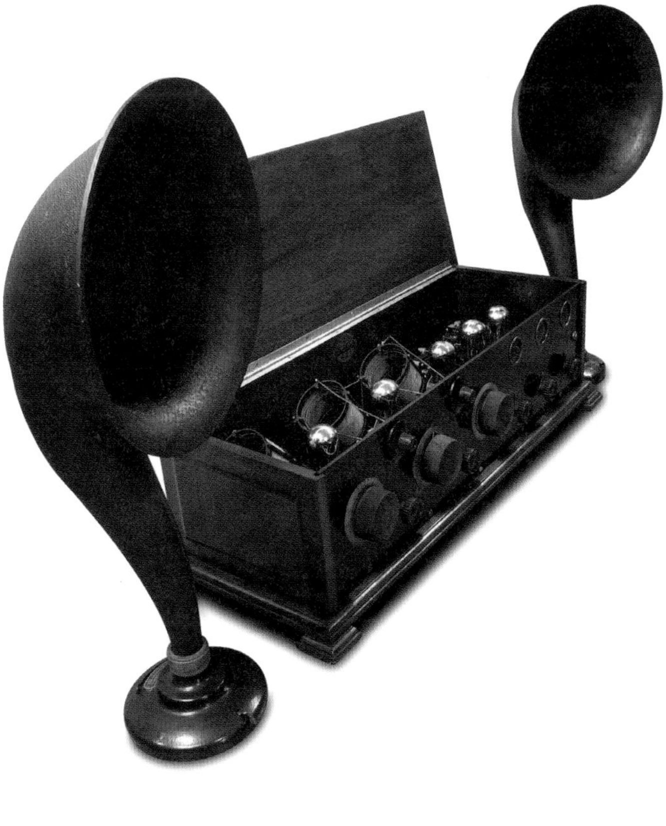

»
(맨 위부터)
솔리드 오크 우드 외함
동시대 타사제품
RCA 혼을 거느린 슈로더
내부 수신용 바리콘과 코일

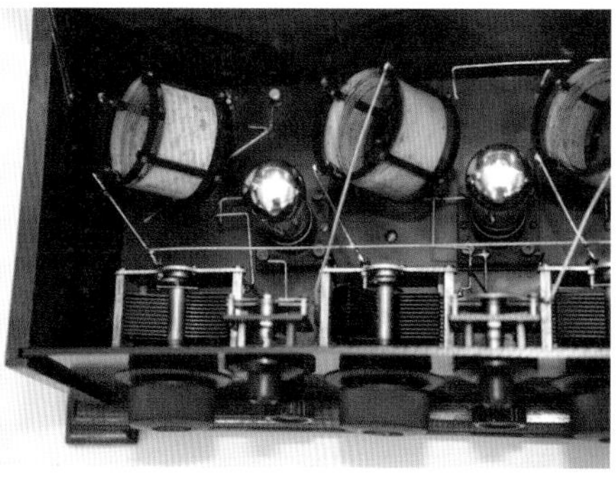

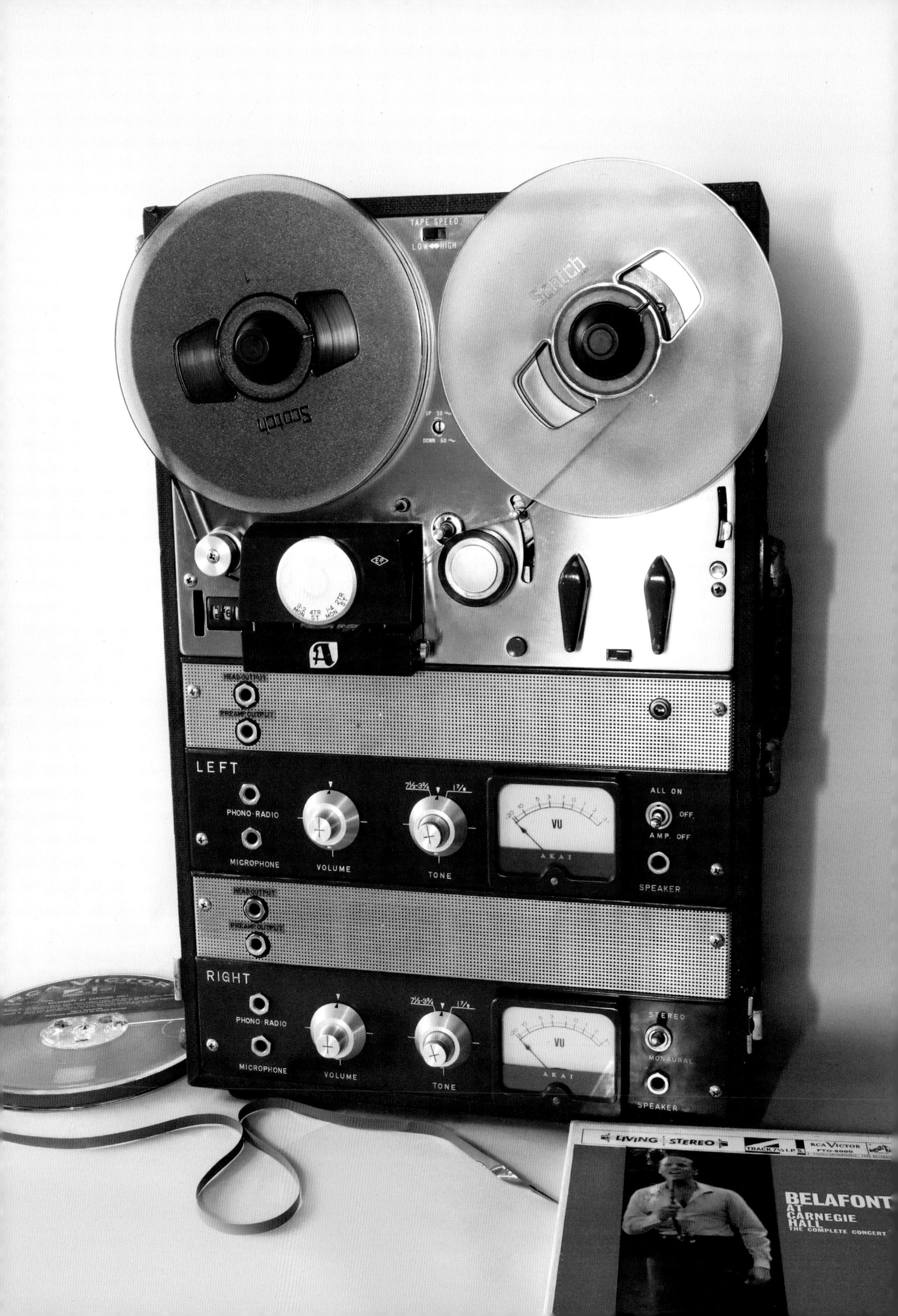
TAPE SPEED
LOW HIGH
Scotch
Scotch
HEAD OUTPUT
PREAMP OUTPUT
LEFT
PHONO·RADIO
MICROPHONE
VOLUME
TONE
VU
AKAI
ALL ON
OFF
AMP. OFF
SPEAKER
HEAD OUTPUT
PREAMP OUTPUT
RIGHT
PHONO·RADIO
MICROPHONE
VOLUME
TONE
VU
AKAI
STEREO
MONAURAL
SPEAKER
RCA VICTOR
LIVING STEREO
RCA Victor
FTO-6000
BELAFONT
AT
CARNEGIE
HALL
THE COMPLETE CONCERT

AKAI 1710W·M-7 Tube Reel Recorder & Reel Tape

릴 테이프를 따라 흘러나오는 소리

나무상자 하나가 필자에게 배달되었다. 그것은 지인으로부터 온 선물이었다. 집에서 굴러다니는 일본제 녹음기인데, 이사 중에 버리려다가 필자에게 물어보고 버린다며 우송된 폐품이다. 나무 박스에 수납된 릴 녹음기는 언뜻 보아 TR인 것 같았는데, 내부는 모두 진공관으로 구성되어 있었다. 입력 전압을 110V에서 220V로 절환 후 전원을 넣어 보았다. 릴을 걸고 플레이 레버를 돌리자 돌기 시작했고, 잠시 후 소리가 났다. 테이프는 루이 암스트롱의 〈Hello, Dolly!〉라는 오리지널 KAPP 릴 테이프다. 우선 그 생생한 재생에 놀람을 금치 못했는데, 선명한 고역과 중·저역이 밀도감 있게 양쪽 스피커에서 퍼져 나왔다.

모든 동작 기능이 완벽했다. 월남전에서 삼촌이 가지고 들어왔다는 릴 녹음기는 그 장시간 동안 창고에서 썩고 있었지만, 기본 동작에 이상이 없을 정도로 견고하고 치밀하게 만들어진 내구성 있는 제품이라는 것이 느껴졌다. 우드 케이스를 분해하여 내부 청소부터 하고 싶었다. 수십 년의 세월이 먼지로 뽀얗게 내려 앉아 있었다. 그리고 모든 부품들과 진공관들은 원래 출시 상태 그대로 있었다. 6.5인치 알니코 풀레인지 타원형 스피커가 양쪽 옆에 장착되어 있고, 저항과 콘덴서들도 신품같이 반짝이며 위용을 드러내고 있었다. 견고하고 아름답다는 느낌이 들 정도로 질서 정연하게 하드와이어링된 사이로 거미집과 벌레집이 듬성듬성 자리하고 있는 것도 재미있었다.

진공관은 일본 NEC사 제품으로 12AT7 1개, 6AR5 3개, 정류관 6CA4 1개로 구성되어 있다. 출력관은 6AR5 싱글로 양옆에 아웃 트랜스가 대칭으로 배치되어 있다. 1개의 6AR5는 아마도 발진관으로 쓰는 것 같다. 싱글 앰프의 단아하고 정결하면서도 디테일이 선명한 특징이 잘 살아난다. 투명도도 훌륭한데, 사용된

»
M-7 진공관 릴 녹음기와 벨라폰테 카네기 홀 공연 오리지널 RCA 7″릴 테이프

저항이나 콘덴서류의 동작 상태가 매우 좋다는 인상이다. 양옆으로 장착된 스피커는 직접 사용자의 귀로 들어오는 것이 아니라 한 번 금속 반사 패널을 튕겨서 소리를 낸다. 금속 반사판의 각도를 조정해서 음의 확산 각도를 넓힐 수 있는데, 직접 듣는 것보다 한층 부드럽고 스케일 있게 재생되는 느낌이다.

»
1710W 진공관 릴 녹음기(좌) 루이 암스트롱의 〈Hello, Dolly!〉 오리지널 7″ 릴 테이프(우)

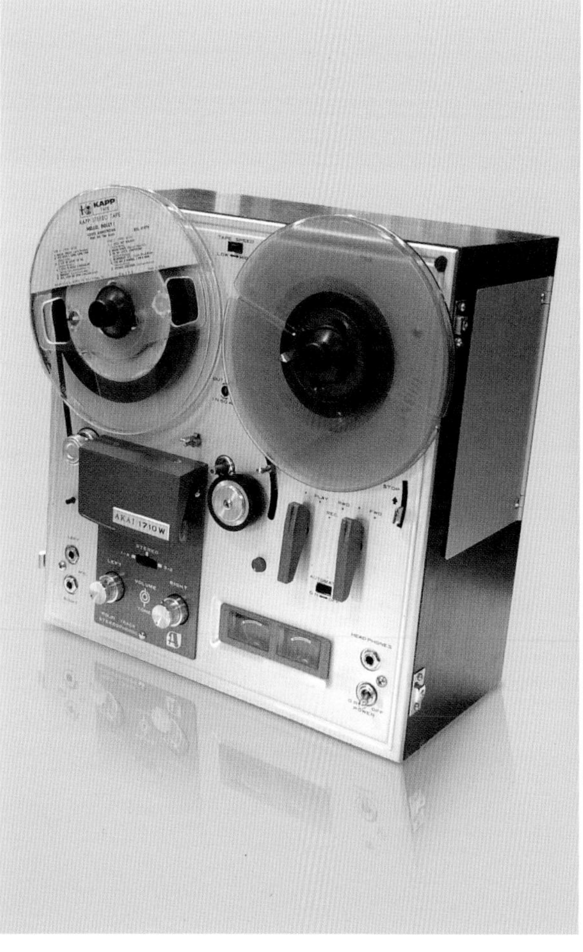

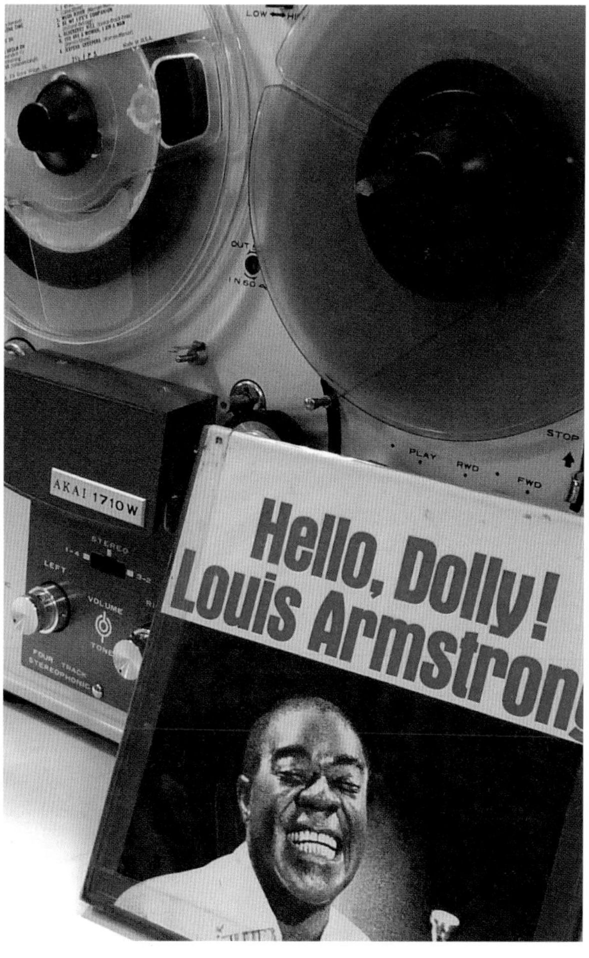

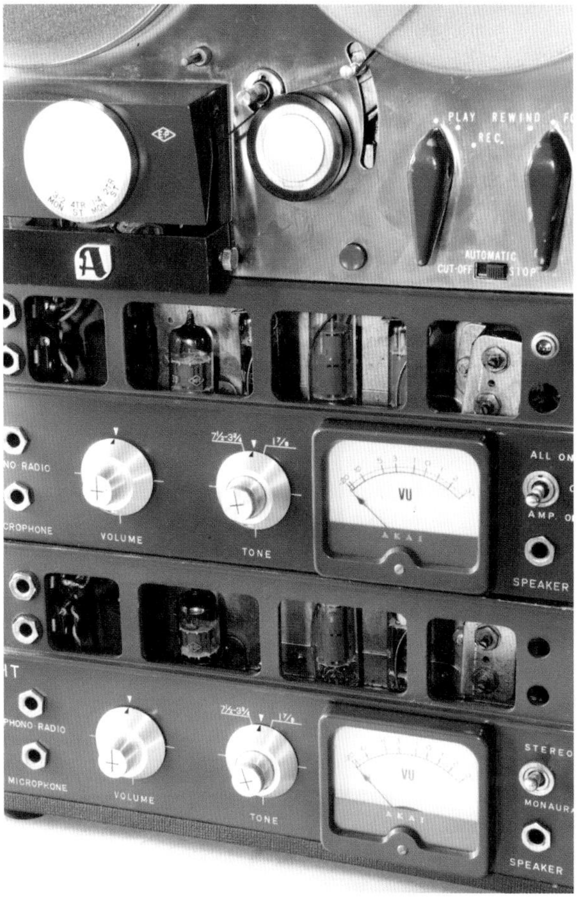

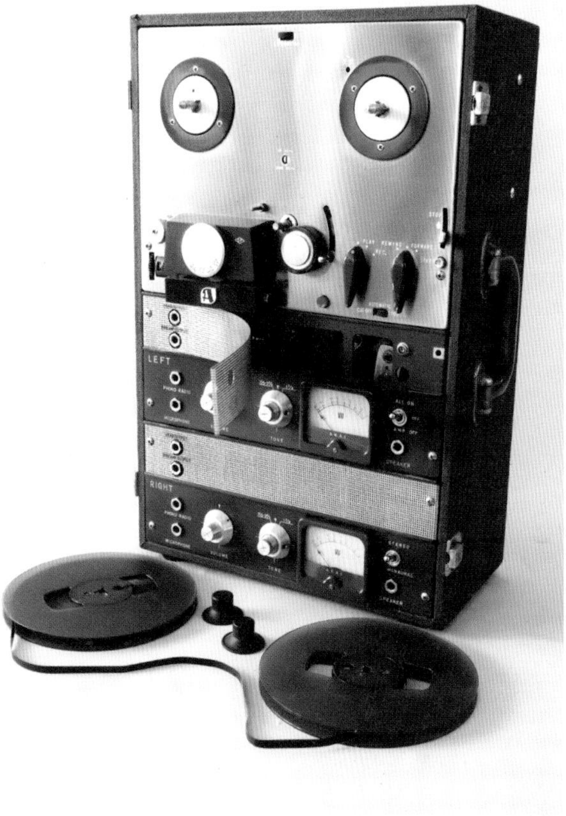

»
AKAI M-7 내부에 장착된 듀얼 모노 진공관 모습(좌)과 7″ 릴을 걷어낸 모습(우)

상부 중앙에는 7½ips와 3¾ips의 테이프 스피드 컨트롤 스위치가 있으며, 그 하부에 50·60 사이클 조절용 레버가 있어 뒷면과 함께 동일하게 맞춰야 한다. 핀치롤러와 캡스턴은 쉽게 교체 가능하도록 설계되었고, 스페어 캡스턴이 전면 중앙 헤드 커버 위에 있다. 하부에 마이크 입력 잭과 헤드폰 잭이 마련되어 있어 전면에서의 모니터링이나 마이크 녹음이 가능하다. 헤드는 일반적인 니켈 코어 헤드의 소거용과 녹음과 재생 헤드의 2헤드 구성이며, 헤드 아래에 톤 컨트롤과 볼륨 노브가 듀얼 모노로 구성된다. 음의 투명도로 볼 때 웬만한 TR 덱보다도 우수한 점이 있으며, 시각적으로도 매력이 있어 장식용으로도 한몫하는 재미있는 덱이다. 현재 거래되기도 하며, 가격이 저렴해 한 번쯤 시도해 볼 만한 아날로그 소품이라 생각한다.

M-7은 1710W의 전작으로 1710W와는 달리 진공관 듀얼 모노로 수납되어 있다. 앰프만 따로 탈거해 오디오용 앰프로 사용하는 마니아도 있을 정도로 앰프가 고충 실드로 설계되어 있다. 1710W에 비해 외형이 훨씬 중후해 보기도 좋고 인기도 높다. 그러나 자체 모니터링은 모노로 되며 스테레오 모니터 시에는 외부스피커 출력단자에 별도의 스피커를 연결해야만 가능하다.

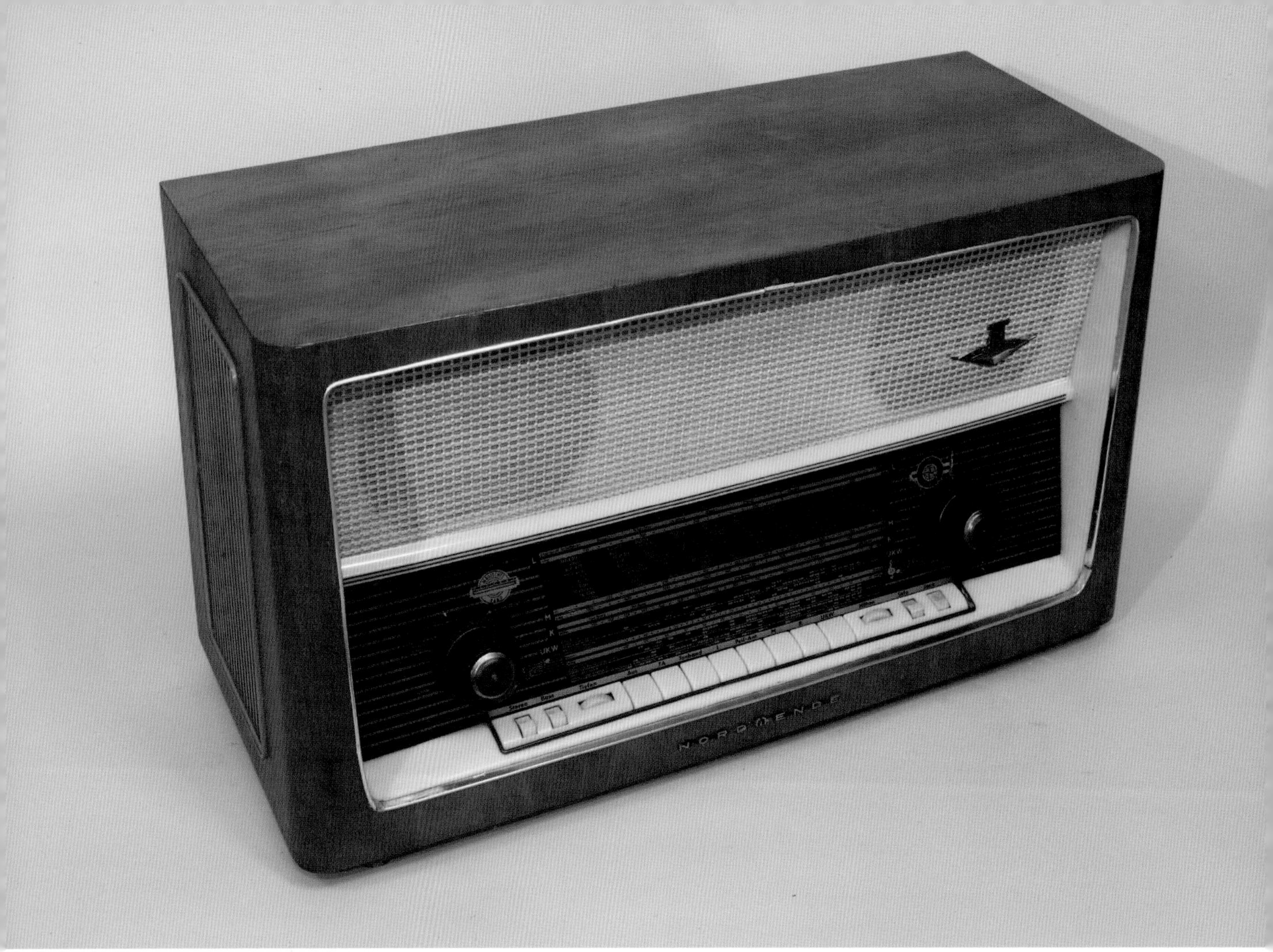

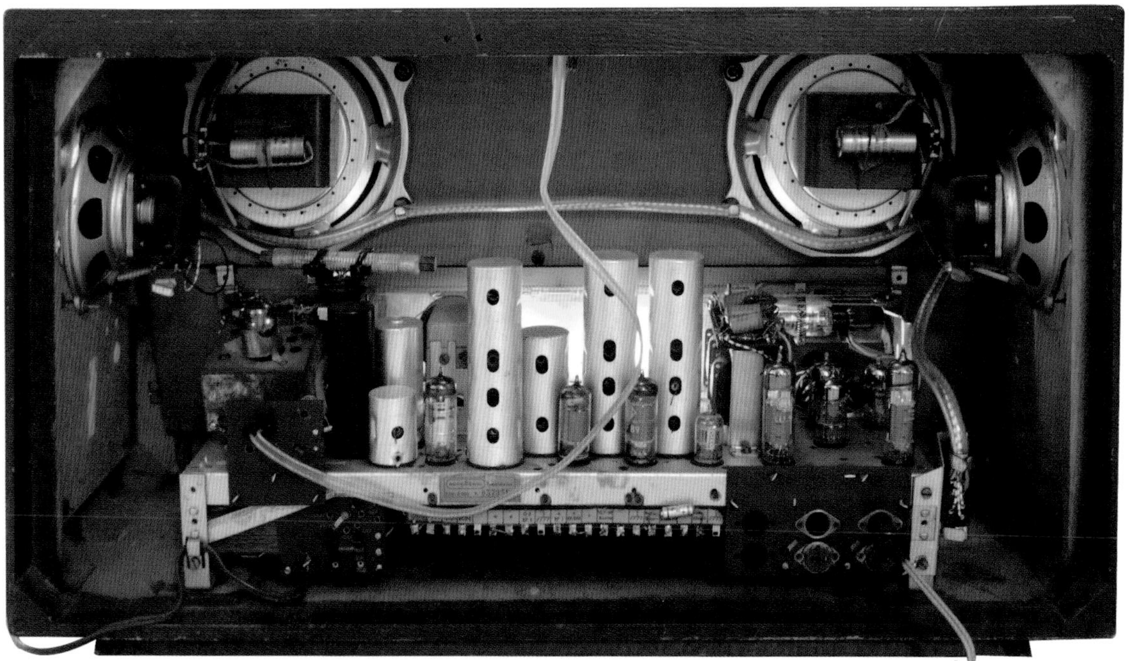

Nordmende Tube Radio

마지막으로 소유할 단 하나의 음향기기

한 지인은 나이 60살이 넘어서 세 채의 아파트를 관리하며 산다. 하루는 이 아파트의 하수관, 또 다음날은 저 아파트의 변기와 난방 파이프 그리고 월세 등 눈코 뜰 새 없다. 경제적으로 여유가 있는 데도 불구하고 항상 돈에 쪼들리고 인생을 즐겨야할 나이임에도 시간 여유가 전혀 없다. 그 아파트 세 채는 모두 큰아들, 작은아들과 막내딸 몫으로 내정되어 있으며 그것이 그의 유일한 낙이다. 필자 생각에는 그 예정된 자식 몫의 아파트들은 그 지인에게도 독이며 더욱이 그것들을 유산으로 받는 자식들에게는 더 맹독이될 것임에 확실하다. 그가 정신적 문화유산 보다는 부동산에 관심을 두고 자식들을 교육시키지 못하는 것이 아쉽다는 생각이다.

필자의 경우 달랑 한 채 있는 아파트는 일찍이 아들에게 유산으로 남기지 않겠다고 선언했다. 역모기지로 아빠가 늙어 죽을 때까지 살든지 아니면 여유가 생겨 사회에 환원하든지 하겠다고 공표했는데, 아들이 부모에게 의지하는 마음을 지우기 위해서였다. 대신 아들 스스로 음악을 좋아하게 되면 그동안 수집한 SP, LP 디스크와 함께 유성기류와 오디오를 네 몫으로 주마라고 약속했다(이런 것들은 인류의 유산으로 꼭 후대에 전달되어야 하겠기에). 그것도 음악을 좋아하는 정도가 아빠의 마음에 들지 않는다면 이 마저도 문화재단에 기증하겠다는 부언을 덧붙여서 말이다.

그렇다면 아들에게 다 주는 시점이 되었을 때 소유할 단 하나의 음향기기는 무얼까하는 쓸쓸한 생각에 이른 후 떠오른 것이 사무실에서 듣고 있는 노르트멘트 진공관 라디오였다. 이 라디오는 대략 1960년대에 나온 스테레오 앰프 구성의 모노 FM 밴드 제품으로 내용이 대단히 충실한데 그만큼 사운드가 구수하고 좋

»
노르트멘트 진공관 라디오 외부(상단)와 내부(하단)

았다. 놀라운 것은 나온 이래 단 한 군데도 수리되지 않았는데도 동작이 완벽하다는 것이다. 약 60년 된 라디오가 말이다. 별도 입력 단자가 있어서 CD플레이어를 연결하면 장전축 같이 웅장한 소리를 내어 깜짝 놀란다. 내부에는 약 6.5인치 알니코 풀레인지 2개와 4.5인치 알니코 풀레인지 2개, 도합 4개의 스피커가 장착되어 있다. 모두 이 소폰 OEM으로 일반 텔레푼켄 라디오가 사용하는 것과 동일 제품이다. 특히 진공관들과 기타 파트 모두 텔레푼켄 제품을 사용하고 있는 것으로 보아 그들과 각별한 사이임을 알 수 있다. 앰프단에는 2개의 ECC83, 1개의 ECC82 그리고 2개의 ELL80를 사용하여 결과적으로 EL80 PP 앰프가 되었다. 튜너부에는 각 1개씩 ECH11·ECC85·EF89·EBF89·EAA91과 EM84 매직아이관을 사용해 도합 11개의 진공관을 사용하는 역작이다. 이 정도의 스테레오 앰프 구성인 경우 보통 페라이트 스피커가 사용되거나 TR 앰프부가 적용된 하이브리드 라디오도 많은데, 올 진공관에 올 알니코 스피커여서 마음에 부응하는 모델이 되었다. 차후 MPX가 개발될 것을 예상해 진공관 MPX 어댑터용 단자가 별도로 마련되어 있는 것을 보면 그들이 얼마나 신경 썼는가를 확인할 수 있다. 이 라디오의 진가는 난청 지역에서 발휘된다. 고급 튜너로도 부족한 감도 지역에서 FM의 선택도나 잡음비가 대단히 우수하다. 특히 KBS FM 93.1의 선택도는 환상적이라 할 수 있다. 볼륨 동작 시 잡음도 없으며 다이얼 게이지의 움직임이 반대로(우에서 좌로 상위 주파수) 되어 있어서 그렇지 주파수 매치가 정확하고 중간 변동도 없다.

»
내부 알니코 풀레인지 스피커(상단)
출력 트랜스와 출력관, 드라이브관(하단)

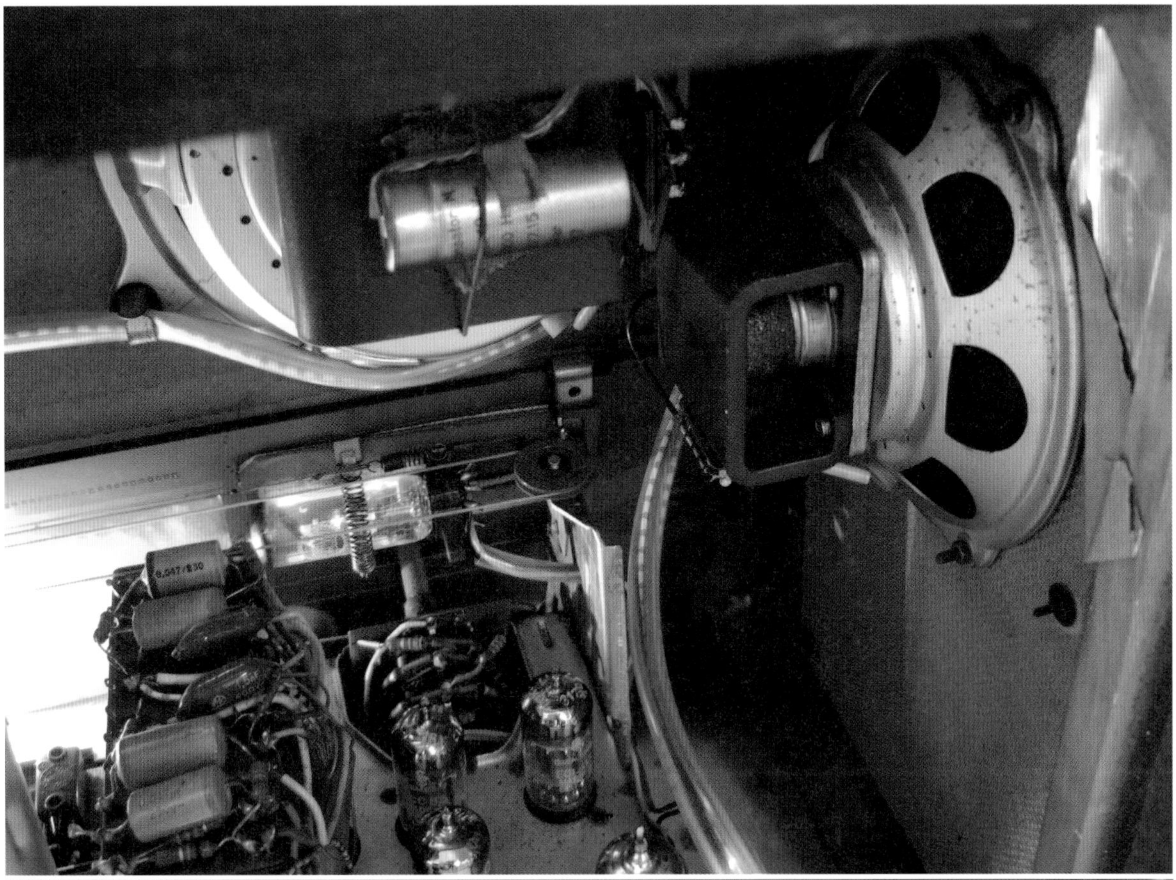

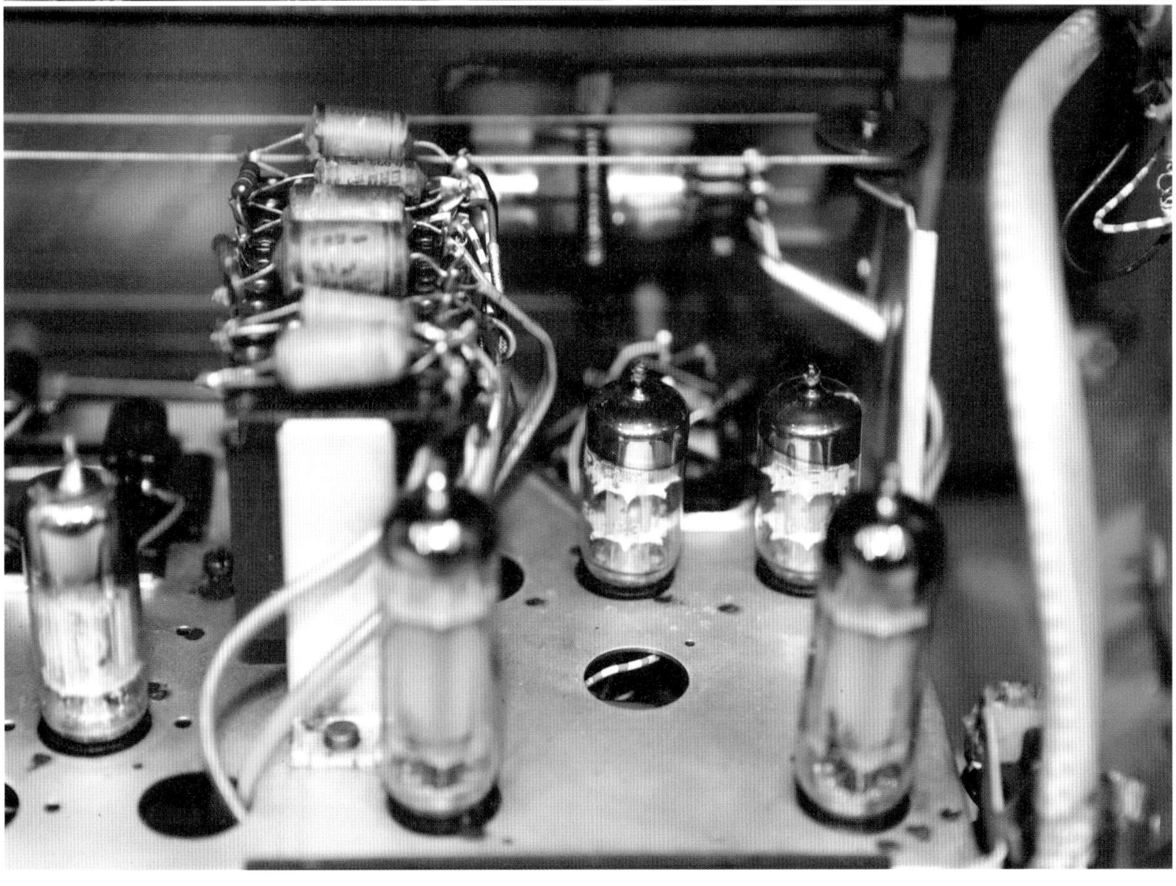

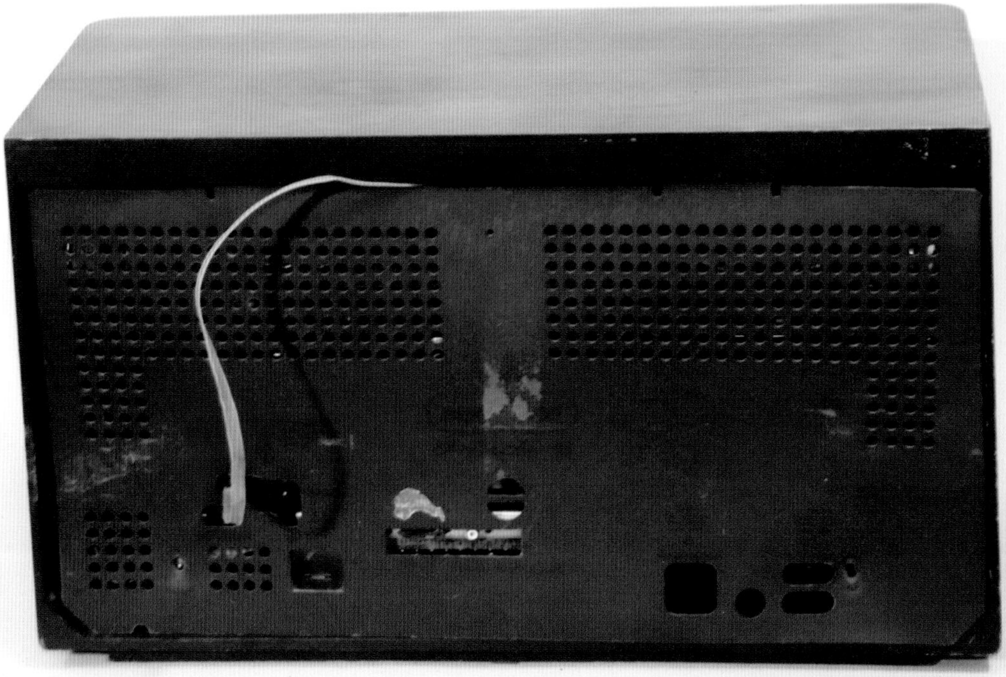

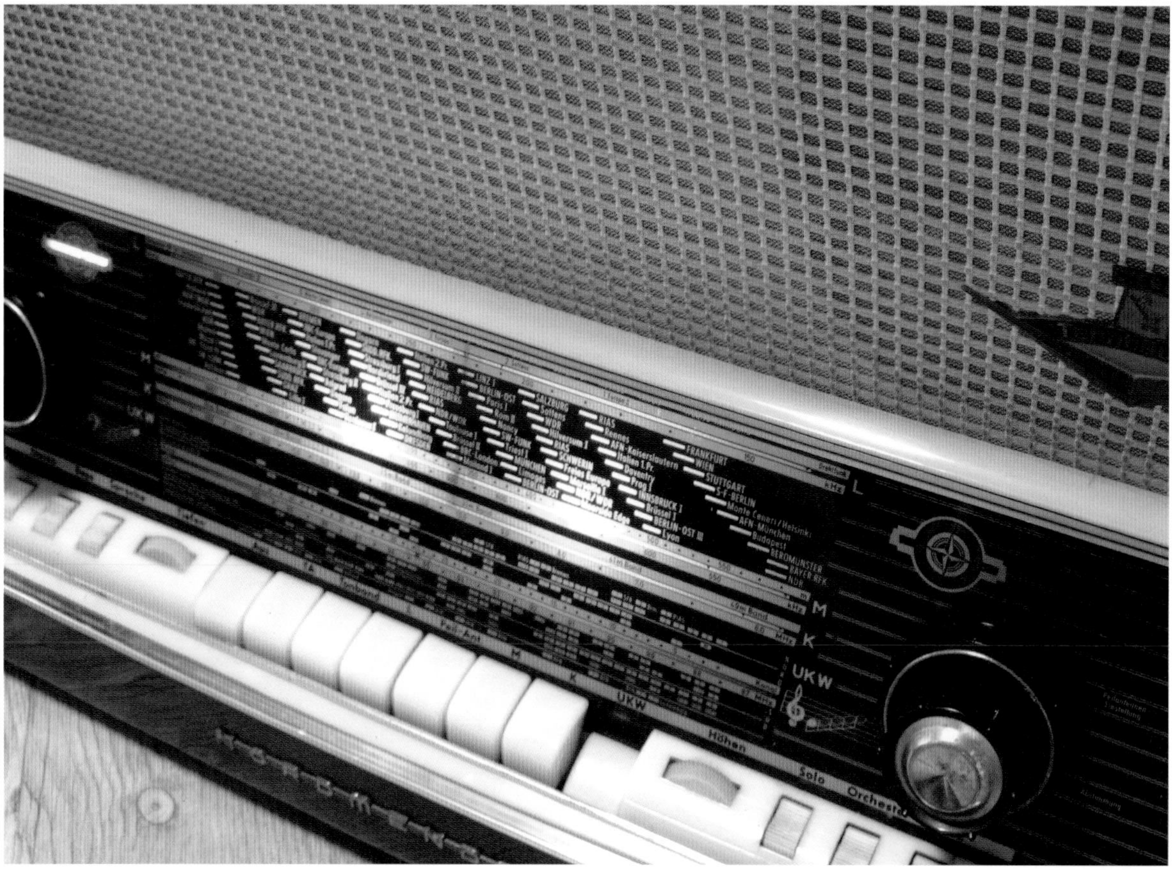

RIAS
SALZBURG
FRANKFURT
WIEN
STUTTGART
L
M
K
UKW
Höhen
Solo

외부의 모든 노브와 스피커 그릴, 케이스, 호마이카 도장 등도 만족하리만큼 보전되어 있어 아름답다. 특히 불을 끄고 밤에 차분히 다이얼링을 해보면 그 낭만은 이루 말할 수 없는 깊이가 있다. 옛것의 즐거움과 향기가 무엇인지 자신도 모르게 뇌리에 차곡히 쌓여있다. 그것은 인생이라는 술잔에 가득차 오르는 빈티지 포도주의 향과 같은 것이다. '그래, 이것만으로 라디오는 내 인생에서 충분한 역할을 하고 있어. 그리고 진공관 라디오를 만들 수 있었던 인간의 기술은 충분히 아름답고, 그래서 이 라디오는 내가 마지막으로 소유할 물건으로 충분해.'

필자의 얼굴에는 말 못할 행복으로 그윽한 취기가 오름을 느낄 수 있었다. 인간이 만든 물건으로 이렇게까지 그윽해질 수 있는 것이 신기하기까지 했다. 필자에게 인간이란 자연에 비해 그리도 하찮아 벗어나고 싶었던 대상이었기에 말이다. 인간의 예술성만이 자연에 접근할 수 있는 가교 역할을 할 수 있는 것이며 투자할 가치가 있는 것이라는 의식의 흐름에 도착할 때 갑자기 상혼에만 물든 현재의 오디오 작태가 여기저기에서 둥둥 떠다닌다. 마치 맑은 호숫가에 페트병이 떠다니듯 말이다. 노르트멘트의 은은한 다이얼 불빛처럼 부드러운 빛으로 타오르는 음악애호가들로 가득한 시대가 되기를 바라는 동시에 필자 스스로도 부디 그러기를 빌며 라디오에 귀 기울이는 하루가 되었다.

»
라디오 뒷면(상단)
은은하게 나오는 다이얼 불빛이 아름답다(하단)

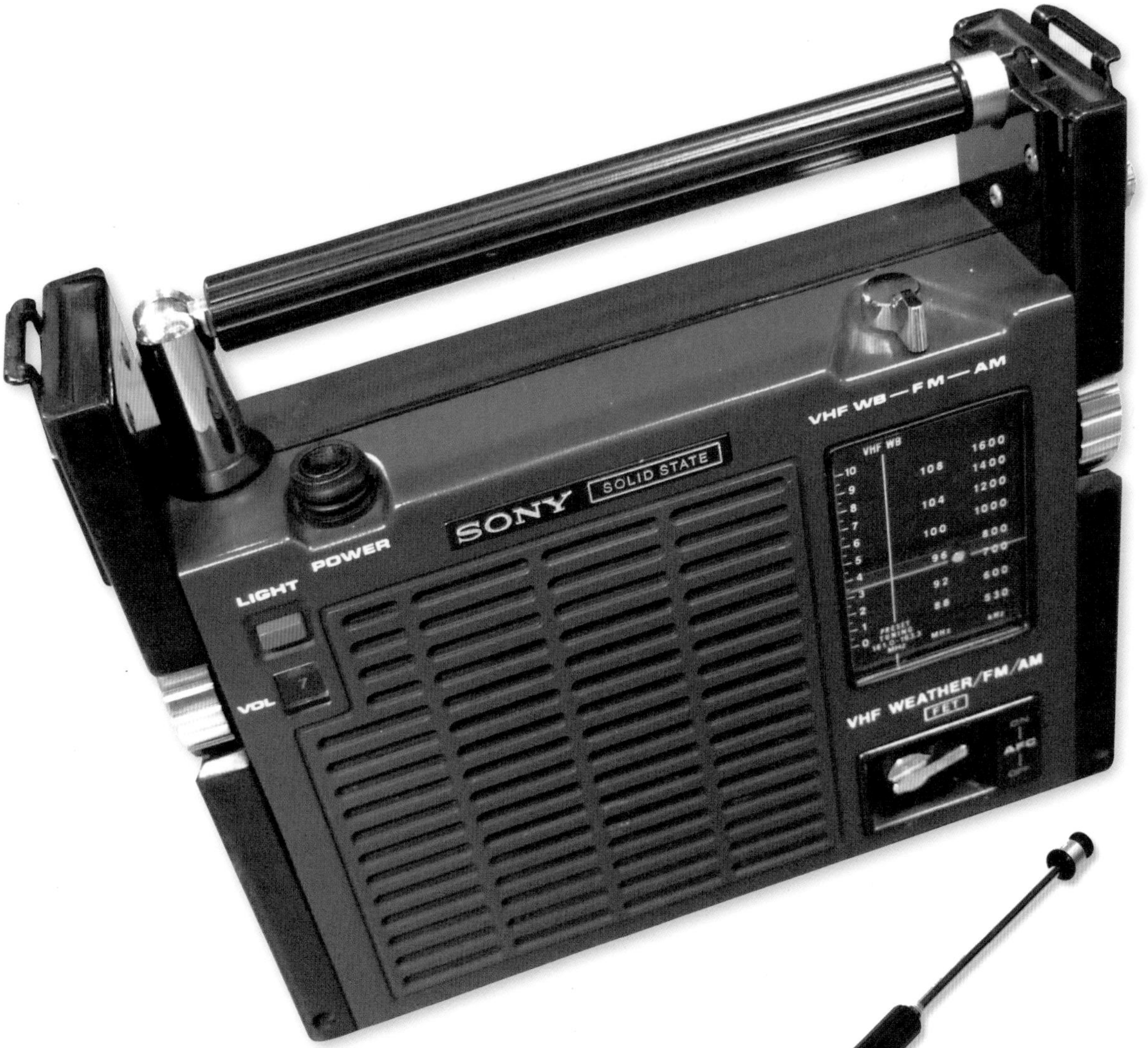
SONY
SOLID STATE
LIGHT
POWER
VOL
VHF WB — FM — AM
VHF WEATHER/FM/AM
FET
AFC

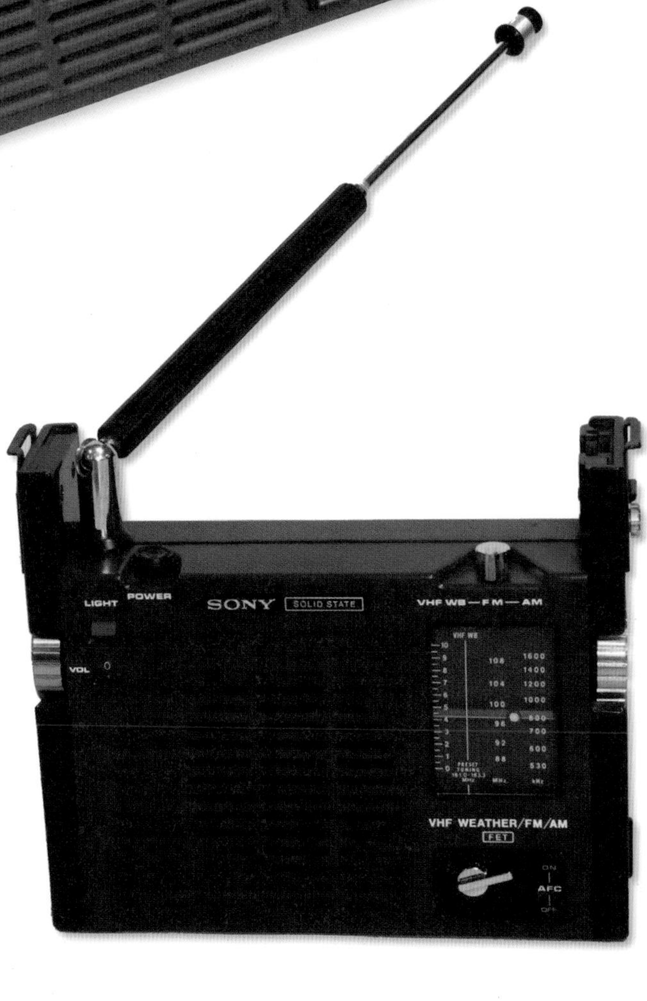
SONY
SOLID STATE
LIGHT
POWER
VOL
VHF WB — FM — AM
VHF WEATHER/FM/AM
FET
AFC

TFM-8100WA Sony Radio

오디오 세계로의 유혹

추억은 인생을 두 번 살게 한다. 이 라디오 한 대로 그 옛날 학창시절 오디오 세계로 시간여행을 할 수 있어서 무척 행복했다. 마니아라면 누구나 오디오에 대한 추억을 간직하고 있다. 그 추억들은 지금 사용하고 있는 오디오 시스템의 화려함과 초고성능의 새삼스러움을 강조해 줄 것이다. 70년대 초, 조그만 소니 라디오를 필자의 것으로 만들면서 오디오를 시작했다. 이 라디오는 TFM-8100WA라는 모델인데, 1 FET, 14 TR, 1 LED의 당시로서는 막강한 물량을 투입했으며, 소위 출력 트랜스가 있는 타입으로 약 3인치 알니코 풀레인지 스피커가 내장되어 있었다. 필자의 손에 들어온 제품은 월남전 당시 주 베트남 한국군이 사용하던 것으로 귀국하는 한국군 병사의 것을 선물로 받은 것이었다. 그 병사는 필자의 매제가 되었다.

이 라디오를 군용으로 어떻게 사용했는지는 잘 모르지만 국방색 몸체에 흰 글씨로 'VHF WEATHER'라는 단어가 강조된 것으로 보아 날씨정보 청취나 기타 상황정보수신용으로 쓰이던 것이 아닌가 추정된다. 그런데 이 라디오의 스위치나 케이스 접속부는 모두 웬만한 습기에는 동작에 이상이 없도록 방습 고무패드로 튼튼하게 설계되어 뭔가 특이하게 보였다. 평상시엔 손잡이가 스위치를 누르면 위로 튀어나와 안테나로 사용되는 것도 중학생이던 필자에게는 매우 매력적이었다. 또한 FM을 틀었을 때 그 놀라운 음질은 당시로서 한 번도 들어보지 못한 자연스러움과 디테일 투명도를 지니고 있었을 뿐 아니라 튜닝 다이얼에 앵두 같은 붉은색 LED의 농도가 튜닝 컨디션을 모니터할 수 있도록 하여 청취의 즐거움을 배가시켜주었다. 당시에는 카세트 겸 라디오가 거의 없는 상태여서 이 소니 라디오 뒤편의 레코드 아웃 단자에 잭을 연결해 조그만 파나

»
TFM-8100WA 소니 라디오(손잡이를 올리면 안테나가 되는 것이 이채롭다)

소닉 카세트 레코더에 원하는 곡을 녹음해 듣는 것이 필자의 가장 큰 즐거움이었는데 원하는 곡 하나를 녹음하려면 길게는 며칠, 짧다 해도 몇 시간을 라디오만 끼고 살아야 했다. 이것 때문에 중학생이던 필자가 아버님께 야단 맞은 것이 한두 번이 아니다. 그리고 소풍을 갈 때에는 이 라디오가 필자의 자랑거리였는데 걸어가면서 틀면 그 소리와 특이한 모양 때문에 반 친구들이 다들 모여들곤 했다.

내부에는 중형 C사이즈 배터리 세 개가 들어가 4.5V DC로 작동하는데 비교적 배터리가 빨리 다는 편이어서 그 배터리 조달 비용도 만만치 않았던 기억이 새롭다. 내부를 뜯어보면 빈 데가 전혀 없이 정밀 부품과 선들로 가득 차 있었고 공진을 막기 위해 스피커 뒷면에 댐핑 패드를 부착하거나 초로 응고시킨 코일들은 참 믿음직 스럽고도 재미있었다. 이 라디오는 필자의 손에 아마도 열 번 이상 분해·조립되었던 것 같은데 최근에 수십 년 보관했던 이 라디오를 꺼내 배터리를 삽입하니 거의 완벽하게 소리가 나서 반가웠다. 그리고 그 예전의 음색과 앵두빛 LED도 변함없었다. 추억은 필자를 그 시대로 돌이켜 두 번 살게 한다. 이 라디오 한 대로 그 옛날 학창시절의 오디오 세계로 시간여행을 할 수 있어서 무척 행복했다.

아직도 무언가 새로운 것을 추구하고 바꿈질 하고픈 마음이 움틀 때 그 옛날 소장품을 꺼내 들면 마음이 진정될 때도 많다. 이것은 필자가 나이 들었다는 뜻이기도 하겠지만 모든 마니아들도 결국 나이가 들게 마련 아닌가. 그때를 위해서 너무 많은 교환보다는 가끔 평생 보관할 수 있는 제품들을 앨범에 사진 꽂듯이 보관하는 것도 의미 있는 일일 수 있다. 물론 너무 고가품을 선택할 수는 없겠지만 말이다. 사실 최근 들어서는 그리 보관하고픈 제품들도 보이지 않는다. 과거처럼 그런 제품들이 귀하지도 않고 그리 신중한 의미를 전달해주지도 않기 때문이라 생각하는데 그때 그 시절 가난했던 시대가 그리울 따름이다.

»
꽉 들어찬 내부 정밀 부품들(상단, 중앙)과
TFM-8100WA 소니 라디오를 분해한 모습(하단)

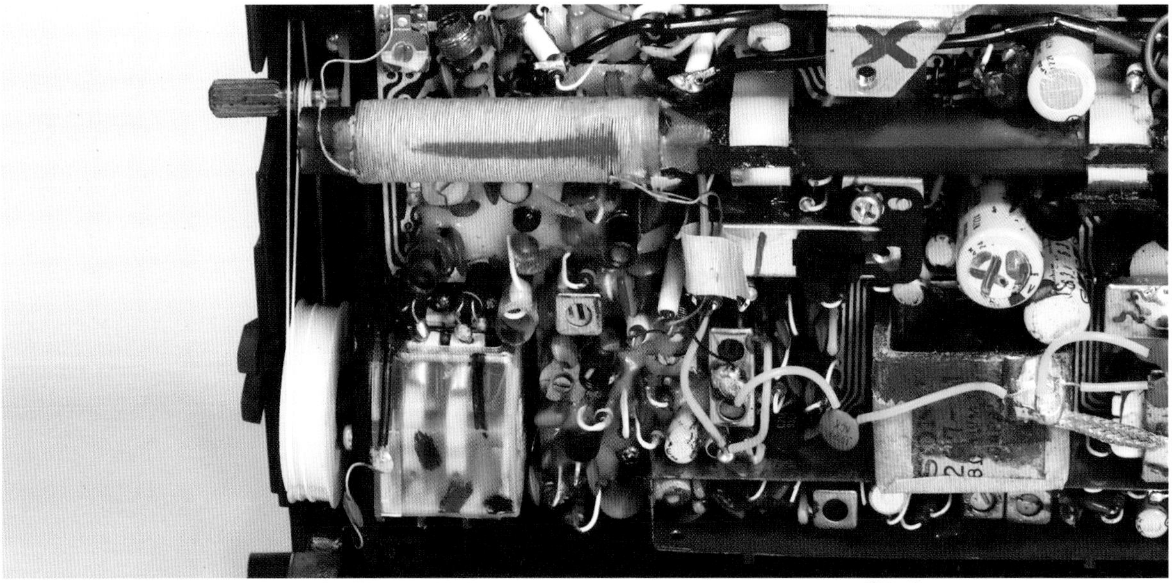

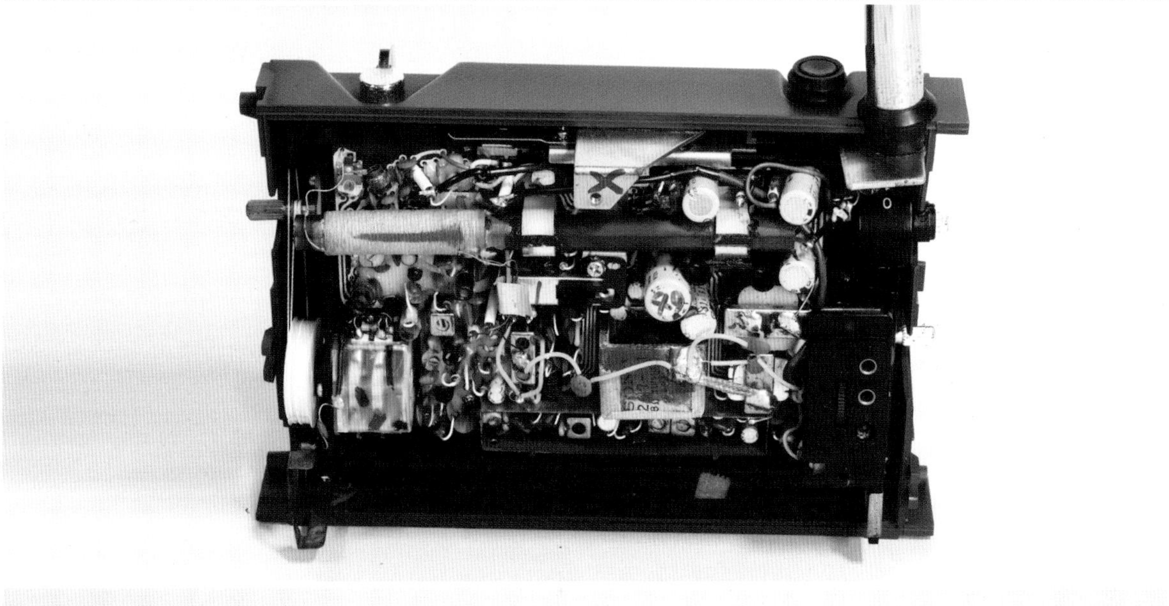

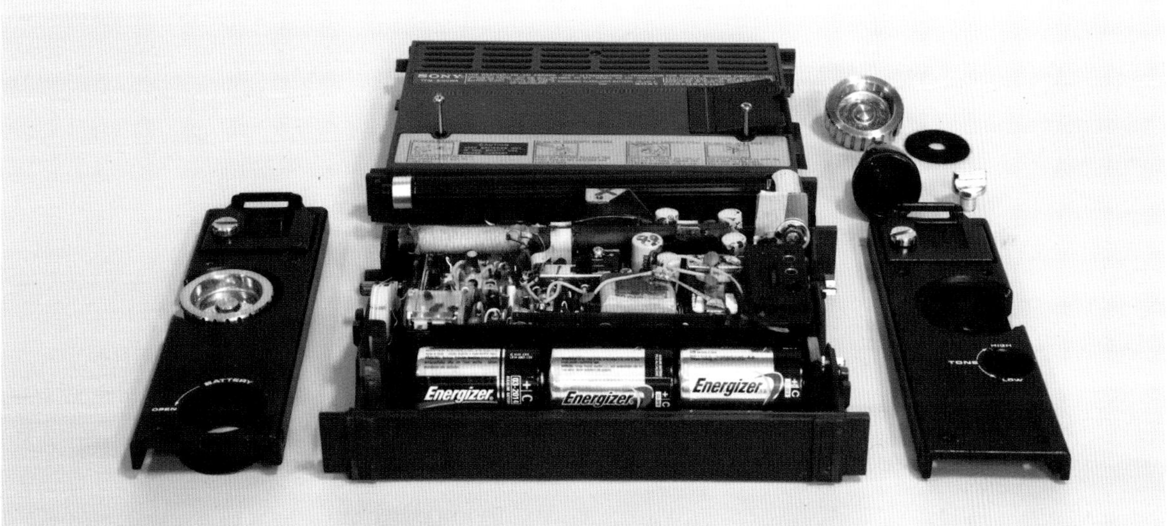
SONY
Energizer
Energizer
Energizer
BATTERY
OPEN
TONE
HIGH
LOW

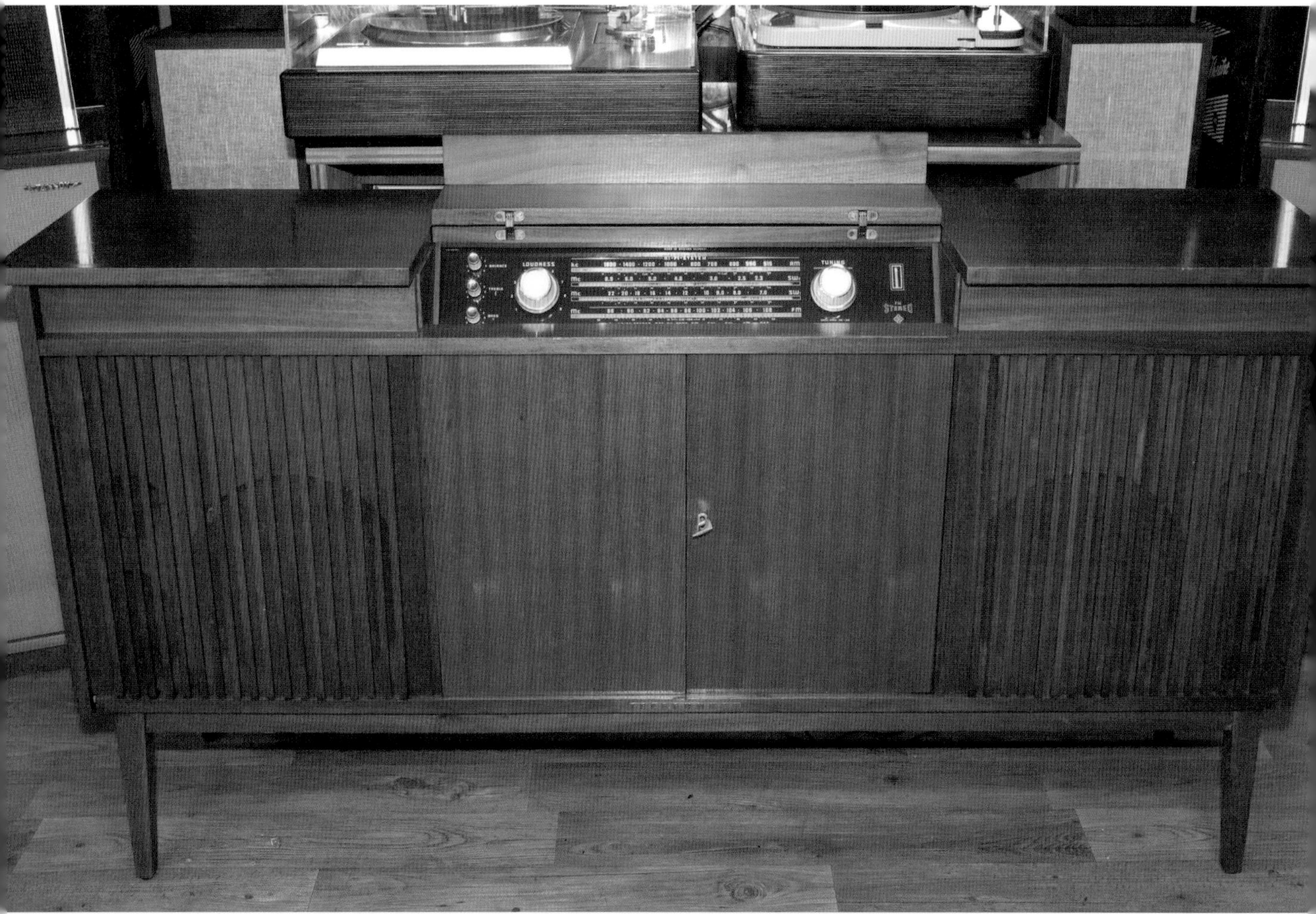
LOUDNESS
TUNING
STEREO

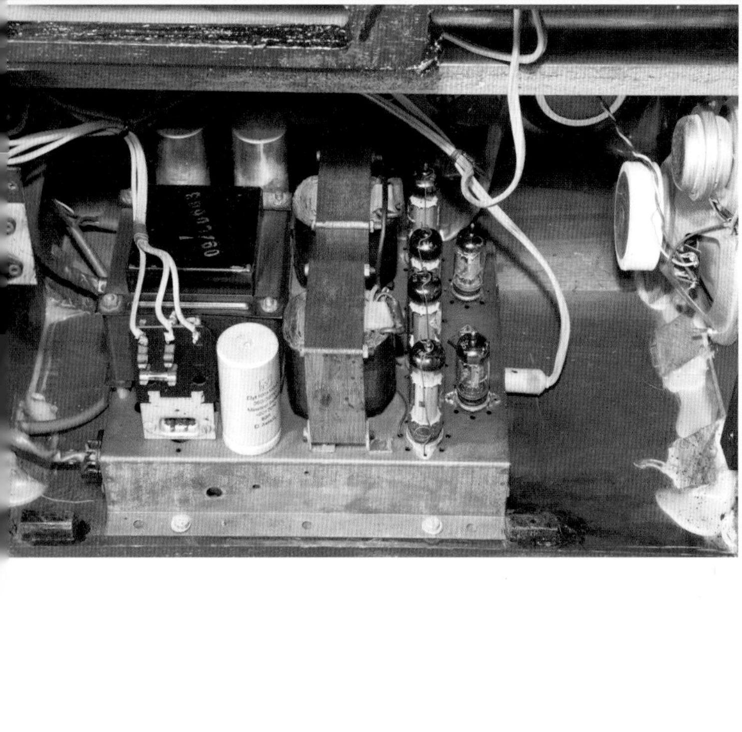

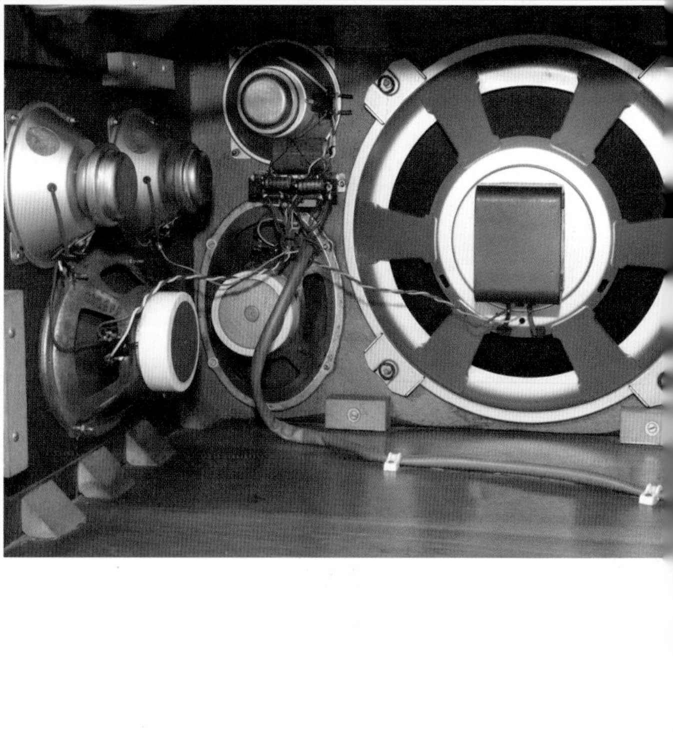

Bayreuth 5552MX Hifi Stereo

텔레푼켄 베이루트 디럭스 장전축

초등학교 시절 부자집 아들이었던 친구의 집에가서 처음 접했던 오디오가 텔레푼켄의 장전축이었다. 하부에 타원형 알니코 12인치 두 개와 원형 알니코 4인치 트위터 그리고 양 옆에 6.5인치 타원 세라믹 스쿼커가 내장된 마호가니 장전축 중앙에는 아이보리 컬러의 셀렉스위치 그리고 푸른색 매직 아이를 비껴 장착한 글래스 판넬에 등색 주파수 다이얼 게이지가 선술집처럼 은은하게 분위기를 잡고 대기하고 있었다. 크지도 않은 턴테이블(8인치 플래터)에는 수저 같은 S자 암에 세라믹 카트리지가 벌레처럼 매달려 있었고 서너장의 LP판을 포개어 세팅하면 한 장씩 순서대로 내려가면서 맑고 깨끗한 음장을 구현하였다.

지금의 오디오로 치자면 그리 훌륭한 소리도 아니었건만 당시로는 최고급 최첨단 오디오 시스템으로 부자집이 아니면 거느리기 힘든 독일제 진공관 장전축이었다. 궁금해서 뒤를 보니 복잡한 부품과 배선 진공관 등이 얼키고 설켜 지저분하다고 느낄 정도였는데도 불구하고 그 소리의 설렘은 아직도 생생하게 뇌리를 스친다. 그때는 그 소리가 얼마나 감동스러웠던지 호기심 어린 눈으로 라디오 소리도 들어보고 듣고 싶은 만토바니 LP로 바꾸어 보는 등 마음이 천국에 와 있는 느낌이었다. 그 이후 필자의 가슴속에는 텔레푼켄 진공관 장전축에 대한 소원이 그칠줄 모르고 자라났는데 어디를 가던 그 장전축의 울림은 천상의 소리처럼 가슴을 파고 들었다.

그러다 중고등학교 시절에는 오디오가 점차 TR로 바뀌면서 자리를 많이 차지하는 장전축은 고물상 또는 길거리 대문 옆 쓰레기통에 내다버려지는 신세가 되어버렸다. 당시 진공관 오디오 제작에 취미가 있었던 필자였지만 장전축 전체를 옮겨오기에는 무리였고 스피커와 진공관만을 뽑아내 집에서 제작한 6V6 싱글 앰프에 연결하

»
텔레푼켄 베이루트 디럭스 장전축 정면(상단), 베이루트 내부의 6개 스피커(하단 좌), EL84PP 파워앰프와 스피커가 함께 장착된 모습(하단 우)

여 들었던 기억이 생생한데 왠지 그 은색스피커에서 나오는 소리는 낭낭하면서도 편해 상당히 훌륭하다는 인상을 받았다. 그리고 세월이 더 흘러 아예 장전축은 자취를 감춰버렸다.

그 이후 또 다시 십여 년, 이제 장전축을 장식용이나 자료용으로 구매하려는 마니아층이 생겨날 무렵 독일에서 오디오를 수입하는 업자의 프로용 진공관 오디오와 고가의 스피커 속에 끼어 들어온 최고급 장전축이 있었는데 그것이 바로 텔레푼켄의 전설적 디럭스 장전축이었다. 당시로서는 정확한 모델명을 몰랐기 대문에 통칭 그렇게 불렀다. 거금을 들여 필자가 구입해 뒷면을 보니 베이루트 5552MX(이하 베이루트)라는 모델명이 선명했다. 당시 뿐만 아니라 지금까지 접해본 독일 장전축 중 최고의 제품인데 몸체 내부에 별도로 포장되어 들어 있는 다리를 꺼내어 조립하니 훌륭한 모양새로 재정립되었다.

이전에 마호가니 티크 마감의 장전축에 비해 월목무늬목 마감으로 훨씬 시각적 아름다움과 자연스러움이 더해져 있었고 무게도 상당하여 약 60kg 이상 되는 육중한 몸체를 자랑한다. 중앙에 EM84, ECC85, ECH81, EF89, EAF80, ECF80, ECC808, ECC808로 구성된 중파, 단파 FM튜너와 FM스테레오 멀티플렉스가 놓여 있다. 말하자면 진공관 프리 튜너인 것이다.

왼쪽 스피커 내부에는 스피커와 함께 EL84×4EA, ECC83×2EA로 이루어진 분리된 파워앰프가 내장되어 있다. 제법 부피가 큰 파워트랜스와 출력트랜스를 대칭으로 한 샤시 구성은 여타 독일제 EL84PP 파워앰프에서 보이는 비슷한 형상으로 전에 구룬딕 파워앰프도 이와 유사한 배치 형태로 따로 떠돌아 다니는 것을 본 기억이 있다. 프리 튜너부에는 별도의 전원부가 없이 파워앰프 트랜스에서 모든 전원을 공급한다. 출력은 채널당 20W 정도로 제법 파워풀하다.

상부에 텔레푼켄 턴테이블이 내장되어 있고 그 반대편에는 별도 진공관 릴 테이프 데크 놓이는 자리가 확보되어 있는데 릴테이프 데크는 제거된 상태이다. 턴테이블 외형은 빈약하지만 놀랍게도 벨트 아이들러형인데 험도 없이 아직도 정확한 회전수로 회전한다. 옆에는 동사 세라믹 스테레오 카트리지가 스페어 바늘 휴즈와 함께 각종 회로도 설명서 보증서를 포함하여 종이 봉지에 포장되어 있었다. 이 베이루트에서 가장 돋보이는 부분은 스피커 파트이다. 많은 장전축을 보아왔지만 이정도 구성의 스피커를 내장한 제품은 본 적이 없다. 3웨이 네트워크와 함께 채널당 12인치 원형 알니코 스피커 1개, 6.5인치 세라믹 중음 스피커 2개, 4인치 알니코 원형 트위터 3개가 전면과 옆면 방향으로 특이하게 장착되어 있다. 그러니까 도합 12개의 스피커가 음장확장을 위해 계산된 방법으로 방향을 잡고 있는 것이다. 또 다른 특징은 후면 개방형으로 내부에 흡음재를 포함하지 않고 있다는 것이다.

이런 구성은 보다 명쾌한 다이나믹과 투명한 디테일 및 음장을 형성하는 특징이 있다. 실제로 소리를 들어보면 무언가 개방감이 좋고 투명하면서 디테일이 잘 보존되어 현장감이 발군이다. 아직 세라믹 카트리지지만 LP도 중역이 듬직한 음 이탈감을 보이며 CD를 연결하면 막강한 다이나믹과 음악성이 실내를 압도하여 실제 음악감상용으로 부족함이 없다.

만약 포노EQ를 첨가하여 별도의 턴테이블을 연결한 후 MC카트리지로 LP를 듣는다면 그대로 진공관 올인

원 Hifi스테레오 오디오 세트가 될 판이다. 사실 이 베이루트를 필자가 구입 후 약 25여 년동안 네 번의 이사를 했는데 그때마다 처치 곤란이어서 아내에게 핀잔 듣기가 일쑤였다. 그러나 절대로 내칠 수는 없었다. 내 천상의 소리에 대한 소원이 이루어진 증거였으니까 말이다. 그 결과 오히려 근래들어 빛을 발한다. 아마 이 베이루트 텔레푼켄 장전축은 이제 독일 본토에도 없을 것이다. 국내에서도 이 제품은 이것 외에 한번도 본 적이 없다. 물론 스피커 구성과 앰프 구성이 약간 빈약한 주니어 모델은 가끔 보았다. 결국 국내 뿐만 아니라 해외에서도 베이루트는 유일한 존재가 되어버린 듯하다.

최근 들어 레트로 감성의 인테리어 소품 또는 장식용이나 음악감상용(주로 FM청취용)으로 장전축의 수요가 급속히 증가하여 그 몸값이 날로 상승하는 추세에 있다. 기본적으로 몸집이 크고 포장이나 운송비가 많이 드는 결점 때문에 가격은 높지만 카페나 거실에 단정히 자리한 장전축은 사람들의 레트로 감성을 자극하기에 충분하다. 더욱 거기서 은은한 불빛과 함께 적절한 음악이 흐른다면 더할 나위 없으리라 본다. 그 은은한 장전축의 진수를 보이는 다이얼 일루전과 함께 어디서 보기도 힘든 베이루트의 실상을 여기 사진으로나마 자세히 실어본다.

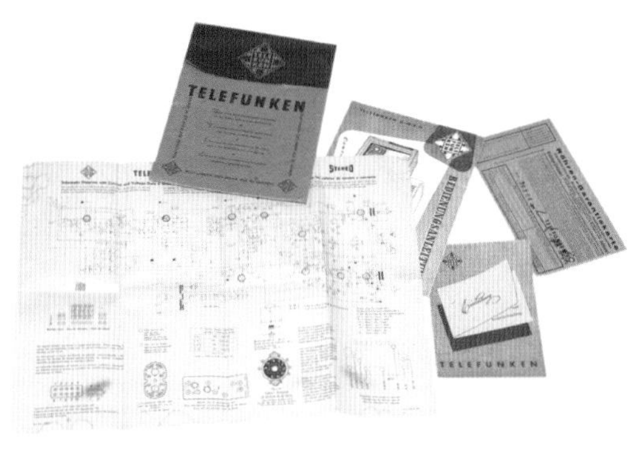

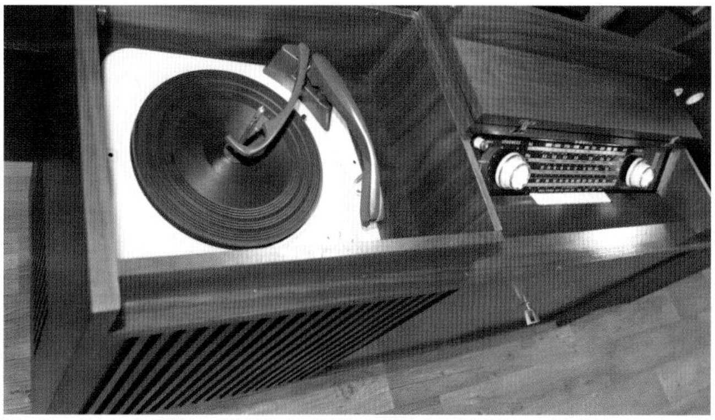

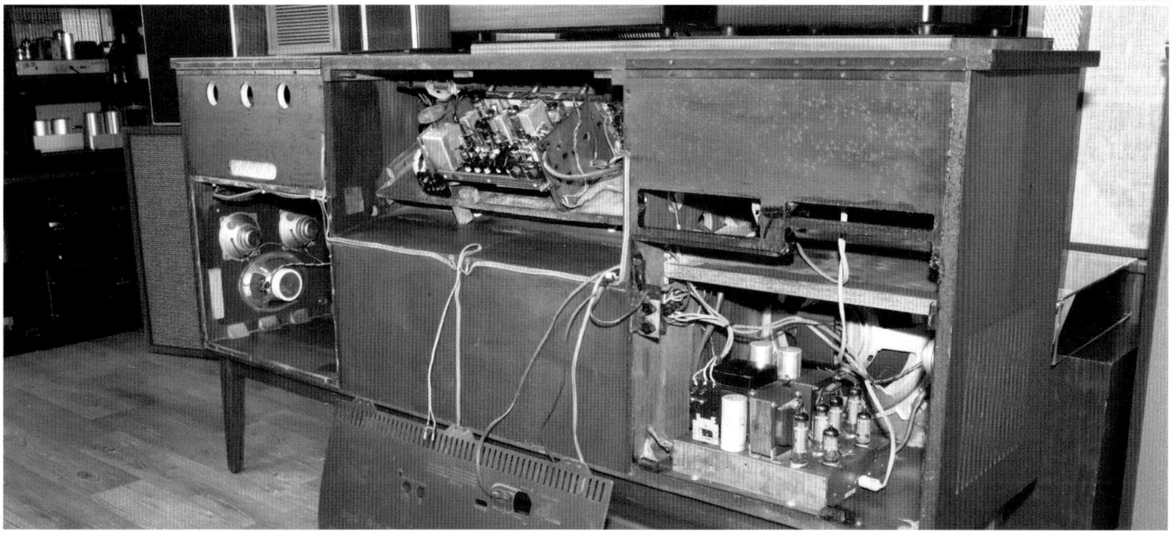

»
베이루트 장전축의 보증서와 설명서 회로도(상단 좌), 상부 왼편 벨트 아이들러형 텔레푼켄 턴테이블과 중앙 프리 튜너부(상단 우)
텔레푼켄 베이루트 후면 스피커와 프리 튜너 파워 앰프의 구조(하단)

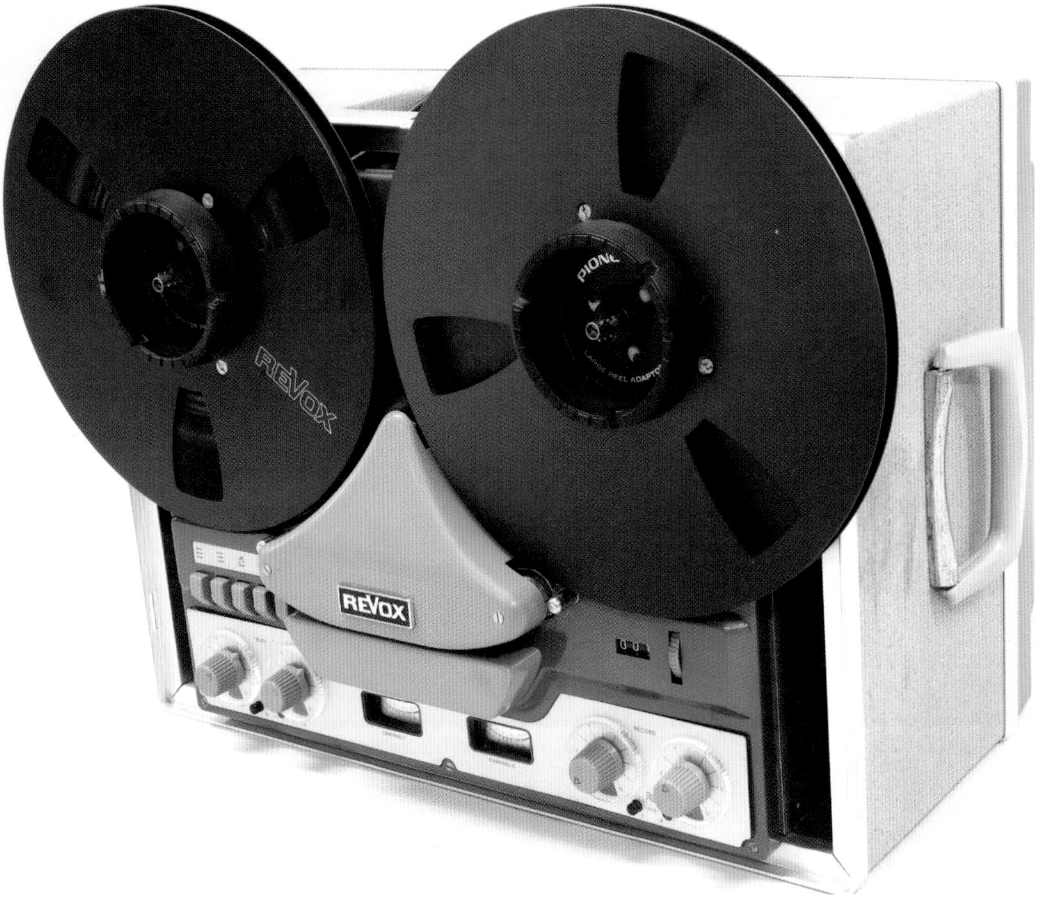
REVOX
REVOX

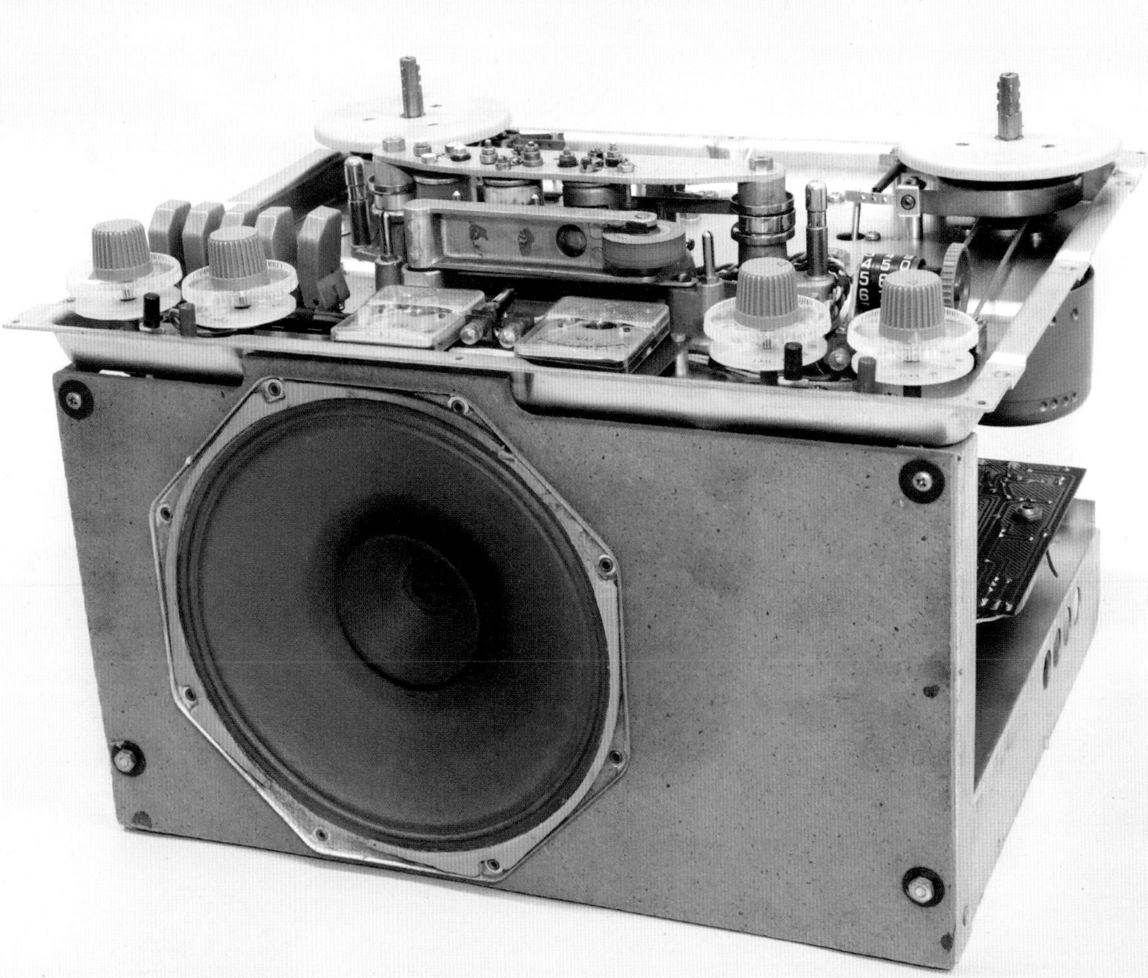

Revox G36 · B77 MKⅡ

유유자적한 회전

현대는 빨리만 돌아가는 세상이다. 무엇이든 더 빠르기를 원한다. 자동차 바퀴도 빠르게 돌고, CD 플레이어의 CD도 빠르게 돈다. 그에 따라 사람의 머리도, 스케줄도 빠르게 돌아야 한다. 이것이 디지털의 세계이며, 컴퓨터 세대다. 그러다 보면 빠르게 도는 것에도 서서히 지쳐 반대로 천천히 도는 세상에 대한 동경이 생기는데, 이것이 아날로그적 세계다. 아날로그 세계는 느리고, 인간적이며, 자연친화적인 마인드로 꽉 차 있다. 이 세계에서는 꼭 빠르지 않아도 되며, 중요한 것은 스피드보다 자연스러운 친밀감이다.

사운드 세계에서는 턴테이블의 33⅓rpm이 아날로그 속도의 대변인이지만, 그와 함께 눈으로 즐길 수 있는 또 하나의 아날로그 스피드가 있는데, 바로 릴 테이프의 3¾ips(Inch Per Sec)다. 보통 릴 테이프의 속도는 풀 트랙인 경우(1/4 인치폭의 테이프를 1회 사용해 스테레오 사운드를 녹음하는 경우) 7.5ips나 15ips가 기본이다. 그러나 이 속도는 눈으로 보기에 약간 빠른 감이 있다. LP 레코드처럼 상품으로 녹음해 판매한 7인치 테이프의 경우 일반적인 기성 녹음테이프는 3¾ips나 7.5ips가 보통이고 7.5ips가 스탠더드하지만 필자가 보기에는 7.5ips도 시각적 기준으로는 빨라 여유감이 덜하다. 그러나 3¾ips 테이프를 틀면 시각적으로 대단히 여유가 있어서 그 스피드를 즐길 수 있을 뿐 아니라 음악에 대한 기분마저도 달라지는 것을 느낄 수 있다.

하지만 음질 자체로 보면 7.5ips에 비해 떨어지는 것이 당연하다. 결과적으로 음질과 여유있는 시각적 속도감을 즐기기 위해서는 고성능 릴덱를 원하게 되는데, 필자에게는 이것이 리복스의 진공관 릴덱 G36이었다. G36의 후속모델이 TR형 A77이고, 신형으로 B77과 B77MKⅡ가 발매되었는데, 물론 메커니즘이나 사

»
리복스 G36(상단)과 분해된 모습(모니터링 스피커가 보인다. 하단)

용상 B77 MKⅡ 버전이 인기가 높다. B77은 프로 버전(스투더 상표로 나오는 리복스 상급기)에 비해 기능은 떨어지지만 그 메커니즘이나 음색은 거의 동일해 릴녹음기로는 국내에서 인기가 가장 높다. 그 외에 소형 나그라 릴덱도 기계적 완성도로 인해 마니아가 많지만, 실사용은 불편하여 선호도는 떨어진다.

G36의 메커니즘 특징은 B77 MKⅡ와 동일하게 모두 3개의 모터(정회전 모터, 역회전 모터, 캡스턴 모터의 3모터 구성)를 사용한다는 것이다. 일반 메커니즘이 2개의 모터 또는 1개의 모터 구동인데 반해 G36은 대단히 안정적인 테이프 주행 성능을 가지고 있다는 것이다. 일반 메커니즘에서는 감속이나 가속을 위해 내부에서 고무벨트를 사용해 전체 메커니즘의 질이나 수명을 단축시킨다. 리복스의 메커니즘은 벨트가 전혀 없는 순수 모터구동 메커니즘으로 주행 능력이 장기간 정밀하게 유지되는 특징이 있다. 이로 인해 현재까지도 안정적으로 음질이 보장된다. 헤드상태만 좋고, 캡스턴 핀치 롤러의 고무상태만 좋으면 현역기로 아무런 손색이 없을 뿐 아니라 정말 아날로그 사운드의 진수를 보여준다고 해도 지나치지 않을 만큼 채널분리도가 좋은 우아한 사운드를 들려준다. 특히 진공관 프리부는 마란츠 7C와 비슷한 특성을 가지고 있어 진공관 프리앰프로 사용하기 위해서라도 구입한다. 대부분 50Hz여서 기성 오리지널 테이프 사용 시에는 스피드가 맞지 않고 빠르지만 자체 녹음 재생 시에는 전혀 문제가 없다.

»
88쪽, 리복스 B77 MKII(좌)와 10″릴 장착부(상단 우), 조작부(하단)
89쪽, 나그라 릴덱의 정밀한 내부설계(상단 좌)와 G 36 후면 진공관 배치(상단 우), 나그라 릴덱 외형(하단)

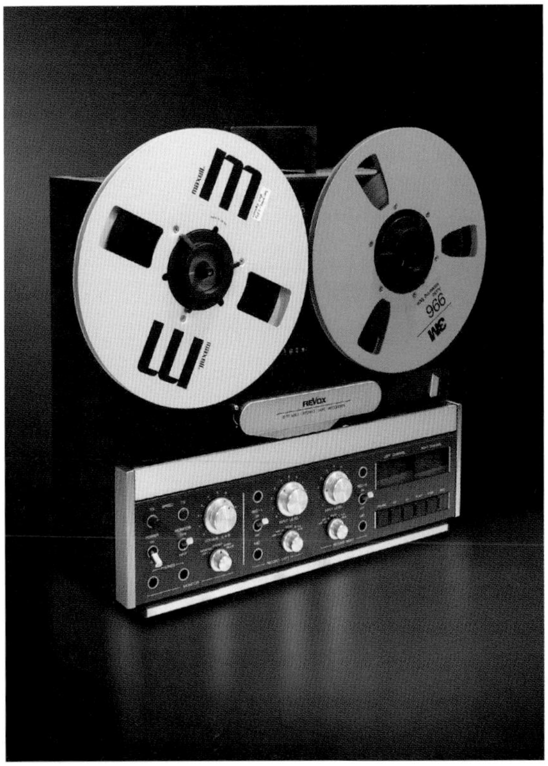

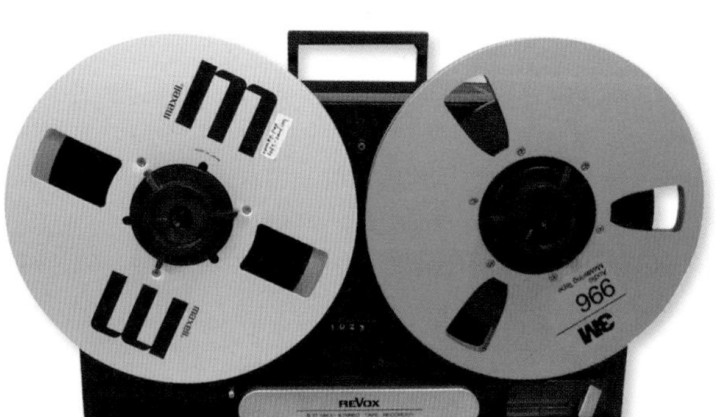

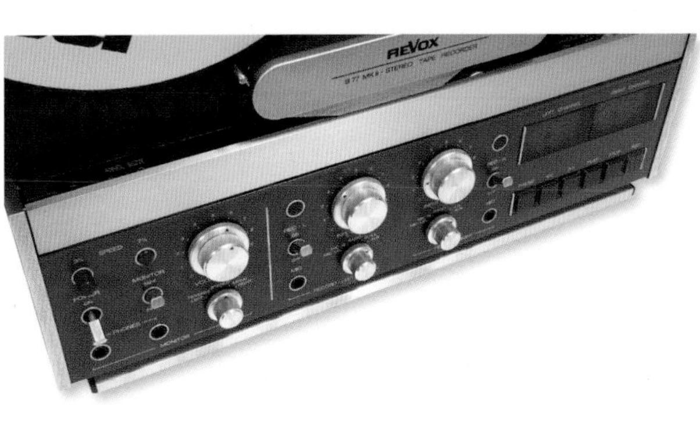

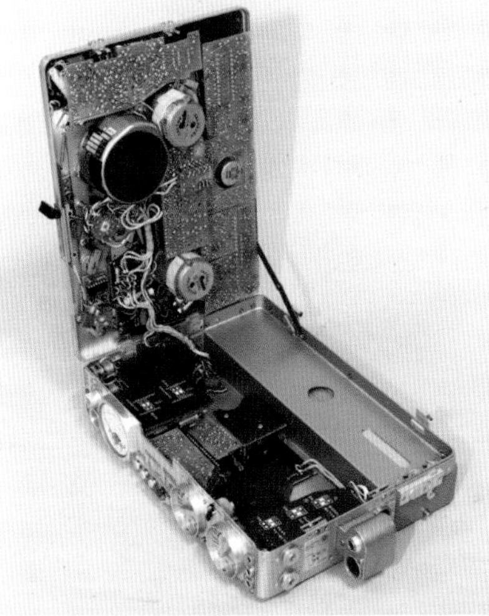

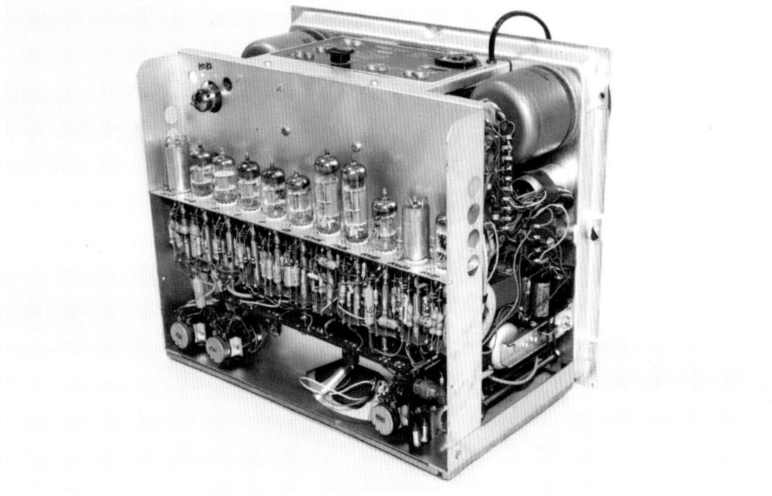

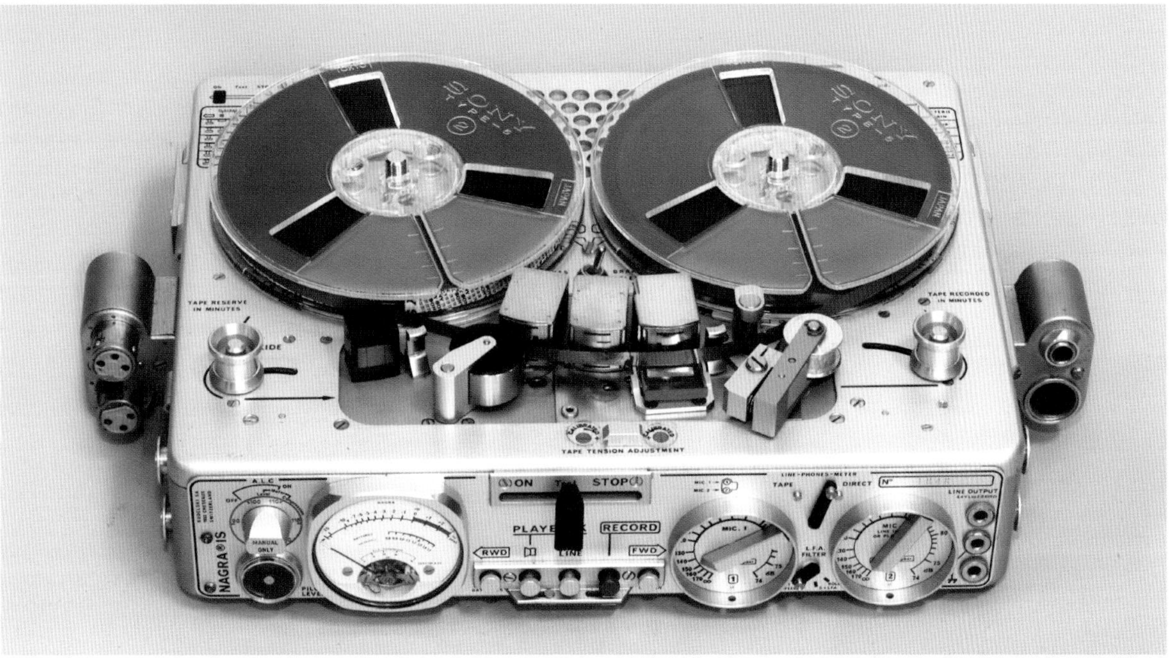

원하는 음악을 3¾ips로 녹음해 10인치 릴에 저장해 틀면 1,100미터(3,600피트)인 리복스 631 테이프의 경우 약 3시간 동안 여유 있게 원하는 음악만 들으며 작업할 수도, 술을 마실 수도 있어 편리하다. 음질은 테이프의 퀄리티에 따라서도 상당히 차이가 난다. 리복스 631의 경우 자연스러운 디테일과 아름다운 현 그리고 전체적으로 부드러우면서도 섬세한 사운드를 제공한다. 3M 966(골드) 백 코팅 마스터 테이프의 경우는 다이내믹하며 투명하지만 음 밀도가 높아 부드러움은 다소 덜 하다. 필자가 가장선호하는 테이프는 일본 맥셀의 UD-XL 시리즈다. 역시 백 코팅 테이프(1mil의 폴리에스터 베이스에 35μ의 산화철 합금을 뒷면에 코팅한 테이프)로 히스노이즈가 적고, 부드러우면서 섬세한 음 디테일과 자연스러운 임장감을 표현하는 특징이 있다. 특히 헤드에 슬러지가 끼지 않아 항상 깨끗하고 투명한 사운드를 보장한다.

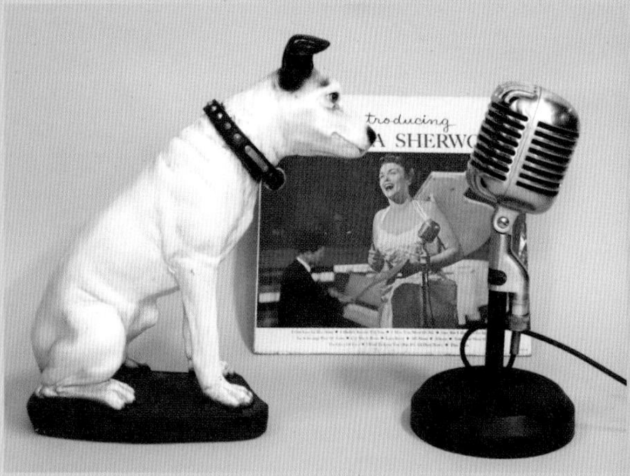
troducing
A SHERWO
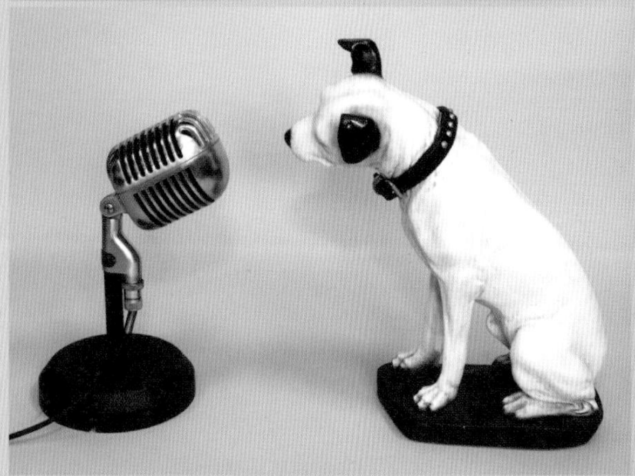
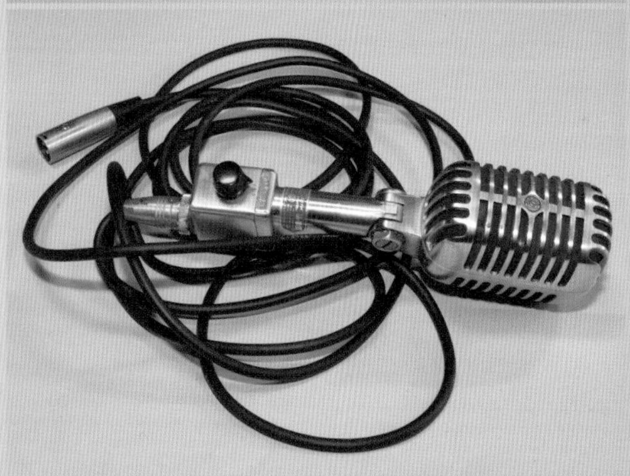
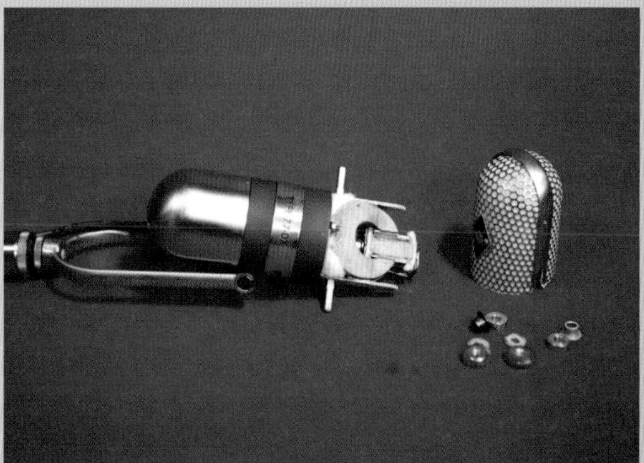
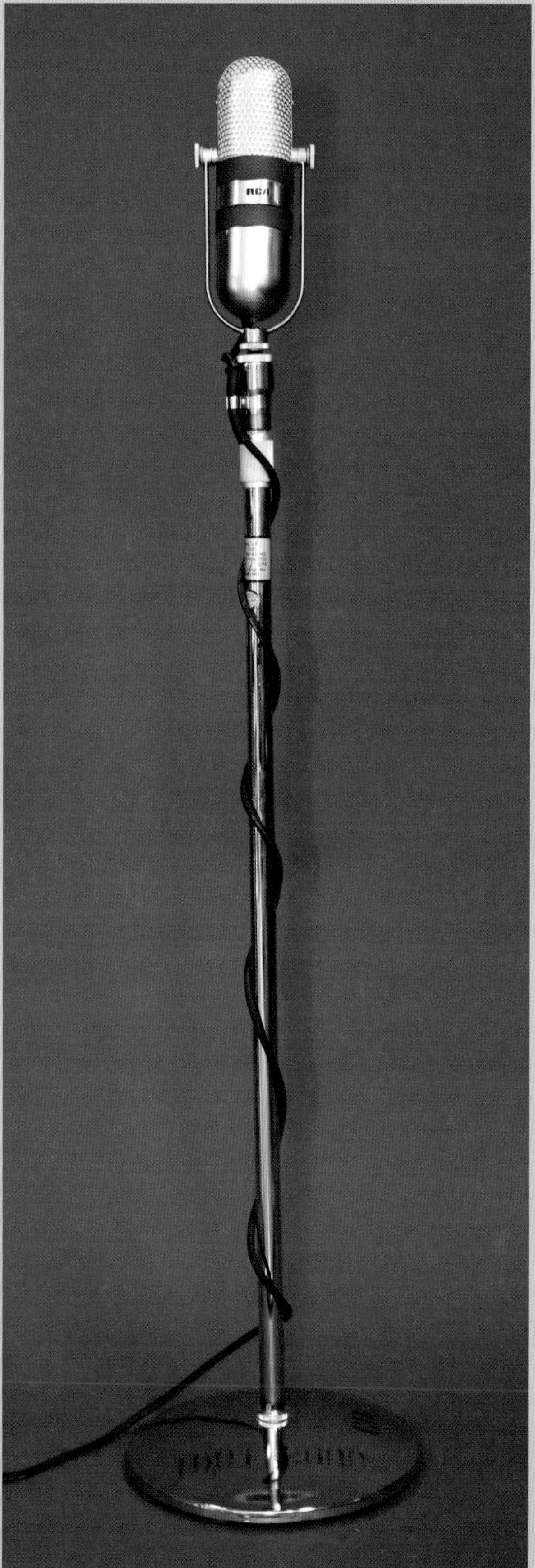
RCA

Shure 55B와 RCA 77DX 마이크 세팅

마이크는 모든 아날로그 녹음의 취음구로, 그 성능에 따라 녹음의 퀄러티가 결정될 만큼 중요한 파트이다. 우리가 잘 아는 데카 와이드 밴드와 영국 콜롬비아 SAX, RCA 리빙 스테레오 등의 명레이블은 고성능 마이크가 있었기에 이루어진 쾌거라 볼 수 있다. 아날로그의 황금기라 할 수 있는 1958년부터 1965년 사이의 모든 녹음은 마이크 3개에서 7개 사이의 원 포인트 세팅 취음(수음이라고도 한다)에 의해 마그네틱 테이프에 멀티 트랙 또는 2트랙으로 녹음된 것이 많다. 모노 시절에도 이미 다가오는 스테레오 레코드를 위해 2채널 또는 3채널 이상의 다채널로 녹음해 믹스 다운시켜 마스터 테이프를 만들었다. 대부분의 마스터 테이프는 풀트랙 15ips(inches per sec)로 1/4인치 마그네틱 테이프에 보관되고, 카피되어 수출되었다.

당시 명진공관 콘덴서 마이크로 유명한 노이만 U-47·49 등이 있으며, 리본 마이크로 RCA의 77DX가 있다. 그 뒤를 이어 일세를 풍미한 SR(Sound Reinforcement) 현장 다이내믹 마이크로 슈어사의 55B·55SW·SM57·SM58 등이 있고, 그 외에 젠하이저 MD441·421 등 무수히 많은 명마이크가 있다. 실제 녹음에 쓰인 그 당시의 마이크들은 대부분 콘덴서나 리본 마이크인데, 대단히 예민하고 다루기 힘든 프로용 마이크이며, 지금으로 따지면 수백만 원에서 수천만 원에 해당하는 고가격대였다. 사실 미국 슈어사나 독일 젠하이저의 다이내믹 마이크도 요새에 와서 그나마 일반화되었지 예전에는 서민이 소유하기에는 엄두도 안 나는 고가 마이크였다. 최근 들어서는 노래방이 성행해 애호가 사이에는 전용 마이크를 소지하고 다닐 정도로 일반화되었고, 또한 팝 가수나 연주가, 가요 싱어들도 자신에게 맞는 고성능 특수 마이크를 선호해 연주장마

»
(좌측 위부터) 슈어 55B의 올바른 세팅과 이 마이크를 사용해 녹음한 LP재킷, 잘못 세팅된 55B, 55SW, 분해된 77DX 내부.
(우측) 스탠드에 세팅된 77DX

다 소지하고 출연하는 것을 많이 보아 왔다.

마이크는 오디오에서 말하자면 턴테이블 카트리지의 역작용에 해당할 것이다. 다이내믹 마이크의 경우 MC 카트리지와 동일하게 MC(Moving Coil) 구조이며 발전되는 전압도 mV단위로 MC 카트리지와 비슷하다. 물론 콘덴서와 리본 타입은 더 미세한 전류를 갖기 때문에 팬텀 파워나 승압 트랜스 등을 매칭시켜 사용한다. 사실 마이크는 이외에도 압전형, 세라믹형 등 보급형 저충실도 모델도 많다. 55B는 55SW의 구형으로 몸체가 약간 두툼한 것을 제외하고 거의 동일하다.

55SW의 SW는 스위치를 뜻하는데, 마이크 하단에 시그널을 차단하고 연결하는 조그만 스위치가 있기 때문이다. 이 마이크는 영화나 쇼 또는 대담 프로그램, 심지어 싱어들이 나오는 연주회장 등에 가장 많이 등장하는 독특한 형태의 마이크다. 형태가 해골처럼 생겼다하여 보통 해골 마이크로 불리기도 한다. 고전적 형태와 분위기 때문에 이미테이션 모델(짝퉁)이 수도 없이 많으며, 실제로 사용하지는 않고 폼이나 분위기용으로 세팅하기 때문에 대부분 영화나 연속극, 대담회 및 공연장 등에서 소품으로 쓰인다. 실제 55SW는 고성능, 고가의 다이내믹 마이크로 사용 가능한 제품도 꽤 있다. 필자도 소유하고 있고, 실제 사용해 보면 아직도 고성능, 고감도 음질을 제공하는 것을 알 수 있다. 내부 구조는 신형인 SM57·58과는 달리 진동판(다이어프램)이 알루미늄 초박형 돔으로, 폴리프로필렌 다이어프램을 사용하는 SM57·58과는 달리 디테일에서 금속성 질감을 보이는 것이 매력있다.

그런데 55SW에 대한 이야기를 시작하려는 이유는 사실 음질 때문이 아니다. 이미 SR용으로 사용되고 있는 상태는 아니기에 성능상의 이야기 전개는 의미가 없다. 소품으로 사용되는 55SW의 세팅 방법이 너무 어이없고 우스워서 그에 대해 이야기해 보려는 것이다. 더군다나 대부분의 방송국이나 영화사에서 고증 없이 따라해 엉터리로 세팅한 55SW를 많이 보기 때문이다.

영화나 연주회장의 소품이 엉터리로 세팅되는 경우 현실감이 떨어지고 어색해 파장이 크다. 최근 한국 영화 중에서 SP음반을 유성기로 틀어주는 장면이 있었다. 그런데 LP판에 한쪽 라벨은 새로 프린팅해서 SP음반 흉내를 내고 있었지만 뒤집는 장면에서는 안타깝게도 LP 브랜드 '성음' 라벨이 그대로 보였다. 결국 반은 LP판 반은 SP판을 유성기에 올려놓은 것이다. 필자로서는 이것이 CD판을 LP플레이어에 올려놓고 트는 것과 비슷한 느낌으로 어이가 없었다. 필자는 이 한 장면으로 그 영화의 현실감을 상실하고 말았고, 이후 망연자실 영화 감상의 전반적인 이미지를 망치고 말았다. 소품이 그만큼 작품 이미지를 좌우하기도 한다는 것을 제작자들은 잘 알아야만 한다.

또 다른 예로 어떤 최고급 의상 광고에서 유성기를 뒤로 한 포스터를 본 적이 있다. 그런데 소품으로 쓰인 유성기가 진품이 아니고 가품이어서 깜짝 놀랐다. 오히려 진품을 모방한 모조품이라면 모르겠으나, 그런 모델 자체가 없는, 존재마저 모두 가짜인 그런 제품을 구해 사진을 찍었다면 아무리 멋있는 광고 모델이 나와 있어도 그 상품 이미지는 반감된다. 그와 같이 연속극 등에서 그 시대에는 만들어지지도 않았고 역사상 존재하지도 않는 가짜 유성기를 마치 그 시대의 유산인 것처럼 배치하고 소품으로 사용한다면 그 또한 넌센스가 아닐까? 필자로서는 그런 장면을 수없이 봐 왔다. 볼 때마다 너털웃음만 나온다. 도대체 굴지의 방송국에 고증 전문가조차 없단 말인가.

소품으로 세팅한 마이크도 이와 같다. 그 수많은 음향 전문가들이 대거 존재하는 방송국에서 어떻게 55SW 마이크 세팅을 저렇게 방치하고 화면을 내보내나 하는 웃음이 나온다. 그 실수 하나로 그 진지한 장면의 현실감은 날아가고 코미디가 되어버리기 때문이다. 보통 SM57이나 58과 같은 핸드헬드(손으로 잡는) 타입 마이크 세팅에 준해 55SW의 마이크 헤드를 대화자나 싱어의 입으로 향하게 세팅한다. 이것은 잘못된 것이다. 55SW의 취음 방향은 앞 옆의 넓은 부분이다. 더 우스운 것은 대부분 방송사들이 약속이나 한 듯 틀리게 세팅한다는 것이다. 여기서 필자가 느끼는 감정은 일부 방송국들이 분석 없이 그저 따라하는구나 하는 우습고도 서글픈 심정이고, 외국의 전문가들이 이를 보면 어떻게 하나 하는 창피함마저 든다. RCA 77DX 캡슐 마이크도 이런 경향이 많다. 이 리본 마이크 또한 취음 패턴 스위치가 있는 반대 방향, 즉 옆면의 넓은 방향이 전면이다. 앞으로 영화나 방송사에서 적어도 이 두 마이크를 소품으로 세팅할 때만은 제대로 해주었으면 하는 바람이다. 연출에 실패한 감독은 용서될 수 있지만 소품에 실패한 감독은 용서될 수 없기 때문이다.

»
RCA 77DX 앞의 니퍼

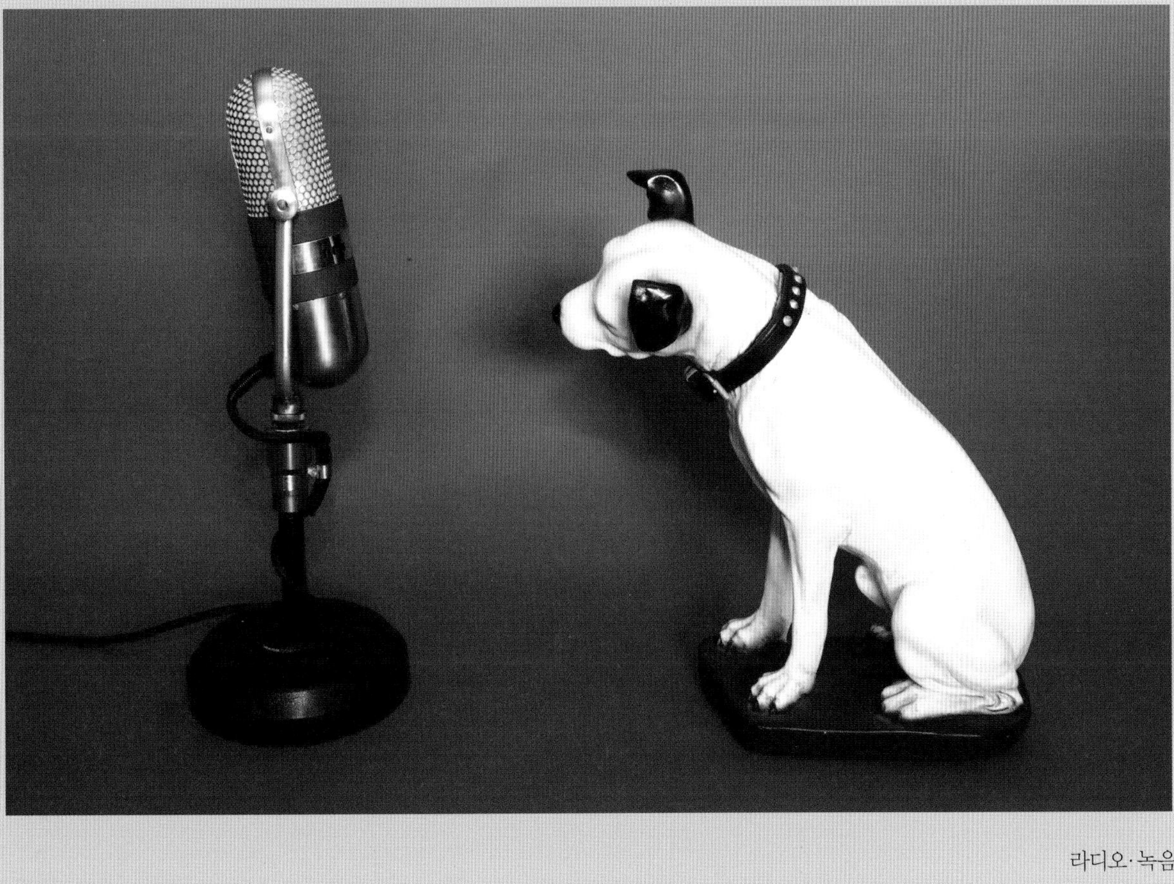

PART Ⅱ »

아날로그 사운드를 찾아서

Ceramics Cartridge
음색을 찾아주는 카트리지와 바늘

Shure Brothers
M3D · M7D · M44 · M55
1960년대 미국을 주름잡은 MM형 카트리지

Shure Ⅴ-15 Family
Ⅴ-15 · Ⅱ · Ⅲ · Ⅳ · Ⅴ
슈어 카트리지의 정점

Ortofon SPU Series
SPU-GT · SPU G · SPU GE · SPU A
우수에 젖은 사운드를 내는 고전적 MC형 카트리지

EMT TSD-15 · TMD-25 · TND-65
정통파 도이치 사운드의 발원지

EMT Jubilee Series
JSD 5/6 Silver · Gold · Platinum · S75
방송용에서 민수용으로

Koetsu Cartridge Family
일본 카트리지의 최선단

Koetsu Silver Crede Cartridge
자연스럽고 우아한 사운드

My Sonic Hyper Eminent · Air Tight PC-1
로우 임피던스 고출력 설계의 극점

Top Wing-Seiryu Cartridge · Suzaku Cartridge
또 다른 아날로그의 혁명적 사운드

생 카트리지 때려잡기

CARTRIDGE
카트리지

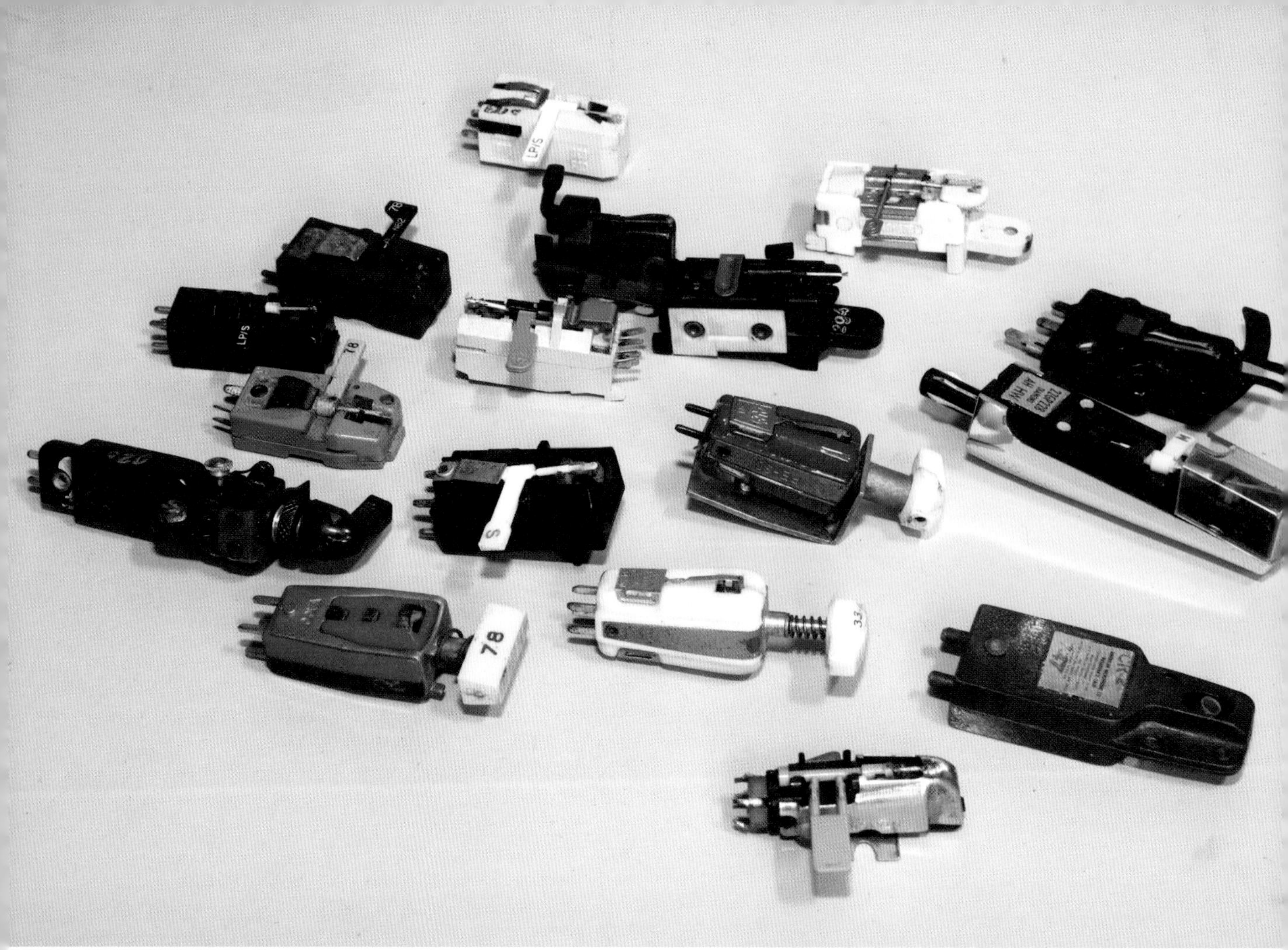
LP/S
LP/S
78
S
78
33

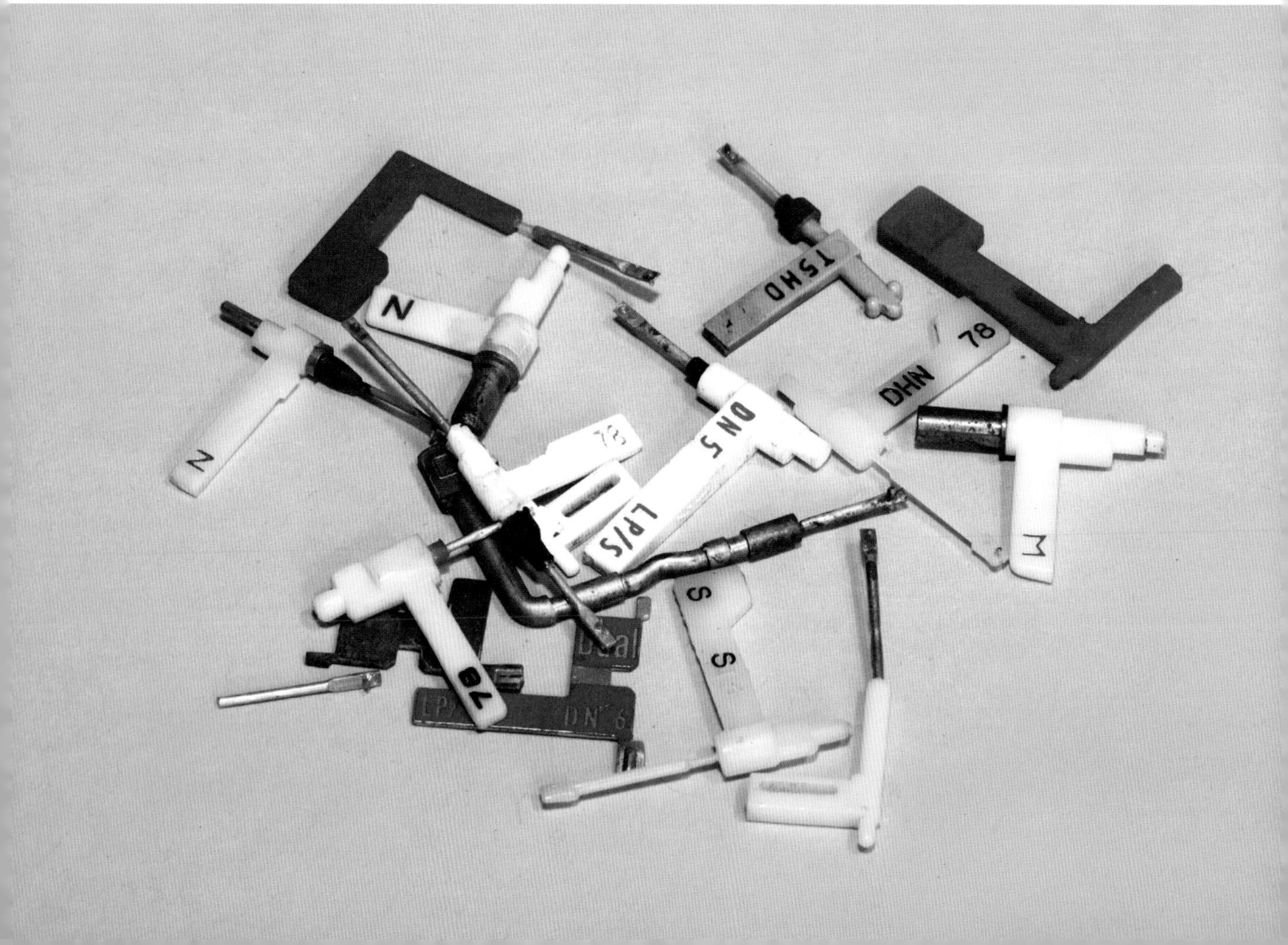
N
TSHD
78
DHN
DN 5
LP/S
M
S
S
78

Ceramics Cartridge

음색을 찾아주는 카트리지와 바늘

그동안 필자가 수집한 세라믹 카트리지는 약 100여 종 가까이 되는데 이 가운데 시청할 수 있는 것은 약 20% 정도로 기대 이상의 상태다. 특히 스타일러스가 루비나 사파이어인 것은 수명이 짧지만 경도가 낮은 스타일러스와 LP와의 진동 특성에서 오는 특유의 부드러운 질감이 있어 더욱 매력적이다. 카트리지는 그 형식과 종류가 매우 다양하며, 오디오 단품으로는 크기도 가장 작다. 가격도 천차만별인데 몇 만 원짜리가 있는가 하면 천만 원을 웃도는 것도 있다. 그 종류와 가격만큼이나 음질도 다양하며 모양도 특이한 것이 많다. 한때 수집하여 전시하고픈 욕망에 사로잡힌 적도 있었는데 카트리지 중에는 예술적 외형을 갖춘 것도 많기 때문이다. 초고급으로는 콘덴서형과 반도체형, 광전형, MC형 등이 있지만 현재 MC형만 살아남아 제품이 꾸준히 개발되고 있다. 광전형은 최근에 다시 일본에서 리바이벌 되어 상품화 되기도 하였다. 중급형으로는 MM, MI, IM형 등이 다양하게 출시되어 있다. 소위 염가형 카트리지로는 크리스털이나 세라믹 카트리지와 로셸염 타입이 있는데 모두 특정 물질에 압력을 가하면 그 압력의 변화만큼 전류가 발생하는 '피에조 현상'을 이용한 것으로 흔히 압전형이라고 부른다.

압전형의 특징은 출력 특성이 RIAA 커브에 근접하고 출력 전압이 크기 때문에 포노 EQ를 사용하지 않아도 된다는 이점이 있는데 보통 로우 레벨의 구형 전축에나 사용하던 방식이다. 그러나 포노 EQ를 거치지 않는 단순한 신호증폭 라인 덕택에 그 소리가 대단히 맑으며 시원하면서도 개방적인 음색 특성을 지니고 있는 장점이 있다. 물론 다이내믹 레인지가 넓지도 않고 주파수 특성도 좋지 않아 중역 위주로 약간의 고역과

»
다양한 세라믹 카트리지(상단)와 각종 세라믹 카트리지 바늘들(하단)

저역을 더한 느낌을 받을 때도 있다. 하지만 협대역 특유의 중역 에너지 밀도감과 투명도는 압전형만의 독특한 음색으로 표현되는데 세계적으로 마니아들이 상당수 있다.

독일의 듀얼 CDS-630·CDS-660, 텔레푼켄 스테레오 O-V·T-22·T-25·T-25 MKⅡ·T-200, PE의 PE-30, 네덜란드 필립스의 22GP310 시리즈, 미국의 제너럴 EV-501, 영국의 탄노이 Variluctance MKⅡ, BSR의 TC-8S, DERAM 등 실로 다양한 제품을 접할 수 있는데 대부분 70년대 이전 모델이며 모두 세라믹형이다. 이외에 로셸염이나 크리스털 카트리지는 제대로 동작하는 것이 거의 없고 성능도 떨어져 마니아들이 선호하지 않는다. 특히 로셸염식은 로셸염이 이미 다 녹아버려 모두 사용할 수 없다.

가장 선호하는 것은 듀얼과 텔레푼켄 및 영국 탄노이와 BSR 제품인데, 특히 영국 제품이 퀄리티가 높다. 최근 들어 BSR-TC-8S와 텔레푼켄 T-25 MKⅡ 신품을 구매하여 가라드 301 턴테이블에 RMG-212 암과 함께 구동해본 결과 상당히 만족할 만한 결과를 얻었는데 더 깊고 고전적인 음색을 얻기 위해 매트와 포노케이블을 튜닝하고 있는 중이다. 보통 출력은 300mV~500mV 내외이며 침압은 4~10g정도이고, 주파수 특성은 30Hz~12KHz(±3dB) 정도이지만 제품에 따라 20Hz~16KHz(±2dB)의 고급 사양도 있어 음악듣기에 불편함은 없다. 다만 압전체가 굳어 깨지거나 댐퍼가 탄력성을 잃어 원래 음질을 재생하지 못하는 제품이 많아 마니아급을 찾으려면 상당히 품을 팔아야 한다. 그러나 가끔 이베이(ebay) 등 경매시장에 나오기도 하고 국내 수집가들이 상당수 있어 구하기가 아주 어려운 편은 아니다.

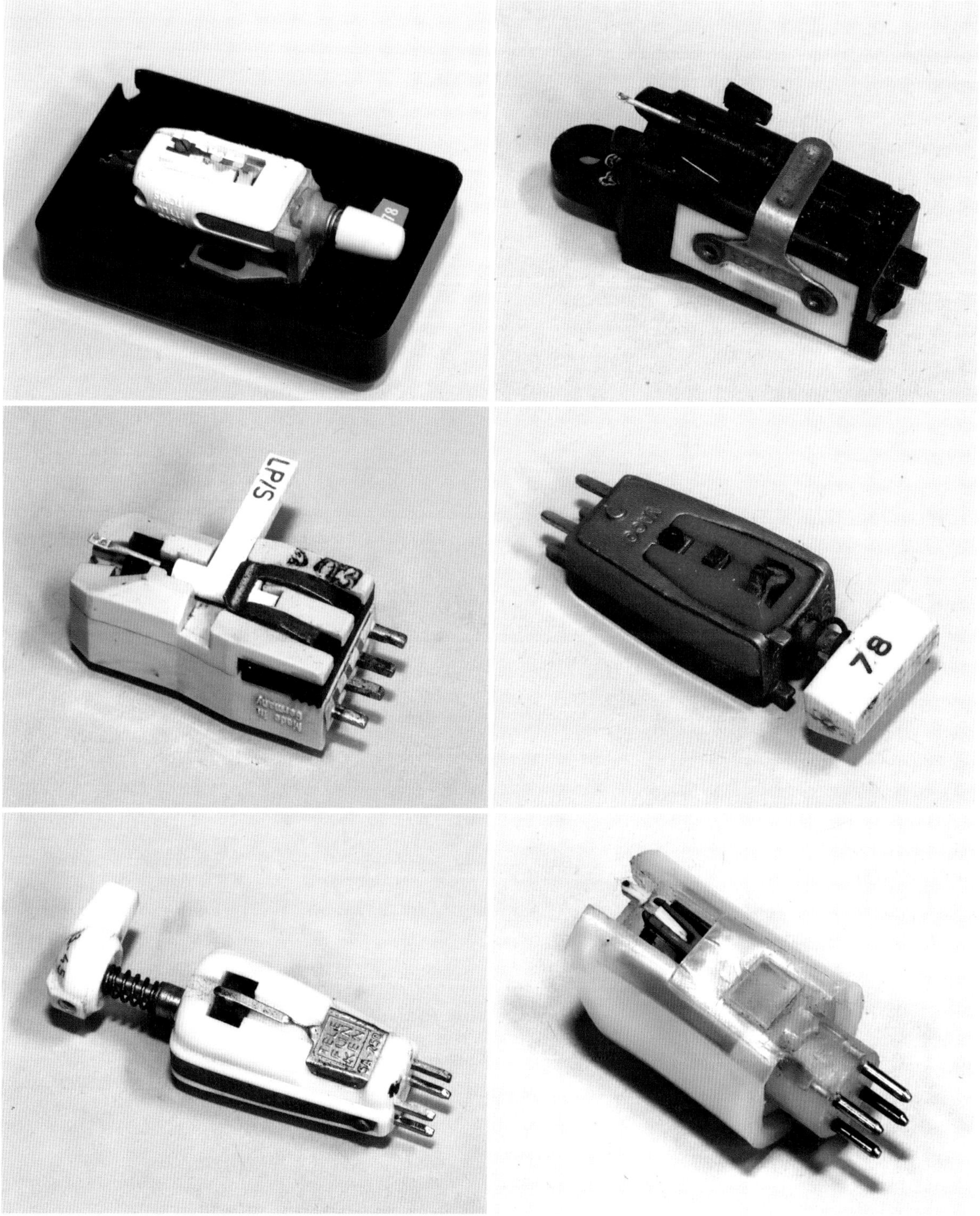

»
(맨 윗줄부터)
영국 BSR TC-8S(좌), 독일 텔레푼켄 T-200(우)
독일 듀얼 CDS-630(좌), 영국 VACO ST-4(우)
독일 텔레푼켄 SA-250(좌), 영국 DERAM(우)

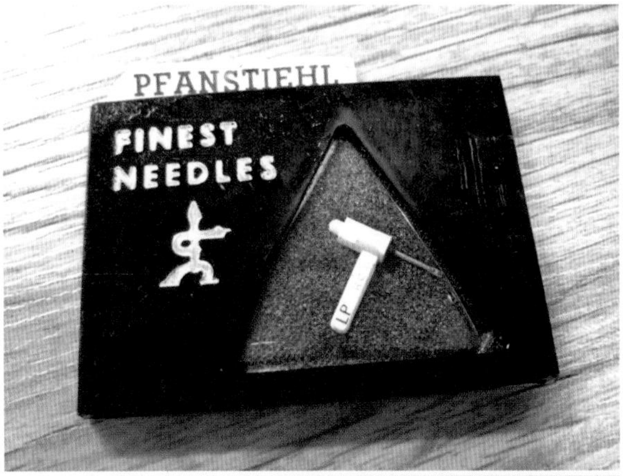
PFANSTIEHL
FINEST
NEEDLES
LP

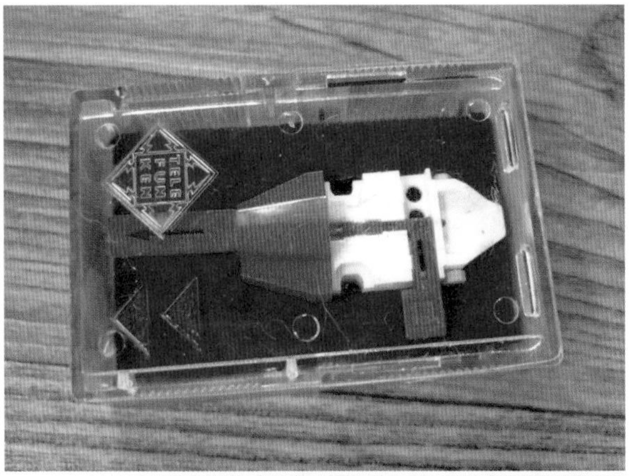

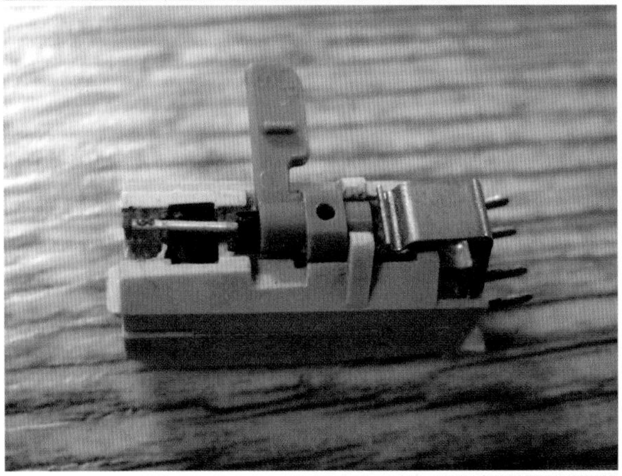

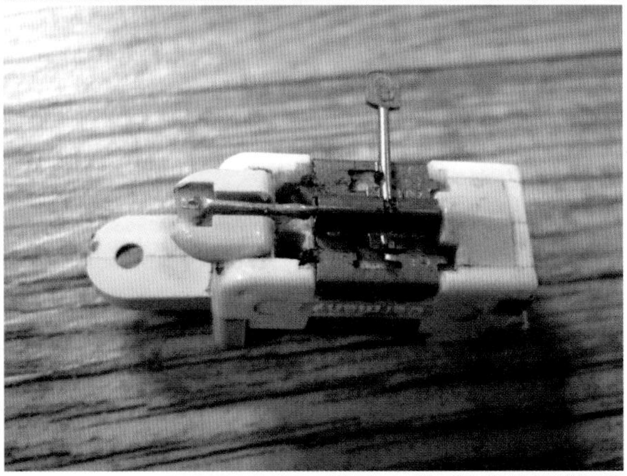

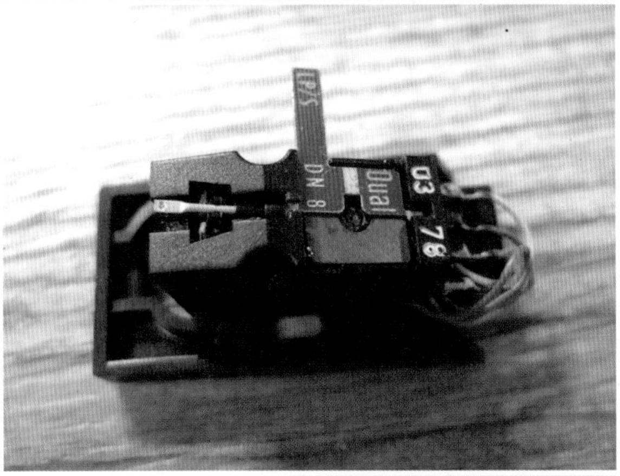
Dual

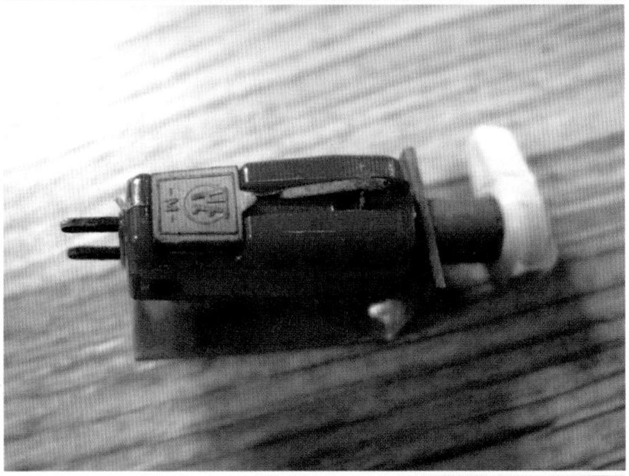

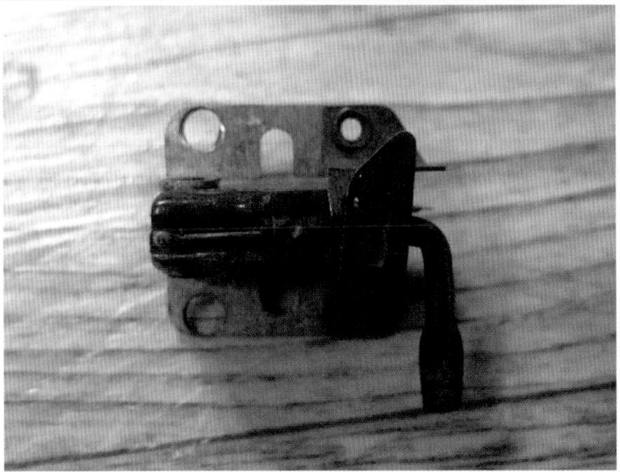

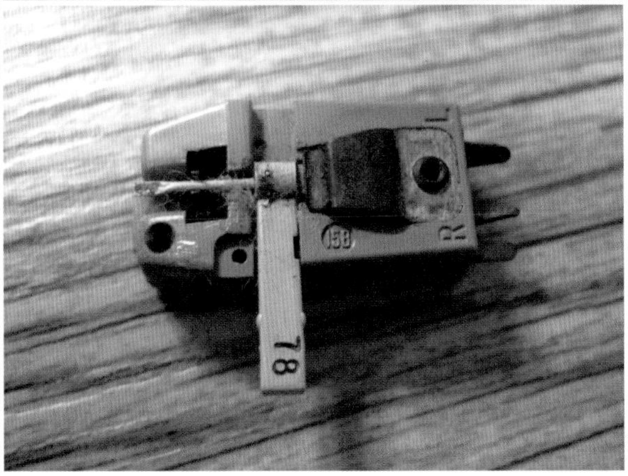

대부분의 톤암이 세라믹 카트리지의 초중침압을 대응하지 못하기 때문에 셸에 무게판을 끼워 넣어 침압계로 침압을 맞추어야 하는 불편함도 있지만, 잘 세팅된 세라믹 카트리지의 음색은 또 다른 아날로그 별천지라 해도 과언이 아니다. 그리고 음질의 변화는 지금까지 겪었던 어떤 아날로그 사운드 변화보다 그 폭이 크며 음악적 뉘앙스도 별다르다. 어릴 적 들었던 장전축 음색의 대부분이 세라믹 카트리지에서 나온 것이고 보면 그 고유 음색에 각별한 정을 느끼지 않을 수 없다. 당시에는 턴테이블이나 톤암의 성능이 그야말로 원시적이어서 럼블이나 노이즈가 많았지만 최근의 상급 빈티지 턴테이블과 톤암에서 재생되는 세라믹 카트리지의 묘한 깊이는 대단히 매력적이다.

가능한 한 100시간 이내에서 사용하는 것이 좋고 스페어 바늘이 없다면 카트리지 수리점에서 MM형보다 훨씬 쉽게 리팁이 가능하다. 보통 세라믹 카트리지의 경우 교환침이 따라 다니는데 동일형이라도 스타일러스가 다이아몬드인 것이 있는가 하면 루비나 사파이어도 있다. 또한 모노, 스테레오, SP용으로 별도 구분되어 있으므로 소스의 규격에 맞게 사용하면 좋다. 특히 세라믹 모노 바늘의 경우 더 깊이 있는 아날로그를 재생할 수 있는데, 상태가 웬만한 모노 음반일지라도 탁월한 S/N비에 놀랄 것이다. 스테레오 세라믹 카트리지라도 채널 분리도는 낮은 편이어서 모노 스타일러스를 장착하여 모노 음반을 재생하면 고품격 모노 아날로그 사운드를 들을 수 있다.

상당수 세라믹 카트리지의 경우 바늘을 상하로 회전시켜 양면의 스타일러스를 사용하는데 하나는 스테레오, 나머지는 모노여서 모노와 스테레오 음반이 혼재한 과도기였던 당시 상황에 대응하도록 설계한 것도 많다. 물론 SP음반 재생 시에는 별도의 SP용 스타일러스를 장착해야 하는데 모노 세라믹형의 경우 LP, SP를 돌려서 선택할 수 있게 한 것도 종종 보인다. 아날로그의 세계에서 카트리지의 비중은 1순위로 가장 중요한 부분이니만큼 좋아하는 음색을 찾기 위해서 동분서주할 만한 충분한 가치가 있다고 본다. 비록 염가형이지만 그 카테고리 안에서만 맛볼 수 있는 독특함이 있기에 다른 MM형, MC형과 우위를 나눌 필요는 없다고 생각한다. 그저 그 맛만 즐기면 되는 것이다.

»
(맨 윗줄부터)
미국 오리지널 니들(좌), 독일 텔레푼켄 T-25 MK II(우)
영국 ACOS GP93-1(좌), 독일 텔레푼켄 T-22(우)
독일 듀얼 CDS-660(좌), 영국 PE-30(우)
미국 Sonotone-9980(좌), 미국 Electrovoice-501(우)

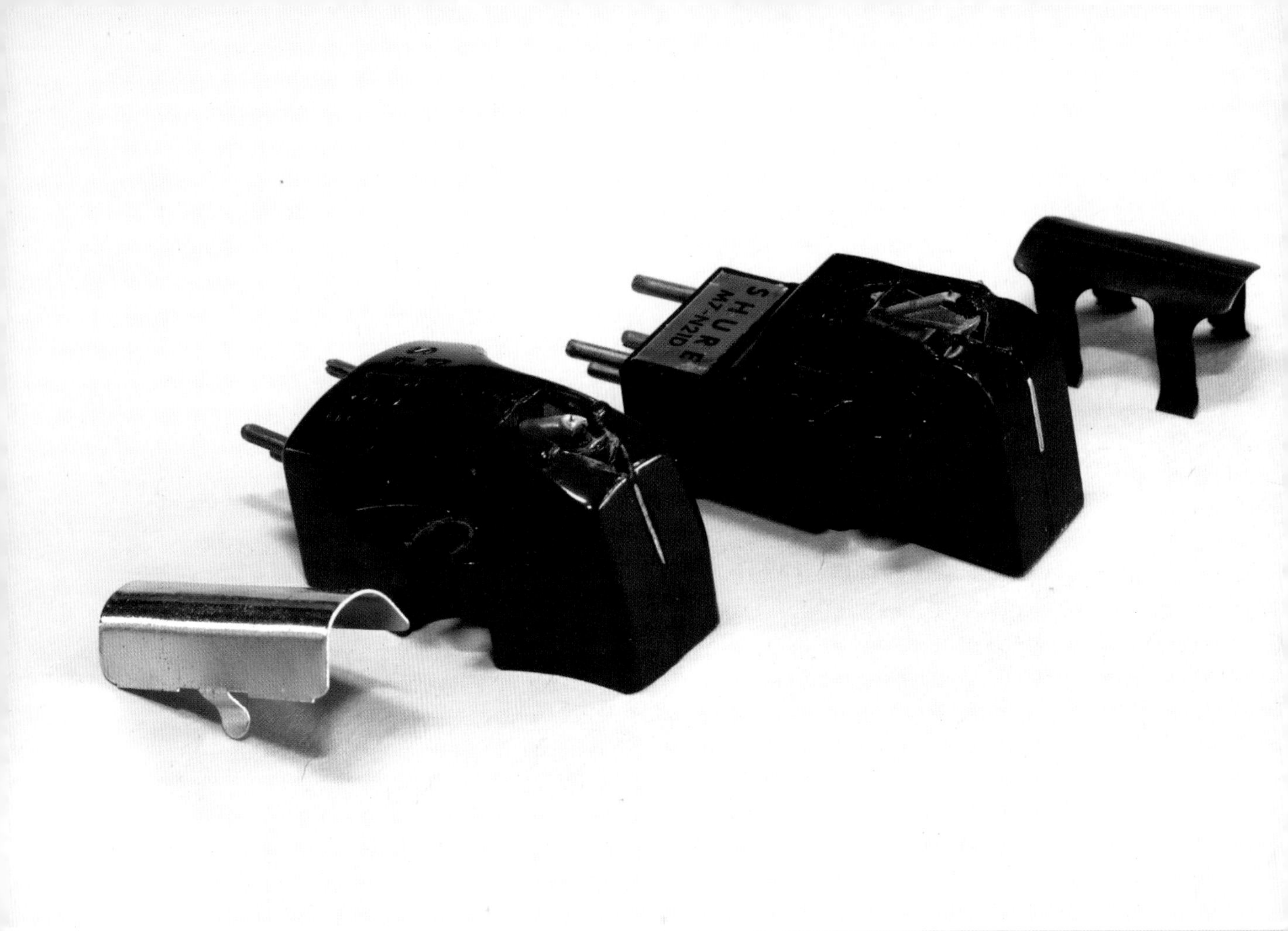
SHURE
M7-N21D

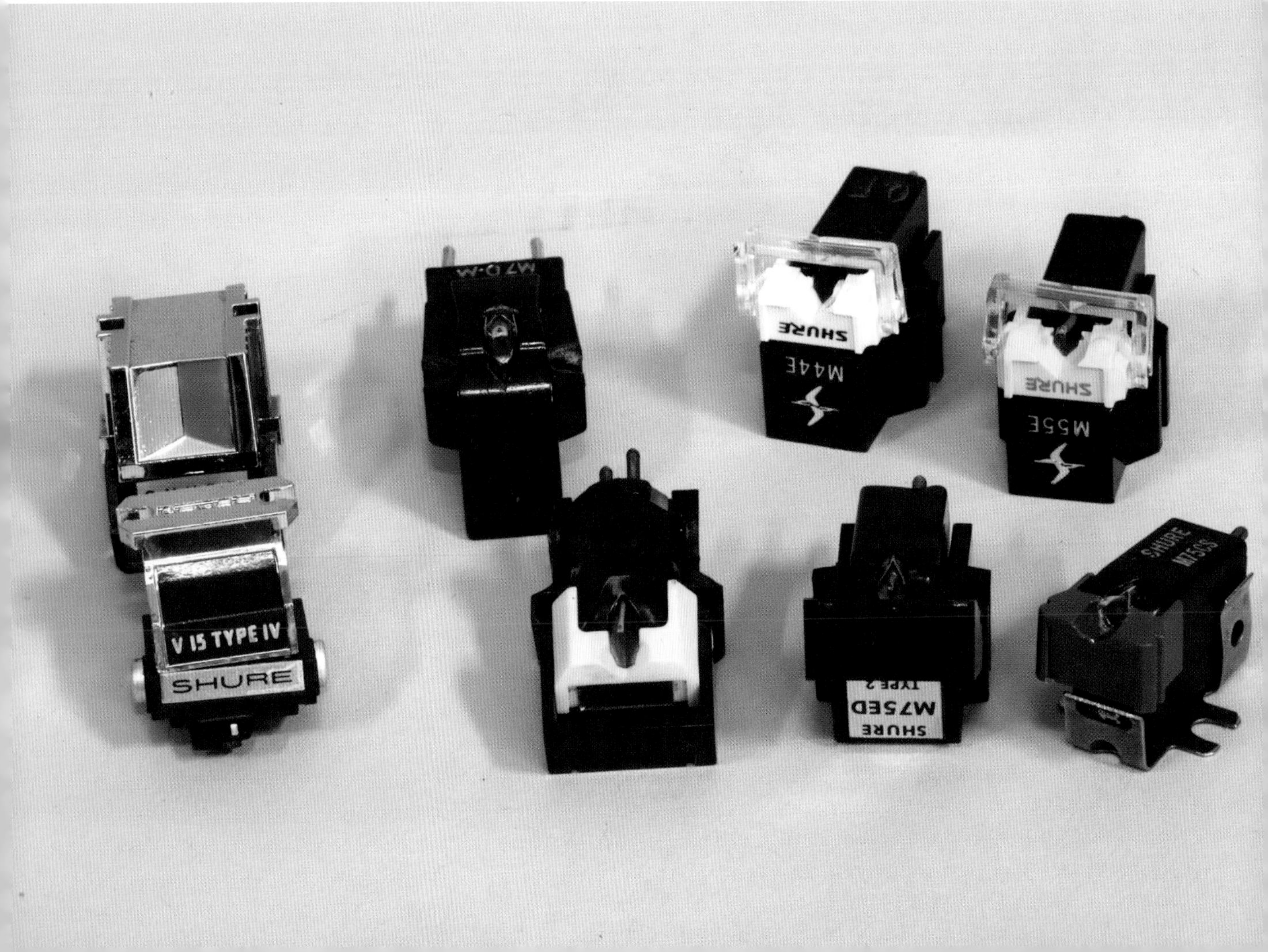
V 15 TYPE IV
SHURE
SHURE
M44E
SHURE
M55E
SHURE
M75ED
TYPE 2

Shure Brothers M3D · M7D · M44 · M55

1960년대 미국을 주름잡은 MM형 카트리지

1960년대 미국을 주름잡던 대표적 카트리지는 모두 슈어사의 제품이라 할 정도로 슈어사는 막강한 카트리지 메이커였다. 그들의 MM형 카트리지 특허를 피하기 위해 엠파이어사에서는 MI형이 개발되었고, 수많은 카트리지 제조사들이 줄을 이어 창립되었다. 당시 카트리지는 오디오 단품으로 비교적 고가품인만큼 매력 있는 사업이었다. 특히 카트리지 업그레이드는 오디오 사운드의 전체적인 업그레이드라는 괄목할 만한 성취감을 줄 뿐 아니라 마모에 의한 스타일러스, 즉 바늘 교체나 부주의에 의한 손상으로 인한 바늘 교체 등 빈번한 후속 구매가 뒤따르는 소모품이었기 때문이다. 슈어사가 세계 시장을 석권할 무렵 이에 도전장을 낸 카트리지 제조사는 엠파이어, 피커링, ADC, 그라도 등이었으며, 특히 그라도는 MC형 카트리지의 특허권을 가지고 있어 MC 카트리지도 병행 제조했다. 그러나 MC형 카트리지는 덴마크의 오르토폰사 제품들이 유럽을 비롯한 세계 마니아들의 심금을 울리고 있는 형편이어서, 세계 카트리지 구도는 MM형은 슈어, MC형은 오르토폰으로 양분됐었다. 물론 뒤를 이어 일본의 여러 카트리지 회사들이 등장하지만 그때는 아직 일본 오디오의 태동기로 글로벌 마케팅에서는 별 인기를 얻지 못한 것이 사실이다.

MC형 카트리지는 고가이며, 또한 바늘 교환을 사용자가 직접할 수 없어 본사로 보내 보통 카트리지 값의 50~70%의 막강한 비용을 물어야했기에 대중적이지 못했다. 이에 비해 MM형은 여러 대중적 장점이 있어 MC형에 맞먹는 고스펙의 카트리지들이 속속 등장했고, MC형보다도 더 고가인 MM, MI형 모델로 AKG Super-Nova, 슈어 Ultla-500, 엠파이어 EDR9 등이 마니아들에게 선망의 대상이 되기도 하였다.

»
M3D와 M7D(상단)와 슈어의 중급 카트리지와 V-15 Type Ⅲ · Ⅳ(하단)

»
초기 그라도 MC타입 카트리지(좌)와 V-15 Type Ⅲ와 오리지널 바늘 VN-35E 케이스(우)

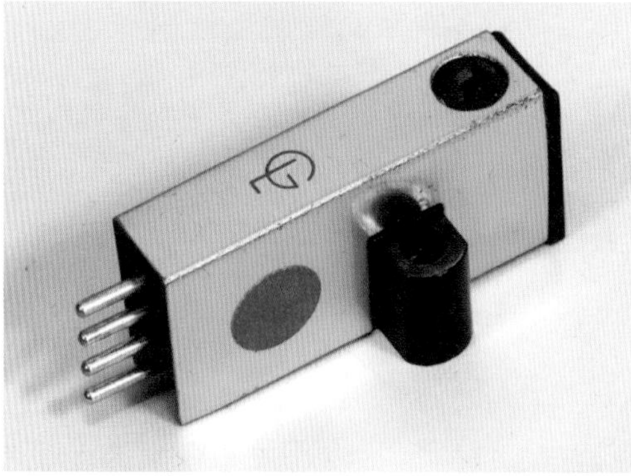

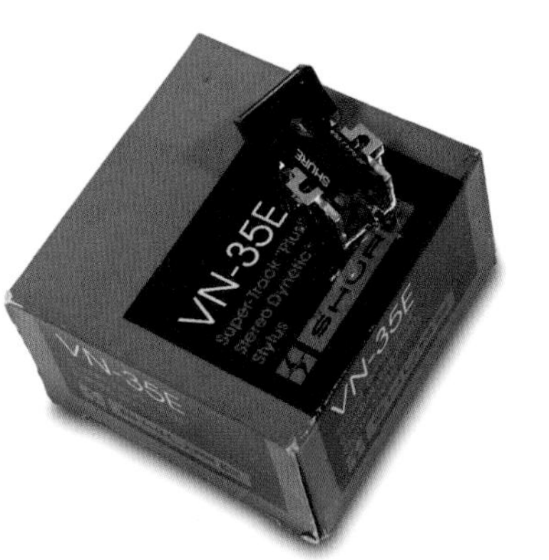

슈어의 대표적 초기 인기상품은 M3D와 M7D였다. M3D는 가장 기본적인 MM형 구조로 니들 핑거 가이드가 없어 순전히 바늘 가이드의 힘으로 캔틸레버를 지탱하는 타입이었다. 그래서 맨손으로는 바늘 교체가 안 되고 핀셋 등으로 바늘을 교체하는 구조이다. 침압이 3~6g의 중 침압이며, 주파수 대역도 20~15,000Hz밖에 되지 않아 고역이 뻗치는 맛이 적고 섬세함이 떨어진다. 그러나 저역이 부풀고 중역이 두툼하며 전체적 음색이 연주회장의 홀 톤을 잘 재생해주는 특징이 있어 출시 당시 상당한 인기를 얻었다. M3D는 상판이 알루미늄으로 되어 있는 구형이 있고, 상판이 몸체와 같은 플라스틱 바디의 신형이 있다. 최근 들어서도 인기가 많은 카트리지인데, 특히 구형이 인기 있다. 아마 현대의 섬세함과 투명한 사운드에 싫증난 마니아들이 더 순수하고 편안한 것을 추구하는 회귀 성향의 발로라고 생각한다. M3D는 대체 바늘, 즉 일본 제조 제품이나 유럽 제조품으로 오리지널이 아닌 바늘을 장착하는 경우가 많은데, 관건은 깨끗한 오리지널 바늘이어야 한다는 것이다. 가장 중요한 바늘을 꼭 확인하고 구매해야 한다. M시리즈는 오리지널 바늘이 아니라면 무의미하기 때문이다.

M3D와 동일형의 바늘을 쓰면서 트랜지언트 특성을 개선하고 상위 고역 주파수 대역을 확장해 20~20,000Hz까지, 즉 인간 가청 주파수 모두를 재생하도록 설계한 카트리지가 M7D다. 침압은 1~1.5g으로, M3D의 중침압에서 경침압으로 변경된다. 따라서 스타일러스는 동일하나 캔틸레버, 댐퍼의 구조는 더 부드럽게 설계된 하이 컴플라이언스 타입이다. M7D의 스타일러스인 N21-D는 M3D와도 호환되도록 설계되었다. 따라서 M3D 스타일러스 N-3D도 M7D에 맞다. 그러나 N21-D를 M3D에 장착시키면 침압은 1~1.5g, N-3D를 M7D에 장착시키면 침압은 3~6g으로 변경시켜야 한다. 스타일러스 교환 장착의 경우 서로의 특성은 희석되지만 그 또한 즐길 만한 것이어서 변화의 요소로 생각하고 있으면 좋다.

M7D의 후속 카트리지가 M44C이다. 그 뒤를 이어 M44-5, M44-7이 계속 발매되었고, M44C가 M3D와 동일한 3~5g의 중침압형이고, M44-5와 M44-7이 M7D와 성격을 같이 하는 1~2.5g 경 침압형이다. 특히 M44-5는 $^{3}/_{4}$~1.5g의 초경 침압 특성을 보유해 더 섬세하게 사운드를 재생한다. 물론 주파수 특성은 모두 20~20,000Hz로 발전되어 있다. 그 뒤를 이어 슈어사 최고의 히트작 M55E가 발매되었다. $^{3}/_{4}$~1.5g의 경 침압 타입으로, M-44 시리즈의 두 배 가격에 해당되는 고가의 카트리지였다. 물론 당시 최고 상위 계열로

이미 V-15가 M55E의 두 배 가격으로 판매되고 있었지만 너무 고가여서 구매가 쉽지 않았다(V-15는 62달러, M55E는 35달러, M44C는 18달러, M44-5는 22달러, M44-7은 20달러, M7D는 18달러, M3D는 12달러, 참고로 유명한 마란츠 7C 진공관 프리앰프가 260달러 정도였다). 이 카트리지들은 모두 현재까지 사용되고 있으며, 당시에 나온 구형 미국 제품이 신형 멕시코 제품보다 월등히 인기가 높다. 선호도로 본다면 M3D보다는 M7D가 맞는데, 두툼함도 가지고 있으면서 고역의 디테일과 뻗침이 시원하기 때문이다. M3D의 경우 고역이 약간 막힌다는 느낌의 답답함은 있으나 전체적으로 톤이 굵고 부드럽다는 인상이다. M3D이든 M7D이든 스타일러스가 관건이며, 만약 스타일러스가 문제가 있다면 더 양질의 누드 다이아몬드팁을 구해 리팁하는 것도 가능하다. 리팁하기 용이한 구조이기 때문이다.

»
M3D와 M7D의 오리지널 박스(상단)
VN-35E와 M시리즈 오리지널 바늘 박스 그리고 M시리즈 카트리지들(하단)

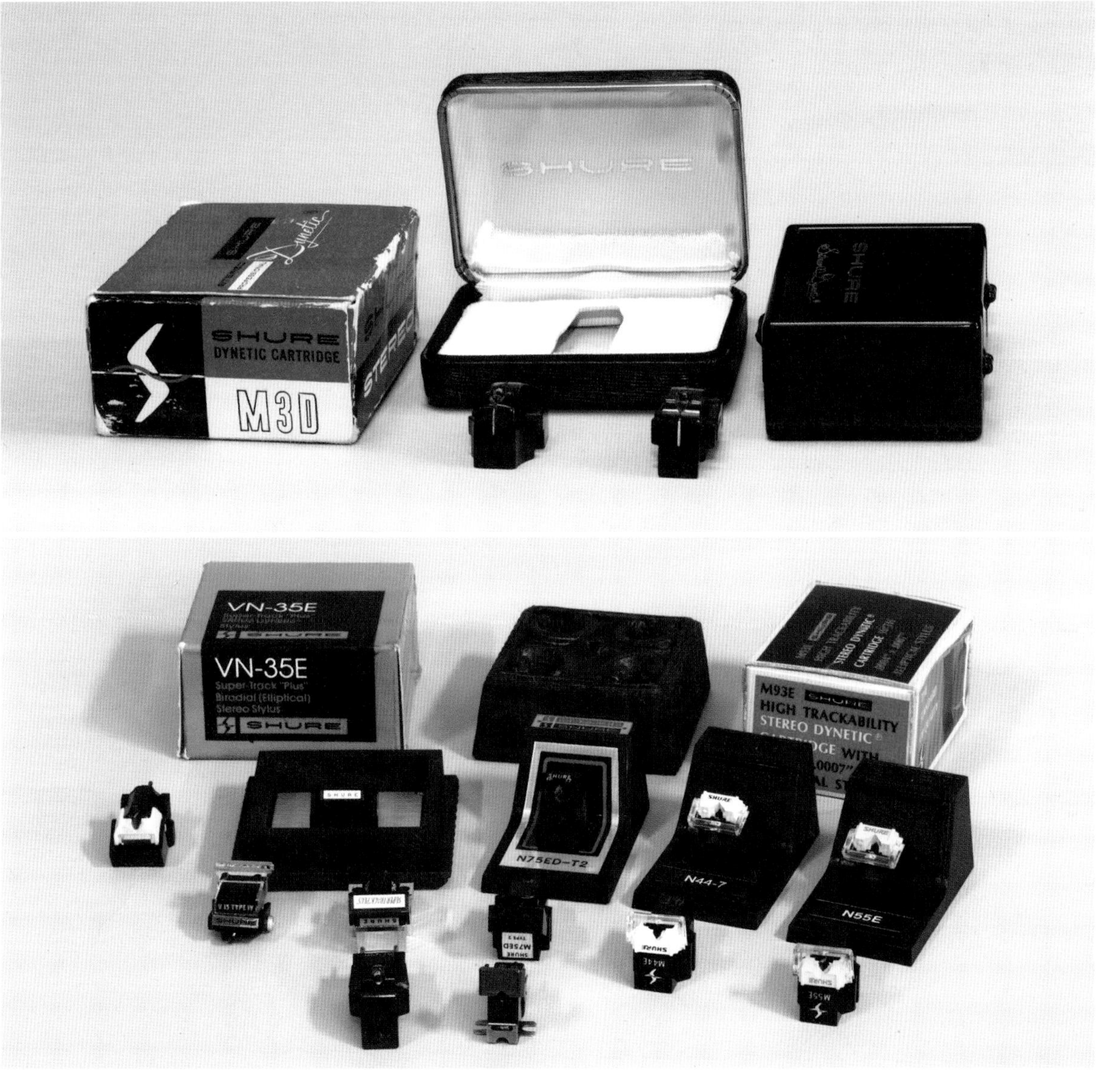

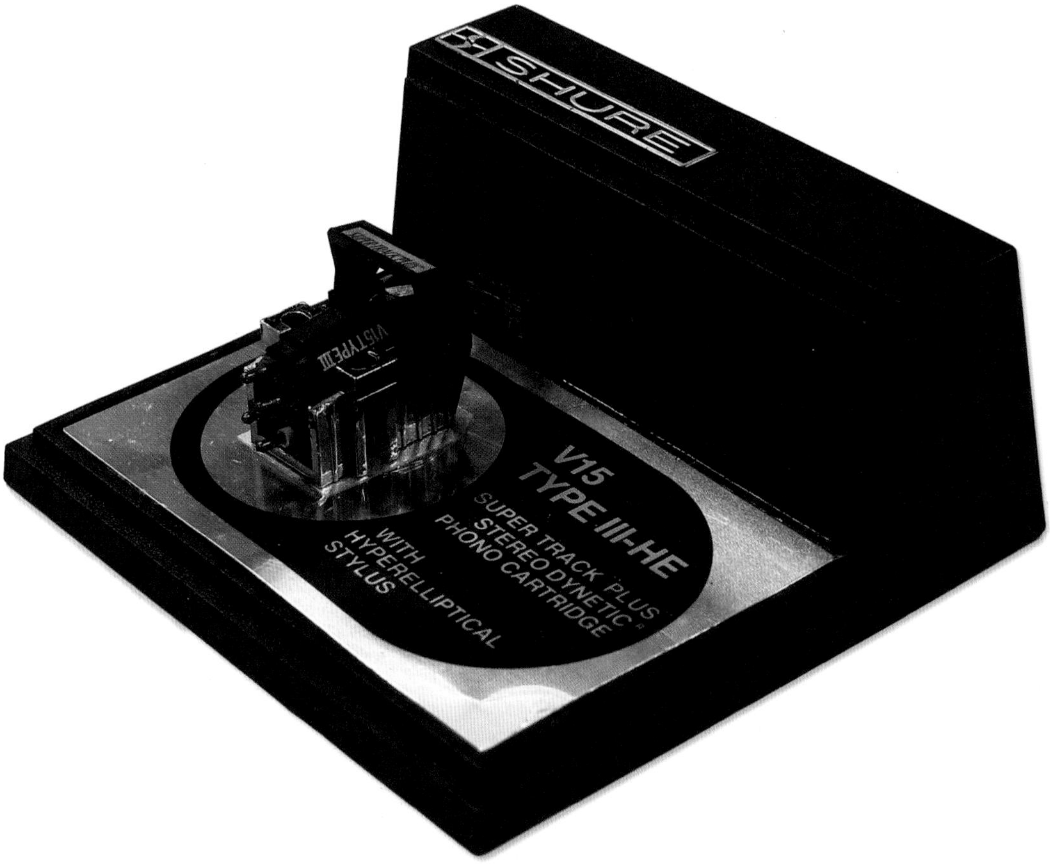
SHURE
V15 TYPE III
V15
TYPE III-HE
SUPER TRACK PLUS
STEREO DYNETIC
PHONO CARTRIDGE
WITH
HYPERELLIPTICAL
STYLUS

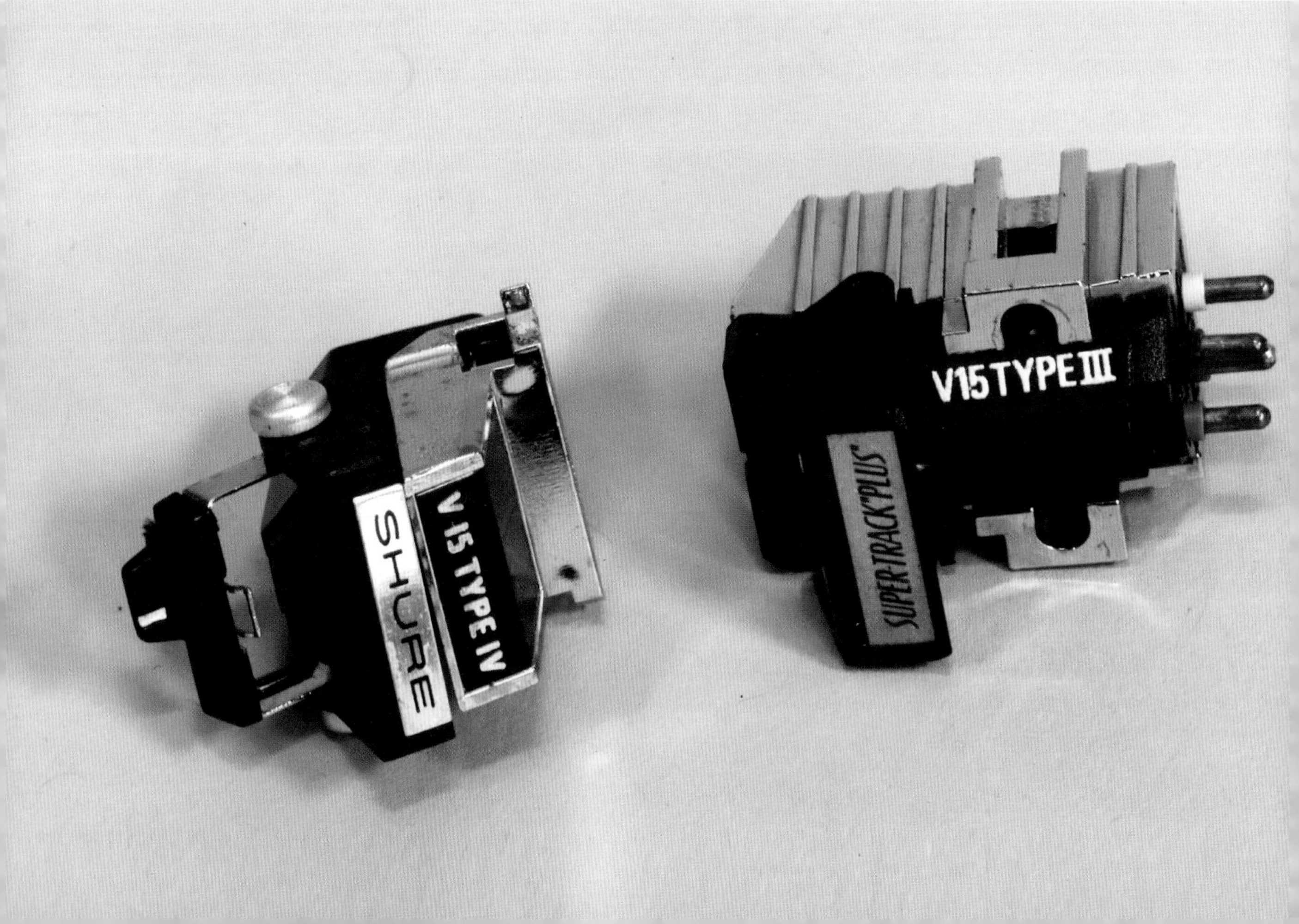
SHURE
V 15 TYPE IV
V15 TYPE III
SUPER-TRACK"PLUS"

Shure V-15 Family V-15 · Ⅱ · Ⅲ · Ⅳ · Ⅴ

슈어 카트리지의 정점

1970년대 말 학생이었던 시절 가장 선망의 대상이 되었던 오디오 단품은 카트리지였다. 카트리지는 다른 오디오 단품에 비해 비교적 저렴한 가격으로 구입해 소위 꿈을 현실화시킬 수 있는 유일한 품목이었다. 더군다나 조그만한 카트리지만 교체해도 어찌 그리 큰 음질 변화를 느낄 수 있는지 실로 놀라웠다. 카트리지에 따라 음색이나 질감, 다이내믹 등 다양한 오디오 업그레이드를 실현할 수 있어 좋은 카트리지를 보면 그것을 구입하려고 몇 개월씩 용돈을 저축했던 추억이 있다. 당시 가장 많이 사용하는 카트리지는 슈어 M-55였다. 전면 번개 마크 밑으로 노란색 바늘 가이드가 보이는 M-55는 당시 마니아에게는 수준급이라는 표시였다. 그 위로 M-75가 있고, M-91이 고급 카트리지로 자리매김하고 있었던 시절이었다. 그 외에 스탠톤 681이나 엠파이어 2000Z · 4000DⅢ · EDR-9 등이 초상급기로 거래되고 있었는데, 그런 카트리지는 너무나 고가여서 침만 꿀꺽 삼키던 기억이 난다.

그러니까 1970년대 어느 날 세운상가에 있는 단골 카트리지 가게에 들렀는데, 웅성웅성 사람들이 몰려 구경에 여념이 없었다. 새로 카트리지가 미국에서 입수되었는데 초 하이엔드 슈어 카트리지라는 것이다(아마 정식 수입품은 아니고 비공식 루트로 들여온 제품이었으리라 생각한다). 그것이 바로 슈어 V-15 TypeⅡ였다. 당시 국내 판매가가 M-55의 4배가 넘는 고가 제품이었는데, 포장도 무척 고급스러웠고, 카트리지 몸체의 반짝이는 미러 코팅이 뭇 오디오 마니아들을 유혹하는 듯했다. M-55와는 격이 다른 카트리지로 우선 스타일러스가 오스뮴 접합 침에서 통누드 다이아몬드로 교환되었고, 침선을 초타원으로 가공한 특수 일립

»
슈어V-15 타입Ⅲ(상단)와 슈어V-15 타입Ⅲ · Ⅳ(하단)

티컬팁이 장착되었다. 캔틸레버는 섬세하고 가는 두랄루민 파이프로 교체되었고, 출력은 5mV에서 3.5mV로 다운되었지만 주파수 대역은 20~20,000Hz에서 20~25,000Hz로 확장되었다. 좋은 소리가 날 것이라는 것은 시각적으로도 즉시 느껴졌다. 그러나 비용이 문제였다. 결국 있는 돈에 더해 친구에게 거금을 빌려서까지 다음 날 구매하고 말았는데, V-15 TypeⅡ를 사서 집에 돌아오는 흥분된 기분은 아직도 생생하다. 더 큰 감동은 카트리지를 장착하고 처음 들었을 때의 음색이었다. 한없이 매끄럽고 자연스러우며, 품격이 더해져서 서민의 사운드에서 귀족의 사운드로 변한 것 같이 달콤했었다. 기타 슈어의 중급 카트리지와는 차이가 너무 커서 '고급 카트리지의 매력이 이런 것이구나'하고 확실히 알게 되었다.

슈어의 고급 카트리지의 시작은 V-15부터였다. 그리고 V-15의 절정은 Ⅱ를 이어 Ⅲ에서 완성되었다고 해도 과언이 아니다. V-15 TypeⅢ는 초기 일립티컬팁에서 HE(Hyper Elliptical, 하이퍼 일립티컬), MR(Micro Ridge, 마이크로 리지)팁까지 이어지며 3세대까지 발전한다. 가장 기준적이고 깊이 있는 아날로그 사운드의 정점은 MR보다는 HE팁에 있다고 본다. MR팁은 HE팁보다 섬세한 마이크로 리지라는 에지돌기를 장착해 디테일을 좋게 한 것인데, 무엇인가 본연의 깊이에서 얕아진 감성을 느낄 수 있었다. 따라서 TypeⅢ의 정점은 HE 팁에 있는 것이다.

TypeⅢ는 후속인 TypeⅣ로 발전한다. 그러나 TypeⅣ가 Ⅲ만큼의 인기를 얻지 못하자 곧이어 대안으로 TypeⅤ를 발표한다. Ⅴ는 캔틸레버를 두랄루민에서 보론으로 바꾸어 Ⅲ에 비해 투명한 성향이라는 평가를 받으며 나름 개성 있는 소리로 인정받고 인기를 얻는다. 기본으로 MR 팁이 장착되어 있고, 정전기를 그라운드 시키는 탄소 브러시가 옆에 붙어 있어 Ⅲ와는 외형적으로 확연히 구별된다. TypeⅤ의 출력은 3.2mV로 감쇄되었으나 주파수 대역은 10~28,000Hz로 확장되었다. TypeⅤ는 슈어 최고급 사양인 Ultla-500에 자리를 넘겨주지만 그 이후 아직까지도 사용자가 많다. 결국 TypeⅤ는 V-15의 마지막 최종 완성품으로 기억될 것이며, 슈어 카트리지 정점에서 가장 완성도 높은 MM 카트리지 사운드를 느낄 수 있는 모델이라고 말할 수 있겠다. V-MR은 초기에 미국에서 생산되었지만 후기 제품은 멕시코제도 있다. 모든 슈어의 카트리지가 다 그렇지만 멕시코제보다 미국 생산품이 정교하고 소리도 좋다. 물론 현재 거래 가격도 미국 제품이 높다. 카트리지 본체가 미제인 것보다는 바늘이 미제인 쪽이 사운드가 좋고, 초기 제작품들(번개표)이 제품의 완성도 면에서 탁월하다.

»
(맨 위부터)
V-15 타입 Ⅲ-HE
V-15 타입 Ⅳ-HE
V-15 타입 Ⅴ-MR
V-15 타입 Ⅲ-HE 확대모습(하단 우)

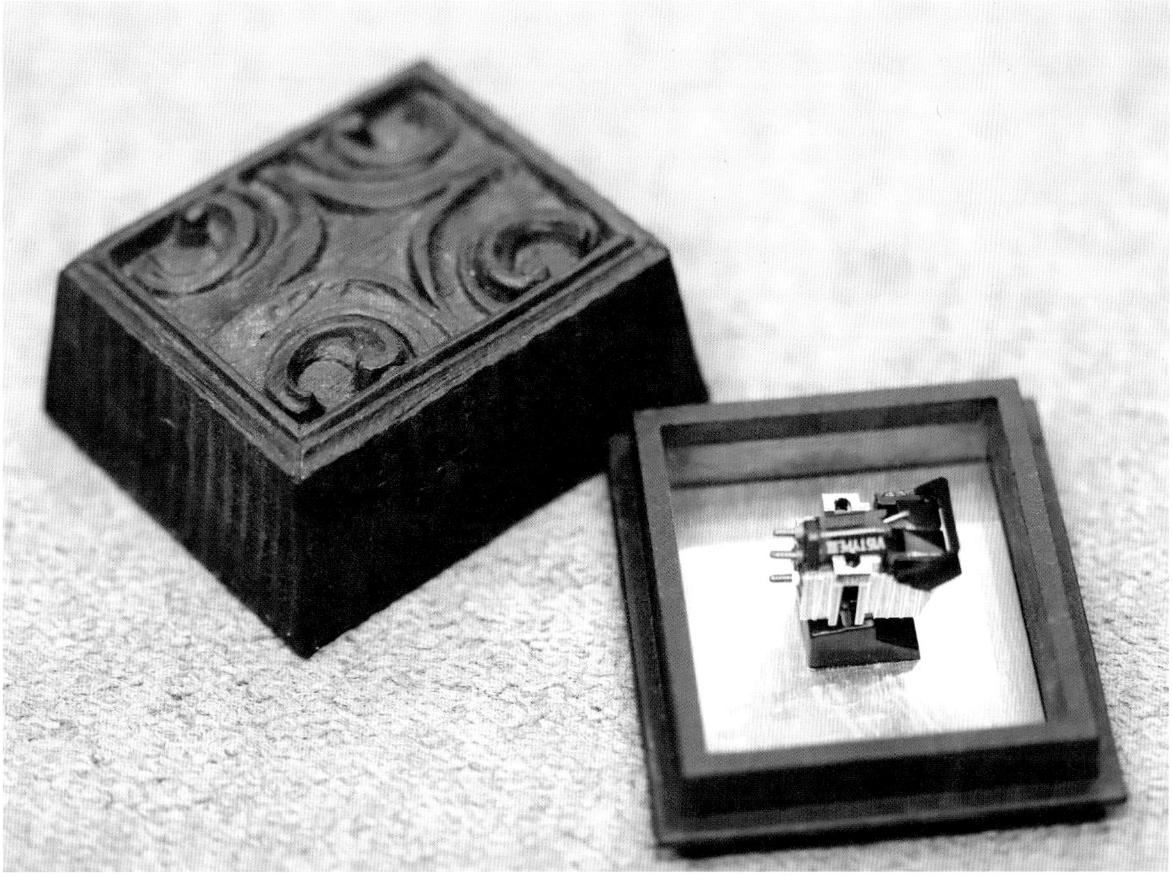

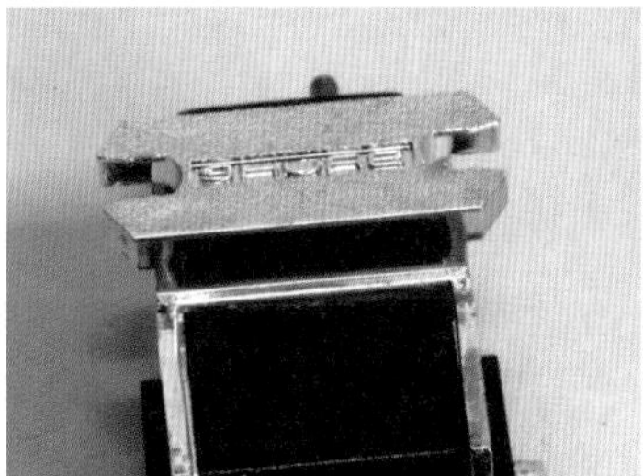
V 15 TYPE IV
SHURE

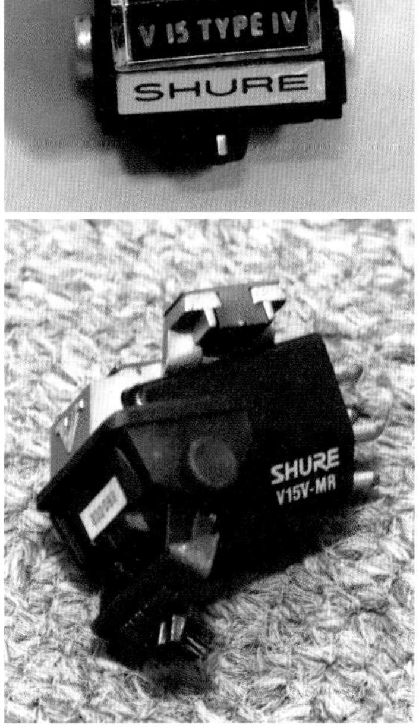
SHURE
V15V-MR

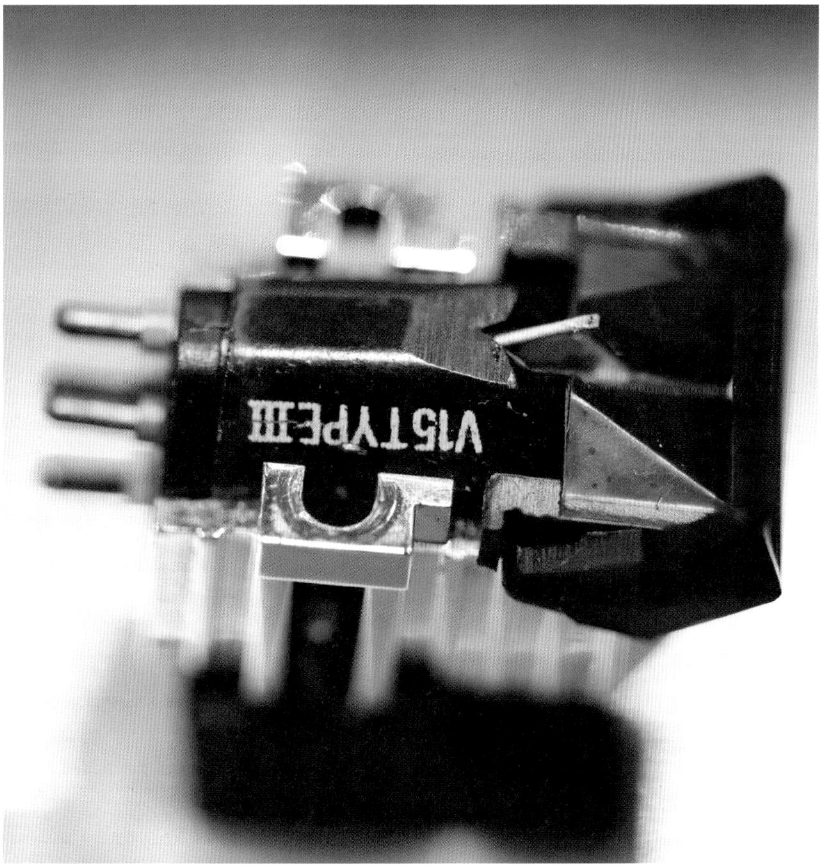
V15 TYPE III

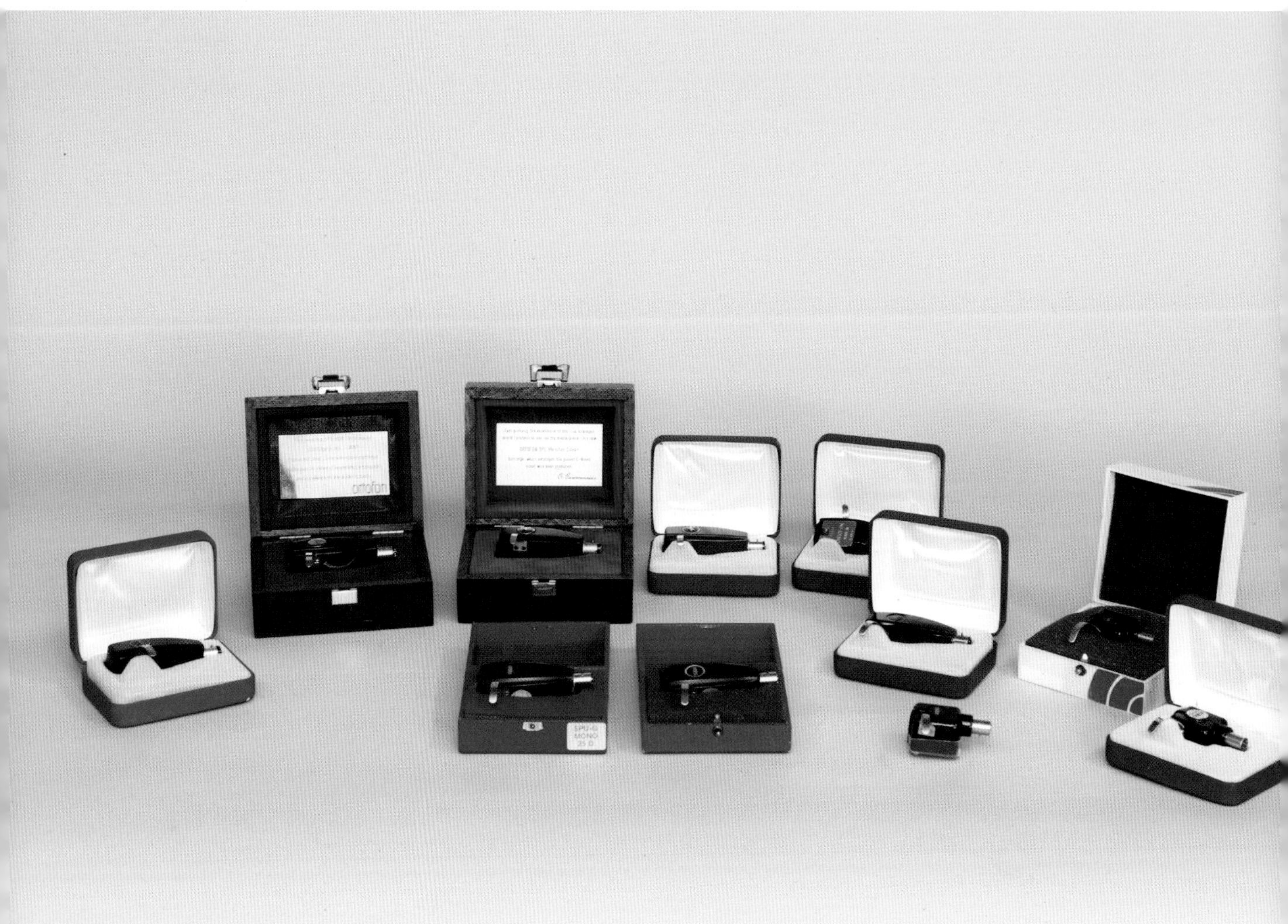
ortofon
SPU-G
MONO

Ortofon SPU Series SPU - GT · SPU G · SPU GE · SPU A

우수에 젖은 사운드를 내는 고전적 MC형 카트리지

바흐 〈마태 수난곡〉을 빼어 들고 턴테이블 위에 올려놓는다. 니콜라우스 아르농쿠르의 텔레푼켄 LP 4장 하드 박스로 예수의 수난을 선율에 실어 작곡한 바흐의 기도를 듣고 있다. 모든 사랑의 열정에는 수난이 뒤따르는 법. 예수의 사랑에는 좁디좁은 인간의 대지에서는 감히 보이지도 않는 수난이 실려있는 듯 하다. 바흐는 말로 표현 못할 그 탄식들을 모아 그만의 기도로 이 곡을 완성했는데, 이 가을 '마태 수난곡'을 들으니 보고 싶은 얼굴들이 모두 수난의 아픔으로 곡조가 되어 흐르는 것만 같다. 이미 고인이 된 얼굴, 사랑했던 사람들의 얼굴, 보고 싶은 사람들의 얼굴 그리고 술 마시고 대화하고 싶은 사람들의 얼굴 모두가 수난의 곡조가 된다. 왜 가을이 되면 보고 싶은 사람들이 더욱 그리워져 회상의 곡조가 되어 흐르는지 필자도 잘 모르겠지만, 가을은 종말을 예고하는 서곡처럼 영혼에 와닿는 계절이기 때문이 아닐까 싶다. 우리는 그 곡조를 못 이겨 혼자만의 고독한 여행을 떠나고 싶어하기도 한다. 사실 삶 자체가 이미 고독한 여행인데도 불구하고 말이다. 원래 혼자서는 고독하기에, 남자와 여자로 분리된 이후 태초부터 고독하였기에 항상 둘이 합해 고독하지 않은 하나, 완성된 하나가 되고 싶어 남자 여자가 사랑하는 것처럼 우리는 절친한 대화의 대상을 찾아 혼자가 아닌 분위기에 몰두한다. 진정 뜻에 맞는 사람과 대화하는 것을 인간의 즐거움 중 최고로 친 공자님처럼 그 통쾌함과 아름다움, 즐거움은 진정한 대화에 있기에 그 대화를 하고픈 누군가를 그리워하나 보다. 그 대화의 대상이 아내이든 친구이든 애인이든 부모이든 스승이든 말이다.

'마태 수난곡'을 듣다가 그리운 카트리지가 생각났는데 필자에게는 추억과 같은 카트리지로, 항상 카트리

»
다양한 오르토폰 MC형 카트리지들

지 박스에 꽂혀 있지만 잘 듣지않는 모델이다. 왜냐하면 내부에 승압트랜스가 내장되어 다른 카트리지와는 달리 포노 연결 라인에서 승압트랜스 설치를 제거해 다시 라인업 해야 하는 불편이 뒤따르기 때문이다. 그러나 그 소리는 매우 밸런스가 좋고 구수하며 우수에 젖어 있어, 그 사운드에 대한 추억이 항상 뇌리에 있는 그런 카트리지다.

외형은 수수하기 그지없지만 떨어진 가을 낙엽만큼이나 정감가고 우수에 차 있다. 트랜스 내장 타입은 트랜스가 셸내에 장착되어야 하는 관계로 내부 공간이 필요한데 그래서 A타입 셸에는 없고 모두 G타입 셸로만 제품이 나와있다. 트랜스를 포함한 무게가 32g으로 일반 G셸 타입 카트리지와 동일하게 맞춰져 있고, 보통 2가지 모델이 상품화되어 계속해서 대량 생산되었지만 후기로 갈수록 개량이기보다는 원가 절감 측면에서 다루어진 듯한 인상을 주어 무언가 허술한 소리를 낸다. 두 모델이란 SPU-GT와 SPU-GTE로, GT는 트랜스 내장의 0.6mil 침선의 스페리컬 팁이 붙어 있으며, 출력 2mV에 주파수 특성 20~20,000Hz, 침압 2~3g의 기본형이다. GTE는 트랜스 내장의 일립티컬 타원 팁이 붙어 있고, 출력 2mV~5mV에 주파수 특성 20~20,000Hz, 침압 2~3g의 개량형이다. GTE가 GT보다 디테일이 향상된 느낌이 있으나 전체 음의 두께가 얇아지는 부작용도 뒤따른다.

개인적으로 선호하는 타입은 GT형으로, 초기 죠겐쇼 승압트랜스가 내장되어 있고 셸 리드선이 스프링(최초기형은 스프링이 아닌 리드선 납땜형이었다가 스프링형이 되고 다시 리드 접속형으로 바뀐다)으로 되어 있는 타입이다. 후기로 가면서 오르토폰 자체 생산 트랜스를 내장시키게 되는데, 초기형에 비해 음악성이나 질감이 손상된 느낌이다. GT는 뒤집으면 내부 연결이나 구조가 그대로 모두 노출되어 보인다. 셸 리드선이 스프링으로 되어 있어 특이하다. 트랜스 말단에 검은색 플라스틱 띠가 두껍게 보이는 것이 죠겐쇼의 트랜스이며, 초기형은 스테레오 L·R 그라운드가 하나의 선으로 링크되어 있다. RF-297에 GT를 연결해서 들으면 초기 전류 발생 단계에서 승압하기 때문에 노이즈나 선명도가 좋고 단호한 음상을 제공해준다. 이것은 또한 카트리지 내장 승압트랜스의 장점이기도 하다. 정말 구수하며 음악성이 좋으면서도 우수에 흠뻑 젖은 질감을 보이는데 간혹 연결 스프링 헤드셸 라인이 녹이 슬어 저항이 생기면 질감이 감쇄된다. 이럴 때는 스프링 접속부를 청소해 깨끗하게 한 후 다시 연결하면 속이 후련해질만큼 질감이 향상된다. 그래서 GT형의 경우 카트리지 접속부 청소는 필수이다. 가을 낙엽 쓸 듯 카트리지를 정성스럽게 청소해보는 것은 권장사항이다. 모든 카트리지가 접속부 청소로 한단계 업그레이드 되는 것을 느낄 수 있다. 이 가을 GT와 함께 '마태 수난곡'을 한 번 듣는다면 영혼도 급격히 정화되어 외롭지 않을지도 모르겠다.

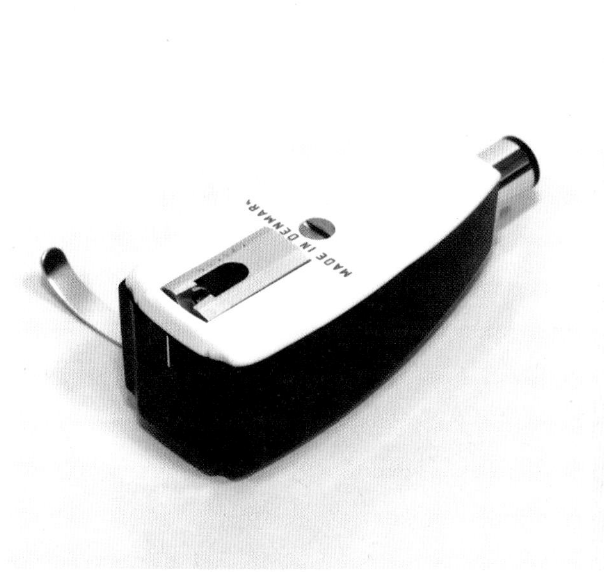

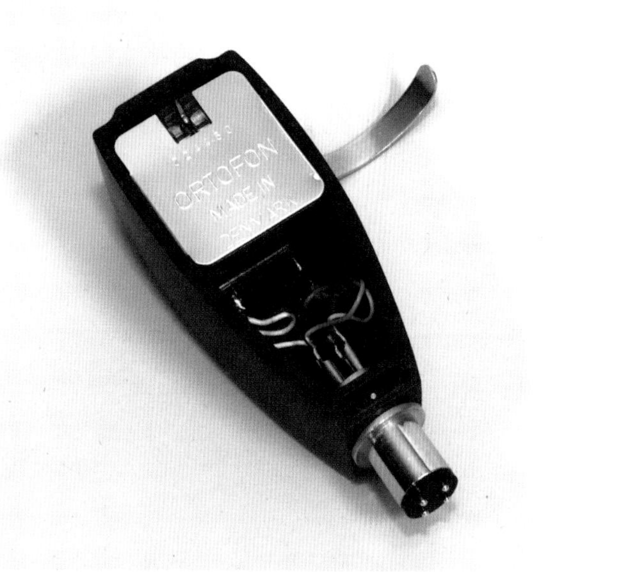

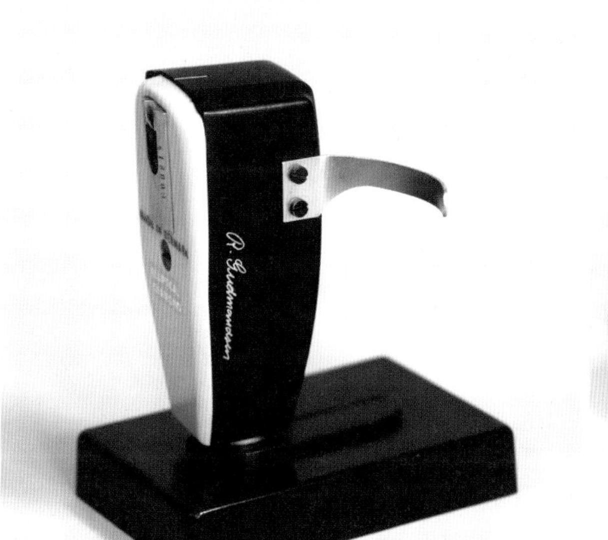

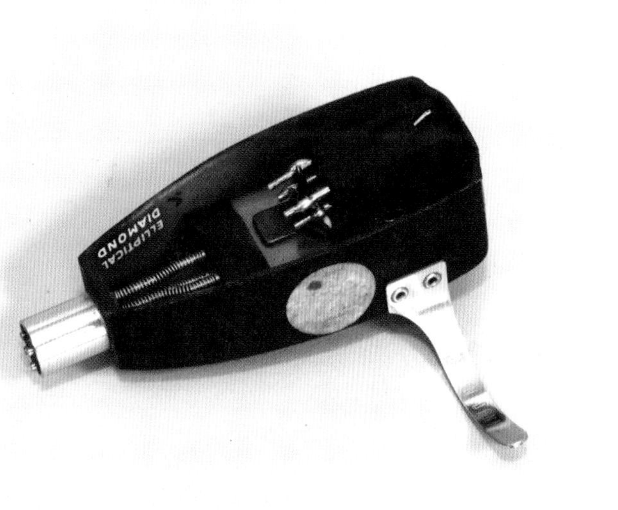

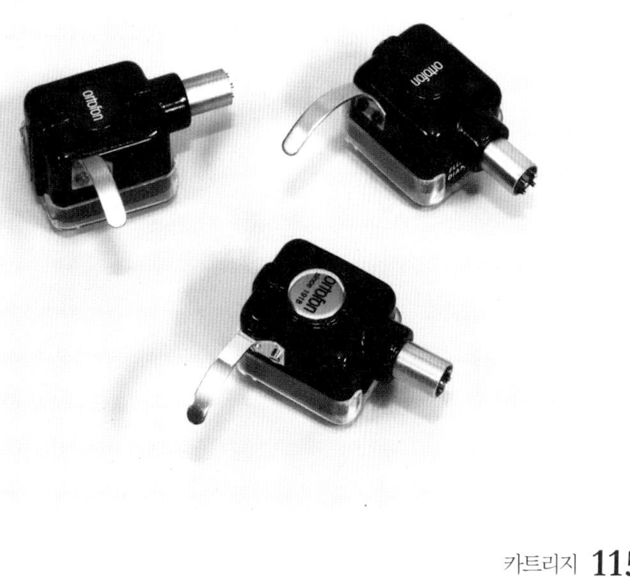

»

(맨 윗줄부터)
SPU G Classic MK II(좌)와 SPU G Mono 25Di(우)
SPU G Meister Silver(좌)와 SPU GT 중기형(내부에 조겐쇼 트랜스가 보인다. 우)

(하단의 사진 내에서 상단 좌측부터 시계방향)
SPU A 사각 베이스 스타일러스(후기형)
SPU A 원형 베이스 스타일러스(초기형)
SPU A Synergy

››
116쪽, SPU G-90 Anniversary(위)와
SPU G-90 Anniversary(아래 좌)와 Meister Silver(아래 우)

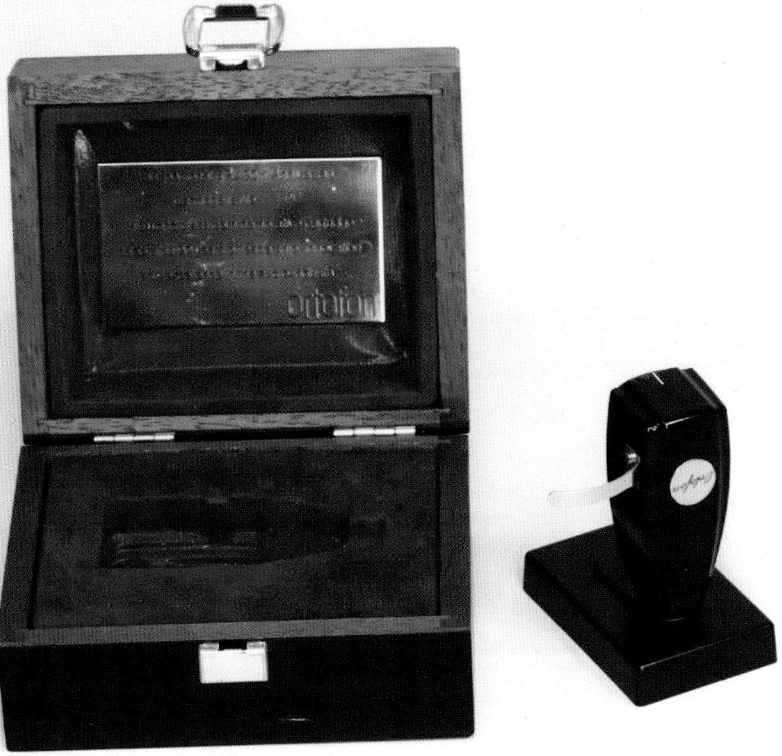

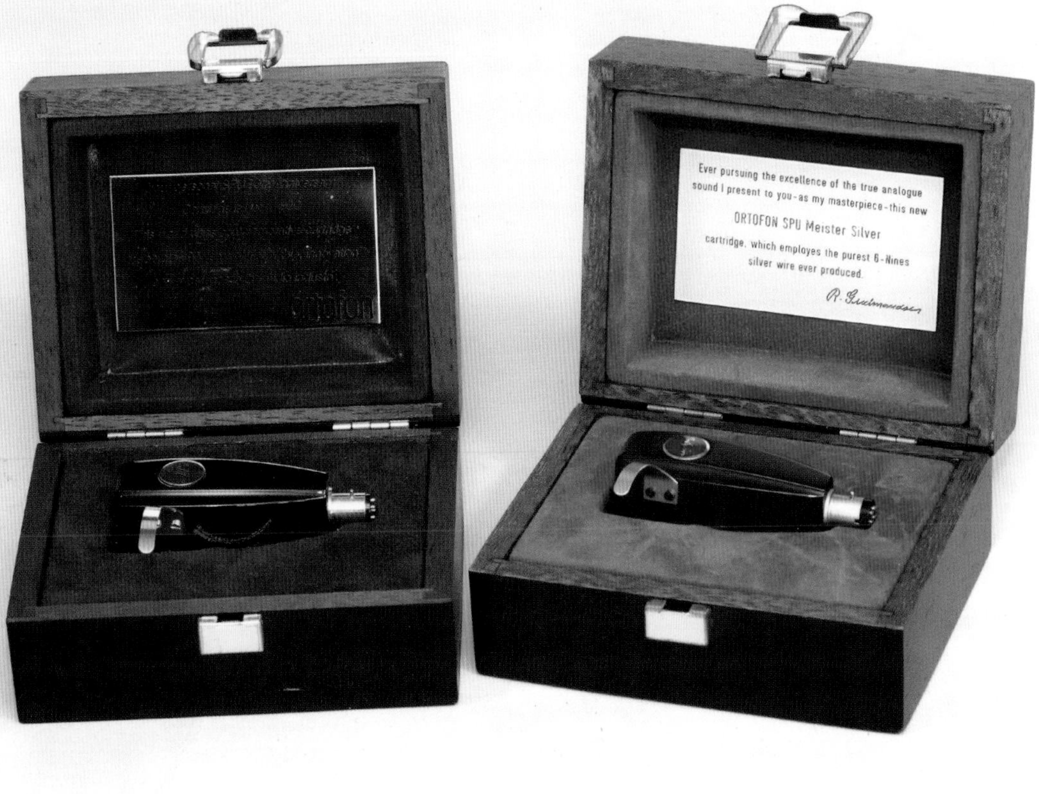

>>
117쪽, SPU GT 중기형(상단)과 SPU GE 중기형(하단)

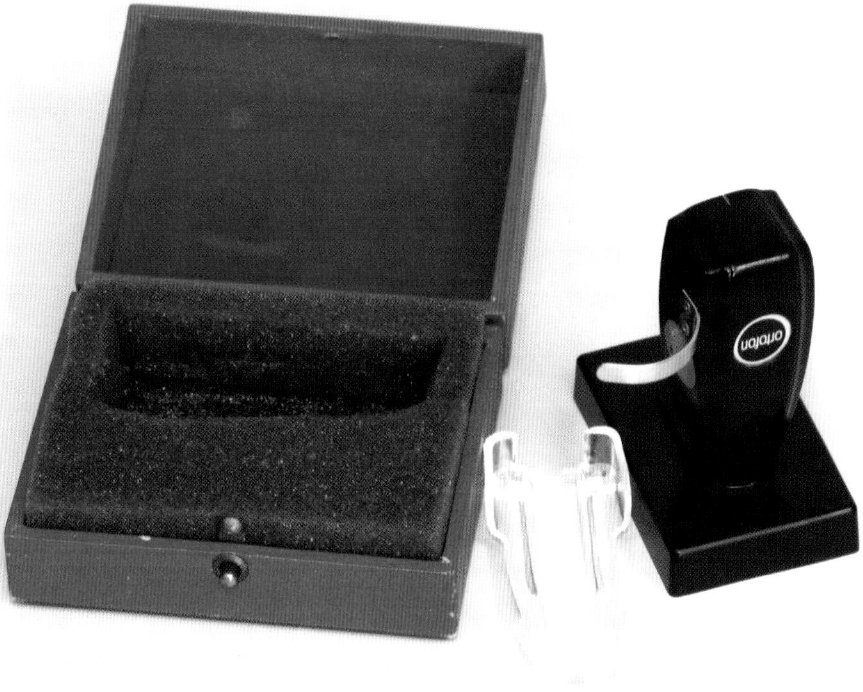

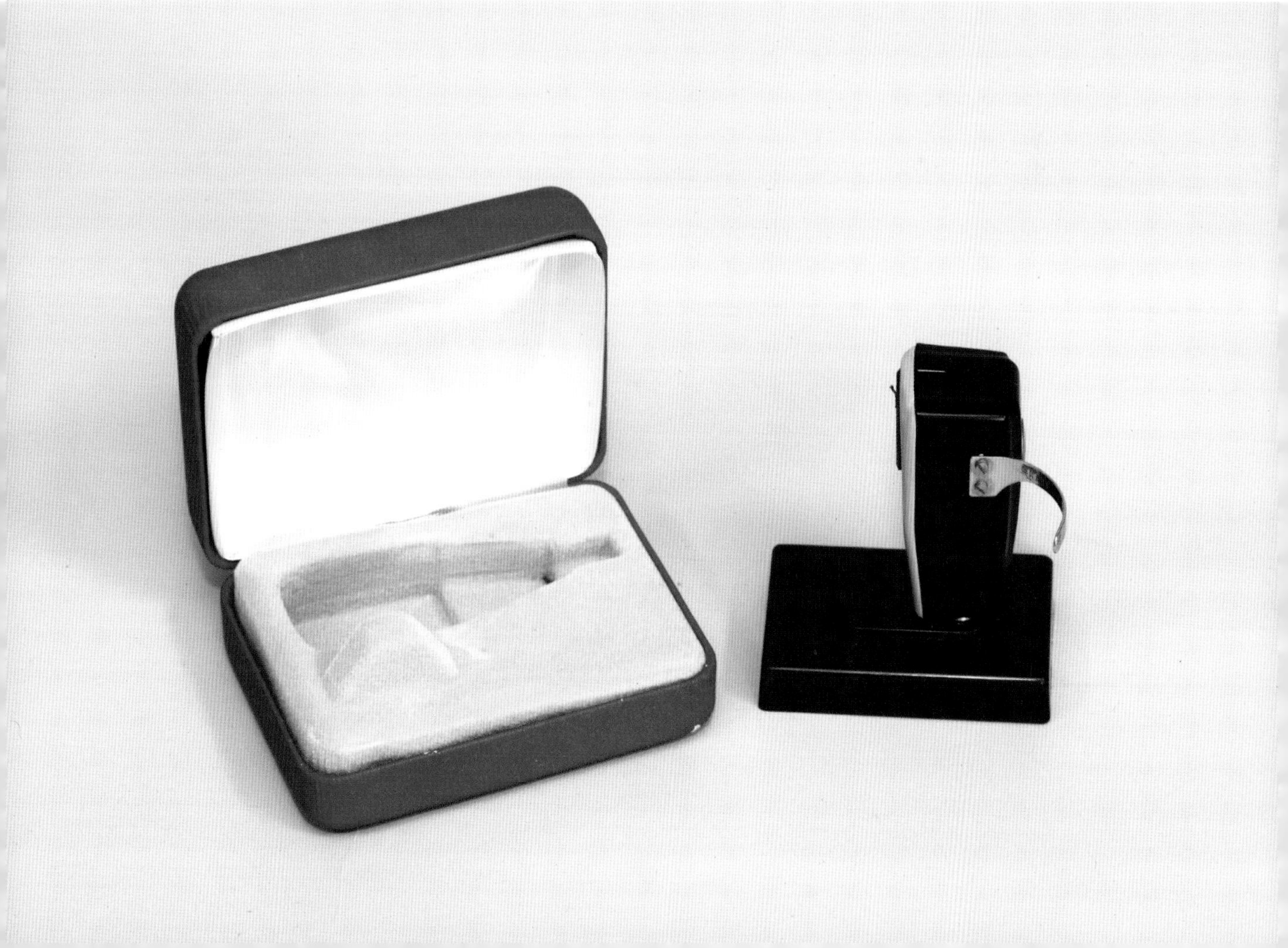

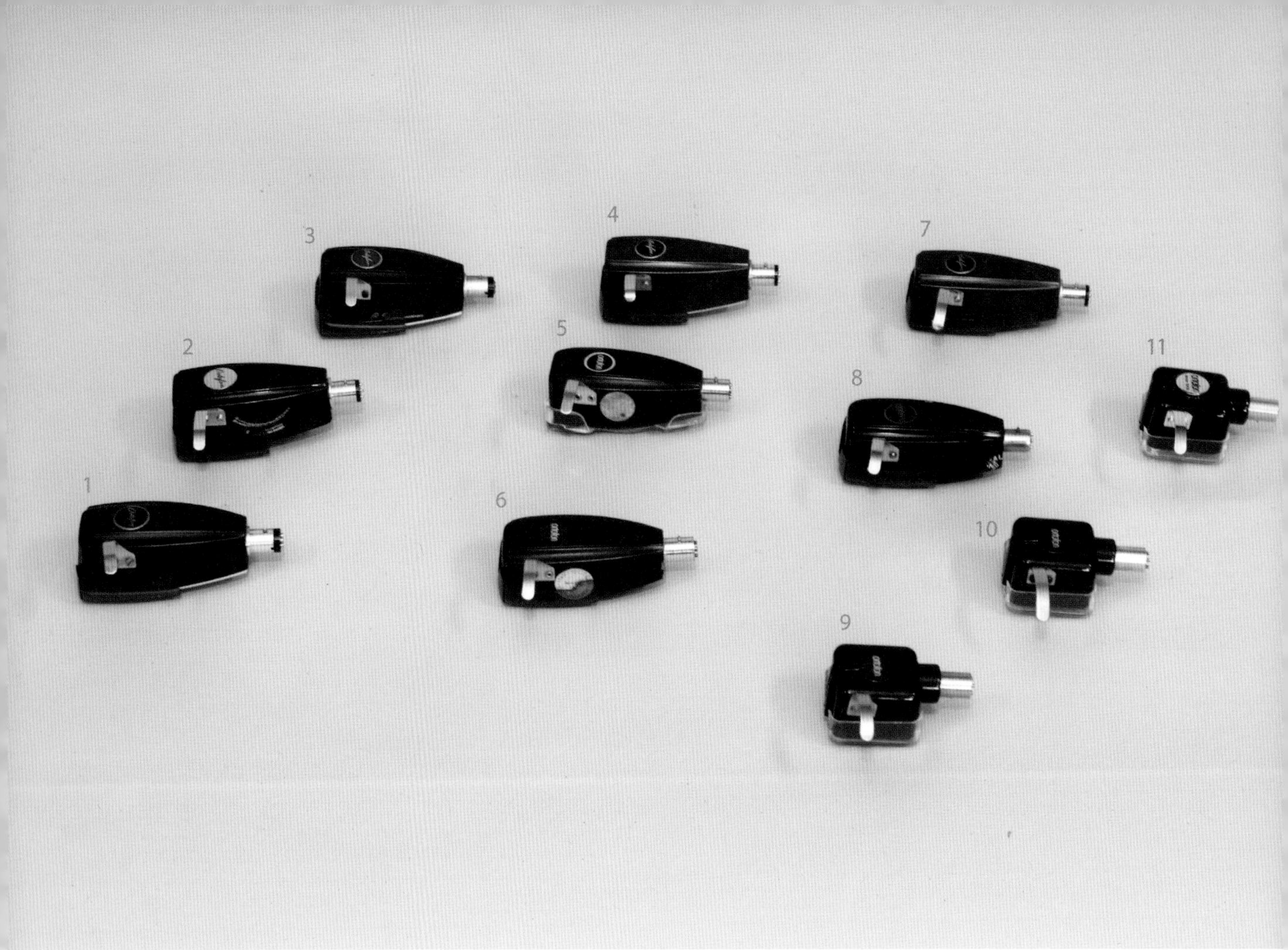

»
1. SPU GE 사각 베이스 스타일러스 중기형
2. SPU G-90 Aniversary 후기형
3. SPU G Meister Silver 후기형
4. SPU GE Classic MKⅡ 후기형
5. SPU GT 중기형
6. SPU G Mono 25D 중기형
7. SPU G Mono 25Di 후기형
8. SPU G Mono 스틸리드선타입 초기형
9. SPU A 사각 베이스 스타일러스 중기형
10. SPU A 원형 베이스 스타일러스 초기형
11. SPU A Synergy 후기형
(118, 119쪽은 같은 제품으로 윗면과 밑면이다.)

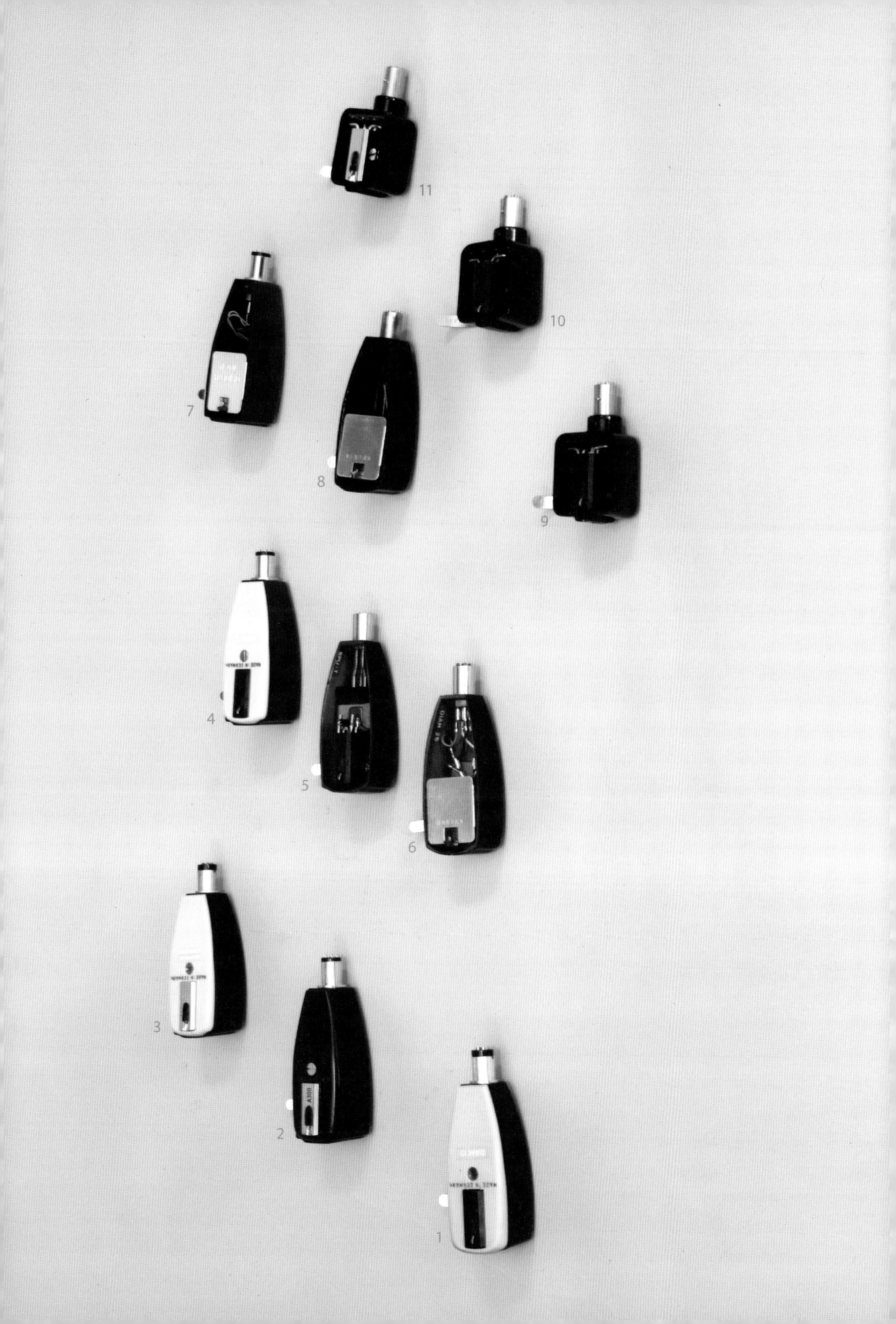
11
10
7
8
9
4
5
6
3
2
1

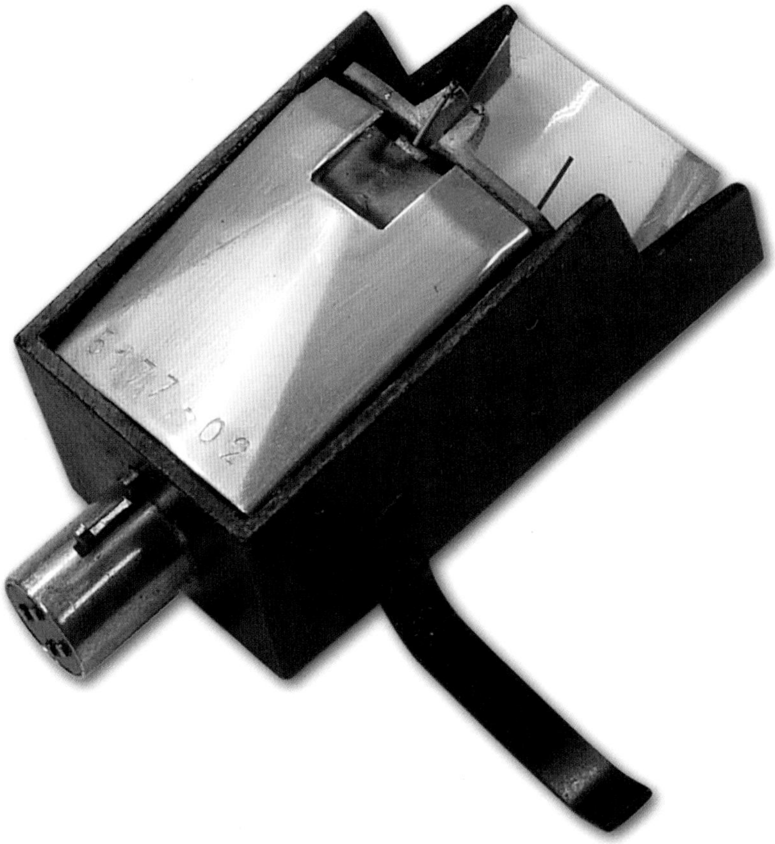

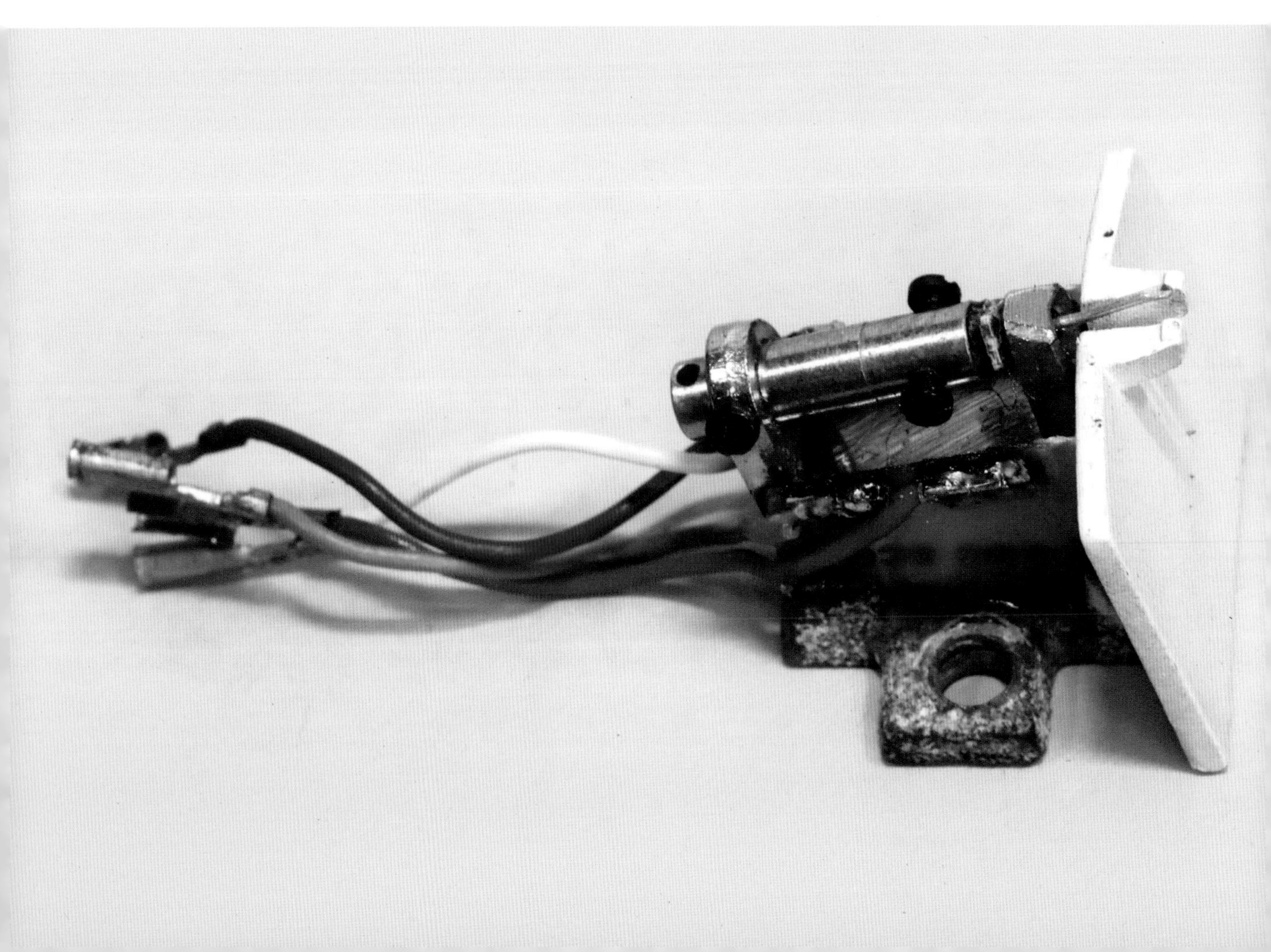

EMT TSD-15·TMD-25·TND-65

정통파 도이치 사운드의 발원지

오르토폰과 함께 가장 오래된 MC형 카트리지가 독일의 EMT 카트리지다. 초기 EMT 카트리지는 모두 덴마크 오르토폰 생산품이니만큼 빈티지 MC형 카트리지의 모든 역사는 오르토폰과 함께했다 해도 과언이 아니다. 물론 MC 카트리지의 세계 특허는 미국 그라도 카트리지가 소유하고 있지만, 그 실용화와 연구 개발은 오히려 덴마크 오르토폰에 의해 이루어졌다. 특히 업무용(방송국이나 스튜디오용) 카트리지는 거의 세계적으로 오르토폰 MC형 카트리지가 기준이었다. 소위 노이만 히틀러 카트리지나 오르토폰의 동일 타입은 노이만 커팅머신의 레커 마스터판 검침용으로 모두 오르토폰 생산품인데, 래커 마스터의 손상을 막기 위해 다이아몬드보다 무른 사파이어 스타일러스를 사용하는 것이 많아 일반 LP용으로 사용하면 소리는 부드럽고 우아하나 쉽게 마모되어 수명이 짧다. 물론 다이아몬드 팁으로 교환하면 또 다시 사용 가능하나 오리지널리티는 사라진다.

오르토폰 EMT 카트리지의 경우 스테레오는 마름모 접점으로 일반 오르토폰 암에는 사용 불가인데, 오르토폰 암 사각 접점을 마름모로 틀면 사용 가능하지만 전문가에게 의뢰한다 해도 오래되어 작업 시 암대가 훼손되는 경우가 있어 가능하면 그대로 사용하고, EMT 전용 암을 구하는 것이 좋다. EMT 모노 바늘의 경우는 좌우 2접점 방식으로 EMT 마름모 접점의 좌우 방향 접점에 그대로 맞는다. 이런 식의 마름모 접점을 도입한 것은 독일 특유의 실용 정신에 의해 구상되었다고 보는데, 아마 모노 LP 시대에 스테레오 LP로 넘어가면서 기존의 모노 카트리지를 방송국 등에서 무리 없이 사용하기 위한 아이디어라고 생각한다.

»
EMT TSD-15 외형(상단)과 내부모습(이렇게 분리해서도 사용한다. 하단)

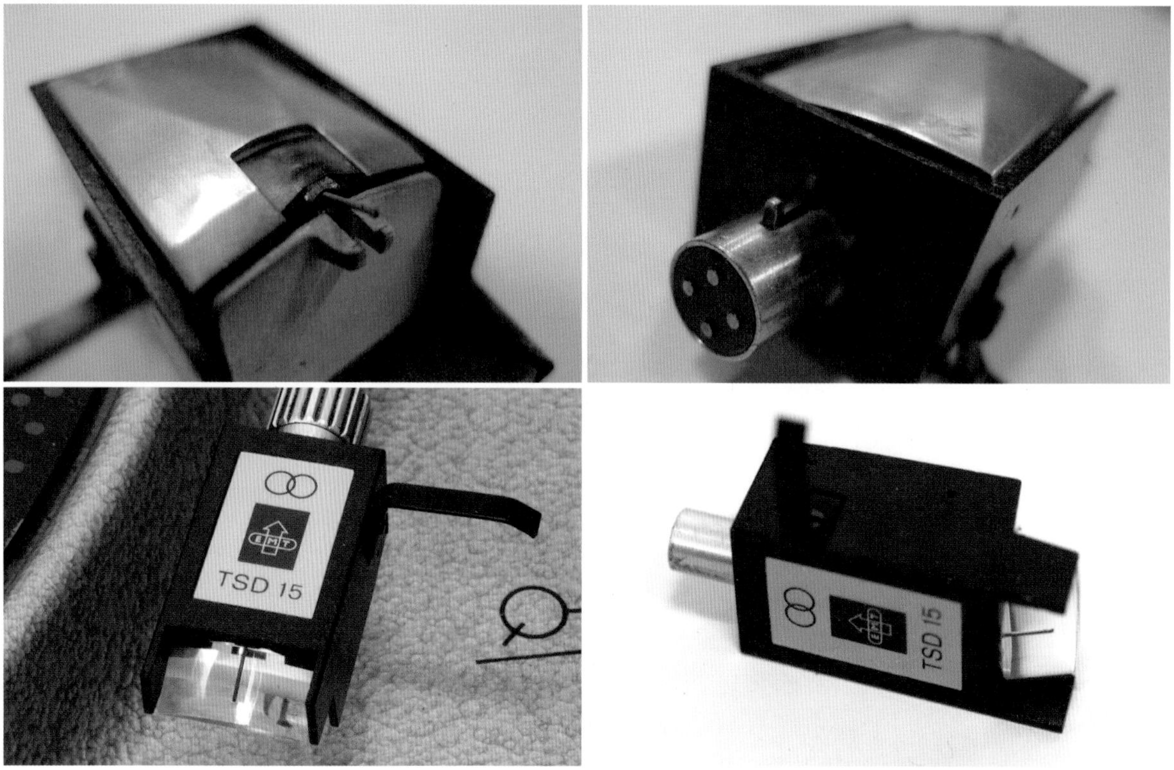

»
스타일러스(상단 좌), 마름모 접점(상단 우)
톤암에 장착된 모습(하단 좌), 전체모습(하단 우)

오르토폰 EMT 시대로부터 대략 1950년대 말 이후 독일 프란츠 EMT 카트리지 시대로 넘어가면서 발표된 카트리지가 스테레오 LP용 TSD-15, 모노 LP용 TMD-25, SP 전용 TND-65이다. 이들은 모두 독일 EMT에서 개발한 중 임피던스(24Ω 정격) 카트리지로, EMT 997 롱암과 EMT 929 숏암을 기준으로 한 경량 카트리지다(자중 17.2g). 구형 오르토폰 카트리지는 오르토폰 229나 297용의 중량(32g 내외) 카트리지로 암대에 따른 호환이 힘들다. 물론 카트리지 무게를 보조 웨이트로 조정하고 톤암 추도 가공해 맞추면 되지만 고급 사양인만큼 권장하고 싶지 않다.

EMT 카트리지의 모델 숫자는 스타일러스 하단부 곡면 반경을 뜻한다. 즉, TSD-15는 반경 15μ 그리고 TMD-25·TND-65의 숫자 역시 각각 25μ 65μ를 뜻한다. 그리고 이 반경은 각각 레코드 그루브(음구)의 피치에 최적화되어 있음을 나타낸다. 즉, 스테레오 LP의 피치는 섬세하며 음구의 깊이도 작아서 반경이 작아야 음구 트레이싱이 가능하며, 모노의 경우는 그보다 음구가 커서 스타일러스의 반경도 그에 맞게 조정되어 있는 것이다. SP용이 가장 큰데, SP용을 모노로 착각해 모노 LP에 올려놓으면 스타일러스 반경이 커 음구 트레이싱을 못하고 카트리지가 음반 위에서 흘러 버리는 현상을 목격할 수 있다. 이와 동일하게 모노 카트리지를 스테레오 음반에 올려놓으면 음의 섬세함이 없고 둔한 느낌을 받는다. 반대로 스테레오 카트리지를 모노 음반에 올려놓으면 우선 잡음이 많아지고 음장감이나 사운드 톤이 얇아져 재미가 없고 음악성도 손상된다.

EMT 카트리지는 초기 프란츠(Franz), 중기 바코(Barco), 후기 스튜디오 테크닉(Studiotechnik)사로 이전되면서 계속 명맥을 이어왔다. 특히 EMT 927이나 930 등에 EMT 암을 쓸 경우 EMT 카트리지 밖에는 대안이 없어 항상 불만이 뒤따른다. 더 좋은 카트리지나 타사 카트리지를 사용해 보려면 여러가지 불편이 이만저만이 아닌데 셸의 접합까지 융통성이 없어 포기하기 일쑤다. TSD-15의 스페리컬(원형) 스타일러스에서 더 개선해 디테일과 해상력, 투명도를 보완하기 위해 반경 4㎛의 특수 가공 타원 반덴헐 팁을 장착한 TSD-15 반덴헐이 나왔는데, TSD-15에 비해 현격히 개선된 음질을 맛볼 수 있었다. 또 TSD-15의 마름모 접점으로 인해 일반 사각 접점 톤암에서는 사용이 불편한 것을 고려해 G셸 사각접점 적응형 XSD-15도 발매했는데, 음색은 TSD-15와 동일하고 카트리지 무게만 17.2g에서 21.2g으로 증가되었다.

TSD-15 시리즈 발매 당시 오르토폰 암이 장착된 EMT 927·930을 위해 OFD-25·OFD-65의 32g 모노 카트리지도 병행해서 발매되었는데 최근 들어서는 이런 모노 카트리지 선호도가 높아져 찾는 사람이 많은 관계로 리바이벌 제품으로 다시 발매되고 있는 실정이다. 그동안 중고 TSD-15 시리즈가 시장의 주거래 품이어서 사용이나 구매 면에서 불편한 점이 있었으나, 최근 들어서는 정품 TSD-15를 비롯해 EMT의 새로운 하이엔드 모델까지 모두 정식 수입되고 A/S도 가능해져 TSD-15 애용자로서 기대가 크다. TSD-15의 매력은 모든 기준점에서 벗어나지 않고 중용이 철저한 사운드라는 점이다. 그럴 수밖에 없는 것이 민수용이라기보다는 방송국의 기준 청취용 프로 버전으로 개발되었기 때문이다. 특히 중역의 온도감이나 톤은 가히 일품이며, 임장감이나 사실감도 매우 좋다. 캔틸레버를 보호하는 가이드 핀도 이 카트리지의 수명을 연장시켜주는 좋은 발상이었다. 아마도 방송국 등에서 거칠게 사용되는 장비여서 사용 안정성을 크게 고려한 결과였을 것이다.

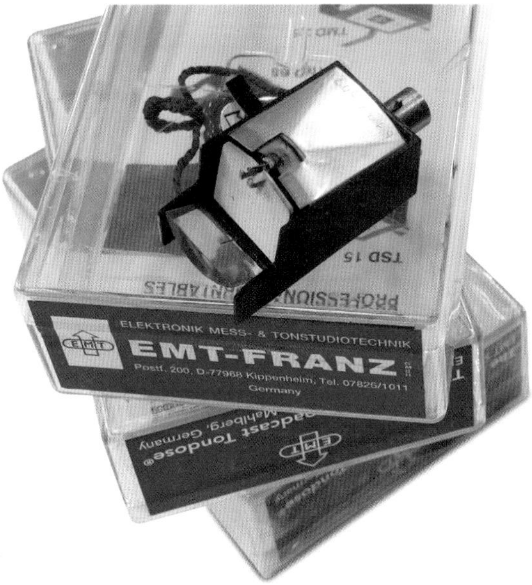

»
프란츠 EMT TSD-15와 박스

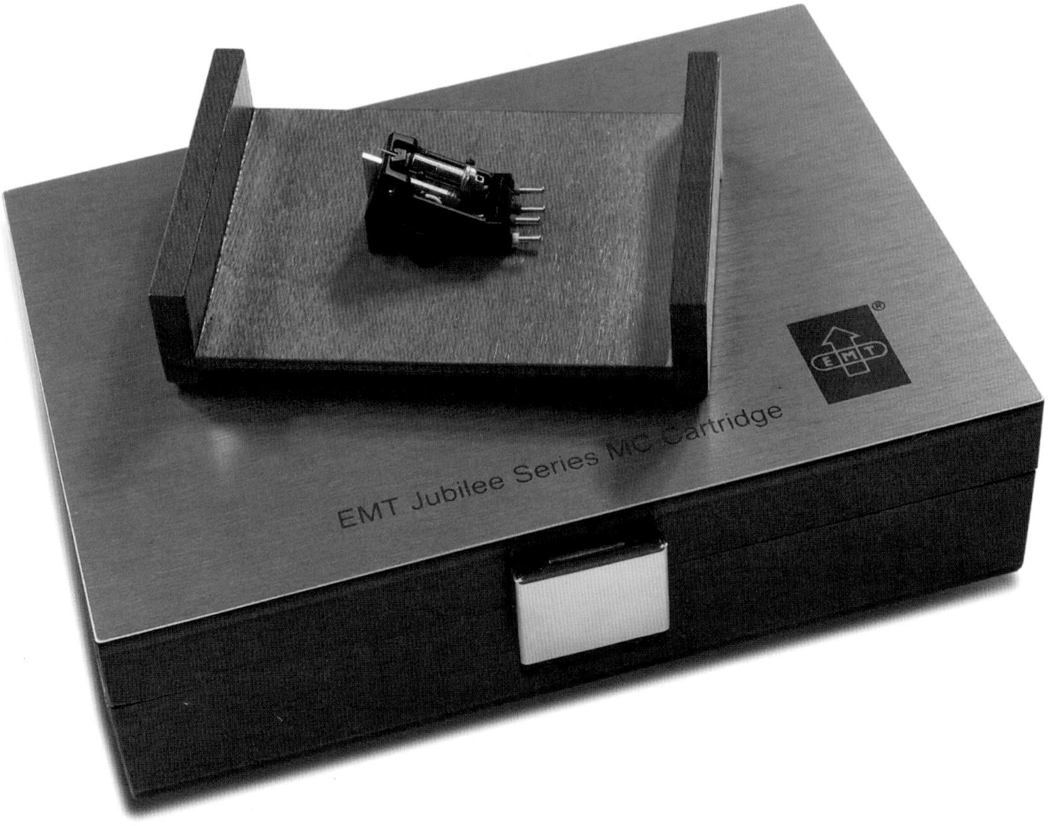
EMT Jubilee Series MC Cartridge
EMT

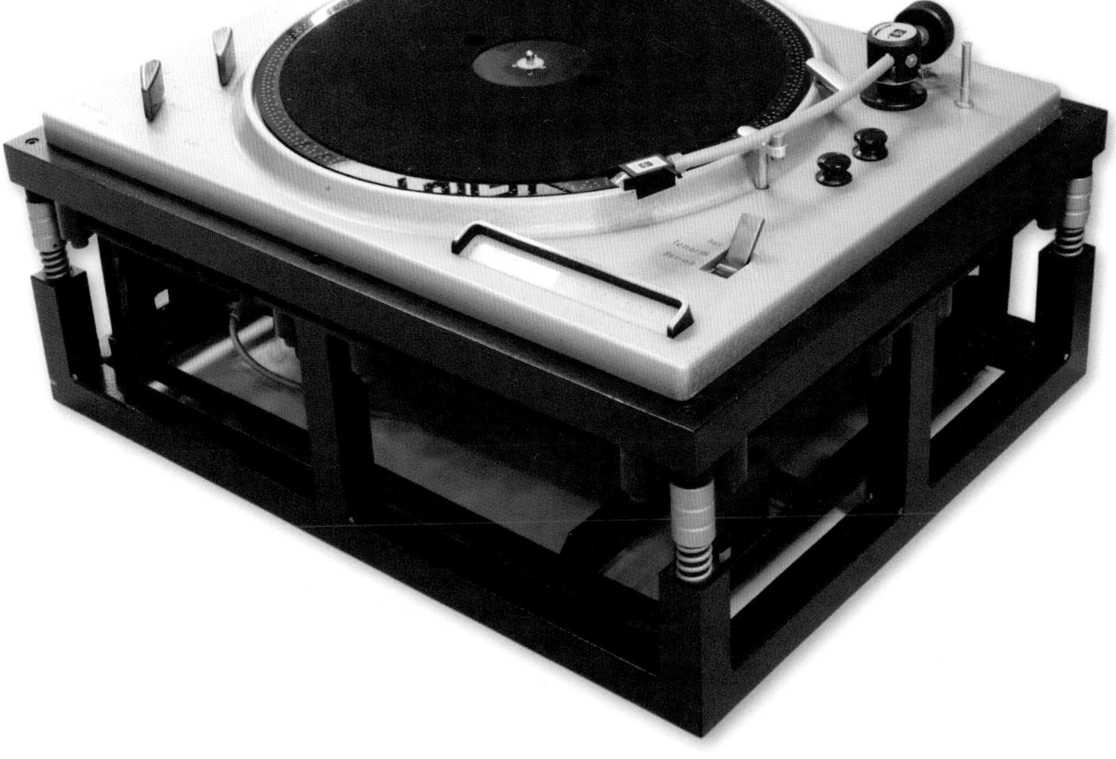

EMT Jubilee Series JSD 5/6 Silver · Gold · Platinum · S75

방송용에서 민수용으로

EMT사는 27세의 빌헬름 프란츠(Wilhelm Franz, 1913~1971)가 1940년 베를린에서 'Electrical Measuring Technology Wilhelm Franz KG'라는 회사로 처음 발족하였다. 초기 EMT사는 주로 기술적 측정에 매진하면서 자체 상품 개발에 힘썼는데도 불구하고 경영상 어려웠는데, 1948년 스위스 스튜더사와 손잡고 세계 방송 장비 시장의 광대한 마켓 네트워크를 구성하면서 거듭 도약했다. 그때 당시 발매한 장비들은 테스트 장비 외에 믹싱 콘솔, 리버브, 랙 카트 및 턴테이블 등으로, 우리가 잘 알고 있는 EMT 927은 1950년에 그리고 930은 1956년에 개발한 방송장비다. 그 뒤를 이어 928 · 938 · 948 · 950 등의 유명한 방송용 턴테이블들이 연이어 개발되었다.

사실 우리가 사용하고 있는 EMT 턴테이블과 카트리지는 모두 민수용이 아닌 프로페셔널용으로 개발되었기 때문에 시각적으로도 프로 장비로서의 디자인 팩터를 쉽게 찾아낼 수 있다. 그러나 이러한 기계적 강직성과 내구성, 메커니컬한 디자인이 오히려 EMT 아날로그 턴테이블의 두터운 마니아층을 형성하고 유지한 원인이 되었다. 기계적 완성도를 우선한 아날로그 제품 생산이 주 아이템이었던 EMT사는 회사 재정을 유지하지 못하고 1989년에 벨기에의 바코(Barco)사에게 회사를 매각한다. 그러면서 'Barco–EMT'로 회사명을 변경했다. 그러나 이도 유지되지 못하고 2003년 바코사는 EMT를 발터 데르러(Walter Derrer)에게 매각하는데, 그가 현재의 EMT 스튜디오 테크닉스 GmbH의 CEO다. EMT 스튜디오 테크닉스(이하 EMT–ST)사는 2005년부터 제품 개발과 도약에 박차를 가하는데, 이후부터 EMT 포노 EQ와 카트리지 등을 모두 새롭

»
주빌리 JSD 실버 카트리지(상단)와 EMT R–80 턴테이블(하단)
EMT 927의 전신으로 927의 몸체는 아크릴인데 반해 R80은 알루미늄 다이케스팅이다.

게 개발·개선하고 계속 신제품을 발표하고 있다.

EMT사의 베스트셀링 모델은 말할 것도 없이 턴테이블 927·930, 포노 EQ 139, MC 카트리지 TSD-15·TMD-25 등 아날로그 관련 제품일 것이다. 그중에서도 TSD-15 MC 카트리지의 기본 구조는 매우 완성도가 높아 이를 기준으로 수많은 MC 카트리지가 개발되었지만, 또한 TSD를 능가하는 카트리지 개발이 그리 쉽지 않아 아예 TSD-15를 튜닝해 새로운 모델의 카트리지를 내놓기도 했다. 록산의 쉬라즈나 토렌스의 MCHⅡ 등이 이에 해당하며, 이외에도 상당수가 TSD-15를 튜닝해 새로운 제품명으로 출시되고 있을 정도다. 이는 TSD-15의 진동계가 간단하면서도 성능을 극대화할 수 있는 좋은 구조이고, 새 제품 개발과 튜닝에 용이한 장점이 있기 때문이다. 그러나 이런 튜닝을 가장 용이하게 할 수 있고, 새로운 장점을 추론해나갈 수 있는 회사는 EMT-ST 본사일 것이다.

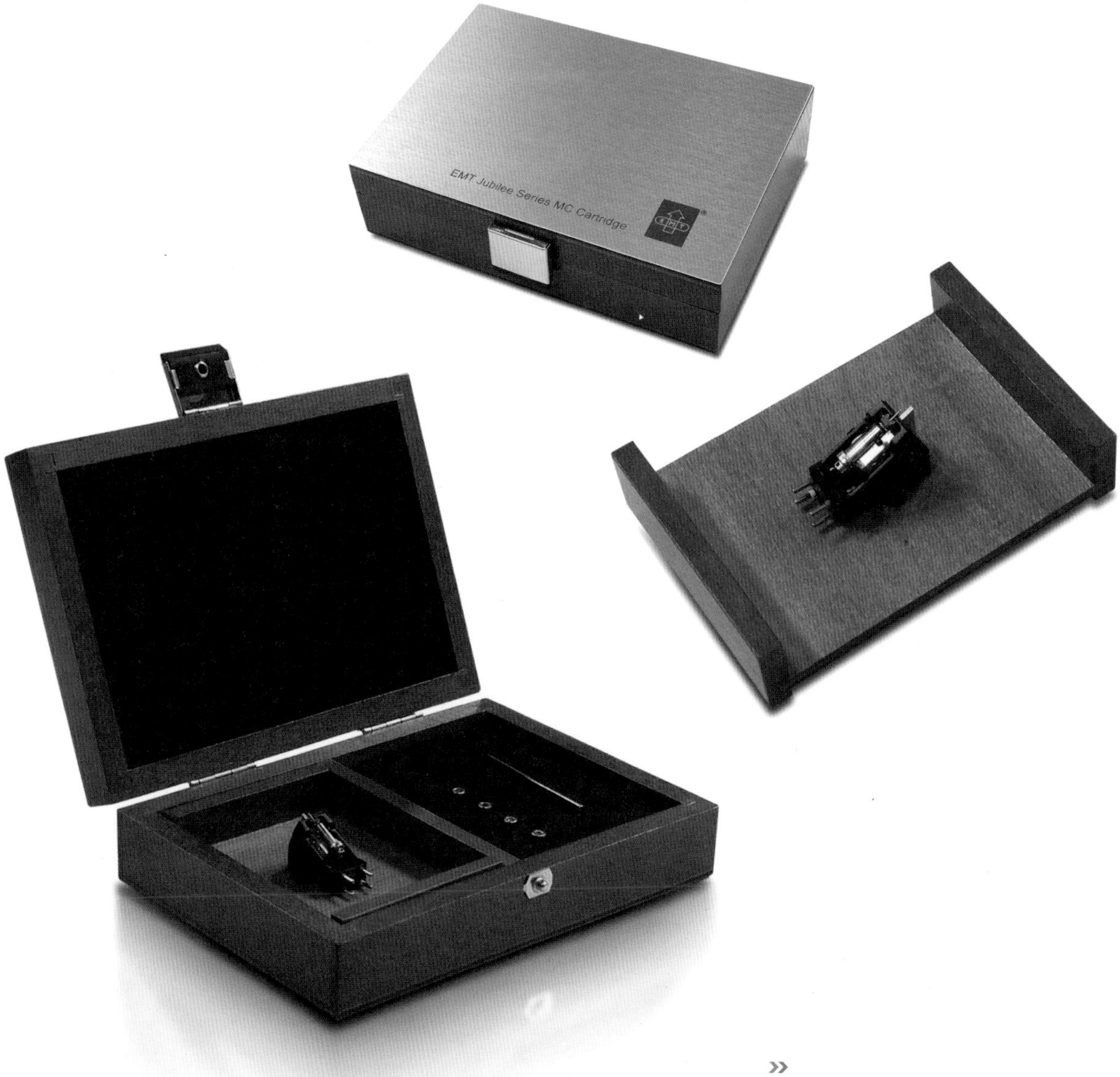

»
주빌리 카트리지 외함과 전용 박스에 담긴 모습

이에 EMT-ST는 적극적인 신제품 연구와 개발에 나서게 되는데, 그 결과로 탄생된 모델이 주빌리(Jubilee) 시리즈다. 주빌리 시리즈의 특징은 일반 헤드셸에 장착해서 사용할 수 있는 유니버설 타입 MC형 카트리지라는 것이다. TSD-15 카트리지의 노하우와 단점을 개선해 적용하고, 새로운 소재와 침선 개량을 위해 무던히 노력한 결과가 주빌리 시리즈를 탄생시켰다. 2006년 EMT 66주년 기념으로 JSD Silver, 2008년 JSD Gold가 개발되었는데, 이 모델은 각각 하이 그레이드 알루미늄 합금 바디에 각각 은과 금을 도금한 몸체를 사용하며, 보론 캔틸레버에 초타원 바늘을 사용한다. 이후 2013년 겨울 화이트 사파이어 캔틸레버에 로우 매스 다이아몬드 스타일러스를 장착한 후 고강성 재질의 바디에 백금을 도금하여 플래티넘 모델로 발표되고, 2015년 EMT 75주년 기념으로 역시 화이트 사파이어 캔틸레버에 로우 매스 다이아몬드 스타일러스를 장착한 JSD-S75를 발표한다. 모든 JSD 카트리지는 공장에서 섬세하게 튜닝되어 나오기 때문에 하부의 조정 나사를 함부로 건드려서는 안 된다. 제작사가 굳이 이를 강조하는 이유는 노출된 하부 요크 옆에 있는 조정 나사를 만지는 사용자가 더러 있기 때문이라고 하는데, 모든 카트리지의 조정 팩터는 사용자의 몫이 아니라는 것은 주지할 사항이다.

JSD 시리즈 스타일러스는 파인 라인(Fine Line) 타입의 가이거 S(Gyger S)를 주로 사용한다. 이 스타일러스는 비닐 레코드의 그루브를 커팅머신의 삼각 트리곤 팁에 가장 가깝게 트레이스하는 초타원 구조이고, 왜곡을 줄이고 위상차를 최소화한 정확한 사운드 웨이브를 생성해 임장감과 질감을 극한으로 향상시킨다. 임피던스는 TSD-15의 24Ω에서 20Ω으로 감쇄되었고, 출력은 0.21mV/5cm·sec에서 1mV/5cm·sec로 향상되었으며, 주파수 특성은 20~30,000Hz로 가청 주파 대역을 초월해 초음파 영역까지 왜곡 없이 재생한다. 주빌리 시리즈는 TSD-15가 가지고 있는 중역의 온화함과 탄탄함 위에 섬세함과 투명도, 임장감을 한껏 향상시킨 명품들로 예술의 경지에 오른 완숙한 아날로그 사운드를 재생해 볼 기회가 온 것 같다.

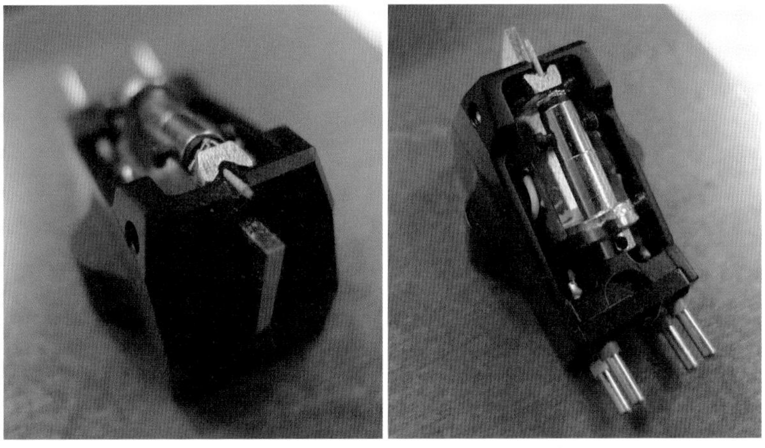

»
카트리지 내부구조

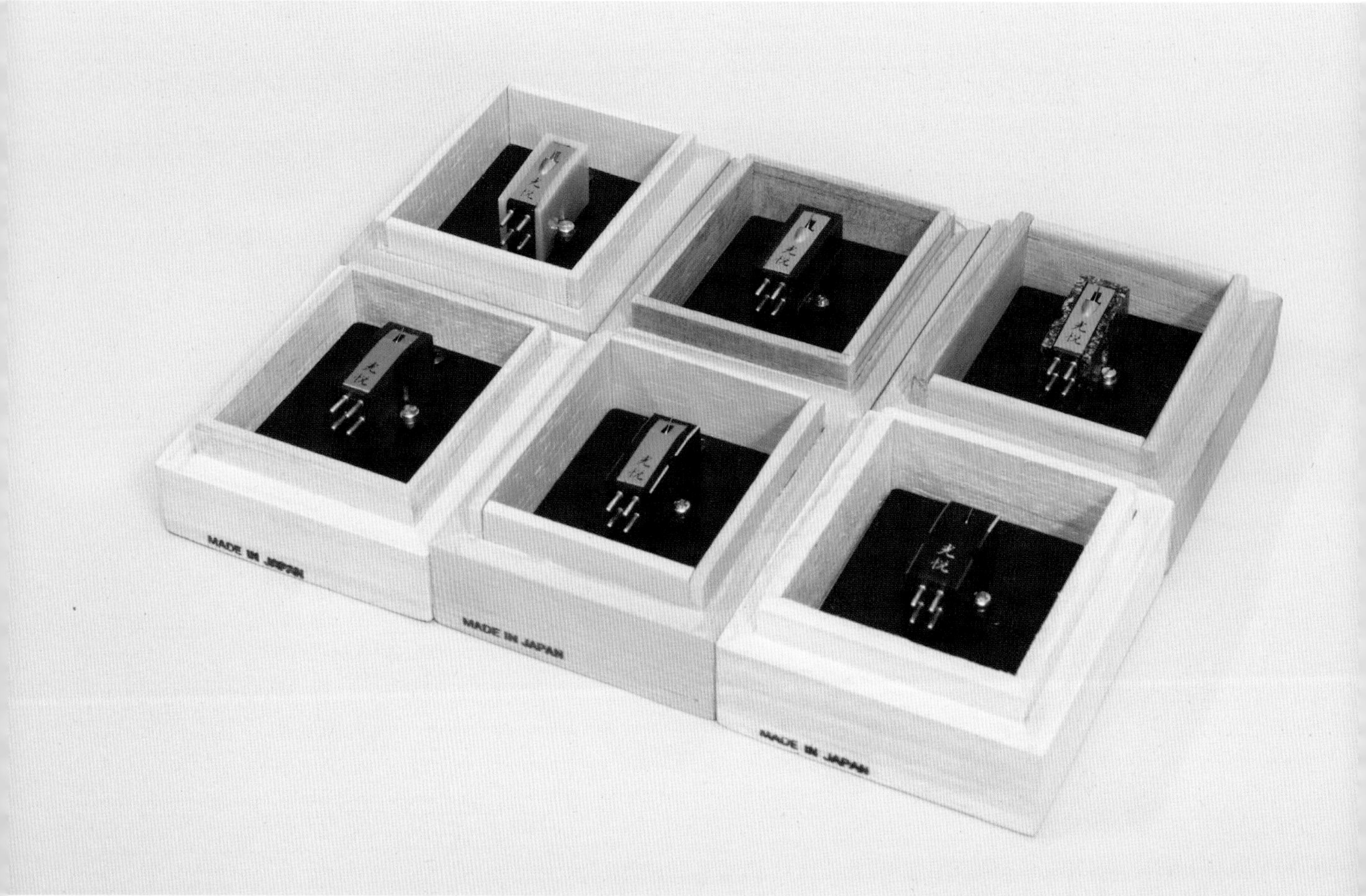
MADE IN JAPAN
MADE IN JAPAN
MADE IN JAPAN

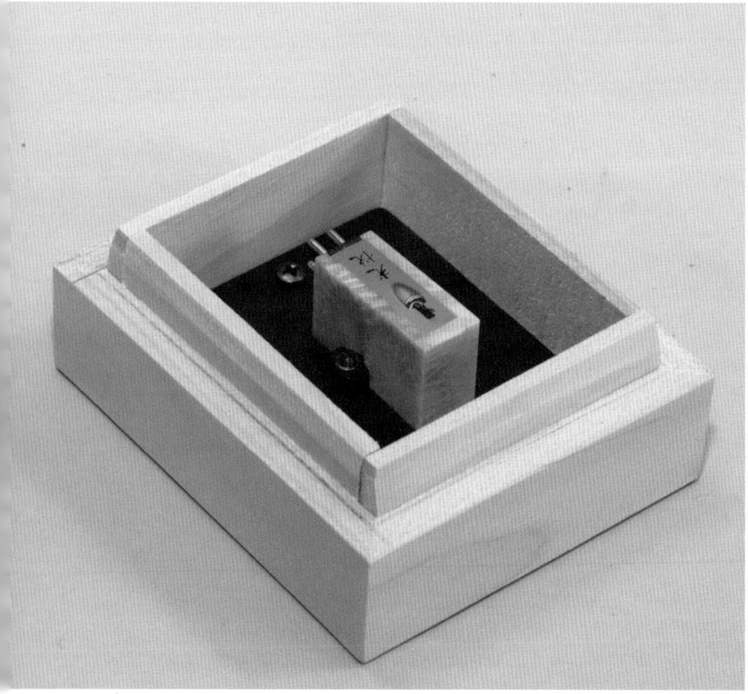

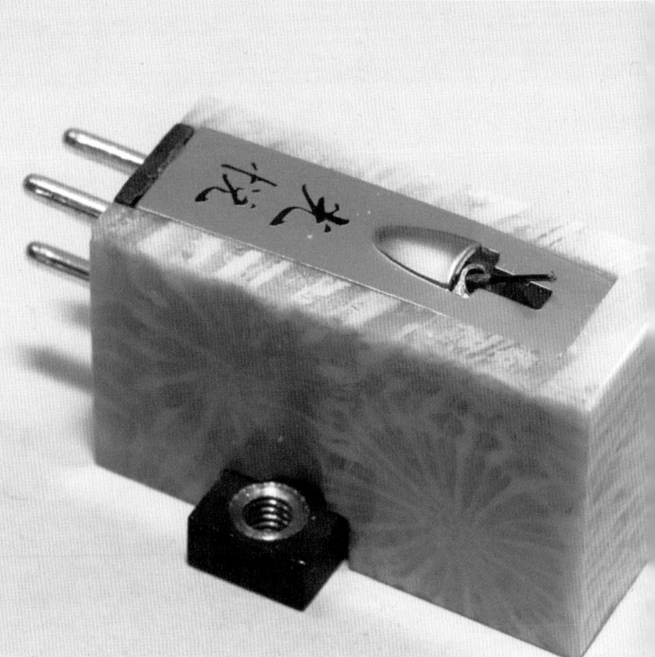
光悦

Koetsu Cartridge Family

일본 카트리지의 최선단

아날로그 전성시대인 28년 전, 필자의 손에 입수된 보석 같은 카트리지가 있었다. 미국 현지가가 5천 달러(약 540만 원)정도였으니! 당시 웬만한 국산 자동차 한 대 값이었다. 손을 떨며 적송 우드 케이스를 열어보니 아무런 스펙이 없이 카트리지만 덜렁 놓여 있는데, 옥색의 몸체는 각지고 캔틸레버는 머리카락과 같이 예리한 고에츠 마블(미국에서는 오닉스를 마블이라 불렀다)이란 모델이었다. 지금으로 따지면 고에츠 오닉스 플래티넘(Onyx Platinum)에 해당하는 당시 최상급 레퍼런스 모델로, 국내에는 사용자가 필자 이외에 한 명 더 있었을 뿐인 희귀종이었다. 실수로 팁을 손실해 첫 번째 장착은 실패하고, 두 번째 본사 리팁으로 기대에 찬 첫 소리를 들었던 감동이 생생하다.

그때만 해도 고에츠 창시자인 스가노 요시아키 옹이 검을 벼리 듯 카트리지를 벼리던 시절이어서 미국에서 고에츠 카트리지는 일본 전통의 정수에 있는 명품으로 인정해 애호가가 많았다. 그 유명한 나사(NASA)의 M.A. 코터 박사도 고에츠 애호가여서 고에츠 사운드를 최적화할 MC형 승압트랜스를 제조해 판매하기까지 한 것은 익히 알려진 사실이다. 그리고 당시 미국 내 재즈 팬들에게는 고에츠 카트리지를 사용한다는 것이 최정점의 오디오 마니아로 인정받는 것처럼 인식되던 시절이었다. 고에츠 카트리지의 국내 애호가층은 일본 고전 명품 카트리지인 미야비, 키세키, 이케다를 포함해서 가장 두터웠다. 고에츠 카트리지의 캔틸레버 재료인 보론과 특수 코일은 오사카 공대의 연구실에서 스가노를 위해 매년 소량씩 생산해서 공급하며, 카트

»
(상단 좌측부터 시계방향으로) 오닉스 후기 숏바디 플래티넘(스가노 요시아키 작품), 오닉스 부루 타이거 아이즈 플래티넘 모노(스가노 후미히코 작품), 우루시 골드 플래티넘(스가노 후미히코 작품), 블랙 골드라인(스가노 후미히코 작품), 실버 크래드(스가노 후미히코 작품), 우드 스탠더드(스가노 후미히코 작품 이상 상단), 고에츠의 최상급 희귀 카트리지 코랄스톤(스가노 후미히코 작품, 하단)

리지 바디 역시 가장 고급 재질의 옥과 로즈우드, 알루미늄 등을 선별해 적용하고, 플래티넘 시리즈에 사용하는 자기회로의 플래티넘 자석마저 초고가의 특수품을 사용하는데, 극소량의 자석임에도 불구하고 플래티넘 합금 자석 값만 1백만 원에 육박한다고 한다. 물론 일반 시리즈에는 과거 알니코 자석을 사용하다가 현재 사마륨코발트 자석을 사용한다.

고에츠 패밀리의 정점에 있는 제품은 물론 카트리지류이며, 그 외에 승압트랜스와 암대, 헤드셸, 케이블이 있고, 한때 진공관 프리앰프까지 생산한 적이 있으나 반응에 밀려 중단하고, 최근에는 주로 카트리지만 제조하고 있다. 필자의 경험으로 온화하고 음악성 풍부한 사실적 사운드를 원한다면 고에츠 카트리지에 가장 잘 맞는 승압트랜스는 코터가 베스트이며, 광대역 주파수 특성과 투명도, 선명한 윤곽을 원한다면 고에츠 승압트랜스가 발군이다. 두 트랜스가 고에츠 카트리지 음질을 받혀주고 진행되었던 아날로그 감상 시절은 가장 깊게 음악에 빠져들었던 필자 인생의 화양연화였다.

고에츠 정점의 카트리지는 당연히 오닉스 플래티넘 다이아몬드 캔틸레버다. 현재가로 1천만 원이 넘는 고가 제품으로 주문에 의해 제조된다. 몸체는 옥을 연마해서 각지게 만들었고, 제조 시 가장 미적 밸런스와 가공도가 좋은 옥 하우징을 선별해 카트리지를 조립한다. 그리고 하위 모델 오닉스 플래티넘이 캔틸레버에 특수 보론을 사용하는 대신 다이아몬드 모델에서는 캔틸레버 자체가 모두 다이아몬드로 되어 있는데, 스타일러스 재질인 다이아몬드를 진동계 전체로 연장시킴으로써 선단 진동을 코일까지 왜곡 없이 전달해 가장 리니어리티가 좋은 시그널을 발전시키기 위한 아이디어로 생산된 제품이다. 결과적으로 투명도와 상위 고역의 주파수 특성, 임장감 등의 개성이 뚜렷하고, 음의 깊이가 살아났다. 그러나 초고가이며, 충격에 약해 캔틸레버가 쉽게 절단되는 약점이 있다. 하위 모델이라고는 하지만 역시 고가인 오닉스 플래티넘은 캔틸레버 재질만 보론을 사용하고 그 외의 재료는 다이아몬드 모델과 동일하다. 고역의 선명성이란 관점에서는 다이아몬드 모델에 뒤진다고 할 수 있지만, 오히려 이 모델을 선호하는 마니아도 많다. 오닉스는 고유의 우아한 음색이 가장 큰 장점이다. 특히 다이아몬드 캔틸레버의 스타일러스 장착방식은 보통 고에츠 스타일러스와는 달리 샤프한 면이 그루브에 접촉하도록 설계되어 해상력을 높였지만 너무 날카롭다는 사람도 있다.

다음으로는 몸체에 장미목을 사용하는 로즈 우드 플래티넘 시리즈가 있고, 몸체에 옻칠을 해 고유의 울림을 조정하는 우루시 모델이 자리한다. 가장 스탠더드한 모델은 블랙과 은파이프에 동을 삽입한 실버 크래드 코일을 사용하는 실버 크래드 모델인데, 저렴하면서도 고에츠 특유의 음색을 모두 맛볼 수 있는 수준작이다. 고에츠는 카트리지 스펙을 공개하지 않기로 유명하다. 알아서 조정하고 매칭하라는 뜻이며, 또한 스펙은 음질과 무관하다는 주장이기도 하다. 그러나 일반적인 스펙은 출력 0.2~0.35mV(1KHz, 5cm/sec)이며, 침압은 1.7~2.5g, 채널 분리도 30dB 이상, 주파수 특성 20Hz~100KHz로 우수한 특성을 자랑한다.

아들 스가노 후미히코가 현재까지 대를 이어 고에츠 카트리지의 명맥을 유지하고 있지만 결국 그 아들마저도 나이가 들어 앞으로 고에츠 명맥을 어떻게 이어나갈지 궁금하다. 아날로그 마니아의 한 사람으로서 앞으로도 고에츠의 명맥이 쭉 유지되기를 간절히 바랄뿐이다.

»
(상단 좌측) 아버지 스가노 요시아키의 초기 무사시노 연구소 시절 롱바디 로즈우드 시그니처(희귀품)
(상단 우측) 후기 오닉스 후기 숏바디 플래티넘 시그니처로 각각 스가노 요시아키(좌, 금단자)와 그의 아들 스가노 후미히코(우, 은단자)의 작품이다.
(하단) 초기 요시아키의 더블 알니코 롱바디 3총사(좌로부터 로즈우드 롱바디 시그니처 모노, 로즈우드 롱바디 시그니처 스테레오, 오닉스 시그니처 스테레오로 모두 희귀품 바디가 후기형에 비해 긴 것이 특징이며 모두 금단자이다.

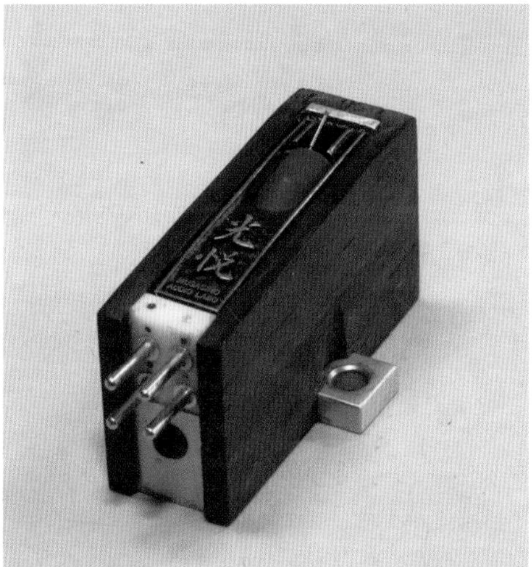

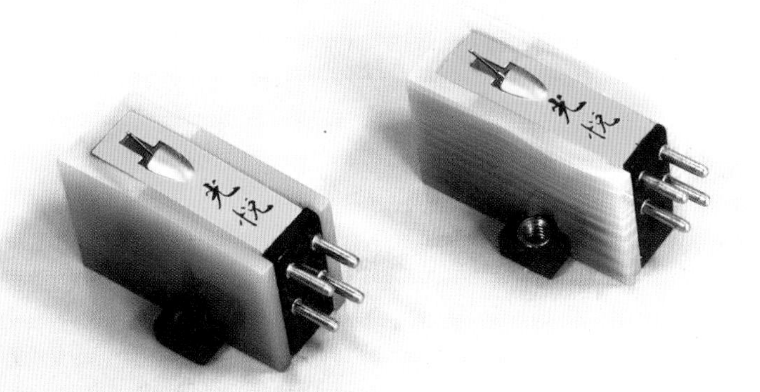

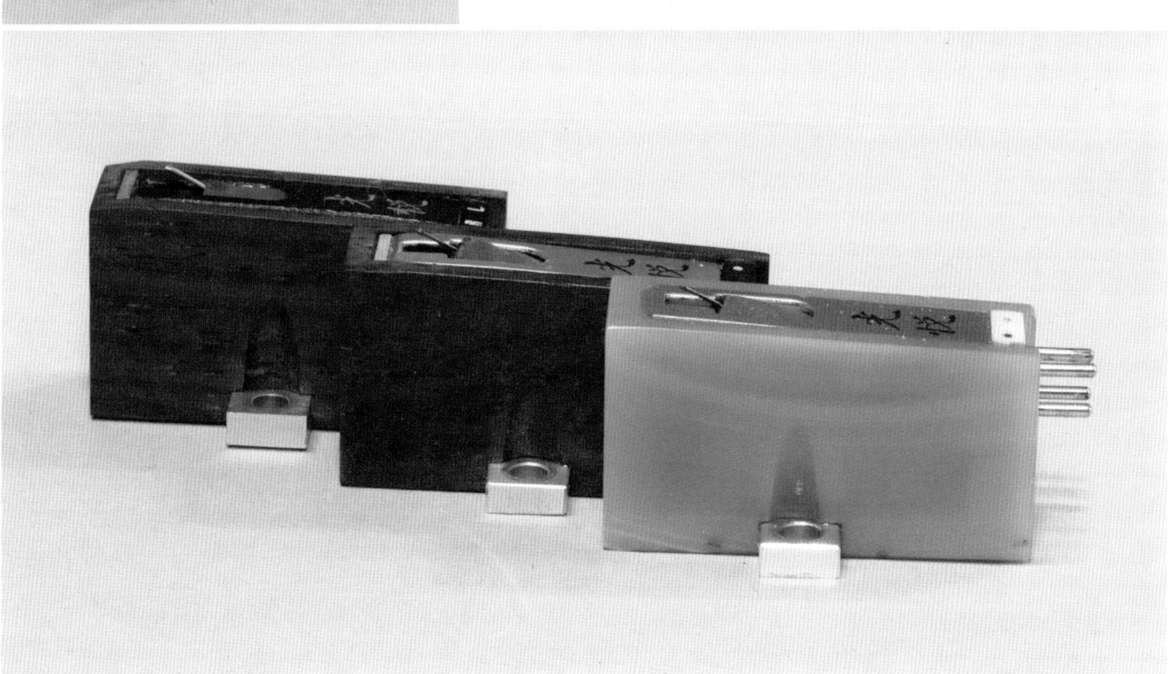

»
(상단) 요시아키 작품 오닉스 숏바디 시그니처의 내부 모습
(하단) 오닉스 롱바디 더블 알니코 자석(요시아키 작품), 오닉스 숏바디 플래티넘 자석(후미히코 작품) 확대사진

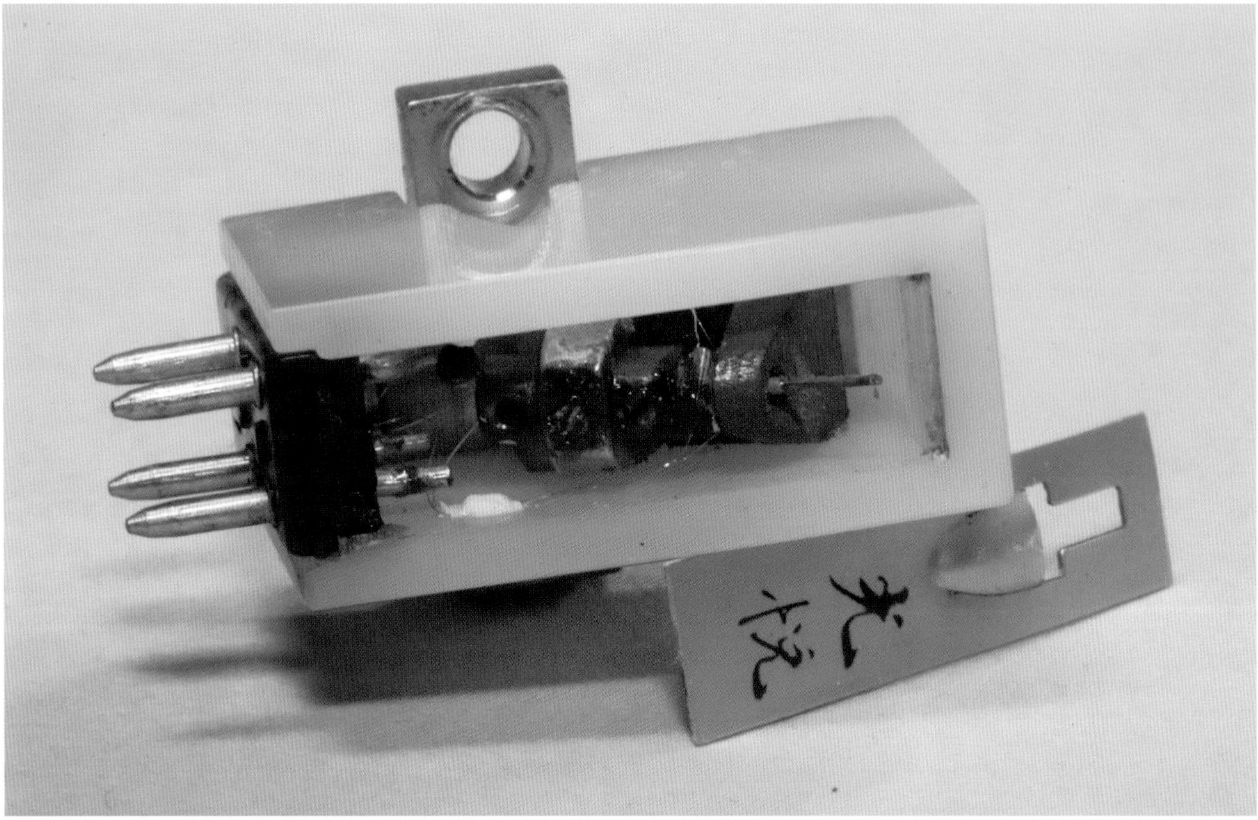

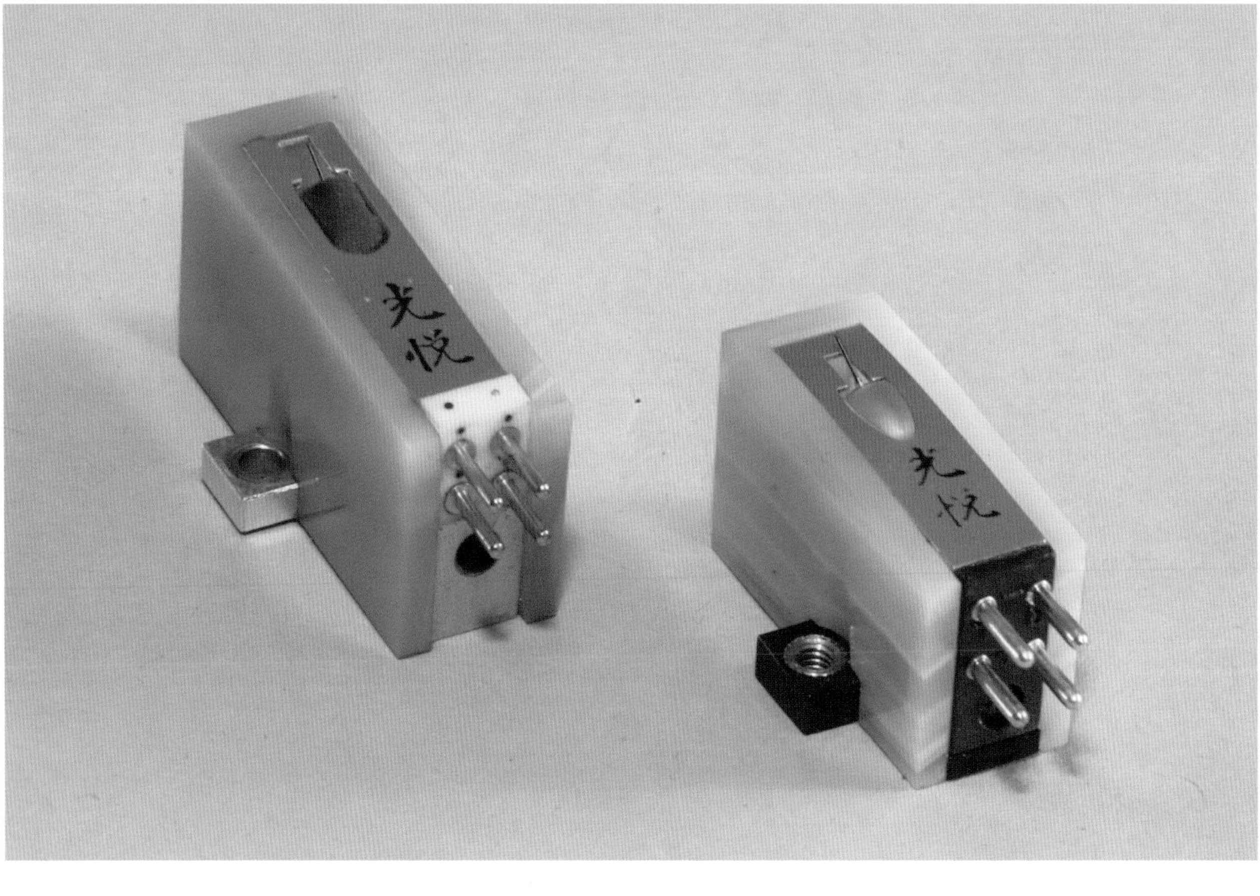

»
(상단 위부터 시계방향)아버지 요시아키의 무사시노 연구소 시절 롱바디 로즈우드 시그니처, 오닉스 숏바디 플래티넘(아들 후미히코 작품),
오닉스 롱바디 시그니처(아버지 요시아키 초기작품)
(하단) 요시아키의 무사시노 연구소 시절 롱바디 로즈우드 시그니처와 오닉스 롱바디. 두 작품 모두 더블 알니코다.

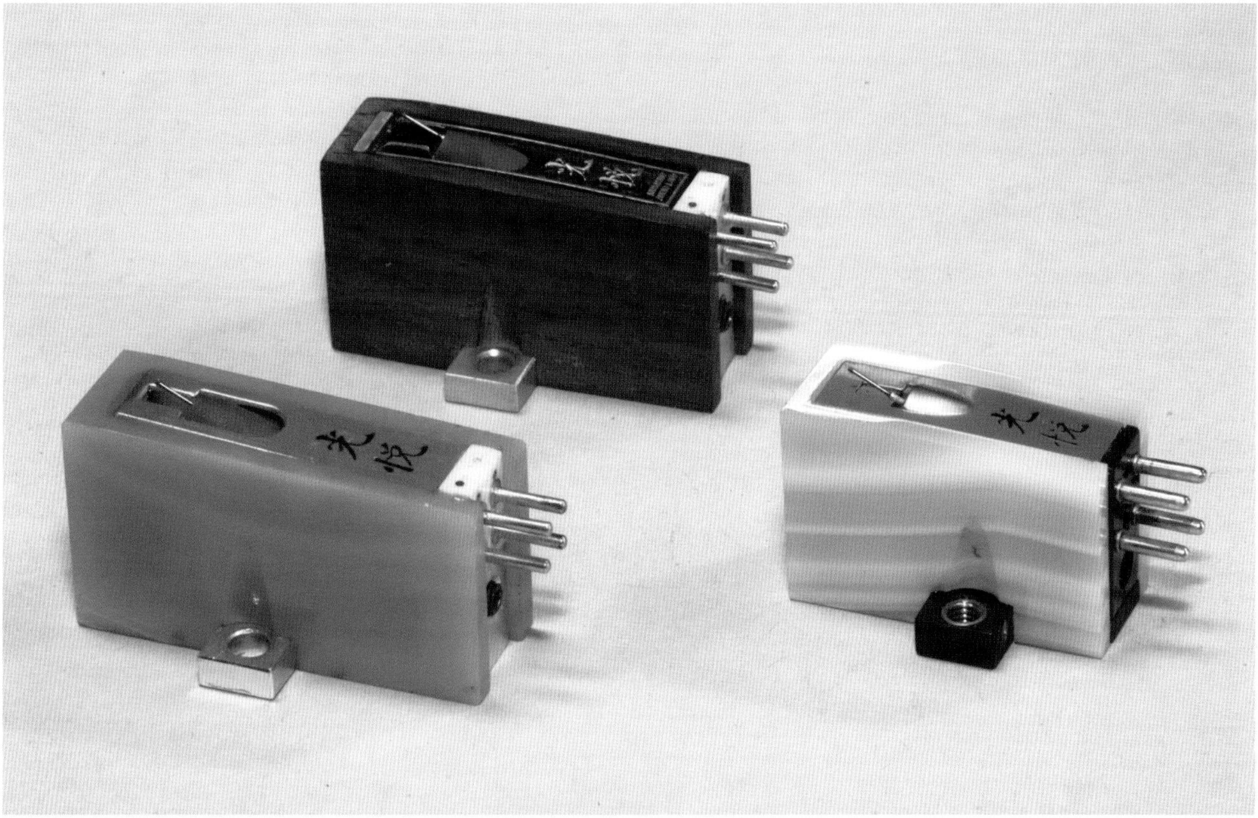

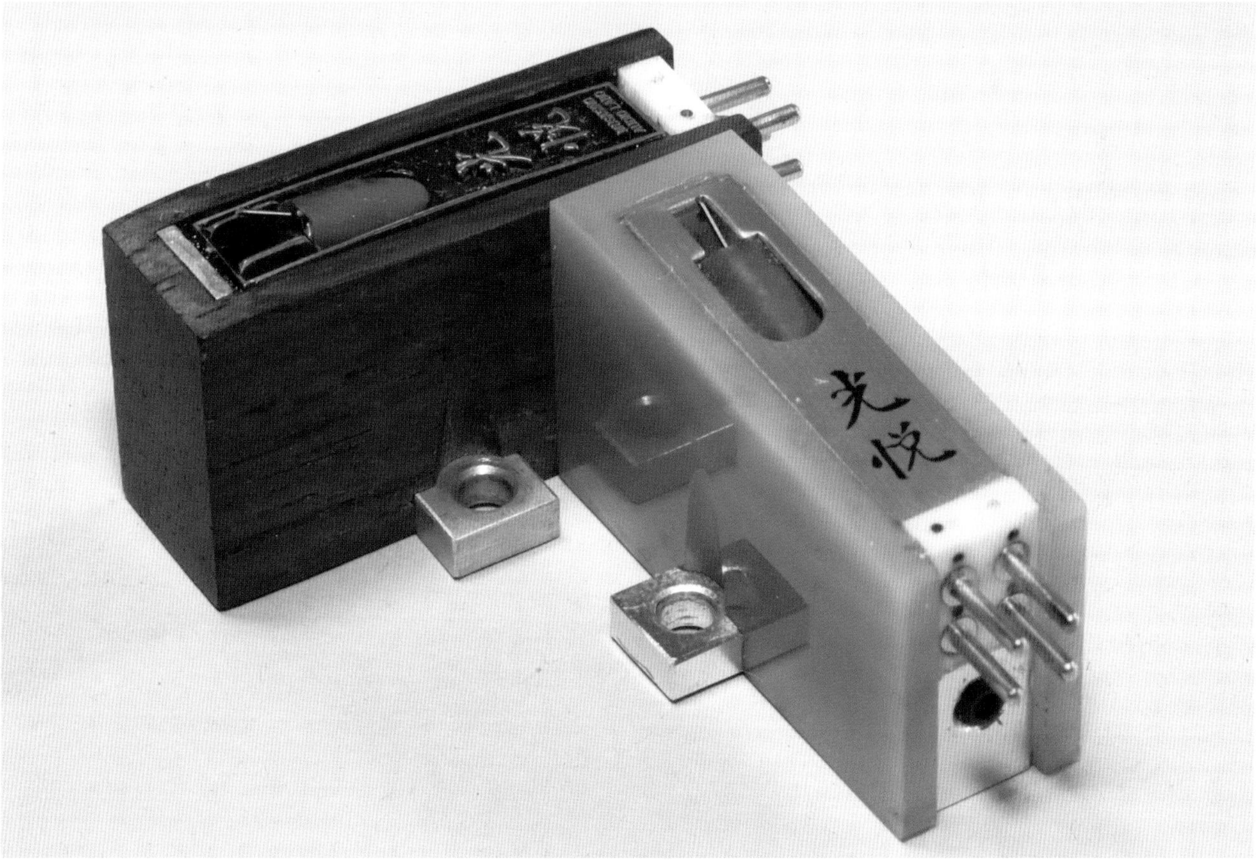

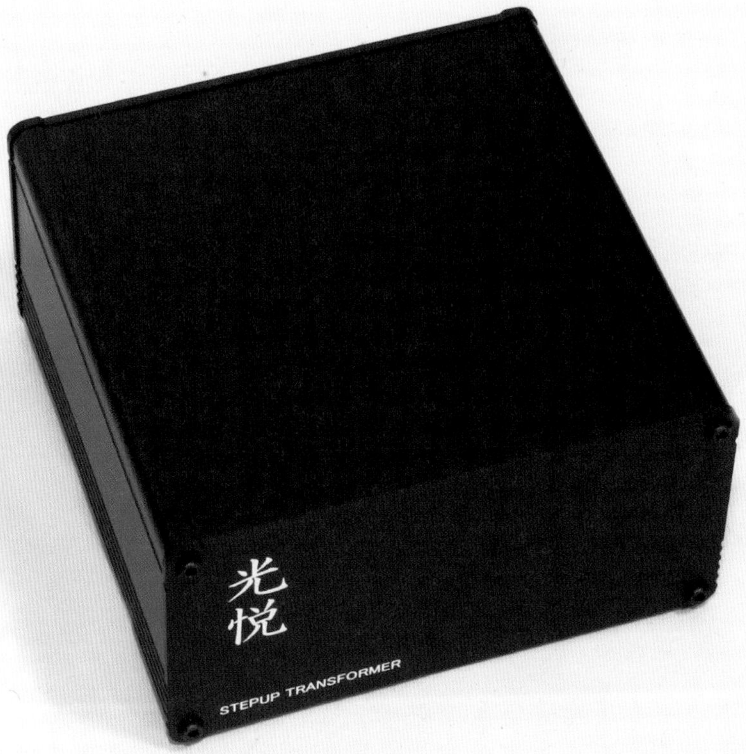
光悦
STEPUP TRANSFORMER

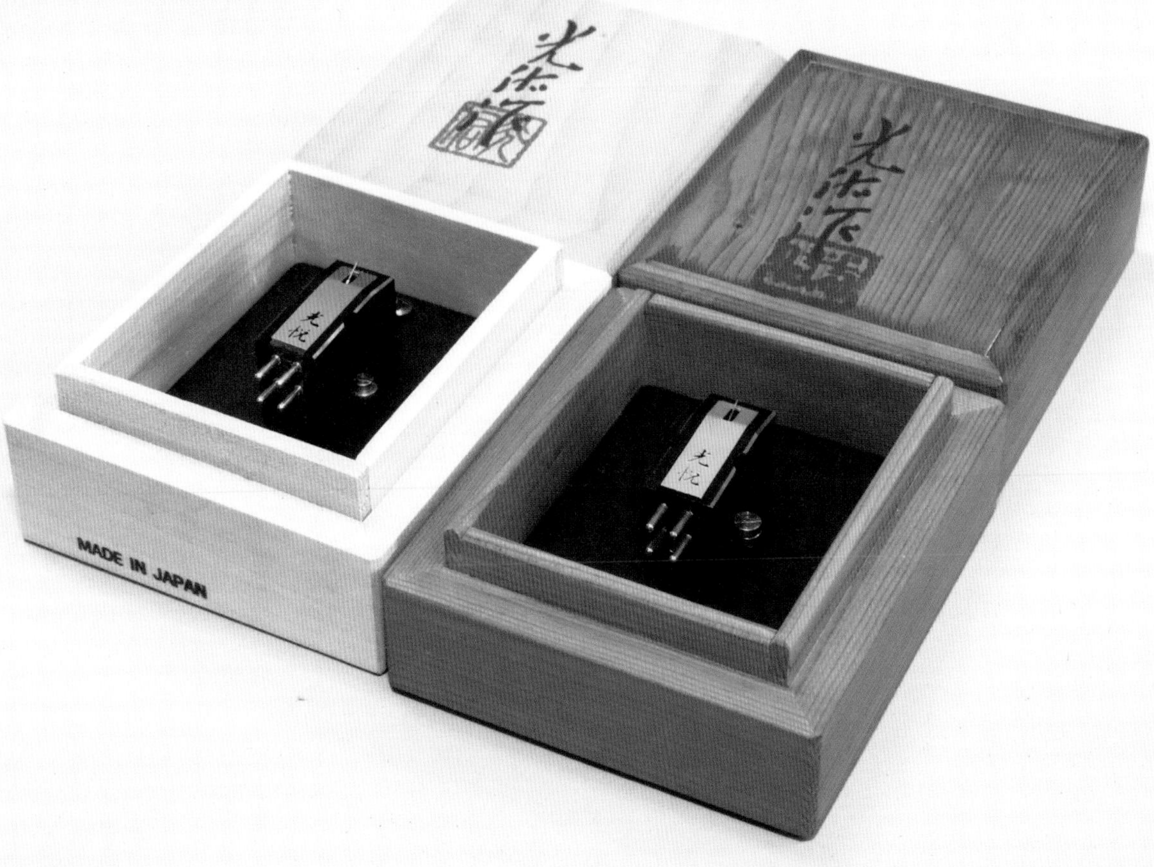
MADE IN JAPAN

Koetsu Silver Crede Cartridge

자연스럽고 우아한 사운드

세계적으로 LP 시장은 커져만 가고 있다. 이젠 국내 아이돌 그룹마저 CD와 함께 LP를 발매하는 추세다. 젊은 층에서도 LP에 대한 선호도가 괄목할 만한 증가 추세의 일로에 놓여 있는 것이다. LP, 즉 아날로그 사운드는 그 자체가 독특한 음색을 지니고 있다. 디지털이 따라올 수 없는 자연스러움과 음악성이라는 음질적 매력뿐 아니라 카피할 수 없는 사운드 소스라는 상업적 매력까지 겹쳐 매년 일취월장 마니아층이 두터워지고 있는 실정이다. 이젠 보급품 앰프에도 필수로 포노 EQ가 내장되어 턴테이블만 연결하면 추가 비용없이 LP를 감상할 수 있게 하는 추세이며, 소비자들도 이 점을 예의주시하고 있다.

아날로그 사운드를 즐기기 위한 첫 번째 관문이 바로 턴테이블이다. 턴테이블의 경우 비교적 다양하게 구형 빈티지와 신제품이 동시에 유통되고 있는데, 빈티지의 경우도 큰 무리 없이 원래 성능이 보장된다. 이상이 있더라도 거의 100% 수리 가능해 오히려 최고의 성능을 추구하는 마니아들의 경우 빈티지 턴테이블에 대한 선호도는 더욱 높아진다. 특히 아날로그 시절의 프로용 턴테이블의 경우는 그 내구성이나 성능 면에서 현대의 턴테이블이 감히 따라올 수 없을 만큼 탁월하고 상대적으로 가격도 저렴해 사용자가 많으며 인기도 높다. 또한 톤암의 경우도 오히려 구형이 인기를 끌어 선호도가 높은데, 구형 카트리지의 구수하고 자연스러운 음색을 살리고 그 시대의 깊은 정서가 담긴 아날로그 사운드 진수를 즐기고자 하는 마니아들의 관심 때문이다. 턴테이블이나 톤암, 카트리지, 심지어 포노 라인까지 각 시대별 음질 특색이 확연히 구분된다. 빈티지의 경우 음색과 자연스러운 사실성에 근거해 아날로그 소스를 구성했다면, 현대 아날로그 소스는 투명

»
(상단)고에츠 리미티드 에디션 MC step up 트랜스
(하단)후미히코 작품 실버 크래드(뒷면 연결핀이 실버)와 요시아키 작품 구형 블랙 골드라인 실버 크래드의 전신(뒷면 연결핀이 골드)

도, 해상력, 다이내믹 레인지, 채널 분리도 등에 신경을 쓰는 형편인데, 상대적으로 음악성과 자연스러움이 약한 경향이다. 즉, 투명도나 해상력, 다이내믹 레인지가 높아지면 상대적으로 자연스러움과 음악성 등 아날로그적 친근감이 부족해진다. 최근의 카트리지 중에는 다이내믹 레인지가 100dB를 넘어 거의 디지털 사운드의 다이내믹 레인지에 육박하고, 채널 분리도도 45dB 이상, 주파수 특성은 10~100,000Hz를 넘는 초광대역 제품들이 선보이고 있어 새로운 아날로그 사운드 시대를 열고 있다 해도 과언은 아니다. 그런데 문제는 이런 카트리지를 만드는 장본인들이 이미 노쇠해 거의 장인의 맥을 잇지 못할 지경에 놓여 있다는 것이다. 쉽게 생각하면 그까짓 카트리지 하겠지만 카트리지야 말로 거의 수공품으로 장인의 손맛이 담겨 있지 않으면 그 음악적 뉘앙스가 떨어진다는 것이 세간의 평이다.

최근 들어 고인이 된 스가노 요시아키 시절과 동일 구조의 실버 크래드나 블랙 또는 우드 모델을 스가노 메모리얼 리미티드 에디션으로 다시 출시할 계획을 갖고 있는데 세계적으로 구형 모델의 선호도가 높기 때문이다. 특히 초기형 롱바디 우드 버전은 구하는 사람이 많아 몸값이 치솟고 있고 그 외에도 요시아키 버전의 모든 롱바디 모델이 같이 뜨고 있다. 이 현상의 실질적 원인은 자기회로에 있는데 구형의 경우는 알니코를 사용하며 현재는 사마륨 코발트(스탠더드 모델) 플래티넘 합금자석(플래티넘 모델)을 사용함으로써 출력강화와 투명도 상승요인으로는 좋으나 온기와 음악성이 살짝 줄어든 느낌이 있다. 물론 호불호가 갈리겠으나 아날로그 마니아를 위한 또 다른 시도로서 매우 고무적이다.

실버 크래드는 엔트리 넘버의 바디를 사용하고, 실버 크래드 선(은 파이프에 동을 압착시켜 만든 코일)을 사용해 코일을 감아 가격은 낮지만 성능은 상급기의 모델에 육박하는 스페셜 버전이다. 바디는 블랙과 동일하고, 다만 뒤 단자가 블랙이 골드인데 반해 실버로 마감되어 있다. 지금은 실버 크래드, 블랙 모두 실버단자이다. 예의 우아하고 단아한 고에츠의 일반적 사운드에 약간의 고역 개선감이 추가되어 뻗침과 질감이 좋다. 재즈의 통 굵은 보컬이나 오케스트라의 다이내믹한 음역, 그리고 실현장에서 느낄 수 있는 임장감과 부드러운 질감이 감상자에게 어필된다. 코터 트랜스에 물리면 우아하고 자연스럽지만 고에츠 리미티드 에디션 승압트랜스에 물리면 고에츠 자체 특성이 돋보이며 부드러우면서도 질감이 잘 살아나는 특징이 있다. 특히 알텍처럼 강한 혼 스피커나 빈티지 스피커에 더욱 발군의 실력을 발휘하는 명품 카트리지다.

>>
(상단) 오리지널 오동나무 우드박스에 수납된 실버 크래드
(하단) 고에츠 리미티드 에디션 MC step up 트랜스 외형과
패브릭으로 댐핑하여 소리를 우아하게 튜닝한 내부 모습

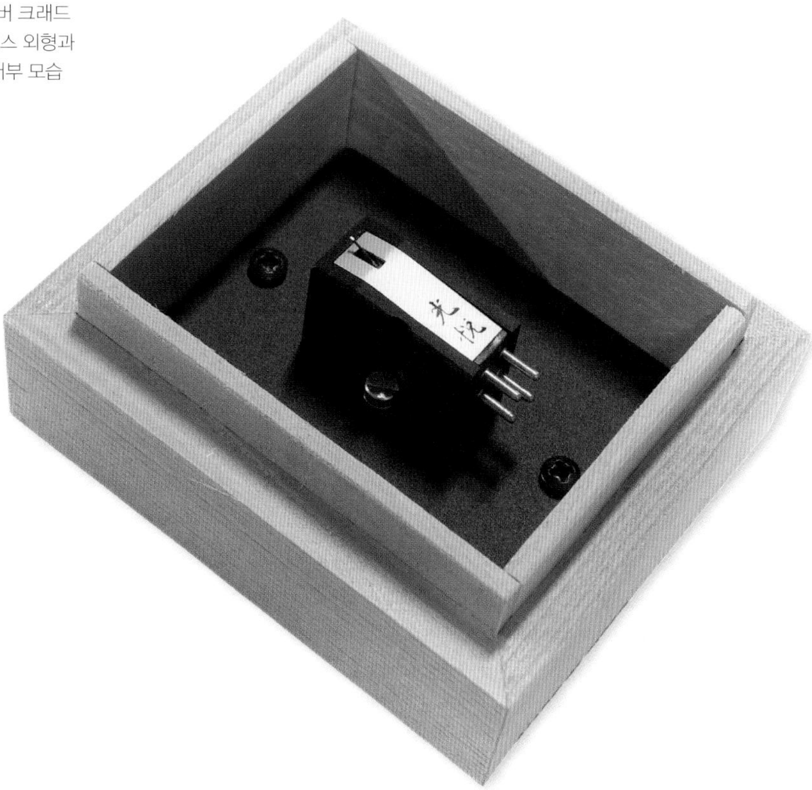

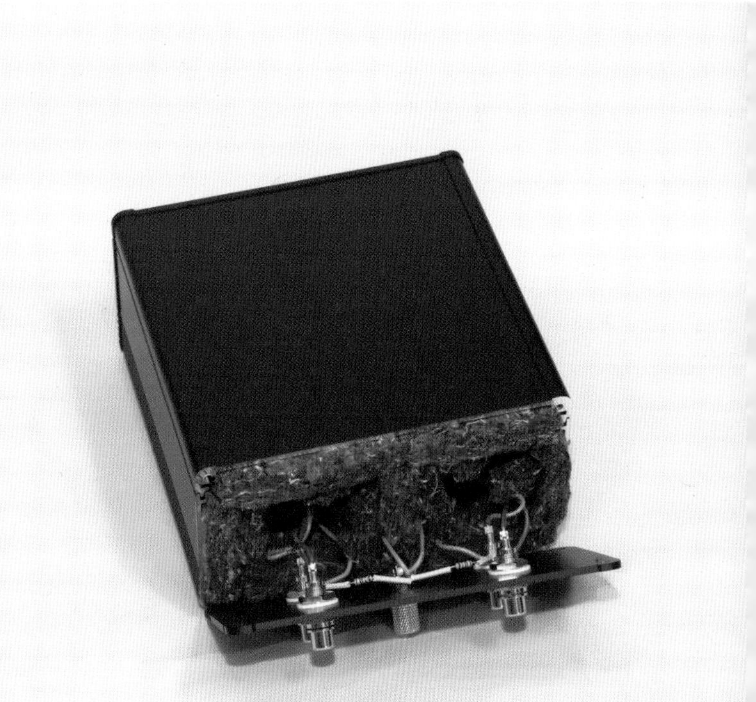

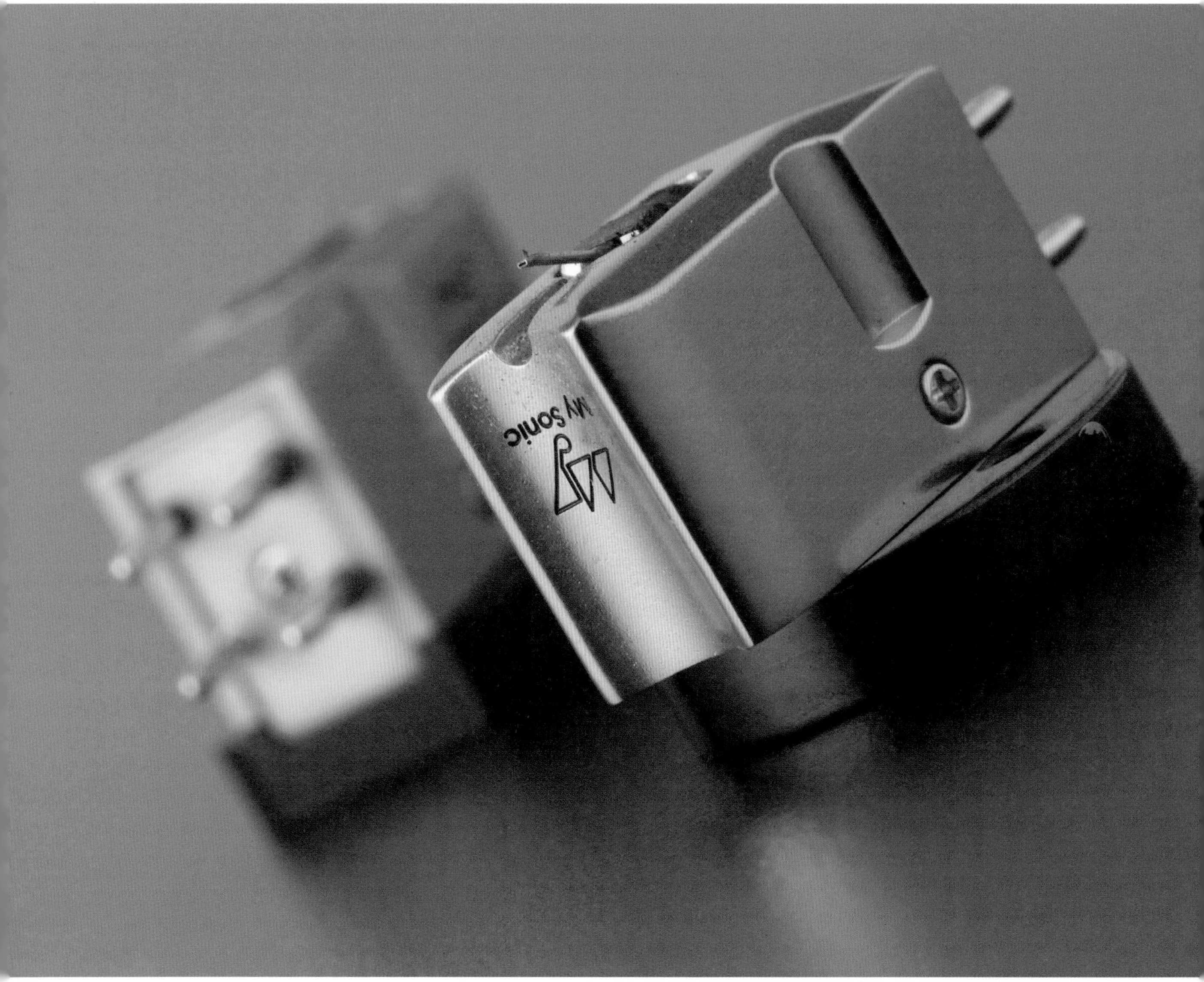
My Sonic

My Sonic Hyper Eminent · Air Tight PC-1

로우 임피던스 고출력 설계의 극점

최근 카트리지 시장은 아날로그 음반의 부활과 함께 매우 다양해지고 있다. 필자가 보기에는 두 가지 성향이 있는데, 예의 명기 반열에 들어있던 카트리지의 재생산 프로덕트와 새롭게 개발해 새로운 소리 성향을 띤 신제품 프로덕트 라인이다. 전자의 경우는 오르토폰, 고에츠, 키세키, 미야비, 이케다, EMT, 반덴헐(V.D.H), 클리어오디오, 다이나벡터, ZYX와 같은 회사며 후자의 경우는 라이라, 마이 소닉, 탑윙(청룡, 주작), 에어 타이트가 대표적 메이커이다. 물론 이외에도 MM형 카트리지 전문 회사와 기타 수많은 MC형 카트리지 제작사들이 참신한 아이디어로 신제품 시장을 계속 두드리고 있는 것은 아날로그 마니아라면 다 아는 사실이다. 어떻든 고급 카트리지 시장에서 세계 시장을 양분하는 메이커들은 유럽의 덴마크, 네덜란드, 독일과 동양의 일본에 집중되어 있다. 섬세한 제품 개발과 튜닝에 강점을 갖고 있는 일본은 현재에 와서는 카트리지의 메카로 불릴 만큼 쟁쟁한 메이커들이 눈에 불을 켜고 마니아들의 주머니를 노리고 있다. 특히 5백만 원이 넘는 초고가 카트리지의 대부분이 일본 메이커인 것을 보면 일본의 카트리지 생산력은 가히 최고라고 믿어도 될 듯싶다.

그런데 여기에도 문제가 있다. 일본의 카트리지는 워낙 소량 생산이고, 대부분 장인들에 의한 가내 수공업 형태를 띠고 있다는 것이다. 오르토폰사만 빼고 이 현상은 유럽에서도 별반 차이가 없다. 즉, V.D.H.이 이미 대를 이어 아들이 제품을 생산하고 있으며, 일본의 3대 장인인 스가노, 미야비, 키세키 역시 아들에게 대를 이었거나, 본인 생산의 경우는 노령화에 따른 시력 저하나 건강 문제로 회사에 문제가 생기지 않을 수가 없

»
마이 소닉 하이퍼 에미넌트와 에미넌트

는 상태가 되어버렸다는 것이다. 이런 와중에 새롭게 참신한 개념으로 무장하고 신제품을 등단시킨 회사도 있는데, 그중에 마이 소닉(My Sonic)과 에어 타이트(Air Tight)사가 있다. 두 회사를 같이 묶는 이유는 에어 타이트의 경우 마이 소닉의 주문 생산 제품이어서 서로 유사한 카트리지로 설계되어 출시되었기 때문이다.

마이 소닉의 콘셉트는 극도의 저임피던스 설계에 고출력을 지향하고 있다. 카트리지에서 고출력을 얻기 위해서는 코일 회전수를 늘려 코일을 많이 감거나, 자기회로를 개선해 자속량을 늘리는 수밖에 없는데, 이미 자기회로는 네오디뮴 등 고자력 자석 개발로 한계점에 도달했고, 코일을 늘리자니 코일의 무게가 늘어나 트랜지언트 특성이나 리니어리티 특성이 희생되어 질감이나 다이내믹 레인지가 나빠지는 단점이 있다. 이에 부단한 연구 결과 고성능 뮤 코어 재질을 개발해 와이어의 직경을 40μ에서 55μ으로 향상시켜 내부 전도 저항을 줄이고, 전체 진동계 무게는 오히려 감쇄시켜 저임피던스 고출력 카트리지로 발전되었는데, 그중에서도 캔틸레버를 두랄루민에서 보론으로 변화시켜 고급 제품으로 생산한 것이 에어 타이트의 PC-1 카트리지다. 에미넌트와 동일한 음질의 연장선상에 있다고 말할 수 있지만, 에어 타이트 특유의 개방성과 질감을 살려 고급 카트리지 시장에 출시되었다. 필자가 마이 소닉 하이퍼 에미넌트와 에어 타이트의 PC-1 카트리지를 동시에 소유하고 있는 관계로 두 카트리지 음질을 비교해 가면서 이야기해 보도록 하겠다.

하이퍼 에미넌트가 내부 임피던스 1.8Ω에 출력 0.5mV, 두랄루민 캔틸레버, 3×30μ의 세미컨덕트 초타원 누드 다이아몬드 팁을 사용한다. 그렇다면 PC-1은 내부 임피던스 2.6Ω에 출력 0.6mV, 보론·두랄루민 복합 캔틸레버, 3×30μ의 세미컨덕트 초타원 누드 다이아몬드 팁을 사용한다. PC-1쪽이 내부 저항이 약간 큰 것만큼 코일을 더감아 출력도 향상되었다. 두 카트리지는 동일선상의 무빙 코일 발전 회로를 가지고 있어서 소리 성향은 비슷했다. 에미넌트가 확다가오는 집중력과 온도감이 더 있고 디테일의 음영이 부드럽게 형성되는 반면, PC-1은 더 개방적이며 다이내믹하고 디테일 표현의 섬세함이 발군이다. 서로 간 일장일단이 있지만, 들으면 두 카트리지 모두 시원하고 막힘이 없으며 다이내믹하고 리얼한 소리라는 것을 알 수 있다. 그냥 '좋다'라는 감탄사가 저절로 나온다. 두 카트리지를 동시에 다 가지고 있을 필요는 없다고 본다. 온도감에 눈길이 가는 사람은 에미넌트를, 해상력과 다이내믹에 선호도가 있는 사람은 PC-1을 선택하면 맞다. 둘 다 5백만 원이 넘는 고가 카트리지여서 손대기가 쉽지 않기 때문이다. 구형 카트리지에 비해 두 카트리지 모두 위상 특성, 다이내믹 레인지 특성, 트랜지언트 특성, 음악성이 뭔가 한 단계 개선된 개방적인 사운드의 진면목을 느낄 수 있는, 이 시대 최고의 아날로그 사운드 재생 카트리지라 말할 수 있다.

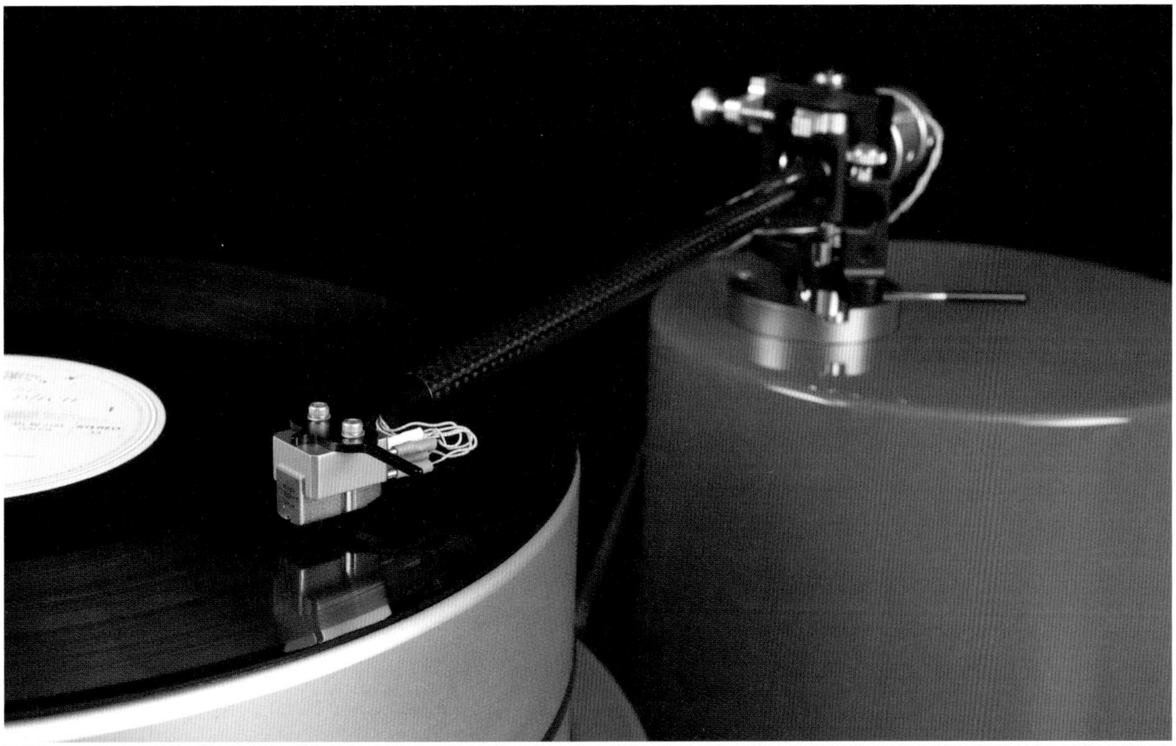

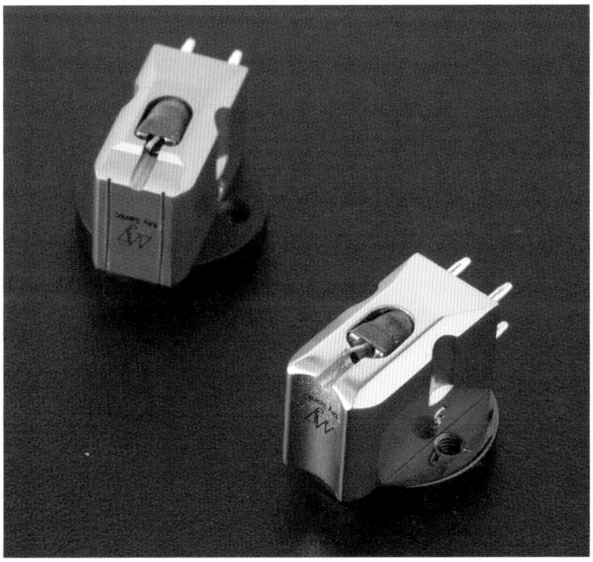

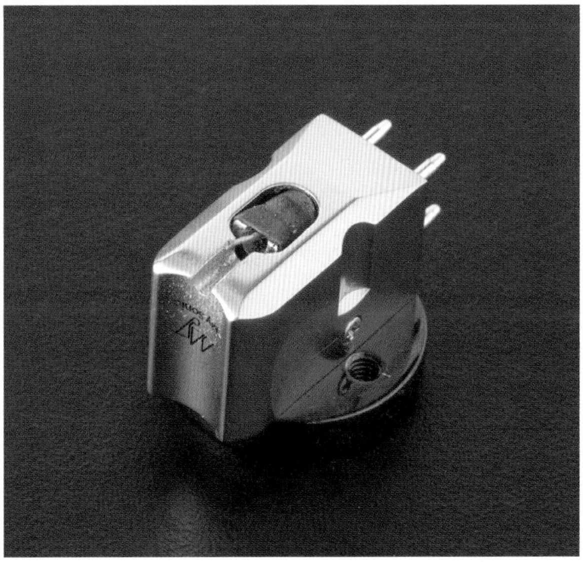

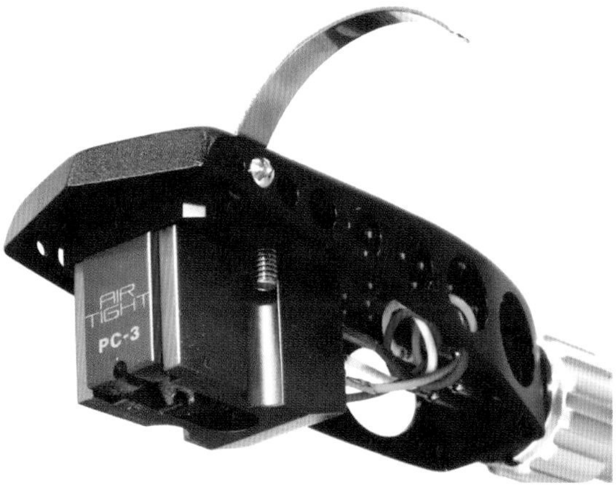

››
(맨 윗줄부터)
에어 타이트 PC-1이 플레이되고 있는 모습
에미넌트(좌)와 하이퍼 에미넌트(우)
에어 타이트 PC-3(PC-1의 주니어기)

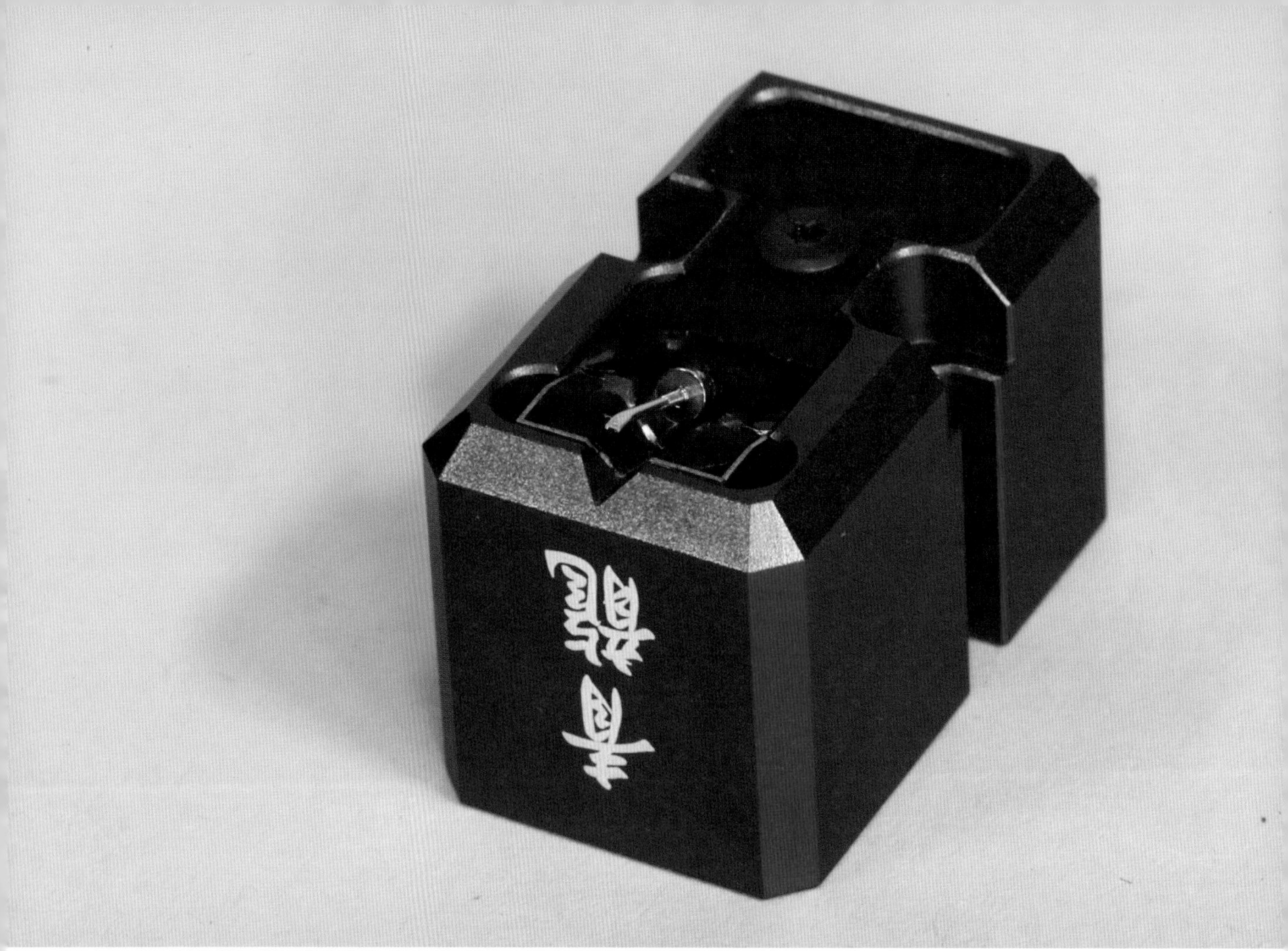

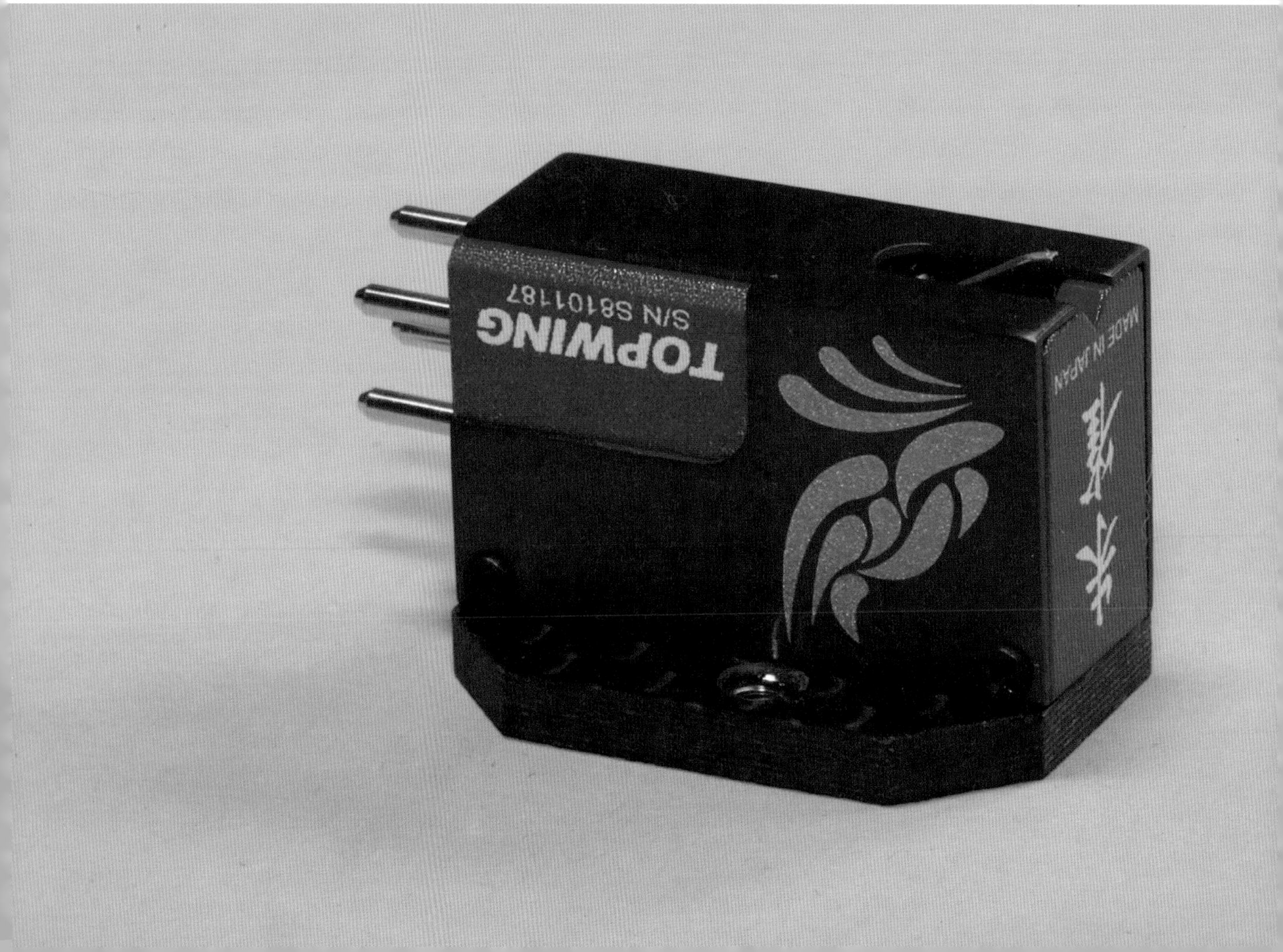
TOPWING
S/N S8101187
MADE IN JAPAN

Top Wing-Seiryu · Suzaku Cartridge

또 다른 아날로그의 혁명적 사운드

세계 아날로그 시장은 끊임없이 발전하고 있다. 특히 카트리지와 톤암이 가장 활발한 변화를 보이고 있다. 최근 들어서는 레이저를 컨트롤해 원내 중심점의 직경을 밑변으로 하는 삼각형은 원주에 접하는 내각이 항상 90도라는 원리를 기본으로 톤암의 축을 자동으로 변경시켜 트래킹 에러를 외주부나 내주부 모두에서 0으로 유지하는 암도 탄생되었다. 그 외에도 옵티컬 소자 카트리지가 개발되는가 하면, 무빙코일을 스타일러스 바로 뒤편에 근접시켜 캔틸레버 자체에서 생기는 전달 왜곡을 최소화하려는 신개념 MC카트리지도 나왔다.
일본의 청룡(Seiryu), 주작(Suzaku) 카트리지는 이와는 또 다른 신개념 카트리지로, 새로운 에너지 변환계를 사용한다. 이 카트리지 중심에 있는 엔지니어는 바로 그레이스사에서 카트리지를 설계했던 메구로 히로무이다. 그는 그동안 변함없이 품위 있고 자연스러운 소리로 한 자리에 있는 LP 아날로그 음반에 새겨진 음구를 최첨단 방식으로 트레이스해 지금까지와는 다른 혁신적 사운드를 추구해보고 싶었던 것이다.

그는 오랫동안 코일에 코어재를 쓰지 않고 유도 자기회로를 통해 가장 리니어한 운동으로 왜곡 없는 전압을 유도하고자 했는데, 그것이 고정 코어리스 유도 코일을 유도체 근처에 V자형으로 배치하고, 코어의 유도 왜곡을 제거하는 동시에 심지 있고도 해상력 있는 사운드로 발전시켰다. 결과적으로 유도체의 교환이 MM처럼 쉬우면서도 소리는 극단의 MC형을 능가하는 코어리스 스트레이트 플럭스형 카트리지가 탄생되었다. 지금까지의 하이엔드 카트리지는 모두 MC형이어서 자속 내부에서 불안정하게 움직이는 코일의 변화 전압을 유도시켰다면 이제는 코일은 고정시키고 유도 자속을 근접시켜 변화 전압을 얻으므로 가장 안정된 변속

»
탑윙의 청룡(Seiryu), 주작(Suzaku) 카트리지

전위를 얻을 수 있게 된 것이다. 부가적으로 스타일러스와 유도 자속 서킷을 나사 하나만 열면 누구나 교환할 수 있어 스타일러스 훼손 시 저렴한 가격(카트리지 본체 가격의 1/10정도)으로 고성능 사운드를 유지할 수 있는 쾌거를 이룩했다. 특히 유도체의 캔틸레버나 스타일러스 셰이프에 따른 음색 변화를 즉시 반영할 수 있어 사용자가 변화 있는 음색을 대단히 저렴하게 수용할 수 있는 획기적인 콘셉트다.

카트리지 본체는 청룡은 고강도 두랄루민 재질, 주작은 적층카본을 가공해 공진에 매우 강한 구조로 구성한 후 각각 청색 아노다이징으로 마감, 카본 연마 바디로 제작되었다. 발전 코일은 V자로 절삭 가공된 몸체에 견고하게 고정되어 있고(주작은 카본바디로 변경되었고, 기본 동작 구조는 청룡과 동일하나 해상력은 향상되었다), 비자성 투명 접착제로 코팅되어 있는데, 바로 이 코일 최단거리 지점에 정교한 유도 자기회로를 설치해 캔틸레버와 스타일러스에 조합된다. 이 진동계 자체는 상부에 있는 십자나사 하나만 풀면 탈찰 가능해 누구라도 쉽게 교환할 수 있다. 코일 임피던스 12.3Ω, 침압 1.75~2.0g, 출력 전압 0.2mV(5cm/sec at 1KHz)로 두 카트리지가 동일하며, 카트리지 무게는 청룡: 12.3g, 주작: 9g인데 청룡은 별도의 전용 헤드셸이 카트리지 몸체와 동일 재질, 동일 컬러로 제공되며 주작은 셸 없이 몸체만 판매된다. 전용 헤드셸은 카트리지 공진을 최소화하는 고급셸로, 여기에 청룡을 부착하면 디자인적으로 일체감이 드는 훌륭한 세팅이 된다.

청룡과 주작의 사운드는 피아노와 관악기의 심지가 곧고 스피드가 빠르다는 느낌인데, 골격이 대단히 튼튼해 마치 로마시대 검투사를 보는 느낌이다. 그런데도 우아하며 디테일 표현이 섬세하다. 말하자면 힘과 유연성 모두를 겸비한 문무겸장인 것이다. 현은 치밀하고 진동의 섬세한 질감을 잘 표현하면서도 현 자체의 자연스러움과 온도감을 끝까지 간직하고 여음을 처리한다. 아무리 작은 피아니시모의 현이라도 올이 풀리는 느슨함이 없다. 역시 시원한 디테일을 전달하면서도 다이내믹과 투명도, 음악성을 시종일관 쾌청하게 전달한다. 오케스트라의 악기 해상력은 발군인데, 이 부분은 주작에서 더욱 발전하여 극단에 이른다. 두 카트리지 모두 스테이징의 사실적 묘사에 두 번 놀란다. 무엇인가 한 단계 상승된 자리에서 아날로그의 표현력과 깊이를 내세우는 새로운 카트리지들이다. 특히 주작은 해상력과 질감이 더욱 향상되어 있다는 인상을 받았다. 끊임없이 발전하는 아날로그의 흐름에 자신감 있는 메시지를 전달하는 이웃나라 푸른색 용과 주작의 승천이 시청 내내 부럽기만 했다.

>>
(맨 윗줄부터)
청룡 카트리지 본체(고정 코일이 보인다)
박스 수납되어 있는 청룡 카트리지와 헤드셸
포장 박스에 수납되어 있는 주작 모습

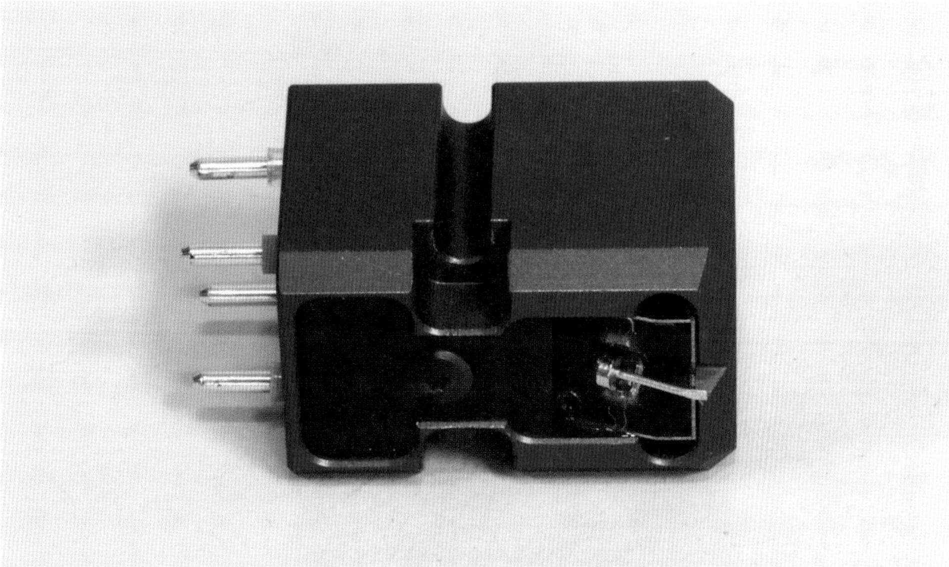

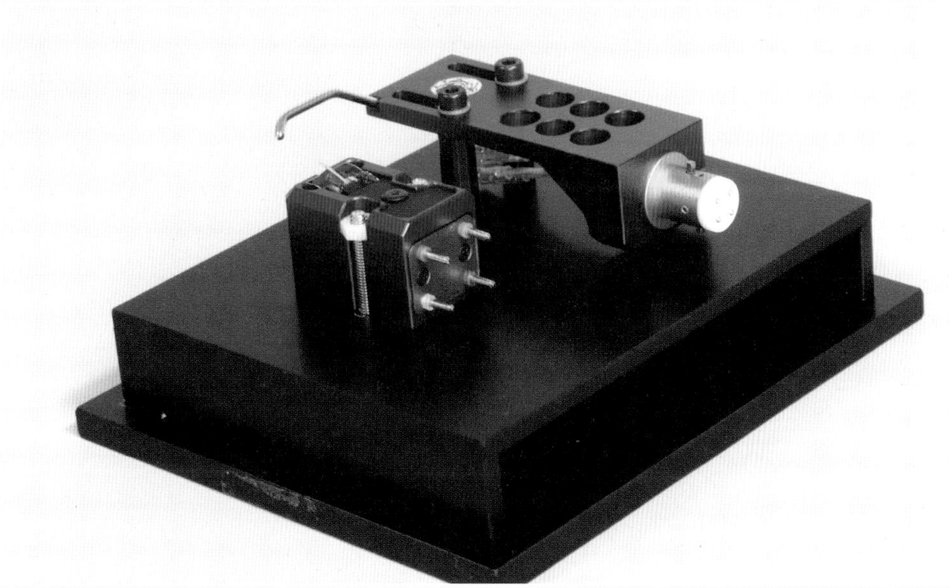

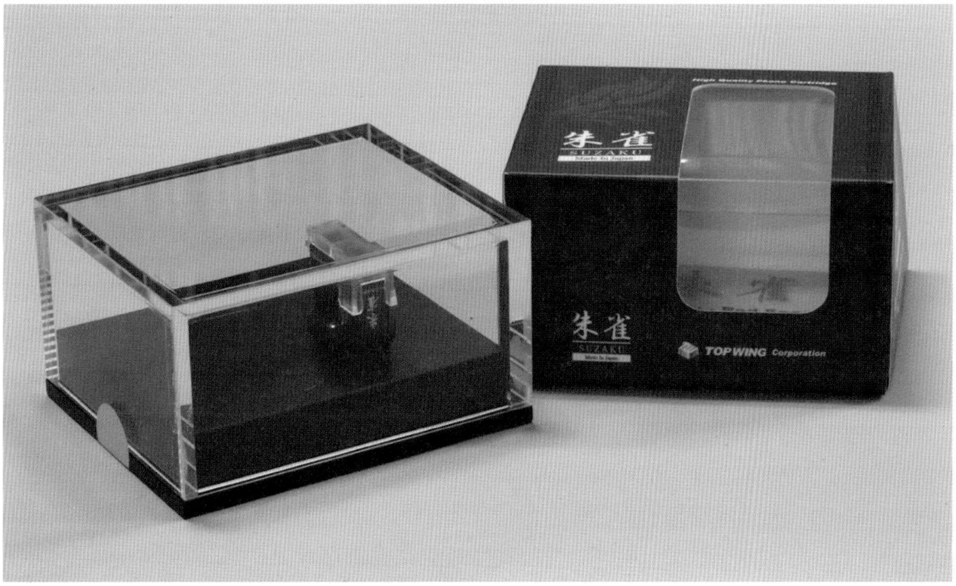
朱雀
SUZAKU
Made in Japan
朱雀
SUZAKU
TOPWING Corporation

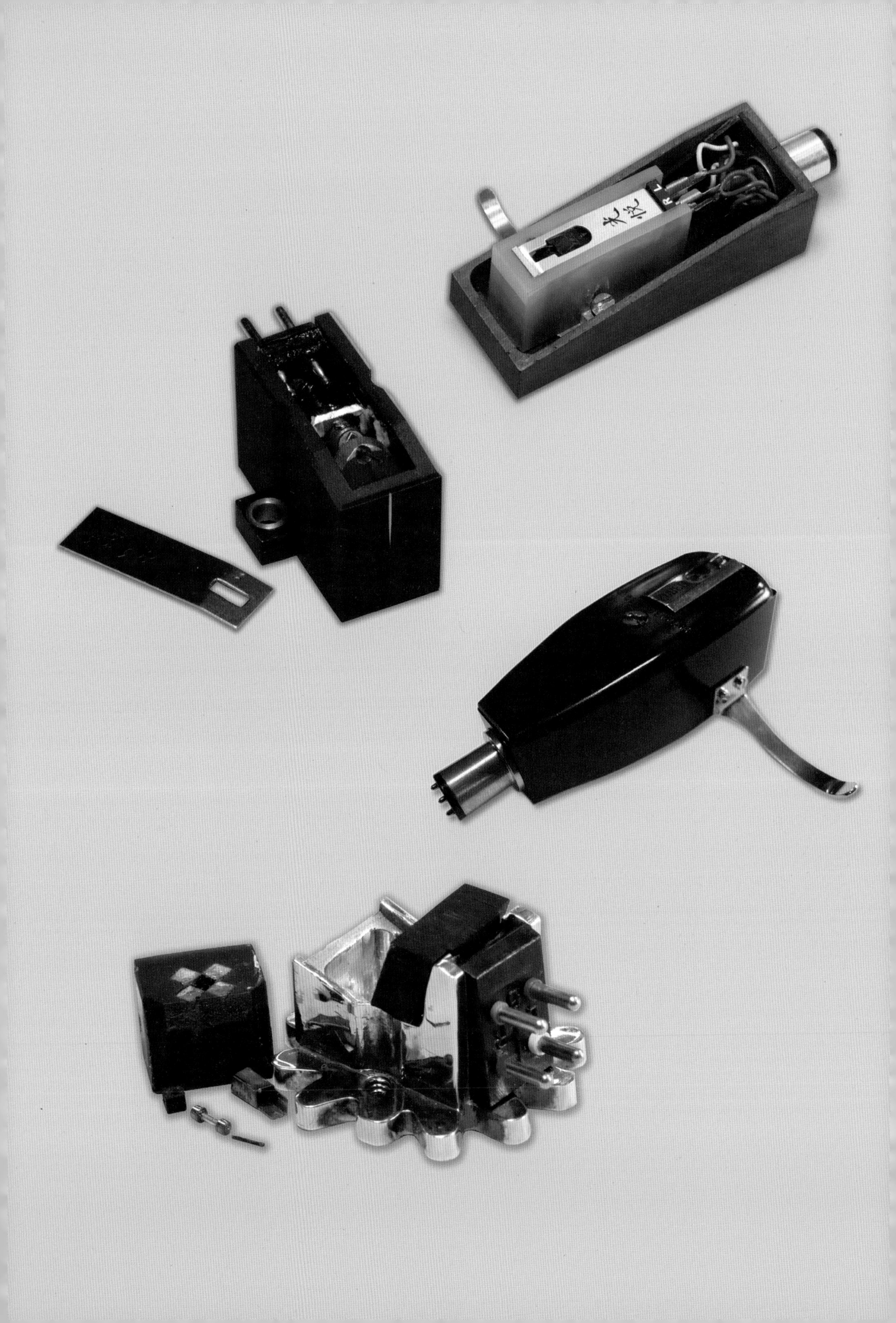
L
R

생 카트리지 때려잡기

아날로그 마니아라면 그 누구라도 카트리지 스타일러스, 소위 바늘을 해먹어 본 경험이 없는 사람이 없을 것이다. 오디오 부품 중 가장 허무하게 실수를 많이 하는 것이 바로 바늘이기 때문이다. 물론 카트리지나 톤암을 업그레이드하여 잘 장착해 소리를 냈음에도 청감상 다운그레이드된 느낌은 그래도 나은 편이다. 오디오에서 상위 버전, 즉 업그레이드했다고 해서 좋은 소리가 보장되는 것이 아니라는 사실은 익히 전원 케이블, 앰프 및 인터 케이블, 스피커 및 스피커 케이블 등에서 누차 경험한 터였기 때문이다. 그러나 카트리지의 경우는 그와는 양상이 다른 경우가 허다하다. 말하자면 들어 보기도 전에 장착하다가 망가뜨리는 경우도 많고, 에이징도 되기 전에 가족의 실수나 본인의 실수로 저세상으로 보내는 카트리지가 부지기수다. 특히 필자처럼 리뷰도 많고 새로운 제품에 대한 소리 호기심도 많은 사람은 아날로그 평지풍파가 가실 날이 없다.

약 30여 년 전의 일이다. 잊어버릴 만한 세월이 지났음에도 잊어버리지 못하는 치명적 실수가 있다. 그때만 생각하면 아직도 이마를 치면서 한탄한다. 아날로그 오디오 열정이 한참이던 당시로는 세계 최고급 카트리지에 대한 호기심이 하늘을 찔러 5개월치 봉급에 해당하는 금액을 만들어 고에츠 마블을 미국 딜러에게 주문했다. 고에츠 마블은 현재 오닉스 플래티넘에 해당하는 것으로 당시 미국에서는 마블로 통용되었다. 돌아가신 스가노 요시아키가 만든 역작이 도착했다는 소식에 퇴근길에 가볍게 맥주를 기분 좋게 마시고 집에 들어 왔다. 삼나무 박스에 수납된 옥빛 카트리지는 보기만 해도 황홀했다. 마음이 급해졌다. 대충 씻고 턴테이블 앞으로 대들어 커버를 열고 카트리지를 꺼내어 조심스럽게 세팅을 시도했다. 당시 톤암은 리지드 타입

»
(맨 위부터) 스가노 요시아키가 제작한 오닉스 플래티넘 시그니처(필자가 들어보기도 전에 망가트렸던 마블-오닉스 플래티넘), 블랙(아들 후미히코 작품)을 분해한 내부 사진, 캔틸레버가 부러진 오르토폰 SPU Royal, 캔틸레버가 부러진 클리어 골드핑거

인 SME 시리즈 V였는데 헤드셀 일체형이어서 카트리지 장착이 까다롭다. 조심스럽게 카트리지를 톤암에 고정시키고 오버행을 맞추기 시작했다. V암의 오버행은 종이 모듈에 의해 실행되는데, 카트리지 세팅 부위에는 바늘구멍처럼 작은 구멍에 스타일러스를 올려놓게 되어 있다. '조심해야 한다. 조심해야 한다!' 그곳에 카트리지를 조용히 내려놓고 오버행 조정을 시작했다. 그런데 손이 턴테이블 플래터를 툭 쳤던 모양이다. 살짝 플래터가 움직이는가 보다 했는데 아뿔싸 팁이 모듈 구멍에 끼어 있다 어디로 튀어 버린 것이다. 스타일러스만 어디로 날아가 버렸다. 아무리 찾아도 없고(찾아보았자 소용도 없지만…), 결국 소리도 들어 보지 못하고 온 날 날려 버린 꼴이 되어 버렸다. 너무도 허탈했다. 한 잔의 맥주가 부른 통탄지사인 것을 금세 알 수 있었다. 수리 비용이 카트리지 값의 70%로 결국 도합 8개월치에 가까운 봉급을 날리고서야 세계 최고 카트리지의 음질을 들을 수 있었다. 그 쓰라린 경험 때문에 그 이후로 술 냄새만 맡아도 턴테이블 카트리지 교환은 절대 하지 않는다.

수년 전에 또 한 번 비슷한 경험이 있는데, 바로 클리어 오디오의 골드핑거 장착 시였다. 이 카트리지는 스타일러스와 캔틸레버가 카트리지 전면에 삐죽 튀어나와 있어 사용 중에도 걸려 잘 부러뜨린다. 그래서 여간 조심스럽지 않다. 아시다시피 천만 원을 육박하는 고가 카트리지이지 않는가. 그런데 이놈은 장착해 보지도 못하고 꺼내는 도중에 옷소매에 걸려 사망시켰다. 이제는 빨리 포기해 버린다. 아무리 땅을 치고 후회해 봤자 소용없는 일이라는 것을 그동안 경험에서 여러 번 느껴 보았기에 말이다. 그냥 케이스에 다시 넣고 탄식과 함께 커버를 덮어버린 후 다음날 본사로 직행시켰다. 물론 수리비 수백만 원을 날린 것은 당연지사. 그런데 최근의 실수는 어이가 없다. 새롭게 들여온 탄노이 구형 스피커를 파워에 연결했다. 이놈은 단자가 일자 나사로 조이는 아주 원시적인 형태이다. 물론 귀찮지만 잘 조이면 결과는 좋다. 그래서 세팅을 잘하고 새롭게 구입한 오르토폰 SPU Royal G 타입을 토렌스 124, SMG 212 암에 장착하여 소리를 체크한다. 좋은 소리가 나왔다. 만족하고 듣는데 가끔 바이올린 솔로의 강주 시 고역이 지저분하게 표현되면서 약한 노이즈가 묻어나왔다. 에이징 문제려니 하고 며칠을 들어 봐도 동일하다. 수입사에게 혹시 하여 카트리지 점검을 보내 봐도 이상이 없다는 것이다.

결국 필자가 카트리지를 분해해 단자 접촉부터 헤드셀 라인까지 모두 점검하고 청소하고 난리를 쳤다. 그런데 조립 과정에서 잘못해 캔틸레버를 압착시켜 버렸다. 바늘과 캔틸레버가 분리되고 바늘을 찾을 길이 없다. 한숨이 나왔다. 도대체 새 카트리지가 이게 뭔가 눈물이 찔끔나면서 본사에 항의라도 하고 싶은 심정이었다. 그런데 위로하는 마음으로 (CD를 거의 듣지 않음에도) CD를 틀었는데 턴테이블을 틀 때와 비슷한 현상이 동일한 스피커에서 나타나는 것이다. 이럴 리가 없는데 하며 그쪽 스피커를 살펴보던 중 기겁을 하고 말았다. 스피커 단자를 꽉 조인다고 조였는데 한 선이 느슨하게 조여져 접속이 나빴던 것이다. 탄노이 구형 단자는 핀 가이드가 플라스틱으로 되어 있는데 이것 때문에 U 플러그가 비스듬히 조여지고 스피커가 진동하면서 살짝 접속 이상이 생겼던 모양이다. 결국 스피커 단자 하나 꽉 조이지 않아 카트리지를 날려버린 격이 되었다. 너무도 큰 교훈이 스스로에게 밀려왔다. 비록 카트리지 하나를 버렸지만 오디오에서 나사나 단자 하나 조이는 것이 얼마나 중요한가 하는 교훈을 남겼다. 비록 그 교훈의 대가로 카트리지 하나를 때려잡았지만 말이다. '그래 원칙을 저버리면 그 대가가 따라 오는게 맞아… 암….'

»
카트리지 수리처의 현미경 작업실(위)과 각종 부러진 캔틸레버(아래)

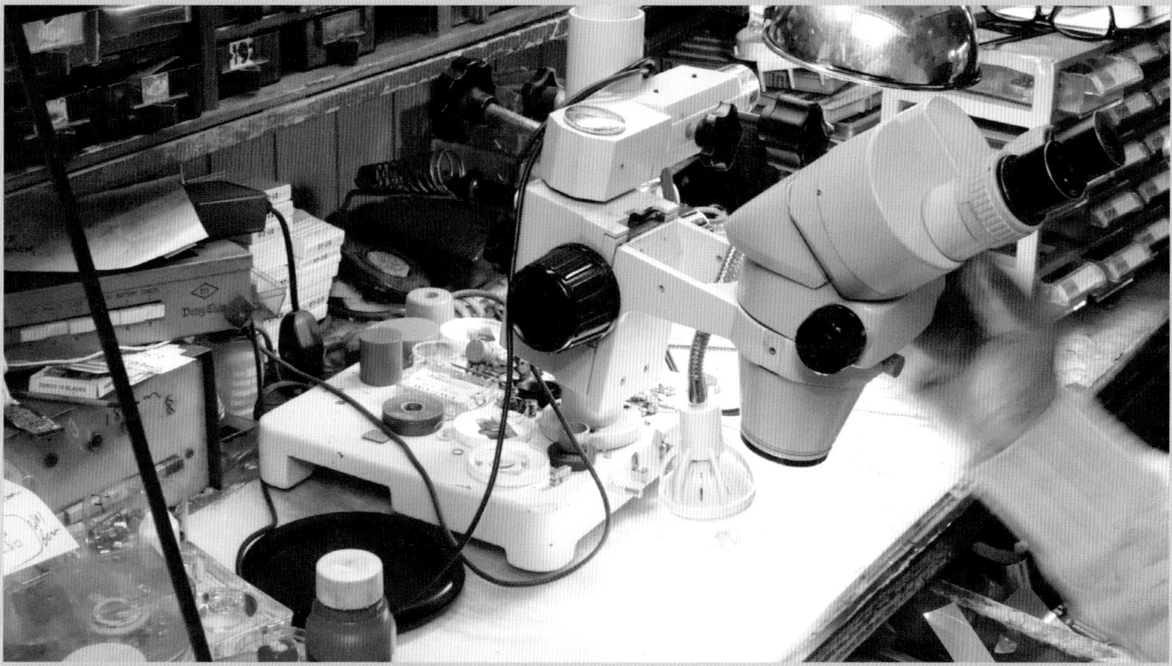

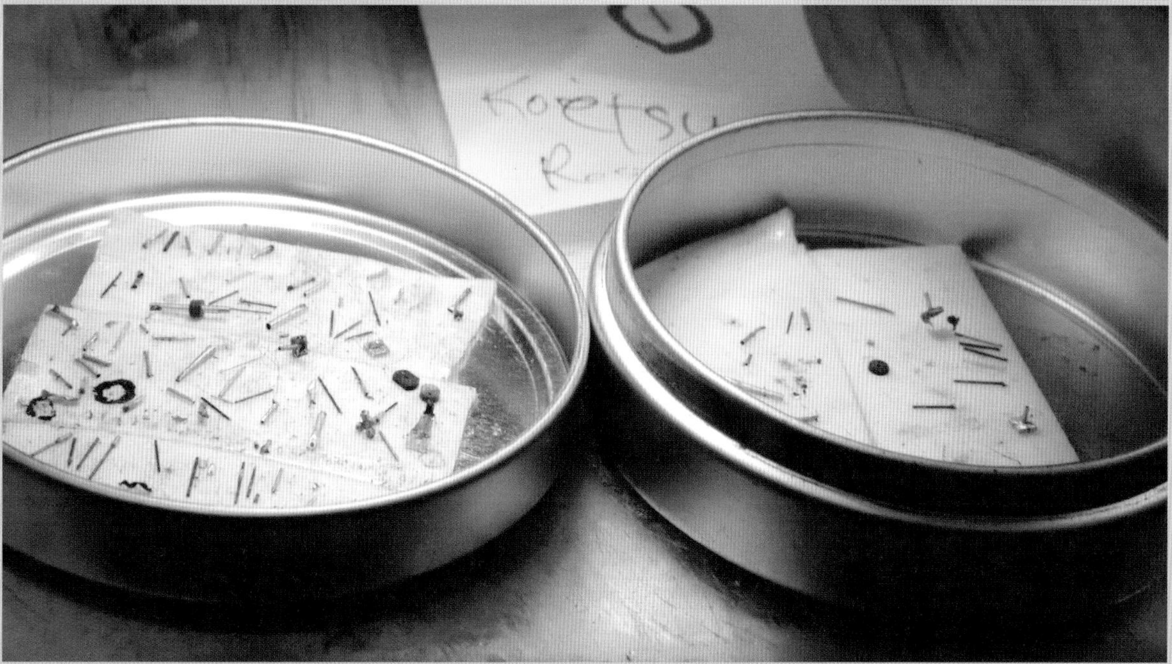

TONEARM

톤암

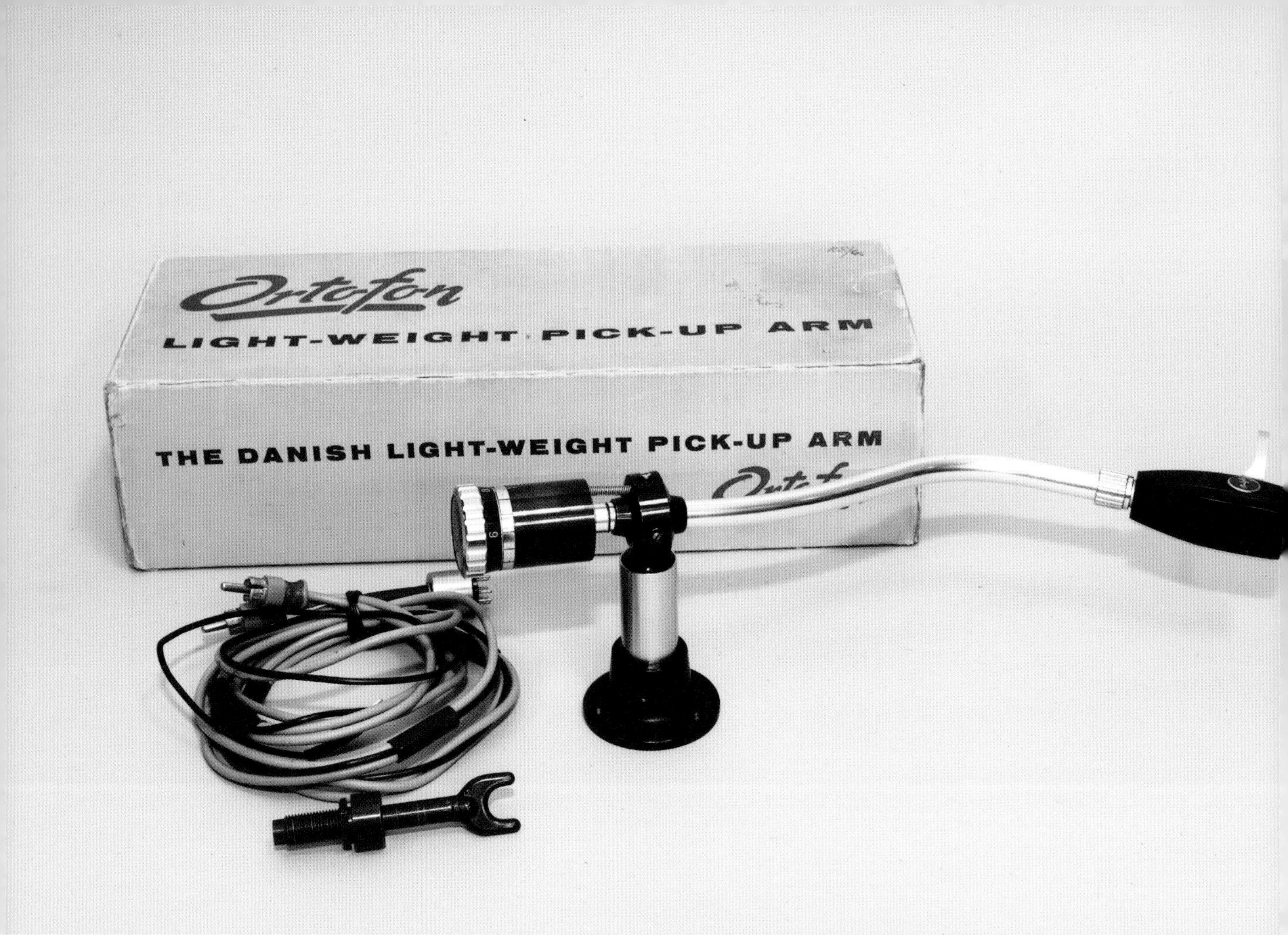
Ortofon
LIGHT-WEIGHT PICK-UP ARM
THE DANISH LIGHT-WEIGHT PICK-UP ARM

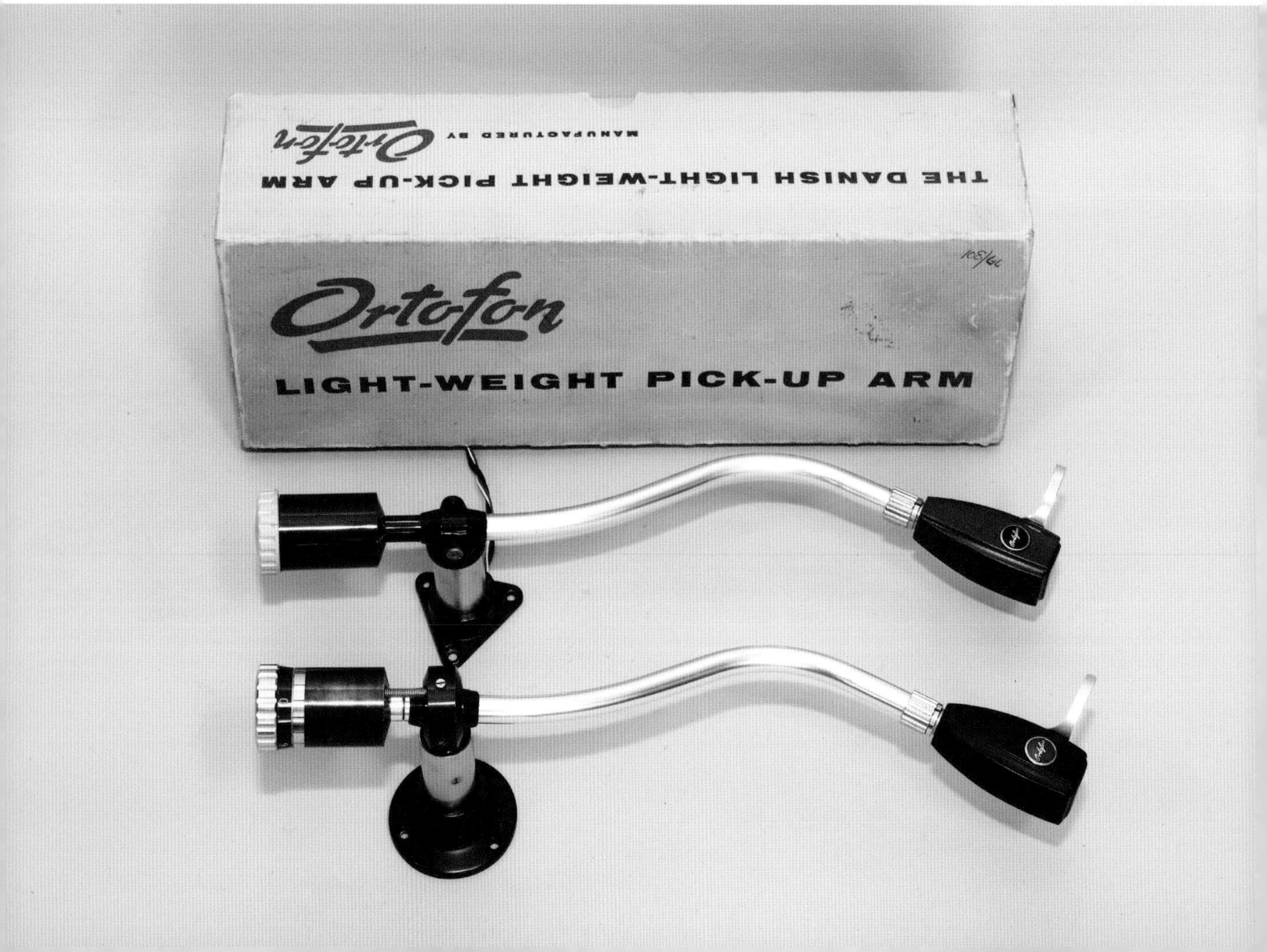
THE DANISH LIGHT-WEIGHT PICK-UP ARM
MANUFACTURED BY Ortofon
Ortofon
LIGHT-WEIGHT PICK-UP ARM

Ortofon RMG-212·SMG-212·SKG-212

오르토폰 숏암의 대표주자

오르토폰의 숏암을 대표하는 4개의 암이 있다면, 다이내믹 밸런스 타입의 RS-212·RMG-212와 스태틱 밸런스 타입의 SMG-212·SKG-212라 말할 수 있다. 모두 G셀 타입이며, 턴테이블 축과 암 축 간 거리 212mm를 세팅하면 오버행이 맞도록 설계되어 서로 호환된다. 참고로 RF-297·RMG-309 등의 뒤 숫자는 턴테이블 축과 암 축의 세팅 거리를 뜻하는 것으로, 숫자가 클수록 암 길이가 길다. 즉, 297·309는 롱암을 뜻한다. 오르토폰의 롱 암들이 인기가 있지만 롱암과 숏암은 각기 다른 음질의 특징이 있기 때문에 어느 것이 좋다고 이야기할 수 없다. 즉, 숏암이 다이내믹하고 트래킹 능력이 높은 반면, 롱암은 다이내믹은 떨어지지만 트래킹 에러가 적고 소리가 유하여 각자의 영역을 지키고 있다.

국내에서는 숏암 중에 RMG-212를 근간으로 하는 다이내믹 밸런스만이 오르토폰 톤암으로 아는 마니아가 많은데, 다이내믹 타입과 스태틱 타입 각자의 음질 특색이 있으며, 장단점도 있어 무조건 다이내믹 밸런스 타입을 선택하는 것은 넌센스다. 즉, 중침압을 중심으로 하는 SPU 시리즈 카트리지를 구형 턴테이블에 사용할 경우 플래터의 상태나 판의 상태에 따라 다이내믹 밸런스 톤암이 트래킹 능력에 비해 와우플루터가 스태틱 밸런스 암보다 높은 경우가 많아 거슬릴 수도 있다. 그에 비해 스태틱 밸런스 암인 SMG-212, SKG-212는 더 정숙하게 트래킹하는 장점도 있다. 구형 토렌스 124의 경우 기본으로 장착되어 나온 암이 오르토폰의 SMG-212·SKG-212가 많은 것도 결코 우연만은 아닌 듯싶다. 그동안 오르토폰의 다이내믹 밸런스 암인 RMG-212나 RS-212는 주목을 많이 받았다.

»
오르토폰 RMG-212(초기형, 상단)와 오르토폰 SMG-212와 RMG-212(초기형, 하단)

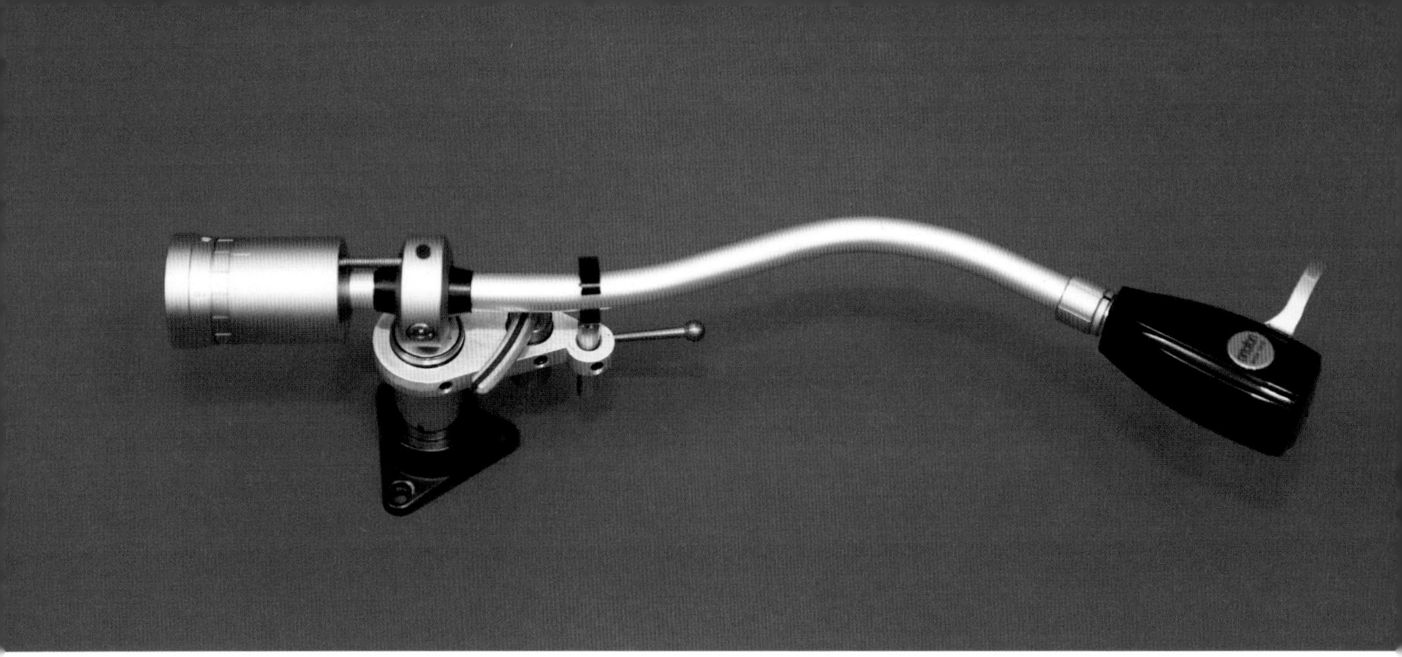

»
RMG-212(중기형)

SMG-212는 S형으로 암 축과 사이드 축 모두를 베어링구조로 완성한 정밀 암이다. 구조적으로 매우 간단하며, 내부 리드선은 상급기와 동일하게 사용한다. 단, 핀 소켓으로 포노 케이블은 접속하지 않고 내부 암선을 그대로 끌어서 포노 케이블에 납땜하도록 내부 선이 나와 있다. 이 암선은 턴테이블에서 제거한 중고일 경우 길이가 짧은 것도 많은데, 가능한 길게 나와 있는 것이 차후 턴테이블에 장착 시 유리하다. 발매년도는 RMG-212와 SKG-212와 거의 동일한 시기(1954~65년 사이)에 발표되었으며, 가격은 RMG-212에 비해 70%선 아래다.

SMG-212의 암 파이프는 RMG-212와 동일한 것이며, 뒤의 웨이트와 스프링을 제거한 스태틱 타입으로 만든 것이 차이날 뿐이다. 내구성 면에서는 오히려 RMG-212보다 뛰어나며, 소리 또한 일장일단이 있다. 전반적 음색은 RMG-212와 거의 동일하며, 정숙도 면에서는 앞선 점이 있다. 언뜻 들어서는 거의 차이점을 구분할 수 없으며, 음 톤의 두께만 약간 차이 날 뿐이다. SMG212는 파이프 암케이블이 연결단자 없이 포노 케이블과 납땜으로 직접 연결되기 때문에 오히려 중기형 이후 RMG-212(은색의 내부 배선이 구형이 아닌 것)에 비해 음색에 있어 탁월하며, 전반적 음악성도 좋다. 물론 질감 측면에서도 자연스럽다. 역시 포노 케이블은 오리지널 선이 스탠더드이며, 가능한 가는 선을 사용하는 것이 고역 질감과 중·저역 톤을 유지하는 비결이다. SMG-212는 거의 초기형만 있으며, 중기형 이후 타입이 없다. 따라서 내부 암 케이블만 교환되지 않았다면 그 고유 음색을 대부분 유지하고 있기 때문에 구매도 까다롭지 않다. 암 파이프 넥 부분에 고유의 시리얼 넘버가 찍혀 있어 진품 여부 확인이 비교적 간단하다.

SKG-212는 SMG-212와 거의 동일한 타입인데, 암 형태가 S타입이 아닌 J타입이며, 사이드 피봇이 베어링이 아닌 일반 스핀들 지지 타입이다. 물론 가격도 SMG-212에 비해 약간 저렴하다. 역시 암 리드선 타입으로 하부에서 포노 케이블과 납땜해야 한다. 후면 웨이트는 SMG-212와 동일형을 사용하며, 역시 암넥 하부에 시리얼 넘버가 찍혀 있다. 또 하나 다른 점은 암 축의 높이가 조정되지 않아 약간의 불편이 따른다는 점

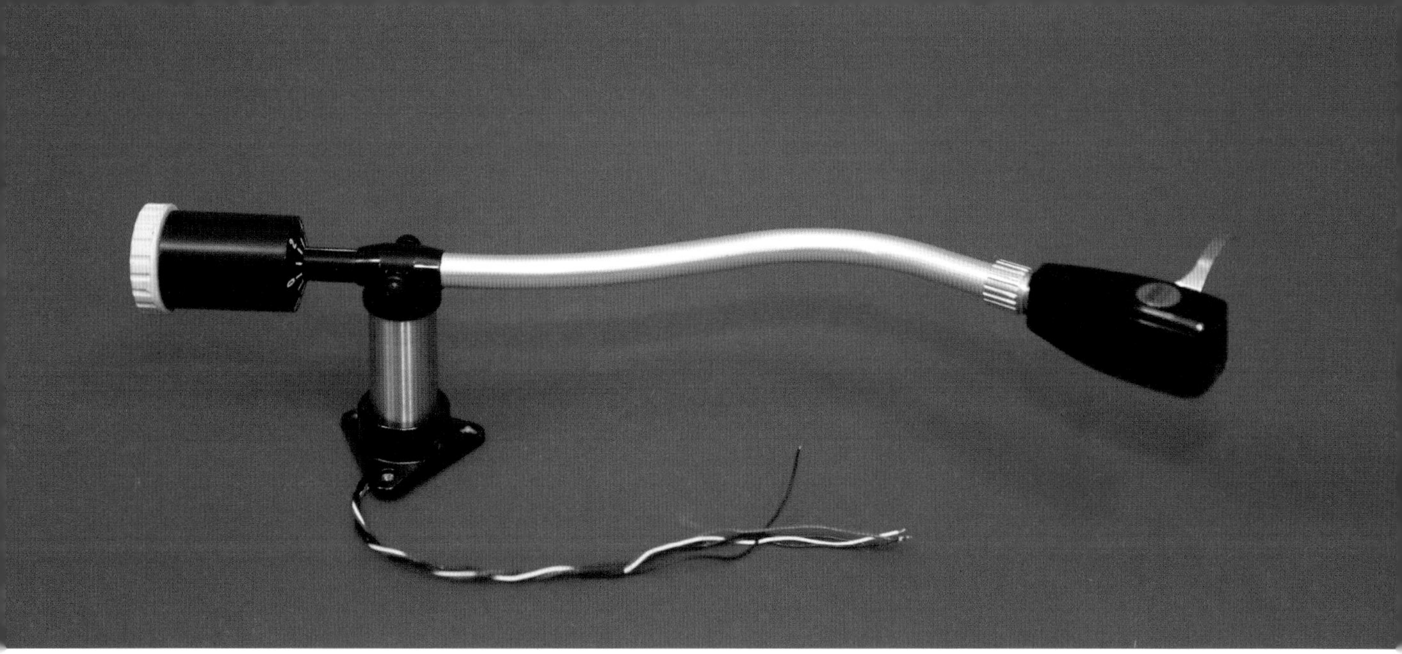

»
SMG-212(초기형)

이다. 음색이나 질감 모두 SMG-212와 동일하며, 내구성도 뛰어나지만 외형은 SMG-212에 비해 약간 떨어진다고 말할수 있다. 오르토폰의 G타입 카트리지를 가장 오르토폰답게 울리고 싶다면 선택하여도 후회되지 않을 좋은 암으로 권하고 싶다. 국내 마니아들의 암 취향은 무조건 유명하고 최고의 것이 아니면 안 된다는 편견이 있다. 그러나 RMG-212와 SMG-212를 동일 턴테이블에 장착하여 동일 카트리지로 듣고 블라인드 테스트를 해보면 의외의 결과가 나타난다. 결국 들어보고 판단하지 않으면 세간의 편견에 의한 사이코 어쿠스틱(심리 음향) 사운드에 사로잡히고 만다는 개인적 의견이다.

»
RMA-212(후기형, 좌)와 RMG-212(초기형, 우)

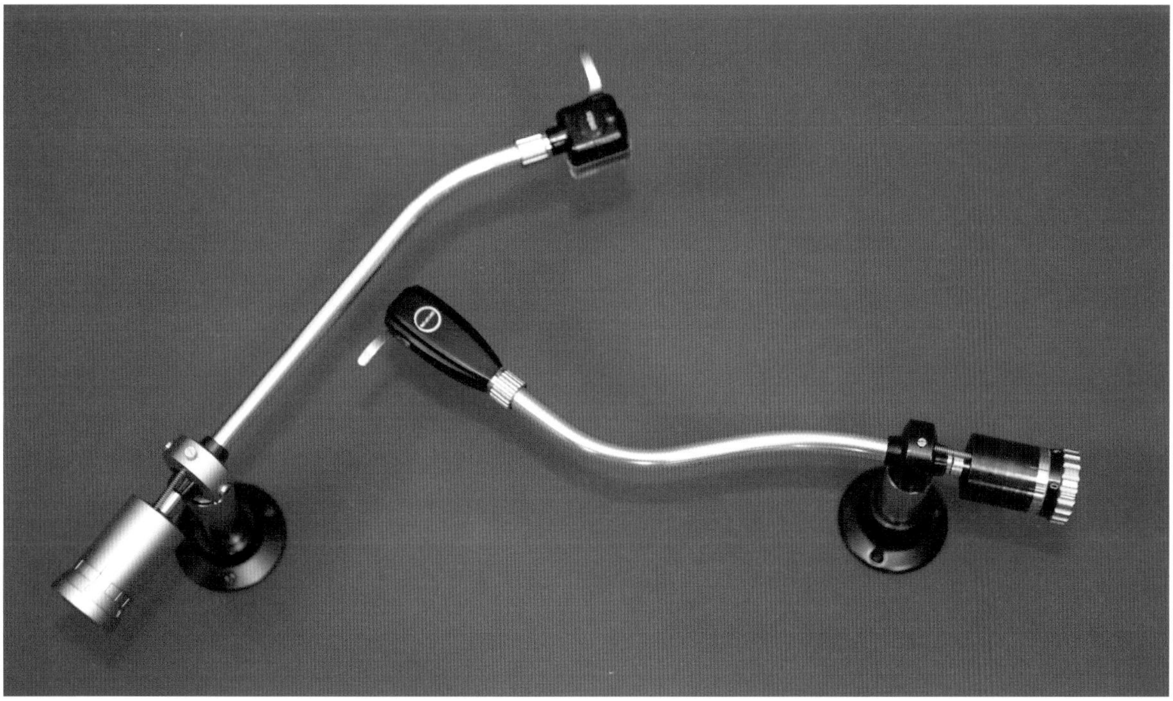

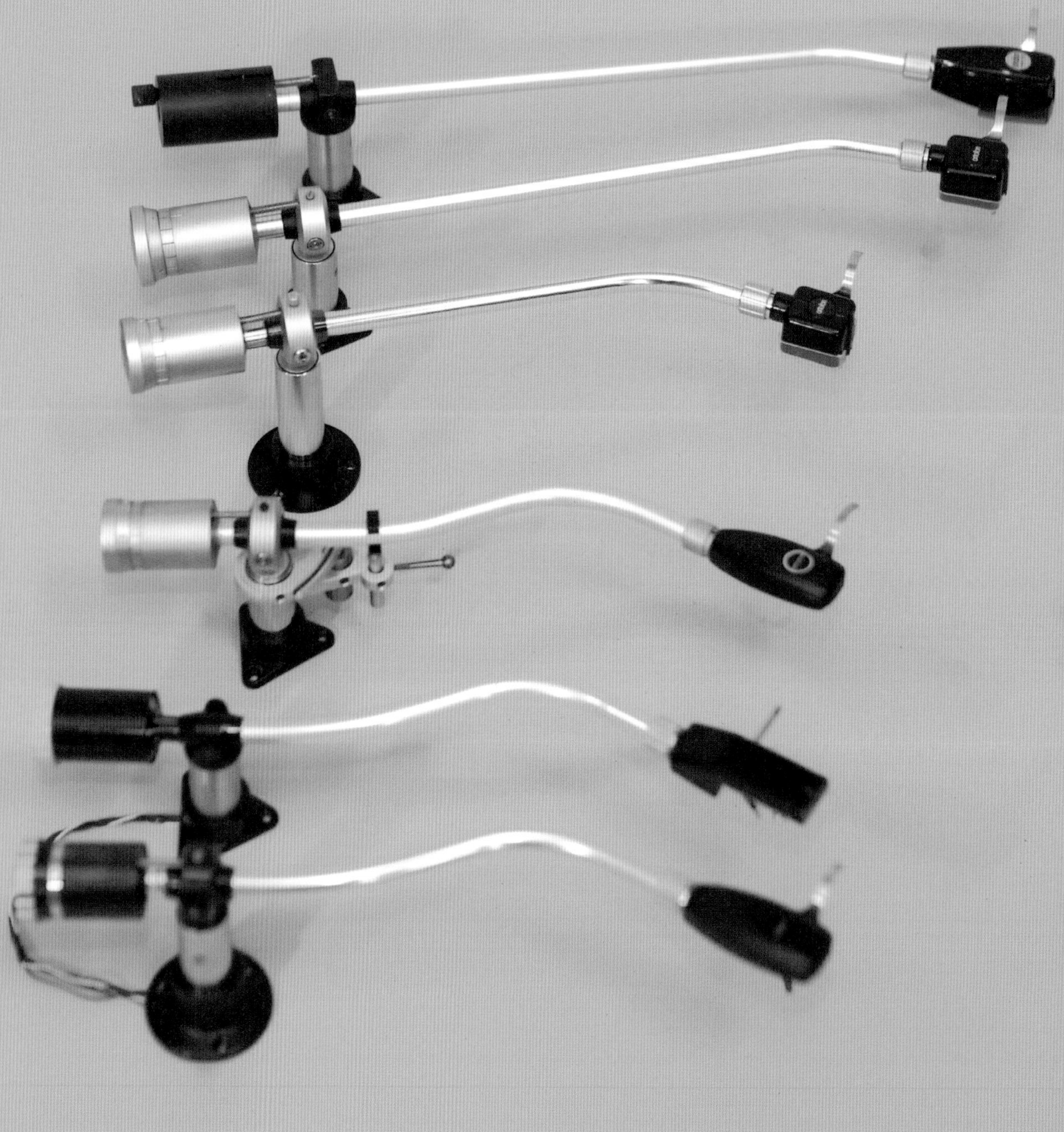

»
(맨 윗줄부터)
RF-297 롱암(중기형)
RMG-309 롱암(중기형)
RMA-212i 숏암(후기형)
RMG-212 숏암(중기형)
SMG-212 숏암(초기형)
RMG-212 숏암(초기형)
(158, 159쪽은 같은 제품이다)

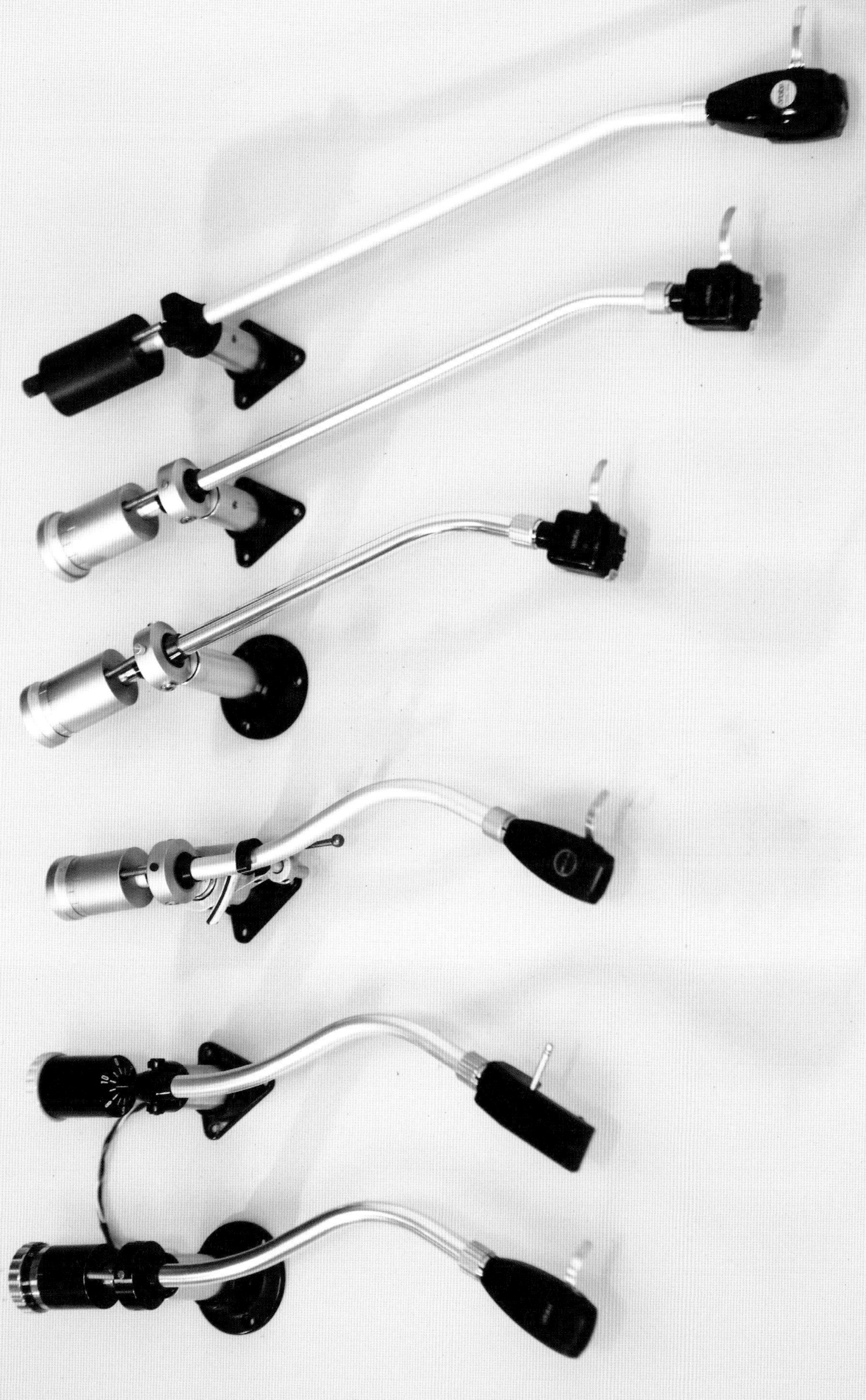

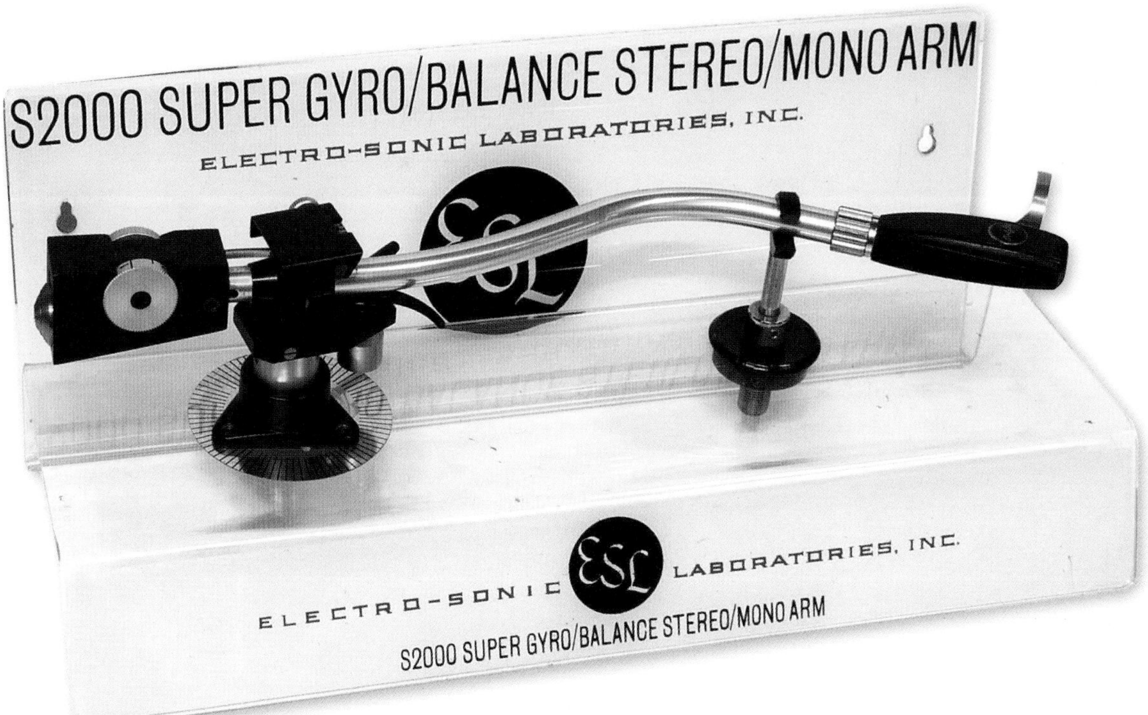

S2000 SUPER GYRO/BALANCE STEREO/MONO ARM
ELECTRO-SONIC LABORATORIES, INC.
ESL
ESL
ELECTRO-SONIC LABORATORIES, INC.
S2000 SUPER GYRO/BALANCE STEREO/MONO ARM

Ortofon RS-212

안티스케이팅의 날개를 달다

올봄은 매화보다 벚꽃을 먼저 보았다. 1월 초 폭설 중에 꺾어온 벚나무 가지를 기대반 의심반 속에 꽃병에 꽂았더니 구정이 지난 후에 놀랍게도 꽃망울을 터트렸다. 그 벚꽃 보기가 그야말로 동지섣달 꽃 본 듯하여 여간 삶이 흡족한 것이 아니었다. 꽃 한 송이가 이렇게도 희망찬 내일을 약속할 수 있는 것이구나 하여 또 다시 반성과 깨달음이 왔다. 그동안 반성만 있었지 깨달음은 없었기에 더욱 아름다운 벚꽃이었다.

아날로그 마니아에게 원하는 암 대를 찾는다는 것은 섣달 꽃 본 듯 눈이 트이는 사건이다. SPU 마니아들에게는 선호 암이 각각 다르지만, 필자의 경우 가장 끌리는 숏암은 오르토폰 RS-212다. 이 톤암은 오르토폰의 유일한 인사이드 포스 캔슬링이 장착된 고급 암이다. RS-212는 1967년도에 발매되어, 1965년 이전에 발매된 RMG-212·SMG-212·SKG-212 숏암보다는 연대가 약간 늦다. 국내 가격은 RMG-212가 RS-212보다 가격이 높지만 발매 당시 가격은 RS-212가 RMG-212의 2배 가격이며, 롱암인 RMG-309보다도 약 1.5배 이상 비쌌다.

필자가 들어본 RS-212는 보다 채널 밸런스가 좋고, 중·고역간에 압착감이 약간 해방되어 있으면서, 질감이 섬세하다는 것이었다. 그도 그럴 것이 스프링 자체가 인사이드 포스 겸용으로 다이내믹 밸런스를 실현하고 있어 스프링 자체의 섬세함이나 밸런스 조절 능력이 뛰어나기 때문이다. 내부배선은 구형 RMG 시리즈와 동일하며, 5핀 오르토폰 딘잭을 사용하고 있다. 구형 톤암의 음질 특성을 좌우하는 큰 요소가 이 내부 톤암 배선이다. 이 톤암 배선에서 독특한 오르토폰 암의 질감과 음악성이 나온다고 보아도 된다. 중침압에서는

»
오르토폰 RS-212

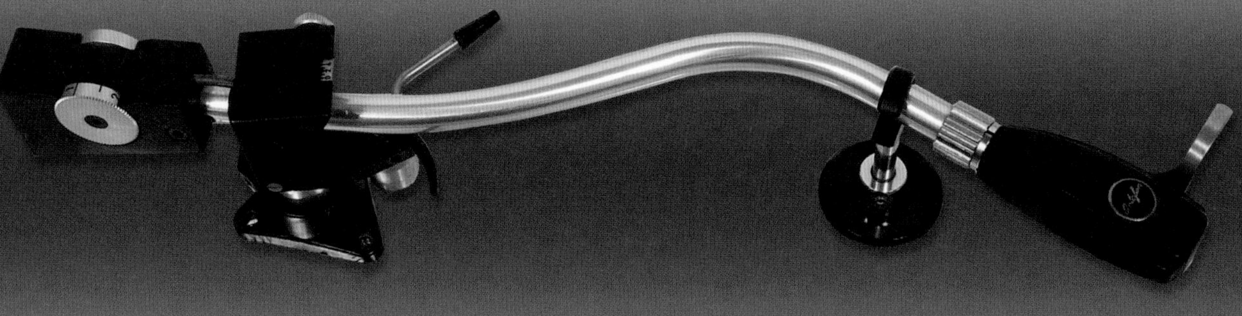

»
오르토폰 RS-212

탁월한 트레이싱 능력을 발휘하는, 구형 오르토폰 다이내믹 밸런스 암의 정점에 올라있는 RS-212는 여타 오르토폰 다이내믹 밸런스 암과는 달리 후면 웨이트에 원형 보조 웨이트를 나사식으로 삽입할 수 있는 특징이 있다. 유압식 암 리프트도 옵션이 아닌 기본이며, 전반적인 다이내믹 밸런스 오르토폰 암의 문제점을 기술적으로 개선하려고 노력한 암이다. 그러나 여기에도 문제점은 있다. 특히 암축 부위의 인사이드 포스 조절용 가로 축이 암 파이프 윗면에 잘 닿아 상처가 나는 경우가 있고, 암 리프트도 고장이 잦다. 그러나 기본 기능 자체는 견고하고 정밀도도 뛰어나다.

필자가 신품 RS-212를 본 것은 마니아의 서랍장에서다. 오리지널 박스에 든 채로 액세서리와 케이블, 메뉴얼 등이 통째로 보관되어 있었다. 처음 보는 순간 정말 눈이 탁 트일 정도로 감동적이었다. 양도하라고 막무가내로 다그쳐 보아도 묵묵부답이었다. 그러다가 보관자가 턴테이블을 노이만 커팅 머신으로 교환하면서 숏암 장착이 불가능해지자 결국 필자의 손에 넘어왔다. 보고 또 보아도 맘에 들었다. 고색창연한 박스의 색깔이나, 내부 액세서리, 메뉴얼 등에 친근감이 넘쳐 장착도 하지 않고 꺼내 보기만 하였다. 그러던 어느 날 드디어 걸맞은 신품 124-1을 구하게 되어 처음으로 장착했다. 원래 붙어 있는 SMG-212를 제거하고 암 보드는 그대로 사용한 채 톤암만 교환하면 쉽게 시청이 가능했다. 구형 오르토폰 SPU-G 스페리컬 팁의 두툼하고 질감 있는 소리가 재생되기 시작하였다. 그 특유의 질감이 가장 매력적이었다. 온화한 듯 하지만 약간 허스키한 현의 디테일, 낭랑한 보컬, 정교한 피아노 타건 등 부족함이 없었다.

이 질감은 내부 박스에 포장되어 있는 오리지널 오르토폰 포노 케이블을 사용해야만 구수하게 재현된다. 많은 종류의 포노 케이블을 교체하여 사용해 보았지만 이 오리지널 포노 케이블의 질감을 넘어서지 못한다. 특히 자연스럽고 부드러우면서도 음악적인 뉘앙스는 더할 것이 없다. 물론 해상력이나 투명도 면에서 한 수 위인 케이블은 많이 있었지만 그 구수한 질감의 매력에는 적수가 되지 못한다. 어찌 보면 보급용 톤암 케이블인데도 이런 소리를 자연스럽게 재현한다는 것이 새삼 놀랍다. 결국 아날로그에서는 전체적 밸런스가 중요한 것이지 단품의 탁월한 성능이나 가격이 문제는 아니라는 결론에 도달하게 된다. RS-212는 어쩌면 경침압까지도 무난하게 소화해내는 섬세함이 전체적 성능을 한껏 상승시켜 놓았다고 말할 수 있다. 그 성능에 비해 국내에서는 저평가된 좋은 암이다. 오히려 RMG-212보다도 성능, 음질 면에서 반 수 위지만 가격은 약간 아래로 형성되어 있으니 한 번쯤 눈여겨보기 바란다.

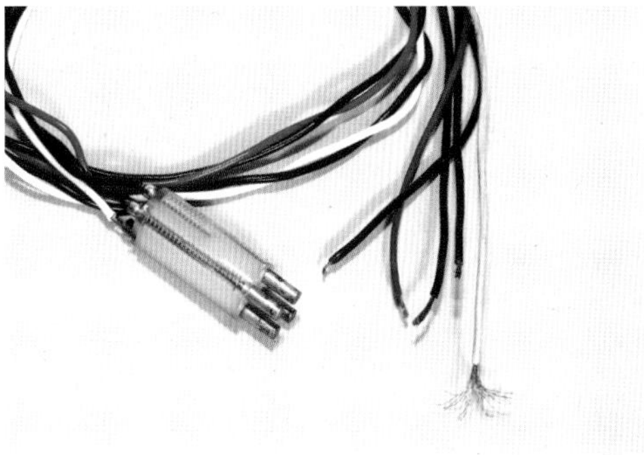

»
분해된 오르토폰 오리지널 구형 톤암 케이블과 접속핀(우)
오르토폰 RS 212는 RMG-212(초기형)와 뒷부분 웨이트와 스프링이 다르다(아래)

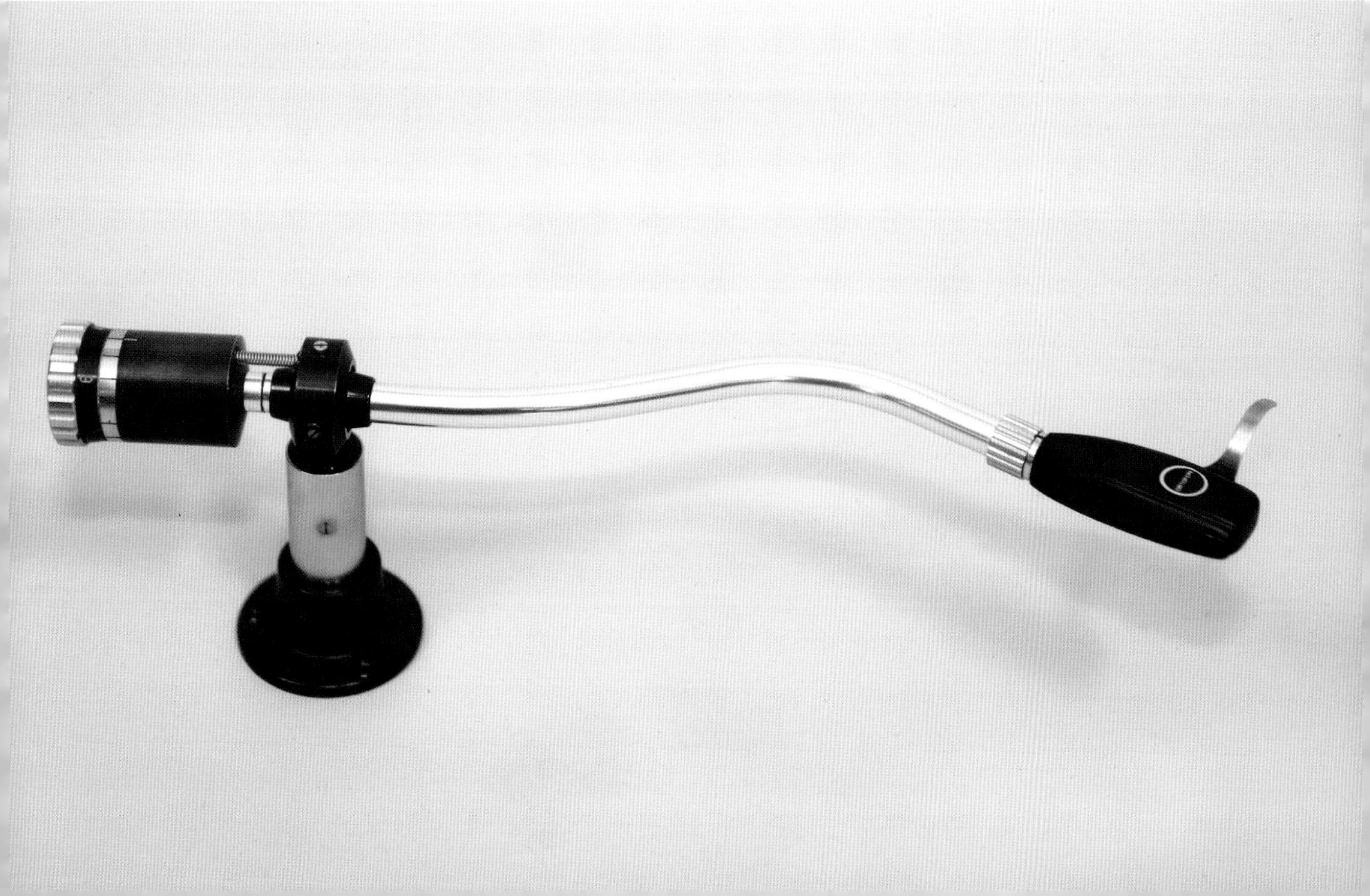

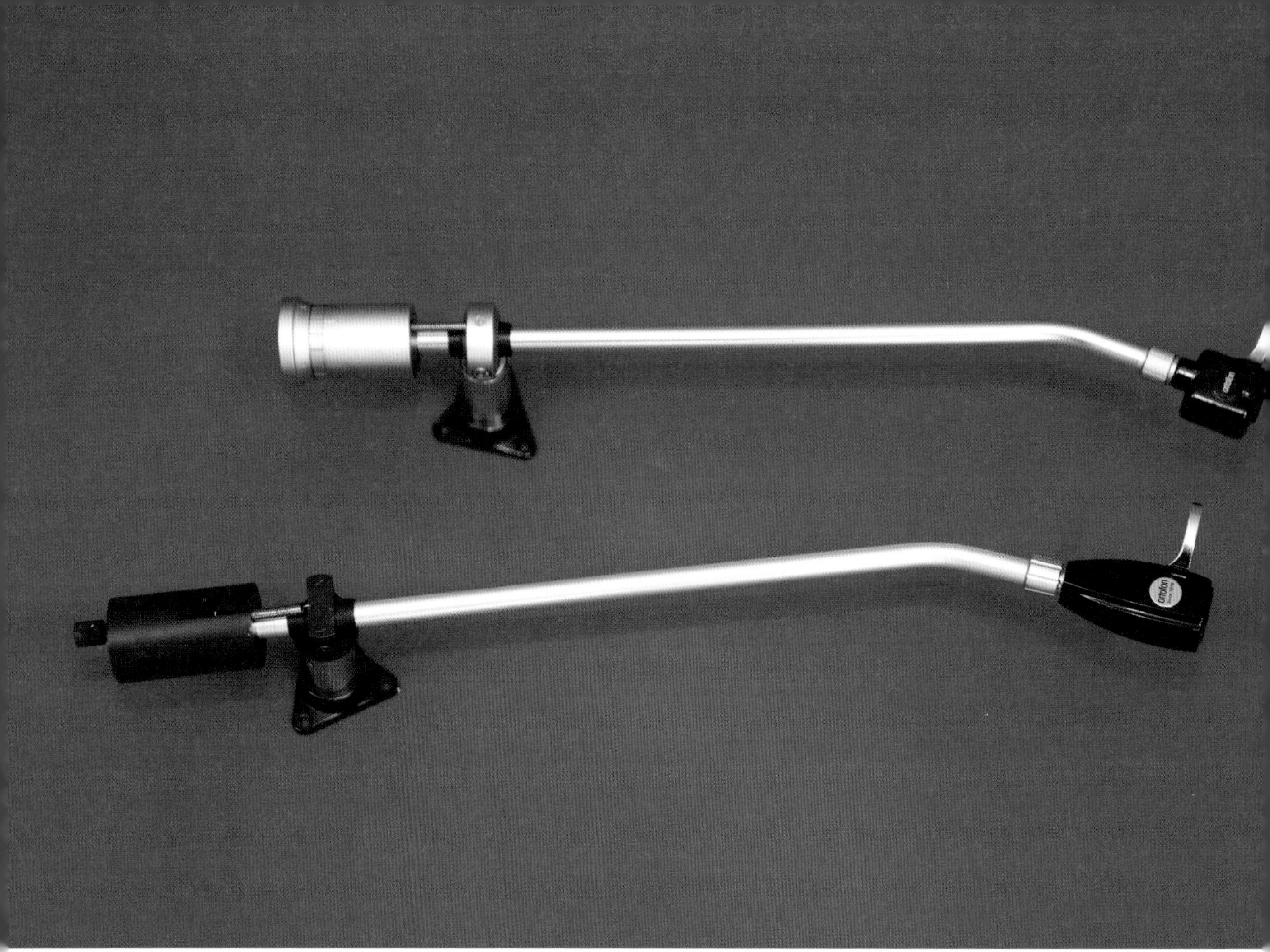

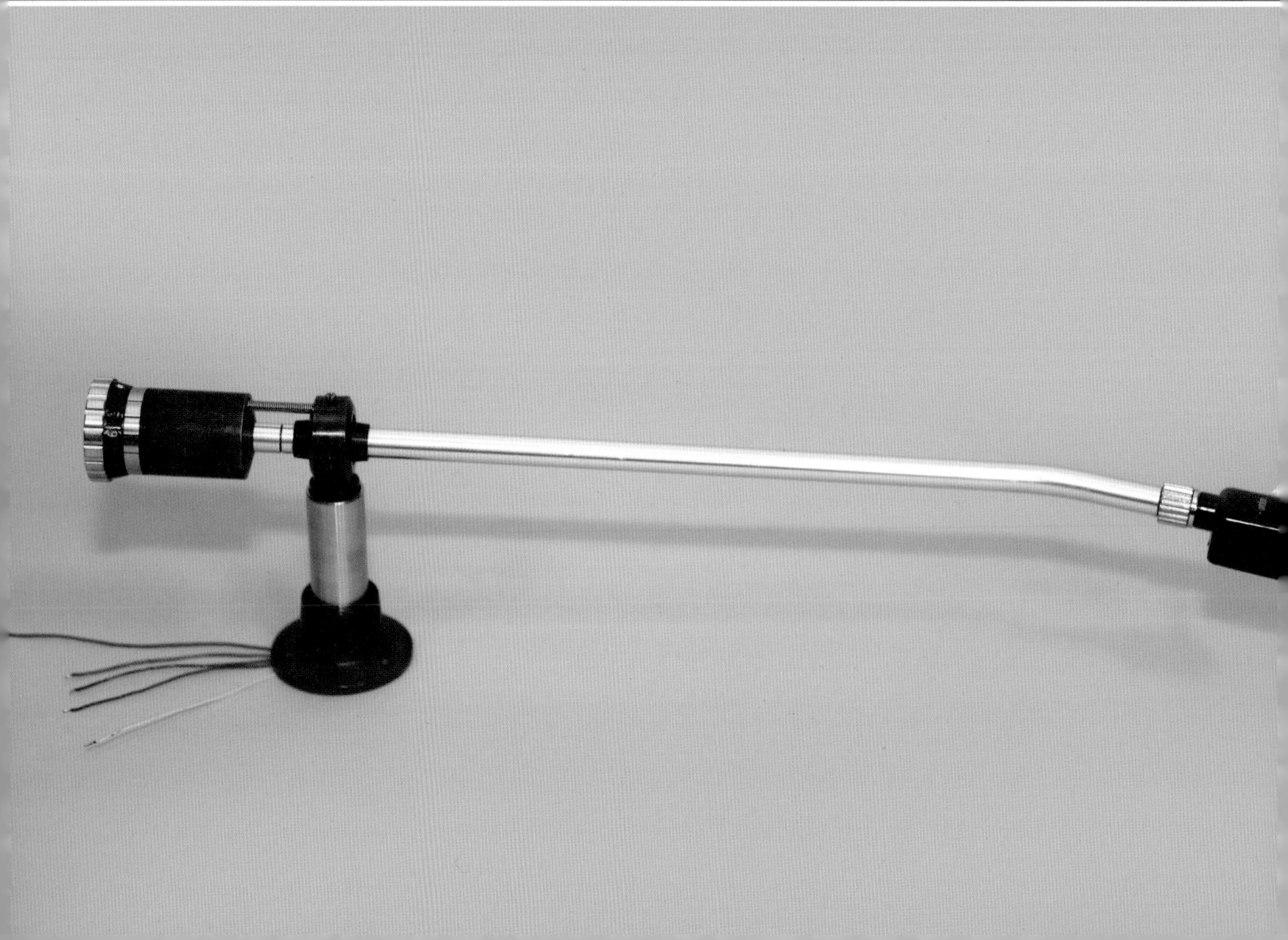

Ortofon RMG-309·RMA-309·RF-297

다이내믹 밸런스 롱암 초기형과 중기형

1918년 영화 관련 사업으로 덴마크에서 창립된 오르토폰사는 우리에게 카트리지와 톤암 제조사로 더 잘 알려져 있다. 특히 그들의 SPU 시리즈 MC형 카트리지는 아직 세계적으로 마니아층이 두텁다. 초기의 방송국용으로 개발된 SPU 시리즈 카트리지는 그 내구성과 음질 면에서 세계 최고 최장수 모델이라 말할 수 있다. 물론 그동안 수없이 많은 개량과 신제품을 만들어 온 오르토폰이지만 아직까지도 가장 골수 마니아층에서 사용하고 있는 카트리지류는 모두 구형을 중심으로 자리 잡고 있다. 그만큼 구형만의 독특한 사운드가 있다는 뜻인데, 당시로는 정성과 최고급의 기술로 완성도를 높여 놓은 제품들이기에 현재의 기술로도 따라오지 못하는 독특한 매력이 존재하고 있는 것이 사실이다. 깊은 우수와 질감, 사실적 음악성으로 대변되는 장점은 아무도 부인하지 못하는 매력이다. 당시 오르토폰 카트리지를 사용하는 대부분의 고객은 방송국이나 스튜디오였다.

따라서 프로 음향의 특성상 빠른 스타팅의 고급 아이들러 턴테이블이 기본이었다. 이들 중에서도 현재까지 유명한 것이 EMT 927 · 930, 토렌스 124, 가라드 301이다. 이런 턴테이블용으로 전용 암을 개발해야 했는데, 그것이 그 유명한 오르토폰의 숏암 212 시리즈와 롱암 297 · 309 시리즈다. 이 오르토폰 암들은 자사 카트리지에 최적화되어 있어 이상적인 매칭을 이룬다. 그중에서 대표적인 것이 RF–297·RF–309와 RMA–309 · RMG–309다. 모두 롱암으로 EMT 927을 비롯한 15인치 플래터 턴테이블 장착용이다. 제일 먼저 개발된 롱암은 1957년대에 발표한 SK–309 · RK–309 · RKG–309 같은 모델인데, 모두 스태틱 밸런스 암으로 인

»
RMG–309(중기형, 상단 위) · RF–297(중기형, 상단 아래)과 RMA–309(초기형, 하단)

기가 덜하다. 이것들에 이어 개발된 다이내믹 밸런스 톤암 중 최초의 모델은 RF-309라 볼 수 있다. RF-309를 이어 RF-297이 자리를 잡았는데, RF 시리즈 중 가장 인기 있는 모델이 되었다.

RF-297은 암 축과 플래터 축 간 거리를 297mm에 맞추면 A타입 셸에서 오버행이 맞도록 설계된 다이내믹 밸런스 롱암이다. 따라서 RF-309 · RM-309나 RMG(A)-309의 경우는 309mm의 축 간 거리로 각 카트리지(A타입 또는 G타입)의 오버행이 맞아 떨어지도록 설계되어 있는 다이내믹 밸런스 톤암이다. RF-297의 경우 외형이 RMA나 RMG 시리즈에 비해 고전적이다. 이 클래식한 외형 때문에 국내 선호도가 높은 편인데, 구조적으로는 RF-297이 RM 시리즈보다 간단한 편으로 세련미는 덜하다. RF 시리즈의 웨이트 부분은 청동에 흑색 도장을 한 것이며, RM 시리즈는 거의 동일 구조에서 초기는 흑색 웨이트, 중 · 후기는 백색

»
오르토폰 RMG-309(중기형)와 오르토폰 RF-297(중기형)

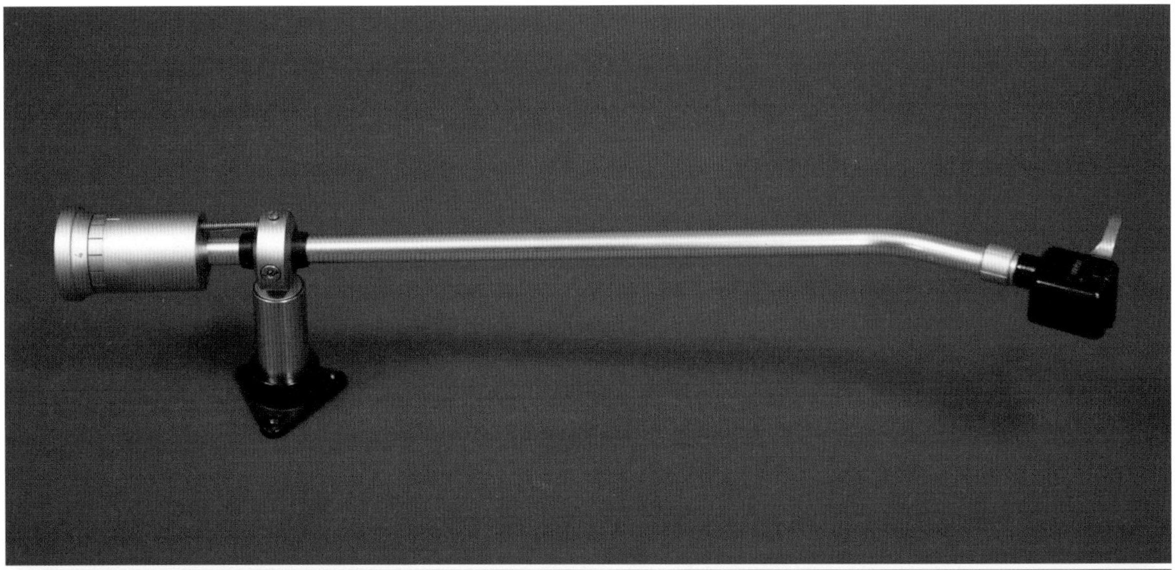

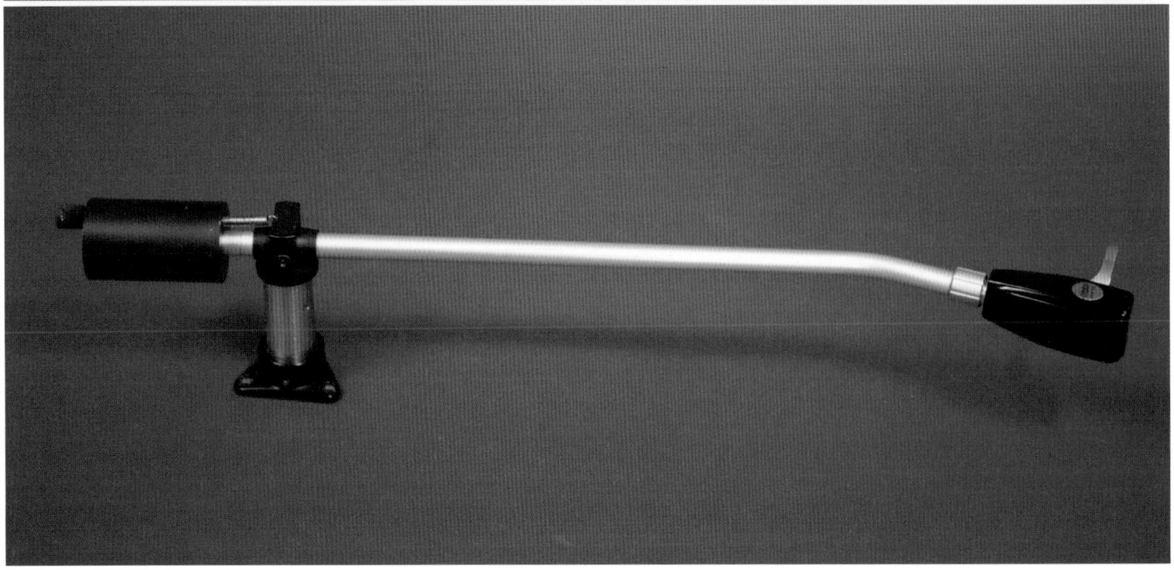

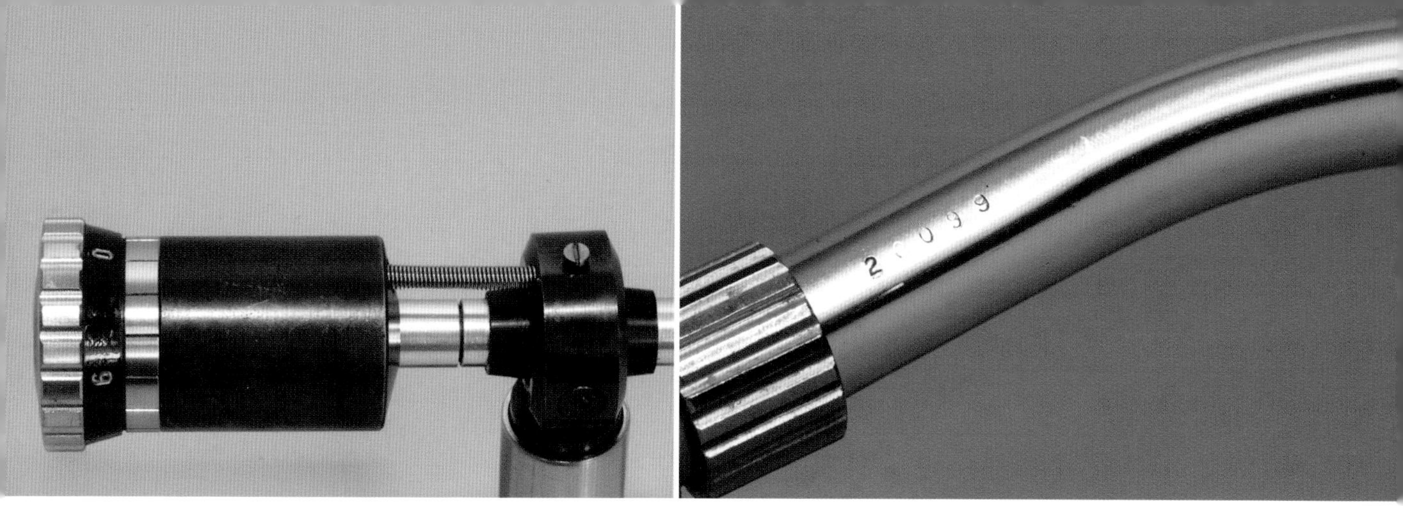

»
RMA-309(초기형)의 웨이트(좌)와 암 넥크 부분에 각인된 시리얼 넘버(우)

웨이트를 사용한다. RF-297의 초기 버전은 웨이트가 거의 청동색에 가까운 흑색이다. 내부 리드선을 밖으로 연결해 납땜하도록 설계된 단순 구조이다. 초 · 중기로 들어오면 하부에 7핀을 사용하는 구조로 바뀌며, 중기 이상에서는 5핀 딘 잭을 사용한다. 초기와 중기로 나뉘는 가장 큰 특징은 내부 배선재의 변경이다. 초기 버전은 검은색 3개, 흑색, 붉은색으로 되어 있는 동연선을 사용하는데, 중 · 후기는 화이트, 레드, 블루, 그린, 블랙 피복의 얇은 스탠더드 컬러 동연선으로 바뀐다. 이 내부 선이 톤암의 음질을 결정하는 중요 요인 중 하나라는 것은 잘 알고 있는 사실이다. 구형 연선이 질감이 잘 살고 부드러우며 약간 허스키한 밀도감을 보이고 구수한 면이 있다면, 후기형 연선은 더 강하며 약간 경질이고 고역의 뻗침이 좋다. 다만 구수한 면은 구형 연선보다 못하다. 이 구수한 오르토폰 톤암 특유의 맛 때문에 마니아들은 구형을 선호하는데, 이 맛이 오르토폰 카트리지의 가장 핵심이 되는 뉘앙스이기 때문이다. 초기 297 암의 넥 부분은 중 · 후기에 비해 촘촘한 굴곡이 있는 잠금 링이 장착되어 있고, 넥 하부에 암 고유 시리얼 넘버가 찍혀 있는 특징이 있다. 또한 암 베이스가 원형이며, 중 · 후기로 넘어가면 삼각형으로 바뀐다. 물론 넥에 시리얼 넘버도 생략된다.

오르토폰 RF-297과 RM-309 시리즈는 모조품이 가장 많은 암이다. 홍콩 복각품, 일본 복각품, 대만 복각품, 특히 국내 제작품 등 다양한 국적의 모조품이 나돈다. 특히 넥 하부의 시리얼 넘버까지 동일하게 복각한 암도 있으니 구형 암 구입 시에는 잘 살펴보아야 한다. 아무리 복각을 잘 한다 해도 오리지널 내부 선은 복제할 수 없으니 이 내부 선을 살피는 것은 필수다. 특히 구형이라 할지라도 어떠한 이유에서든 이 내부 선이 바뀌면 의미가 없다는 것을 염두에 두기 바란다. 세계적으로 가장 가격이 치솟는 암이 바로 오리지널 RF-297과 RM-309 시리즈다. 그만큼 제품이 귀하고 선호도가 높은 명기라 볼 수 있다.

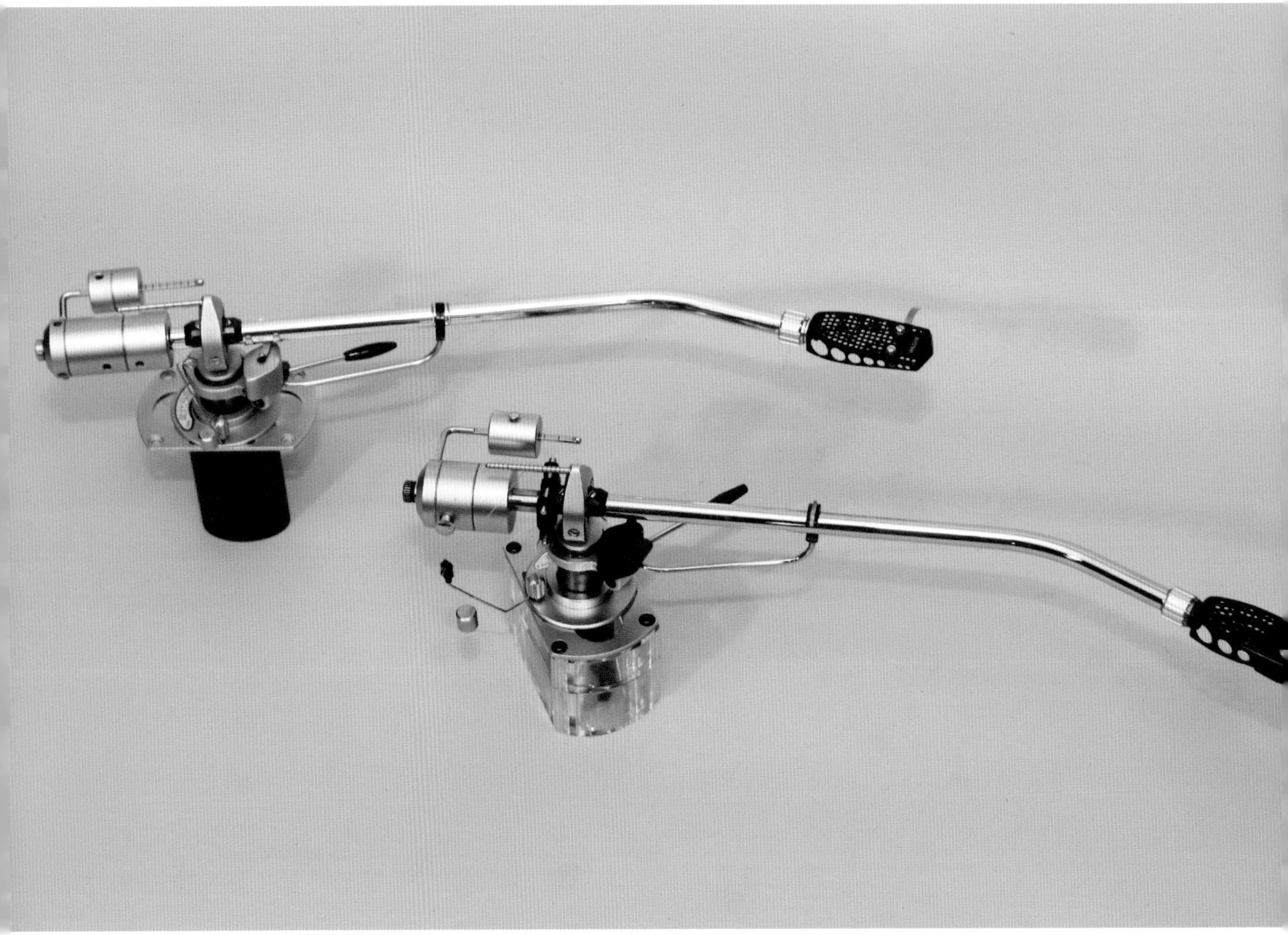

SME 3012·3012R

톤암의 기준, 레퍼런스 톤암

SME는 영국의 아날로그 전문 메이커로 턴테이블과 포노 EQ, 그리고 특히 톤암을 주로 생산해왔다. 그중에서도 3012(R)은 장기간 베스트셀링 모델로, SME를 대표하는 암이라 해도 과언이 아니다. 현재는 생산이 종료되고, 후기 모델인 M2-12 시리즈로 바통을 넘겨주었지만, 3012(R)의 인기는 날로 더해가는 추세이다. 그만큼 사운드와 디자인, 내구성 측면에서 완성도가 높기 때문인데, 세계의 모든 암들 중 직·간접적으로 이 암을 레퍼런스로 삼지 않는 제품은 없다고 해도 과언이 아니다. 3012R은 전작 3012의 후속 모델로, 10인치와 9인치 시리즈인 3010R·3009R이라는 숏암 버전도 제품화되었다. 물론 숏암 버전도 모든 사양은 동일하며, 다만 길이만 축소된 형태이다. 3012에서 3012R의 개선은 주로 하부 받침인 나이프 에지가 강철제에서 플라스틱제로의 변형을 뜻한다. 그에 따라 전체모양도 더 세련되게 개선되었으며, 소리 또한 부드럽고 온도감이 상승하는 쪽으로 옮겨 간다. 그러나 사용자에 따라서는 해상력 측면에서 구형 3012가 더 좋다고 하여 구모델을 선호하는 경우가 있어 거래 가격측면에서는 구모델이 더 비싼 편이다.

3012(R)의 가장 큰 특징은 0.25mm 두께의 고강성 초경량 스테인리스 파이프를 사용한 나이프 에지 방식의 스태틱 밸런스 톤암이라는 것이다. 보통 수직축, 수평축을 볼 베어링에 의한 3축 받침 구성으로 톤암을 완성한다. 하지만 SME 3012(R)의 수직 방향운동은 축이 아닌 나이프 에지, 즉 칼날 같은 예리한 에지 아래 V형 축 받침이 받치고 있는 형태로 대단히 특수한 방법이다. 이 방식은 음향적으로 수직제어능력이 뛰어나서 트래킹을 더 정밀하고 안정적으로 유지할 수 있는 장점이 있다. 나이프 에지와 나이프 받침대의 가공 정

»
(위에서부터) SME 3012·3012R

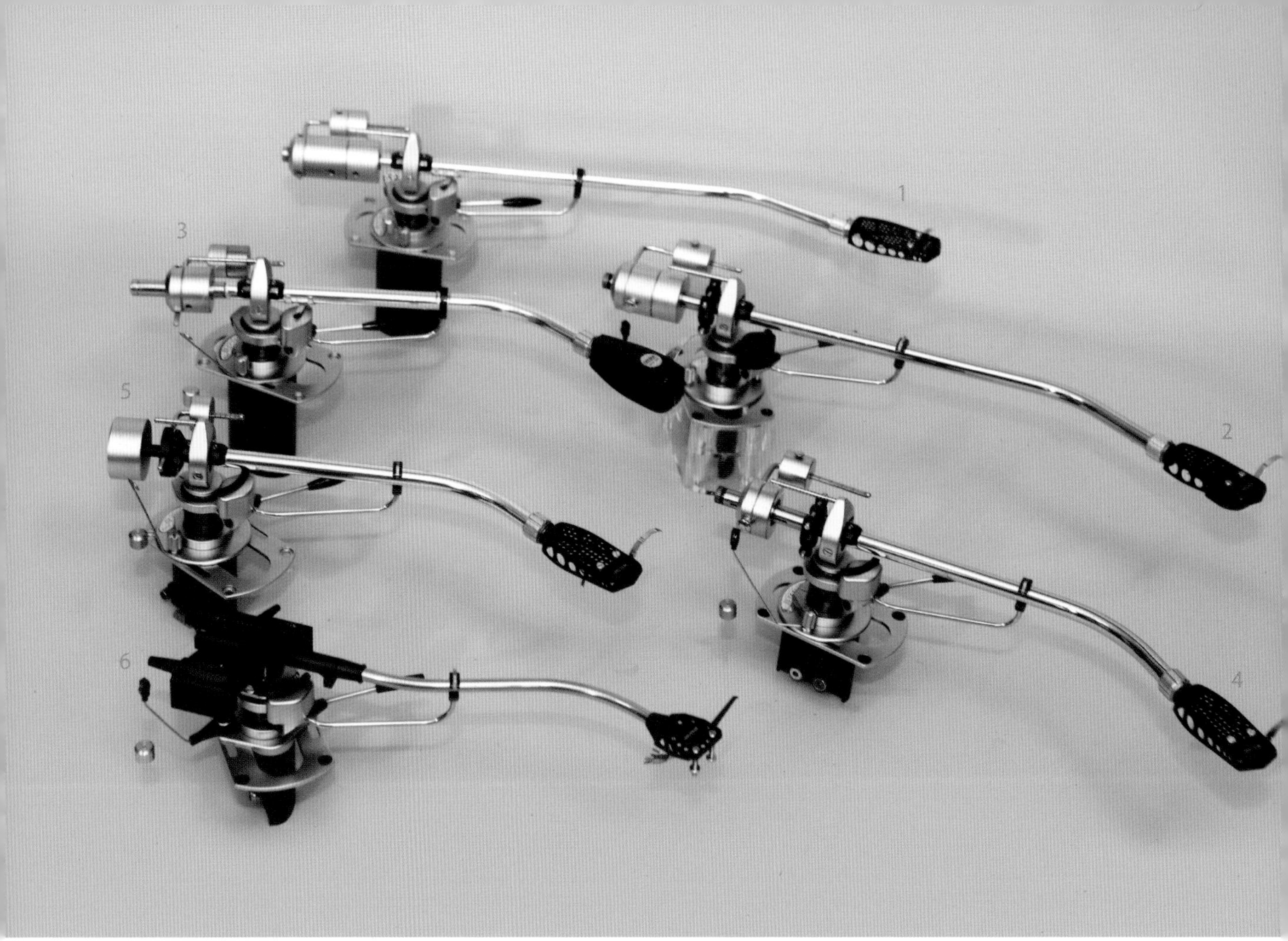

»
1. 3012, 2. 3012R, 3. 3009, 4. 3010R, 5. 3009S2 Improved, 6. 3009S3

도와 재질에 따라 음질차이가 많이 나며, 나이프의 에지가 강할수록 해상력이 증대하고 투명도도 상승한다. 그러나 음색이 차가워질 수 있는 단점도 있다. 이에 따라 초기 3012를 3012R로 개선할 때 나이프 에지 자체를 따뜻한 음색의 정밀 플라스틱 에지로 교환하게 된 것이다. 시리즈 M2에는 스테인리스 암 파이프 내부에 댐퍼재를 충진해 더 공진에 강한 구조로 제작했으며, J자 헤드셸의 스트레이트 파이프 타입으로 변경한다. 또한 나이프 에지를 제거하고 일반 3 포인트 축받이로 변경해 더 저렴한 가격으로 좋은 아날로그 사운드를 들을 수 있도록 했지만 호응도는 약한 편이다.

SME의 최고 버전은 역시 시리즈 V암이다. 이 암은 특별히 공진점을 낮추기 위해 마그네슘을 사용해 스트레이트 다이내믹 밸런스타입으로 제조한 당사 최고의 모델이라 말할 수 있다. 당연히 헤드셸 탈·부착이 안 되면서 유일하게 다이내믹 밸런스라는 특징이 있다. 대단한 트래킹 능력과 다이내믹한 사운드를 자랑하지만, 초고가의 스트레이트 숏암이어서 구형 카트리지, 즉 오르토폰 SPU 시리즈의 장착은 불가능하다. 따라서 빈티지 마니아라면 당연히 헤드셸의 탈·부착이 가능하고 구형 턴테이블에 장착이 용이한 3012R을 택하게 된다. 3012(R)은 15인치 플래터의 RCA, EMT, 커팅머신 등에 적용할 수 있으며, 기본 이상의 성능을 보장하는 레퍼런스급 암이라 말할 수 있다. 3012(R)의 암 베이스는 SME 스탠더드 베이스인데, 세계 기준이 될 정도로 편리성을 갖춘 구조로 유명하다. 카트리지 교환에 따른 오버행 조정이 톤암 슬라이드 베이스에서 쉽게 이루어지며, 잘 맞추면 오르토폰 G셀과 A셀을 번갈아 사용할 수 있는 이점도 있다. 3012(R)에 SPU 시리즈와 같은 중량 카트리지를 사용할 경우 별도의 추가 웨이트를 부착하도록하고 있는데, 사이드 추에 의해 정밀한 인사이드 포스 캔슬링을 시행할 수 있다. 이 추에 의한 안티 스케이팅은 대단히 정밀해 정중앙에 정확하게 스테이징이 맺히도록 음질 밸런스를 잡는데 중요한 역할을 한다.

그 외에 레터럴 밸런스를 위한 사이드 슬라이딩 기구와 업다운 레버, 그리고 저역의 윤곽과 메스감을 향상시키는 플루이드댐퍼(Fluid-Damper) FDⅡ-R(옵션) 등이 마련되어 있어 원하는 음질 개선 효과를 편리하게 얻을 수 있게 한다. 레터럴 밸런스 웨이트는 카트리지를 장착해 침압, 오버행, 인사이드 포스 캔슬링, 아지무스 등 모든 기능의 조정이 끝난 후 턴테이블 베이스 뒷면을 완전히 들어 세운 상태에서 톤암이 정확히 수직을 유지하고 밑으로 떨어지도록 레터럴 웨이트를 맞추면 된다. 특히 플루이드 댐퍼는 저역 개선 효과와 온도감 상승에 많은 영향을 끼치는데 필자 개인의견으로는 플루이드 댐퍼가 없는 3012(R)은 어쩌면 미완의 제품이라 말할 수도 있을 정도로 음질 영향력이 지대하다. SME 셸은 별매품으로 쉽게 구할 수 있어 여러 개의 카트리지를 교환해가며 사용하는 마니아라면 대단히 편리하다. SME 3012(R)의 암 케이블은 반덴헐의 D-501 시리즈를 사용하며, 내부 배선도 반덴헐이다. 잘 맞춰진 3012(R)의 소리는 차분하면서도 해상력 있는 투명한 사운드를 제공한다. 사용 편리성으로 본다면 아마 세계 최고라 해도 과언이 아니다. 오히려 최근 들어 더 찾는 명톤암으로 아날로그 역사에 길이 남으리라 생각한다.

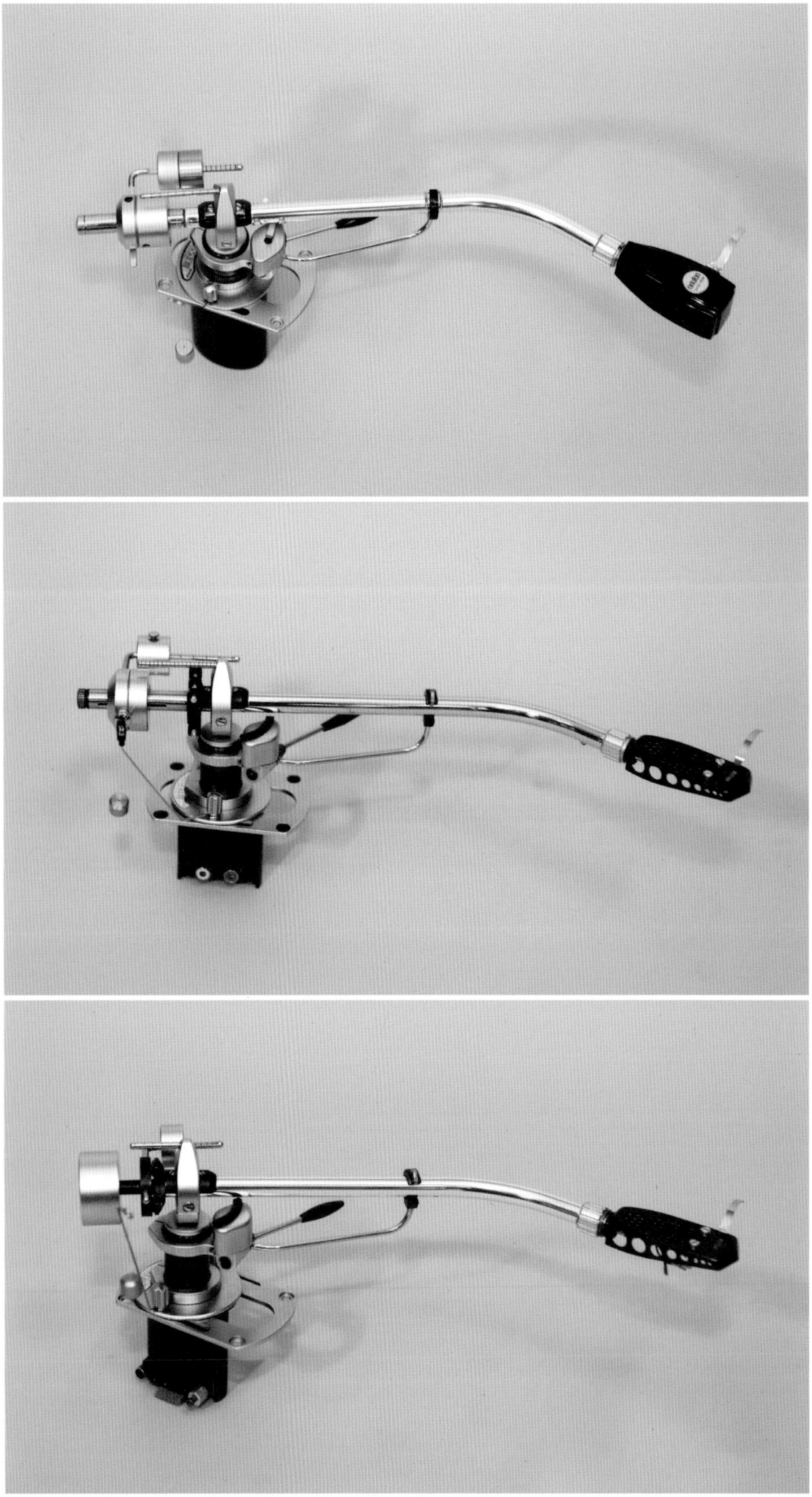

»
(맨 위부터) 3009 · 3010R · 3009S2 Improved

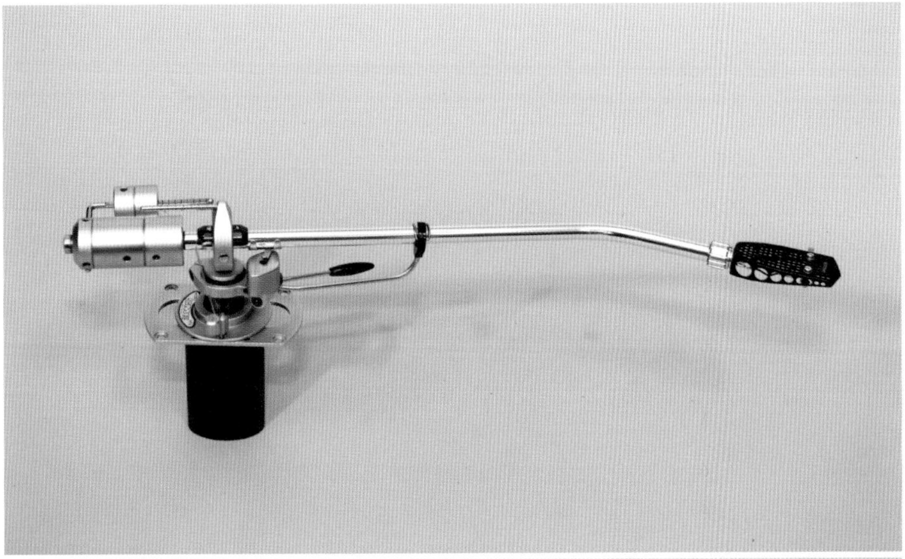

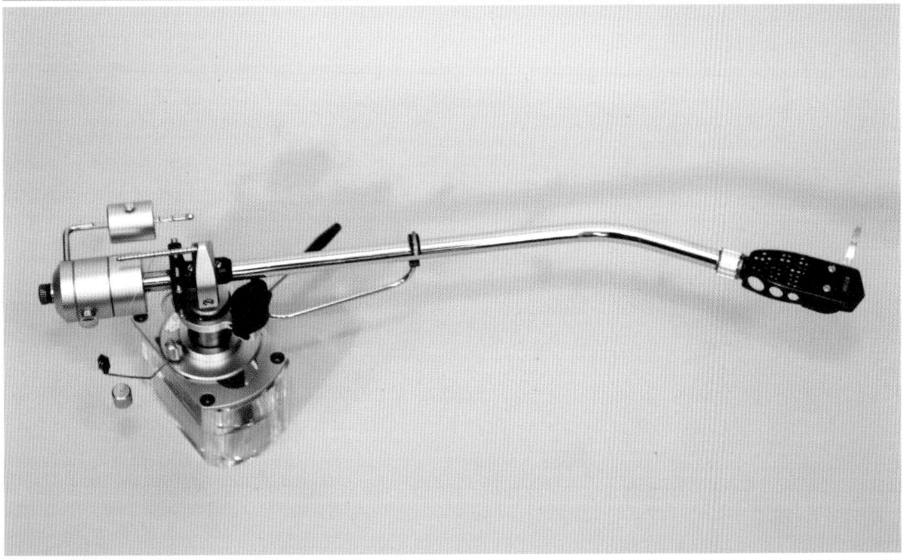

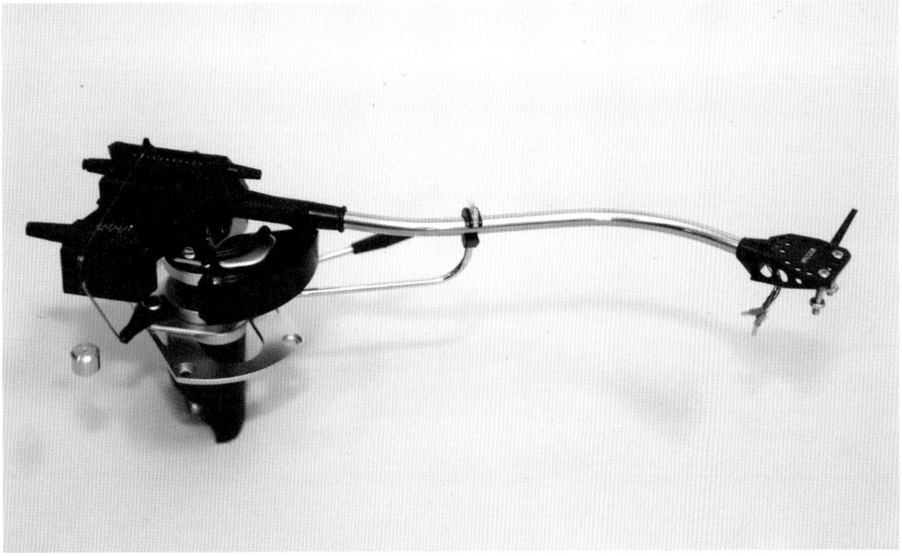

»
(맨 위부터) 3012 · 3012R · 3009S3

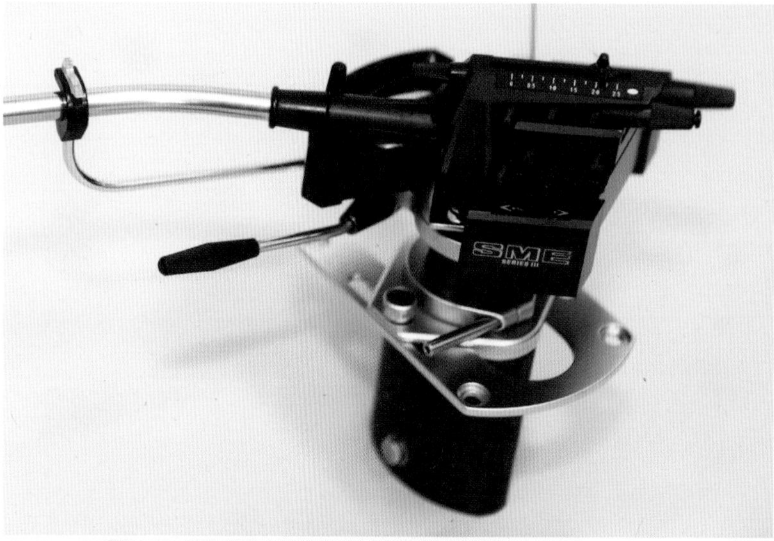

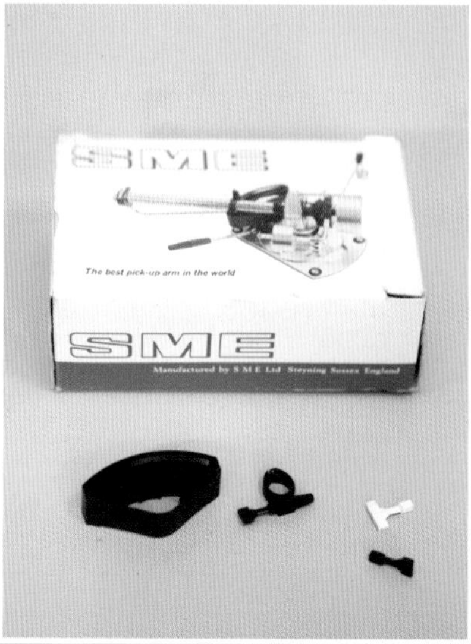

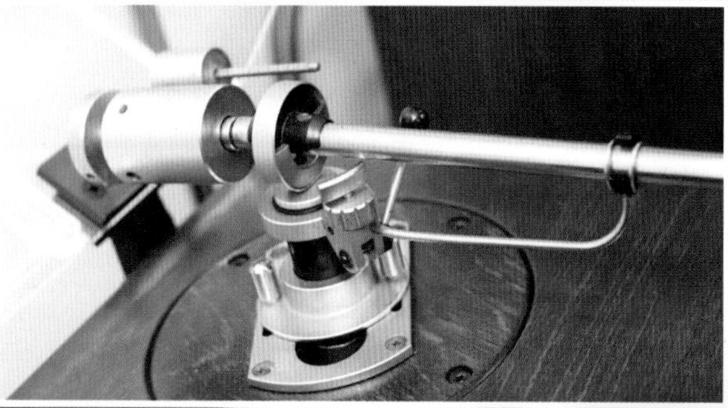

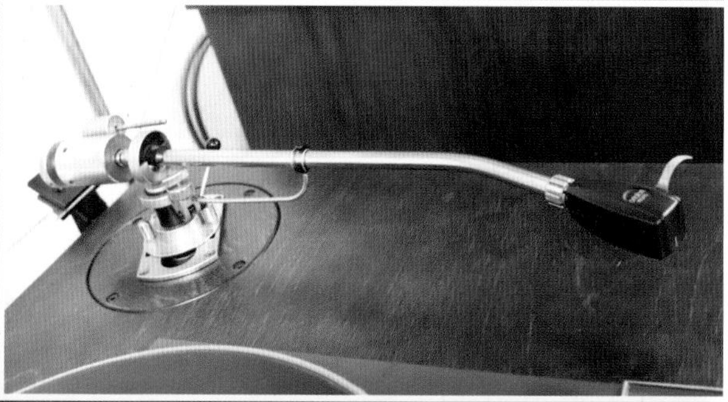

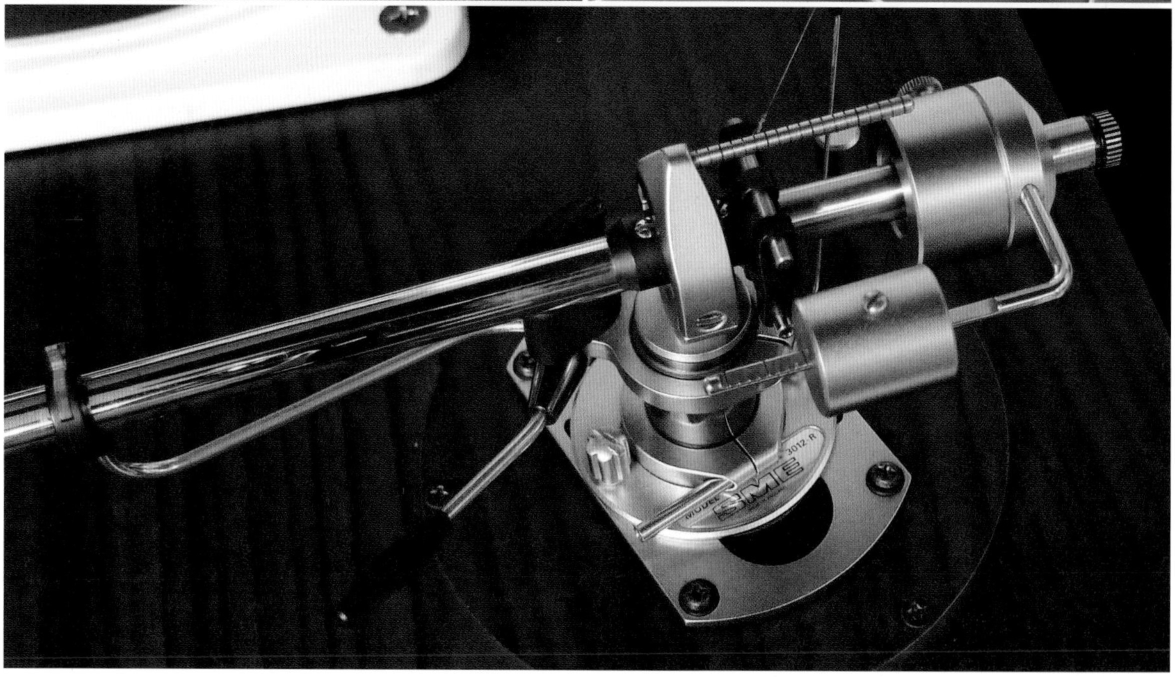

»
(맨 윗줄부터)
상단은 오일댐퍼가 기본인 3009S3(좌)와 플루이드 오일댐퍼 옵션(우)
중간은 프로토타입 3012의 웨이트 부분(좌) 프로토타입 3012(인사이드 켄슬링 추가 없고 순전히
나이프 에지에 의해 수직·볼베어링에 의해 수평 운동을 잡는다. 우) 3012R의 축부(하단)

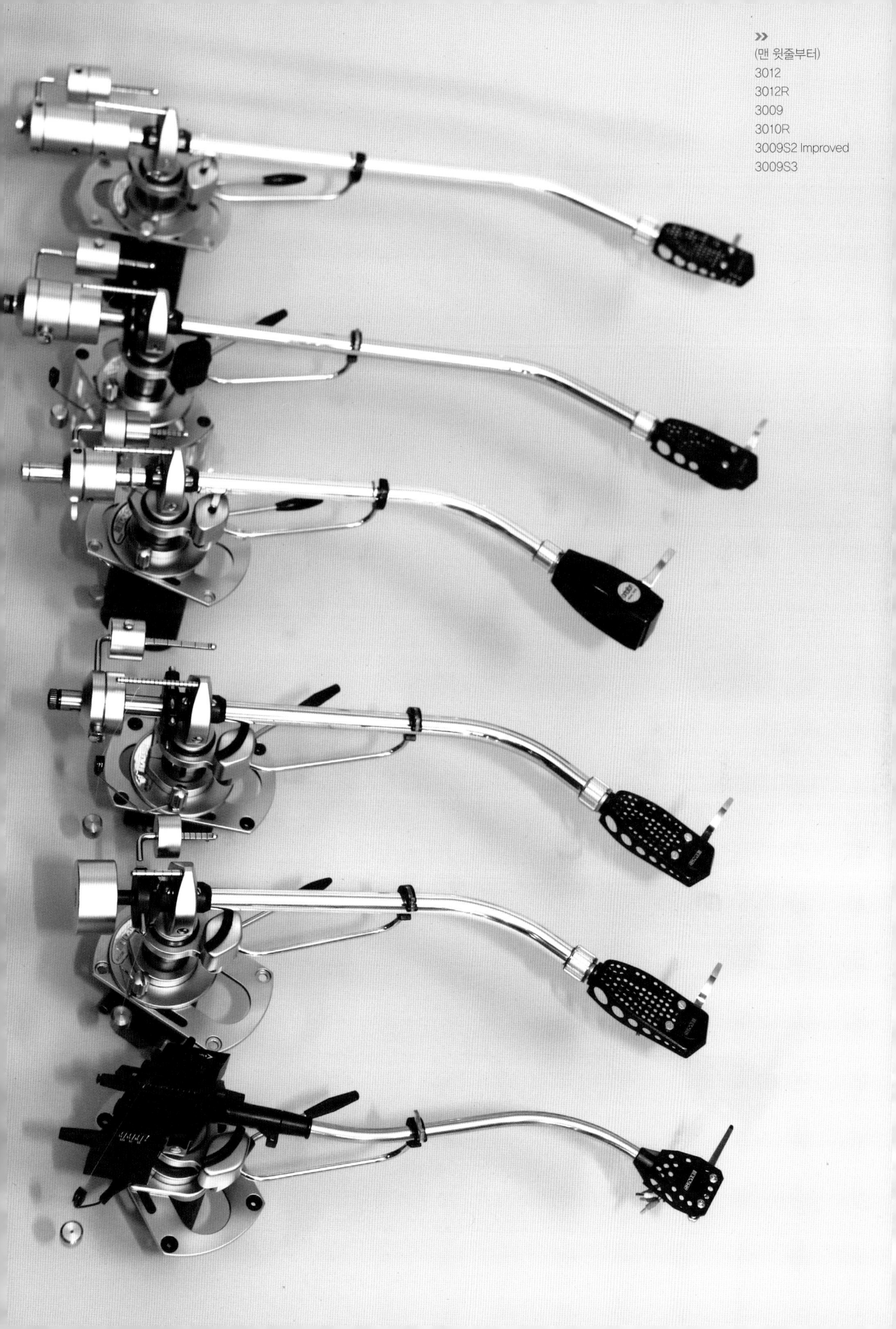

»
(맨 윗줄부터)
3012
3012R
3009
3010R
3009S2 Improved
3009S3

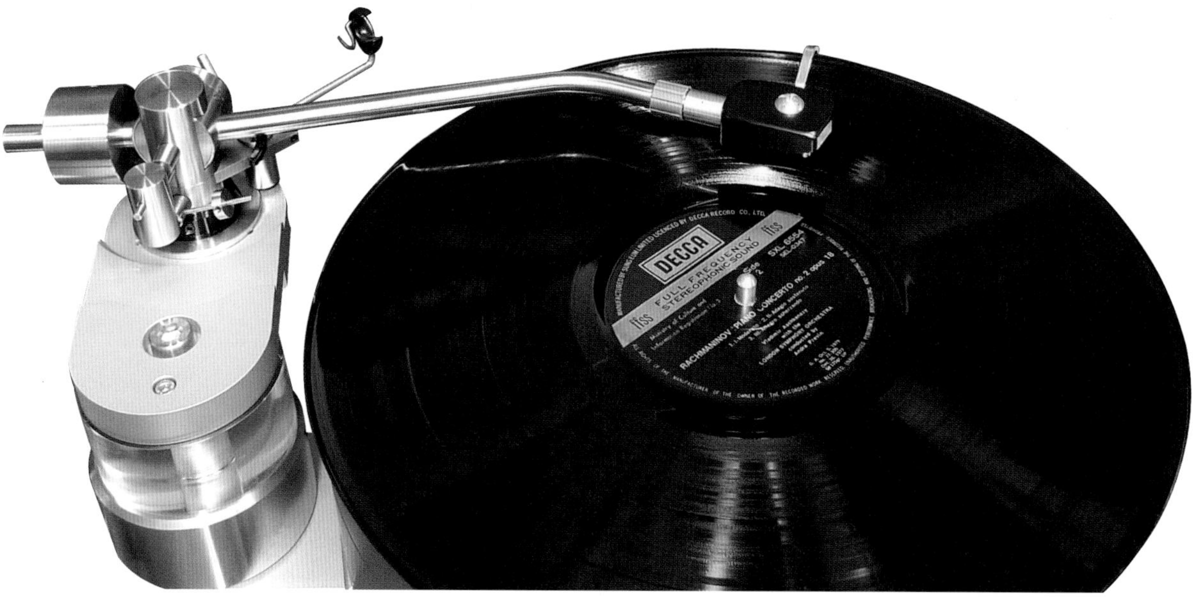
DECCA
ffss FULL FREQUENCY STEREOPHONIC SOUND ffss
SXL 6554
Side 2
RACHMANINOV · PIANO CONCERTO no. 2 opus 18
LONDON SYMPHONY ORCHESTRA
conducted by

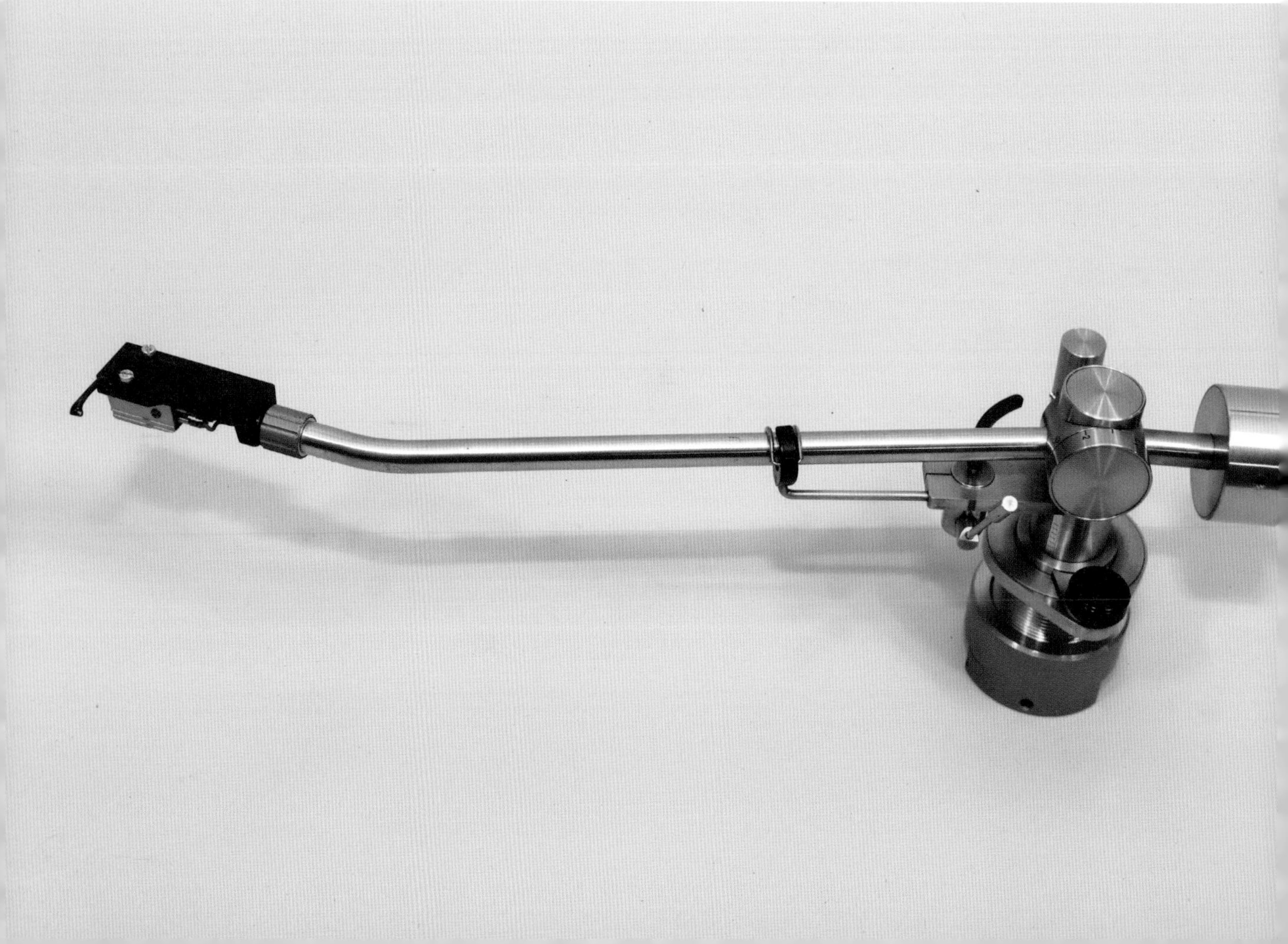

FR 66S · 66FX · 64 · 64S & SAEC WE-506

일본 톤암의 최고봉

역사상 일본의 톤암 중 현재 제일 위력을 발휘하고 있는 암을 꼽는다면 FR의 66S와 64S와 SAEC WE-506이다. 이 세 암은 현재 국제가격이 매년 상승해 현재는 제품이 없어서 구매할 수 없을 정도로 인기가 높다. 특히 FR 뒤의 S는 스테인리스를 뜻하며, 스테인리스제가 아닌 알루미늄제의 66과 64도 있는데, 검은색 마감의 66Pro와 64Pro도 인기가 높다. 프로 버전 역시 알루미늄제 톤암이다. 스테인리스와 알루미늄제 FR 사운드는 양자 간에 현격한 차이가 있다. 우선 마감 정밀도에서 스테인리스제가 훨씬 뛰어나며, 사운드 측면에서도 긴장감이나 밀도감, 투명도 등에서 앞선다. 반면 알루미늄제 FR의 경우 밀도감이 덜하고 부드러운 특징을 보이는데, 이쪽을 더 선호하는 마니아도 있다. 국제적으로는 S시리즈가 탁월하게 인기가 높으며, 특히 66S인 경우 더욱 인기가 높다. 이는 상대적으로 66S가 귀하고 롱 암이어서 동양 쪽에서의 선호도가 높기 때문이다. 66FX는 66S의 알루미늄 버전으로 긴장감이 덜하고 유한 느낌이 든다.

그런 면에서 SAEC의 나이프 에지식 롱암 WE-506(WE-508 · WE-8000)도 동일선상에서 인기가 급상승하고 있다. 최근 FR의 설계자 이케다가 본인의 이름을 걸고 이케다 IT-345와 IT-407을 선보이고 있지만 인기 면에서는 전작인 64S와 66S가 탁월하다. 64S는 66S와 모든 사양이 동일하지만 64S는 숏암이며, 66S에는 기본으로 장착되어 있는 축 정밀 높이 조정기가 생략되어 있다. 물론 옵션으로 장착할 수 있으나 추가 비용이 만만치 않다. 64S는 기본적으로 모든 재질이 스테인리스다. 스프링을 사용하는 다이내믹 밸런스 암으로, 경침압에서 중침압까지 모든 카트리지를 다이내믹 밸런스로 초정밀도를 유지해 트래킹할 수 있는 암

»
FR 64S(상단)와 FR 66S(하단)

이다. 스태틱 밸런스인 FR-24나 FR-54도 일본에서는 마니아층이 두텁지만 국내에서는 잘 찾지 않는다. 이 두 모델은 스태틱 밸런스 암이지만 사용해보면 각자 그 특징적 음색을 가지고 있어 상당히 높게 점수를 주고 싶다. FR은 톤암뿐 아니라 승압트랜스나 카트리지(MM형과 MC형)를 모두 생산했는데, 그들의 카트리지 역시 평이 좋다. 64S의 구조적 메커니즘은 정밀하면서도 내구성이 탁월하다. 시각적으로도 대단히 탄탄해 그 내부 구조적 신뢰도를 한눈에 느낄 수 있다.

64S의 안티스케이팅은 추에 의해 이루어지는데, 1g 추와 2g 추, 도합 2개의 인사이드 포스캔슬링 추가 포함되어 있다. 1g 추로는 최대 2.5g, 2g 추로는 최대 5g까지 안티스케이팅을 줄 수 있다. 정면에서 보아 왼편의 대형 추는 레터럴 밸런스용으로, 보통 외부의 5mm정도에서 고정되나 정밀하게 맞추기 위해서는 별도의 조정이 필요하다. 이 조정은 모든 카트리지 세팅 후 이루어지는데, 카트리지를 장착한 후 턴테이블 전면을 2~3cm 들어 톤암이 내부나 외부로 흐르지 않으면 된다. 만약 이동이 생기면 추를 움직여 이동이 생기지 않도록 조정한다. 제로 웨이트는 뒤 스태틱 밸런스 추로 맞추고, 옆의 웨이트 게이지를 숫자만큼 돌리면 사이드 스프링에 의해 침압이 주어진다. 최대 5g까지 가능한데, 이는 오르토폰 SPU 시리즈를 무난히 해결하는 것을 전제로 한 것 같다. 66S의 경우는 뒤의 스태틱 밸런스 웨이트도 경량 카트리지와 중량 카트리지를 위한 2개가 주어진다.

FR 셸의 경우 내부에서 미세 오버행을 조절할 수 있도록 설계되어 있으며, 상부 대형 스크루를 돌리면 헤드셸 내부의 카트리지 장착용 슬라이드 스페이서가 떨어져 나와 카트리지 장착 시 편리하다. 가능한 전용셸을 사용하는 것이 소리도 좋고 모양도 좋지만, 헤드셸이 없는 경우가 많다. 이는 FR 64S를 SPU용으로 사용하는 마니아가 많기 때문인데, 알다시피 SPU는 셸 일체형이어서 FR 전용 셸이 필요 없기 때문이다. FR 64S와 66S의 음질 차는 크지 않다. 필자의 경험으로는 두 암의 음질적 변화는 거의 없다고 보면 된다. 다만 66S가 64S에 비해 여유가 있는 느낌이 드는 데 반해 64S가 66S보다는 다이내믹하고 밀도감도 상승되어 있는 인상을 받았다. SPU를 장착하면 오르토폰의 전용 암들 RF-297·RMG-309 등에 비해 훨씬 질감이 풍부하고 다이내믹하며 임장감이 좋다. 사실 발매 당시 64S의 일본 가격이 RMG-309의 거의 2배에 가까운 값이라는 것을 알면 이런 소리격차도 우연이 아님을 알 수 있다. 전용 암 케이블이 따라 나오는데, 이 암 케이블 역시 개성이 있어 가능하면 제 것을 사용하는 것이 좋다. 타 암 케이블에 비해 수수하면서도 디테일이 살고 음악적인 뉘앙스가 좋다. 64S는 경침압에서 중침압까지 다이내믹 밸런스의 특징을 잘 살려 음구를 트래킹할 수 있는 믿음직한 암이라 말할 수 있겠다.

숫자적으로 본다면 64S보다 64가 더 귀하다. 단적으로 말해 알텍과 같이 음이 강한 경우에 SPU를 사용한다면 64가 더 상성이 좋고, 만약 탄노이 계열의 스피커를 사용한다면 64S가 좋다고 말할 수 있는데, 정확한 해답은 물론 아니다. 일반적으로 SPU 카트리지 경우 오르토폰 RMG나 RF에 장착한 것에 비해 디테일이 선명하고 정위감이 정확하며 다이내믹한 가운데 음밀도가 높은 것이 FR 암의 장점이다. 64S나 64 모두 내

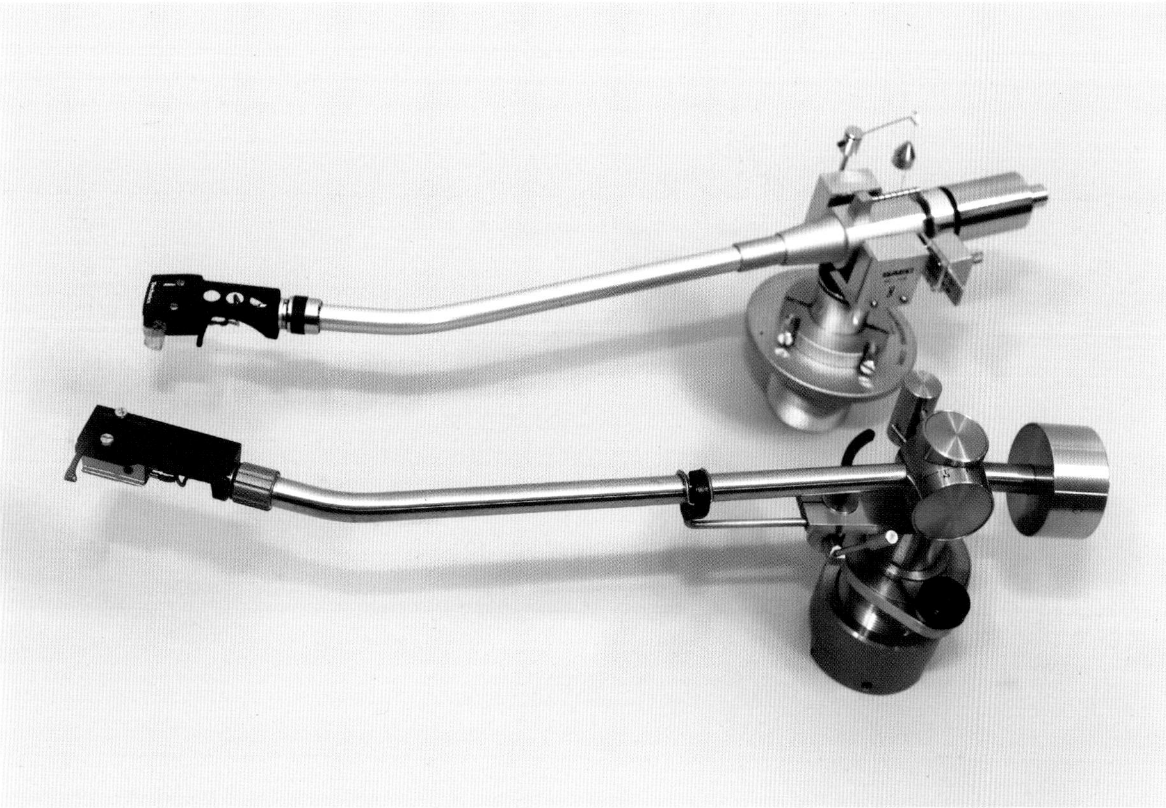

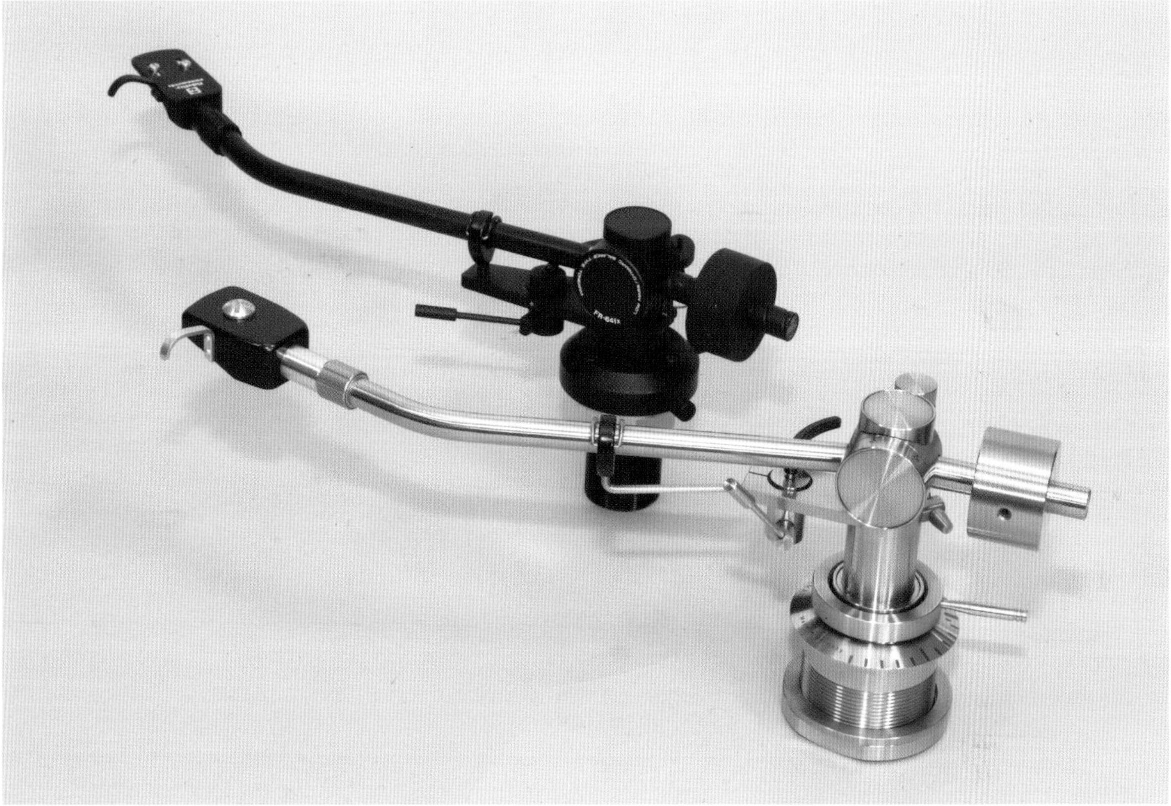

>>
SAEC WE-506 두랄루민 합금 롱암과 FR66S 스테인레스 롱암(상단)와 FR64 FX-PRO 알루미늄 숏암, FR64S 스테인레스 숏암(하단)

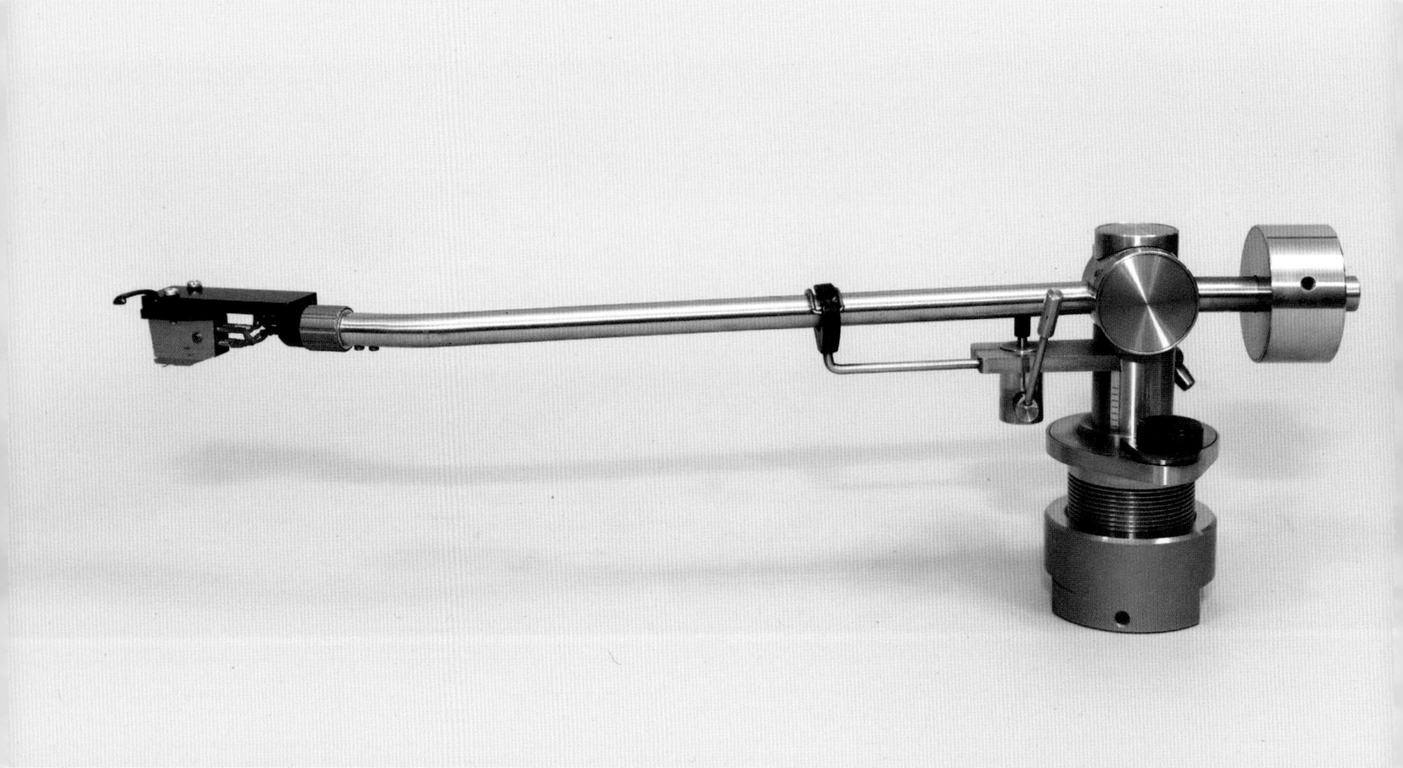

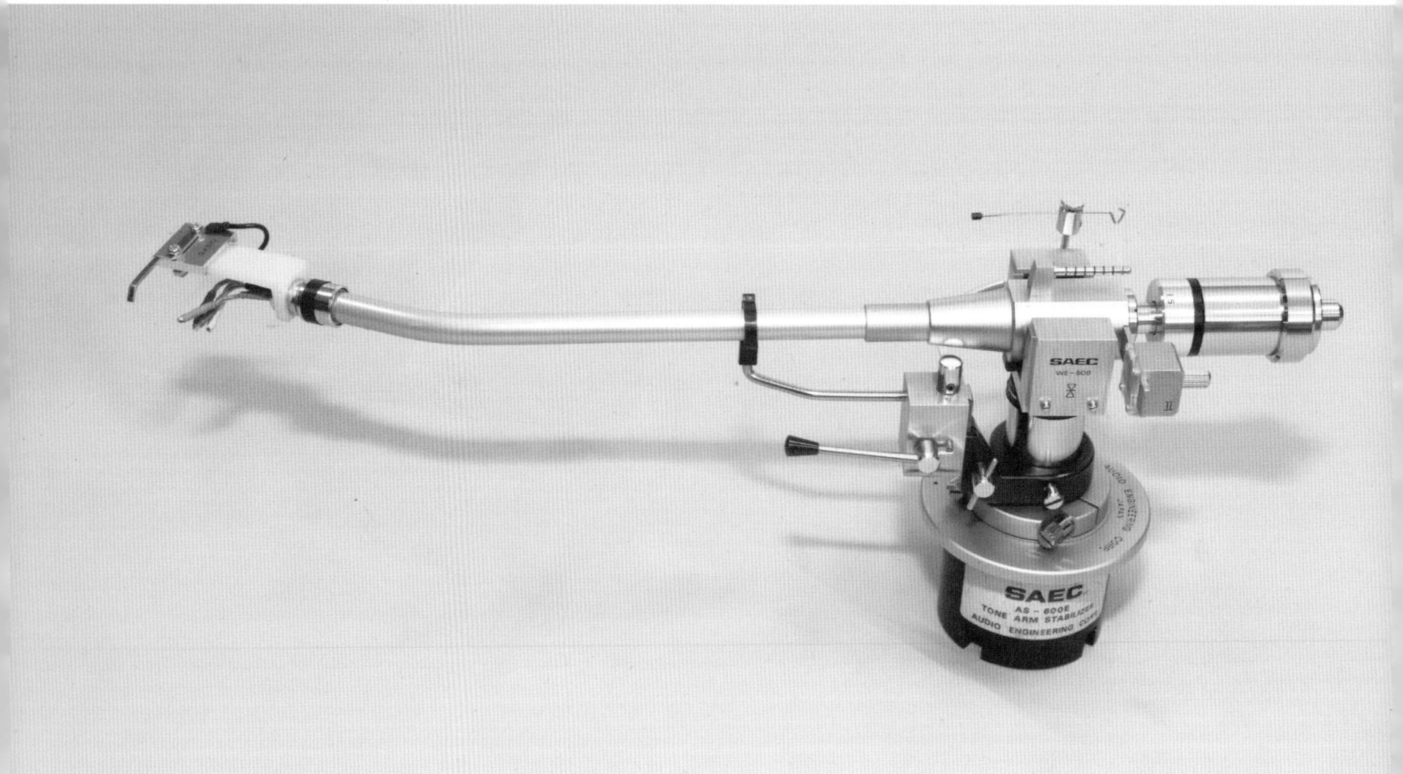
SAEC
AUDIO ENGINEERING CORP.
JAPAN
SAEC
AS-600E
TONE ARM STABILIZER

구성이나 정밀도 면에서 대단히 우수해 발매된 지 수십 년이 지난 현재까지도 거의 고장이나 동작 이상이 없다. 접촉 부위인 헤드셸 핀이나 하부 암 접촉 단자 부위만 청소해주면 대부분 동작 이상 무이다. 언뜻 보면 64S와 64는 외형상도 거의 차이가 없는 듯 보이는데, 자세히 보면 64암 파이프의 윤기가 64S에 비해 덜하다는 것을 알 수 있다. 구조나 사이즈 자체는 동일하며, 재질만 차이 나는데, 헤드셸은 재질까지 동일해 64S와 64가 호환된다. 알다시피 64는 초정밀 다이내믹 밸런스 암이다. 초기부터 SPU를 비롯한 중 침압 카트리지와 기타 경침압 카트리지를 동일하게 타깃으로 올려놓고 개발한 톤암이어서 양자를 모두 소화시킬 수 있는 장점이 있다. SPU 카트리지를 장착하면 그대로 오버행과 침압이 맞아 들어가며, 시각적 밸런스도 좋다. 특히 SP-10 시리즈의 경우 64S보다는 64가 상성이 좋다고 생각하는데, SP-10 자체의 음색이 기본적으로 밀도감이 넘치기 때문이다. 보이기만 한다면 구해 놓으라고 권하고 싶은 암으로 FR-64를 추천한다. 다이내믹 밸런스 암으로 가장 정밀하게 LP 그루브를 해석해낼 수 있는 좋은 암 중 하나이기 때문이다.

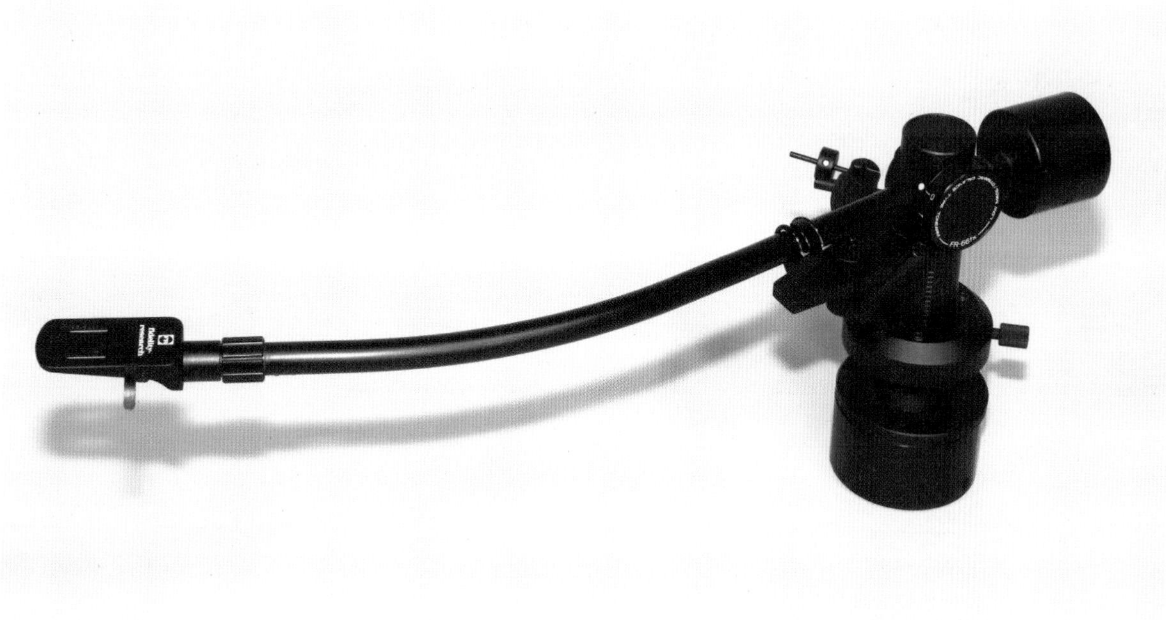

»
178쪽. FR66S 스테인레스 다이내믹 밸런스 롱암(상단)과 SAEC WE-506 두랄루민 합금 더블 나이프 에지식 롱암(하단)
179쪽. FR66FX 알루미늄 롱암

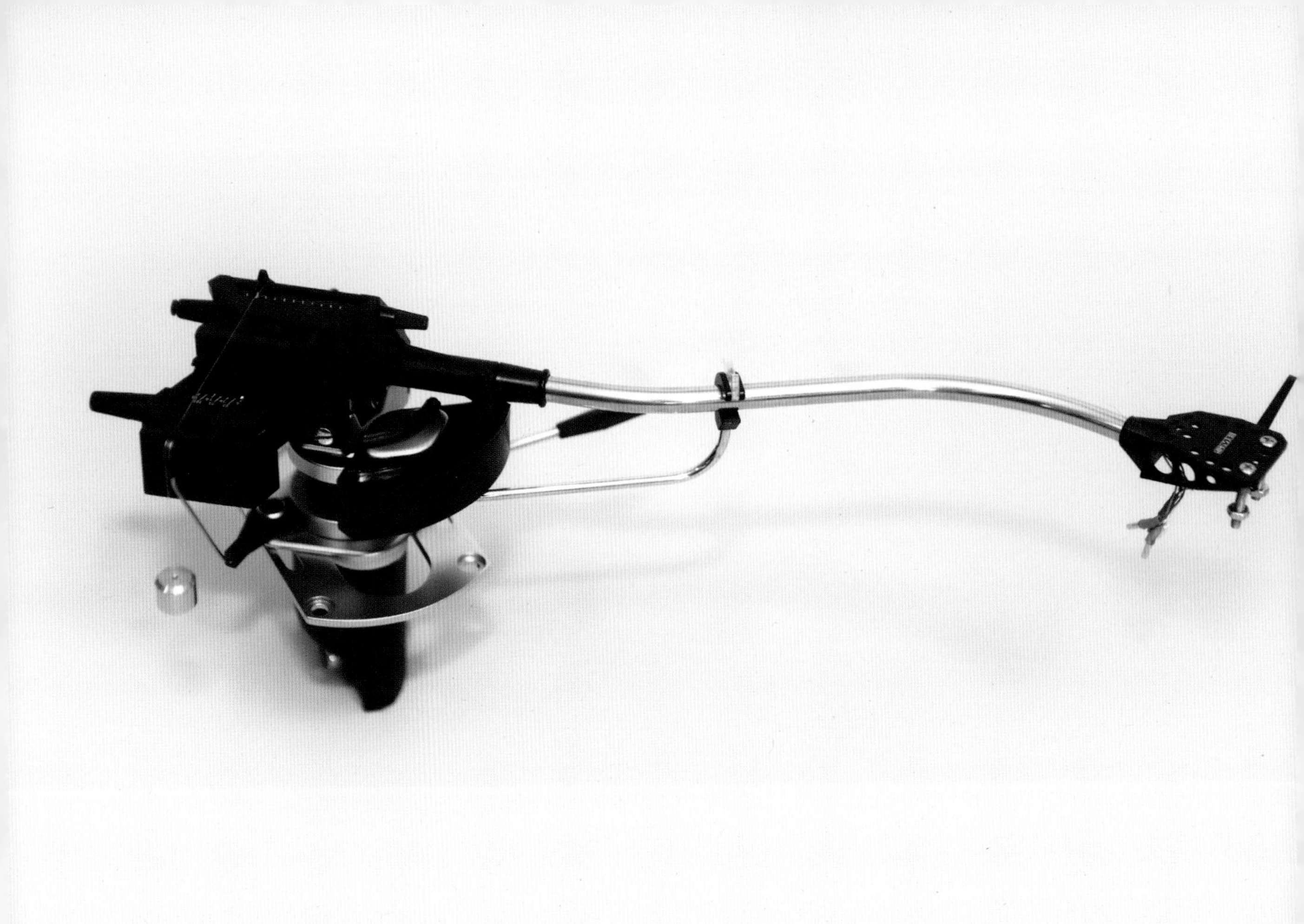

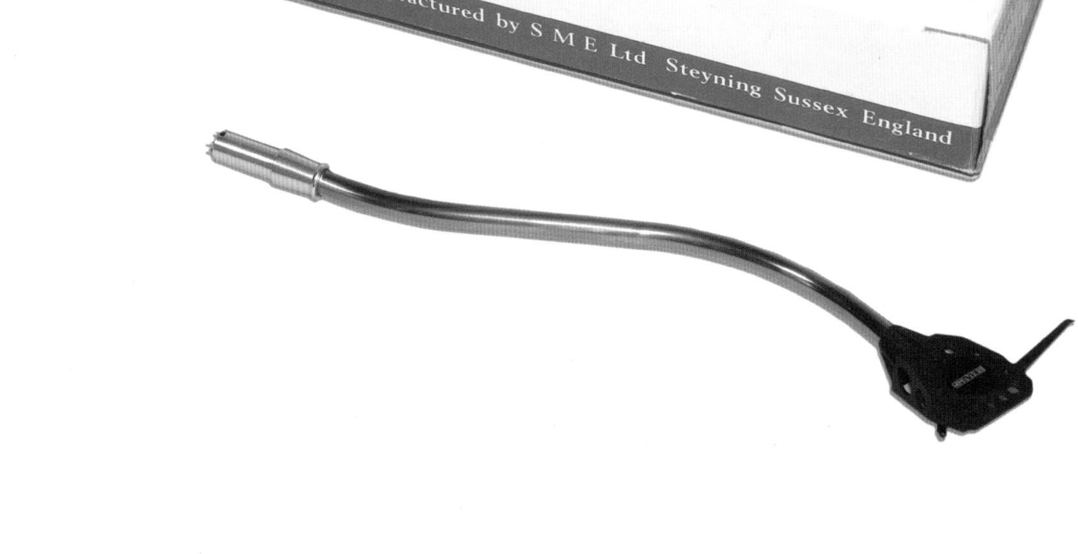
SME
SME
The best pick-up arm in the world
SHRIRO
TRADING
CO. LTD
Manufactured by S M E Ltd Steyning Sussex England

SME 3009 Series Ⅲ

저평가된 고성능 톤암

암의 경험으로 따지면, 세계에서 가장 세련되고 깊은 노하우를 가지고 있는 회사가 영국의 SME(Scale Model Equipment Company Ltd.)이다. SME는 아날로그 암이 갖추어야 할 요건이 무엇인지 너무도 잘 알고 있는 회사로, 그들이 제조한 모든 암들은 지금까지 그 방면의 새로운 지표가 되고 모범이 되어 왔다. 세상에서 가장 갖고 싶은 암 1위와 가장 멋있는 암 1위의 자리를 고수하고 있는 SME의 암들은 그동안 꾸준히 개선되어 왔다. 최초의 3012 모델은 시리즈 1로 1959년 창립자인 에이크먼에 의해 이 세상에 나타났다. SME의 첫 모델은 오르토폰의 RMG-309를 닮아 있는데, 전체 모양은 비슷하나 내부 구조에서 차이가 있다. 수직 쪽에는 나이프 에지라는 강철판 에지를 사용해 정밀도를 강화하고, 수평 쪽에는 일반 정밀 볼 베어링을 사용하는 스테인리스 파이프 롱암이었다. 암에 작용하는 토션 밸런스를 잡기 위해 별도의 레터럴 밸런스 웨이트를 추가했는데, 초기에는 안티스케이팅 추는 없었다. 사용해봤을 때 다소 경질의 음색을 가진 암으로, 안티스케이팅이 있는 3012에 비해 부족함이 느껴졌다.

3012와 동시에 발매된 3009 숏암을 시리즈 1이라 한다면, 그 후 경침압 위주로 후면 웨이트를 개조한 시리즈 2 암이 헤드셸을 일체화시킨 3009 시리즈 2 임프로브드와 3009 S2 임프로브드다. 이 시리즈에는 롱암이 없고 숏암뿐인데, 기본적으로 3009R과 구조가 같으나 중량 카트리지인 SPU는 사용할 수 없고, 경량 경침압 카트리지 대응이다. 그 후 초경량 초고강도 구조를 추구해 암의 공진 계수를 낮추고 트레이싱 능력을 극대화하기 위해 7년 동안이나 연구한 끝에 1972년에 발표된 암이 바로 마그네슘 암파이프 3009 시리즈 3

»
SME 3009 S3(상단)와 박스에 수납되어 있는 교환용 오리지널 완드(하단)

이다. 그리고 1974년에 침압 대응도를 12g에서 2.5g으로 낮추고 후면 밸런스 웨이트 설계를 단순화한 3009 시리즈 3S가 보급형으로 발표된다. 경침압 카트리지가 세계적으로 인기를 잃자 1980년 초기 모델 3012를 3012R과 3009R·3010R로 개량해 부활시킨다. 이 시리즈는 SME 암의 황금기를 장식하고 베스트셀링 자리에 오르는데, SME는 이를 기념해 250대 한정 모델로 3010RG(리미티드), 3012RG(리미티드) 골드 도금 모델을 생산했다. 3010RS, 3012RG는 그 후 모델로 금 도금 두께가 리미티드 시리즈보다는 얇은 주니어 모델이다.

이후 시리즈 4와 시리즈 5 모델이 전혀 새로운 각도에서 획기적인 디자인으로 세상에 나왔고, 그 인기에 힘입어 염가품인 310·312가 출시된다. 그러나 다이내믹 밸런스 마그네슘 암인 5 암에 밀려 많은 인기를 얻지 못하고 사장된다. 최근 들어 M2 시리즈인 M2-9·M2-10·M2-12가 3009R·3010R·3012R 대신에 출시되고 있지만 구조 자체도 나이프 에지식이 아닌 3 포인트 베어링 식이고 스트레이트 구조여서 전과 비교할 적에 인기는 하강 일로에 있다. SME 암 중 3012 시리즈와 3012R 시리즈 그리고 V 암에 대한 평가나 인기는 아직 여전한 데 비해, 가장 무시되고 저평가된 암이 바로 시리즈 3 암이다. 경침압 위주로 설계되었다는 것이 사용상 문제를 일으킨 것도 아닌데, 모양이 경박하고 플라스틱부가 많다는 이유로 무조건 제외시키는 경향

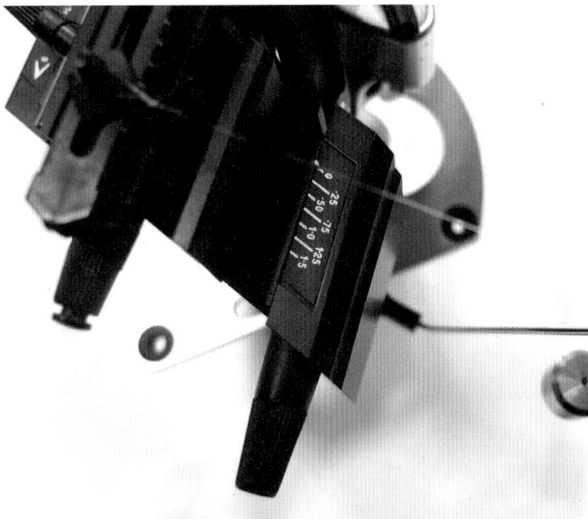

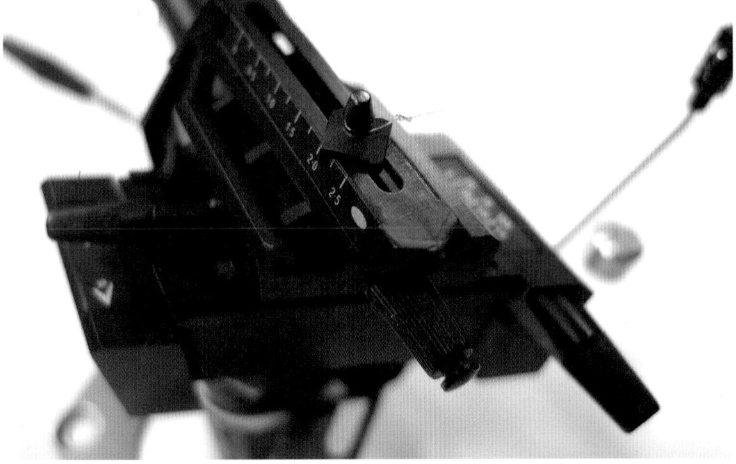

»
3009 S3의 레터럴 밸런스 겸용 웨이트

이 있다. 사용해본 경험으로는 오히려 상급기인 3010R보다도 우수한 점이 많고, 특히 V암도 따라오지 못하는 트레이싱 능력 등 압도적인 사운드 재생력이 있는 암이다. 특히 거래 가격이 싸서 입수하기 편리하지만, 의외로 구하기 쉽지 않고 내구성이 부족한 바가 있어 완벽한 제품을 손에 넣기도 쉽지 않다.

뱀 대가리로 통하는 이 시리즈 3 암은 두 가지 버전이 있는데, 후기 플루이드 댐퍼가 옵션이고 무게 추를 단순화 한 3S 시리즈가 보급 모델이지만 소리 경향은 두 가지 모두 동일하다. 시리즈 3 암은 고강성 초경량 구조에 의해 공진 주파수를 낮추고 있으며 트레이싱 능력을 극대화시킨 좋은 암이다. 암 파이프는 예의 스테인리스에서 사람 머리칼 2배 정도의 두께로 가공한 티타늄을 질소 화합 물질로 강화시키고 내부에 발사 우드를 충전해 S자 모양으로 가공한 바, 초고강도를 유지하면서도 초경량 설계되어 내부 공진에 대단히 강한 구조가 되었다. 특히 9인치 반경에서 전체 효과 메스 중 가장 하중이 덜 걸리는(단, 5.05g) 지점에 연결부를 설정해 넥부를 자른 일반 S2셸에 비해 안정도가 높아 암 트레이싱 능력이 향상되어 있다. 레터럴 밸런스도 후면 추를 좌우로 움직여 쉽고 완벽하게 잡을 수 있도록 설계되어 있고, 오버행 조정도 암 베이스 밑에 기어를 달아 부드럽고 정밀하게 조절할 수 있는 장점이 있다. 기본 구조는 3009R과 비슷하나 전체 정밀도와 구조 개선은 R 시리즈를 능가하면서도 비용은 절감되었고 성능은 향상되어 있다.

경침압 카트리지를 달아 잘 조정해 사용하면 트레이싱 능력이 훌륭해 질감이 우수하고 디테일이 리얼하다. 정위감이 좋아 임장감 재현이 탁월한데, 암만의 내부 커패시턴스(정전 용량)는 19pF, 암 케이블을 포함한 전체 커패시턴스 293pF로 매우 적어 고역 감쇄율이 작고 험 유도에 강하다. 시리즈 3의 암 파이프를 알루미늄이나 스테인리스 정도로 이해하는 사람이 있다면 편견을 버리고 한 번 깊이 빠져보기 바란다. 아직 가격이 오르기 전에 말이다.

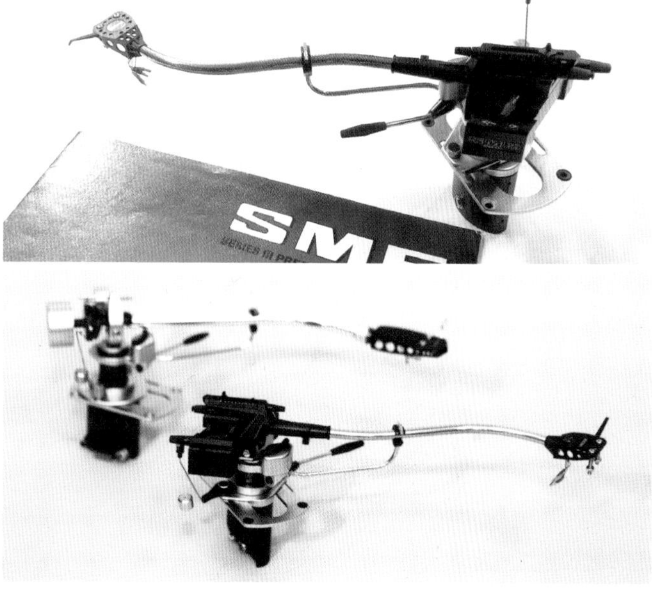

»
3009 S3(상단)
3009 S2와 3009 S3(하단)

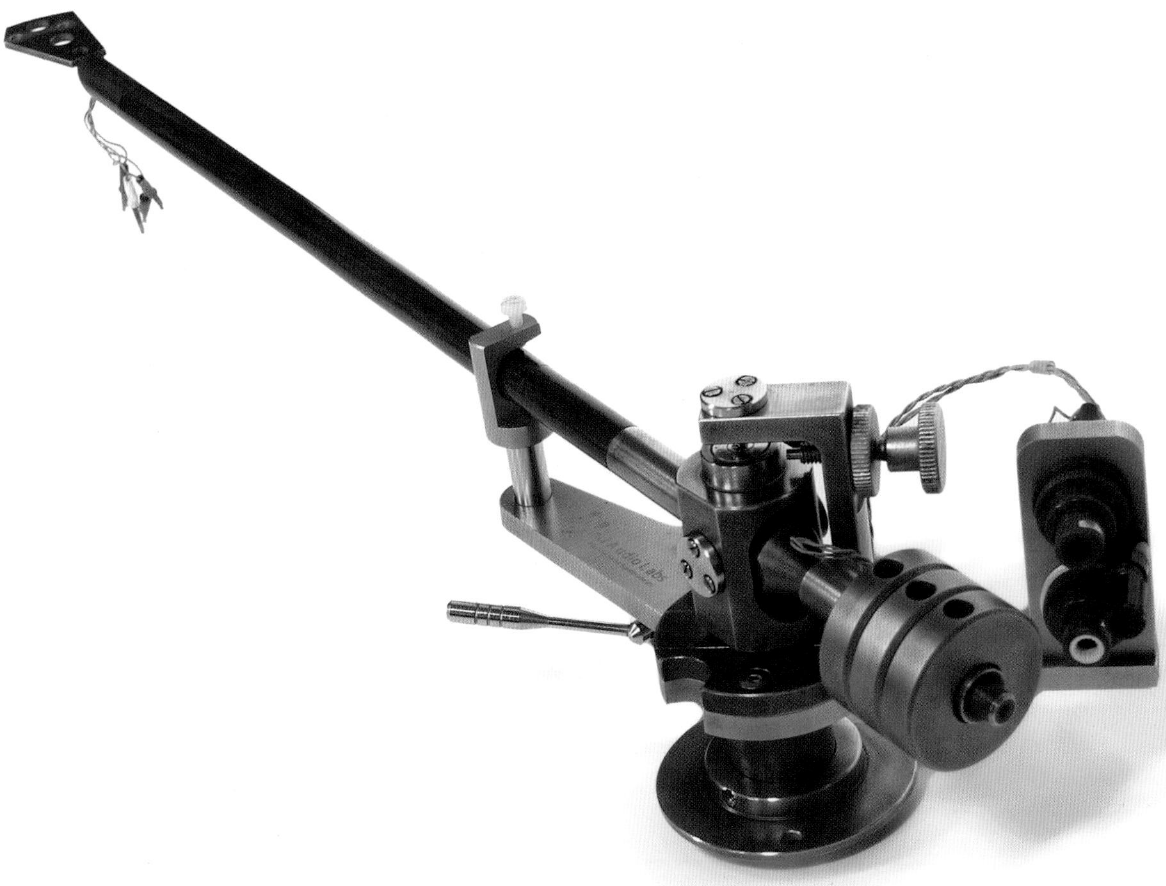

DaVinci Audio Reference Grandezza Tonearm

나무를 통해 전해지는 따뜻한 음색

스위스의 다빈치 오디오는 주로 턴테이블, 고성능 톤암과 MC 스탭업 트랜스포머를 생산하는 메이커다. 스위스의 정밀 기계 공학과 시계의 메탈 재료 공학에 힘입어 초고가의 제품들을 스위스라는 이미지에서 어긋나지 않게 초정밀 가공해 상품화한다. 필자는 이미 다빈치의 MC 스탭업 트랜스를 리뷰한 바 있는데, 모양새도 특이하고 소리도 좋았지만 초고가라는 씁쓸한 뒷맛을 여운으로 남겼다. 다빈치 암도 동일하게 모든 것을 거의 다 갖추고 있지만, 가격 면에 있어서만큼은 양보가 없다. 최고의 초정밀 제품을 스위스제 명품 시계 하나를 장만하듯 무겁고 신중하게 뛰어들어야만 손에 넣을 수 있는 톤암이기 때문이다. 다빈치 암을 구매하면 우선 압도되는 것은 톤암이 포장된 우드 박스이다. 자작나무 케이스에 고급 우레탄 도장을 입히고, 금박으로 회사명과 모델명을 프린팅했는데, 고가의 시계 박스보다도 더 품위 있어 눈길을 끌었다. 내부 포장 세팅도 초정밀 기계제품의 수납답게 정확하고도 세밀하게 안착시켜 놓았는데, 부품의 세팅 역시 한 치의 오차도 없어 웬만한 지진에도 움직임이 없을 것 같은 안정감을 준다.

그랜데자는 다빈치의 9인치, 10인치, 12인치 모델 중 최상급 롱암으로, 그들의 플래그십 모델인데, 각 파트별로 최고의 재료를 엄선해 복합적 튜닝을 한 특징이 있다. 특히 암 파이프는 코코보로 우드(Cocobolo Wood)를 사용하는데, 이 목재는 장미목과 같은 윤기를 내지만 고탄력 고강성 나무이며 중미밀림이 원산지로 고급 권총이나 기관총 등의 손잡이 나무로 사용되는 재료라고 한다. 경년 변화에 강하고 충격 완충 역할을 하면서도 탄력이 뛰어난 특징 때문에 암의 공진 계수를 낮출 수 있어 선택되었으며, 그 가공 과정은 무척

»
다빈치 그랜데자 12인치 암

복잡하고 시간이 걸리는 일이어서 다빈치 오디오사 스스로도 무척 애를 먹고 있다는 뒷이야기가 있다.

사실 우드 암의 시초는 MC형 카트리지 설계 특허를 가지고 있는 미국 그라도사이다. 그들의 우드 암은 옆으로 넓적한 장미목을 사용하는 심플한 다이내믹 밸런스 암이었다. 그러나 사용상에는 여러 가지 제한이 따라 별로 호응을 얻지 못했지만 독특한 울림으로 온화한 사운드를 들려주어서 나름 애호가도 있다. 그 이후로도 여러 회사들이 우드 암을 발매했지만 딱히 성공한 예가 없다. 그것은 나무라는 아날로그적으로 좋은 재료를 톤암이라는 정밀 제품에 적용함에 있어 발생하는 어려움 때문이었으리라 생각한다. 그럼에도 끊임없이 우드 암에 도전하는 톤암 회사가 있다는 것은 그만큼 나무가 톤암 재질로 적절한 매력을 지니고 있다는 뜻일 것이다. 적당한 완충 능력, 낮은 공진 계수 등 장점이 많다. 특히 나무가 갖는 따뜻한 음색은 무엇보다도 장점이라 할 수 있을 것이다. 그러나 경년변화에서 오는 나무재질 특유의 뒤틀림이나 크랙은 단점이라 볼 수 있다.

그랜데자는 이 모든 특징을 재료 공학과 정밀 공학으로 매치시켜 놓았는데, 베어링 블록은 동과 철의 합체이며, 헤드셸은 동, 후면 카운터웨이트는 동과 텅스텐 합금, 상하 좌우 지지 피봇은 강화 텅스텐, 그리고 이중 수평 유지 루비 베어링을 사용해 특별한 아지무스 조정이 필요 없도록 설계한 후 필요 파트를 24K로

»
루비 베어링 지지부의 암축

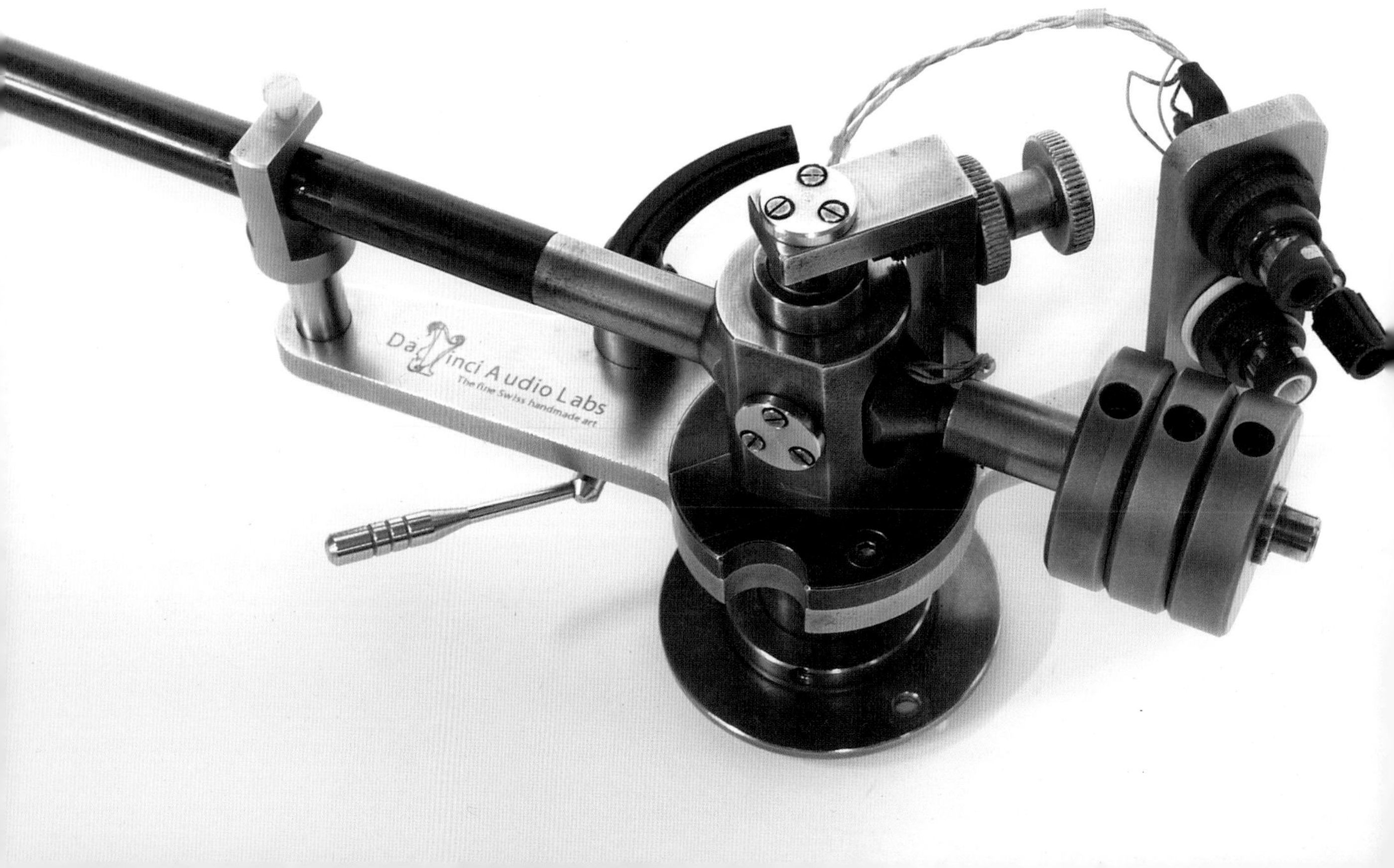

금도금했다. 특히 다이내믹 안티스케이팅을 위해 자력 댐핑 구조를 사용하는데, 매우 정밀해 초정밀 세팅을 요하는 부분이다. 상하 좌우 축에 사용되는 루비 베어링은 정밀 시계공이 수공 연마한 초정밀 제품으로 그랜데자의 디테일과 투명도를 보장해주고 있는 핵심 부품이다. 그러나 강도가 약해 깨질 수 있어 이동이나 사용 시 충격이 가지 않도록 조심해야 한다. 내부 톤암 심선은 고순도 동선의 연선 리츠 케이블로 애나멜 도금 후 견사로 절연시켜 놓았다. 연결된 RCA 핀은 WBT의 초고급 모델로 카트리지 출력과 같은 초미세 신호 흐름에 적격화되어 있다. 카트리지는 고에츠 오닉스 플래티넘 카트리지와 반델헐 프로그(prog)를 연결해 시청했는데, 세팅에 큰 어려움은 없었고, 다만 안티스케이팅은 안티스케이팅 디스크로 초정밀 조정을 여러 번 했다. 댐핑이 너무 세면 내부 그루브에서 못 넘어가는 현상도 생겨 20분 이상 반복 교정했다.

가장 큰 음색 특징은 따뜻하면서 음장 전개가 사실적이며 초점이 정확한 데 반해 디테일은 거부 반응 없는 풍성한 음상을 만들어낸다는 것이다. 넓고도 깊은 하부 저역을 형성시켰고 특히 중역의 음색이 매력 있었다. 세팅하면서 새삼 느꼈지만 묵직하면서도 초정밀 가공에서 오는 동작 안정감이 필자의 손에 전달되어 마치 라이카 필름 카메라를 다루던 옛 시절의 추억을 되새기게 한다. 소리를 떠나서 톤암 자체의 기계적 완성도 면에서 이러한 충족감을 느껴 보기는 최근 들어 처음이었다.

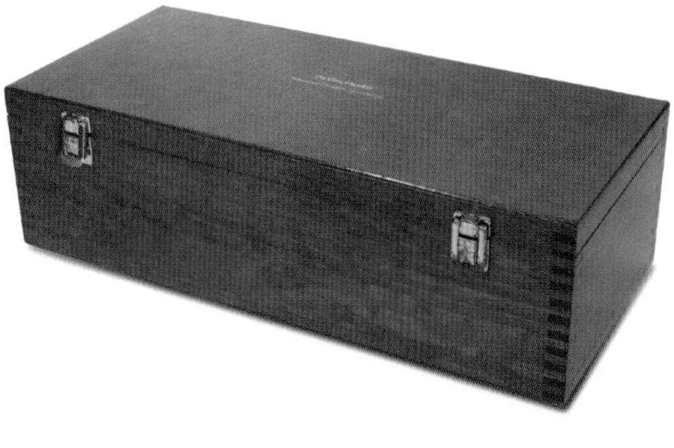

»
완벽한 우드 박스 외함(위)과 헤드셸 및 견사 절연 리츠 케이블(아래)

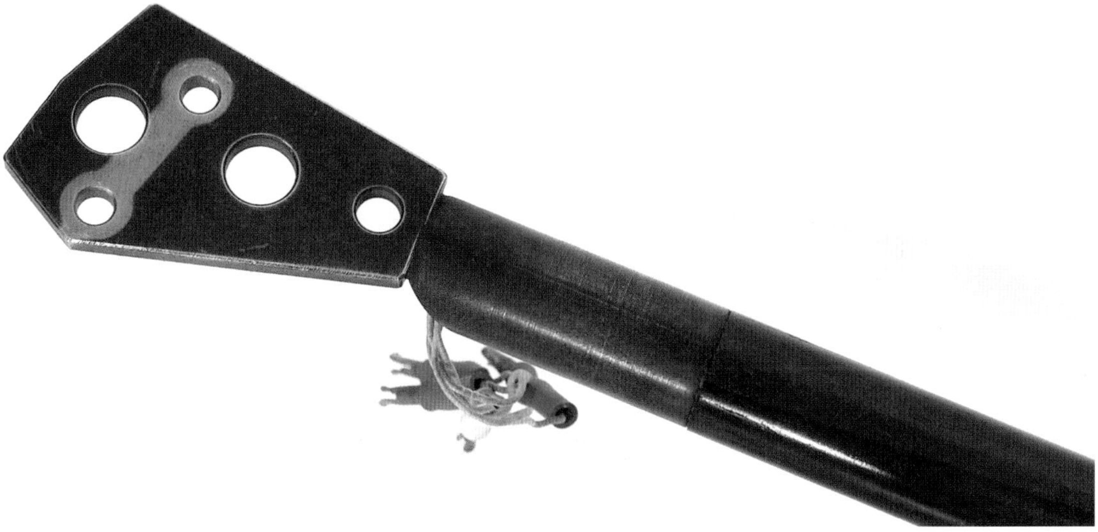

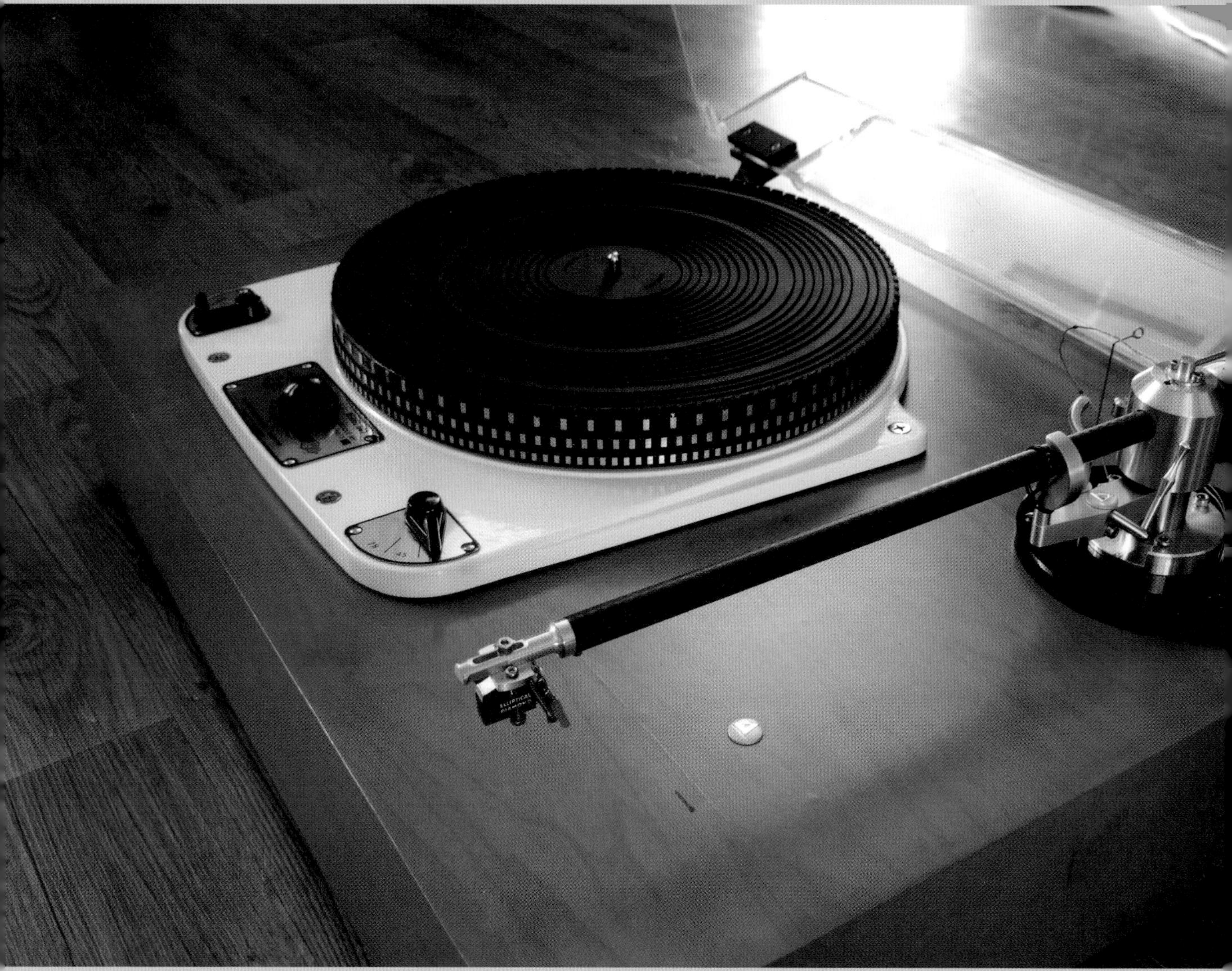

가라드 301, 톤암 매칭의 오만과 편견

국내의 아날로그 마니아 그룹 내에서는 유난히도 헛소문과 편견이 많다. 필자가 가장 경계하는 태도는 이것이 아니면 나머지는 모두 내다 버리라는 권위와 고집에 쌓인 발언들인데 그 주장을 듣다 보면 너털 웃음이 절로 나온다. 특히 구형을 선호하는 마니아들의 오로지 구형만이 살길이며 오래되면 오래될수록 명기이고 현대로 오면 올수록 오디오가 아니라 장식품으로 취급하는 태도는 대화를 하다보면 쉽게 만날 수 있는 현상이다. 네트워크의 바이패스 콘덴서가 맛이 가도 오리지널 부품의 성능이 최고이며, 문제점 많은 롱혼의 구조 때문에 새롭게 숏혼을 창출해낸 것임에도 롱혼을 제외한 혼들은 마치 혼이 아닌 것처럼 이야기하는 태도는 도대체 이해가 가지 않는다. 모든 음향기기의 개선에는 문제가 있었기 때문에 뒤따르는 조치임에도 그 문제점을 장점으로 받아들이는 이 묘한 고집들은 오디오의 역사를 무시할 뿐 아니라 사운드를 직접 비교해보고 양심껏 판단한 후에도 이해하려 들지도 않으며 헛소문에만 끌려 다닌다.

가라드 301에 대한 편견은 구형 오리지널 오르토폰 RF−297이나 RMG(A)−309 · 212가 해답이며 SME−3012(R)는 적절하지는 않지만 그저 그런대로 물릴 만하다는 것이고, 그 나머지는 도대체가 말도 안 된다고 생각하는 것이다. 그렇다고 그 나머지 암들을 가라드 301에 장착하여 다각적 시도를 해본 사람들인가 하면 또 그것은 전혀 아니다. 이들 역시 시도해본 경험이 없을 뿐 아니라 어디에서도 그 소리를 들어본 경험조차 없는 사람들이다. 그냥 기분상 또는 '다른 사람들이 그렇게 이야기하니까'이다.

물론 가라드 301에 오르토폰 암이 맞지 않는다는 뜻은 아니다. 어느 정도 이상의 매칭으로 좋은 소리를 내

»
가라드 301 턴테이블과 클리어 12인치 유니피봇암

는 것은 확실하다. 그러나 그것이 베스트는 아니다. 물론 SPU를 놓고 볼 때 SPU의 고전적 사운드를 선호한다면 해볼 만하다. 그렇다고 해서 이 SPU 카트리지와의 상성조차도 최고라고 말하고 싶지는 않다. 무언가 답답하고 눌린 듯한 사운드에 투명하지 않은 디테일 등 개선되어야 할 부분이 너무 많다고 본다. 이런 부분을 개선하기 위해 필자가 우선 시도한 것이 SME-V 암에 SPU 내부 카트리지만 분리해 장착하는 것이었다. 그러나 결론적으로 이것은 오리지널 오르토폰 RF-297에 미치지 못하는 종합 성적을 거두었다. 원래 SPU의 구수한 맛도 어디로 가버렸고 디테일도 의외의 결과를 초래해 한마디로 귀에 거슬렸다. 그러나 고에츠, 반덴헐, 토렌스 MCH-I(내부 카트리지만 분리해서 고정함), EMT TSD-15 등에서는 원래 오르토폰 암보다 모든 면에서 나은 점수를 받았다고 이야기하고 싶다. SME-V 암과 가라드 301 베이스와의 시각적 매칭도 거슬리지는 않지만 최상은 아니었다. 물론 함머톤 가라드 301과는 시각적 상성도 좋은 편이다.
그러나 또 하나의 실험을 하기로 한 것이 클리어오디오의 Unify 12인치 롱암이었다. 이것은 독일의 클리어 오디오사에서 만든 '유니피봇(Uni-pivot)', 즉 원포인트 암으로 현대 하이엔드 카트리지의 성능을 100% 뽑아내기 위해 설계된 카본 파이프, 사파이어 베어링 암이다. 양쪽을 분리해 따로 보면 도저히 맞을 것 같지 않은 양상을 하고 있다. 특히 Unify 12인치 암의 오만한 모습은 이것이 이야기나 될까 하는 의문을 자아내게 한다. 그러나 우선 놀란 것은, 아이보리 가라드 301에 장착하였는데, 시각적 밸런스가 매우 훌륭하다는 것이었다. 양자간 색감의 조화도 좋고 모양을 보았을 때도 어울렸다. 우선 가라드 301에 장착한 후 SPU · G 구형 카트리지에서 셀과 분리된 내부 알맹이를 장착하고 호기심에 찬 마음으로 현을 들어 보았다. 그리고 놀란 것은 필자가 지금까지 들어 보았던 어떠한 SPU 현보다 투명도와 디테일 감이 좋다는 것이며 음의 애매모호한 점이 사라지고 팽팽하고 탄력 있는 질감과 밀도를 보였다는 것이다. 그것도 구수한 질감이 살아있는 상태에서 성악의 뻗침과 피아노의 영롱함 모든 면에서 지금까지 오르토폰 암에서 듣던 그것과는 차별되는 소리였다. 특히 깊어진 중앙 스테이지는 발군이었다. 결국 시각적 밸런스와 사운드 면에서 필자의 개인적 의견으로 구형 오르토폰 톤암을

»
가라드 301과 클리어 유니파이 12"암(좌)과 SPU를 분해해 내부만 장착한 모습(우)

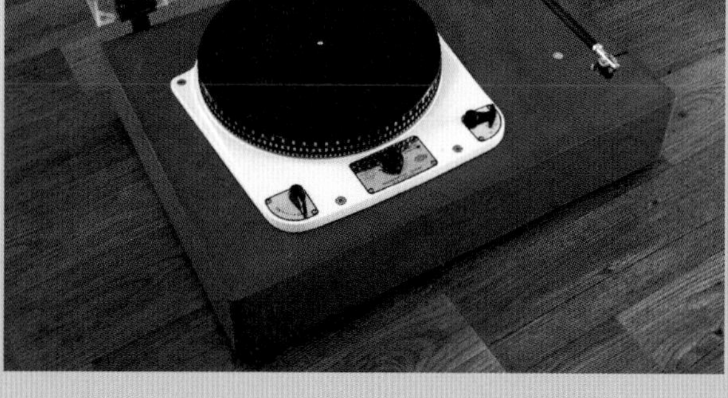

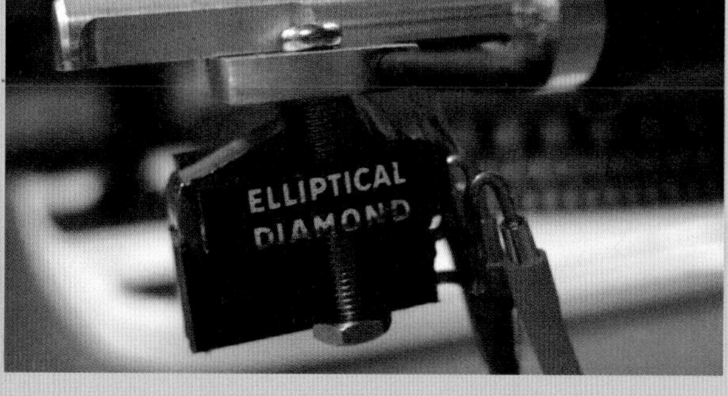

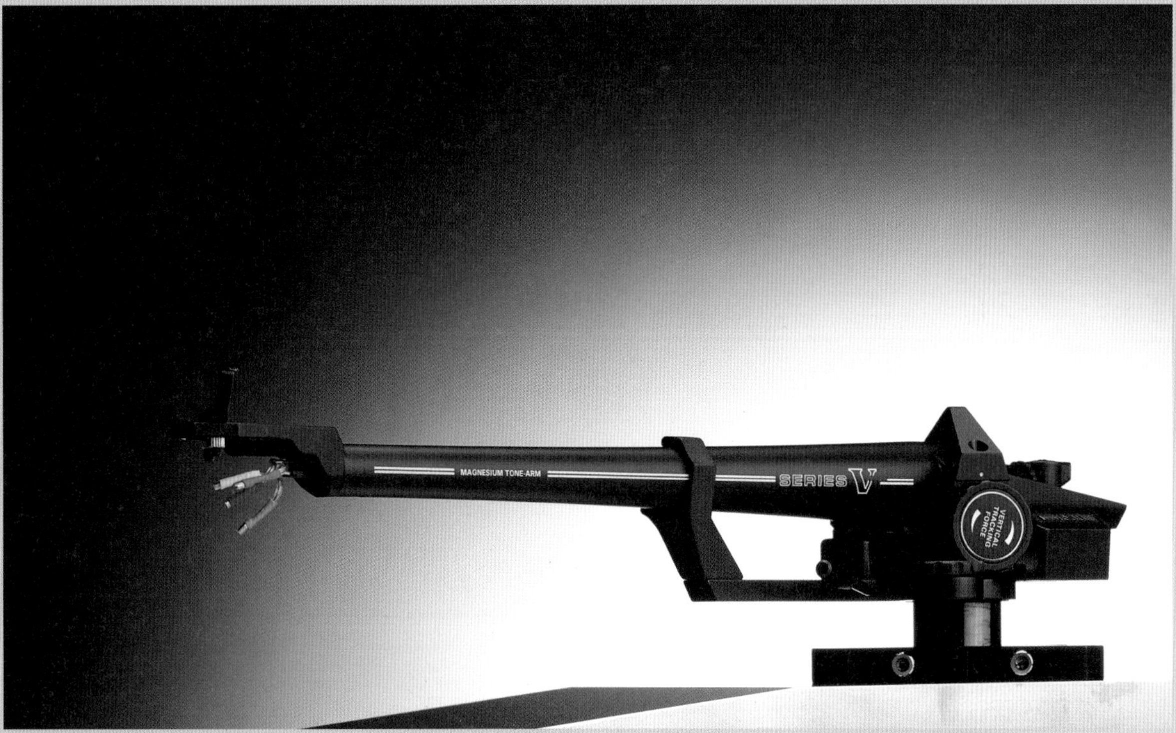

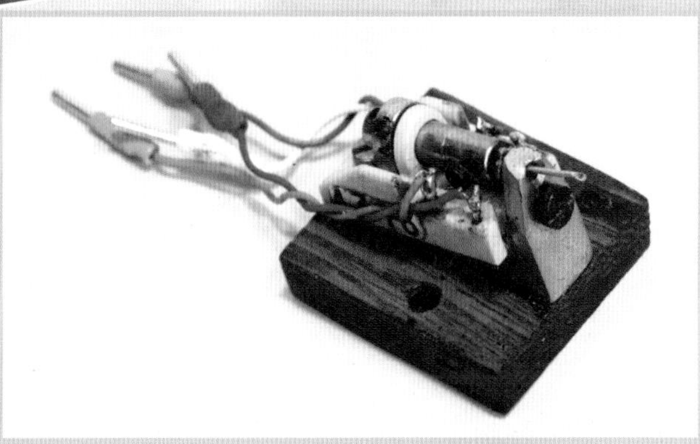

»
SME V암도 가라드와 잘 맞는다(위)
MCH-I의 알 카트리지(아래)

능가하는 SPU 매칭 톤암을 발견한 것이다. 이것은 실험을 해보기 전에는 모르는 하나의 아날로그 매칭 포인트라 생각한다. 차후로 트라이 플레이너, 그래험 팬텀도 연결해 가라드 301의 또 다른 진면목을 발견해보고 싶다.

아날로그에서 편견은 금물이다. 실험해 보고 들어 보기 전에는 편견을 발설해서는 안 된다. 가라드 301과 클리어 오디오 Unif 12인치 암의 매칭에서 SPU를 제외한 반덴헐, 고에츠, 토렌스, MCH-I, EMT TSD-15, 라이라 등과 상성도 모두 A학점 이상의 성능을 발휘하였는데 이런 결과는 구형 오르토폰 암과의 매칭에서는 기대하기 어려운 점수라고 생각한다. 그만큼 하이 컴플라이언스 타입 카트리지와 구형 오르토폰 암과의 상성을 좋다고 하기에는 역부족인 점이 있기 때문이다. 어떻든 오디오에서 공식처럼 이야기하는 말일지라도 기회가 된다면 편견 없이 본인의 귀로 확인할 필요가 있다는 말을 해두고 싶다.

Garrard 301 · 401
영국 고전 턴테이블의 진수

Thorens TD-124 I · II
스위스 초정밀 가정용 턴테이블

Thorens TD-320 · 520
토렌스사의 실용적 완성도의 집약

AR-XA 1 Motor · 2 Motor Turntable
플로팅 타입 턴테이블의 시작과 끝

Dual 1019 · 1219 · 1229
독일 아이들러형 턴테이블

Pioneer PL-41 · 61
안정적인 기능, 거듭나는 발전

Roksan Xerxes · Linn Sondek LP-12
영국 사운드, 변함없이 이어져온 소리

Clearaudio Champion
카트리지의 명성을 이어서 만든 턴테이블

Technics SL-1200 Direct Drive Turntable Series
편리성, 내구성, 사운드 3박자의 조화를 이룬 다이렉트 드라이브의 베스트셀러

Micro-1500 Series
기본에 충실한 마니아적 발상

Basis Debut Turntable
완성도 높은 하이엔드 턴테이블

Luxman PD-310 & Signet XK50 Tonearm
벨트 드라이브 석션 턴테이블과 톤암

Rigid Type · Floating Type Turntable
리지드와 플로팅 타입, 그 음질 차이에 관하여

Double Platter
미묘한 소리의 변화를 찾아서 튜닝하는 즐거움

아날로그 액세서리의 모든 것

TURNTABLE
턴테이블

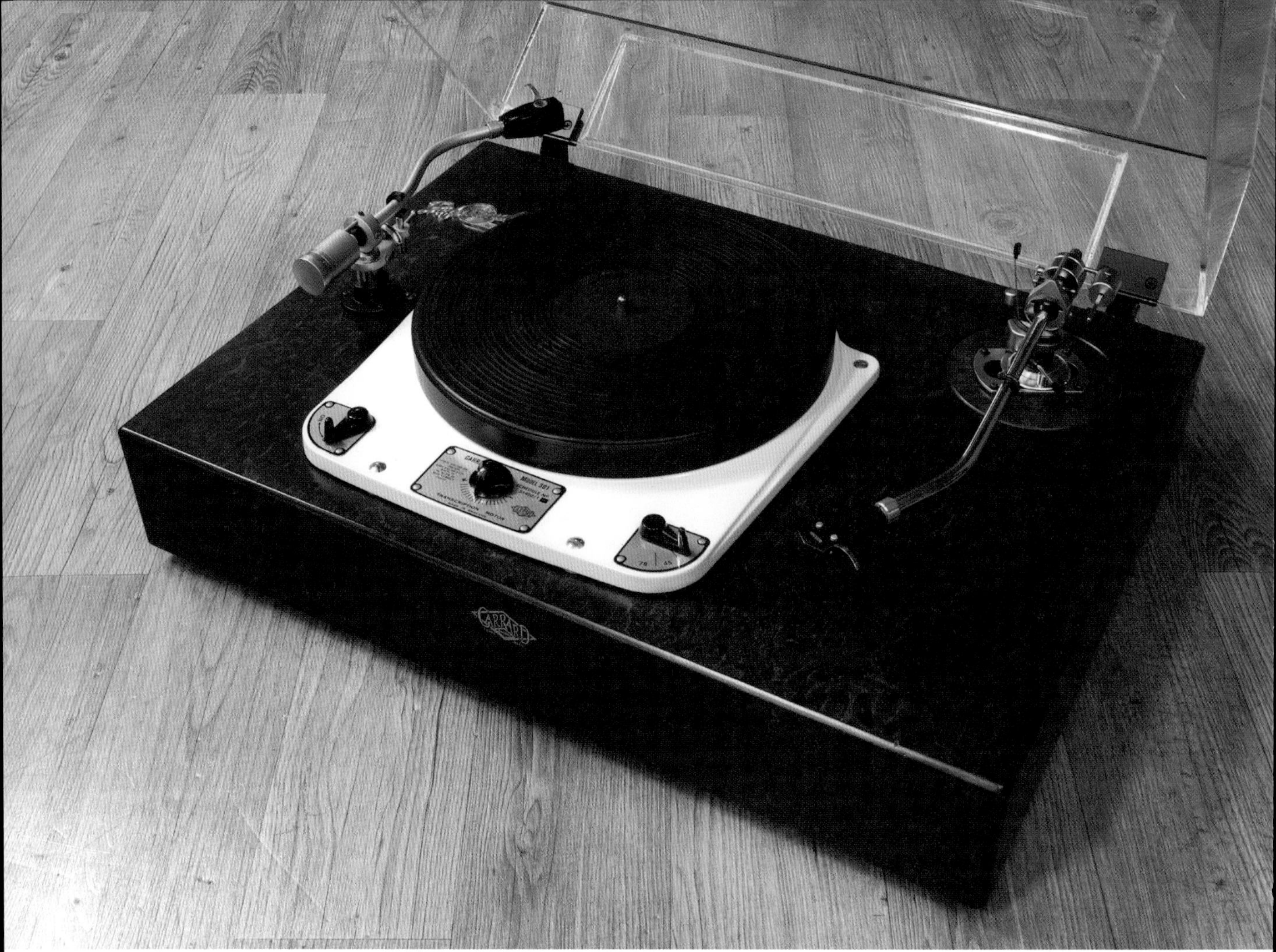
MODEL 301
78
45

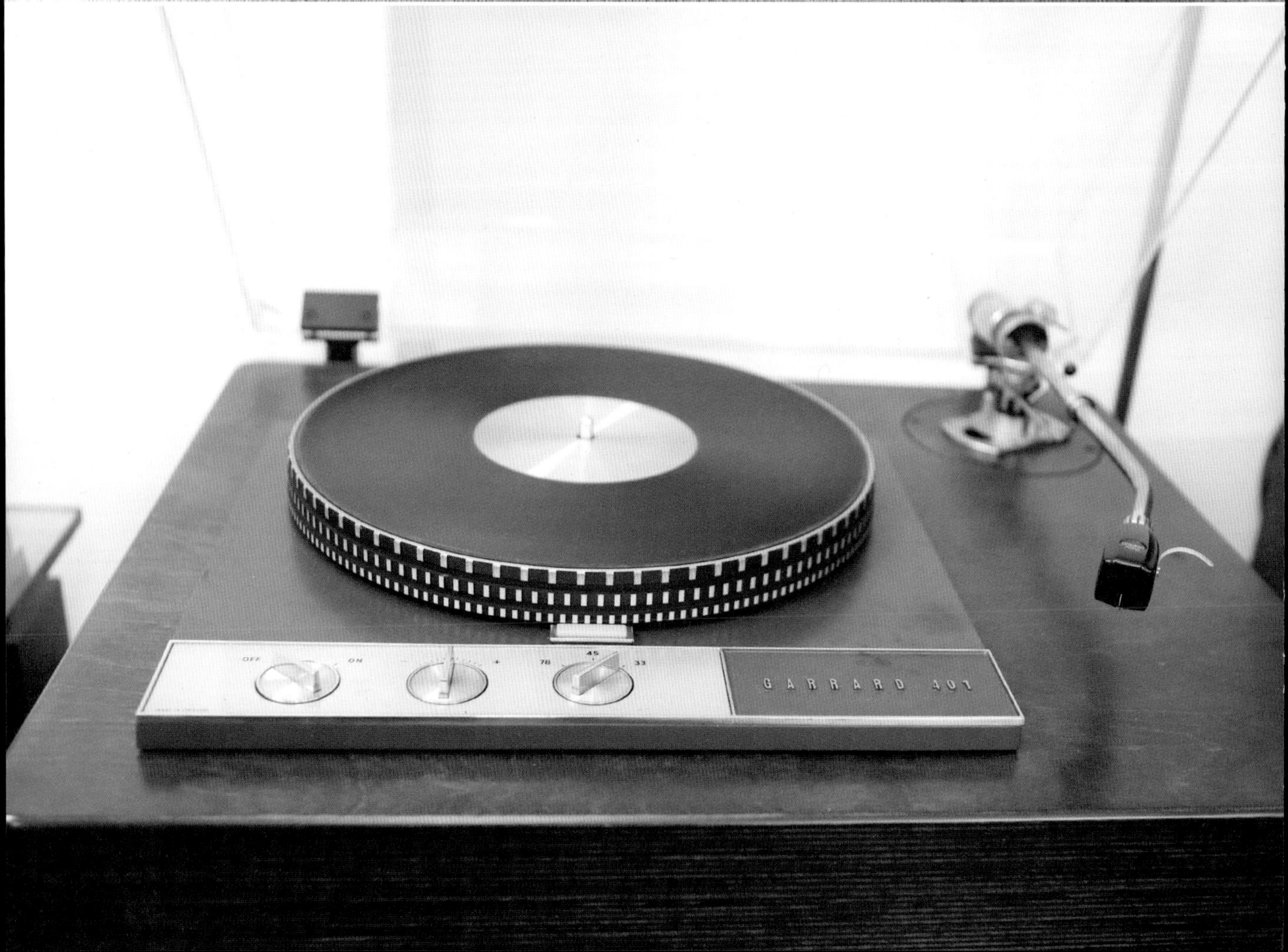
OFF
ON
+
45
78
33
GARRARD 401

Garrard 301·401

영국 고전 턴테이블의 진수

지난 추석은 장대 같은 가을비로 시작하여 회색빛 근심의 수재민과 농사를 망친 농부들을 한숨짓게 하였지만 맑게 갠 하늘 사이로 그동안 보아왔던 어느 달보다도 크고 깨끗한 보름달을 보아서 가슴이 설렜다. 특히 추석 다음날 본 새벽달은 환상에 가까울 정도로 신비하여 잊을 수가 없다. 달 속에는 낭만적이고 향수가 짙은 이야기가 담겨있다. 그것을 느낀다는 것이 곧 달을 느끼는 것처럼 되어버린 필자에게 이번 추석은 생애 최고의 추석이라 하여도 과언이 아니었다. 그만큼 감회와 감동이 컸다는 뜻이다. 촌스럽고도 동화 같은 달 이야기, 그 이야기는 달을 정복한 인간의 과학보다 아름다우며 인간 내면의 가장 깊은 곳으로 여행할 수 있게 하는 우주선과 같았다. 필자는 그 이야기를 타고 스스로의 길을 개척하여 결국 깊숙한 곳에 자리한 또 하나의 진실한 내 자신과 대화하게 만든다. 필자가 여행해야 할 곳은 자신의 내부에 있다는 것을 환한 보름달이 비추어주어 새삼 깨닫게 하였다.

추석날이면 최창남의 '오봉산 타령'을 턴테이블에 올려놓고 휘영청 밝은 달빛 아래 들어 보곤 하였는데 "오봉산 꼭대기 에루화 돌배나무는 가지가지 꺾어도 에루화 모양만 나누나, 오봉산 제일봉에 백합이 춤추고 단풍진 숲속엔 새 울음도 처량하다. 오봉산 꼭대기 홀로 섰는 노송남근 광풍을 못 이겨 에루화 반춤만 추누나, 바람아 불어라 에루화 구름아 일어라 부평초 이 내 몸 끝없이 한없이 가잔다"는 구성진 가사가 달빛과 함께 가슴에 스며든다. 20여 년 전 추석날 들었던 최창남의 국악 LP는 바로 가라드 401에 SME 3012 프로토 타입 암을 장착한 것이었는데 지금도 달밤에 슬슬 돌아가는 401의 모양새만 생각하면 강강술래가 절

»
투암(Two-arm)이 장착된 가라드 301(상단)과 가라드 401과 3012 프로토 타입 암(하단)

로 떠오른다. 당시 401의 위용은 필자에게 가히 보름달 같은 존재여서 항상 오디오랙 위에서 광채를 발하고 있었다는 기억이다. 아마 추억이 되어버려 더 아름다운 기억으로 각인되었다고 말하는 것이 맞을 것이다. 물론 당시에도 301이 401보다는 인기도 있고 가격도 높았다. 그러나 소리를 비교해보면 401이 301보다 무언가 안정적인 질감과 주행 성능을 보여주고 있었다는 나름의 판단이 지금도 401에 대한 추억을 더욱 부추겨 세운다.

약 10여 년 전 해외 오디오 쇼에 참관한 기억이 있는데, 당시 신품같은 401에 SME 3012R을 장착하여 쇼룸의 데모용 아날로그 턴테이블로 사용하는 것을 보았다. 3012R뿐 아니라 SME-V암도 장착하여 동시에 데모하고 있었는데 새삼스럽게 401의 성능을 재평가하는 계기가 되었다. 특히 V암을 장착하여 반덴헐 카트리지로 듣는 LP의 자연스러움과 다이내믹에 놀랐으며 특히 하이엔드 오디오와의 매칭임에도 뛰어난 음악성을 갖고 있다는 것에 두번 놀랐다.

외국의 전문가들은 당시만 하여도 301보다는 401이 성능에 있어 앞서 있다고 판단했던 것이 분명하다. 특히 우드 베이스에 과감히 투자하여 401의 최적화된 사운드를 끌어내려고자 하는 전시자들의 노력에 감탄했었다. 거기에 비해 국내 마니아들은 401보다는 301이 우수하다는 편견과 빈티지 턴테이블에는 빈티지 암인 오르토폰 계열의 암만이 대안이라고 생각하는 편견이 팽배해 있어 401이 국내 마니아들의 리스닝룸에 자리할 여지가 없었다. 그러나 최근 들어서는 이에 대한 평가가 조금 달라졌다. 물론 301이 시각적 측면에서 아름다운 것은 사실이다. 그러나 그것을 제외한 나머지, 즉 실제 성능 면에서 401이 앞선다고 판단하는 마니아들도 많아졌다.

필자도 그런 사람들 중 하나일 것이다. 그럴 수밖에 없는 것이 모터에서부터 각종 스핀들, 아이들러를 포함하는 모든 부품은 301보다 월등히 상태가 좋기 때문에 기능이 생생하다는 것이다. 턴테이블은 고속 회전을 저속 회전으로 감쇄시키는 각종 운동 전달부품으로 이루어져 있어, 이 부품의 양부가 전체 성능에 지대한 영향을 끼친다. 따라서 이 부품들의 동작상태가 전체 턴테이블의 동작 상태를 규정하는 결정적 요소로 작용할 수밖에 없는데, 이 부품 컨디션은 당연히 301보다는 후속 모델인 401이 월등히 우수하다. 결과적으로 401이 소리가 좋을 수밖에 없는데 301과 401은 구조도 거의 동일하고 모터를 포함하는 대부분의 부품들이 같기 때문이다. 이미 해외 시장에서는 401의 선호도가 많이 앞선 지 오래다. 앞으로 국내의 선호도도 증가하리라 본다. 아직까지는 401이 저렴한 편이므로 빈티지 턴테이블로 가라드를 선택할 의사가 있는 마니아라면 401을 긍정적 입장에서 고려하기 바란다. 물론 디자인적으로 덜 친화적이긴 하지만 SME-V암이나 현대 암들을 고려한다면 오히려 시각적 밸런스가 좋을 수도 있다.

››
상단은 가라드 301의 스피드 컨트롤 레버(모듈 1은 그리이스베어링 모듈 2는 오일 베어링, 좌)와 가라드 사용자들의 기본 카트리지 오르토폰 SPU(우)
중간은 SME-3012R을 장착한 가라드 301
하단은 두개의 오르토폰 롱암을 장착한 가라드 301

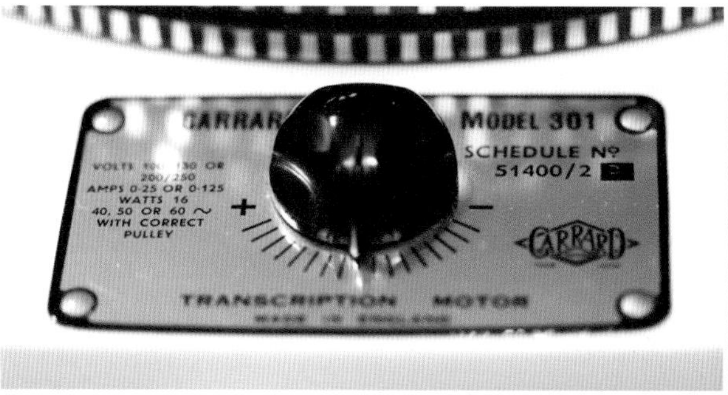
MODEL 301
SCHEDULE Nº
51400/2
AMPS 0·25 OR 0·125
WATTS 16
40, 50 OR 60 ~
WITH CORRECT
PULLEY
GARRARD
TRANSCRIPTION MOTOR

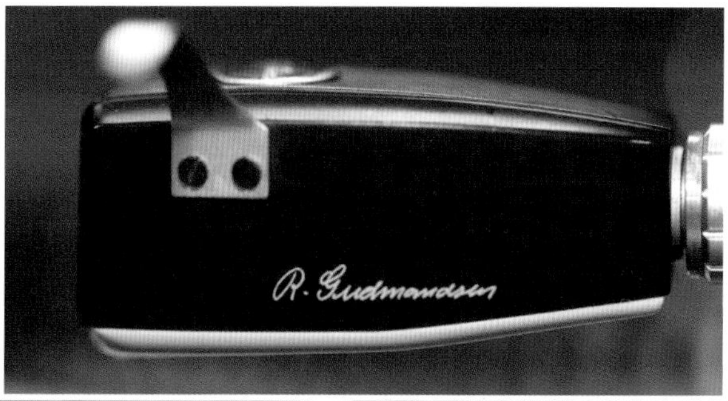
R. Gudmandsen

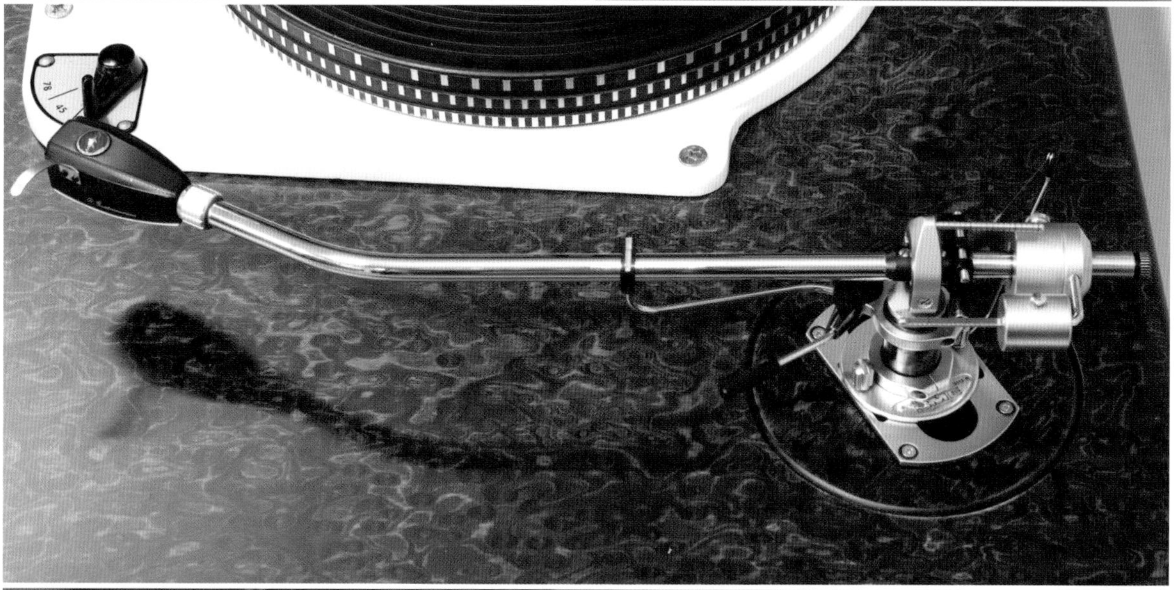

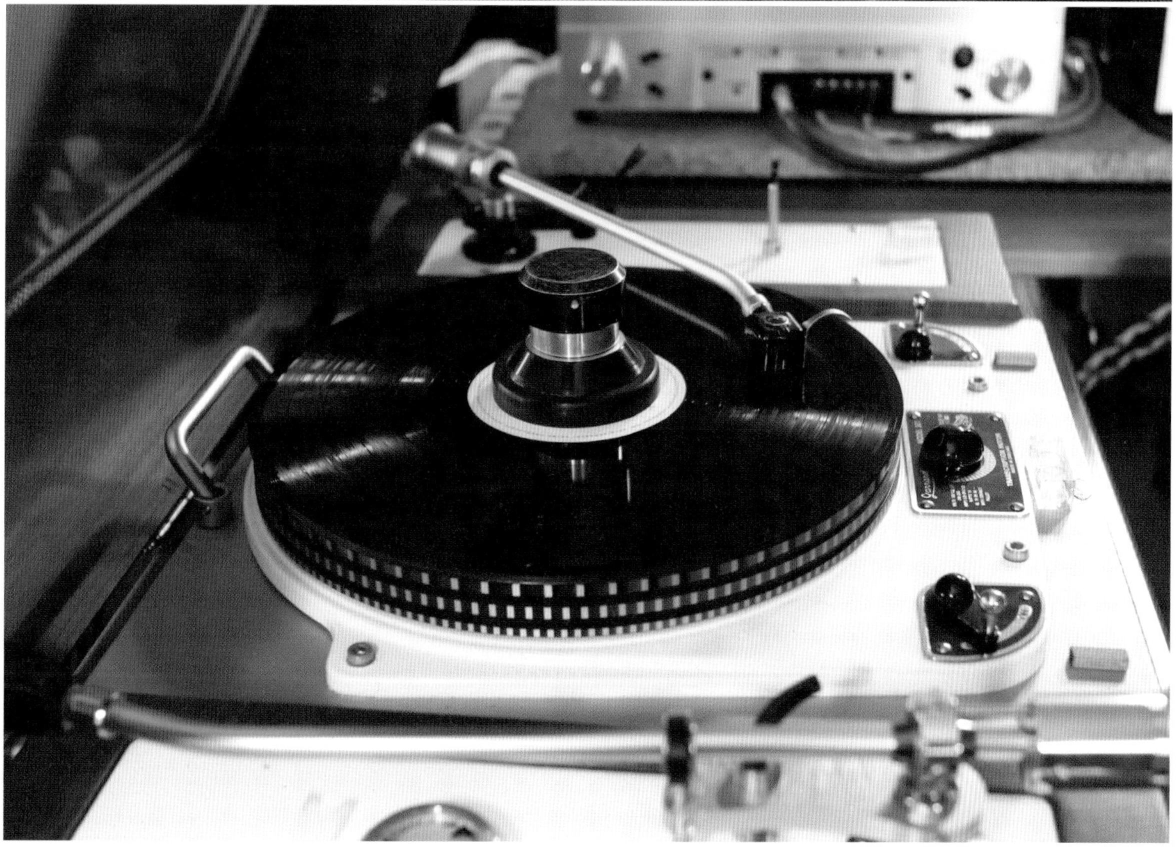

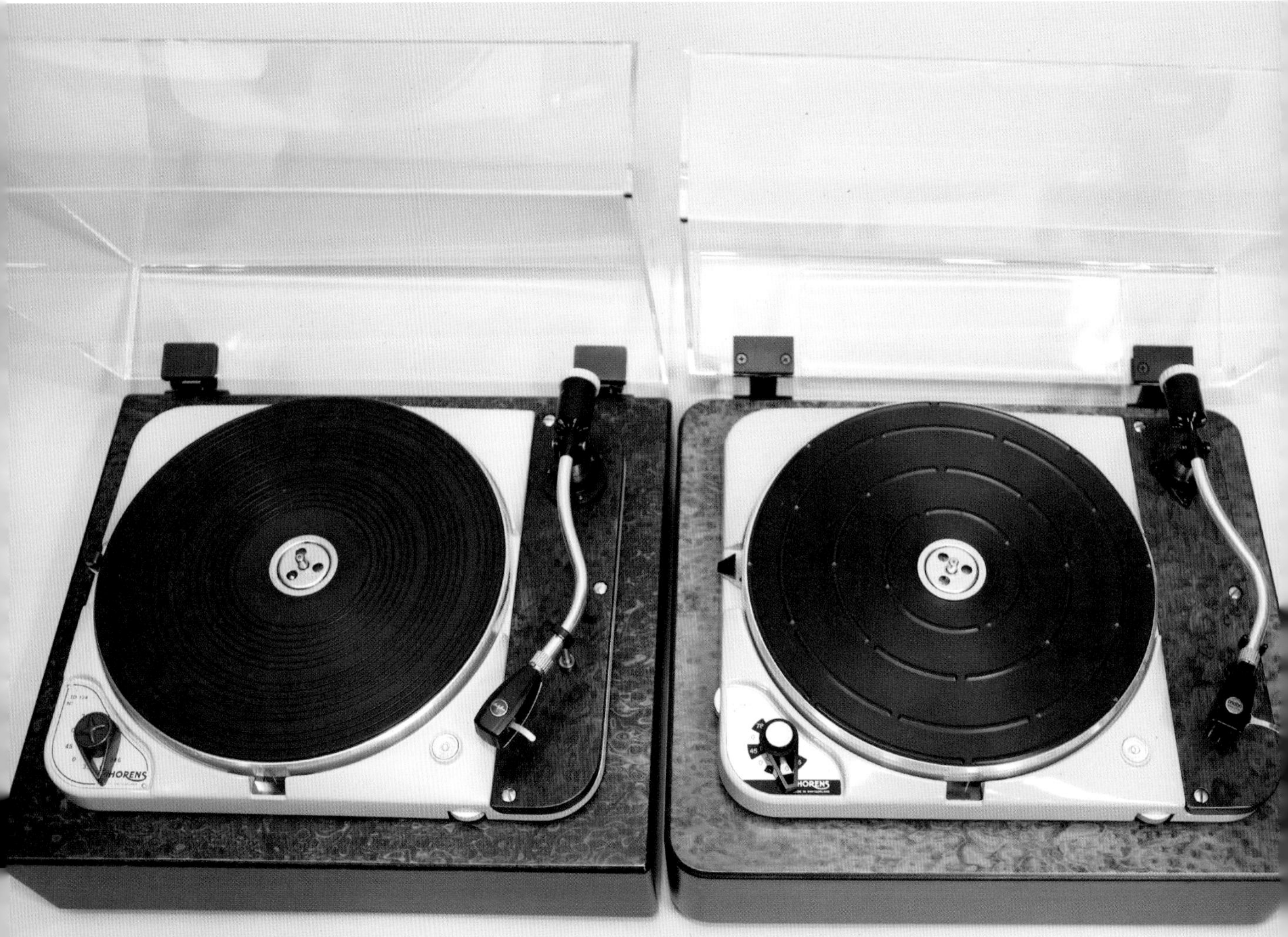

Thorens TD-124 Ⅰ·Ⅱ

스위스 초정밀 가정용 턴테이블

1960년대 턴테이블의 쌍벽을 이루는 것이 가라드 301과 토렌스 TD-124라는 사실은 아날로그 마니아라면 이미 다 알고 있다. 124가 스위스 정밀 부품 산업의 발로라면, 301은 영국 실용주의 내구성 정신을 극대화한 턴테이블의 대표라 말할 수 있는데, 특히 두 모델 모두 현역기로도 빈티지 마니아들이 최고로 선호하는 제품이다. 301이 방송국용으로 제작된 프로 턴테이블이라면, 124는 순수하게 가정용으로 개발된, 당시로서는 하이엔드 턴테이블이다. 따라서 내구성 면에서는 301이 앞서지만 내부 정밀도 면에서는 124가 앞선다고 볼 수 있다. 현재까지도 124가 좋다 혹은 301이 좋다 말이 많은데, 301을 좋아하는 입장에서도 사운드의 선호가 갈릴 뿐이지 결코 어느 것이 낫다고 할 수 없는 박빙의 구성을 갖추고 있음을 알 수 있다.

124Ⅰ에서 124Ⅱ로의 개량은 모든 메커니즘이 동일한 상태에서 플래터만 자성체인 메탈 합금에서 비자성체인 두랄루민 합금체로 변경한 것이다. 그 이유는 카트리지의 자기회로에 쓰이는 자석과의 상관관계를 최소화하기 위한 것이며, 플래터 중량 자체는 124Ⅰ이 더 무거워 관성 토크에서는 유리한 점이 있다. 또한 그 울림 자체도 자연스러운 점이 있어 일반적으로 124Ⅱ보다는 124Ⅰ이 소리가 좋다. 특이하게 124Ⅱ로 바뀌면서 가격도 다운되어 신제품이면 가격이 오르는 다른 제조사들에 반해 토렌스사 자체의 양심을 보여 주는 좋은 예라 할 수 있다.

124의 메커니즘은 그 유명한 벨트 아이들러 타입으로, 301의 아이들러 타입에 비해 벨트로 진동 전달을 극소화시키면서도 아이들러 타입의 강한 토크 전달을 목적으로 한 정밀 턴테이블 메커니즘이다. 모터는 4극

»
토렌스 TD-124Ⅰ(좌)과 124Ⅱ(우)

인덕션 타입으로 주파수 동기이며, 역기전력에 의한 정속 회전 컨트롤 기능으로 항상 정속 유지를 하게끔 설계되었다. 그러나 노화로 (대부분 모터 내부 베어링과 슬리브 마모, 그리고 윤활유 노화에 의한 저항 상승) 스타트 때와 시간 경과 시 회전 변화가 생기는 경우가 많아 불편한 점도 있다. 유럽에서는 모터를 완전히 분해해 경년 변화된 부품을 교체하고 청소하여 제 성능을 발휘하도록 해주는 전문 보수 업체가 있을 정도인데, 아직까지 국내에서는 이 정도로 수리할 수 있는 업체가 없어 아쉽다. 또 토렌스사에서 모터 시스템을 더 정밀한 24극 싱크로너스 모터 등으로 교환해 사용할 수 있는 모터 업그레이드 키트도 판매되었는데, 확실히 S/N비가 상승되고 디테일도 좋아진다. 최근 들어 다시 구매해보려고 하니 이미 그 프로젝트는 취소되어 없고, 대신 외국의 타 업체에서 주관해 모터 체인지를 해주는데, 모터만 팔지 않고 턴테이블 전체를 보내야 된다고 해서 포기했었지만 최근들어 인터넷을 통해 다시 모터를 포함한 부품 세트를 판매하고 있다고 하니 반가운 일이다.

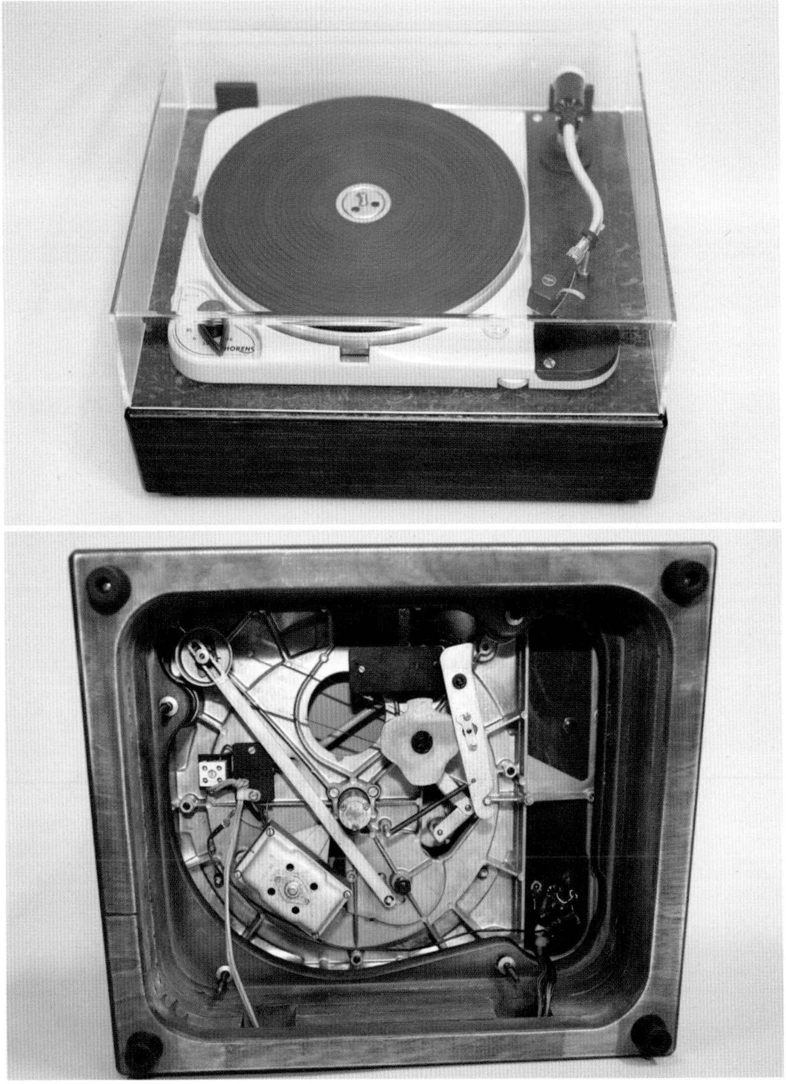

»
124Ⅰ 턴테이블(상단)과 124Ⅰ의 내부(하단)

국내에서는 플래터 스핀들 하부 베어링을 사파이어로 교환하는 키트가 판매되는데, 회전력은 저항없이 좋아지나 소리 면에서는 본래의 따뜻한 촉감을 잃는 것 같아 호불호가 나뉜다. 또 사파이어 베어링이 깨지기 쉬워 잘 다루지 않으면 낭패를 보는 만큼 권장하고 싶지는 않다. 실제 124의 사운드는 301에 비해 온도감이 처지는 부분이 있어 디테일을 좋게 하려다 온도감 특성을 더 악화시키지는 않을까 우려된다. 그밖에 124 벨트나 하부 댐핑 고무인 머시룸은 따로 판매되며, 정품과 큰 차이가 없어 애호가들이 선호한다. 124의 플래터는 2중으로, 내부 플래터와 위에 스테핑 플래터를 올려놓아 퀵 스톱을 할 수 있게 해 놓았다. 그러나 이 플래터가 정밀도가 떨어지고 공진에 의한 음상 손상의 우려가 있다. 따라서 이 스테핑 플래터를 제거하고 별도의 무공진 아크릴 플래터를 올려놓으면 음상이 깨끗해지는 현상을 느낄 수 있다. 물론 퀵 스톱은 안 되지만 사용상 큰 불편이 없어 이렇게 사용하기를 권장한다.

124는 턴테이블 모터 단품으로 판매되어 톤암은 보통 사용자가 선택해 장착하는 것이 상례였다. 덴마크의 B&O에서는 그들의 Beogram 3000 시스템에서 B&O 톤암을 장착해 상품화하기도 했고, 미국에서는 그라도 우드 암을 장착하거나, 일본에서는 마이크로 MA-77(숏암), MA-88(롱암)을 장착해 판매했다. 또한 영국에서는 SME 3009·3010·3012를 장착했다. 물론 암 일체식으로 판매되기도 했다. 일체식 암으로 대부분 오르토폰의 SMG-212·RS-212·RMG-212이고, 가끔 동사의 TP-14 암이 장착되기도 했지만 인기가 없어 판매량이 얼마 되지 않는다.

TD-124 턴테이블에 가장 좋은 암은 롱암보다는 숏암이 맞다고 생각하는데, 필자의 경험으로 일본의 암 중에서는 FR-64, 영국의 암 중에서는 3009 구형, 덴마크의 암 중에서는 오르토폰의 RS-212이라 볼 수 있다. 그러나 SMG-212도 심플하면서 124와 잘 어울린다. 필자의 생각으로는 구형 SMG-212 정도가 124에 가장 적절한 암이라고 생각하는데, 124 특유의 질감을 살려주면서 단점인 온도감을 상승시켜주는 현상이 있기 때문이다. 잘 튜닝된 124는 최근 수천만 원짜리 현대 턴테이블도 따라올 수 없는 매력과 음악성을 소유하고 있다. 무난한 가격이 장점이고, 아직까지는 내구성 면에서도 큰 문제가 없는 정밀한 턴테이블이다.

»
124Ⅰ의 내부 플래터와 124Ⅱ의 스테핑 플래터(좌), 124Ⅰ의 스피트 컨트롤 겸 ON/OFF 스위치(우)

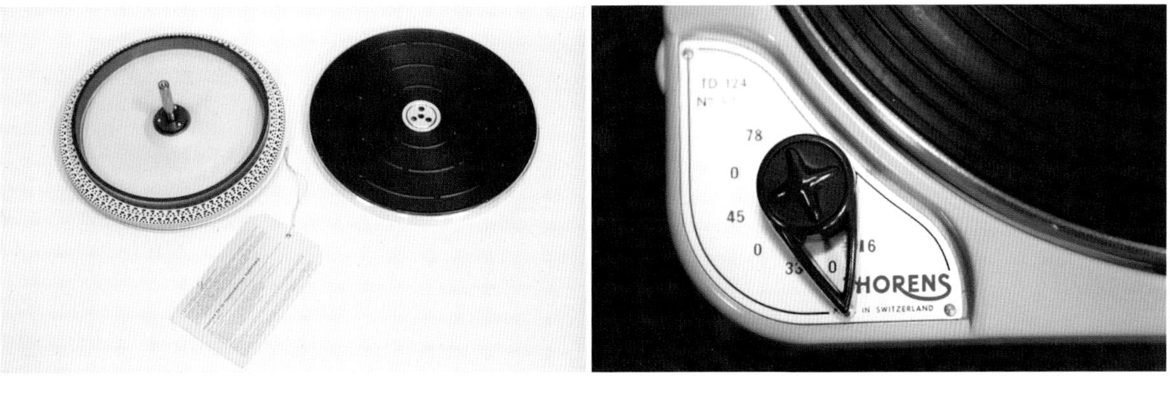

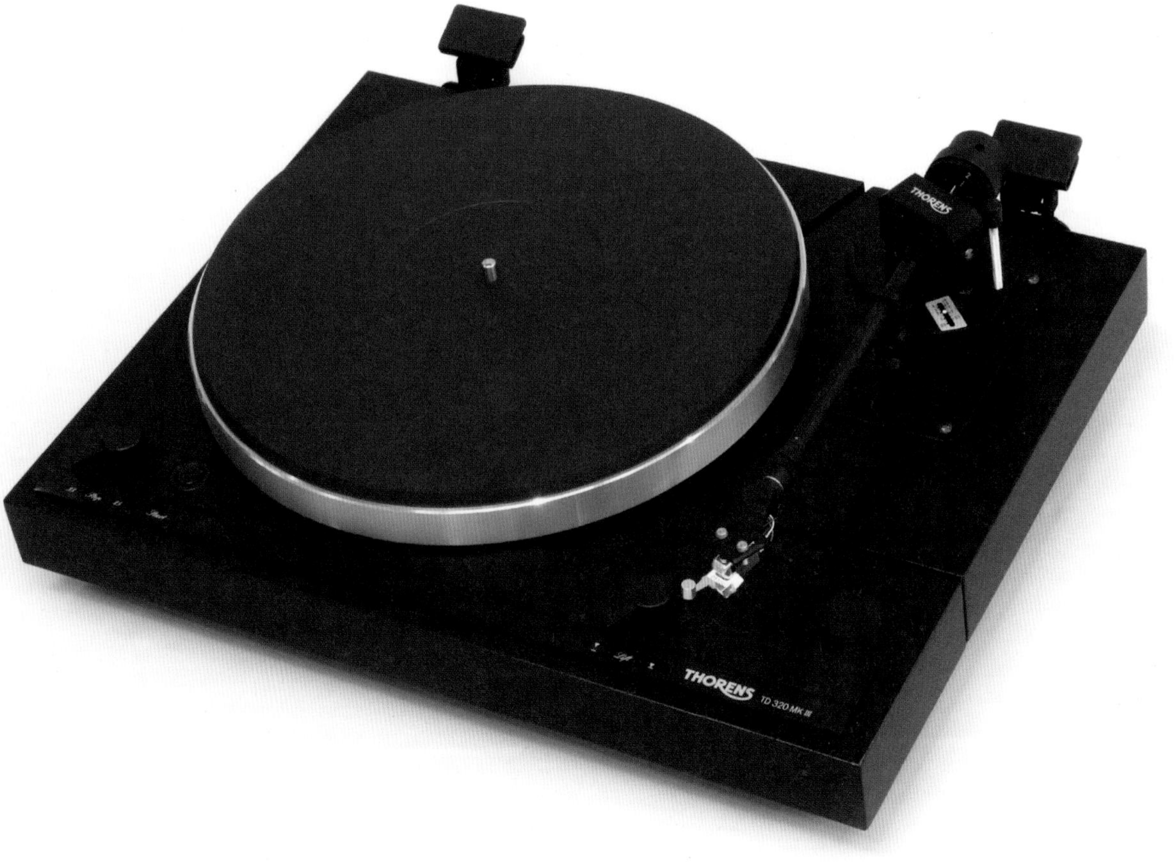
THORENS
TD 320 MK III

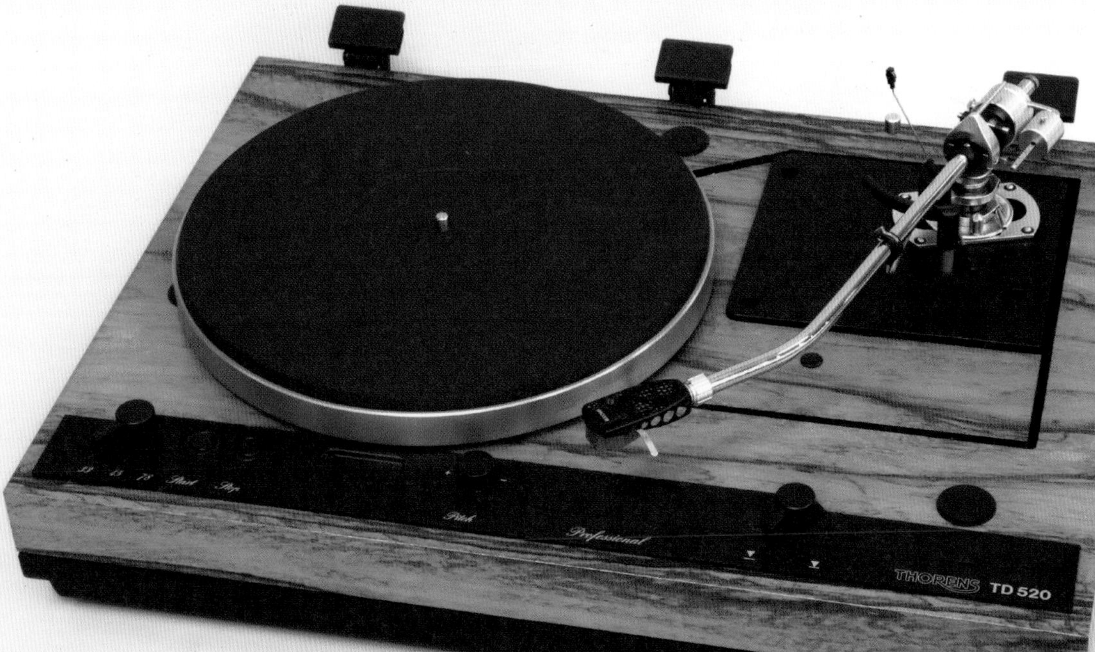
33 45 78 Start Stop
Pitch
Professional
THORENS TD 520

Thorens TD-320·520

토렌스사의 실용적 완성도의 집약

스위스로부터 독일로 옮긴 이후 토렌스사의 제품 중 가장 베스트셀러 모델은 TD-320과 520 시리즈라 볼 수 있는데, 또한 흔하다는 이유로 가장 저평가된 제품이기도 하다. TD 520은 그들의 TD 시리즈 제품 중 가장 상급기로, 사운드나 기계적 완성도에서 정점을 보이는 좋은 제품이다. 물론 520Super가 있지만 520Super는 520에서 플래터만 황동제로 바뀐 변형모델이기 때문이다. 320의 하급기인 318은 톤암의 수준을 TP-90에서 TP-50으로 낮추고, 플래터의 무게는 3.1kg에서 2.7kg로 하향 조정한 후 스핀들 직경을 320의 10mm에서 7mm로 낮춘 것으로 좋은 반응을 얻지는 못했다. 토렌스 턴테이블의 기술적 완성은 320과 520에 모두 집적되어 있다고 해도 과언이 아니다. 그들의 상급기도 많지만 그 근간이 되는 기술적 바탕은 320과 520에서 완성되었다. 기본적으로 위상 제너레이터와 24극 저소음 저진동 싱크로너스 모터를 이너 플래터 가까이 장착시키고, 초정밀 풀리를 통해 토크를 최대로 향상시킨 후 와우 플루터를 최소화시키기 위해 고무 벨트 두께가 일정하도록 수가공해 초 정밀형으로 완성시켰다. 결과적으로 정속성과 회전 얼룩이 없는 정밀 회전을 통해 더 안정감 있는 LP 재생이 가능해졌다. 320과 520의 스핀들 축과 베어링은 직경 10mm로, 고밀도 강철을 하드 미러 광택으로 정밀하게 완성해 안정도가 높다. 320과 520의 아웃터 플래터는 무게 3.1kg으로 아연합금 알루미늄을 오랜 기간 숙성시켜 내부밀도 밸런스를 잘 맞추어 완성한 정밀 가공품이다. 전체적으로는 축받이와 암을 일체화시키고, 그 외의 바디 부분을 분리시켜 하부 진동을 리프 스프링으로 격리시킨 서스펜션 방식이다. 자동 리프트와 자동 꺼짐 장치를 모터 싱크 보드 내에서 모두 조정하며, 아크릴 커버의 서스펜션

»
토렌스 TD-320 MK Ⅲ(상단)와 TD-520(하단)

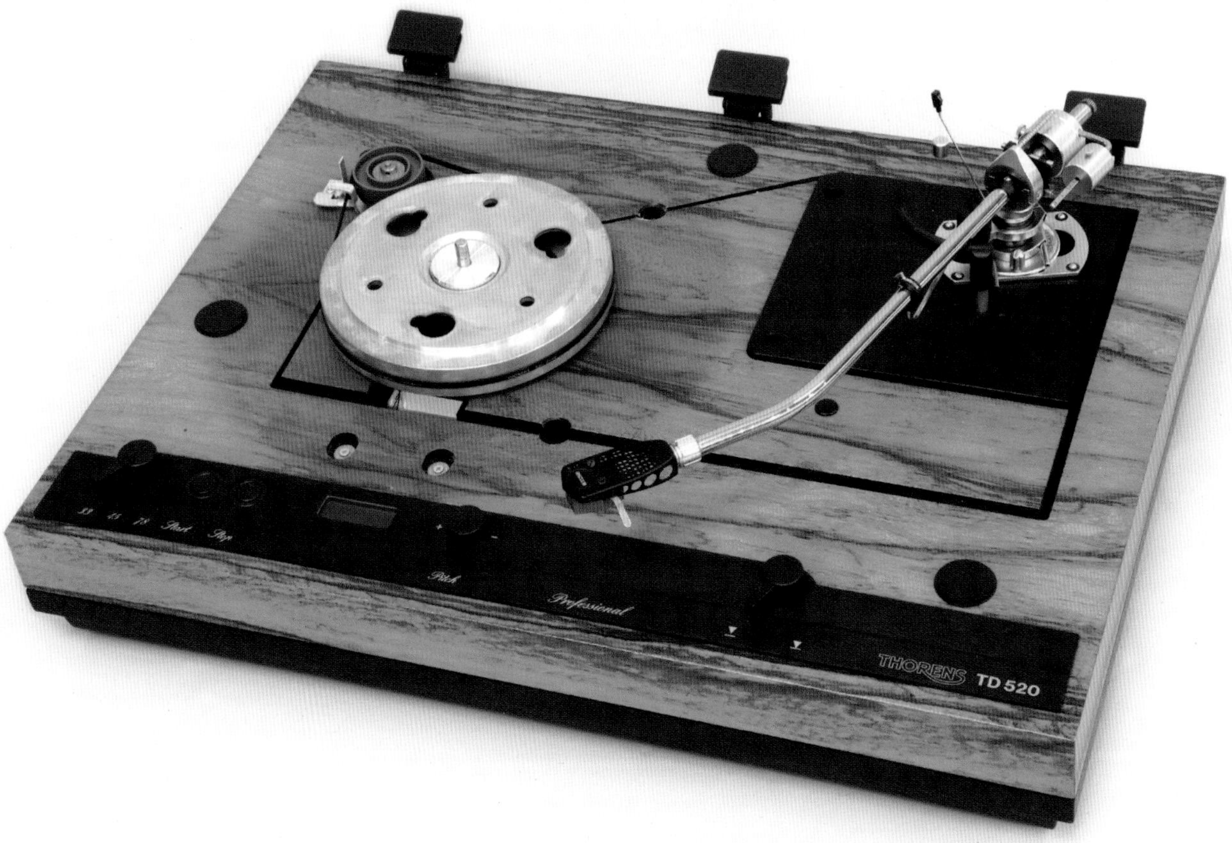

»
TD-520의 인너 플래터와 SME 3012R 암

도 사용자 편리성을 고려해 안정성 있는 힌지(hinge)로 마감해 놓았다.

320에 장착된 TP-90 암은 TP 시리즈 중 가장 상급기로 스테틱 밸런스의 정밀 암이다. 하이 에너지와 로우 에너지 밀도의 재료를 이중으로 조합해 원하지 않는 진동을 상쇄시키고, 초정밀도의 수평·수직 베어링을 장착시킨 수작이다. 인사이드 포스 캔슬링을 위한 스프링 안티스케이팅이 장착되어 있어 암의 편심 압력을 정밀하게 조정해 카트리지의 L·R 출력 밸런스를 정확히 맞출 수 있다. 헤드셸은 탈착 가능한데, 유니버설 타입은 아니어서 일반 헤드셸과 호환되지는 않는다. 개인적인 생각으로 이 TP-90이 그 성능에 비해 저평가되는 이유는 오로지 모양 때문이 아닌가 싶다. 상급기인 520만 보더라도 플래터나 내부 구조는 바뀌지 않고 롱암을 부착할 수 있도록 하부 턴테이블 바디만 크게 조정되어 전반적 사운드 자체는 동일하다. 320은 시리즈 Ⅳ까지 개발되어 장기간 생산되었으며, 바디는 로즈우드와 블랙 애쉬 컬러의 두 가지 버전이 있다. 전체적 음색이 온화하고 중용적이며 일반적 아날로그 음질을 무난하게 제공하지만 또한 이것이 고집이 되어 어떤 카트리지를 연결하든지 자체 음색의 한계를 벗어나지 못하는 약점도 가지고 있다. 최근 추세로 본다면 동등 성능의 신제품 턴테이블을 구하려면 아마 중고가의 여섯 배는 줘야 가능하리라고 볼 정도로 가격 대 성능비가 뛰어난 제품이다. 벨트는 최근 중국제 대체품도 나와 있으며, 오리지널 벨트도 재고로 판매된다(몸체에 'Thorens'로 마킹이 되어 있다). 플래터의 수평은 아웃터 플래터를 들어내고 내부 3점 스프링 조정 나사를 돌리면 쉽게 조정된다. 오래된 중고인 경우 스핀들 오일이 마른 것도 있는데, 턴테이블 스핀들 오일을 가볍게 주입해주면 성능 향상에 도움이 된다. 320의 매력은 가장 저렴한 가격에 중간 이상의 아날로그 사운드를 단번에 점령할 수 있다는 것이다. 다루기도 편리하고 사이즈도 아담하며 세팅하기도 좋다. 그러나 크기에 비해 무게도 만만치 않고 성능도 만만치 않다. TP-90 대신 520에 장착되는 SME-3012R의 숏암인 3010R이 장착된 기성품도 나와 있는데, 물론 가격은 TP-90이 장착되는 제품에 비해 2배 이상 뛴다. 암 성능의 향상으로 전반적 음질의 향상뿐 아니라 시각적으로도 훨씬 고급스럽게 보인다. SME가 장착된 320이나 520이라면 하이엔드 성능의 여타 턴테이블에 결코 뒤쳐진다고 이야기할 수 없는 좋은 제품이다. 물론 정점에 프레스티지와 레퍼런스 턴테이블이 있지만 고가이고 한정 생산품이어서 구하기도 힘들다.

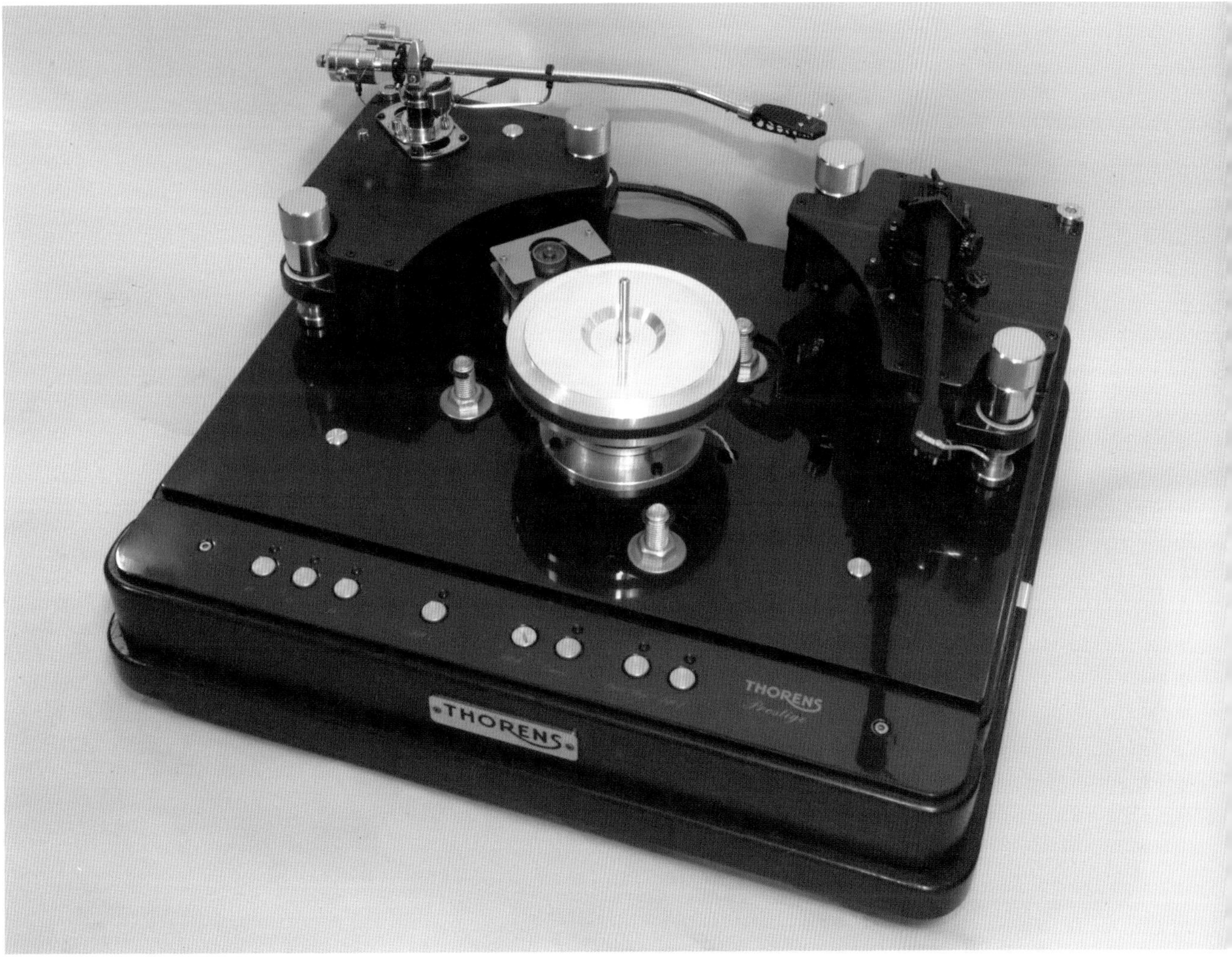

››
520의 상급기 프레스티지(Prestige)의 내부 구조

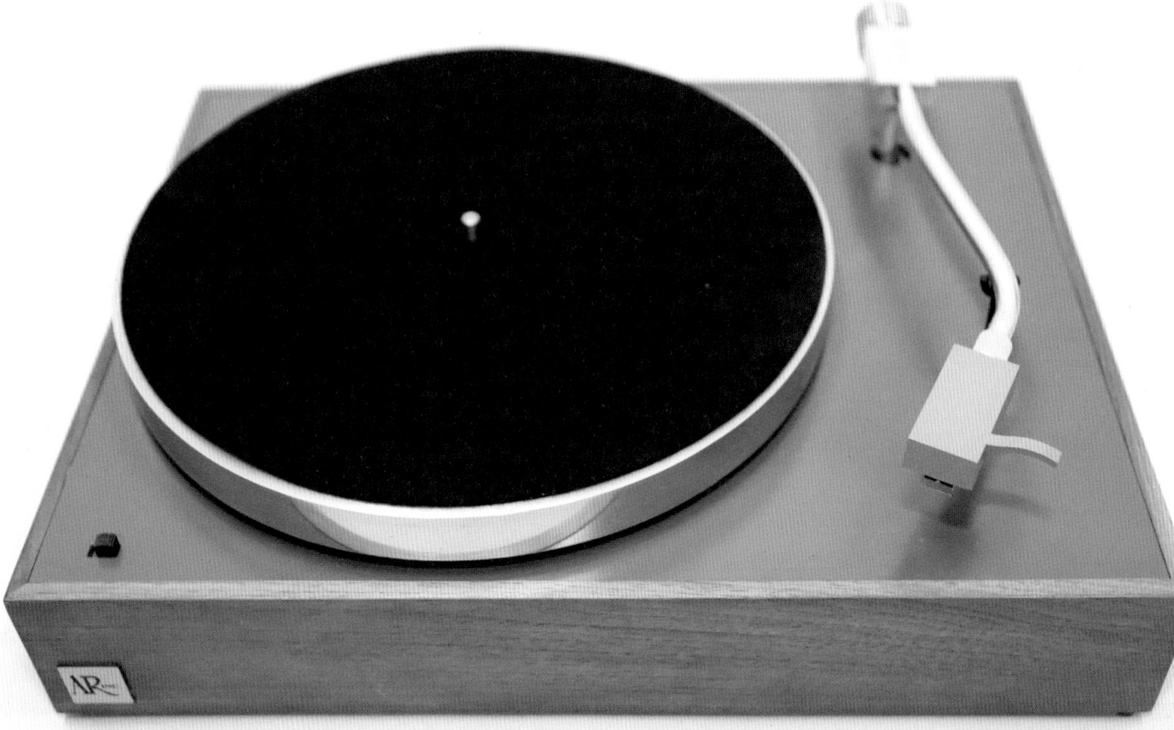

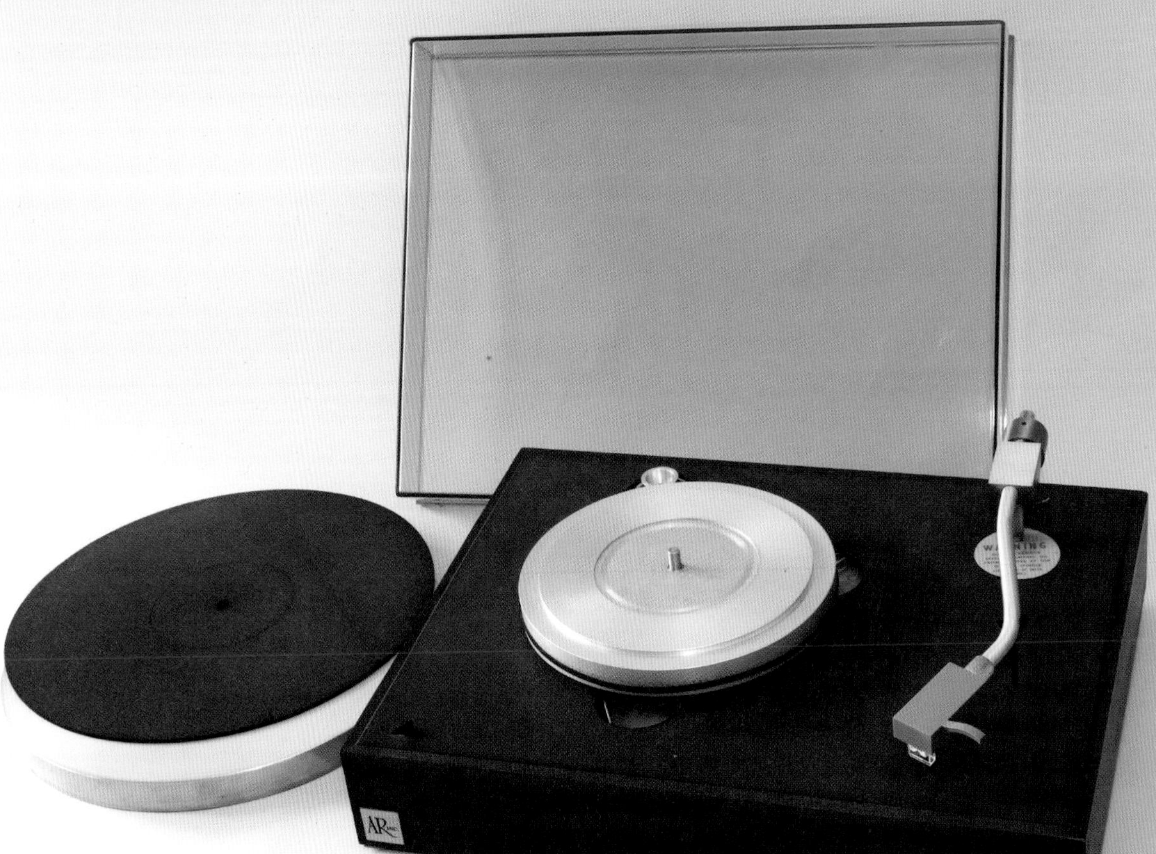

AR-XA 1 Motor·2 Motor Turntable

플로팅 타입 턴테이블의 시작과 끝

세상에는 많은 턴테이블이 있다. 그중에서도 가장 심플하며, 가장 베스트셀러이고, 가장 저렴하며, 가장 완성도가 높은 명기가 AR-XA다. 유명한 어쿠스틱 리서치(Acoustic Research)의 창립자 에드가 빌처의 역작으로, 플로팅 타입 턴테이블 시조이자 완성작이다. 턴테이블 플래터 축과 암 보드 축을 일체화해 하부 T자 프레임에서 스프링 3개로 바디와 이격시켜 톤암의 축과 플래터는 동일 서스펜션으로 진동한다. 반면 초소형 싱크로너스 모터를 사용하여 이를 상판 바디에 고정시키고 저속으로 회전시키며 진동을 극소화하고 겨우 플래터를 회전시킬 만한 힘으로만 설계되어 스타트한 이후로는 플래터 관성으로 정숙한 회전을 시키는 것이 특징이다. 모터의 크기로 따지자면 세계에서 가장 작은 사이즈일 것이다. 이런 방식은 차후 엠파이어나 린을 비롯한 많은 턴테이블들이 샘플로 삼을 만큼 매력적이었던 것으로, 최근의 하이엔드 턴테이블도 이와 같은 콘셉트로 제작된 상품이 많다. 1960년대에 단번에 이런 디자인과 구조를 선보인다는 것은 그야말로 천재적인 발상이었다. XA를 보면 아직까지도 디자인적으로 크게 모자람이 없으며 음질 또한 독특한 매력이 있다.

XA이후로 후속 모델 XB를 비롯해 여러 제품이 생산되었지만, 모두 최초 작품 XA를 넘어 설 수는 없었다. XA는 동사의 AR 앰프와 스피커에 매칭시키면 밸런스도 좋다. 특히 디자인 측면에서는 그야말로 발군인데 AR의 제품 디자인은 심플하면서 품위 있고 쉽게 진력나지 않는 굿 디자인으로, 오디오 페어에서 여러 번 상을 받은 경력이 있다. XA가 출시될 당시 가격은 약 80달러 선으로 엘락이나 듀얼 턴테이블의 1/2 정도밖에 되지 않아 비교적 저렴했다. 물론 지금도 저렴하지만 말이다. XA의 외형은 단아하고 톤암의 모습도 극히

»
AR-XA 2 모터 턴테이블(상단)과 AR-XA 1 모터 턴테이블(하단)

기본적이다. 그러나 그 기본 속에 여러 가지 노하우가 집적되어 있다. 그런 노하우의 집결체 XA는 특유한 음색과 기능으로 완성되어 있다. 사실 당시 턴테이블 디자인에 비해 XA는 대단히 앞서가는 콘셉트로, 지금 봐도 정감가고 멋있다.

AR-XA는 외형으로 보기에는 모두 비슷하지만 내부 재료나 모터 구동에 따른 여러 가지 버전이 있다. 최초 버전이 가장 완성도가 높은데, 소위 이야기하는 2 모터 타입이다. 즉, 회전 모터가 2개인데, 메인 모터를 보조 모터가 스타팅시키고 서로 협력해 플래터 회전을 일정하게 유지하는 형식이다. 메인 모터에 스타트 모터(자동차의 스타트 모터와 비슷한 콘셉트)를 더해 놓았는데, 스타트 모터는 초기 메인 모터의 스타트를 도와준다. 이렇게 구성한 이유는 플래터 회전 힘을 강화하기 위함이 아니라 모터 진동을 극소화하기 위한 방편이다. 스타트 모터는 힘이 매우 약해서 플래터를 돌릴 만한 힘은 되지 못한다. 메인 모터의 회전 방향으로 스타트만 시켜주고 일정한 회전 속도로 진동을 낮춰 진행하도록 한다.

1 모터 방식은 이 스타트 모터를 없애고 콘덴서 기동형으로 전환된다. 물론 원가는 절감되겠지만 콘덴서가 항상 연결되어 그에 따른 미세 코깅 진동이 증가한다. 그러나 그 진동이 미세하기에 무시해버린 것 같다. 하지만 그 진동도 턴테이블에서는 지대한 영향을 미친다. 1/2W 24극 싱크로너스 모터는 턴테이블을 뜯어본 사람들이면 실망한다. 너무 작기에 말이다. 그러나 그 모터로 충분히 회전 토크를 얻는데, 그 이후로는 회전 관성 자체로 턴테이블 플래터가 회전하기 때문에 모터의 힘은 큰 역할을 하지 못한다는 발상이다. XA는 2 모터가 1 모터형보다 값도 비싸며, 소리의 디테일이나 정숙감이 좋다. 유니버설형으로 220V, 110V 겸용도 있으나 순수하게 110V용이 기계적으로 완성도가 높다. 주파수가 바뀌면(50Hz, 60Hz) 모터 풀리를 교환하도록 되어 있다. 아웃터 플래터를 들어 올리면 쉽게 내부구조가 드러나 2 모터인지, 1 모터인지, 유니버설 타입인지가 확인된다(유니버설 타입은 110V, 220V 절환 스위치가 있다).

2모터 타입에서는 작은 풀리가 스타트 모터인데 뒷면에서 보면 모터 크기는 오히려 크다. 그러나 작은 메인 구동 모터보다 회전력은 형편 없이 약하다는 것을 손으로 풀리의 회전력을 체크해 보면 알 수 있다.

»
2모터 타입(상단)과 1모터 타입의 내부 구동 풀리부(하단)

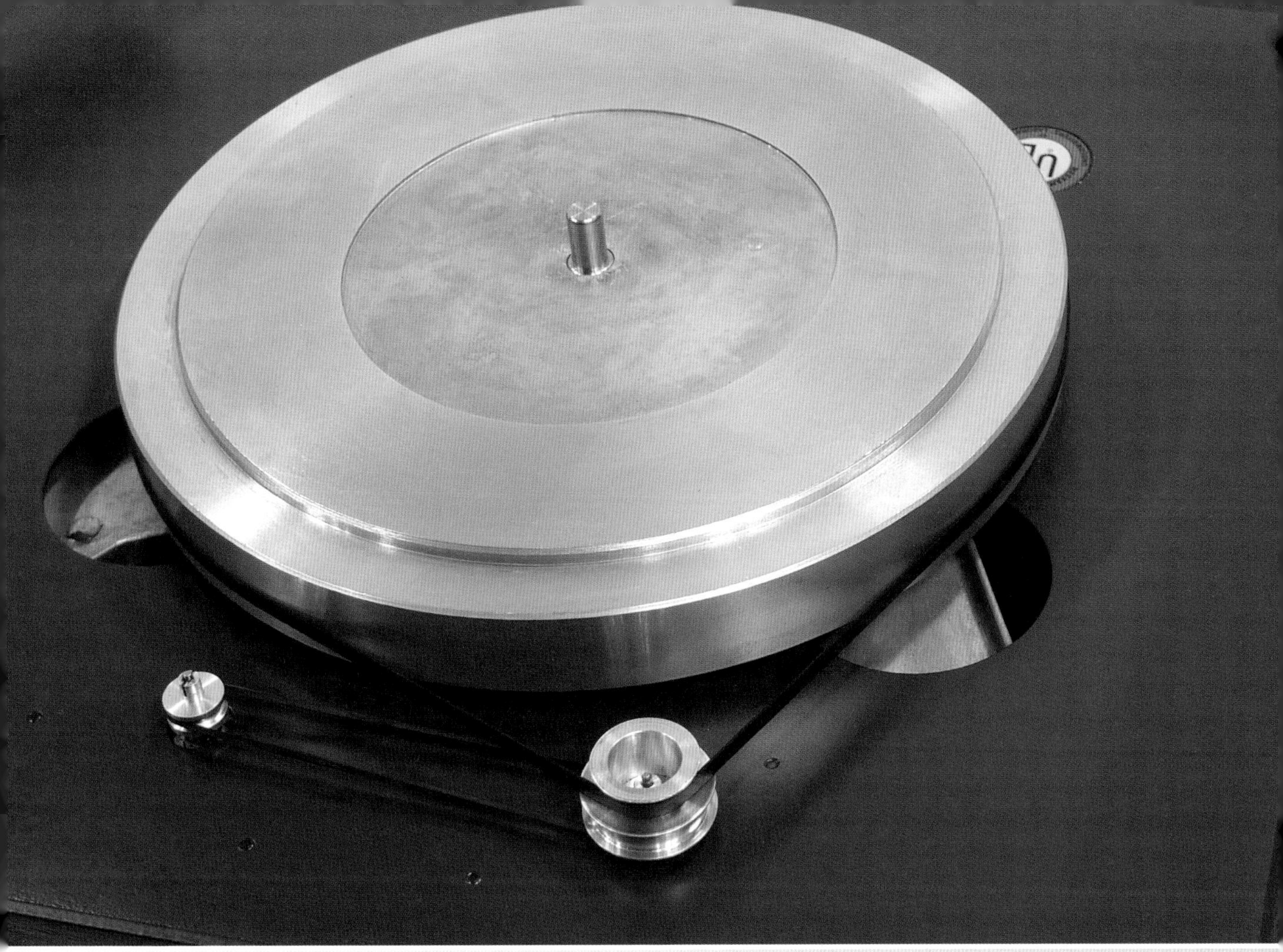

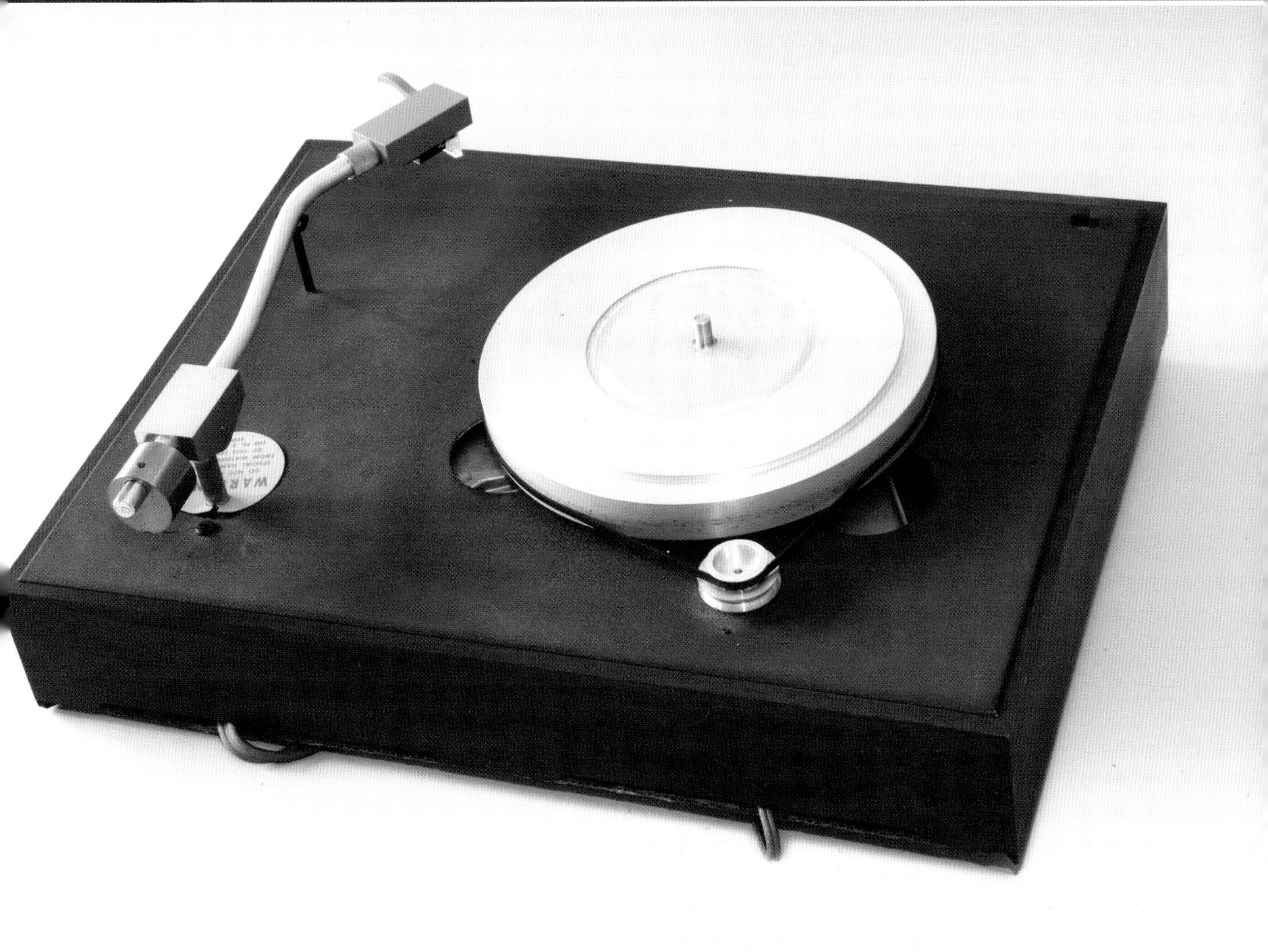

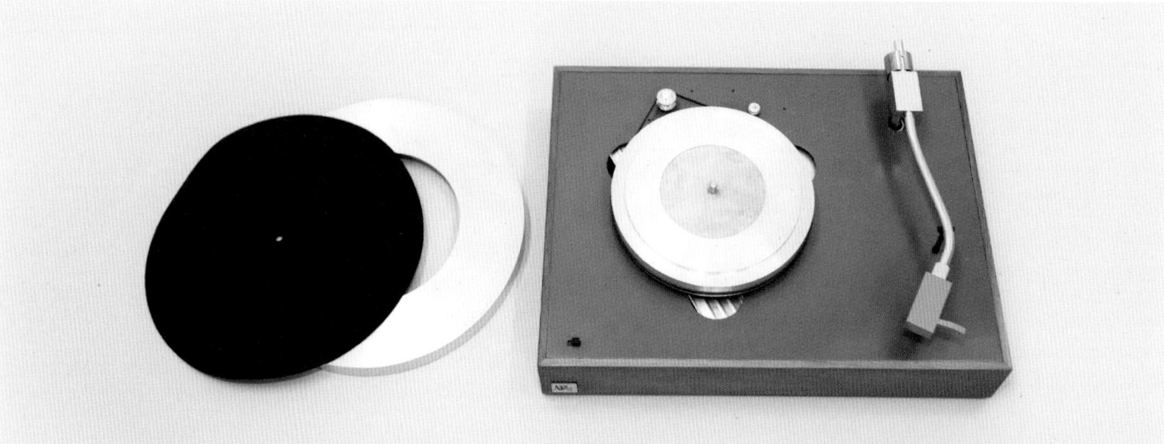

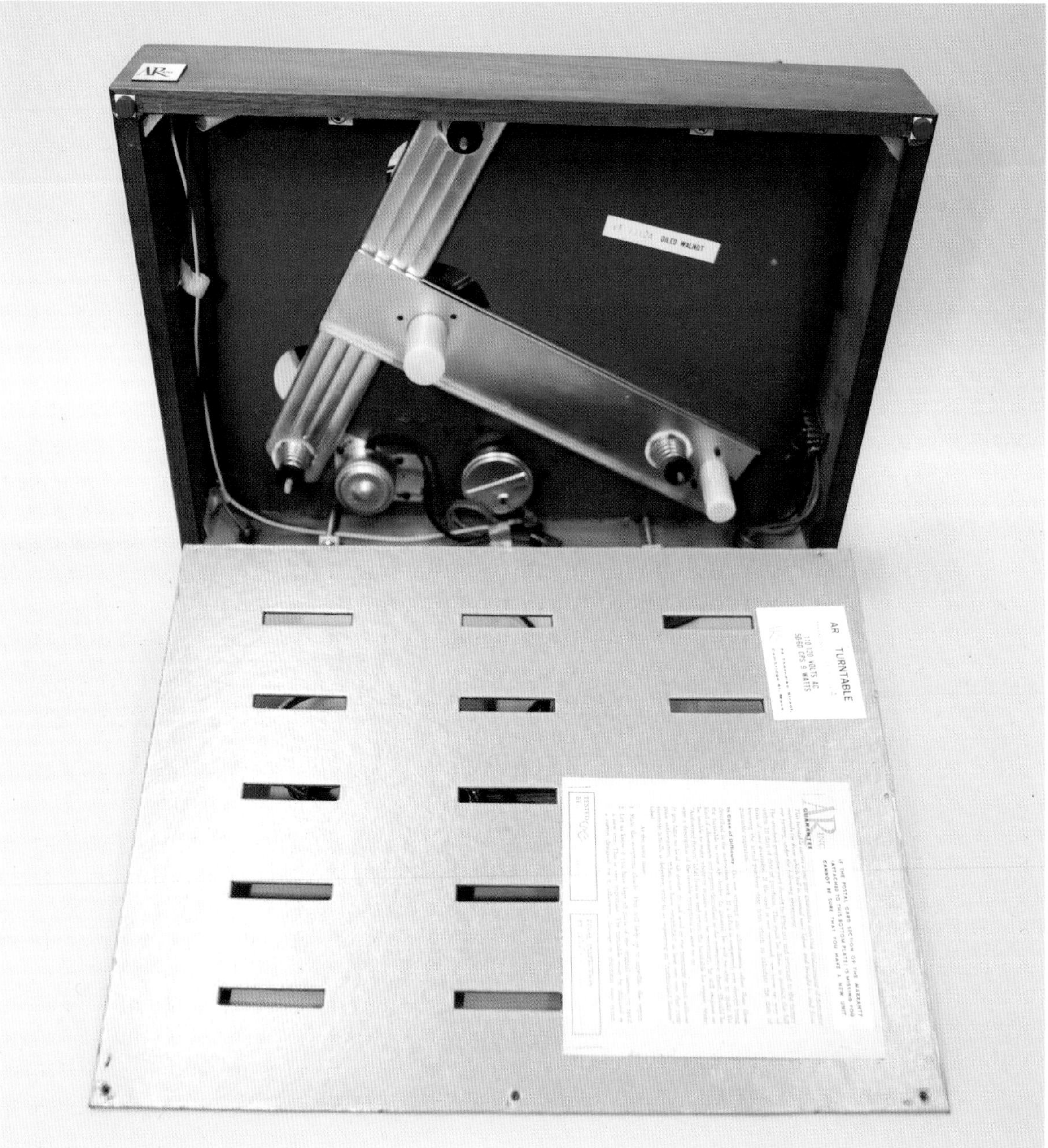

단순한 벨트 드라이빙 방식이며, 하부 목재 부분은 초기는 솔리드 원목, 중기는 미송 합판, 후기는 칩보드로 바뀐다. 소리로 따지자면 당연히 초기 원목형 베이스가 좋으며 내구성이나 시각적 느낌도 좋다. 플래터 매트는 오리지널이 스펀지 타입의 엉성한 구조여서 이미 다 삭아 제 것을 쓴다는 것이 무의미하다. 그러나 가능한 오리지널 형태의 스펀지나 울 매트가 XA의 디자인 콘셉트에 맞고 모양도 좋다. 톤암은 보는 바와 같이 한마디로 허접하다. 그러나 이 톤암의 성능은 아무도 무시하지 못한다. 오일 댐핑 축과 상·하 오일 슬리브 축은 강하게 톤암을 제어한다(오일 댐핑이 지나치지 않을까 싶을 정도로). 이것이 소리의 유연함을 지나치게 높여 톤이 부드럽고 섬세함이 약간 깎인 음색으로 재생된다. 결국 얼핏 들으면 둔하지만 자세히 들으면 사실적이고 부드러움이 음색에 가미되어 있다는 인상을 받아 LP 레코드의 스크래치나 노이즈에 매우 강한 구조라는 것을 알게 된다.

헤드셸이 플라스틱 키로 톤암과 조이는 타입이어서 쉽게 부러지는 단점이 있지만(헤드셸을 잠글 때는 먼저 헤드셸을 눌러 위치를 잡은 후 키를 느슨히 조이면 셸이 망그러지지 않는다), 좋은 카트리지와 매칭시키면 부담 없이 LP를 감상할 수 있다. 이때 MM형보다는 MC형이 상성이 좋다. 톤암의 코팅은 차폐용으로 벗겨지면 험이 유도될 수 있으니 조심해야 하고, 알다시피 내부 암선이 매우 얇은 단선으로 톤암 뒤에 노출되어 턴테이블 베이스로 들어가므로 잘못 다루면 끊어지기 십상이다. 주의하기 바란다. 원목 베이스에 2 모터 타입 XA는 필자도 영원히 가지고 싶은 턴테이블 다섯 대 중 하나이다. 깨끗한 제품이 있다면 무조건 확보해두기 바란다. 바라보는 것만으로도 그 가치를 충분히 하고도 남는 명기이지만 완벽한 상태의 제품을 구하는 것이 좋다. 색칠하거나 수리하거나 부품이 바뀌면 이 턴테이블은 가치가 없다. 특히 오리지널 아크릴 성형 커버가 바뀌면 모양이 나지 않는다. 그리고 톤암 내부 단선을 교체하면 소리가 많이 변해서 가급적 교환하지 말아야 하지만, 후면 톤암 케이블은 상급으로 업그레이드 하는 것을 권장한다.

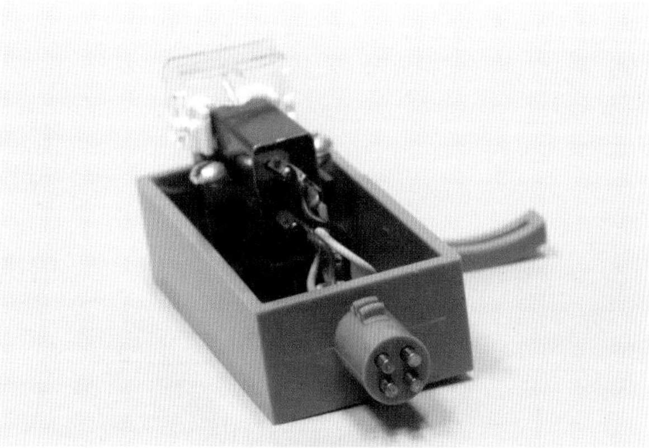

»
210쪽 상단. XA(2모터)의 외부 플래터, 내부 플래터와 단순한 톤암
하단 사진은 XA(2모터)의 하부 T형 받침. 이 T형 받침은 초기에는 알루미늄 용접형이었으나 후기에는 두랄루민 성형체로 일체화된다.
큰 모터가 스타팅 모터이고 작은 모터가 구동 모터이다.
211쪽. AR의 플라스틱 키(key) 헤드셸로 키 부분이 잘 부러지기 때문에 조심해서 잠궈야 한다.

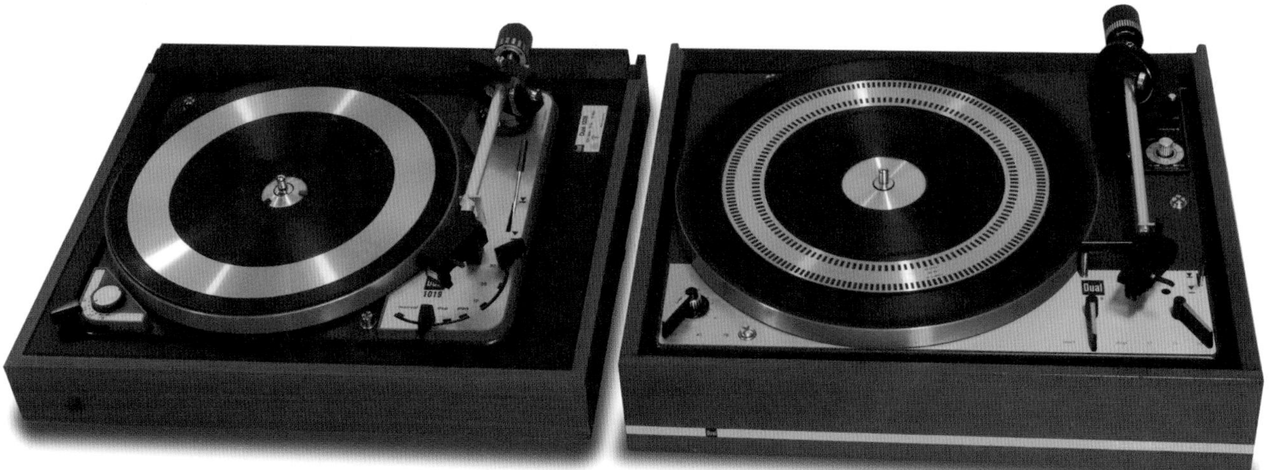
1019
Dual

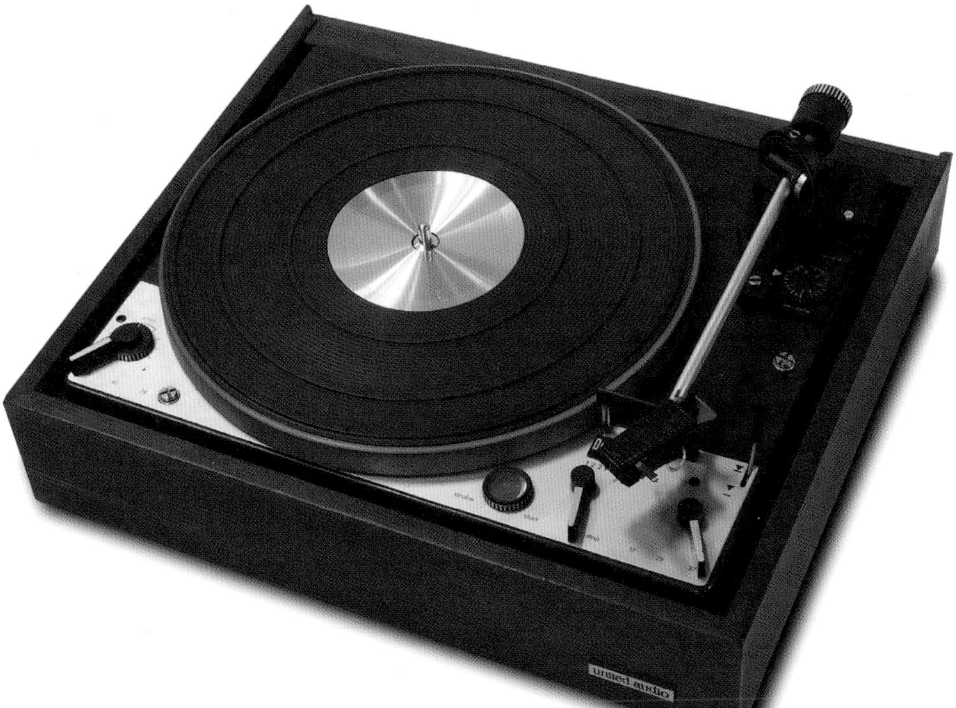
united audio

Dual 1019·1219·1229

독일 아이들러형 턴테이블

최근 들어 턴테이블의 인기는 하늘 높은 줄 모르고 치솟고 있다. 특히 신형이 고가이다 보니 비교적 저가인 구형 턴테이블들이 속속들이 재등장하고 있는 형편이다. 그러나 무조건 구형이라고 인기 있는 것은 아니고, 구형 중에서도 그 사운드나 내구성, 디자인적인 측면에서 현재까지 현역으로 뛸 만한 매력을 지니고 있는 턴테이블 중심으로 리바이벌되는 것이 추세이다. 상급기로 가라드, 토렌스, EMT 등이 있다면, 중급기로는 엠파이어, AR, 듀얼 등이 줄을 선다. 이 중에서 엠파이어 398은 음유시인이라는 별명을 갖고 있을 정도로 유럽에서 인기가 높고, AR도 단순한 구조로 아직까지 마니아층이 두터운 턴테이블이다. 이 두 종류는 벨트 드라이브 방식으로, 일반적 벨트의 특성적 음색을 가지고 있다. 하지만 듀얼은 아이들러 방식으로 저렴하게 명기 가라드 301의 음색에 접근할 수 있는 매력을 지니고 있다.

듀얼은 상당히 모델이 많다. 아이들러 방식에서 벨트 방식, 다이렉트 방식까지 장기간 다양한 모델을 출시해왔다. 듀얼의 전 모델 중 아직까지도 그 명성을 유지하는 것은 아이러니하게도 가장 초창기 모델인 아이들러 방식 턴테이블 1019, 1219, 1229이다. 세 모델 공히 10인치 12인치 플래터의 듀얼 아이들러 방식 턴테이블 중 최상급기에 해당한다. 당시 출하 가격은 일제 벨트나 다이렉트 방식 턴테이블 판매가의 3배에 육박하는 고급기였으나 점차 일제 다이렉트 턴테이블의 저가 공세에 견디지 못하고 사라져버렸다. 그러나 이미 세계적으로 대단히 많은 1019, 1219, 1229 턴테이블이 보급된 이후여서 국내를 비롯해 일본이나 미국, 영국 그리고 생산지인 독일 내에서 쉽게 발견되는 턴테이블이다. 십수 년 전 독일 여행 시 어느 LP숍에 들렀는데, 주인

>>
듀얼 1019, 1219(상단), 1229(하단)

이 애지중지하며 듀얼 1229를 최고의 턴테이블이라 자랑하며 틀고 있었다. 판매할 것이냐 물어보니 단호하게 'No'라고 대답한 기억이 난다. 듀얼 중에서도 1229는 최상급기로, 1219와 다른 점은 스피드 컨트롤용 스트로보가 달려 있다는 특징 외에 전 기능이나 성능이 1219와 동일하다. 물론 거래 가격도 거의 동일하며, 1229가 1229의 신제품이기에 외형상이나 동작상 더 완벽한 제품이 많을 것이라는 상상은 된다.

1229는 필자의 리스닝룸에서 거의 떠나본 적이 없다. 사용하다 깨끗한 제품이 나오면 교환하고, 또 더 완벽한 기능이라 생각되면 교환하고 했기 때문이다. 실제 사용하지 않더라도 보고 싶고 그리운 점이 있어서 꺼내 보고 살펴보고 했다. 특히 기계적 메커니즘이 필자의 시각에서는 매력 있어 싫증나지 않았던 것 같다. 그동안 여러 대의 1019, 1219, 1229를 보아 왔는데, 기본적으로 동작에는 큰 문제가 없었으나, 대부분 자동 플레이, 즉 자동 스타트와 자동 리턴에서 고장이 많았었다. 어떨 때는 아예 자동 부분 메커니즘을 제거하면 사용 면에서나 소리 면에서 한층 업그레이드된다는 것을 실감하기도 했다. 1019, 1219, 1229의 기본 메커니즘 즉, 모터나 톤암, 플래터 등은 독일제답게 견고하고 충실하여 기본 음질을 보장해준다. 특히 아이들러 메커니즘은 모터와 함께 상당히 완성도가 높다. 플래터 또한 정밀하고 견고하며 육중해 안정적인 플레이를 보장한다. 필자가 볼 때 이 부분의 성능은 명기인 가라드 301에 뒤지지 않는다고 자신 있게 말할 수 있다. 다만 몸체가 가라드 301과는 달리 철판 절곡이어서 육중한 맛은 덜하지만, 소리를 들어보면 크게 뒤지지 않는다.

»
1219

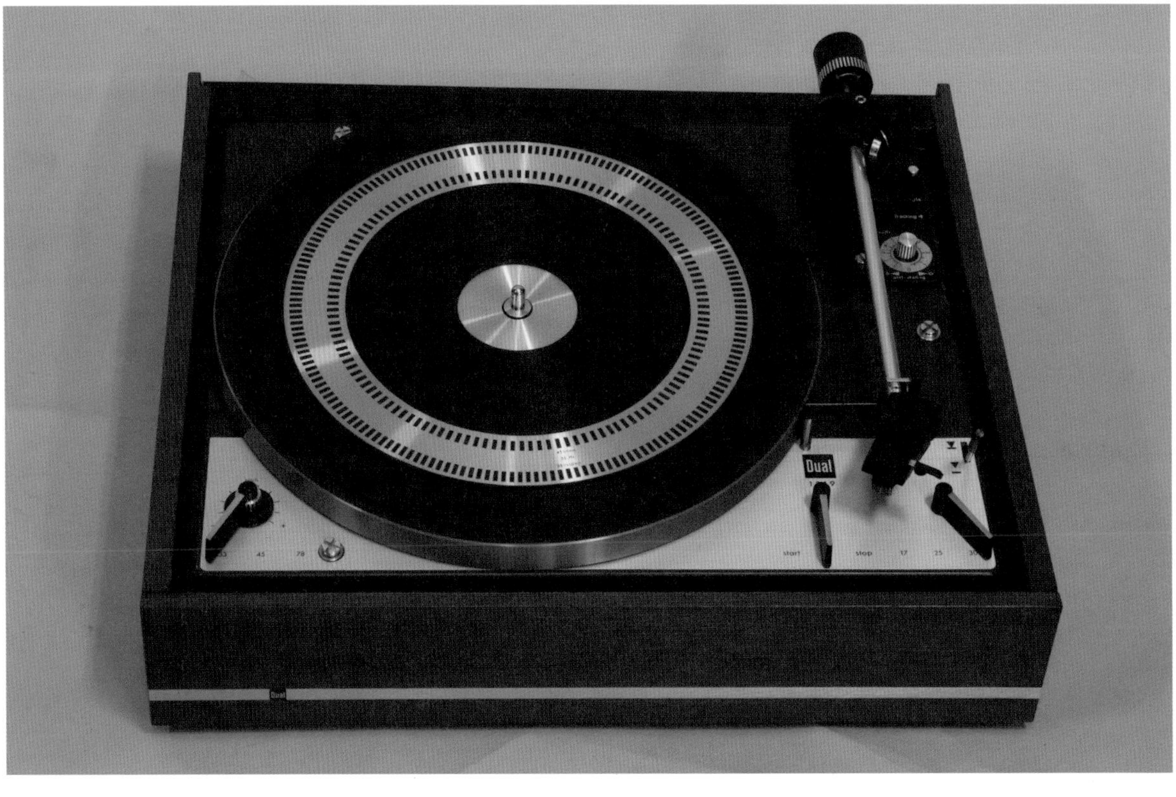

1019, 1219, 1229의 톤암은 기본적 기능을 다 갖춘 수준급이다. 내구성은 전체적 메커니즘에 비해 약간 못하지만, 다이내믹 밸런스에 안티스케이팅, V.T.A. 조정을 위한 기능 등이 아기자기하게 설계되어 있어 수준급 성능을 보여준다. 특히 무게 추의 스프링 댐퍼 처리, 정밀 판 스프링에 의한 다이내믹 침압 조정과 안티스케이팅은 좌우 밸런스를 정확히 유지하고, 음구를 트레이싱하는 능력이 상상 외로 좋다. 다만 셸이 유니버설 타입이 아니라 듀얼 특유의 탈착 방식이어서 접속 불량이 많고, 구하기 어려운 점은 단점이다. 셸의 접점, 특히 암 쪽의 접점은 신경 써서 청소해주어야 하며, 셸 쪽도 리드선 컨텍트부터 암 접속 부위까지 세심하게 다루어야 한다. 청소할 때는 휘발유나 기타 수지성 용제는 사용하지 말아야 한다. 핀 접점 속에 있는 미세 스프링과 베이스가 녹아 붙으면 헤드셸을 버려야 되기 때문이다. 십 년 이상 동작하지 않고 처박혀 있던 1019, 1219, 1229도 기름 몇 군데만 치면 이상 없이 동작하는 경우를 여러 번 보았다. 그리고 느슨하면서도 자연스러운 디테일감, 육중한 저역 등이 1019, 1219, 1229의 매력으로 일반적 아이들러 턴테이블의 장점을 모두 가지고 있다.

기본적으로 슈어 V-15 타입 Ⅲ가 듀얼 OEM으로 장착되어 있는 경우가 많아 카트리지 값으로 턴테이블 전체를 사 본 경험도 여러 번 있다. 물론 지금처럼 카트리지에 예민하지 않던 십수 년 전 일이다. 슈어 카트리지와 매칭이 좋고 가장 좋았던 소리는 역시 V-15 타입 Ⅲ와 연결되어 있을 때라고 말하고 싶다. 더 좋은 카트리지와 연결해도 제 성능을 발휘하리라 생각하지만, 보통 고가의 MC를 연결하지는 않는 추세여서 V-15 정도를 연결해 편하게 즐기는 턴테이블로는 안성맞춤이다.

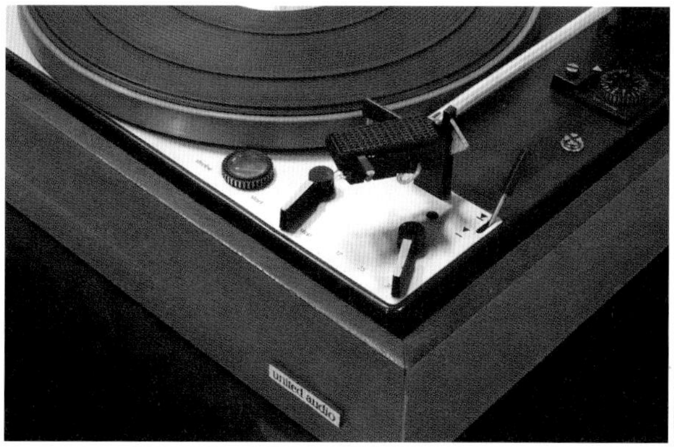

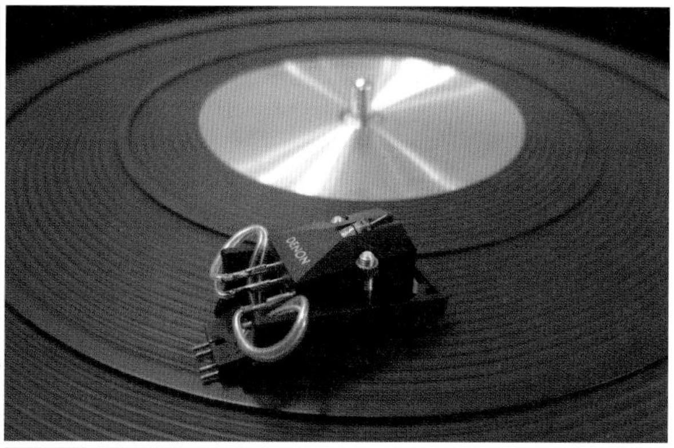

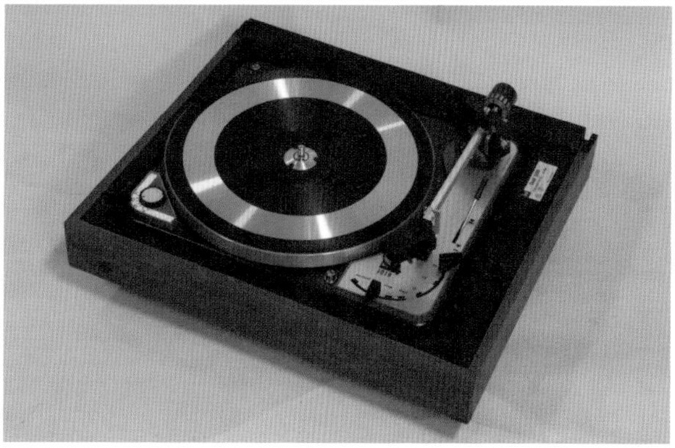

»
1229의 톤암부(상단 좌), 탈착셸(상단 우),
플래터는 10인치이지만 소리는 1219보다 더 좋은 1019(하단)

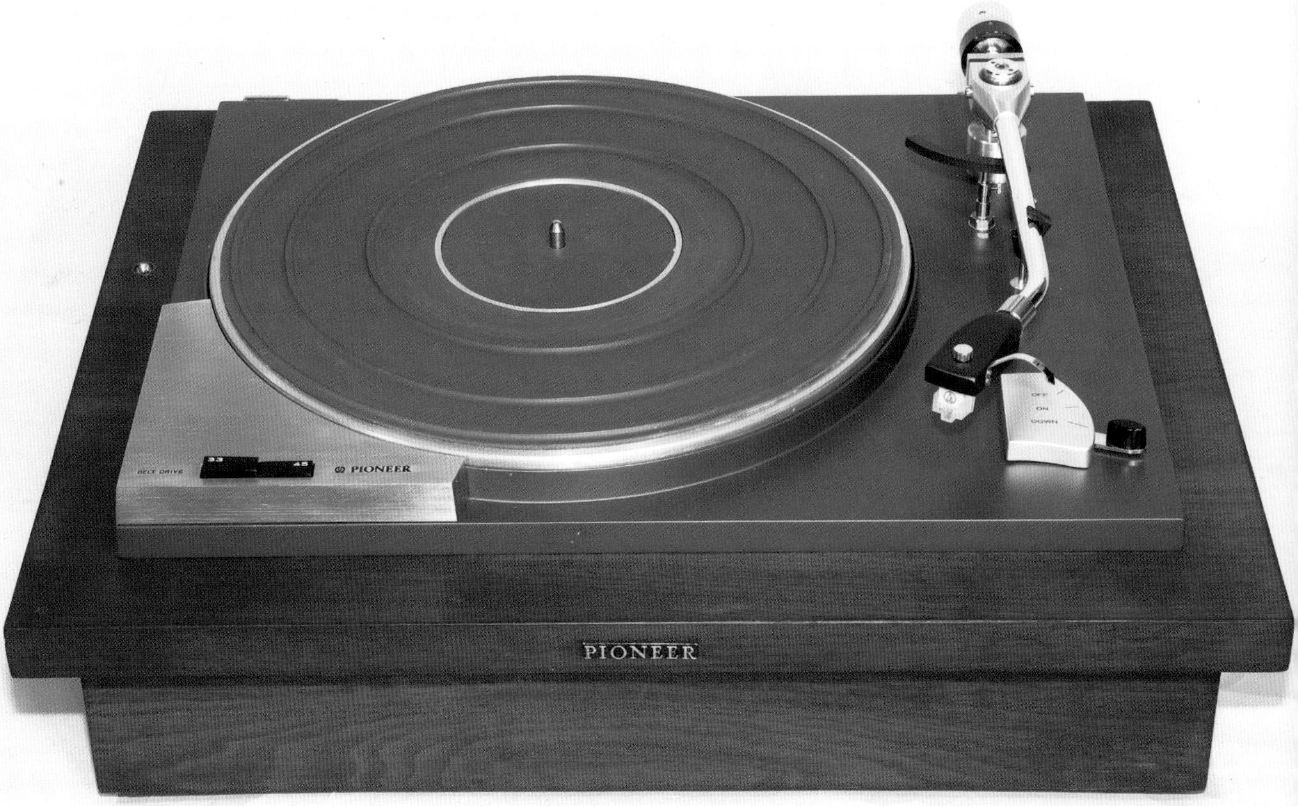
BELT DRIVE
33
45
PIONEER
OFF
ON
DOWN
PIONEER

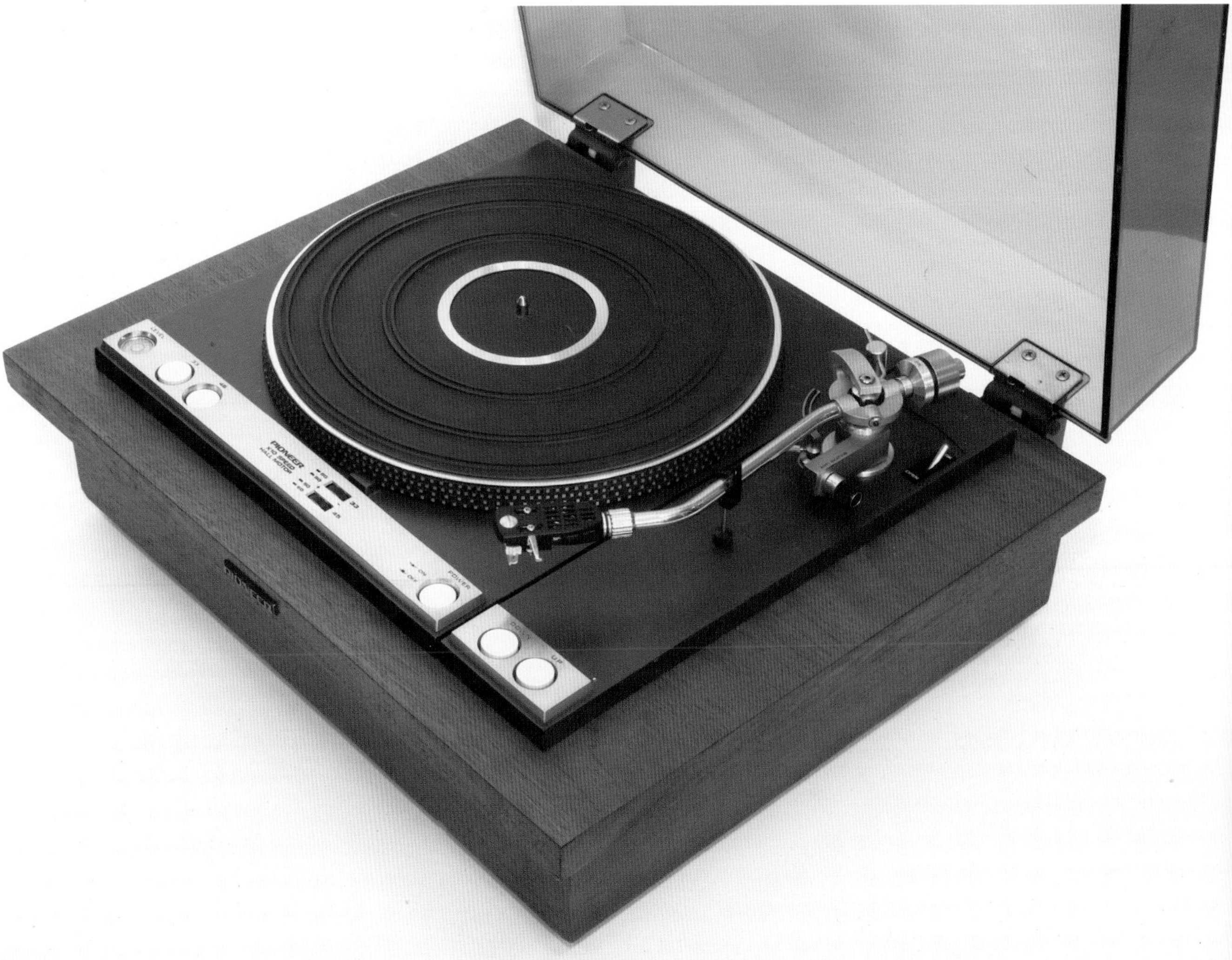
PIONEER
POWER
UP

Pioneer PL-41·61

안정적인 기능, 거듭나는 발전

일본제 아날로그 턴테이블 중 현재까지 안정적으로 그 기능을 유지해온 제품이 테크닉스의 SP-10과 SL-1200 그리고 파이오니아의 PL-41이다. 테크닉스의 SP-10과 SL-1200은 다이렉트 드라이브 방식 가운데 안정적인 턴테이블이라면, PL-41은 벨트 드라이브 방식으로 그 저렴한 가격에서는 결코 들어볼 수 없는 차분한 음색과 내구성을 보장한다. 그러나 PL-41의 경우 몇 가지 취약점이 있는데, 4극 인덕션 AC 모터에서 올라오는 노이즈와 기본 베이스와 톤암 베이스가 일체화된 구조에서 오는 하울링 피드백, 그리고 단순한 J자형 암의 트레킹 능력 부족, 특히 인사이드 포스 캔슬러가 없는 구조에서 오는 편심으로 좌우 밸런스 임장감이 약한 단점이 있다. 이런 이유로 혹자는 PL-41의 회전부만 사용하기 위해 상부 플래터 우측 톤암 지지 부위를 커팅해 제거하고, 따로 고성능 암을 장착해 사용하기도 한다. 그만큼 회전부에 비해 톤암부가 약하다는 뜻일 것이다. 반면 PL-41의 하부 우드 베이스는 시각적으로나 구조적으로나 매우 튼튼하며 안정적이어서 믿음이 가는 독특한 디자인이다. 그리고 현재까지도 사용자가 많은 파이오니아의 베스트셀링 턴테이블이다.

PL-41의 모든 단점을 개선하고 장점은 그대로 이어 만든 상급기가 PL-61이다. 기본 우드 베이스 디자인은 동일하나 우드 베이스 하부에 높이 조절이 가능한 받침대가 장착되어 상부 수준기를 보면서 수평을 정확히 맞출 수 있는 구조로 변경되었다. 특히 상부 베이스는 모터 구동부와 톤암 베이스 받침대를 완전히 격리시킨 이중 베이스 구조로, 전 모델인 PL-41을 개량해서 사용하는 사람들이 추구해온 바로 그 방식으로 전환

»
파이오니아 PL-41(상단), PL-61(하단)

되었다. 모터는 특이하게 저속 직류 HALL 모터로 교환해 S/N비와 회전 정밀도를 획기적으로 향상시켜 놓았다. 이 모터는 콘덴서형 주파수 발생기를 이용해 외부 온도나 부하에 따른 회전 편차를 정밀하게 자동 조절하는 저속 모터로, 기본 플래터 회전의 10배 정도에서 저진동으로 구동된다. 이것은 최근 하이엔드 턴테이블에서 DC 모터를 사용하는 경향과 일치하는데, 당시 DC 서보 모터를 사용했다는 것은 고무적이다.

PL-61은 PL-41과 달리 플래터 외주부에 스트로보 도트가 각인되어 옆에 마련된 발진 스코프를 통해 전체 회전의 ±4%내에서 조절 가능하도록 설계되었다. 그리고 벨트 구동 방식도 PL-41의 플래터 외주부 주행형에서 내주부 주행형으로 바뀌어 벨트 길이가 짧아졌는데, 결과적으로 현재는 벨트 교환이 쉬워져 장점이 되었다. 톤암은 별도의 톤암 베이스 위에 장착되어 톤암 베이스만도 탈착 가능하다. 특히 수직 트랜지언트 특성을 향상시키기 위해 서포트 방식의 S자형으로 개량되었고, 자석을 사용하는 인사이드 포스 캔슬링 구조와 레터럴 밸런스 추가 겸비되어 정확하게 안티스케이팅을 조절해 임장감과 밸런스감을 증가시켰다. 특히 암 우측에 암 베이스 잠금 장치가 추가되어 임의로 암 베이스를 높이고 낮출 수 있어 정확한 V.T.A. 조정이 쉬워졌다. 톤암 업다운 스위치는 암 베이스 보드 앞면에 버튼 식으로 장착되어 있는데, 동작감이 매우 좋다.

»
PL-41의 내부구조

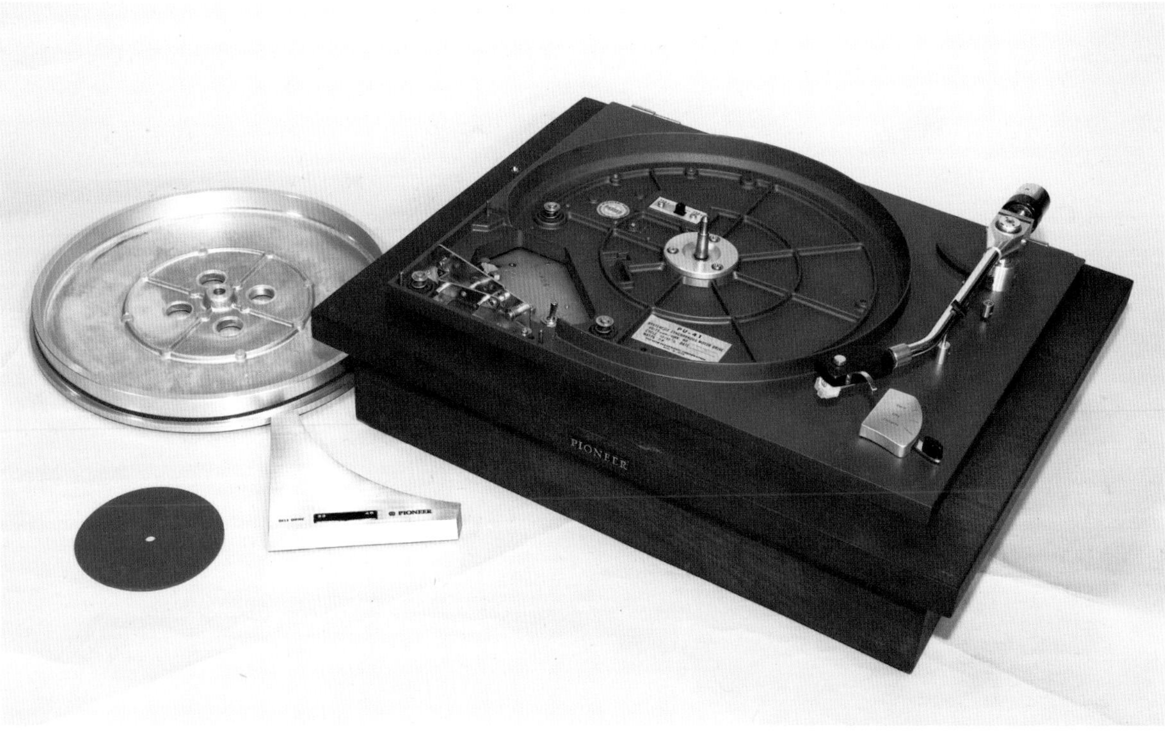

»
PL-61 스피드 컨트롤 스트로보(상단)과
외형(하단)

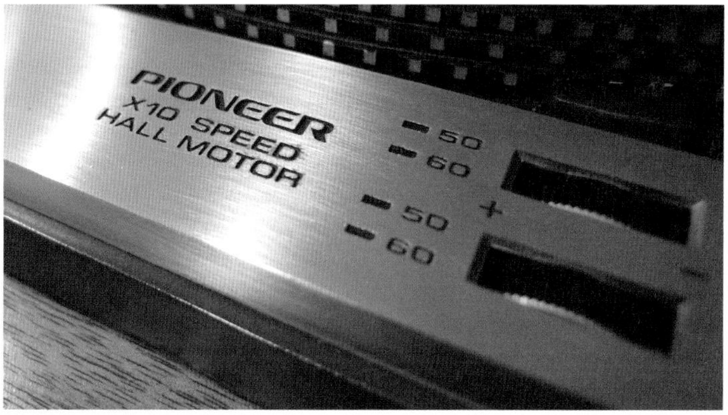

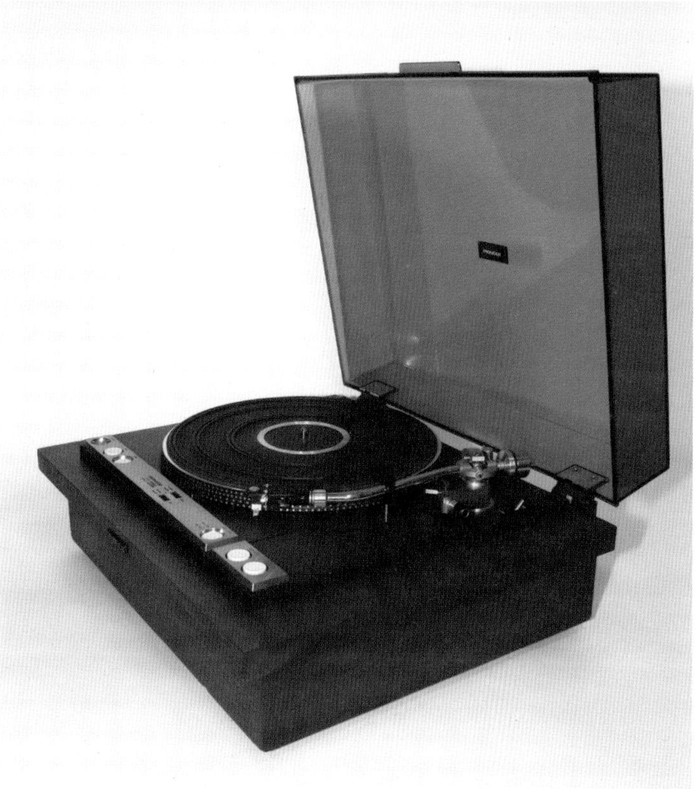

이런 개선은 사용자들의 의견 수렴과 개발자들의 의지 없이는 디자인될 수 없는 것이라는 것을 잘 알고 있다. 원래 발매 당시 PC-20이라는 MM형 카트리지가 장착되어 있었는데, 현재까지 그 카트리지가 그대로 장착되어 사용되고 있어 이전 보유자가 애지중지했다는 느낌이 들어 상쾌했다. 심지어 메뉴얼도 있고, 스크래치도 거의 없는 오리지널 아크릴 커버가 있어 대단히 깨끗한 PL-61을 청취할 수 있었는데, 모든 기능이 완벽해 안정적인 성능을 보여준다. 정숙하면서도 따뜻한 중·저역과 디테일이 충실한 고역이면서도 강하지 않은 뻗침을 보여 주어 역시 턴테이블은 시간이 흘러도 사용할 만하다는 생각이 들었다. 물론 전압은 100V 전용이어서 별도의 다운 트랜스를 사용해야 하지만 성능상으로나 시각적으로 나무랄 데 없는 파이오니아의 보급기다.

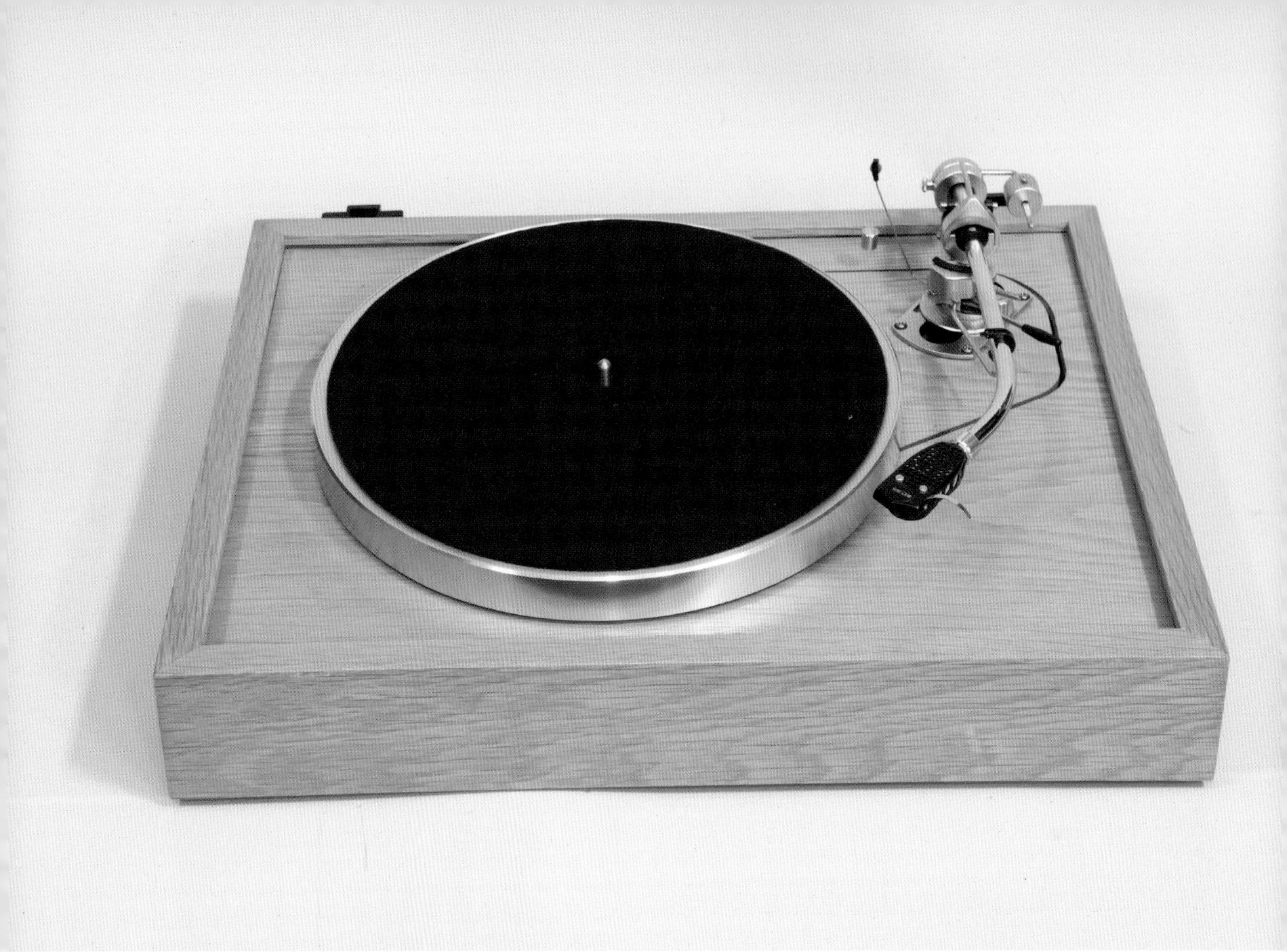

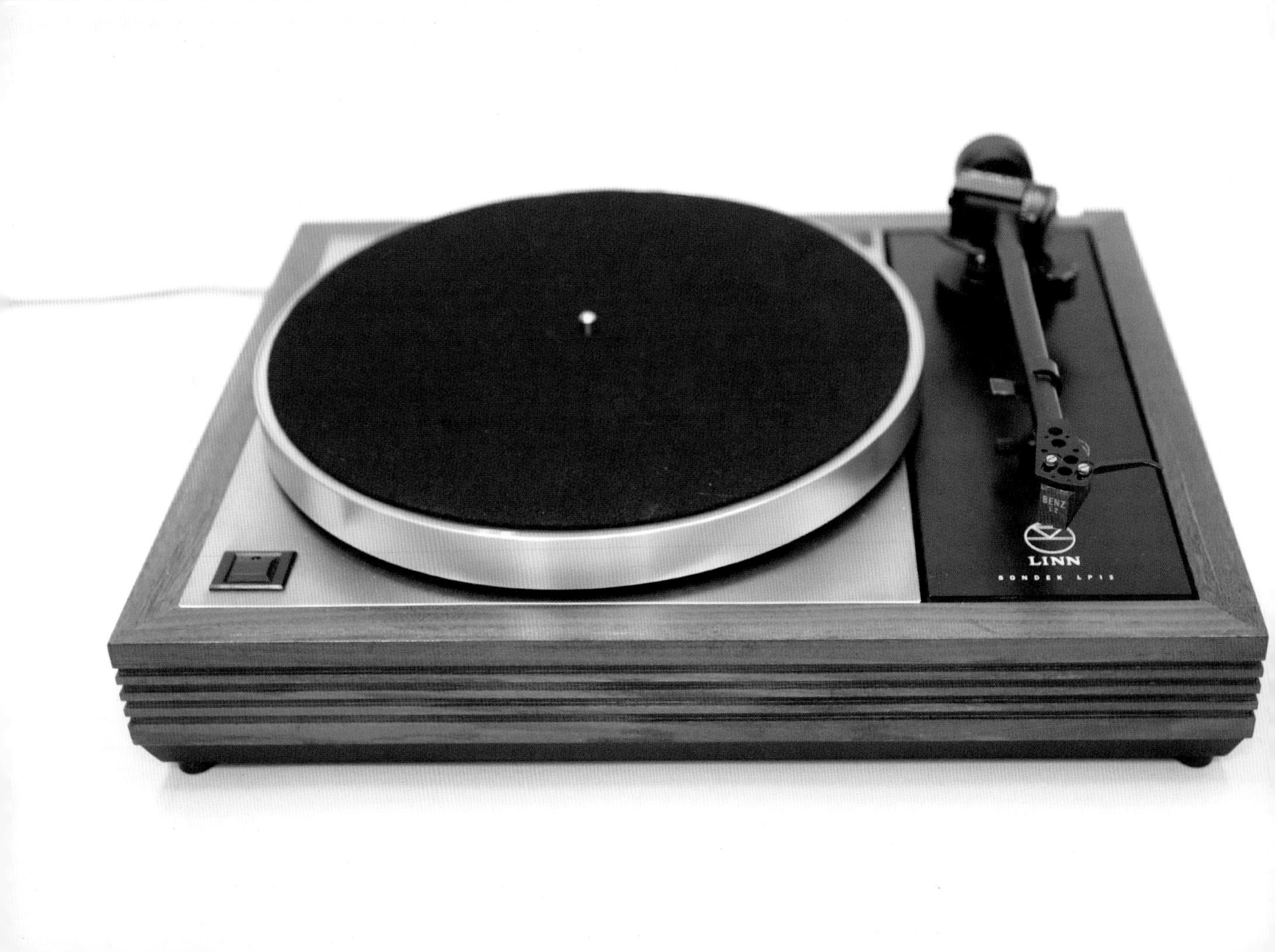
BENZ
LINN
SONDEK LP12

Roksan Xerxes · Linn Sondek LP-12

영국 사운드, 변함없이 이어져온 소리

록산 저크시스와 린 손덱 LP-12는 영국 사운드를 대표하는 턴테이블로 현재까지 장수하고 있는 스테디셀러 모델이다. 두 모델은 크기도 비슷하고 모두 자체 암을 생산했으며 카트리지 또한 동사 모델을 함께 가지고 있는 공통점이 있다. 우선 록산 저크시스는 MK를 거쳐 현재 20 Plus 모델까지 출시되었는데 그 기본 구조를 초기 상태로 유지하면서 약간의 디자인 변경만 실행되었을 만큼 완성도가 높았던 턴테이블이다. 물론 가격은 초창기에 비해 3배 이상 상승되었으며 초고가의 상급기 TMS-3도 발매되고 있지만 기본 소리의 변화는 크게 없다는 것이 필자의 의견이다. 결국 가장 가격 대 성능 면에서 유리한 것은 저크시스 시리즈이며 그중에서도 완벽한 초기 모델을 구입한다면 실속면에서 최고라 말할 수 있겠다.

초기 저크시스의 문제점은 베이스 서브 판넬 처짐 현상과 약한 모터 메커니즘 및 전원컨트롤 이상에 있다. 저크시스 구동 모터는 그 크기가 매우 작고 하부 샤프트 베어링에 반고정식으로 부착되어 있을 뿐 아니라 전력 인입선도 매우 얇다(머리카락보다 약간 두꺼운 정도). 구동 시에는 모터 자체가 샤프트를 중심으로 약간 움찔하면서 기동토크를 얻는 방식이므로 잘못 건드리면 고장이 잦다. 따라서 외부 플래터를 제거하고 벨트에 손댈 경우 특히 조심해야 한다. 또한 외부 전원부에는 스피드 컨트롤부가 없이 고정 발진부로 설계되어 있어 스피드 미세 조정을 할 수 없다. 결국 스피드가 틀어지면 벨트의 텐션을 조정하는 수밖에 없는데 그게 그렇게 쉽지가 않다. 내부 플래터는 이중으로 설계되어 중앙이 비어있으며 공진 주파수를 컨트롤하는 충진제로 채워져 있다. 특히 축이 대단히 얇고 정밀하여 들어올린 상태에서 힘을 가하거나 점도가 높은 스핀

»
록산 저크시스 메이플(상단)와 린 손덱 LP-12 오크(하단)

들 오일을 치면 에러가 발생하니 특히 조심해야 한다.

플래터 축은 반 리지드 타입으로 하부 고무 댐퍼와 자체진동 차단 슬롯으로만 격리되어 스프링 텐션이 없는 것이 특징이며 이것이 이중 플래터와 함께 저크시스의 음색을 강하게 결정짓고 있다. 그런데 이 진동 차단 슬롯이 처진 것이 많다. 그러면 결과적으로 상부 플래터가 몸체에 닿는데 이 경우 슬롯판넬 옆에 구멍을 뚫어 강한 스크류 나사로 처짐 보정 후 고정하면 해결된다. 저크시스의 베스트 매칭 암은 역시 알테미츠(Artemiz)와 SME-V이다. 개인적으로 완성도나 내구성 면에서 알테미츠가 V암에 비해 그 디테일이나 중역의 뻗침성 등에서는 한 수 위라고 생각한다. 물론 V암에 비해 가격도 만만치 않은 것은 사실이다. 카트리지 역시 록산 브랜드의 쉬라츠(Shiraz)가 베스트 매칭이며 토렌스 MCH-Ⅱ나 EMT-TSD15(반덴헐)의 셸을 제거한 후 장착해도 상성이 좋다. 이것은 쉬라츠가 EMT-TSD15를 자체 튜닝하여 상품화했기 때문인데, 가격도 만만치 않다. 필자 개인적으로는 린 LP-12와 비교해 일장일단이 있지만 중역의 뻗침성과 온도감, 임장감, 질감, 음악성 면에서 호감이 더 가는 것이 사실이다.

LP-12는 1972년도에 탄생한 이래 세계에서 가장 많이 팔린 턴테이블로 명성이 자자하다. 록산과 더불어 그 초기 완성도가 높은 턴테이블로 현재까지 수십 차례에 걸쳐 개선에 개선을 거듭했다. 그러나 그 기본 구조는 록산과 같이 그대로이며 기타 구동 전원 안정화, 서스펜션 구조 개선, 톤암 개선 등 주변 부위만 개량이 이루어졌다.

»
이톡 LV-I 암이 장착된 LP-12 인너 플래터(좌)와 풀리(우)

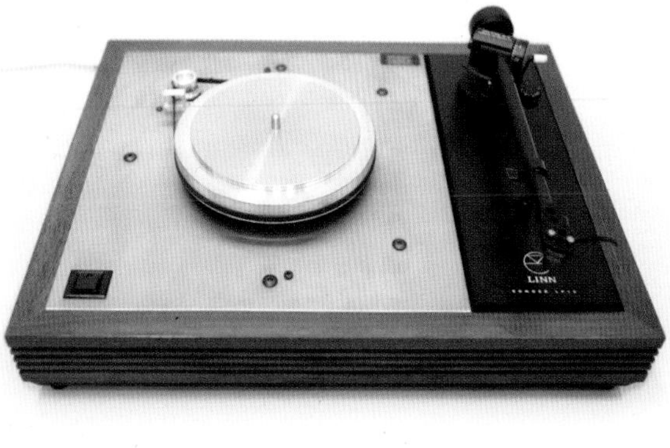

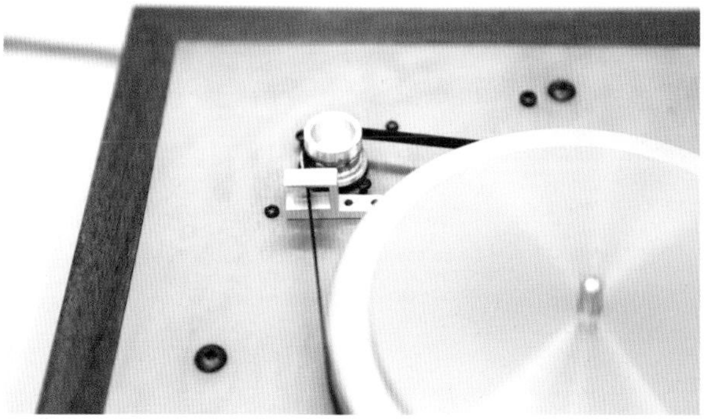

제일 먼저 사용한 LP-12는 이톡(Ittok) LV-I이 장착된 발할라 전원부의 턴테이블로 메인이 아닌 서브 시스템이었다. 그러나 그 뉘앙스는 메인에 뒤지지 않는 매력으로 넘쳤었는데 특히 투명하고 정확한 고역과 충실한 대역 밸런스가 발군이었다. 기본 구조는 플로팅 서스펜션 타입이며 이톡암은 다이내믹 밸런스로 일본에서 제작한 것이지만 그 미적 밸런스와 소리는 더할 나위 없었다. 나중에 별도의 링고 전원부로 개선되지만 음질 면에서 약간의 정숙도와 음장 깊이가 개선되었을 뿐 그 기본 골격에는 큰 차이가 없었다는 느낌이었다. 차후 이톡 LV-Ⅱ·LV-Ⅲ로 톤암만 개선하여 계속 업그레이드시켰는데 결국 이코스(Ekos) 암까지 올라갔다. 이코스부터는 일본제가 아니라 스코틀랜드제로 한층 품질이 향상되었으며 재질도 알루미늄에서 마그네슘으로 교체되어 저질량 고강성을 도입한 저공진 주파수와 디테일 향상으로 보다 음상이 맑아지고 왜곡이 없는 아날로그 사운드를 재생한다.

최근에는 이코스의 스페셜 에디션 버전이 나와 더욱 고급화되었는데 SE 버전이 장착된 풀옵션의 LP-12 소비자 가격이 2천만 원이 넘는 고가 턴테이블이 되어버렸다. 그러나 기본적으로 이톡암이 장착된 LP-12라면 린 턴테이블의 음색을 충분히 만끽할 수 있어 아날로그 입문자들에게 많은 인기를 얻고 있으나 실제 LP-12는 입문자용 턴테이블은 아니고 최소 중급에서 하이엔드 대응까지 충분히 가능한 스테디셀링 모델이다. LP-12와 이톡암에 동사의 아키바(Akiva) 카트리지를 장착하면 감히 대적할 시스템이 그리 많지 않다. 물론 카트리지 가격이 턴테이블에 비해 과중한 경향은 있지만 말이다. 앞으로도 이 양사의 턴테이블은 선의의 경쟁 제품으로 아날로그 역사에 길이 남으리라 생각한다.

»
록산 턴 인너 플래터(좌)와 풀리(우)

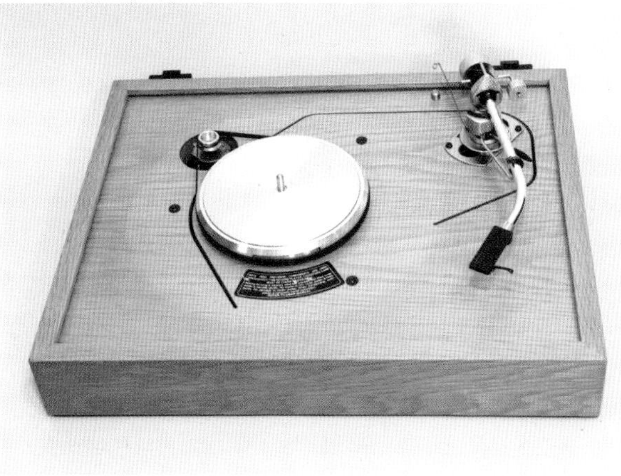

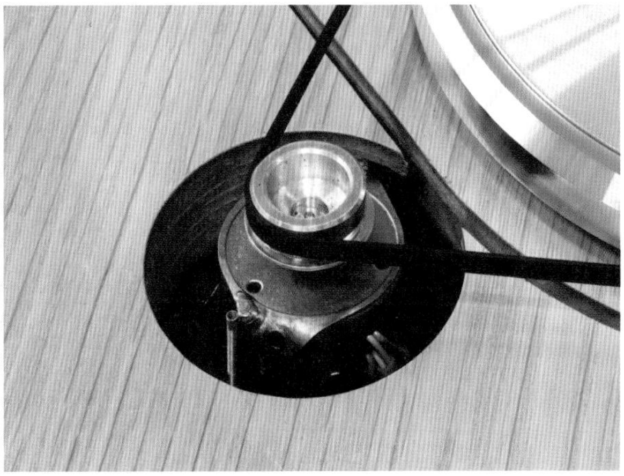

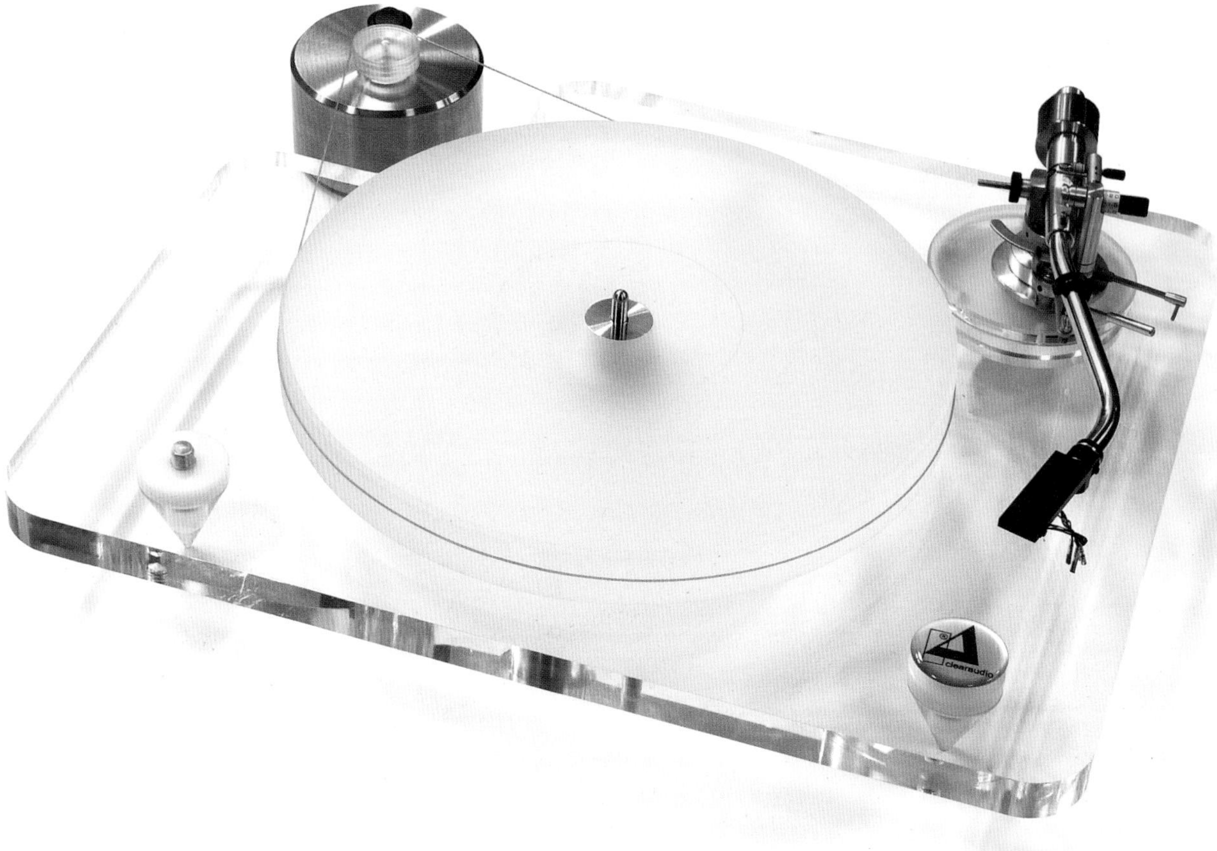
clearaudio

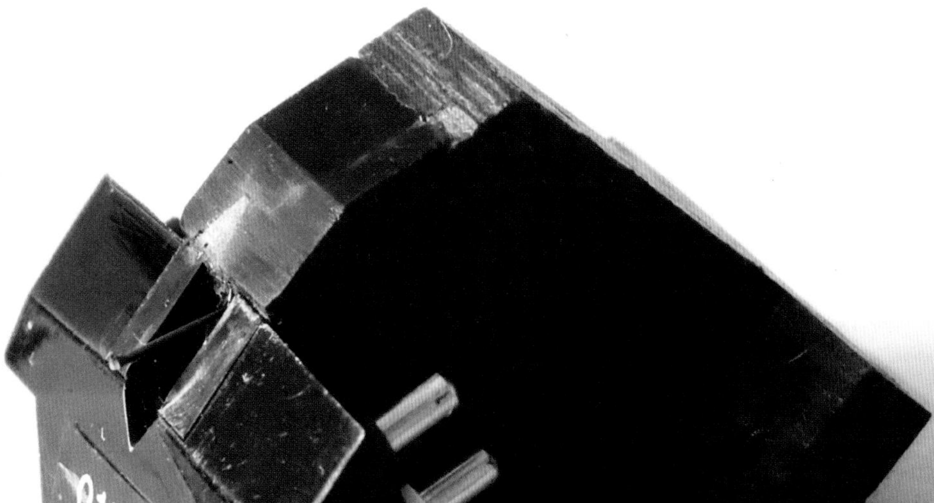
01736

Clearaudio Champion

초하이엔드 카트리지의 명성을 이어서 만든 턴테이블

독일 클리어오디오사는 트리곤 팁(스타일러스 섹션이 삼각형인 초정밀 카트리지 바늘)을 사용하는 초고가 인사이더 레퍼런스와 골드핑거 카트리지로 그 명성을 굳혔다. 그들의 카트리지는 중형 자동차 값에 육박하는 명품으로 아날로그 마니아라면 한 번쯤 사용하고 싶은 꿈의 제품이다. 비슷한 비용으로 자동차를 살 것이냐, 카트리지를 살 것이냐를 결정해야 한다면 누구라도 망설여지지 않을 수 없을 것이다. 오디오 시스템 전체도 아니고 손가락 한 마디만한 카트리지의 경우라면 대단히 심각해질 것은 두말할 나위가 없으리라.

그들의 최고가 카트리지 인사이더 레퍼런스 우드(Insider Reference Wood, 이하 IRW)는 현재 단종 모델이며 후속기로 골드핑거 시리즈가 출시되었는데 겉보기에도 특이한 구석이 있다. 이것은 대추나무 솔리드우드 몸체의 양옆으로 MC 코일 리드선을 최단 거리화해서 단자 처리한 결과이다. 특히 IRW 무빙 코일은 캔틸레버 종단에 보빈없이 직접 L·R 코일을 원형으로 함께 감아 스타일러스의 진동이 캔틸레버를 타고 코일까지 이질재의 구속 진동 없이 리니어하게 전달된다. 결과적으로 다이내믹 레인지가 100dB(보통 카트리지는 60dB 내외)에 이르며, 채널 분리도가 45dB(보통 카트리지는 30dB 내외)라는 구형 아날로그 카트리지에서는 상상도 할 수 없는 경이적인 스펙을 이룩하였다.

이러한 카트리지 스펙을 살리려면 턴테이블 자체의 S/N비나 다이내믹 레인지 성능도 이에 부응하는 스펙으로 발전시켜야 했기에 새로 개발된 턴테이블이 그들의 레퍼런스 라인업이다. 클리어오디오 턴테이블은 고가 제품이 많으며, 제품 자체의 재질이나 구조, 디자인이 특이해 가끔 영화(영화 〈툼레이더〉를 보면 클리어

»
클리어오디오 챔피언(상단)과 클리어 인사이더 레퍼런스 우드(하단)

마스터 레퍼런스 턴테이블이 첫 장면에 등장한다)에도 등장할 정도이다. 카트리지에서 얻은 명성을 그대로 아날로그 턴테이블로 이어가려는 그들의 노력은 모터 3개를 아크릴 플래터 외주부에 설치해 실리콘 벨트로 돌리고, 암 베이스를 그 모터 베이스와 분리해 3점 지지시킨 맥시멈 솔루션이나 마스터 레퍼런스·스테이트먼트 턴테이블에 고스란히 담겨있다. 그러나 모두 초고가 제품이다.

기본적으로 레퍼런스 턴테이블 구조는 그대로 두고 보급품 턴테이블로 출시한 것이 바로 챔피언 시리즈다. 그중에서도 베스트셀링 모델은 챔피언인데, 베이스를 이중으로 하여 82dB로 S/N비를 향상시킨 챔피언 레벨1, 챔피언 레벨1의 플래터 두께 3cm를 7cm로 향상시키고 S/N비를 84dB로 2dB 향상시킨 챔피언 레벨2가 이 시리즈의 기본이다. 여기에 챔피언 리미티드, 챔피언 매그넘의 기념 모델이 추가된다. 이 두 모델은 기본 사양은 챔피언이지만 베이스의 받침대를 스테인리스로 묵직하게 가공해 전체 안정도를 향상시켜 놓은 제품이다. 자세히 보면 하부 베이스 지지대가 묵직한 원형 스테인리스로 바뀐 것이 보인다. 챔피언의 기본 콘셉은 레코드 재질인 염화비닐보다 공진점이 낮은 데프론 아크릴로 전체 턴테이블을 구성해서 저역에서의 해상력과 투명도를 향상시킨다는 데 있다. 따라서 챔피언의 외형은 디자인 요소보다는 철저히 음질적 요소에서 출발했다고 볼 수 있다.

챔피언의 모터는 24극 싱크로너스 2W 타입으로, 저전압 구동이 아니라 고전압 구동의 소형 모터이다. 견고한 스테인리스 하우징에 철저히 진동을 억제하는 댐핑 구조로 모터를 안착시켰으며, 모터 축도 금속이 아닌 세라믹 재질에 아크릴 가공 풀리를 사용한다. 심지어 모터 축과 풀리를 고정하는 나사까지도 연질 플라스틱 재질

»
분리된 모터의 아크릴 풀리와 실리콘 벨트(좌)와 헤드셸 부위(우)

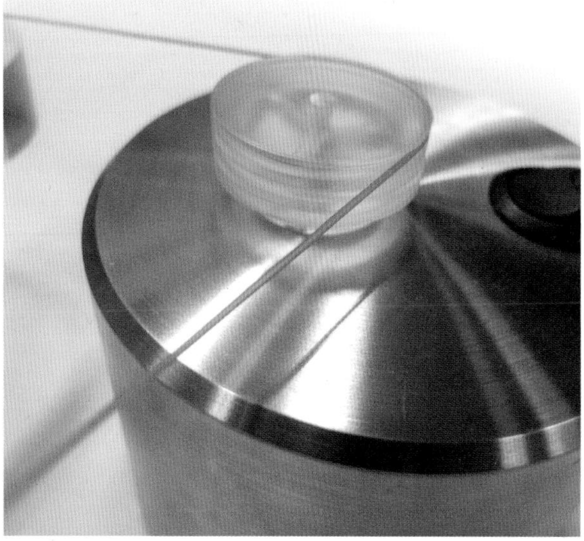

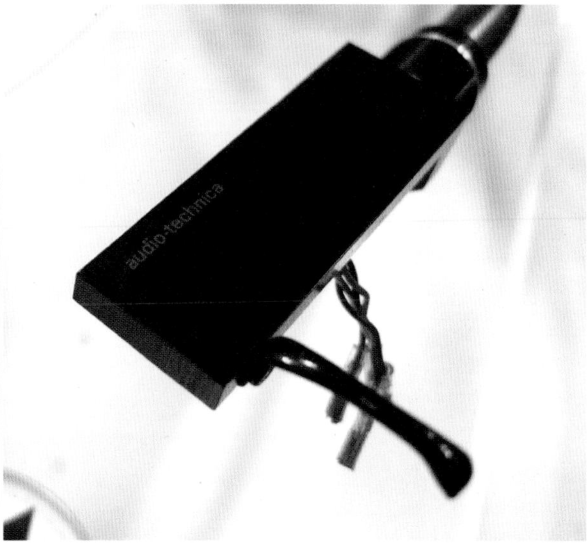

을 적용한 것 등 철저히 진동 전달을 차단하고 있다. 33·45 회전 전환은 풀리에 벨트를 옮겨 거는 심플한 방식이며, 모터 자체는 턴테이블 베이스에 일체화된 것이 아니라 완전히 분리되어 별도로 지지되는 구조여서 베이스와 톤암으로 모터 진동이 전달되는 것을 원초적으로 차단한다. 플래터 축은 인버티드(Inverted) 베어링 방식을 사용하고 있는 것이 특이한데, 베어링이 플래터 무게 중심보다 상부에 있어 하부에 있는 구조보다 중력적으로 안정된 회전을 하도록 고안되었다. 즉, 보통 플래터에 회전축이 붙고 그 하부에 베어링이 놓여 슬리브는 턴테이블 베이스에 장착되지만, 챔피언은 반대로 되어 있다. 즉, 축은 하부 베이스에 장착되며, 베어링은 플래터 슬리브 상부에 놓인다. 마찰 계수를 줄이기 위해 손으로 가공한 세라믹 베어링이 적용되어 있다.

기본 장착 암은 탄소 섬유를 사용하는 유니파이 암이지만 SME, 그래험 등을 장착할 수 있도록 다양한 암 베이스가 별매되고 있다. 이번에 시청한 모델은 일본 마이크로 세이키 MA-505 MKⅢ의 S형 톤암이 장착된 제품이다. 랙에 잘 안착된 챔피언의 디자인적 완성감은 대단히 매혹적이어서 아날로그 마니아로서 더할 나위가 없었다. 별매 아크릴 커버도 이음매가 없이 한 판으로 접어서 가공해 깔끔한 인상의 본체와 잘 어울린다. 순전히 투명 아크릴로 이 정도의 완성도 높은 턴테이블을 생산해낼 수 있다는 것은 높이 살만하다. 실로 수많은 턴테이블이 세상에 존재하며 수많은 콘셉과 음질을 바탕으로 상품화되어 우리의 리스닝룸에서 LP 사운드를 재생해준다. 턴테이블마다 각기 나름대로의 음질 개성이 잘 살아나는 것이 디지털 사운드와는 구분된다. 그런 측면에서 어떤 턴테이블이던 고유하고 개성적인 아름다움이 있다고 생각한다. 그것이 턴테이블의 다양한 매력이고, 수많은 턴테이블이 존재하는 이유이다.

»
마이크로 세이키 암의 정밀 조정부(좌)와 전용 케이스에 담긴 클리어 인사이더 레퍼런스 우드(우)

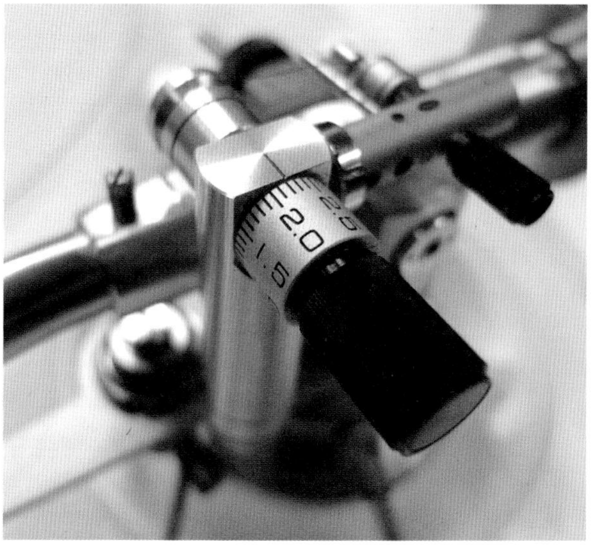

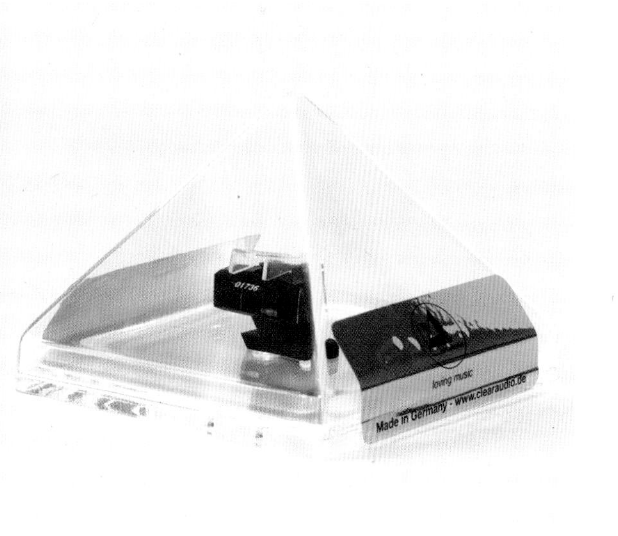

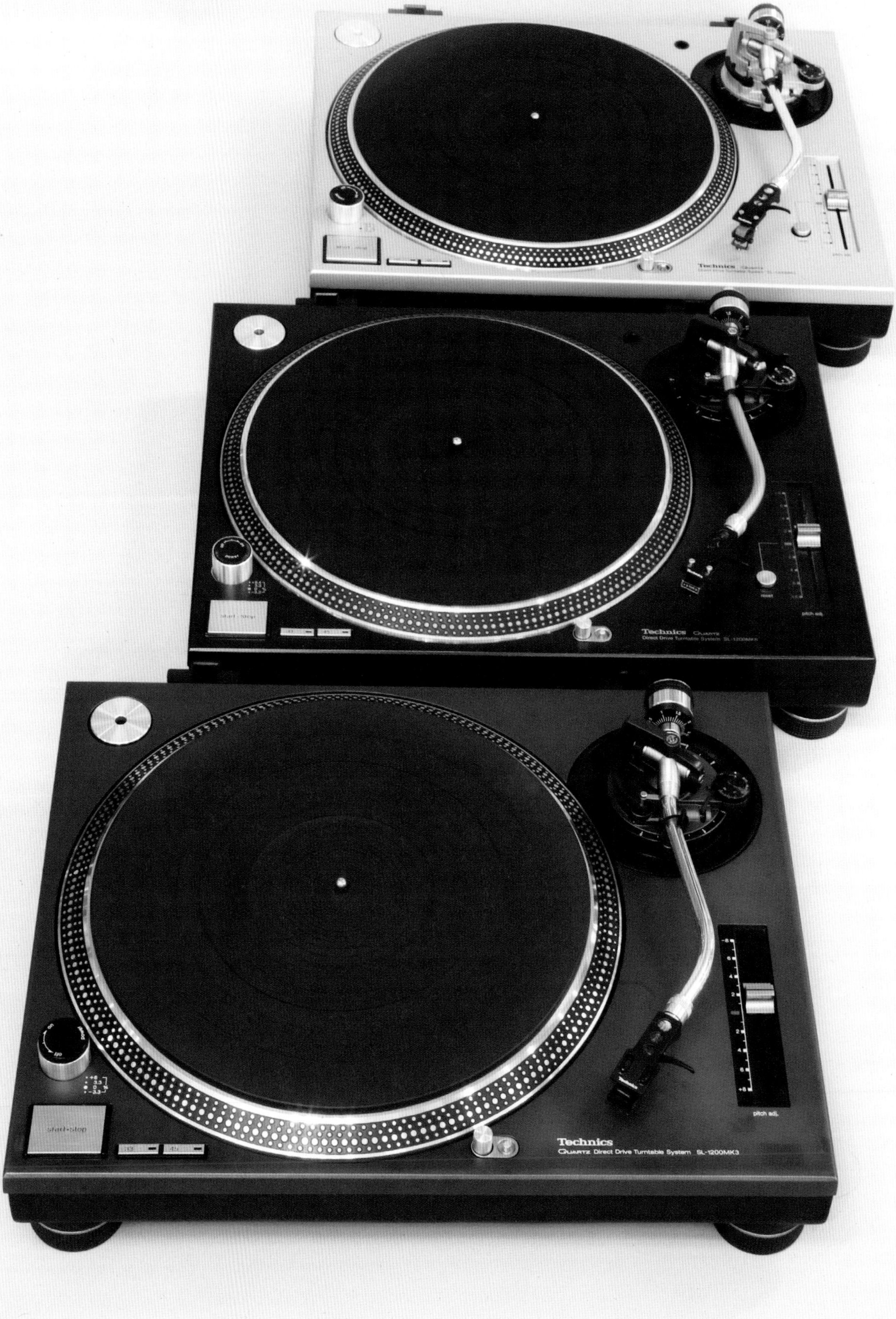
start•stop
33
45
pitch adj.
Technics
QUARTZ Direct Drive Turntable System SL-1200MK3

Technics SL-1200 Direct Drive Turntable Series

편리성, 내구성, 사운드 3박자의 조화를 이룬 다이렉트 드라이브의 베스트셀러

세계 오디오 역사에는 수많은 턴테이블이 발표되고 개량되어 헤아릴 수 없을 만큼의 모델이 존재하지만 그 중에서 명품으로 회자되는 턴테이블은 그리 많지 않다. 다른 오디오 제품 분야도 마찬가지이지만, 명품은 그 나름대로 명기의 이유가 있다. AR처럼 단순하면서도 그 기본 내용에 충실한 기본주의 턴테이블, 린 손덱처럼 완벽에 가까운 성능을 추구하기 위해 끝없이 개량되어온 턴테이블, 가라드 301처럼 듬직하고 묵직하며 프로용 사양으로 극치의 편리성과 내구성을 함께 갖춘 턴테이블, 토렌스 TD-124처럼 고정밀도와 내구성, 실용성을 두루 갖춘 턴테이블 등 내로라하는 디자인과 사운드의 타당성이 있기 때문이다.

명기의 반열에 오르기에는 약간은 빈약하지만, 그래도 그 사이를 비집고 들어온 턴테이블이 바로 테크닉스의 SL-1200 시리즈이다. 다이렉트 드라이브 턴테이블로서는 유일무이한 베스트셀러인데, 1972년도에 등장한 이래 무려 10여 종의 시리즈 변경모델을 내고도 2016년에 들어서는 리바이벌 모델을 발표하였으며 2018년에 또 다시 개량 제품을 론칭한 스테디셀링 턴테이블이다. 전체 판매 수량으로 본다면 오히려 린 손덱을 넘어선다. SL-1200은 테크닉스의 프로용 턴테이블인 SP-10의 보급 모델로, 디스코텍이나 소규모 방송국뿐 아니라 가정에서도 편리하게 사용할 수 있도록 한 보급형인데, 사용 편리성, 내구성, 사운드 등 3박자를 고루 갖춘 명품이다. 물론 그 정도로 명품이라고 하느냐 하는 마니아들도 있겠지만, 1200을 한 번 사용해보면 모든 동작 기능과 편리성에서 아마 동의하지 않을 수 없을 것이다.

1200의 초기형은 지금처럼 완벽한 기능과 디자인을 갖추지 못했고, 1200 MKⅡ 정도부터 완전한 제품

»
SL-1200 시리즈(맨 위에서부터 MKS · MKⅥ · MKⅢ)

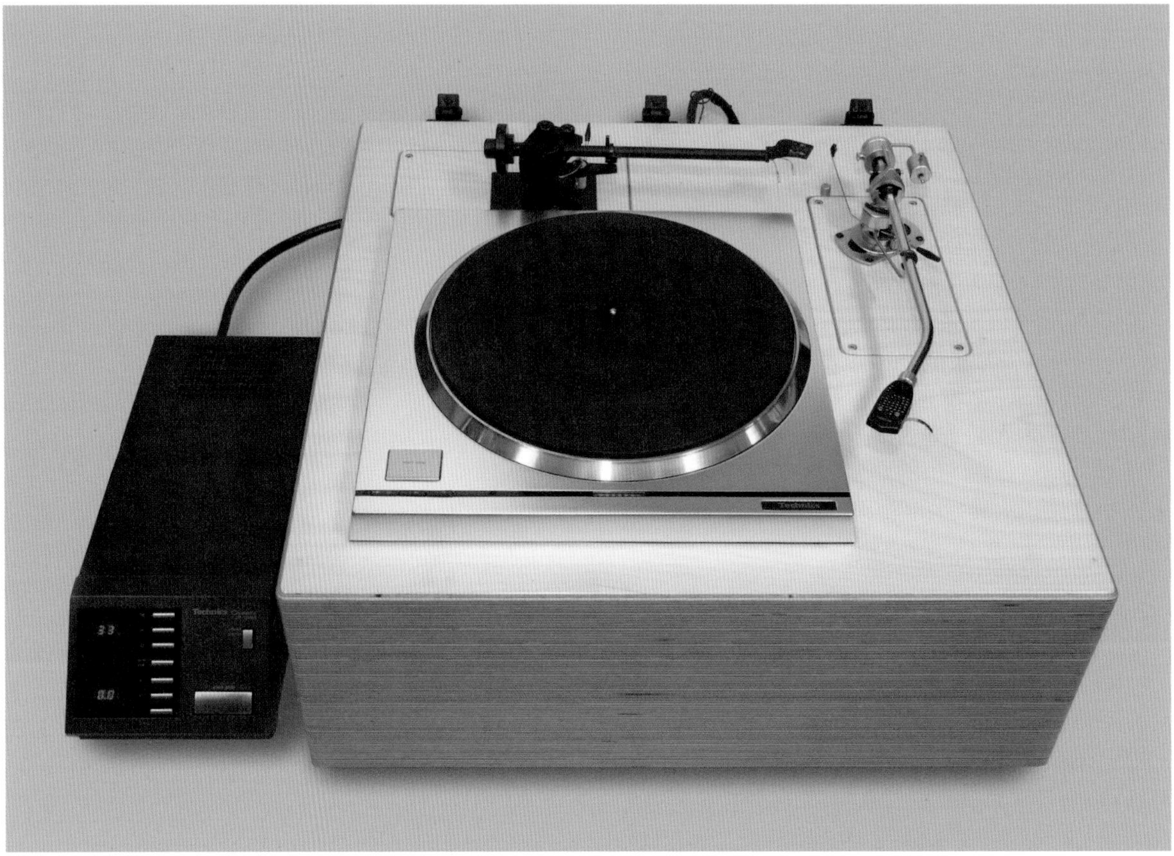

»
테크닉스의 레퍼런스 턴테이블 SP-10MK3의 위용(SL-1200의 최상급기에 해당한다)

으로 생산된 것 같다. 1200은 그 뒤 개량과 약간의 디자인 변경으로 꾸준히 생산되다가 2010년 12월 1200 MKⅥ 모델로 생산 종료한다. 그러나 애호가의 성화에 못 이겨 2014년 1200GAE 모델로 다시 등장하는데, 뜻밖의 인기로 매진되자 2016년에 다시 플래터를 4층 구조로 댐핑시킨 1200G 모델을 등장시킨다. 1200G는 SP-10 MKⅡ의 최신판 제품이라 일컫을 만큼 고급화되었는데, 물론 가격도 전작이 8만 엔 내외인 것에 반해 무려 4배에 가까운 33만 엔의 고가품이 되고 말았다. 어떻든 다시 돌아온 아날로그 LP 붐에 편승해 개량된 제품을 볼 수 있다는 것은 마니아 중 한 사람으로 큰 기쁨이 아닐 수 없다.

1200 MKⅢ은 1970년대 후반기 제품으로 가장 완숙기 제품이라 말할 수 있는데, 그 기본 틀은 최근의 1200G와 동일하다. 턴테이블을 사용하는 마니아 입장을 모두 고려해 콤팩트한 사이즈에 집약시켜 놓은 테크닉스 엔지니어들의 성의를 느낄 수 있는 제품이다. 물론 일반적인 다이렉트 드라이브 시스템의 음질 경향인 차가운 음색을 보이지만, 여타 다이렉트 드라이브 턴테이블과는 달리 하부 저역 심지가 무게 있고 중·고역도 가볍게 날뛰는 바 없이 적절한 디테일을 유지하면서도 모든 동작들이 부드럽고 타당성 있다.

우선 기동 토크가 1.5kg·cm(1200G인 경우 3.3kg·cm)으로 33⅓rpm의 경우 약 0.6초면 정속에 이른다.

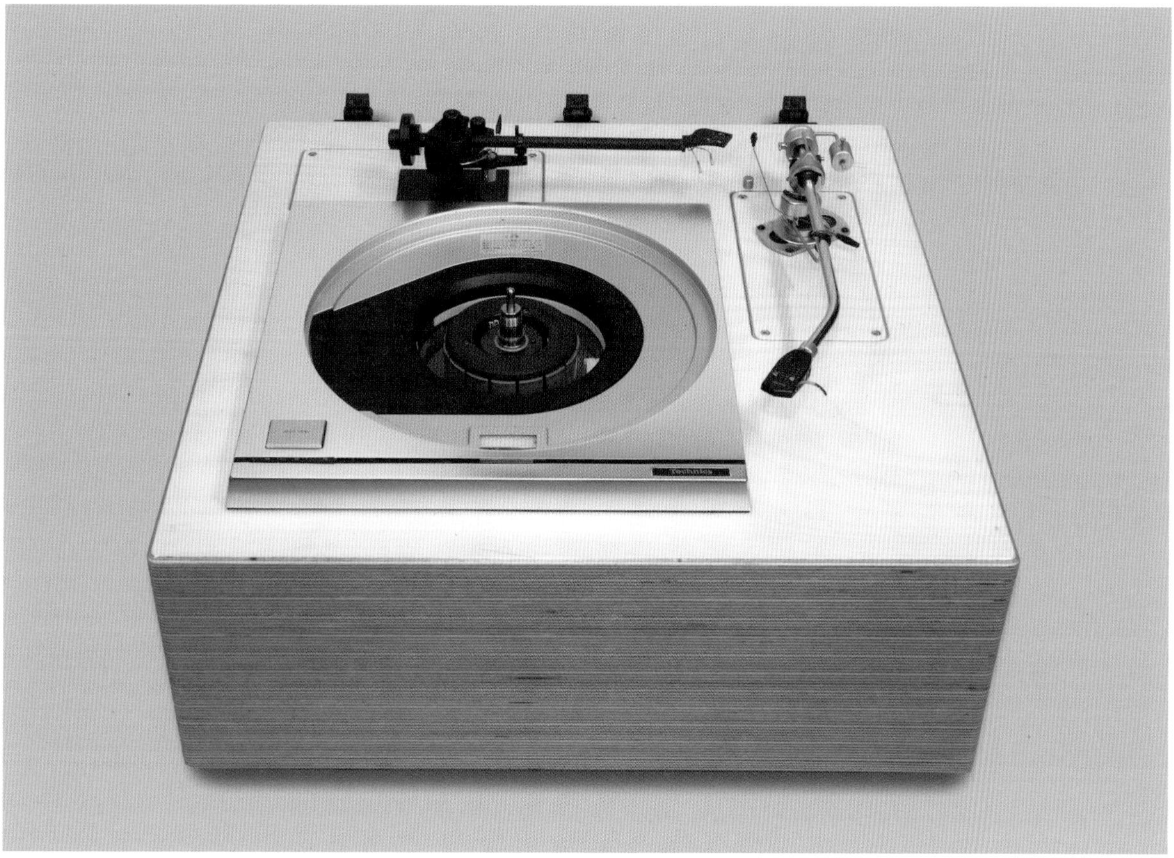

»
테크닉스의 레퍼런스 턴테이블 SP-10MK3의 내부 구동부(SL-1200과 비슷하다)

회전 오차 0.01% 내외이고, S/N비도 탁월해 78dB에 이르니 웬만한 벨트 드라이브 턴테이블보다 6dB정도 높은 편이다. 그만큼 배경이 정숙하고 음장감과 다이내믹 재생력이 우수하다는 뜻일 것이다. 플래터는 3층 구조(1200G는 4층 구조)로 강성과 연성 재질을 삼중으로 겹쳐 씀으로써 자체 진동을 흡수하고 완충하는 구조인데, 플래터만 약 1.5kg정도이고(1200G는 3.6kg으로 역대 최대임) 턴테이블 전체 무게도 약 11kg 정도(1200G는 18kg)이다. 톤암 옆에는 특별히 DJ를 위한 회전 변경 페이더가 있는데, ±8% 내외로 기존 회전을 임의로 변경시킬 수 있다. 톤암은 S자형 스태틱 밸런스 타입으로, 카트리지 질량은 3.5~13g을 소화할 수 있고, 스프링식 안티스케이팅, 업·다운 레버, 톤암 베이스 축 높이 조절 등 다양한 편리성 기능이 탑재되어 있다. 플래터 외부의 스트로보스코프로 스피드 상태를 눈으로 모니터할 수 있으며, 메인 전원 스위치 외에 스타트 온·오프(ON/OFF) 스위치를 커다랗게 장착시켜 빠르게 동작·정지를 반복할 수 있다. 그 외에 33⅓, 45rpm 스위치와 큐잉 포인트에서 레코드 트랙을 확인할 수 있도록 팝업 라이트가 설계되어 있는 등 많은 배려가 돋보인다. 국내 LP바나 소규모 방송 매체에서는 1200이 필수적이며, 일반 마니아들도 많이 찾는 턴테이블로 출시된, 1200 시리즈의 모든 모델이 아직도 현역기인 만큼 오디오사에 남을 만한 제품이다.

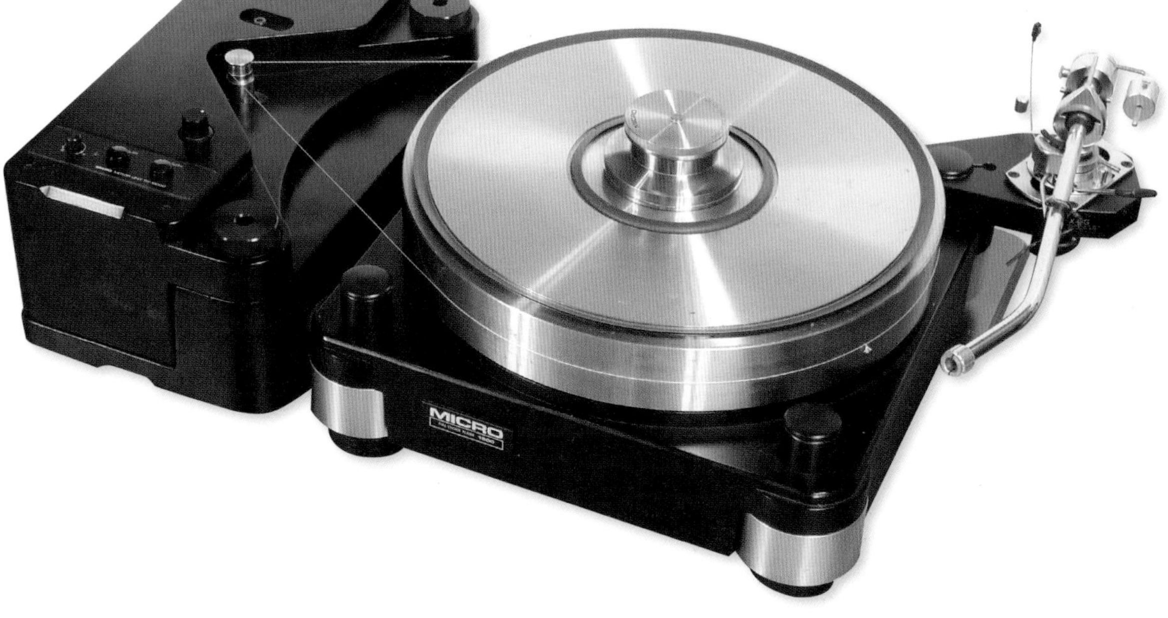
MICRO

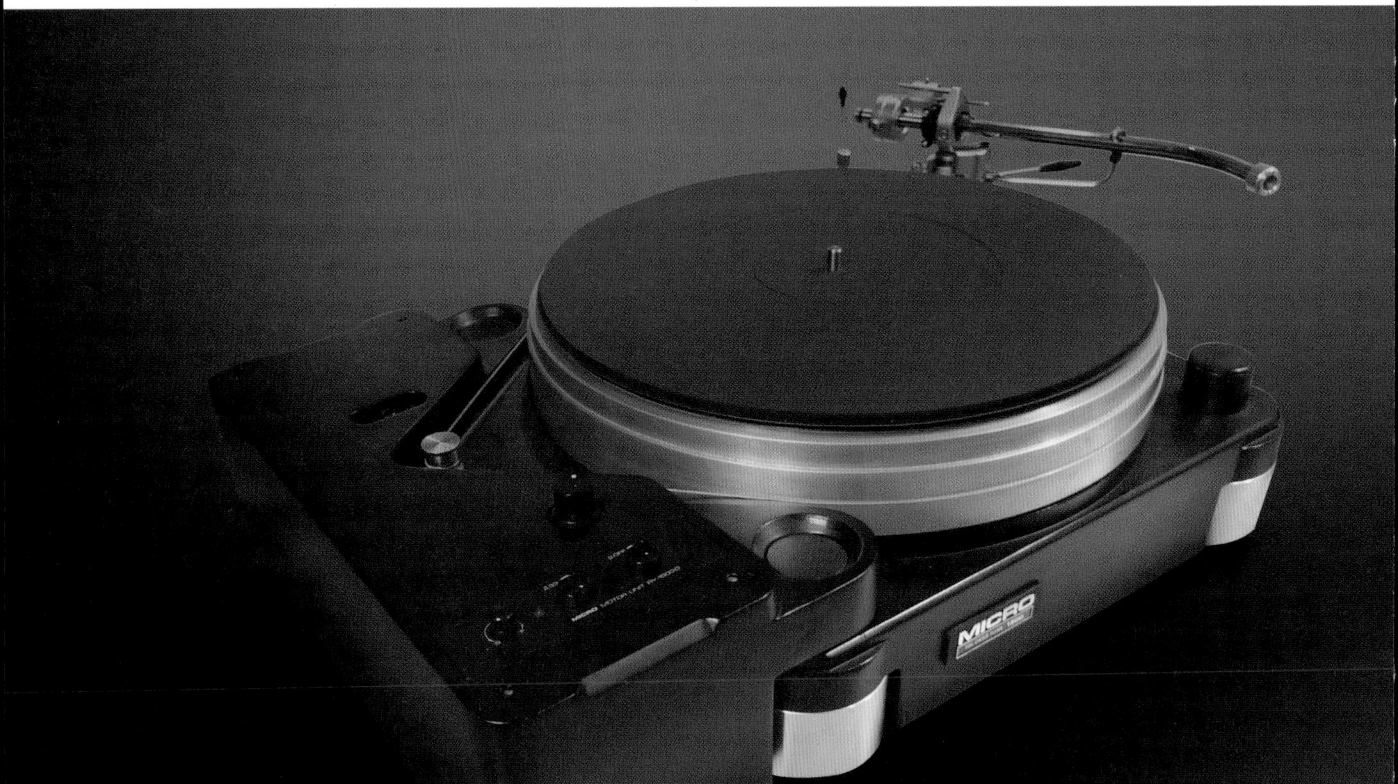
MICRO

Micro-1500 Series

기본에 충실한 마니아적 발상

우리는 바람같이 사랑하고 바람같이 살고 싶어 한다. 사랑과 삶은 하나이고 삶과 죽음도 하나이다. 그래서 사랑과 삶과 죽음은 하나이고, 그 하나인 자리에는 항상 신이 있어 신 또한 사랑과 하나가 된다. 그래서 어느 순간 사랑과 삶과 죽음과 신은 하나로 다가온다. 우리는 우주의 길손, 우리는 서로를 알아보지 못하고 각자의 길로, 먼 별빛으로 향한다. 이것이 인간의 외로움이다. 우리는 모두 태양의 자식이다. 그러나 아버지 태양도 하루하루 늙어 죽음으로 향하는 서러움에 매일 저녁노을의 슬픔으로 붉게 물든다. 우리는 모두 영원치 않다는 슬픔에 젖어 삶을 산다. 그것이 고독의 뿌리이고, 그 고독의 뿌리로부터 양분이 흡수되어 갖가지 꽃이 되고 씨앗을 맺는다. 그 씨앗은 영원치 않은 삶의 위로지만 그 위로로도 우리의 고독은 걷히지 않는다. 씨앗은 영원한 삶의 징표라고 아무리 우겨도 우리의 눈물은 끊일 날이 없다. 필자가 놓고 가야할 이 세상이 너무도 아름답기에 그 어떤 위로로도 대신할 수 없는 허전함이 끊임없이 스쳐 지나간다.

이제 나뭇잎이 단풍으로 익어 가지에서 힘들어하는 11월, 가을 빗물의 무게까지 합세해 더는 견디지 못하고 떨어진다. 빗물이 얼싸 안고 동반 투신하듯 단풍이 뚝뚝 대지 위로 낙하해 부딪친다. 그도 모자라 그 위로 인간의 무게가 짓누르고 지나간다. 신발로, 빗자루로, 타이어로… 낙엽은 서서히 태양의 열정을 잃고 창백해진 후 잎새의 세포까지 스미는 바람소리와 함께 지구의 기나긴 추억 속으로 자취를 감춘다. 그 하나하나 뜨겁던 태양의 추억을 뒤로한 채…. 마이크로 세이키의 1500 풀 시스템은 그 뜨겁던 아날로그 시절의 추억과 같은 턴테이블이다. 바위와 같이 무거운 플래터를 바람같이 다룬 아날로그 명품이다. 황동 플래터에 붉은

»
마이크로 1500 황동 플래터(상단)와 알루미늄 플래터(하단)

구리색 스태빌라이저를 올려놓으면 태양의 서러운 노을 같은 이미지로 떠오른다.

이 무거운 플래터의 베어링은 공기이다. 즉, 에어 컴프레서로 압력을 주어 플래터를 공중부양시킨 후 아주 얇은 실로 구동하는 에어 베어링 스트링 드라이브다. 물론 LP 디스크를 공기로 흡착시켜 플래터에 일체화시키는 에어 매트까지 장착되어 있다. 말하자면 이 턴테이블의 주제는 그 허전한 바람인 것이다. 바람으로 띄워서 하부 진동과 회전 정숙도를 유지시키는 고정밀도 턴테이블인 셈이다. 1500 시스템은 처음부터 모든 부품이 옵션 방식으로 설계되고 판매되었다. 에어 펌프도 옵션이며, 에어 베어링과 플래터 사양도 알루미늄에서 황동까지 다양하게 선택할 수 있도록 제작되었다. 따라서 1500의 기능과 가격은 그야말로 천차만별이다. 1500의 최상급 풀 옵션 사양 상급기 5000이나 8000과 동일한 성능을 지니고 있다고 보면 된다. 특이한 것은 상급기들이 에어 베이스를 턴테이블 밑에 깔도록 되어 있는 반면 스프링 텐션으로 이를 대치하고 있다는 것이다. 물론 네 귀퉁이 스프링 텐션을 조정하여 수평을 맞출 수 있도록 설계되어 있어 편리한 점도 많다. 개인적인 생각으로는 오히려 이 방식이 성능 안정도를 유지하는 데 유리하다는 판단이다. 상급기의 에어 베이스는 사용하다보면 공기가 빠져 수평 밸런스가 무너지기 일쑤이기 때문이다.

»
황동 플래터와 에어 베어링

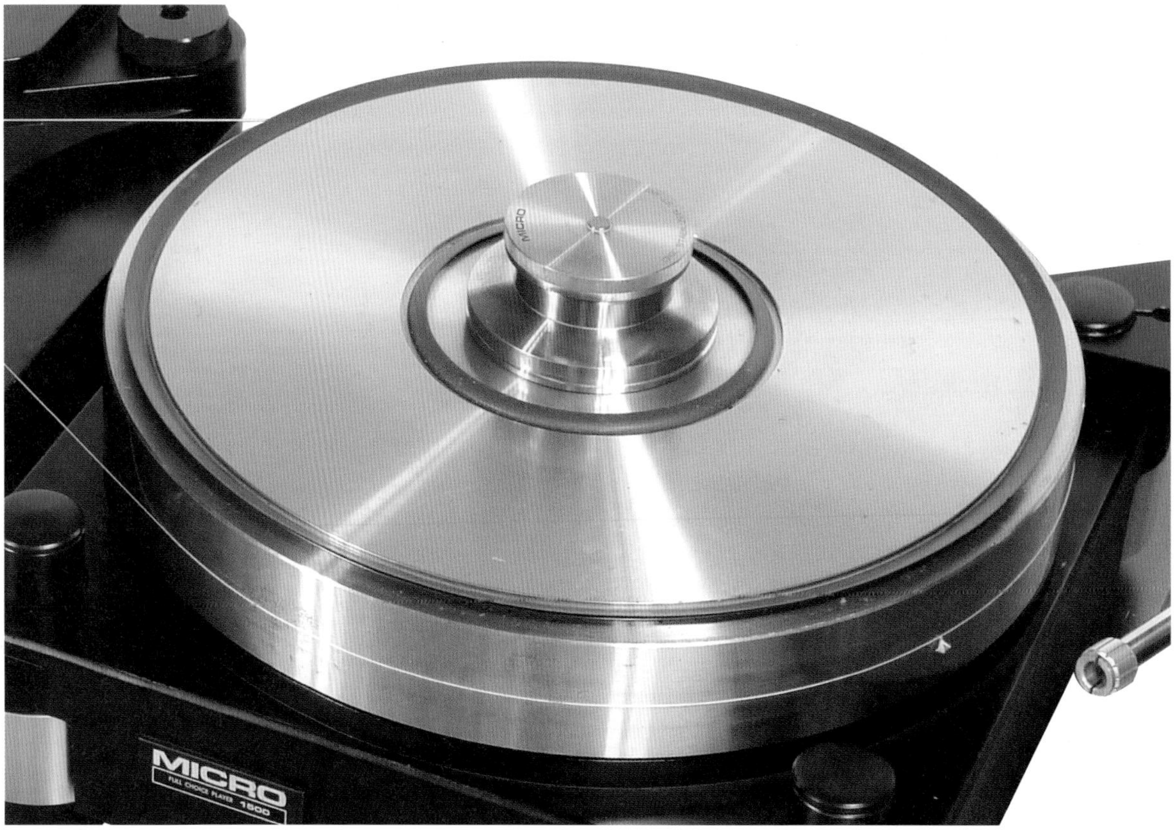

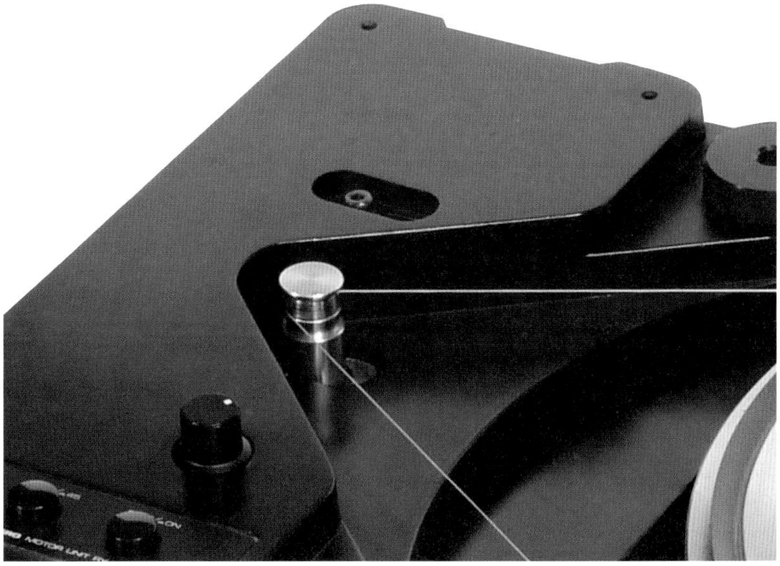

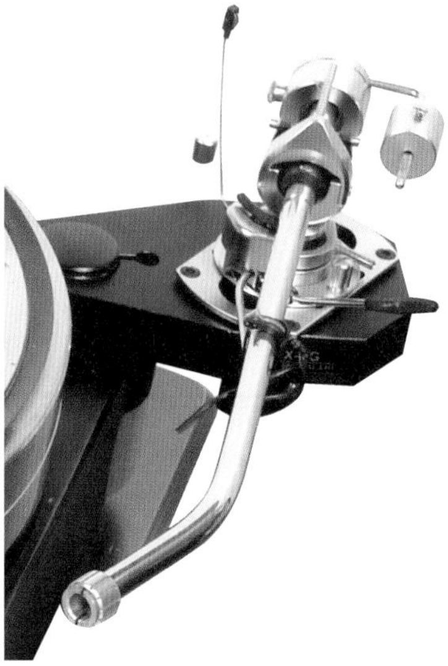

»
스트링 드라이브 시스템(좌)
SME-3012R이 장착된 모습(우)

에어 매트의 경우 타사 제품이 동작 시간의 지체로 불편한 데 반해 2~3초 이내에서 쉽고 빠르게 동작하여 호감이 간다. 이중 매트 흡착 가이드 덕분에 흡착 에러가 없고 시간도 단축되었다. 에어 매트 사용 시 스태빌라이저는 사용하지 않아도 무방하며 에어 매트를 작동시키면 음이 묵직하게 가라앉아 음질 변화가 상당히 큰 편이다. 에어 베어링은 진공 펌프를 동작시키면 그와 동시에 작동한다. 에어 펌핑 자체 소음도 대단히 양호하여 턴테이블 가까이 두어도 별 소음이 없을 정도이다. 그러나 약간은 이격시키는 것이 당연히 유리하다. 모터 박스는 별도의 하우징으로 분리되어 있어 진동 전달을 근본적으로 차단하고 있으며 33⅓, 45rpm 전환과 스피드 컨트롤이 자유자재로 이루어져 드라이브 스트링 텐션이나 모터 박스 유격 거리에 따른 속도 변화에 근본적으로 대처하고 있다. 구조상 동작 정숙도가 대단히 뛰어나 S/N감이 좋다.

5000이나 8000이 약간 차가운 소리인 반면에 1500은 온도감은 상당히 상승되어 있으며, 특히 암 대의 탈부착이 매우 용이하여 실험정신이 뛰어난 마니아에게는 그야말로 안성맞춤이다. 원하는 암에 따른 암 베이스도 다양하게 판매되었고, 또 암베이스만 따로 제작해도 큰 무리가 따르지 않아 편리하다. SME-3012R을 장착하여 SPU를 들으면 더 해상력 있고 다이내믹한 SPU 소리를 들을 수 있으며, SME-V 암이나 오르토폰 RF-297을 장착해도 무난하게 매칭되어 밸런스가 좋은 사운드를 재생한다. 암 3개까지 수월하게 장착할 수 있고, 어느 암이나 디자인적으로 무난히 소화하는 중량급 턴테이블이다.

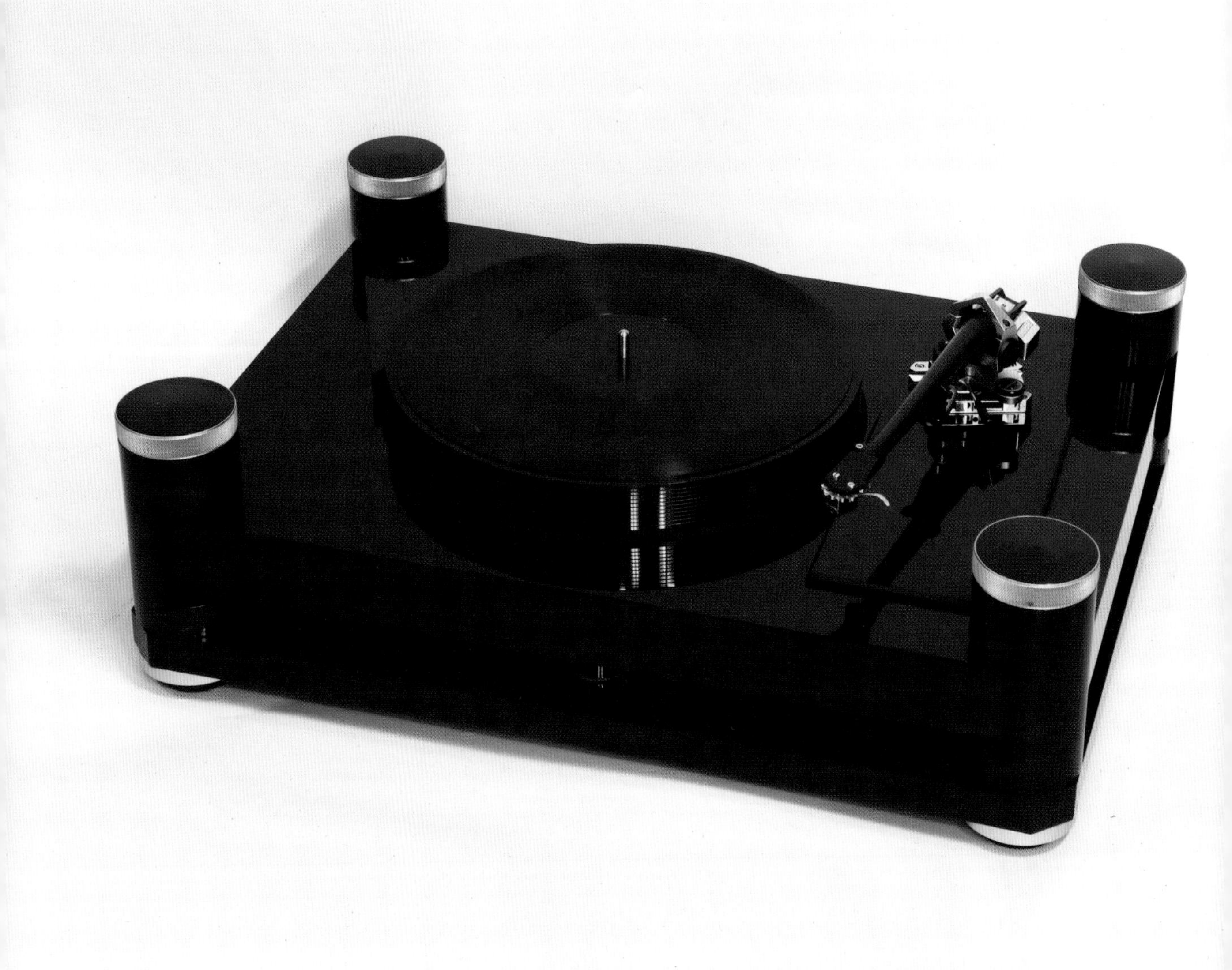

Basis Debut Turntable

완성도 높은 하이엔드 턴테이블

30여 년 전인 1990년도에 필자의 친구가 새로 턴테이블을 들여왔으니 와서 평을 해달라는 요청을 받았다. 그곳에 가보니 그래험(Graham Engineering)의 1.5 유니피봇형 암에 고에츠 로즈우드 플래티넘 카트리지가 장착되어 있는 시커먼 아크릴의 베이시스 데뷔 턴테이블이었다. 당시 이 턴테이블은 초하이엔드로 턴테이블 가격만 약 2천만 원, 무게가 40kg에 육박하는 거함급 고가품이어서 책으로만 구경만 했지 실물을 보는 것은 필자로서도 처음이었다. 특히 무공진재인 아크릴로 플래터를 포함한 모든 부품을 설계한 제품은 더욱 보기 힘들었던 시절이었다.

처음 소리를 들었을 때 지금까지 들던 어떤 턴테이블과도 다른 투명함과 명료함, 다이내믹감과 함께 저역의 에지가 두툼하면서도 명확히 정리된 중용적 사운드가 가히 충격이었다. 상판과 플래터가 스프링에 매달려 공중에 떠서 도는 듯한 유연함이 카트리지 주행 아래서 살랑이고 있었다. 플로팅 구조가 이렇게 섬세하다니 살짝 건드려 보고 놀라움을 금치 못했는데, 미세한 스프링으로 상판 턴테이블 베이스를 매달고 있는 독특한 구조에서 오는 안정성 때문이었다. 그래험 암과 고에츠 카트리지 모든 것이 시각적으로나 사운드적으로 매칭이 훌륭한 느낌이었다.

그러다 최근 이 턴테이블이 필자의 손에 들어왔다. 당시로서는 고가여서 엄두도 못내던 턴테이블인데 이제는 구입할 만한 가격대의 중고품으로 필자의 시선을 다시 끌었던 것이다. 그래험 암을 대신해 SME의 310 업그레이드 튜닝형인 오라클 특주 암이 장착되어 있었다.

»
베이시스 데뷔 턴테이블

오자마자 턴테이블을 모두 분해해 클리닝과 미세 조정에 들어갔다. 모터는 24V DC 구동의 BLDC (Brushless 직류 모터)형으로 하부 베이스에 안착되어 있고, 저전압 저속 저진동형임에도 불구하고 상부 베이스로는 진동이 전혀 전달되지 않도록 이중 구조에 만전을 기하였다. 모터 자체의 스피드 컨트롤 파트 역시 모터 구동부 옆에 장착되어 쉽게 스피드를 컨트롤하되 외부 전원 박스에서는 단순히 안정된 24V DC 전압만 공급되도록 했다. 베이시스 데뷔 턴테이블은 49cm×2, 즉 98cm 저탄성 플랫 벨트로 구동하는 벨트 드라이브 타입이다. 스피드는 33⅓과 45rpm 두 종류뿐이다.

플래터는 납과 충진재 그리고 아크릴의 3중 연합체로 무게가 11.8kg이나 된다. 플래터 에지가 서 있어 플래터를 들어낼 때 손가락이 끼면 다칠 염려가 있는데, 플래터 탈착 시에는 턴테이블 전체를 옆으로 눕혀서 작업하는 것이 좋다. 암 베이스 역시 플래터와 같은 3중 재질 구조로 무게가 5kg정도 되는데, 별도의 고정 나사가 없는 구조로 밑에서 밀면 그대로 탈착되어 밖으로 빠져나온다. 이 암 베이스는 각 톤암에 맞는 별도 옵션 판매품이 있어 편리한데, 특히 비고정형이어서 암 장착 시 유리하다. 하부의 전체 수평 조정용 다리 네 군데 모두 높이 조정이 되며, 상부 돌림 나사 역시 다시 플래터의 수평을 조절할 수 있는 2중 수평조정 구조가 단순하면서도 사용자 위주로 견고하게 설계되어 있다. 원래 더스트 커버가 없이 발매되어 덮개 형식의 투명 아크릴 커버를 별도로 제작했는데, 디자인적으로 잘 어울려 만족하게 사용하고 있다.

»
238쪽. 제작된 아크릴 커버를 덮은 모습
239쪽. 풀리와 플랫벨트(상단)와 전원(ON/OFF), 회전선택 스위치와 스피드 컨트롤(하단)

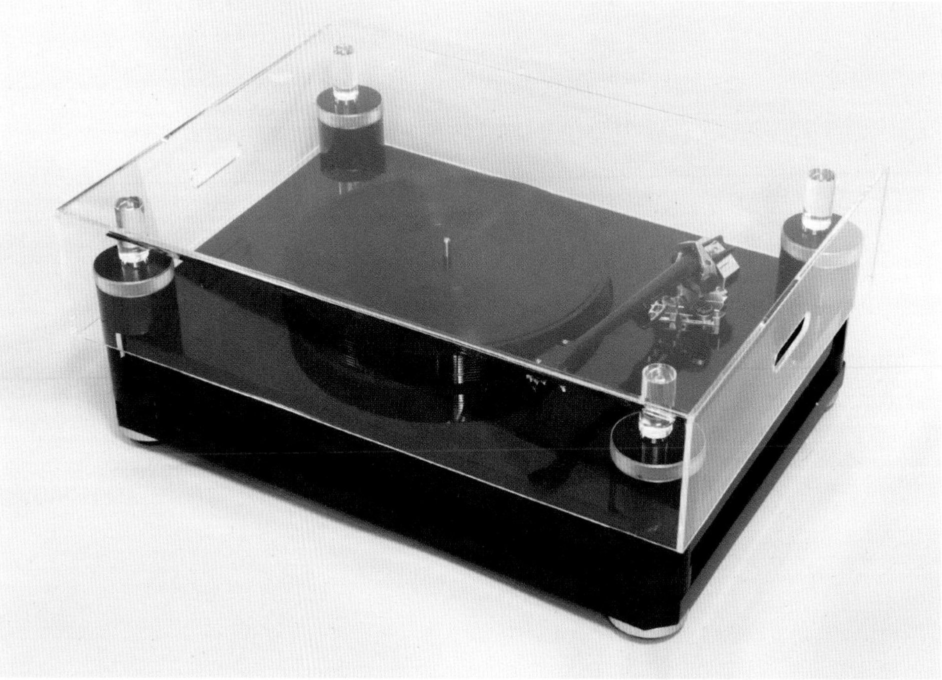

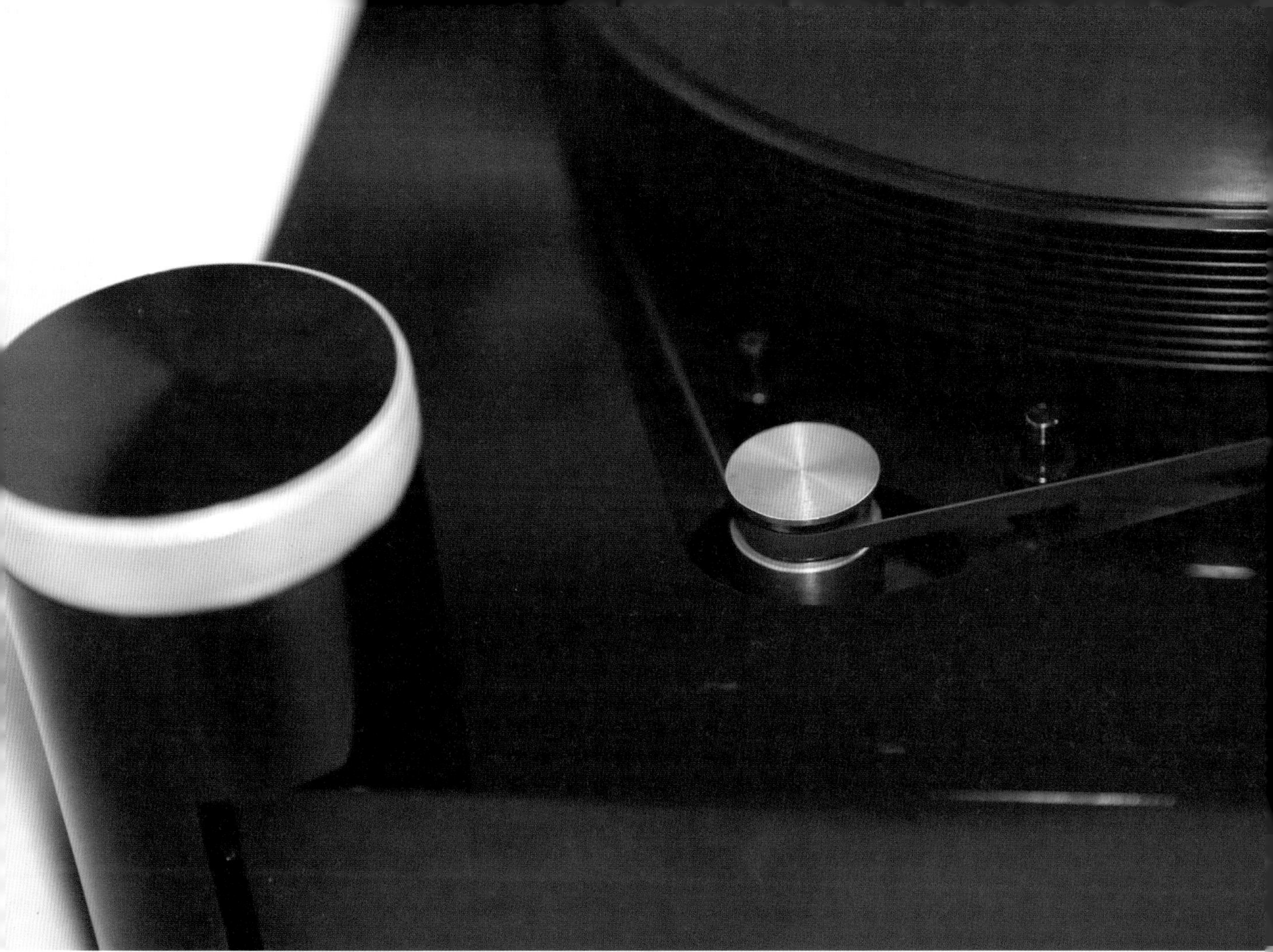

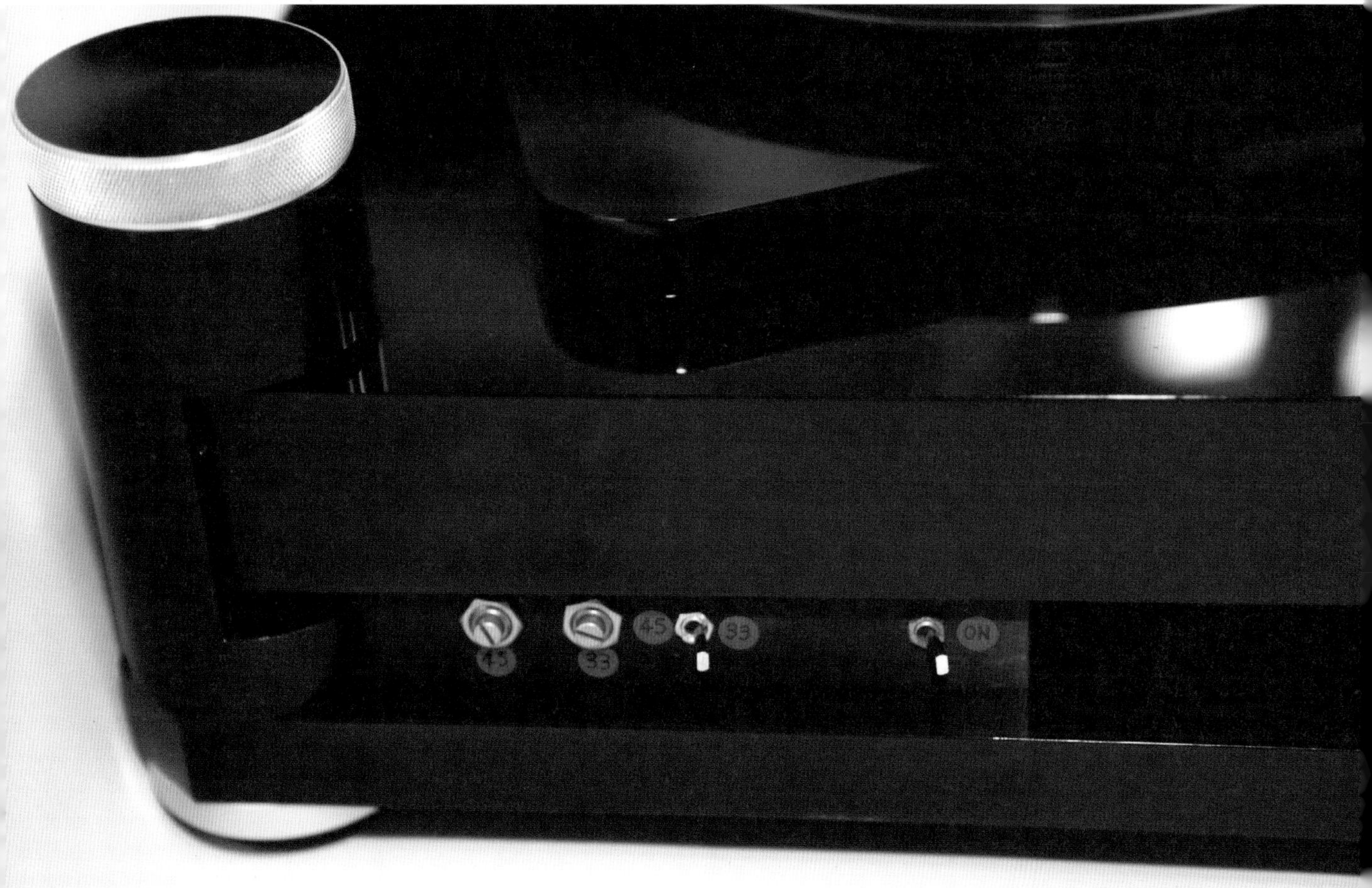
45
33
45
33
ON

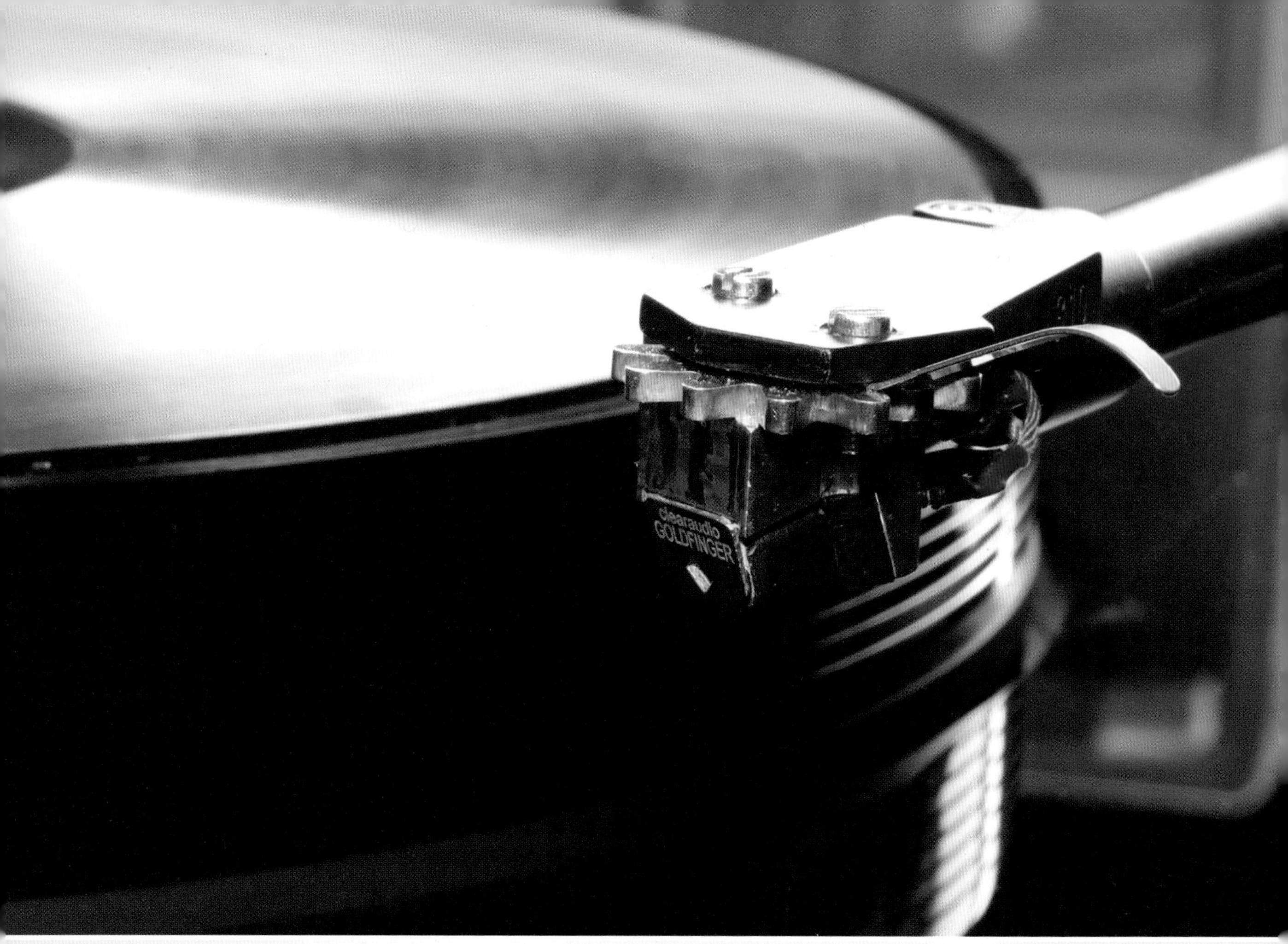
clearaudio
GOLDFINGER

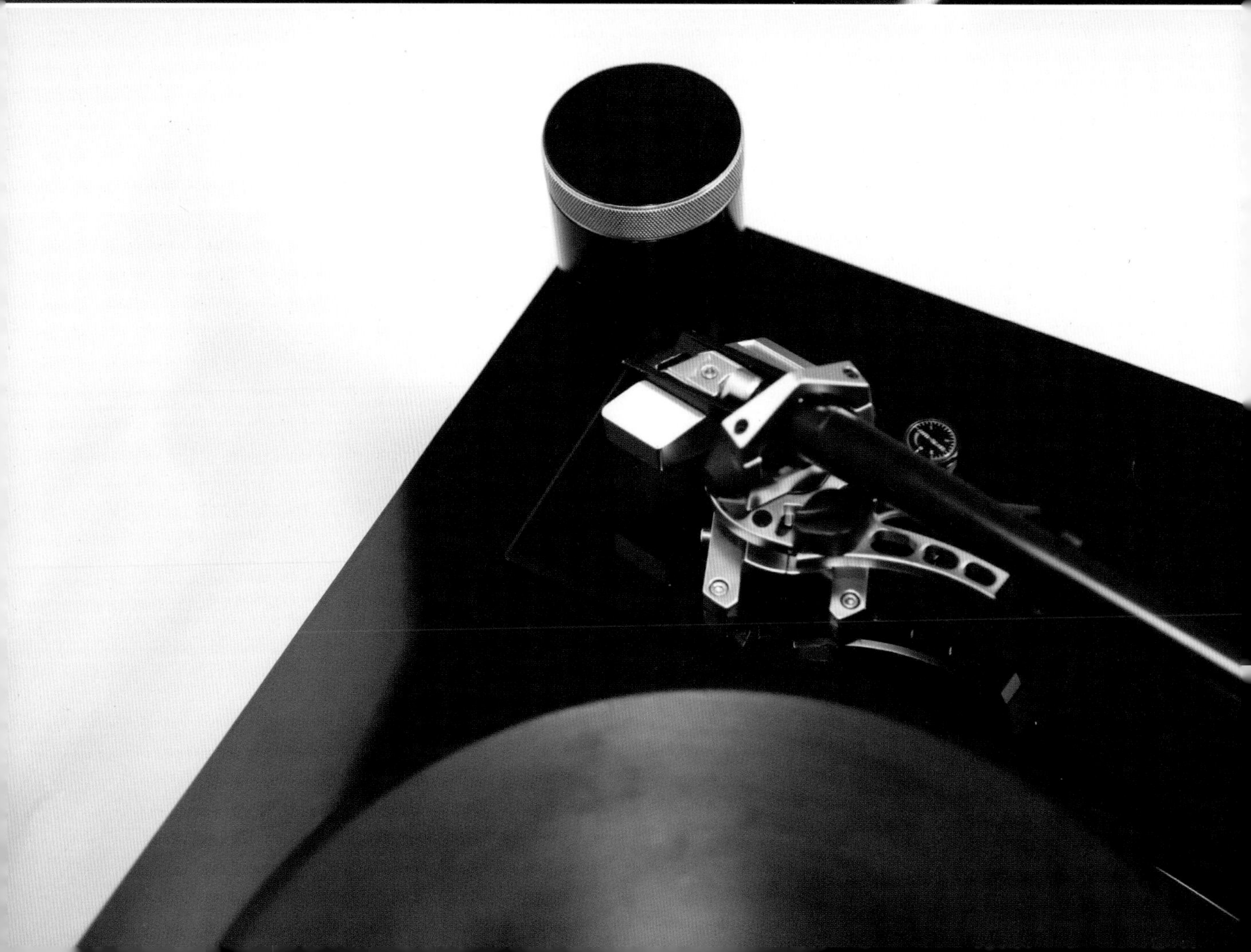

고에츠 오닉스(아버지 스가노 요시아키 작품)와 클리어오디오 골드핑거를 번갈아가며 시청한 결과 전체적 뉘앙스와 중역 두께, 음색, 음악성, 임장감은 오닉스가 좋고 다이내믹스는 역시 골드핑거가 좋았으나 두 카트리지 모두 이 턴테이블과 대단히 좋은 상성을 이룬다. 중량급이어서 다루기가 쉽지 않았지만 익숙해지자 어느 시스템에 매칭시켜도 초하이엔드의 음색 경향을 그대로 반영해주고 있다는 느낌이었다.

특히 하부 베이스와 상부 베이스 사이에 아크릴 스페이서 3개만 끼워 넣으면 쉽게 플로팅에서 리지드 타입으로 전환되어 필자로서는 두 가지 음색 모두를 즐길 수 있게 해주는 턴테이블로 만족스럽다. 사실 저역양은 증가할지 모르지만 에지가 부족하고 저역의 떨어지는 무게감이 불만족스러워 플로팅 타입 턴테이블을 선호하지 않는 필자에게 이런 종류의 턴테이블은 거의 행운에 가깝다. 역시 리지드로 고정하면 저역의 무게감이 상승하여 계속 리지드 타입으로 사용하고 있다. 만약 데뷔를 가지고 있다면 높이 28mm, 직경 약 30mm정도의 흑색 아크릴 원기둥을 가공해 3점 지지로 하부 베이스와 상부 베이스 사이를 받혀보면, 취향에 따라 다르겠지만, 음색의 미묘한 변화를 느낄 수 있다. 기본적으로 플래터는 무거워야만 된다는 턴테이블의 단순한 충실함이 턴테이블에서는 가장 중요한 것이라는 원칙을 새삼 깨우쳐 주었다. 완성도가 대단히 높고 취미성도 강한 이 시대 몇 안 되는 하이엔드 턴테이블 중 하나다.

»
240쪽, 클리어 골드핑거가 장착된 모습(상단)과 암 베이스는 밑에서 밀면 상부로 쉽게 올라온다(하단)
241쪽, 오라클 특주 SME 암

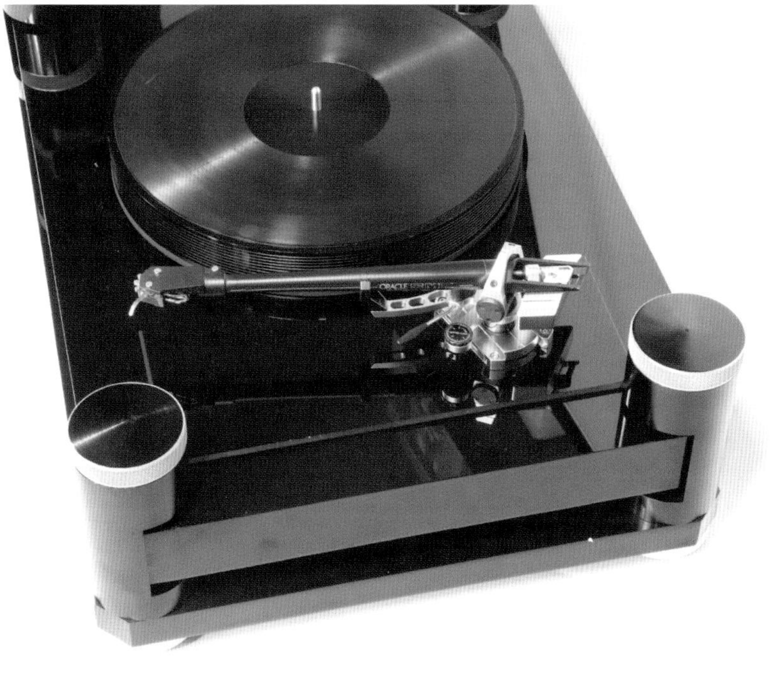

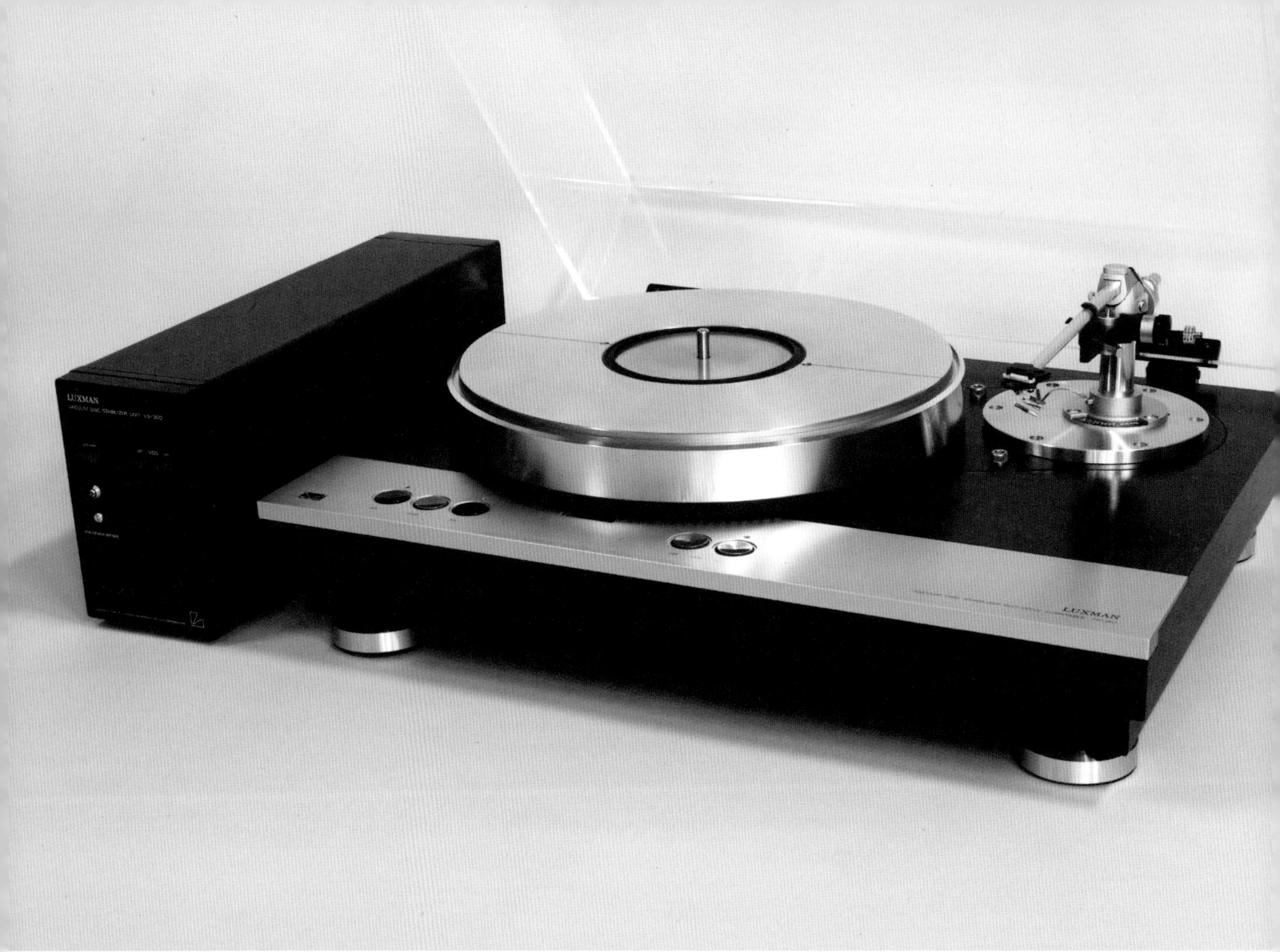
LUXMAN
LUXMAN

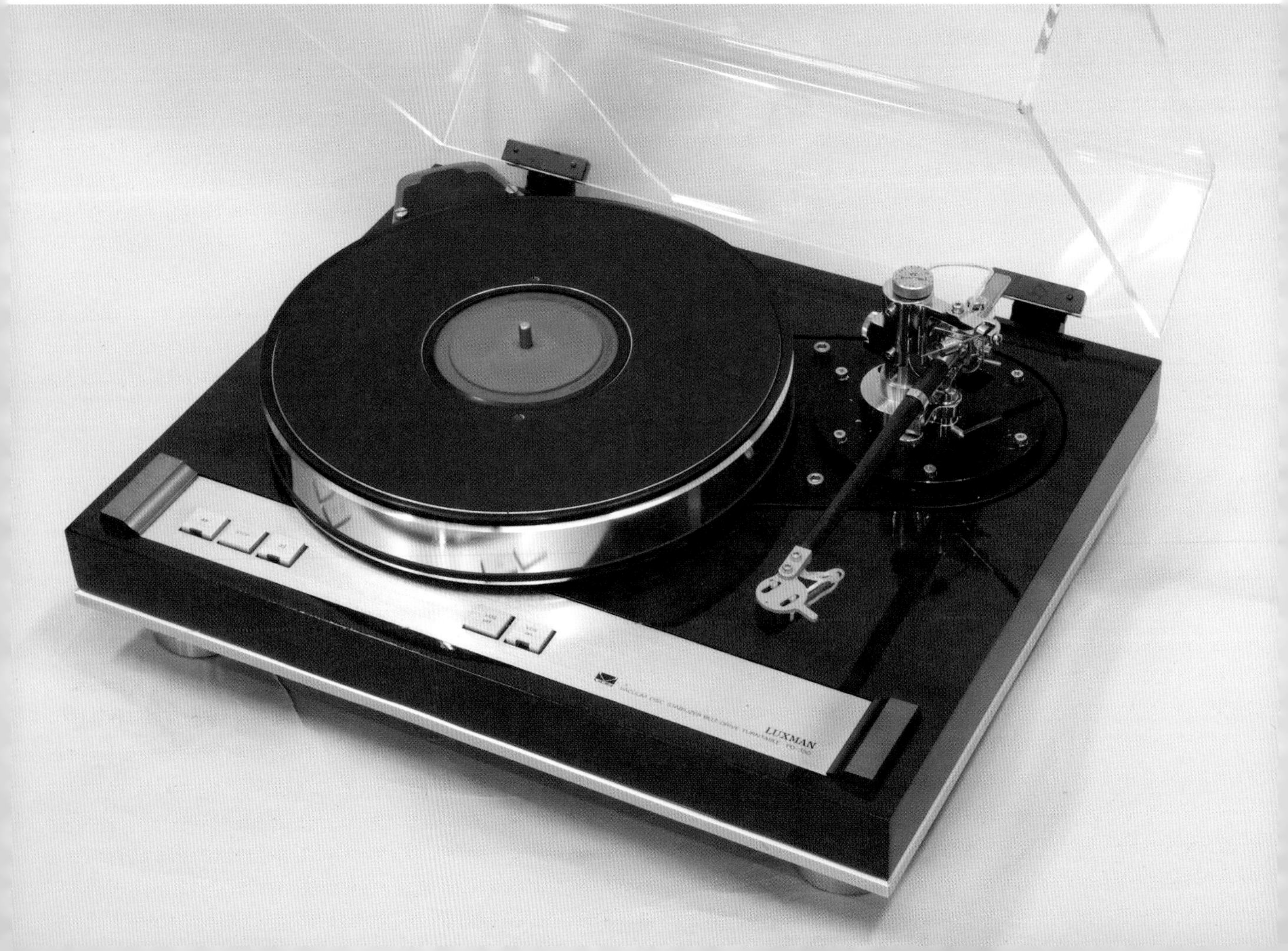
LUXMAN

Luxman PD-310 & Signet XK50 Tonearm

단아한 벨트 드라이브 석션 턴테이블과 톤암

일본 럭스만은 특유의 완성도와 디자인 콘셉트, 내구성으로 동호인 클럽 '럭스만'이 있을 정도로 유명한 오디오 회사이다. 그들은 과거 진공관 앰프류와 튜너, 스피커 그리고 턴테이블에 이르기까지 모든 오디오 제품군을 제조했고, 최근 들어 다시 리바이벌 아이템을 생산하면서 과거 유명 진공관 앰프와 PD-171AL 등의 벨트 드라이브 턴테이블 및 CD 플레이어까지 신제품으로 재등장시키고 있는 형편이다. 이것은 그동안 럭스만이 꾸준히 신뢰를 잃지 않고 있었다는 증거인데, 신제품에 힘입어 오히려 과거의 제품까지 더욱 인기 상승의 기로에 있어 국내의 마니아들이 럭스만 구형 제품에 촉각을 곤두세우고 있다. MQ-360을 비롯한 MQ 시리즈 진공관 파워앰프와 CL36을 비롯한 CL 시리즈 진공관 프리앰프가 그 인기의 선단에 있지만, 아날로그 마니아 사이에서는 PD 시리즈 벨트 드라이브 턴테이블에도 각별한 신뢰가 구축되어 있다.

PD 시리즈 턴테이블에는 PD-272 같은 다이렉트 턴테이블도 있지만, 대부분 벨트 드라이브 턴테이블로 그 내구성이나 완성도 면에서 지금 보아도 손색없을 뿐 아니라 오히려 최근 발매되는 리바이벌 턴테이블에 비해서 마감 정밀도가 한 수 위라는 인상을 받는다. 그중에서 PD-310은 중상급기로 배큠 스태빌라이저와 별도 구동 전원부를 갖는 인기 제품이다. 바로 위 상급기로는 310의 알루미늄제 플래터를 중량화시킨 황동제 플래터가 장착된 350이 있는데, 310의 두 배 가까운 가격으로 출시되었다. 그러나 음색은 거의 동일하며 S/N비(60dB)를 비롯한 모든 사양이 대동소이하고 외형도 비슷하다.

럭스만 턴테이블의 경우는 이 두 제품이 정점에 올라 있는데, 외형만 보아도 알 수 있듯이 마이크로 OEM

>>
럭스만 PD-310과 시그넷 XK50 톤암(상단), 럭스만 PD-350 (하단)

제품이다. 그러나 동일 그레이드 마이크로 사양에 비해 무엇인가 한 번 더 손이 간 것 같은 정밀한 기운이 구석구석 흐른다. 마치 755A가 알텍 제품인데도 알텍보다는 웨스턴 이렉트릭으로 출시된 모델이 무엇인가 한 수 위의 정밀도를 유지하고 있는 것과 같은 양상이다. 럭스만의 하급기에서는 럭스만 동사 톤암이 장착되어 시판되었지만, 고급 사양에서는 타사제 상급 톤암을 타깃으로 톤암 없이 턴테이블만 제품화했다.

310의 전체 무게는 16kg으로 사이즈에 비해 무거운 편이며, 별도의 구동 전원부와 진공 펌프를 갖는데 이것만의 무게도 6kg이나 된다. 플래터 중량은 3.5kg으로 관성 질량 500kg · cm^2인데, 상급기 350으로 가면 관성 질량은 1200kg · cm^2으로 2배 이상 늘어난다. 310에 사용된 모터는 진동이 아주 적은 DC 20V 구동의 브러시리스 타입으로 초저속 구동형이다. 스타트 타임은 정속 구동 시까지 약 3초 이내, 와우 플러터 0.03%의 정밀 구동형이다.

»
럭스만 PD-310

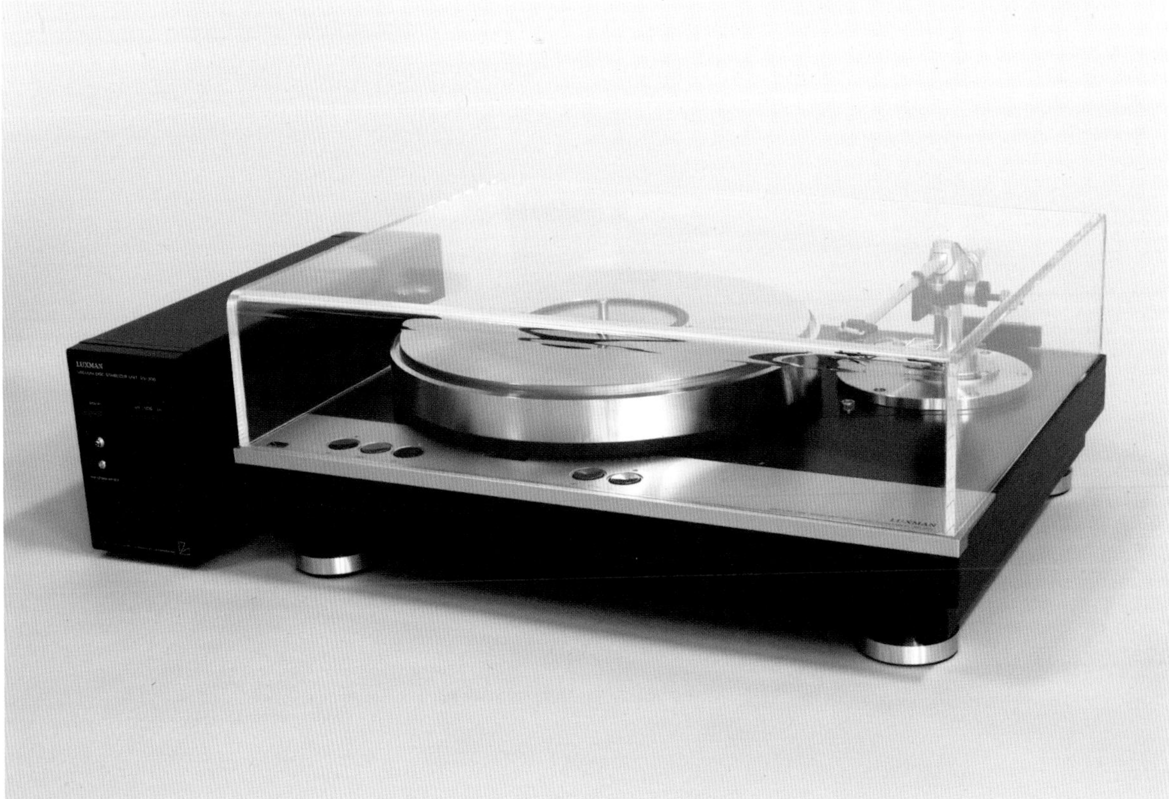

»
톤암 없이 판매된 럭스만 PD-310(상단)
럭스만 PD-272(하단)

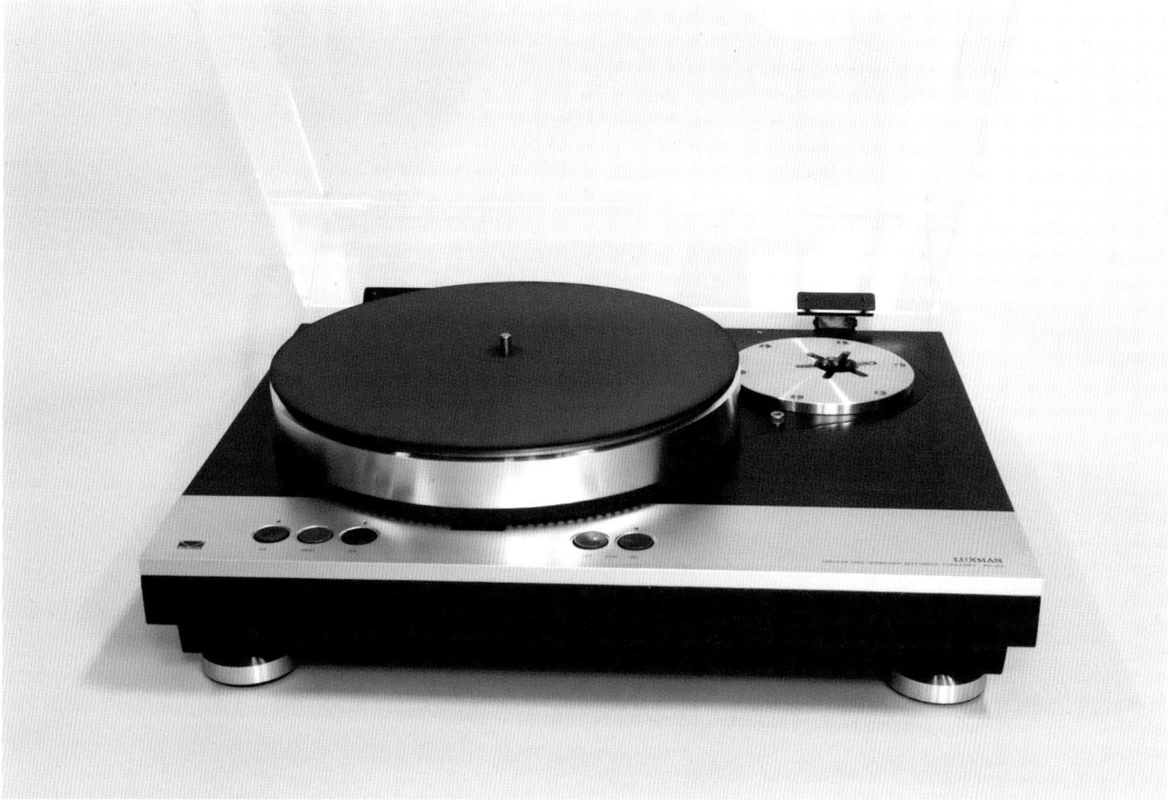

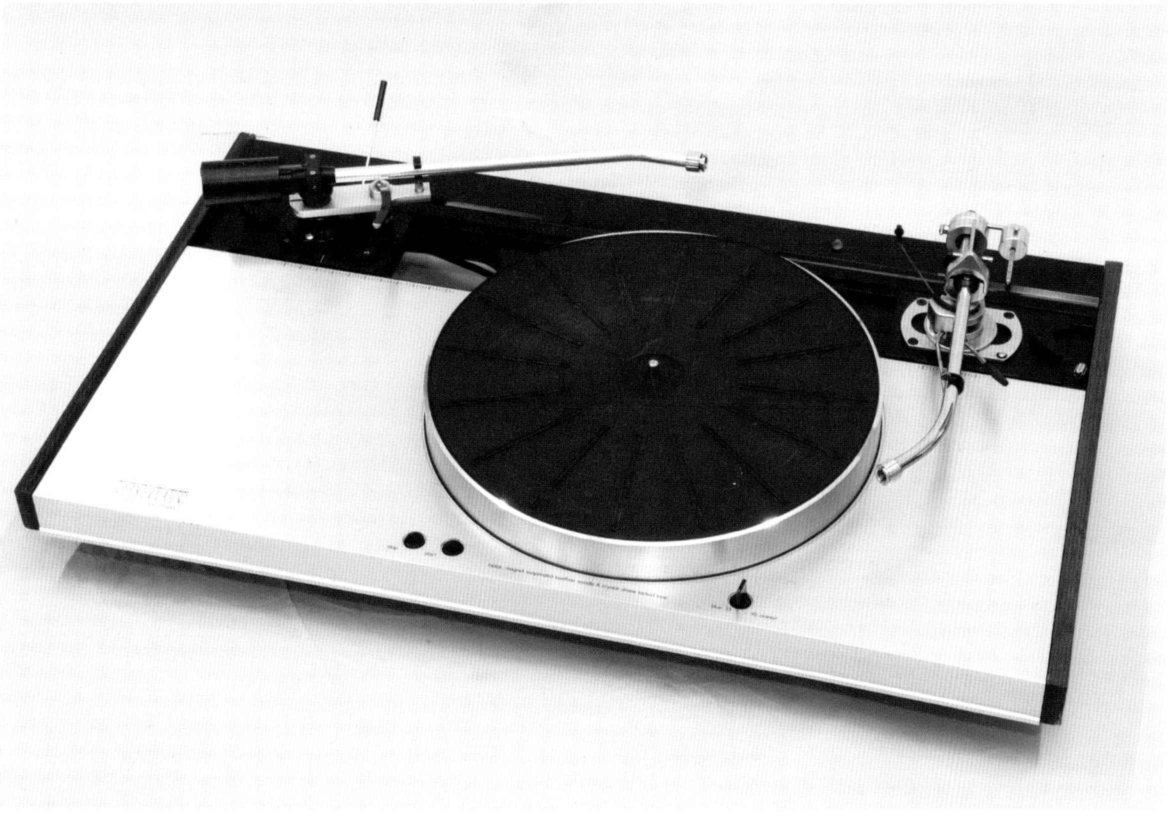

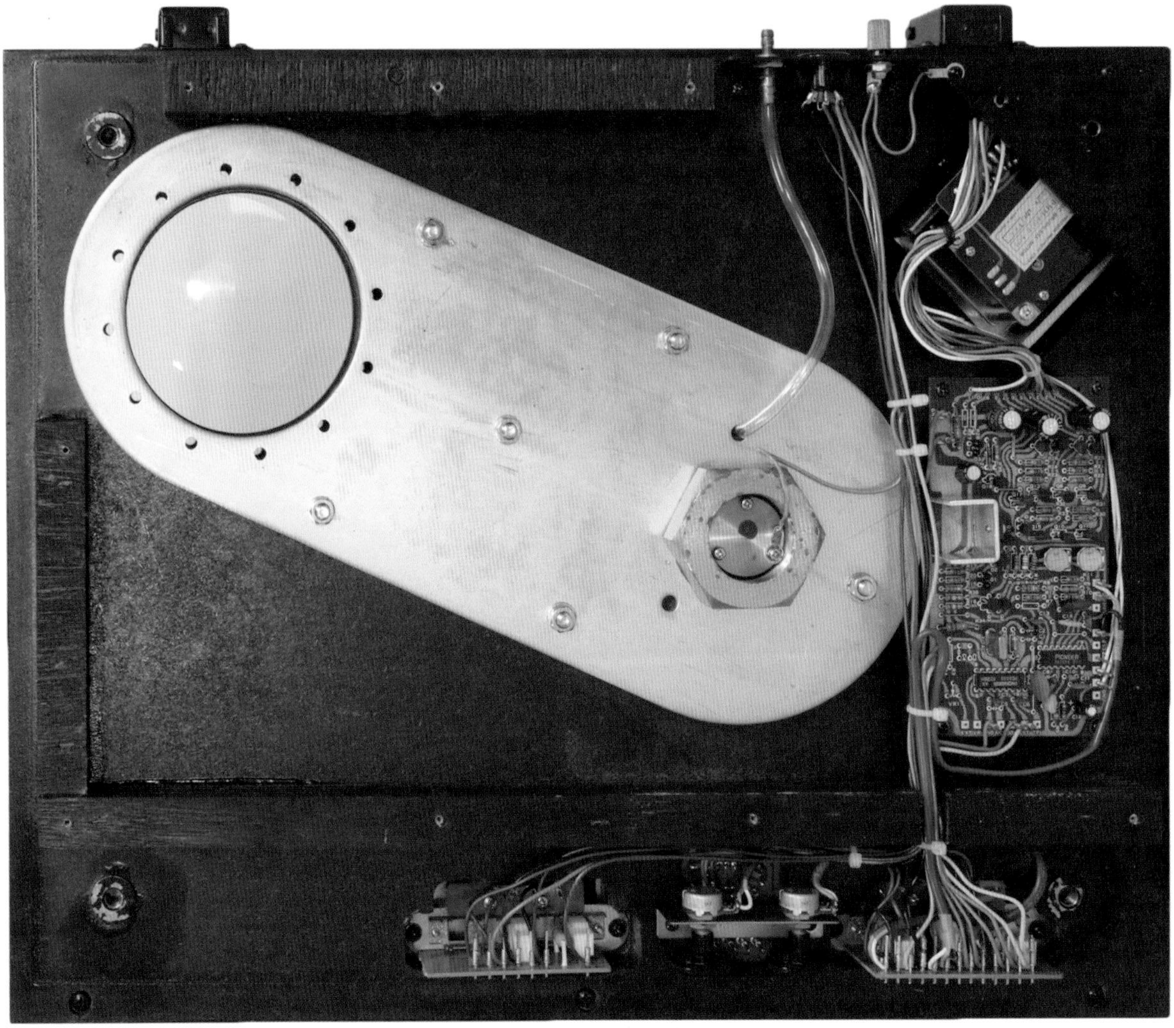

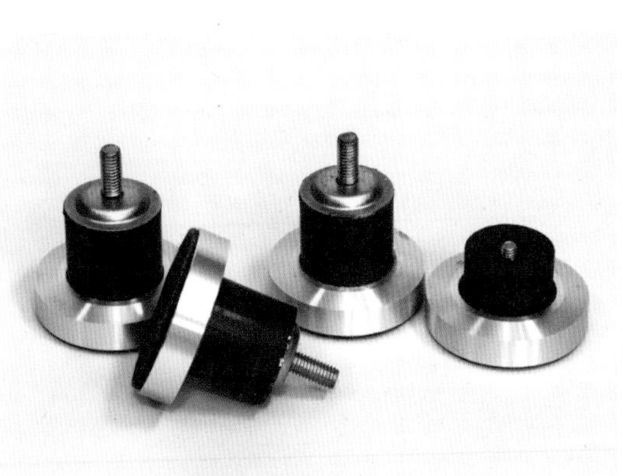

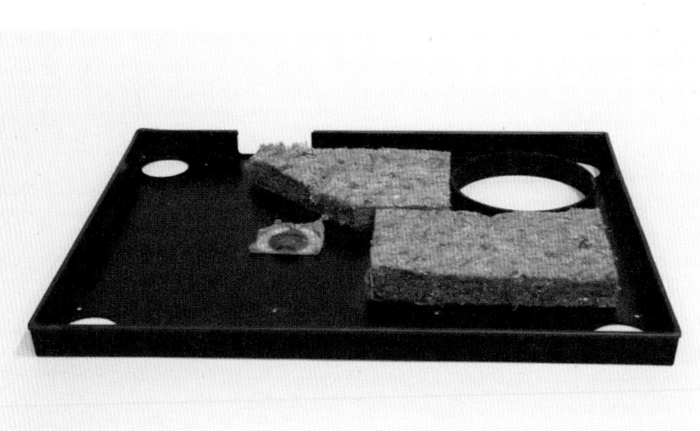

»
내부사진(상단)
댐핑 받침(하단 좌)와 하판 공진 억제용 완충제(하단 우)

100V AC 전용이며, 1981년 11월에 출시되어 꾸준히 인기를 얻어 향후 20년 이상 스테디 모델로 자리 잡았다(당시 출시가가 13만엔으로 야마하 GT-2000과 비슷하며 350은 25만엔으로 약 2배다). 최근에는 럭스만 턴테이블 마니아들이 우후죽순으로 늘어나 구하는 사람이 많은 편이나 실제 유통되는 제품은 많지 않아 대단히 인기 있는 편이다. 해체해 내부를 살펴보면, 럭스만답게 조목조목 꼼꼼하게 마무리해 놓은 것을 알 수 있다. 특히 중심 축 부분은 상하 턴테이블 바디 압착식으로 대단히 견고한 진동 방지 시스템이며 스트로보나 전원 레귤레이션 장치도 필요 이상으로 고급화되어 있다. 석션 스태빌라이저 역시 무엇인가 구조적으로 심화시켜 놓은 반면 구동 스위치는 절제미를 보여 극도로 단순화시켜 놓은 것이 일품이다. 물론 석션 스태빌라이저 없이 사용해도 휼륭하며 LP 트레이싱을 할때 무게 중심 하향 외에는 별 차이가 없이 안정된 소리를 들려준다. 오리지널 아크릴 커버 역시 양면 7mm 두께에 5mm 상판으로 듬직하게 제조되어 내구성이 좋아 아직까지도 파손된 것이 거의 없다. 암 탈착과 더불어 암 베이스 역시 신중하게 고려되어 설계되었는데, 플래터 축과 동일한 메커니즘의 상하 조임식으로 진동을 충분히 대비할 수 있으며 어느 암을 장착하더라도 그 성능은 유지된다. 그런 면에서 시그넷 암과의 상성이 좋은데, 특히 시그넷 암을 오일 댐핑시키면 묵직한 저역의 안정도가 발군이다. 단순하지만 중량급 턴테이블로 아기자기하게 운용하기에는 안성맞춤의 실력기이다.

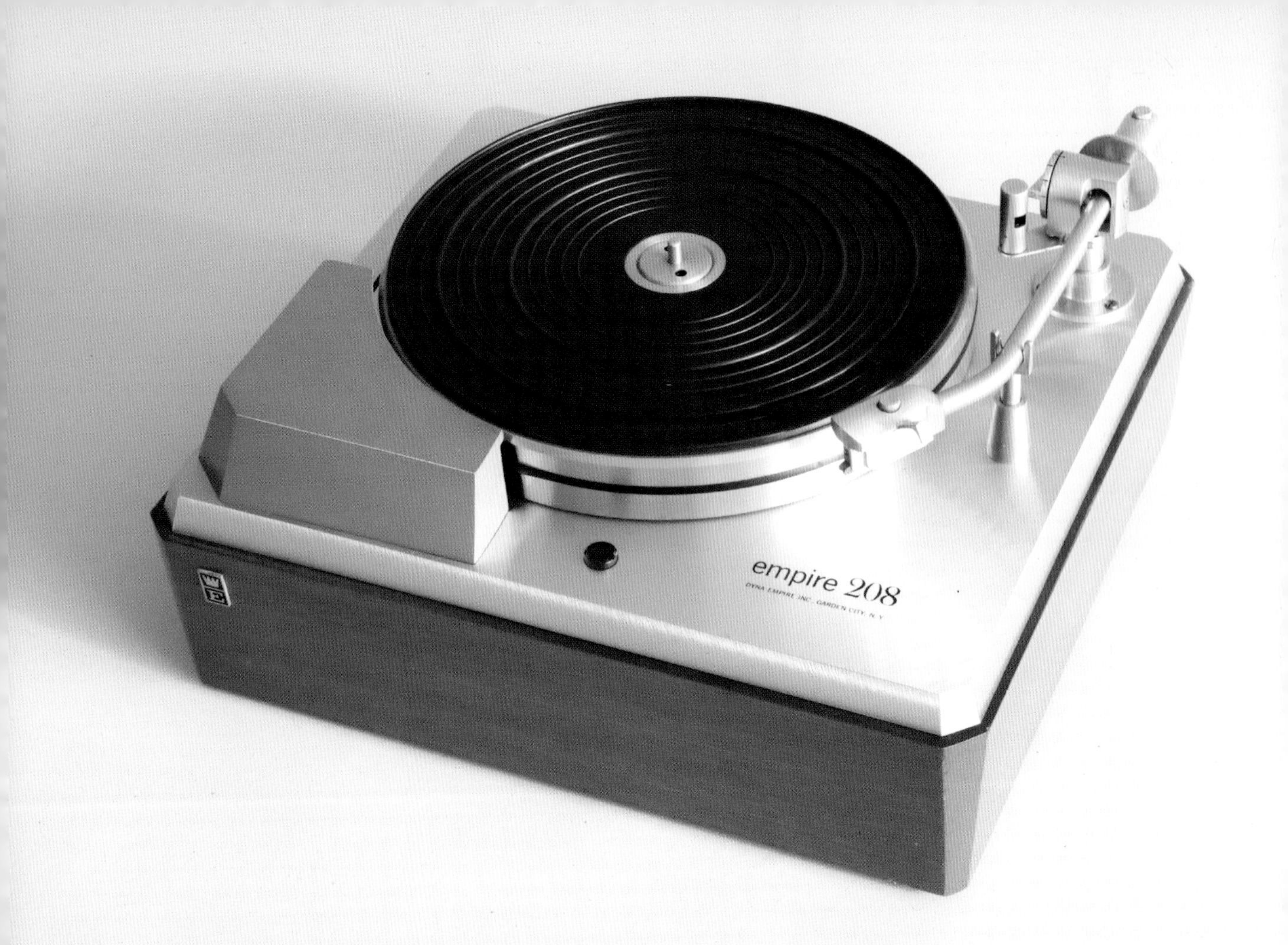
empire 208
DYNA EMPIRE INC. GARDEN CITY, N.Y.

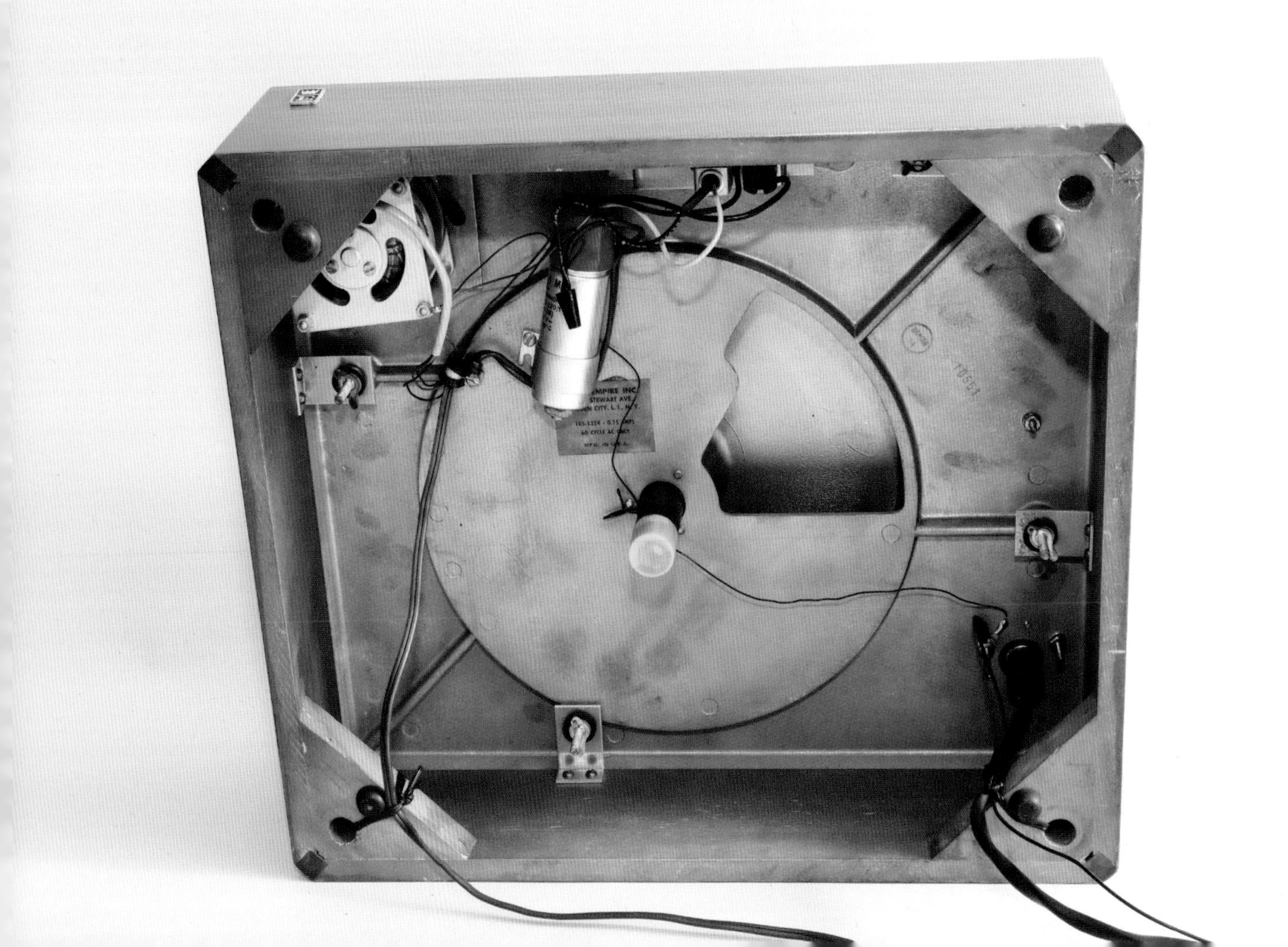
STEWART AVE.
60 CYCLE AC

Rigid Type·Floating Type Turntable

리지드와 플로팅 타입, 그 음질 차이에 관하여

리지드와 플로팅 타입의 경계는 확실하지 않다. 예를 들어 리지드 타입 가라드 301을 베이스에 얹은 후 그 전체를 다시 에어 서스펜션이나 스프링 받침대에 올려놓으면 어떤 타입이 될까. 또한 플로팅 타입의 스프링을 제거하고 그대로 베이스 윗면에 톤암과 플래터 베이스를 닿게 하면 리지드 타입의 효과가 있을까. 그러면 소리는 어떻게 변할까. 이러한 궁금증으로 리지드와 플로팅 타입의 음질 경향에 대해 이야기해보고자 한다. 턴테이블의 업그레이드는 크게 나누어 전원부와 본체의 물리적 구조, 톤암과 카트리지, 그리고 시그널 라인 분야로 나뉜다. 전원부 중 사용자가 개선할 수 있는 부분이라면 차폐 트랜스나 레귤레이터 또는 전원라인 등을 들 수 있는데 최근 들어서는 파워 제너레이터를 포함하는 턴테이블 전원부도 다수 판매되고 있어 턴테이블의 전원이 소리에 대단히 많은 영향을 끼치고 있음을 시사해주고 있다. 미세 신호를 다루는 오디오 기기일수록 전원 라인이나 전원 컨디션에 민감하게 반응한다는 것을 실험해보면 금방 알 수 있다. 따라서 턴테이블 전원은 매우 크리티컬한 대상으로 아날로그 마니아라면 꼭 개선해볼 만한 부분이다.

턴테이블 본체는 크게 모터를 포함하는 구동 메커니즘과 플래터로 구분되고 구동방식에 따라 아이들러, 벨트, 다이렉트 드라이브 형으로 나뉜다. 빈티지 애호가들은 아이들러 타입을, 하이엔드 마니아들은 벨트 드라이브 타입을 더 좋아하지만 그 확실한 이유는 없다. 그러나 S/N비 면에서는 벨트가 유리하며, 토크 면에서는 아이들러가 유리한데 둘 사이에는 묘한 음질차가 있다.

턴테이블 구조상으로 리지드 타입과 플로팅 타입이 있다. 리지드는 톤암과 플래터가 일체화된 상태로 서

››
음유시인이라는 별명을 가진 리지드 타입의 엠파이어 398(208은 모터 구동부만의 모델명, 상단)과 그 밑면(하단)

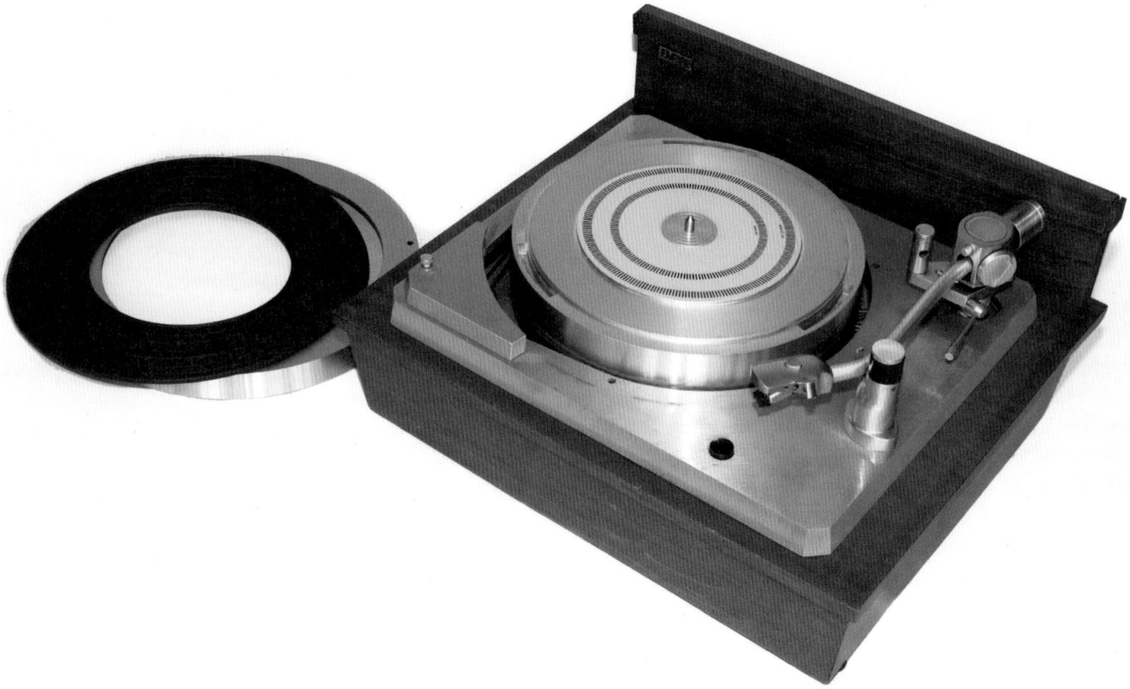

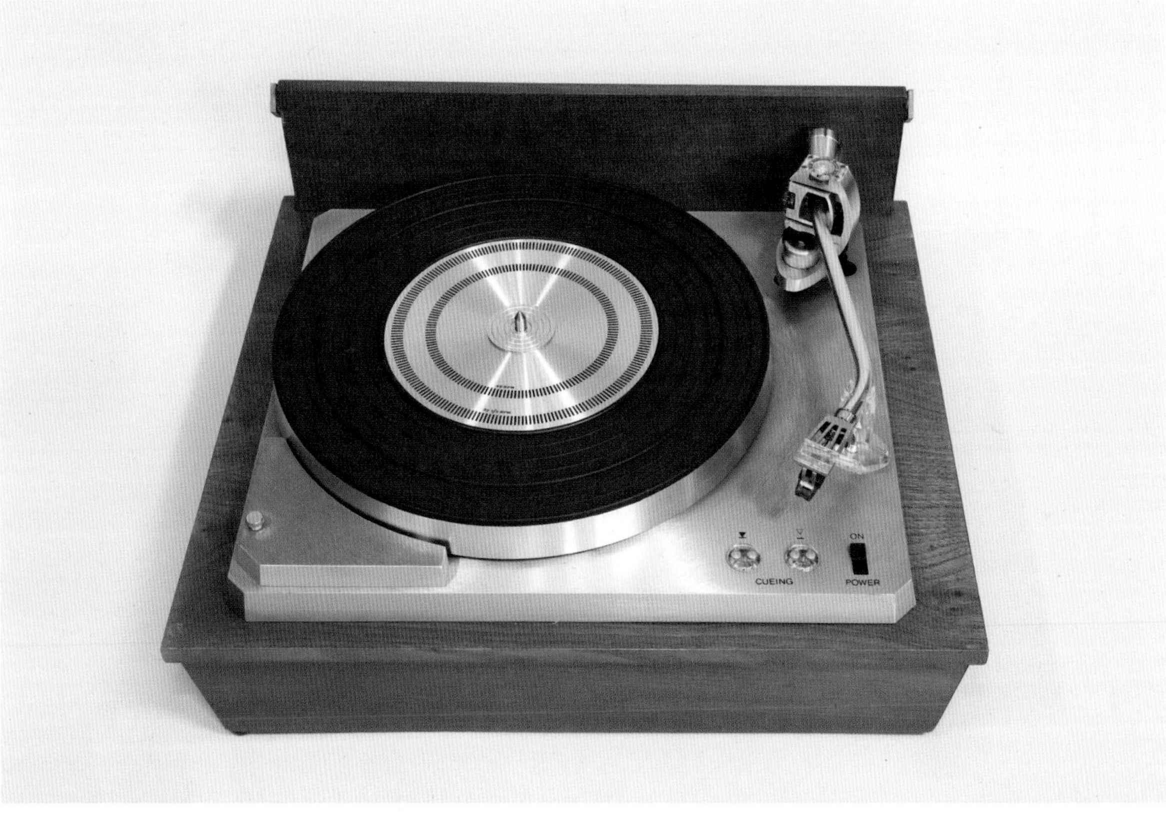

››
엠파이어 598(상단)과 698(하단, 플래터 구조는 동일하며 암 구조만 다르다. 그러나 모두 플로팅 타입)

스펜션 없이 그야말로 단단하게 안착된 타입인데 턴테이블 자체는 항상 부동으로 있는 것이 원칙이다. 반면 플로팅 타입은 플래터 축과 톤암 축을 일체화하여 리프 스프링이나 코일 스프링으로 이격시켜 같이 진동하게 하고 턴테이블 몸체와는 완전히 독립시킨 구조로 외부의 진동 노이즈에 강하다. 결론적으로 말하자면 리지드 타입의 저역은 양이 많지 않지만 에지가 정확하고 에너지감이 있어 묵직하며 중역이 두텁고 고역은 약간 흐려져 디테일이 죽는 경향인데, 플로팅은 저역 양은 많아지지만 부푼 듯한 음색으로 에너지감이 부족하고 사운드에지가 흐려 음이 가슴에 와닿는 느낌은 덜하다. 중고역도 약간 부푼 듯하고 고역까지 치솟을 때 가닥추림이 좋을 뿐 아니라 투명한 느낌을 준다.

미셸 자이로덱 턴테이블을 사용할 때 플로팅 타입의 중저역 느낌을 개선하기 위해 하부 프레임에 불건성 댐퍼재를 채우고 3점 지지 스프링을 제거하여 3점 스파이크 지지형 리지드 타입으로 개조한 적이 있었다. 물론 전반적으로 리지드 타입의 음색으로 변화되었으나 저역이 너무 딱딱하고 배음이 안 나올 뿐 아니라 중고역도 차가워서 실망한 적이 있다. 결국 원상태로 복귀하고 말았는데 하부 플래터 지지 프레임을 댐핑한 것은 플로팅 시에도 영향이 커서 중고역의 온도감과 해상력이 살아나는 것을 느낄 수 있었다. 여러 가지 시행착오 후 오리지널 설계가 가장 이상적이라는 결론에 도달했지만 그래도 린 손덱 턴테이블을 가지고 또 다시 개선을 시도했다. 이번에는 하부 스프링 부분에 같은 높이의 실리콘 링을 끼워 플래터와 톤암을 일체화한 상태에서 고정했다. 결국 턴테이블 상면 본체와 플래터 톤암 축은 댐퍼재 하나로만 격리된 상태로 거의 리지드 타입이다.

이번에는 의외의 결과를 얻었는데 중역의 온도감이 좋아지고 고역의 톤도 두꺼워졌으며 저역도 에지가 더 정확하게 형성되면서 그동안의 불만이 거의 사라지다시피 했다. 중요한 것은 안에서 진동을 확대시키는 하부 턴테이블 커버는 제거하든지 양모 흡음판을 부착해 흡음하는 것이 중고역이 훨씬 상쾌하다는 것이다. 이것은 플로팅 타입으로 사용되는 린 손덱에서도 동일한 결과를 주는데 시각적으로도 별 문제 없으니 우선 제거하고 사용하기 바란다. 만약 린을 초기 단계부터 리지드 타입으로 설계했다면 아마도 록산 저크시스처럼 음색이 변화하지 않았을까 하고 생각하는데, 실제 음악성이나 중역 톤과 고역 음색면에서 록산 저크시스가 뛰어난 소리를 들려준다.

플로팅 타입의 시작과 완성은 에드가 빌처의 AR 턴테이블이다. AR 턴테이블은 플로팅 턴테이블 사운드의 기본 특성을 모두 가지고 있다. AR에서 출발한 플로팅 턴테이블의 사운드 개선은 린 손덱 턴테이블에서 정점을 이룬다고 볼 수 있는데 그 외에 엠파이어 598·698(398은 리지드형), 자이로덱, 오라클, 베이시스, 피에르 뤼네 등 수많은 플로팅 타입 턴테이블이 있으며 초하이엔드 제품들도 상당수 있다. 리지드 타입은 EMT·가라드·토렌스124 외에 마이크로 세이키·독일 클리어가 이에 해당하는데 여기에서는 굳건한 턴테이블 받침대가 중요하다.

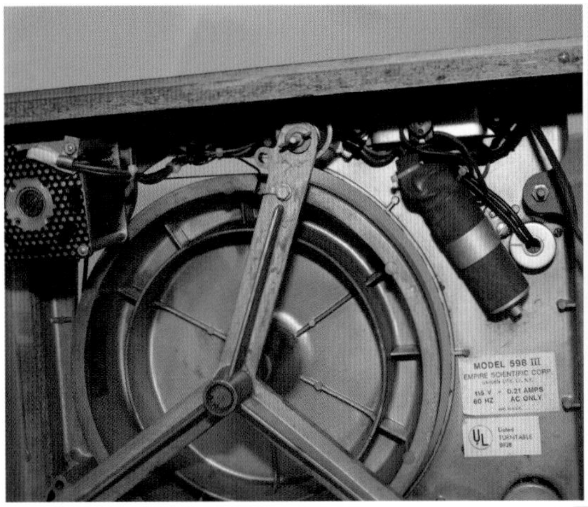

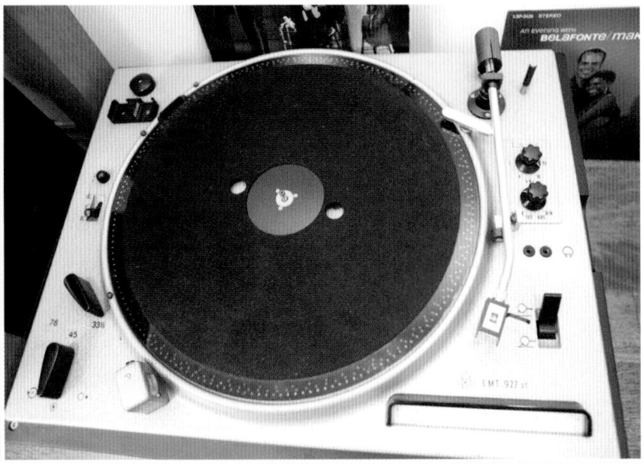

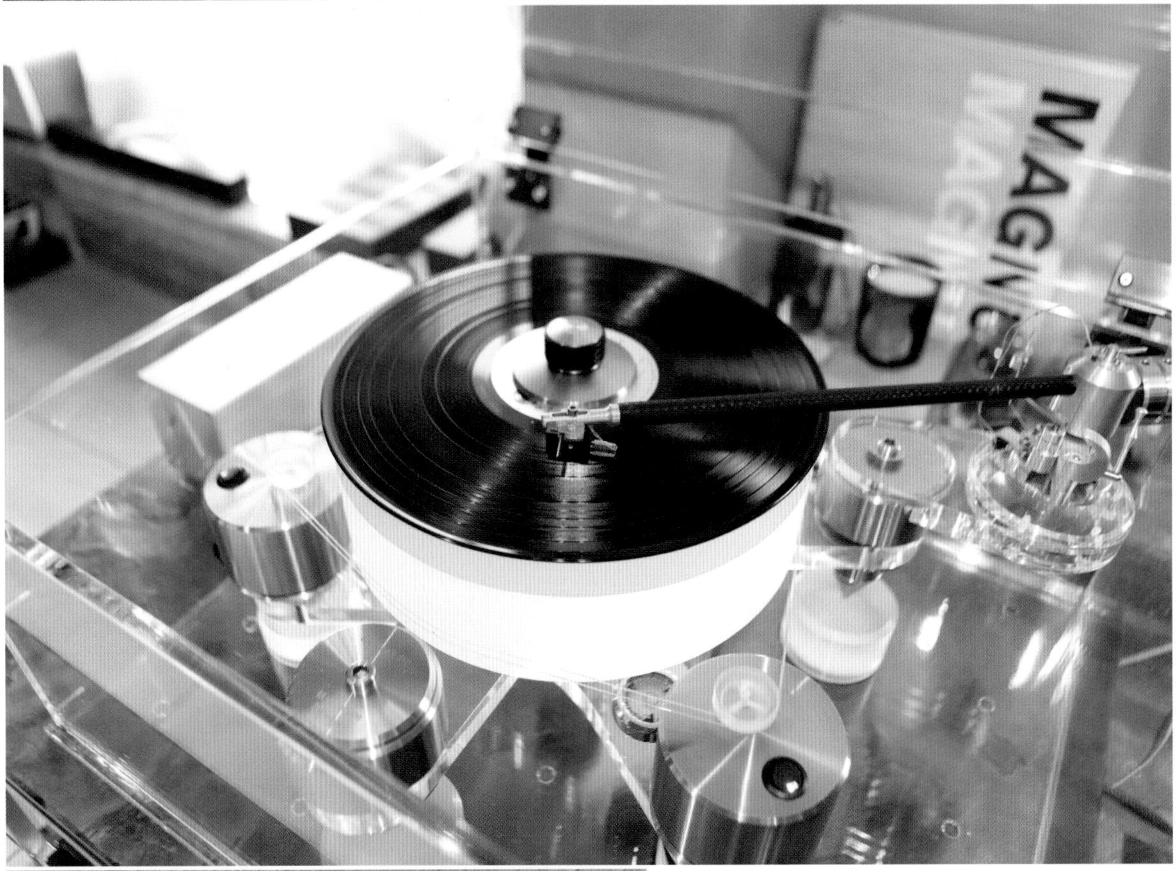

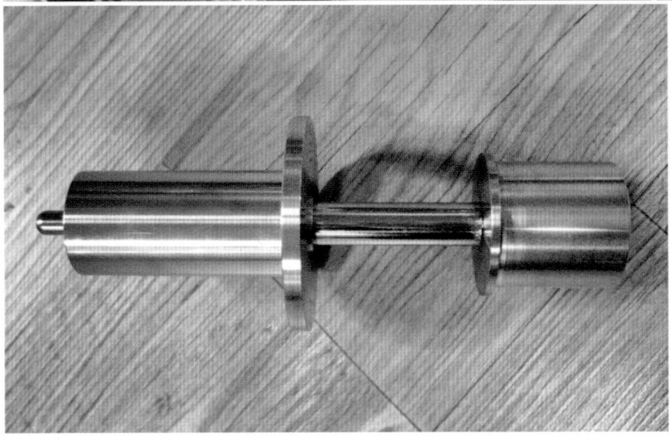

»
엠파이어 598(플로팅 타입으로 내부 서스펜션 구조, 상단 좌)과
EMT-927st(리지드 타입, 상단 우)
클리어 맥시멈 솔루션(리지드 타입, 중앙)
맥시멈 솔루션의 인버티이드 베어링 자기부양 센터 스핀들(하단)

리지드 타입을 플로팅 타입으로 완전히 개조하기는 그리 쉽지 않다. 가장 간단한 것은 턴테이블 전체를 스프링 서스펜션이나 에어 서스펜션 받침대 위에 올려놓는 것인데, 사실 이것 또한 완전한 구조 변경이라고 보기는 어렵다. 최근에는 네오디뮴 자석을 사용하여 자기부양하는 받침대도 나와 있어 애호가들의 다양한 요구에 응하고 있는 편이다. 턴테이블의 경우 매트나 받침대의 재질만 바꿔도 소리가 달라지며 어떤 형태로든 물성의 성질이 소리에 가미된다. 가라드 301이나 EMT 930·927, 토렌스 124같은 리지드 구조에서 서스펜션 받침대를 사용하면 디테일의 양이 늘고 경직된 중저역이 풀어지면서 사운드에지도 정확해진다. 물론 S/N비도 상승한다. 그러나 중역의 밀도감이나 저역 에너지감은 감소하여 음의 솔직한 맛이나 음의 무게가 감소하며 중고역의 위치가 약간 상승하는 느낌을 준다.

»
EMT-930(리지드 타입)

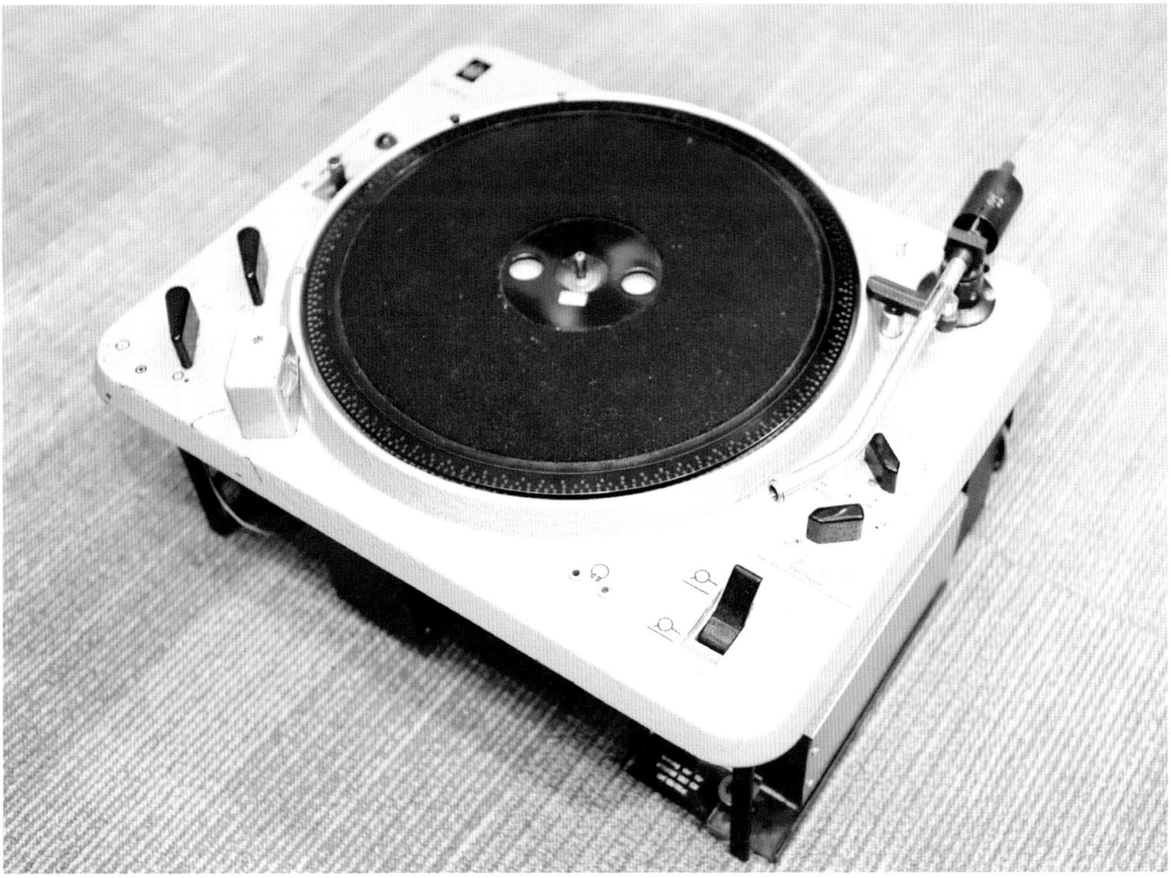

»
미국 버사 다이나믹(Versa Dynamics)의 리니어 트랙킹 턴테이블 Version 1.0(플로팅과 리지드의 조합형)
마이크로 세이키 EX-8000Ⅲ FM(전형적인 리지드 타입, 아래)

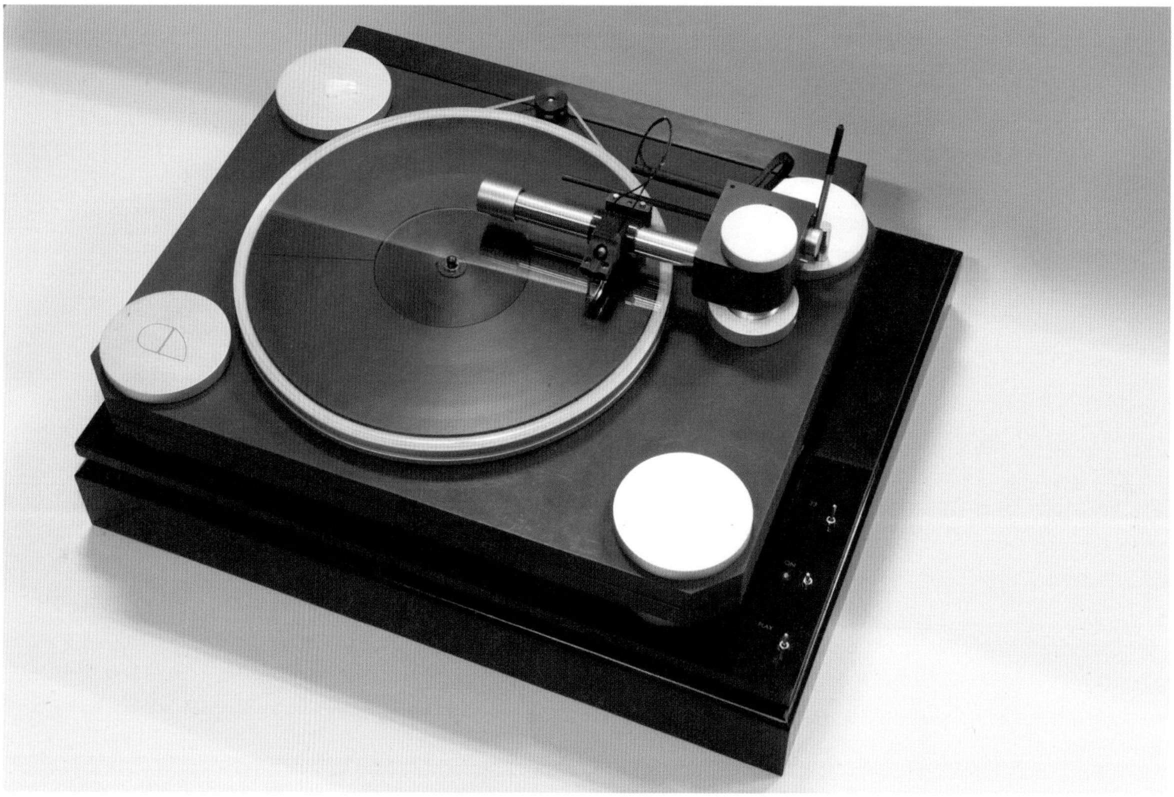

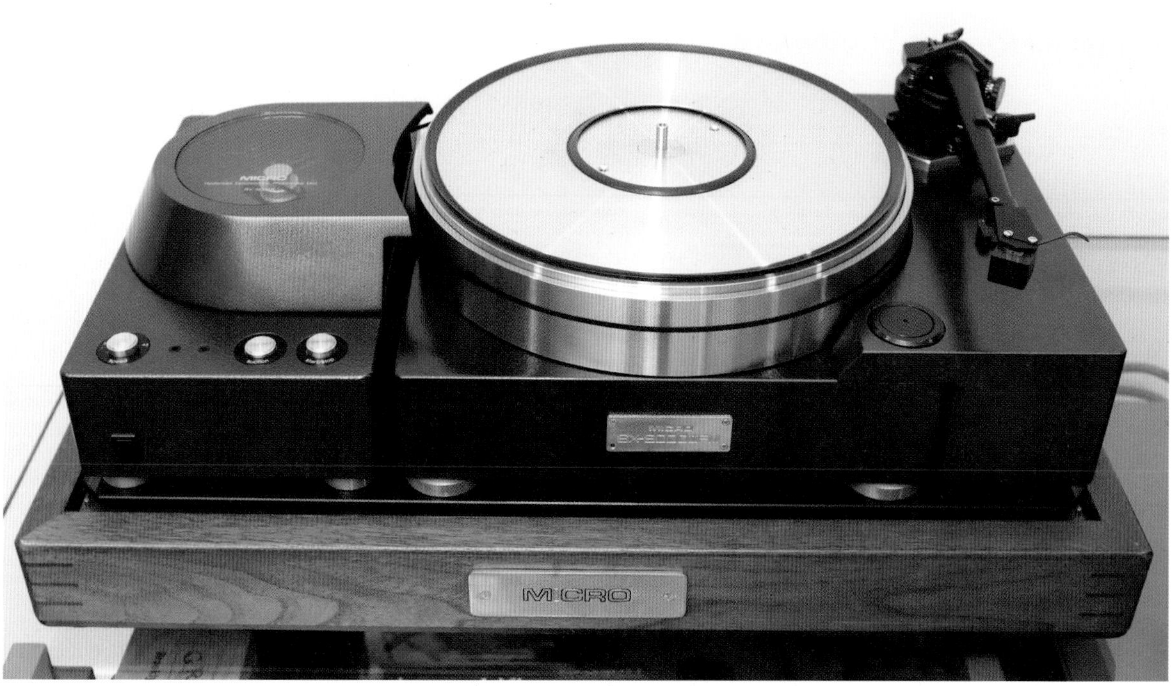

완전한 리지드 타입의 클리어 턴테이블을 자기부양 축을 사용하여 플래터만 플로팅시켜 음질을 테스트해 본 적이 있다. 비교적 쉽게 교환할 수 있기 때문에 하루 종일 다섯 번 정도 교환 비교 시청을 했는데 결과적으로 축 하나만 구조를 변경해도 음색이 상당히 달라진다는 것을 확인했다. 플래터를 자기부양시키면 우선 저역의 양이 증가할 뿐 아니라 재생 주파수 대역도 늘어난다. 중·고역은 부푼 듯한 느낌이 증가되며 상위 고역의 가닥추림이 좋아졌다. 뒷배경도 깨끗해지며 음의 투명도도 상승한다. 그러나 어딘지 모르게 음색이 착색되고 중심이 흐트러진다는 느낌을 받았으며, 중저역의 음밀도가 리지드보다 못하다는 당연한 결과에 도달했다. 스피커나 앰프 시스템의 특징에 따라 호불호가 나뉘겠지만 양자간의 확실한 변화가 있는 것을 확인할 수 있었다. 이런 결과는 일반적인 리지드 턴테이블에서 동일하게 나타나는 것이며, 턴테이블의 서스펜션 받침대를 고려하고 있다면 한 번 테스트해 본 후 결정하는 것이 현명하리라 생각한다. 가장 결과가 좋은 리지드 턴테이블의 구조 개선은 가능한 한 무겁고 안정된 리지드 타입의 전용 받침대를 추가하여 매커니컬 그라운딩 시키는 것이다. 이런 이유로 EMT 턴의 경우 오리지널 방진 서스팬션 받침대가 중요시되고 있다. 미크론 단위의 진동을 다루는 것이 턴테이블인 만큼 막연한 상상으로 턴테이블 사운드를 개선하려드는 것은 결과적으로 개악이 될 수 있다는 것을 명심하기 바란다. 클리어 오디오의 자기부양 센터 스핀들은 플래터 전체를 들어 올려 공중에 1mm정도 띄운 후 회전시키는 옵션 부품이다.

»
린 손덱(플로팅 타입)

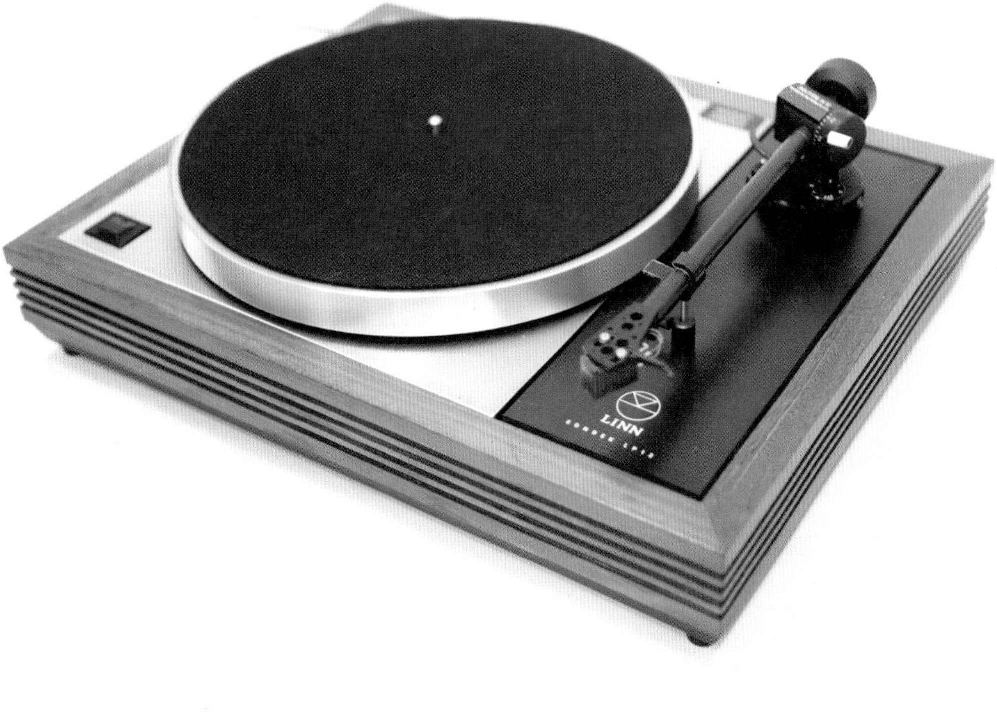

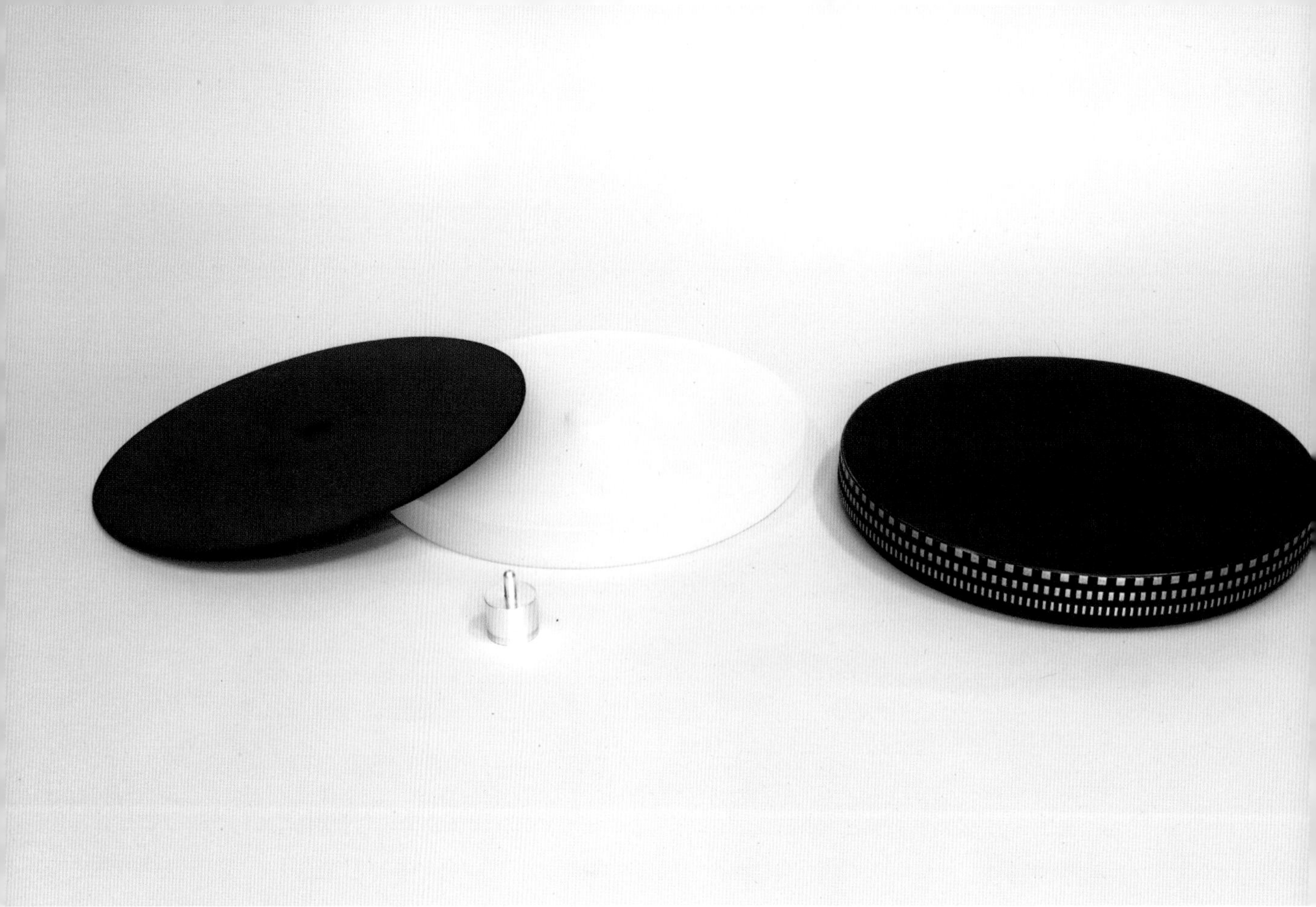

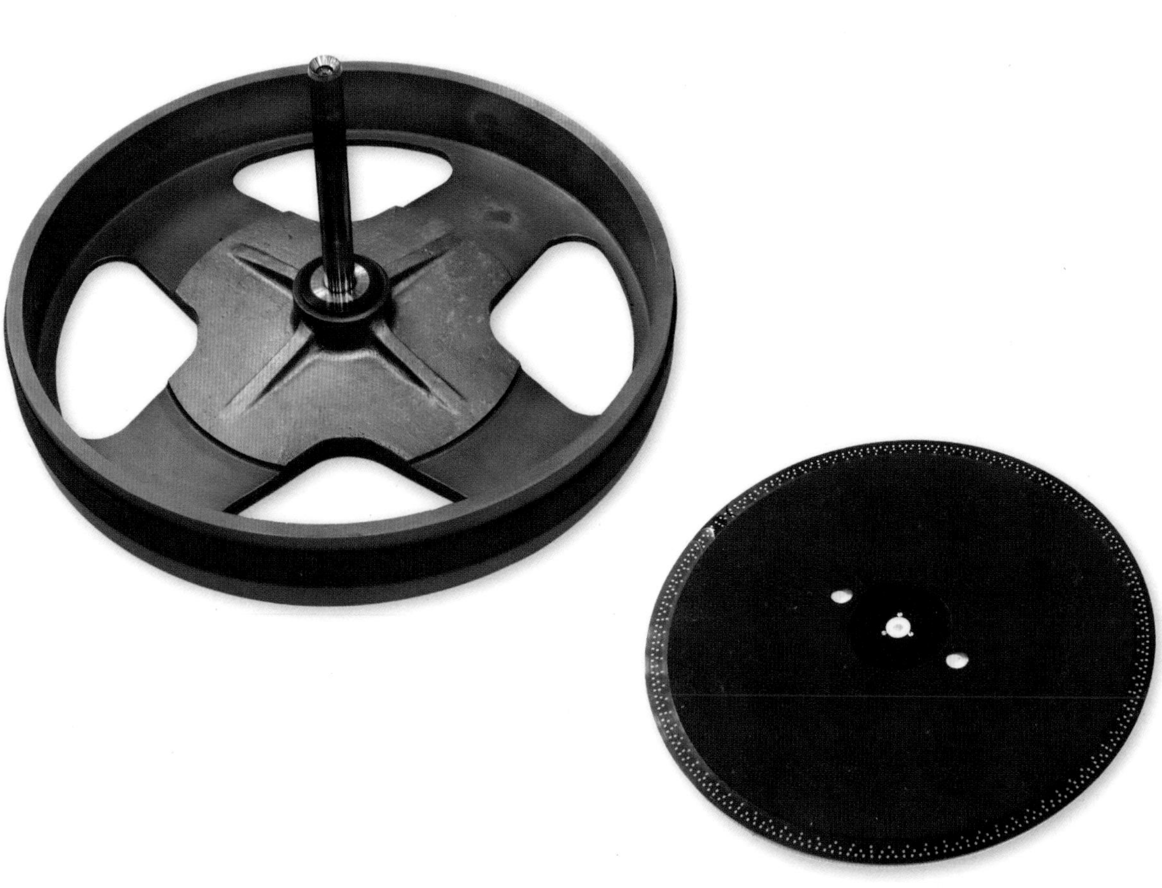

Double Platter

미묘한 소리의 변화를 찾아서 튜닝하는 즐거움

매트는 플래터 고유 울림을 차단하거나 또 다른 패턴으로 변화시켜 미묘한 뉘앙스를 카트리지 진동계에 전달하는 것이다. 종이 매트는 종이 물성, 고무매트는 고무 물성, 플라스틱이나 울, 탄소, 우레탄 등도 각기 제 물성에 따른 고유의 음색을 제공한다. 이것이 매트의 즐거움이며 여기서 나아가 더 활성화된 매트가 더블 플래터인데, 더블 플래터는 아날로그 취미의 꽃이다. 턴테이블의 성능은 플래터에 따라 많은 변화가 생긴다. 따라서 플래터의 재료, 크기, 무게, 자체 울림 등은 소리의 성격과 턴테이블의 가치를 결정하는 중요한 요소가 된다. 초기형 플래터는 철판을 압출성형한 후 고무나 플라스틱, 천 등을 붙여 사용했고, 아날로그 전성기 때에는 알루미늄 다이캐스팅 절삭형에 고무 매트가 주류였다. 특이하게 황동이나 유리도 사용되었지만 일반적이지 않았다. 최근 들어서 가장 사용 빈도가 높은 플래터 재질은 아크릴류이며 목재나 MDF를 사용하는 등 강도가 낮은 재질을 선호하고 있다. 특히 아크릴은 공진계수가 낮아 여러 장점이 있는 반면 무게가 무거운 편은 아니어서 여러가지 대안이 나오고 있는데 무거운 납 층을 삽입하거나 스테인리스 웨이트를 플래터 중간에 박는 것이 그것이다. 이렇게 하면 플래터 자체공진특성도 개선할 수 있고 단일재 플래터의 물성 단점을 연질과 경질 조합 복합재로 보완하여 원하는 울림으로 튜닝할 수 있어 편리하다.

턴테이블 플래터의 울림은 아날로그 재생음에 지대한 영향을 끼친다. 소리의 울림이 경쾌하면 경쾌한 영향력을 행사하며 탁한 울림이면 역시 탁해진다. 그러나 무엇보다 중요한 것은 가능한 공진이 억제되어야 하며 공진하더라도 자체 공진 주파수가 가청 주파대역을 벗어난 초저역 쪽으로 유도해야 한다는 것이다. 이렇

»
울 매트와 상부 아크릴 플래터 그리고 가라드 301 플래터(상단)와 EMT R-80 플래터(하단)

게 울림을 억제하기 위해서는 강하고 무거운 재질과 부드럽고 가벼운 재질이 겹치는 등 여러 이질적인 재질로 다층을 형성하는 것이 좋은데, 예를 들면 아크릴, 황동, 코르크, 고무 등을 사중으로 압축시킨 플래터도 있다. 또한 동일한 재질일지라도 플래터를 이중으로 분리시킬 경우 단일재질의 플래터보다는 진동 차단 면에서 상대적으로 좋은 결과를 얻게 되는데 가장 간단한 예가 매트이다.

사실 플래터를 자작하는 것은 그리 어렵지 않다. 원래의 센터 스핀들 위에 놓이는 추가 이중 센터 스핀들을 가공한 후 플래터 위에 더블 센터 스핀들을 놓고 거기에 별도 플래터를 올려놓으면 되는데 문제는 플래터 두께만큼 암 축도 같이 올려야 한다는 것이다. 사실 이것 역시 암베이스 높임대만 있으면 큰 문제는 아니다. 그러나 더블 플래터의 무게를 지탱할 수 없는 플로팅 타입이나 추가로 암 베이스를 높일 수 없을 때는 무조건 포기하고 매트 개념으로 나가야 하며 충분한 조정여유가 있을 때는 한 번 더블 플래터를 생각해볼 필요가 있다. 왜냐하면 음색의 변화는 물론이거니와 S/N비의 상승과 다이내믹 레인지의 상승, 외형의 고급화 등 부수적으로 따라오는 보너스가 많기 때문이다. 더블 플래터는 기존의 플래터의 단점 보완용으로 특히 부족한 음색 분야를 보완하기에 좋다.

아크릴류의 정확하고 따스한 음색, 황동의 청명한 음질, MDF류의 부드러움과 온도감, 스테인리스류의 단아함과 투명함 등 대단히 다양한 턴테이블 플래터 물성보완으로 인한 음색 개선 효과를 볼 수 있다. 단, 항상 좋은 것만은 아니라는 것도 염두에 두기 바란다. 장점이 큰 만큼 부작용이 도사리고 있기 때문이다. 따라서 더블 플래터 재질의 물성을 명확히 분석해야하고 크기나 무게 등을 고려해 제작한 후 비교 테스트를 권한다. 더블 플래터의 두께는 3cm 미만이 적절하고 전체적인 디자인과 색감을 고려해 선택하는데 아크릴이 가장 만들기 쉽고 개선 효과도 탁월하다. 특히 어느 경우라도 기존 플래터의 컬러나 질감과 잘 조화되는 것이 장점이다. 여유가 된다면 여러 재질을 1cm 내외의 동일한 두께로 만든 후 겹쳐 사용하는 것도 결과가 좋다. 더블 플래터의 즐거움은 턴테이블의 또 다른 취미 영역으로 개성만점이라 볼 수 있는데, 자신만의 취향대로 튜닝된 턴테이블은 아날로그 고수들의 지향점이기도 하다.

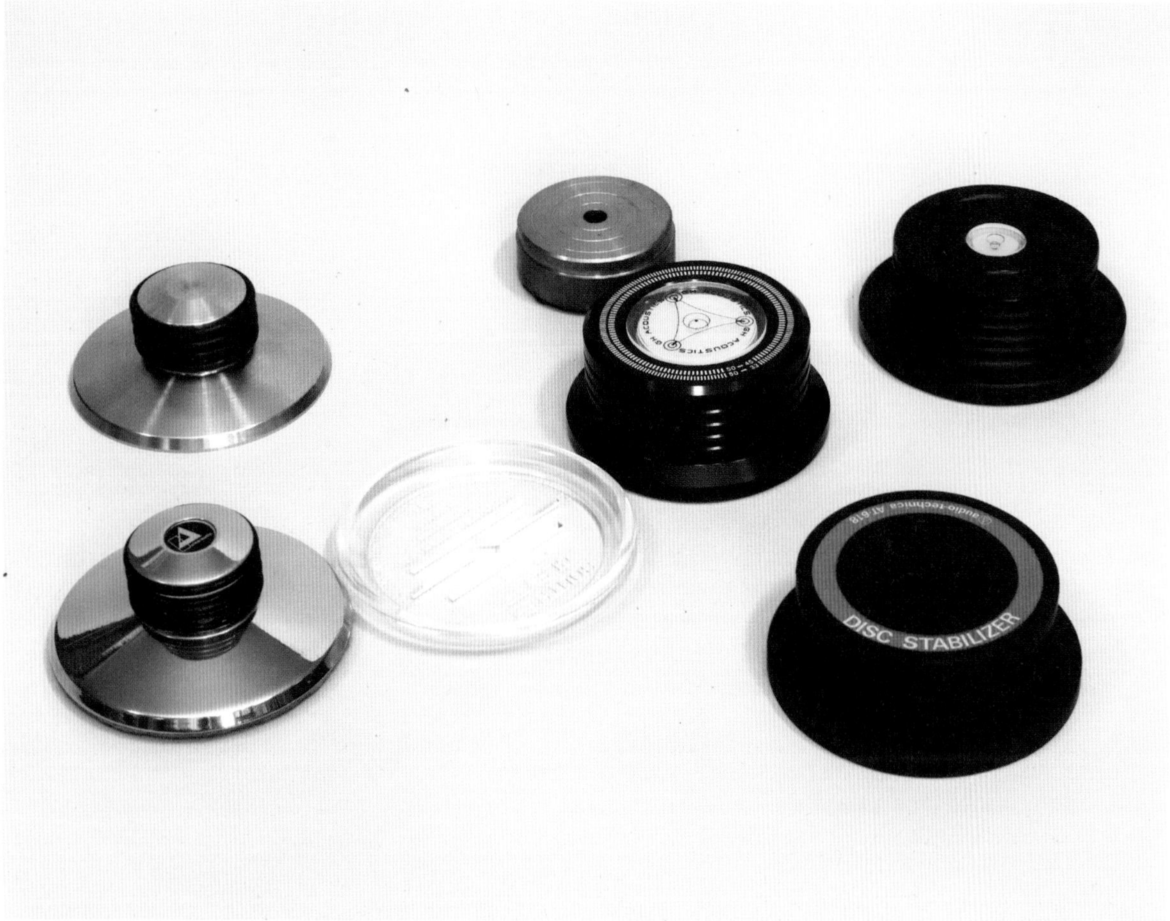

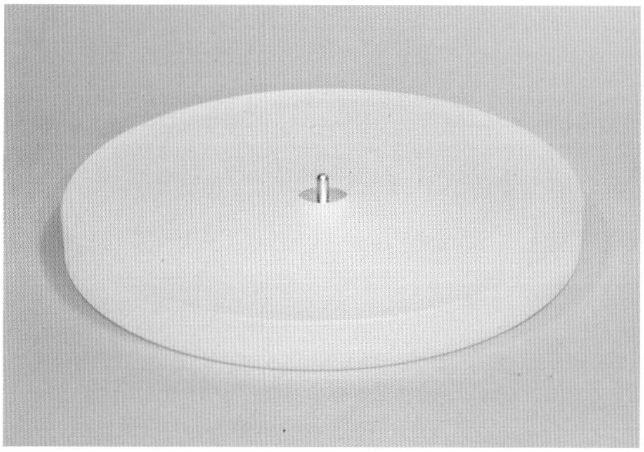
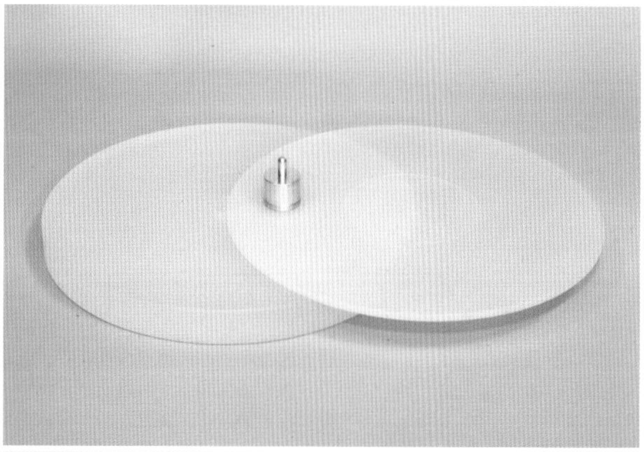
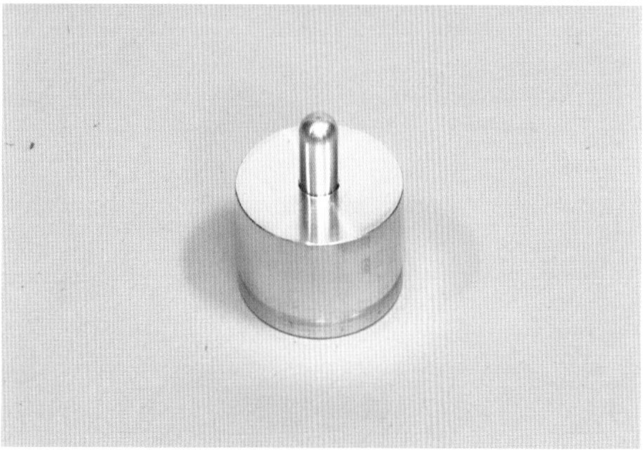

»
각종 스태빌라이저(중앙의 투명한 것이 클립형이다. 상단)
아크릴 더블 플래터에 추가 센터 스핀들을 장착한 모습(중앙 좌)
다양한 두께의 데프론 아크릴 더블 플래터(중앙 우)
추가 센터 스핀들(하단)

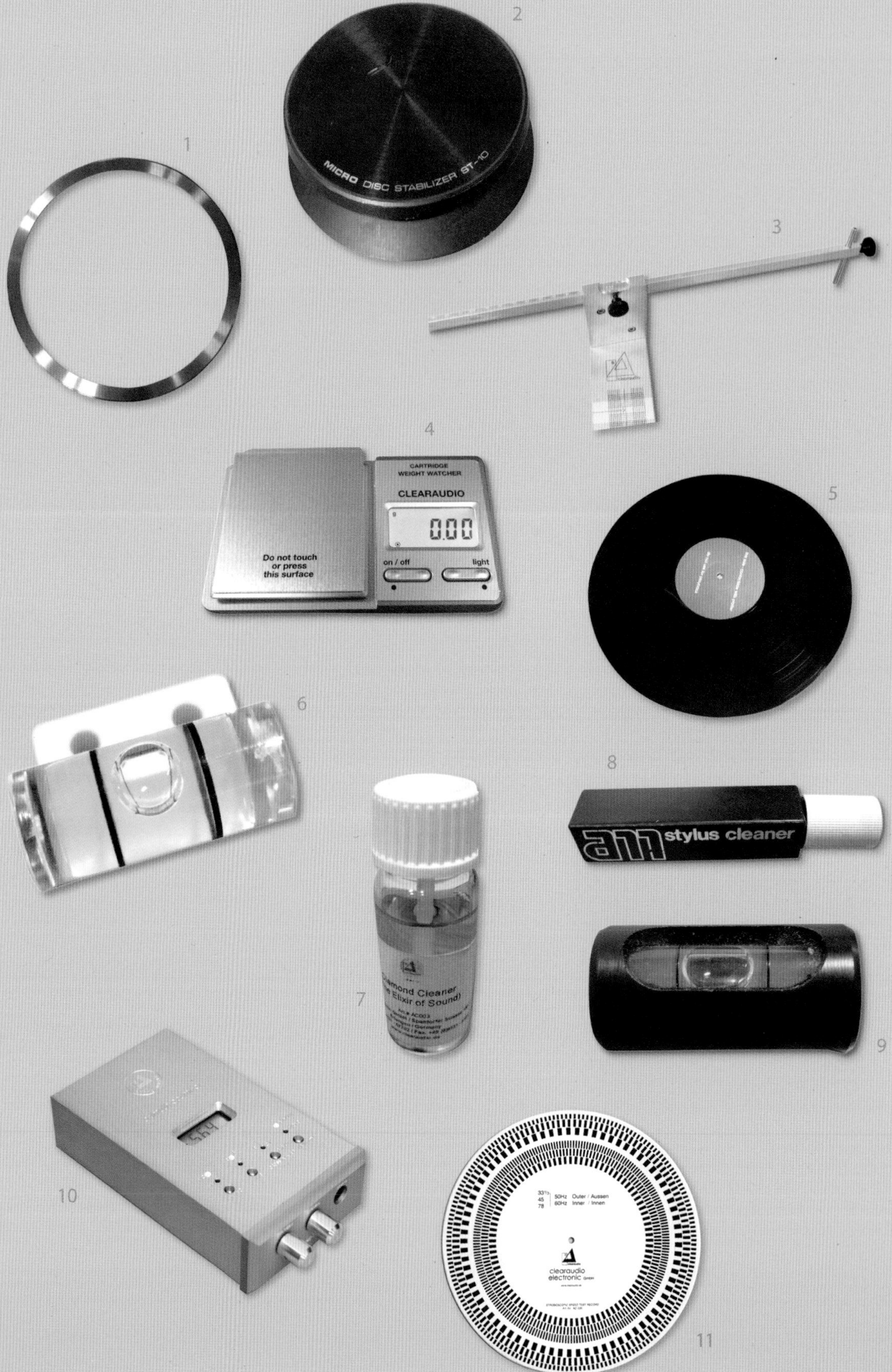
1
2
MICRO DISC STABILIZER ST-10
3
4
CARTRIDGE
WEIGHT WATCHER
CLEARAUDIO
0.00
Do not touch
or press
this surface
on / off
light
5
6
7
8
stylus cleaner
9
10
11
50Hz Outer / Aussen
60Hz Inner / Innen
clearaudio
electronic GmbH

아날로그 액세서리의 모든 것

오디오 전체 시스템 중 가장 다양한 액세서리를 갖추고 있는 것이 바로 아날로그 턴테이블 관련 분야다. 액세서리가 많다는 것은 그만큼 소리 변화가 섬세하고 그에 따른 취미 성향도 다양함을 뜻하는 것이라 생각하는데, 아날로그에서 액세서리는 개성 있는 소리의 완성도에 지대한 영향을 끼치기도 한다. 아날로그 턴테이블의 초기 세팅 기구들은 그 중요성을 아무리 강조해도 지나치지 않을 것이다. 초기 세팅 시 수평을 보는 데 필요한 기구로는 플래터 수평을 보는 수평계와 톤암 아지무스를 체크하는 헤드셸 전용이 있으며 또 암의 수평을 체크하는 암 거치용도 있다. 최근에는 디지털 아지무스 옵티마이저가 발매되어 체크전용 LP를 올려놓고 테스트하면 정확한 L, R 출력과 아지무스를 전기적으로 체크할 수 있는 편리한 측정기가 나와 있는데 이것은 액세서리라고 하기에는 좀 지나친 면이 있고 값이 비싸 일반 마니아들에게는 권장하지 않는다. 물론 필자처럼 아날로그 세팅에 목숨을 거는 경우는 예외지만.

턴테이블의 속도는 대단히 중요하다. 특히 와우 플루터가 생기거나 기타 정속 주행에 이상이 있는 경우는 곧바로 소리에 영향을 주는데 스피드가 빠르면 고역이 많아지며 스피드가 늦으면 저역이 많아진다. 그 외에 와우 플루터는 소리의 얼룩으로 표현되며 모터의 코깅에 의한 플래터의 미세 진동은 해상력이나 정숙성에 영향을 준다. 플래터 정속성을 정밀 체크하기 위해서는 일반 60Hz 동조 스트로보보다는 높은 주파수에서 스피드 이상을 체크하는 것이 필요한데 300Hz의 고발진 스트로보 액세서리와 이에 동조하는 30cm LP 크

»

1. 외주부 링 스태빌라이저, 2. 마이크로 센터 스태빌라이저, 3. 오버행 게이지, 4. 티지털 침압게, 5. 안티스케이팅 체크용 디스크 겸 하모나이징 매트, 6. 아지무스 조정용 헤드셸 수평계, 7. 정전기 방지 클리어 스타일러스 클리너(비알콜성), 8. 일반 알콜성 클리너, 9. 암수평 체크용 거치형 수평계(밑에 홈이 있어 암 위에 올려 놓을 수 있다) 10. 디지털 아지무스 옵티마이저, 11. 스피트 체크용 스트로보

기의 스트로보 디스크가 독일에서 제조 판매되고 있다. 물론 국내에도 들어와 있으며 스트로보 디스크 양면에는 카트리지 스타일러스 에이징 그루브가 새겨져 있어 카트리지 에이징에도 편리하게 사용할 수 있는 특징이 있다. 또한 60Hz 형광등에 동조되는 스트로보 도트도 기본으로 프린팅되어 있어 발진기 세트 없이도 일반적인 속도 측정은 가능하다.

암을 장착할 때에는 기본적인 오버행 게이지가 필요하다. 암 축과 플래터 축 사이의 거리를 나타내는 게이지와 오버행 게이지를 일체화시킨 게이지도 보이는데 정확한 암 장착 위치를 mm 단위로 알 수 있어 편리하다. 예를 들어 RF-297이나 RMG-309의 경우 각각 눈금을 297mm와 309mm에 세팅한 후 암축 포인트를 찍으면 거의 1mm 오차도 없이 오버행이 맞도록 설계되어 있다. 침압계는 전자식과 물리적 아날로그 게이지로 나뉘는데 최근에는 거의 전자식 디지털 타입이지만 염가형으로 후자인 아날로그 게이지도 눈에 뜨인다. 당연히 디지털 침압계가 편리하며 그 측정치도 정확하다.

다만 다이내믹 밸런스 톤암의 경우 LP판과 동일한 플래터 면에서 침압을 측정해야 실제 주행할 때와 일치되는 침압을 얻을 수 있기 때문에 별도의 날개 판이 부착되어 있어 오히려 이 부분이 부러지거나 변형이 생겨 침압계를 버리는 일이 많으니 꼼꼼히 살펴보아야 한다. 특히 중국제의 경우 오차도 심하고 고장도 많아 무턱대고 가격이 저렴하다 하여 구매하는 것은 지양해야 한다. 디스크를 압착시켜 음의 안정도를 유지하는 스태빌라이저는 내부 플래터 축에 올려놓는 것과 외주부에 링처럼 끼우는 두 종류로 나뉘고 효과가 큰 것은 당연히 외주부 링 타입이나 사용상의 불편이 따른다는 단점이 있다. 만약 이 불편만 감수할 수 있다면 외주부 링 타입 스태빌라이저 사용을 적극 권하고 싶다. 음의 안정도와 정숙한 배경음 그리고 S/N비와 해상력이 극대화되는 동시 휜 판도 안정적으로 주행시키는 이점이 있다. 한 번 사용해보면 미사용 시와 음질 변화가 너무 커 다시 사용하지 않고는 LP를 들을수 없을 정도이다.

내부 스핀들에 올려놓는 스태빌라이저 역시 효과가 있다. 외주부 링형과 동일한 성격을 갖고 있지만 그 영향력은 외주부 링형에 비해 많이 떨어진다. 스태빌라이저는 가능한 무거운 것이 좋으나 플로팅 타입 턴테이블의 경우는 서스펜션을 고려해 적정치에서 타협해야 한다. 이런 경우 무거운 금속재보다는 흑단이나 크립형 스태빌라이저가 효과적일 수 있다. 매트는 매트의 물성에 따라 그 효과도 다양하다. 기본적으로 견고한 것은 견고한 소리가, 부드러운 것은 부드러운 소리가 나는데 아크릴류의 경우는 특유의 공진 특성 때문에 부드럽고 고역의 날카로움은 죽지만 해상력이 향상되고 음의 에지 마무리가 좋아지는 방향으로 튜닝되니 참고 바란다. 가장 무난한 것은 불건성 댐핑재 매트인데 디스크를 올려놓으면 디스크가 점착되는 것 같은 인상을 준다. 이 계통에서 유명한 것이 바로 청색 풀턴(Fulton) 매트다. 최근 들어서는 잘 보이지 않아 서운하지만 가끔 중고로 거래되고 있어 구하려고 마음먹으면 의외로 쉽게 손에 넣을 수 있다. 그러나 가격은 만만치 않다. 어떻든 매트는 필히 시험 사용후 구매하는 것이 원칙이다.

초기 세팅에서 가장 애를 먹었던 부분은 인사이드 포스 캔슬링, 즉 안티스케이팅의 이상적 조정이었다.

대부분의 암들이 침압과 동일한 안티스케이팅 포스를 주도록 설계하여 시각적으로 쉽게 맞출 수 있도록 하고 있지만 실제 턴테이블의 동작 시에는 상당히 큰 오차를 보이기 때문이다. 실제 테스팅 LP 중에는 이 안티스케이팅을 정확히 체크할 수 있는 무음 그루브가 있는 것도 있는데 막상 구매하기에는 상당히 어렵다. 그러나 최근 들어 이 안티스케이팅 체크전용 디스크가 매트 겸용으로 발매되고 있어 의외로 쉽게 손에 넣었다. 실제 원리는 무음 그루브의 LP 디스크에서 내부와 외부로 스케이팅하지 않게 안티스케이팅 포스를 맞추도록 되어 있는데 정확히 조정된 안티스케이팅의 재생음은 중앙 스테이지가 깊고 잡음도 덜하며 채널 밸런스도 좋다. 아날로그 마니아라면 필수로 소지해야 할 아날로그 액세서리다. 이외에도 LP 클리닝 시스템, 플래터 축 세라믹 베어링 또는 사파이어 베어링, 비정전기 발생형 스타일러스 클리너, 헤드셸과 리드선, 암 케이블, 접속 강화제, 디마그넷 타이저 등 수없는 액세서리가 아날로그 세계에 존재한다. 그리고 그 각각의 액세서리는 충분한 존재의 이유가 있다. 이것은 아날로그만이 갖는 매력이다.

»
LP 더스트 제거용 카본 브러쉬 암

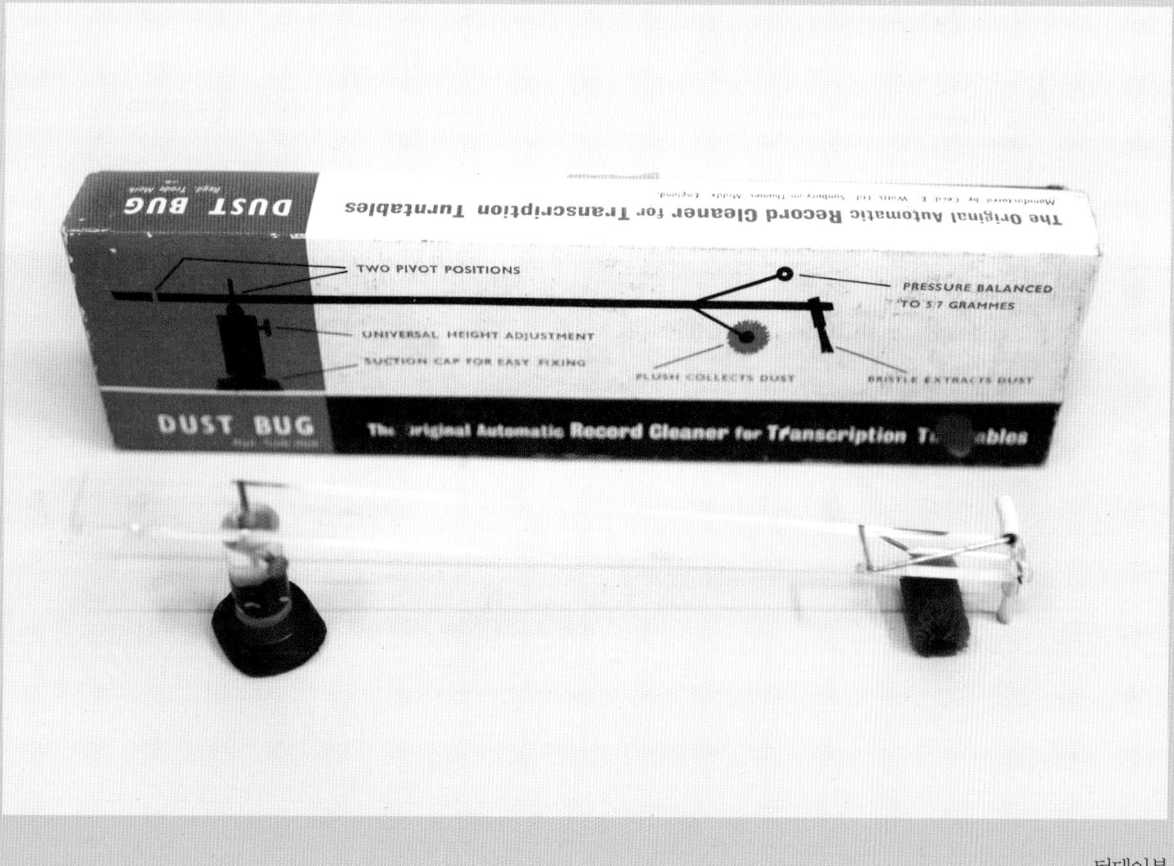

MC Step up trans
WE-618B · Cotter MK II-L · Peerless 221Q · K241D · 4685 · 4629
취향에 따라 고르는 MC 승압트랜스

MC Step up trans
조겐쇼, 가격보다 품질로 말한다

EMT-139 · EMT-JPA 66 · SME SPA 1
고전 전문 포노 EQ의 진면목

STEP UP TRANS
승압트랜스

HEAD AMP
헤드앰프

PHONO EQ
포노 EQ

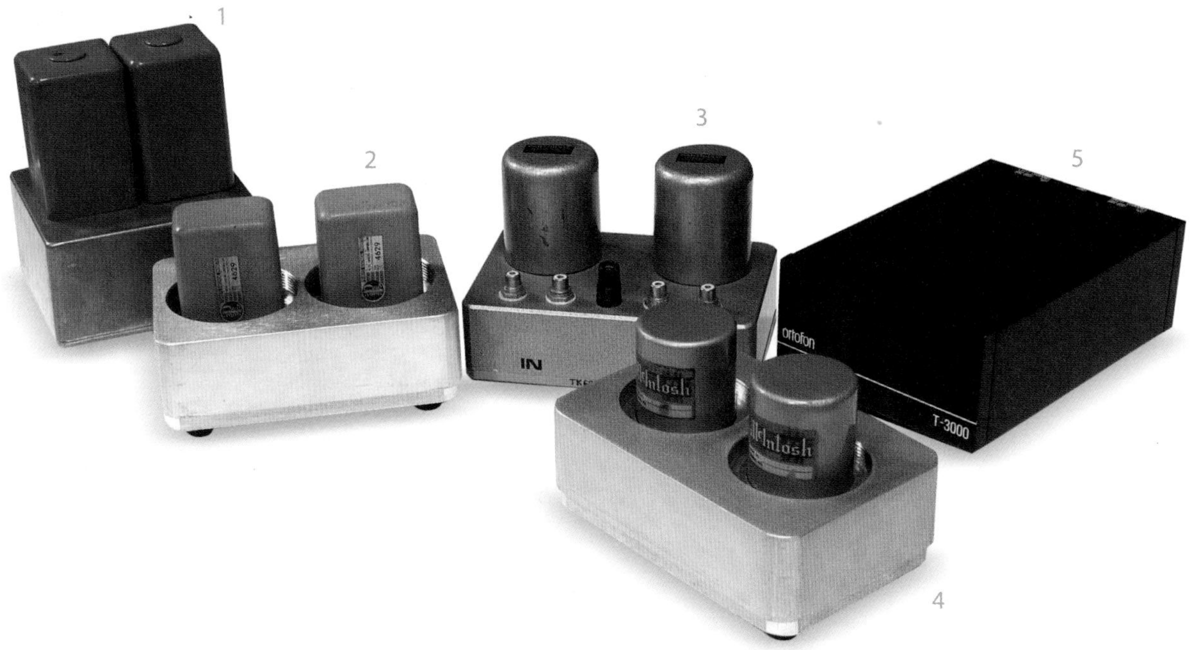
1
2
3
4
5
IN
McIntosh
McIntosh
ortofon
T-3000

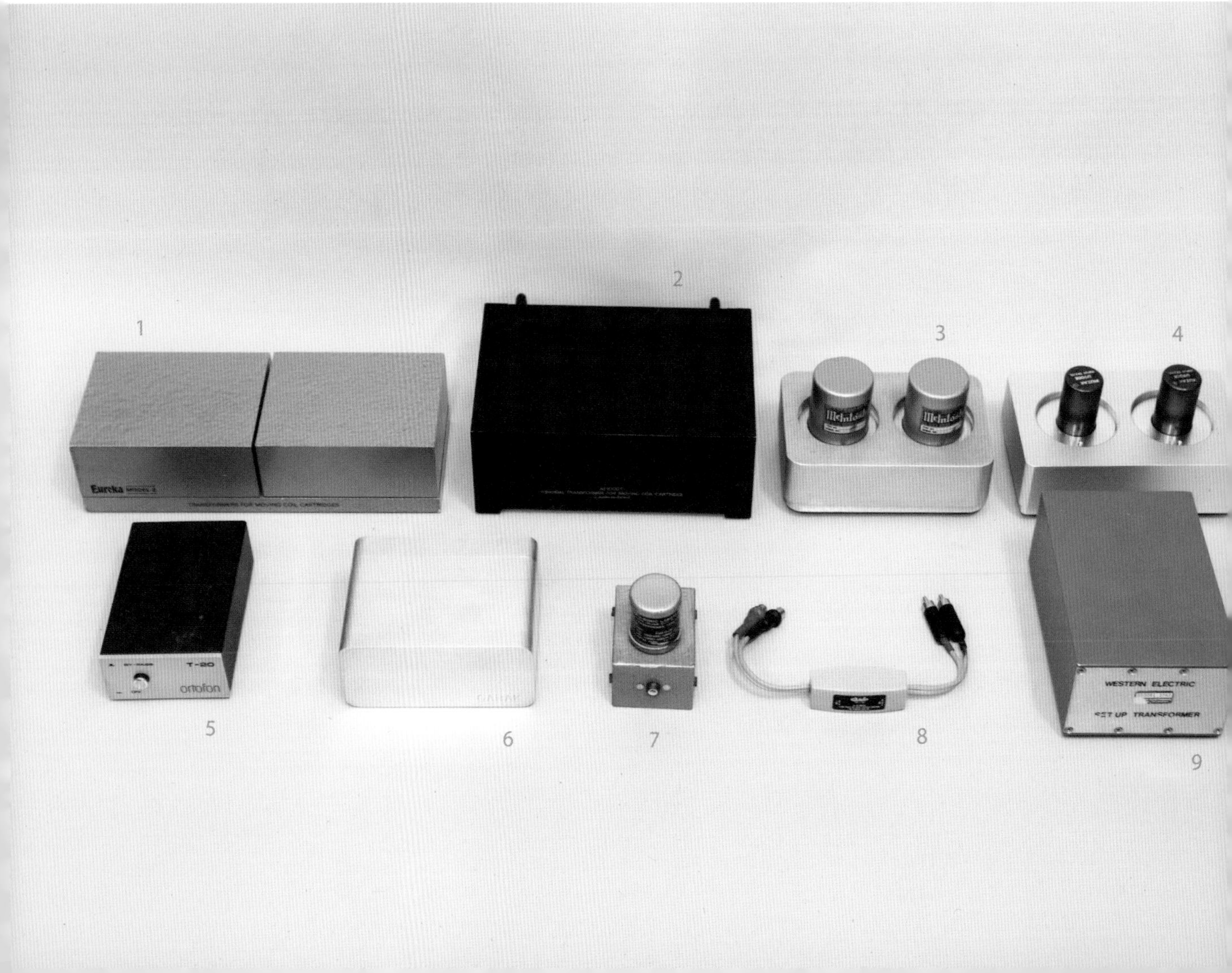
1
2
3
4
Eureka MODEL 2
McIntosh
McIntosh
5
6
7
8
9
T-20
ortofon
WESTERN ELECTRIC
SET UP TRANSFORMER

MC Step up trans WE-618B · Cotter MK Ⅱ-L · Peerless 221Q · K241D · 4685 · 4629

취향에 따라 고르는 MC 승압트랜스

승압트랜스(step up trans)를 접한다는 뜻은 이미 아날로그의 꽃, MC형 카트리지를 접했다는 뜻이 된다. MM형 카트리지가 취미라면 MC형 카트리지는 예술이다. 그만큼 아날로그에서의 MC형 카트리지는 음악적 예술성을 뒷받침해준다. 이 MC형 카트리지가 가야만 할 예술의 길목에 버티고 있는 다리 중에 하나가 승압트랜스이다. 모든 다리가 MC형 카트리지를 결정한 후 그 카트리지가 흘러가야만 할 길 위에 놓이는 것이기에 카트리지에 따라 길과 다리가 다른 것은 당연하다. 즉, 카트리지 없이 어떤 승압트랜스가 좋고 나쁘다고 말할 수 없다는 뜻이다. 물론 그 자리에 승압트랜스만 있는 것도 아니다. 헤드앰프도 그를 대신할 수 있다. 그러나 경험으로 봤을 때 깊이 있는 예술성으로는 헤드앰프가 MC 승압트랜스에 비해 뒤떨어진다. 그래서 진정한 아날로그 마니아라면 MC 승압트랜스에 열광한다. 그 섬세하고 미묘한 MC형 카트리지 신호 전류에 왜 이리도 무겁고 큰 트랜스가 자리해야 하는 것일까! 충분히 확장된 고출력 MC형 카트리지도 있는데 말이다. 그러나 거기에서는 최고의 예술성이 나오지 않는다. 저출력 MC형 카트리지와 트랜스를 합해야만 우리는 만족할 만한 예술성에 도달할 수 있는 것이다.

고전 MC 승압트랜스 중 가장 고가는 웨스턴 일렉트릭(WE)의 618B다. 물론 거품도 있지만 중역으로 몰려있는 그 고유의 밀도감이 특색 있고 매력 있다. 전문 MC 승압트랜스가 아니라 입력트랜스라서 나타나는 부족한 점은 있지만 빈티지 마니아라면 한 번쯤 소유하고 싶어 한다. 물론 실망하고 내놓는 측과 열광하는

»
(상단) 1. 피어리스 4685, 2. 피어리스 4629, 3. 파트리지 TK-6925, 4. 매킨토시(20W 시절의 입력 트랜스를 승압트랜스로 사용한다), 5. 오르토폰 T-3000, (하단) 1. 유레카(Eureka) 모델2, 2. AT-1000T(무게가 7kg이나 되는 오디오 테크니카 최고의 트랜스), 3. 매킨토시, 4. 무작(Muzak) U-900E(의외의 음악성을 가지고 있다), 5. 오르토폰 T-20 초기형, 6. 조겐쇼 6600(4세대 6600이 내장되어 있다), 7. ESL-201(조겐쇼 384와 동일형), 8. 오르토폰 타입 2-15K(조겐쇼 미니 트랜스가 내장되어 있다), 9. 웨스턴 618B(618B 그레이가 내장되어 있다)

»
(맨 윗줄부터)
알텍 피어리스 221Q, TBB-103(알텍 OEM 피어리스 생산의 트랜스 221Q과 외형은 비슷하다)
영국 우든 트랜스(영국트랜스의 명작. 사실 Mic용 트랜스이나 MC용 트랜스로 사용해도 훌륭하다)
구형 노이만 트랜스(승압비는 낮지만 보컬이 발군이다)
파트리지 TK-6925, 피어리스의 명기 K241D

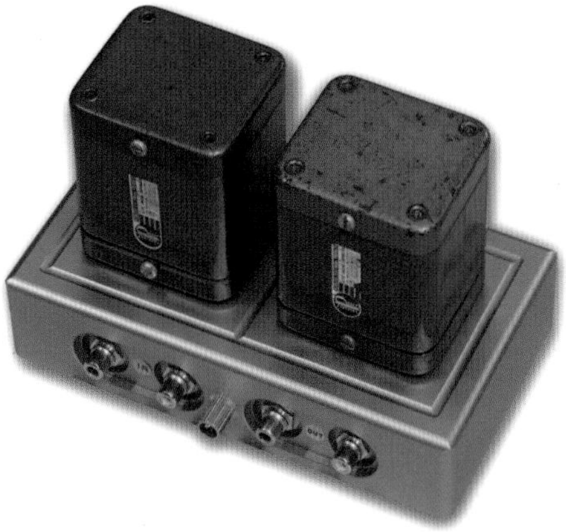

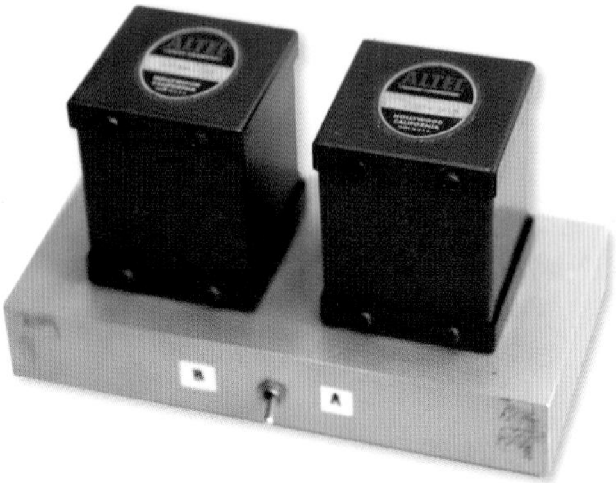

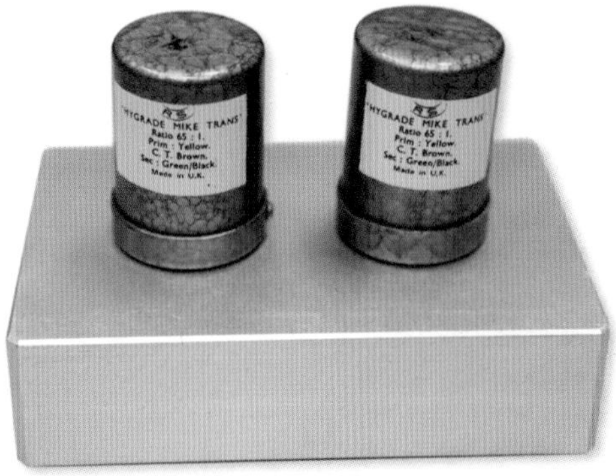

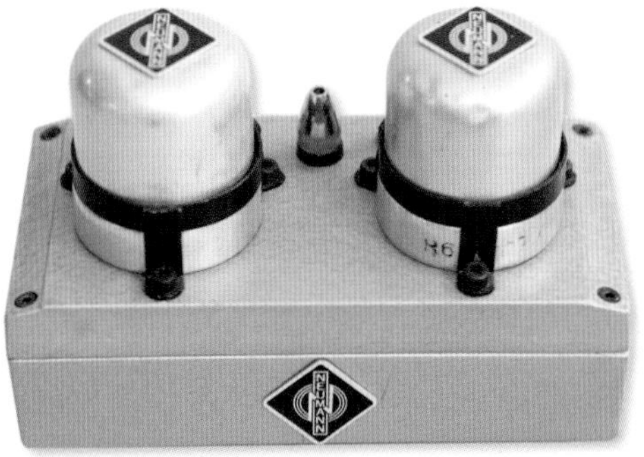

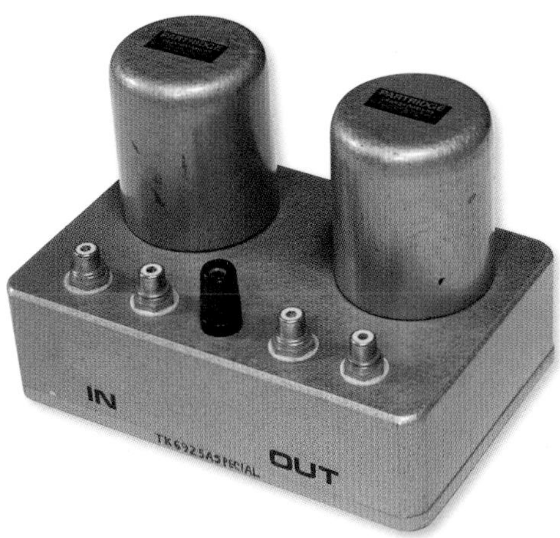

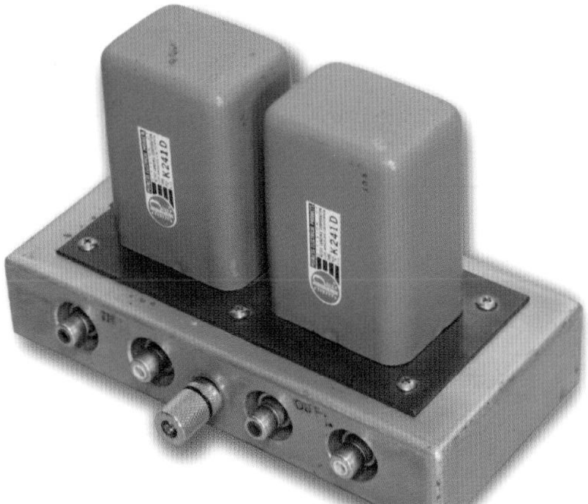

측으로 나뉘긴 해도 말이다. 현대의 트랜스 중에서 618B를 능가하는 가격대의 신제품도 보았지만 이에 미치지 못한다. 현대의 트랜스 중에 최고의 걸작품을 꼽으라면 필자는 서슴없이 코터의 MKⅡ타입 L이라 대답하고 싶다. 이 트랜스는 나사(NASA)에 근무하던 코터 박사가 일본의 고에츠 MC 카트리지를 최상의 매칭으로 듣기 위해 설계한 트랜스로 MKⅡ 시리즈 중 최고의 명품이다. MKⅡ에는 타입 P(오르토폰 등 저임피던스 용), 타입 PP(EMT 등 중간 임피던스 용), 타입 S(데논 등 고임피던스 용)가 있으며, 이 셋은 내부 배선만 바꾸면 타입이 변경되게 되어있지만 타입 L은 1~6Ω임피던스 전용으로 최종 모델이면서 최고의 제품이다. 고에츠 카트리지에는 물론 최고의 예술성을 보장하며 그 외의 저임피던스 카트리지에 연결시켜도 벗어나지 않는 예술성을 확인시켜 주는 명품이다. 오르토폰에 연결해도 다소 느긋하며 여유 있는 자연스러운 음색을 펼쳐줘 애호가가 많지만 이미 생산 종료되었고 국제적 인기는 계속 상승일로다. 한국, 일본을 비롯한 동양에서는 오르토폰의 SPU 마니아가 많다. SPU를 선택한 마니아들이 선호하는 트랜스는 크게 세 부류로 나뉜다. 하나는 피어리스(Peerless)를 중심으로 한 부류이며, 나머지는 파트리지(Partridge)와 조겐쇼(Jorgen Schou)를 찾는다.

피어리스의 최고봉은 단연 221Q다. 저역과 고역까지 매우 평탄하며 어디하나 치우친 데 없이 우아하고 섬세하면서도 음악성을 탄탄히 부여잡고 있는 것이 특색이다. 그러나 그 수량이 너무 적어 사용자가 극히 소수에 불과하다. 이를 대신하는 트랜스로 K241D가 있지만 대역 밸런스상 고역에 치우쳐 있어 강한데 호불호가 나뉜다. 사실 K241D의 경우 저임피던스보다는 고임피던스 카트리지에 더 잘 맞으며 입력 트랜스로 설계되어 전문 MC 승압트랜스가 아니기에 승압트랜스로서는 부족함도 있다. 그러나 수량이 꽤 있는 편이어서 구하려고만 하면 어렵지 않게 구할 수 있다. 하지만 가격은 221Q와 함께 고가에 속한다. 저렴하게 K241D의 음색을 맛보고 싶으면 6299나 4685를 사용하면 된다. 가격은 K241D의 1/3 정도지만 그 음색이나 성능은 K241D와 비슷하다. 4685는 6299보다 귀한데, 트랜스 사이즈도 훨씬 커서 순수 입력 트랜스로 사용하려는 자작파 애호가 층이 형성되어 있다. 소리도 6299보다는 약간 느슨한 편이어서 예의 그 피어리스 음색을 조금 완화시켜줄 수 있는 장점이 있다. 그 밑으로 4665와 4629가 있는데, 가격에 비해 월등한 성능을 보장해 주는 트랜스다. 4665가 단자 타입이고, 4629가 리드선 타입으로, 내용은 동일하지만 국내에서는 리드선 타입인 4629를 선호한다. 그 외에 피어리스에서 알텍에 납품한 TBB-103도 좋은 트랜스로 SPU 마니아들에게는 선호도가 높다.

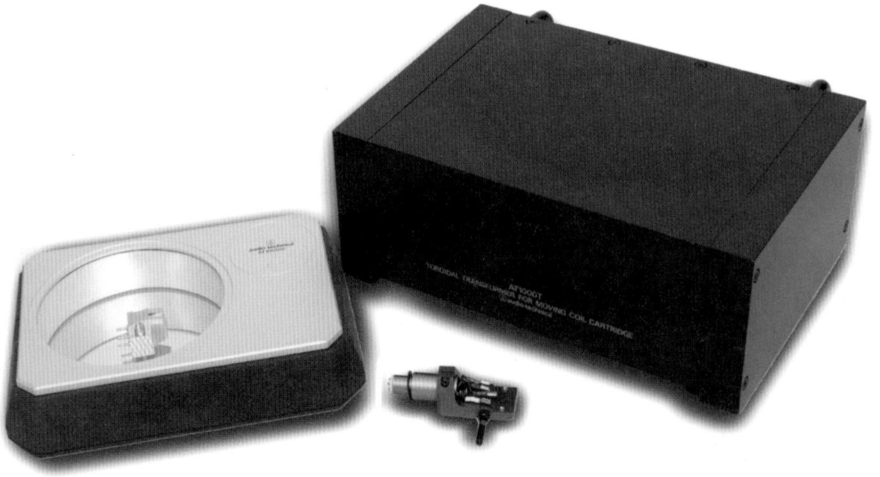

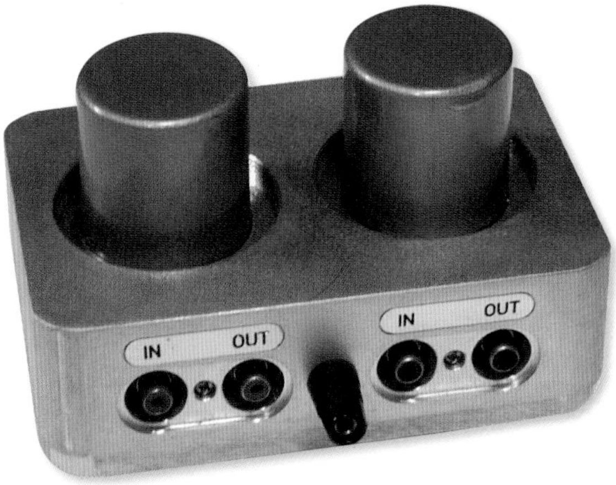

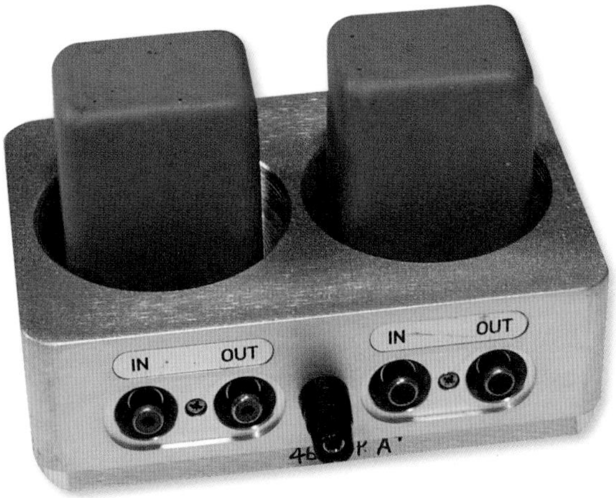

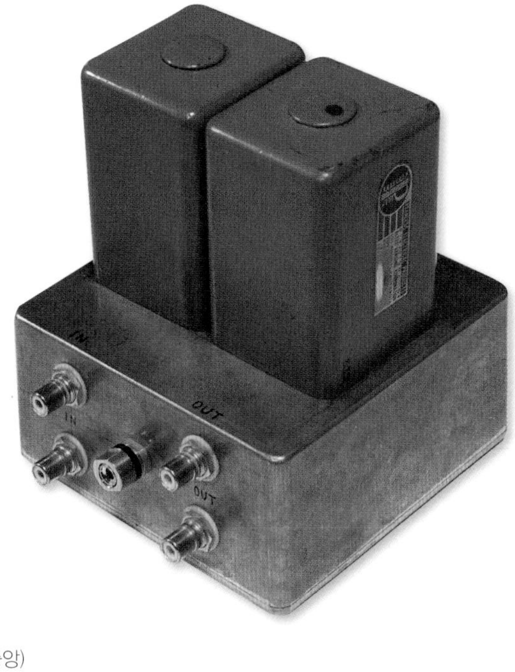

»
270쪽, 테크닉스의 명 MC 트랜스 AT1000T, 매킨토시 트랜스 뒷면(상단)
피어리스 4629 뒷면(K241D의 염가형으로 외형은 K241D와 비슷하다., 중앙)
피어리스 4685 뒷면(K241D와 비슷한 성격의 트랜스, 하단)
271쪽, 오르토폰 T-3000 뒷면(명품 T-2000의 후속기, 그러나 T-2000만큼 평가받지 못한다, 위)
코터트랜스의 최고봉 MKⅡ 타입 L(중앙), 오르토폰 T-20과 명기 T-2000(하단 좌)

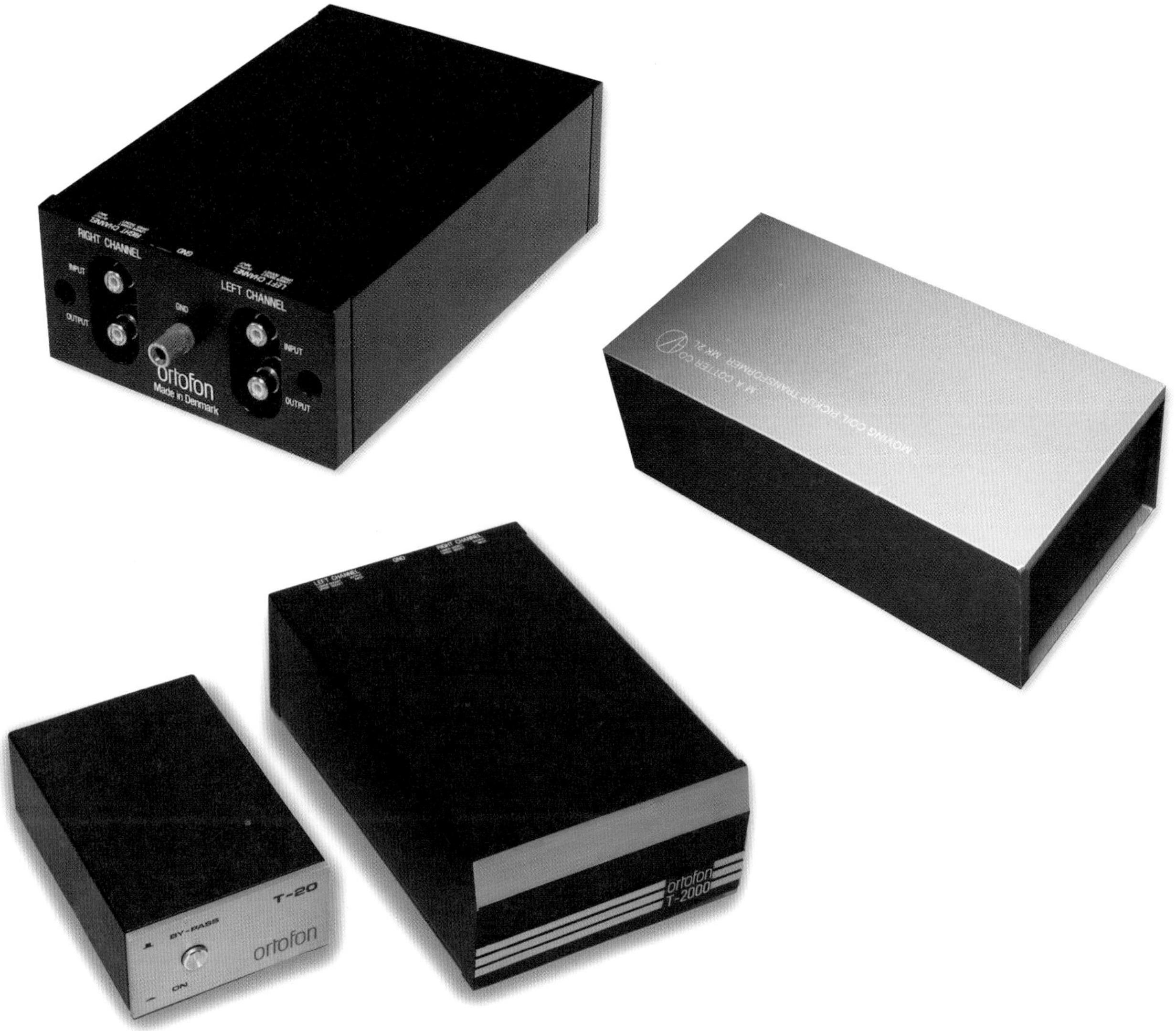

파트리지는 험에 약한 단점이 있다. 따라서 트랜스의 위치 선정이나 그라운드 설정에 주의해야 한다. 파트리지 선호층은 주로 탄노이를 사용하는 영국 사운드 라인업에 SPU 카트리지를 사용하는 마니아층이다. 최고봉에 9708이 있지만 그 뻗침에 불만이 있어 구형 파트리지 트랜스를더 선호하는 경향이다. 두 번째 랭크 모델인 8901도 9708과 비슷한 성격이며 구형 7834나 6925 등으로 내려가면 더 고역의 뻗침이 완화된다. 이런 모델들은 일본의 오디오닉스사가 내부 트랜스를 수입한 후 외부 케이스를 제작하여 상품화한 모델들이 국내에 많이 돌아다닌다. 그 외에 구형의 경우는 외부 케이스는 거의 사제이지만 오히려 그 품격은 뛰어나다. 조겐쇼에는 유명한 NO41·6600·384 등이 있는데 캡이 위아래로 있는 것이 초기형이며 없는 것이 중후기형이다. 41·6600은 SPU 스테레오 카트리지에 적절한데 384는 모노용이다. 6600구형은 구하기가 힘들지만 중후기형은 그 수량이 많다. 사실 초기형과 중기형에 있어 음질 차이는 거의 없어 값이 1/3정도에 불과한 후기형을 사용해도 큰 문제가 없다. 영국제 중 우든(Wooden)이 있는데 기본적으로는 마이크 트랜스로 설계되었지만 승압트랜스로 사용하면 고유의 유연성과 자연스러운 음색 등이 매력있어 영국 스피커를 사용하는 마니아 중에 사용자가 많다. MC 승압트랜스에는 정답은 없고, 다만 취향이 있을 뿐이다.

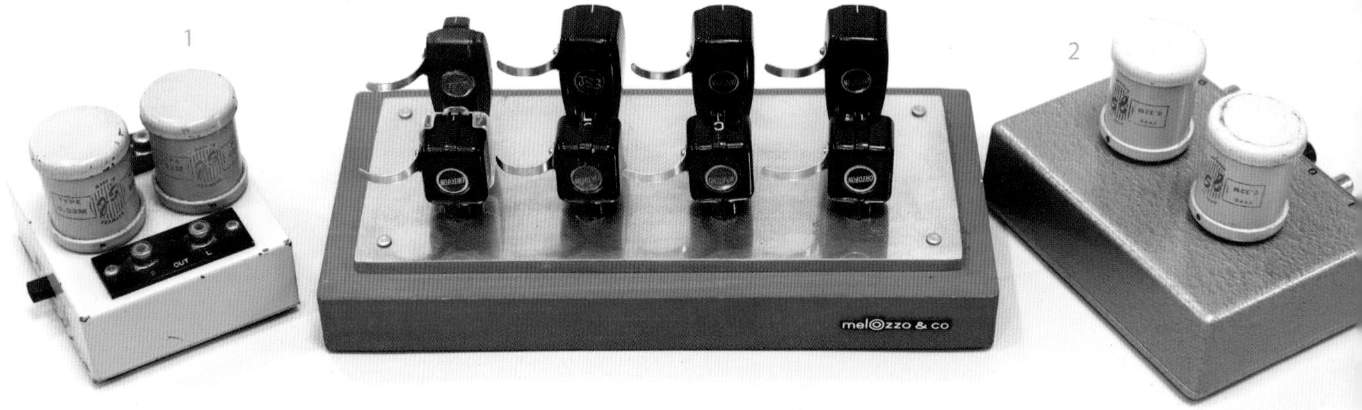
1
2
mel@zzo & co
OUT

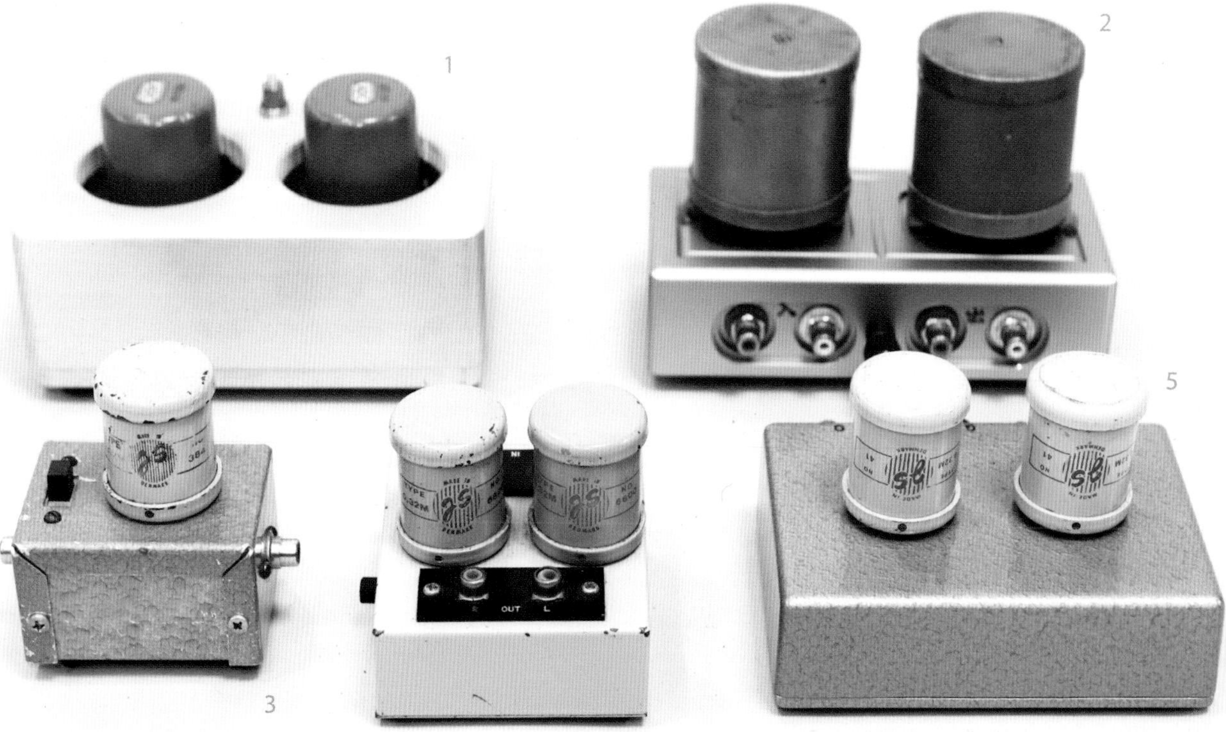
1
2
3
4
5
OUT

MC Step up trans

조겐쇼, 가격보다 품질로 말한다

승압트랜스를 선택하는 문제는 자신에게 맞는 빈티지 와인을 선택하는 것 만큼이나 까다롭고 미묘한 것이라 말할 수 있다. 어느 와인은 값만 비쌀뿐 취향에 맞지 않는가 하면, 또 어떤 와인은 값에 비해 탁월한 향기와 맛을 제공하는 경우가 비일비재다. 그러나 대부분 더듬고 더듬어 본인에 적합한 와인을 찾아가듯이 끊임없이 선택하다보면 어느덧 가장 적합한 트랜스에 안착한다. 취향에 맞는 트랜스는 보석과 같아서 오디오 역시 영원토록 빛날 수 있다. 트랜스는 음악을 빛나게 하며 영원한 생명을 갖는데, 알다시피 거의 영구적 수명으로 대물림할 수 있는 아날로그 단품이기 때문이다. 턴테이블과 프리앰프 사이에 놓여있는 묵직한 승압트랜스를 바라보며 뿌듯해보지 않았다면 아직 아날로그 애호가라 말할 수 없다. 그만큼 트랜스는 아날로그에서 매력적이다.

조겐쇼 트랜스는 덴마크산으로 그 값에 비해 성능이 우수한 제품이다. 승압트랜스 전용으로 설계된 트랜스이기 때문에 어찌 보면 WE-618B보다도 탁월한 성능을 보유한다고 보아도 좋다. 음이 무겁지 않고 적절히 가벼우면서, 차분히 가라앉아 있는 무게중심과 결코 강하지 않는 고역, 그러면서도 투명도와 음악성을 유지하고 있는 것이다. 오히려 WE-618B나 기타 어느 트랜스보다 단점이 적은 명품이다. 말하자면 모든 면에서 평균 A학점을 받고 있는 우등생인 것이다. 그렇다고 가격이 초고가도 아닌데, 사실 트랜스 자체 설계도 고급품도 아니다. 그러나 MC 승압트랜스로서 그 성능은 흠잡을 데 없다. 특히 오르토폰 카트리지와의 상성이 좋아 구형 오르토폰 SPU 사용자들이 많이 찾는다. 오르토폰을 전제로 해 WE-618B와 견주어도 모자

»
상단 : 1. 조겐쇼 2세대 6600 구형, 2. 조겐쇼 2세대 41 구형
하단 : 1. ADC A-8168 트랜스, 2. 영국 펄(Pearl) 트랜스, 3. 구형 조겐쇼 384 모노, 4. 구형 조겐쇼 6600, 5. 구형 조겐쇼 41

람이 없을 뿐 아니라 오히려 장점이 더 많다고 생각한다. 그럴 수 밖에 없는 것이 조겐쇼 트랜스는 아예 오르토폰의 저임피던스와의 매칭을 전제로 설계되어 오르토폰 마킹으로 상품화되기도 했기 때문이다.

초기, 즉 1세대 조겐쇼 트랜스는 사각형이다. 구하기가 매우 힘든데, 필자의 테스트로는 오히려 성능이 떨어진다. 음색은 조겐쇼 특유의 맛을 지니고 있지만 주파수 특성이나 음악성이 떨어진다. 2세대 조겐쇼는 40dB 차폐의 뮤메탈 캡을 씌운 원통형으로 발매되었는데, 위아래 쟁반 같은 캡이 씌워져 있는 것이 특징이다. 옆에 로고는 필기체로 'gs'라 새겨져 있으며, 마니아들이 가장 선호하는 타입이다. 조겐쇼 특유의 특성을 확립시킨 명품이며, 모든 면에서 탑 퀄리티를 유지하고 있다. 물론 동일 사양에서 후기형에 비해 약 3배 이상 비싸며 물량도 많지 않다. 3세대 조겐쇼는 옆의 로고체는 동일하나 위아래 캡이 제거된 원통형으로 발매되었다. 음의 두툼한 맛이 덜하고, 투명도는 향상되나 선호도는 떨어진다. 4세대 조겐쇼는 옆의 로고체가 동일 필기체에서 크기가 커진다. 3세대와 거의 동일한 품질을 보이며 가격도 비슷하다. 트랜스 크기 역시 3세대와 동일하다. 5세대 조겐쇼부터는 많은 변화를 보이는데, 우선 트랜스 원통의 크기가 작아진다. 그리고 로고체가 필기체에서 인쇄체 대문자로 바뀐다. 물론 성능도 약간 저하된다. 그러나 물리적 특성상으로는 별차이가 없다. 가격도 하락하며 선호도도 따라서 하락한다.

오르토폰 로고의 STA 6600의 경우 1970년대 초에 발매되기 시작했는데, 처음에는 조겐쇼 마크로 필기체 마킹의 6600도 있지만 대부분 대문자 마킹의 6600이다. 캡이 씌워진 2세대 6600도 있는데, 승압비는 31배로 동일하다. 코일의 DCR이 1차 0.3Ω~ 2차 150Ω정도로, 3·4세대 1차 0.2Ω~ 2차 40Ω, 5세대 1차 0.3Ω~ 2차 130Ω정도와 차이를 보인다. 이는 각 세대마다 승압비는 동일하나 코어에 감긴 코일의 재질과 두께 저항이 다르다는 뜻인데, 아마 이것이 동일 6600일지라도 제각각의 음색을 내는 이유일 것이다. 오르토폰 4각 케이스 타입 STA 6600L은 내부에 조겐쇼 6600 트랜스를 수납한 상품으로 인기가 높다. 물론 대문자 로고의 5세대 조겐쇼지만 그 음색이나 음악성은 조겐쇼의 그것과 동일하다. 승압비를 115배로 올린 STA 41도 인기가 있다. 특유의 다이내믹 향상을 전제로 한 조겐쇼의 음색이기 때문이다. 이도 1970년대 초 발매되었는데, 조겐쇼 트랜스를 사각 베이스에 두 개 기둥처럼 올린 타입이다.

STA 384는 오르토폰 미국 현지 법인 ESL(Electro-Sonic-Laboratories Inc.) 201(ESL 301은 6600과 동일형)과 동일 모델인데, 1차 임피던스 1.5Ω~ 2차 임피던스 200Ω(DCR이 아닌 ACR), 50Ω 절환 가능 모델이다. 모노 SPU와 잘 어울리지만 스테레오 SPU 카트리지와 사용해도 특유의 음색을 즐길 수 있어 조당 국제 가격은 STA 6600보다 비싸다. 조겐쇼가 오르토폰과 손잡고 만든 최초의 트랜스는 251로, 1차 1.5Ω~ 2차 200KΩ의 임피던스 설계이다. 2세대 조겐쇼 트랜스 중에는 옆로고가 아예 오르토폰으로 마킹된 것과 ESL로 마킹된 것도 있는데, 이것은 더욱 귀해 인기가 높다. 조겐쇼 트랜스는 겉으로 보기에 무게감은 없으나 빈티지 아날로그를 선호하는 마니아라면 꼭 한번쯤 거쳐 가야 하는 명품이다.

5세대 조겐쇼 트랜스 중에는 덴마크 조겐쇼의 트랜스를 수입해 일본에서 상품화한 제품도 있다. 그러나 대체적으로 조겐쇼 특유의 음질 특색은 변화가 없다. MC 승압트랜스에 대한 경험으로 보았을 때 가능한 입력트랜스보다는 전문 승압트랜스 설계의 제품이 탁월한 성능을 보인다는 것이다. 특히 전문 승압트랜스가 임피던스 매칭상 완벽한 조화를 이루며 승압비도 적절해 더 높은 성능을 보장한다고 말할 수 있다.

국내에서 승압트랜스에 대한 풍토는 무조건 명성에 의지하는 경향이 있다. 그만큼 승압트랜스의 비교 시청이 까다롭고 어렵기 때문이다. 하지만 한자리에서 AB 테스트를 하며 비교 시청해 보면 의외로 저렴한 MC 전문 승압트랜스 중에 좋은 제품이 많다는 것을 알 수 있다. 편견 없이 자신의 귀와 취향으로 트랜스를 선택하라는 것이 결론이다.

»
조겐쇼 6600(좌)과 베스트 매칭인 SPU A(중기형, 우)

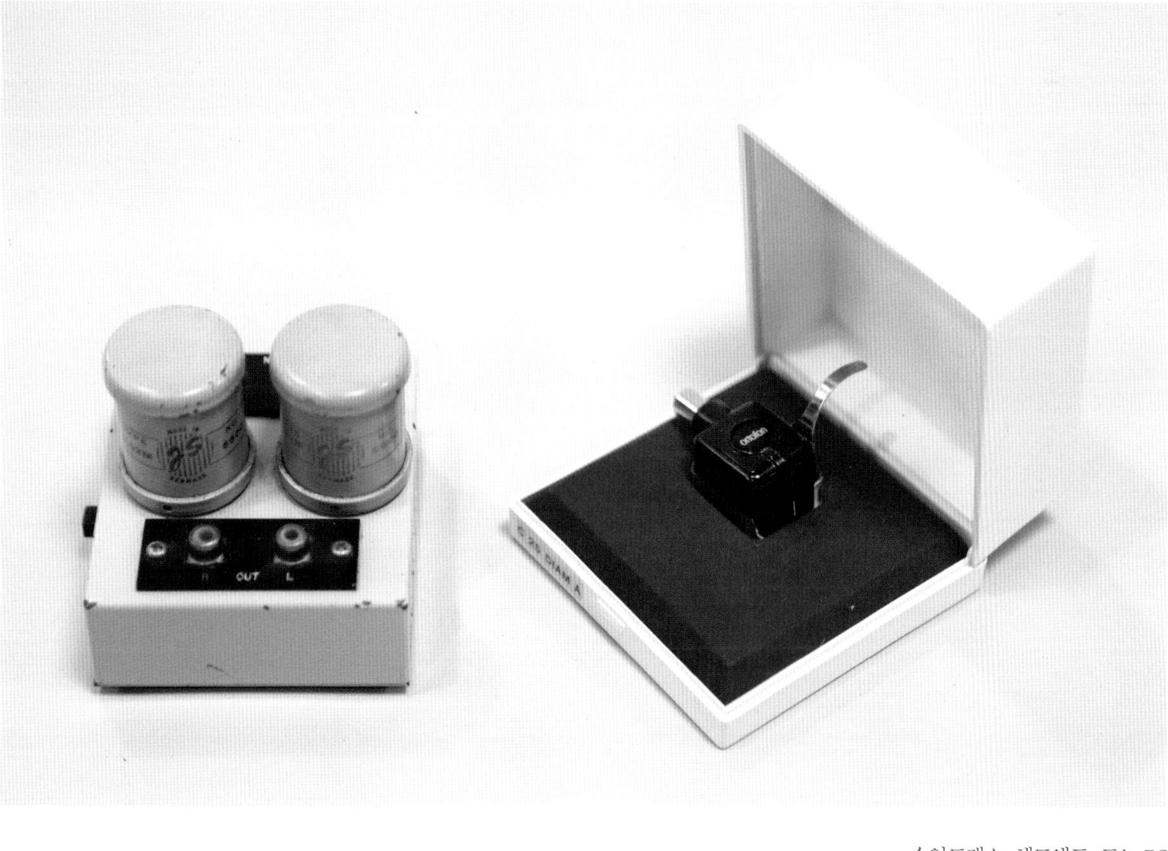

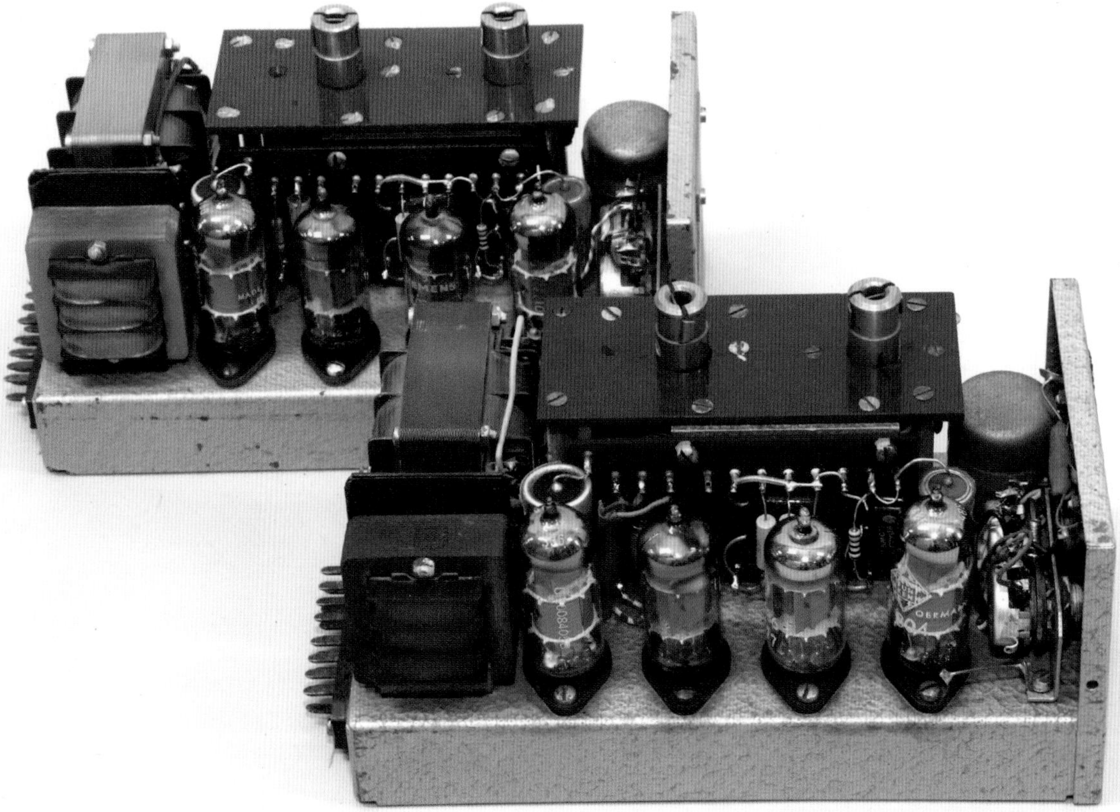

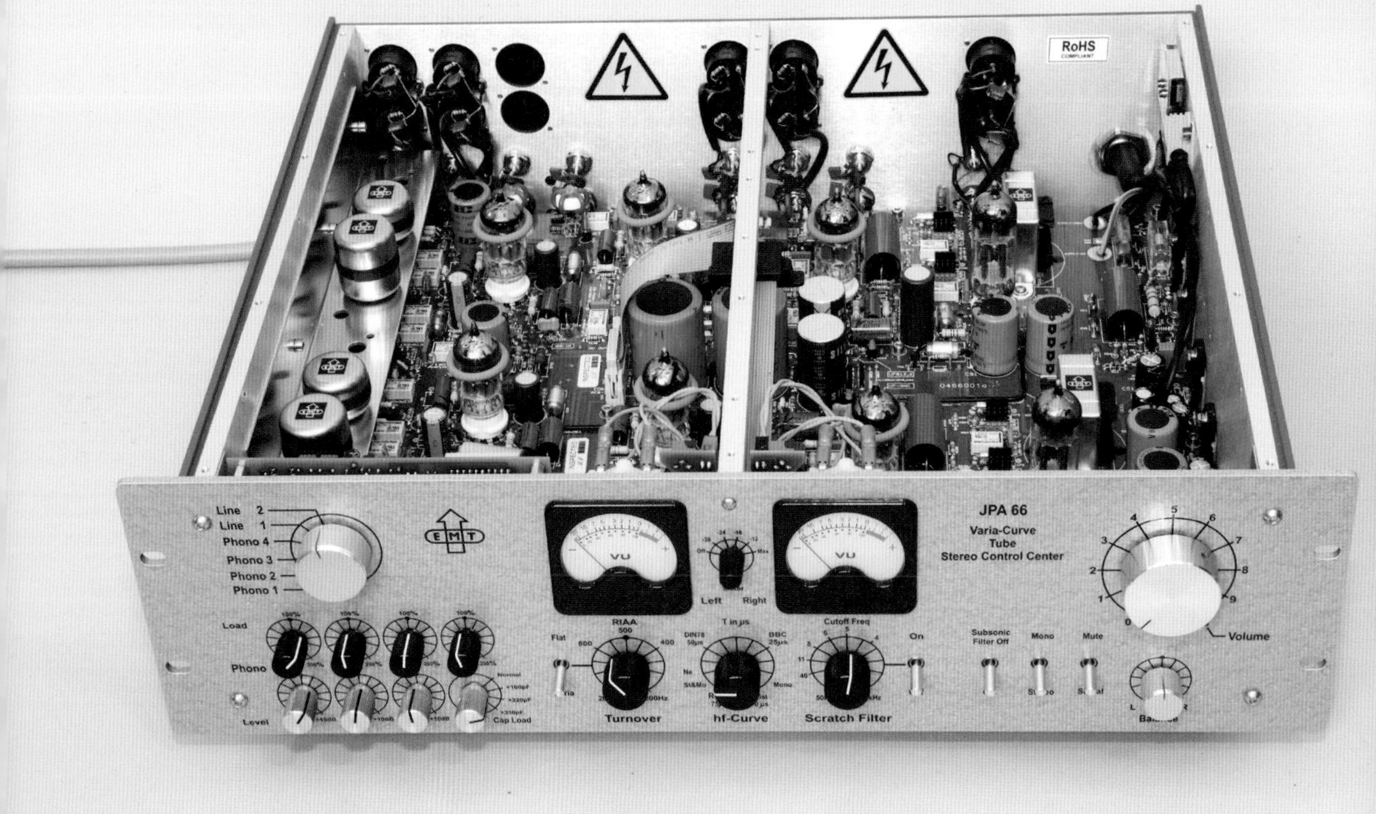
RoHS
COMPLIANT
Line 2
Line 1
Phono 4
Phono 3
Phono 2
Phono 1
JPA 66
Varia-Curve
Tube
Stereo Control Center
VU
VU
Left
Right
Load
Phono
Level
Cap Load
Flat
RIAA
Turnover
T in µs
hf-Curve
Cutoff Freq
Scratch Filter
On
Subsonic
Filter Off
Mono
Mute
Volume

EMT-139·EMT-JPA66·SME SPA-1

고전 전문 포노 EQ의 진면목

1981년 획기적인 디지털 오디오 포맷으로 CD가 발표된 후 거의 40여 년 간을 아날로그 사운드의 디지털화에 열을 올렸다. 그러나 놀랍게도 결과는 아날로그가 절반의 승리로 결정되었는데 일반적 재생 장치나 저장 기능상의 편리성은 디지털이 우세하나 순전히 오디오 청취용 음악소스로 음질이나 예술적 측면 또는 사업적인 측면에서 아날로그가 우세하다는 결론이 났기 때문이다. 하여 모노 LP가 발매되기 시작하는 1948년부터 RIAA(미국 레코드 공업 협회) 45/45 방식이 LP 스테레오 규격으로 확정되는 1958년, 그 이후 스테레오 LP 황금시대인 1965년까지, 또한 1981년 CD가 나올 무렵부터 1990년까지 발매되었던 모든 LP가 현재 재조명되기 시작했다. 그러자 CDP로 인해 중단되었던 턴테이블이 인기를 회복하고 언제부터인가 프리앰프에서 제거되었던 포노 EQ 파트가 새로운 이슈가 되었을 뿐 아니라 심지어 스테레오 RIAA커브 확정 이전의 세계 제조사별 독자 커브까지 섬세하게 추적 재생하려는 일련의 아날로그 추종주의가 태동된다. 이에 따라 단순한 포노 EQ가 아닌 전문 포노커브 재생장치가 부착된 고급 포노 EQ가 속속 상품화 되었다. 물론 구형 진공관 프리앰프(마란츠 7C는 SP78에 대응하며 히스키트는 각 커브 조정 기능 등이 있다) 가운데는 턴오버와 롤오프 조절기로 다양한 레코딩 커브에 맞는 재생커브를 구현할 수 있도록 한 것도 있다. 어떻든 RIAA 커브로만 재생되는 포노 EQ로는 각자 나름대로 생산한 레코드사들의 정확한 초기음 재생은 불가능하다. 그냥 대충 근접한 초기음 재생에 만족하고 LP를 들어야만 하는 관계로 레코드의 정확한 재생은 멀어져버렸다. 그러나 근접한 재생임에도 불구하고 아날로그 LP의 음질 우수성과 매력은 끊임 없이 재평가 되었다.

»
EMT-139와 139B(상단), EMT-JPA66 진공관 포노 EQ 겸 프리앰프(하단)

»
139와 139B 외형(상단, 좌)과 밑면(상단, 우)
둥그런 캡으로 몰딩된 것이 입력 트랜스이고, 사각형의 코어가 노출된 것이 각각 플레이트 트랜스 출력·매칭 트랜스이다(하단)

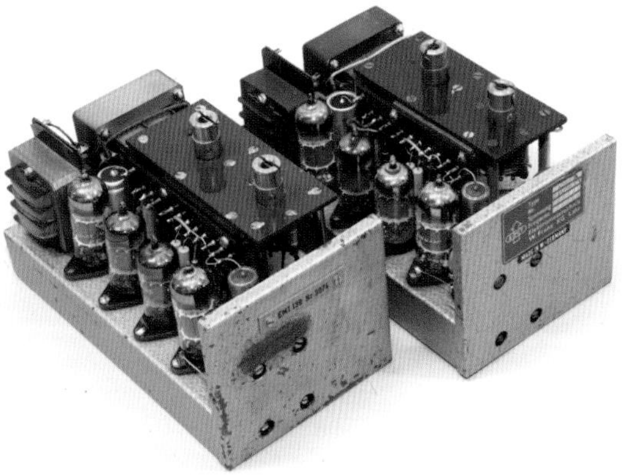

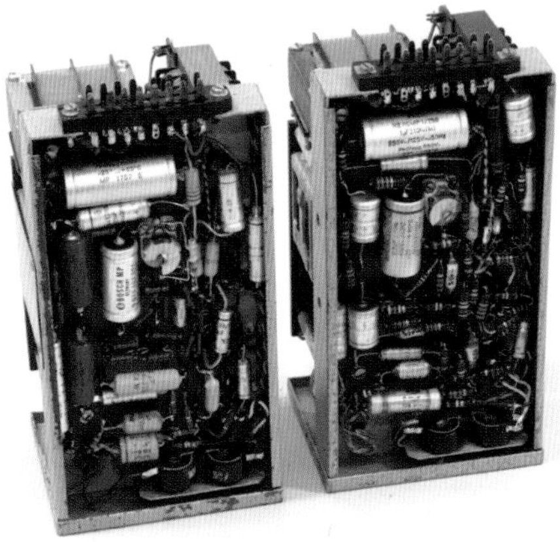

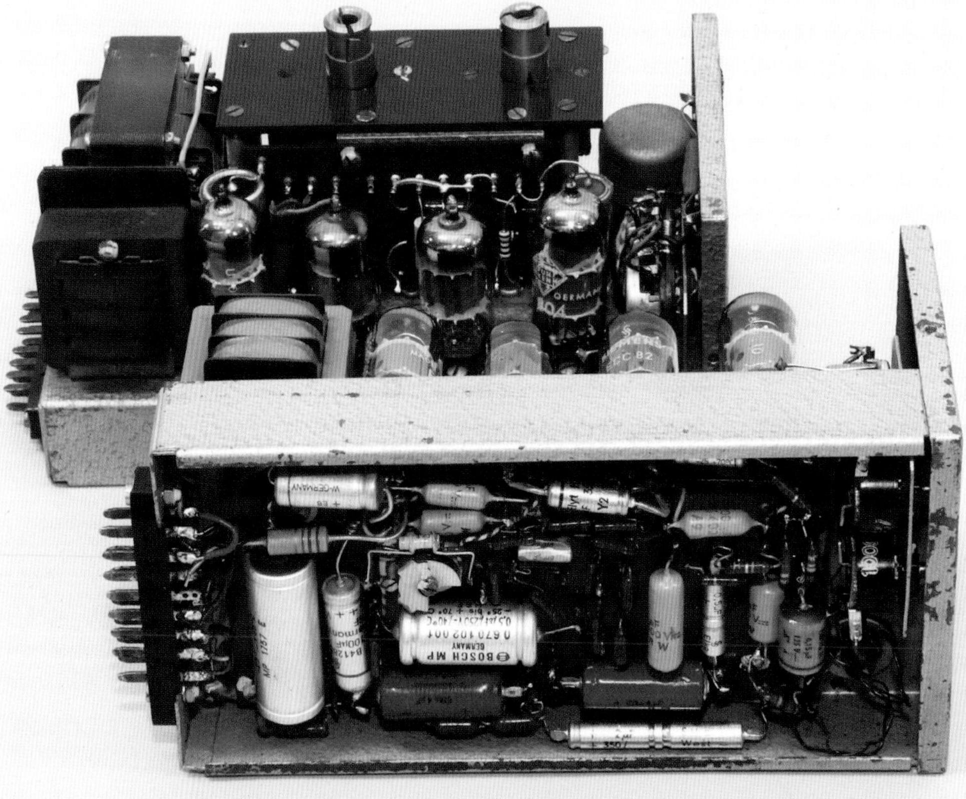

EMT의 139(139·139B는 모노, 139ST는 스테레오)는 자사의 턴테이블인 927이나 930에 장착되도록 한 포노 EQ이다. RIAA, DIN78, BBC, FLAT 네 가지 커브가 절환되며 입력단과 출력 종단에 모두 트랜스가 사용된 명기이다. 139는 초단 증폭과 종단에 EF804 각 1개씩 2개, 중앙 증폭단에 ECC82 각 2개를 사용하고 입력 트랜스, 플레이트 트랜스, 출력·매칭 트랜스의 3트랜스 방식이며, 139ST는 각 채널당 초단 증폭용으로 ECC83, 종단에 ECC81이 1개씩 도합 4개의 진공관을 사용해 출력 매칭 트랜스 없이 입력 트랜스와 플레이트 트랜스만 가지고 생략 타입으로 만들었다. 필자가 보기에 모노타입 139시리즈가 더 완벽한 포노 EQ다. 둘 다 프로용이기 때문에 민수용에 비해 철저한 커브 추종력을 가지며 값도 만만치 않아 139 경우는 세트당 6백만 원내외, 139ST 경우는 1천만 원 내외에 거래될 정도다. 이에 1980년대에는 미국 카운터 포인트사에서 증폭관을 모두 6DJ8로 바꾸고 입출력 트랜스를 생략한 SA-139ST를 내놓기도 했었다. 그러나 많은 호응을 얻지 못하고 사라져 버린 후 또 다른 엔지니어들이 모방회로에 의한 사제품을 선보였지만 또한 단 한 제품도 호응 받지 못하고 잊혀졌다. 그러던 중 2006년 EMT 본사 창립 66주년 기념 모델로 139ST를 세상에 다시 내보이는데 이것이 바로 EMT-JPA66 모델이다. JAP66은 초기 EMT-139ST의 리바이벌이라기보다는 당시 회로를 더욱 발전시킨 거의 새로운 모델로 보는 것이 맞는데, 우선 완전한 풀밸런스 회로로 포노입력, 라인 입력 그리고 출력을 모두 밸런스화하고 스위치에 의해 언밸런스도 선택 가능한 포노라인 프리앰프로 재

»
EMT-JPA66 전원부와 본체

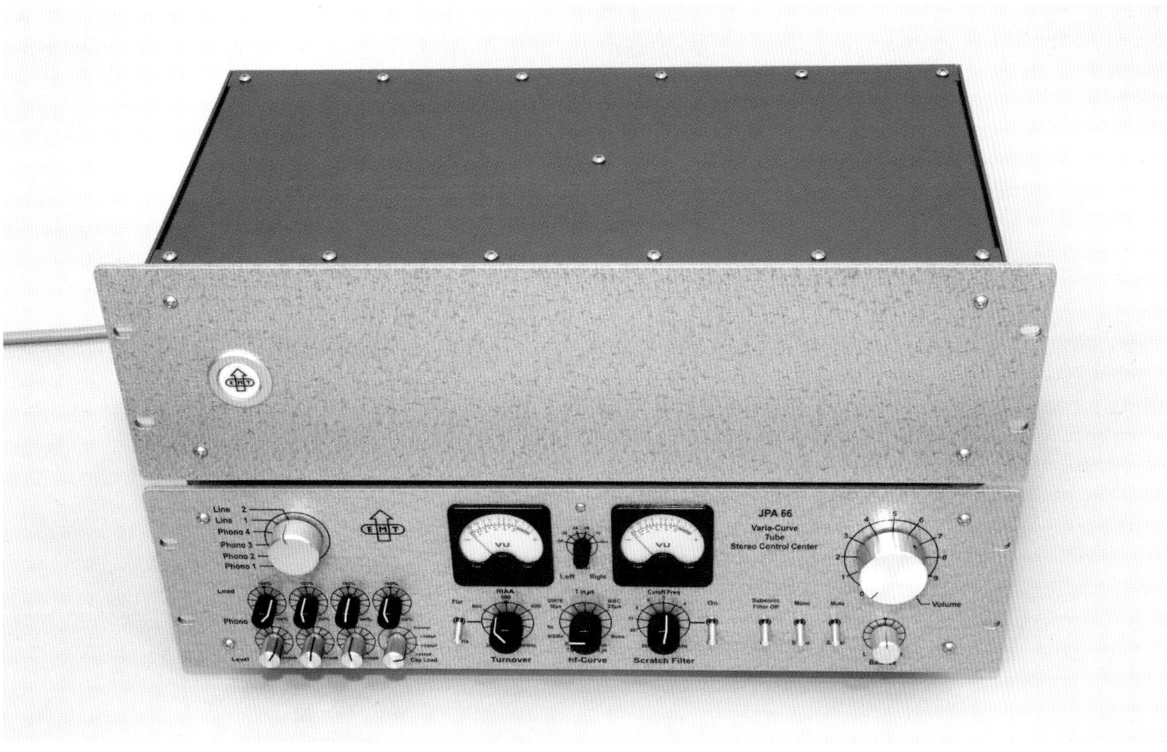

구성하였다. 예의 입력트랜스도 그대로 사용하여 각 카트리지의 임피던스와 출력에 대응하는 승압비를 얻고 있으며 기본으로 2개의 MC입력과 2개의 MM입력에 따른 모든 포노커브를 각각 임의로 조절할 수 있도록 설계하였다.

최대 MM게인은 53dB, MC게인은 73dB 이며 모두 조절 가능하다. 이 게인 증폭은 트랜스와 미리 번인 테스트에 의한 맷치드 ECC803S 3조, ECC99 1조, 도합 8개의 저잡음 고신뢰관에 의해 수행된다. 물론 카트리지 임피던스 매칭기능 외에도 게인 조절기능이 채널별로 이루어질 수 있도록 세심한 배려를 하고 있다. 사용해본 결과로는 모든 레코드와 카트리지를 최상으로 매칭시킬 수 있는 광범위한 적응력이 있을 뿐 아니라 음색의 다양성까지도 취향에 따라 맞출 수 있는 편리함이 있다. 더군다나 4개의 턴테이블을 연결 상태에서 정확히 포노커브와 게인을 세팅한 후 두 개의 라인입력(CD나 기타 라인소스)과 함께 6개의 소스를 순간절환하며 비교 감상할 수 있다는 것은 턴테이블이 여러 대인 필자 같은 사람들에게는 대단한 매력이다. 별도의 프리앰프 없이 TR파워나 진공관 파워에 연결하여 완벽한 LP 사운드를 구사해주는 매력기로 별도의 레귤레이팅 반도체 전원부와 포노EQ 라인 증폭단을 한 섀시에 구성한 본체의 내부는 한눈에 보아도 프로용 기기라는 느낌이 강한데 그만큼 내구성, 노이즈 차단, 일목요연한 회로 등등 세심한 배려가 돋보인다.

SME SPA-1은 1970년대 발표된 영국의 명문 SME 톤암 회사의 전문 포노 EQ이다. 내부는 좌편

»
SME SPA-1 포노EQ

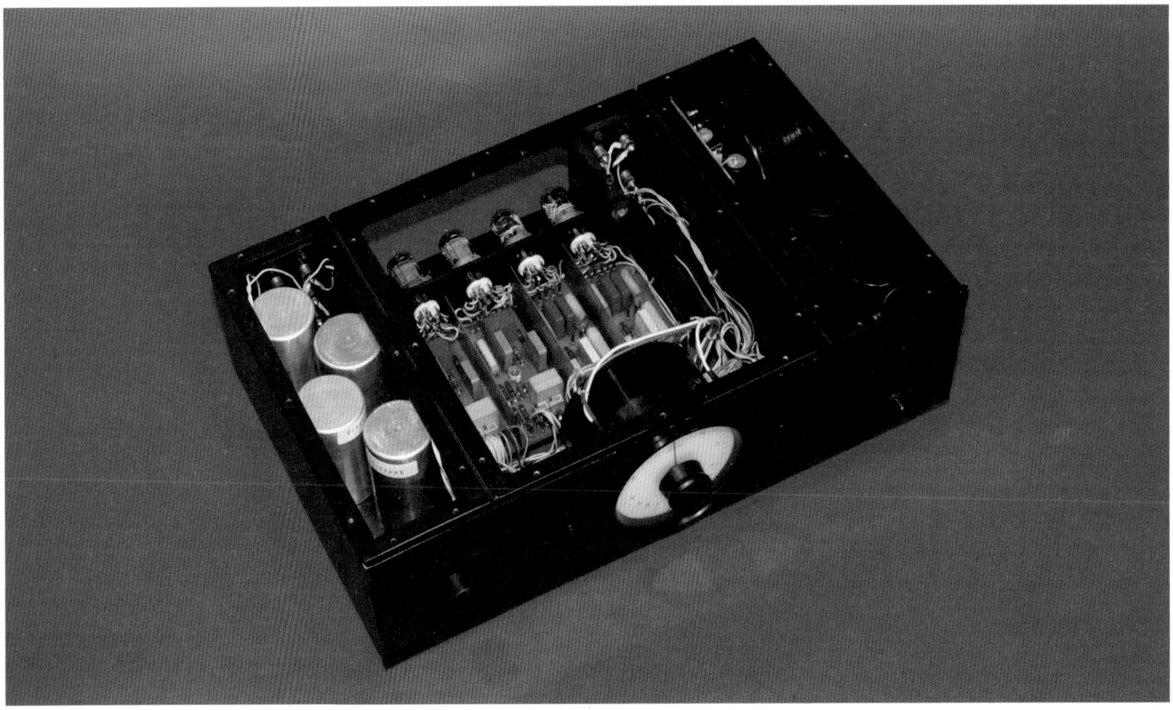

에 조겐쇼 OEM 오르토폰 T-2000 하이, T-2000 로우 도합 4개의 MC 승압트랜스, 중앙에 쌍3극관 ECC803S(12AX7의 고신뢰관), E88CC(6DJ8의 고신뢰관) 각 2개씩 4개의 진공관으로 4단 증폭한 NF형 포노 EQ인데, 우편에 전원 트랜스 및 정류회로가 분리된 섀시로 내장되어 있다. 입력은 3개로 MM, MC로우, MC하이며 전면 셀렉터에서 선택된다. 중앙의 대형 다이얼 게이지는 출력게인이며 그 양옆에 좌우 밸런스 게인이 조그맣게 장착되어 있다. 이 포노 EQ는 당시로서 발매된 영국의 유일한 진공관 포노 EQ였고 원체 고가여서 유통량이 별로 많지 않았다. 또 CD의 태동기와 겹쳐 오래가지 못하고 생산 종료되었는데 이제와서는 구하려고 하는 마니아가 많아 당시 신제품 발매 가격보다도 더 높은 중고가로 몸값이 뛰었다. 특히 내장된 4개의 트랜스가 최근 고가로 거래되는 오르토폰 T-2000의 가격과 비교되어 더욱 인기 상승일로에 있다.

사용할 때 편리함은 있으나 들어봤을 때 진공관 상태에 따른 소리변화가 크고 내부 커플링 콘덴서 열화에 따른 고역감쇄와 노이즈가 지적된다. 그러나 약간의 보수만 뒤따른다면 역시 자연스럽고 온화한 영국 LP 사운드를 재생시켜주는 명품이다. SPA-1에 비해 JPA66은 대역밸런스가 평탄하며 순수하게 맑고 경쾌한 소리를 유지하고 있다는 인상을 받았다. 온도감 면에서는 SME가 좋을 수도 있지만 빈티지성이 강하고, 전체적 해상력 면에서는 EMT가 앞서 있으며 색조의 가미가 없이 자연스러운 중용미를 갖추고 있다는 측면에서 역시 고급기라는 평이다.

»
SPA-1에 내장된 T-2000 하이 2개와 로우 2개 도합 4개의 승압 트랜스 세트

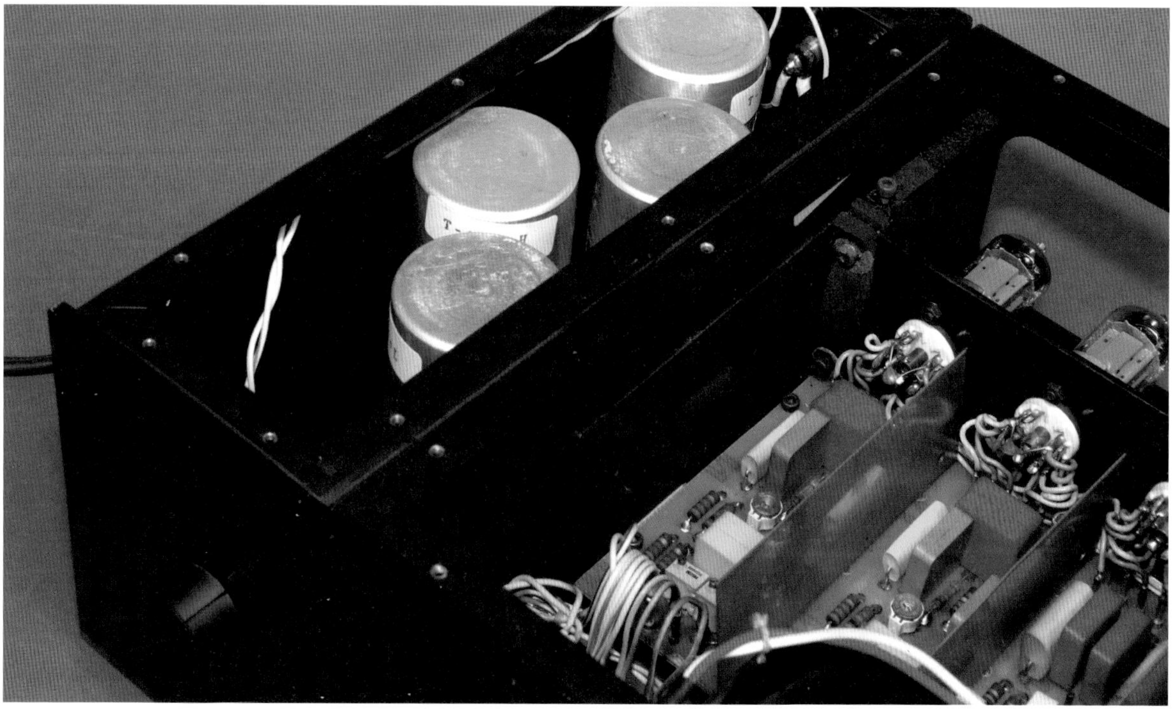

Marantz 7C
진공관 프리앰프의 지존

Marantz 7C & Phono EQ
마란츠 7C 그리고 포노 EQ, 다양한 음색을 매칭한다는 것

Marantz 7C & Audio Research reference 1 Preamplifier
고전과 현대

Marantz 7C & 2·10B
마란츠 앰프 시스템 : 마란츠 프리앰프, 파워앰프, 튜너와의 매칭

Mcintosh C-11
깨끗하고 독특한 질감의 음질을 듣는 쾌감

Mcintosh C-20
남성적인 사운드의 대부

Harman Kardon Citation 1 Preamplifier
거칠고 투박한 외형으로 내는 섬세한 음색

Altec A-433A
A-333A 전용 프리앰프, 중후한 가운데 중심을 잃지 않는 음색

PREAMPLIFIER
프리앰프

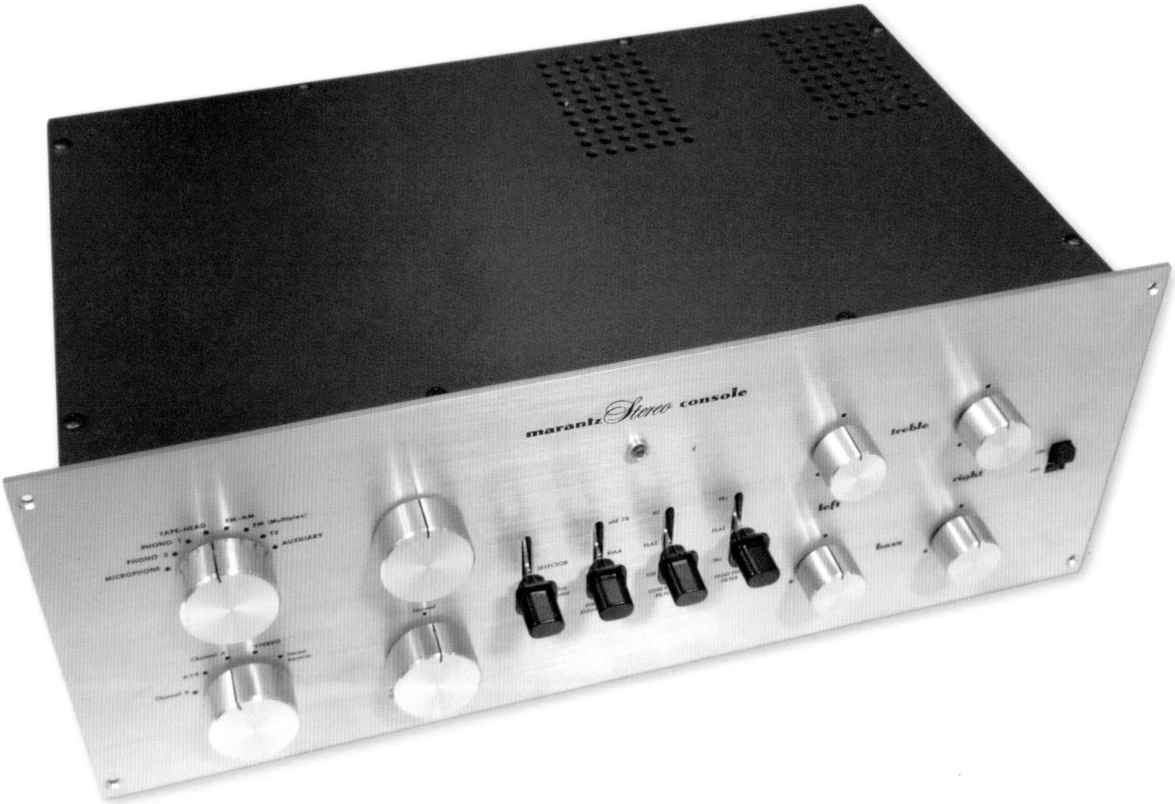
marantz Stereo console
treble
bass
left
right
TAPE-HEAD
FM-AM
PHONO 1
FM (Multiplex)
PHONO 2
TV
MICROPHONE
AUXILIARY
STEREO

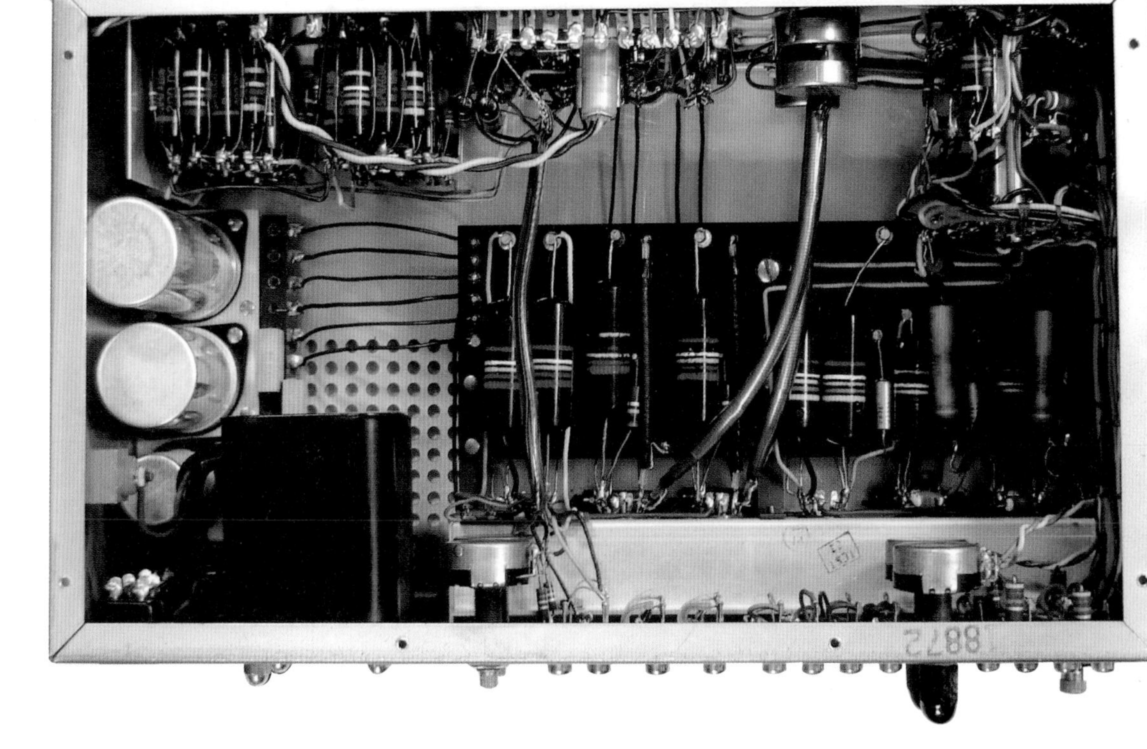

Marantz 7C

진공관 프리앰프의 지존

한국인들의 마란츠 7C에 대한 편견은 그에 대한 사랑만큼이나 깊다. 특히 시리얼 넘버에 대한 막연한 음질 기대감은 이제는 미신이 되어버려 마니아들 사이에 떠돌아 다니는데 턱도 없는 기술적 역설을 늘어놓기 일쑤다. 간혹 각 시리얼 넘버별로 10대 이상 구매하여 전시하고 있는 마니아도 보았는데 혹자는 7C의 10000번대 초, 또 다른 자는 12000번대, 14000번대, 17000번대, 심지어는 18000번대나 20000번대를 가장 좋은 음질이라고 주장하기도 한다. 그의 무차별적 7C 사냥은 도가 지나치다 못해 편집광적 증세까지도 보인다. 그동안 필자가 접해 본 마란츠 7C는 약 80대 정도로, 모두 들어보고 내부 상태를 체크해 보았으며 기준이 되는 7C와 VAC 프리앰프와의 AB 테스트 결과를 분석하고 자료화해 놓았다. 알다시피 7C는 1958년 말부터 1966년까지 제조되었는데 수십 년이 넘어 부품들이 열화될 대로 열화된 상태에서 마니아의 심금을 울리고 있으나 그 열화된 상태에서 얼마나 각 부품의 역할을 잘 분담하여 조화로운 소리를 내는가가 관건이다.

각 시리얼 넘버대에서 7C를 만들 당시, 동일 부품이라도 각자 컨디션은 정밀하게 보면 다르다고 볼 수 있다. 아무리 동일형번이라도 부품 제작사의 모든 제조 재료와 스펙은 일치하지 않기 때문이다. 특히 17500번대 시리얼 넘버가 넘어서면 초기 클로르 스태트 대형 볼륨에서 중형 일제 알프스 볼륨으로 전환되기 시작하며 그 이후로 오면 밸런스 볼륨까지도 동일한 알프스로 교체된다. 특히 커플링이나 톤컨트롤에 들어가는 콘덴서류들도 형번이 조금씩 바뀌는데 그에 따른 음색변화가 묘하다. 결국 국내 마니아들의 선호도는 7C의 메인 볼륨 교체 시기인 18000천 번대가 넘어서면 떨어진다.

»
마란츠 7C 외형(상단)과 내부(하단). 7C는 10001번부터 생산되었으며 이 제품은 비교적 후기 버전으로 섀시 윗면에 시리얼 넘버 18872가 써있다. 그러나 다행히 볼륨은 초기버전과 동일한 클로르 스태트 대형이 부착되어 있다.

초보자들 중에는 18000번대가 넘어서면 무조건 7C를 업신여기는 경우가 많다. 그러나 최근 들어 부품열화가 심화되면서 오히려 후기 번호를 선호하는 외국의 마니아들이 늘어나고 있는데 후기 번호일수록 일단 컨디션이 좋은 것이 사실이며 결국 더욱 생생한 음색을 보유하고 있기 때문이다. 국내의 마니아들 중에는 이 생생한 음색이 트랜지스터에 가깝다고 생각하는 사람도 많다. 그러나 7C의 음색에서 트랜지스터답다는 것은 그만큼 해상력이 좋다는 것으로 통할지도 모른다. 부품이 생생하니 그럴 수밖에 없는 것이다. 특히 중형 볼륨의 후기 번호가 톤이 약간 두터운 경향이어서 이를 선호하는 경우도 있는데 외국에서 후기 번호 입찰가격이 계속 올라가는 이유를 보았을 때 전혀 근거가 없는 것도 아니라고 생각한다.

»
7C의 밑면(피코크 그린컬러의 사각 오리지널 셀렌이 보인다. 위)와 후면단자(하단)

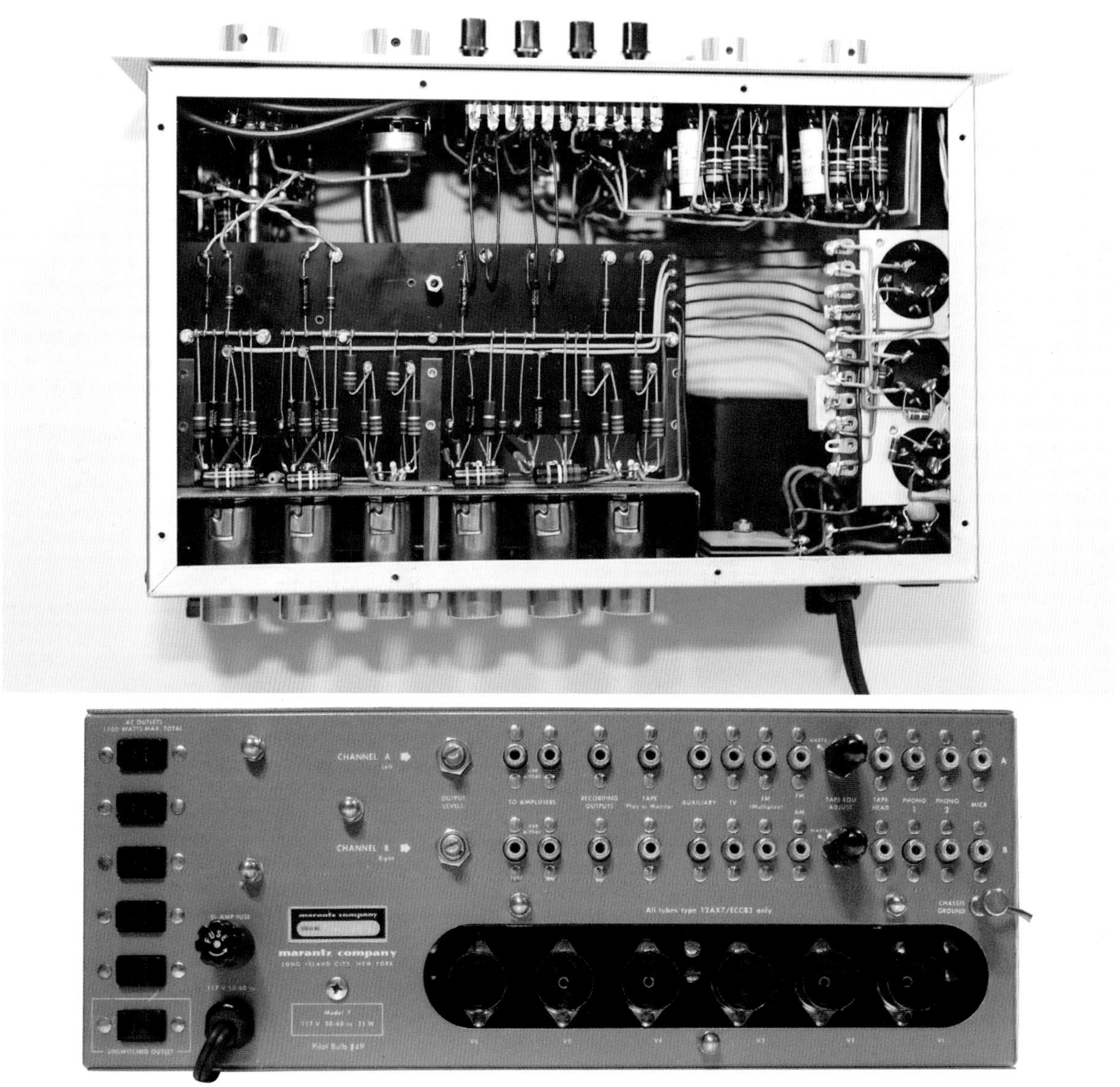

>>
7C의 전원부(상단)와 진공관이 있는 증폭부(하단)

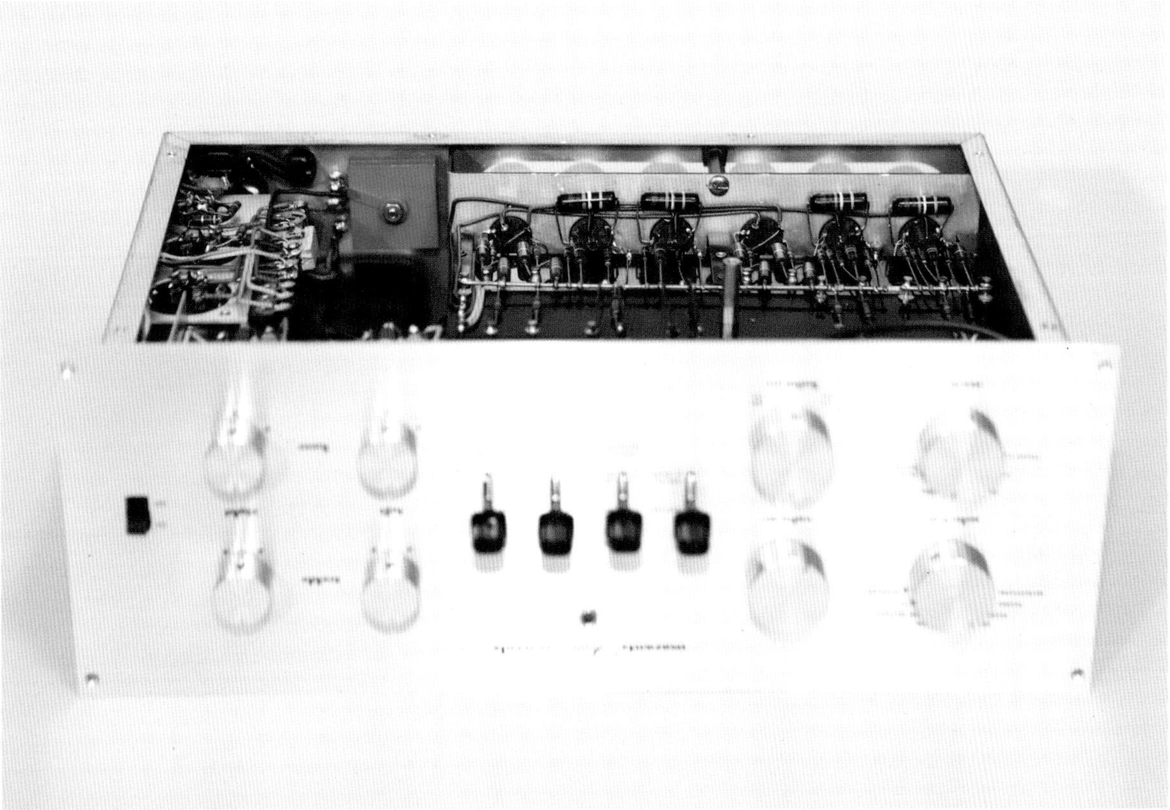

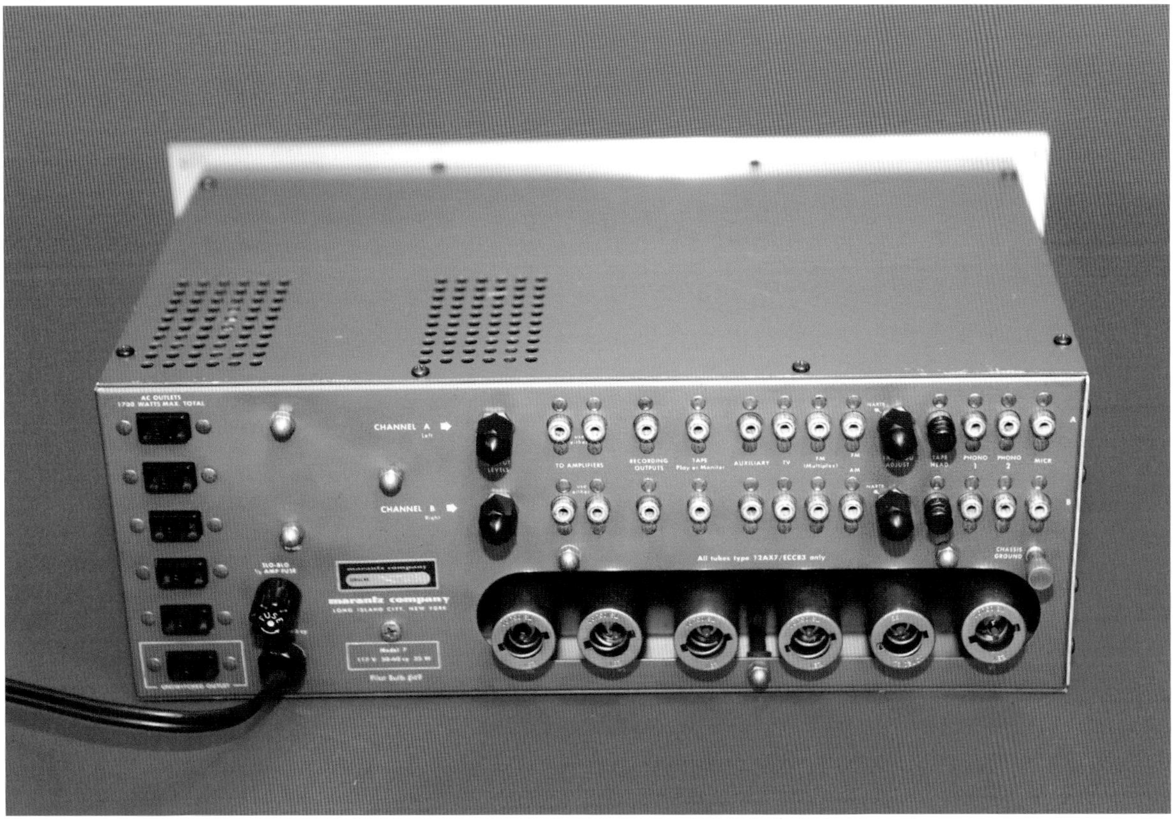

점검도 대충하고, 특히 셀렌의 전압이나 커플링 콘덴서, 진공관 등의 부품 상태를 전혀 모르면서 몇 번대이니 가장 좋은 소리가 나올 것이라 맹신하는 마니아들의 경우 그 찬란한 고집은 이 세상 아무도 꺾지 못한다. 필자는 오히려 17000번대를 선호한다. 그 이유는 가격이 약간 저렴할 뿐 아니라 이 번호대에는 생생한 부품 컨디션으로 초기 클로르 스태트 볼륨을 가진 7C가 있기 때문이다. 가끔 밸런스는 알프스, 볼륨은 클로르 스타트를 섞어서 사용하는 경우도 있는데 이 소리 또한 좋아 아무런 문제가 되지 않는다. 특히 셀렌을 교체하지 않고도 기준 히터 전압이 나오는 빈도도 초기 시리얼 넘버에 비해 월등히 높다. 7C에서 볼륨에 따른 음색 변화는 커플링 콘덴서에 따른 음색 변화보다도 크다. 욕심 같아서는 후기 번호대에 신품 클로르 스태트 볼륨과 밸런스 가변 저항을 교체한 후 커플링 콘덴서 역시 리케이지 없는 완벽한 스프라그 범블비를 구해 사용하고 싶다. 그러나 이것이 그리 쉽지 않다. 따라서 후기 번호대에서 원하는 부품이 장착된 7C를 구하는 것이 정답이다.

손대지 않은 상태로 완벽한 7C의 소리는 그 예술적 깊이와 그윽한 음색으로 아직까지는 진공관 프리앰프 지존이라 말할 수 있다. 더하여 시리얼 넘버에 대한 무조건적 수용보다는 현상태로 얼마나 완벽하게 성능 보존을 하고 있는가가 7C의 새로운 선택 포인트가 되어야 한다고 생각한다. 최근 하이엔드 프리앰프들의 높은 가격대를 비교해보면 상대적으로 7C의 가격은 오히려 낮다는 생각이 든다. 특히 빈티지 프리앰프의 경우 이제는 선택의 여지가 없다. 사운드와 디자인, 내구성 측면에서 7C를 능가하는 프리앰프는 앞으로 나올 수 없

»
7C 오리지널 고압 셀렌과 저압 셀렌(7C는 이것부터 체크해야 한다. 셀렌이 나쁘면 히터전압 18.9V(12.6V+6.3V)가 나오지 않는다)
(우측 사진 내 왼쪽부터) 7C 오리지널 AAA커브, 클로르 스태트 특주 볼륨, 오마이트(OHMITE) A커브 볼륨(사진 내 상단), 후반기 코스모스 특주 AA커브 볼륨, AB J(A커브) 볼륨, 클로르 스태트 일반 A커브 볼륨
*볼륨특성 : 클로르 스태트 일반 볼륨은 고역이 뭉치며, 디테일이 거칠고, 코스모스 볼륨은 질감이 비슷하지만 커브경사가 심하고, AB 볼륨은 투명도가 떨어지고 둔하며 커브 경사도 심하다. 오마이트는 전체적으로 음이 둔하고 투명도도 낮은데다가 경사도가 제일 심하다. 결국 커브 경사도가 대부분 오리지널과 같이 완만한 것이 없고 음의 디테일과 투명도가 떨어지는데 7C는 12시 부근에서 원하는 음량이 나와야 전체적 음색 밸런스가 잡힌다)

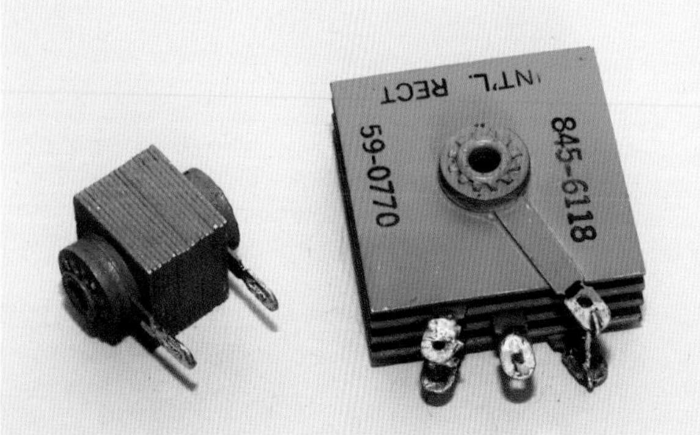

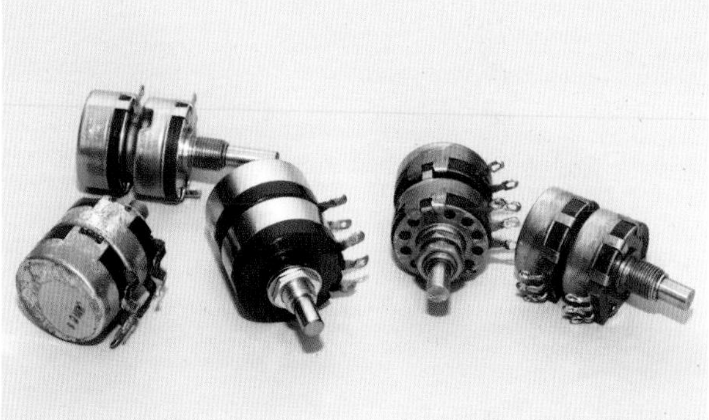

기 때문이다. 특히 음악을 재생하는 예술적 경지에서 프리앰프를 본다면 현대의 어떠한 프리앰프도 7C를 능가한다고 하지 못할 것이다. 바로 지존의 위치가 7C인 것이다. 수많은 프리앰프를 섭렵하고도 결국 다시 돌아올 수밖에 없는 이유가 7C의 각 부품 하나하나에 스며있다. 그 부품들에 대한 철저한 분석과 이해 없이 7C를 대한다면, 그것은 아직은 오디오 마니아가 아니라는 뜻이 될 것이다.

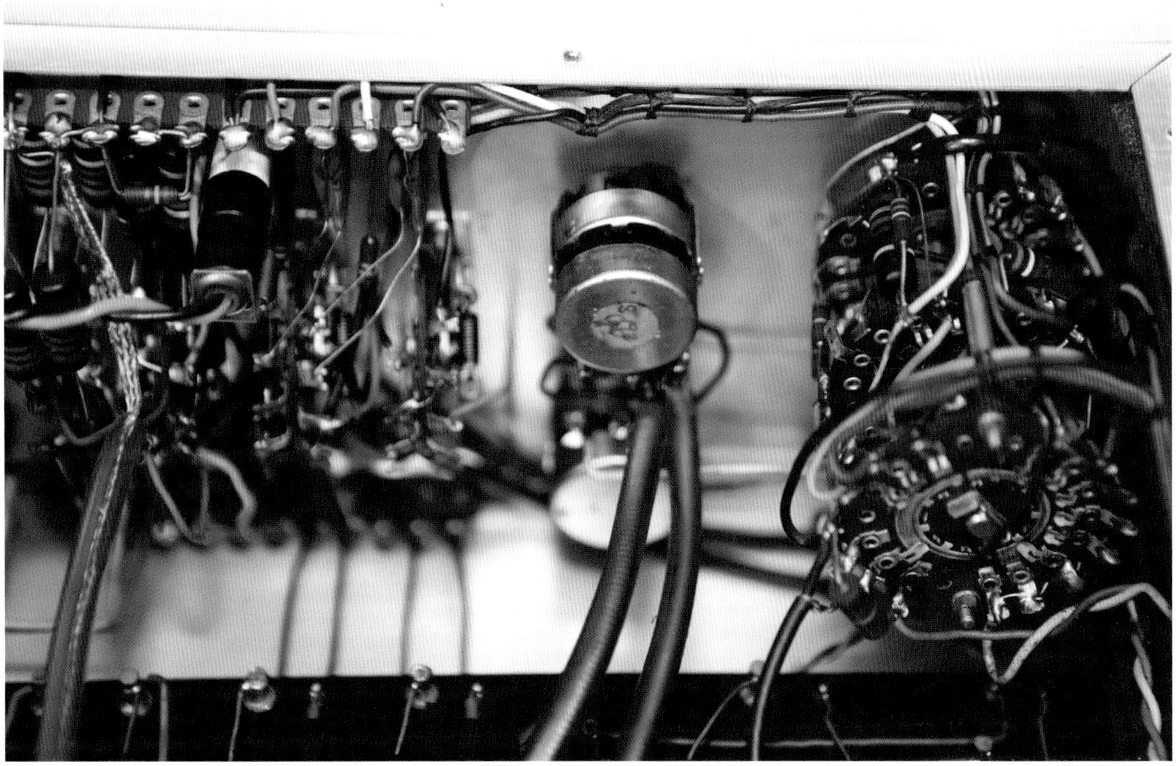

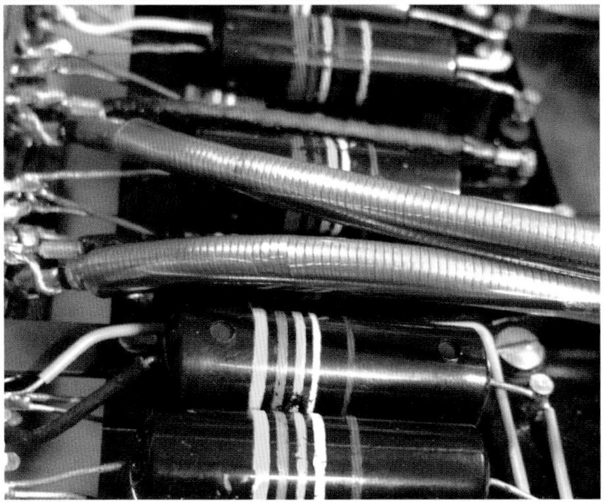

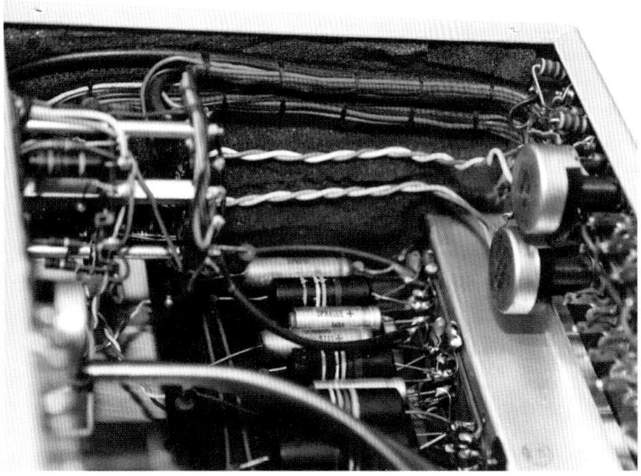

»
위 사진은 유명한 클로르 스태트 AAA커브 볼륨(가변저항), 아래에 밸런스 볼륨이 보인다.
하단 왼쪽에는 커플링 콘덴서 스프라그 범블비로 생김새가 꿀벌 몸체 같다고해서 붙여진 이름이며
오른쪽은 배선 옆의 스펀지 상태가 이 7C의 사용 연혁을 나타낸다.

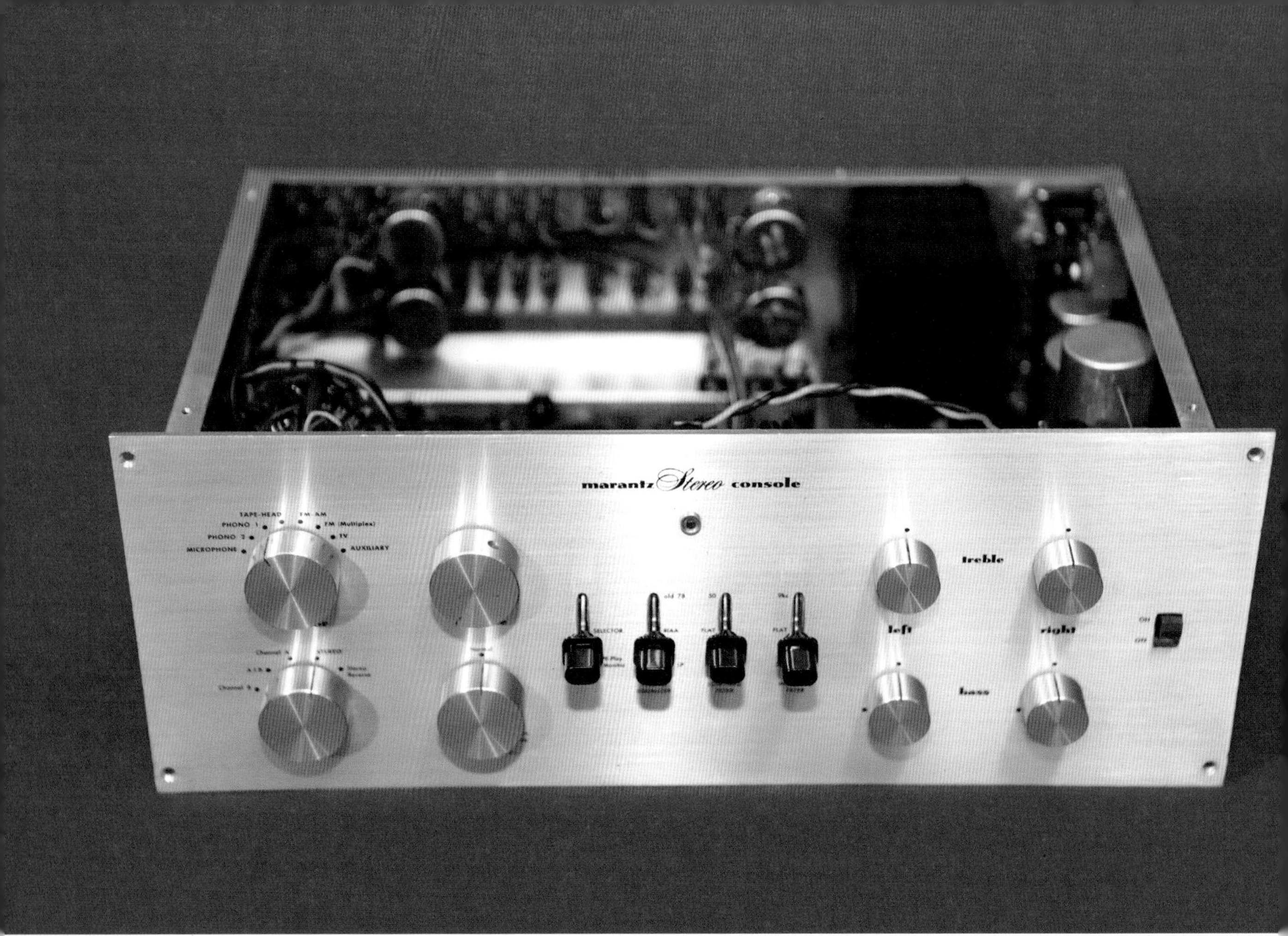
marantz Stereo console
TAPE-HEAD
FM-AM
PHONO 1
FM (Multiplex)
PHONO 2
TV
MICROPHONE
AUXILIARY
treble
left
right
bass
ON
OFF

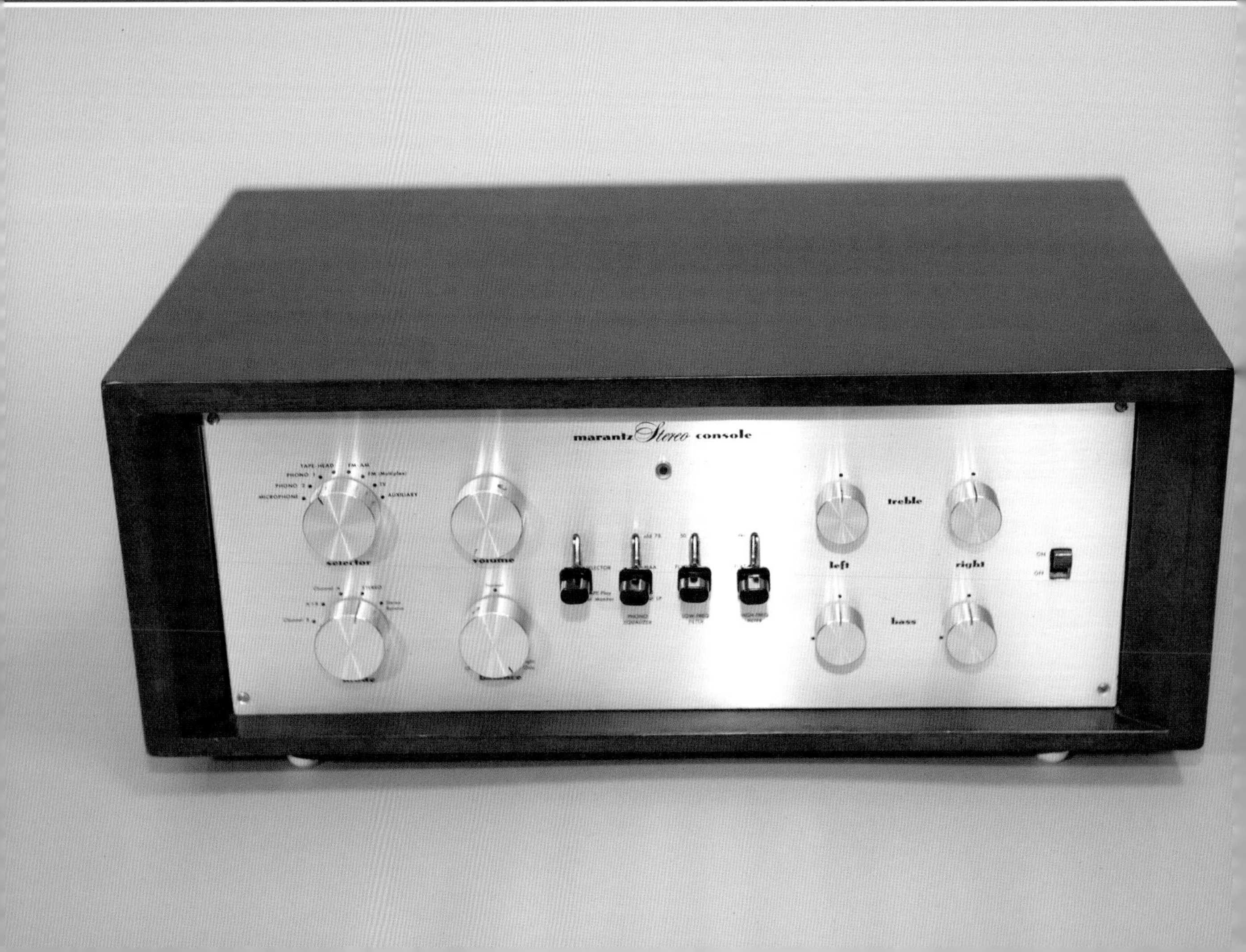
marantz Stereo console
selector
volume
treble
left
right
bass
ON
OFF

Marantz 7C & Phono EQ

마란츠 7C 그리고 포노 EQ, 다양한 음색을 매칭한다는 것

아날로그 마니아들에게 최근 들어 가장 고민스러운 부분은 포노 EQ이다. 빈티지파들에게는 프리앰프에 포노 EQ가 기본으로 내장된 경우가 대부분이어서 큰 걱정이 없는 반면, 하이엔드파들에게는 포노 EQ가 생략되고 라인 앰프만 내장되어 있는 것이 보통이어서 여간 고민스러운 것이 아니다. 아날로그 사운드의 퀄리티는 포노 EQ에 의해 상당히 좌우된다. 또한 진공관이냐 TR이냐에 따라서도 음색이 달라지고 각 제조사마다 고유의 음색을 가지고 있어서 제품 선택이 어려울 뿐만 아니라 이제 포노 EQ는 하나의 단품으로 판매되는데 고급품은 수천만 원을 호가하기도 한다.

진공관 포노 EQ의 기준은 말할 것도 없이 마란츠 7C의 NFB형이다. 7C의 포노 EQ는 유려하고 음악적이면서 지나침과 모자람이 없다. 물론 진공관을 포함하는 관련 부품, 특히 콘덴서류 등의 정확한 동작 상태에 따라 소리도 천차만별인데, 가장 상태가 좋다고 보는 7C의 음색은 현의 디테일이 살아 있으면서 날카롭지 않고 음의 골격이 좋고 윤기가 있지만 눈부시지 않다. 이런 뉘앙스를 갖는 빈티지 포노 EQ는 많지만 7C처럼 음악적으로 다가오는 포노 EQ는 그리 많지 않다. 포노 EQ는 이래야만 한다고 제시한다면 바로 7C를 펼쳐 보일 것인데 부족함도 과함도 없는 충분한 성능을 가지고 있다고 판단하기 때문이다. 그래서 빈티지 마니아들은 7C에 열광하는 것이다.

상태가 좋은 7C를 찾기 위해 수십 번의 바꿈질을 마다하지 않으며 7C의 부품을 구하기 위해 외국까지 원정 가는 것을 꺼리지 않는다. 7C를 사모해 동일한 스펙으로 다시 제조하는 경우도 대단히 많다. 그러나 구형

>>
마란츠 7C

7C처럼 음악적인 호소력을 갖는 포노 EQ는 보지 못했다. 부품을 더욱 고급화하고 전원부도 대폭 보강하여 완벽을 기하지만 그 소리는 어쩐지 7C와 거리가 있다. 이것은 7C가 세월의 뉘앙스를 음색에 더했기 때문이다. 부품의 적절한 노화, 아니 에이징에서 오는 숙성된 음색이 있는 것이다. 커플링 콘덴서를 원더캡 호블랜드 뮤직캡 등으로 갈고, 볼륨을 동경광음의 어테뉴에이터 또는 코스모스의 뉴 버전 가변저항 등으로 갈지만 결국 클로르 스태트 구형 볼륨으로 되돌아오고 만다. 그 볼륨만의 독특한 음색이 7C에는 최선의 결과인 것이다.

7C의 전·후면 디자인은 아직까지도 부족함이 없다. 계속해서 그 가격이 떨어질 줄 모르고 치솟고 있지만 아직도 전혀 거품이 없는 프리앰프가 7C이다. 7C의 라인부가 포노부에 비해 부실하다고 하지만 독특한 음색에는 철학이 있다. 가장 음악적인 선에서 절충하는 설계자 소울 B. 마란츠의 장인정신이 모든 소리에 흠뻑 묻어난다. 7C의 내부 배선은 구조적이면서도 음질을 배려하는 독특한 것이다. 공간 활용과 콘덴서, 셀렌, 저항 등의 배색이 예술적으로 보이는 것은 꼭 필자만의 생각은 아닐 것이다. 엔지니어가 이 제품을 수리하려고 인두를 댔을 때 상당한 배려가 뒤따랐다는 느낌을 갖게 되는데 7C의 수많은 부품들이 고가에 거래되는 이유이기도 하다. 7C의 증폭관들은 모두 텔레푼켄 각인 ECC83으로 선별관이 꽂혀 출시되었다. 스테레오로 사용되는 3번(포노 스트레오), 6번(라인 스트레오)관이 비교적 수명이 짧지만 전체적 내구성은 정말 감탄할 만하다. 뒤에서 쉽게 관을 바꿀 수 있고 고역의 뻗침이 덜하고 온화하다는 이유로 뮬라드 ECC83을 더 좋아하는 마니아도 많다. 어떻든 관에 대한 음색변화도 예민한데, 이 부분도 7C의 강점이다.

뮬라드관을 좋아하지만 가끔 탱탱하면서 탄력성 있는 고역의 뻗침이 생각나 텔레푼켄으로 바꾸어 듣기도 한다. 7C의 포노 입력은 두 개가 있는데 물론 두 대의 턴테이블을 배려한 것이다. 그러나 1번보다는 2번 입력이 뭔가 음색이 좋은 것 같은 뉘앙스를 풍긴다. 이것은 대부분 1번 포노 입력만을 사용하여 2번 후면 입력단자나 내부 실렉터 포인트의 생생함 정도에서 파생된 차이라 생각한다. 한 개의 입력만 사용한다면 2번을 쓰기 바란다. 관의 구성은 1, 2, 4, 5번은 정확한 매치드 페어이어야 하며 3번과 6번 내부 양 플레이트 증폭률과 노이즈 정도가 동일한 초 A급 관을 사용해야 좌우 이큐밸런트가 좋다. 볼륨 중간부 이상에서 급격히 시끄러워지고 해상력이 나오지 않는다면 관의 밸런스 이상 유무를 점검하고 히터전압이 제대로 나오는지 셀렌 정류기를 체크하기 바란다. 텔레푼켄이나 뮬라드관이라고 해서 모두 좋은 것은 아니다. 그 측정치와 쌍3극관 내부 밸런스가 우수해야 하는 것을 전제로 하고 있기 때문이다.

최근 TR 포노 EQ를 대변하는 것은 볼더와 FM 어쿠스틱, 클리어오디오 등이다. 고급 사양으로 밸런스 입출력을 전제로 하며 7C와 달리 MC 헤드앰프를 내장하고 있다. 초광대역 주파수 특성에 매우 정밀한 RIAA 편차 보정을 하고 있으며, 카트리지 디마그네타이징과 같은 보조 기능도 내장하고 있다. 사실 카트리지는 가장 완벽한 밸런스 소스이다. 과거에는 대부분 이 사실을 주목하지 않고 언밸런스로만 사용하여 본래 기능이 반감되는 경향이 있었다. 밸런스 버전으로 포노 EQ를 동작하면 노이즈 레벨이 낮아져 뒷배경이 깔끔해지고 증폭율이 약 3dB 높아져 매우 다이내믹해진 새로운 LP 소스를 듣는 것 같은 기분에 휩싸이게 된다. 이것은 마니아들의 취향에 따라 혹은 스피커 앰프 시스템의 성격에 따라 호불호가 나뉘겠지만 하나의 개선이다. 이런 개선점을 위주로 하여 현대의 아날로그는 장족의 발전을 하였다. 그러나 마니아들의 관념은 초기 아날로그 시대에 머물러 있다. 이것은 특히 국내에서 그 성향이 짙게 나타나는데 한 번쯤 새로운 아날로그 소스로서의 LP 사운드를 재평가해보면 훨씬 취미성이 강한 아날로그 세계가 펼쳐지리라 믿는다.

포노 EQ의 단품 가격이 올라가면서 포노 EQ에 대한 선호 방향도 많이 달라졌다. 외국에서는 아날로그의 전성기에 발매되었던 구형 프리앰프 중 성능 좋은 제품을 선택해 포노 EQ로 개조하는 것이 유행이다. 특히 매킨토시 프리앰프 중 C26·28 등이 그러한데 의외로 후기 매킨토시 프리앰프보다 포노 EQ의 성능이 우수하고 가격도 상대적으로 저렴하여 인기가 높다. 이러한 이유는 국내가가 상당히 저렴하여 동일 성능으로 본다면 신제품 가격의 절반 이하 정도로 가격대 성능비가 좋다고 할 수 있다. 피셔의 진공관 인티앰프나 TR 앰프도 포노 EQ가 우수하며 매킨토시나 스코트 진공관 프리앰프의 포노 EQ는 그야말로 스탠더드라 말할 수 있는데 기대 이상의 성능을 발휘한다. 포노 EQ에 대한 약간의 편견만 버린다면 주위에 저렴한 단품 포노 EQ가 많음을 알 수 있을 것이다. 그리고 그 포노 EQ에 따른 음색을 즐기는 것도 아날로그의 또 다른 취미영역이리라.

»
텔레푼켄 리브드 플레이트 ECC83(카랑한 느낌이 덜하고 온도감이 상승한 해상력, 상단 좌),
뮤라드 방패로고 ECC83(텔레푼켄보다 유연한 음색을 보인다, 상단 우)
텔레푼켄 스무드 플레이드 ECC83(가장 투명하고 해상력이 발군, 하단 좌),
뮬라드 롱 플레이트 ECC83(7C에는 이 관이 명실공이 최고의 관이다, 하단 우)

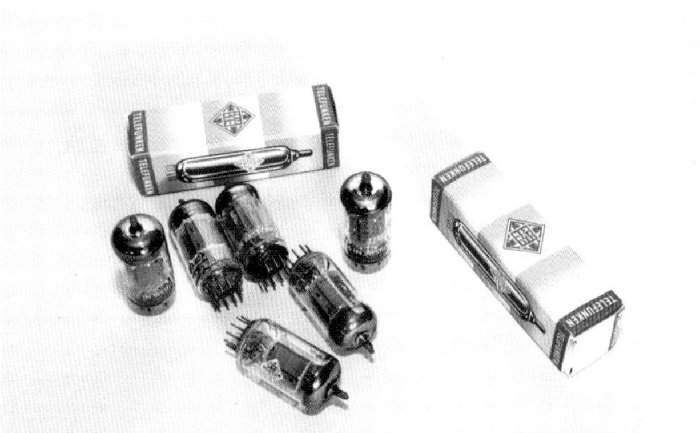

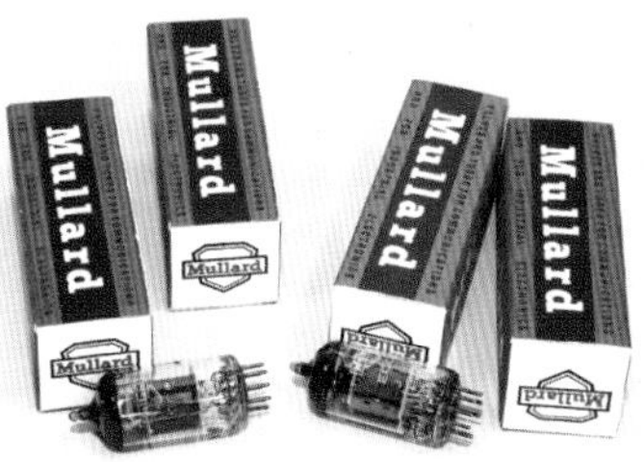

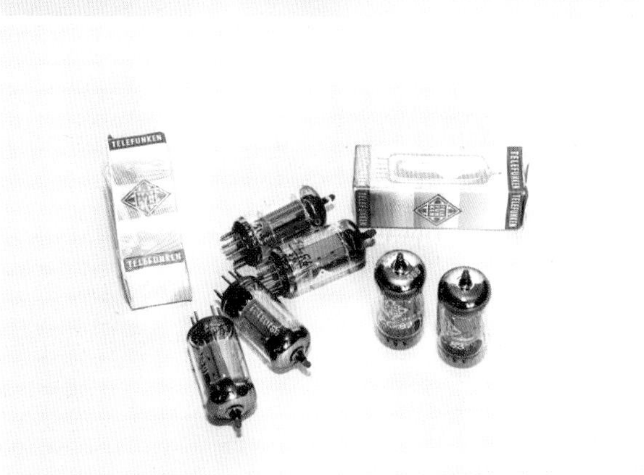

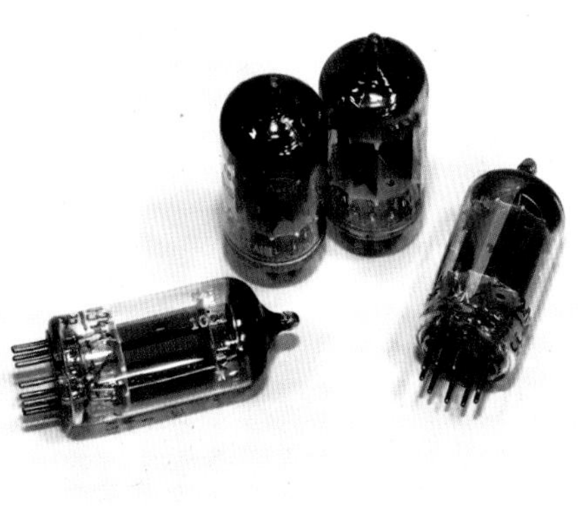

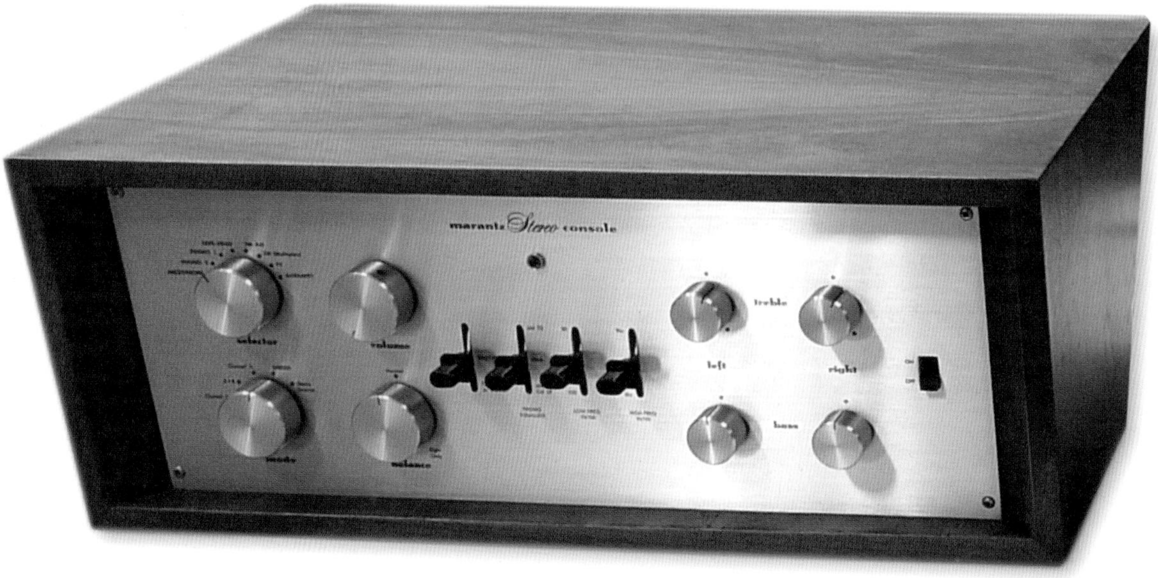
marantz Stereo console
selector
volume
mode
balance
treble
left
right
bass

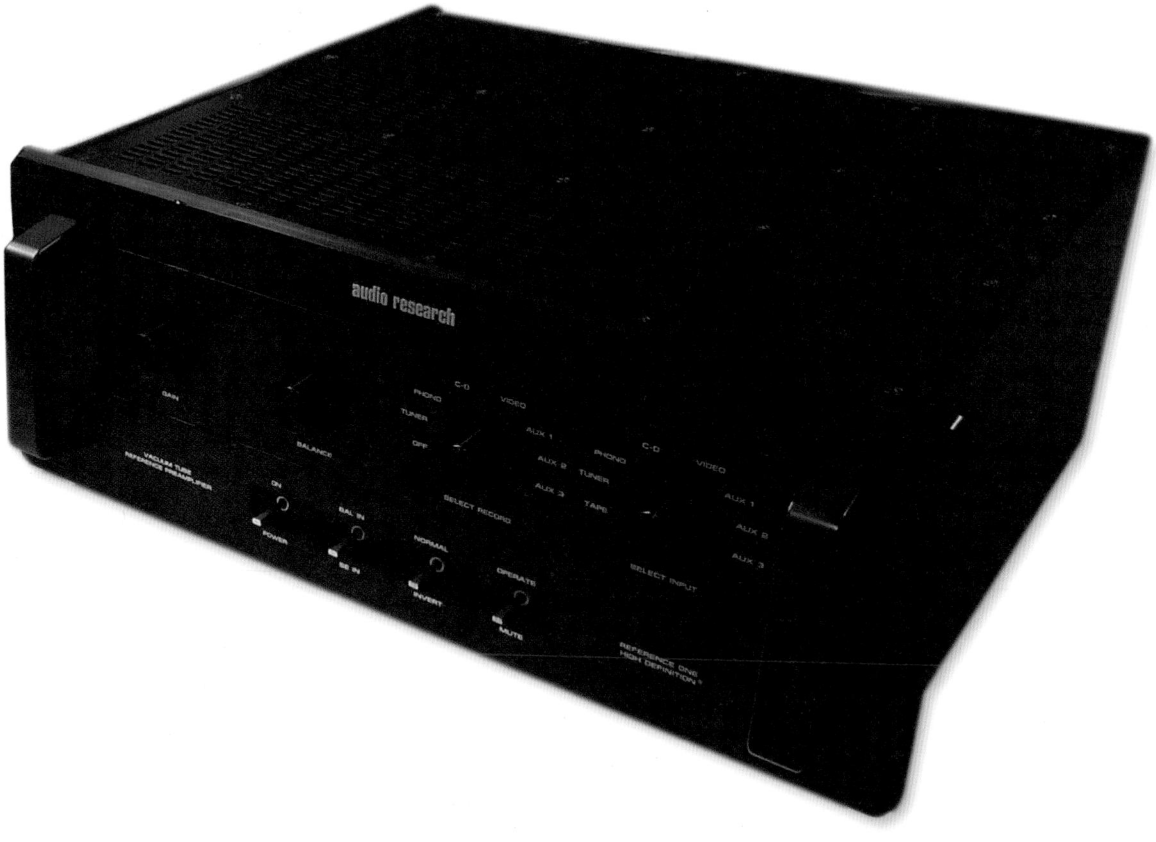
audio research
GAIN
BALANCE
PHONO
C-D
VIDEO
TUNER
OFF
AUX 1
AUX 2
AUX 3
SELECT RECORD
PHONO
C-D
VIDEO
TUNER
TAPE
AUX 1
AUX 2
AUX 3
SELECT INPUT
VACUUM TUBE
REFERENCE PREAMPLIFIER
ON
POWER
BAL IN
SE IN
NORMAL
INVERT
OPERATE
MUTE
REFERENCE ONE
HIGH DEFINITION

Marantz 7C & Audio Research reference 1 Preamplifier

고전과 현대

1980년대 말 겨울, 처음으로 간 미국 출장길에서 돌아오는 필자의 가방 속에는 오디오 리서치 진공관 프리앰프가 들어 있었다. 당시 미국 오디오숍은 모든 제품을 구비하고 고객을 기다리는 것이 아니라 소비자의 주문에 의해 본사로부터 배송 받아 전달해주기 때문에 많은 시간이 요구됐다. 눈이 많이 온 워싱턴의 환상적인 풍경도 눈에 들어오지 않고 오디오숍에서 음악 듣기에 바빴다. 출장 시간에 맞춰 배송 확인을 받은 다음 원하는 오디오 시스템들의 여러 가지 구성을 맘껏 즐길 수 있었는데 그 숍에는 방마다 가격대별로 잘 매치된 시스템들이 데모를 기다리고 있었기 때문이다.

당시만 해도 오디오 리서치(AR)는 카운터포인트 앰프와 함께 세계 하이브리드 앰프의 쌍두마차였다. 오차 없이 정확하게 자로 잰 듯한 소리를 들려주는 카운터 포인트보다는 빈티지성의 오디오 리서치 사운드에 관심이 갔는데, 그 이유는 전체적 음색이 마란츠 7C와 비슷하기 때문이었다. 당시 빈티지로는 마란츠 7C가 필자에게 꿈의 프리앰프이긴 했지만, 기계적 완벽성이나 사운드의 투명성 등에서 추구하는 바를 모두 만족시키지 못하는 것 같아 오디오 리서치 SP-8에 눈을 돌렸었다. 지금 같으면 SP-8보다는 SP-6이나 SP-4와 같은 구형 오디오 리서치에 더 끌렸을 것이지만 당시에는 신제품이던 SP-8의 음색에 더 만족감을 느꼈다. 오히려 중고 SP-8을 구매하는 것이 미국의 실정상 저렴한 구매가 된다는 것을 알면서도 굳이 신품 SP-8을 박스로 구매하기로 한 것이다. 눈 온 워싱턴 거리처럼 은백의 SP-8 전면 패널은 눈보다도 아름답다고 생각했었다. 어깨를 누르는 SP-8의 무게도 잊은 채 비행기 안으로 끌고 들어온 SP-8 수납 가방은 귀국하는 비행기 여행의 피

>>
마란츠 7C(상단)와 오디오 리서치 레퍼런스 1 프리앰프(하단)

곤도 잊게 해줬다.

SP-8을 가지고 들어와 새 제품을 제대로 들어보기도 전에 모든 진공관들을 텔레푼켄 각인관과 지멘스 금핀 관으로 바꾸며 음색을 튜닝해 나갔다. 특히 포노부가 어느 정도 마음에 들어 꾸준하게 음악을 듣는 것에 몰두할 수 있어 한동안 바꿈질 없이 오디오 생활을 꾸려 나갔다. 그러다 어느 날 후배 집에서 다시 들은 마란츠 7C의 고아한 음색에 끌려 갑자기 SP-8이 미워져버리고 말았다. SP-8에 마란츠의 고아하고도 깊이 있는 음악성을 덧붙이기 위해 별짓을 다해 보았지만 헛수고였다. 그래서 상급기인 SP-10으로 교체하기에 이르렀다. 국내 중고제품이지만 신품에 가까운 퀄리티를 유지하고 있어 완벽한 음색을 들려줬다. 물론 튜닝과 진공관 교체는 필수 불가결한 것이었고 필자만의 음색을 가지고 마란츠 7C과 비교 테스트하기에 이르렀다. 해상력의 장점에도 불구하고 마란츠 7C의 품격을 따라가지 못하는 아쉬움은 매한가지였다. 그러나 SP-10을 한참 쓰다가 결국 마란츠 7C를 레퍼런스 프리앰프로 교체 사용한 것이 현재에 이르렀다.

마란츠 7C는 필자의 영원한 프리앰프처럼 느껴 오다가 웨스턴의 트랜스 프리앰프나 랑게빈의 트랜스 프리앰프로 유혹될 쯤 손에 우연히 들어온 것이 AR의 레퍼런스 1 프리앰프였다. 레퍼런스 프리앰프답게 정교하고도 육중한 몸매를 갖추고 있었고, 모든 기능은 리모컨으로 원격 조정되는 첨단 제품이었다. 내부는 릴레이 보드, 전원 보드, 증폭 보드의 3개 PCB로 구성되어 깔끔하게 정리되어 있다. 6922를 각 채널당 4개씩, 총 8개를 사용해 진공관 증폭 풀 밸런스 회로를 구성한다. 물론 언밸런스 인·아웃 단자도 마련되어 있으며, 전면 패널에서 선택 가능하다. SP-8과는 달리 블랙 헤어라인 마감이어서 더 힘찬 느낌을 줬는데, 마감 처리가 훨씬 정교해졌다는 것을 한눈에 알아볼 수 있었다. 뒷면 단자도 일목요연하게 밸런스와 언밸런스로 구분해 장착시켰고, 내부 배선 정리가 깔끔하면서도 정밀한 나무랄 것이 없었다. 물론 전원부는 TR에 의한 레귤레이팅이 철저한 관리 시스템을 목적으로 세심한 곳까지 배려됐고, 튜브는 소련제 선별관을 쓰고 있었다. 결국 하이브리드 프리앰프라 말할 수 있는데, 소리 또한 하이엔드 성향을 띠고 있었다. 타이트하고 투명하며 디테일 표현이 발군이다. 따라서 현이 좋았고, 리모컨으로 동작시키는 재미도 있었다. 진공관 프리앰프의 현주소가 어디인지 확실히 보여주는 중량급 프리앰프라고 말해도 손색이 없다. 현재 사용하고 있는 마란츠 7C에 비한다면 훨씬 정교한 음결을 보여준다고나 할까. 뭔가 섬세함이 앞서고 투명도가 좋다. 그렇지만 음악성 면에서 뭔가 따라오지 못한다는 느낌이 들었다. 욕심 같아서는 두 대의 프리앰프를 번갈아 사용하고 싶은 생각이 들 정도로 각자의 매력이 넘친다. 현대의 투명하고 박력 넘치는 스피커 시스템에는 한 번 사용해보는 것도 바람직하리라는 생각이다.

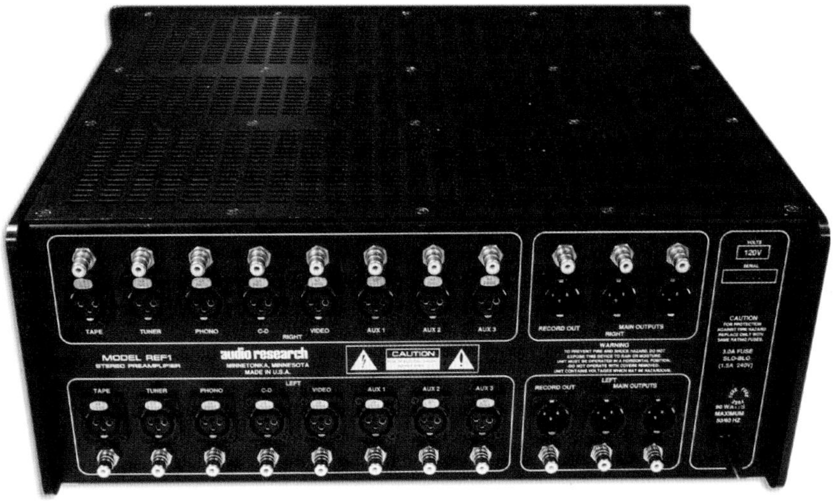

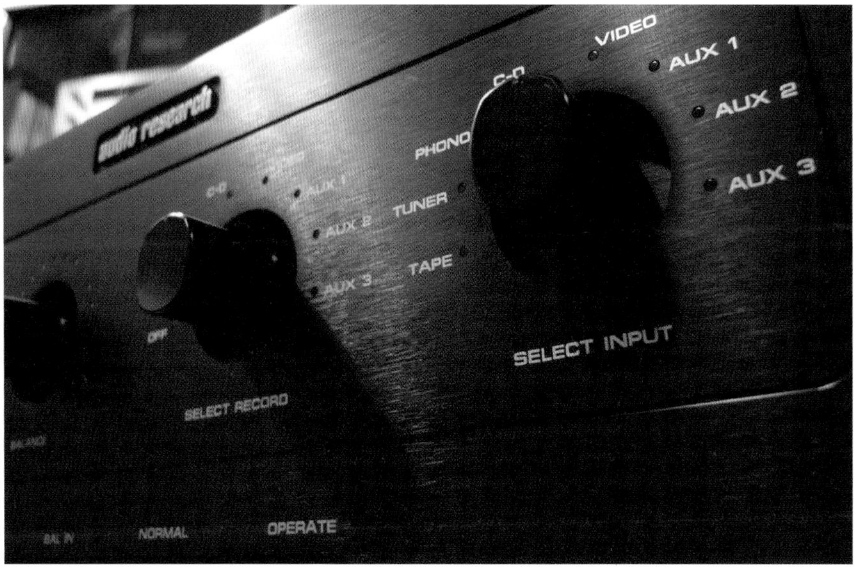

»
오디오 리서치 레퍼런스 1 프리앰프 뒷면(상단)과 전면(하단)

이제는 프리앰프의 영역에서 각각 개성이 존중받는 시대가 온 것 같다. 그래서 빈티지 프리앰프가 최고라고 주장할 수 없으며, 또한 진공관이나 트랜스 프리앰프가 정답이라 이야기할 수도 없다. TR 프리앰프와 진공관 프리앰프 각각 그 나름의 멋이 있기 때문이다. 프리앰프 자체의 결정적 음질 요인보다 앰프를 다루는 마니아들의 프리앰프에 관한 안목과 표현되는 음색에 관한 깊은 이해가 오디오를 즐기는 지름길이라 생각한다. 스스로도 프리앰프에 관한 편견과 방황으로 많은 세월을 보냈지만 이제는 각 프리앰프가 가지고 있는 그대로의 음색을 충실하게 즐길 뿐이다. 맥은 같이하지만 이제는 전혀 다른 길에 서있는, 음악적 표현의 한계를 높인 두 프리앰프로 편견을 없애기 위한 비교 시청을 해본다. 마란츠 7C가 오래된 와인이라면 오디오 리서치는 잘 몰딩된 위스키다. 둘 다 즐기는 데 필요하며 맛도 좋다. 그러나 결국 창밖을 내다 보며 와인을 마시게 된다는 것을 알 수 있었다.

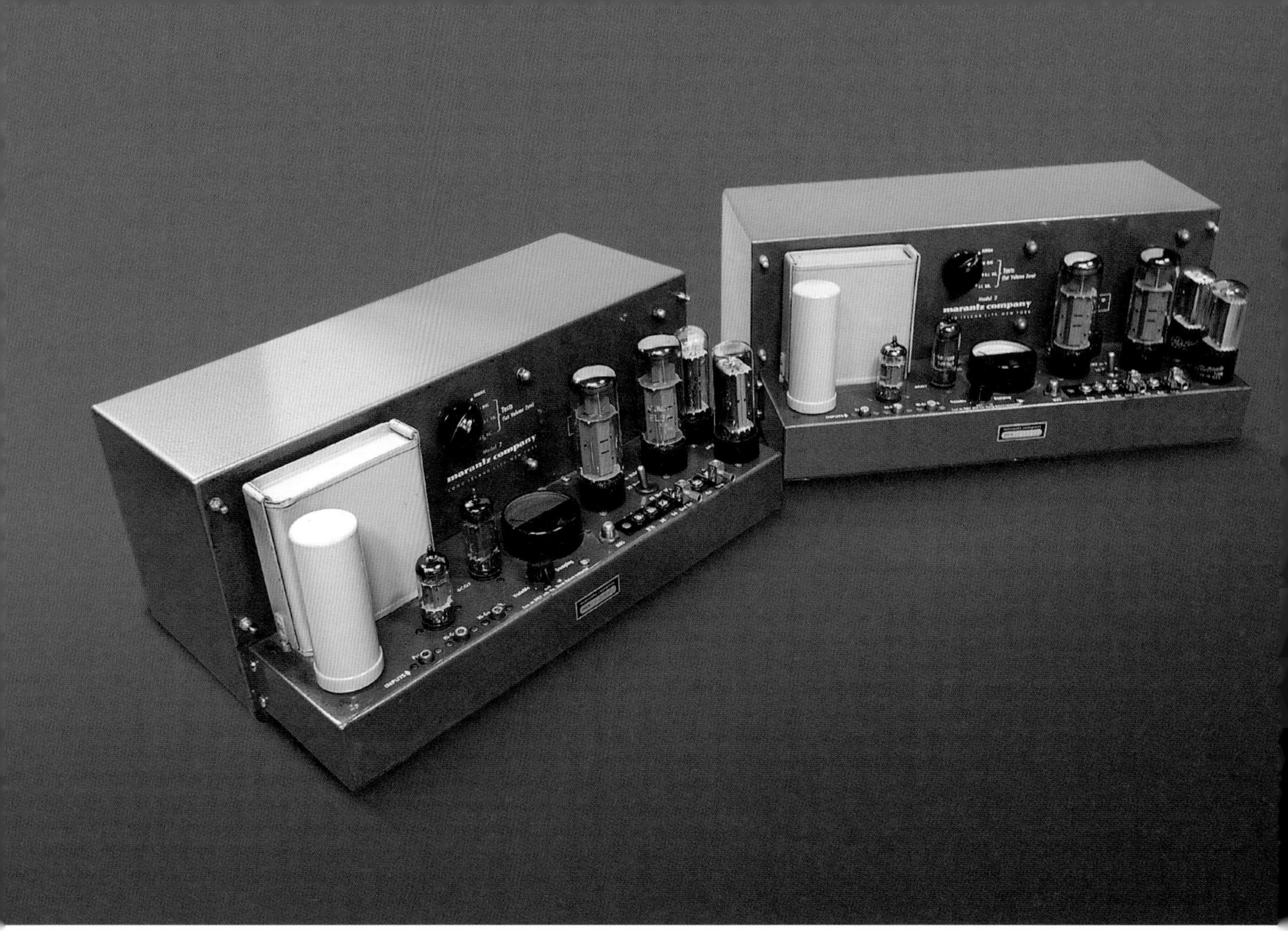
marantz company

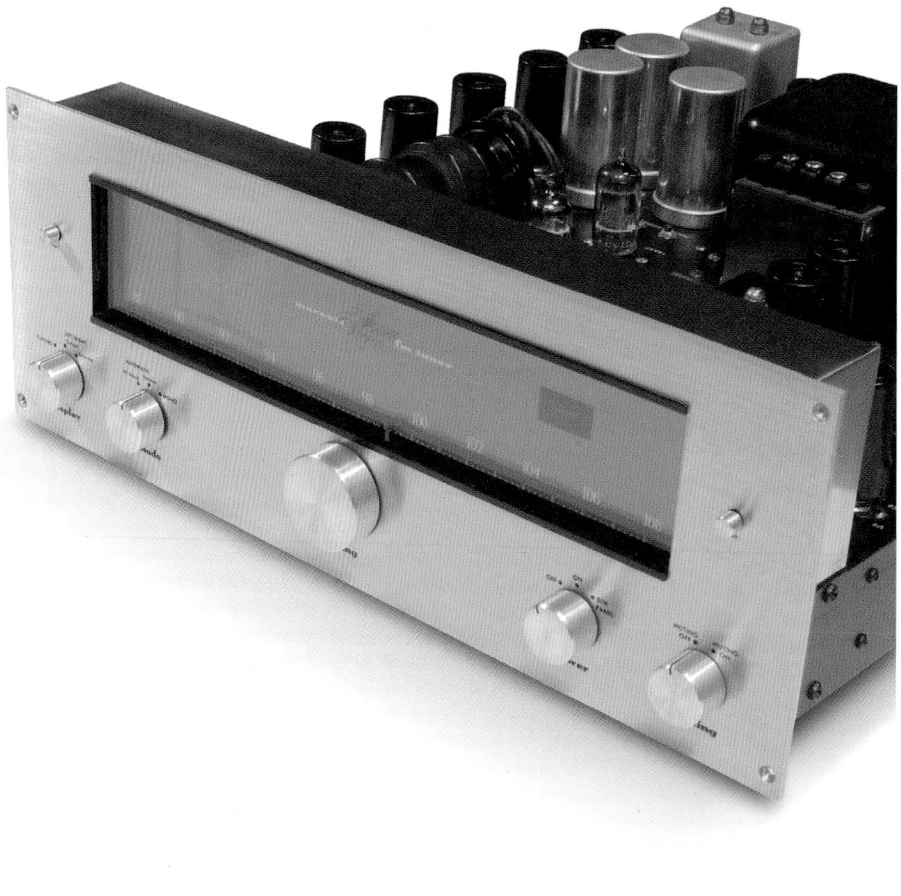

Marantz 7C & 2·10B

마란츠 앰프 시스템 : 마란츠 프리앰프, 파워앰프, 튜너와의 매칭

누군가 필자에게 모든 것을 감안하여 앰프 시스템을 고르라면 주저함 없이 마란츠 7C 프리앰프, 마란츠 2 파워앰프, 그리고 역시 마란츠 10B 튜너를 고른다. 이 말은 경제적, 기계적 안정도, 음악적, 취미성을 포함하는 포괄적 선택을 의미하는데 개인적으로 탄노이나 알텍, EV 스피커 시스템을 선호하기 때문에 이 모든 스피커를 적절히 운영할 수 있다는 판단에서이다. 세 빈티지 스피커를 모두 A학점으로 운영할 수 있는 앰프는 그리 쉽지 않다. 마란츠 7C를 위주로 한 마란츠 2는 이 어려운 관문을 통과하여 지존의 자리에 올라앉아 있다. 이것 외에 기성 빈티지 제품으로 필자를 만족시켜주는 앰프 시스템은 아직 없었다.

마란츠 7C의 매력은 아날로그를 가장 음악적으로 소화하면서도 그 디자인과 내구성의 극한에 올라 있다는 것이다. 필자가 사용하고 있는 7C는 15000천번대로 신품을 구입하여 약 6년 사용한 것인데 중기형 노 오픈(No Open Box)의 민트 제품으로 밸런스나 히터 전압 등이 완벽하고, 특히 볼륨기능이 노이즈 없이 완벽한 보기 드문 애장품이다. 물론 100% 오리지널 부품이며, 오리지널 우드에 초기 텔레푼켄 각인관이 그대로 꽂혀 있는 미사용품을 구입한 것이다. 볼륨은 3시 방향까지 올려도 전체 밸런스와 디스토션이 생기지 않을 정도로 부품 상태가 좋다. 7C에 마란츠 2를 매칭하면 더할 나위 없는 음악성으로 빈티지 스피커를 울릴 수 있다. 프리앰프의 중요성은 새삼 강조하지 않아도 익히 알고 있으리라 믿는다. 프리앰프에 따라 앰프 시스템 전체의 품격이 좌우된다고 보아도 과언이 아닌데, 좋은 프리앰프만 있다면 파워앰프는 어떤 것을 선택하여도 실망을 안기지 않는다. 취향에 걸맞은 프리앰프를 발견했다면 앰프 시스템의 굳건한 기초가 완성된 것이

»
마란츠 2 파워앰프(상단)와 마란츠 10B 튜너(하단)

다. 여기에 궁합이 좋은 파워만 연결하면 스피커를 울릴 수 있는 모든 준비가 끝난 셈이다. 물론 스피커를 전제로 파워앰프의 특성을 골라내야한다.

탄노이 오토그라프(레드 모니터)와 알텍 5, 7 두가지 스피커를 운영하고 있기에 당연히 마란츠 2를 선택하였다. 마란츠 2는 빈티지 마란츠 라인업 중 가장 아름답게 생각하는 파워앰프이다. 2개의 EL34 출력관을 사용하고, 12AX7, 6CG7 각 1개씩에 6AU4 정류관 2개를 중심으로 한, 3결 접속(출력 20W), UL 접속(출력 40W) 전환 가능한 파워로, 댐핑 팩터를 가변저항으로 사용자 임의대로 선택할 수 있는 특징이 있다. 철저히 사용자 중심으로 마니아들이 가장 선호하는 마란츠 파워앰프이다. 3결 접속으로 바꾸면 음의 순도가 높아지고 음결이 고와지며 차분해진 뒷맛을 느낄 수 있으나 힘은 감쇠된다. 반대로 UL 접속으로 하면 힘이 상승되고 결의 고음은 약간 덜하나 근육질의 뒷맛을 느낄 수 있는 미묘한 음색 변화가 있어 사용자에게는 큰 매력이다.

2의 내구성은 7C에 버금간다. 아무런 부품 교체 없이 아직도 거의 100%에 가까운 성능을 유지하고 있다는 것이 놀라울 따름이다. 특히 관을 교체하면 그에 따라 모든 바이어스를 사용자가 미터를 보며 맞출 수 있게 되어 있어 항상 최상의 성능을 유지한다. 또한 관의 종류에 따른 음색 변화가 큰 편이어서 좋은 진공관을 사용해야 하는데 앰프자체의 기계적 성능과 회로가 대단히 뛰어나다는 확인을 할 수 있어 좋다. 가장 취약점은 전면에 노출되어 있는 전해 콘덴서(40μF+40μF+20μF−500WV)가 성능 저하된 경우가 많은데, 구하기도 힘들고 색칠되어 있어 교체하면 시각적으로 언밸런스를 이룬다. 물론 칠을 하여 사용하면 되지만 쉽지 않아 아주 중요한 부품은 아니어서 웬만한 제품으로 구입하여 교체하여도 음질에는 큰 영향이 없다. 특히 스피커 단자 연결은 그라운드를 마이너스(−)로 잡고 스피커 단자 임피던스를 플러스(+)로 잡는 것보다 댐핑단자의 동일 임피던스를 마이너스(−)로 잡고 스피커 단자 임피던스를 플러스(+)로 잡는 것이 소리가 좋다. 7C가 마음에 든다면 튜너는 10B를 사용하는 것이 정답이다. 7C와 10B의 시각적 매칭은 오디오 역사상 가장 훌륭하다고 생각한다. 그냥 보고만 있어도 소리가 날 것 같은 환상적 조합이다. 역사상 10B만큼 튜너의 완성도나 음질에서 완벽한 민수제품은 없다(물론 독일 로데 슈발츠 튜너가 있지만 이것은 민수용이 아니라 방송국 모니터로 프로용이다). 10B의 물량 투입은 부품, 외관을 막론하고 그 유래가 없을 정도이다. 막대한 개발비 때문에 마란츠사 자체를 도산시킨 장본인이기도 하지만, 역사에 길이 남을 명기이기도 하다. 10B와 같은 진공관 튜너로 아직까지 완벽한 기능을 소지한 제품은 거의 없다.

필자의 10B는 애장품 7C와 같이 구매한 것으로 신품에 가깝다. 외형과 내부 부품이 완벽하면서도 기능이 흐트러진 곳이 없다. 물론 음질 또한 나무랄 데가 없다. 탁월한 S/N비와 선택도를 위주로 한 음악성 있는 음질은 과연 10B의 명성이 헛되지 않음을 보여준다. 수신 안정도가 뛰어나 하루 종일 틀어 놓아도 선국된 FM 방송의 주파수가 흐트러짐 없이 탁월한 음질을 보장한다. 7C와 2를 근간으로하는 10B의 사운드는 이 시대 가장 완성도 높은 FM 방송 음질이라 자부할 수 있겠다. 튜너와 프리앰프, 파워앰프를 한자리에 모아두고 탄노이 스피커를 모니터하면 그 음악적 사운드에 행복함이 저절로 느껴진다. 이 가격의 10배를 넘는 하이엔드 앰프 시스템에서도 맛볼 수 없는 음악성과 행복감 그리고 시각적 아름다움은 오디오에서 추구해야 할 것이 무엇인지 시사하는 바가 크다.

»
마란츠 앰프 시스템

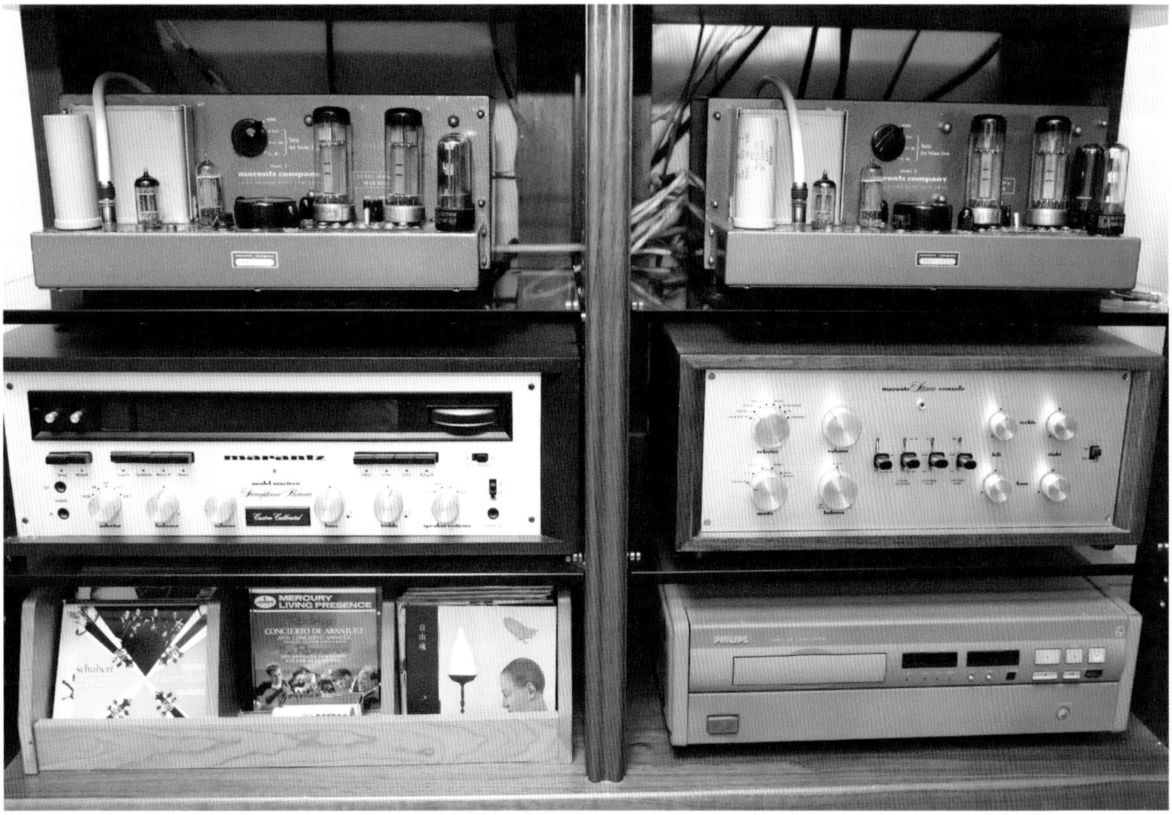

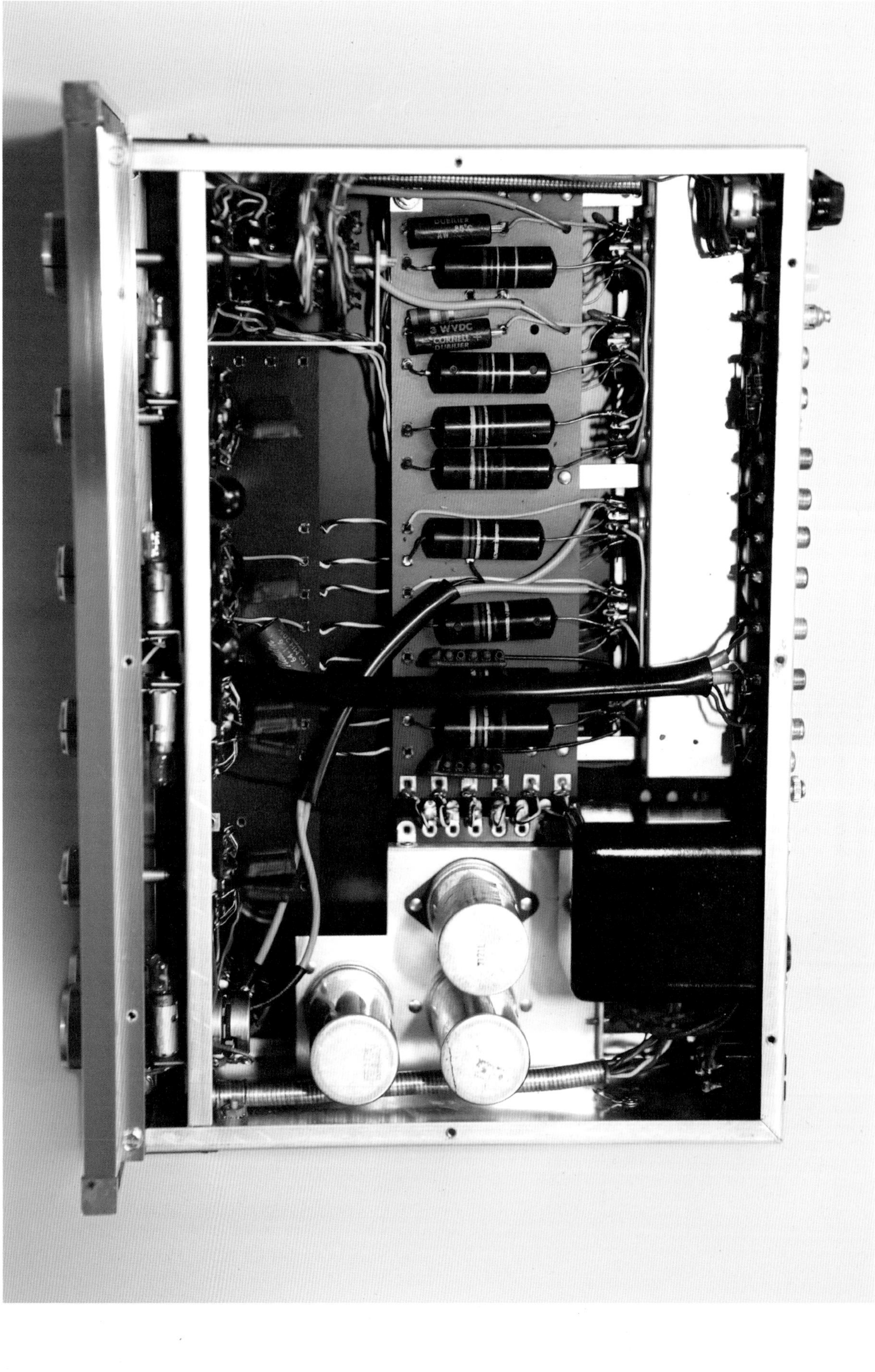
3 WVDC

Mcintosh C-11

깨끗하고 독특한 질감의 음질을 듣는 쾌감

마란츠 진공관 앰프와 매킨토시 진공관 앰프가 1950~60년대 미국 오디오 역사에서 양대 명기로 취급받고 있는 것은, 각자 탁월한 음질 특징과 디자인적으로 어느 경지에 이른 완성도를 이룩했을 뿐 아니라, 기계적 내구성이나 사용자 입장을 고려한 편리한 디자인등 모든 면에서 훌륭하기 때문이다. 현 시점에 와서도 이 두 회사의 제품은 현역기로 사용되고 있을 뿐 아니라 현대의 어떤 진공관 앰프도 감히 근접 못할 쾌감과 독자적 사운드 완성도를 지니고 있다. 마란츠 앰프가 약간 여성적 디자인과 사운드 디테일을 지니고 있다면, 매킨토시는 남성적 디자인에 근육질의 힘이 느껴지는 두툼한 사운드가 매력이다. 전반적으로 마란츠 앰프류가 더 고급 사양으로 인식되며 디자인적으로나 사운드 측면에서도 우월하게 평가되지만, 매킨토시 MC-275를 톱으로 하는 매킨토시 디자인은 그 위용 면에서 오디오 역사에 길이 남을 명작이다.

명프리앰프로 마란츠에 7C가 있다면, 매킨토시에는 C-20과 C-11·C-22가 있다. 모두 비슷한 시기에 발매된 프리앰프로, 서로 경쟁 관계에 있던 명기들이다. 마란츠 7C가 스트레오 레코드 발매시점인 1958년 말부터 제조를 시작했고, C-20 또한 1958년 말부터 같이 발매한 것으로 보아 고급 프리앰프의 상품화에 서로 경쟁 관계에 있었던 것 같다. C-11은 1960년 말, 그 뒤를 이어 C-22가 1961년 말부터 발매되어 매킨토시가 지속적으로 진공관 프리앰프의 신상품 개발 및 발표에 열을 올린 데 반해, 마란츠는 꾸준히 7C만 생산했으며 TR 앰프가 나오기 시작하는 1966년까지 제조하였다. 매킨토시 역시 1966년 말 C-24 TR 프리앰프를 발표하면서 점차적으로 C-22의 생산을 줄여갔는데 당시에는 첨단 소재인 TR에 대한 기대감과 선호도가

»
매킨토시 C11 내부 모습

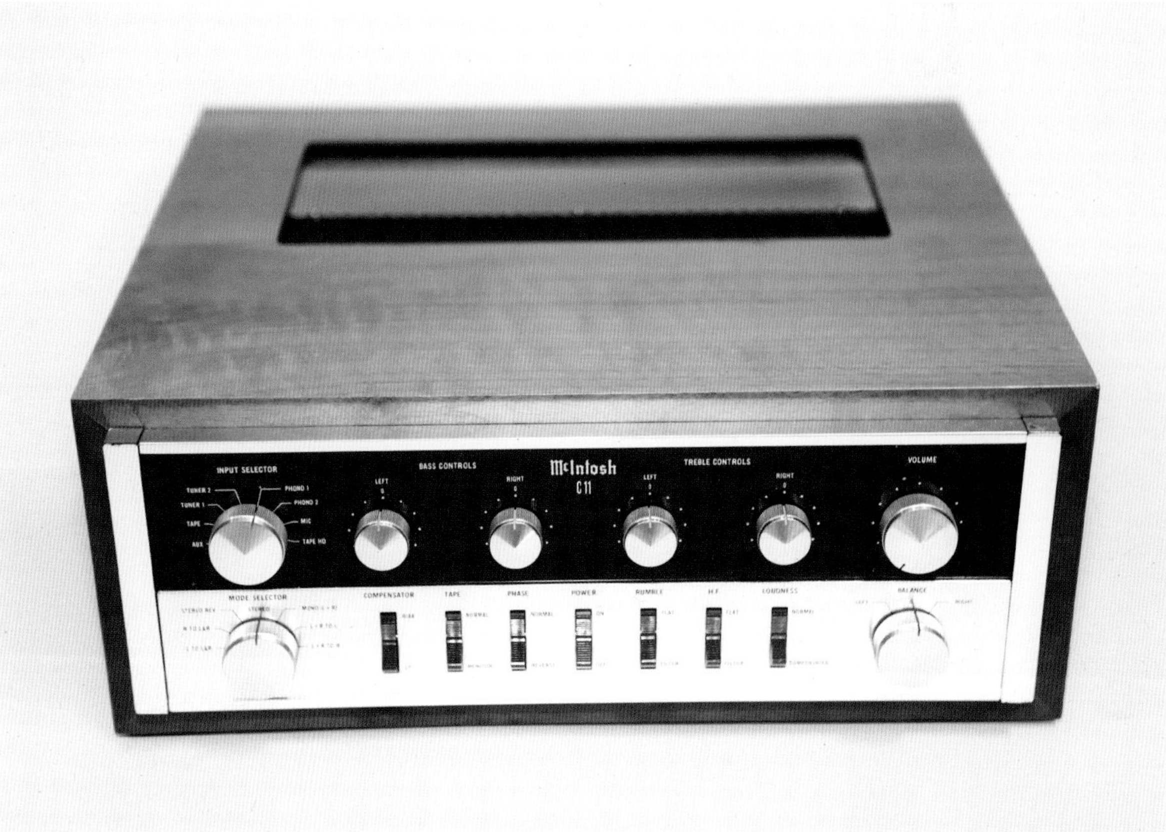

»
C-11 정면

높아 진공관 제품은 서서히 지지도를 잃고 있었던 시절이다. 그러나 누가 알았으리. 다시 진공관 앰프에 대한 선호의 바람이 불어 이제 와서는 양사의 TR 앰프류보다는 진공관 앰프에 마니아들의 시선이 더 집중되어 깨끗한 진공관 프리앰프류들은 인기가 하늘을 찌른다는 것을.

매킨토시의 C-11은 C-20과 C-22의 과도기적 제품으로, 디자인은 C-20에 가깝고 회로는 C-22에 가까운 진공관 프리앰프다. C-20이 5개의 12AX7과 2개의 12AU7을 사용하는 데 반해, C-11은 C-22와 동일하게 6개의 12AX7만을 사용해 NFB형 포노부와 라인단을 구성한다. 이런 구성으로 변경된 것은 당시 최고의 프리앰프로 인정받던 마란츠 7C에 6개의 12AX7을 사용하고 있는 것과 관련이 없지 않으며, C-11의 회로는 C-20과는 별도로 실제 마란츠 7C에 비슷한 바가 있다. 또한 각 3개의 12AX7을 포노단과 라인단에 분배하고, 뒷부분에서 눕혀 꽂는 방식의 진공관 배열이나 내부 커플링을 모두 스프라그 범블비를 사용하는 것 등 회로뿐만 아니라 내부 부품 배치까지 마란츠 7C와 유사한 바가 있다. 그리고 C-20의 4련 볼륨으로 볼륨과 피드백을 같이 조절하는 방식에서 마란츠 7C와 같은 2련의 단순 볼륨을 사용하는 것도 비슷한 맥락인 것 같다.

매킨토시 마니아들은 C-11이나 C-22보다 C-20을 선호하는 경향이나 여러 측면에서 C-11을 선택하는 마니아도 많다. 가장 큰 이유는 간단한 회로와 부가 기능을 제거하면서 오는 음의 순도 증가와 향상된 내구성에 있다. C-20이 고답적이고 두툼한 중·저역을 표현한다면, C-11은 더 투명하고 상쾌한 중·고역과 에지가 선명한 저역 윤곽을 드러낸다. 물론 이 부분은 C-22에 그대로 연결되지만, 어쩐지 C-11의 음색이 빈티지 진공관 프리앰프 마니아들에게는 호소력이 깊다.

C-11의 전면 패널은 C-20과는 달리 패널 뒤편에 들어 있는 4개의 파일럿 램프로 심플하게 상부 패널의 글씨만 조명한다. 시각적 측면에서는 C-20이나 C-22에 부족하지만 그것이 오히려 기계적 신뢰감을 주기도 하는데, 당시 판매가로 보면 C-20이나 C-22에 비해 저렴하게 판매되었다. 매킨토시 C-시리즈 프리는 사실 마란츠 7C의 회로나 부품 구성과 별 차이가 없는데도 불구하고 그 성능상 음질적 측면에는 마란츠 7C에 모자라는 바가 있다. 이런 부분들을 당시 매킨토시사에서도 잘 알고 있었기 때문에 끊임없이 신제품 프리앰프 개발에 박차를 가한 흔적이 역력하다.

현시점에서 인기도로 보면 다른 프리앰프에 비해 떨어져서 가격도 살짝 저렴하지만, 깨끗한 C-11의 음색은 독특한 질감적 쾌감을 주는 명품이다. 마란츠 7C의 출력 게인이 뒤편 패널에 부착되어 있는 데 반해 C-11은 전면 패널 양 옆 브래킷 커버를 제거하면 그 내부에 붉은색 노브로 정리되어 있다. 기본 기능은 마란츠 7C와 거의 유사하며, 지금도 어느 프리앰프에 못지않은 성능을 보장해준다. 물론 관을 잘 써야 하며, 텔레푼켄 스무드 플레이트보다는 리브드 플레이트 각인관이 가장 적절한 매칭이라 본다. 뒤 진공관 배열 V1·V2·V3이 포노관이고, V4·V5·V6이 라인관인데, 이것 또한 마란츠 7과 동일하다. V3·V6이 각각 포노단, 라인단 스테레오 증폭관인데 V3·V6은 12AX7 쌍3극관 내부 μ값이 되도록 오차가 없는 극상 컨디션의 관을 사용하는 것이 스테레오 출력 밸런스를 정확히 맞추는 요령이다.

»
뒷면 단자(좌)와 옆면 출력 게인 붉은색 노브(우)

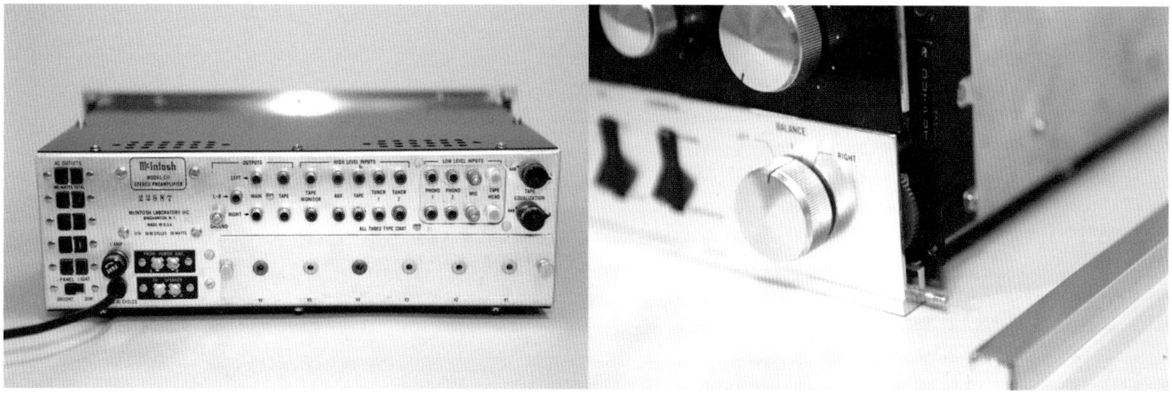

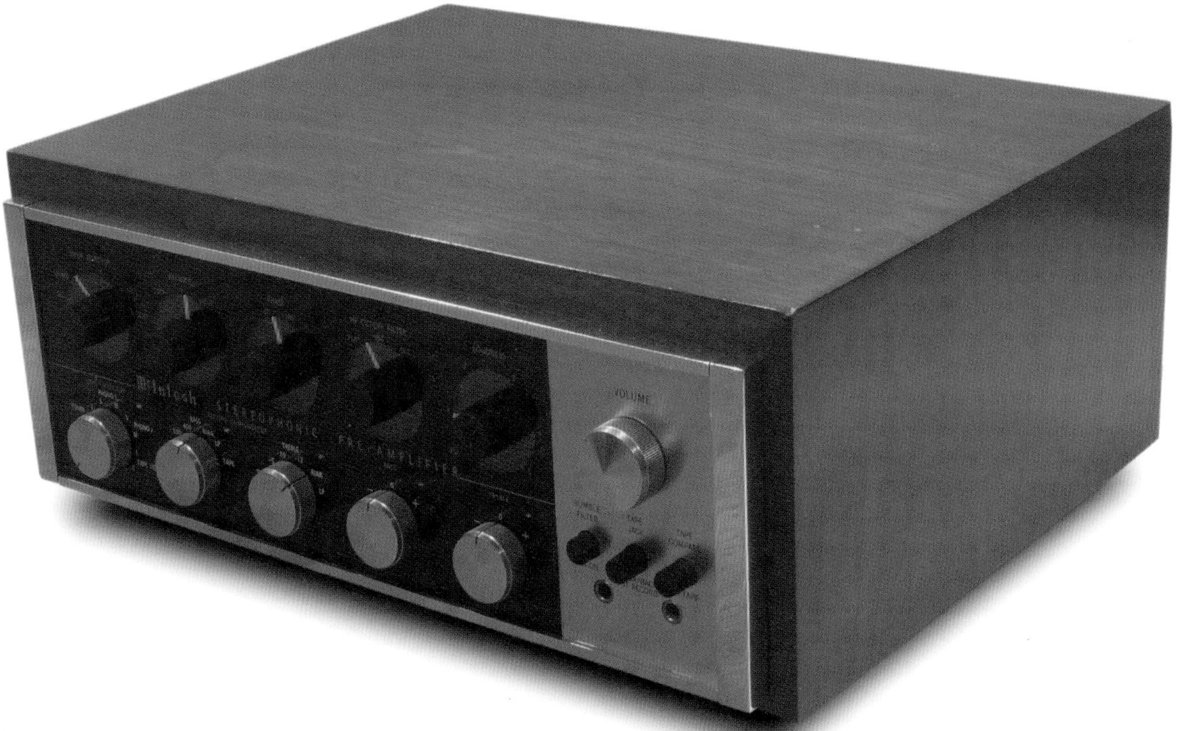
VOLUME
TAPE COMPARE

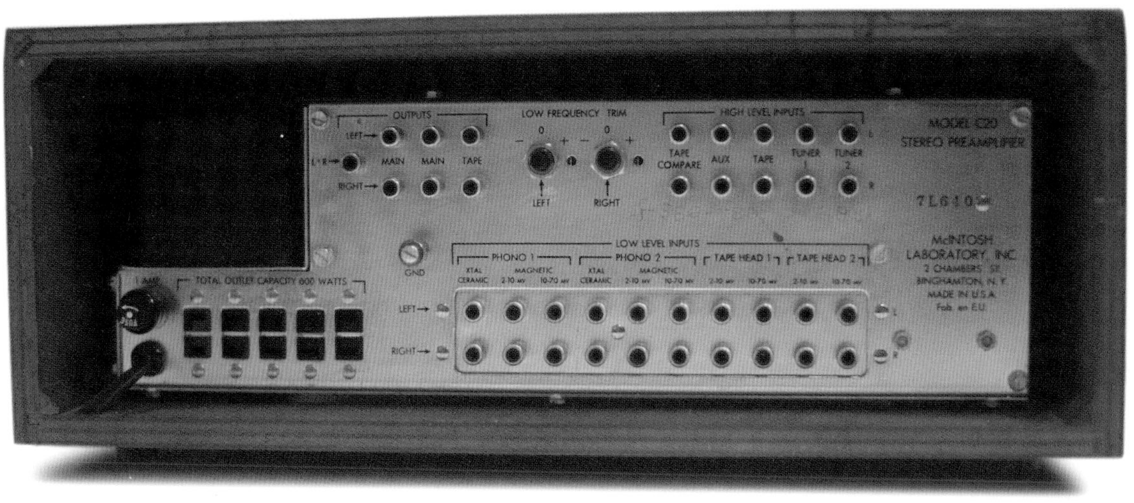
OUTPUTS
LEFT
MAIN
MAIN
TAPE
RIGHT
LOW FREQUENCY TRIM
LEFT
RIGHT
HIGH LEVEL INPUTS
TAPE COMPARE
AUX
TAPE
TUNER 1
TUNER 2
MODEL C20
STEREO PREAMPLIFIER
GND
LOW LEVEL INPUTS
PHONO 1
PHONO 2
TAPE HEAD 1
TAPE HEAD 2
XTAL CERAMIC
MAGNETIC
McINTOSH
LABORATORY, INC.
2 CHAMBERS ST.
BINGHAMTON, N. Y.
MADE IN U.S.A.
Fab. en E.U.
TOTAL OUTLET CAPACITY 600 WATTS

Mcintosh C-20

남성적인 사운드의 대부

빈티지 진공관 프리앰프의 쌍벽을 이루는 것이 마란츠 7C와 매킨토시 C-20이라 말할 수 있는데, 마란츠 7C가 섬세한 선과 디테일, 뉘앙스를 지닌 여성적 성향이라면, C-20은 두툼한 톤과 질감을 자랑하는 남성적 표현력을 가지고 있다. 마란츠 7C가 현이나 여성 보컬을 위주로 한 취향이라면, 매킨토시 C-20은 남성 보컬이나 재즈 터치 등에 유리하고 현의 표현도 굵직한 울림을 전달해주어 취향의 선호도가 나뉜다. 탄노이 오토그라프를 중심으로 파워앰프를 마란츠 2로 고정하고, 프리앰프만 마란츠 7C와 매킨토시 C-20으로 교체해서 들어보면 이런 성격적 특징이 극렬하게 나타나는 것을 쉽게 알 수 있다. 양쪽 공히 매칭상 베스트의 사운드를 표현해주고 있지만, 취향의 선택에 따라 전체적 음색은 차이를 보인다.

두 프리앰프 내부에 사용되는 커플링 콘덴서는 스프라그 범블비이며, 모두 하드와이어링으로 제작되었다. 사용 진공관도 비슷한데, 12AX7을 근간으로 한 포노와 라인 구성이다. 다만 매킨토시 C-20에는 12AU7 2개가 채용되어 마란츠 7C와 차이를 이룬다. 아마도 이 12AU7 2개 때문에 C-20의 두툼한 성향이 탄생되었으리라 믿고 있다. 공히 스프라그 범블비의 질감과 투명하고도 매끈하게 잘 빠지는 사운드 결을 느낄 수 있는데, '역시 범블비야' 하는 감탄사를 자아내게 한다. 특히 탄노이 오토그라프(실버 장착)에 연결하면 이 커플링 콘덴서의 진가가 극명하게 표현되어 소리의 경쾌함과 사실감, 음악성에서 최상위 감동을 느낄 수 있다.

매킨토시 진공관 프리앰프는 C-4 · C-8 · C-20 · C-11 · C-22 등 가운데 C-20이 대표적이라 생각한다.

»
매킨토시 C-20의 앞면(상단)과 입력단자(하단)

C-20을 선호하는 입장에서 C-20이 프리앰프로서의 완성도가 가장 높으며, C-11은 C-20의 간편한 버전, C-22는 C-11의 고급화 버전이지만 C-20에 비해서는 무엇인가 음질 본연에 치중한 느낌은 떨어진다. 물론 시중 거래 가격은 C-22가 C-20보다 높지만, 그것은 음질의 가치가 아니라 기계적 가치, 즉 후속 모델이며 아직까지는 내구성 차원에서 매력이 있기 때문이라고 생각한다. 그래서 매킨토시 프리앰프의 정확한 음색은 C-20에서 완성되었다고 말할 수 있다. C-11에서부터는 증폭관이 모두 12AX7로 바뀌어 6개의 12AX7을 사용하게 되면서 C-20의 매력적 음색 중에 하나인 그 두툼한 뉘앙스가 살짝 변해 경쾌해진다. 예의 오토그라프에 C-11이나 C-22를 연결하면 경쾌하고 고역이 약간 가늘어진다. 물론 이 맛을 즐기는 마니아들도 있지만, 전체적으로 매킨토시의 매력을 잃는 느낌이 있다. 특히 초기형 C-20이 더 두툼한 경향인데 초기형 C-20은 볼륨이나 전원 트랜스 하자가 많아 작동 측면에서 불안하다(앞 패널 중앙에 금색 스틸 바가 걸쳐 있어 쉽게 구분이 간다). 후기형 C-20이 비교적으로 부품 열화도나 내구성 측면에서 유리하기에 완벽한 C-20을 구하기 쉽다.

전반적인 디자인을 볼 때 후기형 C-20이 경쾌하고 완성도도 높다고 본다. 오리지널 우드에 수납된 C-20의 모습은 그 무게감에서 가히 예술이다. 패널 상부의 주요 동작 포지션은 백열전구 내장에 의한 붉은색 표시 라인으로 나타나는데, 조작할 때마다 아련한 불빛의 감동을 선사한다. 최근의 LED 동작 표시와는 전혀 다른, 무엇인가 따뜻하고 아날로그적이면서도 예술적인 감흥에 젖어들게 한다.

특히 볼륨의 동작감은 가히 중후함의 선단에 서 있다 해도 좋은데, 4련 가변 저항 볼륨으로 묵직한 느낌은 예술이다. C-20의 가장 취약점이기도 하지만, 항상 움직임이 많은 부품이어서 마란츠 7C나 기타 진공관 프리앰프에서도 항상 문제가 되기에 굳이 C-20만의 문제라고 지적하기에는 지나치다. 이 볼륨 말고는 마란츠 7C 있는 셀렌 정류의 문제 등에 따른 전원부 트러블은 거의 없다. 7C와는 달리 전원에 6X4라는 정류관을 사용하고 있기 때문에 쉽게 교체 가능하다는 전체적인 정류 문제의 단호한 대책이 이미 마련되어 있기 때문이다. 정류관 옆의 별도 12AX7은 모노 출력을 위한 믹스관으로 메인 스테레오 출력과는 별도로 L·R 믹스 모노 출력 용이다. 메인 출력의 음질과는 크게 상관없으나 제거하면 메인 출력이 나오지 않도록 설계되어 항시 장착되어 있어야 한다. C-20의 12AX7은 텔레푼켄 각인관이 제격이며, 12AU7의 경우는 RCA 클리어 탑이 C-20의 본연의 맛을 살려주는 경향이나 해상도 면에서는 12AU7 역시 텔레푼켄 관이 선호도가 높다. 제대로 된 관의 선택이 C-20의 성능을 극대화하는 바 내부 증폭관의 선별에 각별한 주의를 기울이기 바란다. 내부 커플링 콘덴서류들은 체크하면 약간의 문제를 지니고 있는 경우가 많지만, 성급하게 다른 콘덴서로 교체하면 C-20의 특색을 잃어버리기 쉽다. 따라서 C-20을 선택할 경우 가능한 완벽한 상태로 비용을 더 주고 구입하는 것이 정답이다. 이 원칙은 모든 빈티지 제품을 구매할 때의 기초 상식인데, 싼 제품을 사지 말고 비싼 제품을 사는 것이 결국 저렴하게 구입하는 결과가 된다는 것은, 나중에야 실감할 수 있게 되기 때문이다.

C-20은 음질 변경 요소가 많아 사용자가 임의로 음색을 조절할 수 있는 조정 범위가 넓다. 그러나 이 또한 잘 사용하지 못할 때는 역으로 프리앰프 자체의 특성적 음색을 놓쳐버릴 수 있기에 기본 음색을 크게 변경하지 않는 범위 내에서 조정해야 한다. 전면 패널의 각종 노브는 입력 소스의 성격에 따라 음질을 변형하는데, 사용해보면 그 음질 변형 폭이 의외로 크다는 것을 귀로 느낄 수 있다. 특히 라우드니스 볼륨과 하이패스 필터, 포노나 테이프와 RIAA 커브의 조정은 특히 신중해야 한다. 후면의 L·R 베이스 밸런스 볼륨도 정확히 컨트롤해야 할 요소이며, 럼블 필터나 위상 변환 장치는 잘 사용하면 음색의 변화 없이 저역의 럼블이나 스테이징 깊이를 깊게 할 수 있어 편리하다. 입력도 다양해 사용 편리성 측면에서는 마란츠 7C를 앞서며, 기계적 내구성도 우수한 이 시대 빈티지 진공관 프리앰프 중 하나다.

»
매킨토시 C20의 각종 조절부

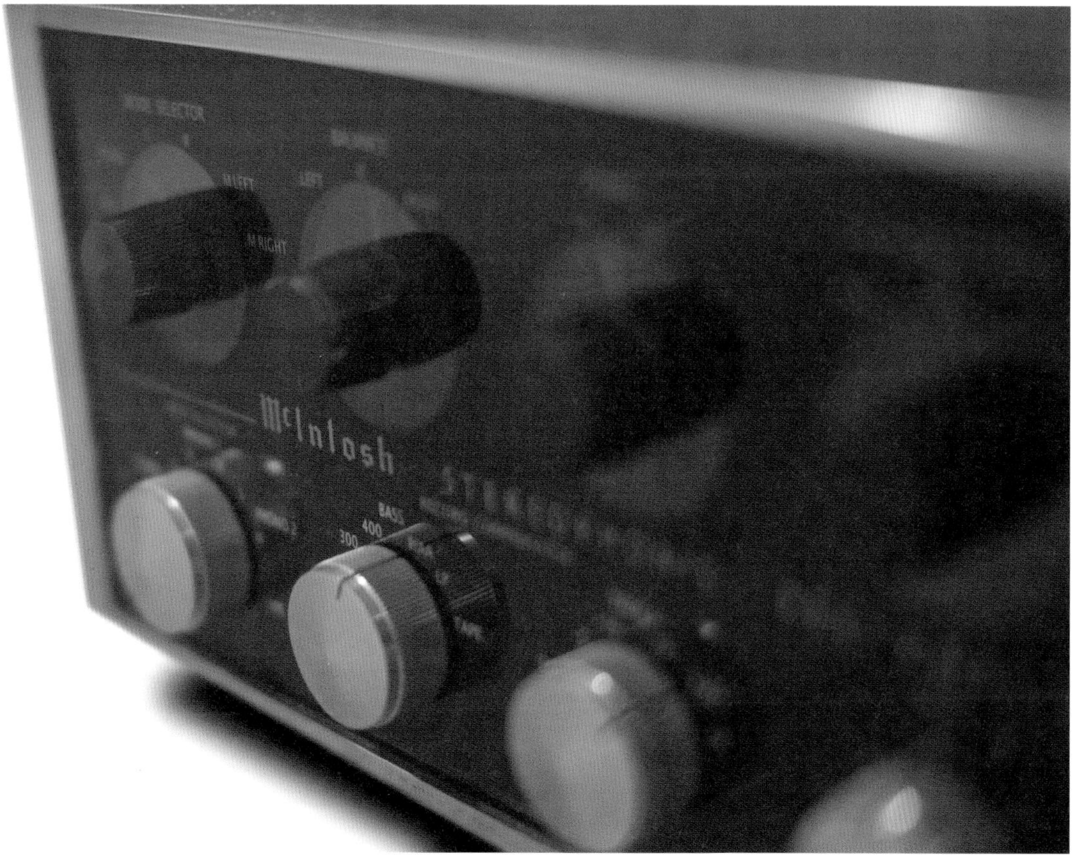

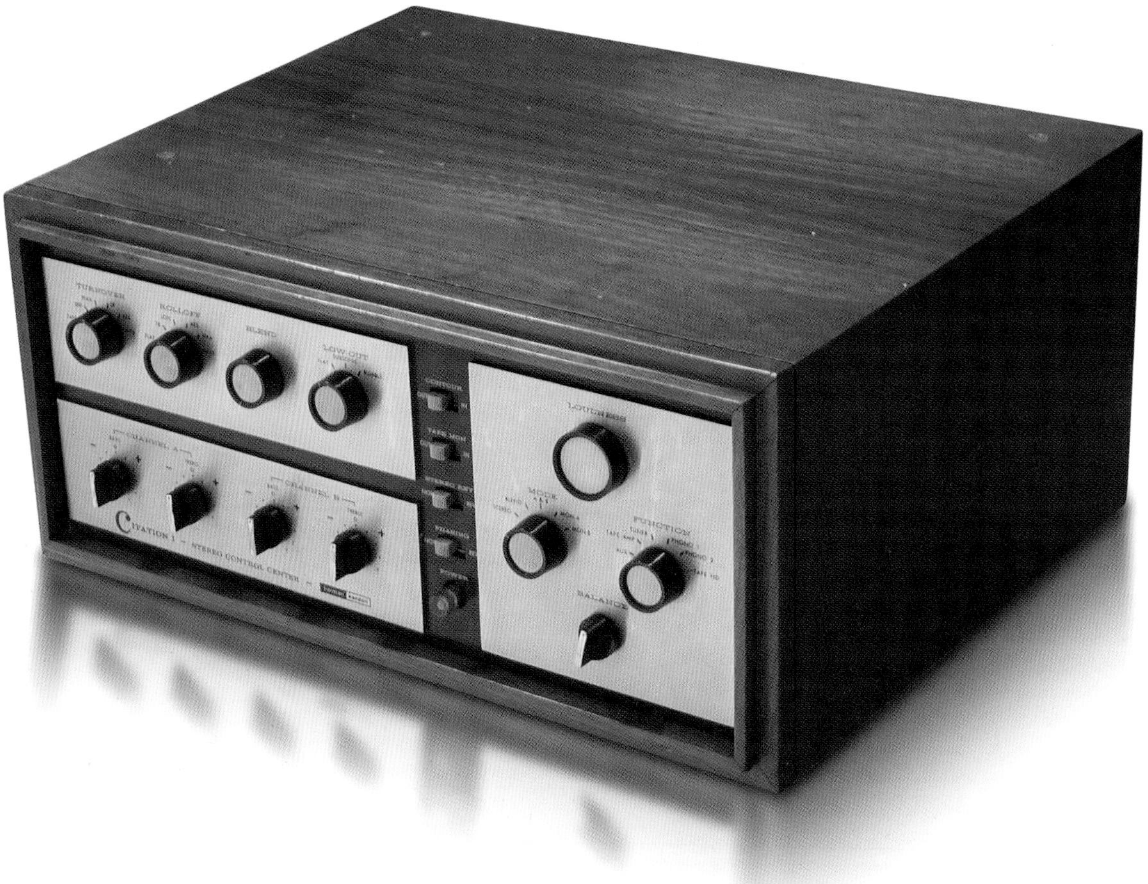
TURNOVER
ROLLOFF
BLEND
LOW-CUT
CHANNEL A
CHANNEL B
CITATION I – STEREO CONTROL CENTER
CONTOUR
TAPE MON
PHASING
POWER
LOUDNESS
MODE
FUNCTION
BALANCE

Harman Kardon Citation 1 Preamplifier

거칠고 투박한 외형으로 내는 섬세한 음색

과거 기성품 진공관 프리앰프로 현역을 뛰고 있는 제품은 손꼽을 만한데, 판매 당시 기준으로 비교적 하이엔드에 속하는 스테레오 제품은 마란츠 7C, 매킨토시 C-20·C-11·C-22와 피셔 400CX·하만카돈 사이테이션 1 (이하 CT-1) 정도일 것이다. CT-1을 제외하고는 비교적 사용자나 거래가 활발한 편인데, 유독 CT-1만큼은 숫자가 부족한 탓인지, 아니면 완벽한 제품이 덜해서인지 사용자도 많지 않고 거래도 활발하지 않다. 그러나 1960년대 초 당시 발매 가격은 케이스가 30달러, 본체가 250달러였는데, 마란츠 7C가 264달러, 매킨토시 C-20이 269달러로 가격이 비슷했고, 피셔 400CX는 199달러로 경쟁 제품과 비교해봐도 CT-1이 월등히 고가 제품이었다.

1960년대 미국내 소비자 가격은 그 자체가 제품의 품질을 대변하고 있다고 보면 된다. 그만큼 충실하게 가격이 산정되었으며, 어느 제품을 보아도 그 가격의 타당성을 느낄 수 있다. 어떻든 고가의 프리앰프인 것만큼은 확실하고, 그 성능이나 내구성 면에서 타 명기와 비교해서 손색이 없다. 실제 무게로 따지면 제일 무거운데, 그만큼 내면이 충실하다는 뜻일 것이다. 특히 오리지널 우드 케이스는 정말 튼튼하고 육중해 지금 보아도 나무랄 데 없을 정도로 매력 있다. 현재에 이르러 CT-1의 실제 거래 가격은 앞에서 언급한 진공관 프리앰프 중에 제일 저렴한 것이 사실이지만, 잘만 활용하면 독특한 CT-1만의 음색을 즐길 수 있어 아직도 매력이 있다고 생각한다.

CT-1의 진공관은 채널당 2개의 12AT7과 2개의 12AX7으로 도합 8개의 진공관, 모노 출력을 위한 양

>>
하만카돈 사이테이션 1 프리앰프

채널 믹싱용으로 1개의 12AT7을 사용해 총 9개의 증폭관이 사용되어, 프리앰프로는 가장 많은 진공관이 장착된 제품이다. 특히 프리앰프임에도 불구하고 유일하게 전원부에 초크 트랜스를 적용했는데, 이 트랜스는 내부 섀시에 눕혀서 배치되어 있기 때문에 외부에서는 보이지 않는다. 전면 하부에는 각 채널 별도의 고음용 저음용 스텝 타입 톤 컨트롤이 적용되어 있는데, 마란츠 7C와 동일한 방식으로 생각하면 된다. 이 타입은 가변저항식보다 음질 열화가 적고, 내구성이 보장되어 더 고급 회로 기법이라 생각하면 맞다. 증폭단은 18 스테이지(9 듀얼 트라이오드 방식)로 모두 선별된 저잡음 저항과, D/C 점화 방식이 적용되며, 특히 모든 커플링·디커플링 콘덴서는 그 유명한 스프라그 범블비가 사용되었다. 내부 부품 면에서 보면 오히려 7C보다 많고, 트랜스나 섀시는 더 튼튼하다는 느낌인데, 디자인 측면에서는 무엇인가 완성도가 부족하다는 판단이다. 특성상으로 본다면 응답 주파수가 5~80,000Hz(+0, −0.5dB)이며, 디스토션은 0.05% 이하로 상당히 좋은데, 당시 경쟁되었던 프리앰프들과 비교하면 가장 막강한 것이었다. 물론 현재에 이르러서는 이런 스펙도 내세울 것이 못 되지만 당시로서는 그야말로 획기적인 스펙으로 내세울 만큼 대단한 것이었으리라 추측한다.

기본으로는 RCA 구관이 장착되어 있지만 당시 그대로의 진공관이 장착된 상태로는 제 음색을 뽑아내기 힘들다. 진공관 열화의 이유도 있지만, 필자의 느낌으로는 이제 와서는 더 샤프한 증폭관이 장착되는 것이 CT-1의 음색을 보강하는 길이라 생각되었기 때문이다. 많은 세월이 지났기에 부품 열화나 특히 범블비 커플링 콘덴서 음색 변화로 밝고 화사하게 변경시켜야 됨을 틀어보는 순간 느꼈다. 그렇다고 무조건 부품을 갈아서는 안 된다. 커플링 콘덴서에 리케이지가 살짝나도 그 고유의 음색은 지니고 있으므로 웬만하면 잘 다스려 사용해야 본래 가치를 잃지 않는다.

»
수많은 범블비가 보인다(상단)
모든 부품은 하드와이어링하였다(하단)

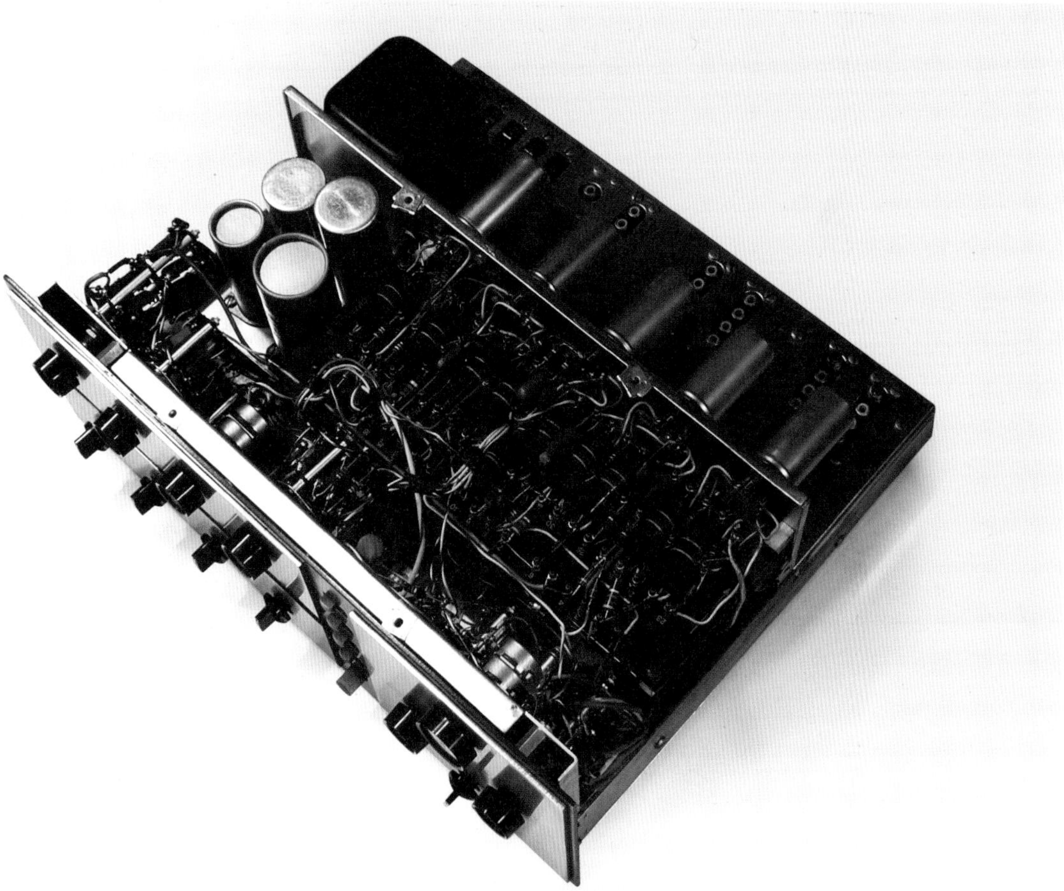

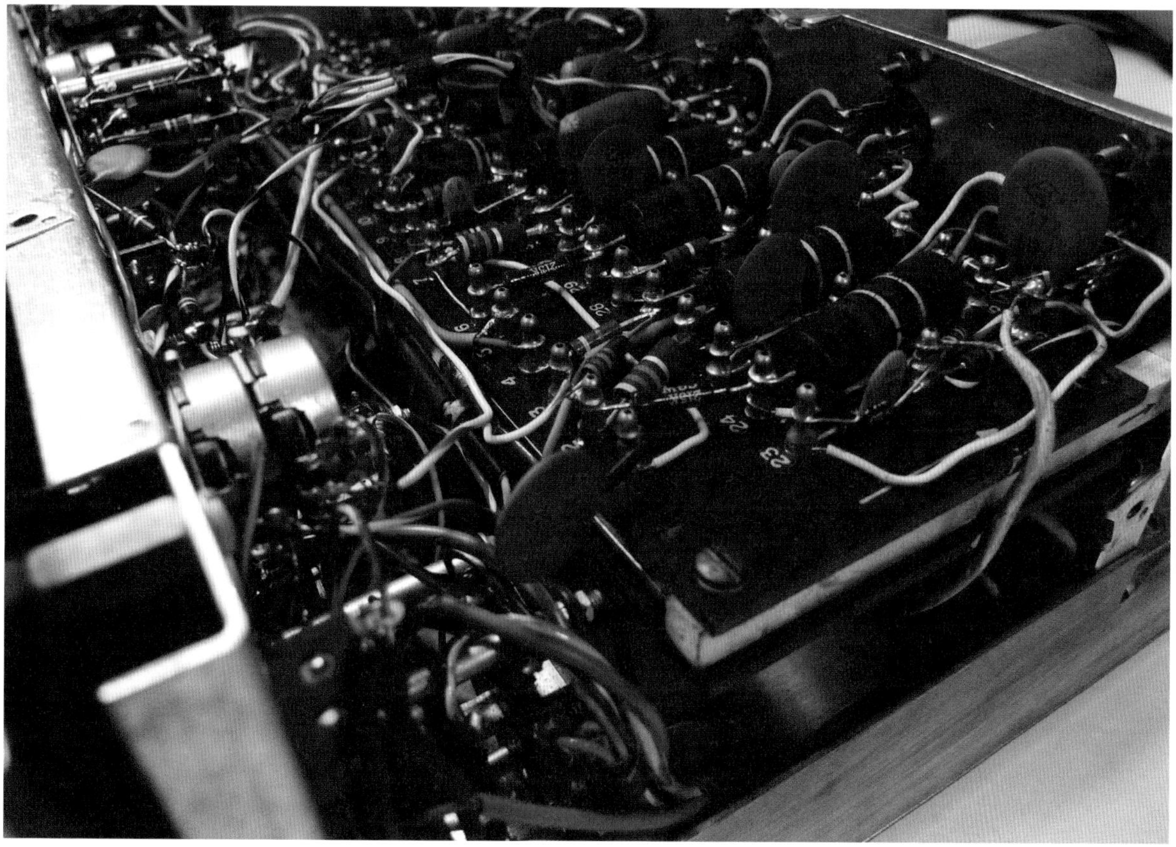

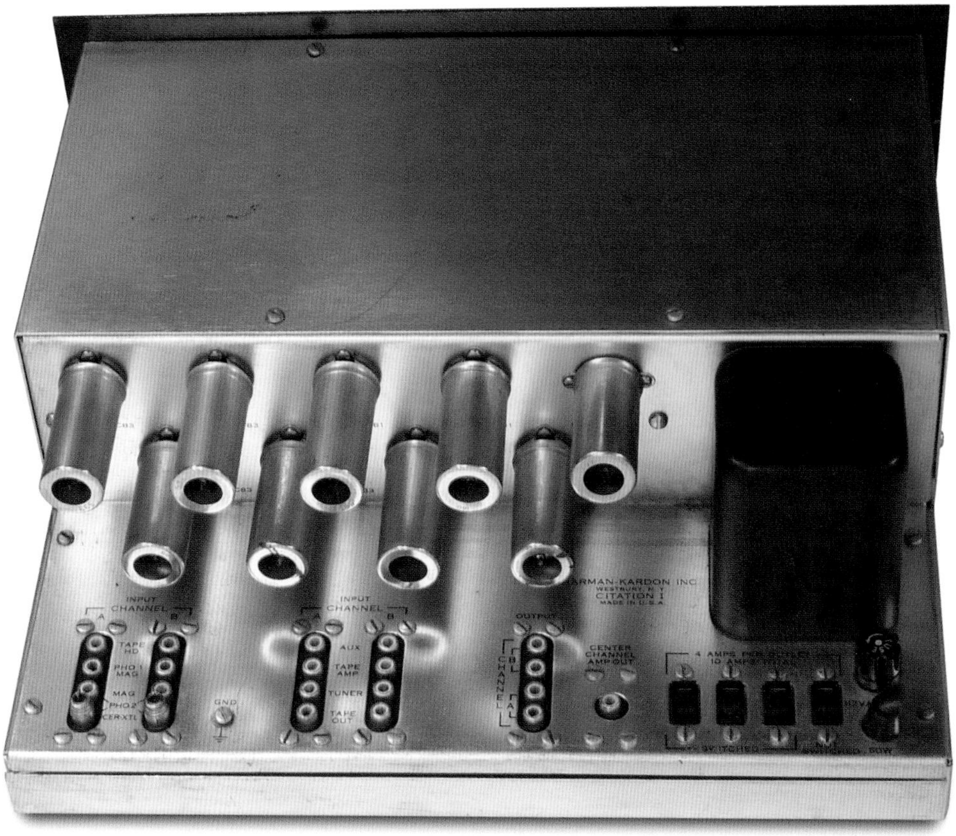
ARMAN-KARDON INC.
WESTBURY, N.Y.
CITATION I
MADE IN U.S.A
INPUT
CHANNEL
TAPE HD
AUX
TAPE AMP
TUNER
TAPE OUT
GND
OUTPUT
CENTER
CHANNEL
AMP OUT
SWITCHED

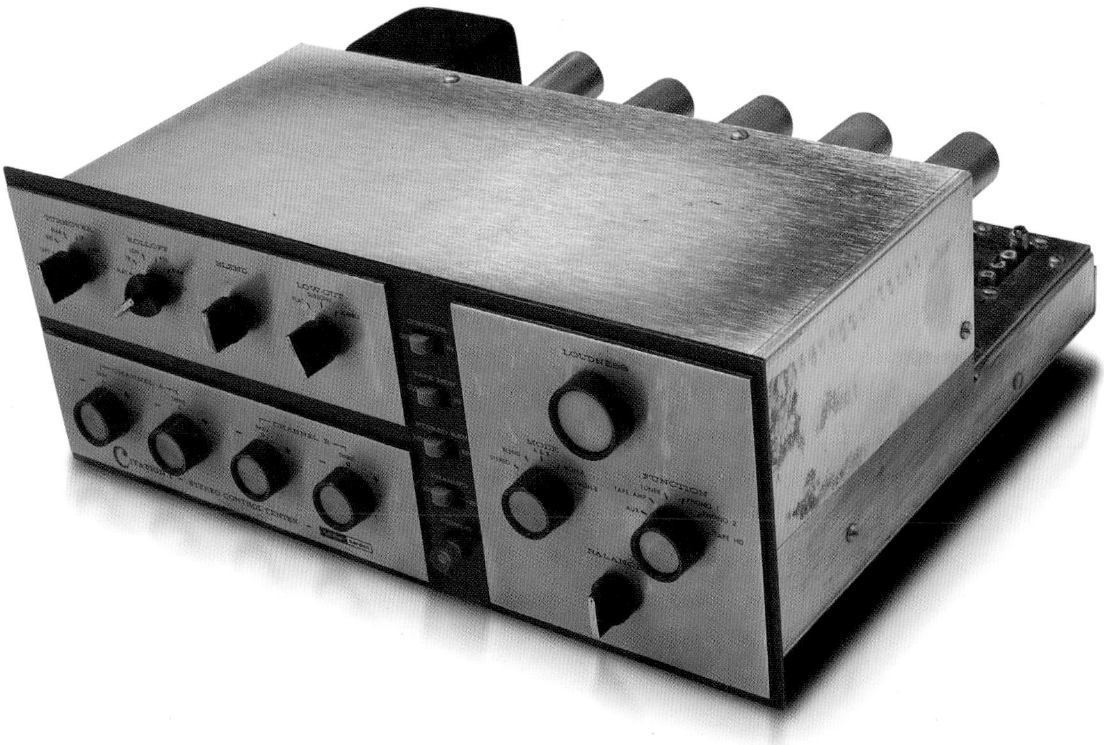
LOUDNESS
MODE
FUNCTION

CT-1의 기본적인 음색은 무엇인가 막힌 듯하며 거칠고 고운 맛이 덜하다. 남성적이고 톤이 두터운 데 반해 섬세함이 아쉬운 텁텁한 사운드였다. 내부 회로나 부품상으로는 부족함이 없다. 물론 다양한 기능을 수행하기 위해 접점이 많아진 경향은 있다. 투박하고 거친 뚝배기 맛으로 이 프리앰프를 그냥 수용한다면 매력이 덜하다. 원래 부품은 손상시키지 않는 한도 내에서 어떻게든 고양된 음색으로 변화시켜 보고 싶었다. 그렇다면 튜닝할 곳은 커플링과 진공관뿐인데, 커플링을 스프라그 블랙뷰티 96P 정도로 교체하면 간단하지만 대신 음색을 잃을 수 있기에 프리앰프와 파워앰프간의 연결 선재는 2차적 변수로 남겨 두고 진공관으로만 튜닝해 보기로 결정하였다. 진공관을 독일 지멘스 구형과 텔레푼켄 각인, 뮬라드 롱 플레이트, RCA N.O.S. 등으로 교체해 음색을 들어본 결과, 7C는 뮬라드 롱 플레이트가 좋았던 반면 CT-1는 텔레푼켄 각인이 거친 음색을 보완해준다는 생각이 들었다. 더 투명해지고 텁텁한 맛이 희석된다. 물론 CT-2라는 KT88 PP 파워앰프와 매칭을 전재로 해서 생산되었으나 마란츠 8B와 매칭을 기준으로 평가한 것이지만 CT-2와 매칭시켜도 동일한 결과가 나왔으리라 추정한다. 오리지널 케이스에 넣으면 웬만한 파워앰프만큼 묵직하고 볼품있다. 잘 수용해 사용한다면 그 거래 가격의 몇 배 역할을 할 좋은 프리앰프다.

>>
뒷면(상단)과 외부 우드 케이스를 제거한 모습(하단)

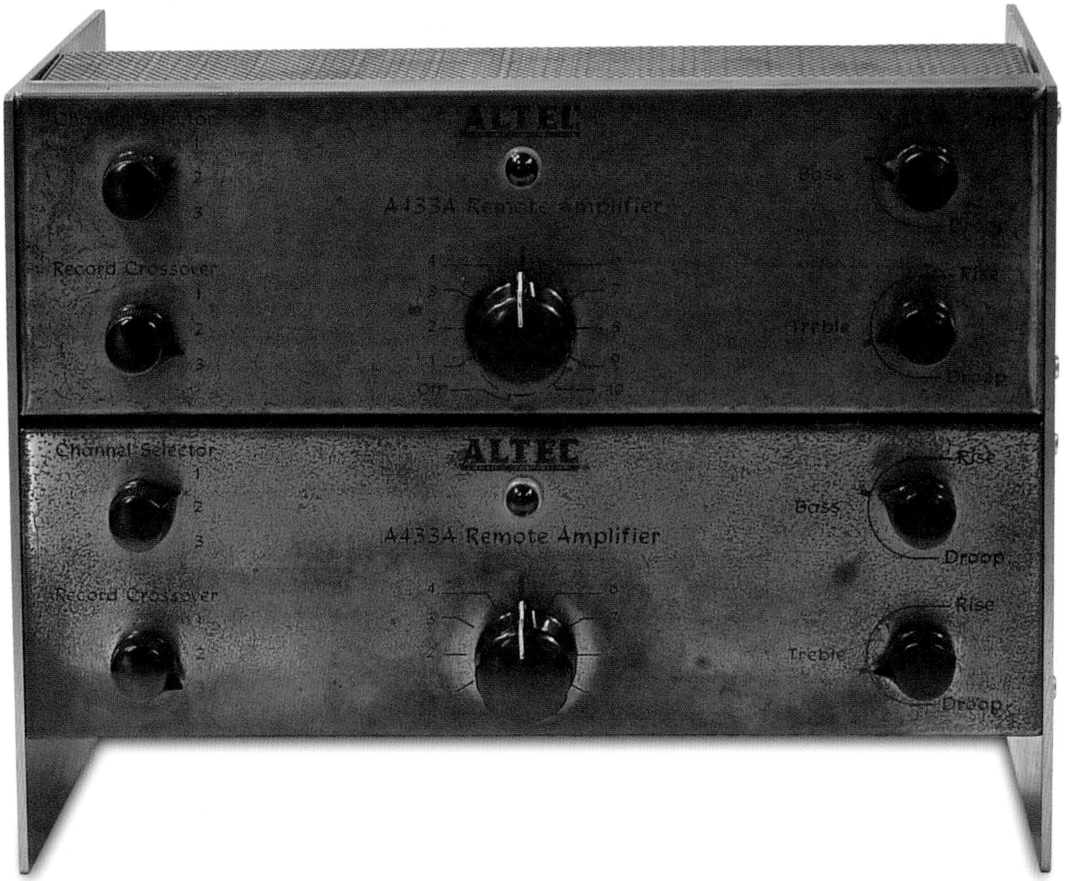
ALTEC
A433A Remote Amplifier
Channel Selector
Record Crossover
Bass
Treble
Rise
Droop
ALTEC
A433A Remote Amplifier
Record Crossover
Bass
Treble
Rise
Droop

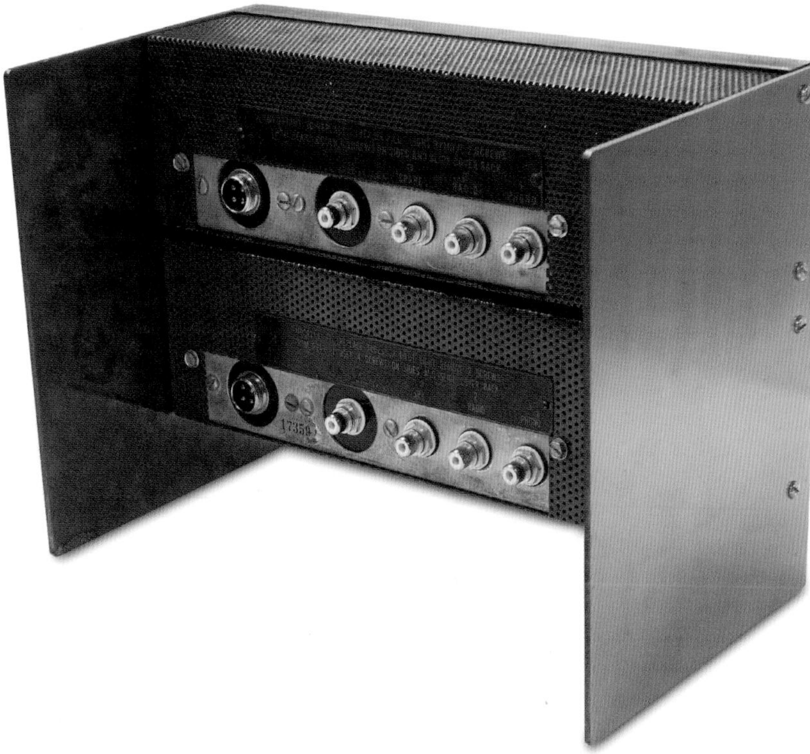

Altec A-433A

평론을 하기 위해서는 우선 대상 제품을 '수배'해야 하는 어려움이 있다. 그리고 사무실로 옮겨와 분해하고 정리하며 사진을 찍고 리뷰를 하는 것을 원칙으로 삼았기 때문에 짤막한 글 한 편을 쓰기 위해 드는 노력이 이만저만이 아니다. 그렇게 하다 보니 덩치 큰 스피커나 앰프는 수배가 되어도 글쓰기를 포기한 경우도 많았다. 결국 이동이 간편한 소형 제품을 중심으로 진행되었던 것이 아쉬움으로 남는다. 그러나 가능한 비중있고 아날로그 역사에서 길이 남을 제품들을 많이 다루었다고 생각한다.

알텍의 A-433A 프리앰프도 그러한 제품 중에 하나다. 사실 이 프리앰프는 파워앰프 A-333A용의 리모트 프리앰프로, 파워앰프 A-333A로부터 모든 전원을 공급받도록 설계된 무전원 내장 프리앰프다. 1950년대 출하 당시 A-333A가 한 대당 111달러, A-433A가 대략 87달러로 각각 모노앰프로 판매되었다. 그러니까 스테레오로 사용하려면 파워앰프 2대, 프리앰프 2대가 필요한 셈이다. 이 두 앰프는 여타 알텍 모델이 대부분 프로용 앰프로 극장이나 공지 방송 용도였는 데 반해 순수 가정용 앰프로 설계 판매되었으며 알텍 앰프보다 가정 적응력이 좋은 장점이 있다. 즉, 프로용 앰프가 무언가 세고 강한 음색 일관인데 반해 부드럽고 섬세하며 가정 내에서 음악 듣기에 적절한 여러 특성을 나타내도록 설계되었다는 것이다. 따라서 A-333A를 알텍 스피커와 매칭시키면 가정 용도로는 매칭상 상당히 적절하다는 인상을 받으며, 결과적으로 그에 따른 애호가들도 많아졌다.

A-333A가 출력 20W에 THD 2% 이내의 6L6 PP로 설계된 앰프라는 것은 잘 알려져 있다. 그러나 이 A-

»
Altec A-433A 두 대를 한 케이스에 수납한 모습(상단)과 뒷면(하단)

»
(맨 위부터)
알텍 A-333A 6L6 PP 파워앰프
분리된 A-433A 프리앰프(모노+모노)
A-433A 내부

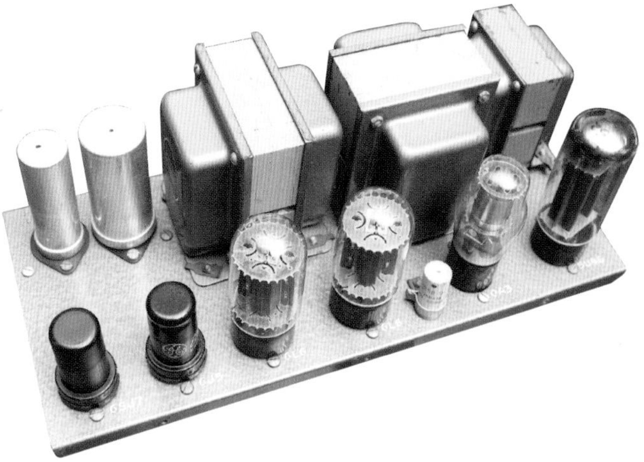

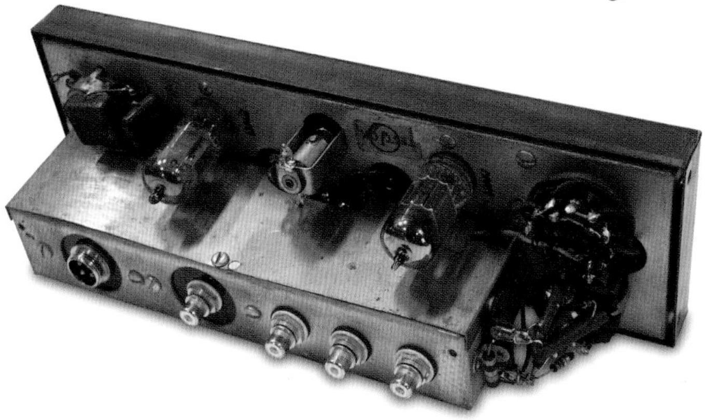

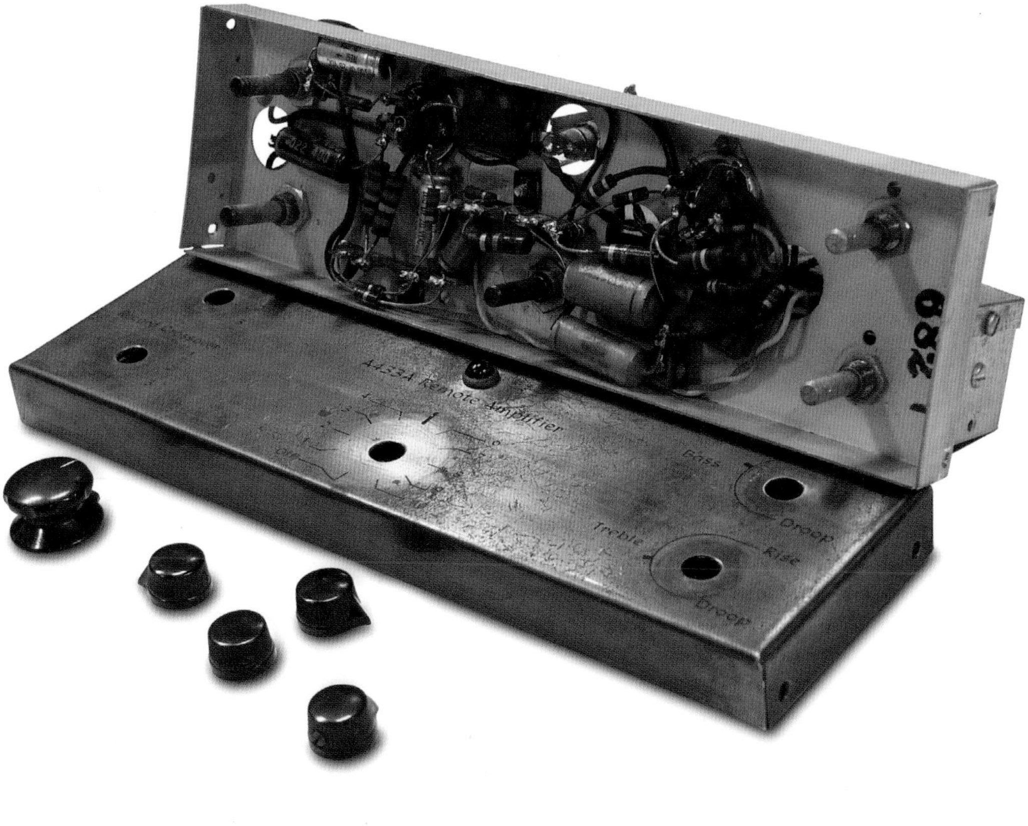

333A의 전용 프리앰프가 있다는 사실은 잘 모른다. 그래서 대부분 마란츠 7C나 매킨토시 C-20 프리앰프를 A-333A에 연결해 사용하는 것이 보통이다. 하지만 A-433A를 A-333A에 연결해 들어보면 그야말로 물 만난 고기처럼 A-333A의 사운드가 귀로 헤엄쳐 다가온다는 인상을 받게 된다. 마란츠 7C도 매킨토시 C-20도 그 자리를 내어 주어야만 하는 것이다. 실제 현 거래 가격으로 치면 A-433A의 가격은 마란츠 7C의 1/5에도 못 미치는 실정이지만 그 사운드는 상상을 초월한다(반면, 이웃 일본에서는 국내 가격의 2배 이상으로 거래되고 있다). 다이내믹하고 호방한 음의 확장성 및 질감은 가히 발군인데 어디에서 그런 소리가 나는지 A-433A의 내부를 다시 바라보게 된다.

내부를 보면 실망스러울 만큼 단출한 회로로 되어 있는 것을 알 수 있다. 아스트론 메탈라이즈드 페이퍼 커플링 콘덴서를 중심으로 알렌 브래들리 카본 저항이 듬성듬성 매달려 있다. 구조도 좋은 편이 아니어서 전면 패널을 제거해야만 그 내부의 하드와이어링 부품을 점검할 수 있다. 포노 입력 1개에 라인 입력 2개, 그리고 출력단 1계통으로 심플하다. 포노에 12AX7 1개, 출력단에 12AU7 1개, 도합 각 채널 2개의 진공관만이 사용된다. 라인 입력 감도와 포노 입력 감도가 격차가 있어 포노 입력 선택 시에는 볼륨을 많이 먹는다. 그러나 그 구수한 질감과 두툼한 톤은 정말 매력 있다. 중후하면서도 중심을 잃지 않는 두툼한 음색이 A-433A의 가장 강점이라 말할 수 있다. 주파수 특성이 +0dB, -1dB 내에서 20~20,000Hz, 특히 ±3dB 내에서 20~100,000Hz에 이르는 광대역으로 호방한 느낌이 강조된다. 전면 중앙에 볼륨이 세팅되고, 오른쪽 상·하에 저역, 고역 톤 컨트롤 노브가 자리하고 있다. 톤 컨트롤 플랫 지점이 저역은 상부에, 고역은 하부에 있기 때문에 잘 맞춰야 한다. 직접 조정해 본 느낌으로는 약간의 톤 컨트롤 이동에도 음색 변화가 커 정확한 조정이 필수다.

이렇게 초라한 프리앰프가 귀가 뻥 뚫리도록 멋있는 소리를 내는 경우를 경험한 적이 없다. 단순한 회로 구성에서 오는 순수한 음질, 그리고 막힘이 없는 개방된 음색이 대단히 매력 있다. 전원부를 따로 만들어 쓰는 분도 보았지만, 완벽한 연결은 A-333A로 부터의 전원 공급이며, 비교적 타 파워 앰프와도 매칭이 좋지만, 역시 A-333A를 전제로 한 연결이 A-433A의 성능을 100% 발휘하는 길이라 생각한다.

»
A-333A 파워앰프 케이지를 덮은 모습(좌)와 두 대의 A-433A 프리앰프가 결합된 모습(우)

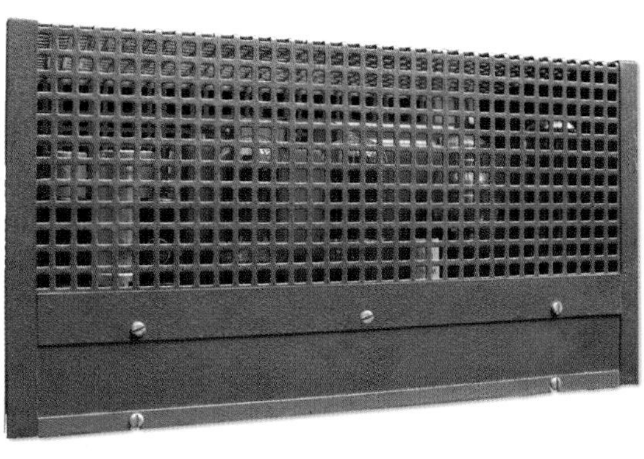

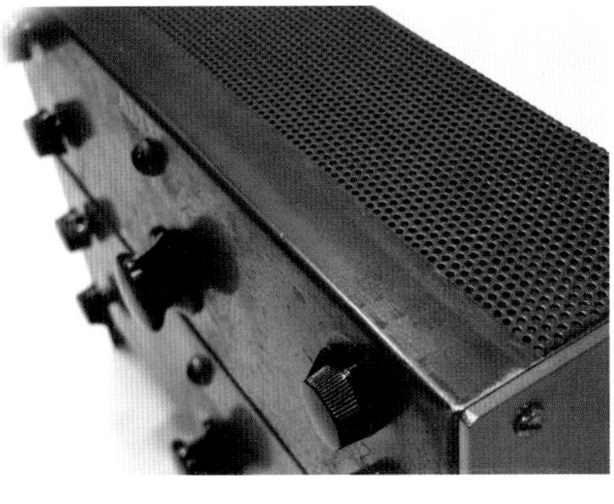

Marantz 8B
EL34의 기준점

Brook 12A
2A3의 실용적 해석

IPC · AM - 1027 Dual mono Tube Power Amplifier
가정으로 들어온 프로용 파워앰프

Leak Point One Stereo Tube Preamplifier ·
Stereo 20 · Stereo 50 Tube Power Amplifier
영국의 실용적인 진공관 오디오

Mcintosh MC - 275
넘을 수 없는 위용의 진공관 파워앰프

Rogers · London Power Amplifier
적은 출력으로 오소독스한 음색을 내는 실용기

Simens SEV - 201W AD1 Single Power Amplifier
독일 고전 3극관 싱글 앰프

항공모함에서 종이비행기 날리기

POWER AMPLIFIER

파워앰프

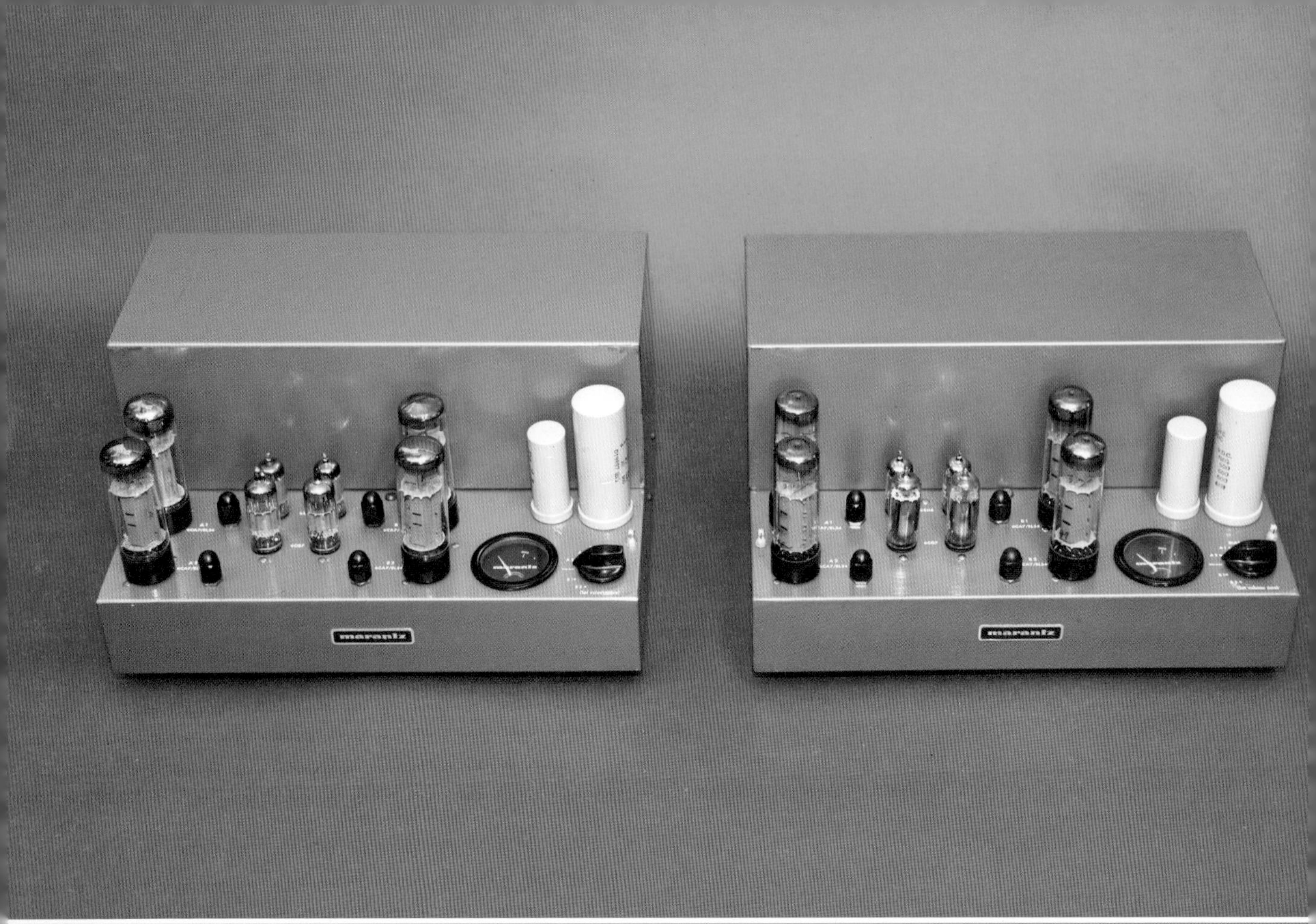
marantz
marantz

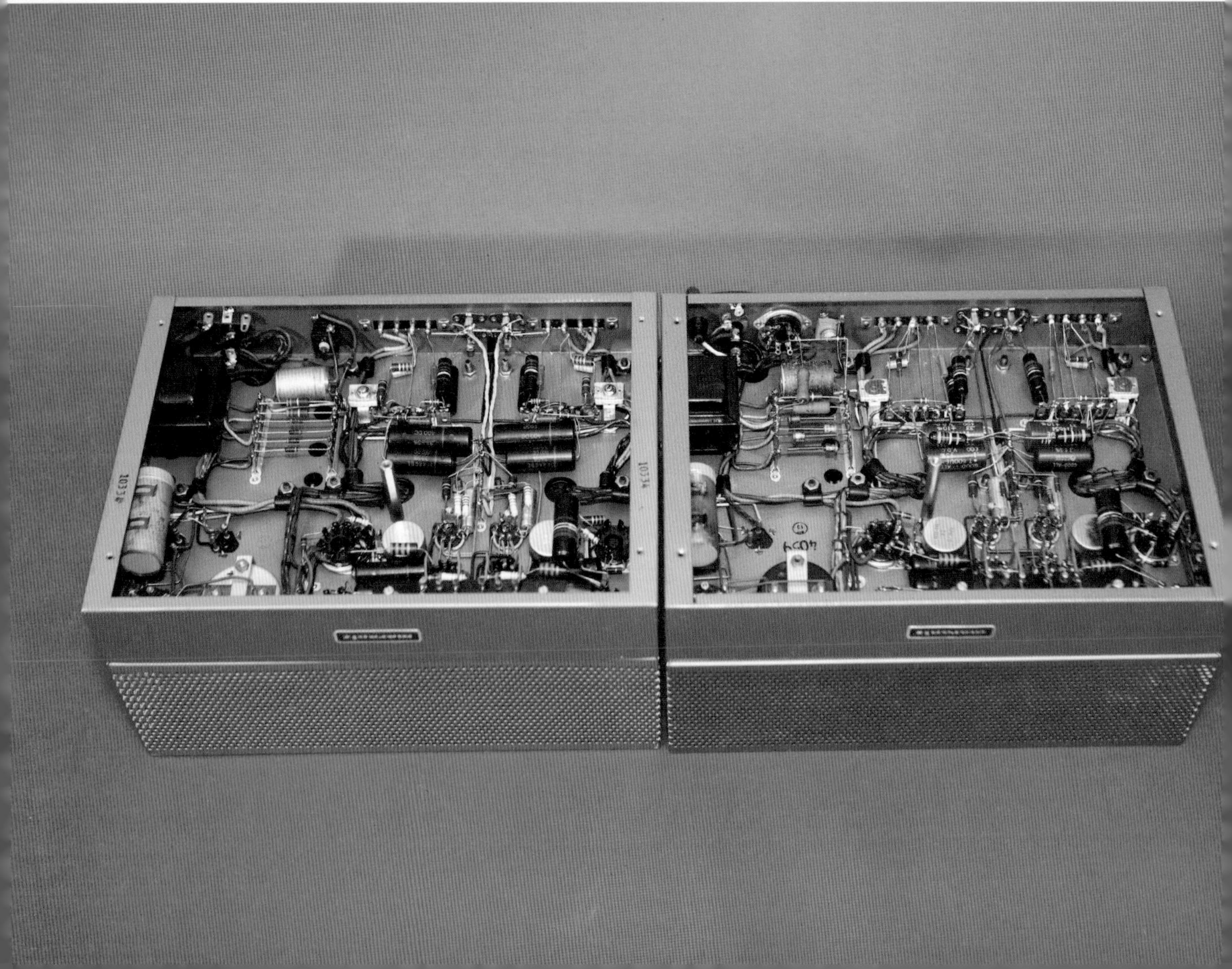

Marantz 8B

EL34의 기준점

마란츠 8B는 마란츠 7C 프리앰프와 함께 일세를 풍미했었다. 1960년대 초반 모델 5를 스테레오 회로화하여 마란츠 8(6CA7 PP 30W/ch)을 개발한 후 약 1년 후 출력을 상향시켜 채널당 35W로 설계하였는데, 외형상 8에 비해 밑 섀시 높이가 약간 낮은 것 외에는 차이가 없지만 내부 회로는 상당히 개량되어 전원부와 커플링 파트가 보다 고급화 되었다. 필자가 보기에는 8B보다 8이 오히려 음색 면에서 앞서지만 주파수 특성과 다이내믹 레인지를 포함하는 전반적인 특성은 8B가 우세하다. 55년이 넘은 파워앰프가 아직도 마니아들의 사랑을 받고 있는 가장 큰 이유는 당시 음에 대한 이상을 개성있게 반영하고 있다는 점일 것이다.

1953년 발표된 마란츠 2 파워앰프(모노 블록 6CA7 PP 40W/ch)에서 8B(스트레오 6CA7 PP 35W/ch)를 거쳐 1960년대 중반부터 후반까지 생상된 마지막 진공관 파워앰프 9(모노 블록 6CA7 파라 PP 70W/ch)까지, 소울 마란츠(Soul. B. Marantz)는 6CA7(유럽명 EL34)만을 출력관으로 사용하였다. 마란츠는 가장 이상적인 출력관으로 6CA7을 선택하여 그 완성도를 점차적으로 높여나가며 음색과 음악성을 튜닝하였는데 엔지니어의 사려 깊은 철학에 새삼 존경스럽기까지 하다. 8B와 9등은 모두 5극관인 6CA7의 스크린 그리드를 플레이트에 접속하여 6CA7을 3극관으로 동작시키는 3결 접속 방식이나, 출력 트랜스의 1차 코일의 중앙에 접속시키는 울트라 리니어(Ultra-Liner Connection, UL 접속) 방식 중 사용자가 택일할 수 있도록 설계된 것도 마란츠의 철학이 느껴지는 부분이다. 특히 8B의 경우는 회로의 납땜을 지시대로 변경해야 하지만 9는 한 개의 토글 스위치로 동작 회로를 변경할 수 있도록 배려하여 보다 사용자 중심으로 개량되어졌음을 보여주

»
마란츠 8B 10000번대(상하단 좌)와 4000번대(상하단 우)

고 있다. 보다 좋은 음을 찾으려는 노력이 8B의 구석구석에 배어 있다.

사실 초단부터 출력단까지 회로 방식에는 특별한 것이 없고 그저 원칙에 충실하여 내구성과 사용자 위주의 설계를 하였다는 것이 가장 큰 특색이지만 당시로는 초단관으로 거의 쓰이지 않았던 5극관 6BH6을 3결 접속하여 채용한 것이 독특하다. 드라이브관으로 사용된 6CG7은 일반적인 관인데 6BH6과는 커플링 콘덴서 없이 직결되어 음의 순도를 높이고 있다. 따라서 전원 스위치를 켠(ON) 상태에서 6BH6을 소켓에서 뽑으면 6CG7에 과전류 문제가 생길 수 있으므로 주의하기 바란다. 특히 8B는 출력관과 중간 증폭관들의 성능에 음질이 크게 좌우되는 바, 출력관은 구형 뮬라드 XF-1 또는 메탈베이스관, 6CG7이나 6BH6는 RCA 구관등 좋은 진공관을 사용하는 것이 중요하다. 또 음질 면에서 S/N 5000번대 이하 제품을 구하는 것이 좋다.

6CG7과 출력과 6CA7은 콘덴서로 결합되어 있는데 8에서는 말러리 오일드 페이퍼를 썼으며 8B에서는 초기에는 굿올(Good All) 중·후기에는 스프라그 범블비와 블랙뷰티가 병행 사용되었다. 진공관 파워의 커플링 콘덴서는 음질에 가장 섬세한 영향을 끼치므로 이것만으로도 8과 8B의 음질이 달라졌음을 알 수 있을 것이다. 출력관 6CA7은 향상된 음질과 출력을 위해 픽스드 바이어스로 설계되었다. 3결 접속이 가능한 것 외에 또 하나 사용자를 위한 배려가 댐핑 팩터를 임의로 가변시킬 수 있도록 한 것인데, 출력 트랜스 2차 측에 부가 저항을 삽입하여 스피커에 알맞은 댐핑으로 전환하도록 하였다. 가장 취약점은 전원부로, 다이오드로 정류하여 전해 콘덴서로 1차 평활시킨 후 역시 초크코일과 전해 콘덴서로 2차 평활시키고 있으나 각 콘덴서 용량이 너무 작아 현 시점에서는 빈약한 전원 용량으로 인식된다. 물론 추가 콘덴서를 달아 보강할 수 있는데 이렇게 하면 보다 힘있고 다이내믹한 8B의 음질을 들을 수 있다. 그러나 어떻든 7C와 함께 연결된 8B의 음질은 아직도 매력이 있을 뿐 아니라 그 어떤 현대 기기도 감히 넘보지 못할 좋은 음질로 20세기를 대표할 만한 역작이라고 생각한다.

»
S/N 10334번(커플링 스프라그 블랙뷰티 콘덴서, 상단)
S/N 4059번(커플링 굿올 콘덴서, 하단)

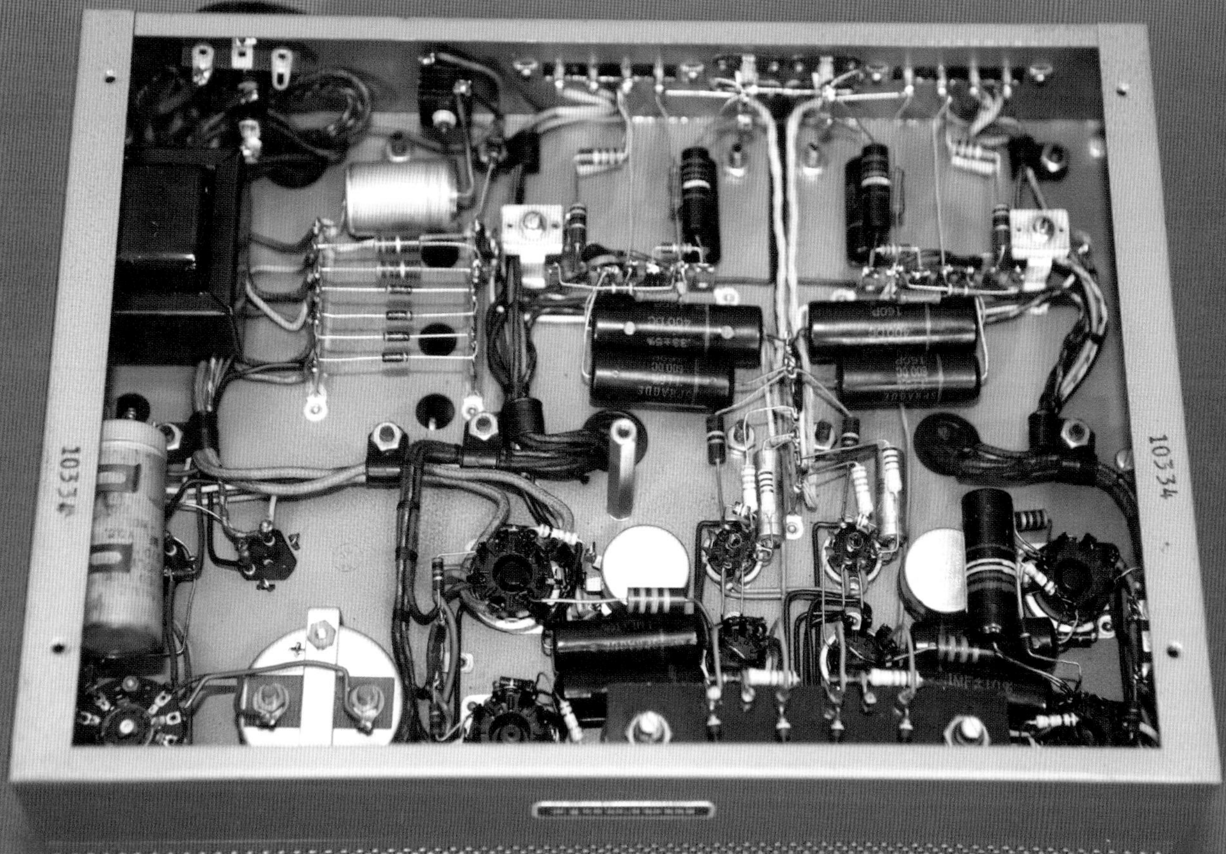
10334
10334

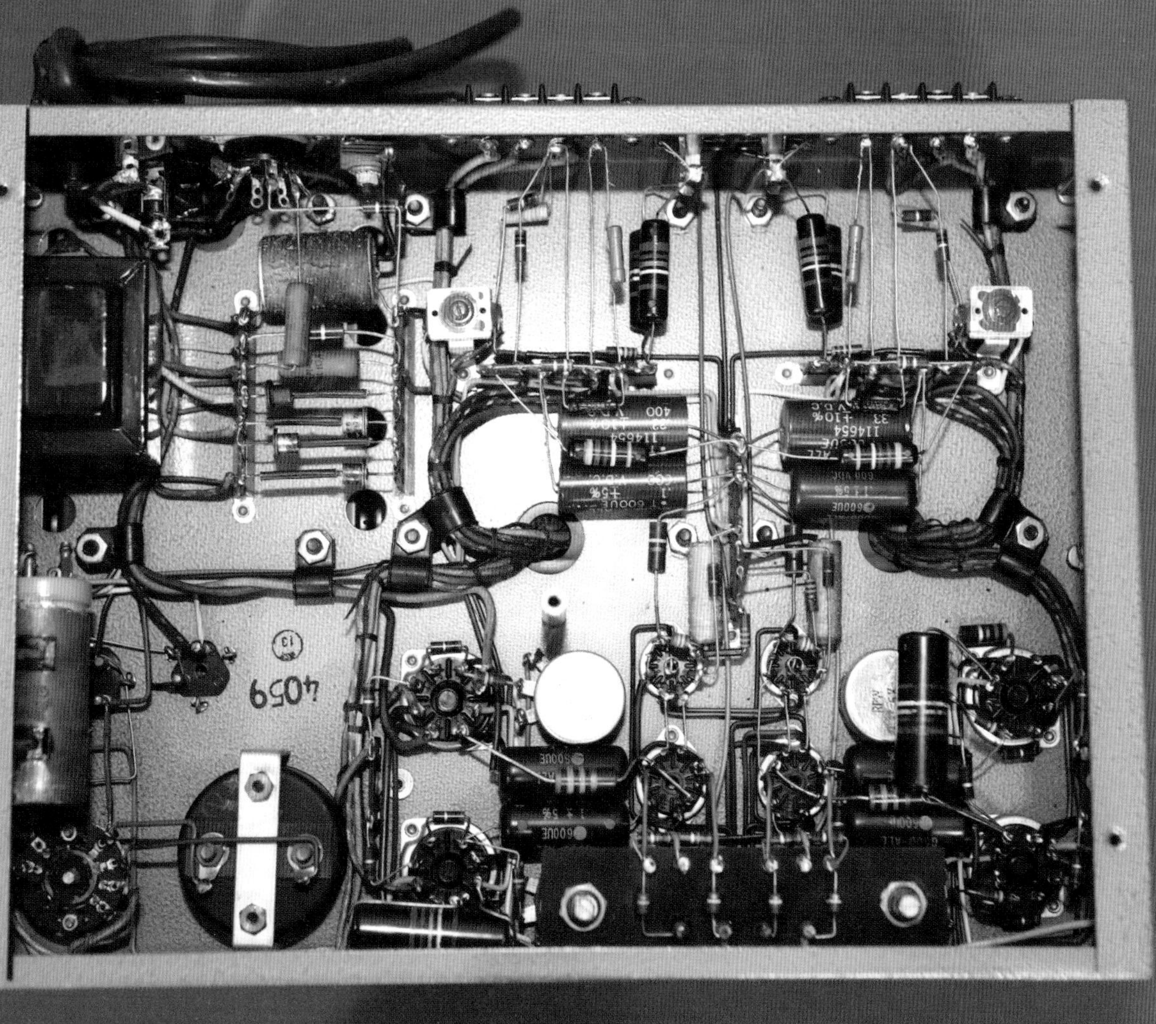
4059

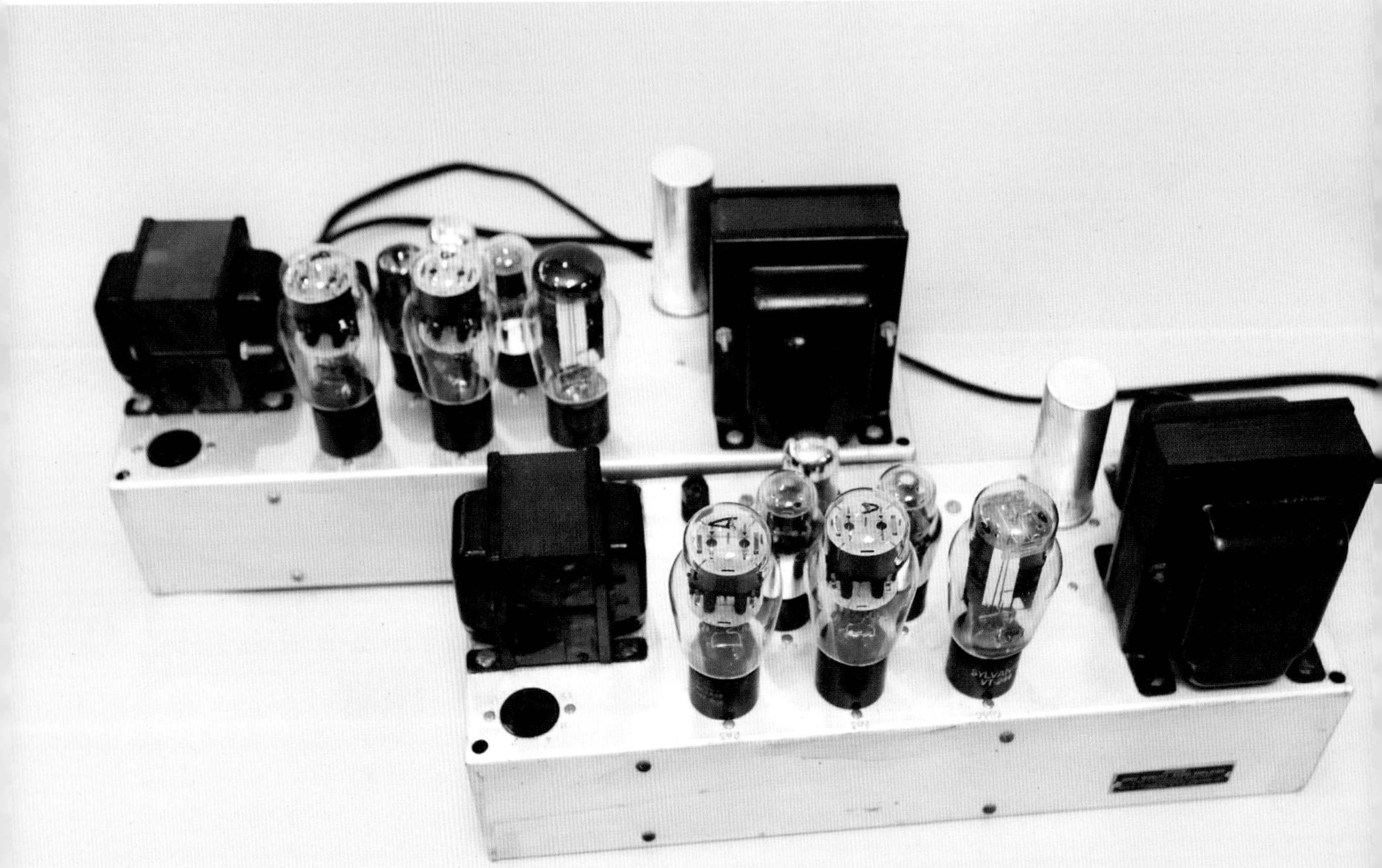

Brook 12A

빈티지 오디오를 하다 보면 가장 다양하지만 가장 성에 차지 않아 바꿈질을 자주하게 되는 것이 파워앰프다. 프리앰프보다 음질의 지배력은 약하지만 스피커의 구동력이나 음악성, 음색에 미묘하게 영향력을 행사하고 있기 때문에 실제 비교 시청한 결과를 본인이 느낀다면 바꾸지 않고는 못 배길 것이다. 특히 고전적인 WE나 탄노이를 스피커로 사용한다면 파워앰프의 성격에 따른 음질의 격차는 극명하게 나타나는데 진정한 마니아라면 파워앰프의 선택 과정이 즐거운 일이기도 하지만 고난의 길이기도 하다. 출력이 크고 댐핑이 좋아 스피커 핸들링 능력이 충분하다 싶으면 섬세한 부분의 질감 있는 표현력이 부족하고, 충분한 질감과 음색을 가지고 있으면 구동력이 약하다는 느낌을 받게 되기 때문이다. 전자가 주로 빔관이나 5극관을 근간으로 하는 구형 PP앰프들의 경우고, 후자는 고전 3극관을 베이스로 한 싱글 파워앰프의 경우다. 이 두 개의 장단점을 고루 보충한 파워앰프가 바로 3극관 PP로 구성된 구형 파워앰프라고 할 수 있다.

이런 앰프의 대부분은 영국과 독일의 다이나트론이나 데카, 클랑필름인데, 주로 PX4 · PX25 · PP3-250 · AD-1 등의 고전 3극관을 사용한다. 대부분 고가의 앰프이고, 앰프 자체의 구성이나 디자인이 모자란 특징을 가지고 있는데, 장전축 내장용이거나 프로용 앰프이기 때문이다. 미국의 앰프로 3극관을 사용하며 명기의 반열에 오른 앰프는 WE의 46C · 91B · 86C 그리고 브룩(Brook)의 10C · 12A를 꼽을 수 있다. 91B가 싱글 300B이고, 86C가 300B PP인데, 브룩 10C는 트랜스와 스위치 첨가를 통한 개조로 2A3와 300B를 교환 사용 가능하며, 12A는 2A3 PP로 구성되어 있다. WE의 앰프들은 워낙 잘 알려져 있고 또한 고가여서 일

»
브룩 12A

반 마니아들이 손대기에는 무리가 있지만, 브룩의 파워앰프는 비교적 값도 저렴하고 핸들링도 어렵지 않아 인기가 있다. 물론 저렴하다고는 하지만 역시 귀한 앰프여서 차 한 대 값 정도는 각오해야만 손에 넣을 수 있다. 10C가 300B와 2A3을 교환 사용할 수 있기 때문에 12A보다는 훨씬 고가이지만 음질상 큰 장점이 있지는 않다. 그러나 300B로 교환해 듣는 10C는 12A를 훨씬 능가하는 깊은 매력이 있다. 탄노이 실버 15인치 유닛이 장착된 오리지널 오토그라프를 전제로 한다면 12A가 10C보다 고역 질감이나 저역 양에서 우세하다고 볼 수 있다. 섬세하고도 형연할 수 없는 음색의 아름다움이 중·고역에서 표현된다. 저음은 단정하고, 깊게 들으면 특유의 3극관 저역 디테일이 구수하다. 알텍 A-5(1947년산 810 오리지널 통에 515·805A·288B, N-500C-할리우드 버전)를 기준으로 한다면 전체적으로 3극관 고유의 음색이 넓게 분포되며 단정하고도 우아한 표현을 이룬다.

12A의 외관적 특징은 WE-91B를 연상시키는 장방형 알루미늄 섀시와 단정한 진공관 배치 및 트랜스 배정이 싫증나지 않게 디자인되어 있다는 것이다. 섀시의 높이가 비교적 높은데, 이는 내부 부품 배치상 실용적인 설계의 결과라 본다. 하부에 초크 트랜스가 있고, 세워진 러그판을 기준으로 입력 회로가 구성되어 있기에 무엇인가 투박한 인상은 주지만 나름 매력 있다. 이런 디자인은 WE의 91B, 86C에도 동일하게 도입된 것으로 보아 아마 당시 유행이라는 잠정적 결론을 내려 본다. 12A의 전원 트랜스, 출력 트랜스, 초크 트랜스는 시각적으로 별 특징이 없어 밋밋하다. 하부 섀시에 장착되어 있는 초크 트랜스가 가장 단단하게 보이고, 나머지는 그저 그런 인상이다. 함침도 시키지 않았고, 코어 조임 나사도 유난히 길어 세련된 맛이 없다. 출력단은 2·4·8·15·500Ω의 5단계 구성이며, 사용 진공관은 2개의 출력관 2A3, 2개의 드라이브관 6J5, 초단관 6SN7, 정류관 5U4의 6구 타입이다.

브룩 12A는 세련되고 잘 빠진 음색이라기보다 농부처럼 수더분하며 구수한 매력이 있고, 이러한 음색은 앰프의 외형에서도 잘 느낄 수 있다. 탄노이나 웨스턴 스피커 등 고전 스피커 시스템을 갖고 있는 마니아에게는 보석과도 같은 단아한 파워앰프로, 영구적으로 소장하고 싶은 마음이 드는 실력기라 말할 수 있다.

»
브룩 12A의 뒷면(상단)과 앞면(하단)

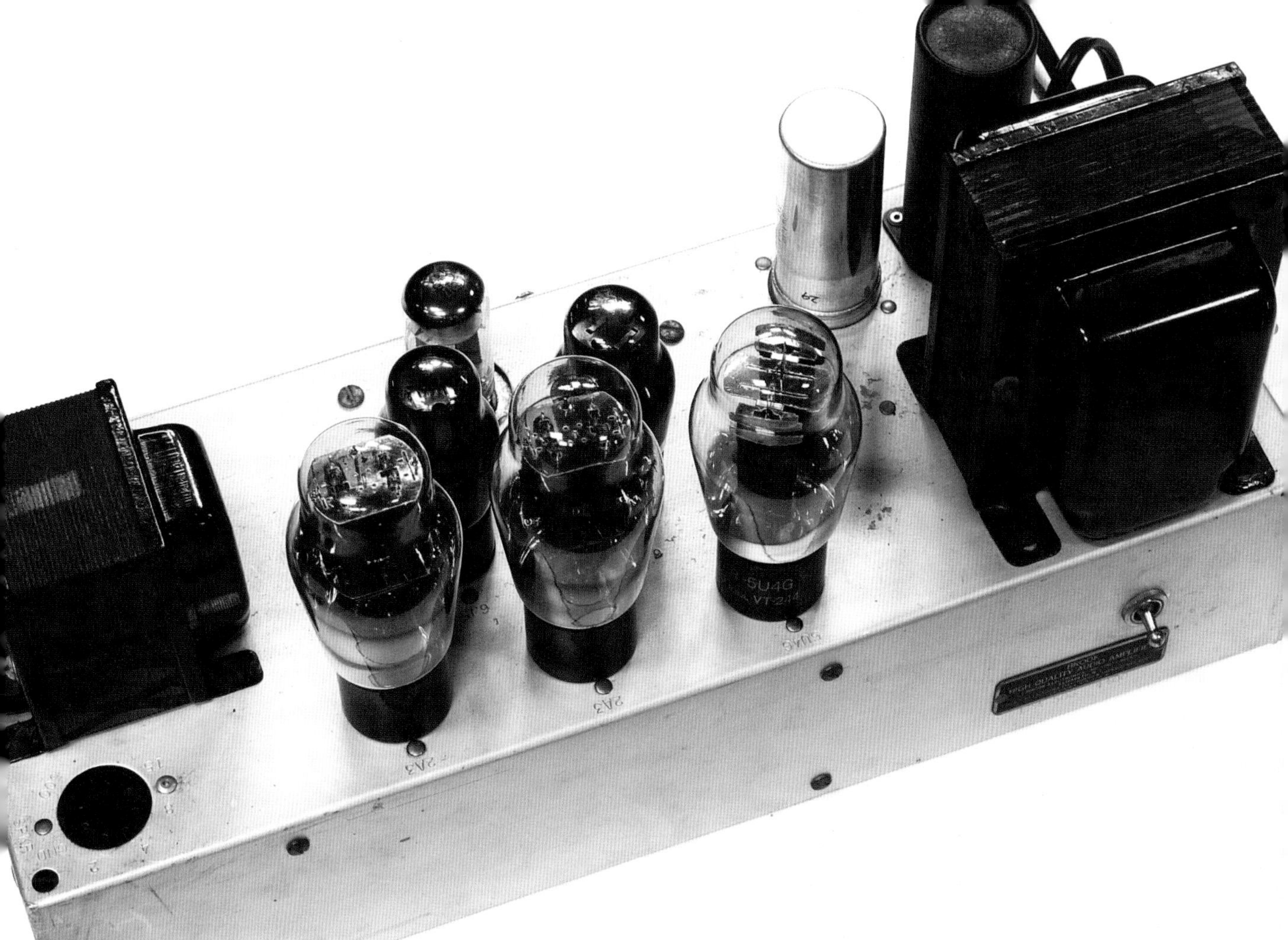
5U4G

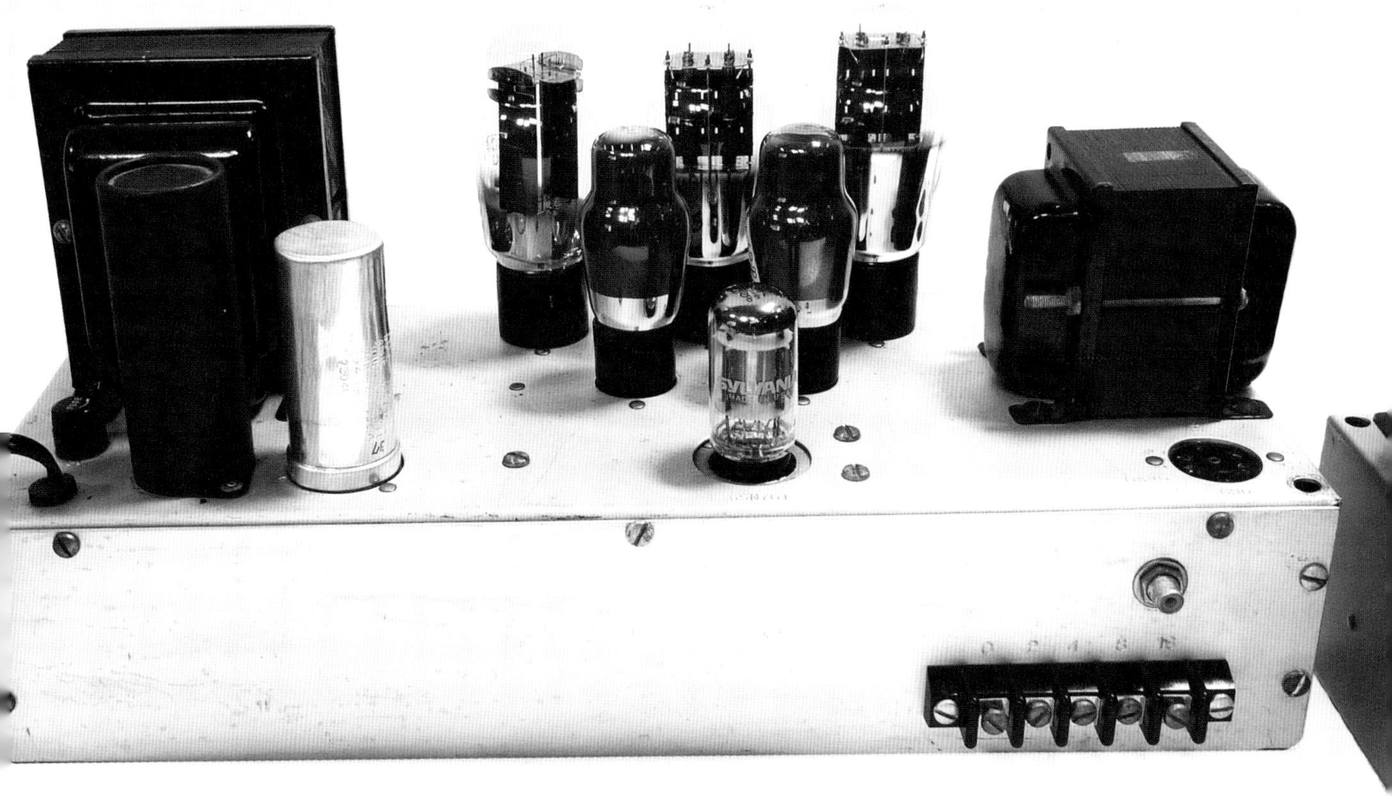

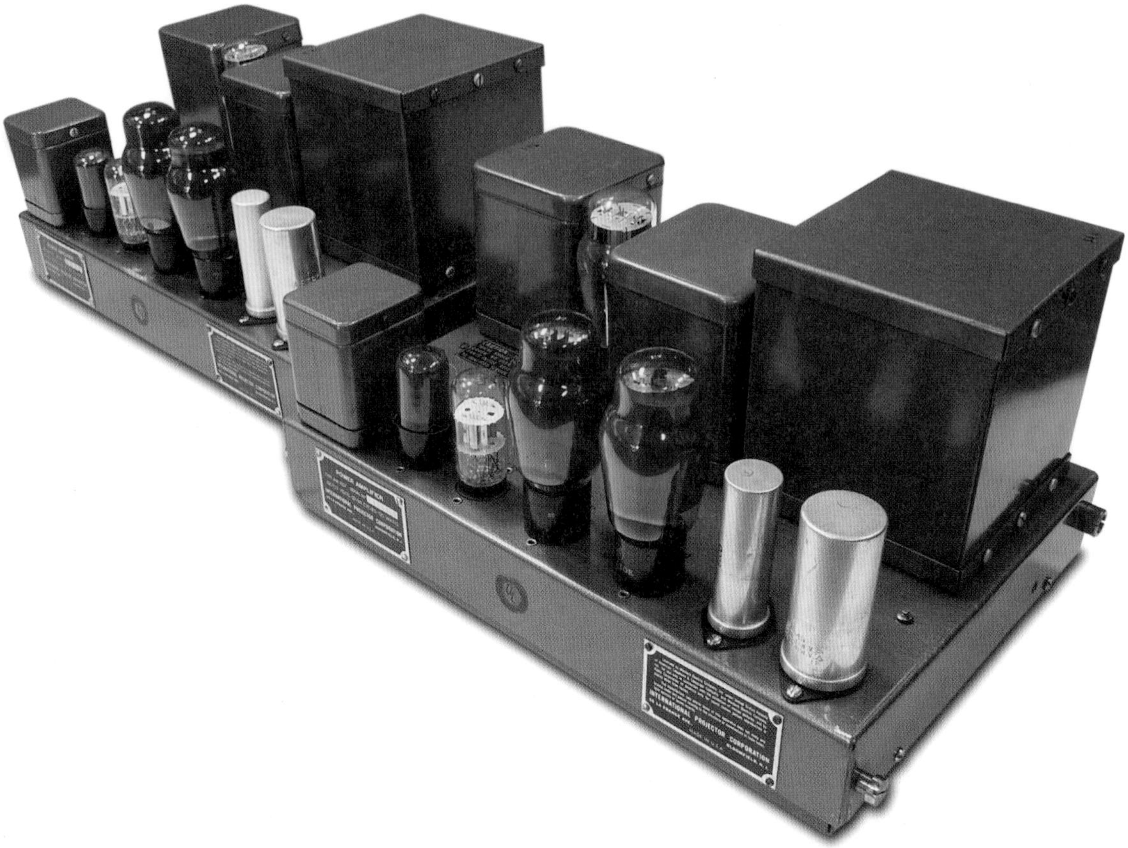
POWER AMPLIFIER
INTERNATIONAL PROJECTOR CORPORATION

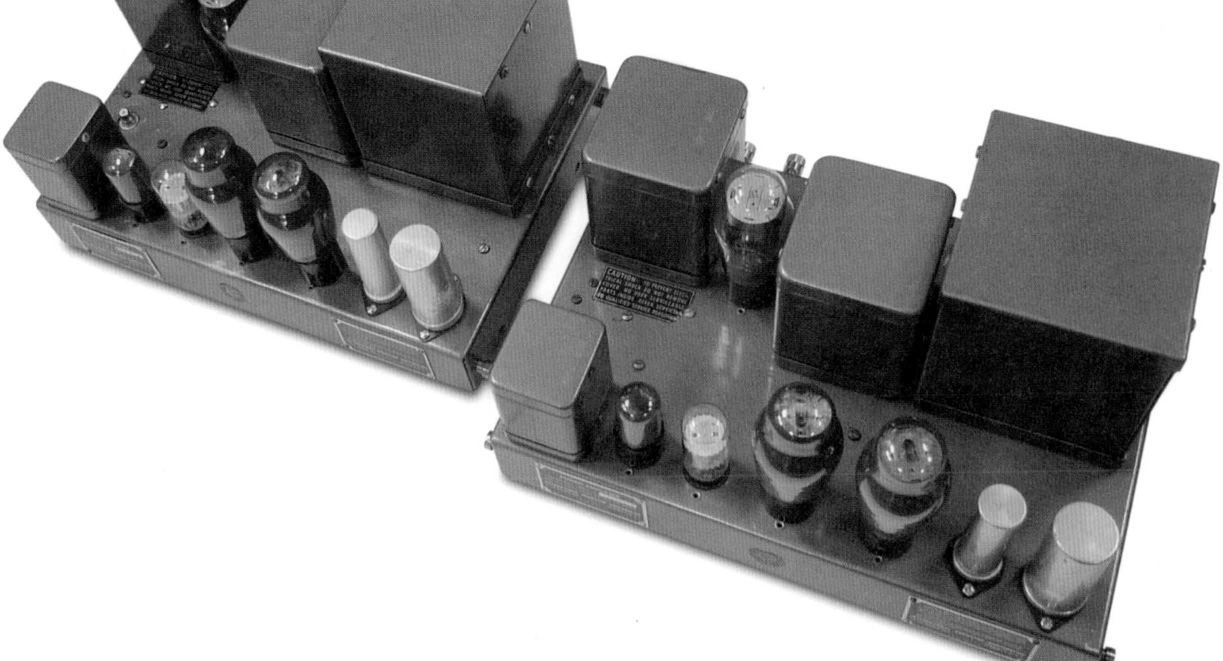
CAUTION:

IPC·AM-1027 Dual mono Tube Power Amplifier

가정으로 들어온 프로용 파워앰프

알텍 스피커를 울리기 위해서는 여러가지 심사숙고가 필요하다. 알텍 스피커가 대부분 혼(Horn)인 관계로 음의 직진성이나 다이내믹, 음압적 밸런스 등이 소위 '쏜다'는 표현으로 대변될만큼 강하기 때문이다. 오리지널 상태의 알텍 A-5 · A-7을 타깃으로 한다면 기본적으로 6L6 출력관이 장착된 부드러운 앰프를 찾게 된다. 그 물망에 오른 앰프들은 역시 알텍 앰프로 126 · 127 · 333A · 1520 등이 있는데, 모두 자사 스피커를 프로 버전으로 사용하기 위한 앰프들이다. 물론 333A는 그나마 가정용으로 설계되어 일반 가정에서 알텍을 부드럽게 핸들링 하는 특성을 가지고 있지만, 나머지 앰프들은 주로 극장이나 공지 방송, 공연용으로 설계되어 아직도 그 울림이 세다. 이외에 비슷한 버전으로 IPC(International Projector Corporation)의 앰프들이 알텍과 같은 혼 스피커에 잘 맞는데, 알다시피 영화 프로젝터 회사인 IPC사가 피어리스 트랜스를 사용해 극장용 혼 스피커를 핸들링 하도록 설계한 앰프이기 때문이다. IPC의 앰프들은 거의 쥐색 함머톤으로 공업용 내지는 프로용 냄새가 물씬 난다. 2A3 앰프인 NP11, 6L6 PP 모델 1001, 6L6 PP 모델 1027, 6L6 싱글 모델 1029, 807 PP 모델 1080 등 수많은 명파워앰프들이 IPC 라인업을 형성한다.

그중에서 1029 6L6 싱글 버전은 영사 시스템의 조정실 모니터로 개발되었는데, 싱글이라는 이유로 최근에 인기가 높은 앰프다. 출력관을 교체해 3극관 앰프로 개조하기도 하는데, 자체로서도 훌륭한 소리를 낸다. 1029와 구형 혼 시스템들은 궁합이 좋아 섬세하면서도 단아한 울림을 재생하는데, 웨스턴이나 RCA 필드 혼 시스템과도 상성이 좋다. 그러나 출력이 작은 관계로 스케일 있게 저역을 핸들링 하지는 못한다. 하지

»
IPC · AM-1027

만 알텍 앰프나 웨스턴 앰프에 비해 상대적으로 저렴하면서도 음악성 있는 사운드를 제공하는 것이 IPC여서 코스트 퍼포먼스 측면에서 상당히 매력 있다.

AM-1027은 그중에서 가장 인기 있는 6L6 PP 파워앰프로 듀얼 모노 구성이다. 출력관 6L6 2개와 초단 증폭관 및 위상반전관으로 6SL7 2개, 정류관 5R4 1개를 사용하며, 전원 트랜스, 출력 트랜스, 초크 트랜스, 입력 트랜스 모두 쥐색 피어리스제를 사용하는 파워앰프로, 트랜스 배치와 진공관 배치가 단아하고 타이트해 알텍 앰프에 비해 정돈된 인상을 주는 특징이 있다. 출력 트랜스는 피어리스의 중·상급 제품으로 최고급형이라 말할 수는 없지만 그 내구성이나 안정도, 점잖은 소리 측면에서 더 이상의 트랜스는 사치일 것 같은 인상을 주는 잘 짜인 앰프다. 원래는 스탠딩 랙에 장착되어져 보수나 유지 관리가 편리하도록 되어 있어 섀시 양 옆에는 힌지 돌기가 나와 있다. 또한 하부 막이 섀시도 없는데, 이는 랙 속에 수납하는 타입이어서 랙 자체가 노이즈를 차폐하도록 했기 때문이다. 가정에서 사용할 때는 하부 섀시를 따로 제작해 막는 것이 좋다. 그래야 감전 사고도 막을 수 있고, 하부에서 발생하는 노이즈 차폐도 되기 때문이다.

»
332쪽, 전면
333쪽, 간결한 뒷모습

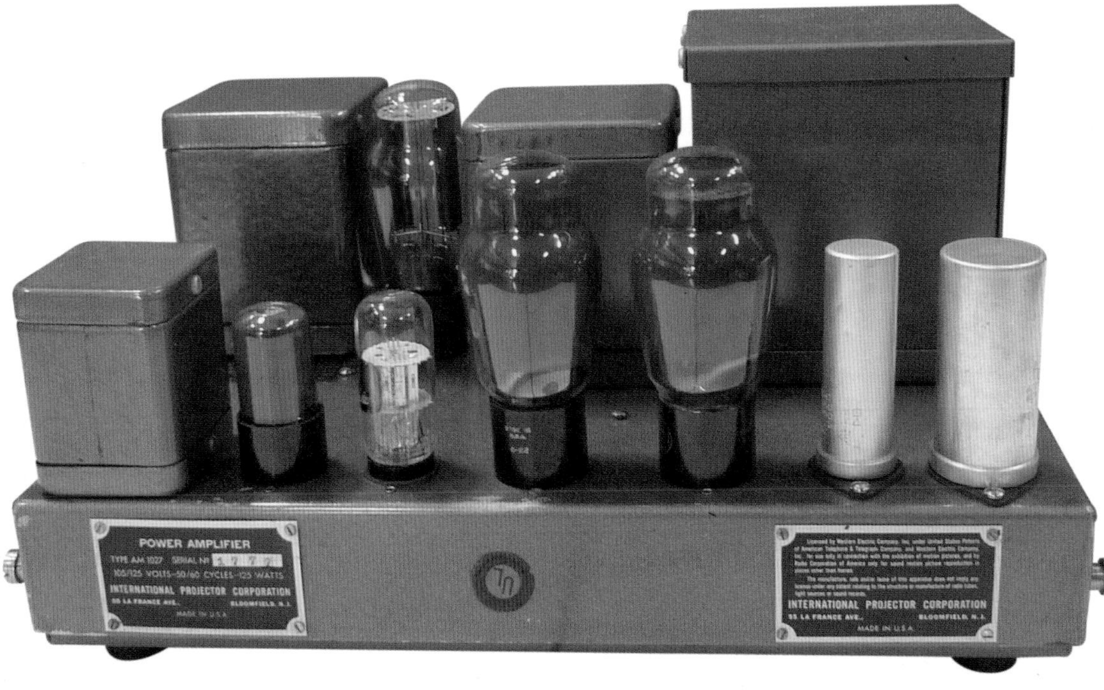

하부 섀시 내부는 매우 간단하면서도 정갈하다. 러그 기판에 필요한 저항과 콘덴서가 일자로 배치되어 있는데, 단 한 장의 러그판 위에 모든 부품이 장착된다. 이렇게 한 것은 쉽고 간편하게 부품 교체를 하도록 배려한 것인데, 프로 앰프인 탓에 극장 등에서 장기간 방치되면 영업 자체에 문제가 되기 때문이다. 결국 쉽고 빠르게 보수해 항상 이상 없이 관객에게 영화 상영을 할 수 있도록 한 안전 설계인 것이다. 상부 전해 콘덴서도 나사 2개만 풀면 즉시 교환이 가능하며, 배선도 매우 간단해 단순함의 극치를 달린다. 밸런스 입력 트랜스는 보통 바이패스 시키며, 스피커 출력 단자는 8Ω과 16Ω으로 두 개만 있다. 1027은 알텍과 탄노이 모두에 적절한 상성을 보인다. 보통 알텍에 맞으면 탄노이에 안 맞고, 탄노이에 맞으면 알텍에서 부족한 점을 보이는데, 이 모델의 경우는 각자 개성이 살아나며 적절한 음악성과 디테일감이 있어 묘한 매력을 느꼈다. 굳이 따지자면 물론 알텍 쪽에 점수를 더 주겠지만 양쪽 다 음악적인 소화력이 충분해 운용하기 좋다. 가격도 그리 비싸지 않아 가정용 올라운드 플레이어 앰프로 추천할 만하다.

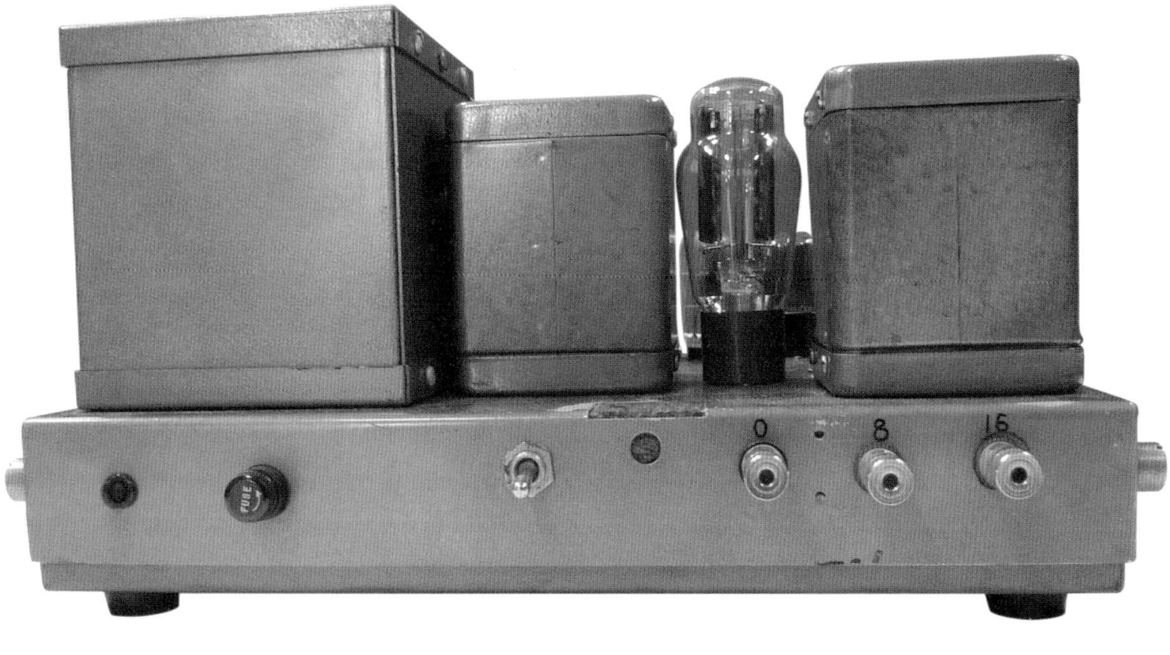

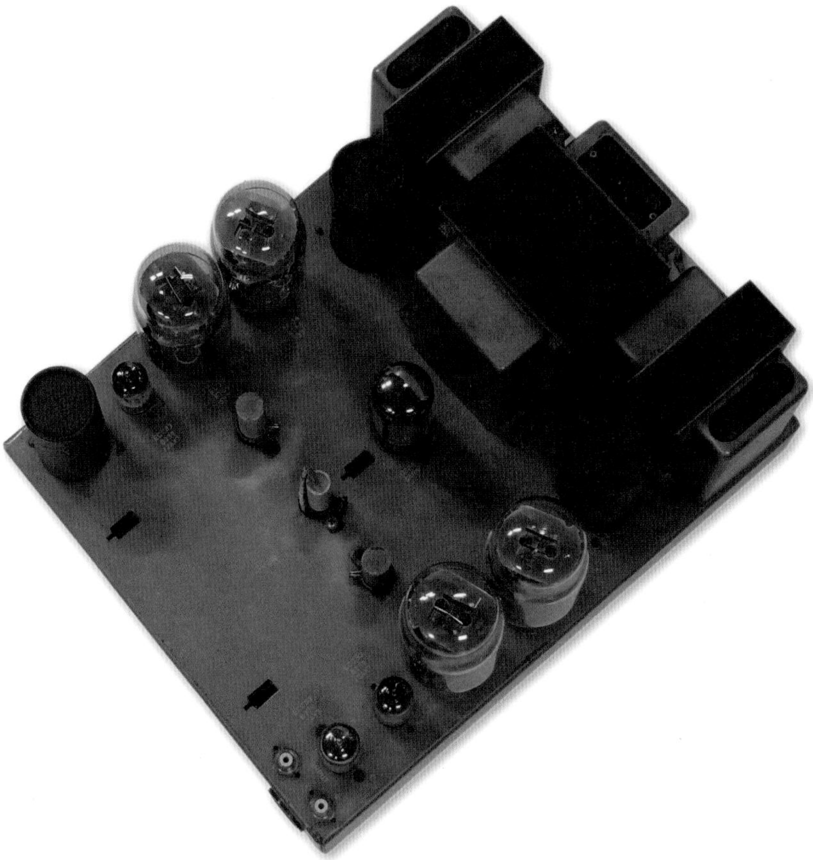

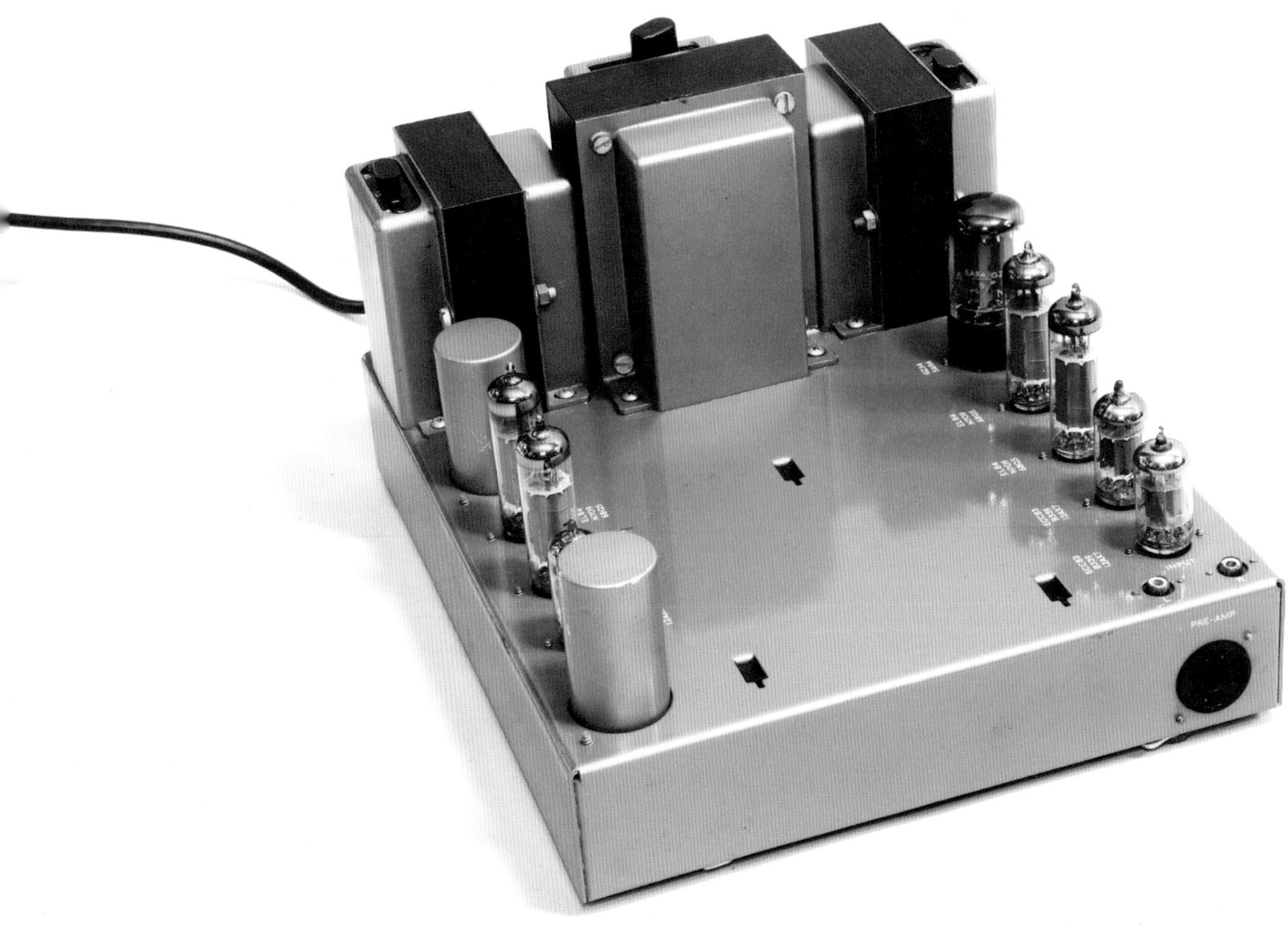
PRE-AMP

Leak Point One Stereo Tube Preamplifier · Stereo 20 · Stereo 50 Tube Power Amplifier

영국의 실용적인 진공관 오디오

미국, 독일, 영국 등 나라별 기질이 사운드에도 나타나는 것 같다. 음색이나 디자인, 상품 정책 등에 음으로 양으로 미묘하게 반영되어 결과적으로 모든 오디오 제품에 정신으로 스며들고 전통으로 이어져 아메리칸 사운드, 도이치 사운드, 브리티시 사운드로 분류되어 평가되고 있다. 이는 이미 오래전 유성기나 LP음반 등에서부터 전통으로 반영되어 있는 것 같다. 최근 영국을 대표하는 HMV 163과 미국의 빅터 크리덴자의 음색을 비교청취하면서 새삼 느꼈는데, 음악적인 측면에서 부드럽고 우아한 브리티시 사운드가, 힘 있고 카랑카랑하며 세련된 아메리칸 사운드를 압도한다는 것을 알았다. 음반이나 진공관 앰프, 스피커 등에서도 동일한 맥락을 이루고 있는데, 최근 들어 탄노이 스피커가 좋아지는 것도 우연이 아니라는 생각이 든다. 나이 들면 역시 부드럽고 심도 있는 사운드에 끌린다. 물론 소리뿐 아니라 인생 전반이 다 그러하지만 말이다.

탄노이 스피커나 굿맨 스피커를 포함하는 영국 빈티지들을 잘 울리기 위해서는 역시 영국 빈티지 앰프가 제격인데, 암스트롱, 다이나트론, 데카 등의 3극관 앰프와 리크의 5극관 앰프들이 그 물망에 오른다. 3극관 앰프들은 비교적 고가이고, 중간 가격대에서 탄노이 랭커스터 정도를 잘 울리려면 리크 스테레오 20이나 50이 적절한데, 프리앰프를 마란츠 7C로 쓰기에는 그것 또한 가격 부담이 있어 역시 저렴한 리크 세트 포인트 원 프리앰프로 선정해 매칭시켜 사운드를 들어보았다.

영국에서 프리앰프는 그저 파워앰프를 보조해주는 정도로 가볍게 생각해 미국과 비교했을 때 프리앰프의 비중이 상대적으로 약하다. 즉, 간이 프리앰프 정도로 생각하고 상품화시킨 것이 대부분이다. 리크의 포

»
리크 스테레오 50(상단)와 리크 스트레오 20(하단)

»
리크 포인트 원 프리앰프(좌)와 스테레오 50 파워앰프(우)

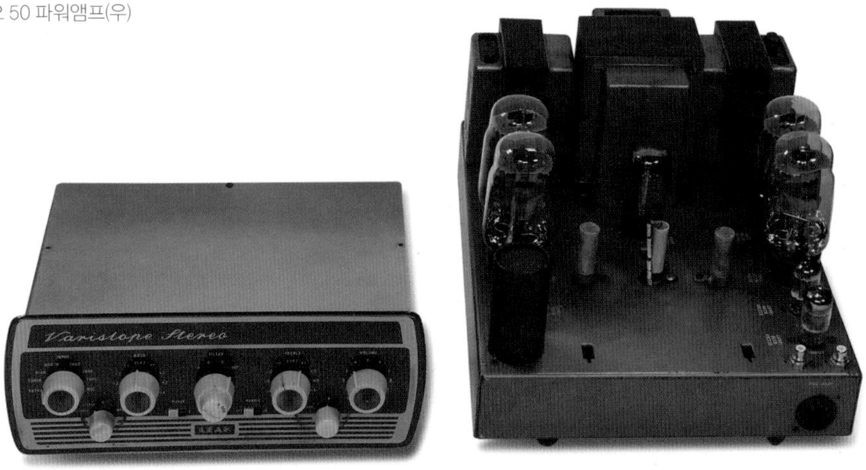

인트 원(Point One) 역시 그런 맥락에서 제작되어 사이즈도 작고 내부 부품이나 섀시도 빈약하며, 증폭단도 일부 생략되어 증폭관 4개 정도를 사용해 포노단과 라인단을 구성하고 있다. 미국이 쌍3극관 12AX7, 12AT7, 12AU7을 주로 사용하는 데 반해 영국은 5극관 EF86을 주로 사용하는 특징이 있다. 따라서 디테일은 다소 부족하고 밀어주는 힘은 약하지만 부드럽고 우아한 것이다. 또한 전원도 프리앰프 별도의 전원을 꾸미기보다는 파워에서 공급되는 히터 전압이나 플레이트 전류를 끌어 쓰는 것이 보통이다. 결국 프리앰프 단독으로는 전원을 새로 만들기 전에는 사용 불가능한 것이 대부분이다. 리크의 포인트 원과 스테레오 20과 50도 이런 맥락에서 설계된 진공관 앰프 세트이다.

리크 포인트 원은 해럴드 J. 리크(Harold J. Leak)에 의해 1945년 6월에 설계 발표된 프리앰프로, 처음에는 모노로 설계되었다가 스테레오 시절로 들어서면서 2대의 포인트 원을 합해 포인트 원 스테레오 그리고 연이어 바리스코프(Variscope) 스테레오 프리로 개량 생산했다. 포인트 원과 바리스코프 프리앰프는 스테레오 20과 50의 공용 모델인데 2단 피드백, 톤 컨트롤 프리앤드로 1단은 주파수 선택 부귀한(NFB) LP, 테이프 보정 포노 커브용이며, 2단은 라인 트레블, 베이스 주파수 조정 증폭용으로 각 단에 각각 5극관 EF86 2개씩 도합 4개를 사용하고 있다. 프리단 전원은 옥탈 소켓으로 파워앰프로부터 공급받으며, 프리·파워 시그널 연결 인터커넥팅 라인도 이 연결 라인 내부에 함께 내장되어 있어 옥탈 핀만 연결해 파워 스위치를 켜면 모든 것이 해결된다. 또한 포인트 원은 모노 파워인 TL/12, TL/10, TL/12 플러스, TL/25 플러스, TL/50 플러스와도 쉽게 연결될 수 있도록 설계되었다. 스테레오 20과 50은 모노 시절 역작 12나 12.1의 연장선상에 있는 파워앰프로, 뒤의 숫자는 L·R 합 출력을 의미한다. 그러니까 스테레오 20의 경우는 레프트 10W, 라이트 10W, 도합 20W의 출력을 낸다는 뜻이 된다. 스테레오 20이 EL84(6BQ5) PP인 데 반해 스테레오 50은 EL34(6CA4) PP로 KT66과 5881도 그대로 호환되도록 설계되어 채널당 25W의 출력을 낸다. 결국 모노 12 시리즈의 후속기임을 나타내는데, 음색 또한 동일 연장선상에 있다. 물론 마니아들 사이에서는 12.1 등의 초기형이 인기가 높다.

파트리지 전원·출력 트랜스가 장착되어 있고, 초단 드라이브로 ECC83(12AX7) 3개를 사용하고, 1개의 GZ34(5AR4) 정류관을 사용하는 것은 스트레오 20과 동일하지만 출력관을 EL34, KT66, 5881(6L6GC) 중에서 선택해 4개를 사용하도록 설계했다. 디스토션은 25W/ch, RMS 출력에서 0.1%(±1dB), S/N비는 80dB(±3dB), 주파수 특성 20~20,000Hz(±0.5dB), 댐핑팩터 25(1KHz)이며, 스피커 임피던스 4·8·16Ω을 링크 단자 변환으로 선택할 수 있다. 포인트 원 프리를 단독으로 사용하면 별 매력이 없고 힘도 약하지만 파워앰프와 같이 사용하면 부드럽고 심도 있는 사운드 디테일을 제공하는 특징이 있다. 탄노이 스피커와 굿맨 엑시옴 풀레인지 스피커들과 상성이 좋은데, 스피커 케이블을 잘 써야만 한다. 브리티시 사운드 그 자체를 대변할 수 있는 빈티지 보급형 파워앰프로 아직까지 사용자가 많다.

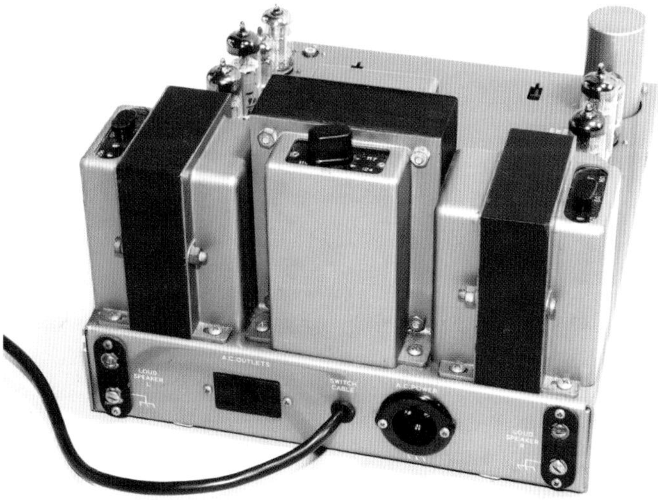

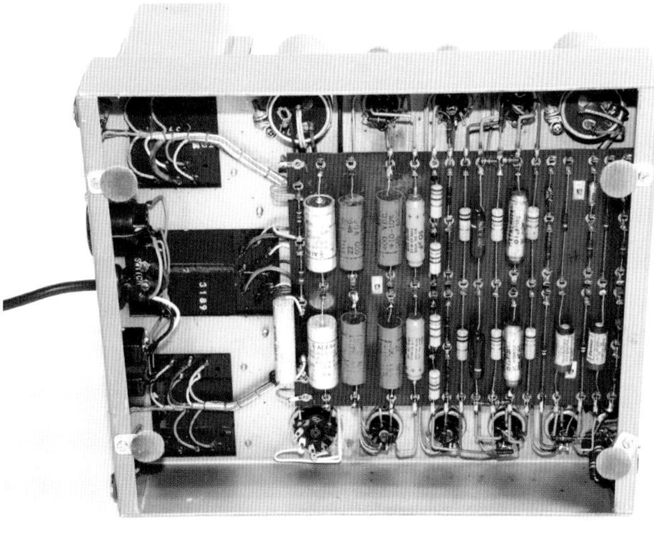

»
스테레오 20 파워앰프 뒷면(상단)과 밑면(하단)

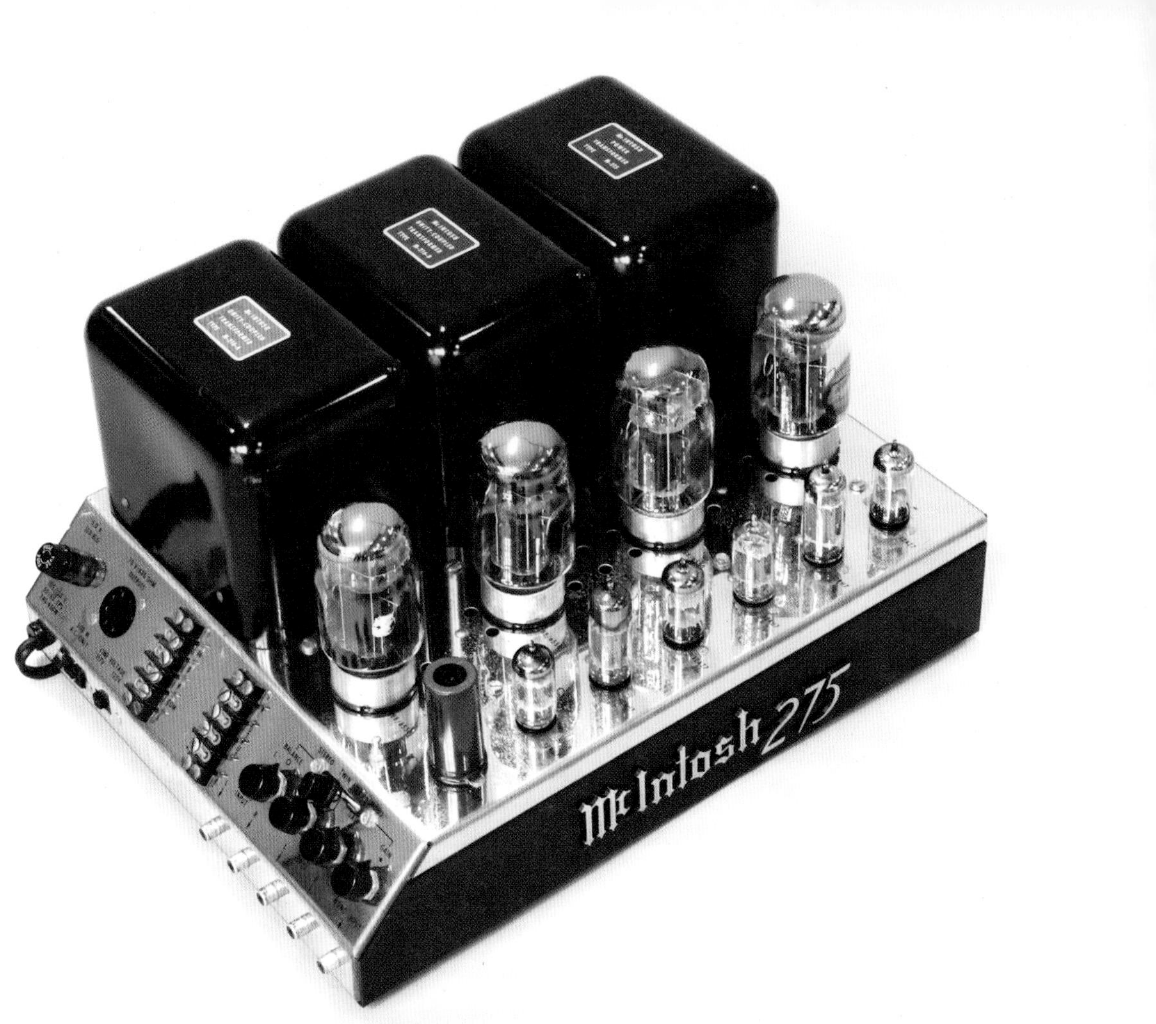
McIntosh 275

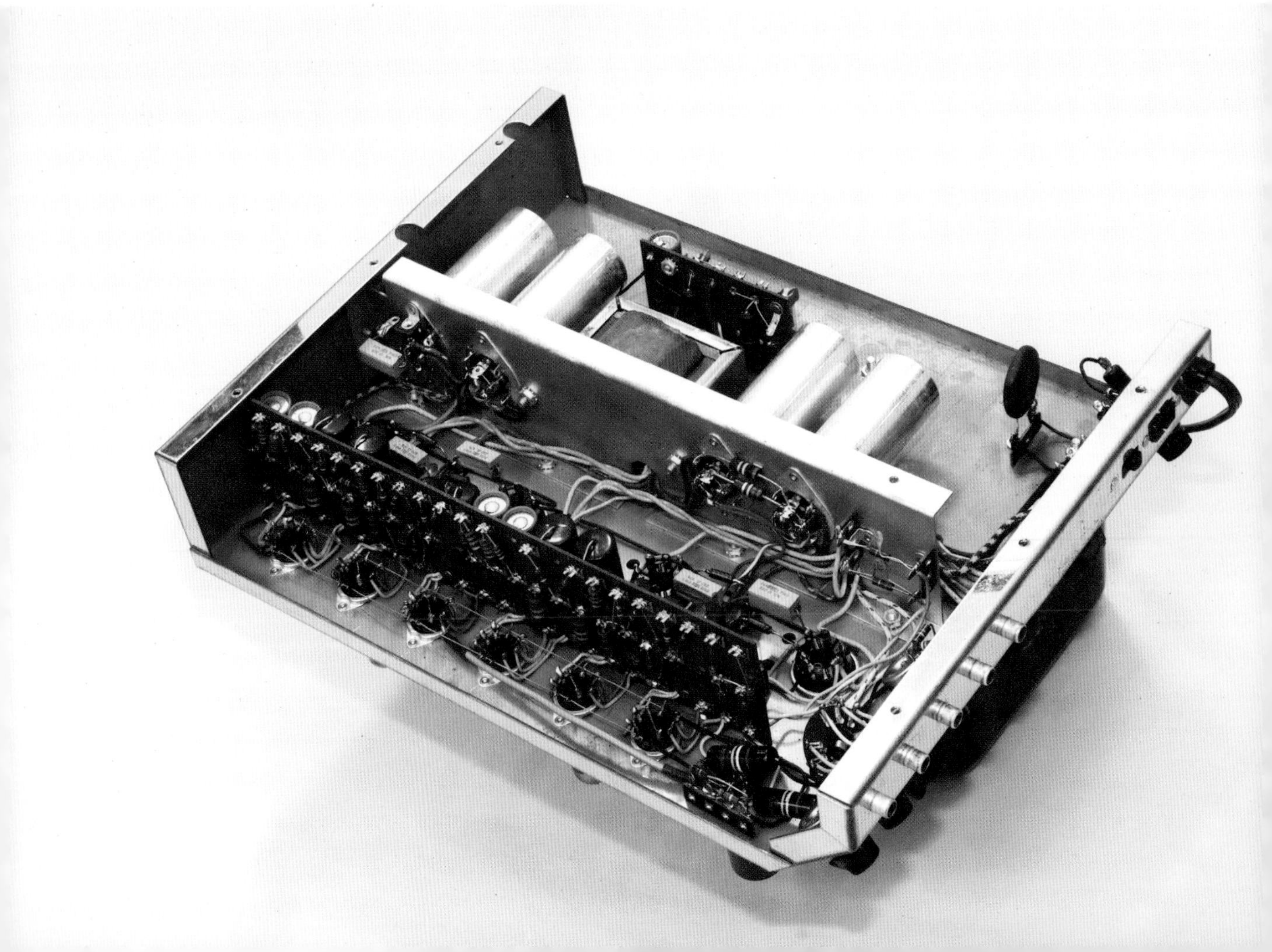

Mcintosh MC-275

넘을 수 없는 위용의 진공관 파워앰프

건축을 하는 필자 입장에서 역사상 가장 완성도 높은 진공관 파워앰프를 하나 고르라면 서슴없이 매킨토시 MC-275를 고른다. 275를 바라보고 있으면 마치 완성도가 높은 건축물의 모형을 보는 듯한 착각에 빠진다. 아니 아예 준공된 빌딩 자체가 있는 것 같아 그 안으로 들어가 보고 싶어진다. 소리의 완성도를 마무리하는 바이파일리 권선법, 즉 1차와 2차 코일을 번갈아 감는 공법을 모서리를 라운딩 처리한 마법 상자 속에 비법으로 넣고 타르로 함침 처리한 아웃트는 내·외관이 모두 블랙으로 아예 신비로 봉인하여버렸다. 출력 트랜스의 기준 외관을 파워 트랜스에 맞추어 제작하였기에 검은 건물 세 동이 동일형으로 보이는 육중한 구조물이 앰프의 뒤편에 떡하니 자리하고 있다.

이 트랜스들의 무게는 275의 가치 기준적 무게와 비례한다고 해도 좋을 정도로 충분히 육중하여 전체 무게 중심이 트랜스가 있는 뒤편으로 쏠려 있다. 그 앞으로 이 메인 건물 세 동을 밝히고 데워주는 발전소 영국 제네렉스의 KT88 4개와 그 앞을 호위 군사들처럼 12AX7의 선두 지휘 아래 1열 횡대로 나열한 12AU7, 12BH7, 12AZ7의 반복 배열 후 좌편 사선 커트 속에 배치된 각종 입출력 라인의 보안 체크는 그야말로 빈틈없는 어울림이다. 모든 것이 검지만 상판만은 크롬도금처리 하여 전체적 조형이 밤바다의 항구처럼 일렁인다. 오른쪽 옆 절벽에는 275의 스펙이 기념비적 검은 글씨로 새겨져 있다. 가장 자랑스러운 MC-275라는 명패는 과장되어 검은색 바탕 위에 크롬으로 빛나고 있다. 어디 하나 허튼 틈새가 보이지 않는 완성품의 경지에서 도도하며 악마적이기까지 한 자태가 "아무도 내 권위를 넘보지 말고 무릎 꿇어"라는 명령어를 끊임 없

»
매킨토시 MC-275(상단), 매킨토시 MC-275 내부모습(하단)

이 내뱉고 있는 것이다.

완성도 높은 트랜스를 받치고 있는 내부 보급라인들 평활전해 콘덴서 정류기와 필터 초크 트랜스 각 파트를 연결해주는 다리 매칭 콘덴서 그리고 조율과 감쇄저항들 외 모든 파트들이 관리 관찰이 용이한 시선상에 정돈되어 앉혀져 있다. 마치 완벽주의 엔지니어의 공구 박스 안처럼 가지런한 이 배치들은 그야말로 감탄스럽고 충분히 효율적으로 내구성이 고려되었기에 지금보아도 부족한 곳이 없는 무결점으로 지존 파워앰프 그대로의 위용이다. 따라해보려고 세계 유수의 앰프 제작사들이 곁눈질해 보았지만 결국은 흉내도 못내보고 포기하는 경지에 단번에 와 있었던 바로 그 파워앰프가 275이다. 그래서 매킨토시 본사가 세월을 뛰어 넘어 레플리카 모델도 다시 출시하였지만 그 마저도 여의치 않았는데 아무리 본사라 할지라도 당시의 완성도를 재현하기에는 이미 이 시대가 퇴색해버렸기 때문이었다.

»
340쪽. 하드와이어링 배선과 오리지널 부품
341쪽. 초크 트랜스와 평활 콘덴서(상단)
스프라그 범블비와 블랙 뷰티 커플링 콘덴서(하단)

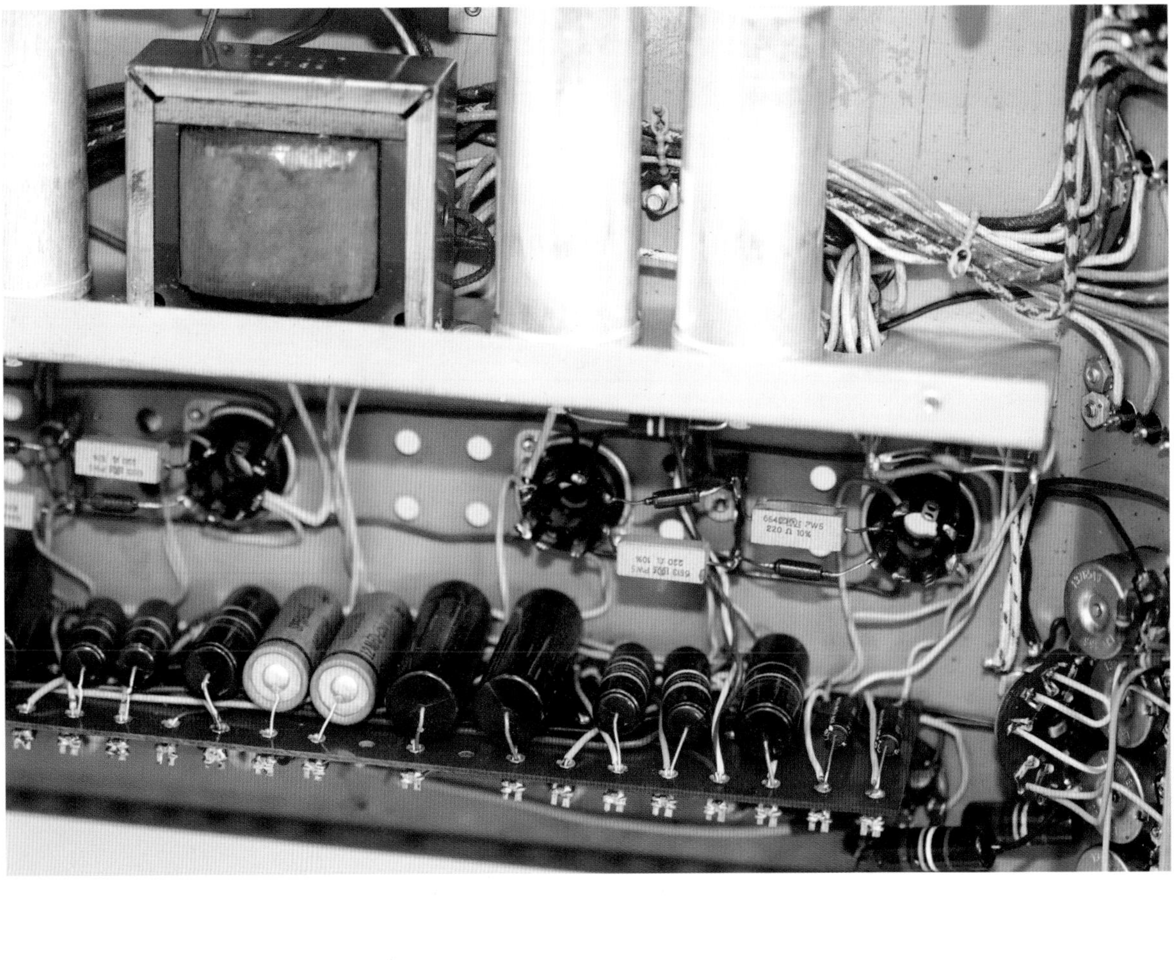

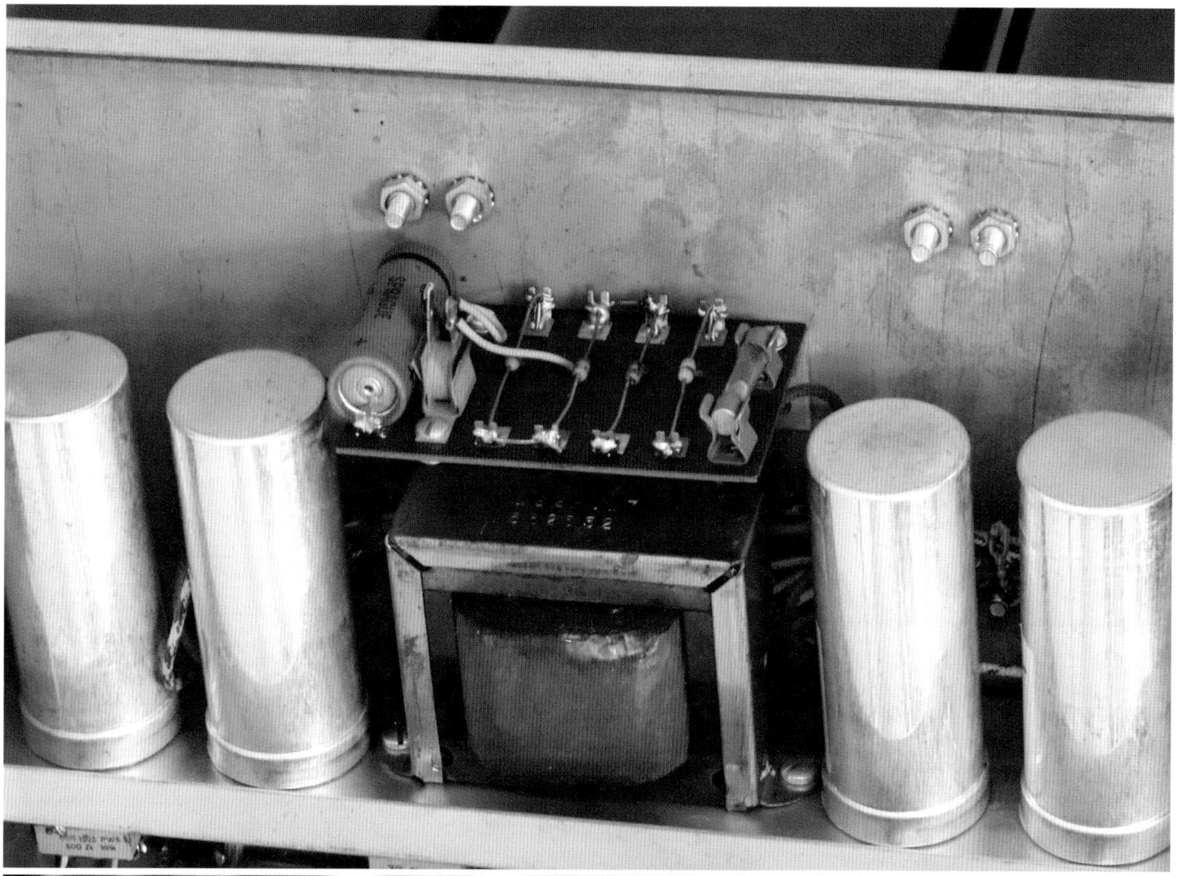

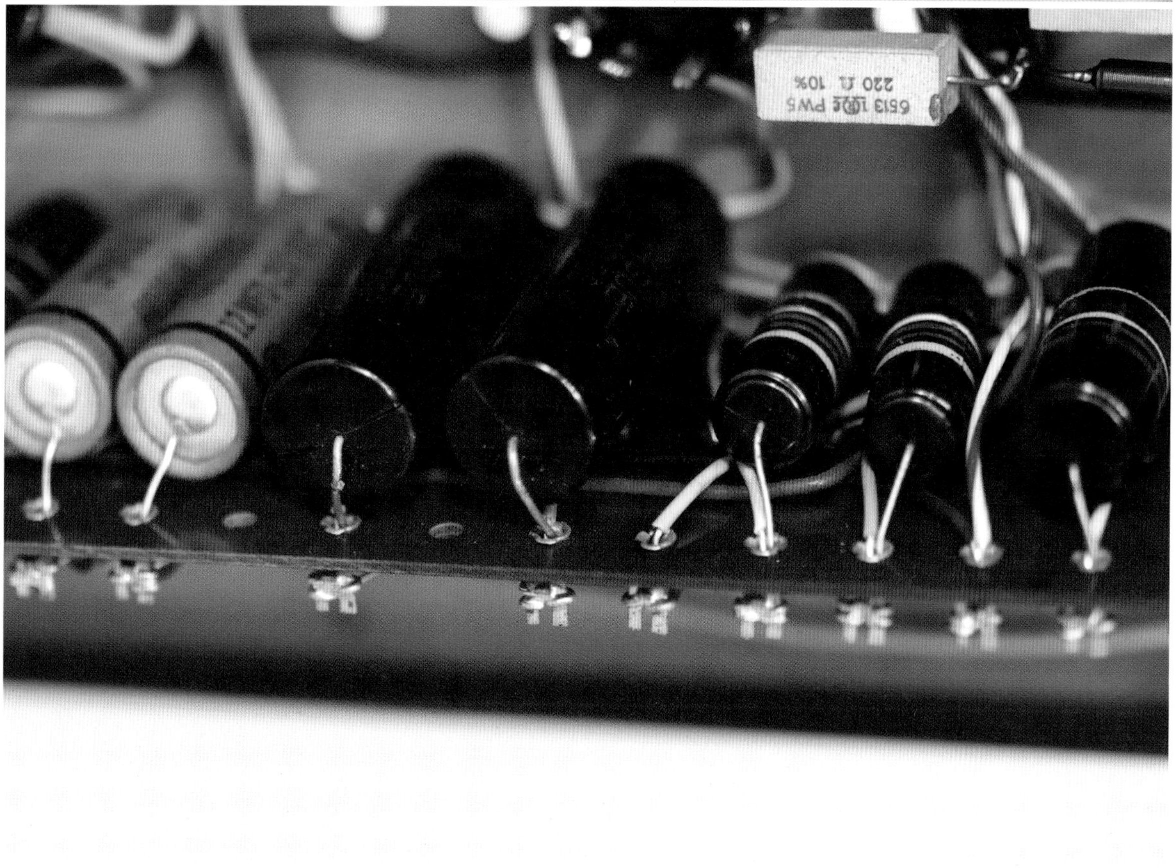

MC-275는 채널당 75W의 매킨토시 스테레오 파워를 의미하는 문패지만 실제로는 그 값을 훨씬 뛰어넘는 저력을 과시하고 있다. 항상 자신의 갈고 닦고 벼른 검(칼)을 옆에 차고 준마를 높이 탄 장수가 겸손하기까지한 미덕을 갖추었기에 지금에 와서도 275는 지존의 자리에 있는 것이다. 무엇이든 울릴 수 있는 막강한 파워앰프는 1962년 같이 발매된 C-22와 매칭 전제조건으로 설계되었지만 실제로는 마란츠 7C와 이종 결합되어 더욱 조화를 이룬다. 서로 상반되는 두 특성, 즉 부드럽고 아름다운 여성성과 힘있는 남성성의 극단적 결합이 더욱 강화된 두 실존적 존재의 이유에 시너지 효과를 나타낸다는 것을 사용자들이 경험치로 너무나 잘 알고 있었기 때문이다. 그렇다고 제 짝을 찾아가 C-22와 결혼시켜도 무리는 없다. 살짝 진부하게 느낄 뿐, 꼭 제 짝을 찾아 가야 한다면 C-22의 자매인 C-11쪽이 배가 잘맞아 서로를 이해하는 정도가 크고 더 조화롭다. 외형이 아니라 내부 속 심성이 그렇다는 것이다. 과유불급이라 따져보면 넘치는 것은 없을까…, 없다.

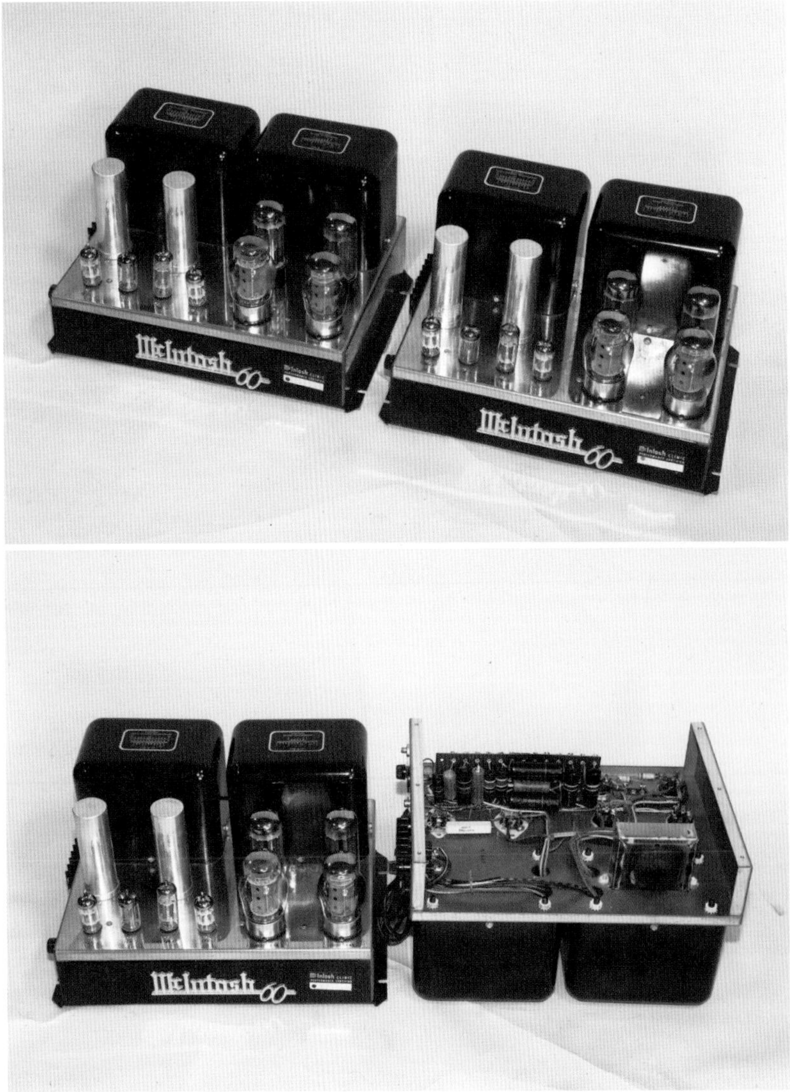

»
MC275의 전신 MC60 모노·모노 파워의 외형(상단)과 내부(하단)

딱 완전할 만큼 투자하고 손 털었다. 매킨토시사가 다음부터는 아예 TR 파워앰프로 관심을 돌려버렸으니까 말이다. 이 파워앰프의 위용을 넘어설 차세대 진공관 파워앰프는 아예 꿈꾸지 말 것. 따라 하더라도 심사숙고 후 따라 할 것. 헛고생하지 말고…. LP의 황금시대는 1958년부터 1965년 사이를 말한다. 그런데 묘하게 진공관 앰프의 전성시대도 이것과 거의 겹쳐있다. 피셔 마란츠 매킨토시사등의 홈 하이파이 명기들이 거의 1965년을 전후로 생산을 종료하고 당시 혁신기술 반도체 TR 앰프로 전환하기 때문이다. 그러나 1965년 이전의 진공관 앰프는 아직도 명기로 회자되며 살아남은 현역기가 수두룩 하지만 1965년 이후 TR 앰프 중 명기로 살아 남은 제품은 가뭄에 콩나 듯한 것은 무엇일까? 시간이 지나면 지날수록 오디오의 완벽주의와 열정은 반비례하여 퇴색해버렸기 때문은 아닐까. 그래서 오디오 마니아들은 자꾸만, 자꾸만 과거로만 눈길을 돌리게 되는 것은 아닐까.

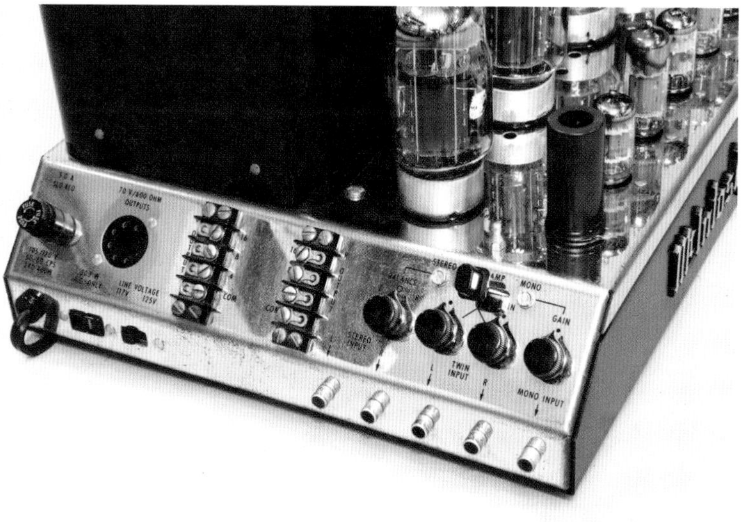

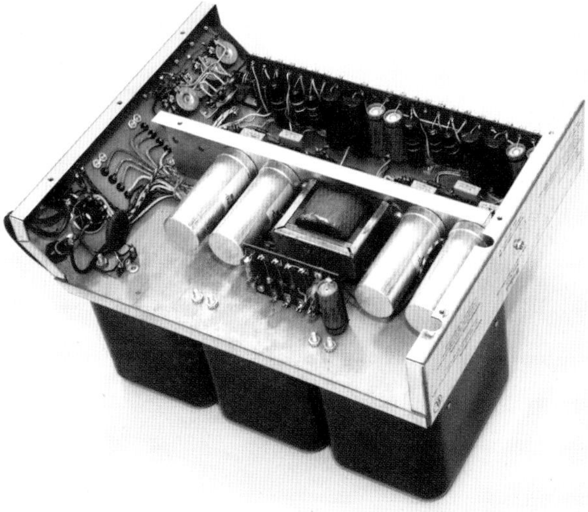

»
입출력단자가 있는 옆 경사면 섀시(상단)
간결하면서도 명료한 내부 부품 배치(하단)

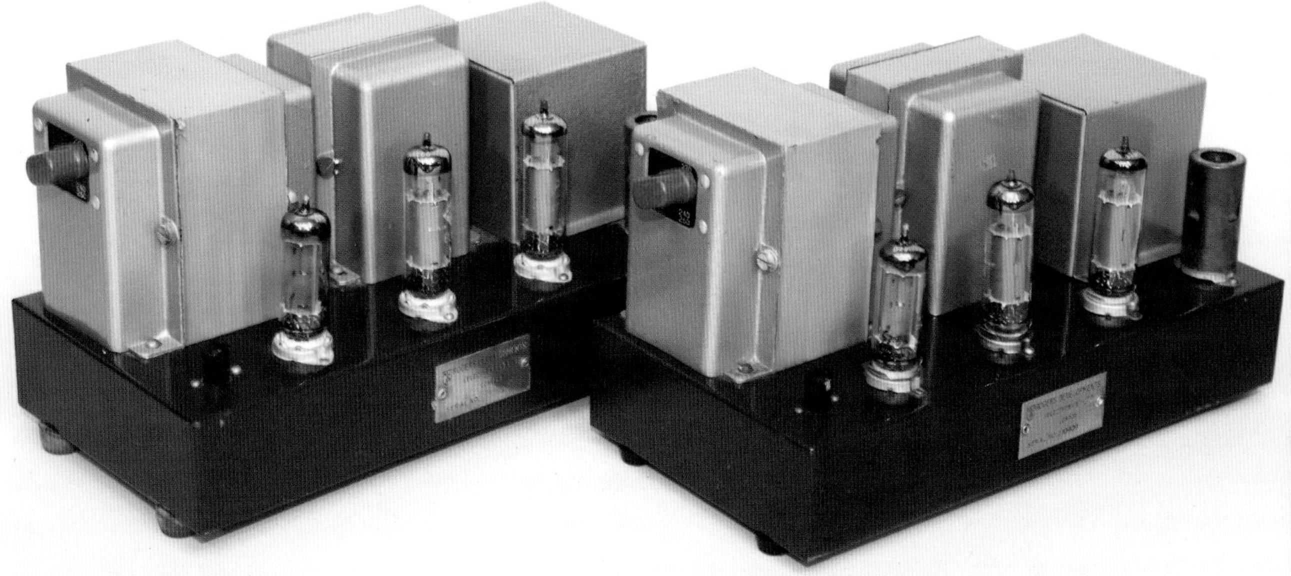

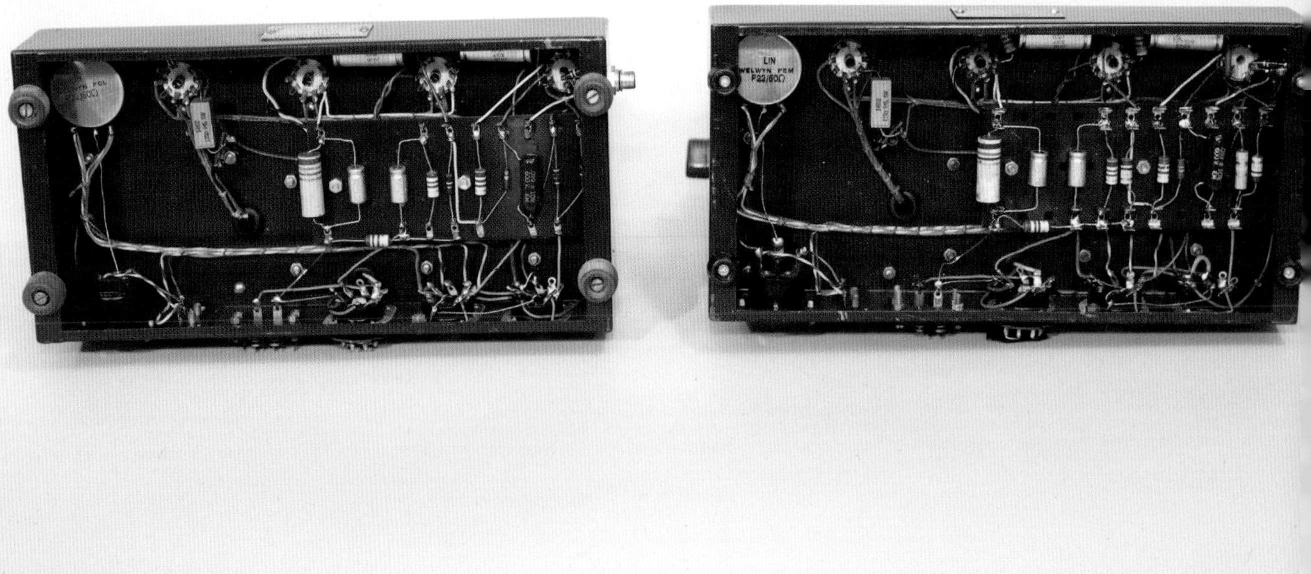
LIN
WELWYN PEM

Rogers · London Power Amplifier

적은 출력으로 오소독스한 음색을 내는 실용기

영국 스피커들, 즉 탄노이, 굿맨, 로저스, 로더, 스텐토리안 등의 구형 빈티지 스피커를 울리려다 보면 누구나 궁극으로 영국 빈티지 진공관 앰프에 도달하게 된다. 이것은 독일 빈티지 스피커들에는 독일 빈티지, 또는 미국 빈티지 스피커에는 미국 빈티지에 도착하게 되는 매칭 여정과 같은 이치라고 생각한다. 그런 면에서 영국 빈티지 스피커의 최종 매칭은 그 시절 영국 앰프로, 내부 부품이나 진공관류를 당시 오리지널로 섭렵한 뒤 연결 스피커 선재까지도 당대의 것을 선택하는 것이 정답일 때가 많다. 말하자면 '그때의 스피커는 그 시절 그 나라 앰프와 선재로'가 필자의 빈티지 매칭 모토이다.

영국 빈티지 진공관 앰프를 따라가다 보면 독일 앰프나 미국 앰프에 비해 턱없이 부족하고 빈약한 구성에 한탄을 하는 데 비해 의외로 거래 가격은 고가인 것이 많다. 로우더(Lowther), PYE, 탄노이, 다이너트론(Dynatron), 쿼드(Quad), EMI, 리크(Leak), 래드포드(Radford), 팜포닉(Pamphonic), 로저스, 데카, BTH 등 결국 10개 내외로 영국 앰프 브랜드를 총망라할 수 있다. 이 중에서 로우더, 탄노이, 쿼드, 로저스, EMI 등은 앰프와 스피커를 함께 생산해 오디오 종합 메이커로 한 시대를 풍미했다.

영국 빈티지 앰프들이 귀한 이유 중에 하나는 독일 앰프나 미국 앰프에 비해 내구성이 떨어지고 섀시 등이 빈약해 지금까지 살아남지 못했기 때문이고, 또한 기본적으로 고급품 위주가 아니고 실용적인 보급품 위주가 영국 오디오 상품 철학이기 때문에 내구성이 길지 않아 살아남지 못했다. 영국의 빈티지 앰프들은 비교적 소출력에 외형에는 신경 쓰지 않은 검소한 제품이 많다. 그러나 그 소리는 비교적 타국 제품에 비해 음악성이 강

»
로저스 런던의 외형(상단)과 파워앰프(하단)

하고 사실적인 질감을 지닌 경우가 대부분이어서 애호가층도 그만큼 두텁다. 특히 빈티지 영국제 스피커를 소유하고 있다면 이점이 있는 영국제 앰프와의 매칭이 결국 타깃이 된다.

로저스 앰프도 이 빈약하지만 소리는 좋은 영국 제품 중 하나다. 그들의 앰프들은 특히 소출력 ECL86이나 EL84, 기껏해야 EL34관을 채택한 것들이 대부분인데, 거래 가격은 높지 않지만 사용해보면 의외로 영국 특유의 오소독스(Orthodox)한 음색 뉘앙스가 잘 드러나 매력적이다. 물론 출력이 작기 때문에 가능한 고능률 구형 빈티지 스피커와 매칭시켜야 결과가 좋다. 로저스 런던은 EL84(6BQ5) PP로 정류관 EZ80(6V4) 또는 EZ81(6CA4)과 드라이브관 ECC83(12AX7)을 사용하는 모노블록 파워앰프다. 리크와 동일하게 파트리지 출력 트랜스와 전원 트랜스, 초크 트랜스를 사용하고 있으며, 뒤편에는 로저스 프리앰프에 전원을 공급하는 파워 서플라이 소켓이 장착되어 있다.

대부분의 영국 진공관 앰프 가운데 프리앰프는 파워앰프에 비해 상대적으로 더욱 빈약하게 만들어져 있다. 프리앰프는 파워앰프의 부속 증폭부 정도로 설계해 프리앰프 자체 전원도 없이 파워앰프에서 전원 공급을 받도록 구성되는 것이 보통이다. 결국 프리앰프의 증폭율도 낮아 파워앰프 감도가 미국제보다는 높게 설정되어 있는데, 결과적으로 영국제 파워 앰프에 미국제 프리앰프를 연결하면 볼륨 초단부에서 이미 과입력되어 소리도 크고 잘못하면 음이 찌그러진다. 이럴 때는 파워의 감도를 줄이기 위해 입력단 플러스(+)와 마이너스(−)에 100KΩ 내외의 저항을 병렬로 연결해 감도를 낮추어 매칭시켜야 볼륨 커브가 적절해진다. 런던에는 약 170KΩ의 저항을 병렬로 달아 감도를 상당히 다운시키자 마란츠 7C와 적절한 매칭이 되었다.

런던은 전체적으로 두꺼운 톤과 수수한 음색을 지닌 파워앰프로 파트리지 고유의 온화하고 스테이징이 좋은 음장감이 일품이다. 원래는 모두 영국 뮬라드관이 장착되어 있었으나 모두 텔레푼켄 각인관으로 교체하는 것이 상쾌한 고역과 투명도를 향상시켜 탄노이 골드 12인치 채스워스와의 매칭에서는 유리하다는 판단이다. 프리앰프와의 인터 케이블 매칭에도 예민했는데, 결국 WE 1937년 실크 케이블로 낙찰되었다. 순 주석 도금선은 고역이 둔하고, 주석과 특수 강선의 이중 도체인 WE 실크 케이블이 베스트라는 인상이었다. EL84 PP에 비해서는 출력 트랜스나 파워 트랜스 용량이 충분해 풀 출력 시에도 스피커 핸들링 능력이 탁월하고 여유 있다는 인상이었다. 정면에서 보아 오른쪽 사각 케이스 안에 초크와 전원 평활 콘덴서를 내장해 전체적으로 깔끔한 디자인이라는 느낌이 들도록 마감해 놓았다. 굿맨 엑시옴 150 MKⅡ와도 상성이 괜찮은 편이나 역시 로저스 LS3/5a 등과는 아직 역부족. 그 외의 탄노이 15인치 빈티지 스피커들과도 가정 음향에서는 부족함이 크게 없을 정도로 무난한 실력기다.

»
앞면과 밑면 (트랜스는 모두 파트리지 OEM 생산품이다. 상단)
뒷면과 앞면(하단)

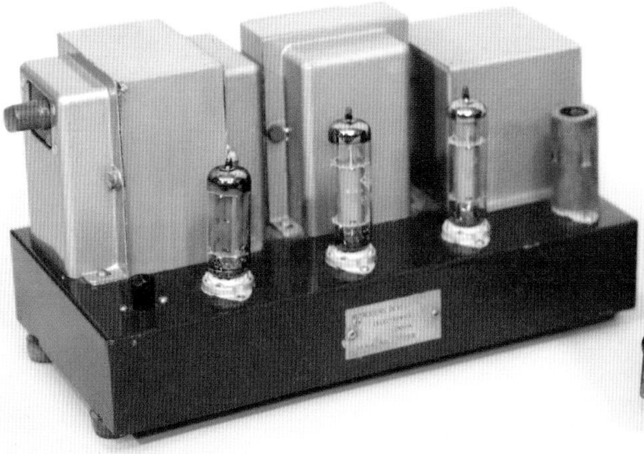

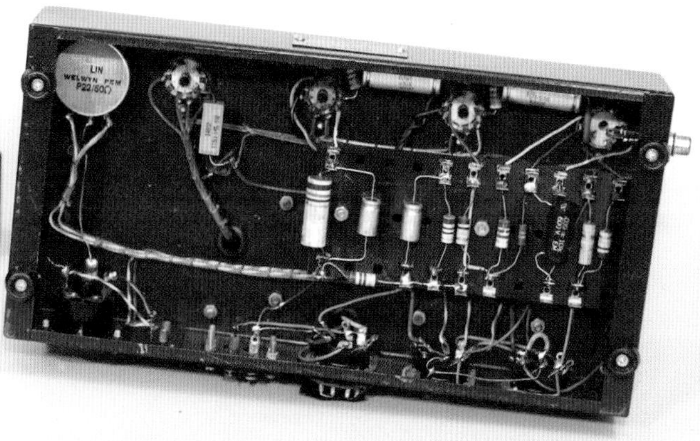
LIN
WELWYN

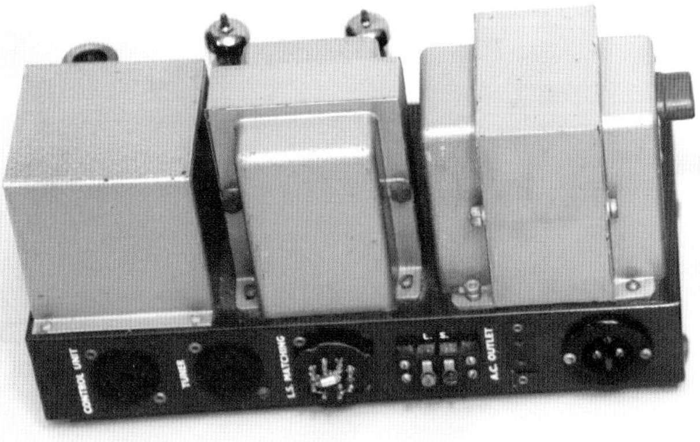
CONTROL UNIT
TUNER
L.S. MATCHING
A.C. OUTLET

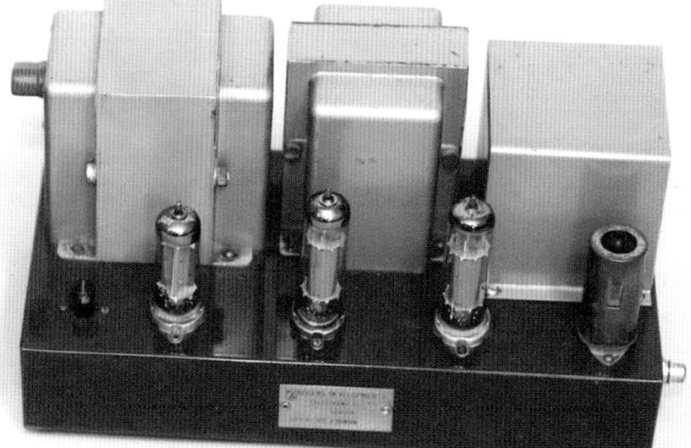

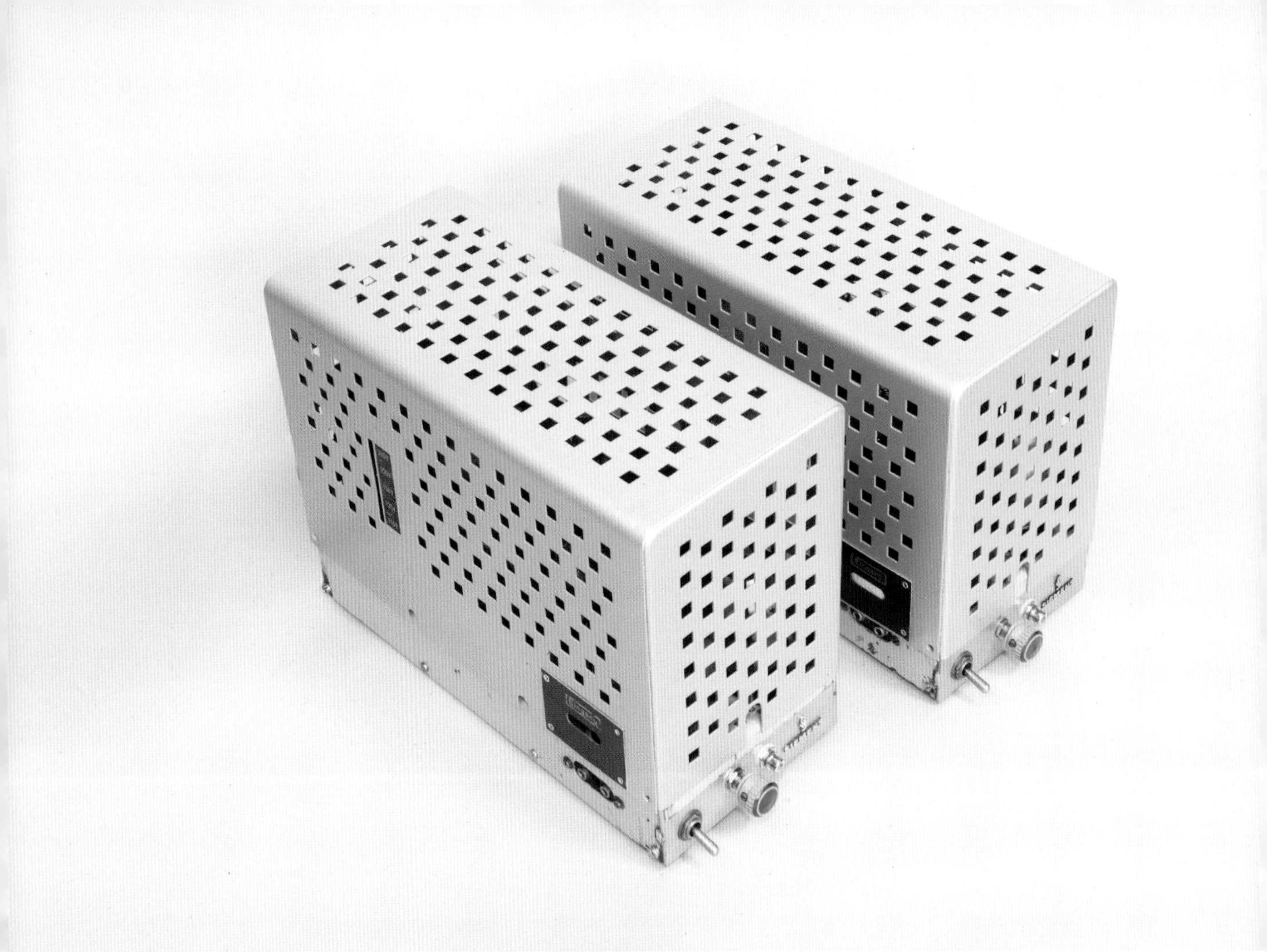

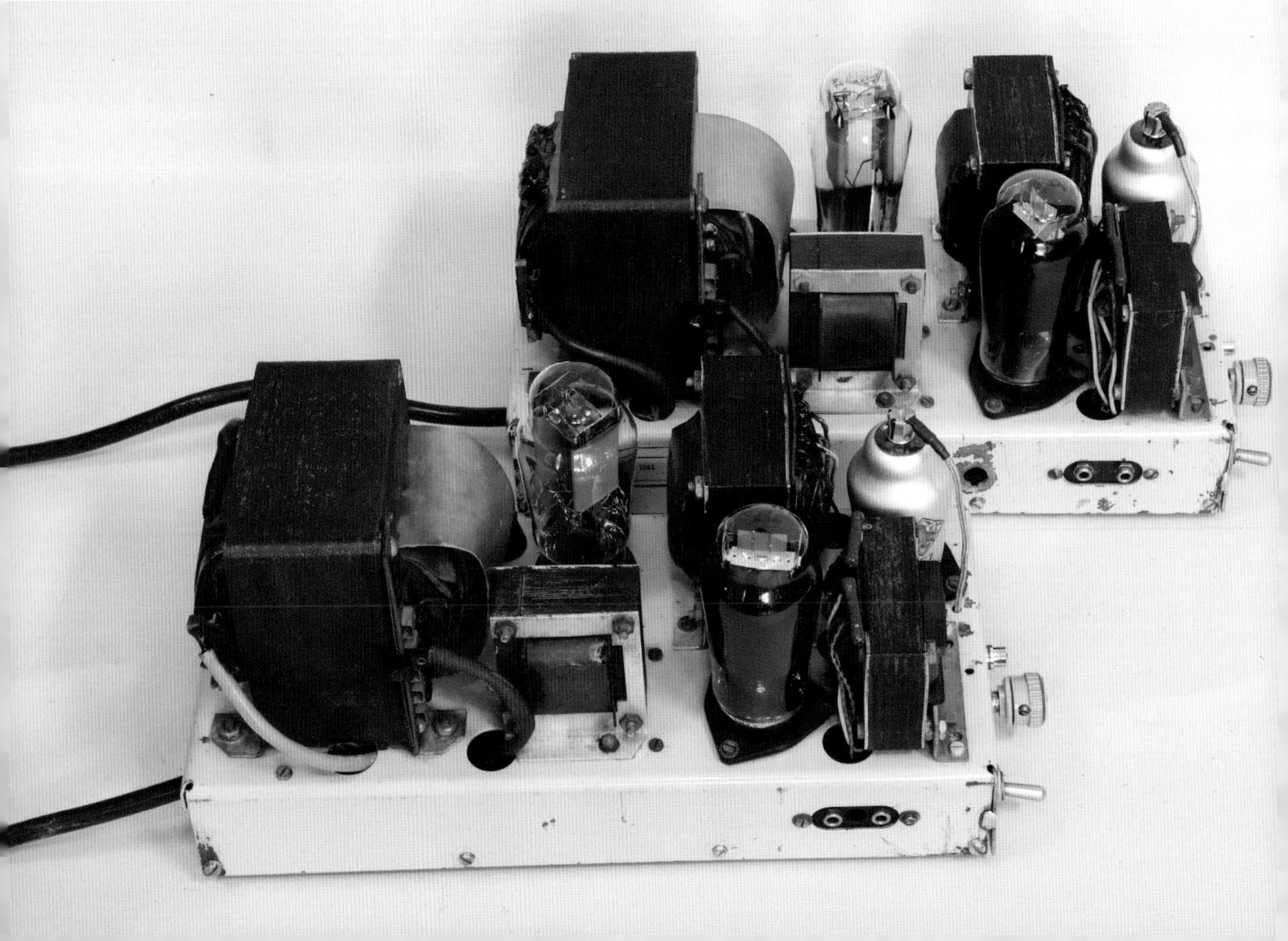

Siemens SEV-201W AD1 Single Power Amplifier

독일 고전 3극관 싱글 앰프

빈티지 앰프 중에 가장 어려운 것이 바로 고전 3극관 싱글 앰프다. 'PP 구성의 3극관' 앰프는 다수 보이지만 '순수한 3극관' 싱글 기성 앰프는 그야말로 가뭄에 콩 나기로 구경조차도 만만치 않다. 고전 3극관 싱글 앰프들의 기성품은 대부분 1950년대 이전 제조품으로 세계 대전을 비롯해 각고의 고생을 겪고 수많은 시대 변화 풍조를 이겨내야만 그나마 오디오 유산으로 살아남을 수 있기에 더욱 희귀하다. 유명한 WE 91B가 300B 싱글의 명품이지만 그 외에는 300B 싱글 앰프도 거의 보이지 않으며 2A3의 전신인 45나 245 등의 싱글 앰프나 그나마 미국제 라디오에서 가끔 볼 수 있었다. 하지만 유럽의 3극관 싱글 앰프류는 더욱 귀해 자료조차도 없는데, 가끔 퀘르팅이나 클랑필름, 지멘스, 텔레푼켄 등의 기성품을 인터넷 사이트에서 접할 뿐이다. 물론 PX4 · PX25 · PP3/250 · AD1 등의 PP 앰프류는 그나마 실물들이 종종 거래되고 있어 낯설지는 않다.

지멘스 SEV-201W는 AL5/325PP 앰프의 개조를 통해 AD1 싱글로 사용되는 희귀 제품이다. AD1은 미국관 2A3에 해당하는 유럽의 고전 3극관으로 텔레푼켄, 발보, 테슬라 등에서 관을 생산했고, 1940년대 개발 당시 세계 대전 중이었기 때문에 대부분 전시 앰프로 군용이나 공지 방송용 등의 프로 버전으로 제조되었다. 유명한 것은 크랑필름과 텔레푼켄의 AD1 싱글 모노 앰프이고, 당시 독일은 규격화 통제의 제국이었기 때문에 타사, 즉 지멘스 등의 국책 회사에서 동일 규격과 형태로 다수 생산되었다. 메이커는 다를지라도 트랜스 형태나 배치, 내부 배선까지 일괄적으로 통제 규격화되어 생산된 동일 형번의 당시 앰프를 보면 독일의 규격화 정신이 어떤 것이었는지 새삼 놀라게 된다. 201W는 지멘스에서 1944년에 생산되었으니 2차 세계 대전이

»
케이지를 덮은 모습(상단)과 내부 트랜스와 진공관(하단)

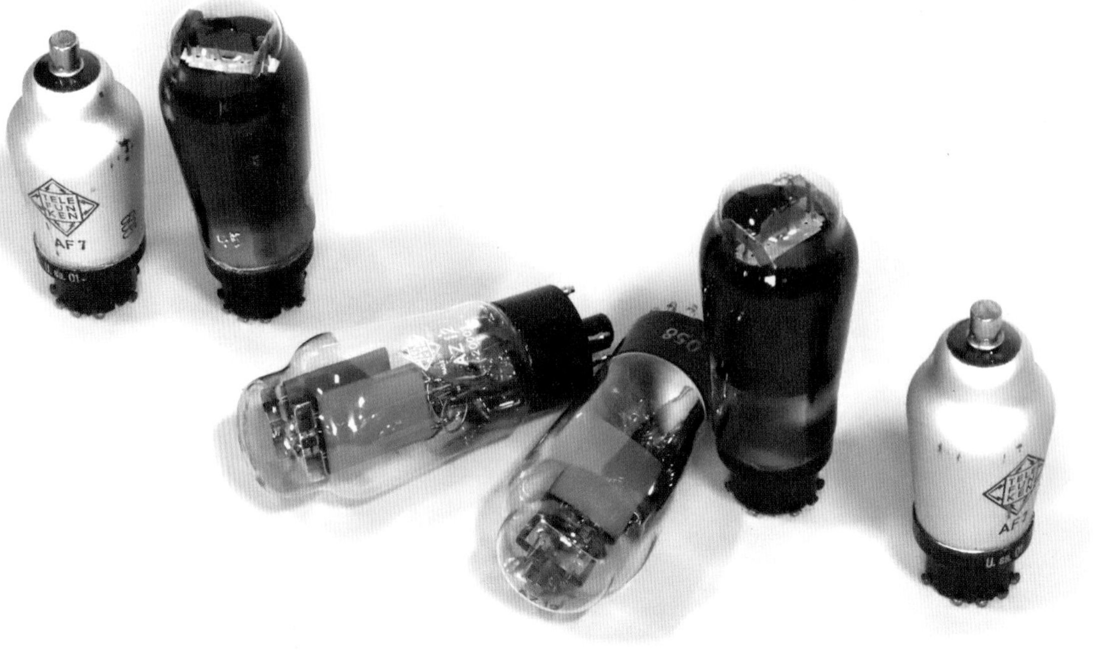

»
AF7·AZ12·AD1 진공관

한창일 때 패색이 짙은 독일의 이미지를 슬프게 담고 있는 것 같은 느낌이 들어 감회가 깊었다. 하부 섀시에는 독일 나치당 마크가 찍혀 있는 것으로 보아 아마 전시 공지 방송이나 선전 방송 등의 공무용 앰프로 사용되었을 확률이 크다. 드라이브단에는 AF7, 정류관 AZ 12, 출력관 AD1의 순수한 싱글 앰프로 개조되었으며, 전원 트랜스와 초크·출력 트랜스, 입력 트랜스의 4개의 트랜스 구성으로 트랜스류가 섀시를 점령하다시피 하고 있다. 트랜스는 모두 함침 케이스 없이 코어 노출형으로 리얼하게 보이지만 한눈에 정밀한 제품이라는 확신에 차게 만든다.

80여 년의 세월을 견뎌내고 전쟁까지 겪었지만 동작 상태는 거의 완벽하다. 커플링이 기본으로 오일이며, 부수적으로 소위 장고라고 하는 명커플링 콘덴서가 쓰였고, 모두 권선 저항으로 이루어져 열화될 부품이 거의 없다는 것이 이 제품의 장수를 보장해준 비결이라면 비결이다. 섀시 하부 중앙의 그라운드 라인을 따라 순차적으로 커플링, 디커플링, 평활 콘덴서류 등이 일목요연하게 배치되어 있는데다가 부품의 색깔마저 아름다워 예술적인 인상이었다. AD1은 발보의 빅바틀과 텔레푼켄 일반관과 AD-1 EB 프로용관이 있고 기타 테슬라나 필립스 제조품이 있지만 텔레푼켄 관이 가장 선호도가 높고 가격도 비싸다. 텔레푼켄 AD1 신품의 경우 미국 싱글 플레이트 2A3보다도 2배 이상 비싼 개당 120만 원 내외이고, 발보의 경우도 비슷하나 텔레푼켄보다는 약간 저렴한 개당 1백만 원 정도에 빅바틀이 거래된다. 그 외의 기타 관들은 텔레푼켄의 절반 정도다. 텔레푼켄 AD1이 가장 투명하고 고역 디테일이 잘 사는 데 반해 발보 관은 저역에 중심이 있다. 개인적으로는 양감 있는 저역에 장점이 있어 발보 관을 선호한다.

AD1 싱글의 독일 라디오도 가끔 보이지만 지멘스 AD1 싱글 모노블록 파워앰프의 경우는 그에 비할 바가 아니게 힘이 좋고 저역이 풍성하며 투명한 고역 디테일에 매력이 있어 민수용과 프로용 설계만큼의 차이가 난다고나 할까…. 출력 임피던스 200Ω의 텔레푼켄 AD1 앰프와 지멘스 앰프가 있지만 가격이 저렴하고 출력 임피던스 15Ω 짜리가 선호도가 높고 가격이 비싸다. 놀라운 것은 출력 4W 내외의 AD1 싱글 지멘스 앰프의 스피커 핸들링 능력이다. 투명하고 호방한 소리가 탄노이 12인치 실버와 레드, 골드를 울린다. 15인치 유닛보다는 12인치류의 탄노이와 상성이 좋았다. 오히려 출력 25채널의 리크 앰프보다도 가볍게 스피커를 진동시켜 선명한 발성을 보인다. 긴장된 저역의 핸들링과 사운드 에지 면에서 PP 앰프와도 견주고 남을 힘과 순수성을 보여 놀랐다. 300B 싱글에서는 무엇인가 약간은 지저분한 저역 에지가 흠이었지만 AD1 싱글에서는 투명하고 더 여유로운 질감이 발군이다. 프로용 앰프이기 때문에 모양내기가 부족하지만 가만히 들여다보면 짜임새가 훌륭해 귀하게 다루고 싶은 몇 안 되는 독일 싱글 3극관 파워앰프 중에 하나이다.

»
섀시하부의 나치당 마크(우)
섀시하부 부품 배열 모습(하단)

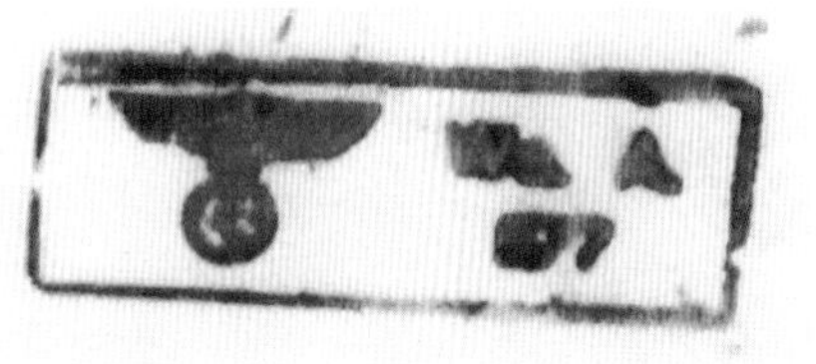

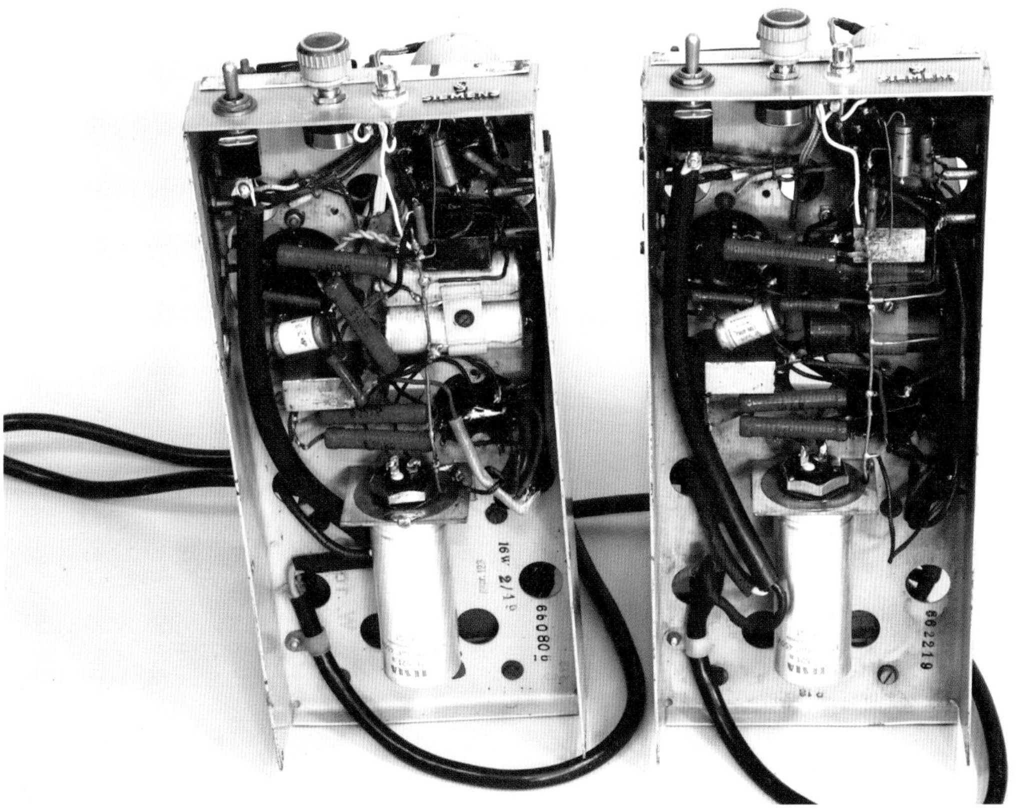

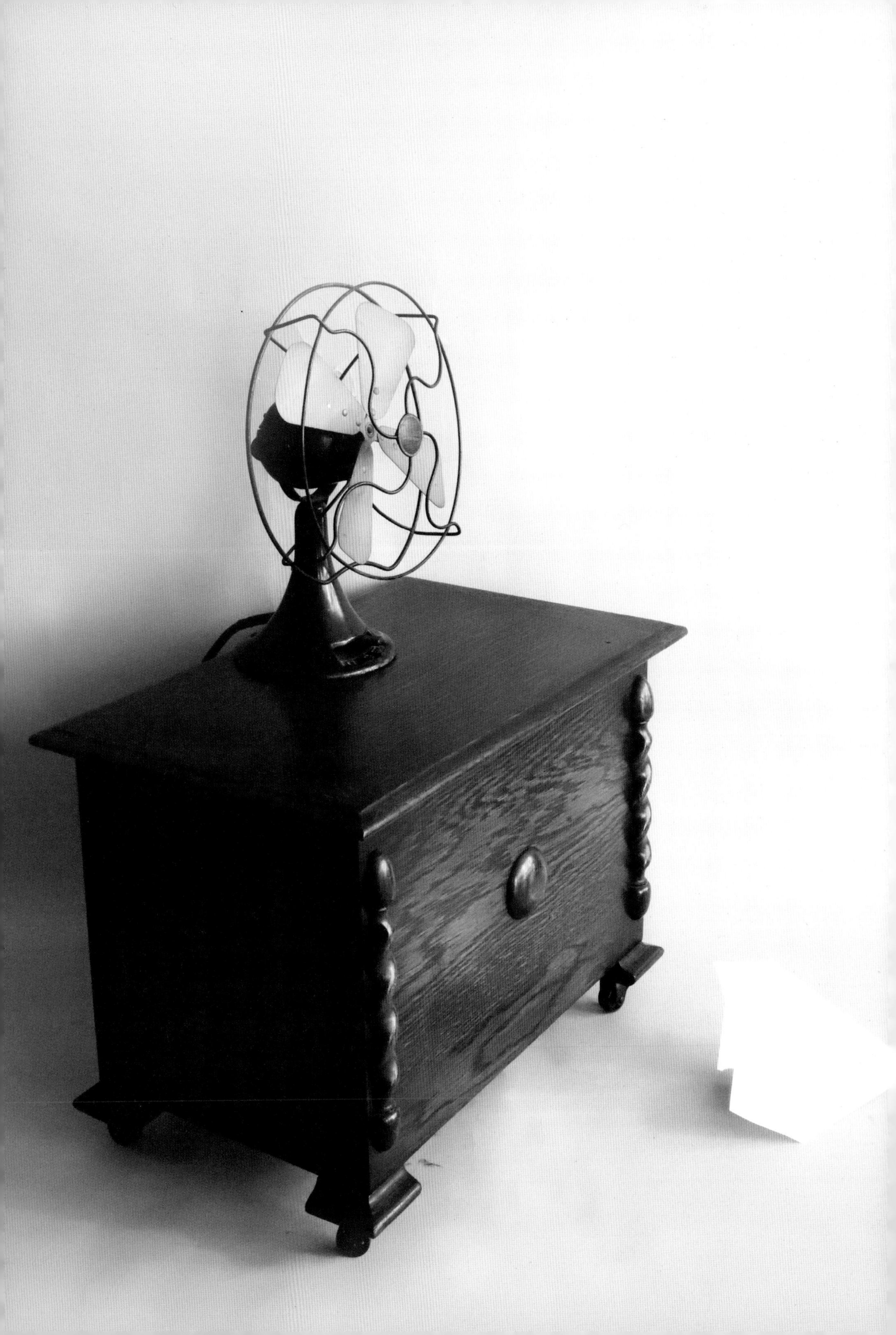

항공모함에서 종이비행기 날리기

최근 들어 웬만한 단품 오디오 가격이 수천만 원이 넘어서는 것이 보통이 되어버렸다(조그만 턴테이블의 가격이 외제 승용차 한대 값과 맞먹는 것은 보통이다). 그러나 아직까지 꼭 그래야 된다는 이유는 찾지 못했다. 물론 오디오 제조사 경영상의 이유는 충분히 이해한다. 그러나 음질 향상을 위하거나 음악성을 향상시키기 위한 필연성은 보이지 않는다. 안된 이야기지만 5천만 원짜리 앰프가 음질상으로 1백만 원짜리 앰프보다도 못한 기현상도 상당수 보아왔다. 무엇 때문에 200kg이 넘는 듀얼 모노 앰프를 마룻바닥의 구조 계산까지 해가면서 옮겨야 하는 것일까. 발 디딜 틈도 없이 기계로만 빼곡한 리스닝룸에서 깨금발을 딛고 다니면서 CD와 LP를 교환하면서도 자꾸만 시스템의 부피와 무게를 늘려가야만 하는 것인지 도대체 알다가도 모를 일이다.

이런 유의 오디오 마니아는 업보일까 아니면 풍문에 너무나 약한 유전적 청각과 뇌신경을 타고 나는 걸까. 가장 한심한 것은 5억 원짜리 시스템이 짐짝처럼 놓여 일청하기도 전에 듣기도 보기도 싫어질 때이다. 또 수백, 수천만 원짜리 오디오 케이블들을 이것이 어디가 나쁘고 이것은 어디가 좋다고 하며 바꾸어대면서 한도 끝도없이 소리를 몰고가면 탄식이 절로 나온다. 그래서 결국 음악이 어떻게 다르게 들리는데 하고 질문한다. "음악! 음악이야. 글쎄 소리가 그렇단 말이야"라고 대답을 회피한다. 쿼드의 단출한 시스템에 만족했던 베르나르드 하이팅크나 제시 노먼, AR-3A 시스템으로 자신의 음악을 모니터했던 카라얀은 무엇이 어땠기에! 그들은 음악을 정복하고 즐겼지만 혹자는 5억짜리 오디오 시스템 무게와 풍채에 눌려 정복당하여 노예 생활을 했을 뿐이다.

음악은 크게 들을 때보다 작게 들을 때 더욱 감동이 크다. 물론 음악을 듣는 크기는 실제 라이브 콘서트홀의 그것과 동일한 것이 이상적일지 모르지만 그것은 청중들의 수와 암소음(Background Noise) 레벨을 감안한 것이고 혼자 조용한 리스닝룸에서 음악을 듣는다면 아무리 대편성일지라도 마음에 차분히 와닿는 음량으로 낮추게 된다. 국내의 리스닝룸 실정상 실제 사용되는 출력은 웬만하면 채널당 5W를 넘지 않는 것이 보통이다. 물론 감도 93dB/W/m 정도의 중간 능률 스피커를 전제로 해서 말이다. 그렇다고 5W/ch 앰프를 써도 된다는 것은 아니다. 충실한 50W/ch 앰프면 족하다는 것이다. 500W/ch 앰프를 항공모함처럼 리스닝룸에 띄우고 거기서 종이비행기를 날리고 있다. 지나침은 모자람만 못하다. 오디오 시스템에서 무언가 더 획기적인 것이 나오기를 바라지만 절대로 나오지 않는다. 그것이 오디오 시스템의 한계라고 보면 된다. 오디오 시스템의 사운드는 대동소이하다고 보면 되는데 큰 차이가 나는 것은 음악을 대하는 각자의 영적 깊이에서 파생되는 것이다. 오디오를 탓하기 전에 자신의 음악을 대하는 깊이를 탓하는 것이 맞는 해석이다.

이것은 삼십 년간 오디오와 씨름하면서 밤을 새우고 케이블과 부품, 진공관을 바꾸어 비교, 테스트한 결과로 얻은 깨달음이다. 이런 류의 음질 향상 노고는 삶을 부식시키고 후회를 만들어내는 제조기에 불과하다. 오히려 음질의 강박 관념에서 벗어나 음악자체의 아름다움과 감동을 추구하는 데 오디오의 해답이 있다. 연주회장에 가면 물밀듯이 넘쳐나는 감동의 음악이 오디오 시스템에서는 짜증의 대상이 된다는 것을 어떻게 이해할 수 있겠는가. 그냥 묻지도 말고 따지지도 말고 음악 자체만을 추구할 때만이 오디오 시스템은 완성되는 것이다.

새로운 한 장의 LP에서 뿜어 나오는 음악 소리는 모든 오디오 시스템에서 분분한 하찮은 음질 열기를 단번에 날려 보낸다. 이 본질적 가치만이 실존적 오디오 마니아의 사상을 완성할 수 있는 것이다. 그러면 더 이상 오디오에서의 방황은 일어나지 않는다. 그것으로 종말을 고하고 더 넓은 날개를 펼 수 있는 것이다. 종이비행기는 산들바람이 가득한 앞마당에서 날리는 것이 제격인 것이다.

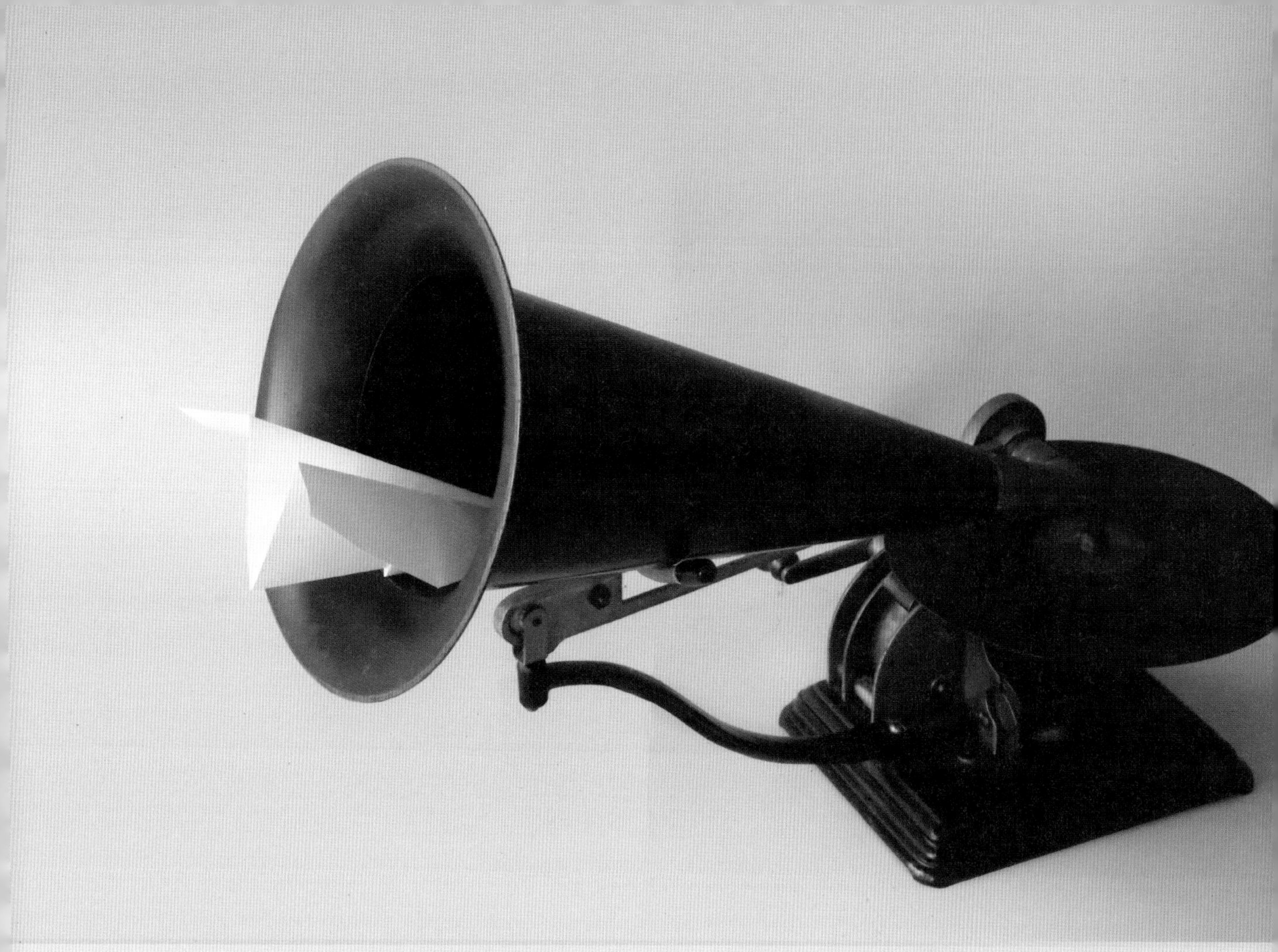

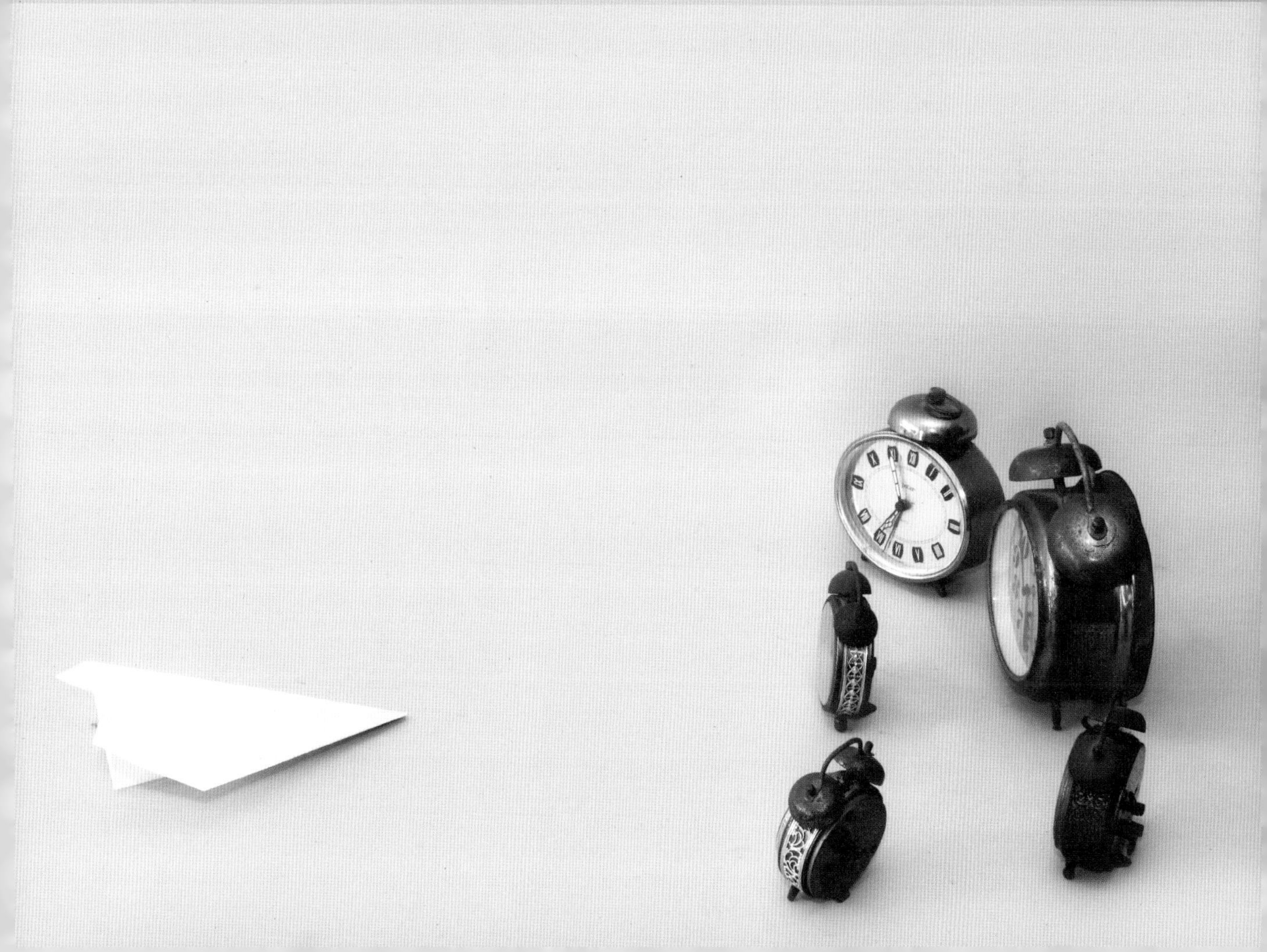

Fisher 500C
수더분한 시골아낙의 아름다움

Fisher 400
단순화로 오히려 극대화된 사운드

Scott 340B · Fisher 500B
B자의 온화함

Fisher 250TX · Microreceiver 100
피셔 진공관 리시버 400의 TR형과 라디오형

Saba Telewatt VS-60
독일 근면주의 사운드

Sansui 2000X
산스이의 대표 리시버

Marantz 2252B · 2265B · 2285B
일본 마란츠사의 명리시버이자 대표작

Mcintosh Model MR67 · MR71
매킨토시 진공관 튜너의 쌍벽

Fisher X-100 · X-100C
음질, 내구성, 디자인의 조화를 이루는 마지막 진공관 인티앰프

Bell 3030 · 2420
웨스턴 사운드의 맥을 이어 구축한 홈 빈티지 사운드

Craftsmen Solitaire Dual mono Integrated Amplifier
부드럽고 따뜻한 고독

아날로그 미터의 추억

RECEIVER
리시버

TUNER
튜너

INTEGRATED AMPLIFIER
인티앰프

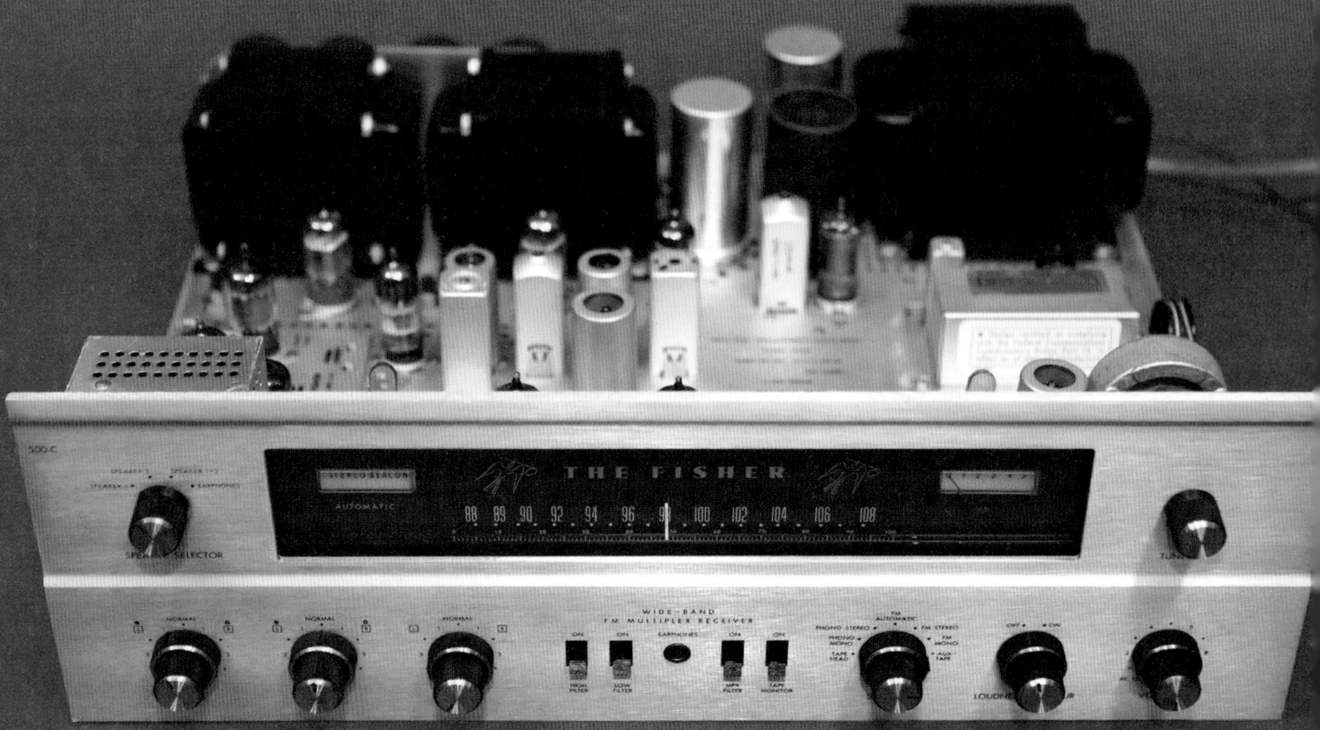
500-C
THE FISHER
STEREO BEACON
AUTOMATIC
88 89 90 92 94 96 98 100 102 104 106 108
WIDE-BAND
FM MULTIPLEX RECEIVER
NORMAL
NORMAL
NORMAL
ON
HIGH FILTER
ON
LOW FILTER
EARPHONES
ON
MPX FILTER
ON
TAPE MONITOR
PHONO STEREO
FM AUTOMATIC
FM STEREO
PHONO MONO
FM MONO
TAPE HEAD
AUX-TAPE
OFF
ON

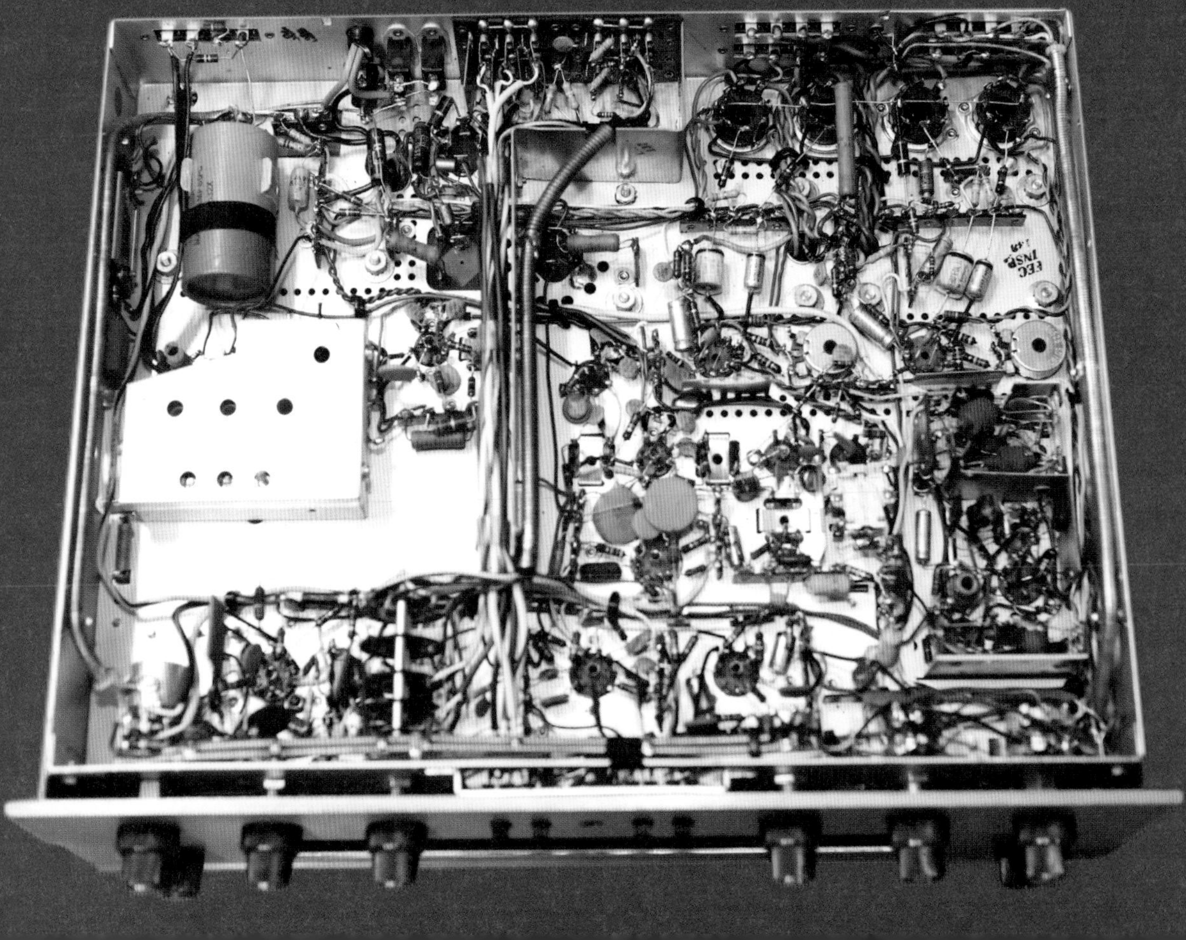

Fisher 500C

수더분한 시골아낙의 아름다움

최근 가장 인기있는 리시버 앰프라면 당연 피셔 TR 리시버로 250TX·400T·500T·800T와 진공관 500B·500C·800B·800C 외에 400을 들 수 있다. 그중에서도 500C가 단연 수위를 차지하고 있는데 외형이 깨끗하고 오리지널 진공관이 꼽혀있다면 1960년대 제품인데도 불구하고 200만 원을 호가한다. 500C와 800C는 피셔 진공관 리시버의 첨단에 올라있는 제품으로 피셔사 진공관 튜너와 앰프의 기술적 노하우가 집접되어 있는 명기이다. 특히 800C의 AM 튜너부를 생략하고 제작한 500C의 심플한 전면 디자인은 전 세계 리시버 앰프의 레퍼런스 샘플로 막대한 영향력을 끼쳐, 오디오사적으로 하나의 전환점이 되었던 모델이다. 또한 디자인뿐 아니라 회로설계나 음질, 내구성에 있어서도 탁월하여 50여 년이 지난 현재까지도 대부분의 제품이 정상 동작한다. 오디오 마니아라면 모두 한번쯤 탐내는 리시버다.

500C의 출력관은 7591 PP로 채널당 37.5W의 출력을 낸다. 드라이브와 위상 반전관에 2개의 12AX7, 포노단과 톤컨트롤에 역시 2개의 12AX7이 각각 사용되었으며 FM 스테레오 MPX부에도 3개의 12AX7이 장착되어 도합 9개의 12AX7 쌍3극관을 탑재하고 있다. 이외에 튜너부에 6AU6와 6HRS·6AQ5·6CW5 등의 MT관으로 구성된 FM 섹션은 튜너의 고전으로 현재까지 어느 TR 튜너에 못지 않는 중역 톤과 자연음색으로 그 가치를 인정받고 있다. 중요한 것은 진공관 리시버라는 가장 복잡한 오디오 센터를 놀라울 만큼 단정하게 정리하여 시각적으로 내부 부품 배치가 아름답다는 것이다. 섀시 위에 배치된 출력 트랜스와 파워 트랜스, 전해 콘덴서, IFT, 진공관들의 구성을 내려다보면 마치 도시를 보는 듯 예술적이어서 감칠맛이 난다. 또

»
피셔 500C 샴페인 골드 판넬(상단)와 섀시 밑면(하단)

한 진공관 교체나 수리 및 점검이 용이하여 그야말로 3박자를 고루 갖춘 명기라 아니할 수 없다.

500C의 진공관들은 모두 쉽게 구할 수 있는 보편적인 넘버로, 현재 오디오 마니아들이 부담없이 접할 수 있는 것도 현역기로 충분한 역할을 할 수 있게 한 또 하나의 원동력이라 말할 수 있다. 이 때문에 가장 경제적으로 오디오 시스템을 구성할 수 있는 베스트 탑에 올라있는 것도 우연이 아닌 것이다. 당시 별매품으로 현재는 500C 본체보다도 구하기 힘든 품목인 오리지널 우드케이스에 수납하여 오디오랙에 올려놓으면 아무리 보아도 싫증나지 않는 중후한 분위기를 연출한다. 특히 밤에 전등을 끄고 500C를 바라보면 그 다이알 램프를 비롯하여 내부 전등색 또는 보라색 진공관 불빛이 1960년대 도시 뒷골목의 따스한 풍경을 연상시켜 더욱 정겹다.

»
360쪽, 오리지널 우드케이스에 담긴 500C
361쪽, 500C의 진공관 배열(상단)과 피셔 400과 500C의 내부 부품 비교(하단)

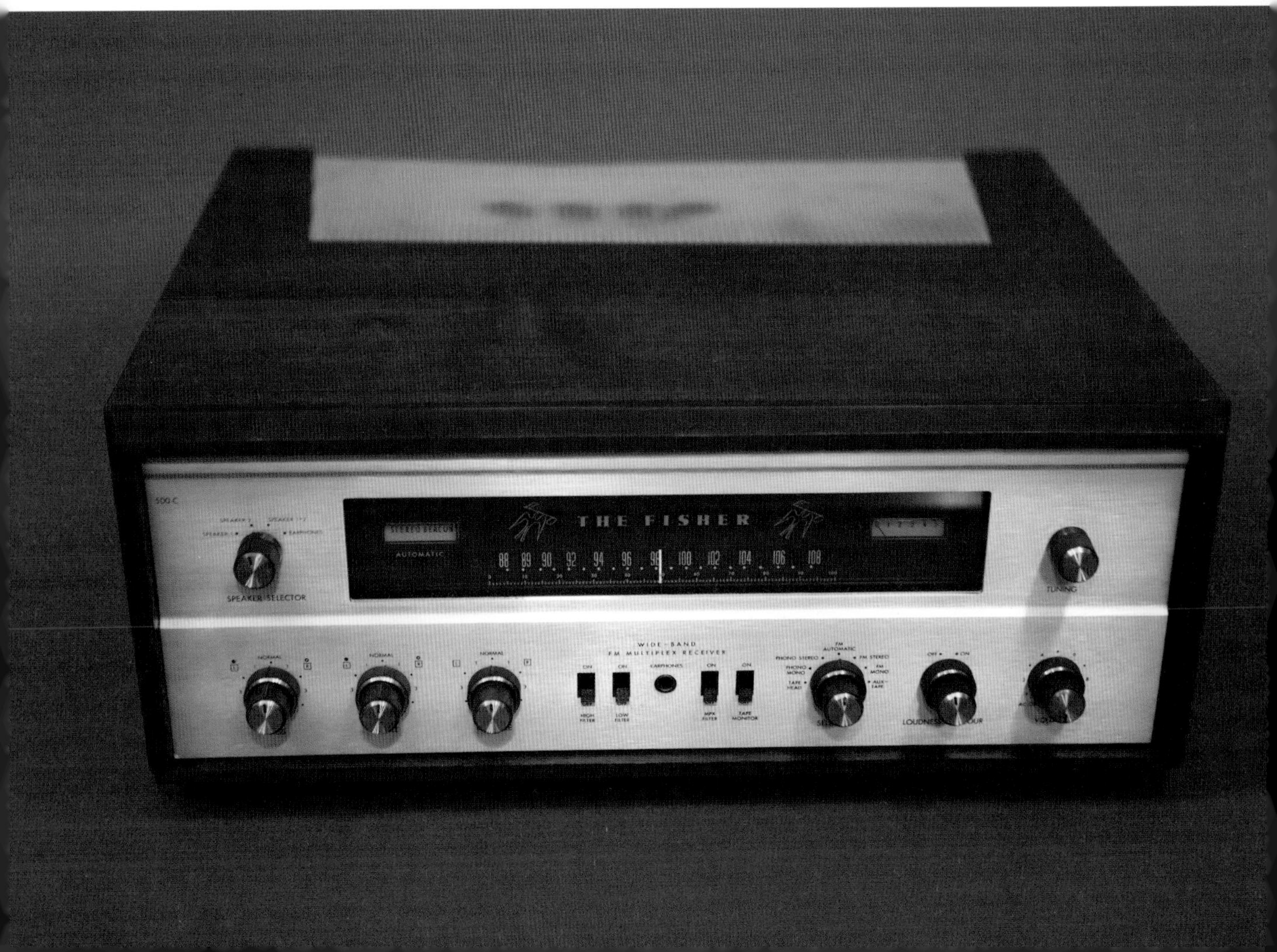

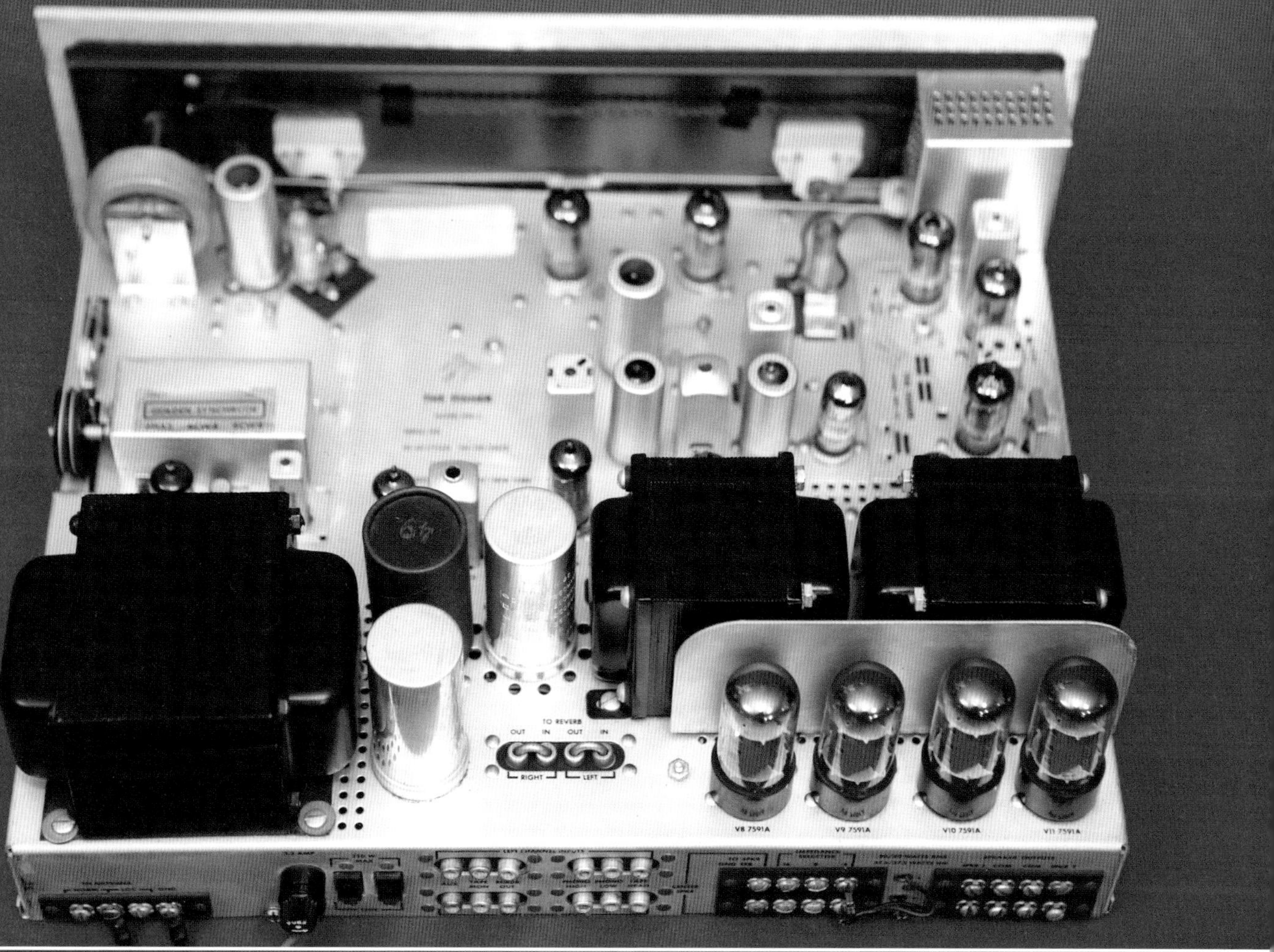
TO REVERB
OUT IN OUT IN
RIGHT
LEFT
V8 7591A
V9 7591A
V10 7591A
V11 7591A

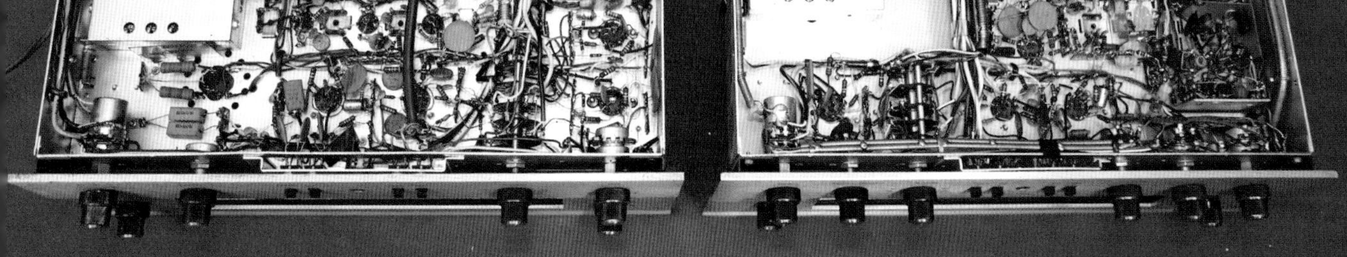

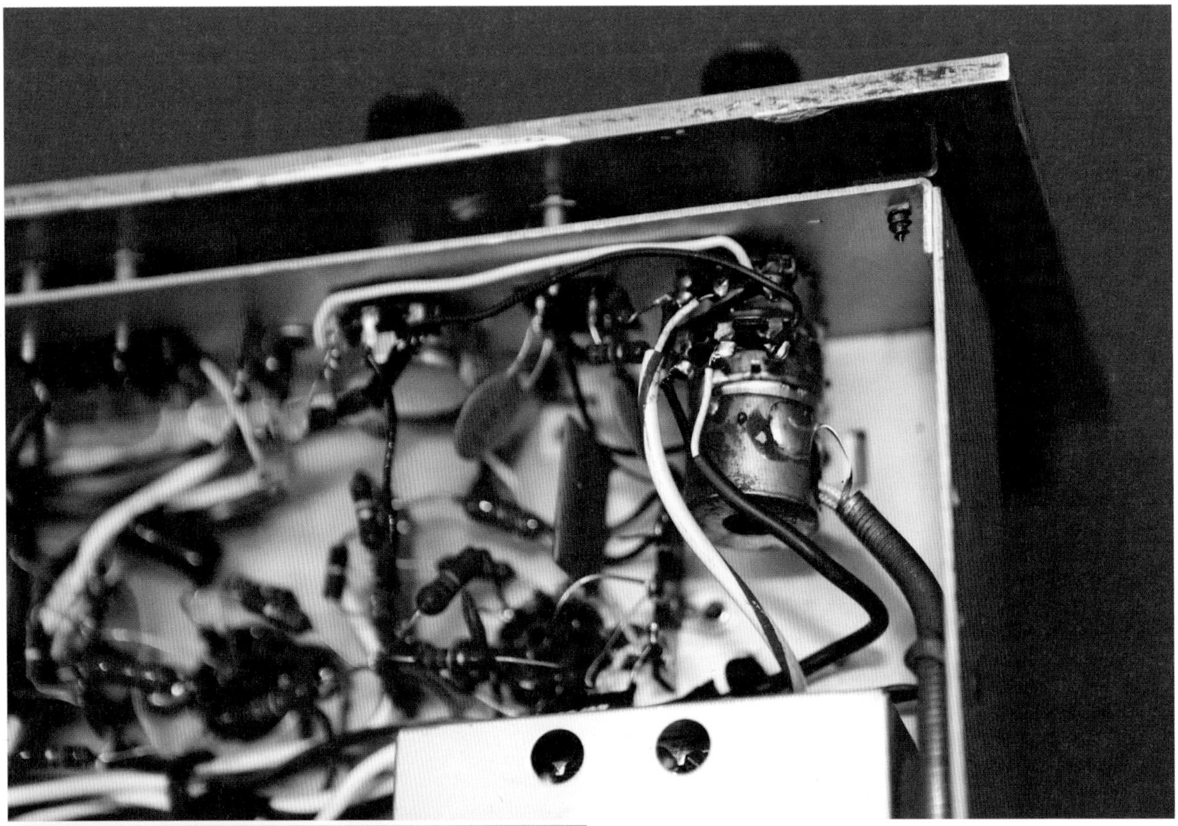

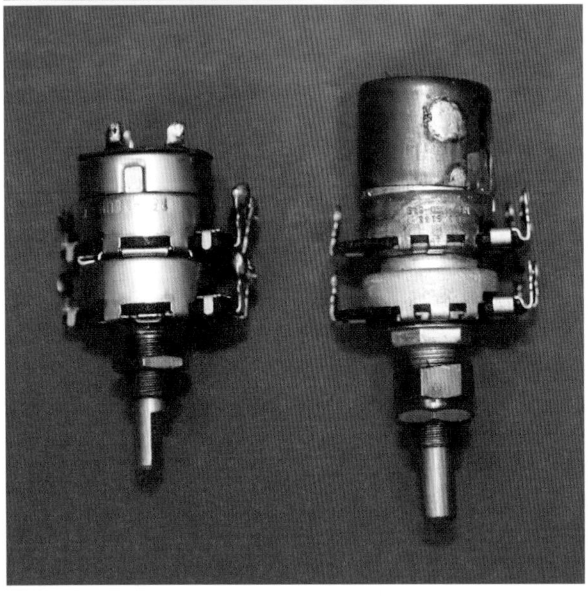

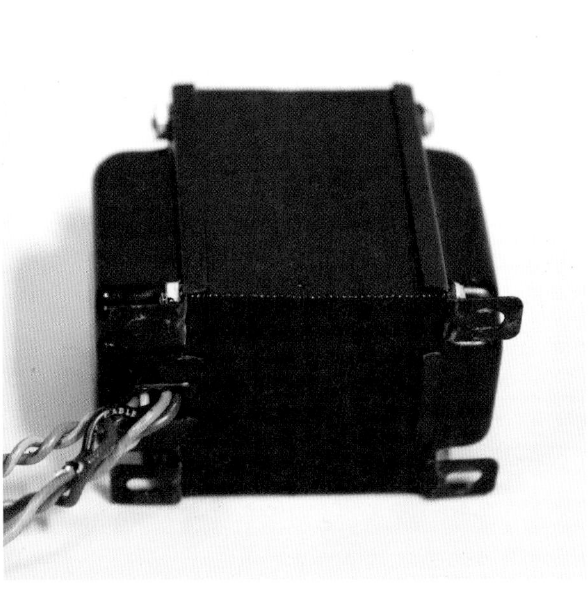

››
상단은 500C의 메인 볼륨으로 중간에 라우드니스 탭이 달려있다.
하단 좌측 사진 내에서 왼쪽은 피셔 인티앰프의 볼륨이며, 오른쪽은 500C 메인 볼륨이다.
하단 우측은 탈거된 출력 트랜스로 뉴욕의 토드 일렉트릭(Todd Electric)사가 제조하였다.

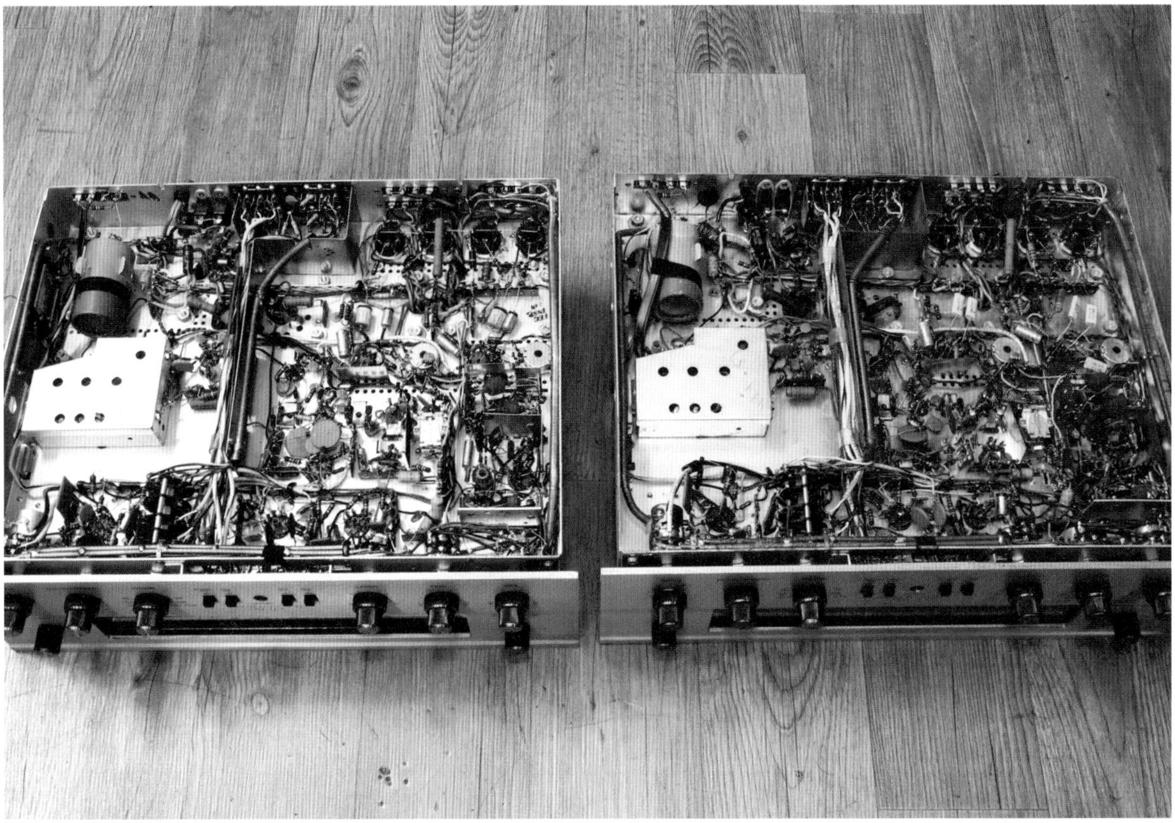

»
사진 내 왼쪽은 오리지널 부품의 500C, 오른쪽은 미국에서 필름 콘덴서로 교환된 500C. 추가로 저항도 교체된 것이 보인다.
이런식으로 부품 교환하면 가치를 잃는다.

500C를 현 시점에서 다시 생산한다면 아마 1천만 원 이상 소요될 것이다. 사실 튜너와 앰프에 이보다 많은 비용을 투자하여도 500C와 동등한 음질을 만들어내기가 쉽지 않다. 더군다나 포노 EQ까지 내장되어 있어 LP를 즐기는 아날로그 마니아에게는 탄성을 지를만한 보너스라 말하지 않을 수 없다.

미국에서는 500C보다는 500B가 인기가 좋은데 전면 디자인과 진공관 구성은 거의 동일하고 다만 출력이 500C에 비해 약간 낮아 32.5W/ch 정도로 전체 음색이 부드러우면서 디테일이 더 있는 대신 중역을 밀어주는 힘이 약한 특징이 있다. 세계적으로는 500B(400도 인기가 높다)가 애호가 층이 두터운 편이며 국내에서만 500C가 선호되고 있다. 물론 생산 수량에서 500C가 월등하여 500B는 깨끗한 제품을 구하기가 쉽지는 않다. 500B나 500C와 매칭이 좋은 스피커로는 알텍과 AR, EV, 젠센 등의 구형 스피커와 텔레푼켄의 풀레인지 스피커 외에 3/5A 계열의 영국제 스피커를 들 수 있다. 가격 비율 때문에 어울리지 않을 수는 있으나 탄노이 구형 스피커들과도 상성이 좋기로 소문나있다. 가능한 부품을 교체하지 않는 것이 좋고 특히 볼륨은 원제품 외에 대안이 없다. 커플링 콘덴서류는 좋은 것으로 바꾸면 그만큼 좋아지는 느낌이 드는데 오리지널 ERO가 경직된 소리를 만들어 구형 스프라그 등으로 교체하는 마니아도 많다. 그러나 사진처럼 현대필름형 콘덴서는 어울리지 않는다.

»
364쪽, 500B(상단)와 500C의 섀시 상부 및 뒷면 배치도(하단)

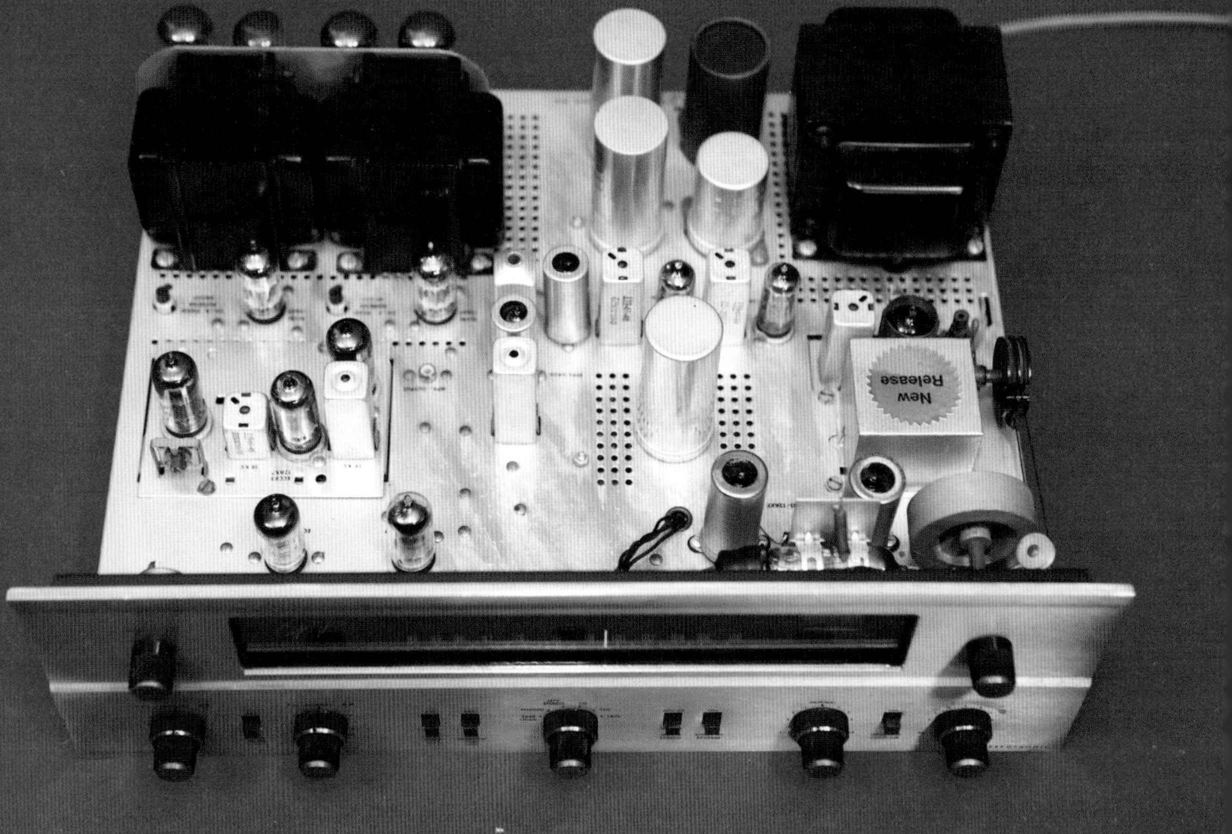

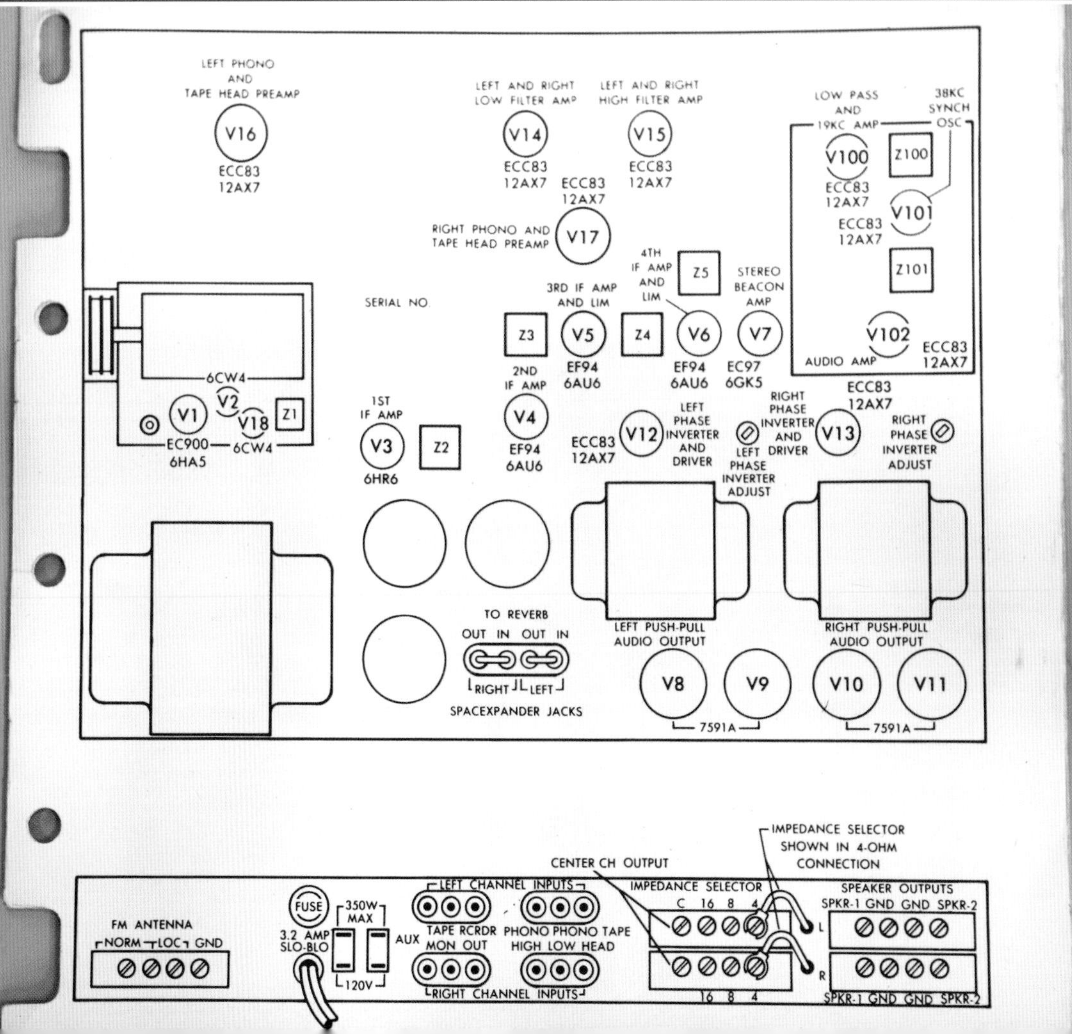

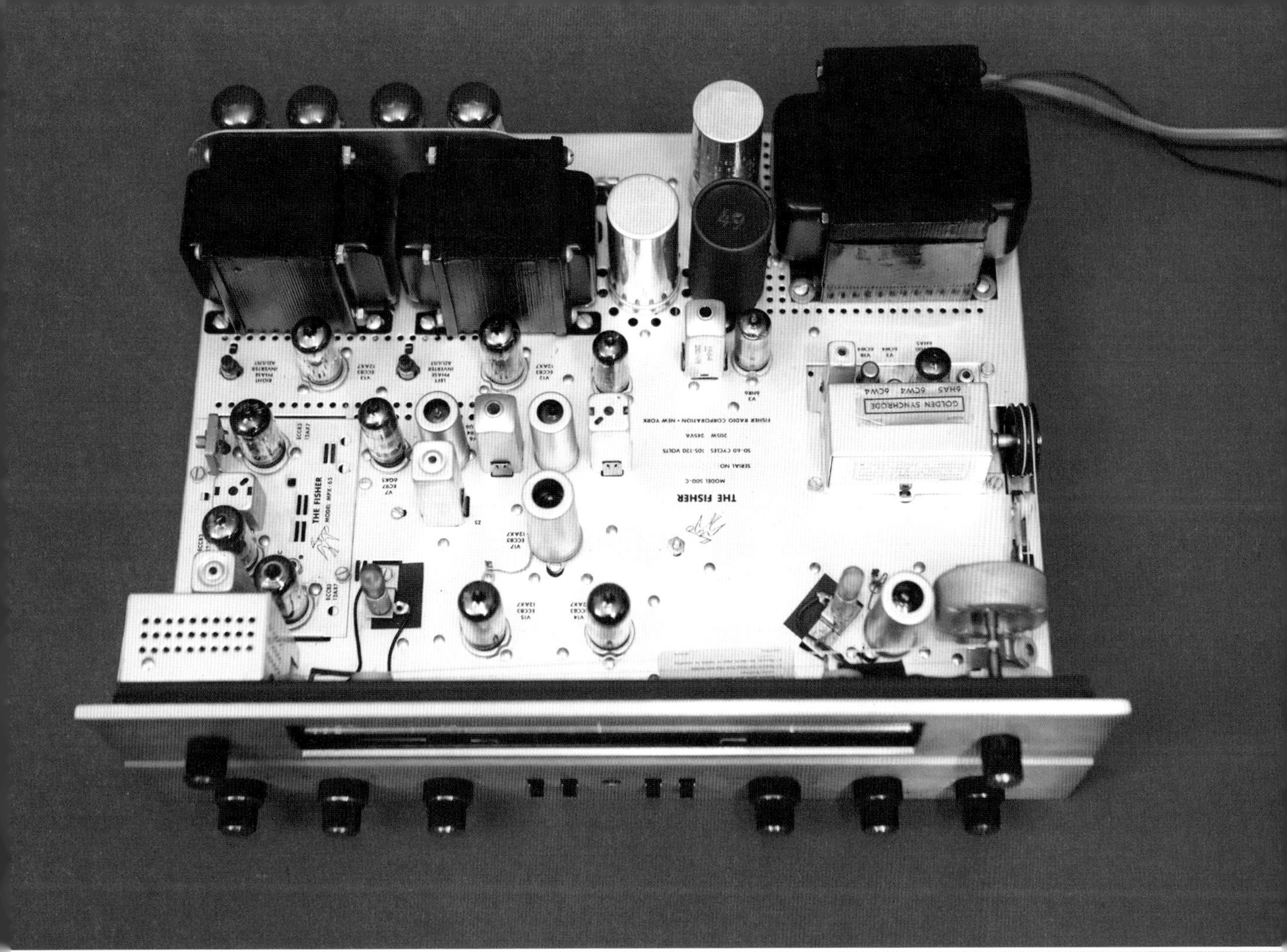

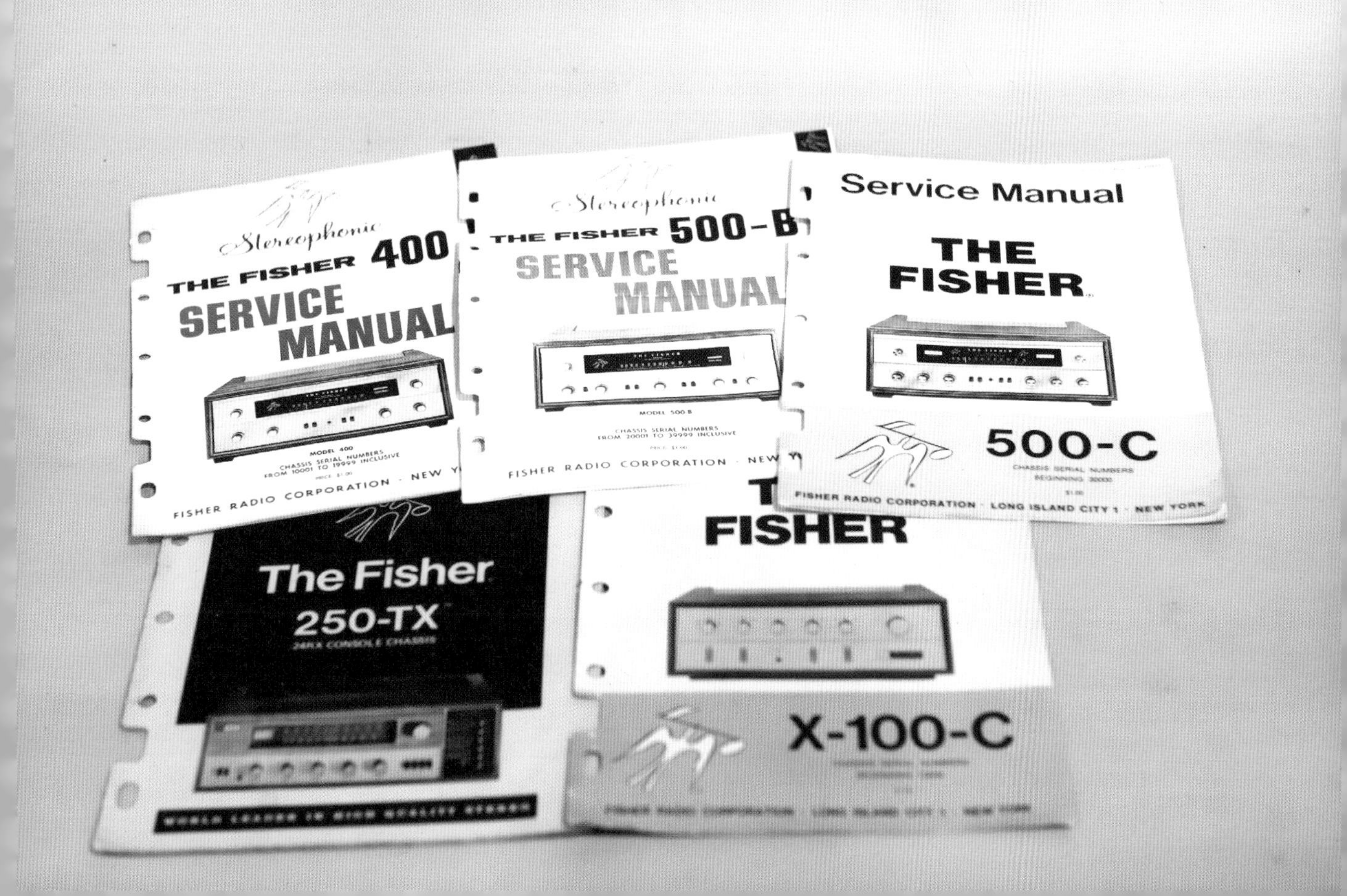

»
365쪽, 500C(상단)와 피셔 진공관 앰프들의 오리지널 설명서(하단)

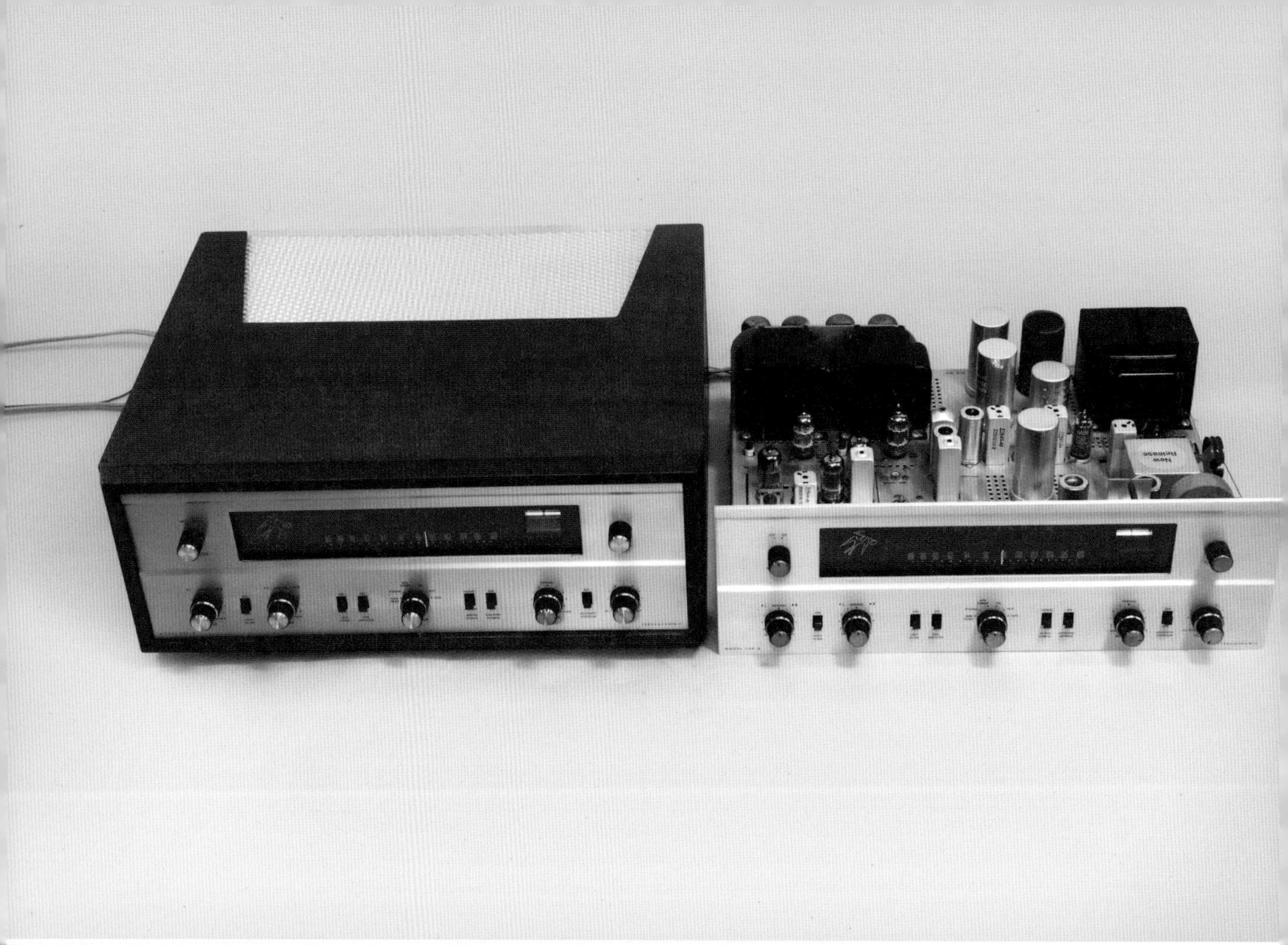

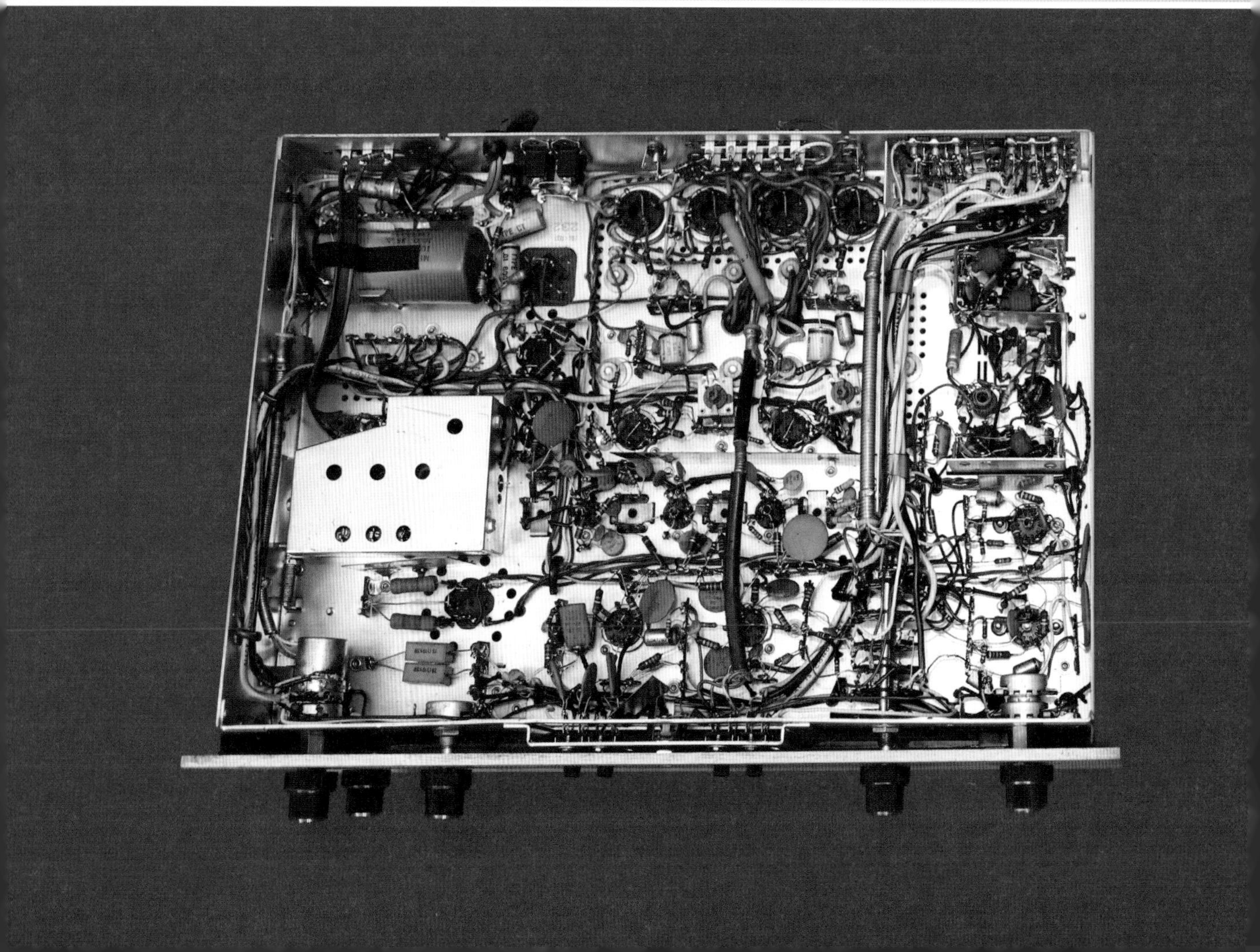

Fisher 400

단순화로 오히려 극대화된 사운드

피셔 리시버는 리시버의 기준이다. 특히 진공관 리시버는 특유의 샴페인 골드 헤어라인 알루미늄 패널의 대칭 구조 디자인으로 세계 모든 리시버 앰프 설계에 영향을 미쳤다고 말해도 과언이 아니다. 피셔의 진공관 앰프는 초기 500 모노 리시버 500S·TA600 스테레오 앰프 모노 튜너시대를 지나 스트레오 MPX 튜너 500B·800B를 거치고 최종 500C·800C로 이어진다. 초기 S·TA 시리즈는 MPX가 탑재되어 있지 않아 FM모노로만 동작한다. 포노를 비롯한 라인 입력부는 모두 스테레오 설계이다. B시리즈는 MPX가 새롭게 탑재되어 FM스테레오 튜너로 완성된 최초기이며, C시리즈는 500B·800B의 출력을 32.5W/ch에서 37.5W/ch로 상승시키고 전면 EM-84 매직아이관에 의한 스테레오 빔을 미터 타입으로 변경시킨 것이다.

국내에서는 FM 전용 리시버인 500C를 선호하는 경향이었지만 필자는 오히려 음질의 특징이 고운 400과 500B를 더 선호했다. 400은 피셔의 최종 리시버이자 가장 저렴한 리시버 제품으로 설계되어 출시되었다. C시리즈 다음에 설계되었는데도 다시 예의 B시리즈 스테레오 빔 인디케이터를 쓰고, 출력도 32.5W/ch로 다운시키는 등 코스트다운 측면에서 많은 신경을 쓴 제품이다. 사실 이미 당시 추세는 TR 앰프로 대세가 기울고 있어 피셔에서도 가격이 높은 진공관 리시버 앰프의 상품성에 많은 의문을 갖고 있었던 것은 사실이다. 실제 400 리시버가 발매되는 1966년도에 이미 TR 앰프도 병행 출시를 한 터여서 서서히 진공관 리시버를 마감한다는 자세로 만든 것이 바로 400이다. 400은 예의 7591 출력관에서 7868로 출력관을 변경하여 PP로 32.5W/ch의 출력을 뽑아낸다. 7868은 7591과 동등관이지만 새롭게 핀규격을 바꾼 절가형 진공관으로 국

»
피셔 400 골드 헤어라인과 샴페인 골드 헤어라인 판넬(상단)과 피셔 400 밑면(하단)

내 선호도는 당연히 7591 출력관보다 떨어진다. 생김새나 핀 구조에서 취약점이 있고, 구하기도 힘들기 때문이다. 실제 7591은 러시아관도 나와 있는 형편이지만 7868은 구형 오리지널 밖에 존재하지 않아 구하기가 쉽지 않다.

400의 가장 큰 오디오적 특징은 낮은 레벨 오디오 스테이지에서 신호경로를 단순화하고 험과 노이즈를 죽이기 위해 필라멘트를 순도 높은 DC 전원으로 점화하는 동시, 커플링 파트를 최소화하였다. 물론 이것은 가격을 다운시키는 목적이기도 했지만 결과적으로 음질 향상에도 기여하였다는 점이다. 400의 사운드는 오히려 500C나 500B의 사운드를 능가하는 음악적 표현력이 있으며, 음의 순도도 높다. 라인 입력 감도는 280mV로 500C의 230mV보다 약간 낮으며, 포노 로우와 하이도 각각 4.4mV와 14mV로 500C의 3.3mV와 13mV에 비해 낮은 편이다(숫자가 높으면 감도는 낮다. 즉 입력은 더 많이 요구된다). S/N비 80dB, 앰프 파트의 채널분리도 50dB, FM 채널분리도 35dB, FM 감도 1.8mV는 500C와 동일하다. 그런데 주파수 대역은 10~40,000Hz로 500C의 5~45,000Hz보다 약간 좁다. 그러나 청감상 주파수 대역이 좁다는 느낌은 전혀 없고, 오히려 상승되지 않았나 싶을 정도로 명료감이 있다는 것을 말해두고 싶다. 400의 출력 트랜스와 파워 트랜스는 예의 뉴욕의 토드 일렉트릭(Todd electric)사가 제조한 500B 것을 그대로 사용하고 있는데 크기와 모양이 비슷하고, 형번도 비슷하다.

전면 패널 사이즈나 섀시 구조는 동일하게 유지하면서(섀시 깊이는 조금 짧아졌다) 전체적으로 비용을 절감하려는 의도가 역력하다. 그러나 기능상 대단히 편리하게 설계되어 있어 지금까지 설계된 피셔 리시버를 가장 완성도 있게 마감한 느낌이 들 정도이다. 프런트 패널의 노브 배치 구조는 500C와 비슷하지만 하단 좌우에 노브 하나씩이 생략되어 있어 심플한 느낌을 준다. 중앙의 헤드폰 잭은 500C와 동일하며, 500B에는 없었던 기능이다. 우드 케이스는 피셔 리시버용이면 그대로 사용할 수 있다.

피셔 리시버의 자태는 오리지널 우드 케이스의 유무로 품격이 많이 차이난다. 피셔 오리지널 우드 케이스는 피셔 리시버 디자인의 백미라고 볼 수 있다. 그만큼 아름답고 가치 있는 케이스다. 피셔 우드 케이스의 전면은 모두 원목으로 마감되어 있어 웬만큼 찍혀도 손상이 가지 않도록 제조되어 있다. 당연히 후면의 오리지널 스틸 망이 있어야 모양이 나며, 원래 색으로 보존되어 새롭게 칠하지 않은 것이 좋다. 한때 (지금도 동일하지만) 오리지널 우드 케이스가 피셔 리시버 구하기보다 힘들 때도 있었다. 아직까지 꾸준히 인기를 끌고 있는 명품이라 말할 수 있다. 피셔 400의 은은한 프런트 창은 선술집을 연상시킬 만큼 운치 있고 향수병을 자극하는 묘한 매력이 있다. 로저스 3/5a와 AR-2·4, 알텍의 고능률 스피커 등 고전 스피커들과 무난한 매칭이며, 아직까지는 가격도 1백만 원 내외로 저렴해 애호층이 두텁다. 아무리 보아도 질리지 않고, 꾸준한 아름다움을 전해주는 추억의 아날로그 리시버라 말할 수 있겠다.

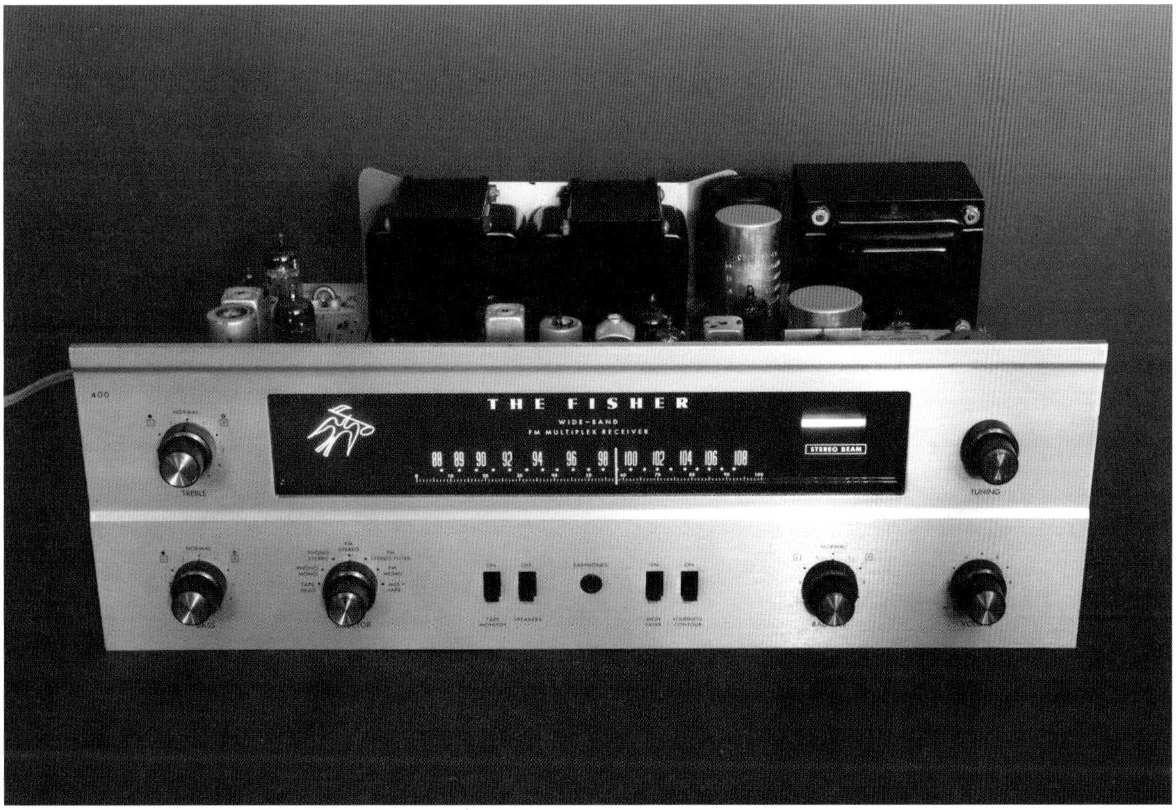

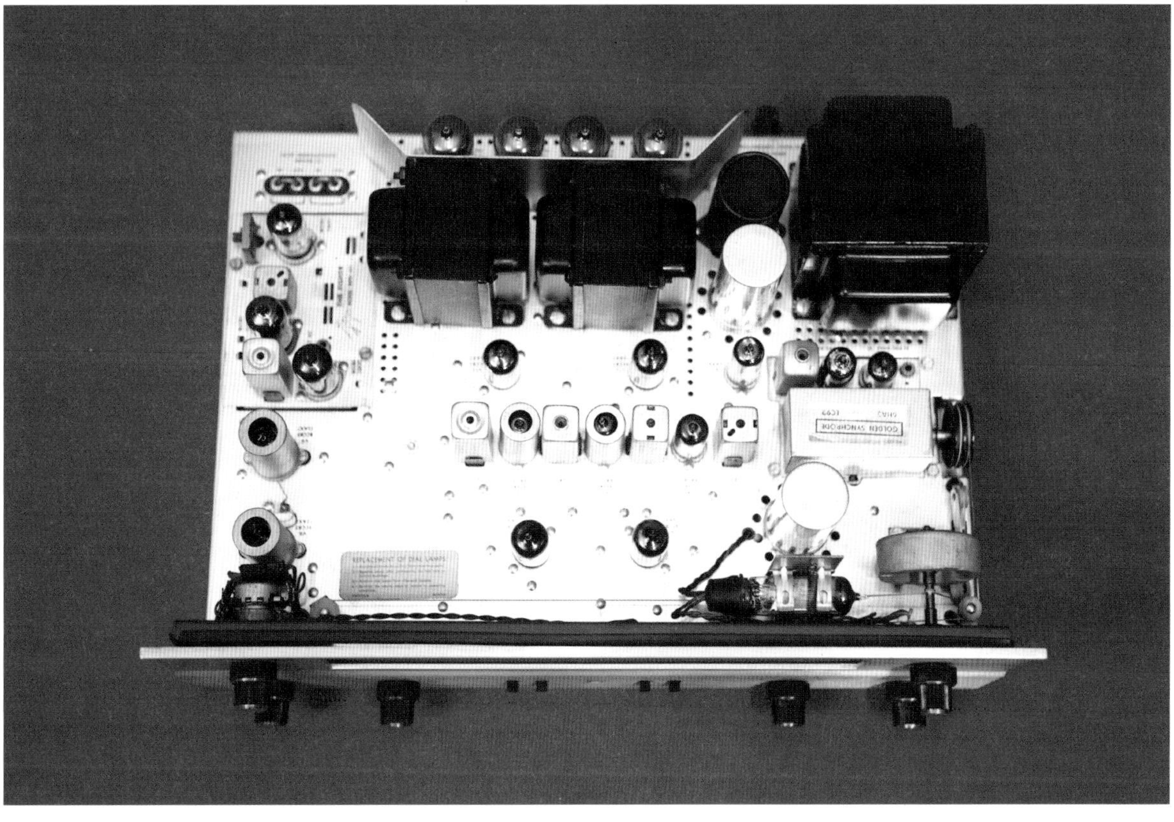

»
밤에 본 피셔 400. 전면의 형광 다이얼 모습이 아름답다(상단)
피셔 400 섀시 윗면(하단)

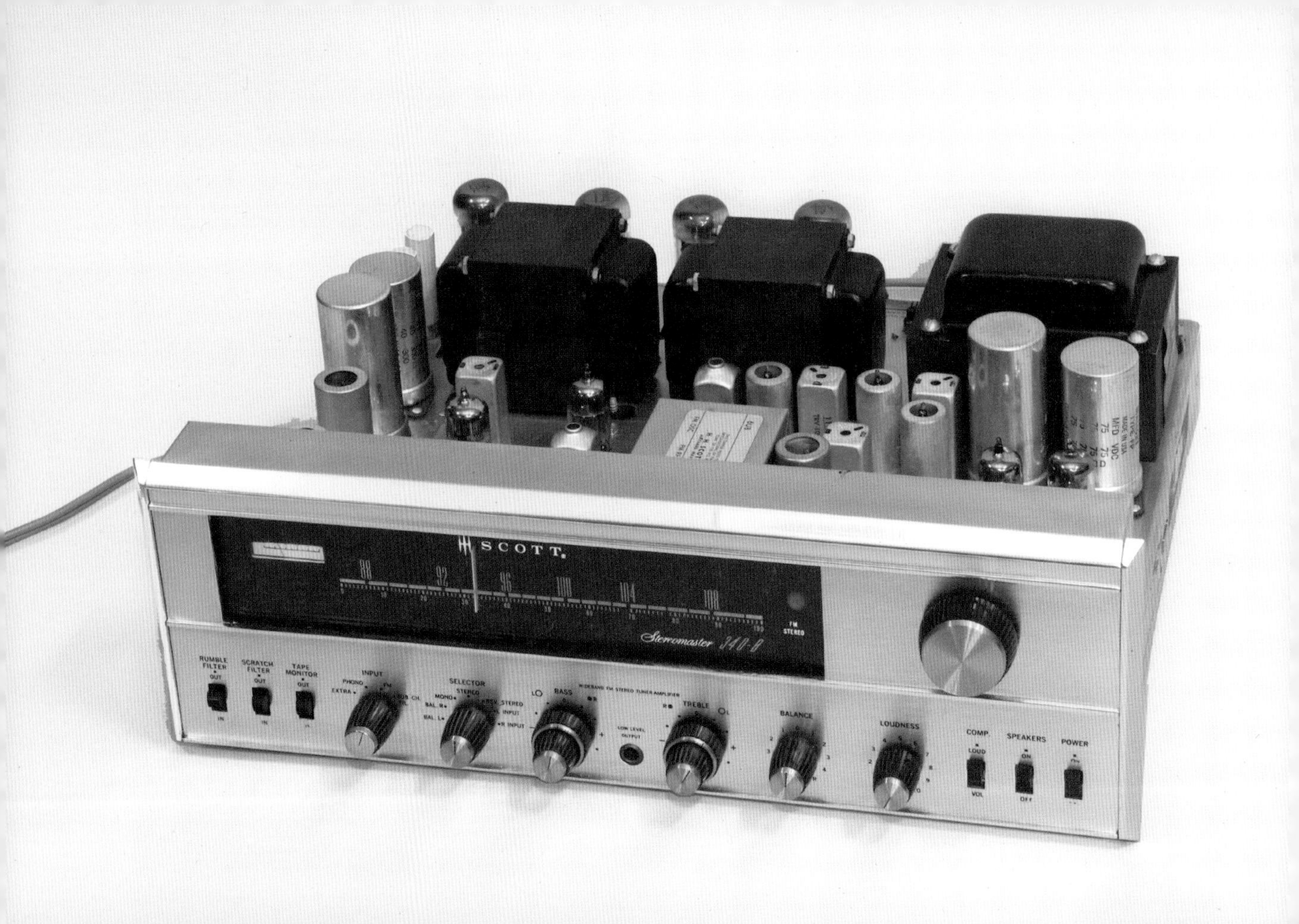
SCOTT
88 92 96 100 104 108
FM STEREO
Stereomaster 340-B
RUMBLE FILTER
SCRATCH FILTER
TAPE MONITOR
INPUT
SELECTOR
BASS
LOW LEVEL OUTPUT
TREBLE
BALANCE
LOUDNESS
COMP.
SPEAKERS
POWER

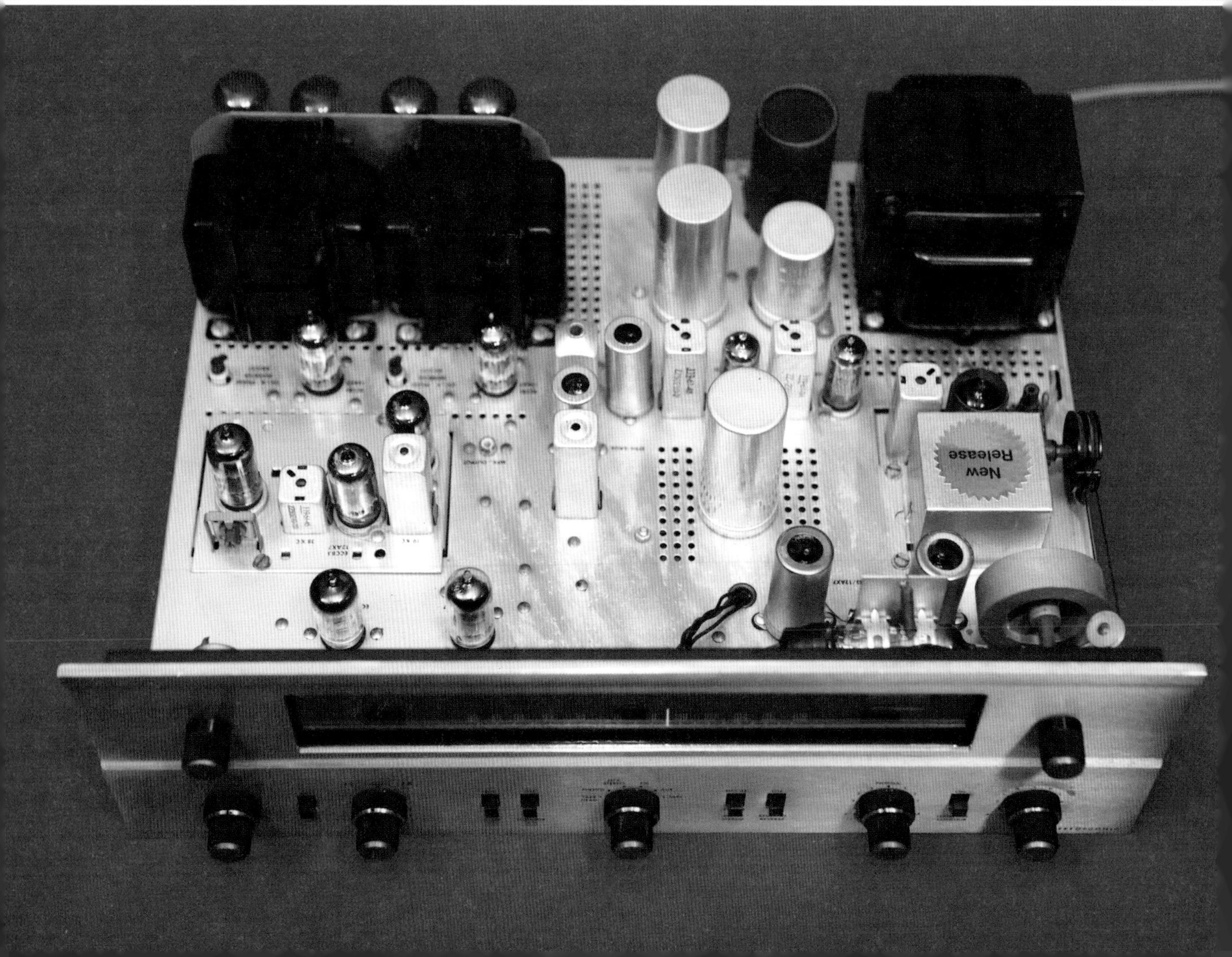
New Release

Scott 340B · Fisher 500B

B자의 온화함

진공관 리시버의 양대 산맥은 미국의 피셔와 스콧이다. 리시버가 가장 화려했던 1960년대 중반을 장식한 명기들이 모두 이 두 회사에서 나왔다고 해도 과언이 아니다. 두 앰프의 출시 연대가 1960년대 중반이지만, 실제 국내에 유입된 것은 70년대 초반부터였을 것이다. 당시는 초고가 앰프로 서민들은 구입할 엄두도 못 냈고, 조금 시간이 흘러 TR 시대가 도래할 때쯤 되어서야 진공관 리시버라는 이유로 천대받았지만, 일부 마니아들은 그 음질적 우수성을 진작 알아보고 TR 리시버보다 높이 쳐주었다. 어떻든 일본제 TR 리시버들이 수입되어 판을 쳤기 때문에 상대적으로 미국 진공관 리시버는 저평가되며 그제야 서민의 손에 들어오기 시작했다. 오히려 90년대에는 이 진공관 리시버들의 가치가 역전되어 난다 긴다 하는 TR 리시버의 가치를 누르고 상좌에 올랐고, 최근 들어서는 그 인기도가 더 급상승해 가격은 더욱 뛰어버렸다. 이 조류의 중심에 서 있는 것이 바로 스콧 340B 리시버와 피셔 500B · 500C 리시버다. 필자는 스콧 340B와 피셔 500B가 서로 필적할 만한 위치에 있는 진공관 리시버라 생각한다.

340B는 전작 340 진공관 리시버의 개량형이다. 340이 출력 30W의 7591 출력관을 사용하는 원형 다이얼 리시버라면 340B는 출력 35W의 7591 출력관을 사용하는 좌우 수평 다이얼형, 즉 녹턴형 리시버다. 실제 340의 판매 가격은 당시 379달러였고, 340B의 판매 가격은 289달러인 것으로 보아 원가 절감에도 상당히 신경을 쓴 신제품이 아니었나 생각한다. 어떻든 스콧 340B로 개편되면서 전면 패널의 모양은 대폭 진화해 스콧의 TR 리시버 패널 형태로 접근한다. 340B는 FM 전용 튜너 내장이며, 포노단과 라인단에 각각 2개

»
스콧 340B(상단)와 피셔 500B(하단)

의 12AX7, 드라이브단에 2개의 6U8을 사용하며, 고주파 증폭단에 6U8·6BS8, 중간 주파수 증폭단에 2개의 6AU6와 6HS6을 사용하고, FM-MPX에 12AT7·12AX7·6KE8이 각각 1개씩 총 3개가 장착되어 있다. 전면 패널 분위기는 피셔 500B에 비해 복잡하다는 인상이며, 얇은 알루미늄 실버 패널로 통 알루미늄 피셔 판넬에 비해 약간 약하다.

피셔 500B는 역시 출력관 4개의 7591을 사용하며, PP로 채널당 32.5W의 출력을 낸다. 당시 판매가가 229달러로 스콧 340B보다는 저렴한 모델이었다. 500B에는 포노단과 라인단에 각각 2개의 12AX7, 드라이브단에 2개의 12AX7를 사용하며, 고주파 증폭단에 6AQ8(ECC85) 1개와 중간 주파수 증폭단에 4개의 6AU6, FM-MPX에 2개의 12AT7과 1개의 12AX7를 사용하는 것이 340B와 약간 구별된다. 500B는 EM-84에 의한 매직아이 튜닝 미터를 사용하고, 340B는 일반 게이지형 레벨 미터를 사용하며, 500B에는 헤드폰 잭이 없고, 340B에는 헤드폰 잭이 있는 등 기능 면에서도 약간 구별이 있다. 그러나 전체적 출력이나 기능은 대동소이해 어느 제품을 선택해도 포노 EQ를 비롯한 모든 기능을 리시버 내에서 커버할 수 있어 편리하다.

»
372쪽. 피셔 500B 전면 패널과 다이얼일루전
373쪽. 스콧 340B(상단)와 피셔 500B(하단)의 밑면 내부

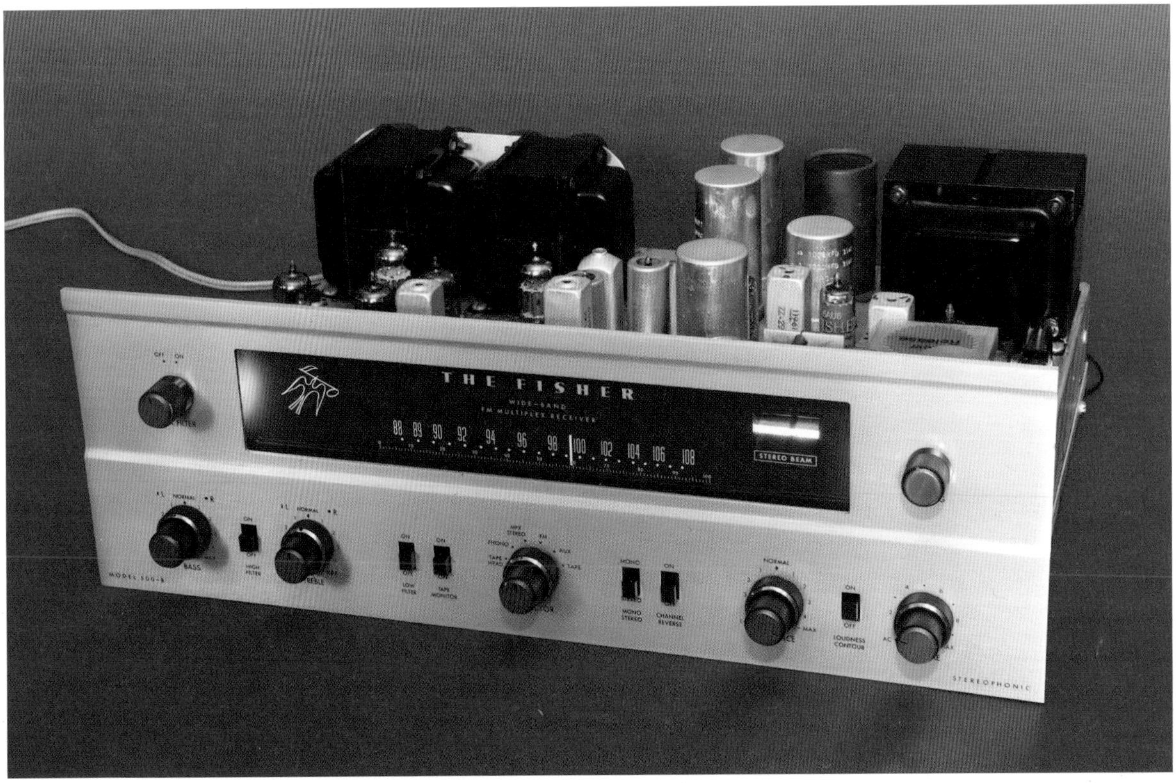

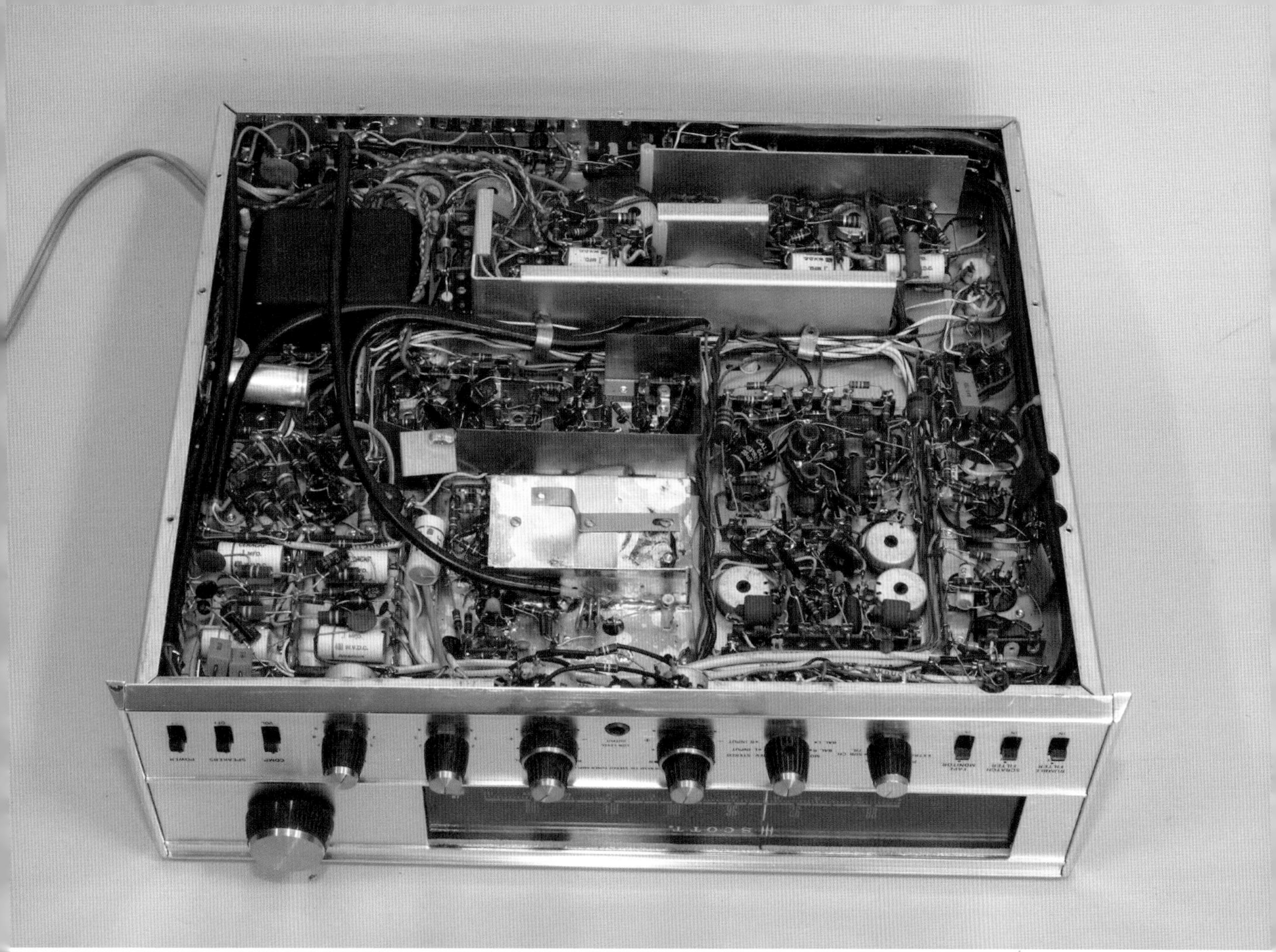

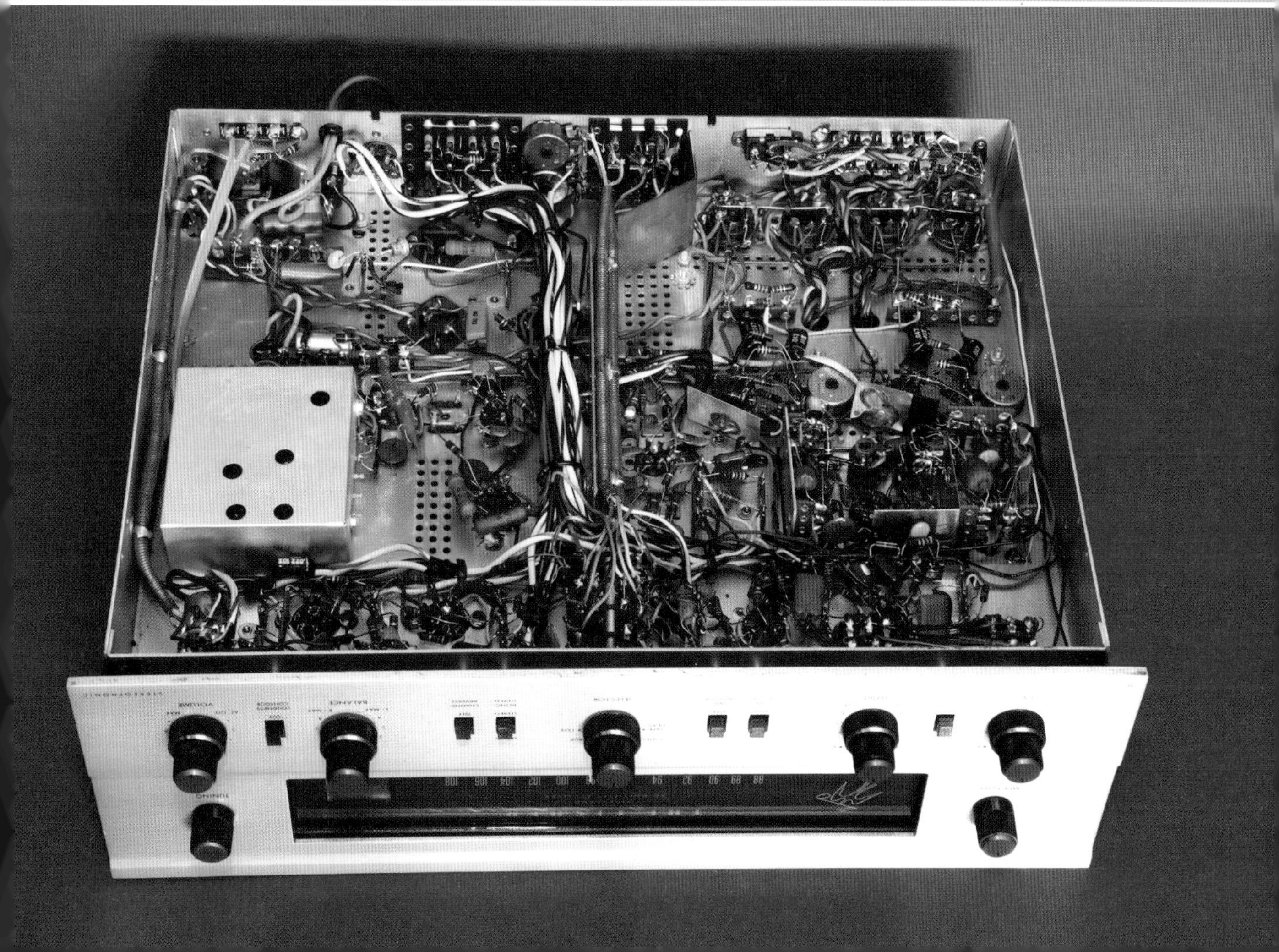

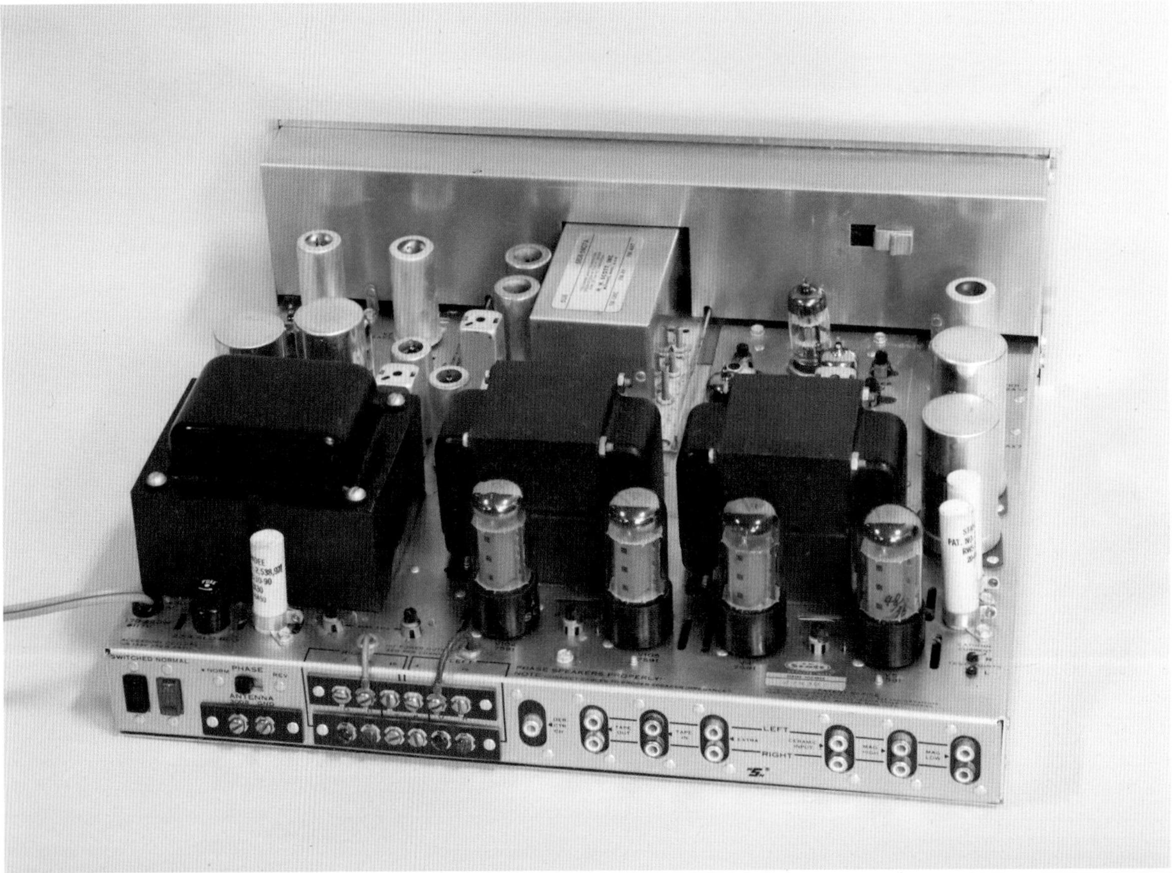
SWITCHED NORMAL
PHASE
NORM
REV
ANTENNA
LEFT
RIGHT

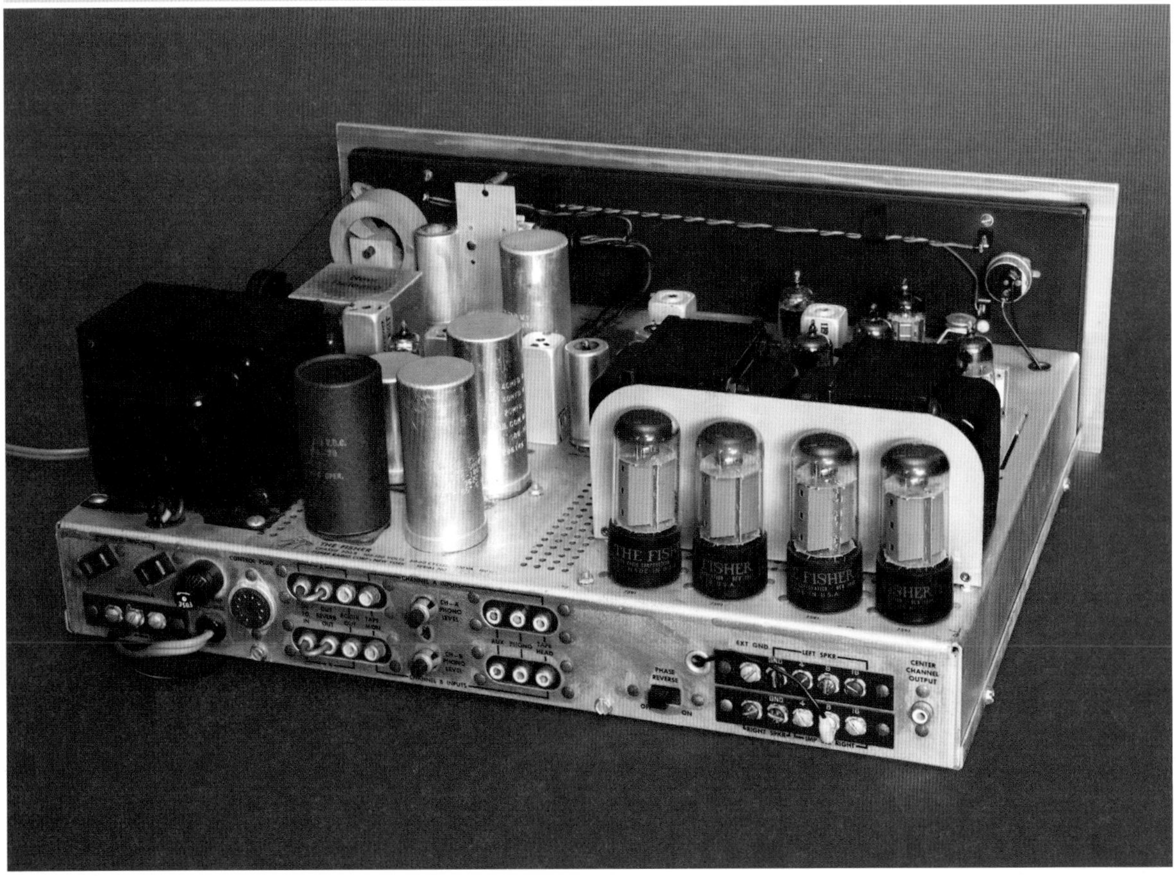
CONTROL PLUG
THE FISHER
FISHER
EXT GND
LEFT SPKR
PHASE REVERSE
CENTER CHANNEL OUTPUT

340B가 볼륨과 전원 스위치가 별도로 구분되어 피셔 500B에서 말썽을 일으키는 전원 스위치 일체형 볼륨에서 오는 폐단을 막아 놓았다. 그러나 이 전원 스위치마저도 약해서 이상이 있는 제품이 많지만, 비교적 피셔의 일체형에 비해 수리가 쉽다. 340B의 음색은 500B에 비해 음질이 곱고 샤프한 면이 더 있다. 특히 튜너부가 500B보다 우세해 감도나 자연스러운 음질 면에서 한 수 위라고 말할 수 있다. 하부 커플링이나 디커플링 콘덴서와 포노단 처리가 피셔보다는 정교하며 복잡하다. 한 마디로 부품이 고급화 되고 물량투입이 더 되었는데, 오히려 내구성 면에서는 500B보다 떨어진다. 피셔 500B는 500C에 비해 음결이 곱고 음악성 면에서 한 수 위지만, 이 340B에 비한다면 또한 둔한 음결을 가지고 있다고 말할 수 있다. 340B는 별매된 오리지널 우드 케이스가 있고, 역시 이 케이스에 수납되어야 제멋이 난다. 이 부분에 있어서는 500B와 동일한데, 당시에는 우드 케이스가 모두 옵션이었던 모양이다. 340B의 섀시는 모두 알루미늄이고, 철판을 도금해서 사용한 피셔보다는 녹에는 강하지만 잘 찌그러지고 상처가 쉽게 나는 단점도 있다.

500B의 전면 샴페인 골드 알루미늄 헤어라인 패널과 다이얼 방식, 또 노브 처리는 세계 리시버의 기준이라 말해도 될 만큼 완성도가 높다. 리시버이지만 내구성이나 기능 면에서 분리형 진공관 앰프에 뒤지지 않을 만큼 완성도가 있으며, 전체 시각적 분위기도 발군이다. 오리지널 우드 케이스에 들어 있는 500B는 예술이라 해도 무방할 만큼 아름답다. 이 정도의 기능과 소리면 음악 듣는 데 충분하다 할 만큼 두 리시버는 완성도가 높다. 상태만 좋다면 진공관 입문기로 자신 있게 추천할 수 있는 수준 있는 제품들이다.

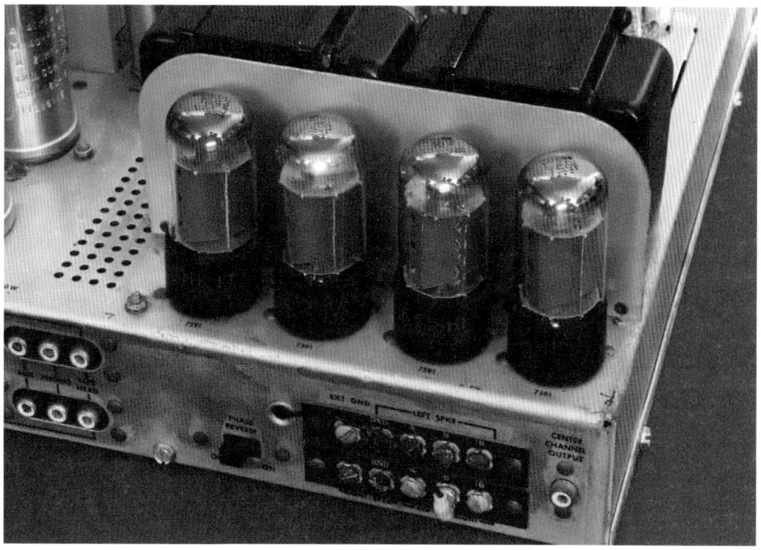

››
374쪽, 스콧 340B 뒷면(상단)과 피셔 500B 뒷면(하단)
375쪽, 500B의 출력관에 히터가 점화된 모습

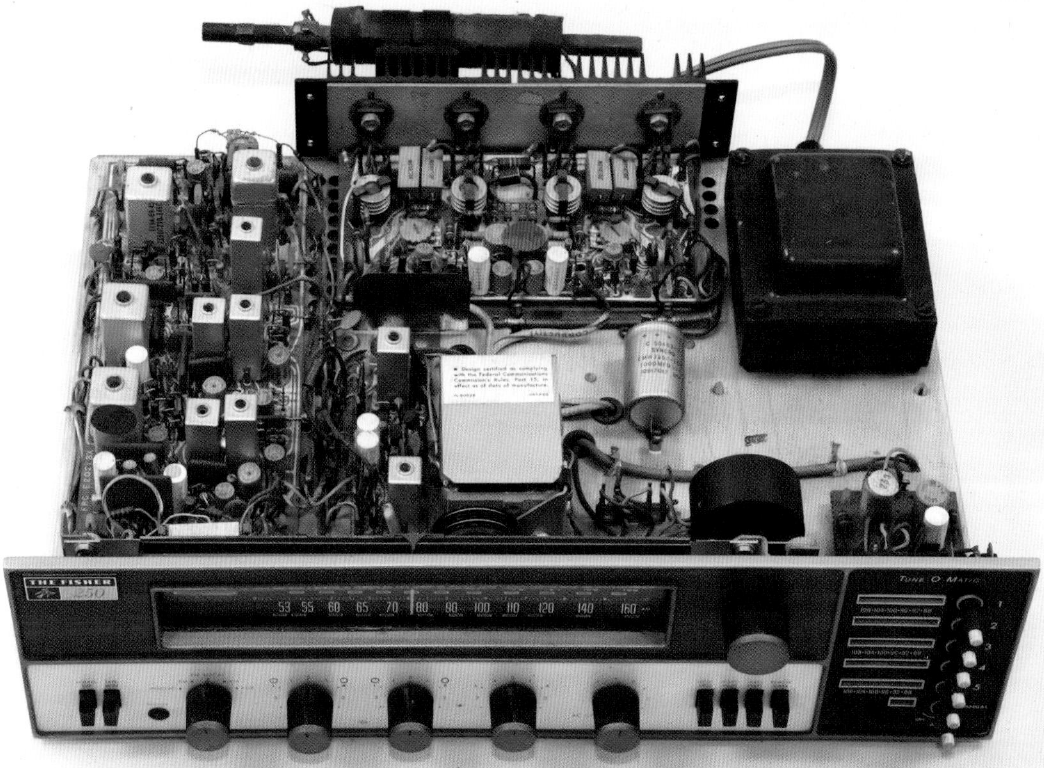
THE FISHER
Tune O-Matic
53 55 60 65 70 80 90 100 110 120 140 160

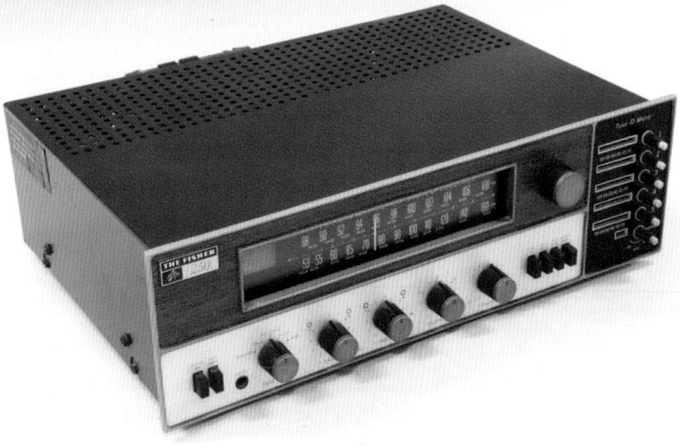
THE FISHER
Tune O-Matic

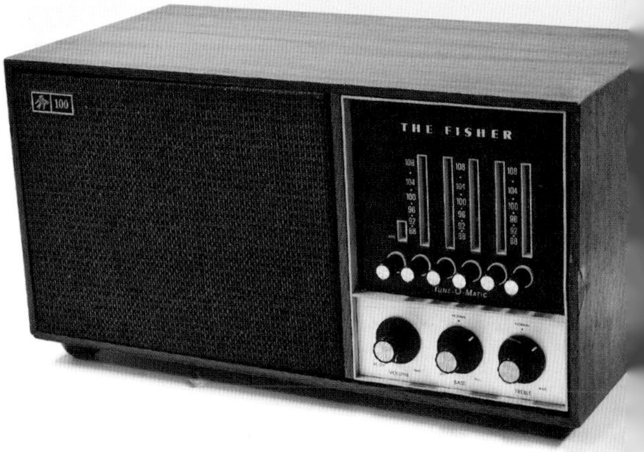
100
THE FISHER
Tune-O-Matic

Fisher 250 TX · Microreceiver 100

피셔 진공관 리시버 400의 TR형과 라디오형

필자는 피셔의 오디오 제품을 선호한다. 전반적으로 피셔의 제품 콘셉트는 실용적이면서도 내구성이 탄탄한 보급품 위주로 형성되었는데, 설립자인 독일계 미국인 에이버리 피셔의 신념이 속속들이 배어 있다. 그들의 제품은 지나치지 않으며 디자인도 독일의 합리주의 성향을 반영하듯 정제된 마감새를 지니고 있는 것이 특징이다. 실제 제품의 내부를 들여다 보아도 독일 생산품이 곳곳에 박혀 있는데, 기본적인 진공관 제품류의 진공관도 텔레푼켄 오리지널로 독일제이며, 노브나 저항, 콘덴서류 등은 상당수가 독일산이다. 물론 이것은 전후 미국의 독일 지원 원조 정책 등에 힙입은 바 크지만, 설립자 스스로의 내구성과 실용주의 정신에 입각한 결과물이라 생각한다. 당시 독일의 전자 부품은 세계 최고였고, 그런 부품을 사용한다는 것은 또한 세계 최강의 제품 퀄리티를 유지하고 싶다는 의지가 담겨 있는 것이다.

결과적으로 50년 전 피셔 오디오 제품들은 아직도 그 놀랄 만한 내구성을 담고 있어 현역기로 사용되고 있으며, 소리도 좋지만 디자인의 깊이도 느껴진다. 물론 피셔의 가장 인기 있는 품목은 리시버로, 그중에서도 진공관 리시버인 500B · 500C 등이 톱이지만, 그 후속으로 나온 220T · 250TX · 500TX · 800TX 등의 TR 리시버도 그 독특한 음색과 디자인으로 인기가 여전하다. 피셔 진공관 리시버의 백미가 500C의 큰 글씨로 된 다이얼판인 대창이라면, 피셔 TR 리시버의 백미는 250TX라 말할 수 있다. 물론 TR로서 상급기인 500TX · 800TX 등이 있지만 내구성, 사운드, 디자인 측면에서 250TX가 앞선다. 피셔 TR 리시버 사운드는 전작인 진공관 리시버 사운드를 답습하고 있다. 부피나 무게는 달라졌지만, 디자인 콘셉트나 내구성, 사운

»
피셔 250 TX의 내부(상단), 피셔 250 TX(하단 좌)와 피셔 마이크로리시버 100의 외관(하단 우)

드는 놀랍게도 진공관 리시버와 닮아 있다.

필자도 한때 250TX를 두고 씨름을 한 적이 있다. 초기형 250TX를 AR-3a와 4X 스피커에 물리고 들었을 때의 그 단호하게 느껴지는 댐핑과 묵직한 저역은 아직도 귓가에 맴돈다. 입력으로 들어간 신호가 단순히 증폭되어 아무런 가미 없이 튀겨져 나온다는 인상을 받았었다. 당시 유행했던 일제 파이오니어나 산스이 리시버에서 나오는 밋밋한 사운드와는 질적으로 달랐다. FM은 약간 둔한 듯했지만 나름 남성미가 있었으며, 턴테이블의 아날로그 사운드는 그야말로 한 점의 불만이 없을 정도로 탁월했었다. 250TX는 후기 출력 확장형 대형 캔 TR형이 초기 중출력석(소위 오징어TR)보다 소리가 둔하고 디테일이 곱지 못하다.

»
250TX의 밑면

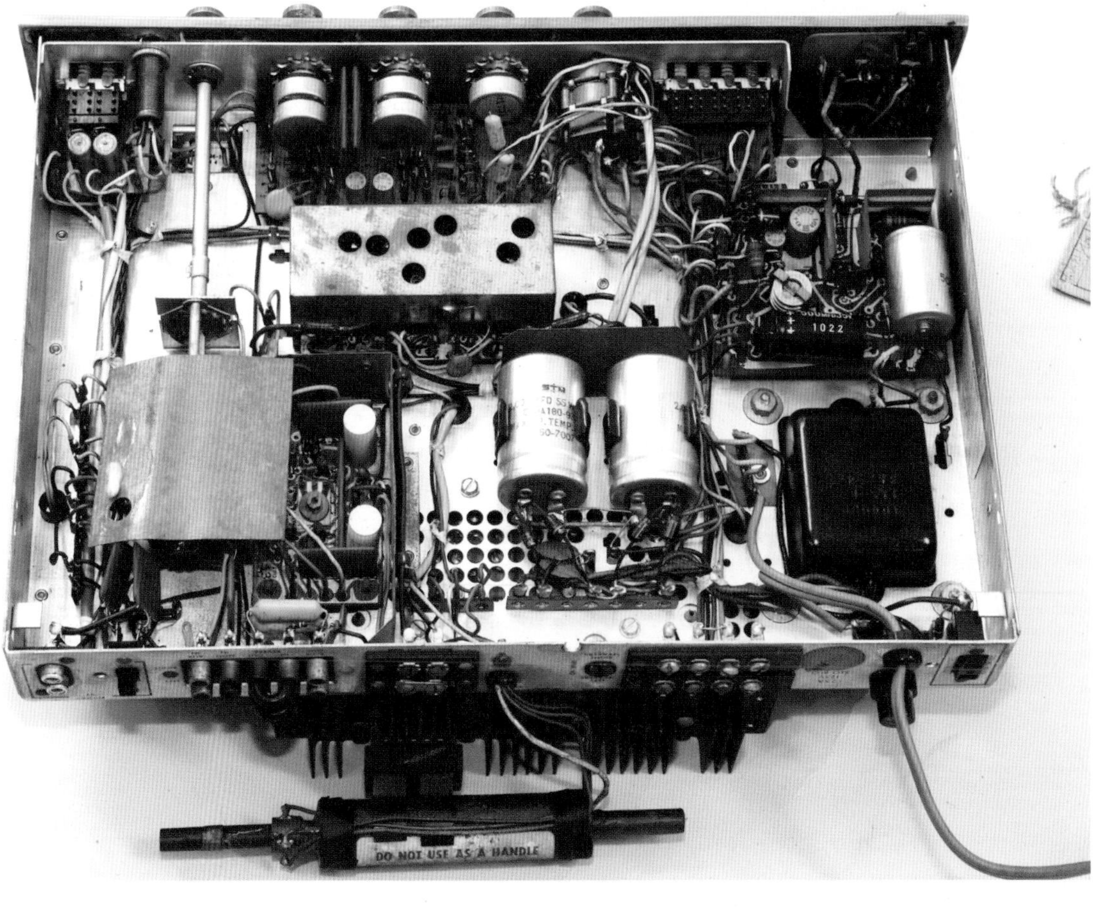

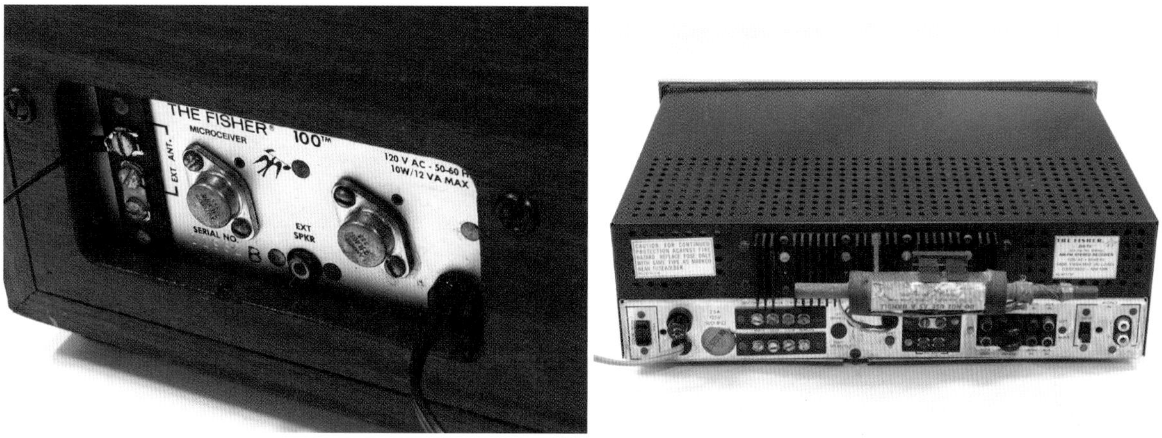

»
마이크로 리시버 100의 출력석(좌)과 250TX의 뒷면(우)

250TX를 다시 들여 놓고 FM 수신용으로 사용할까 하는 욕심이 생기던 차에 청계8가 가로 좌판에 놓여 있던 피셔 마이크로 리시버 100, 즉 라디오를 발견했다. 한눈에도 피셔 250TX의 아류라는 느낌이 들어 호기심으로 소리를 들어 보았는데, 역시 실망을 주지 않고 마치 250TX와 AR-4X를 연결했을 때와 비슷한 음색으로 필자의 심금을 울렸다. 당장 구매해 그날로 내부를 뜯어보았다. 사각 페라이트 자석의 5인치 픽스드 에지 풀레인지가 흡음재를 채운 베개형 면 보자기로 둘러져 있고, 250TX에서 보았던 오토 튜닝 부품들과 트랜스류들이 빼곡했다. 중형 캔 TR 출력석인 암펙스 2N4077·2N4078은 뒷면 히트 싱크에 노출되어 부착되어 있어 외부에서도 보인다. 간단하게 외부 스피커를 사용할 수 있도록 스피커 단자가 마련되어 있는데, 라디오 본체와 동일 크기의 자사 옵션 스피커도 판매되었다는 자료를 보았다.

피셔 마이크로 리시버 100은 탁상형 라디오로 사용하기에 아무런 불편이 없었다. 전면 프리 세팅 튜닝으로 5개의 FM 방송국을 선국할 수 있고, 스위치만 누르면 해당 방송이 청취되어 편리했다. 소비전력 약 10W로 하루 종일 틀어 놓아도 부담 없고, 정결한 사운드가 꽤 큰 음량으로 발산된다. 신형 라디오들과는 만듦새나 사운드 면에서 월등하다. 비교적 전체 부피가 작고 세련되어 FM 청취용으로 권할 만하다. 물론 가격도 최근 제품보다는 월등히 저렴해 부담이 없다.

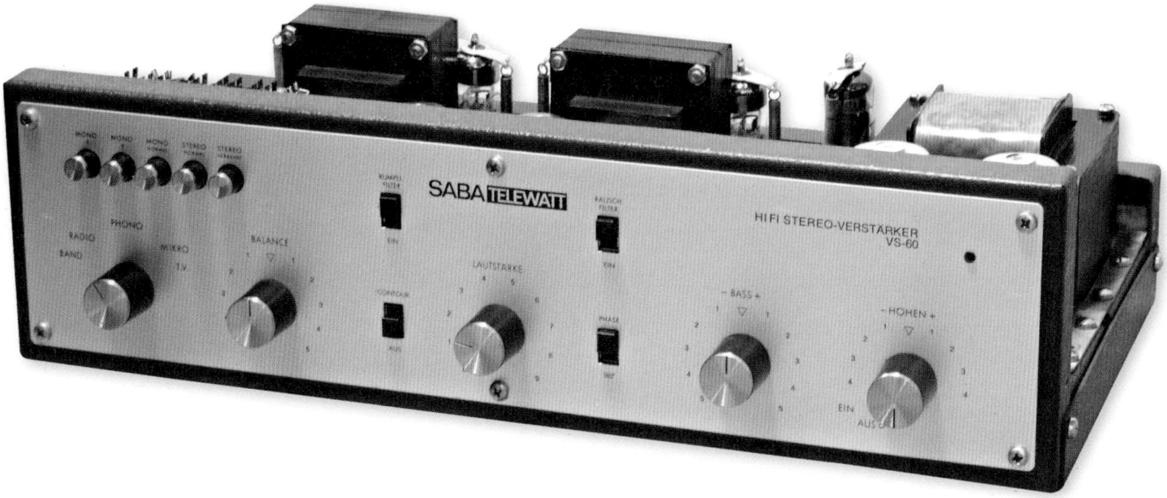
SABA TELEWATT
HI FI STEREO-VERSTÄRKER
VS-60
RADIO
PHONO
BAND
MIKRO
T.V.
BALANCE
LAUTSTÄRKE
– BASS +
– HÖHEN +
EIN
AUS

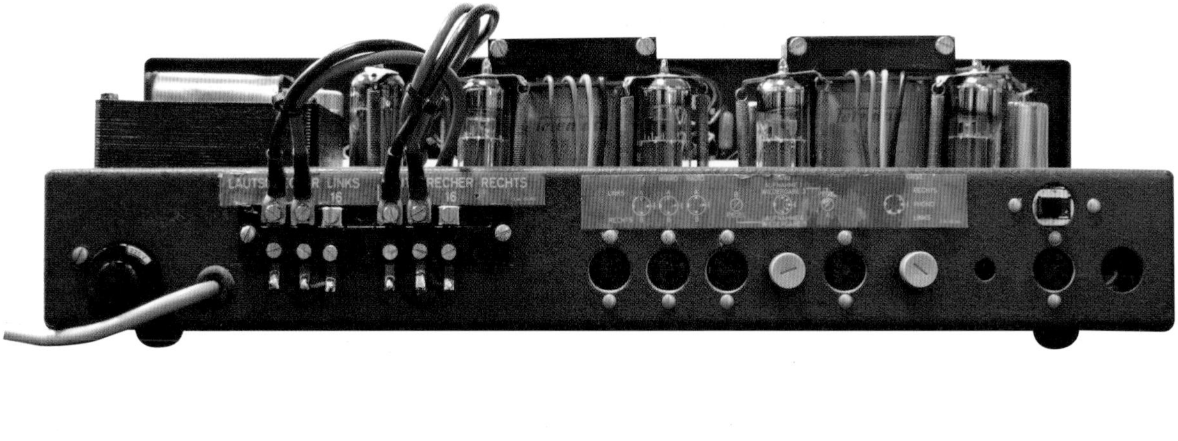
LINKS
16
RECHTS
16

Saba Telewatt VS-60

독일 근면주의 사운드

독일인의 제품에 대한 정신은 2차 세계 대전을 전후한 1960년대쯤 정점을 찍은 것 같다. 그들의 군 장비나 프로 장비의 내부를 보면 상상을 초월하는 완벽주의 정신에 놀라지 않을 수 없는데, 그러다 보니 최근 내용도 없이 값만 비싼 하이엔드 오디오 제품들을 분해해 보면 빈티지에 대한 애정이 더욱 치솟곤 한다. 필자가 듣고 있는 튜너는 독일의 로데 슈발츠(Rohde & Schwarz) ESB 진공관 모노형과 동사의 TR MPX 스탠더드 스테레오·디코더 MSDC이다. 두 덩어리의 무게가 약 50kg 정도로 엄청난 물량 투입이 돋보이는데, 물론 방송국용 기준 모니터로서 방송장비 수준이라는 것을 감안해도 너무했다싶을 정도로 부품이 구성되었음을 한눈에 알 수 있다. 어떻게 하면 더 완벽한 소리를 내면서도 내구성을 길게 할 것인가에 심혈을 기울인 탓에 당시 가격이 폭스바겐 비틀 3대 값에 해당했다고 한다. 여기에 비하면 마란츠 10B나 피셔 1000 시리즈는 아직 주니어에 불과하다. 그리고 소리를 들어보면 천만 원을 호가하는 현대 레퍼런스급 튜너가 감히 넘볼 수 없는 자연스러운 음색이 나온다. 어떨 때는 아날로그 소스에 가까운 매력적인 사운드를 들려주는데 튜너 사운드의 정점이라 일컫는 이유를 알게된다.

이 로데 튜너와 연결해 일상에서 라이프스타일 음악을 틀어놓는 앰프가 바로 사바 텔레와트 VS-60이다. 이 앰프의 특징은 소출력 진공관 인티앰프로 안정도를 프로 장비 수준까지 끌어올려 놓은 데 있다. 외형조차도 민수용인지 프로용인지 잘 구분되지 않을 정도로 탄탄하게 만들어져 있다. 출력관은 ECL82(6BM8) PP로 채널당 약 15W 출력을 내지만 그 출력에서는 상상할 수 없는 막강한 스피커 핸들링 능력을 갖고 있다.

»
사바 텔레와트 VS-60(상단)과 스프링 클립에 장착된 진공관(하단)

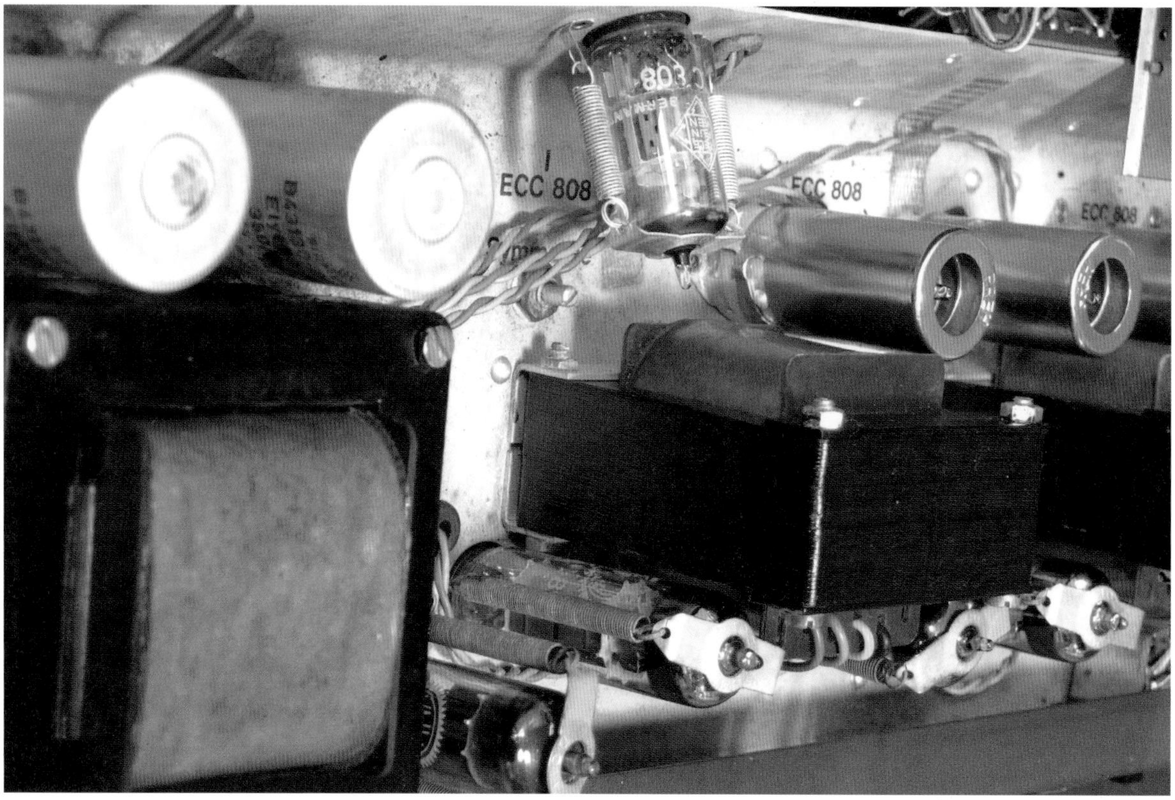

»
증폭관으로 쌍 3극관 ECC808을 사용한다

프리단에는 ECC808 5개가 장착되어 있는데 이 ECC808관 역시 매력 있는 관이다. ECC83보다는 선이 굵으며 힘이 좋고 당당하다. ECC88과 ECC83 그리고 ECC82의 장점을 고루 섭렵한 관으로 가끔 프로 장비의 증폭관으로 사용되고 있는 것을 볼 수 있는데 충분한 이유가 있다는 짐작이다.

모든 진공관에는 스프링 클립이 장착되어 있어 앰프를 아무리 심하게 다루어도 관이 이탈될 염려가 없다. 또한 진공관 소켓과 관 핀의 접속도를 향상시켜 주는 장점도 있다. 내부 부품들은 모두 하드 와이어링이며 시각적으로 아름다울 뿐 아니라 정돈감도 좋다. 부품을 측정해 본 결과 1960년대 제조품인데도 불구하고 하자 부품이 단 하나도 발견되지 않았다. 심지어 볼륨도 출하 당시의 기본감촉과 성능을 유지하고 있어 놀람을 금치 못했는데 타기기가 전원스위치를 볼륨에 연동시킨 것과는 달리 고역조정 노브에 스위치를 연동시킨 것이 특이하다. 트랜스류들은 매우 정밀하고 탄탄하게 제조되었음을 한눈에 알 수 있고 코어의 가지런함이나 코일의 시각적 정밀감으로 볼 때 당대 미국 제품에 비해 한 수 위라는 생각이다. 전체 부피에 비해 무게가 대단히 무거운데 두꺼운 철재 섀시와 커버 덕택이다. 출력 단자는 4Ω, 16Ω로 2개이며 포노세라믹 다이내믹 입력 외에 마이크 입력단이 추가되어 있어 PA용으로의 가능성도 고려한 점이 이 앰프의 전반적 성격을 잘 나타내주고 있다. 회색톤이 로데 튜너와 잘 어울리는데 실제 로데 튜너를 이 정도의 앰프와 연결하는 마니아는 없

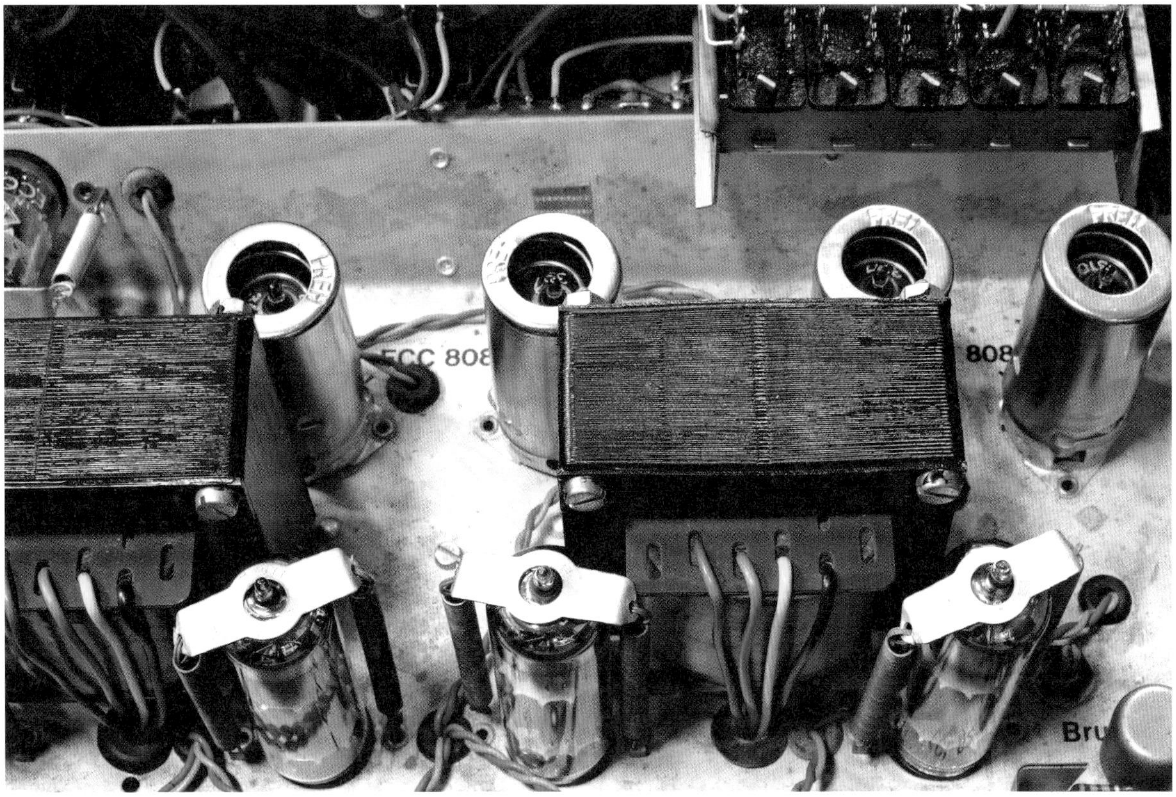

»
단단해 보이는 출력 트랜스

지만 두 독일 제품의 상성은 조화롭다. 텔레와트의 컴팩트한 사이즈로 대형 랜싱 아이코닉을 서운치 않게 울리는 데 한마디로 부족함이 없다.

턴테이블을 연결하여 성악이나 현을 울리면 디테일이 조금 사라지기는 하지만 자연스러운 뒷맛이 특징인 세련된 사운드가 전개된다. 물론 풀레인지 텔레푼켄이나 지멘스 스피커와도 잘 어울린다. 오히려 후자 쪽이 이 앰프와 어울리는 매칭이겠지만 중간 능률 이상의 구형 스피커를 매칭하면 각 스피커마다 독특한 개성이 살아나 재미있다. 독일제 앰프들을 무언가 규격화된 음색을 통일적으로 가지고 있다. 메이커는 각각이지만 그 음색은 일맥상통하는 특징을 갖고 있는데 이것이 어떨 때는 싫지만 반대로 익숙해지면 그 음색의 마약과 같은 매력에 빠져들기도 한다. 도이치 사운드는 그만큼 중독성이 강하다. 그리고 거기에 빠지고 싶어하는 것이 마니아들의 심리이다. 가끔 텔레와트가 60년대 독일 히피족의 전유물이었을지도 모른다는 생각이 언뜻 뇌리를 스치고 지나가면 앰프에서 흰색 아편 냄새가 풍기는 것 같다.

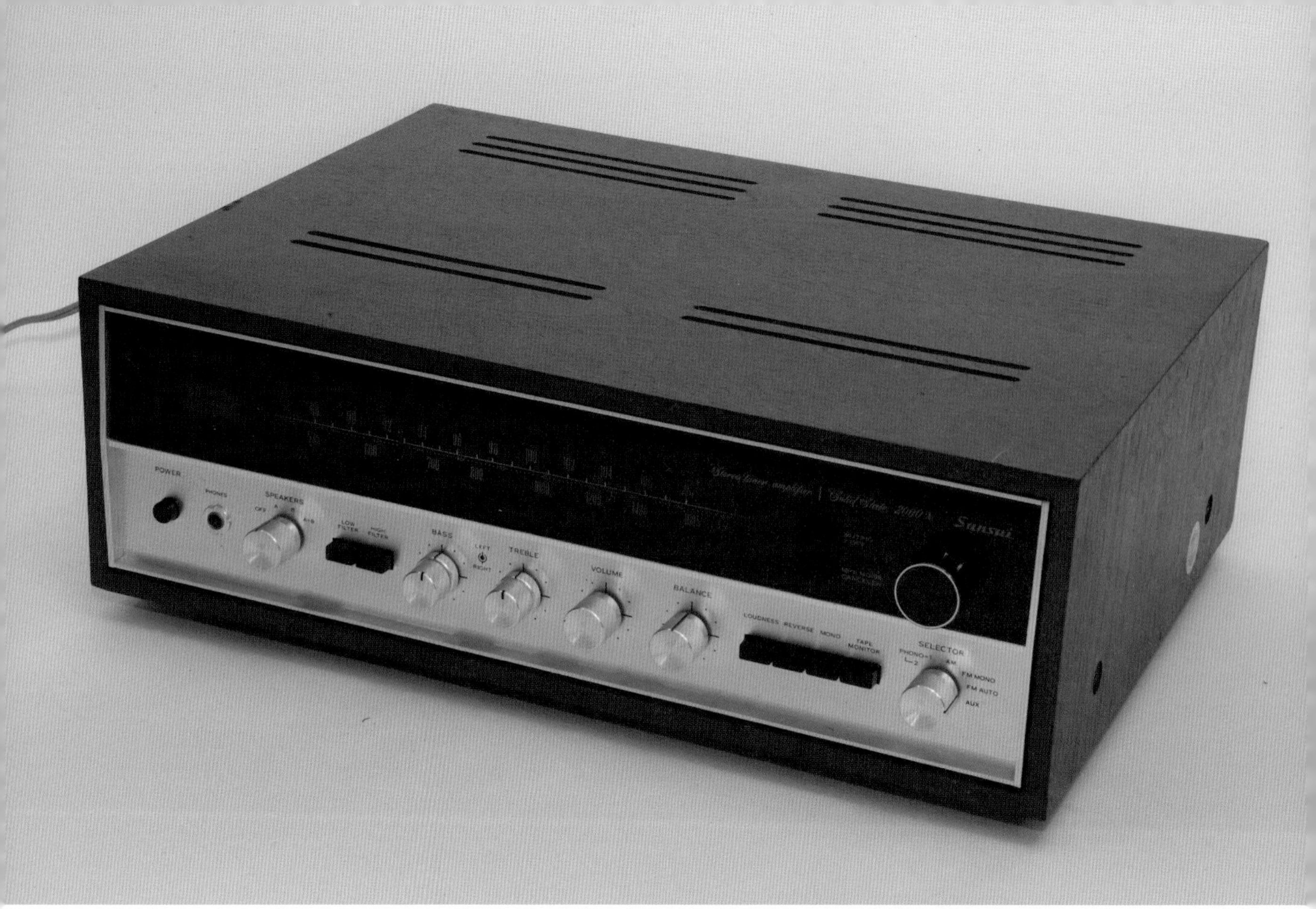
POWER
SPEAKERS
BASS
TREBLE
VOLUME
BALANCE
LOUDNESS REVERSE MONO
TAPE MONITOR
SELECTOR
FM MONO
FM AUTO
AUX
Sansui

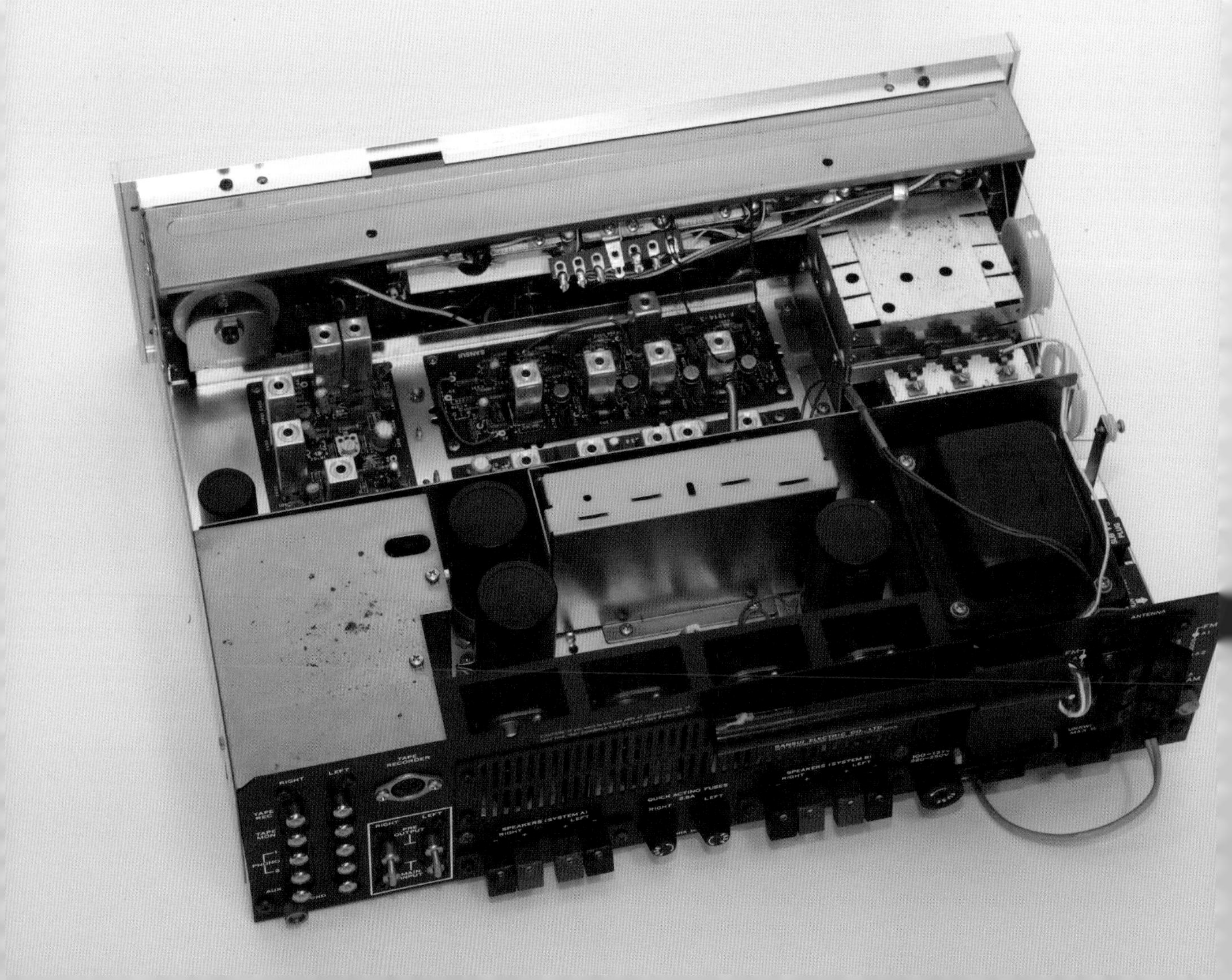
ANTENNA
TAPE RECORDER
RIGHT
LEFT
QUICK ACTING FUSES
SPEAKERS (SYSTEM A)
SPEAKERS (SYSTEM B)

Sansui 2000X

산스이의 대표 리시버

정상을 목표로 산을 오르다 보면 오르는 과정에서 보이는 아름다움과 즐거움을 간과한 채 오로지 산만 오르고 있는 자신을 발견한다. 꼭 목표가 있어야 올바른 과정이 있는 것은 아니다. 매일 매일 조금씩 높은 곳으로 걷다 보면 그 과정에서 보이는 바위의 아름다움과 자작나무 단풍의 아름다움, 산들바람의 즐거움 그리고 자잘하게 바위 밑으로 피어올라 있는 민들레의 우주적인 노란색 환희를 볼 수 있다. 그러다 보면 어느덧 산 중턱에 올라와 멀리 내려다보이는 사람들의 마을도 아스라해지고, 또 한 번 숨을 고르고 오르다 보면 자기도 모르는 사이 정상에 올라 있는 자신을 발견한다. 목표에 도달하여 신을 보려는 사람은 신을 보지 못할지도 모른다. 그러나 매일 매일의 과정에서 신을 느끼고, 가장 아름답고 멋진 인생의 오늘 하루, 지금을 살아가는 사람들은 매일 매일 신을 느끼며 감사의 기도를 하기 마련이다. 소원의 기도가 아니라 감사의 기도를 할 때 우리는 이미 신의 은총 아래 있는 것이다.

필자의 중·고등학교 학창 시절은 오디오에 대한 희망으로 매일을 꾸려 나갔다 해도 과언이 아니다. 공부하기 싫고 특별한 기호도 없고 돈도 없어서 오디오 자료나 뒤적이며 세운상가에 나가 진열되어 있는 오디오를 구경하고 부품을 사서 앰프와 스피커를 만드느라 납땜 향기 속에서 고달픈 하품을 하던 어린 학생의 모습이 떠오른다. 밤새워 오디오를 제작해 새벽녘에 달그락거리는 어머니 밥하는 소리에 숨을 죽이고 첫 소리를 들어보던 그때 그 환희를 대체 할 일이 요새는 없다. 어떻든 모든 용돈을 투자하고, 거기다 살짝 거짓말까지 해서 받은 참고서 살 돈, 세뱃돈 등, 생기는 돈이란 돈은 무조건 모두 오디오에 투자한 결과 국산 웨이브

»
산스이의 명기 리시버 2000X의 전면과 내부

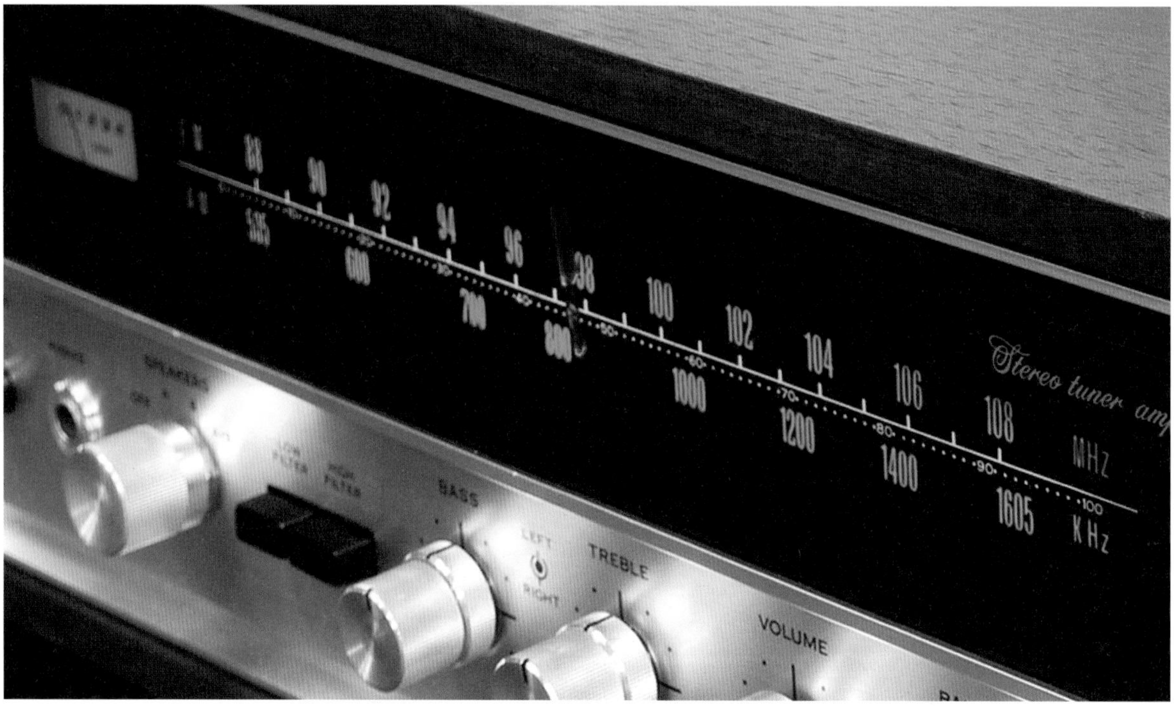

(WAVE) 자작 앰프에서 서서히 벗어나 산스이 1000·1000A·2000X, 피셔 250TX·500C 진공관 등으로 발전해 나갔다.

군대를 마치고 직장을 들어가게 되면서 앰프류는 서서히 진공관으로 고정되고, 최종적으로 필자가 제일 갖고 싶어 하던 최고봉 하이엔드 시스템까지는 무려 30년은 족히 걸린 것 같다. 그리고 이제 그 정상의 자리에서 서서히 내려오기 시작해 이제는 간단한 보급기로 음악을 듣고 싶어졌다. 모든 것이 덧없음을 깨달았고, 그 올라가는 과정의 즐거움과 정상의 자리에서 내려오는 상쾌함과 만족감은 인생의 여정과 동일하다는 생각이 든다. 오디오로 깨달은 인생의 길이라고 이야기하면 사람들이 웃을까! 나이가 들면 입맛도 예전으로 돌아온다고 하는데, 오디오도 십상 그 꼴이다. 최근 들어 그 어렸을 적 들었던 기기들이 왜 그리도 듣고 싶고 갖고 싶은지 오디오 향수병이 필자의 심금을 울린다.

그중에서 고향 산나물처럼 떠오르는 오디오 맛이 산스이 2000X였다. 2000X는 제대 후 얼마 지나지 않아 1000을 거쳐 마련한 상급기다. 당시 5000A로 스피커를 망가뜨린 기억이 있어 산스이 A 시리즈는 정나미가 떨어진 터라 더 신형인 X 시리즈 중 저렴한 모델을 거의 신품 상태로 구했다. 당시에는 고가 제품이었으며 구하기도 쉽지 않았다. 그리고 당시 색소폰을 부는 이봉조 씨가 2000X와 AR-4X 그리고 AR 턴테이블로 시스템을 꾸려 극찬하던 시절이라 소문만 듣고 2000X를 선뜻 구매했다. 당시 메인 스피커로 듣던 필립스 알니코 12인치 풀레인지 스피커에 연결하니 그야말로 깔끔한 고역과 온화한 중역, 박력 있는 저역 그리고 초록색 녹턴 창까지 필자에게 부족함이 없었다. AR-4X와도 매칭이 좋지만 필립스 12인치 알니코 풀레인지와도 그

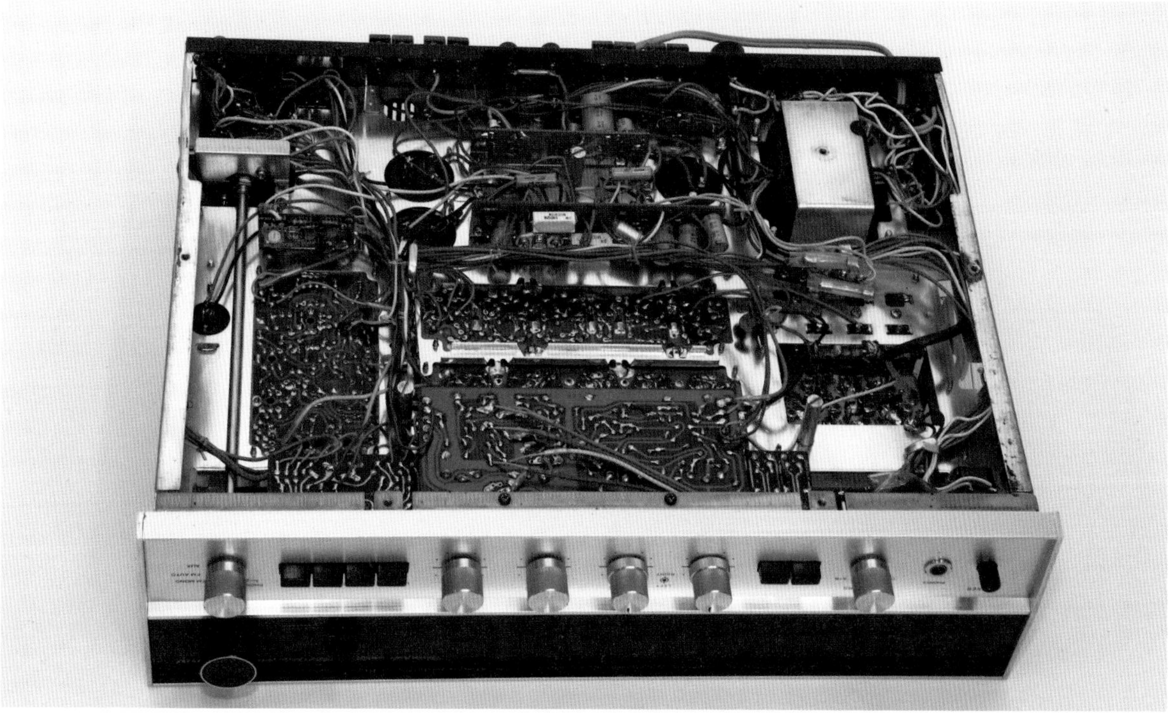

»
386쪽. 산스이 2000X 초록색 녹턴창
387쪽. 산스이 2000X의 밑면 기판

매칭은 환상적이었다. 인클로저를 손수 만든 것이었지만 네트워크 없이 풀레인지 유닛에 연결된 2000X의 음결은 막힘이 없고 시원시원해 마치 청량음료처럼 톡 쏘기까지 했던 기억이 난다. 여름철 휴일이 되면 크게 틀어놓고 마당에서 세숫대야에 우물물을 받아 세수하면 그 자리가 천국이었다. 그 2000X를 최근에 다시 구매했다. 오로지 추억 때문에, 그 여름날 나무 그늘 아래서 올려보는 초록의 향수 녹턴창 때문에…. 그런데 놀라운 것은 1970년대에 들었던 음색 그대로 완벽하게 동작하는 것이 아닌가. 잡음도 없고 초록 녹턴창도 아스라한 그때 그대로로 살아 있는 듯 했다. 참 놀라웠다.

하모닉 디스토션이 0.8%에 채널당 출력 40W·8Ω 정도로 AR-2를 정말 정갈하고 감칠맛나게 울린다. 오히려 신제품 앰프보다 더 음악적이고 구수하다. 튜너의 수신 감도도 훌륭하고, 특히 포노부는 가히 발군이다. 가격은 필자가 사용하던 때인 그 시절보다 세 배 정도로 올랐지만 물가상승을 감안하면 오히려 엄청 내린 가격에 해당하는 것이다. 캔 TR 출력석과 드라이브단, 견고하고 효과적인 히트싱크, 월넛 우드 케이스에 변함없이 부드러운 볼륨 작동감은 2000X가 얼마나 기계적 완성도와 내구성이 좋은지 증명해주고 있다.

과정이 좋을 때 그리고 그 과정으로 겪는 삶의 추억은 항상 인생을 두 번 살게 한다. 오래 살아야 오래 사는 것인가! 과정의 아름다운 추억으로 두 배 살면 인간의 장수는 저절로 보장되며, 그 장수의 과정에서 누구보다도 현명한 판단 속에 신과의 접촉이 저절로 이루어지는 것은 아닐까. 최근 들어 가장 잘한 소비가 이 2000X를 집에 들여놓은 것이다. 그와 함께 수많은 깨달음과 아름다움, 행복한 신과의 대화 등이 한꺼번에 들어왔으니까 말이다.

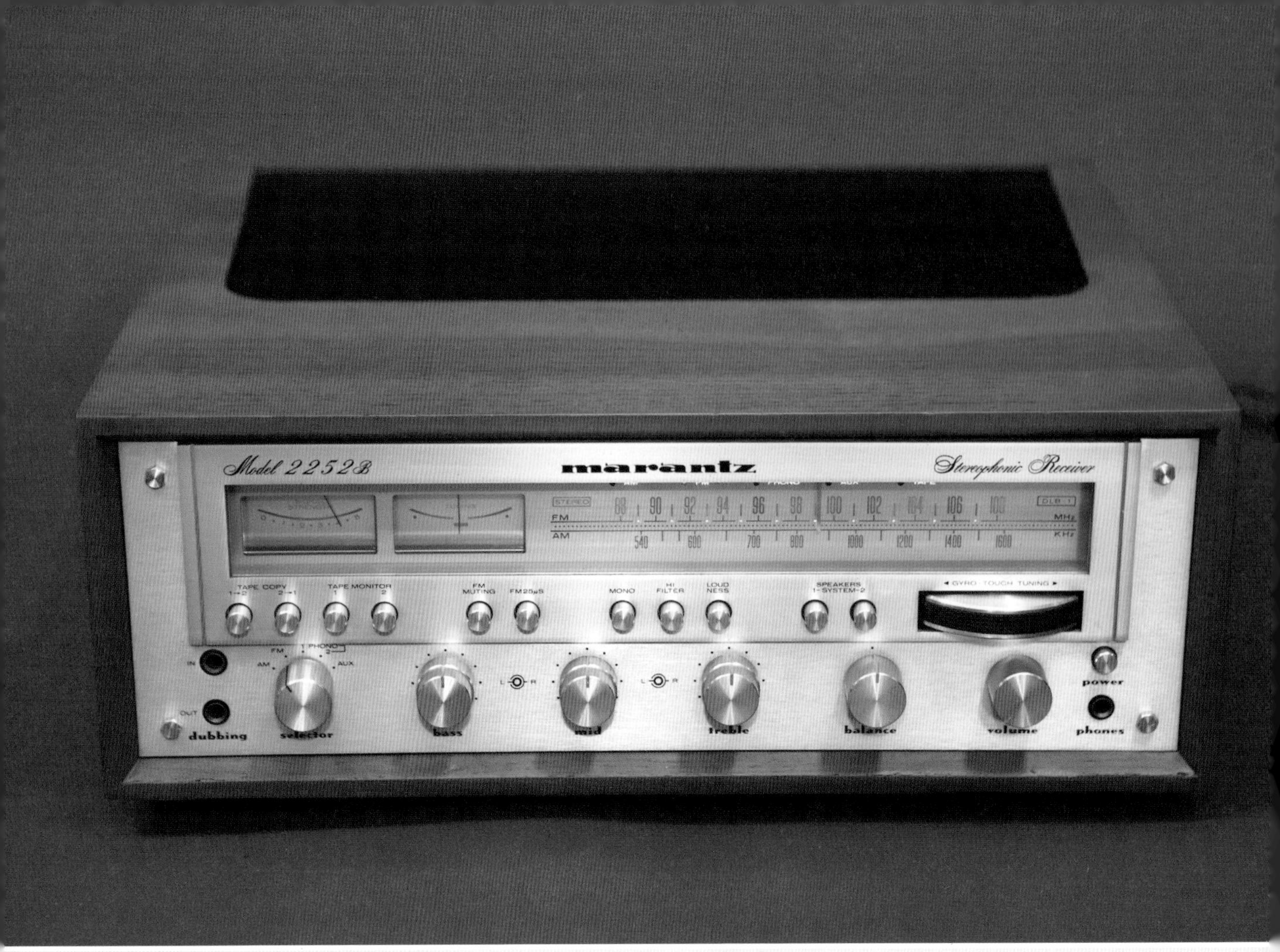
Model 2252B
marantz
Stereophonic Receiver
STEREO
FM
AM
MHz
KHz
DLB-1
TAPE COPY
TAPE MONITOR
FM MUTING
FM 25μS
MONO
HI FILTER
LOUD NESS
SPEAKERS 1-SYSTEM-2
GYRO-TOUCH TUNING
IN
OUT
dubbing
selector
bass
mid
treble
balance
volume
power
phones

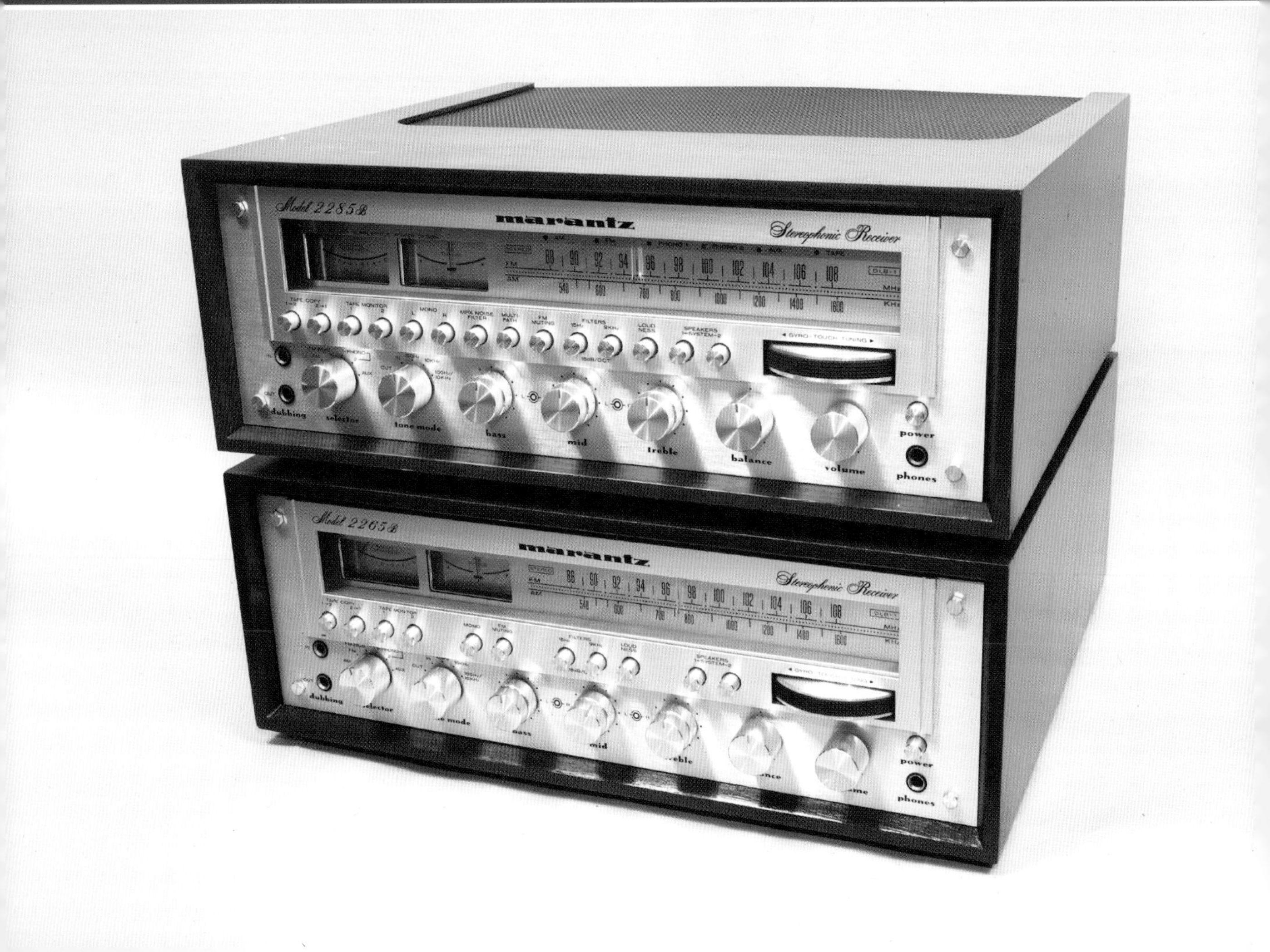
Model 2285B
marantz
Stereophonic Receiver
GYRO-TOUCH TUNING
dubbing
selector
tone mode
bass
mid
treble
balance
volume
power
phones
Model 2265B
marantz
Stereophonic Receiver
dubbing
power
phones

Marantz 2252B · 2265B · 2285B

일본 마란츠사의 명리시버이자 대표작

1970년대, 국내 오디오 업계는 일본산 리시버 앰프의 황금기였다. 특히 미군 PX를 거쳐 국내 시장에 유통된 오디오 기기류는 단속 대상이기도 했지만, 그렇다고 구하기 힘든 제품군은 아니었다. 이때 리시버는 더 고급형으로 60년대 생산되었던 피셔 진공관류와 매킨토시 TR 리시버들이 함께 진열, 판매되었는데 일제의 화려함과는 달리 그 제품들은 소박한 디자인임에도 불구하고 매우 고가에 판매되었던 기억이 있다. 아무래도 미국 본토품은 PX 유통이 힘들고 직접 수입해야만 구경할 수 있었던 시절이라 귀하고, 가까운 일본에서 수입되는 것과는 비용 면에서 엄청난 차이가 있었으리라 예상한다.

사실 세계 리시버류는 미국의 피셔 진공관 리시버 디자인을 참고하지 않은 제품이 없었을 것이라 생각하는데, 그만큼 피셔의 디자인과 회로 구성, 부품 배치, 조작성 등이 암암리에 도입된 일본 제품들을 심심치 않게 보아 왔다. 지금에 와서 구시대의 리시버류들이 다시 인기를 얻고 있는데, 그 이유 중 하나는 아련한 불빛으로 다이얼 창을 구성한(소위 녹턴형) 아름다운 디자인과 그 값에 비교해 성능이 탁월한 데 있지 않은가 싶다. 그렇다고 당시 모든 리시버가 공히 인기 있는 것은 아니었다. 미국 제품으로는 역시 피셔의 진공관 리시버 400 · 500 · 800 시리즈와 TR 리시버 250T · 500T · 800T 그리고 일본 제품으로는 파이오니아 SX-828 · SX-727 · 켄우드 KR-9600 · 7600 · 6600 · 산스이 2000X · 5000X 등을 중심으로 움직이고 있다. 이전 모델이나 이후 모델 중에서도 이 제품들이 특별히 인기를 끄는 이유는 첫째 내구성과 음질이 좋고, 둘째 가격 대 성능비가 우수하다는 특징 때문이다.

>>
마란츠 2252B(상단)와 2285B · 2265B(하단)

특히 일제 리시버 중에 인기의 선두 자리를 지키고 있는 모델이 바로 마란츠 2252B·2265B·2285B·2325·2330·2330B·2385·2500·2600 등인데, 인기몰이를 하는 리시버 숫자로는 일본 제품 중 가장 많다. 그 이유는 앞서 말한 인기 있는 리시버의 특징을 모두 갖추고 있는데 다가 유명한 본토 미국 마란츠사의 연결선상에 있어 더 수준 높은 디자인과 품질 유지 및 높은 브랜드 이미지에 힘입은 바 크다. 잘 알다시피 미국 마란츠사는 유명한 딕 세키에라의 진공관 튜너 10 설계에 대한 막대한 투자로 인해 안 그래도 일본의 값싼 오디오 제품과의 가격 경쟁에 뒤져 전전긍긍하던 차에 경영난에 봉착한다. 이에 브랜드를 일본에 매각하게 되고, 그동안 생산해왔던 미국제 TR 리시버의 기술과 디자인도 넘겨준다. 튜너 10의 TR 회로 구성과 고급 부품으로 가득 채워진 미국산 마란츠 리시버 19의 명성은 리시버계의 정상으로, 세계 시장에 출시되었으나 높은 출시가 때문에 실패로 끝나자, 이를 계기로 리시버를 중심으로 한 일본 제조사에 회사를 매각하게 되는 것이다. 이 소문으로 일본 마란츠사는 일취월장 리시버 세계 시장에서 왕좌에 오를 뿐 아니라 오디오계의 새로운 메이커로 마니아들의 인정을 받는다. 이 모든 영광의 시기에 발매된 마란츠 리시버가 바로 현재 찾고 있는 마란츠 전성기 리시버다.

2252B는 1978년대에 발매된 출력 52W/ch ·8Ω의 리시버로 뒤의 B는 전작 2252가 있다는 뜻이다. B 시리즈 2265B·2285B·2230B 등의 B는 전작 개량 모델임을 뜻하고, 2200 이후의 숫자, 즉 65·85·130은 채널당 8Ω에서의 RMS 출력을 뜻한다. 그리고 앞의 2는 2채널, 즉 스테레오를 뜻한다. 그래서 4채널 리시버류의 경우 4270·4300 등 4로 시작되는 모델 넘버를 갖게 된다. B 시리즈 이전의 제품은 다이얼 판 디자인이 검은색 바탕에 푸른 등빛 숫자로 디자인되었고, B 시리즈는 밝은 샴페인 골드 바탕에 푸른 등빛 다이얼 게이지로 디자인되었으며, 이는 BD 시리즈까지 이어진다. 단 2250B는 B 시리즈이지만 B 시리즈 이전 디자인으로 생산되었다.

»
2252B 뒷면(상단)
마란츠 마킹이 되어있는 오리지널 출력석(하단)

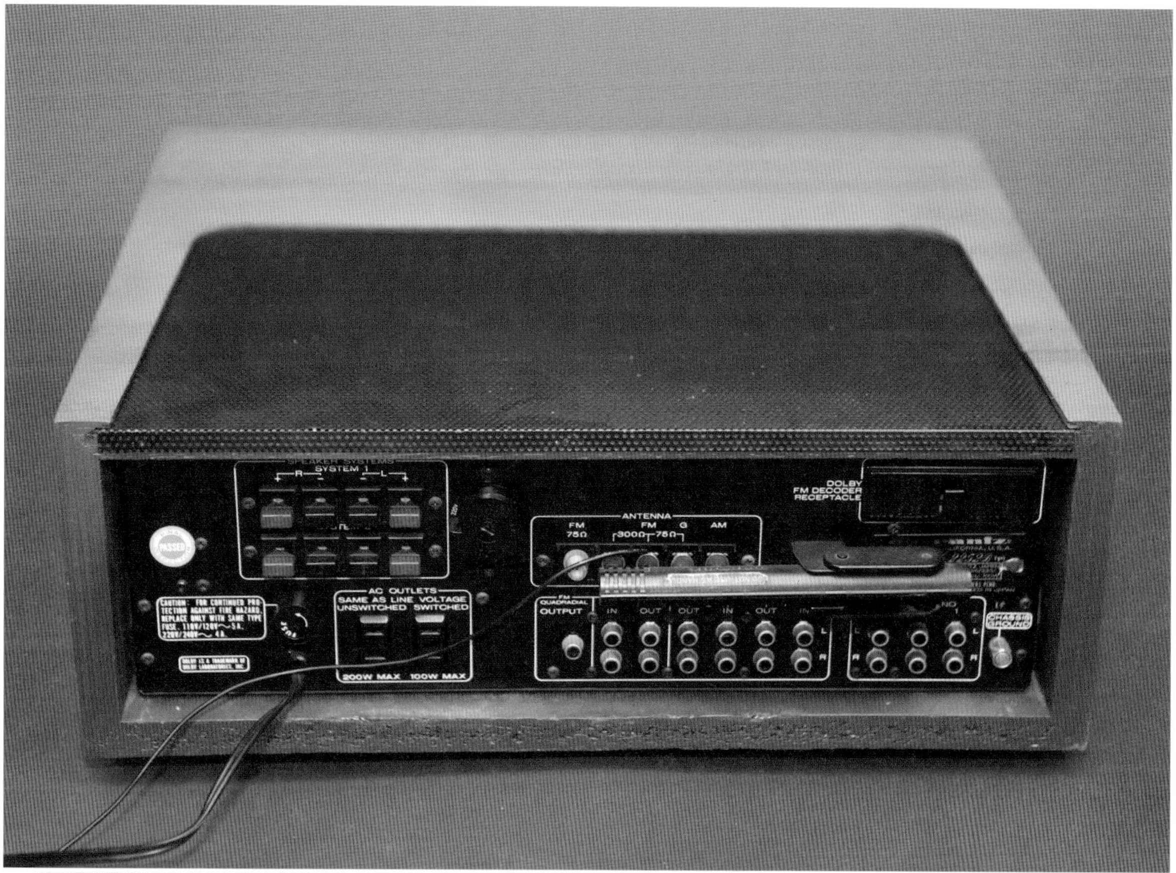
SYSTEM 1
ANTENNA
FM 75Ω
FM 300Ω 75Ω
G
AM
AC OUTLETS
SAME AS LINE VOLTAGE
UNSWITCHED SWITCHED
200W MAX 100W MAX
DOLBY
FM DECODER
RECEPTACLE
OUTPUT
IN
OUT
CHASSIS GROUND

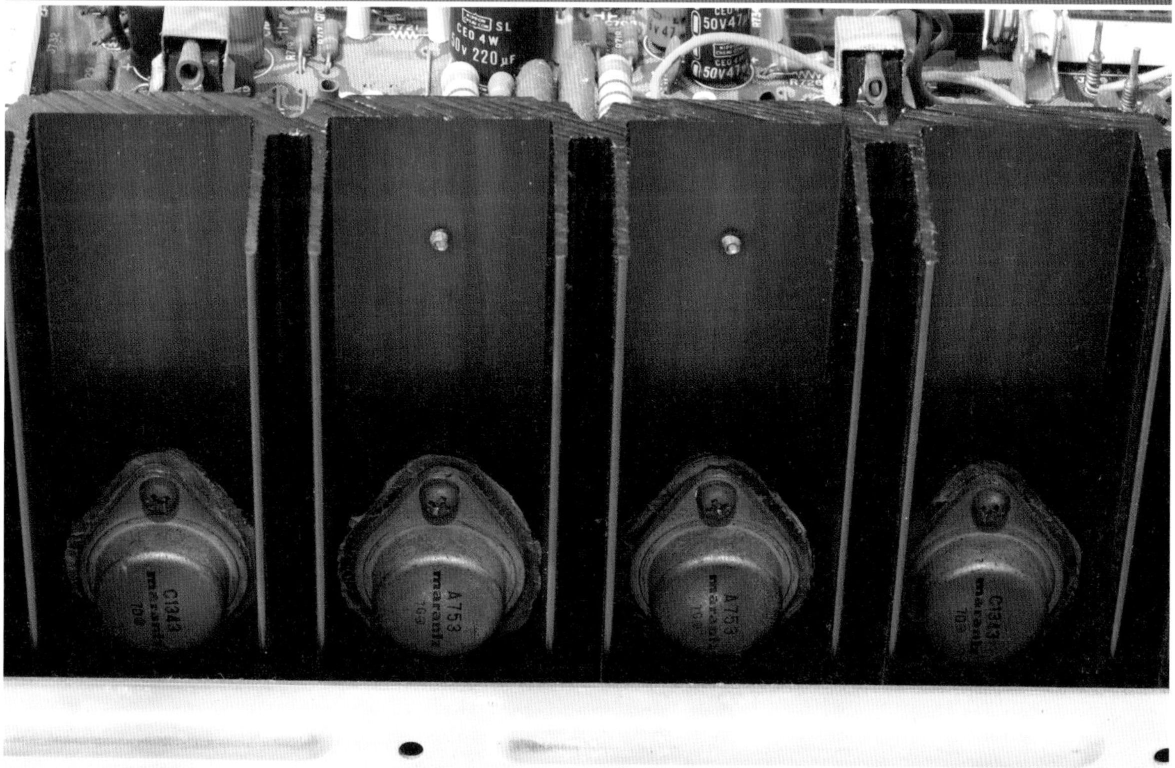
CEO 4W
50V 220μF
C1343
marantz
A753

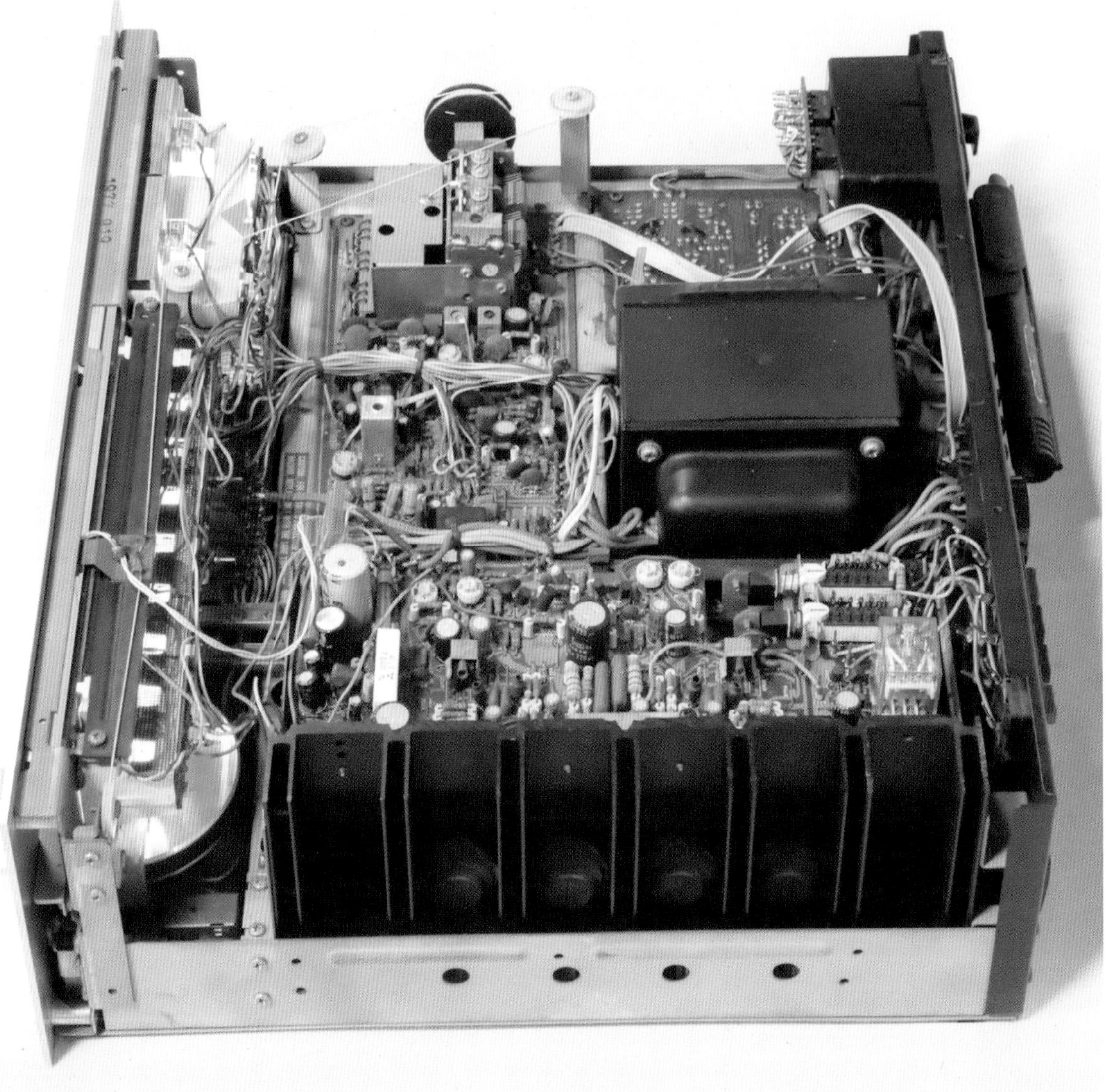

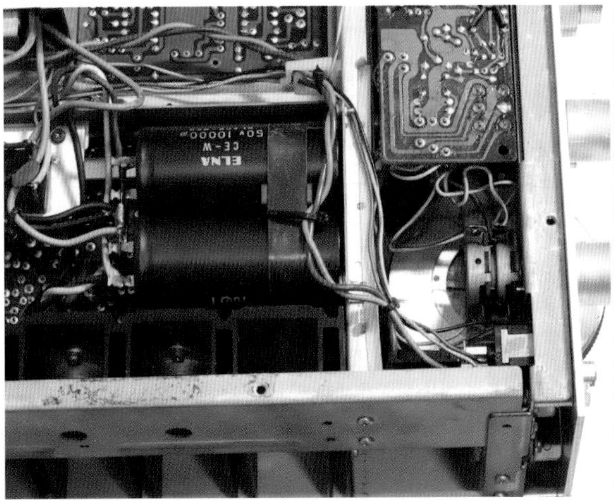

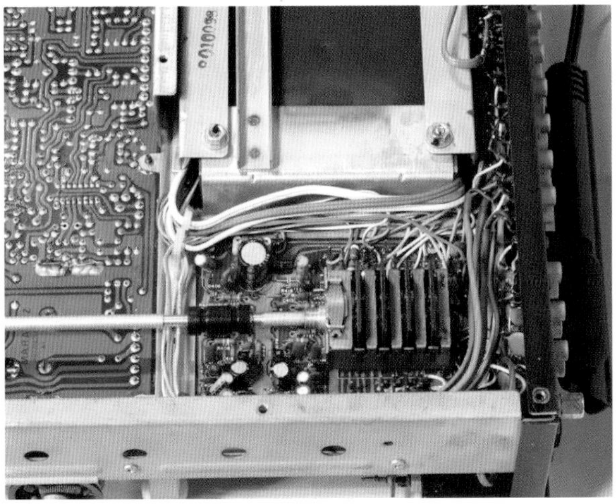

리시버가 인기 있었던 시절이어서 2385·2500·2600(이 시리즈는 B 시리즈가 발매된 시절 처음으로 발매된 모델인 관계로 뒤에 B가 없지만 B 시리즈와 같은 디자인이다)까지 초 대출력 제품이 생산되었는데, 판매 대수가 극히 적어 지금은 구경하기조차 힘들지만 국제 시장에서는 상상을 초월한 중고 가격에 거래된다. 경험상 출력이 크다고 꼭 음질이 좋은 것은 아니다. 오히려 음악 감상 시 가장 많이 운영되는 10W/ch 내외의 출력 부위에서는 2252B나 65B가 섬세함과 질감이 우세하고 임장감도 좋다. 특히 2252B가 이런 면에서 가장 섬세한 디테일을 살릴 수 있어 좋고, 내구성도 뛰어나다. 앰프의 출력만 다를 뿐 스피커 핸들링 능력도 탁월하며, 튜너부와 특히 포노 EQ부가 발군이다.

마란츠 리시버류의 약점은 역시 전원부와 출력부, 볼륨 순이다. 전원부는 평활 콘덴서 용량 감퇴와 파워 핸들링 능력 다운 현상 등 열로 인한 노화 현상이 생기며, 출력부는 스피커 쇼트 등으로 인해 출력석이 교체되기도 한다. 출력석은 마란츠 마킹된 산켄 OEM A-753, C-1343 메탈 원형 바이폴라 캔 TR이 오리지널인데, 이것이 대체품으로 교체되었다면 드라이브단부터 모든 TR을 다 점검해보아야만 한다. 출력석이 나가면 줄줄이 앞 드라이브단까지 모두 나갔었다고 보면 맞기 때문이다. 볼륨은 역시 부품 열화로 생기는 접촉 노이즈가 문제인데, 동일 용량으로 대체해도 문제가 없고 오히려 더 좋은 기능을 수행하는 고급 가변 저항도 있으니 업그레이드한다고 생각하고 교체하면 좋다. 물론 문제가 없다면 가능한 그냥 사용하는 것이 제품의 가치를 유지하는 데 유리하다. 그 외에는 큰 문제는 없지만 간혹 리시버 내부 기판을 중성 세제로 물청소해 판매하는 업자도 있으니 조심해야 한다. 물론 청소해서 잘 말리는 것이 대단히 중요한데, 잘 말린다면 큰 문제는 없지만 일단 노이즈 발생 확률이나 고장 확률은 더욱 높아진다고 보아야 하니 섀시가 녹슬어 있거나 이상한 냄새가 나는 제품은 가능한 피해야 된다.

마란츠 2252B 리시버는 JBL L-100·L-65와 AR-3a·2ax·하베스 HL5 등과의 매칭이 유명하며, 구형 스피커나 현대 스피커 모두를 무난하게 울리는 명리시버이다. 돌비 FM 디코더 팩이 옵션으로 뒤편에 있는데, 대부분 비어 있지만 비용을 치르더라도 가능한 이 팩까지 들어 있는 제품을 구매하면 좋다. 그리고 내부 다이얼 램프를 LED 램프로 교체하는 데 빛이 너무 강하게 발산되면 오히려 은은한 멋은 감쇄되는 경향이니 가능한 오리지널 미니 휴즈램프 타입으로 교체하기 바란다.

>>
전원 트랜스와 내부(상단)와 평활 콘덴서 및 볼륨과 셀렉터 뒷면(하단)

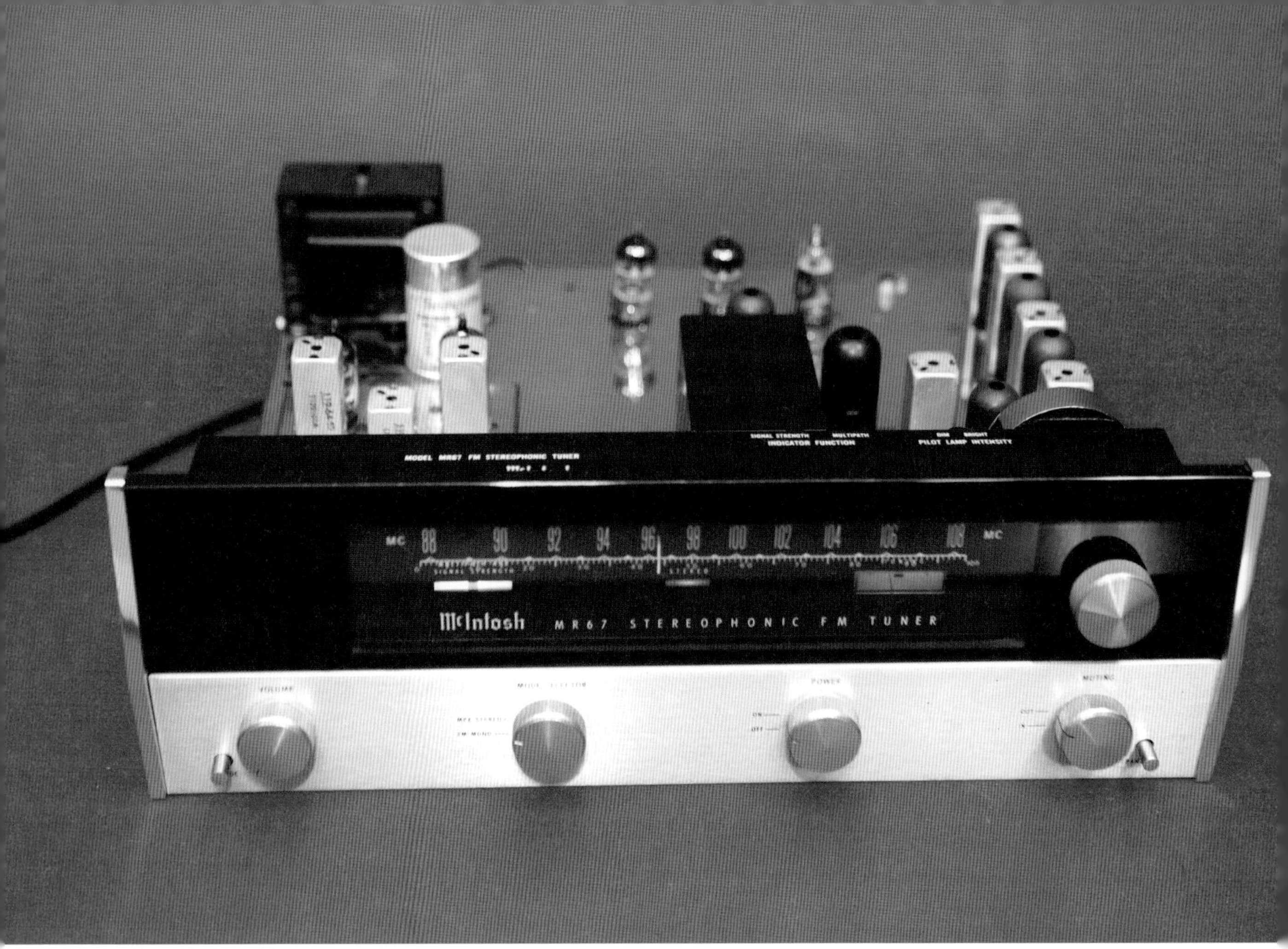
MODEL MR67 FM STEREOPHONIC TUNER
SIGNAL STRENGTH
MULTIPATH
INDICATOR FUNCTION
DIM
BRIGHT
PILOT LAMP INTENSITY
MC
88
90
92
94
96
98
100
102
104
106
108
MC
McIntosh
MR67 STEREOPHONIC FM TUNER
VOLUME
POWER
ON
OFF
MUTING
FM-MONO
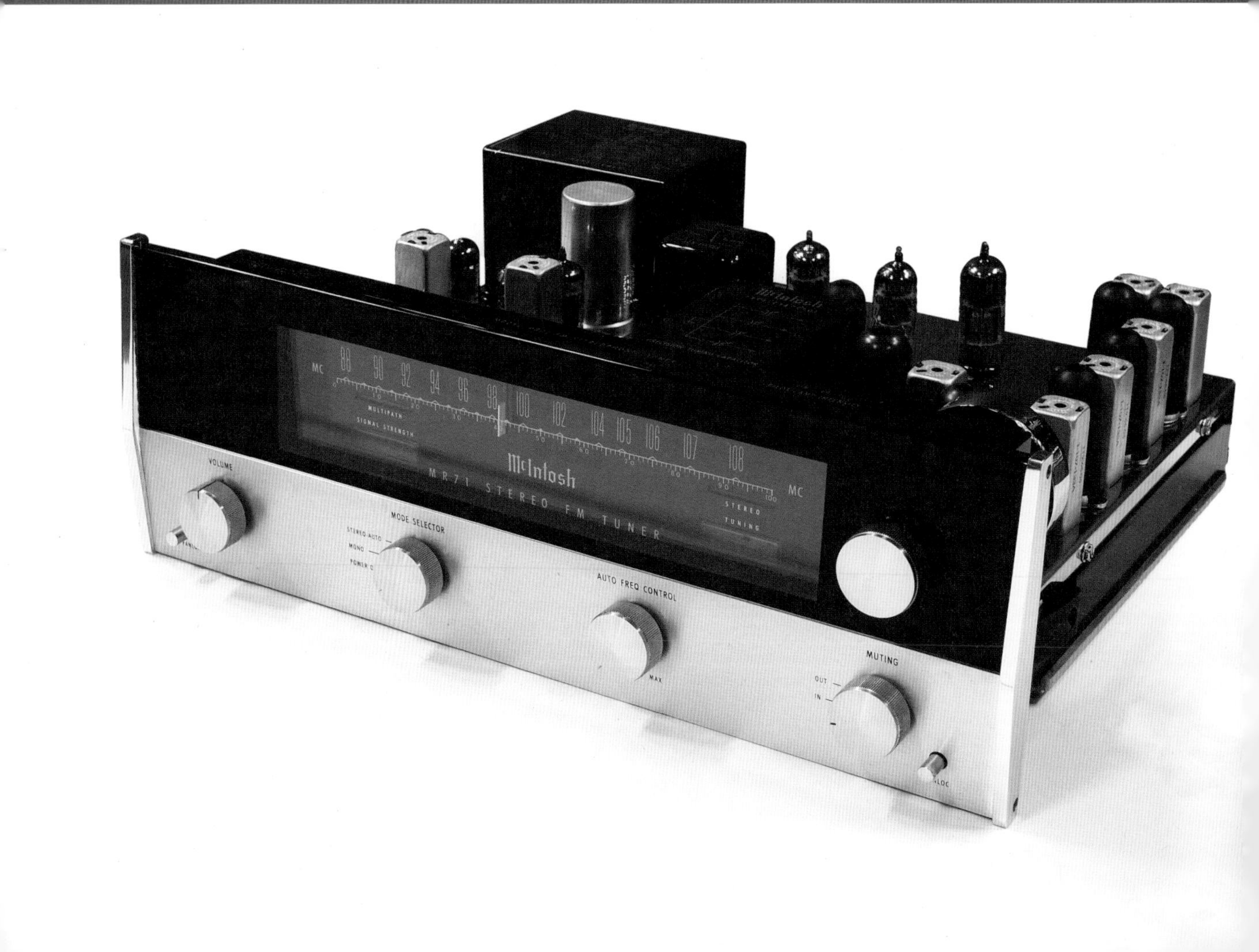
MC
88
90
92
94
96
98
100
102
104
105
106
107
108
MC
MULTIPATH
SIGNAL STRENGTH
McIntosh
MR71 STEREO FM TUNER
STEREO
TUNING
VOLUME
MODE SELECTOR
STEREO AUTO
MONO
AUTO FREQ CONTROL
MAX
MUTING
OUT
IN

Mcintosh Model MR67 · MR71

매킨토시 진공관 튜너의 쌍벽

디지털 시대에 가장 건재하게 남아 있는 아날로그 오디오 제품은 아마 튜너일 것이다. 이미 디지털 FM 방송에 대한 기본 계획은 수립되어 있는 상태이고, 머지 않은 기간 내에 디지털 FM 방송이 시행될 예정이지만, 무엇인가 주춤하는 기색도 역력하다. 사운드에 있어서 디지털이 능사가 아니라는 것은 이미 CD 소스의 판매 부진으로 증명됐고 오히려 아날로그로의 귀환, 즉 LP의 강세라는 일련의 흐름은 오히려 아날로그 튜너에 대한 새로운 평가의 기회가 됐을지도 모르겠다. 어떻든 디지털 FM 방송이 시행된다고 해도 아날로그 방송을 병행한다고 하니 기존 아날로그 튜너의 생명은 당연히 연장되는 것이라 생각해도 틀림없다. 가끔 방송국의 CD 소스를 진공관 튜너로 듣다 보면 그 자연스러운 음색이 오히려 CD 플레이어로 듣는 음색보다 정감도 가고 훨씬 음악적이라는 생각을 하게 된다. 이런 현상은 특히 진공관 튜너에서 두드러지는데, 진공관 특유의 음색이 가장 잘 발휘되는 부분이 튜너가 아닐까 생각한다.

진공관 튜너의 계보를 보면 현실적으로 사용되고 있는 명기로 마란츠, 매킨토시, 피셔를 들 수 있다. 그중 최상급기는 마란츠 10과 10B가 있으며, 피셔의 T-1000과 200B가 사랑받고 있고, 매킨토시 MR67과 MR71이 또한 유명하다. 마란츠 10은 잘 알다시피 설계에 대한 과도한 투자로 마란츠의 운명을 기울게 한 장본인이다. 보급기로는 피셔 200B가 인기 있으며, T-1000은 고급 튜너로 찾는 사람들이 많지만 제조 물량이 적어 완벽한 상태로 손에 넣기 어렵다. 그리고 세간의 진공관 튜너로 가장 세련된 디자인과 내구성, 음색을 두루 갖춘 제품이 바로 매킨토시 MR67과 MR71이다. 마란츠 튜너의 음색이 디테일이 선명하고 자연스러운 음

»
매킨토시 MR67(상단)과 매킨토시 MR71(하단)

색과 음악성을 고루 갖춘 최고의 반열이라면, 피셔 튜너는 그보다는 굵직하고 남성적이며 약간은 거친 특색을 보인다. 매킨토시 튜너는 MR67과 MR71 사이에 극명한 음질 특성을 보이지만 전반적으로 부드럽고 온화하며 단정한 음색으로 튜닝되어 있다.

MR67과 MR71의 전면 창은 세 회사의 튜너 중 가장 세련된 디자인을 보인다. 블랙 튜닝창에 푸른색 튜닝 미터와 흰색 다이얼 게이지, 알루미늄 헤어라인 패널에 달려 있는 솔리드 알루미늄 노브는 정말 세련된 조합으로 매킨토시 튜너의 인상을 각인시켜 놓았다. 이런 면에서 MR67과 MR71은 거의 동일한 전면 디자인 콘셉트이며, 내부 크롬 도금 섀시에 돌출되어 있는 트랜스와 중간 주파 코일, 바리콘 진공관, 그리고 각 역할과 진공관 이름이 프린트된 문자의 기품은 가히 예술적이다. 특히 매우 복잡한 기능을 일목요연하고 심플하게 단계적으로 처리한 설계는 더할 나위 없이 세련되게 느껴진다.

튜너는 오디오 기기 중 가장 복잡하고 설계에 따라 그 음질도 천차만별이다. 좋은 튜너는 회로도 복잡해질 수밖에 없고 부품 양도 늘어날 수 밖에 없어 가격 또한 비싸진다. 발매 당시 튜너 가격은 동등 그레이드 프리앰프의 2배 정도가 일반적이며 파워앰프보다 비쌌다. 따라서 과거 발매 당시에는 오디오 기기 중 손에 넣기가 가장 어려운 품목이기도 했다. 특히 시간이 지나면 코일 값의 변형이나 콘덴서 값의 변형으로 잡음이 나거나 중간 주파 증폭단의 에러로 좋은 소리를 낼 수 없게 되는데, 정확히 조정하지 않으면 원래 음색을 잃는다. 그러나 국내 실정에서 진공관 튜너를 잘 조정할 수 있는 엔지니어가 드물어 가능한 완벽한 컨디션의 튜너를 구하는 것이 관건이다. 내부 코일이나 기타 조정 팩터를 함부로 만지면 안되며, 청소할 때에도 휘발유나 기타 약품 등이 중간 주파 코일로 스며들면 고정값이 틀어져 음질이 확연히 변하며 잡음이 나는 만큼 조심해서 청소해야 한다. 바리콘도 내부 먼지를 불어 내면 튜닝 포인트가 샤프해지는데, 함부로 만지면 콘덴서 용량이 변해 튜너 주파수가 흐트러지는 만큼 전문적 지식 없이 함부로 대들지 말기 바란다.

»
MR67 다이얼 창에 불이 들어오지 않은 모습(상단)과 불 들어온 모습(하단)

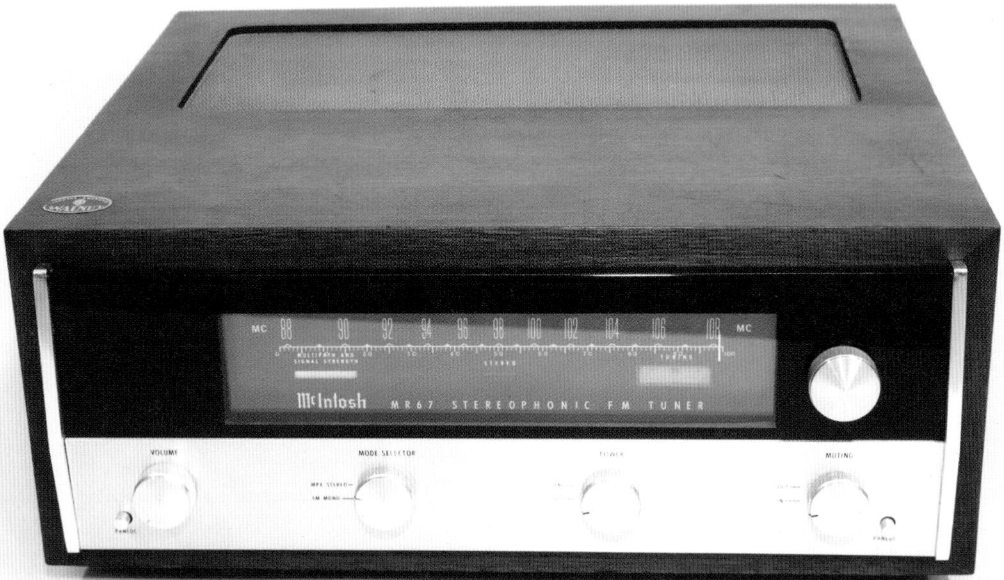
McIntosh MR67 STEREOPHONIC FM TUNER
VOLUME
MODE SELECTOR
MUTING

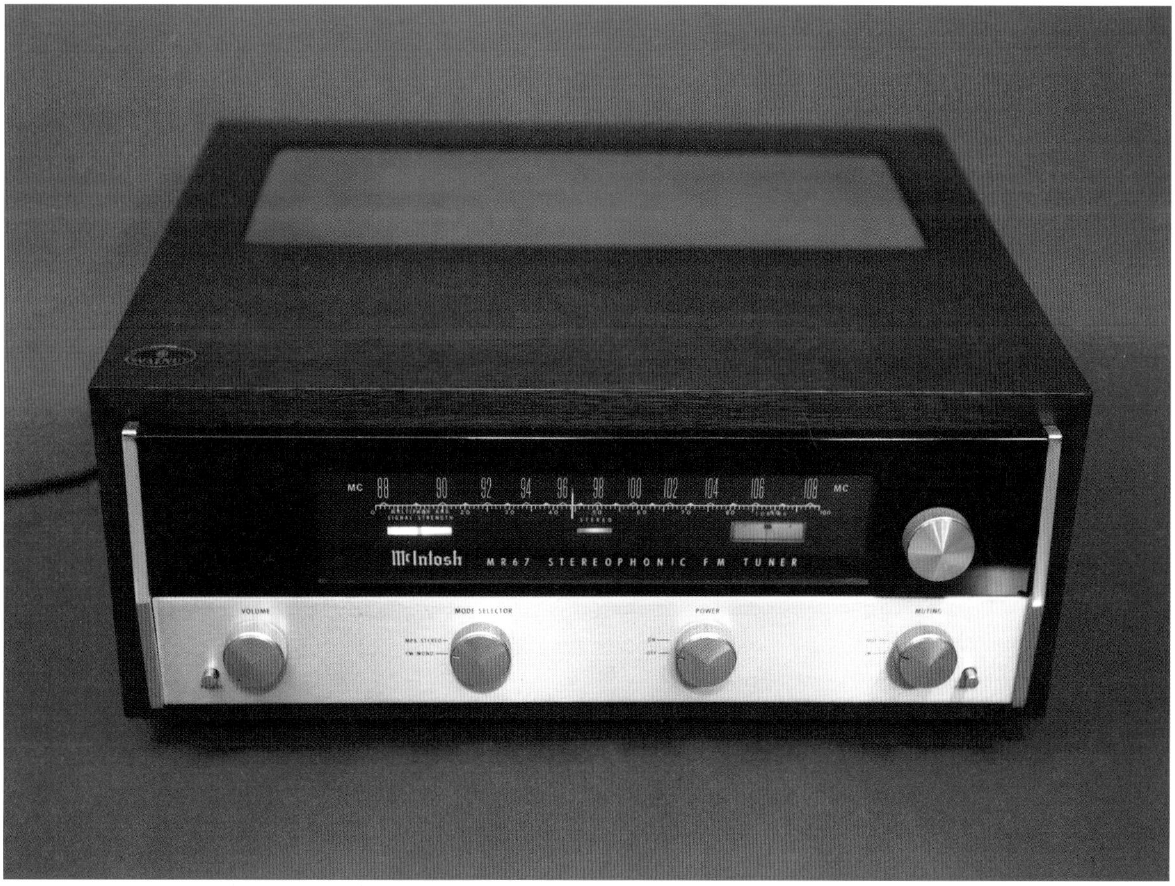
McIntosh MR67 STEREOPHONIC FM TUNER
VOLUME
MODE SELECTOR
POWER
MUTING

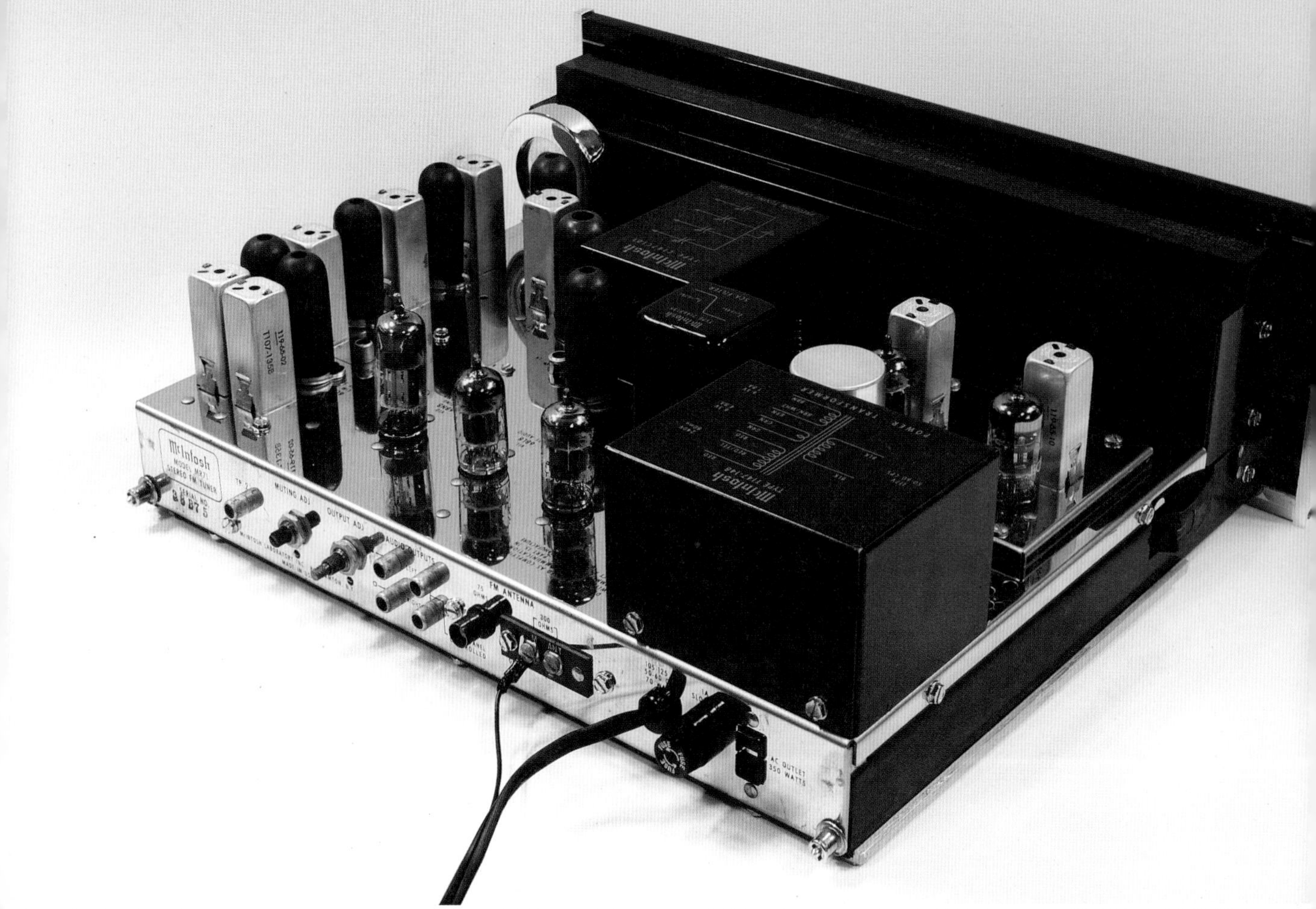
McIntosh
MODEL MX71
STEREO FM TUNER
MUTING ADJ
OUTPUT ADJ
AUDIO OUTPUTS
FM ANTENNA
300 OHMS
POWER TRANSFORMER
AC OUTLET
350 WATTS

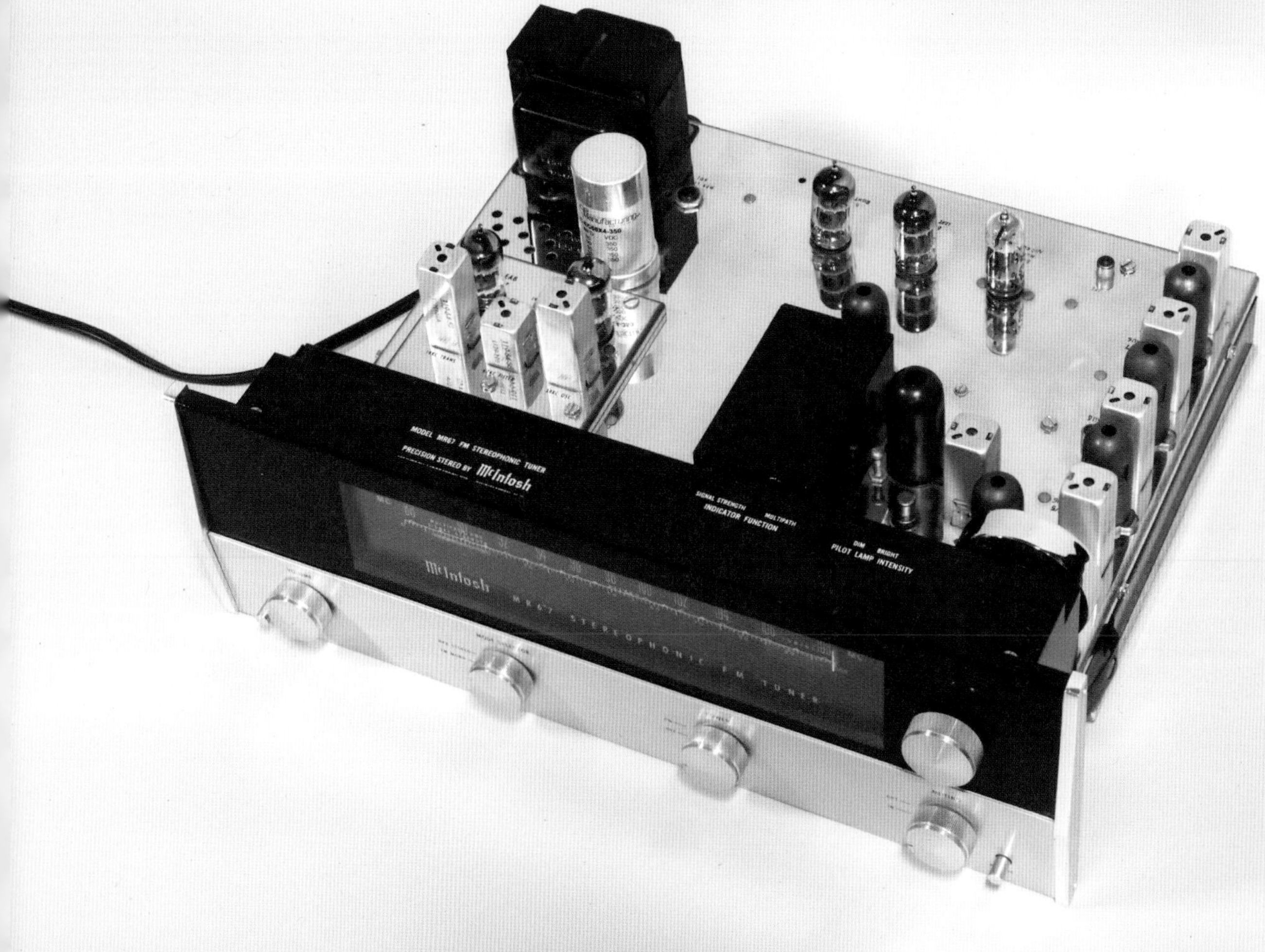
MODEL MR67 FM STEREOPHONIC TUNER
PRECISION STEREO BY McIntosh
SIGNAL STRENGTH MULTIPATH
INDICATOR FUNCTION
DIM BRIGHT
PILOT LAMP INTENSITY
McIntosh
MR67 STEREOPHONIC FM TUNER

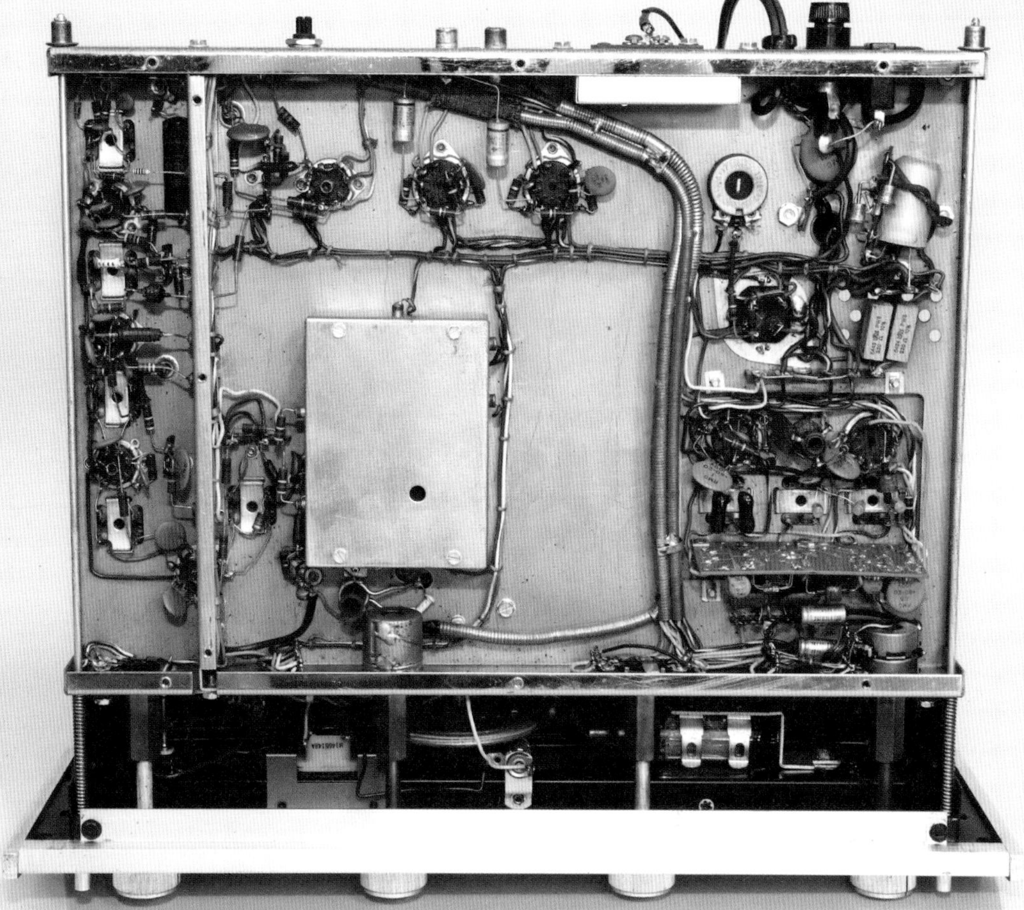

MR67과 MR71은 취향에 따라 선호도가 나뉜다. MR71이 내부 중간 주파 증폭단이 2단 더 있으며, 오실레이터관이 6AB4에서 6BN4로, 뮤팅관이 6AV6에서 6BN8로 바뀐 것 외에는 거의 구성이 동일하다. 우드 캐비닛도 동일하게 사용하며, 전면 유리 다이얼 판도 사이즈가 같다. 그러나 음색은 MR67이 부드럽고 자연스러움이 더하며 특히 저역이 좋은 반면, MR71은 고역 특성이 확장되어 있고 투명하며 질감이 살아나는 대신 자연스러운 느낌과 저역의 양감은 상대적으로 감쇄되어 있다. 필자는 MR67을 선호하는데 시중 거래 가격은 상태에 따라 차이가 있을 뿐 두 개의 튜너가 엇비슷하다. 따라서 모델에 따른 가격차보다는 상태에 따른 가격차가 큰 것이 튜너의 특징이지만, 가격이 높더라도 완벽한 튜너를 권장한다.

»
398쪽. MR71의 뒷면(상단)과 MR67의 윗면(하단)
399쪽. MR67 내부 배선

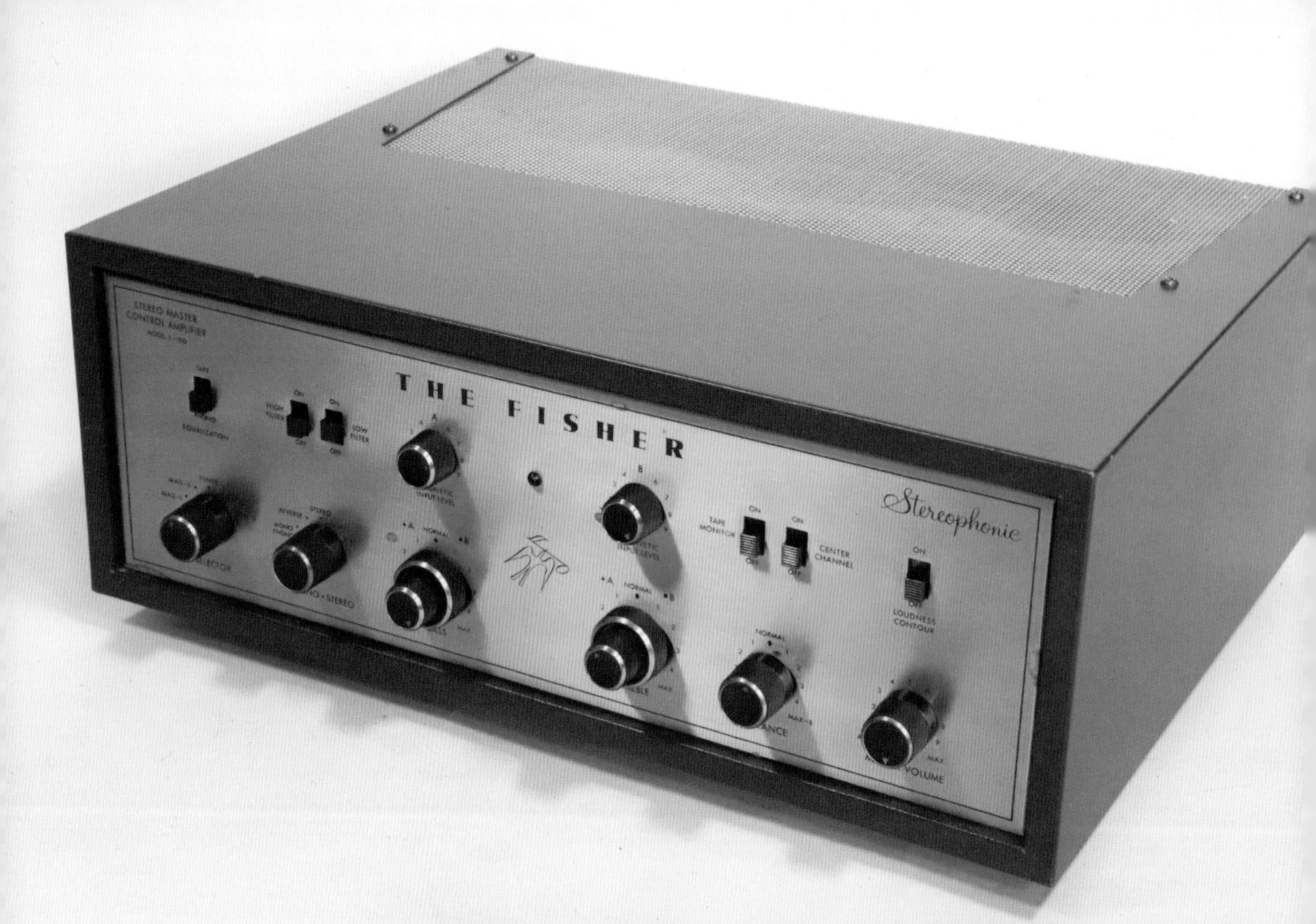
STEREO MASTER
CONTROL AMPLIFIER
THE FISHER
Stereophonic
TAPE MONITOR
CENTER CHANNEL
LOUDNESS CONTOUR
VOLUME

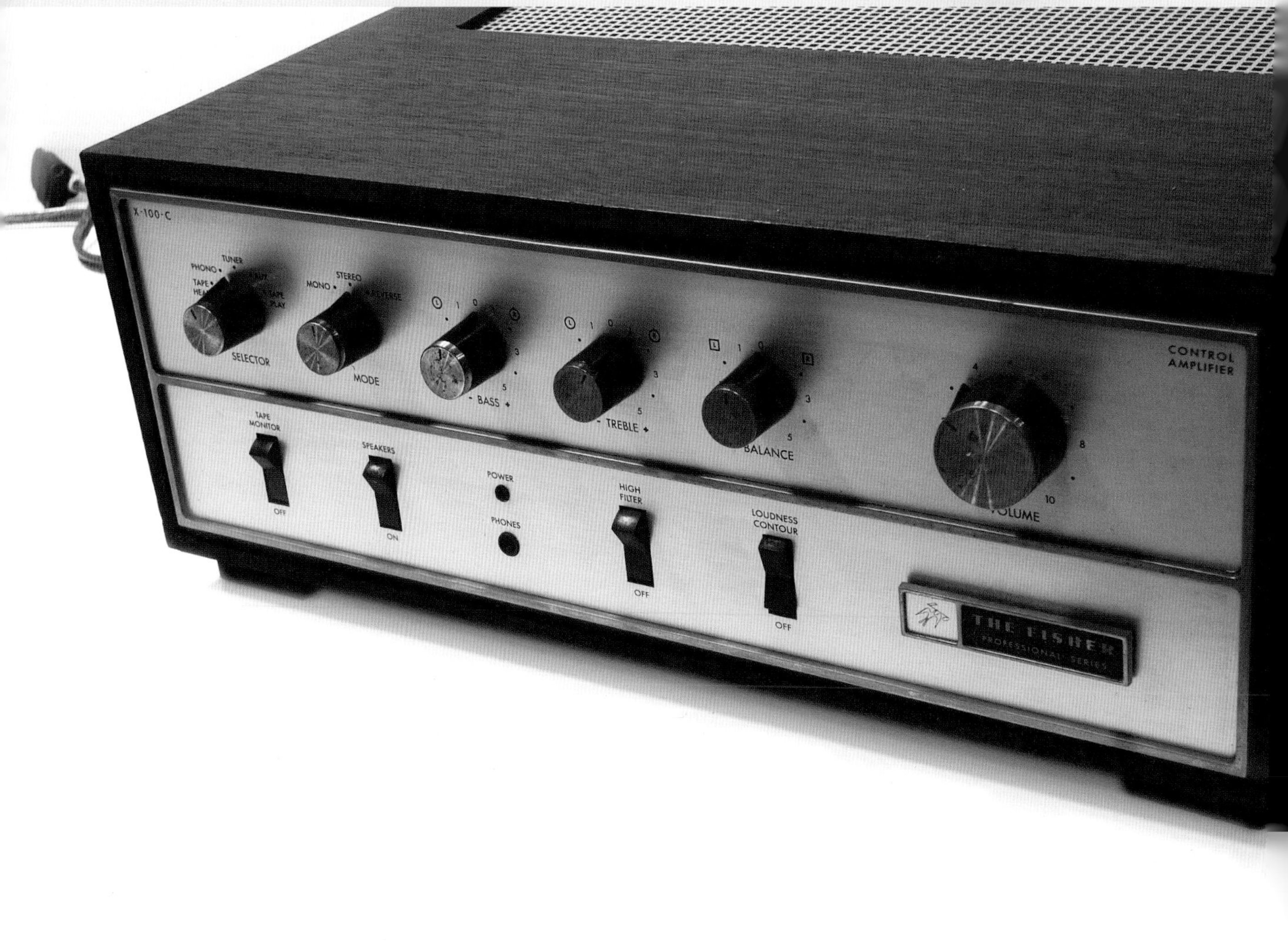
X-100-C
SELECTOR
MODE
BASS
TREBLE
BALANCE
CONTROL AMPLIFIER
TAPE MONITOR
SPEAKERS
POWER
PHONES
HIGH FILTER
LOUDNESS CONTOUR
THE FISHER
PROFESSIONAL SERIES

Fisher X-100·X-100C

음질, 내구성, 디자인의 조화를 이루는 마지막 진공관 인티앰프

피셔는 2차 세계 대전 후 미국 오디오 시장의 붐을 타고 일어선 브랜드다. 전쟁 후 평화롭고 문화적인 음악 취미의 매개체로 오디오는 가장 적절한 전자 제품이었다. 에이버리 피셔(Avery Fisher, 1906~1994)는 독일계 미국인으로 오디오 제품에 관한 열정이 대단한 사업가였다.

1965년 경부터는 세계 시장에 반도체 붐이 일었고, 피셔 역시 TR 제품을 생산하기 시작했는데, 초기 TR 제품들은 진공관과 섞은 소위 '반 TR' 제품도 나왔으며, 시간이 흐르면서 모두 반도체화되었다. 초기 TR 제품은 거의 진공관 음질과 흡사한, 진공관 앰프의 TR화가 진행되었고 진공관 제품보다 TR 제품들의 가격이 훨씬 높았었다. 당시에는 진공관 오디오가 마치 구시대의 유물로서 이제는 버려야 하는 것처럼 취급되어 가격은 점점 하락하고 수요도 따라서 줄어들었다. 그렇게 시장은 TR 오디오로 점령되었고, 그 시장에 일본의 값싼 오디오 제품들이 들어오자 피셔의 고가 제품 시장 점유율은 점차 줄어들고 피셔의 사운도 기울어 회사는 외국에 팔리는 신세가 되었다. 그럼에도 불구하고 한동안 피셔의 브랜드 가치는 지속되었다. 하지만 피셔의 완벽주의적인 제품 정신은 온데간데없이 사라지고, 일본 제품에도 뒤지는 염가 제품화되면서 급기야 문을 닫았다. 그러나 현재에 와서는 피셔사의 한창 때 나온 진공관 앰프류는 마니아들의 사랑을 독차지하고 있는데, 후기 TR 앰프들은 성능상 오히려 온전한 제품이 없는 반면 연대가 앞서는 진공관 앰프들은 현재도 성능에 별 문제 없이 사용 가능한 모델들이 수두룩할 뿐 아니라 그 음질에 있어서도 현재 앰프에 뒤지지 않는 매력을 발산하고 있기 때문이다.

»
Fisher X–100·X–100C 전면

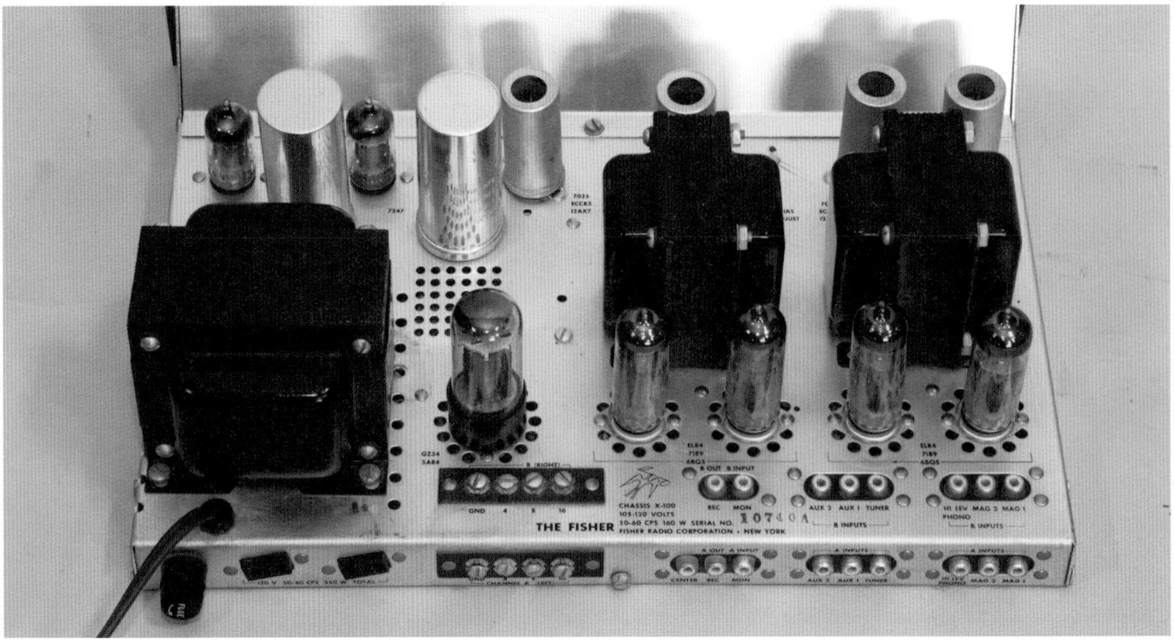

»
X-100 내부 진공관 배치(100C와 다른 점은 정류관 5AR4가 추가되어 있다. 그리고 출력관이 6BQ5다)

피셔의 인기 있는 제품들에는 스피커나 턴테이블은 거의 없고, 주로 앰프와 튜너, 리시버류에 치우쳐 있는데, 특히 TR과 진공관이 겹치는 시기에 최종 버전으로 만든 진공관 앰프류는 가장 소리도 좋을 뿐 아니라 연대상 완벽한 상태로 유통되는 제품이 흔해 찾는 사람이 특히 많다. 후기로 오면서 TR 제품이 생산되자 진공관 제품들은 더 염가화되면서 회로도 단순화시켰다. 그런데 오히려 이것이 진공관 음질을 향상시키는 기회가 된 것은 상당히 아이러니하다. 리시버만 보아도 500B·800B 등 B 시리즈에서 가장 정점에 다다르고 최고급 리시버 500C·800C에 이르지만 음질은 격하된 기분이 든다. 말하자면 당시에는 출력이 상당히 중요한 요건이었기 때문에 출력 향상에만 집중한 것 같은 인상이다. 그러나 최종 리시버인 400에 이르면 출력을 다시 하강시키고 회로를 단순화하면서 피셔의 단점인 해상력이 향상되는 결과가 나타난다. 그렇지만 TR이라는 빛나는 증폭 발명 소자에 밀려 몇 년을 유지 못하고 시장에서 자취를 감춘다.

하지만 재고 부품이 있는 관계로 소량으로 피셔 진공관 앰프가 TR 제품과 같이 판매되었는데, 가장 늦게까지 출시된 앰프가 바로 피셔 100C라 볼 수 있다. 100 시리즈는 상급 101·200·202 시리즈 진공관 인티앰프의 보급기라 볼 수 있다. 100부터 100B·100C에 이르는 업버전 모델이 있고, 연대로 따지면 약 1960년 부터 1968년까지 판매된 제품이다. X-100이 황동판넬의 전형적 진공관 디자인이라면 X-100C는 초기 TX 시리즈 TR 앰프와 외형이 비슷해 TR 인티앰프가 아닌가 하는 생각이 들 정도로 전면이 개선되어 있다. 리시버로 따지면 400과 흡사한 회로이며, 발매 시대도 비슷하다. X-100C 인티앰프와 같이 나온 세트 진공관 튜너로 FM-100C가 있는데, 나란히 놓으면 보기 좋다. 100C의 발매 당시 가격은 약 144달러로 101D가 169달

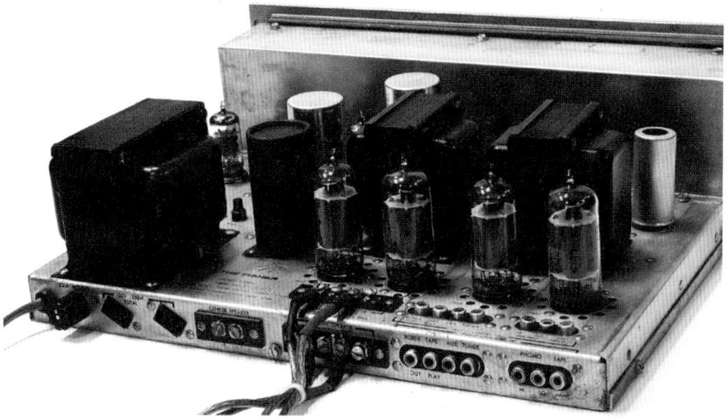

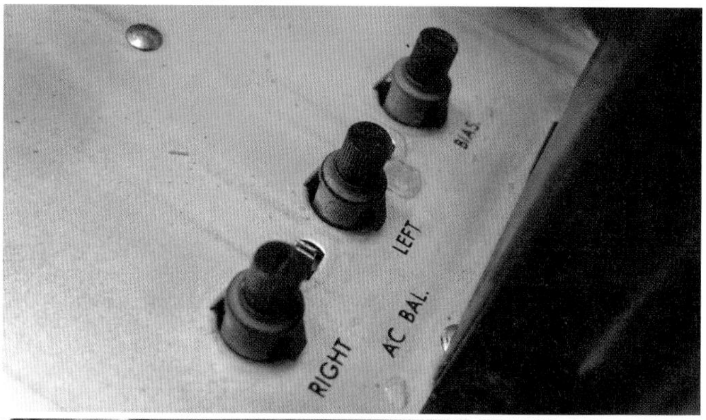

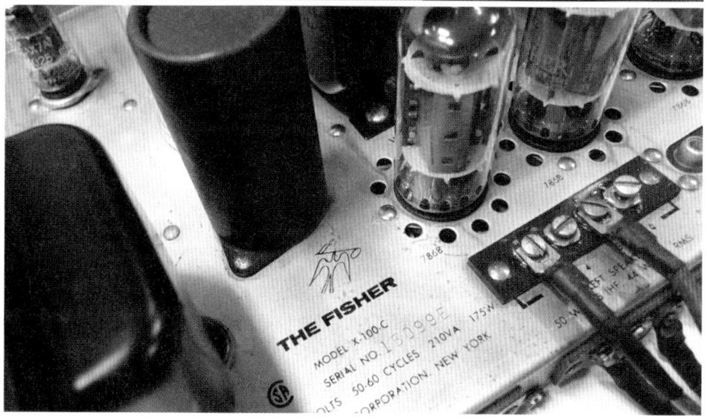

»
(맨 위부터)
X-100C의 내부 진공관 배치(정류관이 없고 출력관이 7868)
AC 밸런스 조정용 가변저항
전해 콘덴서와 출력단자

러, 202C가 212달러, 400이 237달러, 500C가 297달러인 것에 비해 저렴하다. 그러나 그 소리는 오히려 상급기에 비해 차분하고 음의 무게 중심도 아래로 내려가 있는 경향이고 해상력도 향상되어 있다. 다만 7868 PP(X-100은 6BQ5PP로 채널당 20W)로 채널당 25W의 출력을 뽑아내어 일반적 피셔 인티앰프에 비해 떨어진다. 하지만 능률 좋은 빈티지 스피커를 울리기에는 부족함이 없다. 포노단 2개의 12AX7을 사용하여 단순하지만 질감이 좋고 표현력이 넘친다. 드라이브단과 라인 프리단에도 역시 12AX7 각 2개씩 총 4개를 사용하며, 다이오드 정류 방식으로 되어 있다. 현 거래가도 저렴해서 구하기 쉽고, 대부분 부품 열화도 적어 상태가 좋다. 일반 진공관 피셔 인티 우드 케이스와는 맞지 않아 오히려 오리지널 우드 케이스를 구하기는 쉽지 않지만 초기 TR 앰프용 우드 케이스와 호환이 된다.

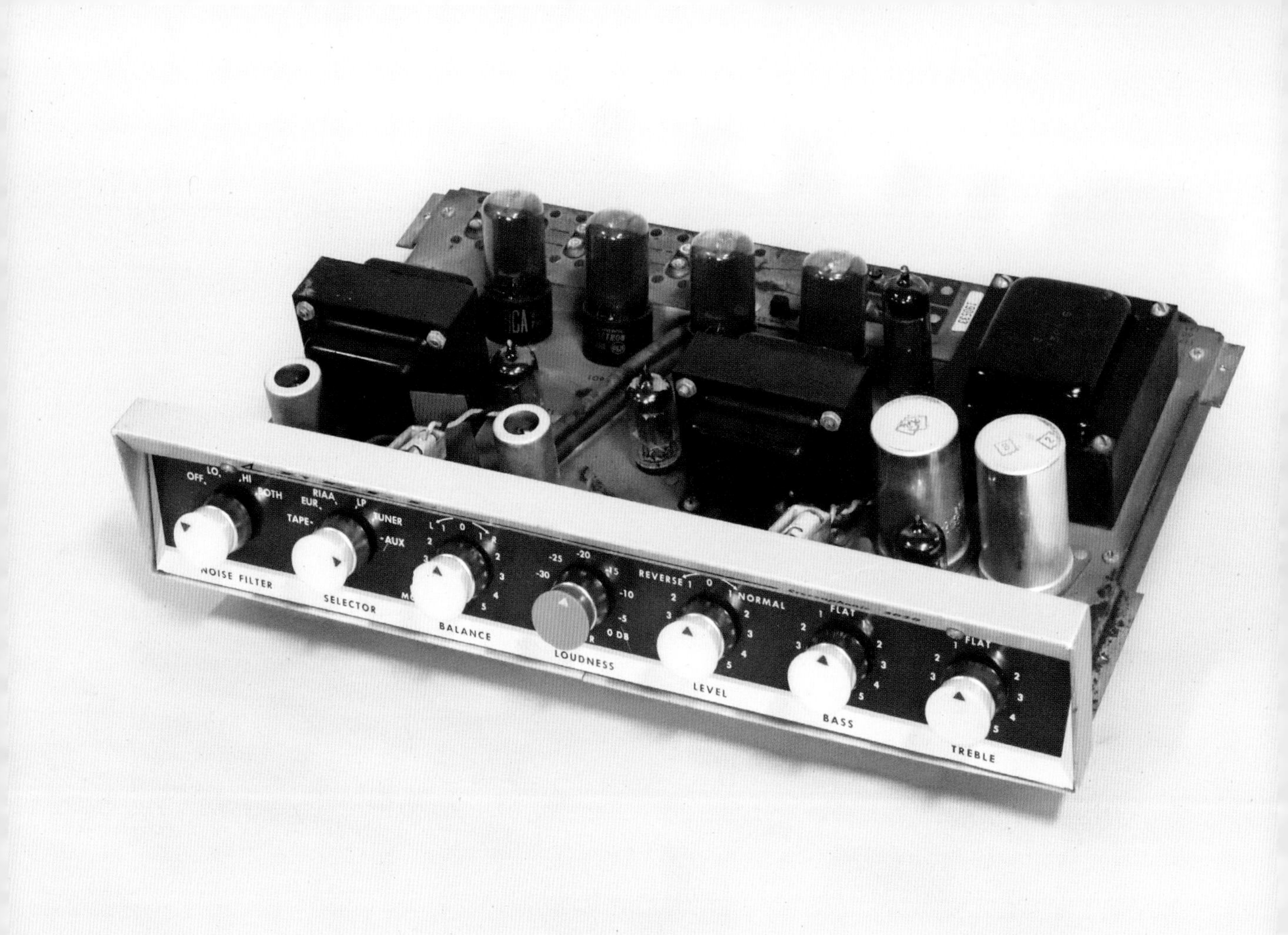
OFF
LO
HI
BOTH
NOISE FILTER
RIAA
EUR.
LP
TAPE
TUNER
AUX
SELECTOR
BALANCE
-25
-20
-15
-30
-10
-5
0 DB
LOUDNESS
REVERSE
NORMAL
LEVEL
FLAT
BASS
FLAT
TREBLE

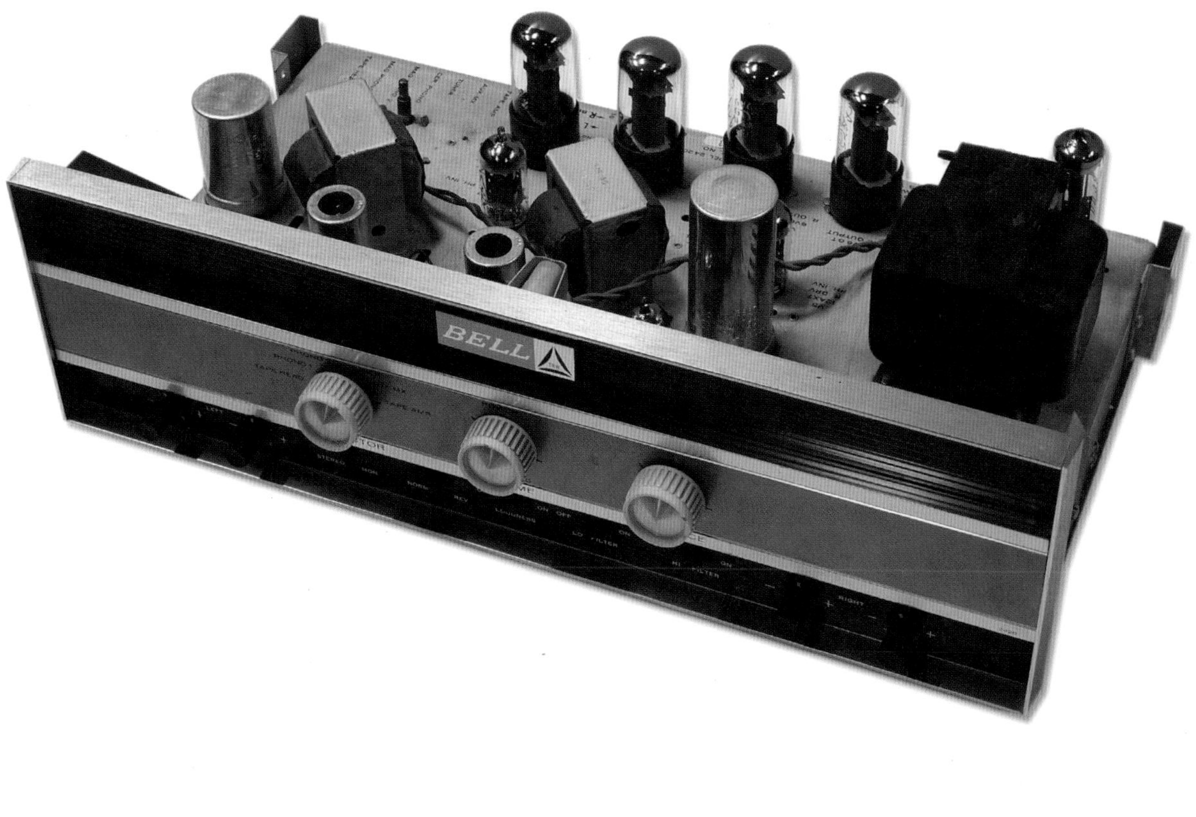
BELL

Bell 3030·2420

웨스턴 사운드의 맥을 이어 구축한 홈 빈티지 사운드

최근 빈티지 오디오 시스템의 왕좌를 차지하는 아이템들은 세 부류로 나뉜다. 그 첫 번째가 지멘스, 클랑필름, 텔레푼켄, 노이만, EMT를 위주로 하는 독일 군단 프로 장비들이며, 그 두 번째는 영국의 탄노이, 데카, 리크, 쿼드를 중심으로 하는 브리티시 사운드의 명맥이다. 마지막 세 번째는 미국의 웨스턴 사운드와 마란츠, 매킨토시, 알텍, 젠센, JBL을 근간으로 하는 아메리칸 사운드의 계보이다. 그중에서도 가장 높은 왕 중 왕 자리에 올라 있는 것이 웨스턴 일렉트릭 사운드(WE)다. 영국 사운드가 주로 민수용을 중심으로 전개되었다면, 독일과 아메리칸 사운드는 극장이나 기차 역사, 방송국, 공연장 등을 타깃으로 하는 프로 장비 시스템 위주로 인기를 얻고 있다. 말하자면 프로 버전을 정리하고 간추려서 가정용 홈 빈티지 사운드로 최적화시켰다고 보면 된다.

이러한 빈티지 시스템의 특징은 그 당시 비용을 생각하지 않고 오로지 소리와 내구성을 위주로 최고급 장비로 개발되었기 때문에 부피가 크고 무게가 무거울 뿐만 아니라 가격도 높다. 특히 웨스턴 장비들은 더욱 그러해서 웨스턴을 제대로 들으려면 우선 음향적으로 잘 설계된 40평 이상 리스닝룸부터 꾸며야 할 정도로 각고의 노력과 경제적 부담이 수반된다. 웬만한 고급 아파트 한 채 값에 해당하는 WE 장비를 구매하고도 리스닝룸 설계가 잘못되어 그 진가가 발휘되지 않아 전전긍긍하는 마니아들을 숱하게 보아 왔는데, WE가 넓은 장소에서 사용하는 프로 장비라는 사실을 간과한 데서 오는 부작용이었다. 그러나 빈티지 마니아라면 누구나 WE를 집에 들여놓으려는 꿈을 가지고 있는 것도 사실이다. 그만큼 소리에 특유의 매력이 있고, 오디오적

»
벨 3030(상단)과 벨 2420(하단)

집중력을 가지고 있기 때문이다.

WE의 가장 핵심은 그들의 초대형 혼 스피커 시스템과 3극관을 중심으로 하는 앰프류들의 트랜스 성능에 있다. 특히 그들의 트랜스 성능은 아직까지 어떤 회사에서도 모방하지 못할 만큼 특유의 음질 특성과 성능을 자랑한다. 트랜스 내부에 사용되는 코어의 재료와 구조는 지금도 연구 대상이어서 끊임없이 분석해 모방품을 만들어내고 있지만 역부족이어서 그 동일한 성능의 제품은 공식적으로는 없는 것이 현재 실정이다. 웨스턴 사운드는 비슷한 시대의 피어리스나 알텍, 젠센 등에서 유닛이나 부품 등을 주문 생산해 자사 제품에 도입했는데, 매우 철저한 품질 관리 규정을 가지고 있었다. 스피커의 경우 알텍에도 동일 모델이 있지만 WE 마킹의 제품과는 소리 차이도 있고, 가격 차이도 큰 것이 실정이다. 그래서 마니아들은 WE 계열의 오리지널 스피커나 앰프에 지대한 관심을 쏟는다.

그중에서 진공관 앰프 분야에서는 WE 계열사라고 해서 그 인기를 배가시킨 회사가 있는데, 바로 '벨 사운드 시스템(Bell Sound Systems)'이다. 벨 사운드는 웨스턴의 규정에 의해 그들의 측정 장비나 음향 장비 일부를 만들어 납품했는데, 그런 제품들을 보면 WE의 명색에 전혀 뒤지지 않게 완벽주의 정신으로 제품을 선보이고 있음을 알 수 있다. 그 벨사가 프로용과는 달리 민수용의 앰프와 스피커도 생산했는데, 현재에 이르러 남아 있는 제품은 많지 않고, 가장 인기를 끌고 있는 모델이 3030이라는 6V6 PP 스테레오 인티앰프다.

»
Bell 2420(좌)와 Bell 3030의 내부(우)

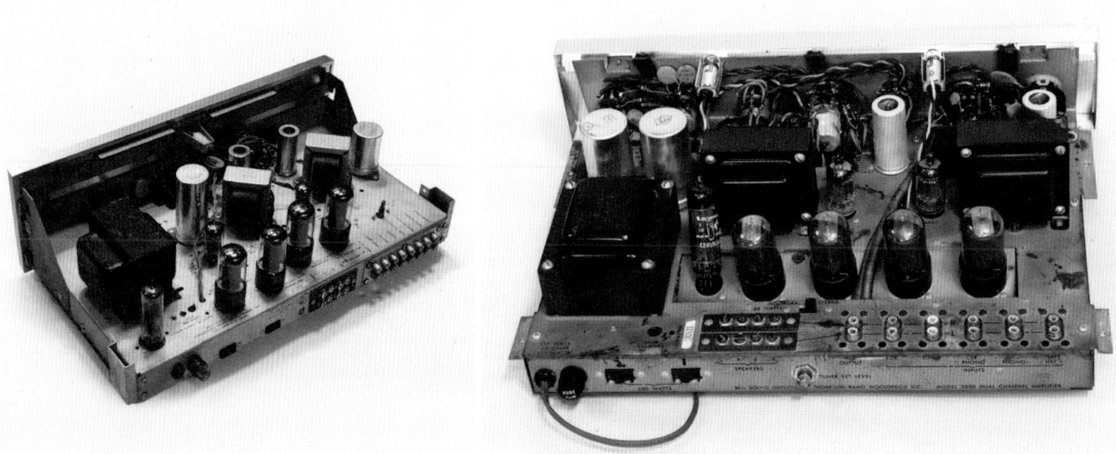

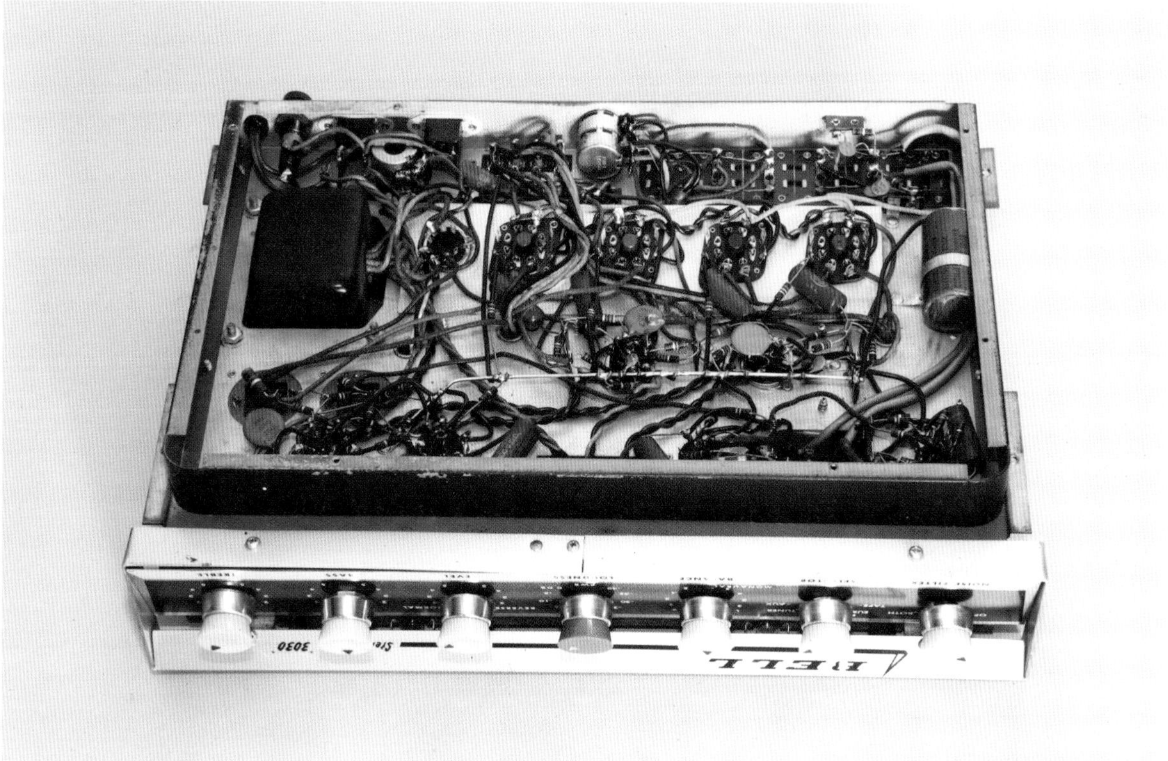

»
Bell 3030 밑면

3030은 15W/ch의 6V6 PP 앰프로 1개의 6CA4 정류관과 4개의 6V6 출력관, 6개의 12AX7 증폭관을 사용하는 비교적 저렴한 가정용 앰프다. 첫인상은 그리 탄탄한 느낌의 디자인도 아니고, 내부도 정밀하게 만들었다고는 생각되지 않는 약간 어수룩한 느낌의 인티앰프였다. 그러나 그 사운드는 풍성할 뿐 아니라 질감과 음악성을 모두 갖추고 있다. 그래서 '역시 WE 계열사 제품답군'이라는 칭찬을 한 몸에 받았었다. 특히 알텍 스피커와 매칭시키면 알텍 스피커의 강한 면을 잘 커버해 부드럽고도 질감 풍부한 사운드를 들려준다. 단 3030의 각 부품이나 배선이 약간 약하고 부족해 내구성 면에서 떨어지는 단점이 있었고, 디자인이 좀 모자라다는 인상이었다. 그래서 동일 음색의 더 나은 벨 제품을 찾다 보면 나오는 것이 2420이다.

2420은 전면 패널이 좀더 현대적이며, 3030보다 후기 모델이다. 역시 6V6 PP로 4개의 6V6과 1개의 6CA4 정류관, 5개의 12AX7을 사용해 구성된 인티앰프이다. 후기 모델인 관계로 우선 디자인적인 장점과 부품의 생생한 성능이 마니아들의 욕구를 받쳐 준다. 출력은 채널당 10W정도로 약간 줄어들었지만 전체적 음색은 3030과 동일하다. 알텍 스피커와 물리면 예의 그 부드러운 음색의 질감이 살아나 손색이 없다. 제품도 3030에 비해 깨끗한 것이 많고, 전면 패널이 정리된 감이 있어 3030의 추종자라면 한 번 살펴볼 만한 매력 있는 제품이다.

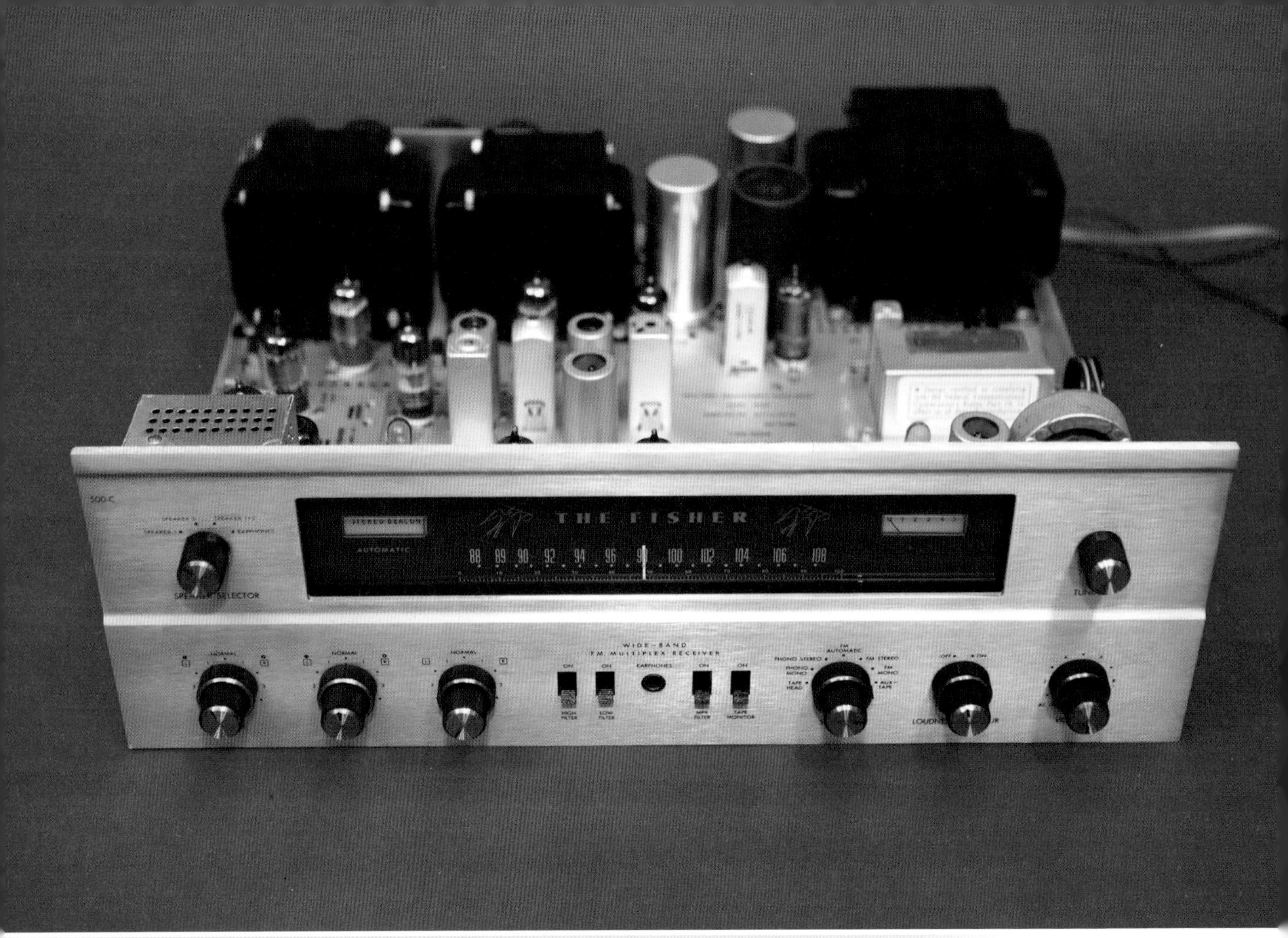
500-C
THE FISHER
STEREO BEACON
AUTOMATIC
SPEAKER SELECTOR
WIDE-BAND
FM MULTIPLEX RECEIVER
EARPHONES
NORMAL
ON
HIGH FILTER
LOW FILTER
MPX FILTER
TAPE MONITOR
PHONO STEREO
AUTOMATIC
FM STEREO
FM MONO
TAPE HEAD
AUX-TAPE

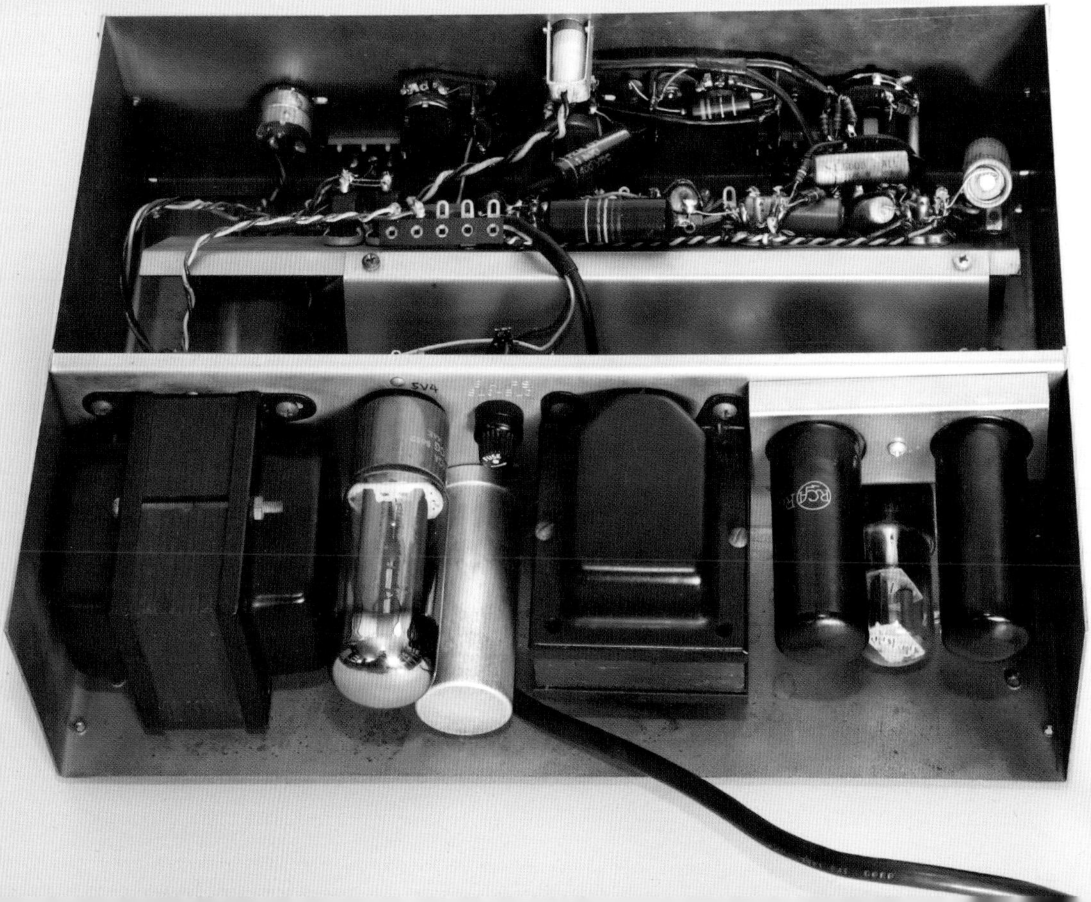
5V4

Craftsmen Solitaire Dual mono Integrated Amplifier

부드럽고 따뜻한 고독

크래프츠맨이라는 진공관 앰프 회사는 생소하다. 가끔 사운드 크래프트라는 진공관 앰프 제조사의 제품은 눈에 띄었으나, 이 앰프는 필자에게도 정말 생소했다. 솔리테어(Solitaire)라는 모델명도 마음에 들고, 시적 분위기까지 돋우는 바가 있어 약 20여 년 동안 외짝으로 한 대만 소장해오던 터였다. 이른바 장인들(craftsmen)의 '고독한 카드놀이' 쯤으로 해석되는 이 제품은 1950년대 말 생산품으로 진공관 모노 인티앰프다.

처음 이 앰프 한 짝을 구했을 때만 해도 뭐 노력하면 나머지 한 짝도 구해 완성된 스테레오 시스템으로 세팅하는 것은 시간문제로 생각했지만 5년, 10년이 지나도 도대체 동일 제품의 모노 인티앰프는 정보조차도 입수할 수 없었다. 몇 번 처분할까도 생각했지만 그 내용이 너무 충실해 내칠 수도 없었을 뿐 아니라 그동안 이사 다니면서 정도 든 터라 10년 이후부터는 오로지 그 정으로 필자의 오디오 장식장 한구석에서 오디오 다방의 마담처럼 필자의 얼굴만 바라보며 고독한 심정을 하소연하고 있었다. 15년쯤 지나 아예 창고로 옮겼지만, 어느 날 창고 속에서 울먹이며 녹스는 부품들이 꿈속에 나타나 다시 장식장 내부로 자리를 마련해 주었다. 물론 짝을 맞추리라는 생각은 이미 포기한 지 오래된 상태에서 말이다. 그러다 20년이 지난 지난주 청계천을 걷다 길거리 초라한 노점에서 모노 튜너와 함께 역시 외롭게 놓인 솔리테어 한 짝을 발견했는데 너무나 반가워 웃음이 절로 나왔다. 그야말로 기쁨이 머리끝까지 솟아올라 어찌할 바를 모르는 심정으로 주인에게 가격을 물어봤다. 그리고 튜너가 필요 없는지라 모노 인티앰프만 구매하겠다고 하니 튜너도 함께 구매해야 한다는 것이었다. 가격을 묻자 생각보다 저렴하게 제시해 선뜻 지불하고 차에 실었다. '결국 짝을 맞추네'라

»
크래프츠맨 솔리테어의 전면(상단)과 내부(하단)

고 외치며 신에게 감사 기도까지 마친 상태였다.

집으로 운반해 두 기계를 동시에 뜯어 나란히 놓고 내부를 살폈다. 시리얼 넘버도 얼마 차이 나지 않아 모든 부품이 동일했다. 더구나 전원을 넣어 보니 험(hum) 하나 없이 즉시 완벽한 동작을 하는 것이 아닌가. 이미 소지하고 있던 모노 앰프는 철저히 수리해놓은 터라 쉽게 스테레오 구성의 음악 감상이 가능해져 소리를 들어본다. 한 마디로 무색무취의 순수하고도 정갈한 뒷맛을 풍기는 두툼한 사운드다. 모델명과 걸맞게 음색이 밝지는 않으며, 매순간마다 숙연한 자세로 음장을 펼쳐 나가는 것이 마음을 사로잡았다. 탄노이 보다는 알텍과 상성이 좋으며, A-5에서도 그리 강하다는 느낌 없이 수더분한 보컬 디테일과 현의 질감을 살리고 있었다.

»
하부 프리단 진공관

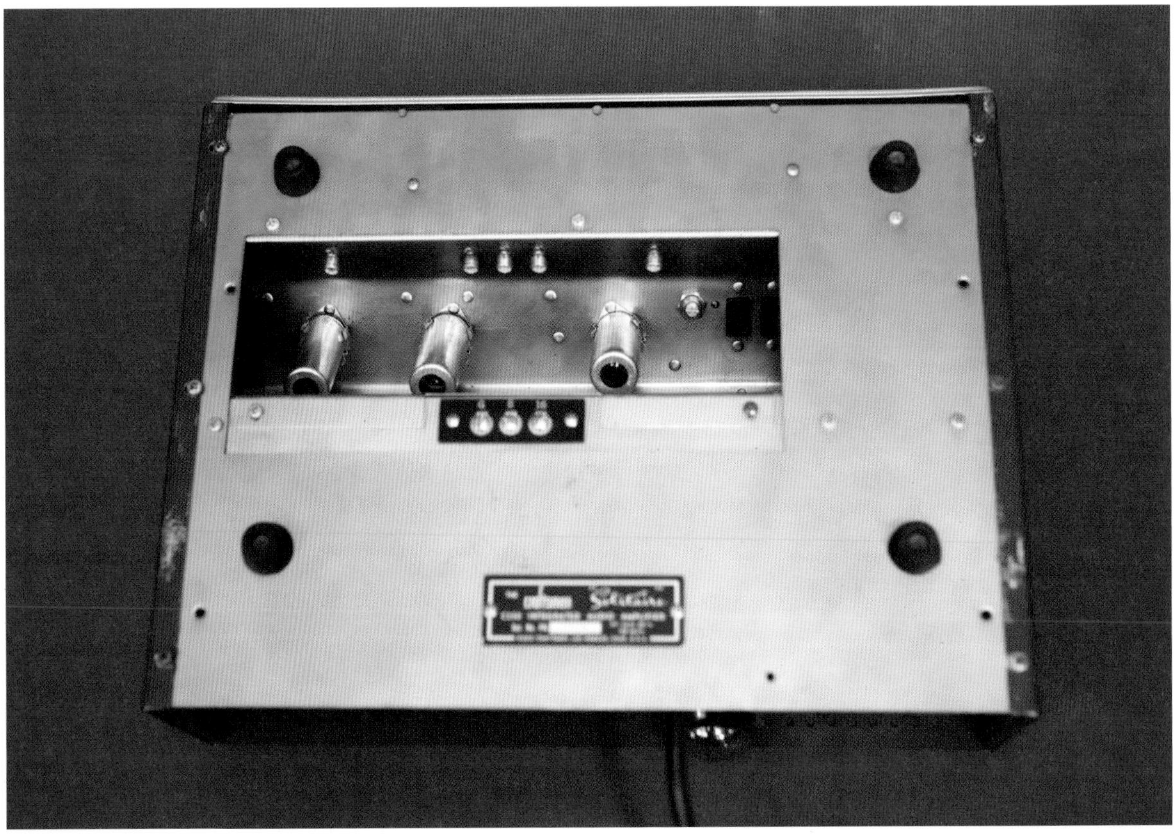

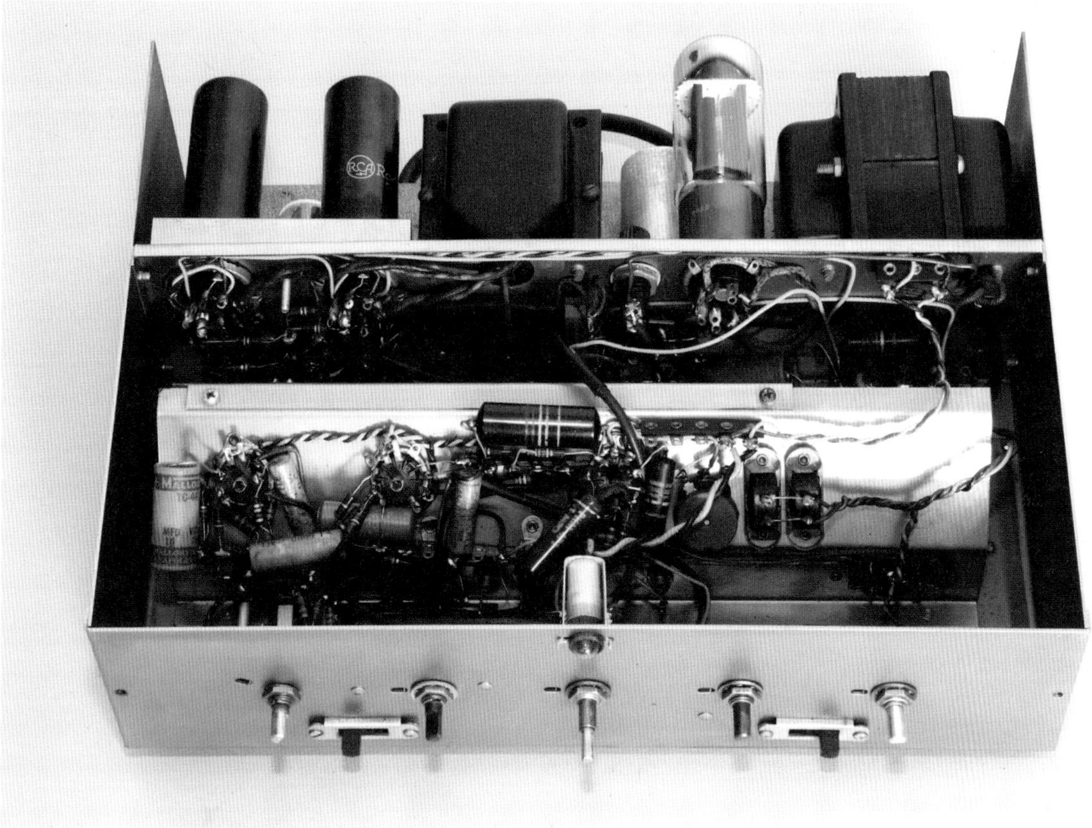

»
분해된 내부 모습

단 하나 문제점은 로우 필터와 하이 필터 스위치의 접점 이상으로 노이즈가 뜨는 것이었는데, 내부에서 접점을 바이패스하도록 연결하니 명료하고도 질감이 살아나는 음색으로 한 단계 업그레이드된다. 피셔 리시버의 테이프 모니터 스위치를 바이패스하는 것과 같은 음질 향상을 즉시 느낄 수 있었다. 솔리테어의 관 구성은 프리단에 6U8과 12AX7 각 1개, 포노단에 12AX7 1개이며, 드라이브단에는 6SL7 1개, 출력관으로 6L6 2개가 사용되었고, 정류관으로 5V4를 장착하고 있다. 내부에는 프리단과 파워단을 중간 섀시로 구획지어 놓았고, 최단거리 배선 원칙으로 프리단 입력이 중앙 프리단 섀시 하부로 들어가게 설계되었다. 이는 순전히 음질을 위한 배려인데, 사용 면에서는 불편한 바가 있다. 내부를 보면 정말 장인의 제품이라는 느낌이 확연하다. 커플링 콘덴서는 스프라그 범블비, 굿올 촛농, 블랙켓 등을 선별해 사용하고 있는데, 굳이 이렇게 다양한 메이커의 커플링 콘덴서를 사용하고 있다는 것은 그야말로 음질적인 동기에서 진행된 발상이라는 것을 즉시 눈치챌 수 있었다. 저항도 여러 가지 타입을 선별적으로 사용하고 있으며, 특히 배선을 최소화해 파트 투 파트로 부품을 단자에 직접 납땜한 회로가 많은 것이 특징이다. 두 대를 나란히 놓으니 그 동안의 외로움도 사라지고 짝을 이루어 시각적으로도 부족함이 없다. 브룩(Brook)의 인티앰프가 생각나는 디자인이며, 음색도 비슷한 바가 있다. 기다림의 미학을 새삼 일깨워주며 필자를 감동시킨 인티앰프 세트다.

1

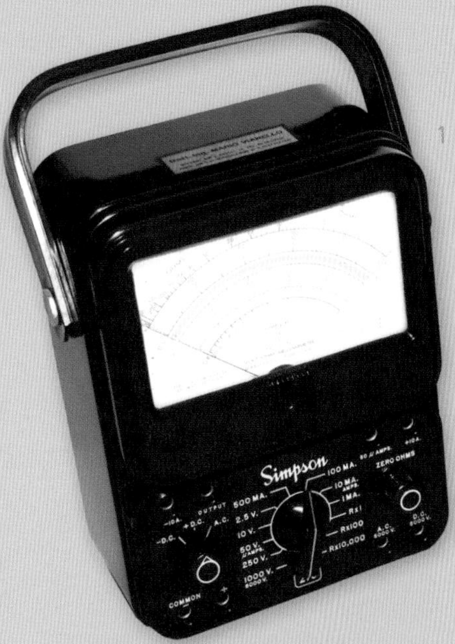
Simpson
500 MA.
100 MA.
10 MA.
1 MA.
2.5 V.
10 V.
50 V.
250 V.
1000 V.
Rx1
Rx100
Rx10,000
ZERO OHMS
COMMON

2

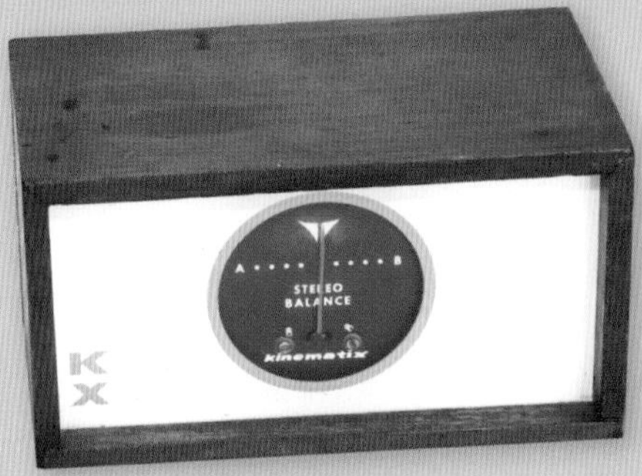
STEREO
BALANCE
kinematix
KX

3

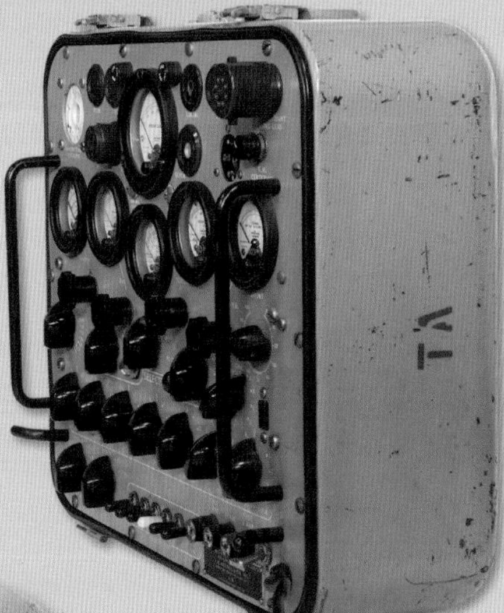
TA

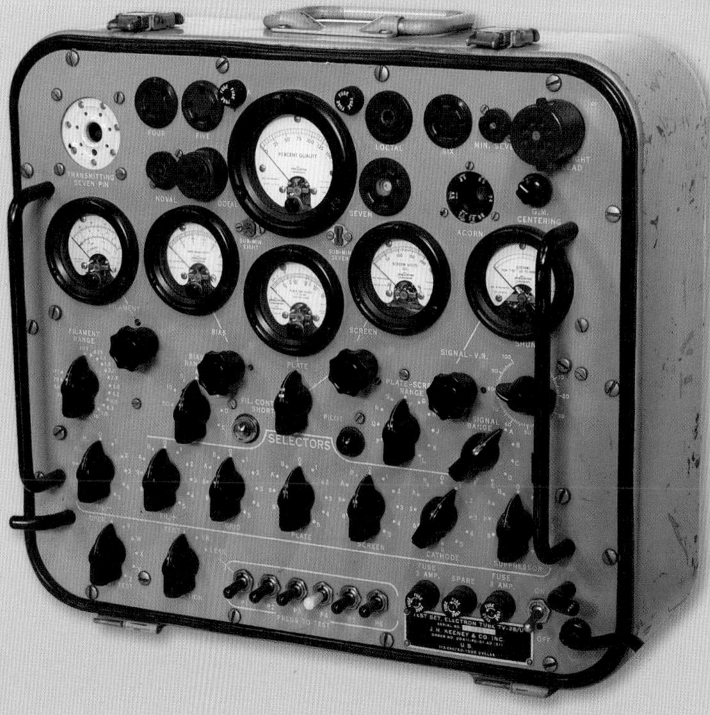
PERCENT QUALITY
SELECTORS
PLATE
SCREEN
CATHODE
SUPPRESSOR
BIAS
FILAMENT
LOCTAL
NOVAL
ACORN
TRANSMITTING SEVEN PIN

4

아날로그 미터의 추억

오디오에서 미터는 눈에 보이지 않는 오디오의 전기량이나 동작 상태를 가시화시켜 주는 하나의 창이다. 오로지 소리로만 모든 동작을 점검할 때면 자못 답답할 때도 있어 상태를 보고 싶다는 충동이 든다. 특히 레프트와 라이트 출력 상태가 스테레오적으로 동일한지, 아니면 스테레오로 동작하는지 모노로 동작하는지 알고 싶은 경우 등이 그런데, 대부분 소스의 동작 상태에 따른 의문 사항일 때가 많다. 즉, LP 레코드가 스테레오인지 모노인지, 튜너의 MPX가 동작하는지 안 하는지, 녹음된 테이프가 스테레오인지 모노인지 잘 구분이 안 되는 경우 실로 답답하다. 이럴 때 L, R 별도의 VU 미터가 있으면 쉽게 동작 점검이 가능하다.

1960~70년대의 테이프 레코더나 프리앰프, 파워앰프 등에는 이러한 체크 미터를 전면에 장착시켜 더욱 상품을 돋보이게 설계하는 경우가 많았는데, 릴이나 카세트테이프 레코더의 VU 미터, 파워앰프의 출력 레벨 미터, 프리앰프의 출력 점검 미터, 튜너의 입력 전파 감도 미터나 MPX 분리 시그널이 여기에 해당한다. 잘 아는 매킨토시의 파워 출력 미터는 그 자체로 매킨토시 앰프의 상징이 되어버려 미터 없는 매킨토시는 무언가 답답한 느낌마저 들 정도다. 그 푸르스름하면서도 은은한 대형 전력 미터는 정말 아름답기까지 했다. 진공관 앰프류에는 전류나 전압 바이어스 등을 체크하는 체크 미터가 붙어 있어 진공관의 바이어스나 전류, 히터 전압 등을 정확하게 조정할 수 있도록 배려한 경우가 있는데 고정 바이어스 파워 앰프 설계인 경우 진공관의 변경이나 경년 변화 또는 이상에 따른 점검과 최적화된 동작점 설정 및 밸런스 유지에 많은 도움을 주고 있다. 물론 각종 미터들은 동작 점검과 유지가 목적이지만 그 자체로 은은한 멋과 디자인 요소를 겸비

»
1. 심슨 260 2. 스테레오 미터
3.4. 마치 항공기 조종석 앞에 앉아있는 듯한 느낌을 갖게하는 TV2 진공관 테스터

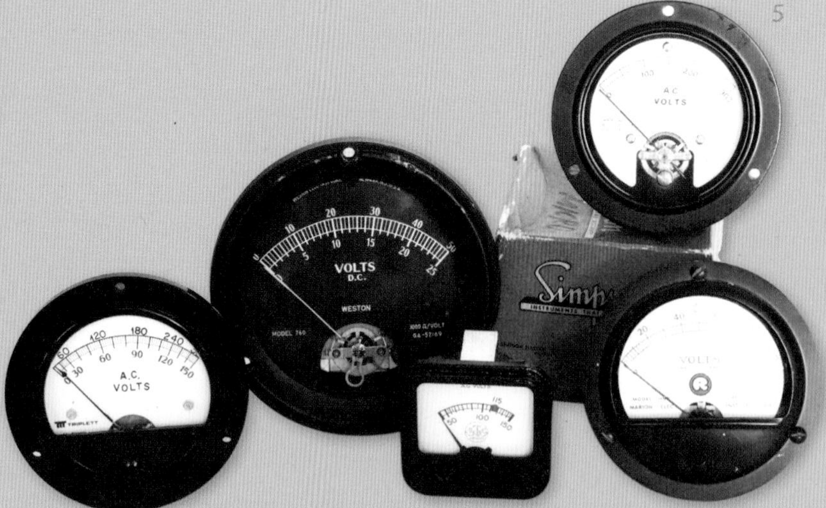

5

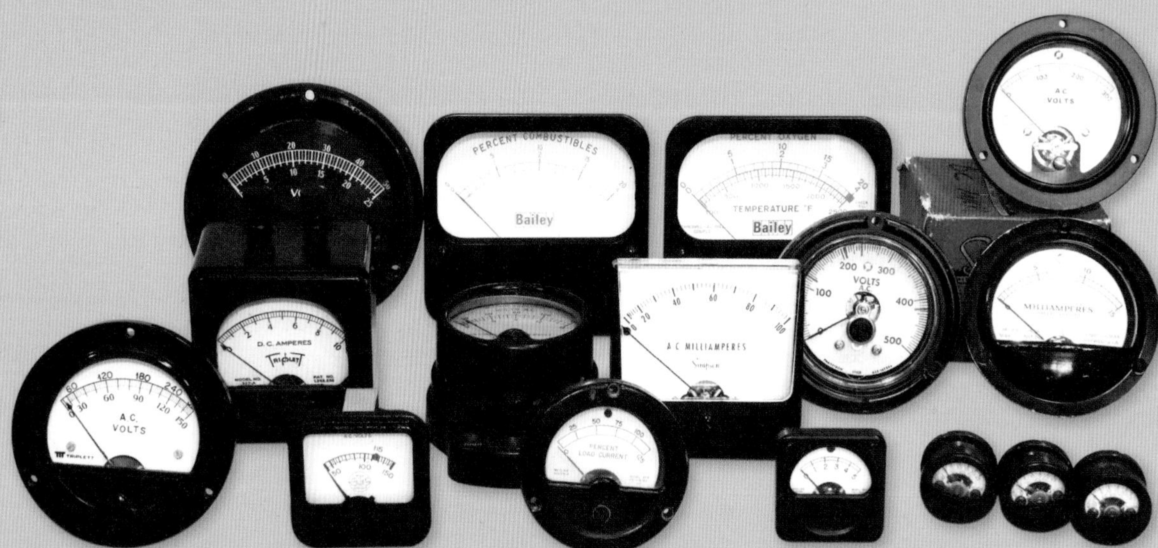

6

»
5. 6. 각종 아날로그 미터

하고 있어 시각적으로 아름다운 경우가 대부분이다. 마란츠 2나 8B·9 등에 장착된 바이어스 미터는 무언가 낭만과 향수를 자아내는 결정적 미터 디자인이라 생각하는데, 이 미터 창이 마란츠의 운치 있는 서정적 디자인의 화룡점정이다.

파이오니아, 산스이, 켄우드, 마란츠 TR 리시버와 피셔, 스코트 진공관 리시버의 녹턴 창은 고전적 아날로그 미터의 연장선상에 있다. 그 아련한 다이얼 불빛이 사용자에게 깊은 추억을 안겨다 준다. 필자에게 파이오니아의 블루 & 화이트 미터와 다이얼 판은 항상 상큼한 하늘빛 추억으로 남아 있는데, 지금도 그 두 컬러가 배색된 파이오니아 녹턴 리시버를 보면 소리와 관계없이 구매 충동이 인다. 피셔 진공관 리시버의 다이얼 판도 은은한 선창가 선술집 같은 분위기가 있어 항상 서너 대의 피셔 리시버를 소지하고 있는 형편인데,

사실 갖고만 있지 잘 듣지는 않지만 가끔 전원을 넣고 소리를 들어 보면 많은 오디오 추억들이 되살아나 기분이 좋아진다.

아날로그 미터 시대가 지나고 그 뒤를 잇는 것이 소위 LED에 의한 디지털 미터이다. 프로용 믹서를 보면 이 LED 미터가 적극 활용되고 있는데, 가정용 하이파이에서는 그 사용 역사가 짧아 잘 보이지 않지만, 어떻든 아날로그 미터에 비해 운치도 없고 멋도 덜한 것이 사실이다. 그리고 최근 들어서는 이 LED 미터는 거의 사용되지 않고, 미터를 활용하겠다고 하면 오히려 아날로그 타입이 다시 부활되어 장착되는 추세이다. 물론 정확한 값을 디지털 수치로 나타내주는 경우는 있지만 아무리 보아도 예의 낭만적 디스플레이와는 거리가 멀어 딱딱하고 사무적이기 그지없다.

여러가지의 미터가 좋아서 수집하고 있는데, 필요해서 사용하는 전압계나 전류계는 모두 구형 아날로그 미터로 동작 상태를 가만히 들여다보면 무언가 필자의 마음과 정서적으로 통하는 것이 있어 좋다. 특히 가정 전압이나 다운 트랜스의 전압 등을 표시해주는 전압계는 사랑스럽기까지 한데, 가능한 대형 창을 가진 전압계를 박스에 넣어 집안 여기저기 콘센트에 꽂아 놓고 24시간 전압 변동을 체크한다. 사실 체크한다기보다는 감상하는 것에 가까운데, 한 번 조정한 전압은 24시간 거의 일정하게 유지되기 때문이다. 체크할 것이 있다면 전원이 들어와 있나 없나 정도일 것이다. 지금도 멋있는 아날로그 미터를 보면 사용 여부를 막론하고 구입하고 보는데, 이제는 낭만적이면서도 아름다운 구형 아날로그 미터는 잘 보이지 않아 서운할 따름이다.

»
7. 독일 슬라이덕스에 붙어있는 전압계와 전류계
8. 웨스톤의 300V 전압계
9. 웨스톤의 150V 전압계

9

7

8

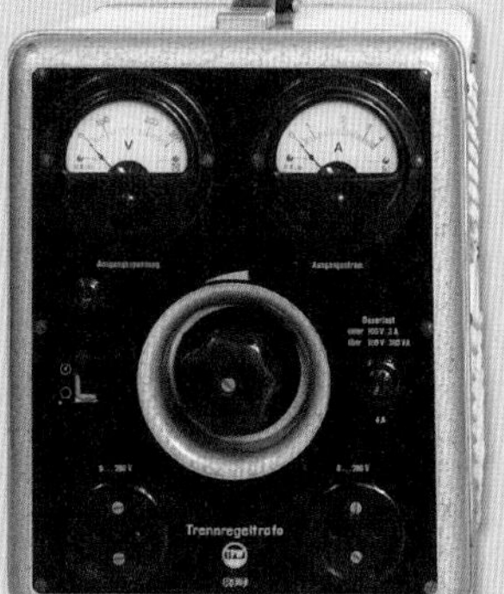

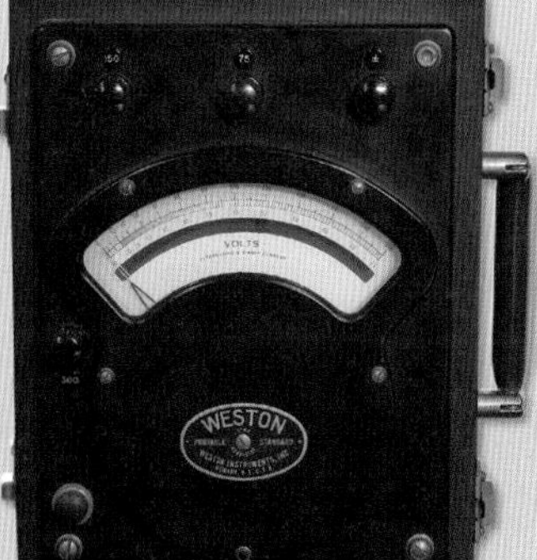

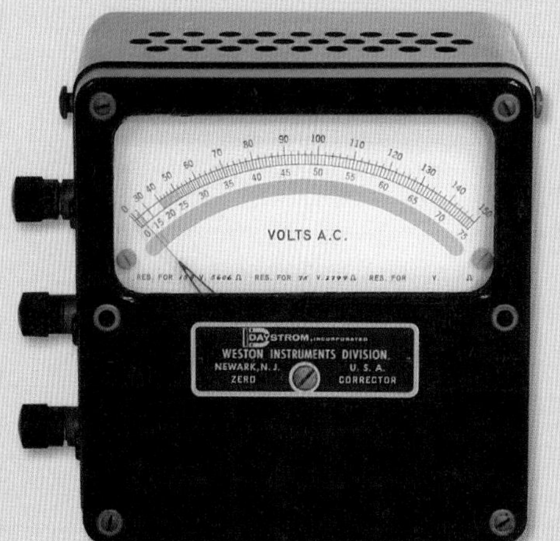

Magnetic Loud Speaker Horn
모든 것을 빨아들이는 음구

Altec Multi Cellular Horn 808
조형적인 사운드 방출구

Altec A-5 Horn
사운드 서치라이트

AR-1
웨스트코스트 사운드와 이스트코스트 사운드의 결합

AR-2 · AR-2a
소박하지만 충분한 설계

AR-3 · AR-3a
3웨이 북셀프 스피커의 완성

JBL Fullrange LE-8T & L-75 Minuet · Lancer 44
유닛 하나로 모든 것을 완성하다

Philips 9770 FM Fullrange
풀레인지 스피커의 낭만적 완성

WE KS-19134-L3 Inclosure
& 755A · KS-14703(8 inch Fullrange Unit)
저렴하게(?) 만족하는 WE 스피커 시스템

Tannoy Autograph
브리티시 사운드의 마에스트로

Tannoy Canterbury
거실의 실내악단

Tannoy Chatsworth
영국 아가씨

Tannoy Orbitus
탄노이의 편견에서 벗어났을 때 비로소 들리는 또 다른 탄노이

Tannoy Dual Concentric ⅢLZ
포인트 소스의 영국적 완성

Pyramid Metronome Model 7
핀 포인트 스피커

Linn Kan
음악을 음악으로 표현하는 소리

Harbeth HL5 ES
홈 콘서트의 지휘자

나만의 음향공간 헤드폰

SPEAKER
스피커

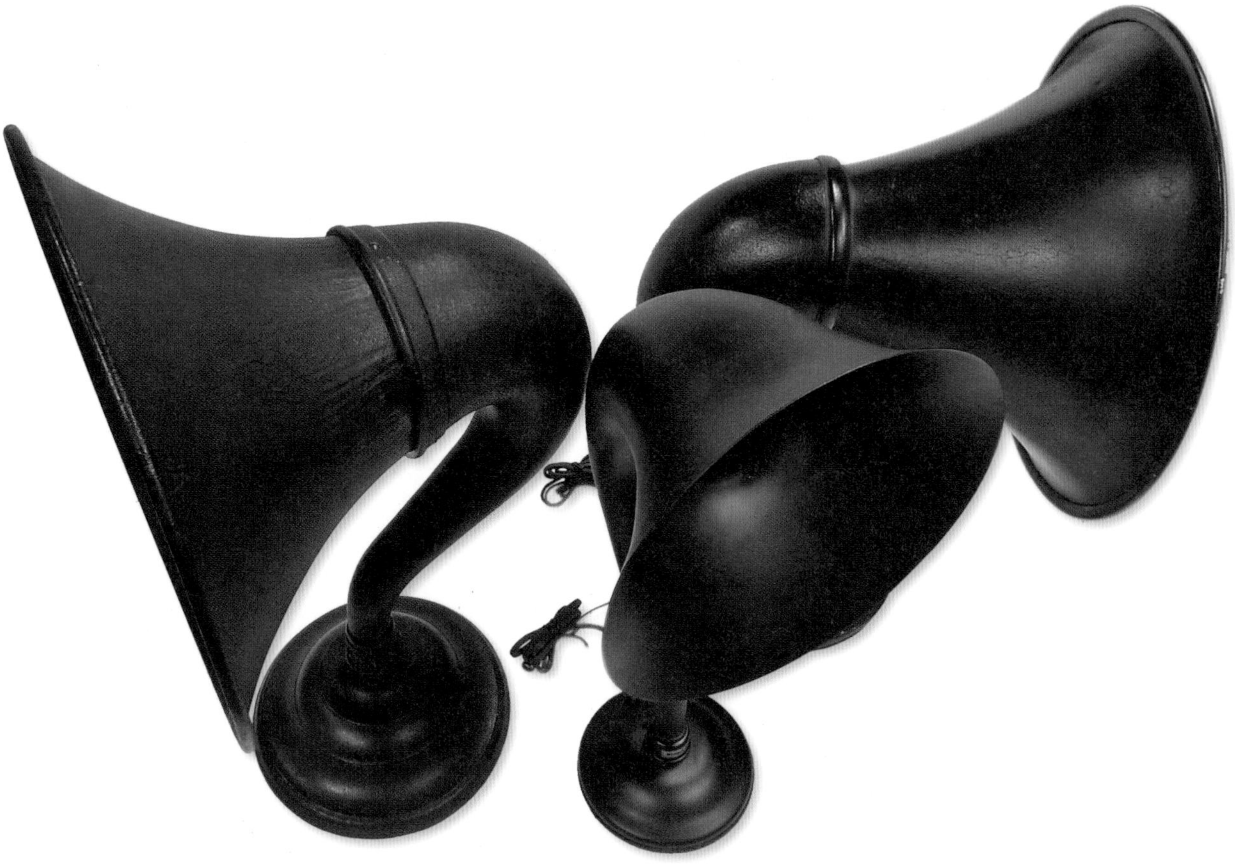

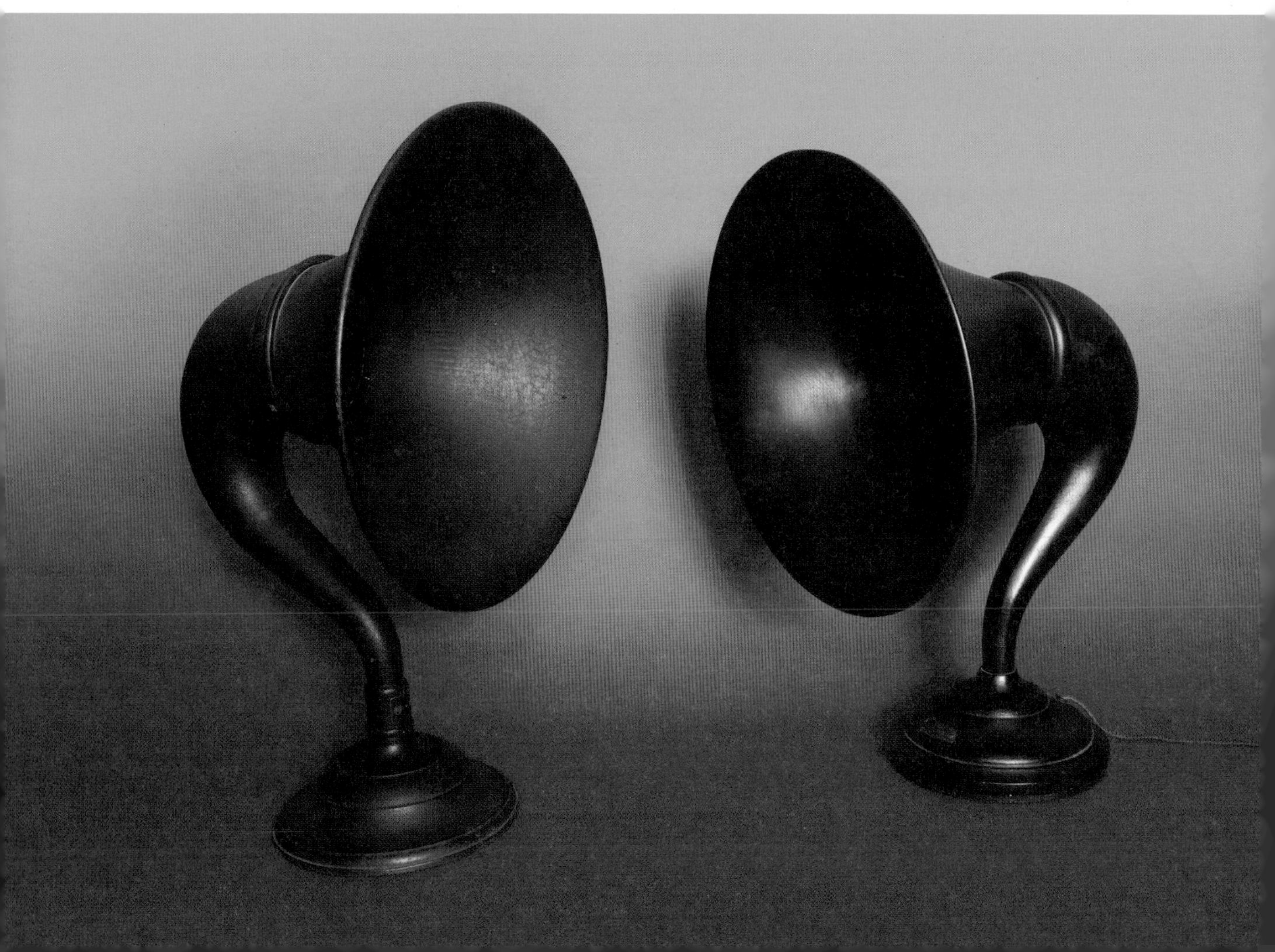

Magnetic Loud Speaker Horn

모든 것을 빨아들이는 음구

스피커 가운데 가장 초기 단계의 혼은 약 1910년대에 개발된 마그네틱 라우드 스피커일 것이다. 대체로 금속 주물이 대부분이지만, 가끔 나무나 합성수지로 혼 부분을 성형하고 넥은 금속으로 만들어 연결한 경우도 있다. 이 혼들은 초기 라디오나 SP음반 증폭용 혼으로 쓰였다. 그래서 테이블 위에 자체적으로 설 수 있게 성형되었고, 테이블 위에서 가장 적절한 음 확성을 할 수 있는 구조로 되어 있어 테이블에 놓일 적에 가장 아름답게 보인다. 이 혼들은 대부분 물음표 형상을 하고 있고, 마치 우주의 블랙홀을 연상시키는 흡입력을 가지고 있다. 실제는 하부 마그네틱 복스에서 발생된 음 진동이 너무 작기 때문에 이 소리를 확성 및 증폭하는 용도로, 소리를 밖으로 퍼지게하는 역할이지만, 시각적으로는 오히려 주위의 소리를 빨아들이고 무엇이든 흡입하는 것 같이 느껴진다. 이것이 필자에게는 블랙홀과 같은 인상으로 묘한 매력을 준다. 실내 어디에 두더라도 시선을 집중시키는 독특한 마력이 있다. 크기도 그리 크지 않아 소품으로도 적격인데, 미국에서는 그리 어렵지 않게 구할 수 있는 스피커 혼이라 말할 수 있다. 대부분 검정색을 띄고 있어서 필자는 '블랙홀'이라 부른다.

첫 번째 혼은 유명한 웨스턴 일렉트릭(Western Electric)의 521W 혼이다. 이 혼의 특허는 1918년 7월 29일에 웨스턴사가 취득했으며, 필자가 소장한 것은 1923년 생산품이다. 당시 가격이 21달러로 고가품이었으며, 몸체는 소위 놋쇠로 불리는 황동 주물품으로 두들겨 보면 청명한 소리가 난다. 넥에서부터 전면 혼까지 이음매가 없는 일체식 주물 혼이며, 하부에 웨스턴 마그네틱 드라이버가 내장되어 있다. 전기 증폭 음악 신

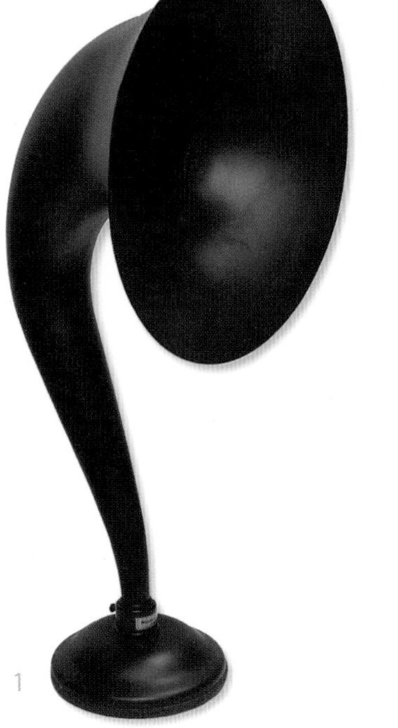

1

2

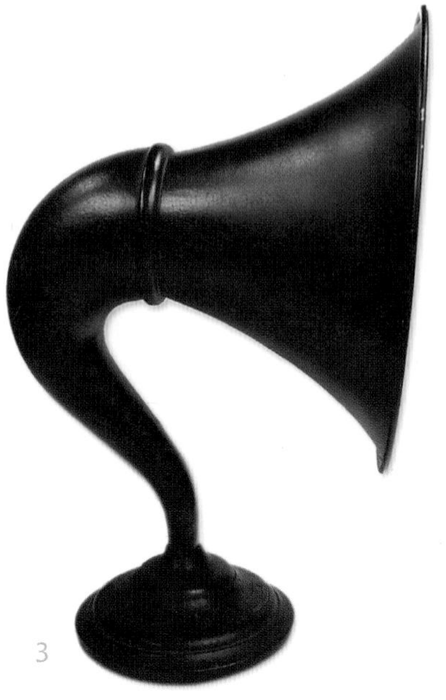

3

»
1, 2. 웨스턴 521W
3, 4. 앳워터 켄트 필라델피아
5, 6. SPCO 더 송 버드

호 변환 장치로는 거의 최초 양식이며, 전기적으로 SP음반을 재생하기에는 최고의 성능을 보장하는 희귀품이다. 웨스턴 4A MC 픽업 헤드를 2B 톤암에 장착시켜 턴테이블과 일체화된 진공관 앰프와 연결하면 특이한 웨스턴 음색을 즐길 수 있어 일본에는 수집가들이 많다. 장착된 마그네틱 드라이버는 내부 임피던스가 약 5KΩ 정도의 하이 임피던스 코일을 감은 고정자 주변에 자석을 배치시키고 얇은 금속 진동판에 근접시켜 전류를 흘리면 진동판이 떨어 소리를 내는 원시적 형태다. 하지만 특유의 자연스러움과 특성이 있어 중독성 있는 음색을 느낄 수 있다. 한 세트로 바이올린이나 성악 등을 재생하면 웨스턴 음색으로 조그맣게 음악 감상도 가능해 매력 있다.

두 번째 혼은 앳워터 켄트(Atwater Kent)의 라디오 혼으로 필라델피아(Philadelphia) 모델이다. 이 혼은 알루미늄 합금의 주물 혼으로, 하부 넥과 상부 혼을 위편에서 연결해 만들었다. 227·225와 같은 소출력 3극 벌룬관을 사용하는 1930년대 라디오의 별도 혼으로, 역시 하이 임피던스 마그네틱 혼이다. 웨스턴 혼보다는 개구부가 2배 정도 넓으며 혼의 길이도 약 1.5배 정도 되어서 더 하부 저역까지 재생하는 특징을 가지고 있지만 울림은 웨스턴처럼 맑지 않다. 아마 재질 차이에서 오는 변화이며, 중간에 한 번 이은 것도 영향이 있

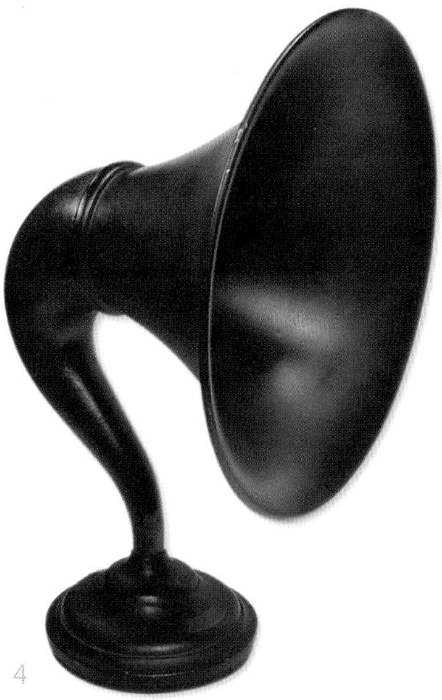

4

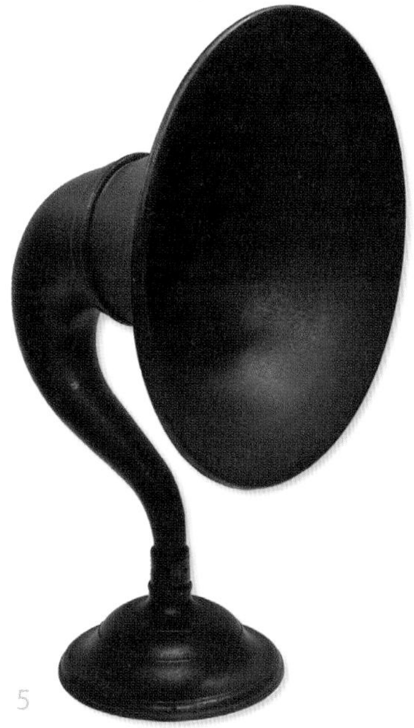

5

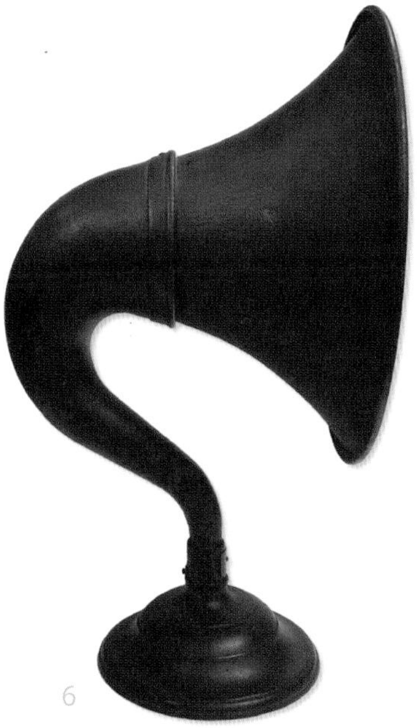

6

으리라 본다. 세 가지 혼 중 흡입력이 가장 강하며 무게감과 질감이 발군이다. 특히 세월을 머금고 있는 표면의 질감이 소품으로서도 더할 나위 없다. 일반 오디오와 연결하려면 매칭 트랜스가 필요하고, 소리가 크지는 않고 일반 육성 정도까지가 최대 음압이라 말할 수 있다. 그러나 만일 웨스턴이나 알텍의 컴프레션 드라이버를 연결하면 정말 더할 나위 없는 소리가 나리라 생각한다.

세 번째 혼은 SPCO사의 더 송 버드(The Songbird)인데, 철판을 가공한 혼으로 두께가 얇다. 무게로 따지면 셋 중 가장 가벼우며, 소리 또한 경쾌한 데가 있는데, 중후한 맛은 덜하다. 하부에 역시 하이 임피던스 마그네틱 드라이버가 장착되어 있고, 이름처럼 새소리가 난다. 세 혼 모두 한 짝씩만 있는데, 앞으로 동일형을 한 개씩 더 구해 오디오용으로 사용해볼 예정이다. 일반 혼 스피커의 고역 보완용으로 스피커 위에 올려놓고 사용하면 효력도 있으려니와 모양도 아름다울 것 같다. 필자는 특별히 혼 사운드를 좋아하는데, 이 물음표 혼들은 인간의 구강 구조를 본떠 음성 재생에 치중한 느낌이 들어 더욱 애착이 간다. 웨스턴 혼을 제외하고는 그리 고가는 아니어서 일반 애호가들도 한 번쯤 오디오 혼에 도전할 만하다고 생각한다.

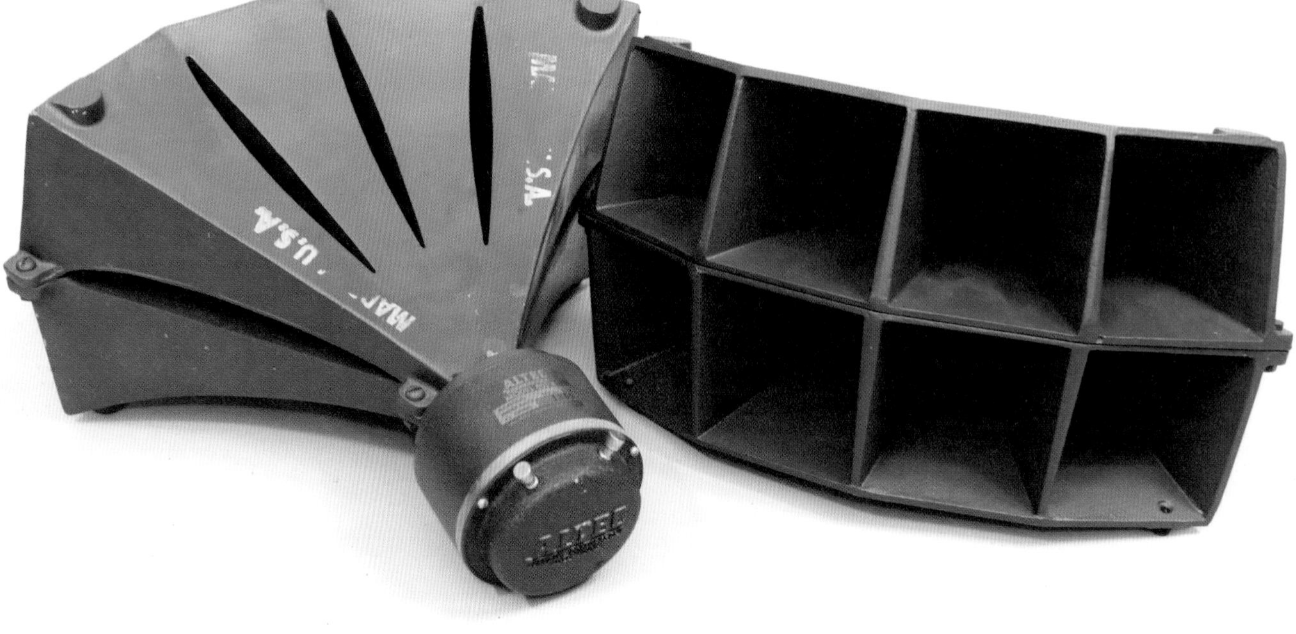

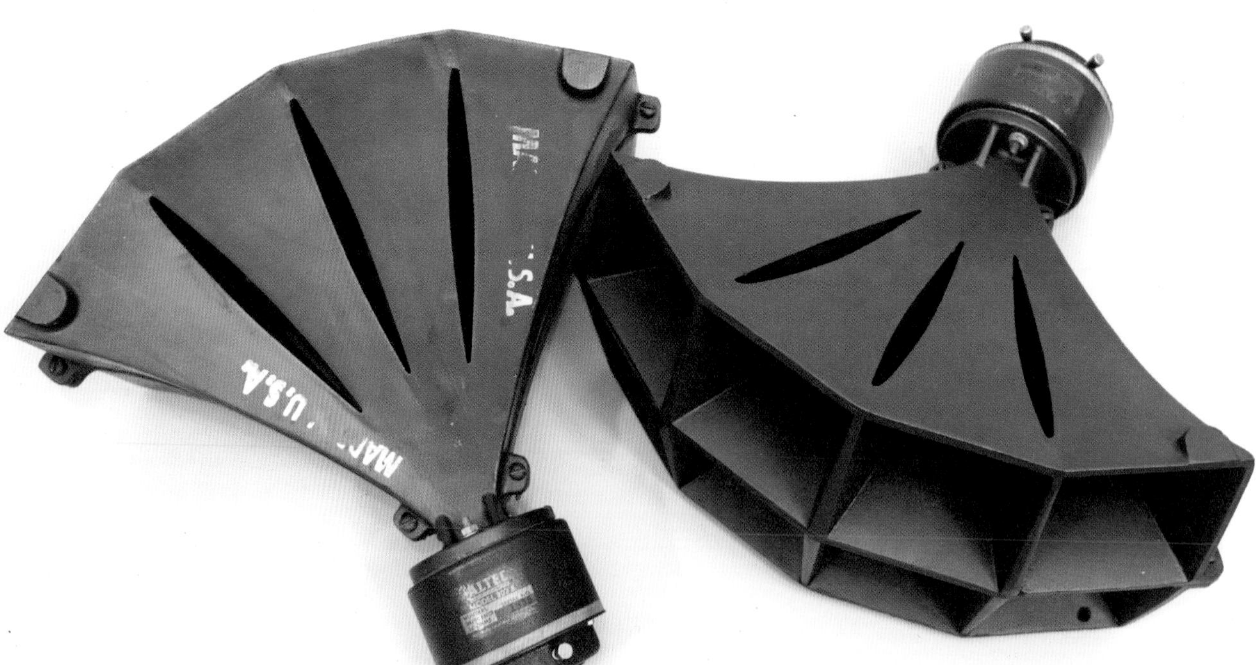

Altec Multi Cellular Horn 808

조형적인 사운드 방출구

음향 혼은 음을 모아 방출하기 때문에 직선성이 좋으며 특유의 에너지 집중적인 사운드로 묘한 매력을 가지고 있다. 혹자는 "혼이 아니면 스피커도 아니다"라고 이야기하는 사람도 있지만, 혼은 혼 특유의 음색을 지니고 있을 뿐 그 이상도 그 이하도 아니다. 그러나 빈티지 마니아들이 혼 사운드를 좋아하는 것은 사실이다. 혼은 시각적으로 집중력을 갖는데, 그것이 첫 번째로 매력을 끄는 이유라고 생각한다. 혼은 사운드를 발산하지만 이목을 집중시켜 마치 그 혼으로 빨려 들어갈 것 같은 인상을 준다. 초기에 혼들은 하이퍼볼릭 커브의 달팽이 혼이 많았다. 이 혼들은 당시 0.5~10W 내외로 출력이 낮은 앰프들의 보완책으로 초고능률 혼을 설계할 수밖에 없었던 결과다. 그야말로 필요에 의한 기술적 설계였다. 그러나 그 혼 특유의 음색은 결국 마니아들의 취향을 자극해 독특한 매력으로 자리 잡게 되었다. 웨스턴 12A·13A·14A·15A·22A·24A·26A 혼 그 특유의 재질과 모양에서 울려 퍼지는 매력적인 사운드는 어떤 스피커 제조사도 모방할 수 없는 음색이어서 결국 오리지널 혼을 복각하게 만들어버린다. 가장 긴 길이의 혼은 대부분 프로용으로 다루기도 힘들고 울리기도 힘들며 일반 가정의 실내에서는 들여놓기조차 힘들 정도로 대형이며 초중량급이다.

그러나 혼은 한 번 접하면 좀처럼 빠져 나오기 힘든 중독성이 있기에 소형화하고 경량화하여 가정용이나 극장용, 스튜디오용으로 개발된 혼 사운드 스피커들이 상품화되어 나오기 시작한다. 특히 알텍의 A 시리즈가 극장용으로 개발된 소형 시스템인데, 이 시스템을 가정에 들여놓고 쓰기 시작한 것이 일본의 마니아들이었다. 그중에서 가장 실용성이 있는 알텍 극장용 시스템이 A-7과 A-5다. A-5가 515 우퍼와 805 타르필드 혼

»
알텍 808 주물혼(802B 드라이버가 장착되어 있다)

을 기본으로 구성된 상급기라면, A-7은 803우퍼와 808 또는 511 혼을 근간으로 하는 주니어 시스템이라고 말할 수 있다. 인클로저는 초기 810과 828을 공동으로 사용했는데, 가장 귀한 것이 1947년도에 발표된 810의 하단 막힘형 백로디드 프런트 혼형 인클로저다. A-5가 상급기로 스케일이 크고 대형급 음색을 지니고 있으나 가정에서는 음색을 다루기가 쉽지 않은 데 반해 A-7은 비교적 스케일감이 안정된 주니어 기기로 다루기가 쉬워 가정용으로 가장 선호된다. A-7의 최고 구성은 803 잉크색 우퍼와 808 타르필드 혼, 802B 드라이버에 N-800D 할리우드 버전 네트워크 그리고 810 오리지널 인클로저다.

808의 가장 초기 버전은 1937년 개발된 8구 멀티 셀룰러 타르필드 혼으로, 스로우트(Throat) 구경이 1.75인치이다. 이 혼은 A-5의 805A 타르필드 혼의 축소형으로, 필자가 보기에 가장 아름답고 소리도 훌륭한 혼이다. 이 혼은 초기 스튜디오 모니터인 아이코닉(Iconic) 스피커의 상부 800Hz 이상을 담당하는 혼으로 필드형 드라이버 801과 연결되어 사용되었다. 아이코닉 우퍼에 808 타르필드 혼이 올라가 있는 모습은 균형감이나 소리에서 나무랄 데가 없었다는 것이 필자의 기억이다. 이때는 랜싱(Lansing) 808 혼으로 불렸는데, 1941년 랜싱 901 드라이버에 물릴 때까지 모두 랜싱 버전이라 통칭된다. 그 이후 더 경제적으로 제작된 통주물형 알텍 808 혼이 나오는데, 초기 821이나 아이코닉 혼으로 사용된다. 최근 들어 가장 인기 있는 808 혼이 이 통주물형이며, 중앙 라인에 연결 틈이 없이 일체형으로 주조되었다. 오리지널을 구하기도 힘들며 대만, 중국, 일본, 한국 등에서 모조품으로 제조된 제품이 가장 많은 모델이다. 그러나 오리지널 808 통주물 혼은 A-7 마니아라면 누구든 탐내는 혼으로 소리와 내구성, 모양의 삼박자를 고루 갖춘 명품이다. 상부가 조금 강하다는 인상을 주는 사운드 성격을 부드럽게 처리하려는 의도에서 나무 가루를 집성해서 만든 808 우드 혼이 다음에 나왔다. 이 혼은 가볍고 사운드가 부드러워 한때 인기가 있었으나, 최근 들어서는 스로우트 부분의 뒤틀림이나 파손 등으로 그 내구성에 문제가 생겨 점차 찾는 사람이 줄어들고 있다. 그리고 최종으로 발매된 808 혼이 주물 양 접합형이다. 이 혼은 위 네 칸과 아래 네 칸을 따로 주물해 중앙에서 볼트로 조이는 방식으로 제조되었는데, 소리는 초기 주물형과 동일하며 모양도 큰 차이가 없다. 역시 모조품이 좀 있으며 오리지널 혼은 가격도 비싸다. 어느 스피커 인클로저 위에 올려놓아도 그 모양새가 일품인 혼이 808이다. 완벽한 7 시스템을 원한다면 이 오리지널 808 혼과 810 인클로저부터 마련하는 것이 순서일 것이다. 특히 810 인클로저는 부피 때문에 더욱 구하기가 힘들다. 물론 808 혼은 저렴한 섹토랄 혼 811이나 511로 대체할 수 있지만 근본적 멀티 셀룰러 혼인 808과 섹토럴 혼은 그 음색에서 많은 차이가 난다.

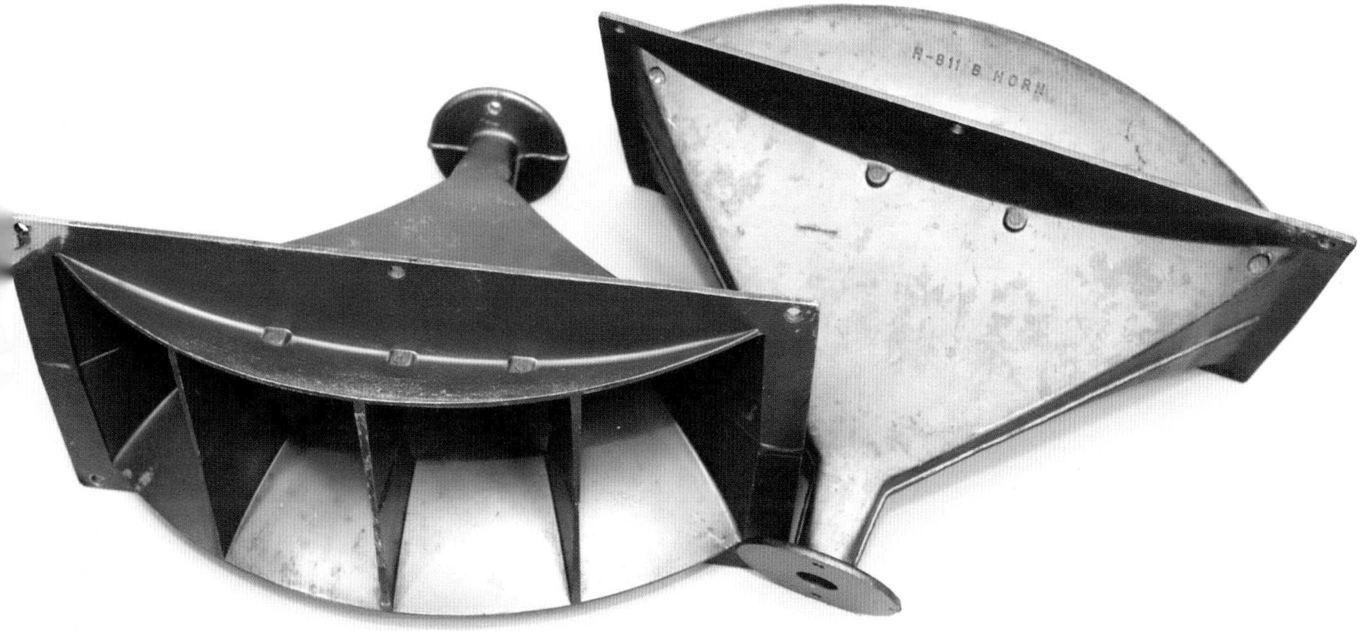

»
알텍 811 B혼

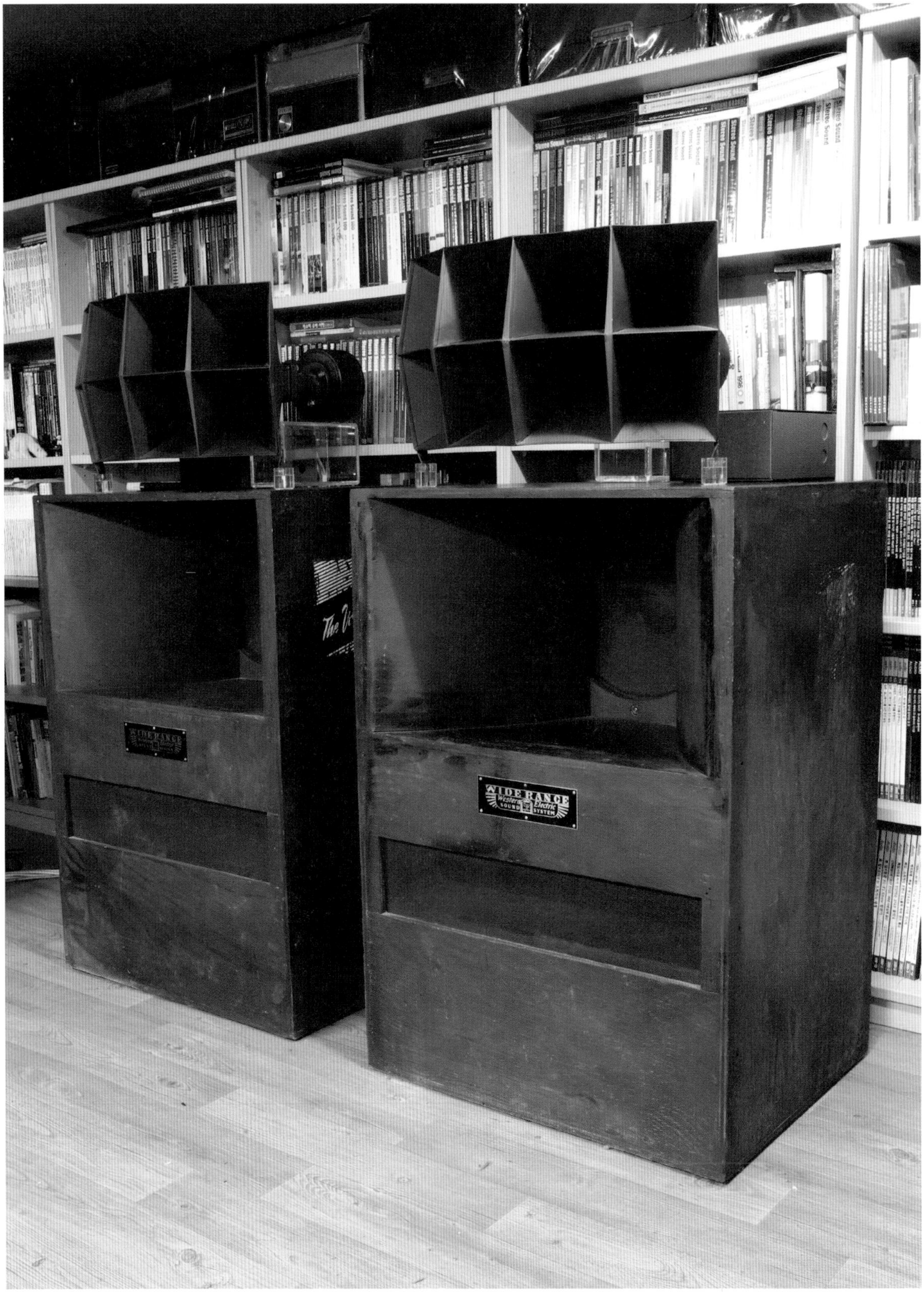
WIDE RANGE
Western Electric
SOUND SYSTEM

Altec A-5 Horn

사운드 서치라이트

빈티지 마니아라면 우선 고능률 혼 스피커 시스템을 선호하게 된다. 고역부부터 저역까지 올혼(All-Horn) 시스템으로 꾸민 빈티지 사운드는 음밀도가 강하며 몰입감이 있으면서 호방하다. 혼의 특징은 고능률이면서 특유의 울림이 따른 홀톤 재현력이 우수하여 특히 성악이나 관악기 등의 재현력이 뛰어나다는 데 있다. 실제 성악을 포함한 악기를 보면 모두 울림이 혼 구조를 갖는 경우가 많다. 성악의 경우 성대로부터 진동된 발성은 목과 입이라는 혼을 따라 확성되며, 대부분의 금관악기는 악기 자체가 아예 혼인 경우가 대부분이다. 결국 혼 성격의 악기는 혼 구조의 스피커가 잘 재현할 수 있다고 결론 내리게 되는데, 특히 성악의 경우 혼에서 울려나오는 소리를 듣다보면 도저히 일반 콘형 스피커에서는 그 맛을 느낄 수 없는 특성이 있다.

그렇다고 혼 스피커가 모두 장점만 있는 것은 아니다. 혼 구조의 특성상 대편성에 있어 해상력이 약하며 초저역까지 떨어지는 저역 재생에는 무리가 있는 것도 사실이다. 특히 대형 인클로저가 될 수밖에 없고, 구조상 빅마우스 현상이 발생할 수밖에 없는 폐단도 있다. 올혼 구조의 가장 대표적인 스피커 제조사는 웨스턴과 알텍, JBL이라 말할 수 있다. 웨스턴이 초기의 고능률 대형 혼 시스템으로 대형 극장이나 기차 역사의 PA 시스템으로 사용되었다면, 알텍이나 JBL은 그 뒤를 이어받아 상기 동일 장소의 PA 시스템으로 적용되었다.

가장 대중적인 '혼 스피커' 시스템이라면 알텍을 들 수 있다. 거의 전세계 PA 시장을 장악했고, 그 점유 기간도 길다. 물론 이제는 유명무실해져 아직까지 브랜드 가치를 인정받고 있는 대만을 중심으로 한 필리핀, 싱가포르 등 동양의 몇몇 나라에서만 제품이 살아있지만, 한때 PA 스피커계의 왕좌에 위치했던 메이커다. JBL의 혼

»
알텍 1947년 제작 810 오리지널 인클로저와 805 타르필드 혼(810은 알텍5, 알텍7 시스템에 공통으로 사용된다)

스피커 시스템은 아직까지도 건재하여 모든 공연장이나 극장의 스피커는 JBL이라고 단정 지을 정도로 확고한 명성을 차지하고 있지만, 가정용에서는 또 다른 변화의 시기를 맞고 있는 것도 사실이다. 알텍 A-5의 인기 있는 혼 3종류는 그냥 모양만으로도 소리가 날 것 같고, 구조가 아름답다는 공통된 특징을 가지고 있다.

첫 번째 아름다운 혼은 311-90 주물 혼이다. A-5에는 311-90이어야만 한다고 주장하는 마니아들은 그 특유의 부드러운 울림에 매료된 분들이다. 4홀의 섹토랄 혼으로 멀티 셀 혼과는 다르다. 주물 혼으로 500Hz 이상을 커버하는 이 제품 역시 최근에는 구하기 힘들고 가짜도 나돌아 구매 시 자세히 살펴보아야 할 명품 혼이다.

두 번째 A-5용 혼으로 아름답게 생각하는 것은 805 타르필드 혼이다. 10홀의 1005, 15홀의 1505가 있지만 가정에서 A-5의 메인 혼으로 사용하기에는 805만한 것이 없다. 뒷맛이 깨끗하고 저역의 윤곽까지도 정리해주는 특징이 있다. 스로우트는 무게를 지탱하기 위해서 황동 주물재 스로우트를 사용하고 있으며, 그 아름다운 자태는 보기만 하여도 황홀하다면 편견일까? 완전한 멀티셀 혼으로 500Hz 이상의 중·고역을 가장 정확하게 사운드 필드에 안착시키는 멋있는 혼이다. 만약 이 혼을 최근에 들어 다시 제조한다면 판매가가 천만 원이 넘을지도 모른다. 그만큼 정성 들여 수공예로 만들어진 혼으로 혼 스피커의 역사를 장식할 만한 가치가 있는 제품이다.

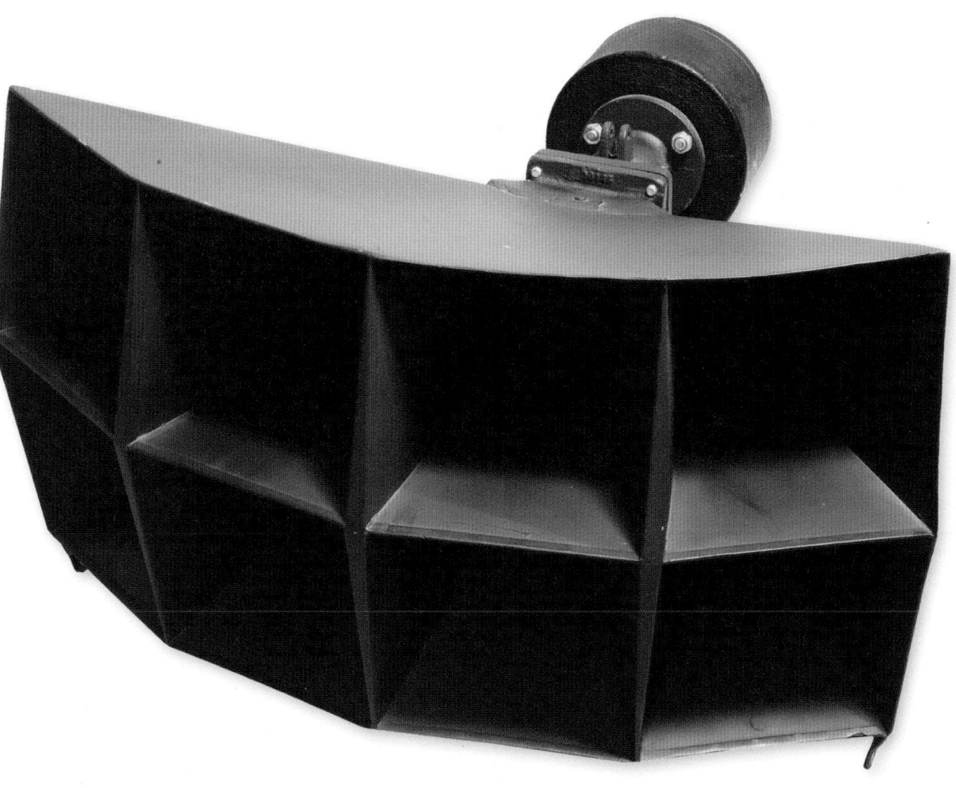

»
428쪽, 알텍 타르필드 805 혼과 288B 드라이버
429쪽, 810 인클로저에 장착된 515 우퍼(상단)와 805 타르필드 멀티셀 혼(하단)

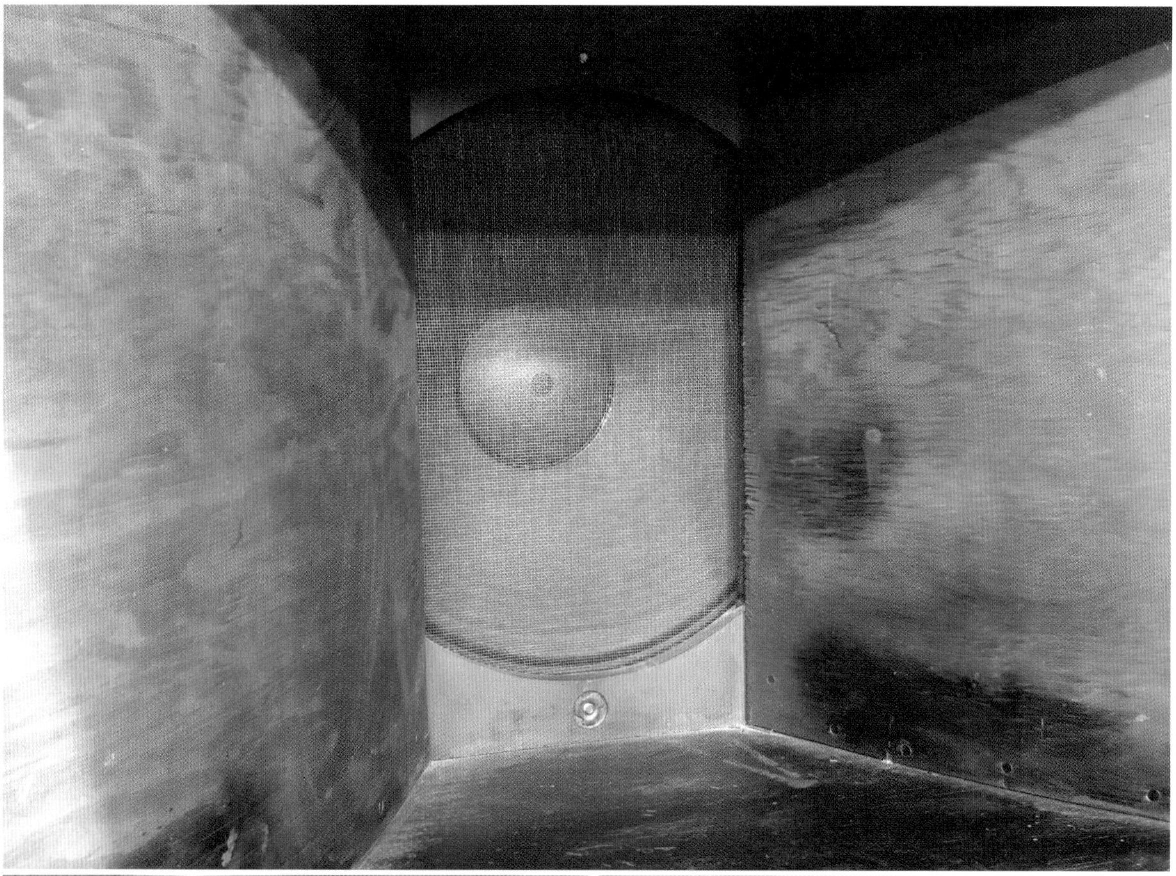

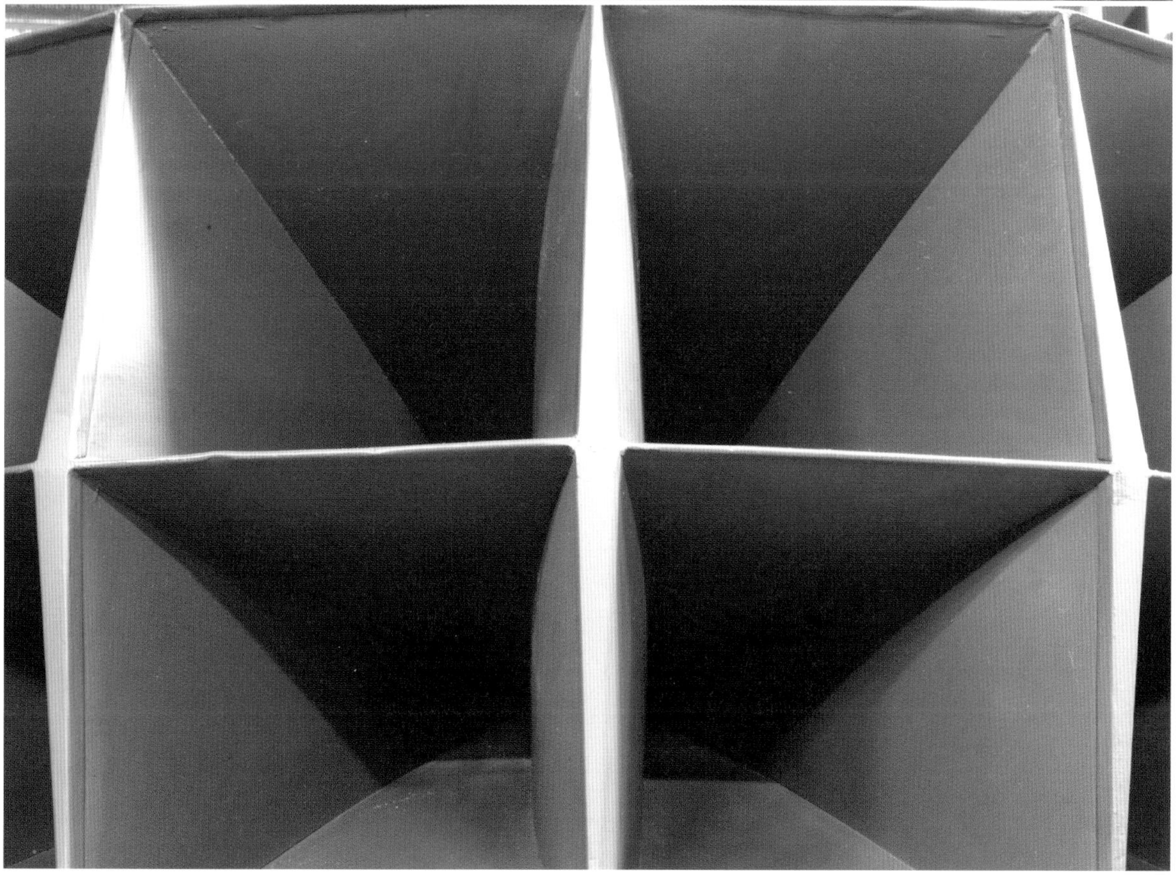

»
311-90 주물혼(상단)
동축형 604와 604B 우퍼는 A-5의 515와 동일형이다(하단)

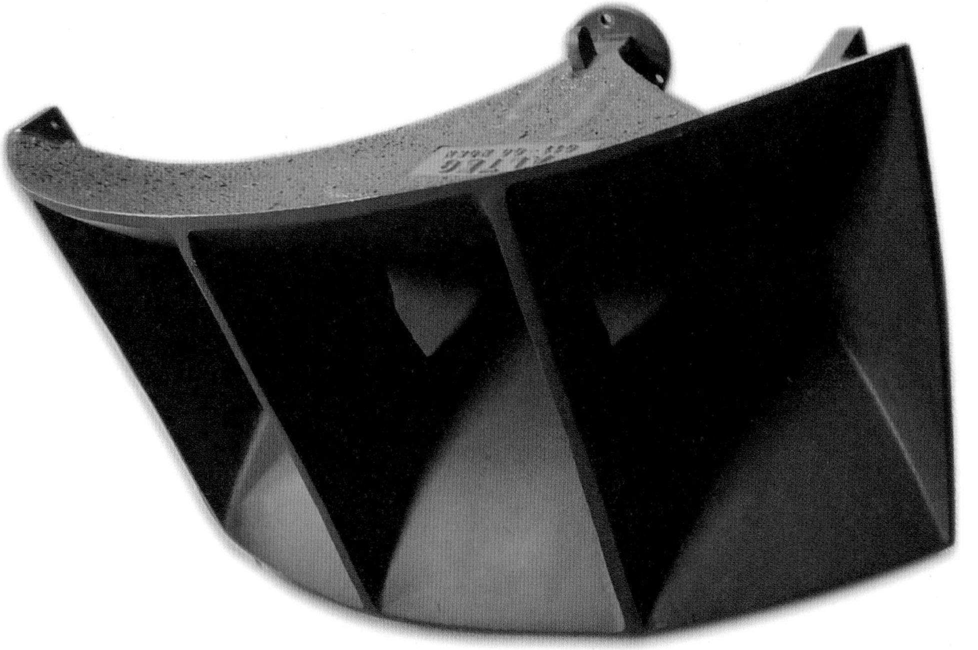

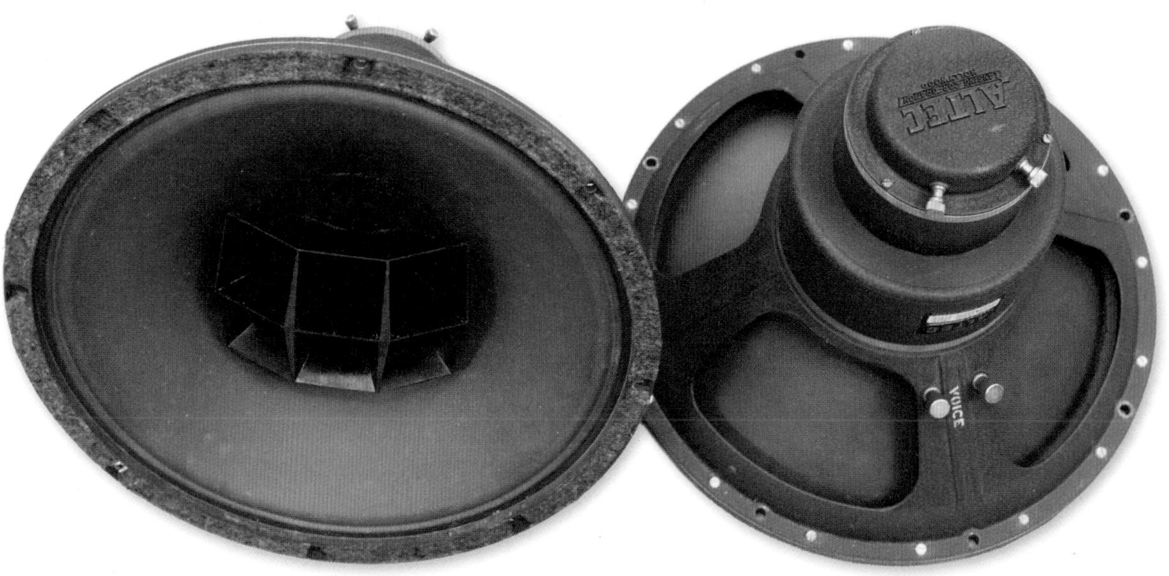

세 번째 생각나는 A-5혼은 805B 혼이다. B시리즈는 앞은 타르필드 버전과는 달리 타르만 칠해서 공진을 막아놓은 타입으로 1005B · 1505B가 같이 생산되었으며 알루미늄 다이케스팅 스로우트를 사용하여 음색이 깔끔하지 않고 뒤에 그레인이 남는 특징이 있다. 타르필드 혼보다 경량이고 값도 저렴하지만 역시 아름다운 모양을 갖추고 있다.

»
515우퍼(상단)와 515 우퍼의 베이크라이트 댐퍼(하단)

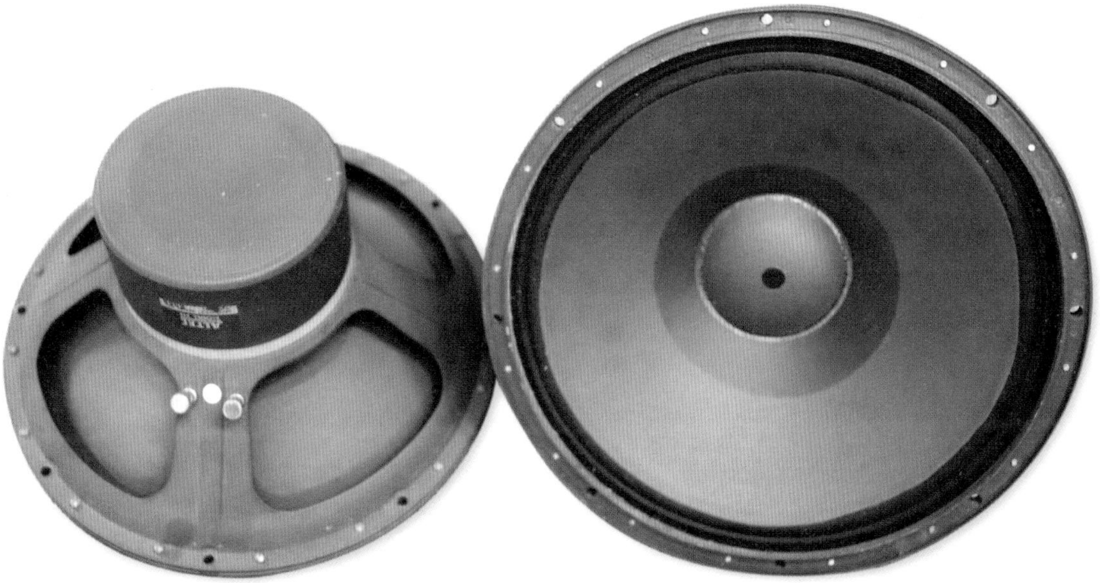

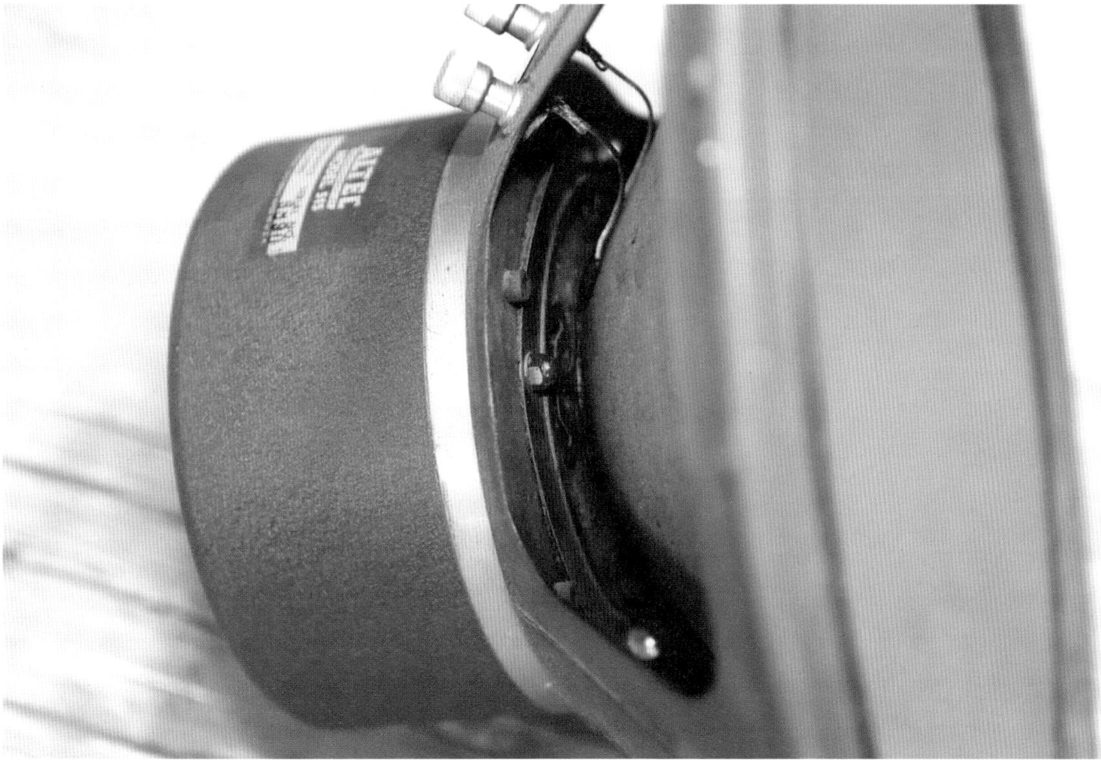

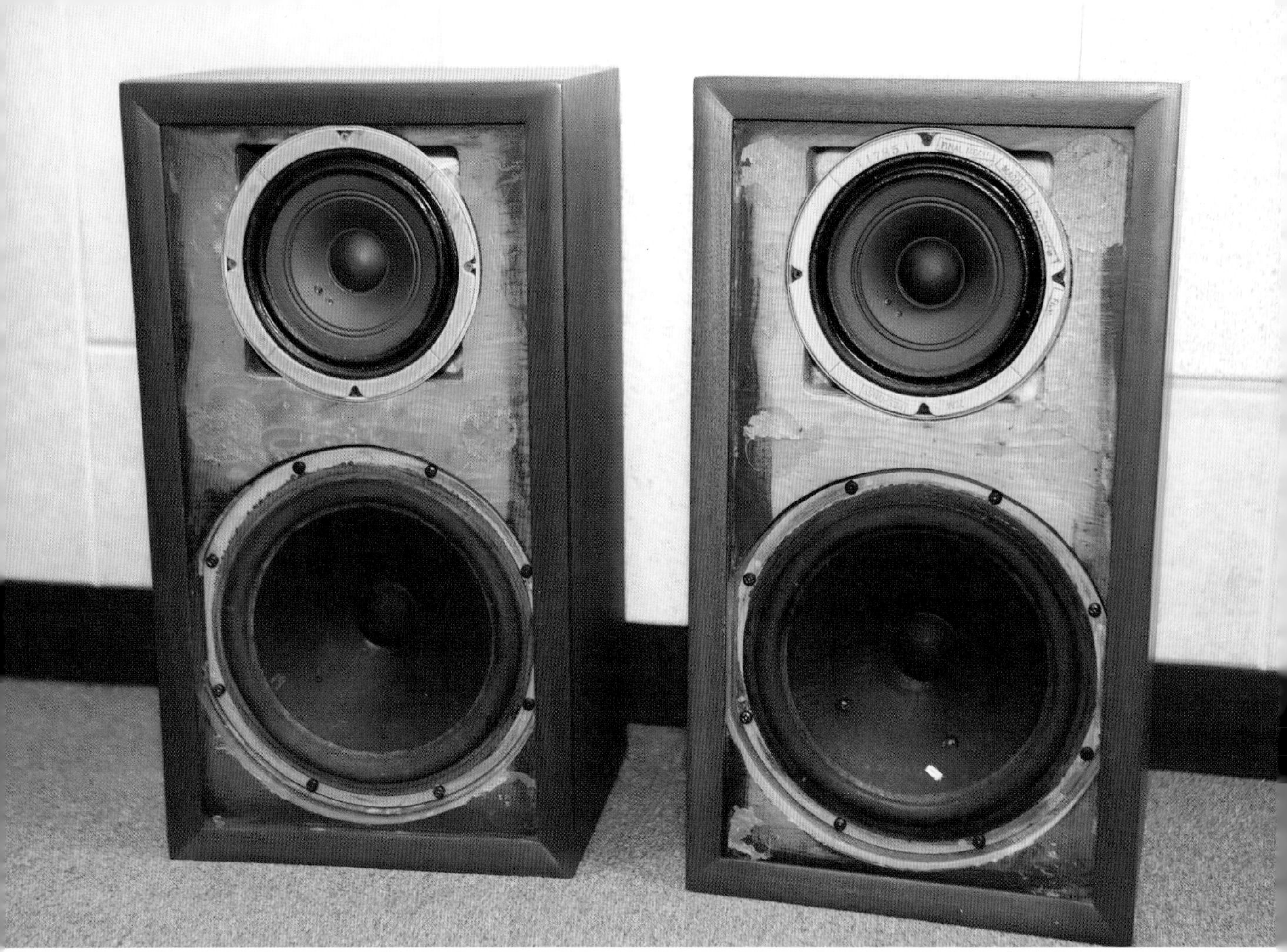

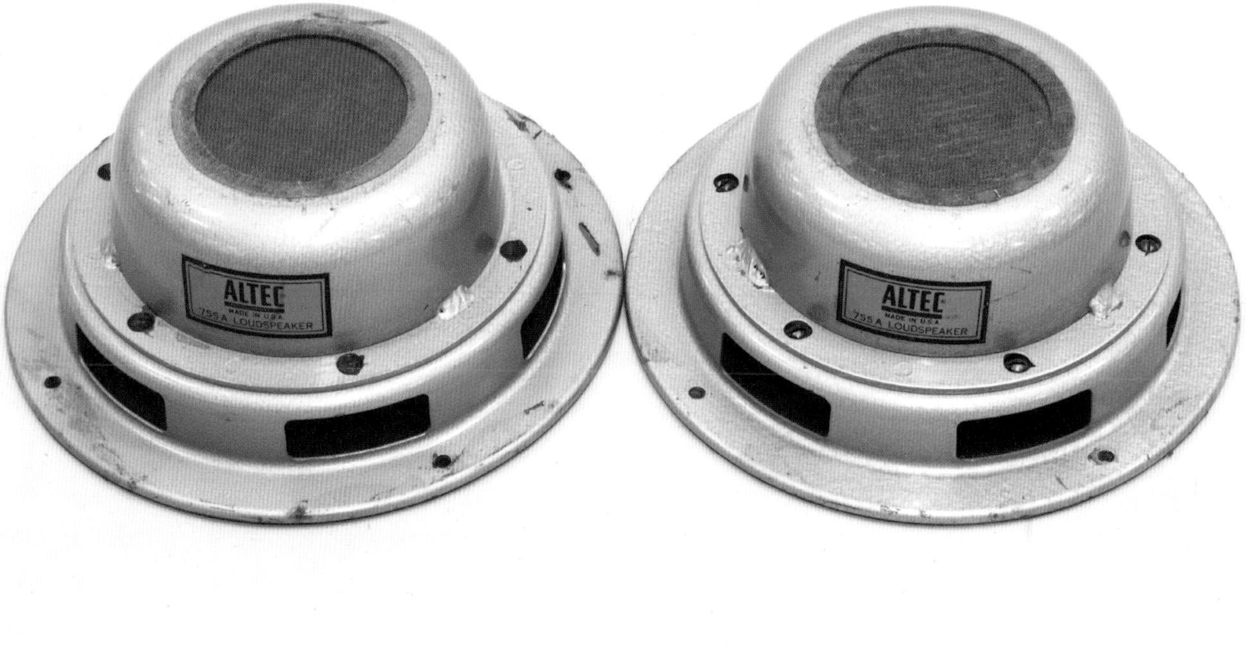
ALTEC
MADE IN U.S.A.
755A LOUDSPEAKER
ALTEC
MADE IN U.S.A.
755A LOUDSPEAKER

AR-1

웨스트코스트 사운드와 이스트코스트 사운드의 결합

어쿠스틱 리서치(Acoustic Research)사의 개발자 에드가 빌처(Edgar Villchur)가 1951년 어쿠스틱 서스펜션, 즉 밀폐 스피커 이론을 발표한 후 그 이론을 바탕으로 1955년 상품화한 최초의 스피커가 바로 AR-1이다. 어떻게 보면 AR-1은 AR 스피커의 최초 스피커이자 최고 완성단계에 있는 그들의 결정적 레퍼런스 스피커이기도 하다. 이후 AR사에서 발표한 수많은 밀폐형 스피커 중 음질면이나 완성도면에서 이를 능가하는 스피커가 없기 때문이다. 그 이유는 AR-1의 중고역을 담당하도록 장착되어 있는 알텍 755A의 높은 완성도와 품격 때문이다. 당시 AR-1은 자기 몸체 부피의 20배가 넘는 초대형 플루어 스피커에 도전장을 내 승리한 공식적 북셀프 스피커가 된 후 세계 스피커 시장에 소형 북셀프형 붐을 일으킨 도화선이 되었다. 당시 고급 스피커는 초대형 초고가 스피커 일색이었는데 책장이나 탁자 위에 올려놓고 쓰기 적당한 소형 스피커가 나온 것이다. AR-1의 중고역은 알텍 755A를 후면 개방형으로 인클로저에 별도 수납박스를 형성하여 장착하였는데 말하자면 밀폐형은 아니다. 풀레인지인 755A의 중·고대역만 사용하고 저역은 별도로 밀폐형 박스에 수납한 서스펜션 에지 12인치 우퍼가 담당하도록 한 2웨이 밀폐형 북셀프 타입 스피커가 AR-1이다.

초기 우퍼는 프리에지 타입이 아니라 픽스드 주름에지 타입의 합성 페이퍼 타입 콘우퍼가 장착되었고 중후기로 들어오면서 소위 이야기하는 민자 우퍼가 천으로 된 프리에지 타입으로 장착된다. 초기 AR-1에는 웨스턴의 755A가 들어있는 모델도 있다고 하는데 오리지널로 WE-755A가 들어 있는 제품은 보지 못했고 사용자가 알텍 755A를 제거 하고 WE-755A를 장착한 경우는 여럿 보았다. 가치는 WE-755A 장착품이 월

»
WE-755A가 장착된 AR-1(상단)과 알텍 755A 뒷면(하단)

등하나 소리는 동일하다. 모노시절 개발품이어서 페어 맞추기가 쉽지 않으며 인클로저 마감도 가지각색이다. 특히 상부 755A는 변형되거나 크랙이 간 것들이 많아 완벽하게 보존된 것이 드문데 AR-1의 가치는 바로 755A의 가치이므로 섬세하게 살펴야 한다. 동일한 회사의 755A라도 후면의 형태나 마감이 달라서 탈착 후 양쪽을 나란히 놓고 비교해보는 것이 중요하다. 우퍼는 거의 손상된 것이 없지만 이 또한 탈착하여 완벽한 페어인지를 확인해야 하며 우퍼 탈착 시에는 내부 네트워크의 바이패스 콘덴서가 동일형인지 함께 확인하는 것이 좋다. AR-1은 망을 교체하거나 새로 칠을 하거나 하지 않은 오리지널 상태인 것이 중요한데 고혹적인 스피커이니만큼 처음 상태로 보는 것이 아름답기 때문이다.

에드가 빌처의 역작으로 랑게빈 6V6 PP 앰프나 300B 싱글 또는 2A3 PP 등의 앰프로도 잘 울리는데 음악성이 높아 그 소리의 매력에 빠진 마니아가 많다. 2웨이 AR-1·AR-2의 뒤를 이어 3웨이 AR-3와 AR-2a가 발표되는데 AR-1의 그 고혹적 음색의 깊이를 넘어서지는 못한다. AR-1·AR-2·AR-3·AR-4 네 가지 시리즈에 AR-LST를 더해 AR사의 5대 명기로 추천한다. 보다 저렴한 가격으로 AR의 진수를 즐기려면 AR-2와 AR-4를 추천한다. 구형 피셔 리시버에 이 스피커를 매칭시켜 웨스턴 강선 혼합 실크 케이블로 연결하면 자연스러운 질감과 음악성이 발군이다.

»
AR-1에 장착된 WE-755A

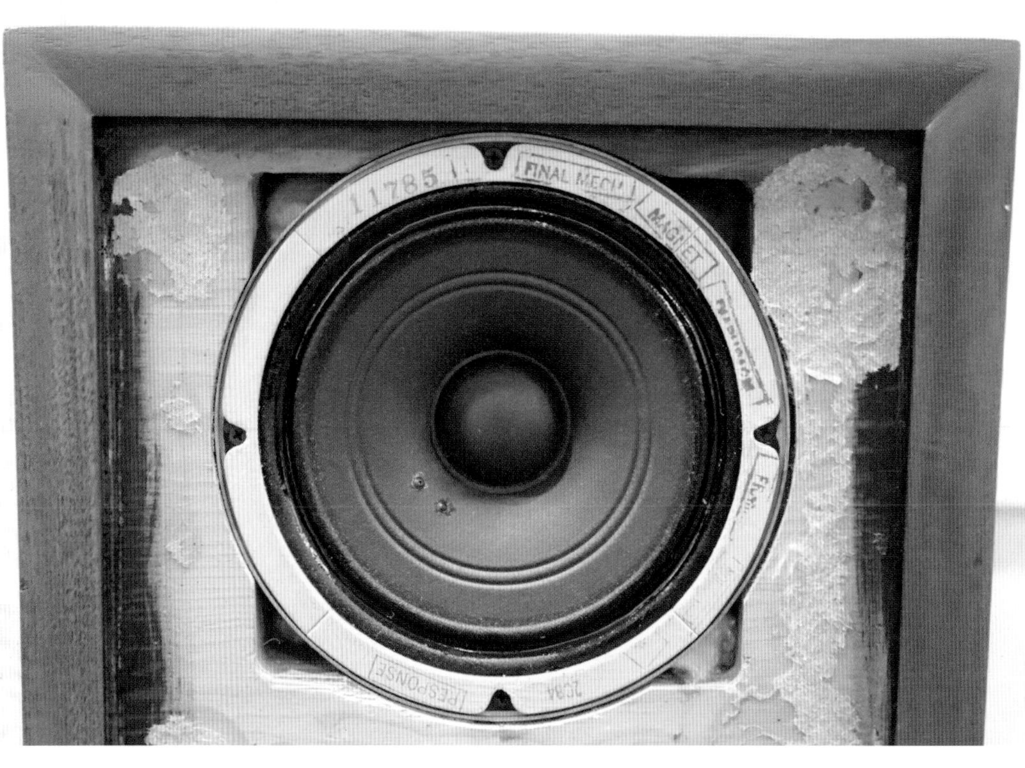

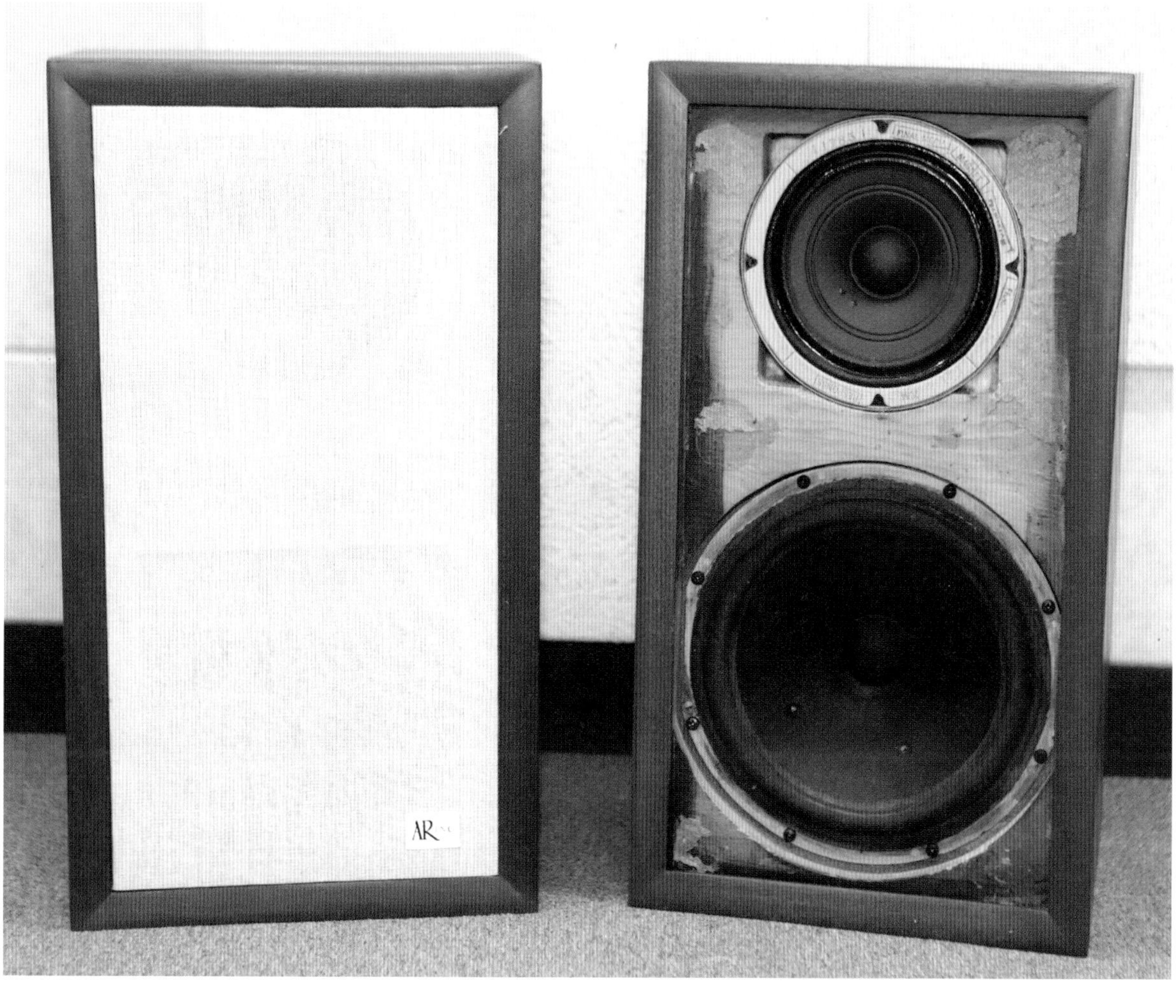

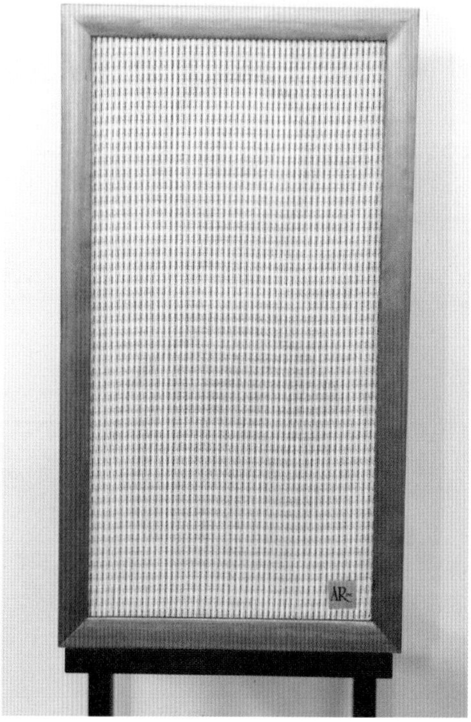

»
AR-1 교체된 망(상단)과 AR-1 오리지널 망(하단)

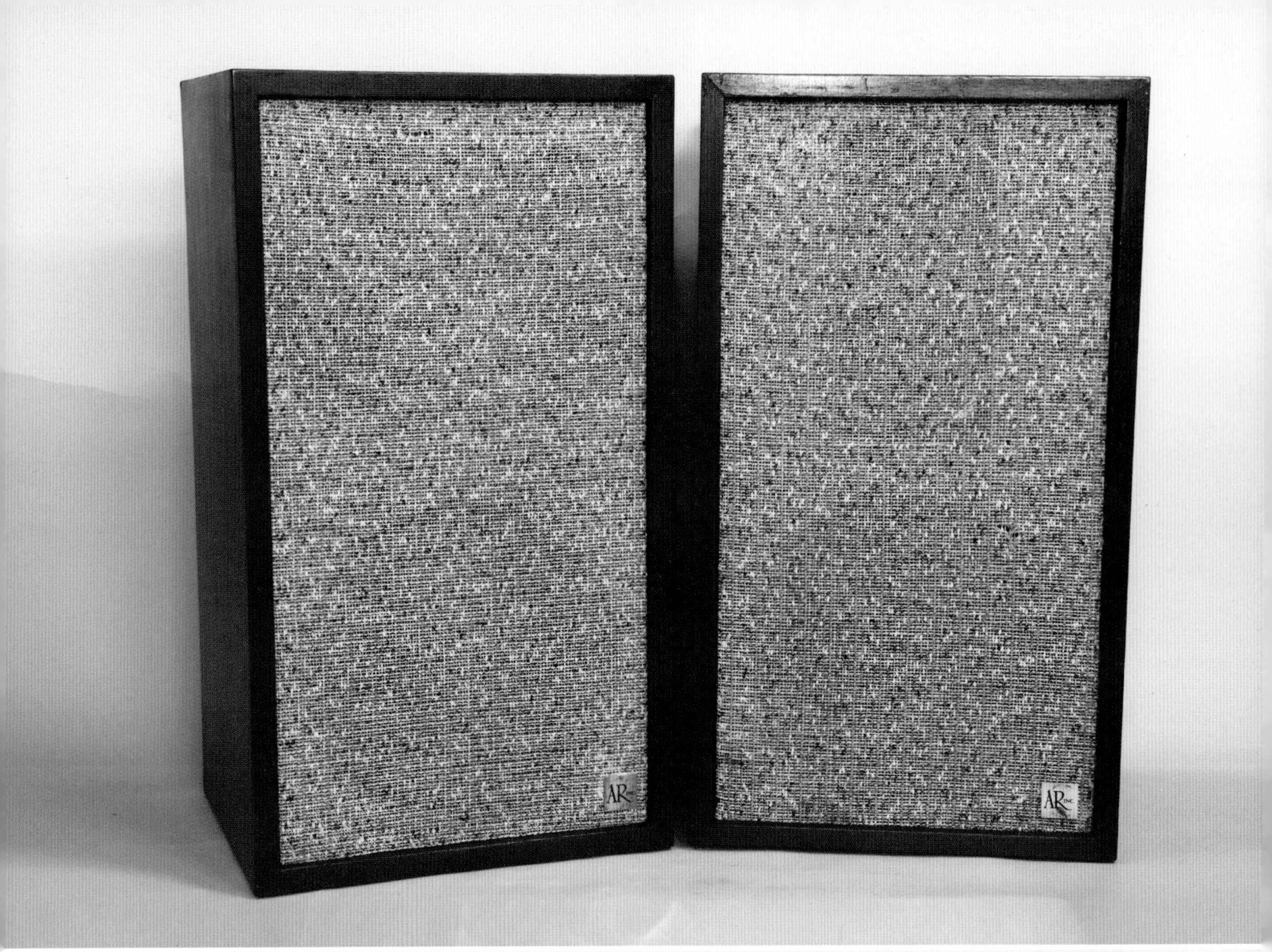

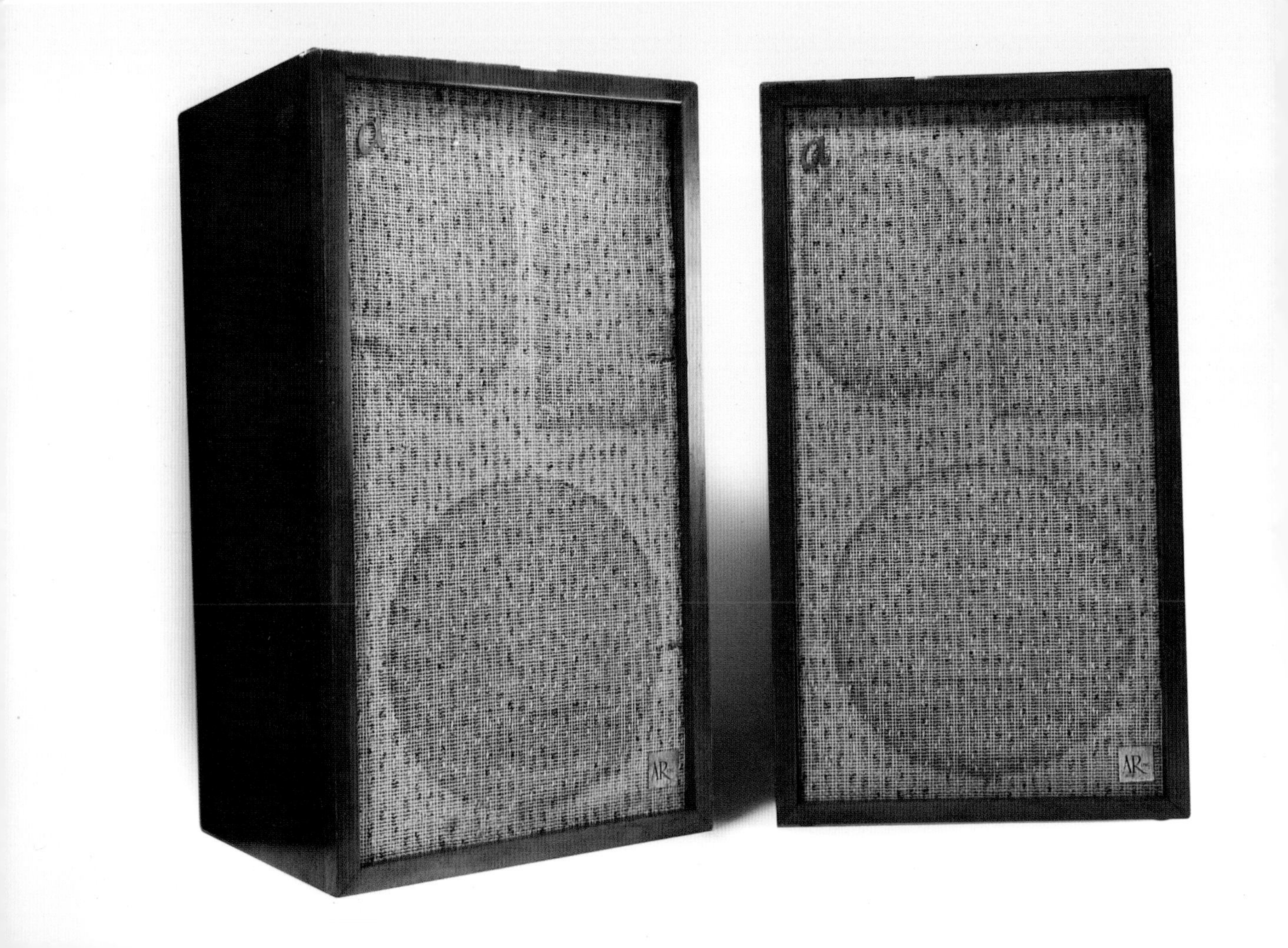

AR-2·AR-2a

소박하지만 충분한 설계

미국 AR(Acoustic Research)사의 천재적 디자이너 에드가 빌처는 앰프와 턴테이블, 스피커에 이르는 오디오 전 분야에서 그만의 독특하고 획기적인 아이디어로 비교적 저렴한 가정 오디오 시스템을 구사하면서도 디자인 및 사운드 측면에서 오디오사에 길이 남는 명작들을 수없이 내놓았다. AR 시스템은 헤르베르트 폰 카라얀이 자신의 오디오 재생기로 사용할 만큼 명성이 있었으며, 미국의 유명한 재즈 뮤지션들 역시 자신의 오디오 시스템으로 서슴없이 선택하는 제품이었다. 또한 그리 모델 변경을 시도하지 않은 AR 리시버와 인티앰프, XA 턴테이블과 AR-1·2·3·4·5·6·LST 스피커 시스템은 아직도 현역기로 뛰고 있을 만큼 내구성도 좋고, 특유의 음색이 지닌 끌림으로 인해 계속해서 애호가들이 늘고 있다.

AR이란 이름은 유명한 AR-1 스피커부터 시작되었는데, 그 당시에는 초대형 플로어 시스템이 하이파이 스피커의 주류를 이루고 있었을 때로, 1/20의 크기도 안 되는 적은 용적의 어쿠스틱 서스펜션(Acoustic-Suspension) 스피커로 도전장을 내고 당당히 경쟁 대열에 들어섰다. 당시만 해도 스피커 내부를 글라스 울의 흡음재로 채운 밀폐형 스피커는 새로운 것으로, 독특한 음색과 막강한 성능으로 사람들의 이목을 집중시켰다. AR-1은 완전 밀폐한 인클로저 내부에 막대한 양의 흡음재를 채워 후면에 돌아다니는 반사파를 흡음해 제거하는 동시에 우퍼 콘지에 강한 제동력을 걸어 우퍼의 진동을 제어하며 사운드를 방사한다. 그리고 38~1,000Hz까지는 12인치 우퍼가 담당하고, 상위 중·고역인 1,000~13,000Hz까지는 그 유명한 WE 또는 알텍의 755A 풀레인지 유닛의 후면 개방형 구조가 담당하도록 설계한 획기적인 아이디어의 스피커였다.

»
AR-2(상단)와 AR-2a(하단)

AR-1은 현재에 와서도 마니아가 많을 정도로 음질이 좋다. 비교적 작은 출력의 진공관 앰프로도 드라이브가 가능해서 진공관 앰프 마니아들에게 인기가 높다.

AR-1의 성공에 힘입어 그 다음 제품으로 개발된 것이 AR-2이며, 연이어 명기 AR-3가 발표된다. 이 세 가지 모델의 이름에는 의미가 담겨 있는데, AR-1이 풀레인지 개념의 변형을 뜻하는 모델 No.1이며, 2는 2웨이 시스템, 3은 3웨이 시스템을 뜻하는 구조적인 의미를 가진다. 그리고 계속해서 4와 5, 6을 신제품으로 생산해 내는데, 이때부터는 이름이 구조적 의미보다는 연이은 신작 시리즈를 뜻하게 된다. 기본적으로 이름이 한 자리 숫자의 모델명은 원제품의 초기 모델을 뜻하며, 후속적으로 뒤에 알파벳이 더 붙으면서 개량 모델이 생산되었다. 그러나 국내의 실정에서는 개량 모델보다는 원래의 초창기 모델이 인기가 좋은데, 말하자면 3a보다는 3가, 2x나 2ax보다는 2나 2a가, 4x보다는 4가 소리도 좋고 인기도 더 좋다. AR-1은 개량 모델이 없으며, 다만 우퍼만 장착한 1W가 있는데, 1과는 다른 기능의 스피커로 저역만 재생한다.

»
438쪽, AR-2와 2a의 후면(좌), 입력단자와 우퍼(우)
439쪽, AR-2a(상단)와 AR-2 전면(하단)

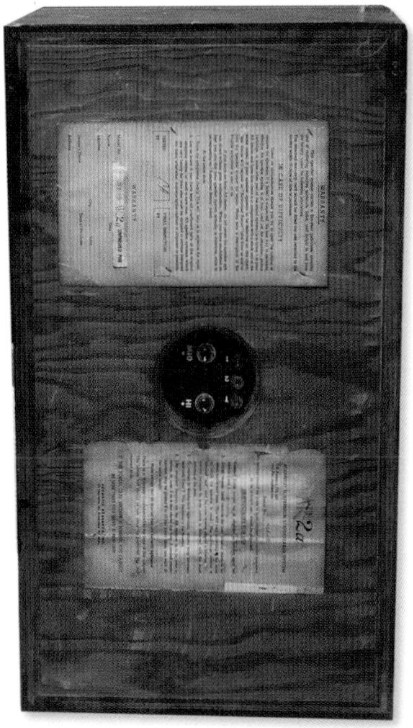

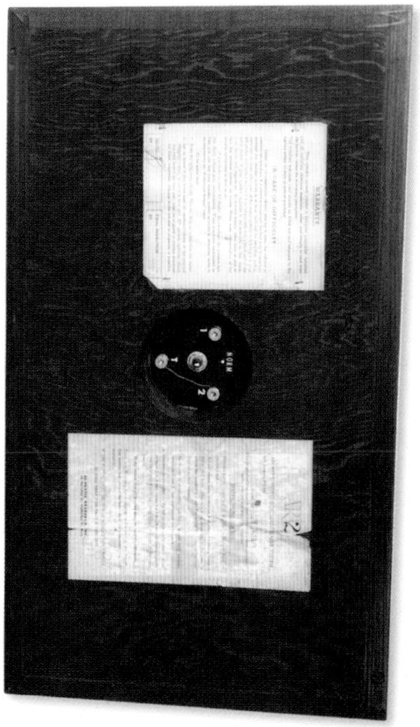

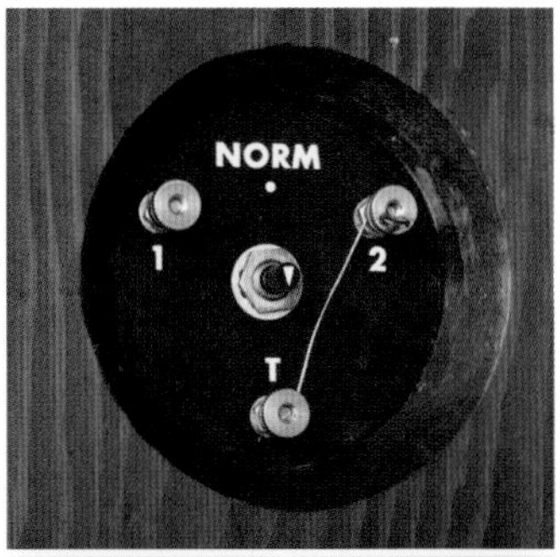

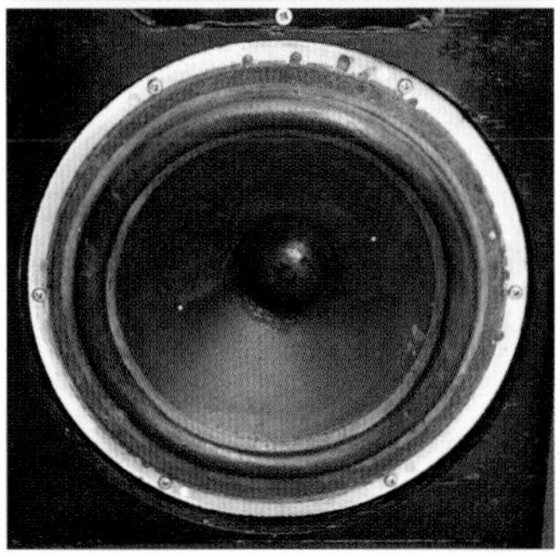

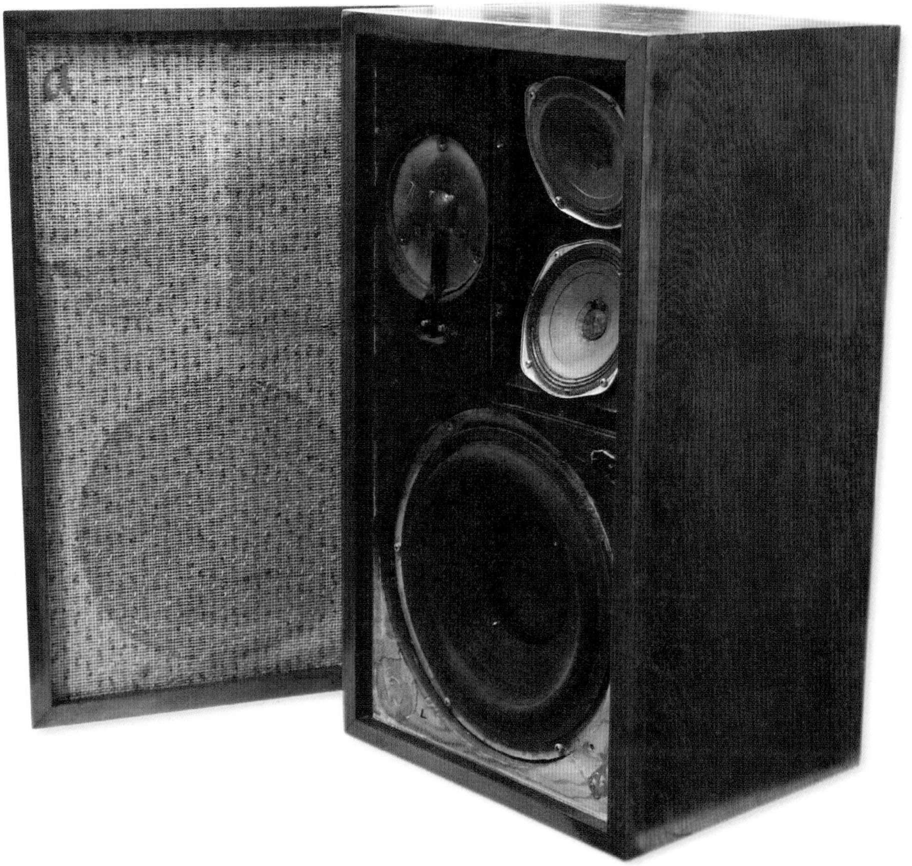

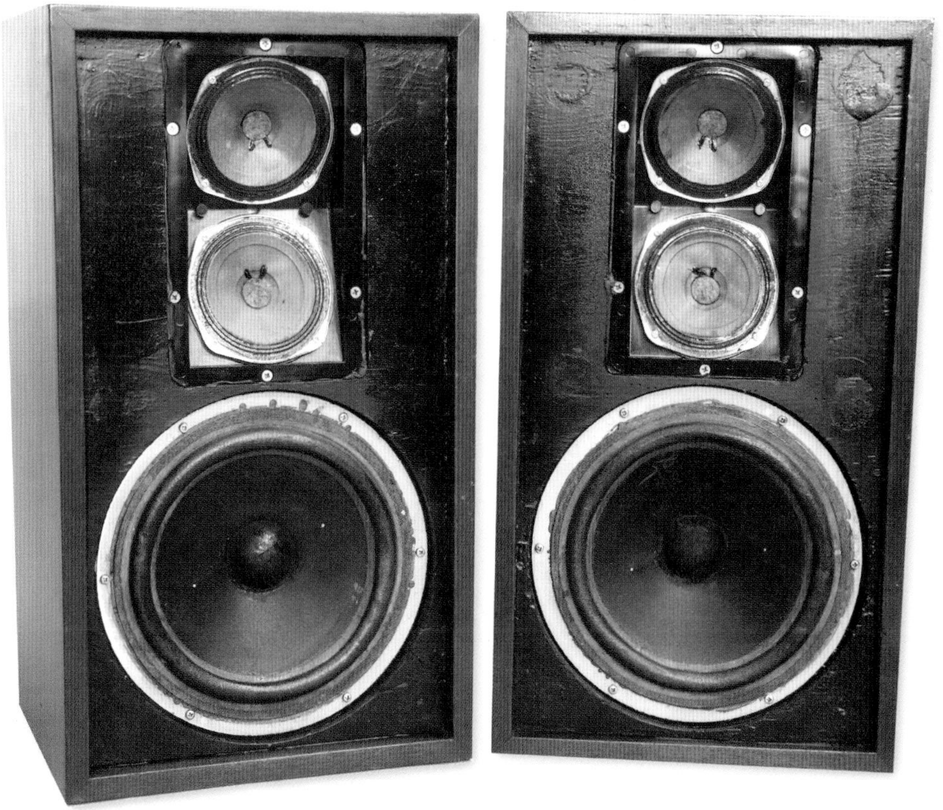

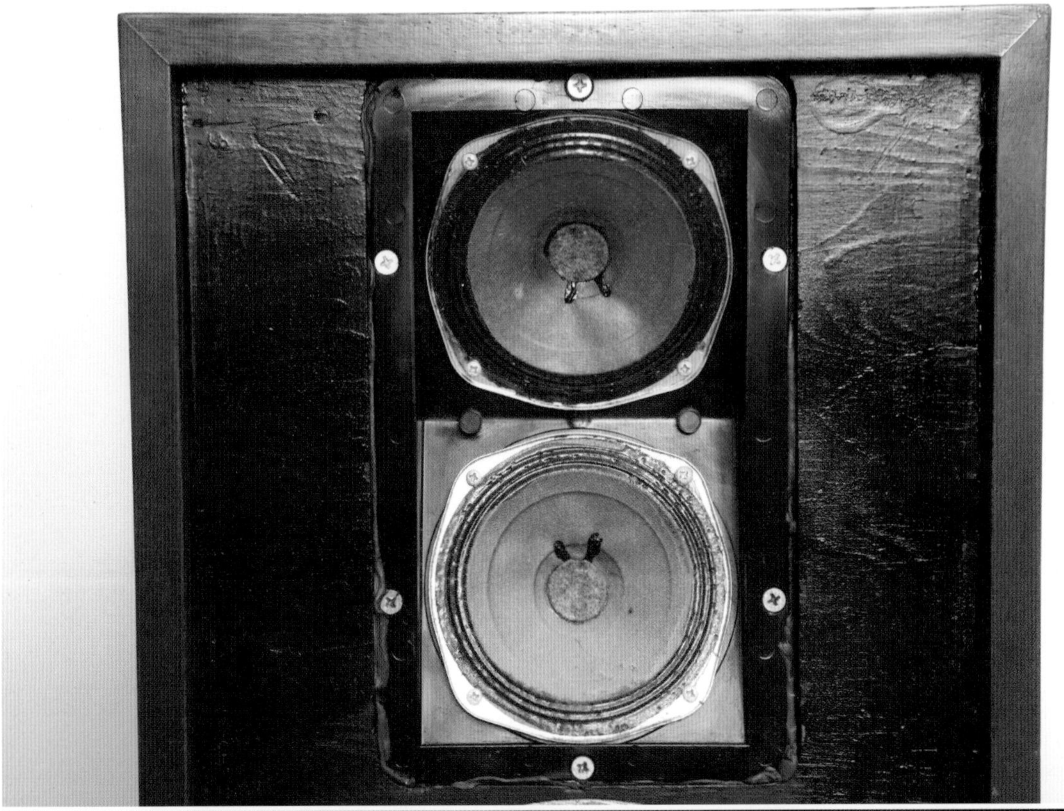

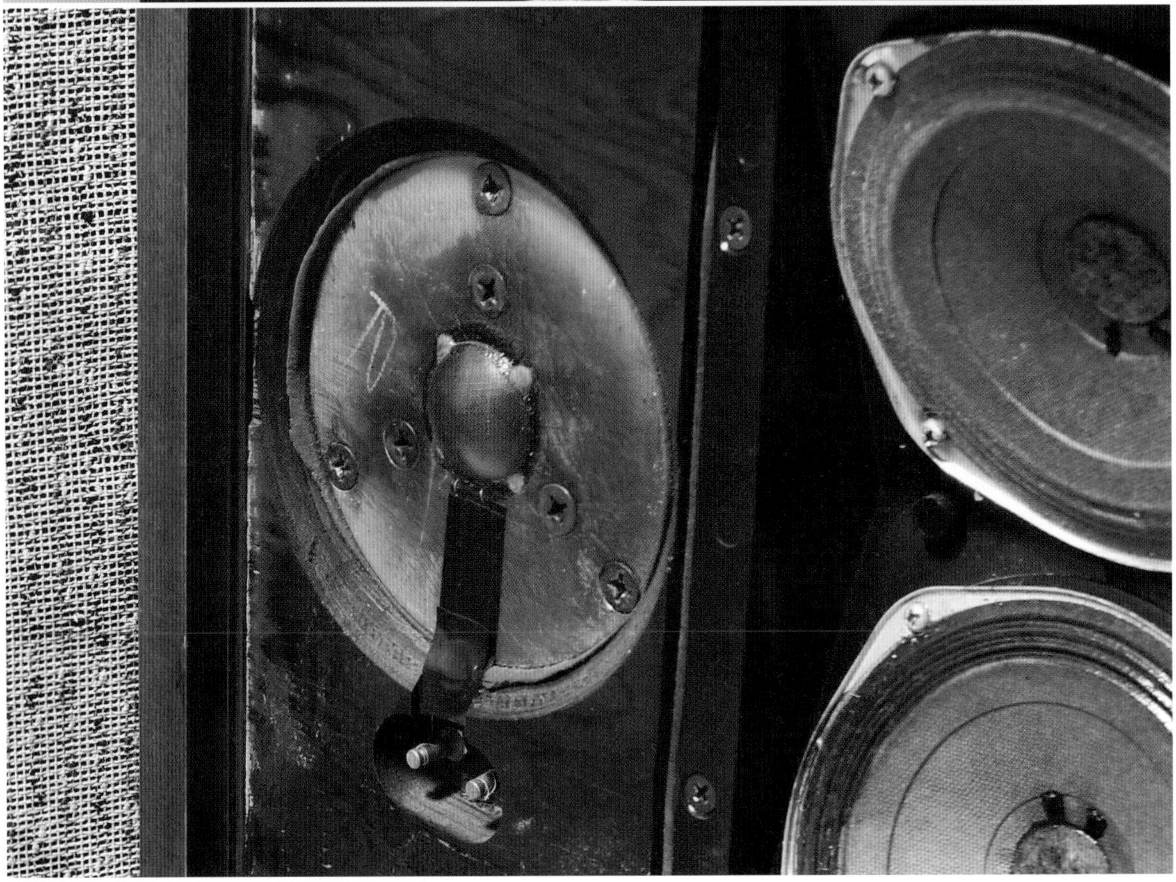

특히 개량 모델이 되면서 스피커 유닛의 자기회로를 알니코에서 페라이트로 변경하는 경우가 많았다. 잘 알다시피 알니코 자석의 재료인 코발트가 품귀 현상을 일으키며 기하급수적으로 가격이 오르자 대체 자석으로 페라이트를 사용해서 원가를 내린 것이다. 그러나 자기회로가 알니코에서 페라이트로 바뀌면서 소리의 품격은 급격히 떨어지고, 음악성도 덩달아 다운되었다. 최근 들어 인기가 급상승한 AR 스피커는 바로 2와 2a다. 개량 모델인 2x나 2ax는 페라이트로 인기가 떨어지는데, 이는 3a의 경우도 페라이트 모델이어서 알니코 버전인 3보다 인기가 떨어지는 것과 동일한 현상이다. 2는 주파수 특성이 42Hz~14KHz, 크로스오버 주파수 7,500Hz의 2웨이 서스펜션 스피커다. 초기 과도기에는 2ax나 2x의 경우 우퍼가 알니코형이 있는데, 3a의 경우도 이런 현상은 동일하다. 기존 유닛을 소모하고 신형 페라이트 유닛을 장착해야 했기 때문에 생긴 현상으로, 마니아들은 동일 모델이면 알니코 우퍼가 장착된 과도기 스피커를 선호한다. 2는 알니코 10인치 우퍼와 4인치 젠센 콘 중·고역 유닛 2개를 중앙에 각을 두고 장착했다. 중·고역 젠센 콘 유닛 콘지 뒷면에 강하게 석면을 채워 넣어 콘지 움직임을 제동하고 있는데, 이 석면의 양을 조절하면 음색도 크게 변한다. 2는 중·고역 질감이 좋고 사실적인 사운드를 재생하는데, 10W 정도의 진공관 앰프로도 무난히 울린다.

2를 개량해 트위터를 붙이고 크로스오버 주파수를 1,000Hz와 7,500Hz로 이분해 3웨이 밀폐형 스피커로 탄생된 것이 2a이다. 2a는 상위 고역 재생 주파수를 약 4,000Hz로 더 확장시켜 42Hz~18KHz까지 응답 주파수를 늘리고 고역의 질감과 선명도를 향상시킨 모델이다. 중역 유닛은 2와 동일하며, 거기에 돔 페놀 트위터를 첨가한 것으로, 유닛은 모두 알니코 자기회로가 적용되었다. 10~30W 정도의 진공관 앰프로 충분히 울리며, 3a가 피셔의 7591 진공관 앰프로는 울리기가 역부족인데 반해 2a와는 무난하다. 볼륨 있는 저역과 중·고역 디테일이 매력 있고, 사이즈도 적당해 국내 가정에 잘 어울리는 스피커 시스템으로 권장하고 싶다. 물론 가격도 120만 원 내외로 부담없다.

»
AR-2(상단)와 AR-2a의 중고역(하단)

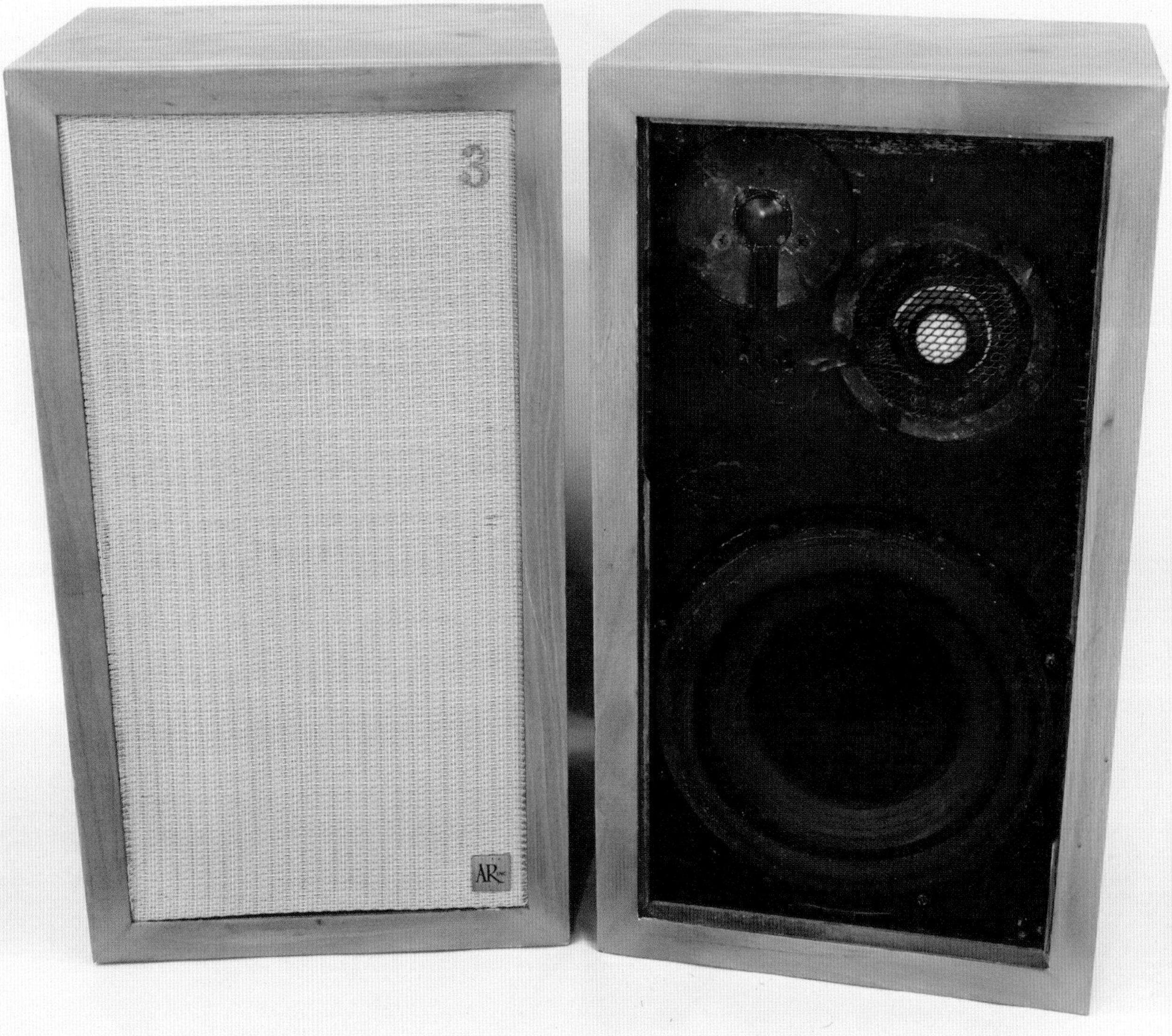
3
AR

AR-3·AR-3a

3웨이 북셀프 스피커의 완성

1960년대 당시에는 인클로저 내부를 흡음재로 꽉 채우고, 내부 발산 음향 에너지를 최대한 제거해 그 반동 에너지가 다시 우퍼 콘지를 제어하는 에어 서스펜션 스피커는 유례가 없었다. AR-1의 등장은 가히 선풍적이었다. 블라인드 테스트를 하면 사람들이 대형 스피커와의 음량, 음질 차이를 못 느낄 만큼 인상적이었다고 전한다. AR은 당사 스피커를 울리기 위해 트랜스 아웃풋의 TR 앰프를 리시버와 인티로 발매했으며, 튜너를 개발한 후 유명한 플로팅 타입 AR 턴테이블을 발표했다. AR의 디자인은 심플하기 그지없다. 그러나 그 속에는 가장 앞서가는 오디오 디자인의 콘셉트가 녹아 있어 각종 오디오 페어에서 상을 휩쓸다시피 한다. AR의 모든 제품은 지금 보아도 디자인적으로나 사운드 측면에서 나무랄 데가 없다. 특히 AR 앰프는 출력 트랜스를 탑재하고 있어 TR인데도 불구하고 기계적 내구성이 좋아 현역기로 손색이 없다. 특히 AR 스피커와 매칭 시에는 현대 어떤 하이엔드 앰프라도 AR 앰프의 독특한 질감과 음악성, 중후함을 따라올 수 없지만 삼베로 된 전면 그릴을 뜯어내 내부를 보여주면 대부분 실망하는 그 눈초리들을 잊을 수가 없다. 마치 기운 옷처럼 덕지덕지 바른 테이프와 페인트칠, 깔끔하지 못한 유닛 모양새 등 정말 허접하기 그지없었기 때문이다. 그러나 그 화려하고 세련됐던 동시대 일본제 스피커들은 이제 모두 사라졌으나, AR은 그 허름한 모양새에도 불구하고 거의 모든 제품이 컬렉션의 대상이 되어 애호가들의 심금을 울리고 있다. 그중에서도 가장 컬렉션의 전면에 올라 있는 스피커 군이 AR-1·AR-2·AR-3·AR-3a·AR-4·AR-LST이다.

AR-3는 1인치 심비오틱 돔 트위터와 2인치 심비오틱 돔 스쿼커, 12인치 천 에지 우퍼를 장착한 3웨이 에

»
AR-3

어 서스펜션 북셸프 스피커다. 모두 알니코 자기회로를 장착하고 있으며, 시리얼 넘버가 약 7000번대 이전의 초기버전은 오일 콘덴서를 네트워크에 장착시켜 더욱 부드럽고 음악성 있는 사운드를 재생한다. 중역 전면에 흡음 석면이 없이 심비오틱 자체로 노출되어 있으며, 그 후기 버전으로 가면서 흡음재가 장착된다. AR-3를 개량해 네트워크와 트위터, 스쿼커(중음)를 새로운 타입으로 장착한 것이 AR-3a다. 자기회로도 페라이트로 바뀌지만, 초기 버전에는 3와 같이 알니코 우퍼가 장착된 제품도 있다. 말하자면 재고를 서서히 소모하며 뉴 버전으로 넘어간 것이라 말할 수 있는데 오히려 과도기 제품이 후기 3a보다는 인기가 좋으며 구하기도 힘들다. 출시 가격은 3a가 3보다 비쌌지만, 현재 거래 가격은 역전되어 3가 훨씬 비싼 가격에 판매된다. 3a는 AR 앰프를 제외하고는 소출력 앰프로 핸들링하기 힘들다. 음질상 까다로운 매칭이며, 특성상 저능률이기 때문이다. 그러나 3는 웬만한 진공관 앰프로도 핸들링이 가능하다. 특히 피셔 TR이나 진공관 리시버들과 매칭이 좋고, 다이나코 TR 앰프와도 상성이 좋다. 잘 매칭된 AR-3의 음질은 부드럽고 그윽해 오래 숙성된 포도주와 같은 향기가 있다. 약간 어둡지만`호소력이 짙고, 튀어나오지는 않지만 악기 그 자체의 음색을 잘 표현한다. 항상 모나지 않고, 입체감도 좋으며, 편하다는 것이 현대 오디오 마니아들의 눈길을 끄는 이유라고 생각한다.

가장 많은 업그레이드 변경 모델이 있는 것이 3a다. 3a는 약 10여 종에 가까운 변경 모델이 있는데 가장 최후까지 생산된 모델이기도 하다. 현대 하이엔드 오디오 제조사(Cello, 마크 레빈슨사 등)에서도 3a나 LST를 모니터로 자사 앰프를 개발하기도 하였을 정도이고, 3a를 충분히 울릴 수 있다는 것을 자랑으로 삼고 선전한 앰프 회사도 있다. 3는 울리기가 쉽지만, 3a는 잘 울리기가 쉽지 않아 모두들 전전긍긍이다. 필자 경험으로 소출력 랑게빈 6V6 파워와 랑게빈 프리앰프 매칭에서 의외로 감명을 받았고 TR에서는 피셔 800T와의 연결에서 소화력이 좋았다는 인상인데 연결하여 들어보기 전에는 3a의 음질은 아무도 확신할 수 없을 정도로 변화무쌍하다.

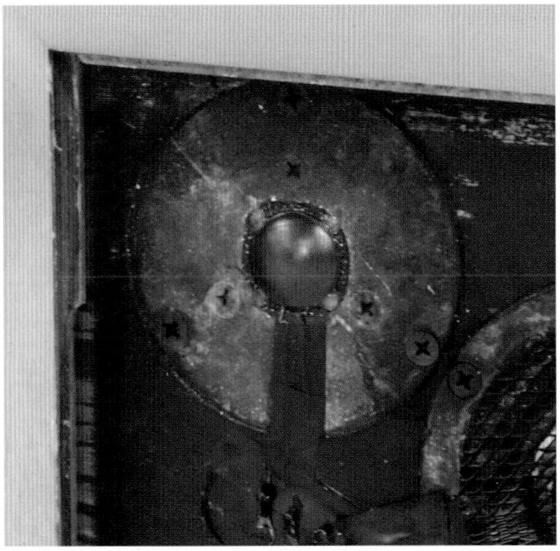

>>
3의 심비오틱 트위터

»
3의 앞뒷면(6면 모두 미송이다)

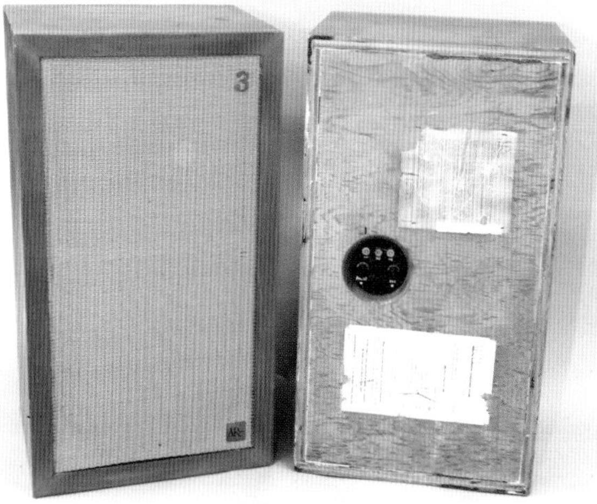

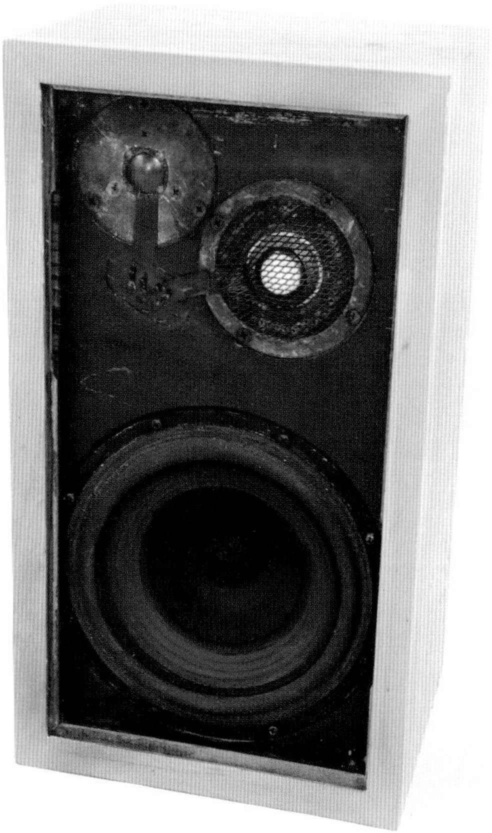

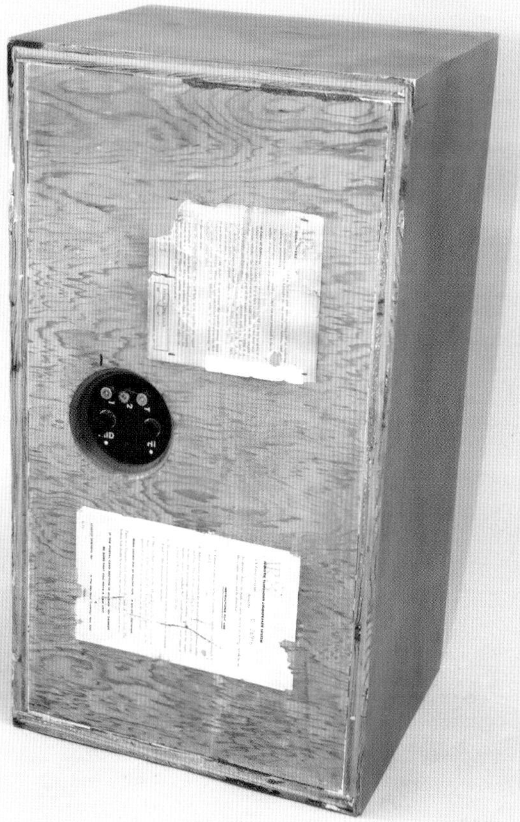

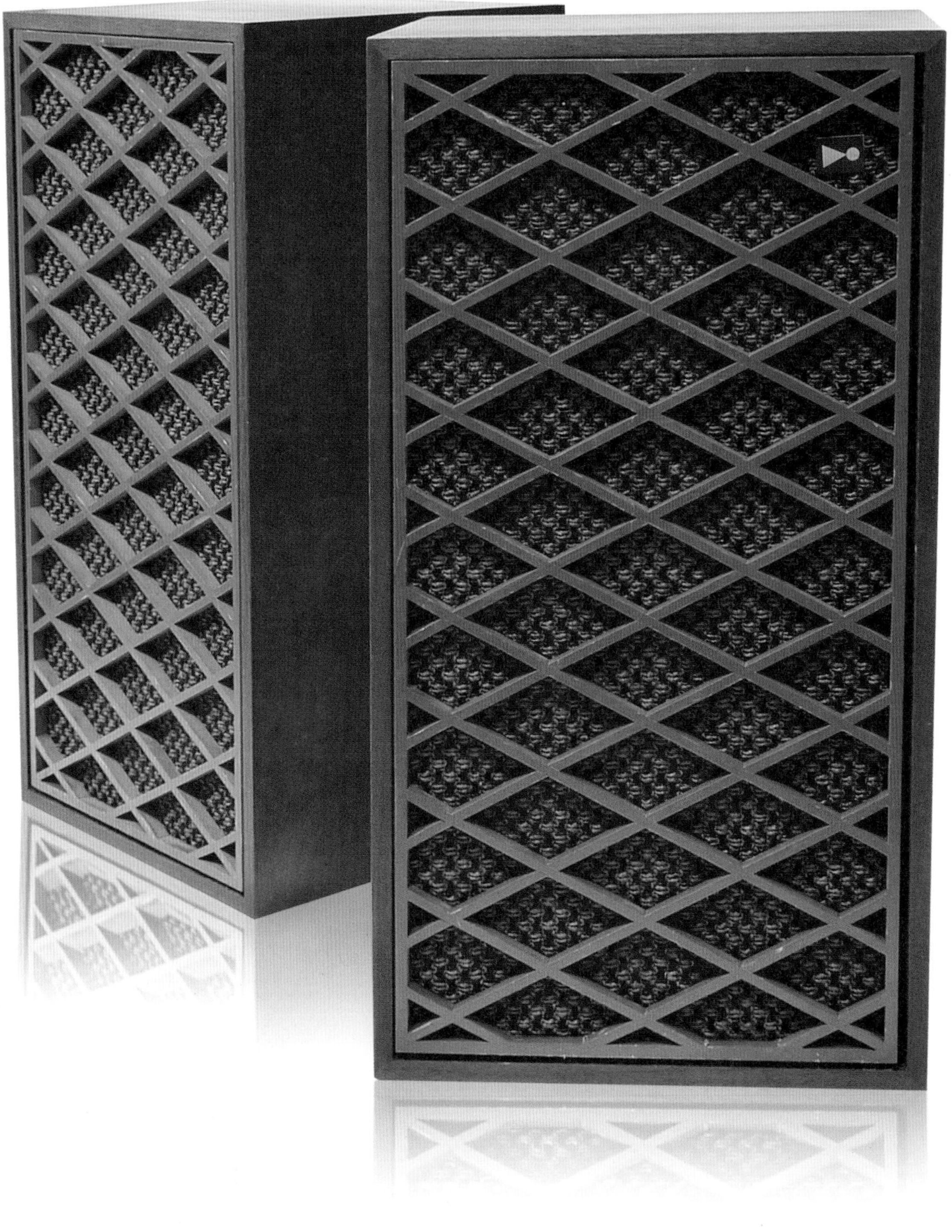

JBL Fullrange LE-8T & L-75 Minuet · Lancer 44

유닛 하나로 모든 것을 완성하다

필자가 추구하는 생활 철학은 미니멀리즘이다. 한마디로 단순한 것이 최고라는 깨달음에서 오는 결론이라 말할 수 있다. 단순할 수 있는 깊이까지 단순해지자. 버리고, 정리하고, 체념하며, 남는 것으로만 살자. 이것이 나이 들어가는 과정이라는 것을 잘 알고 있다. 버리되 버릴 것만을 잘 골라 선택적으로 버릴 수 있는 지혜가 필요하다. 정말 필요한 것을 버리고, 정작 필요없는 것은 궁상맞게 가지고 있으면서 '내가 왜 이래?'라고 자문을 하기도 한 경험도 있기 때문이다. 어떨 때는 이것이 지혜로 되는 것이 아니라 오히려 지혜보다도 더 먼 조상에 가까운 감성의 영역에서 결정하는 것이 오히려 만족할 만한 결과를 얻을 때가 많다. 오히려 감성이 지성보다는 신에게 가까운 자리에 있기 때문일 것이다. 선과 악 또는 이성으로 예술을 다루는 영역의 것들을 판단한다는 것 자체가 넌센스일 수 있다. 선악과를 소화할 능력이 있는 사람만이 에덴동산에 다시 초대될 수 있다. 그런 것을 넘어선 영역에 있기가 결코 쉽지 않은 길임을 안다. 그러나 노력이 부족해서 존재하는 대지를 무시할 수는 없다. 가장 심플한 감성의 대지 위에서 삶을 펼치고 싶은 것이 필자가 추구하는 삶의 방향이기 때문이다. 오디오에서 이런 철학을 바탕으로 스피커를 줄여나가면 결국 풀레인지 스피커에 초점이 맞는다.

풀레인지 스피커는 서로 상반되는 물리적 특성을 절충하여 합치된 점에서 솟아난 스피커의 푸른 싹이다. 이 싹은 잘 자라면 무성한 잎과 꽃을 피우고, 열매도 맺는다. 강함과 약함, 저역과 고역, 작음과 큼, 이런 것들의 가장 적절한 절충선상에 있는 에너지 변환기 풀레인지 스피커. 그 선상에 놓인 스피커를 꼽아 보면 대단히

»
JBL 풀레인지 LE–8T가 장착된 L–75 미뉴에트

많은 유닛들이 줄을 선다. 그리고 위에서부터 잘라내려가면 개인적으로는 굿맨 엑시옴 80 · WE-755A(알텍-755A) 그리고 JBL LE-8T이다. 그동안 엑시옴 80 · WE-755A들은 지면상에서 많이 다루어 왔지만 비교적 LE-8T는 주목을 받지 못했다는 것을 알 수 있다. 엑시옴 80이 9인치 정도이고, 755A와 LE-8T는 8인치 콘지가 장착되어 있다. 사실 755A와 LE-8T 이 두 스피커는 천재 엔지니어인 J. B. 랜싱의 숨결이 닿아 있는 공통성이 있다.

LE-8T는 보이스 코일 구경 5cm, 자속밀도 8500 가우스, 중량 4.08kg, 내입력 20W의 알루미늄 센터 캡에 합성콘을 장착한 풀레인지 스피커로, 자체 유닛 하나로도 사용했지만 주로 PR-8이라는 동일형 콘 패시브 라디에이터를 동시에 장착하여 제품화한 것이 더 많다. L-75 미뉴에트나 랜서 44도 PR-8과 짝을 이룬 오리지널 풀레인지 시스템으로, 주파수 대역이 36~30,000Hz에 이르는 광대역이다. 풀레인지로 이정도의 주파수 대역을 커버하려면 정말 뼈아픈 연구와 시행착오 없이는 불가능한 일이었으리라 생각한다. 결국 풀레인지의 모든 특성을 살릴 수 있는 고성능 유닛이 JBL에서 출시된 것이라 말할 수 있는데, JBL 특유의 음색을 가지고 있으면서도 저역의 담백함이 일품이며, 어떤 경우에도 포커싱이 흐트러지지 않는 자연스러운 스테이징과 집중력을 보여준다. LE-8T는 초기 16Ω 임피던스 버전에서 8Ω 버전으로 개량되고, 후기에는 자기회로를 알니코에서 페라이트로 교체한 LE-8TH 버전도 상품화되어 현재에 이르고 있다. 8TH 버전에서는 콘지도 순수 페이퍼 콘으로 바뀌며 여러 가지 변동이 생기는데, 초기 버전에 비해 인기도 많이 떨어진다. 랜서 44와 미뉴에트는 작은 사이즈로 깊은 저역과 아름다운 고역을 재생하는 가정용 소형 스피커로, 스튜디오 니어필드 모니터로도 사용되었다. 현이나 피아노 모두 흐트러짐이 없으며, 대편성에서의 악기 해상력이나 임장감이 발군인 풀레인지 스피커다. 특히 음량이 커져도 고역이나 중역, 저역의 밸런스가 무너지는 법이 없어 호감이 간다. 어느 음악이든 시끄럽지 않고, 차분하면서도 중역이 두툼한 사운드를 재생해 무척 놀랐다. 또한 진공관, TR 앰프 모두 상성이 좋아 매칭할 때 앰프 선택 폭이 넓은 것도 강점이다.

»
448쪽, JBL 구형마크(좌)와 LE-8T 유닛(우)
449쪽, L-75 미뉴에트 인클로저와 그 내부에 장착된 유닛으로 LE-8T와 그 아래에 패시브라디에이터 PR8이 보인다.

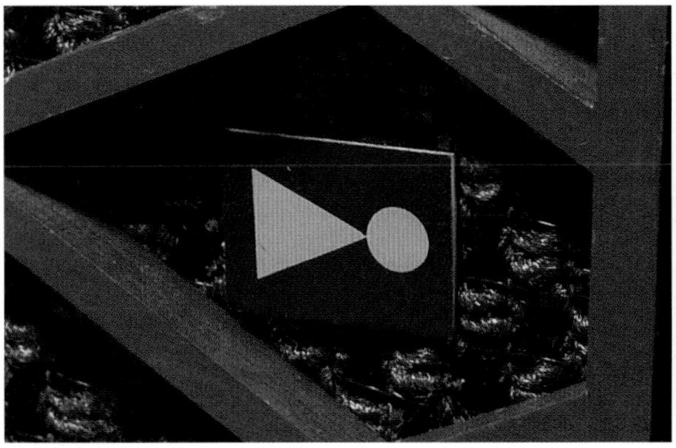

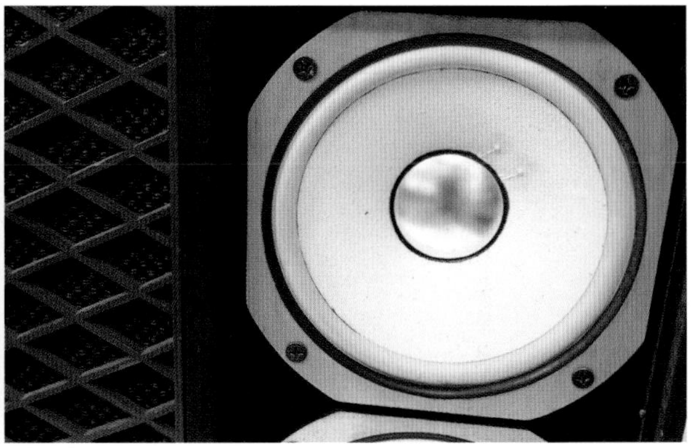

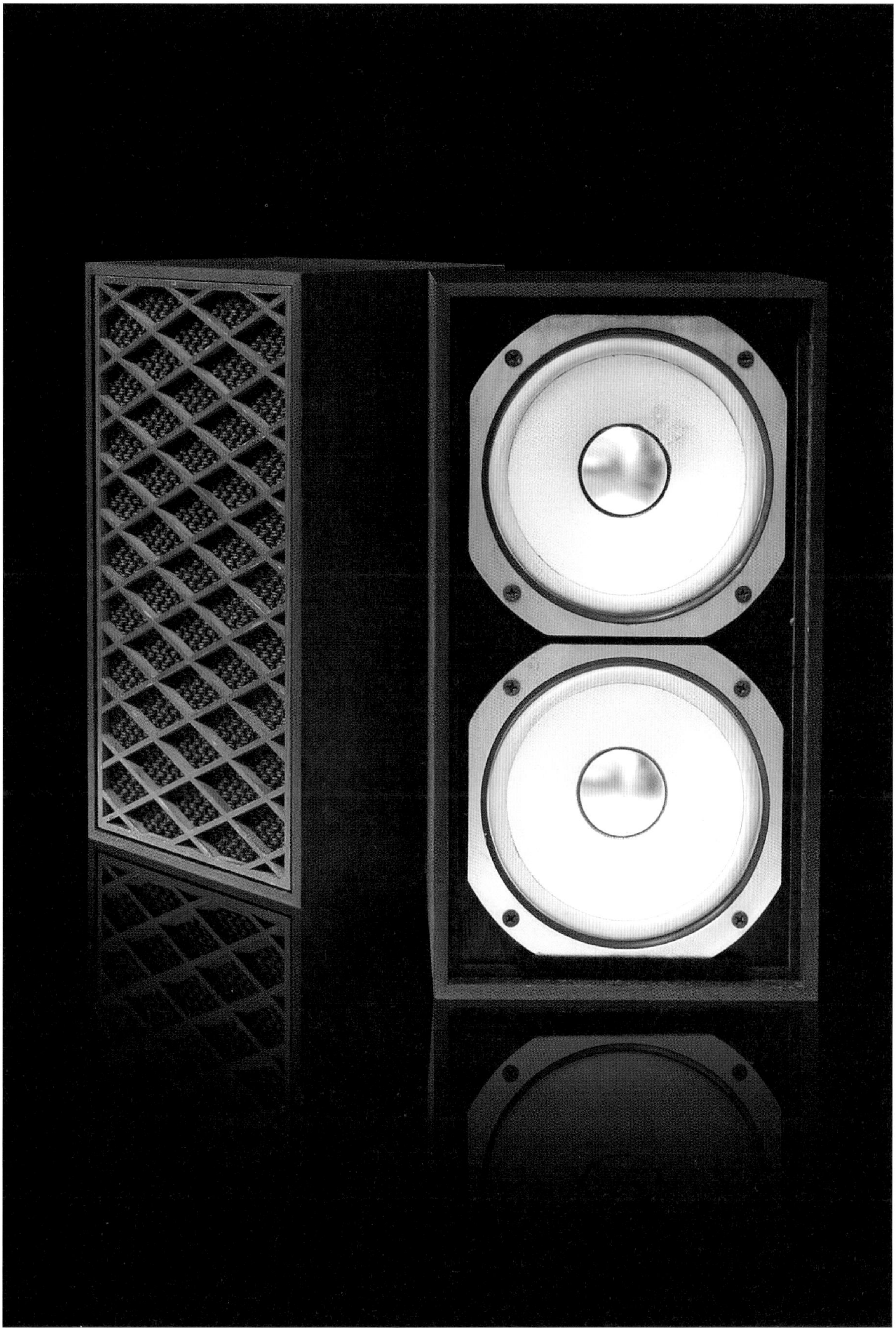

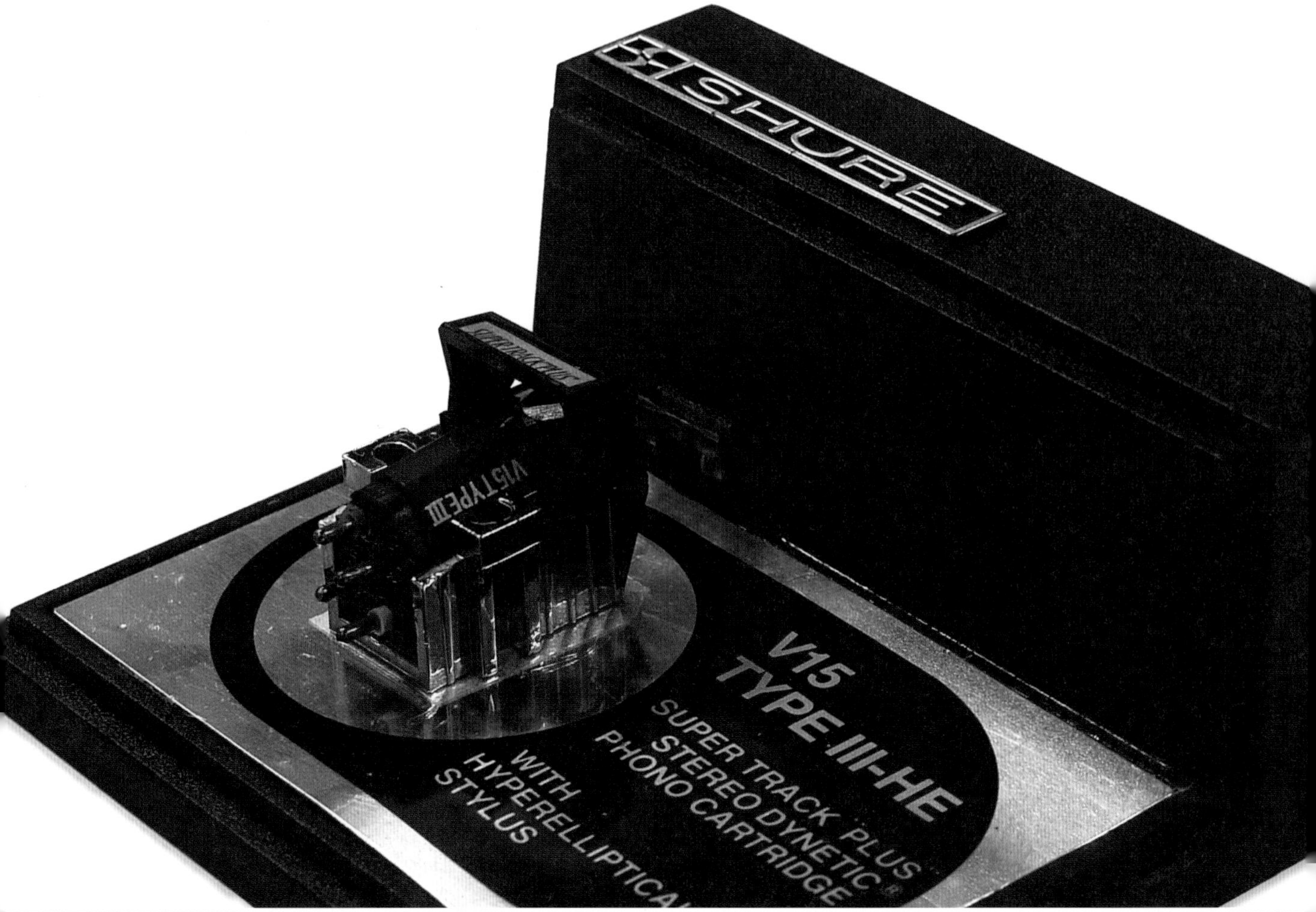
SHURE
V15TYPE III
V15
TYPE III-HE
SUPER TRACK PLUS
STEREO DYNETIC®
PHONO CARTRIDGE
WITH
HYPERELLIPTICA
STYLUS

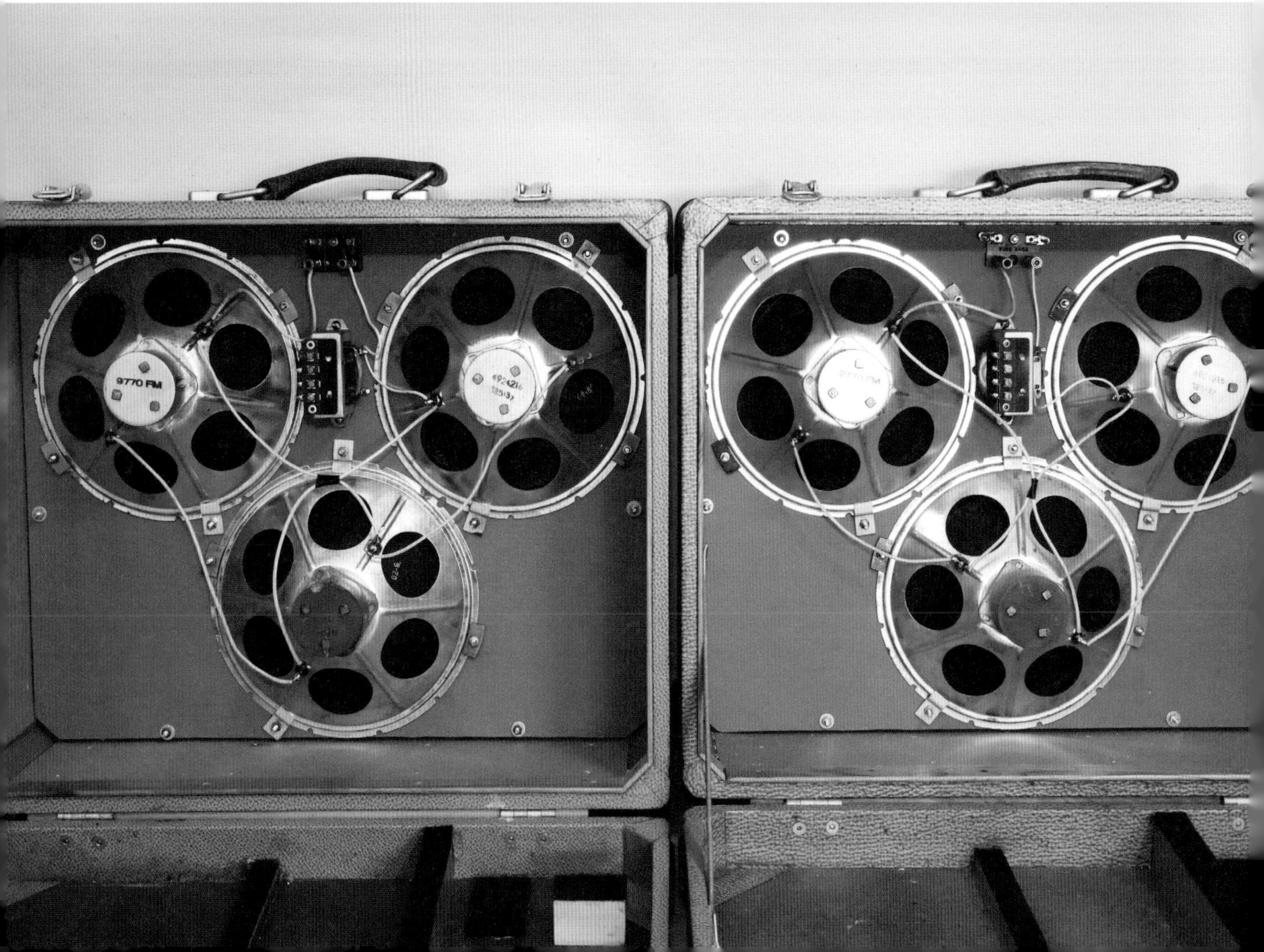
9770 FM

Philips 9770 FM Fullrange

풀레인지 스피커의 낭만적 완성

유럽의 극단적인 풀레인지 인클로저로 필립스의 9770 3발 풀레인지 스타일인 이 스피커 세트를 처음 보았을 때, 양쪽 손에 집어 들고 로키 산맥 숲속으로 떠나 등산객들을 상대로 버스킹이라도 하고 싶은 충동을 느꼈다. 그도 그럴 것이 우선 천연 가죽을 덧댄 손잡이가 달린 박스는 여행용 슈트케이스라고 해도 좋을 만큼 낭만스럽고, 우아한 색조는 귀족스럽고도 고풍스러워 그대로 어디 카페에 올려놓으면 외형만으로도 한몫할 것 같은 인상이었기 때문이다.

이 스피커는 유럽 방송용, 야외 이동용 모니터 스피커로 설계된 하이 임피던스 타입 풀레인지 스피커다. 필립스 풀레인지 스피커 중에는 보이스 코일 임피던스가 아예 200Ω, 600Ω, 1KΩ 등 하이 임피던스로 설계되어 매칭 트랜스 없이 하이 임피던스 앰프 출력단에 연결되는 타입도 있지만, 그와는 달리 여기에서는 유명한 알니코 듀얼 콘 로우 임피던스 풀레인지 9770이 각 통 속에 3개씩 들어가 있다. 9770의 사각거림과 자연스러움 속에 전체 음량과 스케일만 늘려 사용하려는 의도이다. 매칭 트랜스 역시 필립스제 VE-1957로, 1차 임피던스 1.6KΩ, 3.2KΩ, 6.4KΩ의 3탭이 나와 있고, 2차 임피던스는 5Ω으로 고정되어 있다. 그래서 하이 임피던스 파워앰프(아마 진공관이었을 것이다)의 출력 탭에 맞춰 원하는 임피던스로 사용 가능하다. 결국 메인 앰프는 멀리 주조실에 두고 방송 현장 여러 곳에 이 스피커 세트를 설치해 모니터나 방송 현장의 확성 보조 시스템으로 사용한 것이다.

9770은 대단히 얇은 콘지에 듀얼 콘을 설치한 픽스드 에지 타입 8인치 풀레인지 스피커다. 내부 임피던스

»
필립스 9770 외형(상단)과 내부(하단)

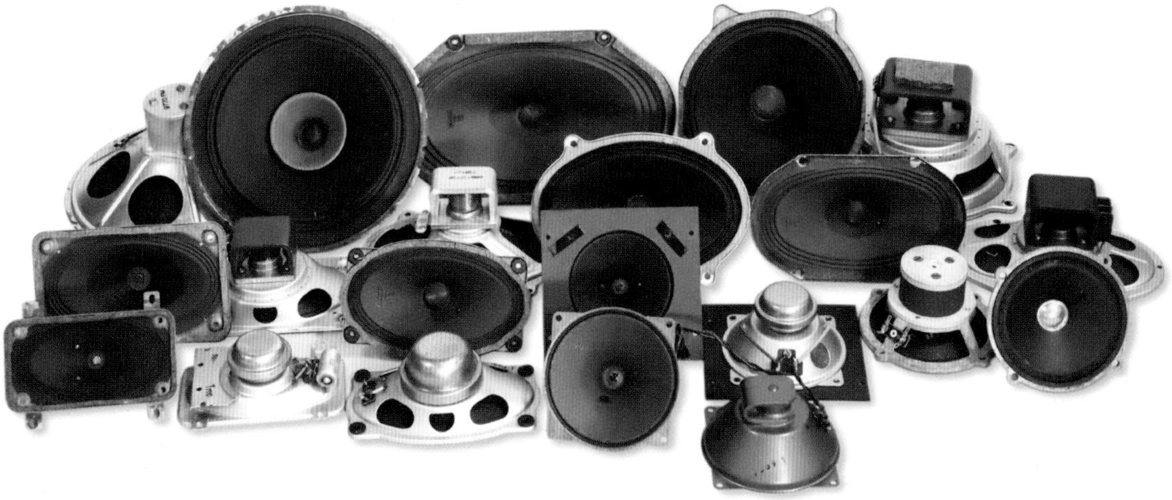

는 5Ω이고, 원형 외부 요크 내부에 내자형으로 알니코 자기회로가 수납되어 있어 자기 능률이 좋은 특징을 가지고 있다. 한 개만으로 들어보면 질감이 우수하고 투명해 음악성이 좋은 데다 자연스러운 음장감에 장점이 있음을 알 수 있다.

이 스피커는 9770 3개를 삼각으로 배치해 병렬 연결한 후 트랜스 2차에 연결된다. 물론 트랜스를 제거하면 일반 로우 임피던스(5Ω) 스피커가 되니까 3개를 직렬로 연결하면 15Ω, 병렬로 하면 약 2Ω 이내의 임피던스를 얻는다. 병렬로 연결하면 내입력은 커지지만 앰프 전체 댐핑은 약해지고 또한 직렬로 연결하면 병렬했을 시 약 7배로 댐핑력은 높아져 앰프의 핸들링 능력이 좋아지고 결국 에지 있는 저역의 정결한 사운드를 들을 수 있다. 두 실험을 다 해 본 결과 역시 15Ω 직렬 핸들링이 질감과 명료도 면에서 앞서서 그대로 사용하기로 했다. 매칭 트랜스는 제거해 싱글 앰프의 출력 트랜스로 사용할 수도 있어 매우 매력적이었다.

인클로저는 녹색이 가미된 밝은 청색인데, 전면은 금속 그물망과 천의 2중 구조이다. 매우 가볍고 튼튼해 수십 년이 지난 지금에 와서도 한 곳도 손상된 데 없이 기능을 유지하고 있다. 손잡이와 코너는 모두 천연 가죽으로 보호되어 있는데, 튼튼할 뿐 아니라 모양도 클래식해 매우 호감이 갔다. 스피커를 연결하는 선재도 도금이 안 된 일반 동선인데, 아직 녹도 슬지 않고 순도도 높아 그대로 사용하기로 한다. 뒷면에도 보호 케이스가 있어 잠그면 완전 밀폐형이 되며 열면 무한 배플 타입의 개방형이 된다. 비교 청취해 보면 두 인클로저의 특징적 음색이 선명하게 드러나는데, 필자의 귀에는 개방형이 호감이 간다. 질감 좋고 저역이 경쾌하기 때문이다.

6BQ5 싱글과 AD1 싱글의 저출력 앰프로 구동해도 모자람이 없었고, 피셔 500B와 연결하면 풍성하게 스케일이 살아난다. 더구나 500B와 외형적 어울림도 좋아 시각적으로 아름다움을 느낄 수 있어서 좋았다. 특히 500B의 매직 아이 튜닝 튜브의 밝은 청색과 필립스의 인클로저 색은 거의 동일해 마치 두 제품이 맞춤 같은 착각이 일 정도였다.

어떤 앰프를 연결해도 그 앰프의 특성과 질감을 여지없이 드러내는 모니터적 성격이 이 스피커의 성능과 음질의 솔직함을 대변해주고 있다. 큰 음량으로 들을 필요가 없다면 어느 곳에서나 제 능력을 백분 발휘해 줄 수 있는 재미있는 스피커다. 9770 풀레인지 1발 연결 시 맑고 깨끗하며 질감이 우수한 중·고역에 비해 저역의 양감이 부족한 느낌을 받을 수 있는데, 3발 연결 시에는 저역이 약 6dB정도 증가해 더 풍성한 저역에 대역 밸런스가 잘 맞는 중·고역을 들을 수 있다.

»
452쪽. 유럽의 각종 풀레인지와 트위터들. 모두 알니코 자기회로를 탑재하고 있다.
453쪽. 필립스 1957 매칭 트랜스(상단)와 9770 풀레인지 듀얼 콘과 그 뒷면(하단)

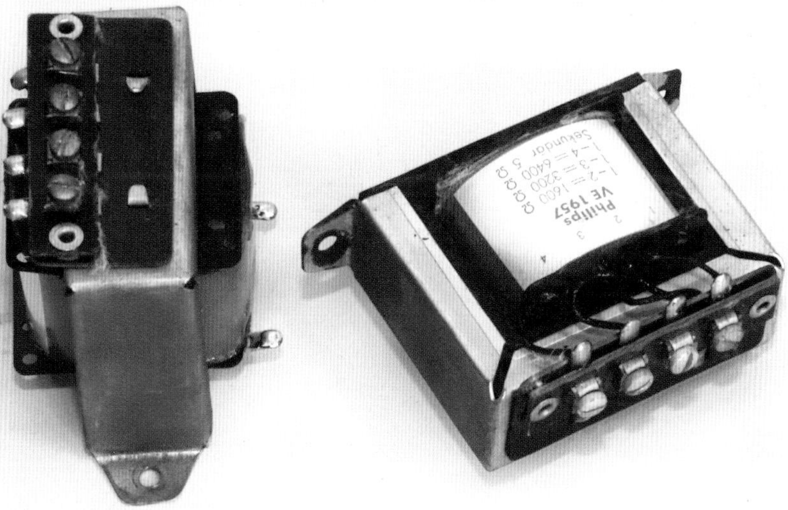

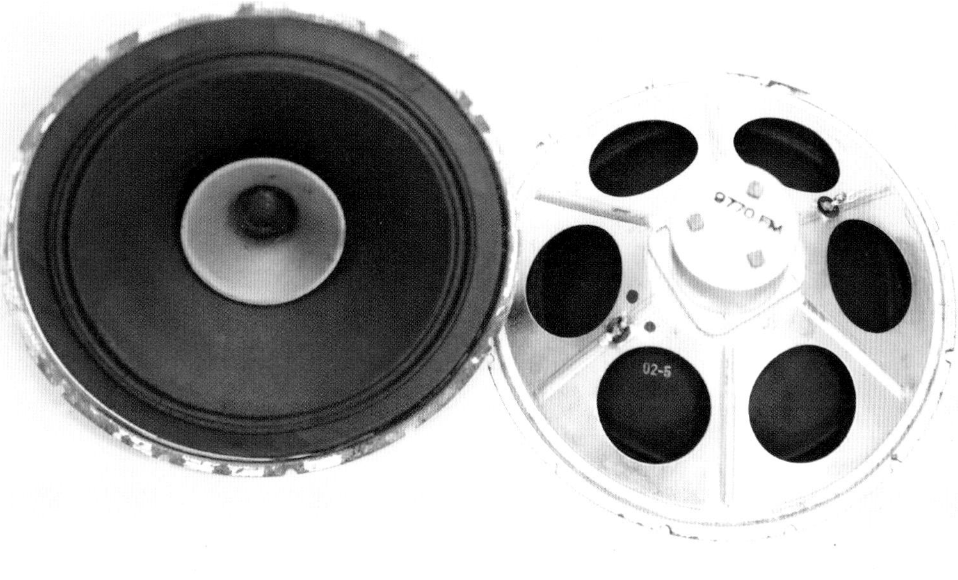

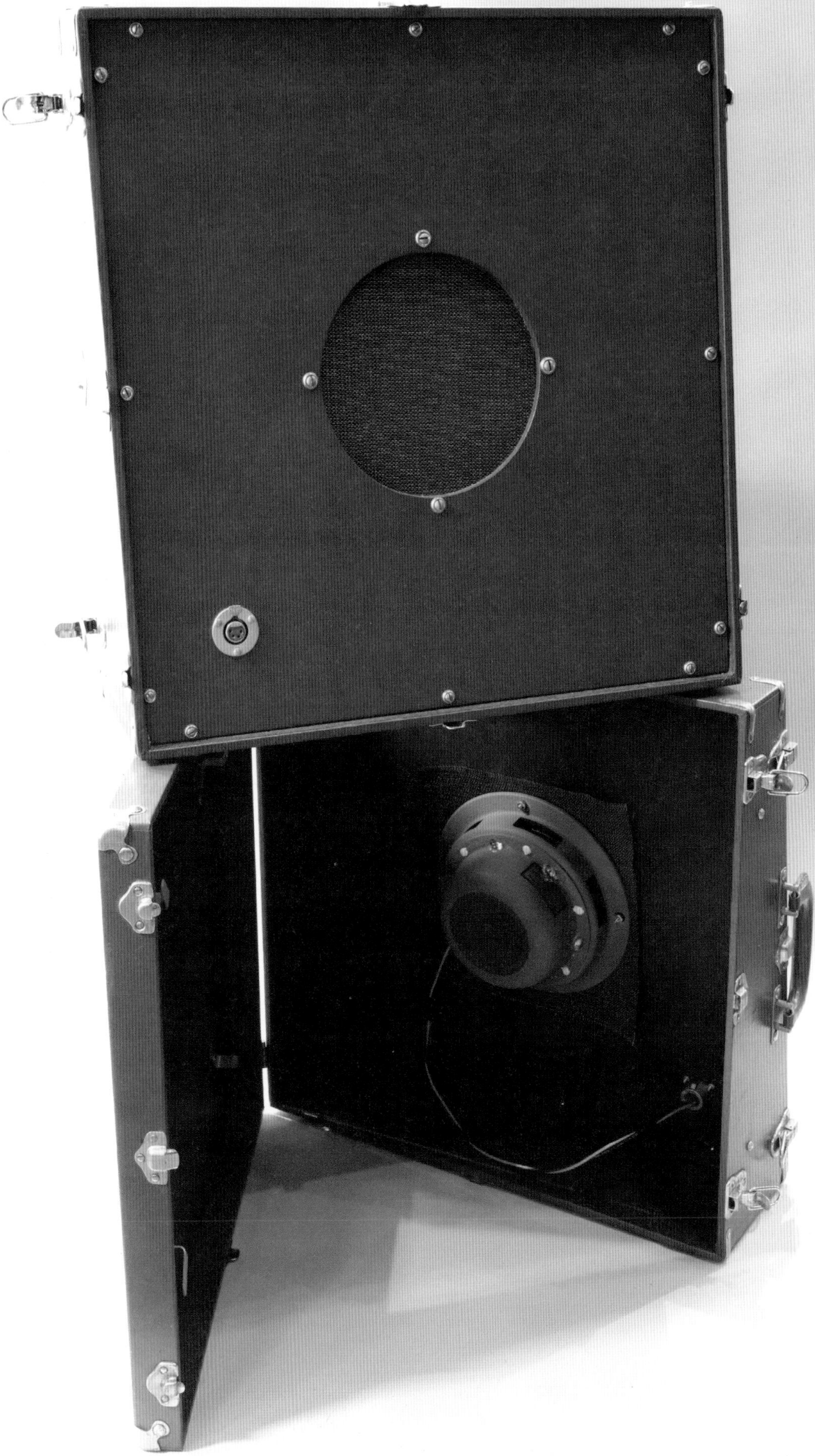

WE KS-19134-L3 Inclosure & 755A·KS-14703(8 inch Fullrange Unit)

저렴하게(?) 만족하는 WE 스피커 시스템

전설적 웨스턴 스피커들은 그 스케일이나 가격 면에서 일반인들이 쉽게 접근할 수 있는 규모가 아니다. 가정에 들여놓을 수 있는 규모로 가장 적절한 것을 꼽으라면 필자는 753과 757 그리고 755 풀레인지 유닛을 근간으로 하는 KS-19134-L3(이하 L3)를 제시한다.

753과 757이 KS-112004 12인치 우퍼·728B 10인치 풀레인지를 우퍼로 사용하고 상부에 혼 유닛을 첨가한 2웨이 구조로 주로 방송국이나 스튜디오의 니어필드 및 메인 스튜디오 모니터로 사용되어 WE 스피커 시스템 중 비교적 아담한 크기로 일반 가정 사용이 가능한 버전이라면, L3는 방송국 야외 출장용 모니터 또는 행사 보조용 스피커지만 역시 일반 가정용으로도 사용 가능하다. L3는 이동이 간편하도록 2개 1조를 마주보고 락킹시키면 여행 가방처럼 보이기에 슈트케이스라는 별명을 가지고 있다. 윗면에 가방처럼 손잡이도 붙어 있고 외장도 구형 쌤소나이트 여행용 가방에 사용하는 동일색의 내자(인조가죽)로 마감되어 있어 더욱 슈트케이스처럼 느껴진다.

인클로저 안면까지 내자 처리되어 있어 본래의 재질이 노출되어 있지는 않지만, 원자재는 잘 건조된 미송 원목이다. 코너 부분은 아연 도금된 금속재질로 모두 보강되고 뒷면 커버에는 경첩과 락킹 하네스가 부착되어 있다. 세팅하면 전면으로 약 10도 정도 경사지게 되며, 자연스럽게 상부로 음축이 형성되도록 설계되었다. 이는 후면을 밀착시켜 밀폐형 구조로 사용시에는 하부 용적이 상부 용적보다 넓게 지정되어 내부 정재파 현상을 줄일 뿐 아니라 저역의 음량을 풍부하게 해주는 일석이조의 발상이면서도 스피커 자체 세팅의 안정성을 보

»
WE 오리지널 KS-19134-L3 인클로저와 755A

장해준다. 후면을 개방하여 무한 배플로 사용 시에는 후면 커버가 전면 배플을 지탱하도록 설계돼있었다.

L3통의 가장 단점은 락킹 하네스가 대음량 시 음의 진동에 따라 공진한다는 점이다. 물론 야외 공연장과 같이 암소음 레벨이 높아 시끄러운 곳에서는 큰 지장이 없겠지만 가정과 같이 조용한 곳에서는 메탈 하네스 진동음이 매우 거슬린다. 원형을 손상시키는 것은 꺼림칙하나 제대로 L3를 가정용으로 사용하겠다 싶으면 진동되는 모든 락킹 하네스는 제거하는 것이 옳다. 그리고 내부에 별도의 흡음재나 공진을 억제하는 댐퍼재는 장착되어 있지 않지만 필자의 실험으로는 1cm 정도의 양모 흡음판을 전면 유닛 하부와 후면판 중앙에 접착재로 붙이고 타커를 쏘아 고정하면 공진에도 유리하고 전체 음의 디테일 순화 면에서 좋은 결과를 얻을 수 있었다.

장착된 유닛은 WE-755A·755B, 알텍 755A·755B·755C·755E, WE-KS-14702·14703 등 실로 다양한데 모두 알텍 755계열로 프레임 나사 간격이 동일하여 모든 유닛의 상호교환 장착이 가능하다. 가장 이상적인 것은 역시 WE-755A지만 가격이 고가여서 심플한 풀레인지 시스템 마련이라는 측면에서 벗어나는 바 알텍 755C의 WE버전인 KS-14703 8인치 풀레인지 유닛이 장착된 L3를 선택하여 WE-755A 장착된 L3와 비교해 들어보았다. 755A와 14703의 가장 큰 특징은 755A가 알니코 자기회로에 4Ω 버전이라면 14703은 페라이트에 8Ω 버전이라는 점이다.

»
WE 초기 실크 케이블로 교체된 모습

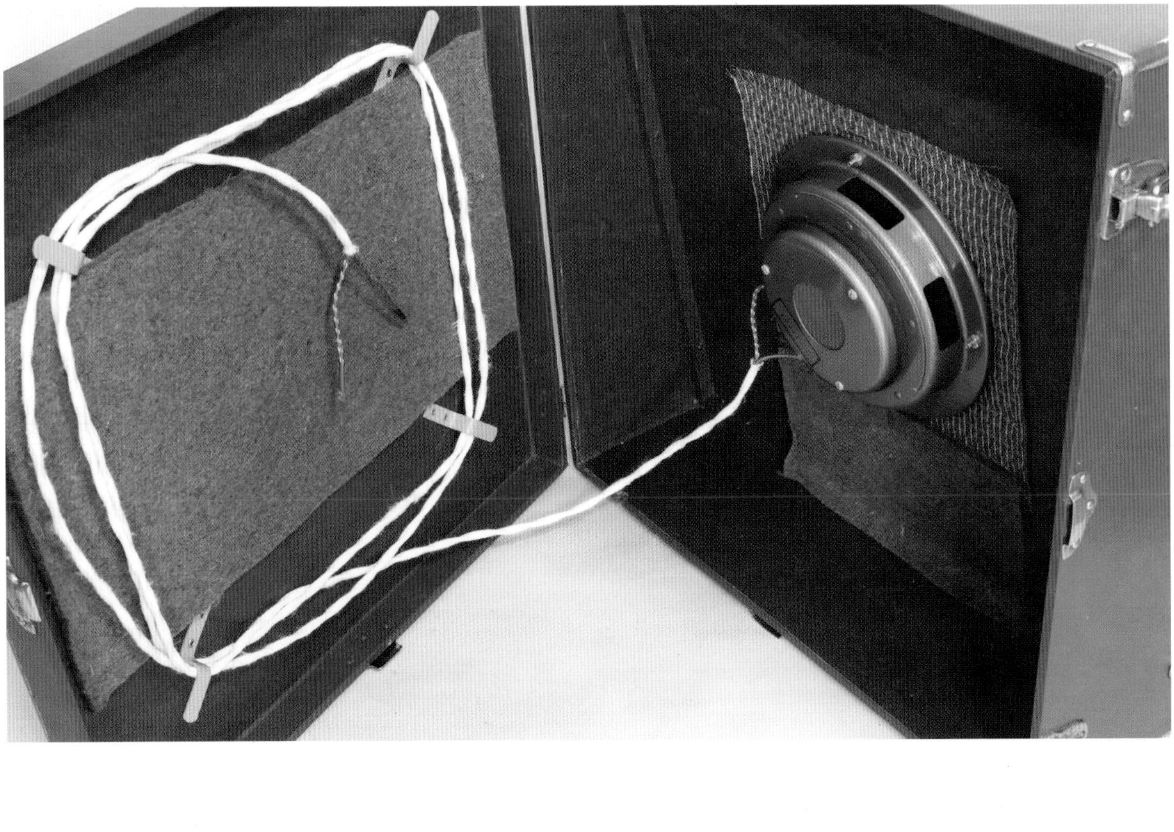

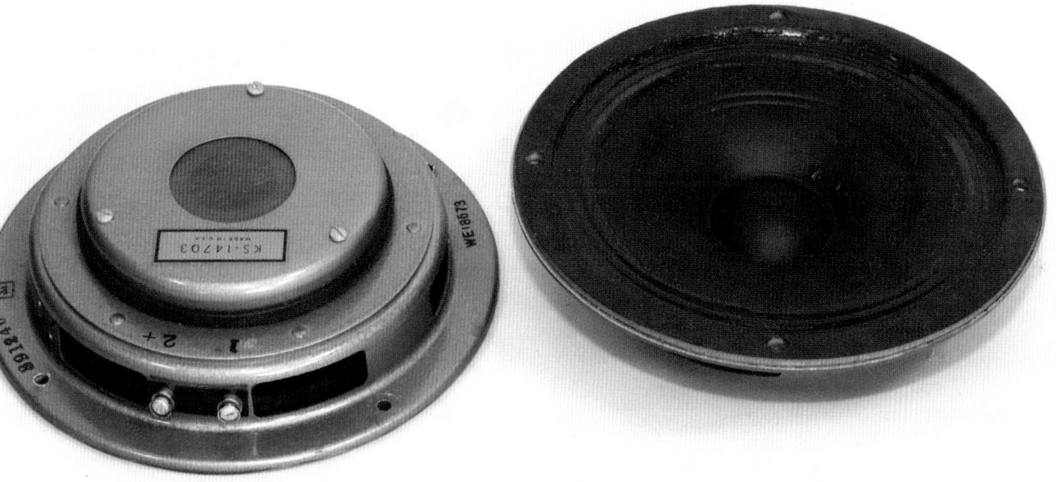

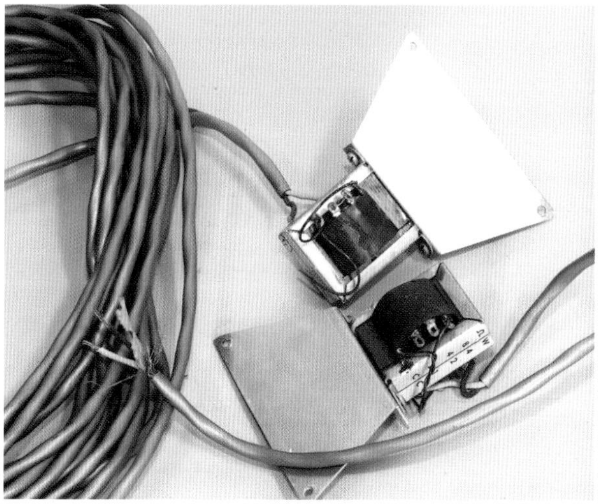

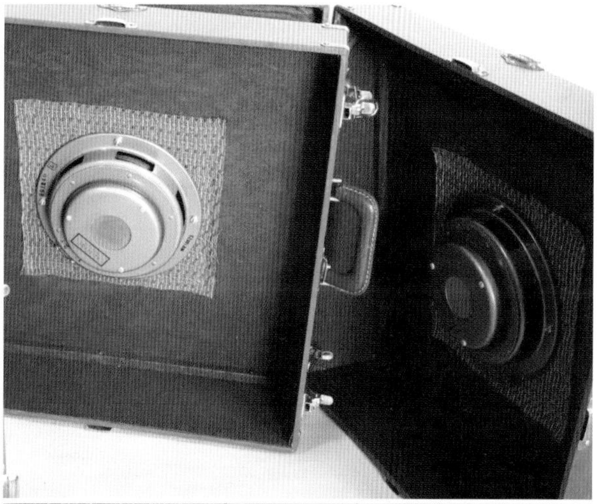

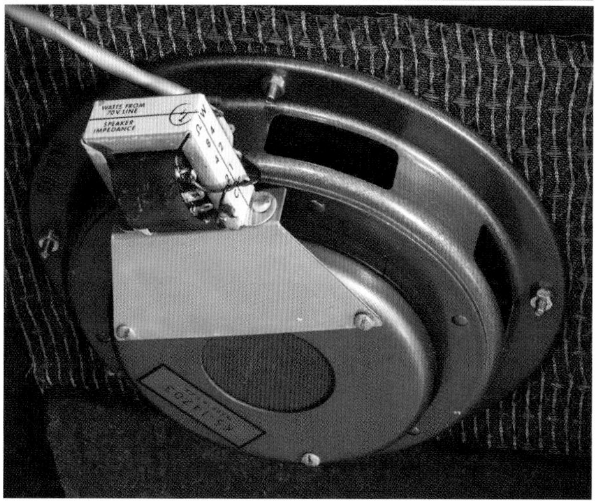

>>
KS-14703(상단)
KS-14703의 1962년도 오리지널 WE 케이블(중앙, 좌)과 매칭 트랜스
KS-14703이 장착된 L3 인클로저(중앙, 우)
매칭 트랜스가 장착된 모습(하단)

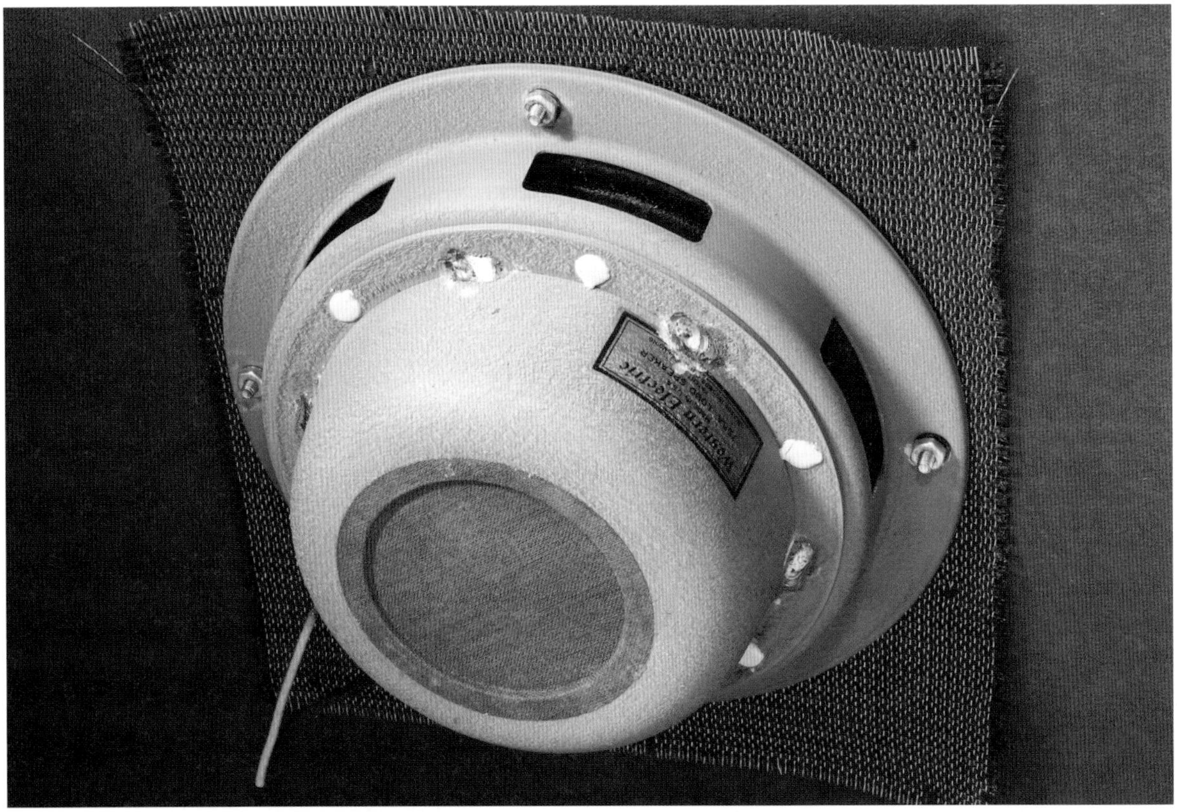

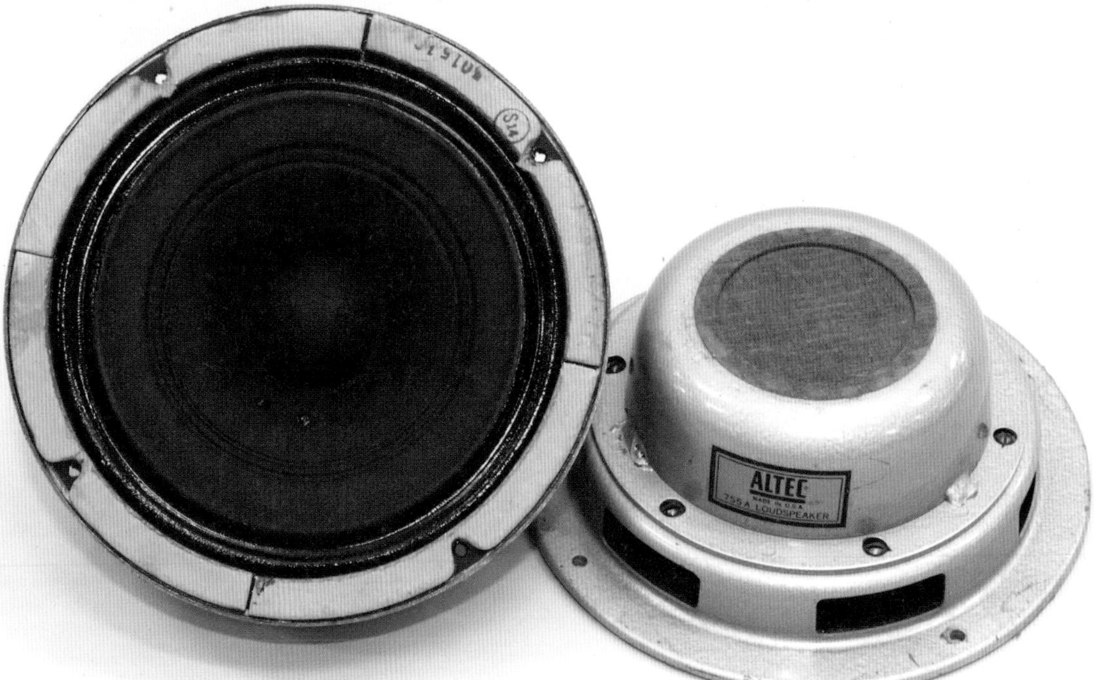

»
WE-755A(상단)
알텍 755A(하단)

14703과 알텍 755C는 동일 모델이지만 역시 14703이 755C보다는 정밀한 느낌이고 가격도 1.5배 정도 비싸다. 이는 WE-755A와 알텍 755A 상호 관계와 비슷한 처지라고 보면 맞다. 14703과 L3와의 매칭은 8인치 풀레인지로 보기에는 상당한 스케일감을 가지고 있는 것이 장점이며 L3통에 WE-755A를 장착한 것과 비교한다면 일장일단이 있겠지만 14703이 755A보다는 고역의 뻗침이 더하고 사운드 이탈감이 좋은 데 반해 약간 디테일이 거칠다. 반면 755A를 장착하면 디테일이 부드럽고 우아하며 고역이 가라앉아 살짝 답답하기까지 한데 대신 음이 빛난다고 할까 윤기 있는 후광이 느껴진다. 음악성 면에서는 역시 WE-755A가 좋지만 전반적으로 14703이 더 무난하다고도 볼 수 있다. 정위감이나 양감 자연스러움 등은 두 유닛이 대동소이하다. 그러나 가격은 WE-755A가 14703에 비해 4배 정도 비싸며 구하기도 어렵다. 특히 콘지 상태로 본다면 픽스드 에지인 755A가 천 프리에지인 14703에 비해 대단히 취약한 데 반해 14703은 대부분 신품상태로 유지되었다 할 정도로 성성하여 선택할 때 장점이 된다.

이번 14703은 S/N 391239와 391240으로 1962년도 39주, 40주 연번의 알텍(391은 알텍 755C의 형번임) 제품인데 신동품으로 초기상태의 소리를 들을 수 있어 만족스러웠다. 특히 내부 스피커선까지 1962년도산 WE 쉴드 주석 도금선이 장착되어 있고 오리지널 하이 임피던스 매칭 트랜스까지 수납되어 있어 흥미진진하였는데 트랜스를 제거하고 1937년도산 WE 트위스티드(Twisted) 실크 강연선으로 연결하니 더욱 임장감이 좋고 디테일이 자연스러웠다. 덕택에 1962년도산 WE 벨덴 OEM선과 Okonite OEM선이 자연스럽게 비청되어 선에 대한 그들의 공통된 주장이 무엇이고 변화와 차이는 무엇인지 알게 되었다.

가장 큰 차이는 자연스러운 임장감에 있고 페이즈(위상) 에러를 줄이기 위한 그들의 쉴드 트위스트 스피커 케이블의 구조는 과학적 연구와 경험에서 나오는 결과치라는 것을 인정하게 되었다. 1937년도 선이나 1962년도 선 모두 트위스트 쉴드 케이블이며 초기 선이 면과 실크의 절연체에 강선과 연선 주석도금 구조라면 1962년 산은 고무 절연과 PVC 재킷의 연선 주석도금제이다. L3의 브라운색과 14703의 알텍 그린 그리고 WE의 금박 로고가 무언가 귀족적인 인상으로 남는 작지만 만족스러운 인상의 풀레인지 시스템이었다.

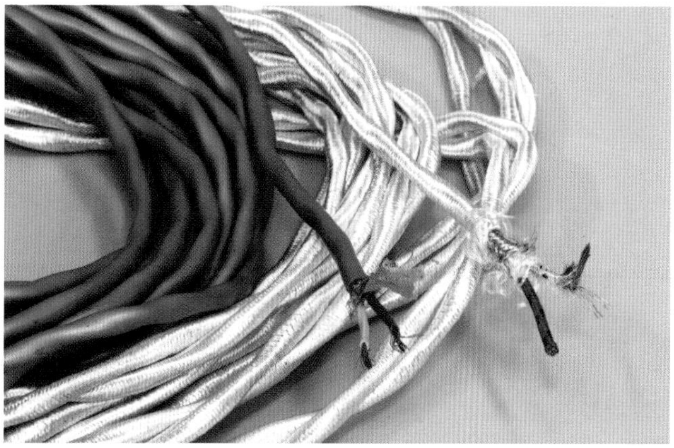

››
오리지널 1962년도 케이블과 오리지널 1937년도 트위스티드 스피커 케이블(미국 Okonite사 WE OEM)

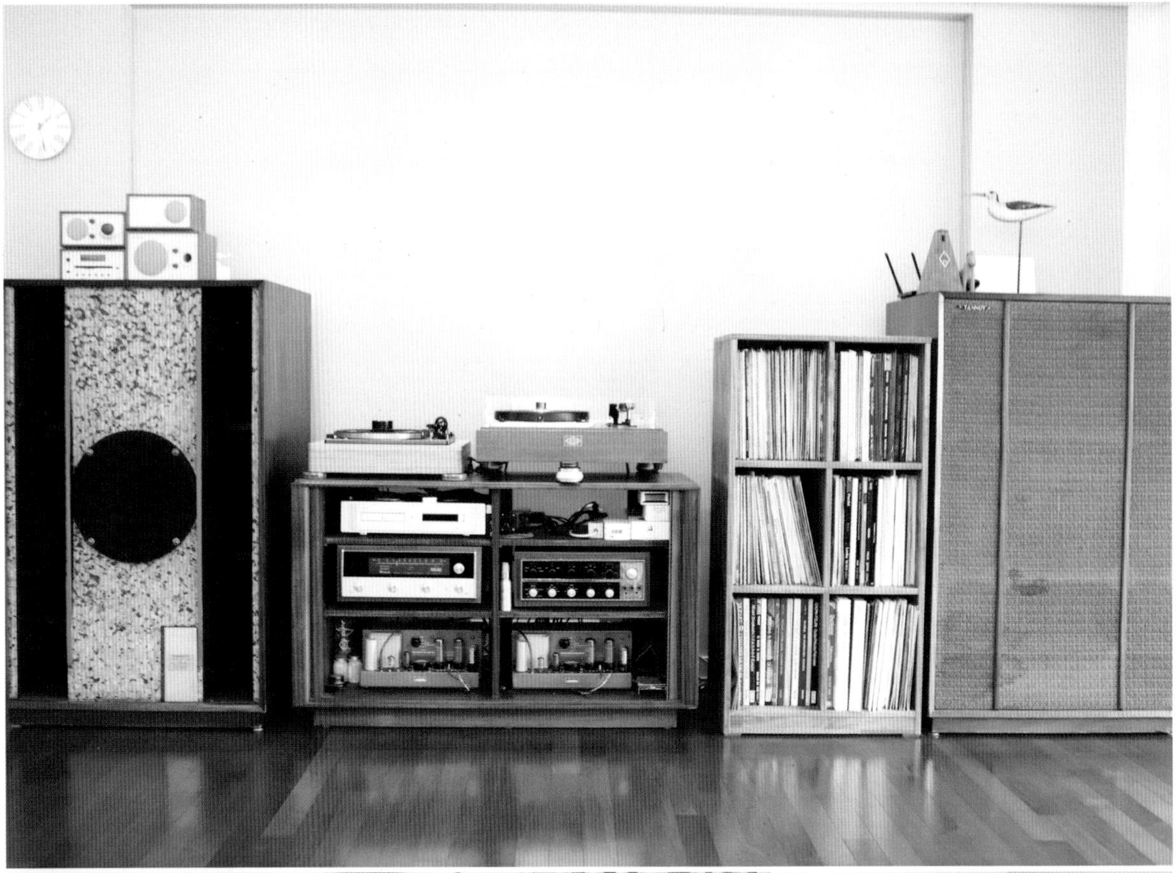

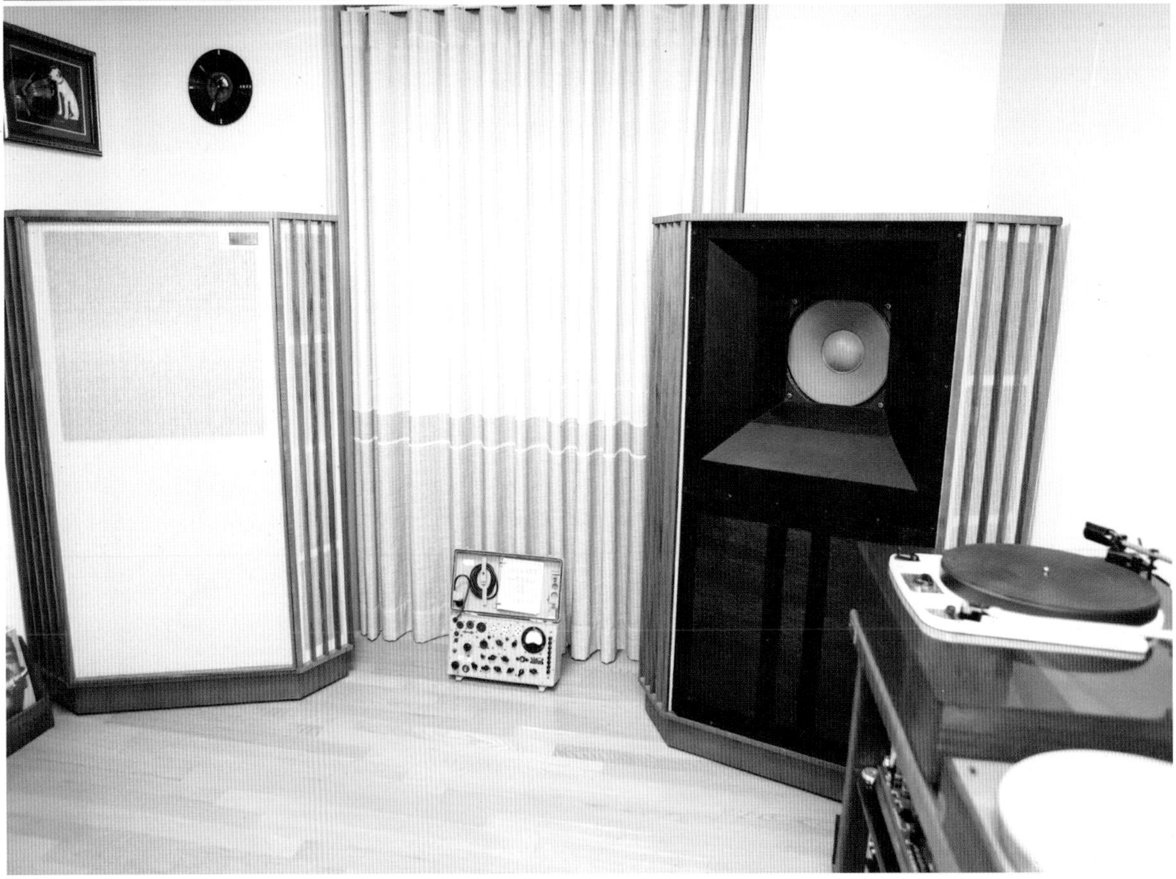

Tannoy Autograph

브리티시 사운드의 마에스트로

탄노이를 대표하는 스피커이며 또한 듀얼 콘센트릭(탄노이의 2중 동축형)과 코엑셜(동축 스피커)을 장착한 세계의 모든 스피커 중 최고, 최대의 역작으로 그 소리의 품격에 있어서도 가히 지존의 위치에 올라 있는 명기이다. 1953년 영국 탄노이의 수석 엔지니어 가이 R 파운틴(Guy R. Fountain)이 개발하여 모노 시대부터 스테레오 중엽 1974년까지 생산되다가 높은 가격 때문에 생산 중지된 모델인데 당시는 영국 본사에서 매월 2~3대 생산하는 것이 고작이었다. 오토그라프는 그 연대와 제조국에 따라 몇 가지 모델이 있다. 탄노이사는 1926년 설립되어 1933년 전문 스피커 회사로 발돋움하며 1947년 최초의 듀얼 콘센트릭 유닛 오리지널 모니터, 소위 '블랙'을 발표한 후 1953년 실버, 1957년 레드, 1967년 골드, 1974년 HPD 모니터를 연달아 발표하고 오토그라프도 따라서 발전시켰다. 최종 오토그라프에는 대부분 골드 모니터가 장착되어 있지만 최초 오토그라프는 블랙실버 15인지 유닛을 상부에서 밀어넣게 되어 있는 모노 스피커였다. 앞망은 특수 라미네이트 실로 엮은 그릴로 마감되었고 점차 레드 골드로 변경되면서 유닛을 앞면에서 장착하는 구조로 바뀌며 그릴도 천으로 교체한다. 1960년대 들어서 영국 본사 화재로 탄노이 본사를 미국으로 이전하면서 오토그라프도 미국산으로 바뀐다.

미국제는 사각통으로 내부에 폴딩혼을 짜 넣은 특이한 형태이다. 겉으로 보기에는 일반 플루어 타입같이 보이지만 내부는 복잡한 혼으로 구성되어져 있다. 전면 그릴에 나무조각을 하고 천을 덧대어 16세기 영국 왕조이름을 딴 튜도르(Tudor) 오토그라프와 천으로만 그릴을 마감한 스탠더드(Standard) 오토그라프가 있

»
미국 오리지널 사각 스탠더드 오토그라프(상단)와 일본 티악 제조의 삼각 코너(Corner) 오토그라프(하단)

으며 특이하게 15인지 듀얼 콘센트릭 2발을 장착한 더블 오토그라프도 있다. 이 세 모델의 경우 유닛은 영국제 레드 혹은 골드가 들어 있으며 인클로저는 미국산 칩보드와 샌드위치 판넬로 마감되어 있다. 실제 생산된 오토그라프는 미국산을 합하여 약 9백 대 정도 밖에 되지 않는다고 하니 세계적으로 희귀한 제품이라 말할 수 있다. 국내 코너형 오토그라프의 대부분은 국내나 일본에서 제작된 모조품이고 그마저도 요새는 구하기가 힘들어졌다. 오리지널 오토그라프라면 현 시점에서는 부르는 것이 값이라 할 만큼 귀한데 인클로저 값만 7천만 원 내외 하는 걸로 알고 있다. 탄노이는 악기 같은 스피커로 유닛보다는 인클로저가 소리를 좌우

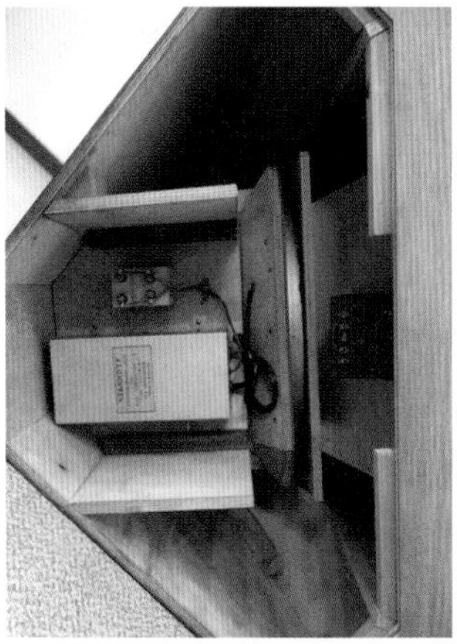

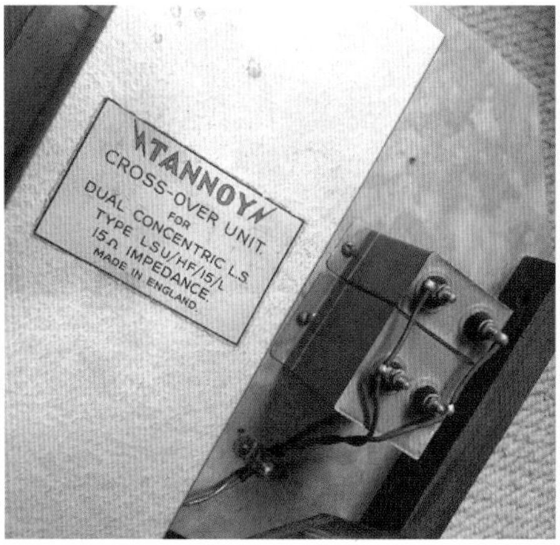

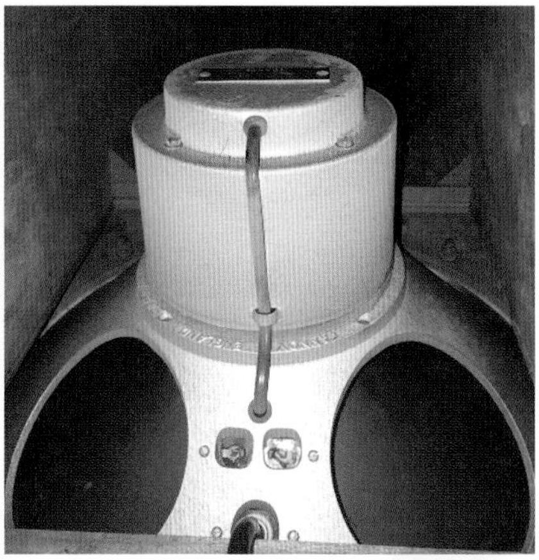

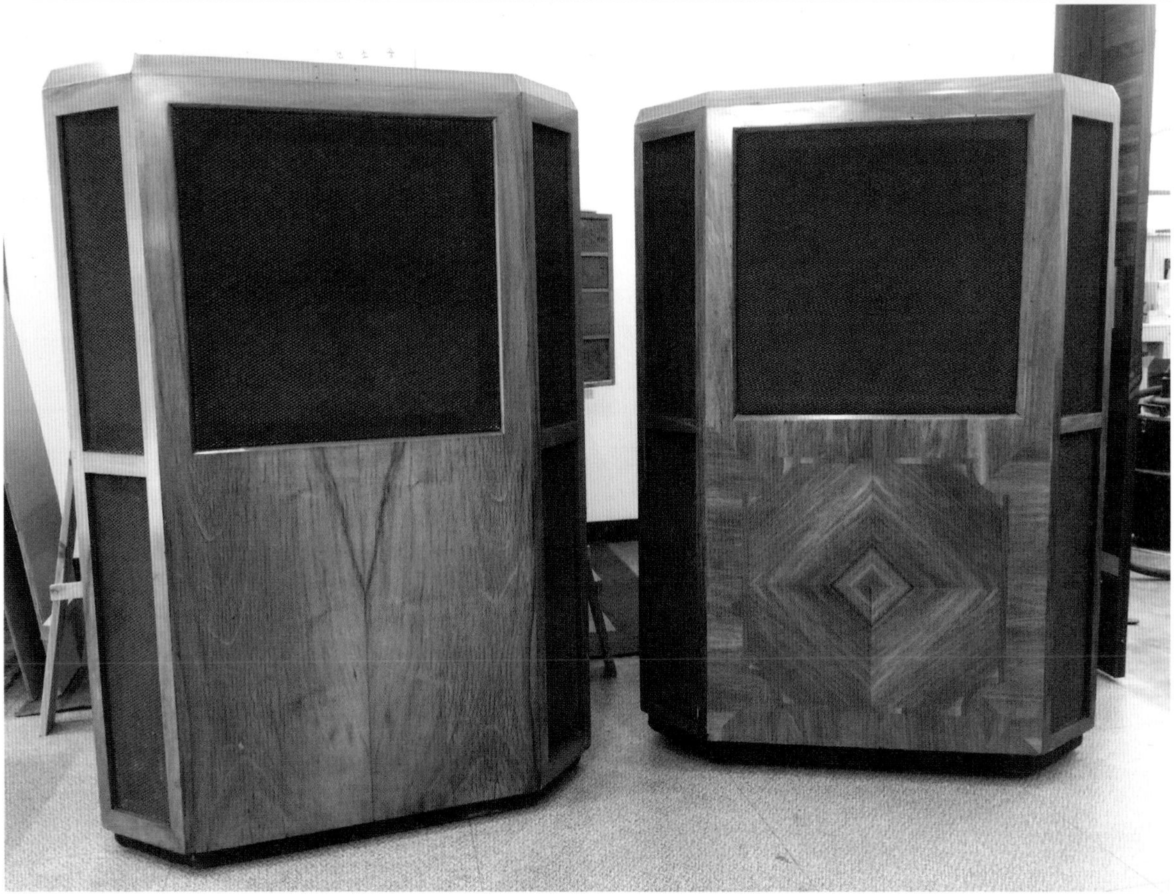

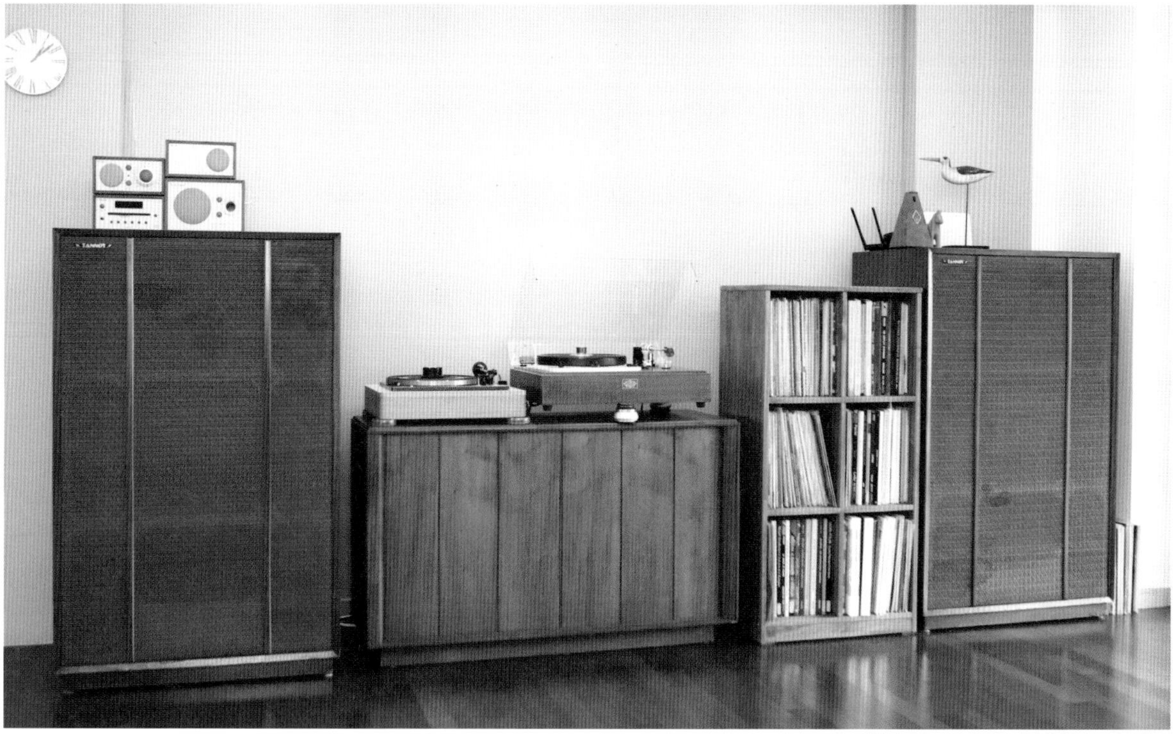

»
462쪽. (좌측부터) 내부 네트워크(Crossover)보정 및 블랙 실버 15인치가 장착된 최초 오리지널 코너 오토그라프 내부와
네트워크 보정용 오일 콘덴서 두개, 그리고 블랙 실버 15인치 유닛
1955년도 최초로 생상된 영국 코너 오토그라프 모노시절 제품이어서 무늬가 서로 다르다(대단히 귀중한 자료다)
463쪽. 실버 15"가 장착된 미국 탄노이 오리지널 스탠더드 오토그라프 페어

한다. 2000년대 들어 영국 본사에서 알코 맥스Ⅲ 알니코 듀얼 콘센트릭 유닛을 장착한 오토그라프 밀레니엄(Autograph millenium)이라는 신작 오토그라프를 주문 생산한 적 있는데 그마저도 이제는 단종되었다. 코너형 오토그라프의 기본 구조는 리스닝룸의 코너를 연장 혼으로 사용하는 올 혼 구조의 고능률 스피커라 말할 수 있는데 미국제의 사각 오토그라프는 그런 구조에서 약간 탈피하여 평벽을 배경으로 하는 세팅을 원칙으로 하는 혼 구조이다. 두 가지를 다 들어보았을 때 사각 오토가 유닛의 위치가 낮아 저역이 우아하면서도 음장형성이 낮고 깊어 저역이 약간 빈약하며 흐리고 음장형성이 너무 높은 코너형보다 음질 면에서 한 수 위였다. 그러나 국내에서는 무조건 코너형 영국제를 선호하는 경향이다. 오토그라프의 가치는 인클로저의 재질과 가지각색으로 된 마감상태와 장착된 유닛의 모델과 컨디션 시리얼 넘버 등에 따라 천차만별인데, 시각적으로 모든 상태가 좋더라도 자기회로의 자속감쇄 등에 의한 언밸런스 매칭 유닛 등 소리의 음색이나 다이내믹이 서로 차이가 있으니 꼭 장착된 상태에서 섬세하게 들어보고 구매하여야 한다. 국산 인클로저인 경우 오래된 것이 울림은 맑고 경쾌하나 내부 접착상태가 좋지 않아 잡소리가 나는 것이 많고 구조도 원칙에서 벗어난 것이 대부분이어서 심사숙고하여야 한다.

가장 이상적인 오토그라프 유닛으로는 블랙 15인치를 꼽지만 그 다음 버전인 실버나 레드도 특징있는 소리를 낸다. 블랙은 풍성하고 맛갈스러운 가운데 임장감이나 악기표현이 사실적이며 실버는 타이트하고 투명하다. 레드를 장착하면 약간 풀어지지만 온화하고 듣기 편하다. 다음 시리즈인 골드나 HPD385에 이르면 풀어지는 현상이 더욱 심화되고 소리의 질감도 뭍혀버리는 경향을 띠는데 그에 따라 가격도 하락한다. 오토그라프 오리지널에는 레드(레드 중에서도 센터캡이 오렌지색인 초기형)까지가 한계이며 보통 실버를 장착해서 많이 사용한다. 오토그라프에는 300B 싱글앰프가 정답이라 할 정도로 매칭 상의 원칙이 있는데 필자 느낌으로는 영국제 3극관 PX25, PP3-250 등의 PP 앰프와 더 잘 맞는 것 같다. 특히 오리지널 실버 또는 레드의 네트워크에 장착된 바이패스 콘덴서류들은 대부분 열화된 바 신형 오일이나 페이퍼오일 등의 콘덴서로 교체하면 보다 투명하고 윤곽이 정확한 소리를 들을 수 있으니 참고하면 좋을 것이다. 최첨단 오디오 기기를 선호하는 층에서는 단순히 고물 지향적인 선입견이라 말하며 빈티지 스피커들을 업신여기지만 자세히 들어보면 명기에는 세월과 비례하여 그 무언가 연륜의 음색이 쌓여있다는 것을 느낄 수 있다. 특히 음악을 들을 때 전달되어 오는 음악성은 감히 현대 스피커들이 따라올 수 없는 영역이다. 그런 면에서 오토그라프는 영국 빈티지 스피커의 제왕이라 말해도 손색이 없다.

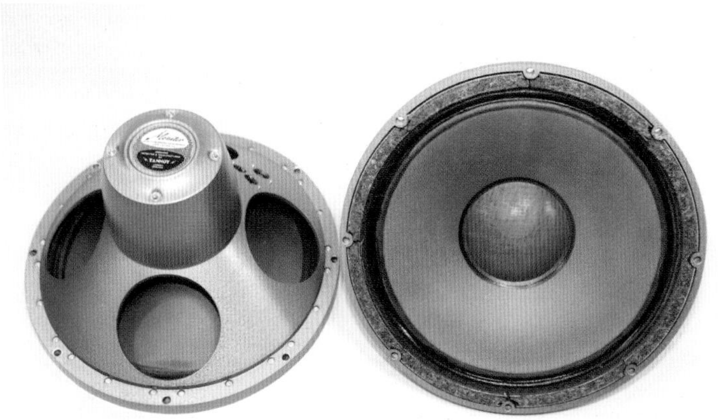

»
레드 15″유닛(상단)
사각 오토그라프에 장착된 실버 15″유닛(하단 좌)
코너 오토그라프에 장착된 레드 15″유닛(하단 우)

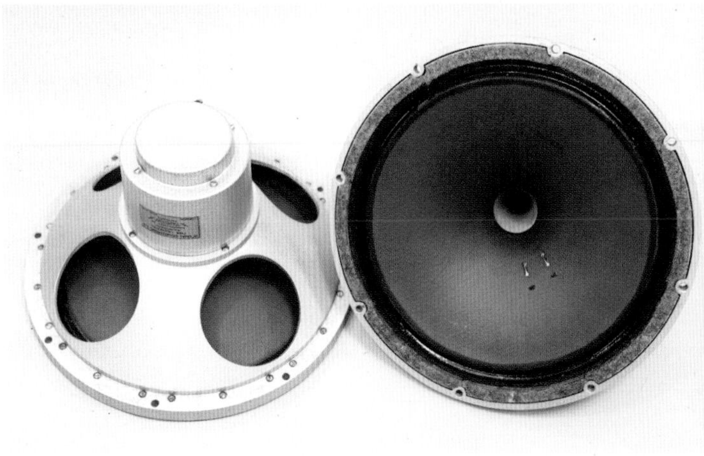

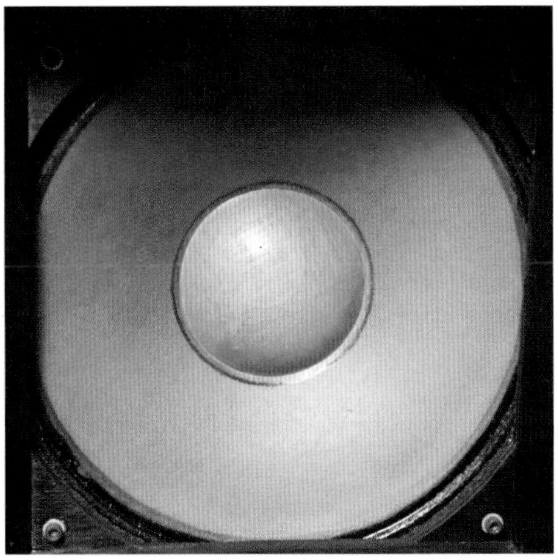

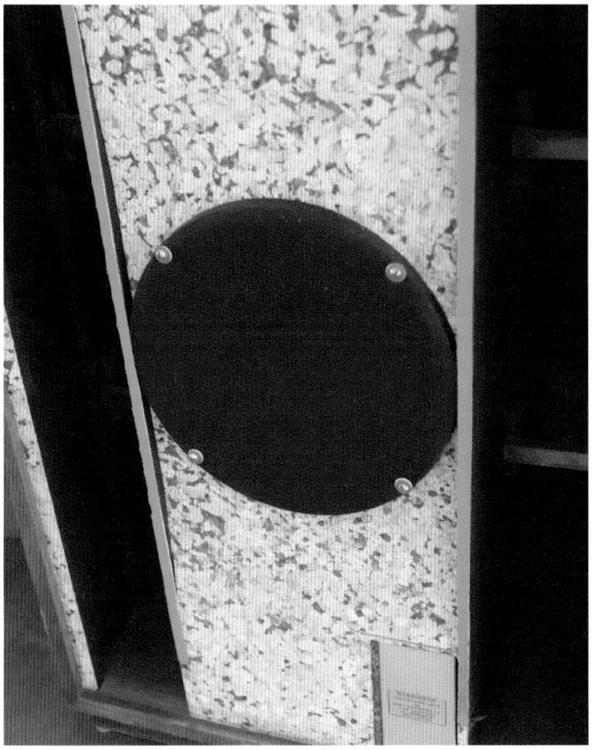

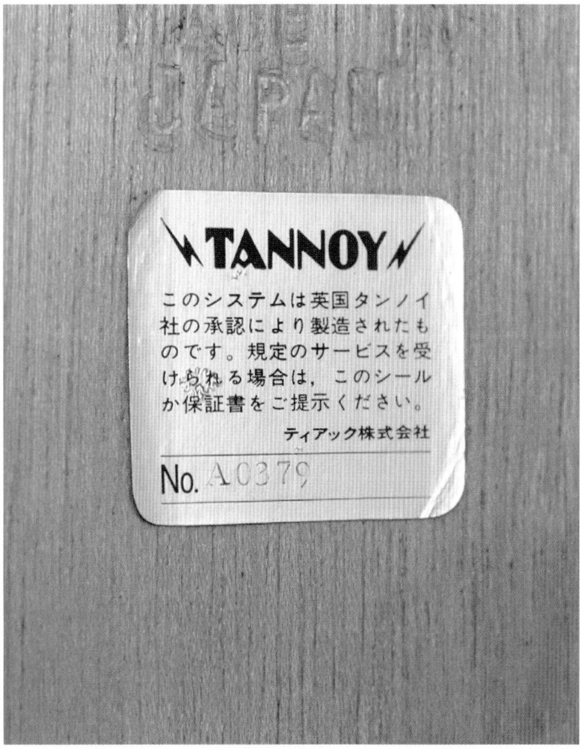

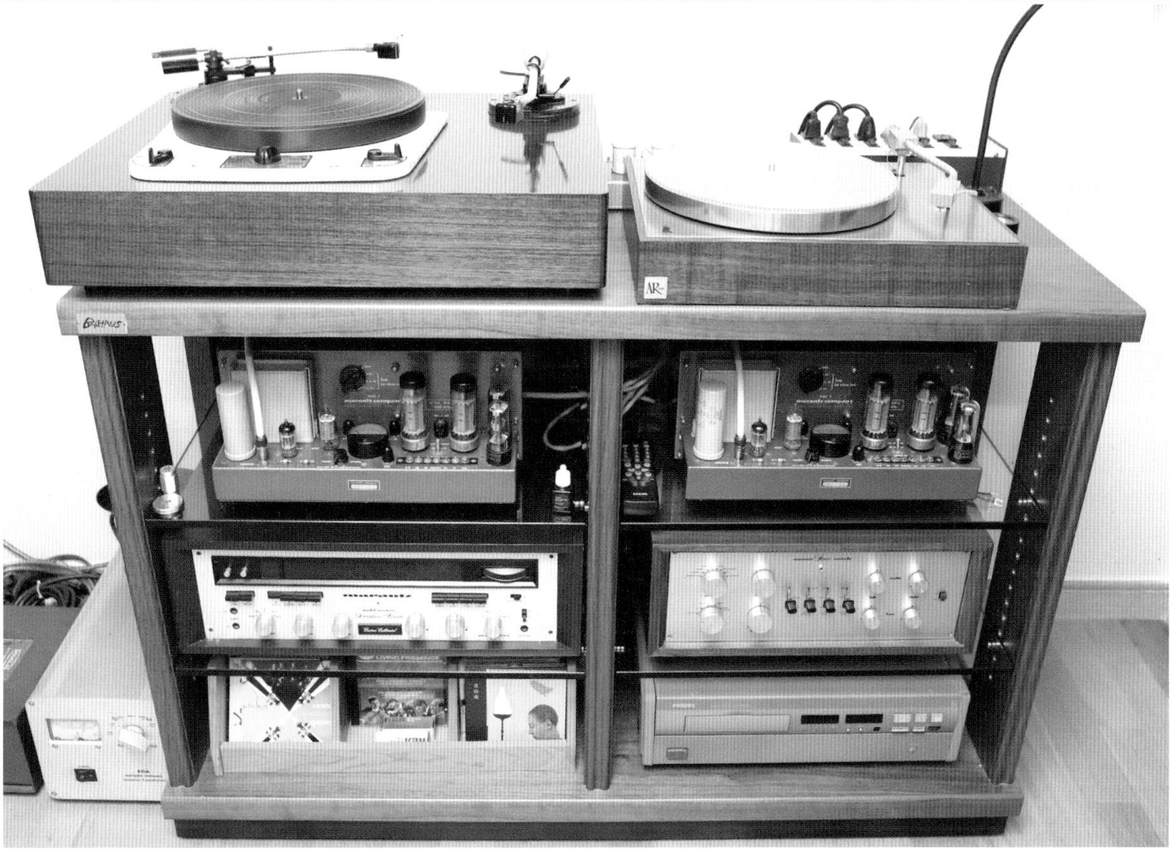

»
사각 스탠더드 오토그라프(실버가 장착되어 있다, 상단 좌)와
일본 티악이 영국 탄노이사의 승인으로 제작한 일본제 코너 오토그라프 인클로저 스티커(상단 우)
오토그라프 운영시스템 마란츠 7C와 마란츠 2 그리고 가라드301(하단)

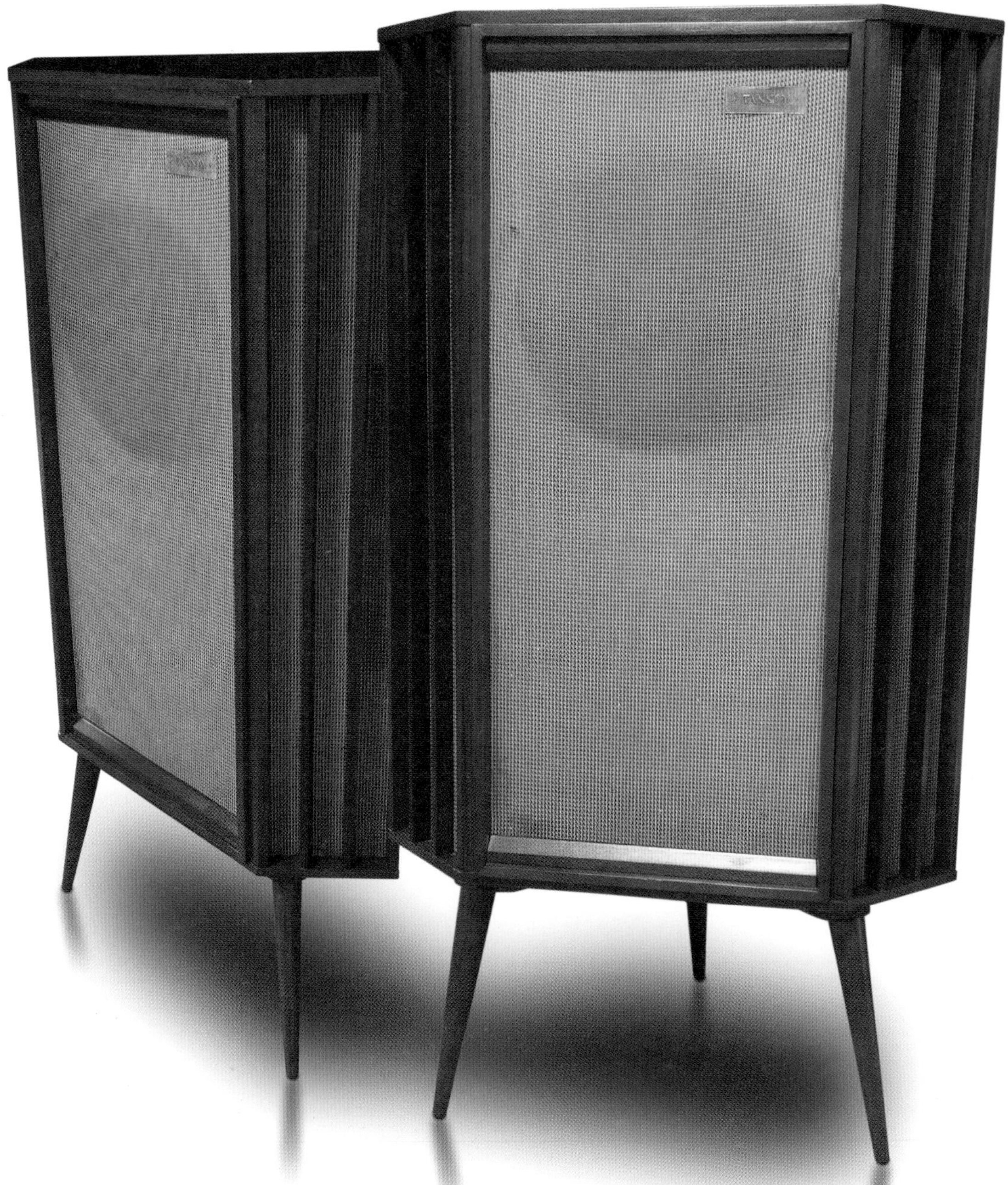

Tannoy Canterbury

거실의 실내악단

지난 시간을 돌이켜보면 필자의 스피커에 대한 편력이 주마등처럼 지나간다. 수많은 스피커를 바꿔 경험하면서 '이제는 한 스피커에 정착해야지', '이젠 다 왔어 끝이야'라고 말하며 여러 번 스스로 다짐하기도 했다. 이 편력은 어렸을 적 AR-3a → AR3 → AR LST로 시작해, 알텍 604-8G → 604E → 604C → 604 → A-7 → A-5를 거치고, EV 파트리시안 Ⅳ를 지나서도 그치지 않았다. 물론 그 사이에 또한 WE-755A, 텔레푼켄 8인치 필드, 클랑필름과 같은 풀레인지 스피커와 보스 901 · B&W 매트릭스 801 · 다인오디오 컨피던스 등 수많은 서브 스피커를 거느려 왔다. 그러면서도 성에 차지 않아 또 다른 스피커를 기웃기웃하면서 다시 옛날 스피커로 돌아가기도 하였는데, 지나서 생각해보면 별별 방황이 많았다. 마니아라면 잘 알다시피 스피커가 바뀌면 그에 따라 모든 앰프 라인업과 소스, 케이블 등 전체적으로 튜닝이 불가피해진다. 그 후속 조치가 번거로운 것은 이루 말할 수가 없다. 특히 다시 거쳐온 지난 기기로 회자하면 더욱 암담하다. 이럴 것을 왜 왔던가 하는 후회는 오디오 마니아들의 가장 큰 슬픔이다.

사실 6년 전 다시 오리지널 알텍 구형 A-5 시스템에 머물러 있다가 최근 들어 탄노이 미국제 오토그라프 실버 15인치 듀얼 콘센트릭 유닛에 이르면서 모든 시스템을 한 번 교체한 상태였다. 지금까지 국산 인클로저 실버 15인치 코너 오토그라프 스피커에 많이 실망해 쳐다보지도 않다가 오리지널 영국제 GRF와 오토그라프, 특히 미제 오토그라프를 접하면서 탄노이에 대한 많은 편견이 바뀌었다. 특별히 오토그라프의 경우는 영국제보다 미국제 오토그라프(스탠더드 오토그라프)의 윤곽이 잡힌 저역과 전체적인 대역 밸런스 및 연주

»
구형 탄노이 캔터베리

회장과 비슷한 음색과 임장감을 포함하는 사실감에 매료되어 최종 변경을 시도했다. 그리하여 6년을 잘 들었는데, 최근에 그 소리를 들어본 한 의사 선생님이 소스부터 프리·파워앰프, 심지어 스피커 케이블과 인터케이블까지 하나도 손대지 않은 조건으로 시스템 전체를 분양해 가버렸다. 그 이후 다시 제로 상태에서 시스템을 시작해야 했는데, 도저히 탄노이 오토그라프 미국 인클로저의 음색을 잊을 수가 없었다. 특히 그 자연스러운 음장감과 현과 보컬의 질감은 더욱 그랬다. 그리하여 들여놓은 것이 탄노이 오리지널 캔터베리다.

캔터베리는 탄노이 신형 스피커 라인에도 있는데, 통칭 캔터베리 12 또는 15로 불리는 이 스피커와는 전혀 다른 것이다. 물론 그 기원은 같이 하는 것이라 해도 맞을 것이다. 캔터베리(Canterbury)는 영국의 캔터베리 대성당에서 유래한 이름으로, 이미 실버 유닛을 장착한 캔터베리는 1950년대에 발매되었다. 코너형으로 외형은 오토그라프와 비슷하지만, 내부는 미로 혼형이 아닌 베이스 리플렉스형으로 코너 박스 타입이다. 동일 형으로 코너 요크가 있는데, 코너 요크가 15인치 듀얼 컨센트릭을 위한 인클로저라면 캔터베리는 12인치 동축형을 위한 시스템이다. 코너 요크가 받침판으로 하부를 마감했다면, 캔터베리는 3개의 지지 다리로 하부를 마감한 것이 다르며 사이즈 또한 작다. 캔터베리는 실버 시대에 나온 것과 레드 시절에 나온 것이 있는데, 전면 그릴망의 종류가 다르다. 초기형은 나일론 합성사를 짜서 만들었고, 후기형은 천으로 마감되어 있다. 물론 실버 시대의 캔터베리 통이 소리가 좋고 인기도 좋다.

필자가 구한 캔터베리는 27000번대의 납 봉인이 되어 전면 보호망이 그대로 살아있는 노 오픈(No Open)인데, 일련번호로 인클로저는 1번, 유닛은 약 20번 차이나는 극상 컨디션의 제품이다. 초기형 중에서 후기형에 해당하며, 네트워크도 레드에 가까운 모양을 하고 있지만 실버 네트워크다. 필자가 들은 소감으로는 오히려 초기 실버 네트워크보다 듣기도 편하며 풍성해 실버 자체의 단점을 약간 보완해주는 특성을 가지고 있어 만족스러웠다. 실버를 구하는 마니아 중에는 무조건 초기형을 선호하는 사람이 많지만, 소리 측면에서 후기형이 레드의 장점을 갖는 음질 특성을 보여주기도 해 그 음색의 완성도나 유닛의 동작 상태 면에서 오히려 후기형 실버를 선택하는 것이 만족도가 높을 수 있다고 말하고 싶다. 후기라고 해봤자 1950년대이므로 연대는 이미 충분히 묵어있다고 보면 된다.

파워앰프는 오토그라프 시절의 마란츠 2에서 브룩 12A, 프리앰프는 이전 마란츠 7C 15000번대에서 13000번대로 교환되었다. 브룩 12A는 2A3 PP로 미국 5대 명기 반열에 올라있는 검증된 제품으로 탄노이와 상성이 좋다. 프리앰프는 결국 다시 마란츠 7C로 돌아왔다. 연결 케이블 역시 전의 구형 WE 실크 3선 스피커 케이블과 실크 인터 케이블로 결정했다. 아무리 고가의 타 제품을 연결해도 그 사실적 질감이 안 나왔기 때문이다. 오토그라프보다는 더욱 대역 밸런스가 좋고 질감도 살아나는 규모 있는 음장이 재현되었다. 물론 스케일은 오토그라프보다는 작지만 오히려 국내 리스닝룸 실정에는 캔터베리가 더 맞는다는 인상이다. 탄노이의 경우 15인치보다는 12인치가 국내 환경에 맞다는 말이 실감났다. 사실 12인치의 저역이나 스케일도 15인치에 비해 모자라지 않으며, 더욱 단정한 이미지여서 만족스러웠다. 섬세한 현의 질감, 보컬의 사실성, 특히 피아노의 명료한 타건은 15인치의 소리보다 한 차원 더 깊어진 것 같은 인상을 받았다. 한국의 리스닝룸 실정에 어울리는 스피커 시스템을 꼽으라면 필자 입장에서는 서슴없이 탄노이 캔터베리를 선택하겠다. 인클로저의 울림이 악기처럼 아기자기하게 울리는 단정한 스피커다.

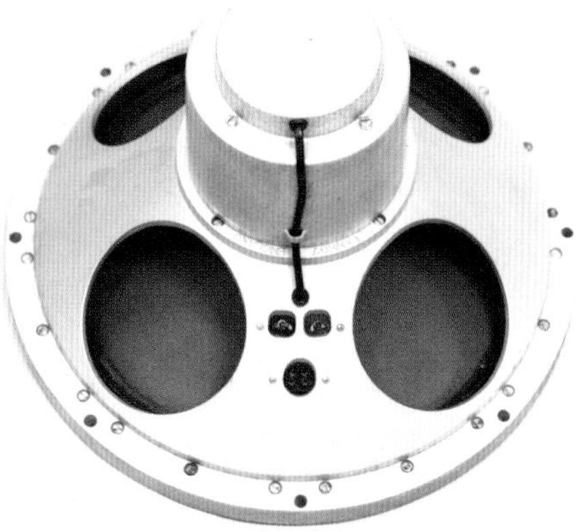

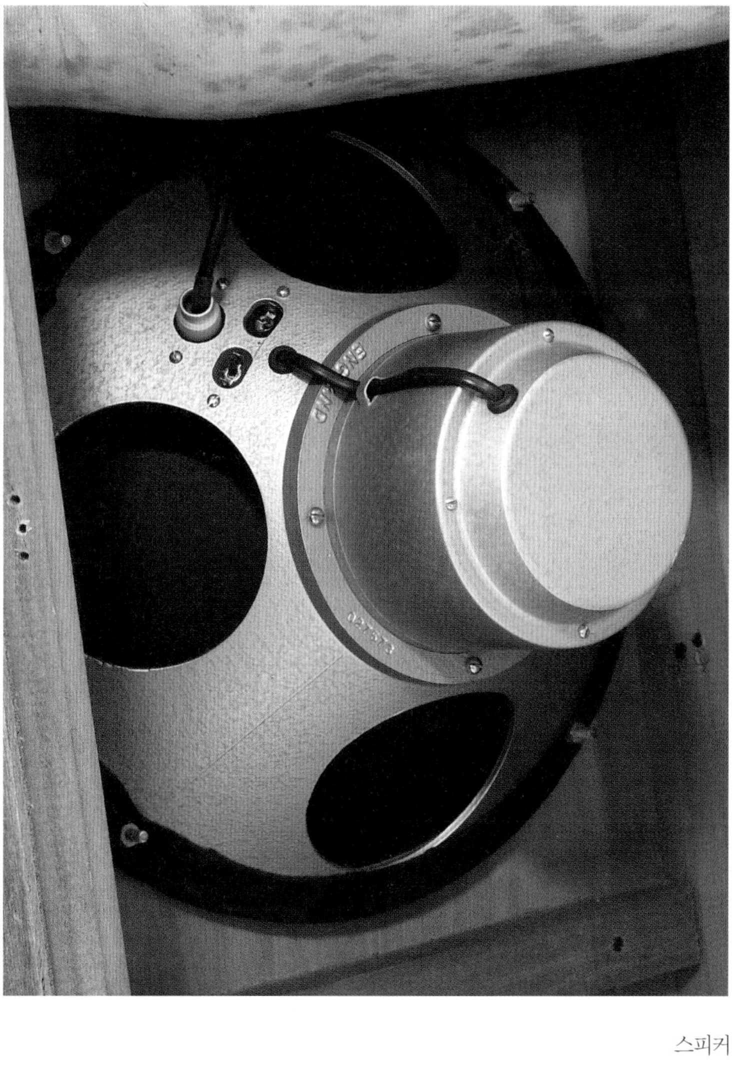

»
탈착한 12인치 실버 유닛(상단)
장착된 12인치 실버(하단)

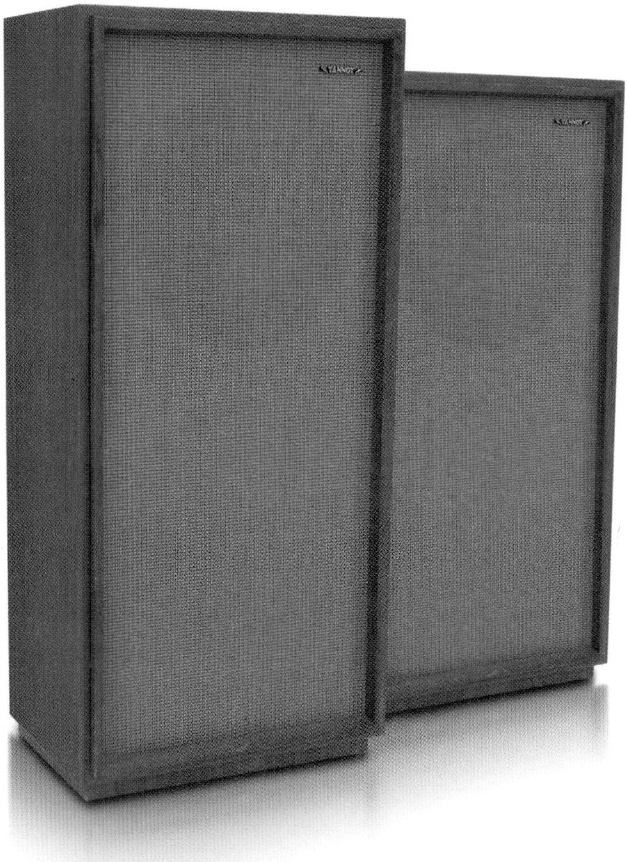
TANNOY

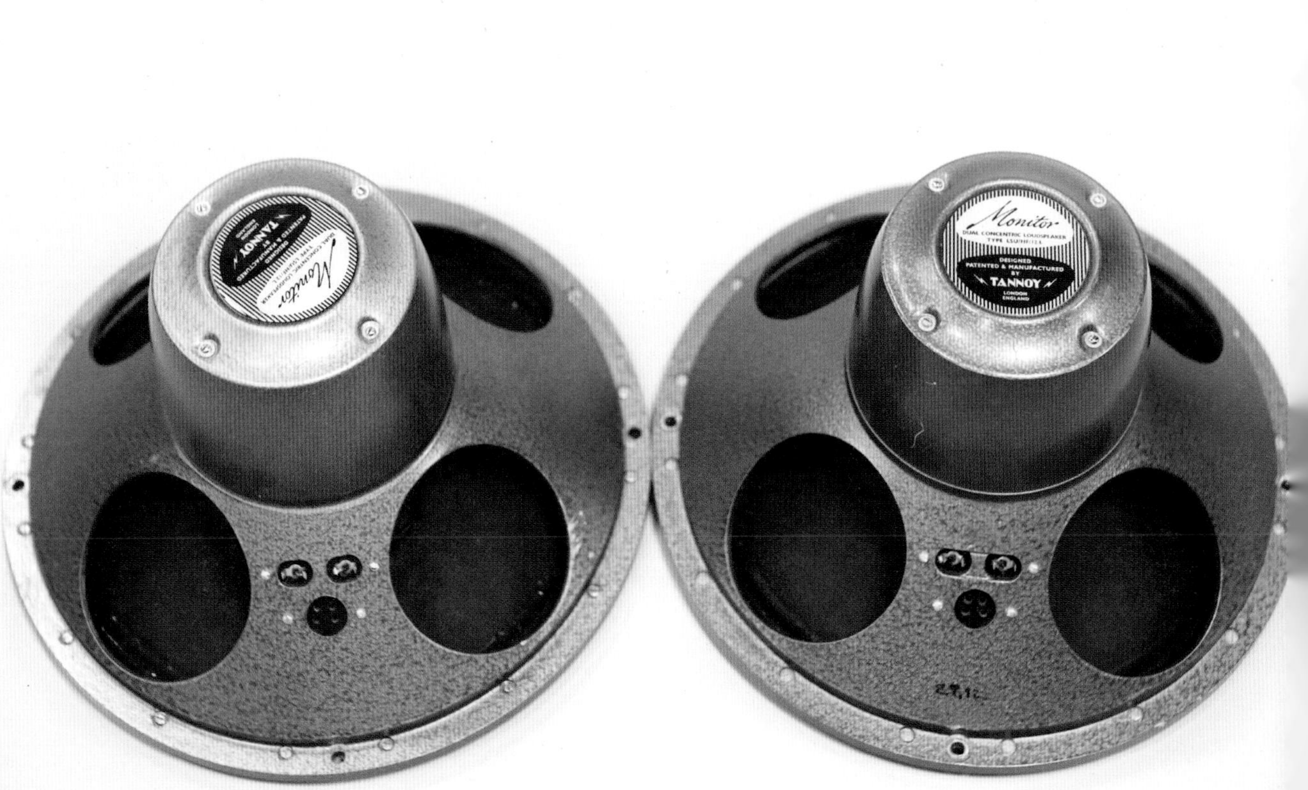
Monitor
DUAL CONCENTRIC LOUDSPEAKER
DESIGNED
PATENTED & MANUFACTURED
BY
TANNOY
LONDON
ENGLAND

Tannoy Chatsworth

영국 아가씨

그동안 구형 탄노이 스피커들에 대해 깊은 맛을 느끼지 못했었다. 그러다가 약 4년 전 탄노이 오토그라프, 미국 인클로저에 실버 15인치 유닛이 장착된 스피커를 영국에서 들여오면서 탄노이의 깊은 매력에 빠져들었다. 그동안 들어왔던 소위 국내 제작 코너형 인클로저와는 비교도 안되는 풍성함과 자연스러운 음악성을 몸소 실감하게 되었는데, 그동안 자주 들었던 모든 알텍을 접어버리게 할 만큼 큰 충격이었다. 사람들이 제대로 된 탄노이 스피커의 깊이를 모른 채 이렇다 저렇다 말만 많았다는 인상을 받았다. 탄노이는 극도로 단순화된 라인업으로 다루어야 하는데 다뤄본 결과 앰프나 스피커 케이블, 인터 케이블 등에 예민하다. 다시 말해 총괄적인 토털 음향 밸런스가 맞지 않으면 탄노이 고유의 깊은 음이 생기지 않는다는 뜻이다. 특히 리스닝룸의 룸 어쿠스틱과 스피커 케이블, 관의 종류, 인터 케이블 등의 토털 밸런스는 탄노이가 추구하는 음의 깊이를 끌어내는 가장 중요한 요소다. 물론 오리지널 인클로저의 중요성은 두말할 필요도 없다. 그리고 잘 매칭된 탄노이의 울림은 가장 실제 연주회장에 근접한 음악성과 스테이징을 보이며, 자극적이지 않게 각 악기의 디테일을 전달해주는 특징이 있다.

오토그라프를 들여놓자 그동안 들었던 모든 음악 레코드를 새롭게 듣는 듯한 감동과 재미가 있었다. 특히 국내 리스닝룸에서는 코너 오토그라프보다는 사각형의 미국제 스탠더드 오토그라프가 음장이 귀 높이와 맞아 여러모로 유리하고, 음질도 좋았으며, 저역의 에지나 양감도 훌륭해 행복한 나날이었다. 미국제 스탠더드 오토그라프 이후 탄노이의 모든 스피커를 재해석하고 탄노이 순례에 들어갔다. 미국제 윈저(Winsor)

»
12인치 레드가 장착된 채스워스(상단)와 레드 12인치 유닛(하단)

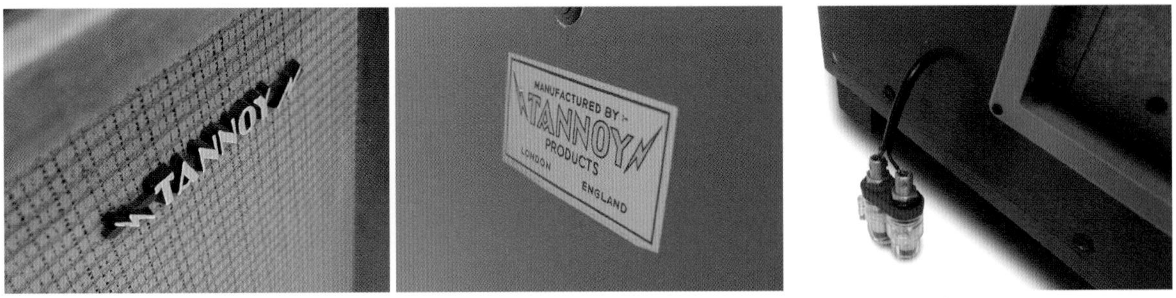

»
(좌측부터)
탄노이 마크
오리지널 마크
후면 입력단자

GRF도 좋았으며, 영국제 코너형 GRF도 깊은 소리를 내주었다. 그리고 소형 중에는 골드 10인치 유닛을 장착한 ⅢLZ가 맛깔스런 소리를 낸다. 물론 ⅢLZ가 1961년부터 발매되었기 때문에 초기 버전은 레드 10인치가 장착되어 있다. 이 소리는 골드 버전보다 양감과 질감 면에서 한 수 위의 자리를 지키며 마니아들의 컬렉션 대상이 되어 있다.

ⅢLZ에 하부 길이를 더해 가정에 가장 적절히 적용시킬 수 있는 좋은 모델이 바로 이번에 소개할 채스워스(Chatsworth)다. 영국의 한 지방 이름이기도 한 채스워스는 국내 소형 룸에 세팅하기 적절하며 모양도 좋고 그리 가격도 비싸지 않은 베스트 탄노이 버전으로, 개인적으로 선호하는 제품이다. 채스워스는 삼각형의 코너형과 일반 사각 통이 있는데, 1970년대에 발표된 제품으로 대부분 12인치 골드 모니터가 장착되어 있고, 후반기로 오면 HPD315가 내장된다. 그러나 시중에는 이 유닛을 제거하고 레드 초기형 또는 실버 12인치 유닛을 장착한 채스워스가 가끔 보인다. 그만큼 이 채스워스 인클로저가 가치가 있다는 뜻이고, 잘 튜닝하면 질감과 음장감, 양감, 음악성을 한꺼번에 모두 건져 올릴 수 있는 월척 스피커가 될 수 있다. 내부에 레드 12인치 초기 버전을 장착한 것을 기준으로 한다면, 내부 양모 흡음재는 골드보다 적게 하는 것이 필요 없는 저역 부밍을 막을 수 있는 방법이다. 기본적으로 밀폐형 스피커이기 때문에 저역이 답답할 수 있는데, 이는 흡음재와 스피커 케이블, 파워앰프의 특성으로 잘 커버해야 한다.

이 스피커에 마란츠 7C, 캐리 300B 싱글을 매칭시키고, 인터 케이블은 구형 실크 웨스턴, 스피커 케이블 역시 실크 웨스턴으로 매칭시킨 결과, 의외로 피아노 타건이 무게감이 느껴져서 탄노이의 단점을 잘 극복하고 있다는 생각이 들었다. 천성적으로 현의 질감이나 현장감은 걱정할 것이 없었는데, 심지어 록 음악의 킥 베이스도 술술 울려줘 마치 정전형 스피커에서 나오는 듯한 상쾌함과 시원함이 있었다. 혹자는 현의 질감에서 영국 여자 옷 벗는 소리가 난다고 해 박장대소한 적이 있는데, 중독성 있는 현의 질감은 더할 나위 없는 매력이다. 실버가 들어가면 더 타이트해지고 긴장감이 올라가며, 반면 저역의 양감은 살짝 감쇄된다. 골드를 넣으면 사운드가 풍성해져 마치 살 쪄서 풍만한 영국 여성의 누드를 보는 듯하다. 레드 초기형이 가장 적절한 소리로 영국 사운드를 잘 나타내주며, 가능한 연결 선재를 단자부터 심플하고 격조 있게 사용해야 한다. 조금이라도 선재에서 막힘이 있으면 탄노이 고유의 질감과 깊이가 손상된다. 이것은 탄노이 스피커 자체의 모든 표현력이 경계의 한계점에서 왔다갔다하기 때문에 천성을 조율하지 못하고 그 능력을 제한받으면 부족함이나 답답함으로 격하되는 원인이 되어버린다. 채스워스는 끌어안고 이 깊은 가을 둘이서 술 한 잔 하고 싶은 유혹에 들게 한다.

»
좌측에는 골드가 내장된 채스워스이며, 우측 위에는 정면, 그 아래는 후면이다.

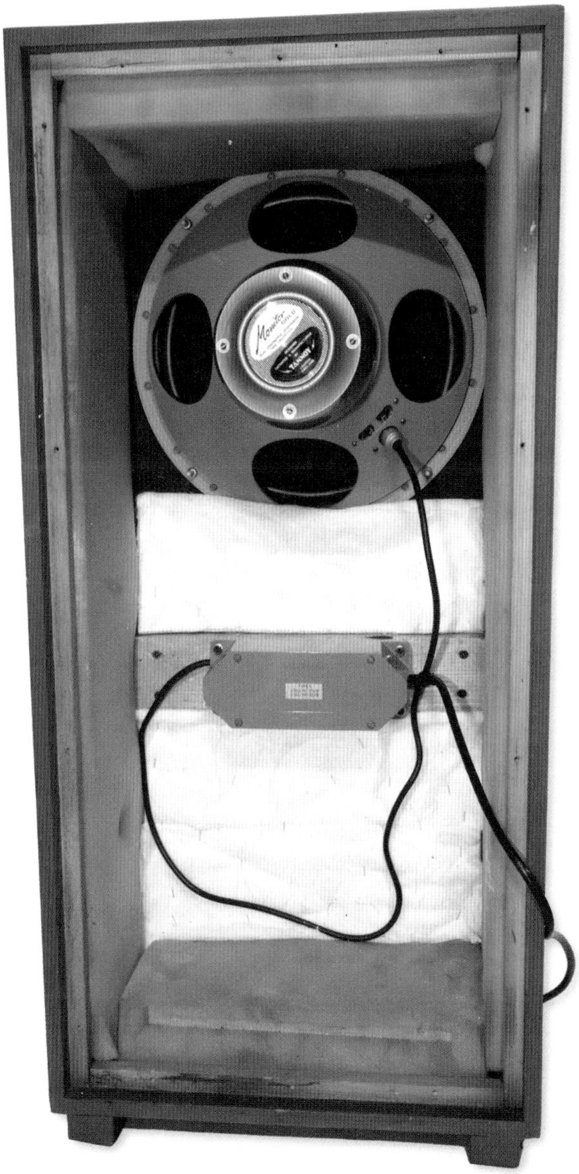

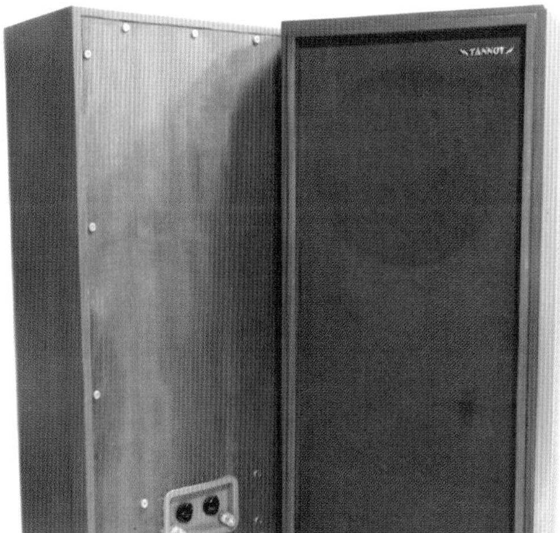

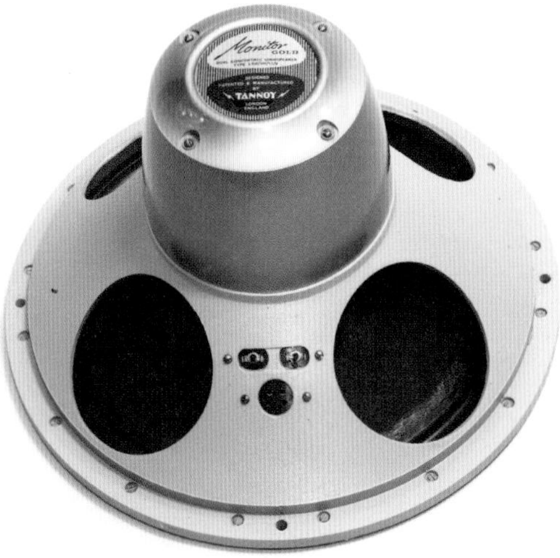
Monitor GOLD
TANNOY

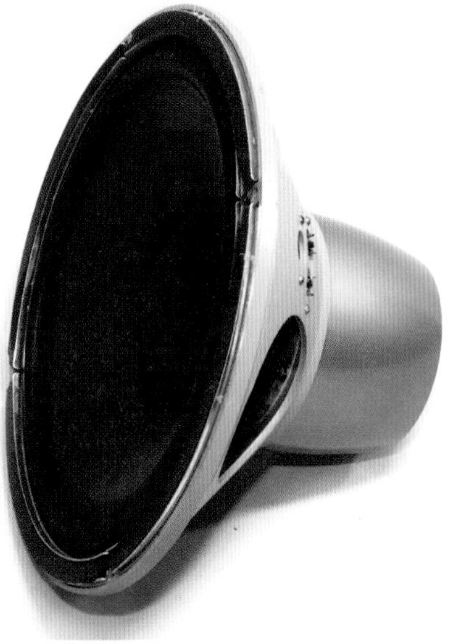

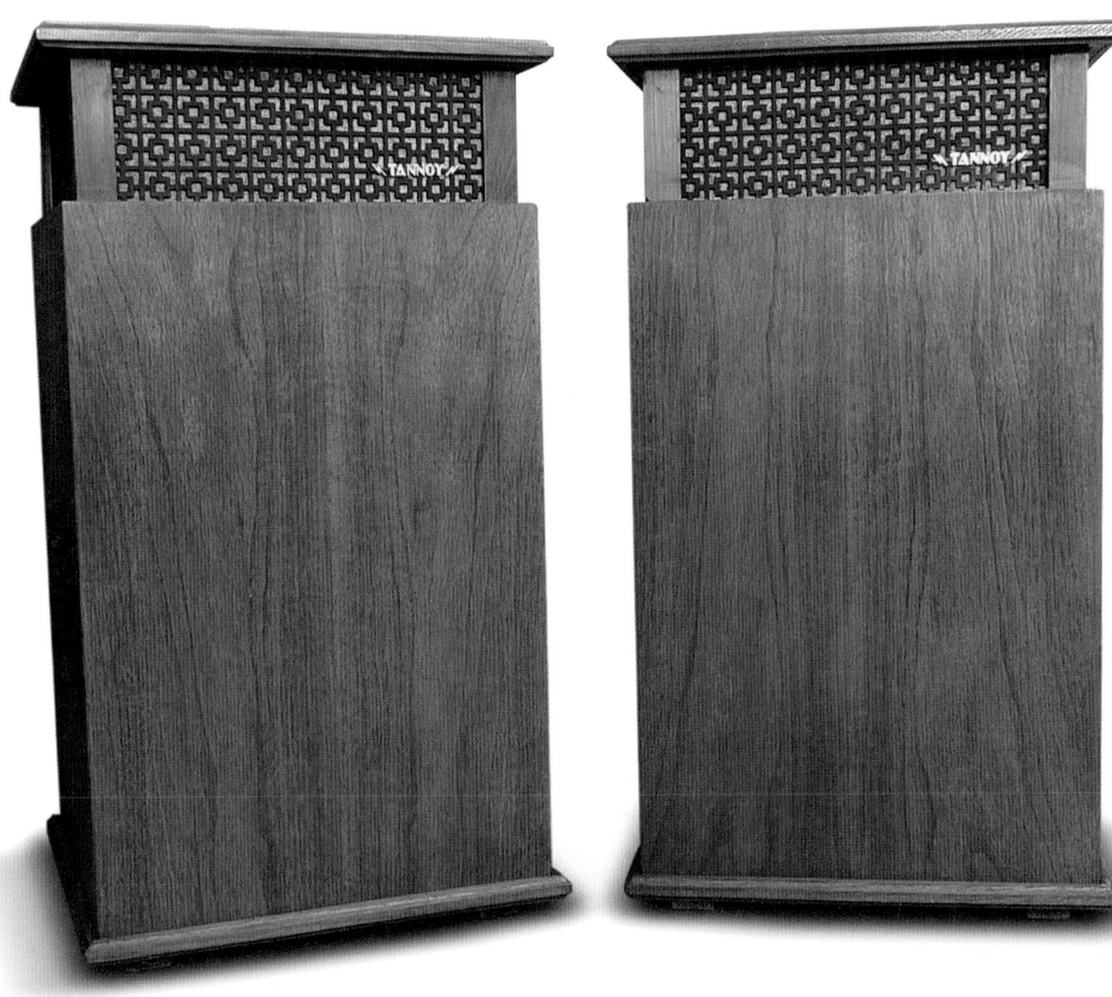
TANNOY
TANNOY

Tannoy Orbitus

탄노이의 편견에서 벗어났을 때 비로소 들리는 또 다른 탄노이

우리는 탄노이에 대한 여러 가지 편견과 기대와 환상을 뒤섞어 가지고 있는데, 그중 가장 큰 환상은 오래된 유닛, 즉 초기(Early) 버전에 대한 무조건적 선호도와 음질 우월주의다. 1947년에 개발되어 1953년까지 제조된 소위 블랙으로 불리는 오리지널 모니터가 최고인데, 그중에서도 네트워크가 유닛 프레임에 붙어있는 듀얼 마그넷이 우월하다는 것이다. 듀얼 마그넷이 된 것은 한 자석으로 완성할 기술이 없어 알니코 자석 두 개를 겹쳐 쓴 것에 불과한 데도 말이다. 오리지널 모니터는 후기로 가면서 네트워크는 별도형이 되고 자석도 싱글 자석으로 정착된다. 초기 오리지널 모니터는 프로토타입으로 미완의 유닛에 가깝다. 그러나 국내에서는 무조건 초기형이 고급이고 소리가 좋다는 편견에 사로잡혀 있다. 다음으로는 1953~57년 생산품인 실버 유닛이다. 실버 초기형은 블랙 실버라고 해서 콘지는 블랙의 것을 사용했다. 중·후기로 넘어오면서 실버 고유의 콘지로 정착된다. 실버에서도 초기 블랙 실버 버전이 가격도 비싸고 소리가 좋다고 믿는다. 무조건 믿는다. 왜? 오래되었으니까!

1957~67년까지는 시리얼 넘버가 대략 29000번대부터 시작하는 레드 모니터 버전이다. 레드에도 초기는 실버 프레임을 사용하고 센터 캡이 오렌지 색인 실버 레드가 있다. 물론 무조건 일반 레드보다 소리가 좋으며, 초기 레드 센터 캡이, 중기 블랙 센터 캡 레드 모니터보다 소리가 좋다. 오래되었으니까! 그러다가 1967년 시리얼 넘버 80000번대 후반부터 모니터 골드가 나온다. 모니터 골드는 임피던스가 8Ω으로, 레드까지의 15Ω 버전에서 1/2로 축소된 양의 보이스코일을 사용하는 TR 대응 버전이라 말할 수 있다. 사람들은 모니터

>>
탄노이 골드 12인치 유닛 뒷면과 앞면(상단)과 오르비투스 외형(하단)

골드까지 탄노이로 인정하고, 1974년부터 발매된 HPD 유닛부터는 아예 취급도 안 하려는 주의다. 잘 알다시피 HPD까지는 그래도 알니코 버전으로 알니코 특유의 음색을 지니고 있다. 필자도 스피커 유닛은 알니코 자기회로여야만 된다는 편견이 있다. 페라이트 자기회로의 자연스럽지 않고 이탈감이 너무 격한 음색에 거부 반응이 있는 것이다. 그러나 사실 훌륭한 사운드의 페라이트 유닛 구성 스피커를 너무 많이 보아왔다. 그래서 어느 순간 알니코에 대한 환상이 깨어져버렸다.

오래된 유닛이 무조건 좋지는 않다. 탄노이의 경우도 자기회로의 보존도, 콘지의 탄력성, 네트워크 부품 소자의 상태에 따라 유닛의 소리는 천차만별이며 특히 탄노이는 유닛보다 인클로저의 상태나 형식에 따라 소리 차이가 크다. 특히 오리지널 인클로저와 각 나라에서 모방해 제조된 후기 인클로저는 확연히 다른 소리가 난다. 한마디로 탄노이는 좋은 유닛을 구하기보다는 좋은 인클로저를 먼저 구하는 것이 관건이다. 허접한 모방 인클로저에 블랙을 넣는 것보다 오리지널 인클로저에 레드를 넣는 것이 음색이 좋다. 이웃 일본만 해도 골드가 들어간 오리지널 인클로저면 너무나 감사하고 좋게 듣는데, 우리나라 실정은 무조건 골드는 안된다는 편견을 가지니, 도대체 한 번 들어보고나 그런 소리를 하는 것인지 알 수가 없다.

들어본 탄노이 시스템 중 상큼한 음색으로 감명 받은 시스템이 바로 오르비투스(Orbitus)다. 90000번대 골드 12인치 유닛이 장착된 스피커로, 특이한 인클로저를 사용한다. 이 인클로저는 옆면이 모두 샌드위치 합판이고, 윗면과 아랫면은 칩보드로 제조된 미국제인데, 특별히 골드 12인치 유닛을 콘지가 하늘로 향하게 장착하고, 콘지 상부에 있는 360도 반사판을 통해 무지향성으로 소리가 퍼지게끔 설계한 탄노이 유일무이 무지향 스피커다. 일단 일반적인 탄노이 스피커 인클로저에서 벗어나 음질에 큰 기대를 하지 않았었다. 그런데 마란츠 8과 7C를 기반으로 매칭시킨 바 너무나 호방하고 자연스러우면서도 탄노이 특유의 음색을 잘 전달해주어서 다시 보게 되었다. 어디 하나 막힘이 없다. 지금까지 들어본 골드 유닛의 음색 중 단연 탑이었다. 스피커 자체의 존재감을 느끼지 않고, 어느 위치에 설치하든 실제 연주회장과 비슷한 음향 분산 패턴을 감지할 수 있다. 실제 소리는 음원에서 사방으로 퍼져 나가는 것이 자연스럽기에 이 스피커의 음색도 그 자연스러움을 머금고 있는 것이다. 동일한 골드 유닛에서 음질이 이렇게 개선되었다는 것은 오로지 인클로저의 덕일 것이다. 인클로저의 유닛 하부는 흡음재로 내부 벽을 둘러싸고, 하부에 덕트가 있는 베이스 리플렉스형이며, 상부에 음향 분산 구조만 특이한 형태인데도 음질적으로 대단히 개선되었다. 차후로 탄노이는 무조건 구형으로, 인클로저는 영국제여야만 한다는 수많은 편견을 무시하고 스피커 자체의 음질적 가치를 평가해주는 마니아 스스로만의 평가로 오디오 생활이 더욱 풍성해지길 바란다.

»
오르비투스 밑면(상단)과
골드 12인치 유닛의 내부구조(하단)

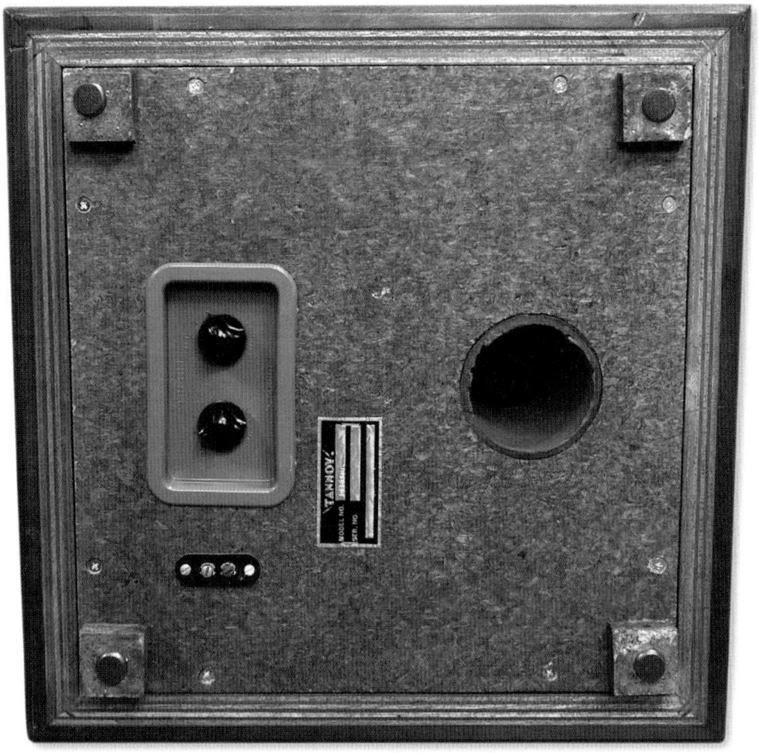

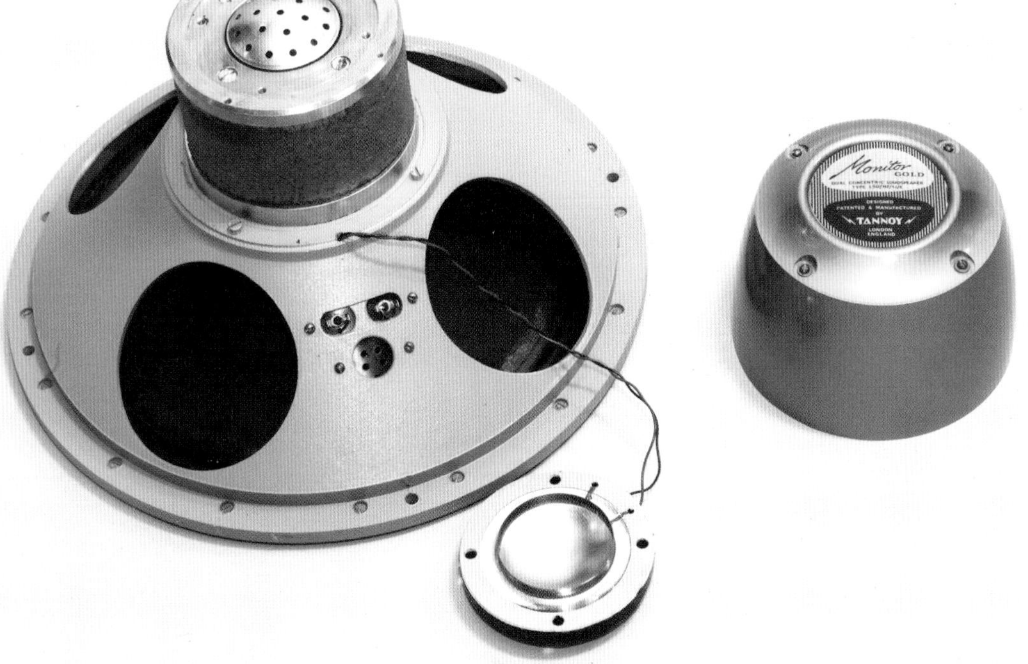

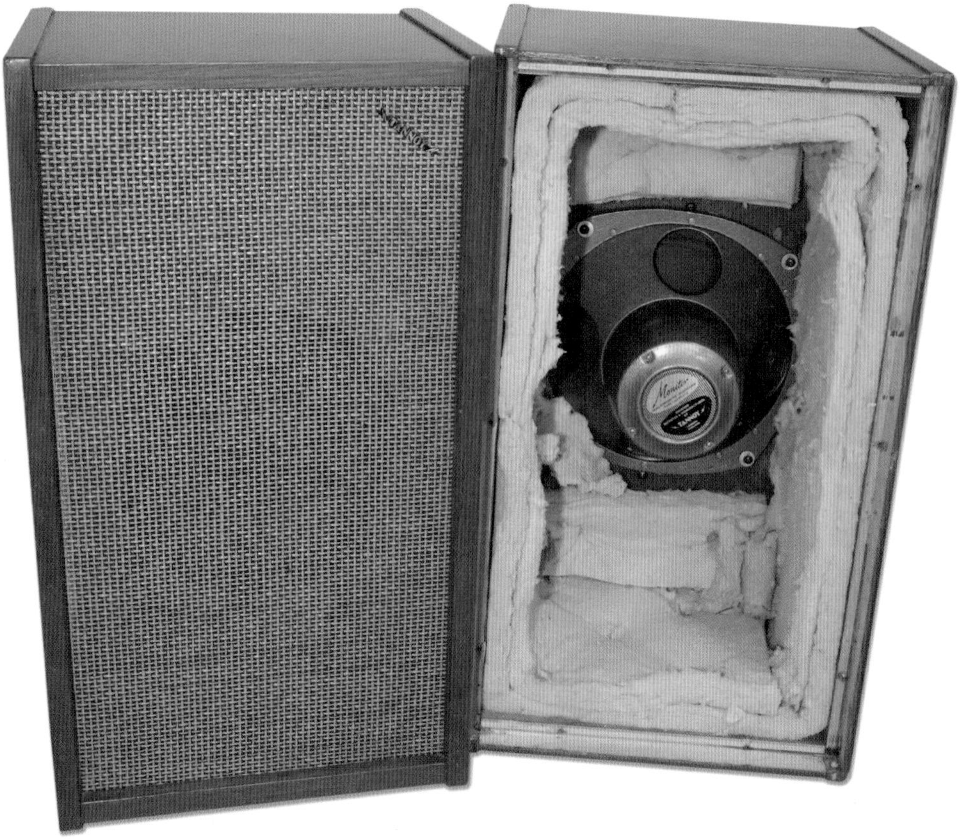
TANNOY

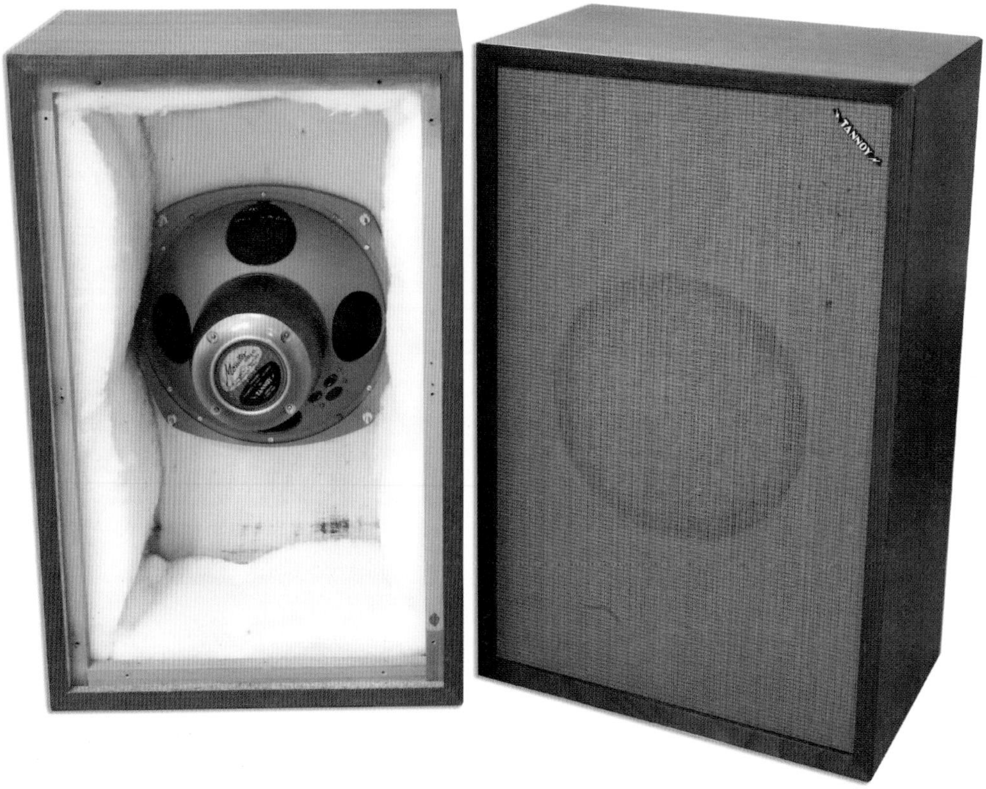
TANNOY

Tannoy Dual Concentric ⅢLZ

포인트 소스의 영국적 완성

탄노이 듀얼 콘센트릭 유닛의 기본 모델은 알텍의 코엑셜 스피커라고 하는데, 독자적으로 저역 콘지가 고역의 혼 역할을 하도록 설계한 것이 알텍 동축형 유닛과의 차이다. 즉, 알텍은 별도의 고역 혼이 중앙에 장착되어 있기 때문이다. 최초의 듀얼 콘센트릭으로 통하는 오리지널 모니터(블랙)는 프레임이나 고정 나사의 간격 등이 규격화되지 않아 이후 나오는 듀얼 콘센트릭보다 외형이 조금 크다.

결국 최초의 듀얼 콘센트릭 1.0 버전의 완성은 1953년부터 1957년 8월까지 공식 생산된 모니터 실버라고 말할 수 있다. 이후 모델들은 동일 사이즈의 동일 형태 프레임으로 상호 호환이 가능하다. 내입력 20W에서 25W로 개선되고, 저역 특성도 향상되어 40Hz까지 재생되도록 설계되었다. 실버는 탄노이 듀얼 콘센트릭의 완성작이며, 최고의 성능과 음악성을 보장하는 명기로, 초기형은 블랙으로 불리는 오리지널 모니터와 콘지를 같이 사용해 블랙 실버라고 부르는 애호가도 많다. 실버의 사운드는 더 투명하고, 고역의 밀도감이 좋으며, 저역이 단정한 특징이 있다. 1957년부터 1967년까지 생산된 듀얼 콘센트릭이 내입력 50W로 개선한 모니터 레드다. 초기는 센터 캡이 오렌지색이며 후기는 검정색이다. 레드는 약간 감도의 민감성이 떨어진 것 같은 인상이며, 따라서 고역이 온화한 인상을 준다. 듣기에는 더 살집이 있고 풍성하지만 초점이 흐트러진 감이 살짝 있다. 1967년부터는 내부 임피던스를 15Ω에서 8Ω으로 다운시킨 모니터 골드가 발매된다. 저역 특성을 개량해 28Hz까지 내려갔지만 어쩐지 헤퍼진 느낌의 저역감이 선호도를 많이 감쇄시켰다. 1974년에 픽스드 에지를 프리 에지로 교체한 HPD 시리즈가 발매되며, HPD를 지나 이후에는 자기회로를 알니코에서 페라이트로 변경시킨 유닛이 발매된다.

»
탄노이 레드 10″ 듀얼 콘센트릭이 장착된 초기 ⅢLZ(상단)
탄노이 골드 10″ 듀얼 콘센트릭이 장착된 ⅢLZ (하단)

탄노이 유닛의 정통성은 픽스드 에지의 마지막 버전이며 알니코 자석을 사용한 모니터 골드까지라 말할 수 있을 것 같다. 실버까지는 12인치 모델이 최소형이지만 레드와 골드의 경우는 15인치, 12인치, 10인치 세 종류의 유닛이 발매되었다. 최근에 발매되는 탄노이도 그렇지만, 탄노이의 경우 저역에 있어서 오히려 유닛이 작은 경우 정리된 사운드 에지를 들려주는 경향이 있다. 10인치 유닛이 장착된 탄노이 사운드의 정점에 있는 것이 바로 ⅢLZ 모델이라 말할 수 있는데, 1961년 모니터 레드 시절부터 발매되어 HPD295A까지 ⅢLZ MKⅡ 버전으로 다양한 모델이 탄생되었다. 대부분의 ⅢLZ는 모니터 골드가 장착되어 발매되었다. 즉, 레드 유닛이나 HPD 유닛이 장착된 기간은 비슷하나 골드가 장착된 기간이 길고, 골드 시절에 더 대량생산되어 세계 각지로 수출되었다고 보면 된다. 그러나 전체 ⅢLZ의 수가 그리 많은 것은 아니어서 ⅢLZ 오리지널을 접하는 것이 아주 쉽다고는 할 수 없다. ⅢLZ의 외형은 평범한 사각형으로, 밀폐형 인클로저 구조이다. 전면은 연한 크림색의 인조 패브릭이며 잘 찢어지지만 부식에는 강한 치밀한 형태다. 너무 치밀해 원래 고역이나 저역을 마스킹하는 약점이 있는데, 탄노이사에서 충분히 고려해서 사용했는지는 의문이다. 말하자면 좀더 공극이 있는 천을 사용하는 것이 투명도나 전체 음질에 끼치는 영향이 긍정적일 것 같다는 뜻이다. 인클로저 재질은 합성 샌드위치 패널이다. 나왕 합판에 가까운 것으로 앞뒤 나왕 합판인 상태에서 중앙에 칩보드를 삽입한 구조이다. 비교적 무게가 가벼워 울림이 경쾌하나 공진에는 약한 구조여서 인클로저 내부에 공진 보강용 각목을 많이 사용했지만 그래도 스피커 뒷판넬이나 스피커 부착 주위(특히 하부)의 공진이 많아 개인적으로 보강할 필요가 있다. 특히 잘못 보관된 인클로저는 접착부위가 손상되어 자체 공진에 더욱 취약한 상태도 많이 보았다. 이럴 때는 할 수 없이 보수해야 한다. 내부에는 양모 재질의 흡음재가 충진되어 있지만 양이 적절하다고는 생각하지 않는다. 흡음재를 가감하면서 자신만의 별도 튜닝이 필요하고 네트워크는 플라스틱 박스에 봉합되어 별도로 장착되어 있다. 평범하기 그지없는 구조로, 단순하기까지 한 스피커 시스템이다. 그러나 12인치 이상 상위 골드 유닛 시리즈에서 느껴지는 저역의 허전함을 충분히 메우고 있는데, 이것이 구경이 작은 10인치 유닛이기 때문에 파생된 장점이다. 한마디로 벙벙대는 느낌이 덜하며, 내부 콘지 사이즈가 작아 콘지 분할 진동 등에서 발생되는 왜곡 현상이 작고, 명료하게 중·저역을 재생한다. 가격도 저렴한 편이며, 이 가격대 소리로는 대단히 만족스럽다. 탄노이 사운드의 명맥을 충분히 이어 현의 우아함과 디테일의 사각거림, 보이스의 자연스러움, 중앙 스테이징 등이 잘 살아있다.

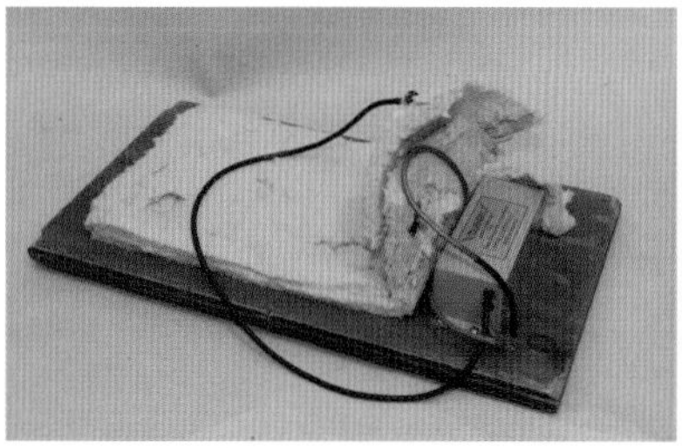

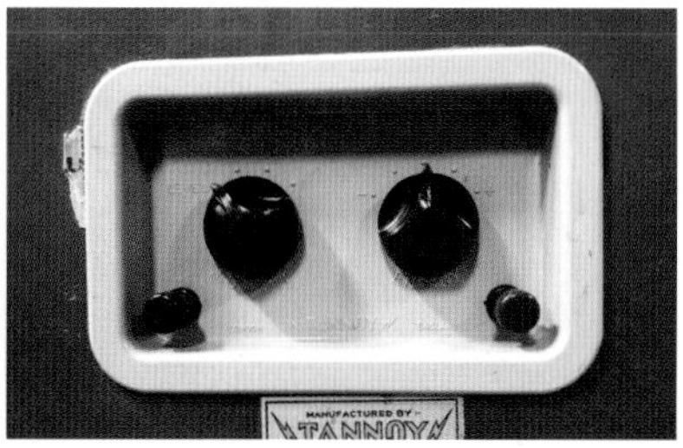

»
레드ⅢLZ의 네트워크 어테뉴에이션 조절기가 없다(좌)
골드ⅢLZ의 단자와 고역 어테뉴에이션 에너지 레벨 조정 노브(우)

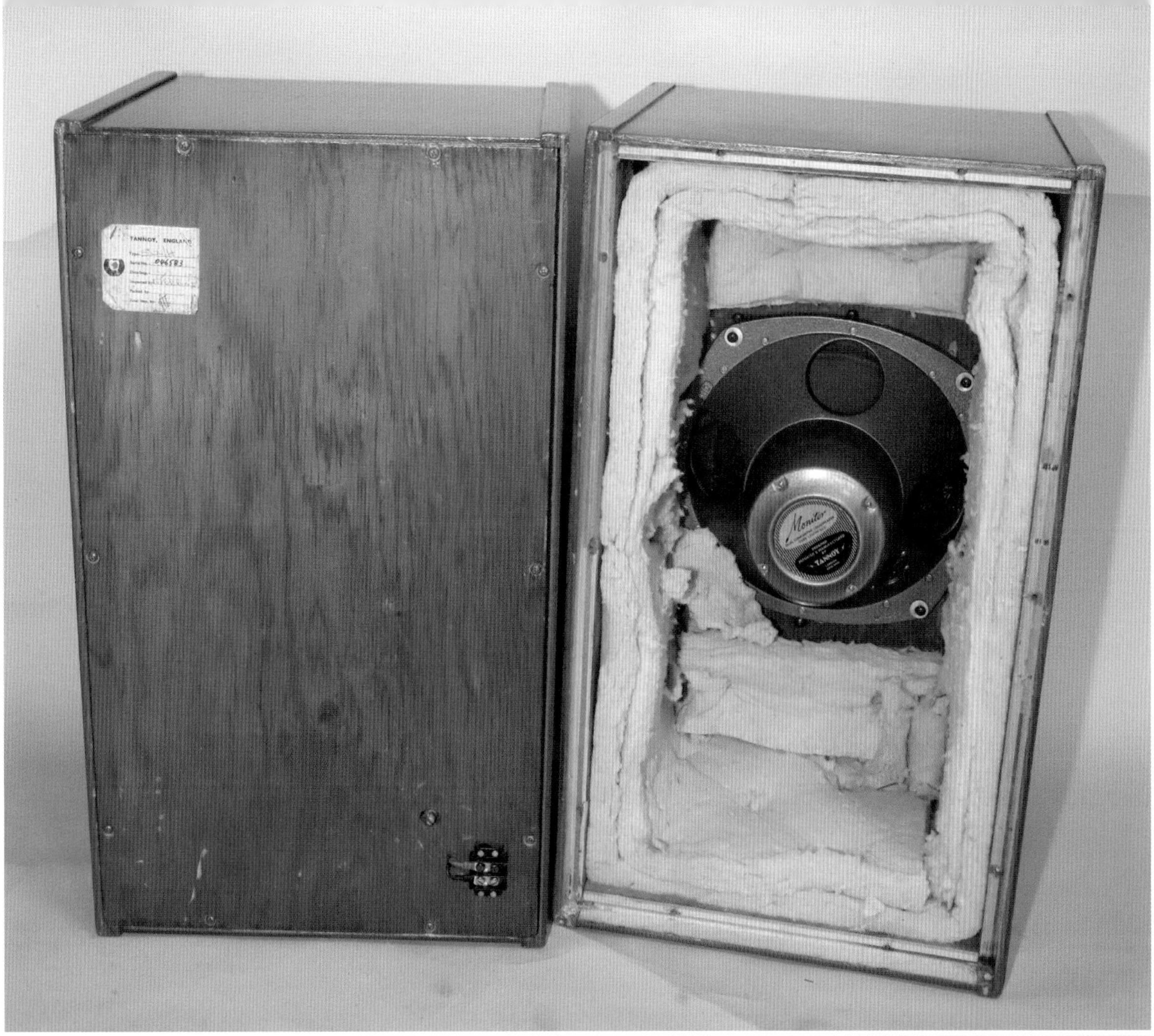

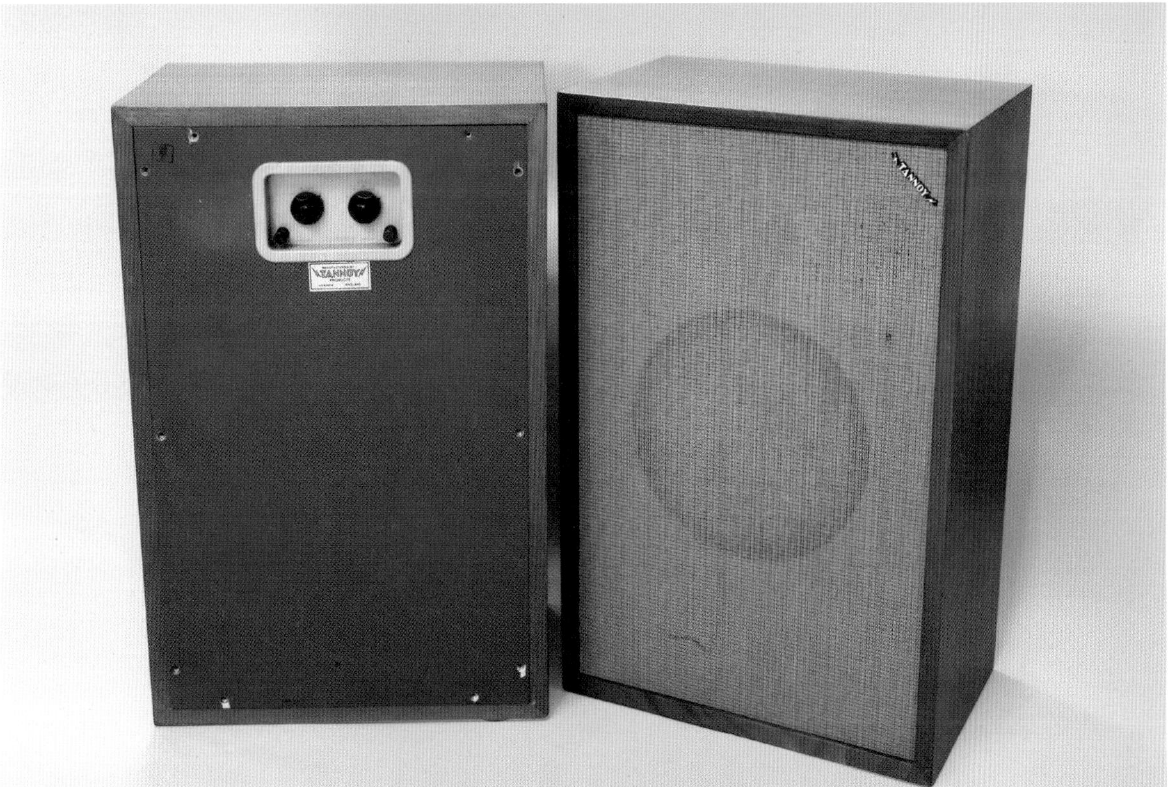

»
레드ⅢLZ 뒷면과 내부(상단)와 골드ⅢLZ 뒷면과 앞면(하단)

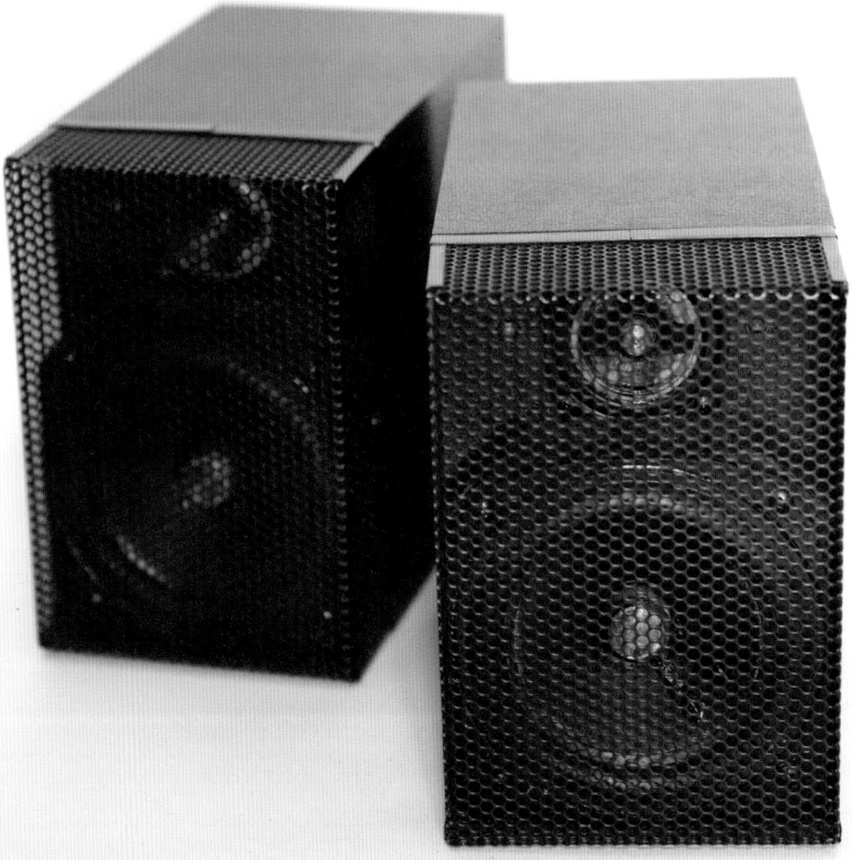

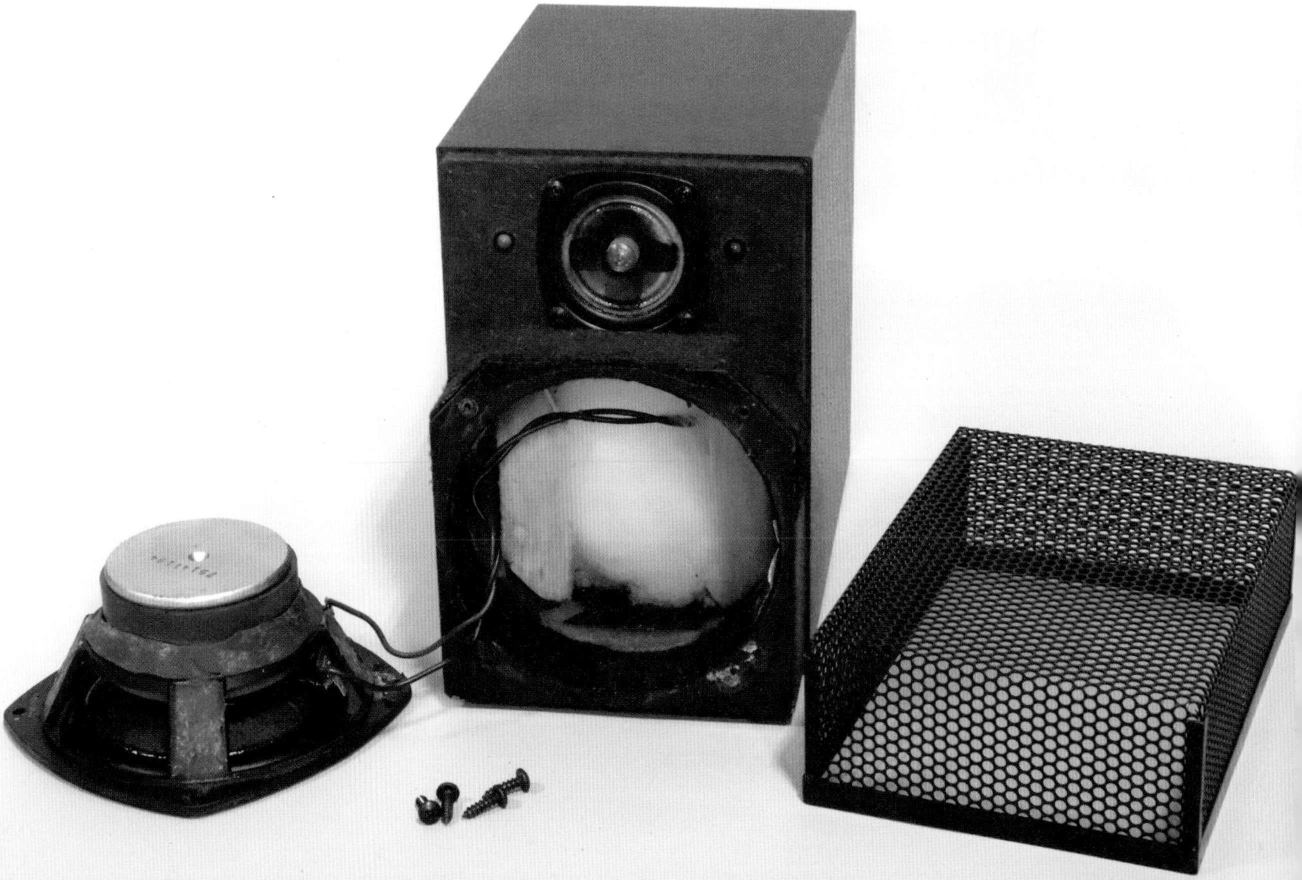

Pyramid Metronome Model 7

핀 포인트 스피커

피라미드 메트로놈 모델 7은 유명한 마란츠 10B 진공관 튜너의 설계자 딕 세키에라(Dick Sequerra)가 설계한 역작이다. 보통 그의 이름은 마란츠 10B의 설계에서 비롯되며, TR 튜너로 세계 정상을 달렸던 '더 세키에라(The Sequerra)' 모델로 이름을 굳혔다 해도 과언이 아니다. 사실 오디오 기기 중 가장 어려운 것이 튜너다. 프리앰프나 파워앰프 그리고 턴테이블 및 스피커는 웬만한 지식만 있으면 설계가 가능하다. 물론 명기로 살아남기는 절대 쉬운 것이 아니지만 말이다. 그러나 튜너는 그야말로 첨단 회로 지식과 창조 능력, 소리에 대한 이해가 없으면 감히 엄두도 못 내는 분야이다. 세키에라가 이 어려운 분야에서 두각을 나타냈다는 뜻은 그의 회로 설계 능력이나 오디오 전반에 관한 탁월한 천재성을 한눈에 보여주었다 해도 과언이 아닐 것이다. 물론 그런 제품이 꼭 상업적으로도 성공한다는 보장은 없다. 그러나 그의 창작품 마란츠 10B와 더 세키에라 튜너는 오디오 역사에서 결코 지워지지 않을 금자탑이 되어 버렸다. 그러한 그의 모든 경험과 지식을 동원하여 스피커에 도전해 그의 이름을 내걸고 제작한 스피커가 바로 피라미드의 기준 모델인 메트로놈 모델 7이다. 메트로놈은 잘 알다시피 연주자들이 템포의 기준을 삼는 박자기인데, 이런 모델명을 붙인 것은 스피커의 성능이 기준적인 데가 있다는 것과 생김새가 또한 메트로놈과 닮았기 때문이다.

피라미드의 스피커를 접한 것은 메트로놈 모델이 먼저가 아니라 T-1이라는 리본 트위터, 정확히 슈퍼 트위터가 먼저이다. 이 T-1은 거대한 알니코 자기회로 사이에서 알루미늄 아코디언 진동판이 수평 진동해 청아하고 디스토션이 없는 초고역 재생을 목표로 했다. 약 1980년대 말 당시 일본 「스테레오 사운드」에서 선

»
피라미드 메트로놈 모델 7

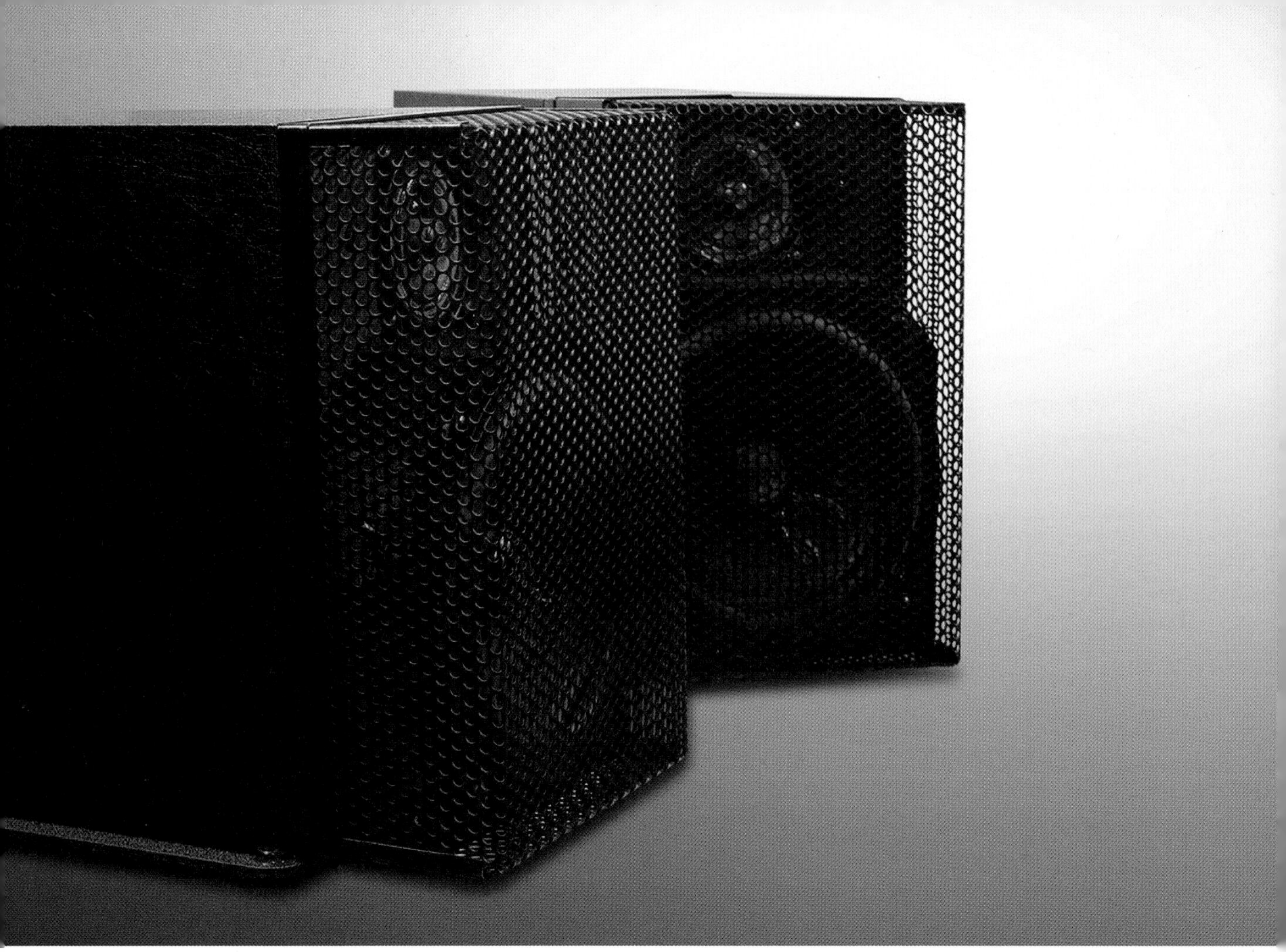

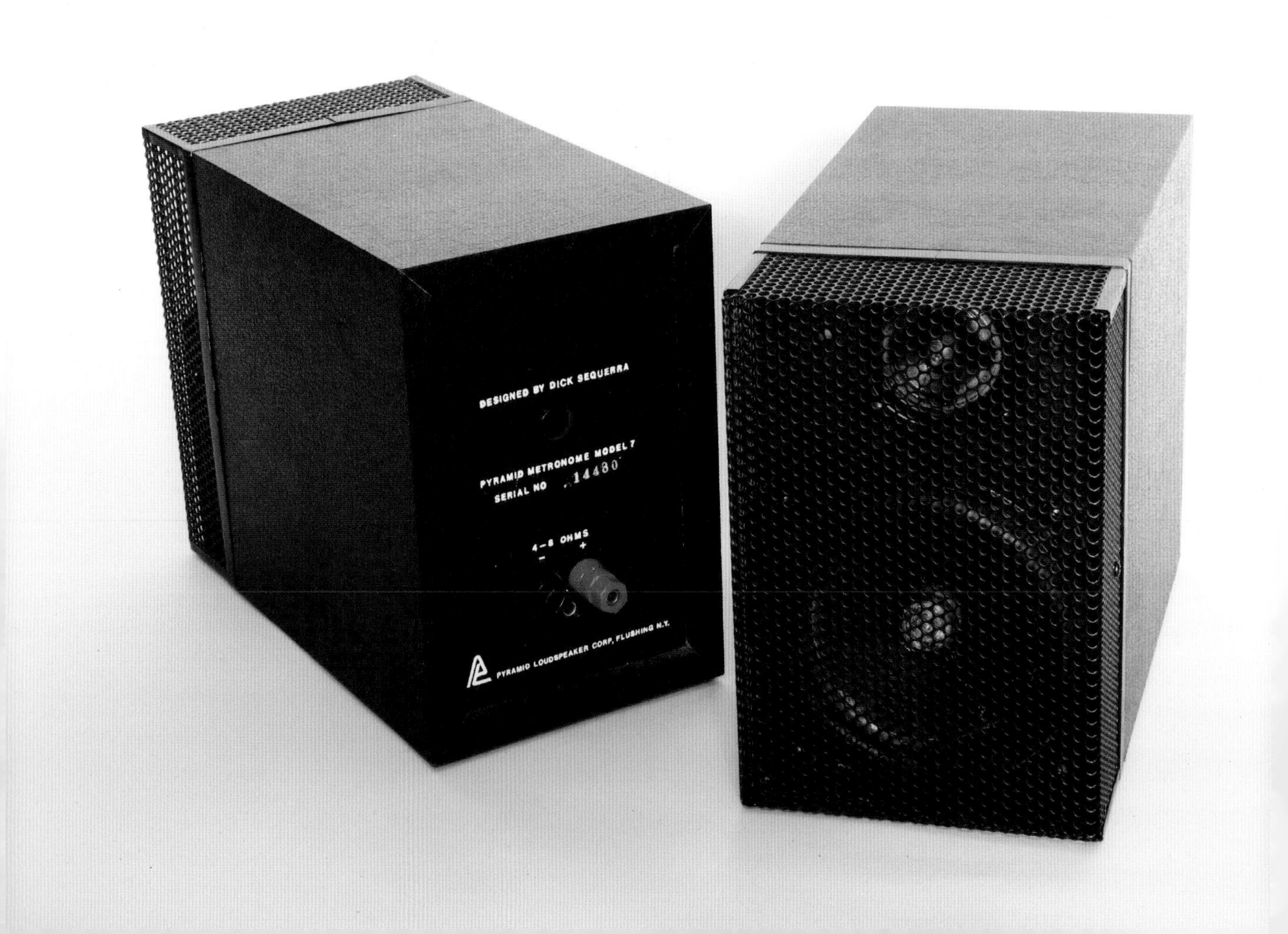
DESIGNED BY DICK SEQUERRA
PYRAMID METRONOME MODEL 7
SERIAL NO 14480
4-8 OHMS
- +
PYRAMID LOUDSPEAKER CORP, FLUSHING N.Y.

정한 '예술의 경지(State of the Art)'에 오른 제품 중 하나로 소개되었으며 1조에 5백만 원을 호가하는 하이엔드 트위터였다. 이 트위터를 당시 필자의 스피커였던 탄노이 레드 GRF(국내 제작 인클로저)의 초고역 보충기로 사용하고 있었다. 그러던 중 이 T-1의 가운데 토막이 메트로놈 모델 7이라는 것을 알았다. 특이하게 피라미드라는 회사는 스피커를 빌딩 블록처럼 쌓아서 원하는 시스템을 이루도록 설계하고 있었는데, 하부에 서브우퍼, 중간에 모델 7, 상위 고역에 T-1이라는 식이었다. 가장 간단하게 시스템을 구성하고 싶으면 중간의 메트로놈 모델 7 하나면 완성된다.

모델 7의 특징은 콘 중·저역 유닛과 콘 트위터로 디스토션 없이 가장 정확한 중역과 저역을 재생하는 데에 집중되어 있다. 물론 중역에 저역이 충분히 묻어나지만 거기에 디스토션이 따라붙는다면 철저히 롤오프시켜버린다. 또한 내부에 디스토션 감지 시스템이 내장되어 있고 조그만 초록 LED와 레드 LED로 검색, 표시하도록 설계되었다. 지속적 디스토션이 생기면 레드 LED가 들어와 사용자가 볼륨을 줄이거나 기타 방법으로 보완하도록 디자인했던 것이다. T-1은 물론 훌륭하다. 모든 것을 뛰어넘는 탁월한 고역 재생 능력을 갖추고 있다. 그런데 음색으로 본다면 이 모델 7은 더욱 뛰어난 바가 있다. 중역의 상위 고역은 약간 리셋된 전면 배플에 장착되어 위상 에러를 보정하고, 중역과 중하위 고역은 약 10cm 구경의 고무 에지 콘 스피커가 담당하는데, 주위를 모두 흡음 융으로 감싸 2차 회절 음을 가능한 차단하고 있다. 인클로저 역시 비닐 레자로 감싸서 마감해 자체 진동에 의한 회절과 여진동을 철저히 차단했다. 전면 망은 스틸 펀칭 케이지로 옆면에서 나사로 고정시킨다.

80dB 내외의 초저능률 설계로 이 스피커를 제대로 운용하려면 최소 채널당 100W 이상의 대출력이 필요하다. 크기가 작다고 소출력 파워앰프나 중출력 진공관 앰프로 핸들링하려 들면 실패하기 십상이다. 그러나 기본적인 울림 이상으로 핸들링되기만 하면 마치 정전형 스피커처럼 투명하고 호방하면서도 깔끔한 소리가 재생된다. 저역도 부족하다는 느낌이 아니며, 정확히 핀 포인트라는 인상이 드는데, 좋은 풀레인지 스피커에서 나오는 음색에 박력이 더해진 가감 없는 음질을 가지고 있다. 선재의 영향력이 비교적 큰 편으로 선의 특성을 그대로 반영한다. 물론 앰프의 음색이나 소스의 음색도 솔직하게 재생해 마치 니어필드 모니터 스피커를 듣는 듯한 쾌감이 있다. 보컬이나 바이올린 등은 질감과 해상력이 통쾌함마저 들 정도로 투명해 더할 나위 없다. 가능한 하부에 스탠드를 설치하는 것이 모델 7의 성능을 극대화할 수 있는 길이며, T-1이 있다면 상위 초고역은 한 번 받쳐줄 필요가 있을지 모르지만 하부 서브우퍼는 오히려 없는 것이 더 매력적이라고 이야기하고 싶다. 3/5a 계열의 스피커가 약간 답답하다면 비슷한 느낌으로 모델 7을 사용하면 만족감이 극대화되리라 생각한다. 물론 가격은 반값도 안 되지만 말이다. 이미 제조되지 않는 왕년의 명기지만 간혹 눈에 띄는데, 모델 7 MKⅡ도 나왔으나 역시 백미는 전작인 모델 7이다. 세키에라의 탁월한 오디오적 감각을 엿볼 수 있는 명작 스피커다.

››
전면모습(상단)과 뒷면 입력단자(하단)

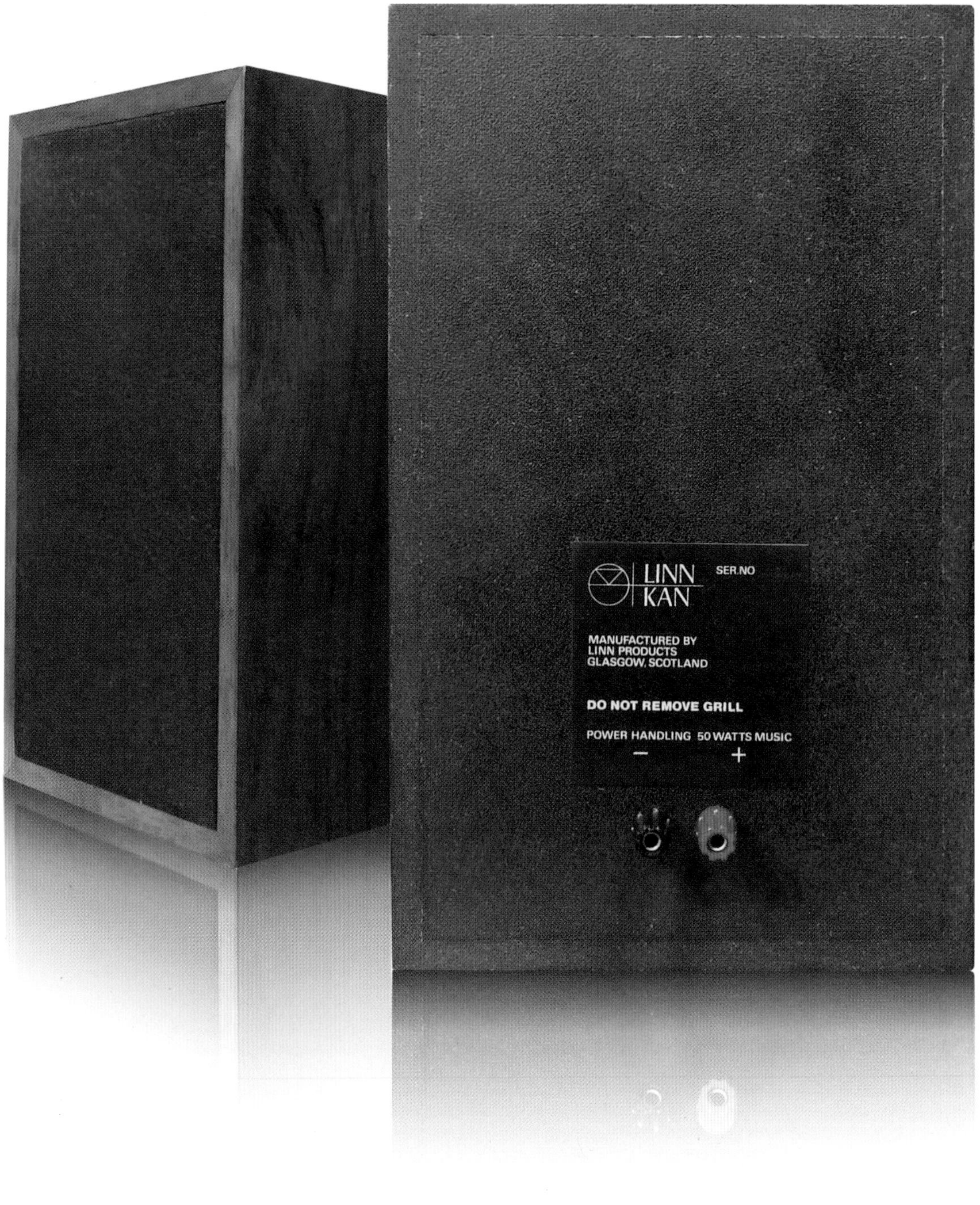
LINN
KAN
SER.NO
MANUFACTURED BY
LINN PRODUCTS
GLASGOW, SCOTLAND
DO NOT REMOVE GRILL
POWER HANDLING 50 WATTS MUSIC
−
+

Linn Kan

음악을 음악으로 표현하는 소리

향기가 넘치지는 않는다. 그리고 무한정 순응하고 곱지도 않다. 반항하며 대들지만 그 안에는 깊게 전달하는 그만의 호소력이 있다. 그 호소력이 마치 지조 있는 여인의 유혹처럼 마음에 와 닿는다. 스코틀랜드의 린사를 생각하면 대표적으로 떠오르는 것이 역시 턴테이블 손덱이다. 손덱은 오디오 역사상 가장 많이 판매된 스테디셀러 모델로, 아날로그 마니아라면 한 번쯤 거쳐 가지 않을 수 없는 레퍼런스 턴테이블 반열에 올라있다. 손덱의 단아함과 깊은 음악성, 내구성 등은 린사를 대변할 만큼 인상적이다. 사실 린은 카트리지와 CD 플레이어를 비롯해 프리, 파워앰프와 스피커에 이르는 종합 오디오 제조사로, 각 분야에서 이미 명성을 떨친 바 있는 관록 있는 회사다. 각 분야에서 일관된 철학으로 만든 제품은 특유의 음색과 가치를 지니고 꾸준히 마니아들의 입에서 회자된다. 보컬과 현을 들어보면 린 특유의 흡입력을 느낄 수 있는데, 이것이 린 칸을 놓지 못하는 가장 큰 이유이다. 그 흡입력에 한번 매료되면 누구도 잘 빠져나오지 못한다. 다른 기기를 경험하고서도 그 묘한 회귀성 유혹 때문에 돌아오곤 하는 마니아들을 많이 보아왔다. 린은 음색이 튀거나 빛나지 않는다. 그들의 표현은 항상 우아하며 점잖고 부드럽다. 그러나 음악을 가장 음악답게 표현하기 위해 노력했다는 공감대를 리스너 가슴에 새겨준다. 이것이 린의 은근하고 끈질긴 매력의 원천이다. 손덱 턴테이블만큼이나 현재까지 중고시장에서 인기를 끌고 있는 제품에는 아이소베릭(Isobarik) PMS와 칸(Kan) 스피커가 있다.

아이소베릭은 초기 플래그십 모델로, 인클로저 내부에 아이소베릭 더블 우퍼를 내장한 독특한 구조의 밀

»
린 칸의 앞뒷면

폐형 스피커였다. 아직도 추종자들이 많은 명기로, 음악성 높기로 유명하다. 아이소베릭과 네임 오디오의 매칭은 현재까지도 그에 대적할 시스템이 없을 정도로 좋은 소리를 낸다. 또 하나 린의 명스피커가 바로 칸인데, 잘 아는 BBC 3/5a 계열의 니어필드 모니터 스피커이다. 로저스 3/5a 구형과 우퍼를 같이 쓰며, 돔 트위터만 동사의 제품을 장착했다. 11cm의 우퍼(KEF사 제품)와 1.9cm 소프트 돔 트위터를 장착한 밀폐형으로, 크로스오버 주파수 2.7KHz에 재생 주파수 대역 70~20,000Hz(±3.5dB), 내부 임피던스 8Ω, 감도 86dB/W/m에 내입력 100W 정격을 가진 소형 스피커다. 로저스 3/5a와 주파수 특성은 동일하며, 감도는 82.5dB/W/m에 비해 로저스가 약간 높은 편이어서 핸들링하기는 로저스보다는 수월하다. 그러나 최소 50W/ch 정도의 핸들링 파워가 필요하며, 기본적으로 100W/ch 이상의 앰프를 연결해야 저역이 이상 없이 구동된다.

출력을 제대로 뽑는 EL34 PP 진공관 앰프와 물리면 고역도 순해지고 입체감도 살아나 특유의 임장감을 맛볼 수 있지만, 출력을 작게 뽑는 EL34 앰프와 물리면 저역이 끌리며 윤곽이 무너진다. 마란츠 8B나 2와 같은 구형 앰프와는 상성이 좋은 편이 아니며 오히려 코플랜드와 같은 신형 앰프와 매칭이 좋다. 일반적인 3/5a 음색을 이어받고 있지만 로저스에 비해 고역의 투명도가 향상되어 있어 약간 밝다. 칸 전용 스탠드가 아니라도 스탠드에 올려놓으면 저역의 개방감이 상승되어 시원하면서도 더 입체적인 사운드를 기대할 수 있다. 후기형 바이와이어링 단자 타입도 있지만 초기 싱글 단자 타입이 더 입체감이나 음악성 면에서 우세하다. 시장에서의 반응도 물론 싱글 단자 쪽이 좋은 편이며 아직도 마니아층이 두껍다. 발매 당시의 가격은 로저스 3/5a와 거의 동일했지만 현 시세는 1/2정도로 저렴한 편이다. 그러나 니어필드에서 개인 공간을 울릴 수 있는 스피커 중에는 어느 스피커보다도 발군의 실력을 발휘하는 명기로 추천하고 싶다. 트위터가 아이소베릭 PMS와 동일 제품이어서 고역의 음색은 아이소베릭과 닮아 있는데, 뻗침이 강하지 않은 투명함이 매력 있다. 로저스와는 달리 전면 그릴이 아예 접착되어 있어 분리되지 않는다. 억지로 제거하려 들면 그릴이 망가지니 조심해야 한다. 어두운 곳에서 플래시로 살피면 내부 유닛 상태를 대충은 볼 수 있다. 네임의 TR 앰프와 연결하면 더 지성미가 넘치지만 따스함은 살짝 덜하다. 중·고역의 투명함도 두께를 얇게 해서 강조되며, 상쾌함은 진공관 앰프를 연결할 때와 차이가 많다. 취향에 따라 나뉘겠지만 여전히 음악성은 모자랄 것이 없어 양쪽 다 호감이 간다. 아날로그 사운드의 질감에 적합한 음악성 있는 해상력, 그 이상 그 이하도 아닌 바로 그 점이 이 스피커의 가장 맘에 드는 부분이라 말하고 싶다.

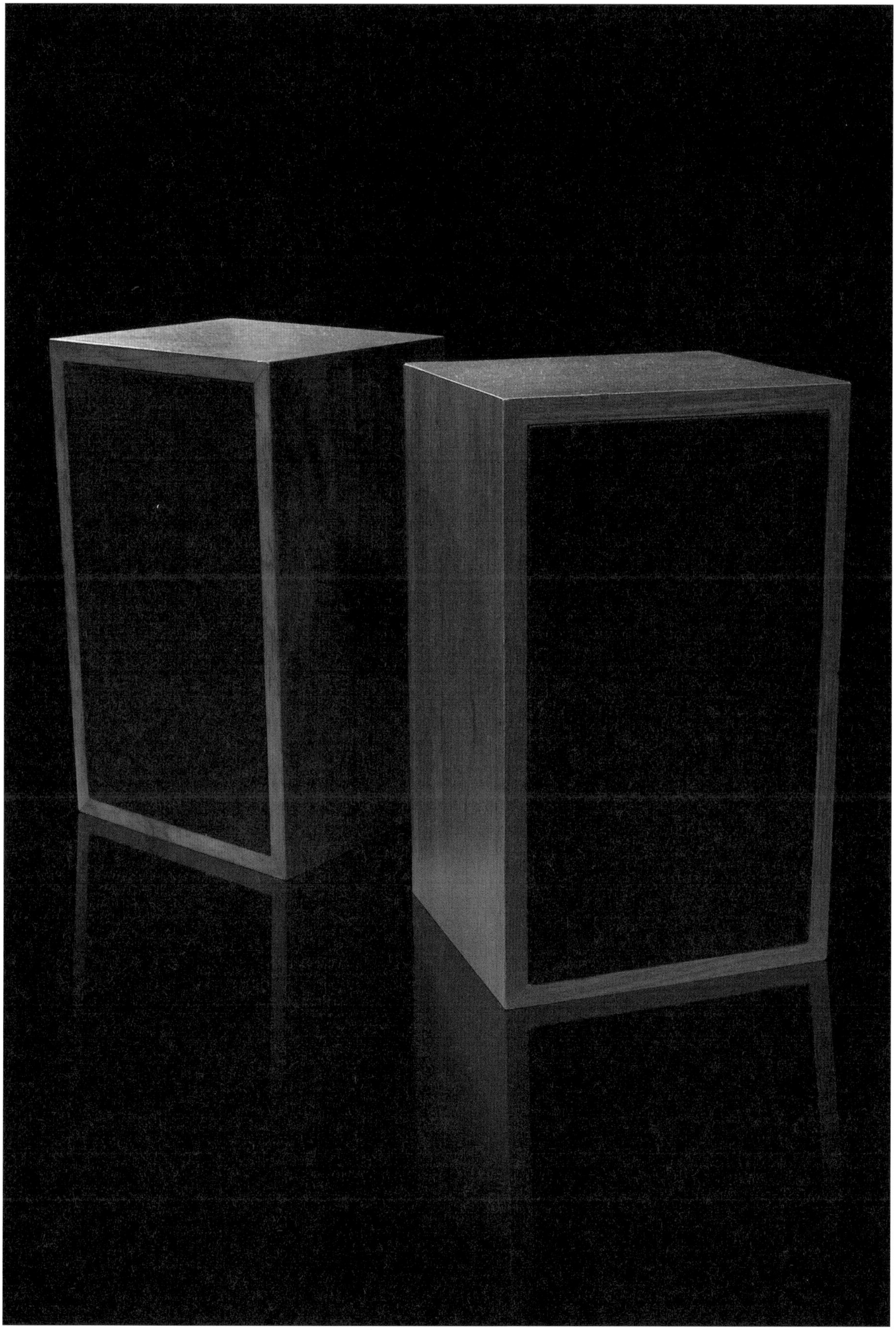

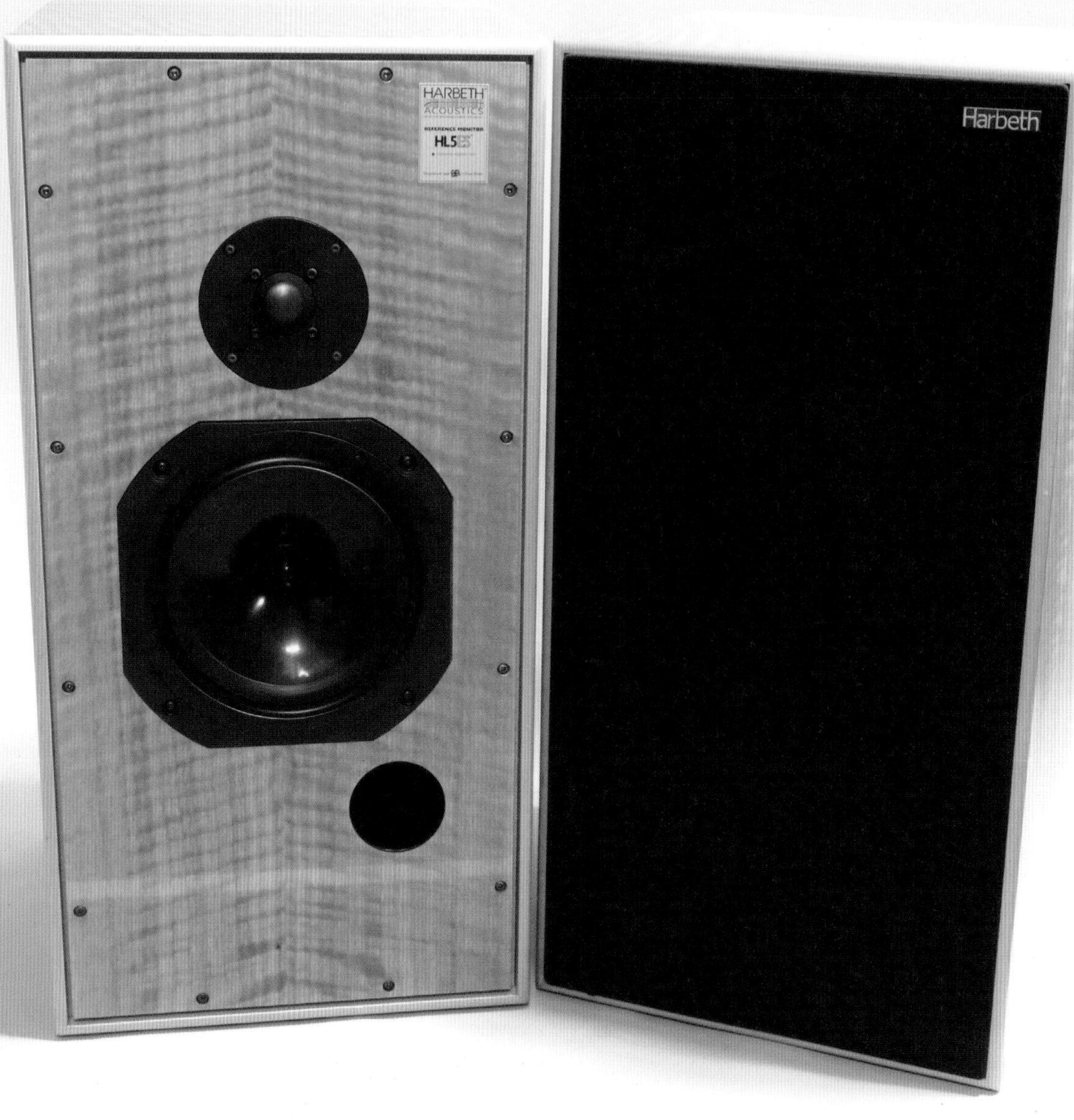
HARBETH
ACOUSTICS
REFERENCE MONITOR
HL5
Harbeth

Harbeth HL5 ES

홈 콘서트의 지휘자

오디오의 핵심은 바로 스피커다. 어떤 스피커를 선택하느냐가 그 오디오 판의 성격을 좌우하며, 음악적 취향이나 사용자의 성격까지도 반영된다. 혼 스피커를 택했다면 직선으로 뻗는 소리, 호방함, 고능률에서 오는 다이내믹 등 여러가지 음질적 특성을 좋아한다는 뜻이며, 앰프를 매칭해나가는 것 역시 고능률인 만큼 저출력에 저노이즈 앰프 중 진공관을 사용한 빈티지류 제품이 맞는다. 선재 역시 현대의 하이엔드 케이블보다 WE나 노이만, 벨덴 등 빈티지 케이블 중 가급적 스피커와 같은 시대에 제작된 것을 매칭하는 것이 맞다. 예를 들어 웨스턴 혼 스피커라면 1930~50년대 WE 케이블, 독일의 클랑 혼 스피커라면 당대의 노이만이나 지멘스, 텔레푼켄 케이블이 맞을 것이다. 스피커에 따라 케이블이나 앰프도 동일 매칭으로 발전해왔기 때문이다.

이 시대적 조류는 소위 이야기하는 아메리칸 사운드, 브리티시 사운드, 도이치 사운드의 3대 산맥을 이루었는데, 서로 경쟁하고 교류하면서 성장했기 때문에 내용을 보면 일맥상통하는 부분이 있다. 당시 오디오 제품은 각국 간에 경쟁 아이템이어서 어떻게 하면 좋은 소리를 낼까 연구하고 발전시킨 흔적이 역력히 나타나 있다. 미국이 호방함을 바탕으로 한 큰 스케일과 다이내믹을 추구했다면, 독일은 음의 투명성과 해상력, 직선성을 위주로 했고, 영국은 자연스럽고 우아하며 현실성 깊은 사운드로 발전해나간다.

브리티시 사운드는 스피커뿐만 아니라 앰프 측면에서도 특유의 검소성과 실용성이 잘 반영되어 있고, 결과적으로 비교적 저렴한 제품들을 내놓았다. 그러나 최근 들어서는 오히려 당시 고가품이었던 미국이나 독일 제품의 인기를 넘어서 새롭게 평가되고 있어 오히려 가격도 오르고 귀해졌다. 특히 영국의 빈티지 스

»
하베스 HL5 ES

피커를 대표하는 구형 탄노이의 경우 오리지널 인클로저 제품은 사고 싶어도 제품이 없어 못 살 지경에 이르렀다.

대표적 브리티시 사운드들의 특징은 스케일이 큰 아메리칸 사운드에 비해 스케일이 작고 아기자기하지만 실제 악기음에 가까운데, 이러한 특성이 음악적 집중력과 자연스러운 음장을 형성하는 계기가 되어 부담 없이 실내 가정에서 콘서트 현장으로의 비약이 가능하다. 브리티시 사운드의 계보를 잇는 여러 스피커 중 비교적 저렴한 가격으로 세계적 호응을 얻고 있는 대표적 메이커가 하베스다. 하베스에서는 초하이엔드 스피커도 아니면서 초하이엔드와 겨누어도 손색없는 실용적 제품을 주로 생산했는데, 마니아들 가운데 소장파들이 가장 선호하는 스피커이며, 메인을 가지고 있더라도 서브로 갖고 싶어 하는 첫 번째 스피커가 하베스이기도 하다.

하베스의 스피커들은 대부분 부피가 크지 않아 국내 가정의 룸 컨디션에 잘 맞는다. 그리고 앰프 매칭도 까다롭지 않아 TR 앰프든 진공관 앰프든 매칭시키면 여지없이 기본 이상의 실력을 발휘해주는 역량 있는 스피커다. 그중에서 가장 인기 있는 롱 스테디셀링 모델이 바로 하베스 HL 콤팩트 7과 HL5 시리즈다. 그리고 그중에서도 스케일이나 크기, 음질 면에서 가장 인기 있는 제품이 바로 HL5 시리즈다. 현재 HL5에서 HL5 ES를 거쳐 슈퍼 트위터를 장착한 슈퍼 HL5 그리고 마지막 일곱 번째 버전인 슈퍼 HL5 플러스에 이르러 있다. 슈퍼 버전은 기본 2웨이 HL5 버전에 3/4인치 슈퍼 트위터를 가미한 간이 3웨이 버전인데, 실제 네트워크 구조는 전 버전과 동일하게 2웨이로 구성되어 있다고 생각하면 맞다. 혹자들은 오히려 2웨이 버전이 음악성이 더 좋다고 평가하고 있는 만큼 취향에 따라 선택할 문제지만, 기본적으로 HL5의 음색은 어떤 모델이라도 마니아들을 만족시키기에 충분하다.

HL5 ES는 중·후반 버전으로 8인치 프랑스 오닥스 콘 유닛과 1인치 시어스 알루미늄 돔 트위터를 장착한 저음 반사형 북셀프 스피커다. 전용 받침대가 있지만 가격이 비싼 관계로 대부분 스피커 본체만 거래되는데, 아직까지 인기가 대단하다. 감도 86dB/1W ·1m이며 내입력 100W로 25W/ch 이상의 앰프를 추천한다. 무게 17kg으로 레이저로 정밀 가공한 MDF 패널을 초음파 접착해 인클로저 마감새가 정밀하다. 내부 흡음재는 합성 스펀지류를 사용하며, 고해상력의 옥타브당 16dB 슬로프의 초정밀 네트워크가 내장되어 있다. 경험해본 바로는 7591관을 사용하는 구형 피셔 리시버와도 상성이 좋고, 마란츠나 아큐페이즈, 쿼드의 TR 앰프와도 매칭이 좋다. 특유의 온화하고 저자극적인 음질 디테일이 하루 종일 음악을 부담 없이 접하게 하며, 따뜻하면서도 현실감 있는 음장을 재현해 음악 자체에만 몰두하게 하는 음색이 매력이다. 가격은 무난하지만 음질은 충분한, 한국 실정에 최적화된 스피커 중에 하나다.

»
하베스 HL5 ES 전면(상단 좌)과 뒷면 바이 와이어링 단자(상단 우)
영국 태생을 강조한 하베스 마크(하단)

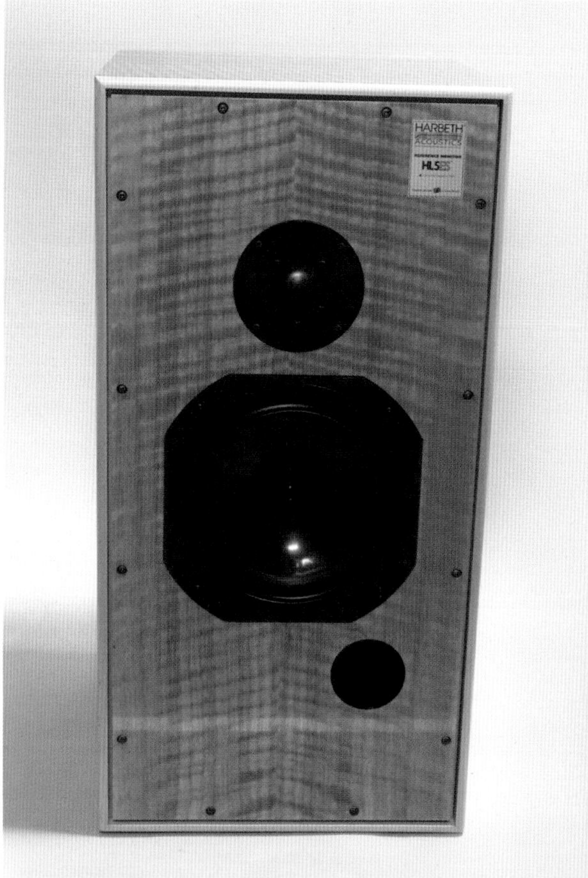

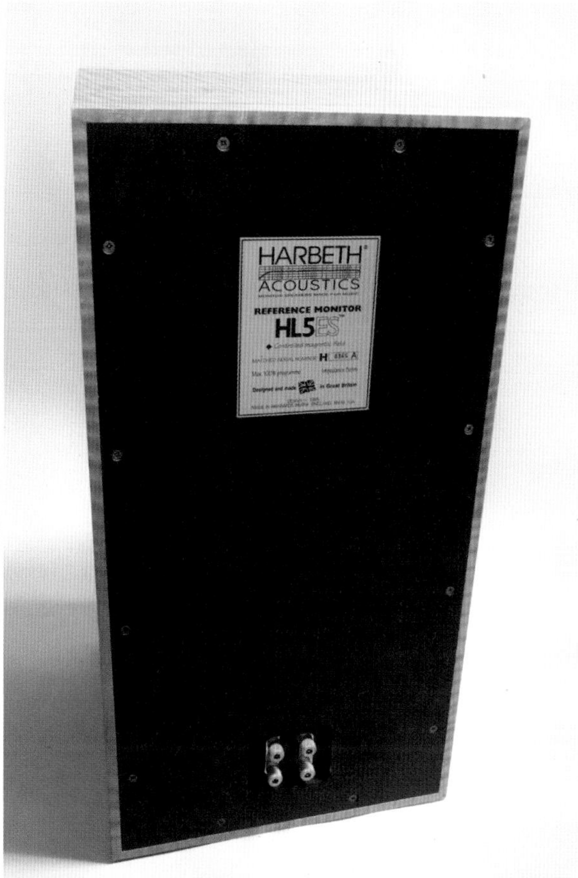

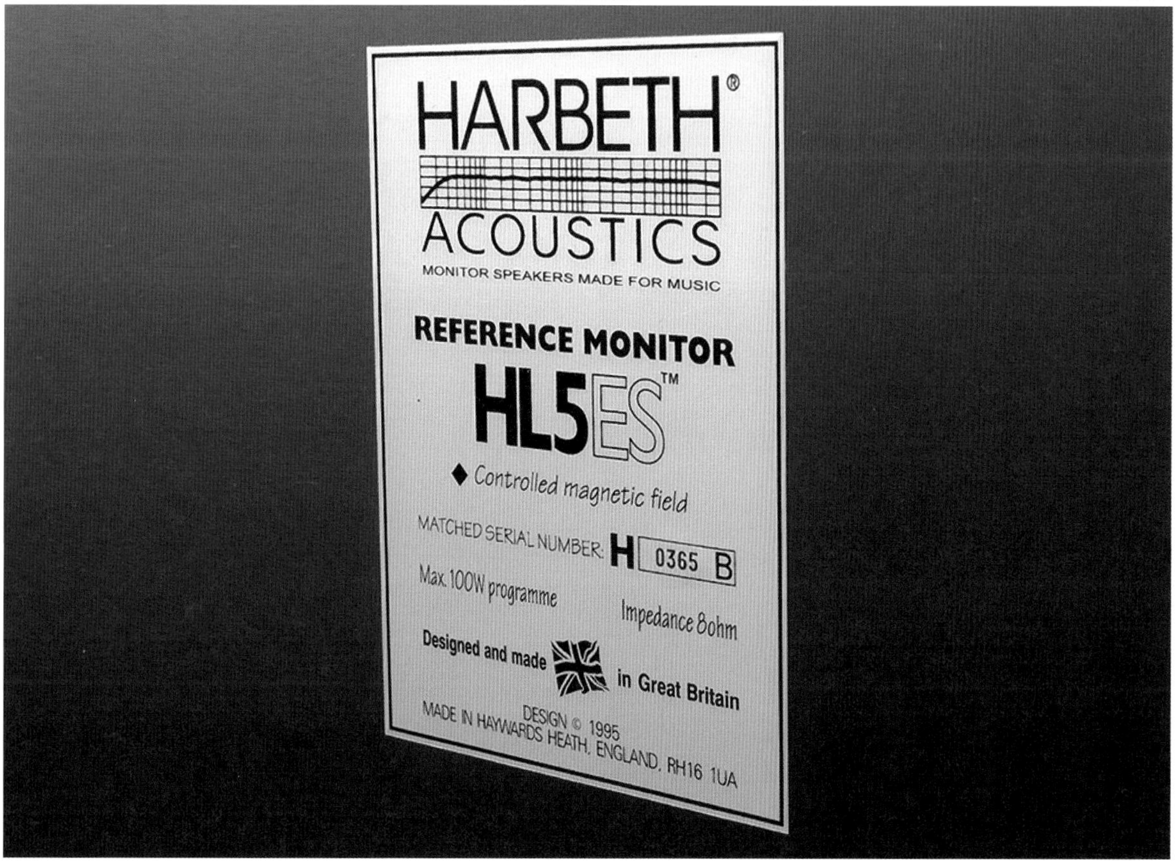
HARBETH®
ACOUSTICS
MONITOR SPEAKERS MADE FOR MUSIC
REFERENCE MONITOR
HL5ES™
◆ Controlled magnetic field
MATCHED SERIAL NUMBER: H 0365 B
Max. 100W programme
Impedance 8ohm
Designed and made in Great Britain
DESIGN © 1995
MADE IN HAYWARDS HEATH, ENGLAND, RH16 1UA

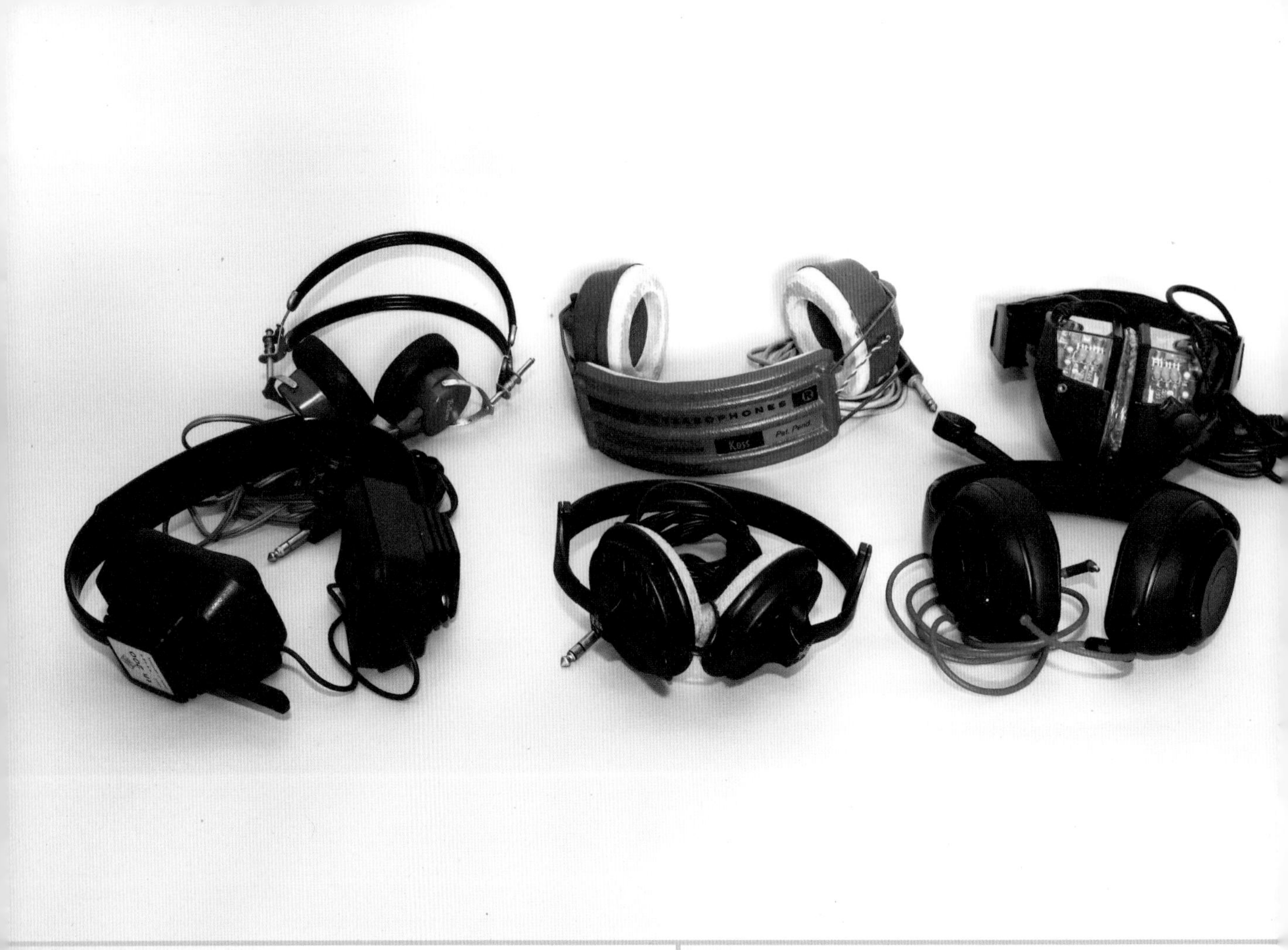
Koss
Pat. Pend.

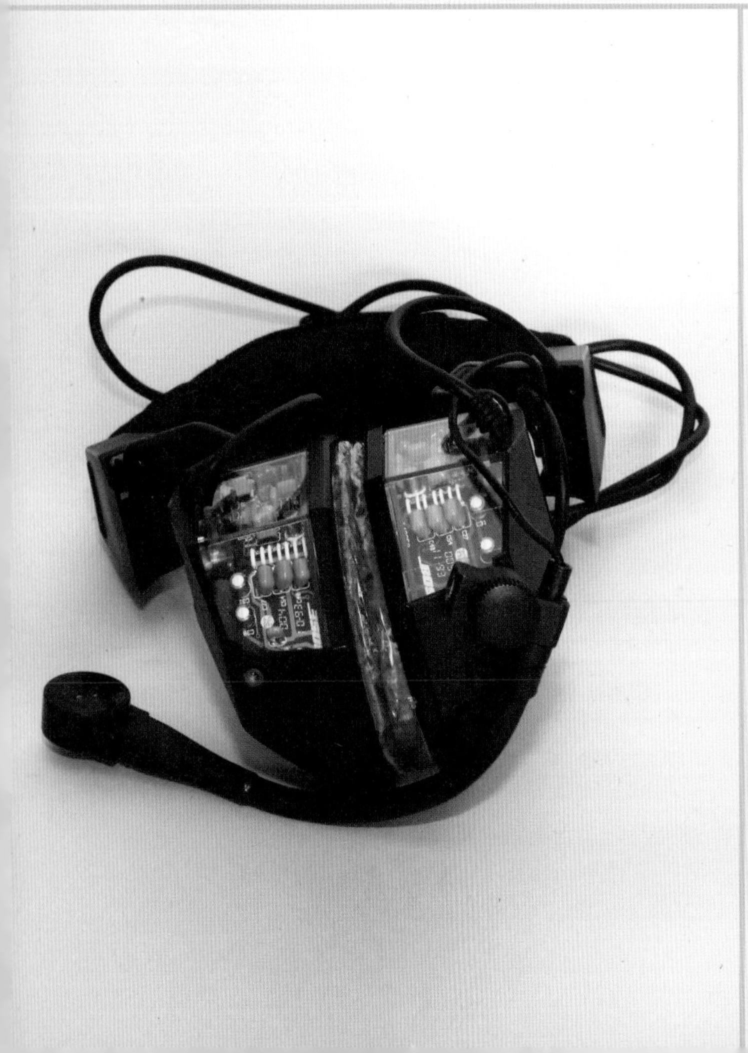

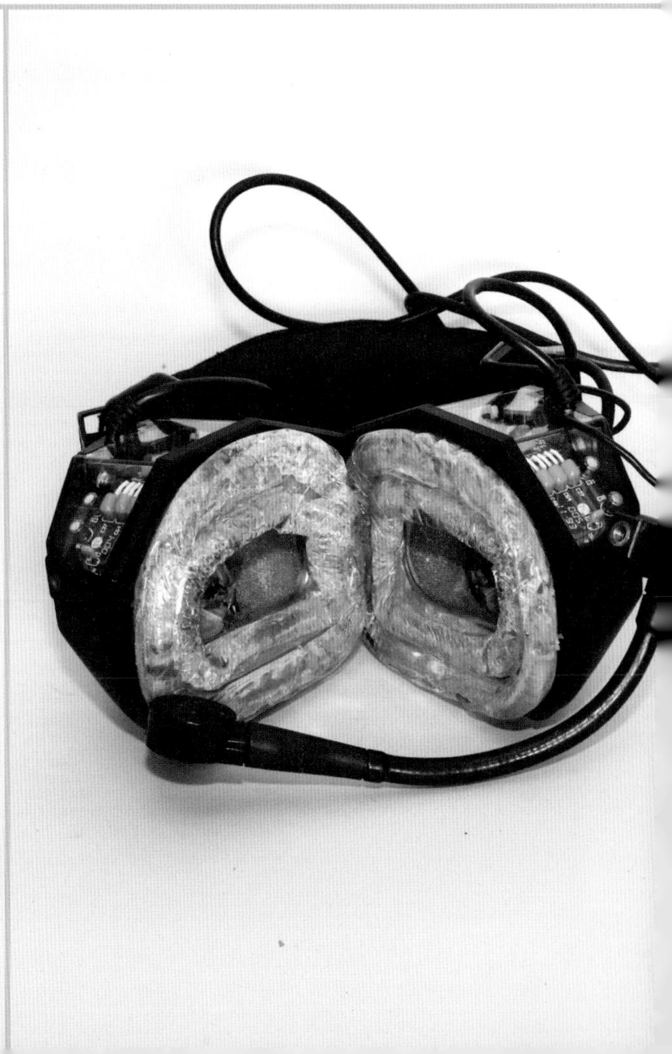

나만의 음향공간 헤드폰

최근 들어서는 사적 공간 프라이버시가 중요시되어 야외 또는 이동 중에 음악을 듣거나 TV를 보는 경우에는 헤드폰이 많은 이들의 사랑을 받는다. 특히 귀 내부에 삽입되는 초소형 헤드폰들이 인기가 좋은데 소리를 들어보면 그 크기에서 나온다고는 상상할 수 없을 정도로 주파수 대역이 좋고 다이내믹하며 음장이 넓다. 그러나 이런 유의 헤드폰은 내이와 고막에 공급되는 외부대기로부터의 산소 공급을 차단하여 귀 건강에 매우 나쁘다는 것을 명심하여야 한다. 또한 장시간 사용하면 이명이나 난청의 원인이 되기도 하는 만큼 상당한 주의를 요한다. 그리고 본격적인 음악감상을 목적으로 고성능 하이엔드 오디오나 CDP의 모니터용으로 사용할 때는 소형의 경우 한계성을 여실히 느끼는데 결국 고성능의 고급 헤드폰을 찾게 된다. 고성능 헤드폰의 경우 대부분 크기도 크지만 가격도 만만치 않다. 과거 1980년대 오디오를 시작할 무렵에는 고가의 스피커를 들여놓을 수 없어 우선 헤드폰을 전제로 한 오디오를 꾸민 적도 있었는데 현재에 와서도 젊은이들 사이에서 이런 현상이 동일한 것 같다. 사실 그때는 대부분 미국 코스(Koss)사의 다이내믹 스피커형 헤드폰이 대부분이어서 무게도 무겁고 고역의 투명도나 해상력에 문제가 있었는데, 후기에 이를 개선한 투명 폴리프로필렌 진동판을 장착한 Pro-4X 시리즈 등이 나와 선망의 대상이 되기도 하였다. 사실 당시 이런 헤드폰이 웬만한 JBL L 시리즈 스피커보다 음색이 좋았지만 가격은 높은 편이어서 이를 살 수 없을 때는 일제 파이오니아나 코랄 등의 보급품을 사용하였던 것 같다.

필자가 최초 헤드폰 음색에 반한 것은 스탁스(Stax)의 소위 이어스피커 시리즈 정전형 다이어프램 헤드폰

»
각종 헤드폰(상단)
보스사의 헤드폰 어베이션(Avation)은 페이즈 켄슬레이션 노이즈 차단과 귀와의 밀착도를 높이는 실리콘 패드가 특징이다(하단)

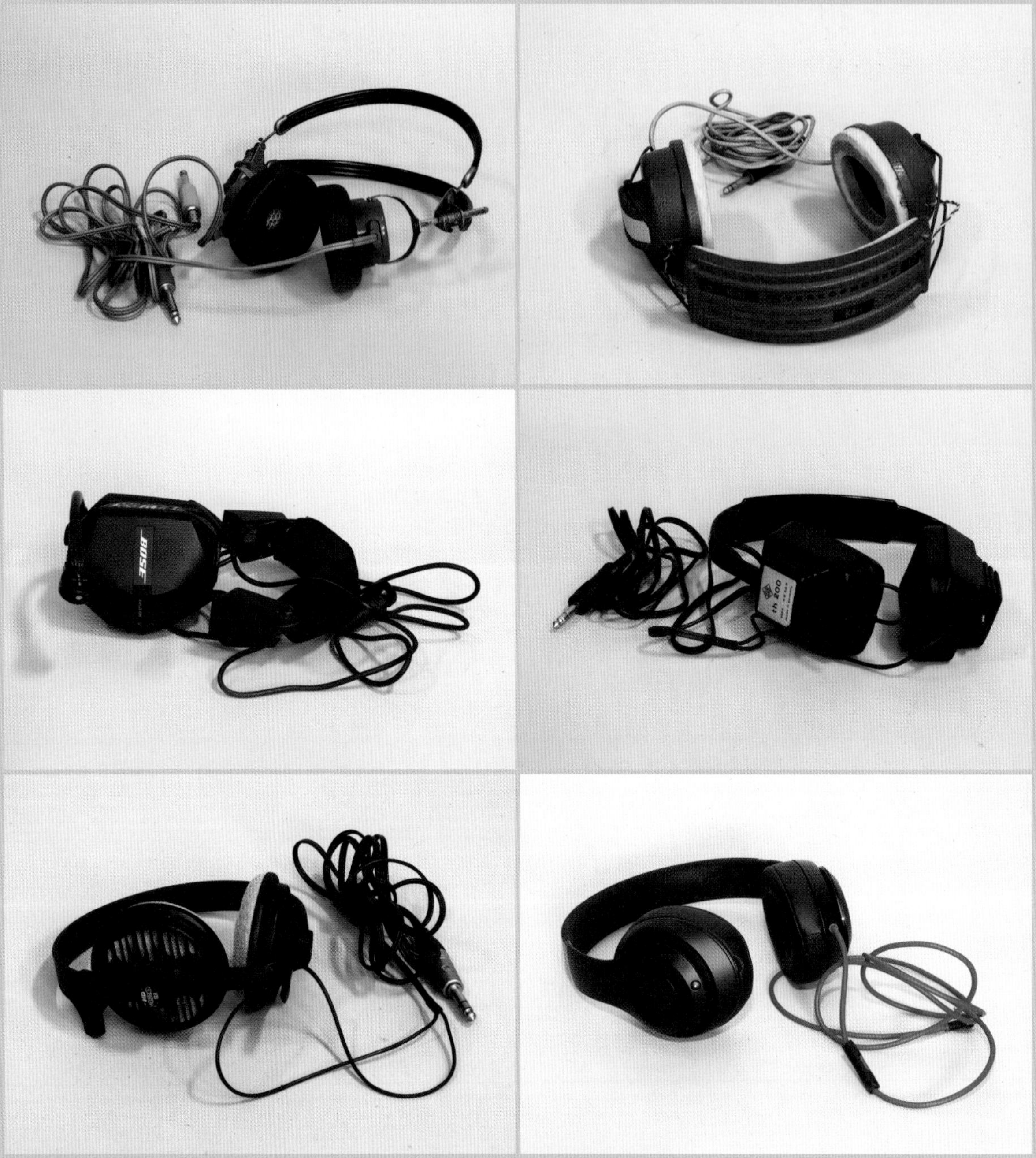

»
(맨 위부터)
진공관 시대의 벨톤 헤드폰(좌), 코스의 초기 헤드폰(우)
보스의 어베이션(Avation) 모델(좌), 독일 텔레푼켄 TH-200(우)
독일 젠하이저 HD-420SL(좌), 비트 최신형 헤드폰(우)

이었다. 그러나 이 헤드폰의 경우 저역을 확보하기 위한 진동판 면적 확장으로 상당한 크기와 무게를 가져 약간은 부담 가는 느낌이 옥에 티였다. 거기다 별도의 고압고정자 형성용의 자체 증폭기를 달고 다녀 단순하게 앰프나 CDP의 헤드폰 잭에 꽂으면 소리가 나는 것도 아니었다. 결국 사용상의 불편에 따라 멀리하게 되었는데 이 음색의 기본 골격 위에 심플한 구조의 고성능 헤드폰을 만난 것은 독일의 젠하이저(Sennheiser) HD 540 레퍼런스 골드를 듣고 난 이후였다. 90년대 초에 이 헤드폰은 고급 나무상자에 수납되어 약 50만 원 이상에 판매되었던 것으로 추정되는데 그 당시 웬만한 스피커 값을 넘어서는 가격이었다. 귀 전체를 덮는 타입이지만 전체 무게가 매우 가볍고(전체 무게 250g), 탈착식 헤드폰 라인은 두께도 얇아져 사용하기가 상당히 편했다. 내부에는 (마이크로폰의 진동계와 흡사할 정도로) 매우 섬세한 폴리프로필렌 알니코 자기회로의 진동계가 수납되어 있고 헤드폰 라인은 투명도를 확보하기 위해 보이스 코일과 같은 무산소 동 계열의 재료로 정밀하게 튜닝되었다. 헤드폰 패드나 라인은 보수용으로 별매하기도 하였다. 그때 구입한 헤드폰은 현재까지 필자의 애장기 중 하나로 음색을 모니터할 때나 홀로 늦은 시간에 음악을 들을 때 사용하는데 아직도 이를 능가하는 헤드폰 소리가 없는 것 같다. 그 이후로 해외 출장이 잦아 비행기 소음에 노이로제가 걸려 보스(Bose)사의 노이즈 제거용 헤드폰을 구매하기도 하였는데 현재도 소장하고있지만 이는 매우 특이한 프로용 헤드폰이라 말할 수 있다. 이 헤드폰은 비행사들이 소음을 죽이고 상대의 음성을 정확하게 듣기 위해 개발한 것으로, 내부에 노이즈의 패턴을 체크한 후 역위상으로 '노이즈 제거용' 노이즈를 발생시켜 전체 암소음 레벨을 다운시키는 첨단 헤드폰으로 이어패드가 매우 부드러운 실리콘으로 되어 있는 것이 특징이다. 최근에는 보스사뿐 아니라 젠하이저, 오디오 테크니카사 등에서도 민수용으로 비슷한 헤드폰을 개발하여 판매하고 있는데 아직까지는 역시 고가이다. 물론 보스사의 그것을 따라오기에는 역부족이나 보스사의 헤드폰은 프로용으로 가격면에서 열 배 이상 차이나기 때문에 비교의 대상은 아니라고 본다. 어떻든 보스사의 페이즈 켄슬레이션 헤드폰의 경우 사용절차가 복잡해서 몇 번 사용해보지도 못하고 장난감이 되어버렸는데 아직도 간직하고 있다.

헤드폰으로 듣는 음악은 가장 완벽한 음악감상실에서 듣는 사운드와 비슷하다고 보아도 무리가 없다. 따라서 자신만의 모니터용 헤드폰을 소유하고 그 음색을 스피커의 기준으로 삼으면 최소한 흔들리지 않는 레퍼런스 사운드를 갖는다고 보아도 된다. 아쉽게도 최근에는 헤드폰 잭이 있는 앰프가 많지 않아 이도 쉽지가 않은데 여유가 있다면 전용 헤드폰 앰프를 마련하는 것도 좋다. 비교적 저렴한 헤드폰 전용 국산 앰프들이 판매되고 있기 때문이다. 자신만의 리스닝룸, 그 꿈의 세계를 손쉽게 이룰 수 있는 가장 빠른 길이 바로 헤드폰 음악감상실이라는 것이 필자의 생각이다.

PART Ⅲ »

아날로그 생활

아날로그 사운드 찾기
자연에 귀 기울일 때 들려오는 소리

디지털 시대에 원초적 아날로그 듣기
오디오의 즐거움은 곧 과정의 즐거움

수집의 횡재
뜻이 있으면 길이 열린다

자신만의 명반 한 장 구하기
발굴하는 즐거움

정리에서 얻는 희열
소유는 욕심이며 버림은 깨달음이다

MY ANALOG LIFE

나의 아날로그 생활

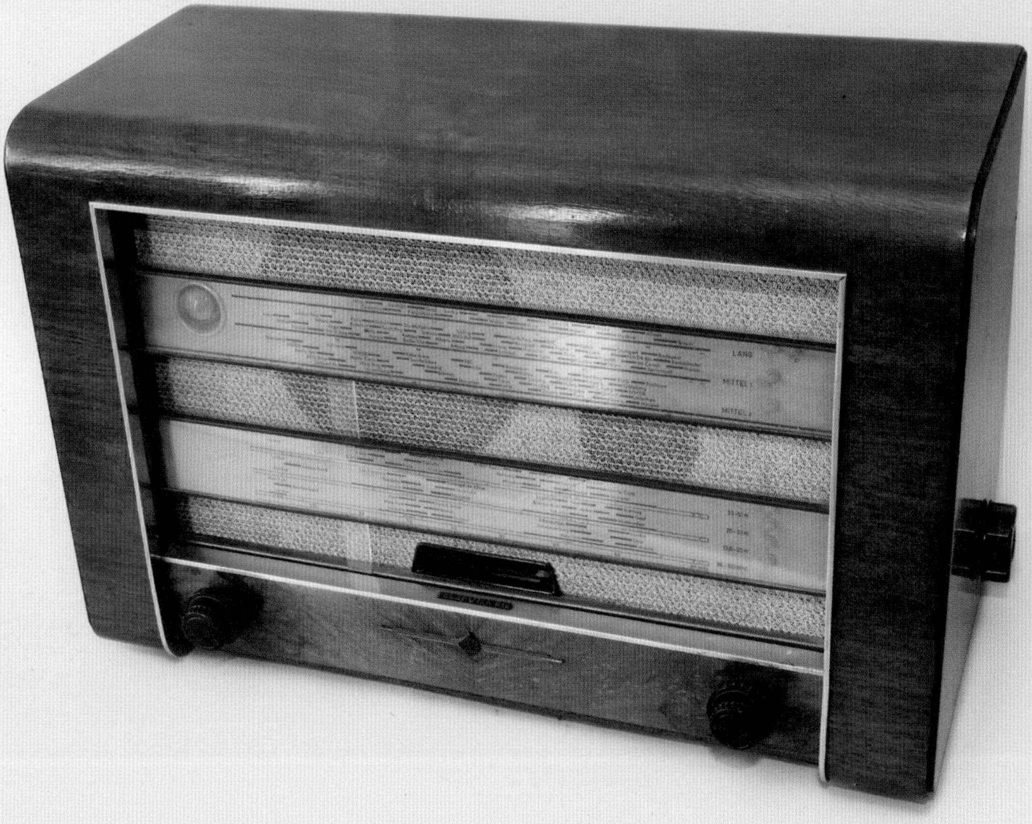

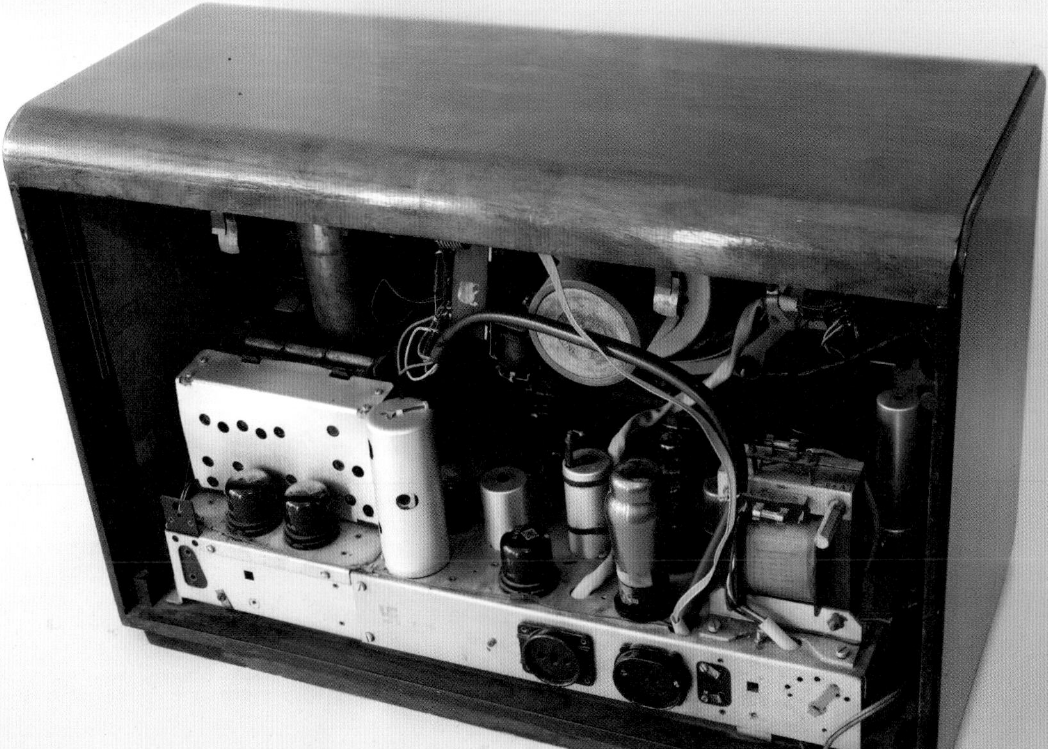

아날로그 사운드 찾기

자연에 귀 기울일 때 들려오는 소리

차분한 새벽눈에 깊이 갇힌 오대산 상원사의 오솔길을 오르다 보면 측백나무가지에 앉았던 함박눈이 산새처럼 흐트러져 날으는가 하면, 새파랗게 언 전나무 침엽에서 낙엽처럼 흩날리어 앞길에 떨어진 눈송이가 하얀 가을인 듯 착각을 일으킨다. 전나무 줄기를 타고 도는 이름 모를 산새의 날갯짓은 얼어 굳은듯 호접처럼 여리고 가냘프다. 이윽고 또다시 눈이 내리고 그 마지막 가을, 나비들의 들리지 않는 호흡소리처럼 눈 소리는 오대산 자락에서 멀리보이는 도시까지 겹치며 사라진다. 동안거(冬安居) 상원사 대웅보전 장대 고드름이 어스름 저녁 범종소리에 파르르 떠니 그 소리는 본질을 넘어 하늘 밖 하늘까지 퍼져나간다. 오늘은 오랜만의 겨울 산행으로 오대산 월정사를 거쳐 상원사까지 올랐다. 신년 소원 공양으로 떡 기름 향기가 가득 찬 절간 툇마루에 앉아 필부의 하염없는 허전함을 달랜다. 예불 목탁 소리에 정신이 번쩍 들어 펜을 들었다.

소리는 귀로 듣지만 음악은 마음으로 듣는다. 소리가 육체라면 음악은 혼이다. 둘은 불가분의 것으로 항상 붙어 다니는 것이 옳다고 생각하지만, 오디오 마니아 중에도 소리만을 추구해 오디오 기기를 바꾸는 재미에만 빠지는 속인들이 있으니 그들은 결코 진정한 음악의 깊이를 알 수 없을 것이다. 또한 그런 속인들이 오디오 하드웨어에 대한 사려 깊음을 가질 수 있을까? 특히 빈약한 소프트웨어에 비대한 하드웨어를 소장하고 있다면 한 발짝 구렁에 들어감이요, 장대한 소프트웨어를 소지하고도 듣지 않아 가슴에 와 닿지 않는다면 불행함이고, 비싼 기계가 아니면 음악이 들리지 않는다고 생각한다면 불쌍하다. 그중에서도 "이것이 아니면 안되고, 그 나머지는 소리도 아니다"라고 주장하는 사람이 있는데 특히 빈티지 오디오를 좋아하는 마니아, 그

»
필자의 애청기인 텔레푼켄 T-5000(상단)과 그 내부(하단)

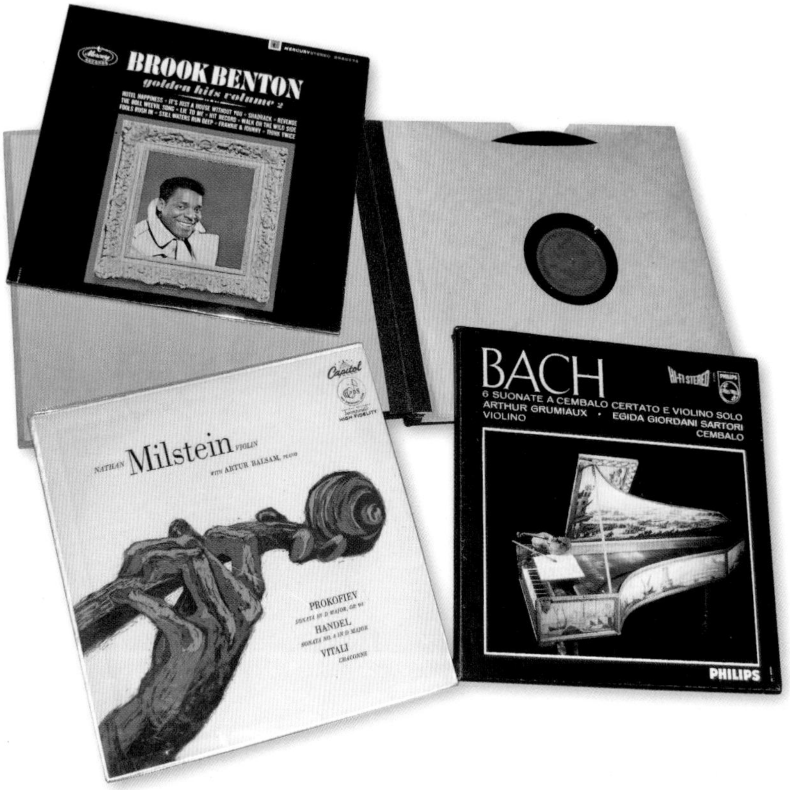

»
필자의 영혼을 사로잡은 몇 장의 레코드.

중에서도 웨스턴 일렉트릭 시스템을 추구하는 사람 중에 많다. 음악을 전달하는 것만이 궁극적 오디오의 소임임을 잊어버리는 것이다.

웨스턴 일렉트릭의 진가는 건축음향, 전기음향과 함께 심리음향의 조화적 진수를 아는 것과 동시에 소프트웨어의 귀중함까지 아는 진정한 마니아들의 영역이다. 이 중 하나만 모른다 해도 그 가치는 반감될 수 있을 것이다. 갑자기 이런 이야기를 하는 필자의 심정을 아는 사람은 알겠지만 최근 국내에서 WE에 대한 허풍(?)이 너무 드세 그 외의 빈티지 오디오는 모두 고물상에 버리려고 하는 것이 안타깝기 때문이다. 음악은 소프트웨어에 들어있다. 절대 하드웨어에 들어있는 것이 아니다. 소프트웨어 중에도 아날로그에 많이 들어있다(물론 디지털 소프트웨어에도 있지만). 이것이 필자가 아날로그를 사랑하는 유일한 이유인 것이다.

아날로그에는 음악에 몰두하게 하는 친화력이 있다. 그것은 우리가 태어나면서 들었던 모든 소리가 아날로그였기 때문인데, 우리의 뼈와 유전자 속에 스며들어 자연스럽게 신체리듬과 적응한다. 우리 몸과 영혼은 익숙한 것이 편하다. 그 편함이 바로 아날로그 사운드이다. 아날로그 사운드에는 늘 우리 주변에 소음이 있듯 잡음이 있으며, 너무 깨끗한 증류수가 맛이 없고 적정량의 유기물이 녹아들어가 있는 약수가 감칠맛이 있는 것처럼, 아날로그가 그러하다면 디지털 사운드에는 그 반대성향이 강하다.

디지털 사운드가 1 또는 0이라면 아날로그 사운드에는 1과 0 사이에 셀 수 없을 정도로 무수히 많은 뉘앙스가 있다. 진정한 아날로그 마니아라면 아날로그 사운드의 우수함만을 주장하지 않는다. 아날로그 사운드의 음악적 진지함과 농밀한 음색을 통한 음악의 전달력을 강조한다. 그리고 그 음악적 대가들은 왜 모두 LP 시절에 활동했는지 주지하게 되며, 작곡가에게는 계관을 씌워주지만 연주가에게는 계관을 씌워주지 않듯, LP 소프트웨어에는 계관을 씌워주지만 디지털 소프트웨어나 오디오 하드웨어에는 계관을 씌워주지 않는 이유를 서서히 깨닫게 되는 것이다.

LP 한 장에는 CD에서는 도저히 상상하지 못하는 열정과 투자가 담겨있다. 비용은 무한대로 써도 좋으니 최고의 음향 시스템으로 완성한 것이 WE라면 이것을 훨씬 능가하는 정신으로 만든 것이 HMV, 콜롬비아, 데카, RCA, 캐피털, 필립스, 블루노트 등의 초반이다. 그러나 초반에만 음악이 들어 있는 것은 아니라는 사실을 염두에 두기 바란다. 음악은 재반, 삼반, 염가반에도 모두 동일하게 들어있다. 간혹 초반이 아닌 것은 음반이 아니라고 주장하는 아날로그 마니아도 있는데, 눈 내리는 상원사로 백일기도를 권유하는 바이다. 필자가 생각하는 극단의 아날로그 시스템은 유성기다. SP반으로 듣는 유성기 소리에는 연주자의 혼과 체온을 느끼게 하는 마력과 가장 긴장된 음밀도를 느끼게 하는 유혹이 있다. 증폭되어 밀도가 낮아진 '뻥튀기 사운드'가 아니라 희석되지 않은 진한 원액의 사운드가 오래된 싱글몰트 위스키처럼 가슴 속을 적신다.

웨스턴 일렉트릭 사운드를 넘어선 고수의 유성기 사운드가 뮤즈처럼 음의 본질을 가리키고 있다. 아날로그 사운드의 시작이며, 또한 완성이기도 한 유성기 사운드는 마니아들이 결국 회귀하는 고향으로, 차후 즐겁게 이야기하는 시간을 가져보도록 하겠지만, 그 묘한 자태와 노련함은 동침해본 마니아들만이 아는 미소이다. 모든 유성기에는 혼(horn)이 있다. 그 혼은 소리를 내뱉기도 하지만 사람들의 마음으로 사로잡아 끌어당기는 블랙홀과 같은 신비함이 있다. 언뜻 상원사 범종에도 혼(魂)이 있다는 생각이 들었는데 갑자기 산새 소리가 부산하게 들린다. 하산길에 오대산 곡차나 한 잔 걸칠 예정이다.

››
좌측 사진은 아날로그 재생의 전형적인 세팅을 보여주는 시스템이다. 가라드 301 턴테이블 왼쪽에 SP 전용 웨스턴 2B암(카트리지는 웨스턴 4A), 오른쪽에는 오르토폰 RF-297(모노 카트리지는 오르토폰이 제작한 EMT형 OFD25)이다. 우측 사진은 빅터 모델 T형 혼 유성기

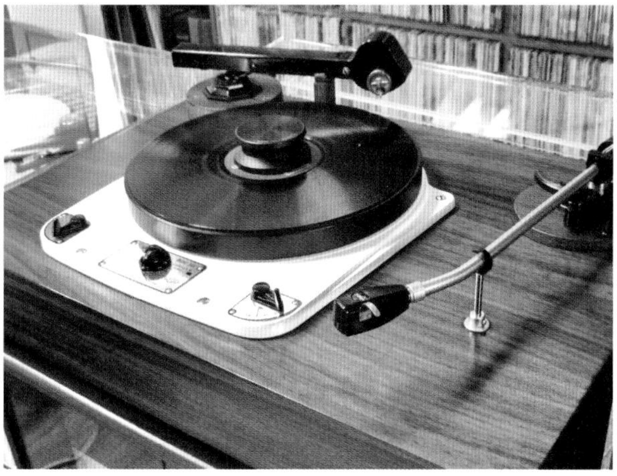

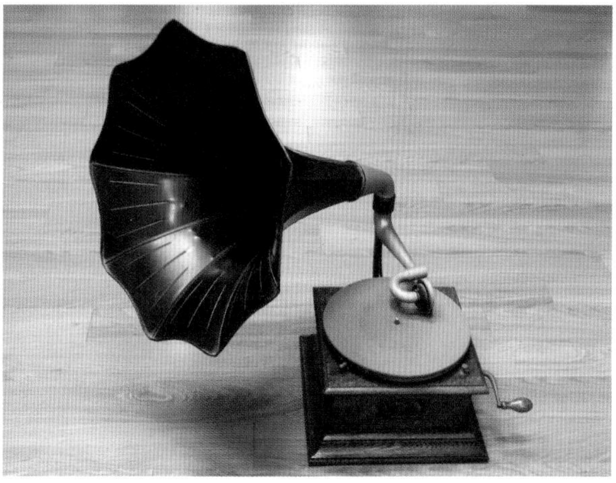

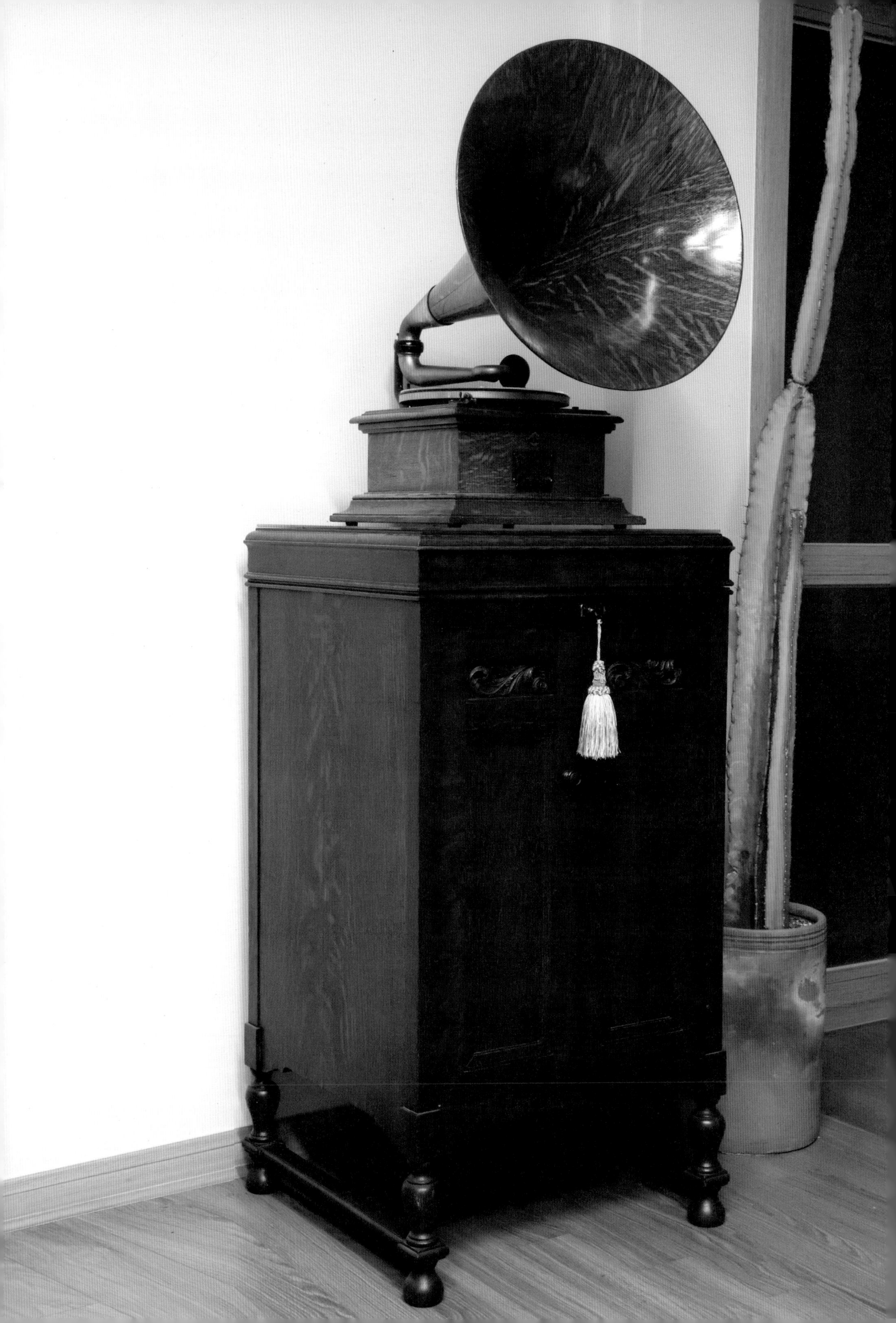

디지털 시대에 원초적 아날로그 듣기

오디오의 즐거움은 곧 과정의 즐거움

디지털이 나오기 이전, LP의 전성기인 1950~60년대 소스는 모두 아날로그 녹음으로 마그네틱 자기 마스터 테이프에 녹음되어 있다. 이것이 당시로는 최첨단 기술이었기 때문이다. 그러나 그 마스터 테이프는 시간이 경과하면 자화밀도가 떨어져 자체적으로 해상력이나 주파수 특성이 열화되는 보존적 약점을 가지고 있다. 이는 시간에 비례하여 가속화되며 이미 명연주가의 70년대 이전 마스터 테이프는 손실되었거나 열화되어 있는 것이 거의 대부분이라고 해도 과언이 아니다. 최근 들어 당시 대가들을 쫓아갈 명연주는 거의 나오지 않는 실정이고 역사상 최고라고 여겨지는 명반들은 대부분 LP 모노 또는 스테레오 레코드에 있다. 심지어 SP, 초기 모노 LP 시절의 연주를 넘어서지 못하는 경우도 부지기수이다. 이런 음반은 역시 유성기와 모노 카트리지로 들어야 그 당시의 음색과 음질을 고스란히 소화할 수 있으며 이것을 디지털로 리마스터링해 보았자 당시의 그 음질을 따라갈 수 없을 뿐 아니라 감동도 덜하다. 이런 이유로 LP 마니아들은 항상 초반에 연연하여 SP나 LP를 추구하게 되는 것이다. 인류 역사상 가장 위대한 음악연주를 최고의 음질과 음악성으로 다시 듣는 유일한 수단은 아직까지 당시 나온 소스로 재생하는 길밖에 없다. 물론 리이슈반들이 많이 나와 있지만 그 음질은 절대 초반을 따라갈 수 없을 뿐 아니라 레퍼토리도 한정되어 있다. 대부분 리이슈반들의 음질은 고역이 답답하고 임팩트가 깊지 않으며 디테일이 훼손되어 있고 투명도가 떨어질 뿐 아니라 임장감도 약하여 결국 음악성도 떨어진다.

단 하나 장점으로 신반이기 때문에 노이즈에는 강하다는 측면이 있지만 이는 LP의 본래 장점이 아니며

>>
평상 시에 자주 듣는 애청 유성기인 미국 빅터 VV-Ⅵ 그라모폰과 영국 HMV 163.

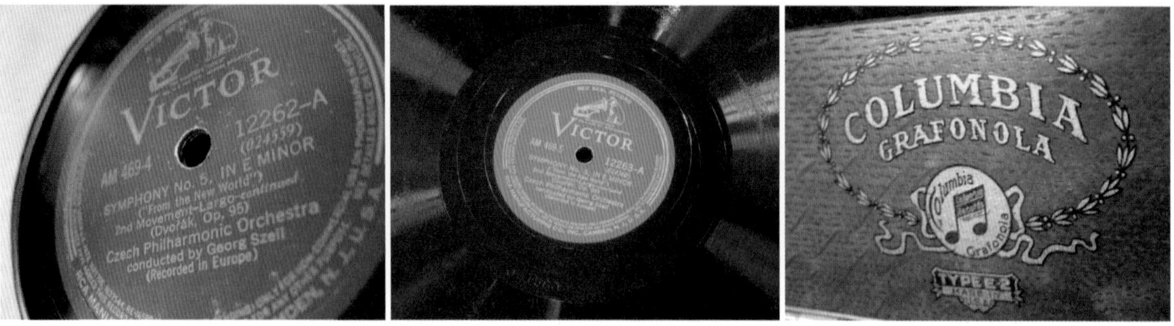

»
왼쪽에서 첫 번째와 두 번째는 드보르자크의 SP이며, 맨 오른쪽은 유성기 그라포노라 마크다.

음악을 듣다보면 무시되는 부분이라 큰 매력이 없다. 결국 아날로그를 하겠다면 LP 시대로 돌아가 당시의 최고 소스를 찾는 수밖에 없다. 불편하지만 과정적인 것이 LP의 재미라고 말하는 사람이 있지만 그런 것은 아니고 훌륭한 연주를 최고의 음질 상태로 듣기 위해 그 불편함도 감수하는 것일 뿐이다. 음악적으로나 음질적으로 LP는 CD를 대체할 수 있지만 CD는 LP를 대체할 수 없다. 왜냐하면 이미 그 명연주가들이 사라졌기 때문이다.

앞으로의 디지털 시대에는 불편함을 감수하는 아날로그 시대의 결과물들이 더욱 대우 받는 날들이 올 것이다. 디지털이 취미의 영역이라면 아날로그는 예술의 영역이기 때문이다. 가끔 필자는 빅터 크리덴자나 HMV 163·157로 카루소, 로테 레만, 릴리 퐁스, 정정렬, 송만갑, 손시향, 도미 등의 SP 시대 가수들의 노래를 듣는다. 힘껏 태엽을 감아 강철 바늘을 복스에 고정하고 SP음반을 올려놓은 후 이윽고 플레이가 시작되면 유성기에서 멀찌감치 떨어져 혼에서 울려 퍼지는 노래를 듣는다. 인간의 피가 통하는 성대의 진동을 그대로 느낄 수 있는데 이는 어떤 오디오에서도 들어볼 수 없는 사실적이면서도 호소력 짙은 감흥이다. 오히려 유성기로부터 거리를 두면 둘수록 저역이 깊어지고 소리도 커진다. 고역량이 줄고 저역이 풍성해지는 것은 아마도 고역과 저역의 거리에 따른 감쇄율이 다르기 때문일 터인데 어떨 때는 음량이 너무 커서 놀랄 때도 있다.

최근 들어서는 30cm 크기의 SP음반 앞뒤로 빼곡히 녹음된 드보르자크 '신세계 교향곡' 전곡을 조지 셀 지휘의 빅터 SP음반으로 감상했다. 2악장 라르고 부분은 SP음반이지만 부족함이 없었고 전체적인 오케스트라 음으로는 음량이 부족하지만 음악 감상이라는 관점에서는 대체적으로 만족스러웠다. 중간에 다시 태엽을 두 번 감고 수시로 음반을 교체했지만 그 과정이 모두 즐겁고 하나의 이벤트처럼 느껴져 상쾌한 마음이 되었다. 오디오에서 즐거움이란 스스로 만드는 이벤트다. 어떠한 이유에서든 그 즐거움이 괴로움으로 바뀌면 오디오는 의미를 잃는다. 과정의 즐거움은 음악을 전재로 하지 않고는 좀처럼 생기지 않는 부산물인 것이다. SP이든 LP이든 CD 또는 그밖의 어떤 소스든 그것에는 음이 아닌 음악이 담겨져 있다는 사실을 직시해야만 가치가 생기는 것이다.

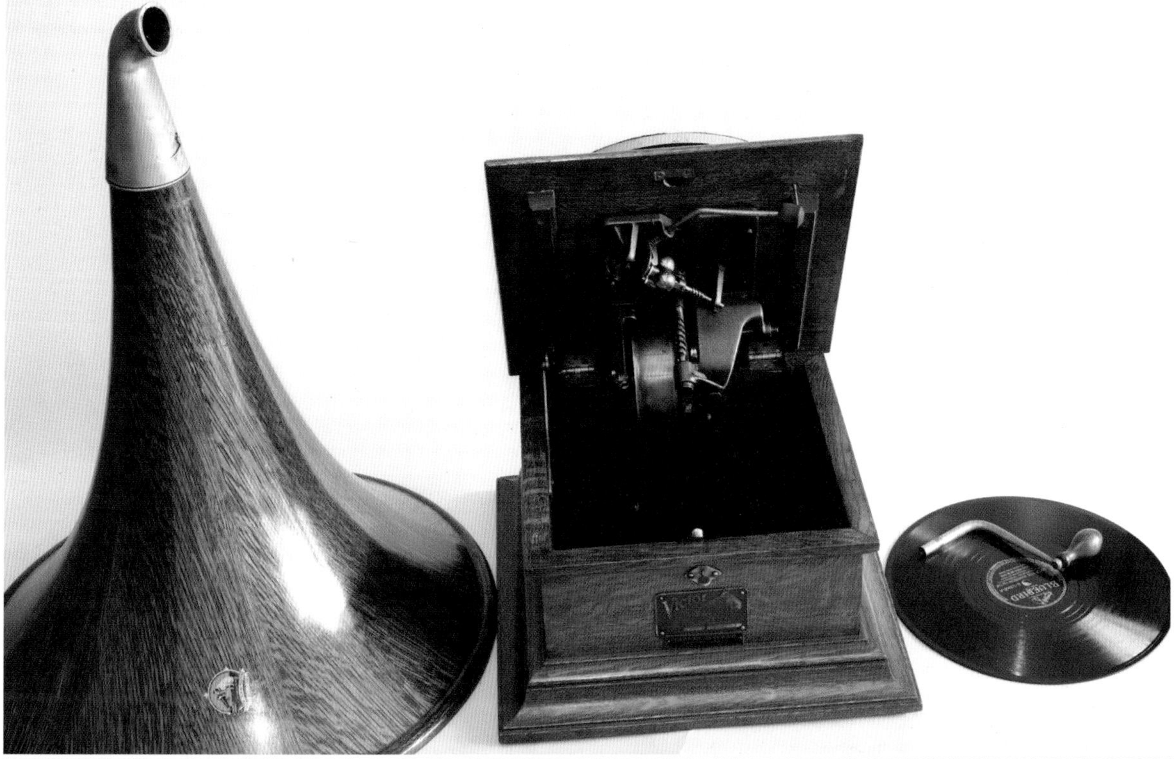

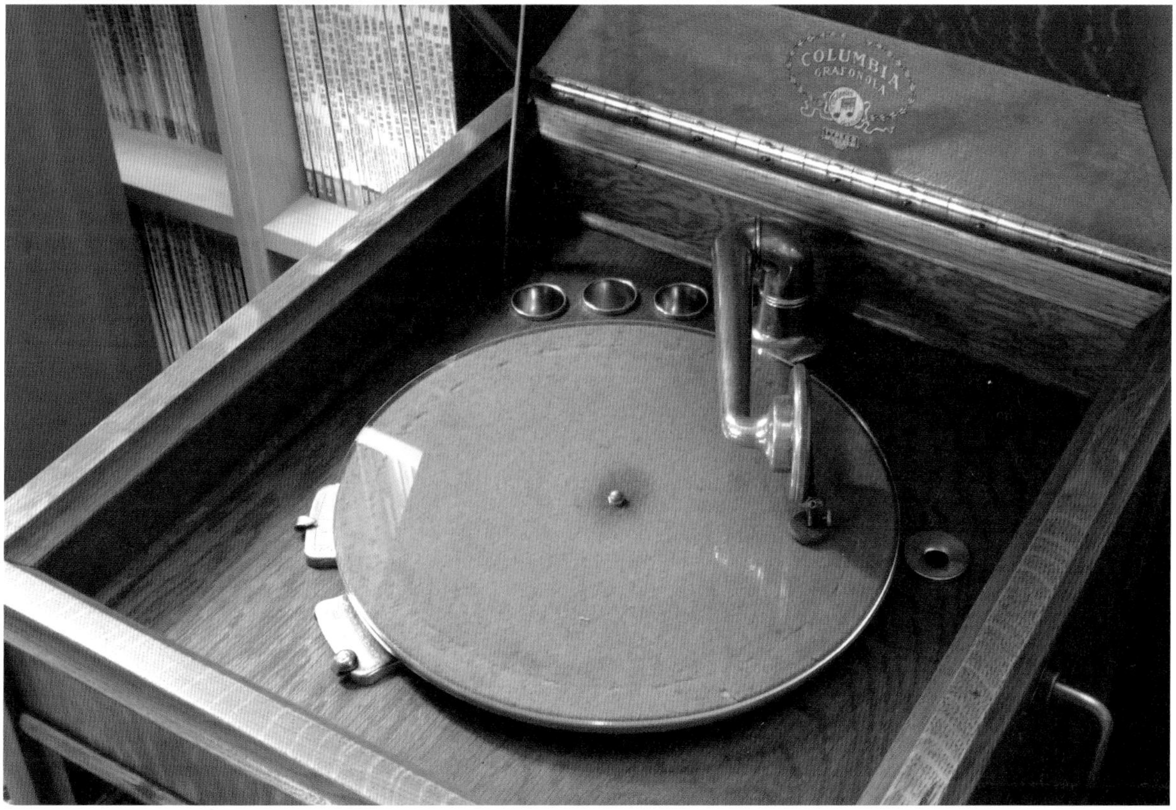

»
빅터 혼 유성기를 분해한 모습(상단)
콜롬비아 그라포노라 유성기(하단)

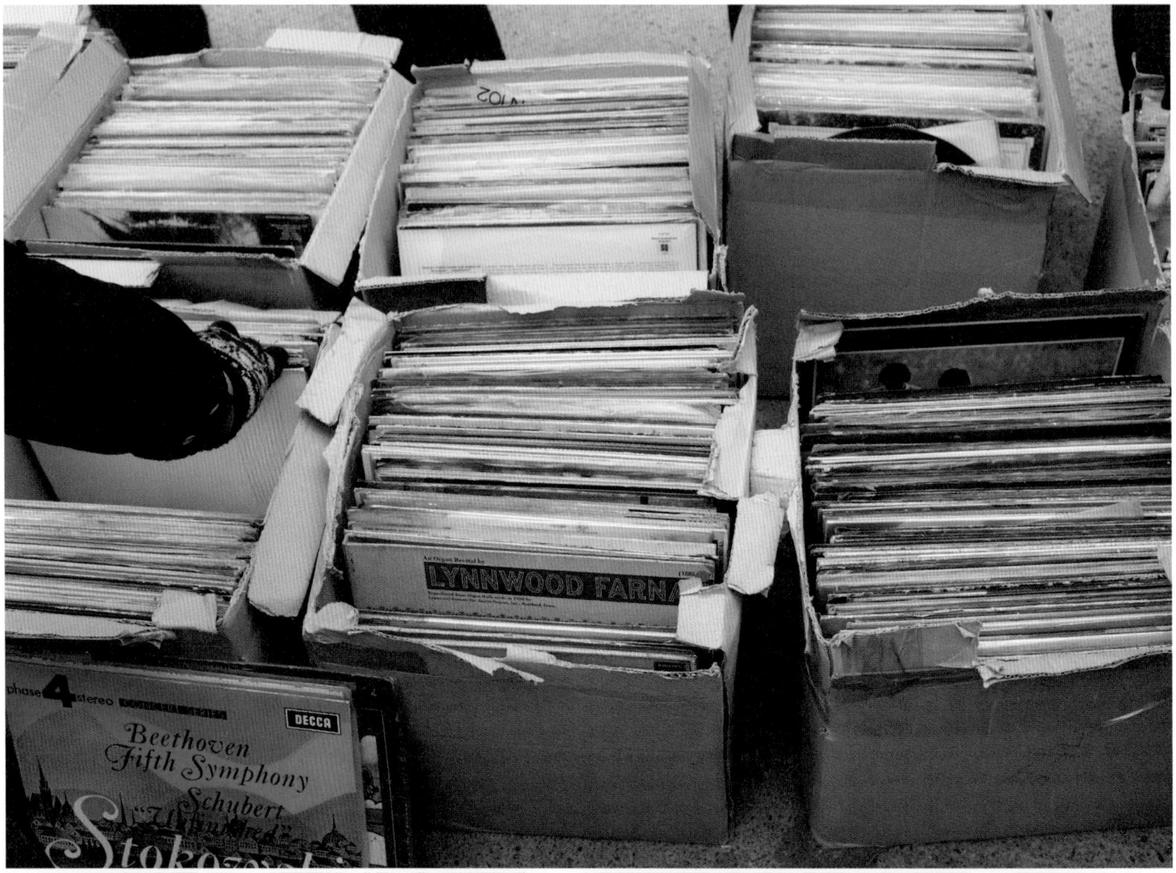
An Organ Recital by
LYNNWOOD FARNA
phase 4 stereo
DECCA
Beethoven
Fifth Symphony
Schubert

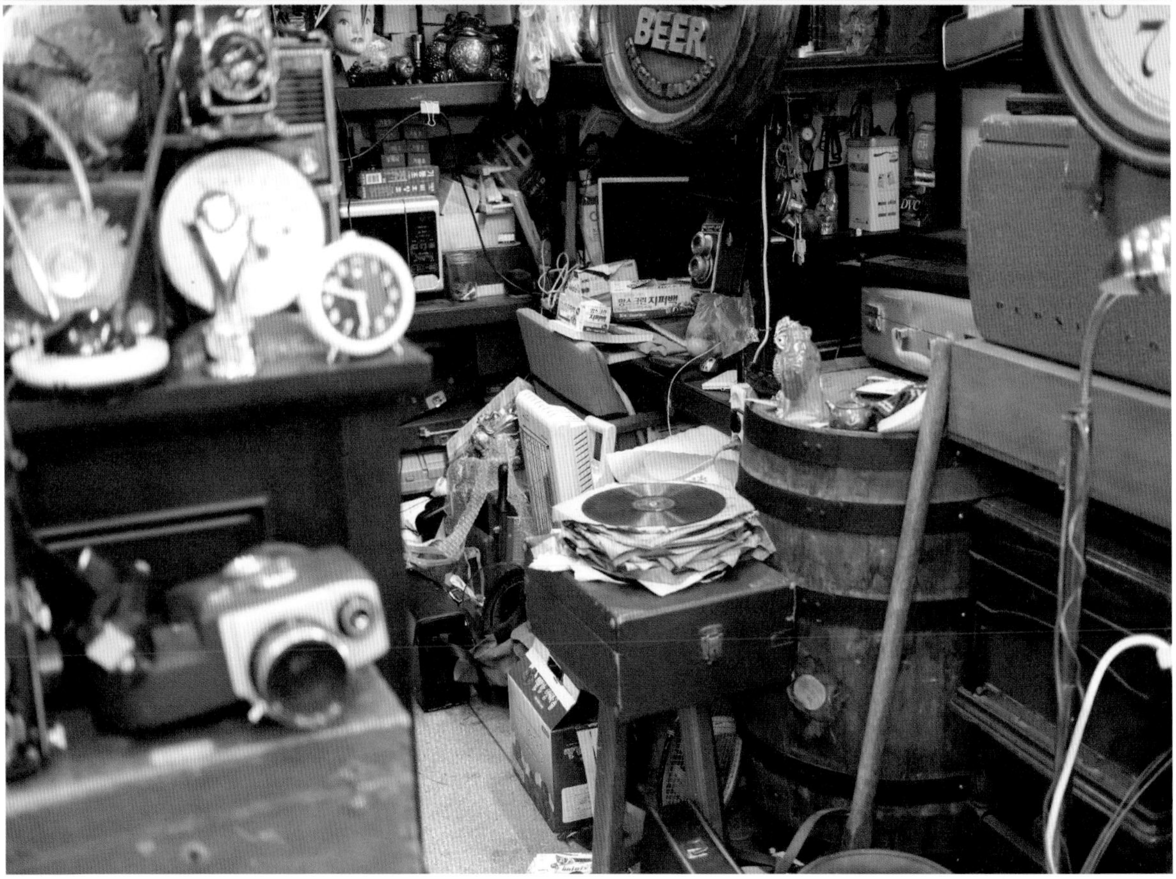
BEER

수집의 횡재

뜻이 있으면 길이 열린다

필자가 갖고 있는 고가반 LP와 SP는 책방이나 고물상에서 구한 것도 많다. 대학 시절인 80년대 초에는 등하교 시 상당 거리를 걸어야 했는데, 가는 길에 6개 남짓의 고물상과 서너 개의 책방이 자리했다. 가끔 시간이 허락하는 대로 참새가 방앗간을 지나치지 못하듯 고물상과 책방을 뒤지며 등하교했는데 장마가 막 끝난 어느 8월 중순, 방학이지만 공동과제 때문에 등굣길에 올랐고, 학교 바로 앞에 있는 고물상을 들렀다. 여기저기 들쑤시던 중 헌책과 함께 LP판이 수두룩 쌓여있는 것이 눈에 들어왔다. 판들은 비를 맞은 상태로 서로 엉겨 있기도 하고 어떤 판은 깊숙한 곳에 겹쳐 있어 말끔하기도 하였다. 뒤져보니 그중에 비닐에 싸여 있는 덕분에 온전히 보관된 여러 장의 LP 묶음을 발견했다. 김정미, 신중현 연주집 등 3장으로 주로 신중현 디스크였다.

당시 신중현 관련 디스크는 퇴폐적이라하여 부모들이 좋아하지도 않고 애호가 층도 두텁지 않았다. 그런 관계로 구경하기도 힘들고 듣는 사람들도 많지 않았는데 비닐도 뜯지 않은 노오픈 상태로 보관되어 장맛비를 피해갈 수 있었던가 보다. 아마 판 주인도 어떤 이유에서든 신중현 LP를 선물 받아 듣지도 않고, 심지어 보관하였던 것인지도 모르고, 부모 성화에 어디 구석에 쳐 박혀 있었던 것인지도 모른다. 하여간 운이 좋아 한묶음의 신중현 LP를 얻을 수 있었다. 고물상 주인은 별관심이 없던 분야여서 헐값에 구매해 수십 년간 보관해왔다. 그런데 어느날 신중현 디스크들이 컬렉션 LP가 되어버려 무려 1백만 원을 넘는 가격에 거래된다는 것이다. 이미 한 장은 아는 오디오 마니아에게 준 상태여서 여섯 장만 가지고 있었는데 신중현 LP를 가지고 있다고 판가게에 이야기하니 서로 구매하겠다고 난리였다. 부르는 값이 수백만 원 대여서 깜짝 놀란 적이 있다. 지금도 그중에 3장을 가지고 있다. 비록 오픈하여 여러 번 들었지만 시원찮은 재킷 사진과 시각적 판질에 비해 놀라운 음질을 들려준다. 그중 한 장이 김정미의 〈아니야〉 앨범이다. 당시 5백 원 정도에 구한 음반이 현재 2백만 원 가까이 불어난 것이다. 그 고물상에서 어느 날은 스코트 299C도 구한 적이 있다. 당시에는 이런 진공관 앰프는 지금과 달리 고물처리 하는 시절이었다.

진공관은 깨지고 몇 개 없었지만 몸체 자체는 별 손상 없이 구리선이 잔뜩 부푼 고물들 사이에 버젓이 자리하고 있었다. 앰프의 트랜스를 파괴해 내부에 감겨 있는 구리선을 꺼내기 직전이었던 것이다. 당시 스콧트 299C의 값은 웬만한 사람 한 달 치 월급에 해당하는 20만 원 정도였는데 당시 무게로 달아서 사니 한 삼천 원쯤 하였다. 기쁜 마음에 포장해 싸들고 그날 수업 모두를 포기하고 집으로 돌아와 보수에 여념이 없었던 적도 있다. 이와 비슷하게 책방에서 〈5.16 혁명가〉 SP음반을 책 한 권 값에 구매하였는데 이도 잘 보관하여 최근에 오디오와 교환한 바 실로 놀라운 가격 3백만 원으로 계산하였다. 필자의 어린시절 음반에 대한 욕심에 축복이 내려 그때 수집한 음반들은 노력없이 지금은 고가반이 되어 있다. 1천 배 이상 뛴 음반들이 수두룩한데 오히려 주식 투자보다도 효과적인 투자가 되었다. 주식과는 달리 그동안 음악을 실컷 즐기면서 가치도 올렸기 때문이다.

대학을 졸업한 이후 직장을 다니면서 해외출장도 잦아졌다. 그때만 해도 해외 출장 시에는 오디오 구하기에 혈안이 되어 있어서 시간만 나면 앤티크숍이나 오디오숍을 뒤지고 다녔다. 그때 당시 필자는 진공관 오디오를 좋아했기 때문에 앤티크숍에 가면 가끔 좋은 물건이 보였다. 하루는 샌프란시스코에 있는 골든브릿지 앤티크숍의 지하 수리실까지 주인 눈을 피해 살금살금 침투하였는데 수리하다 만 여러 진공관 라디오와 전축들이 널부러져 있었다.

그런데 구석진 곳에 마대자루가 놓여있어 안을 들여다보니 245·250·807 등 고전 3극관이 박스에 든채로 잔득 담겨 있었다. 수백 개는 되어보였다. 대부분 RCA관으로 선명한 붉은색 박스로고가 눈에 들어왔다. 박스 내부를 들여다보니 기름종이에 싸여 그야말로 신품 상태의 진공관들이 반갑게 필자를 맞이했다. 가슴이 쿵쾅 쿵쾅 뛰었다. 위로 올라와 주인에게 수리실 진공관에 대해 물었다. 주인은 공개 안 하는 곳인데 들어가 보았냐며 언짢은 듯 대꾸했지만 다행히 책망하지는 않았다. 용기를 내어 마대자루 안에 있는 진공관은 판매하는 것이냐고 물었다. 주인은 판매용이 아니라 수리용이라고 대답했다. 수리하는 데 무어 그리 많은 진공관이 필요하겠느냐고 필요 수량만 제외하고 나머지는 판매하라고 조르기 시작했다. 주인은 귀찮은 듯 그럼 한 개씩만 남기고 개당 1달러씩 내라고 대답했다. 깜짝 놀랐다. 국내에서는 개당 5만 원에서 10만 원 그러니깐 50달러에서 1백 달러에 거래되는 진공관이니 말이다. 조금 깎아 3백 달러에 모두를 구매하고 호텔로 짊어지고 들어오니 주위 사람들이 이상하다는 듯 힐끗 힐끗 곁눈질 하였지만 아랑곳 하지 않고 밤새도록 박스를 닦고 청소하여 수납박스를 구해 국내로 들여오니 물론 서로 달라고 절 받으며 판매하여 승용차를 산 적도 있다.

>>
청계천 자동차 가판대에 놓인 각종 LP들(상단)
텔레푼켄, RCA 진공관과 박스(하단)

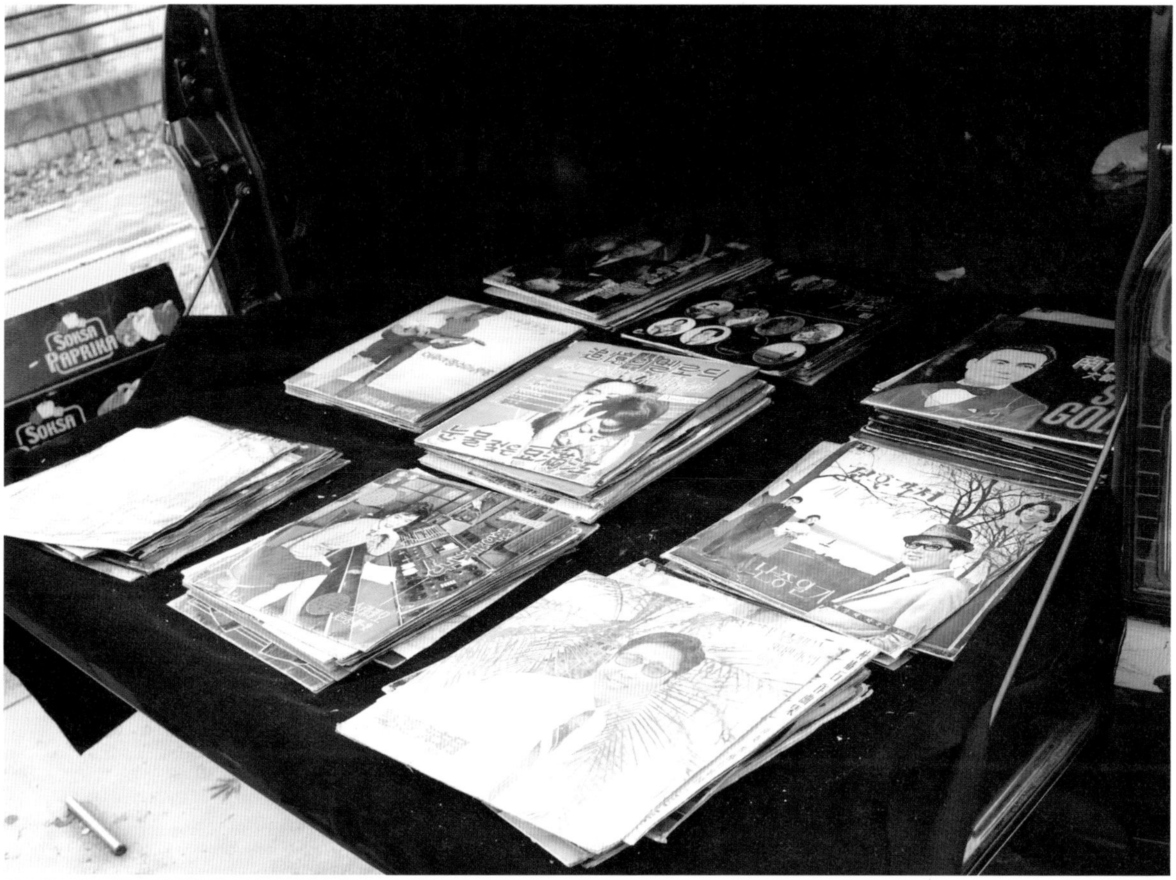
SOKSA
PAPRIKA

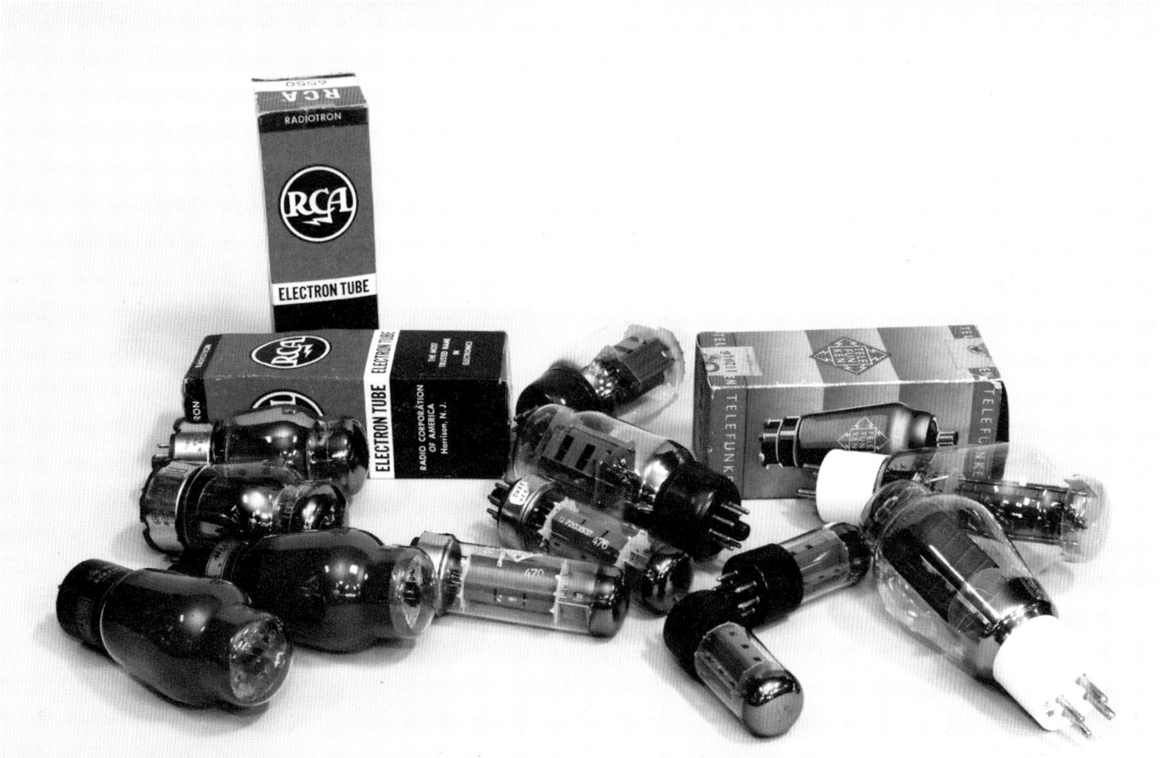
RCA
RADIOTRON
ELECTRON TUBE
RADIO CORPORATION OF AMERICA Harrison, N.J.
TELEFUNKEN

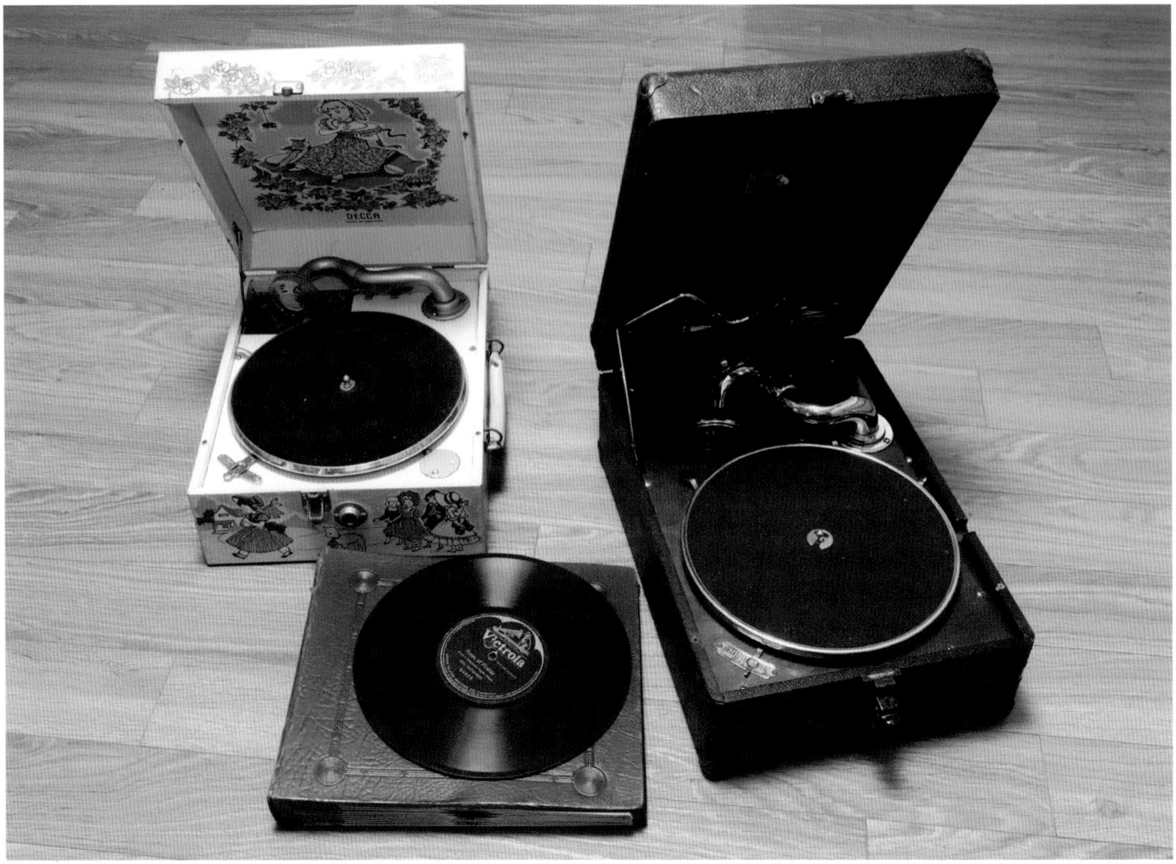
DECCA
Victrola

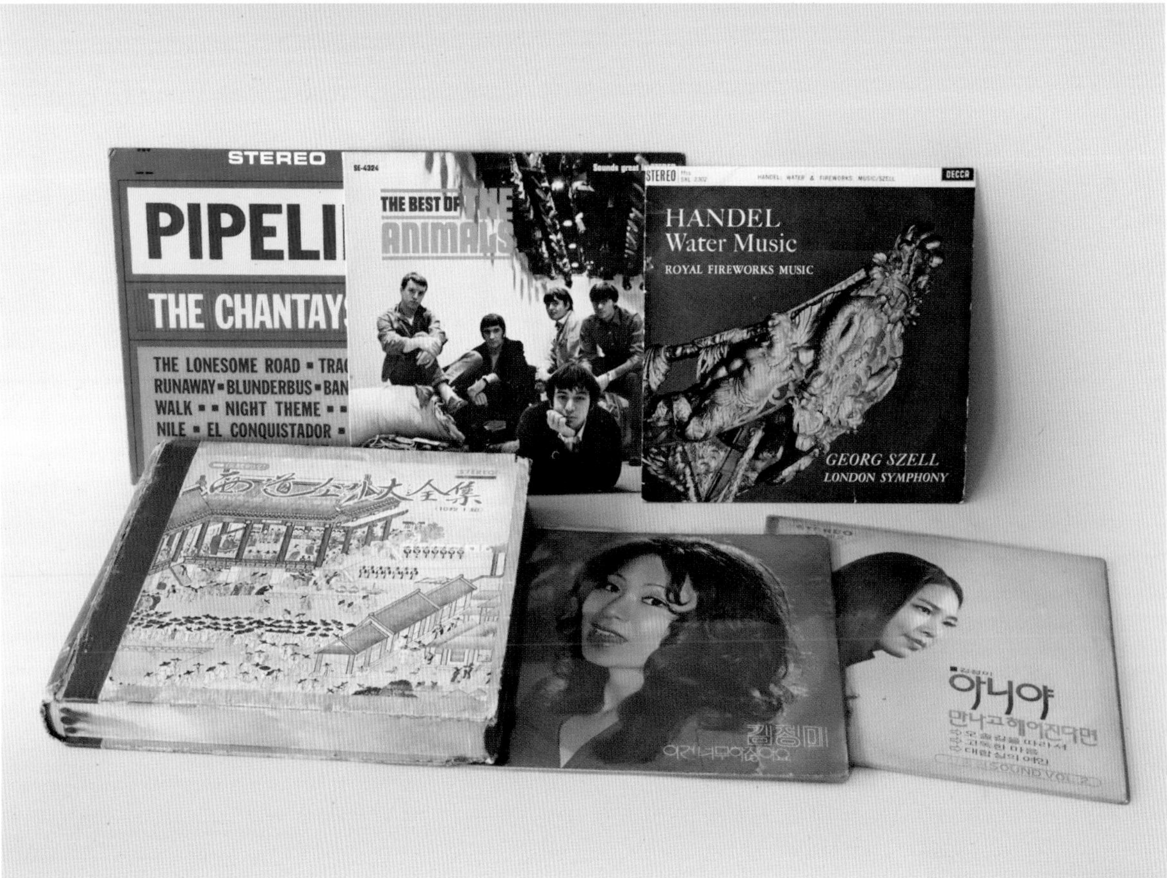
STEREO
PIPELI
THE CHANTAYS
THE LONESOME ROAD ▪ TRAC
RUNAWAY ▪ BLUNDERBUS ▪ BAN
WALK ▪ ▪ NIGHT THEME ▪
NILE ▪ EL CONQUISTADOR ▪
THE BEST OF THE ANIMALS
STEREO
DECCA
HANDEL
Water Music
ROYAL FIREWORKS MUSIC
GEORG SZELL
LONDON SYMPHONY
김정미
아니야
만나고 헤어진다면

어느 겨울, 뉴욕에서 경비행기를 타고 한 시간쯤 가야하는 미국 시골 마을 엘커트(Elchart)로 출장을 간 적이 있다. 그곳은 프로 앰프로 유명한 크라운(Crown)본사가 있는 곳이었다. 순박한 사람들이 사는 마을로 술집마저 없는 깡시골이었는데 필자가 길거리를 돌아다니면 유일한 동양인으로 신기한 듯 모두 쳐다볼 정도였다. 심지어 숙소의 뒤뜰은 끝도 없이 펼쳐지는 옥수수밭 뿐이었고 앞뜰에는 다람쥐와 온갖 새들이 먹이를 먹으러 활개를 치고 다녔다. 출장 겸 교육이어서 마지막날 파티를 열어준다하여 눈길을 헤치고 30분을 달려 파티장에 도착했다. 집집마다 흰 눈을 치워 산더미처럼 모아 놓았고 파티장도 마찬가지로 눈을 치워 집 옆에 몰아놓았다. 내부는 훈훈하였고 맛있는 음식 냄새가 코를 찔렀다. 친절한 팀장이 맥주를 주는 대로 받아 마셨다. 파티는 무르익고 화기애애한 분위기였다. 연거푸 마신 맥주 때문에 소변이 마려웠는데 취한 마음으로 바깥 공기도 쐬고 싶고 한국에서 하듯 야전 화장실도 즐기고 싶어 밖으로 나왔다. 별을 보며 쌓인 눈에 지도를 그리고 소변을 보기 시작했다. 그런데 소변에 눈이 녹기 시작하자 내부에 무언가 시커먼 물건이 반짝였다. 매킨토시 트랜스 커버였다. 그리고 겨냥해서 방향을 바꾸자 굵직한 진공관 같은 것도 보이기 시작했다. 제네렉스 KT88이었다. 깜짝 놀라 호기심에 눈을 휘집어 보니 그 유명한 매킨토시 진공관 파워앰프 MC275였다. 옆에는 C-20 프리앰프도 보이고 어줍잖은 보겐프레스토 턴테이블과 LP도 수북이 쌓여 있었다. 주인이 가져다 버린 것이었다. 당시만해도 미국 시골에서는 진공관 앰프를 폐품 취급하던 때였다. 그러나 국내에서는 귀하게 생각했기에 보자마자 정신이 번쩍 들었다. LP판은 도저히 손을 대지 못하고 턴테이블도 허접하여 정이 가지 않았지만 매킨토시 프리앰프와 파워앰프는 분류해 옆에 챙겨두었다.

파티가 끝나고 크라운사 팀장에게 저 앰프 버린 것 같은데 가져가도 되냐고 물었다. 팀장은 웃으며 무거운 고물을 어디에 쓰려 하냐고 의아해 하며 주인에게 허락을 받아주었다. 주인은 치워주어서 고맙다는 듯 반겨했다. 아마 속으로 '저 한국 촌놈' 했을 것이다. 진공관은 본체와 분리해 주머니에 넣고 숙소로 돌아와서 가져온 양말과 옷 가지를 구겨 넣어 가방에 포장했다. 포장은 힘들었지만 마음은 하늘을 날 듯 행복했다. 공짜로 얻은 매킨토시 앰프 국내 거래 가격이 당시 필자의 열 달치 월급에 해당했으니까 말이다. 무거워진 짐 가방을 옮기느라 비록 허리가 부러질 듯 아팠지만 매킨토시만 바라보면 웃음이 절로 터졌다.

»
상단 사진에서 왼쪽은 어린이 전용 포터블 데카 유성기인 모델-Nursery이고 오른쪽은 포터블 HMV 모델 102C이다.
헐값으로 구한 고가 LP들(하단)

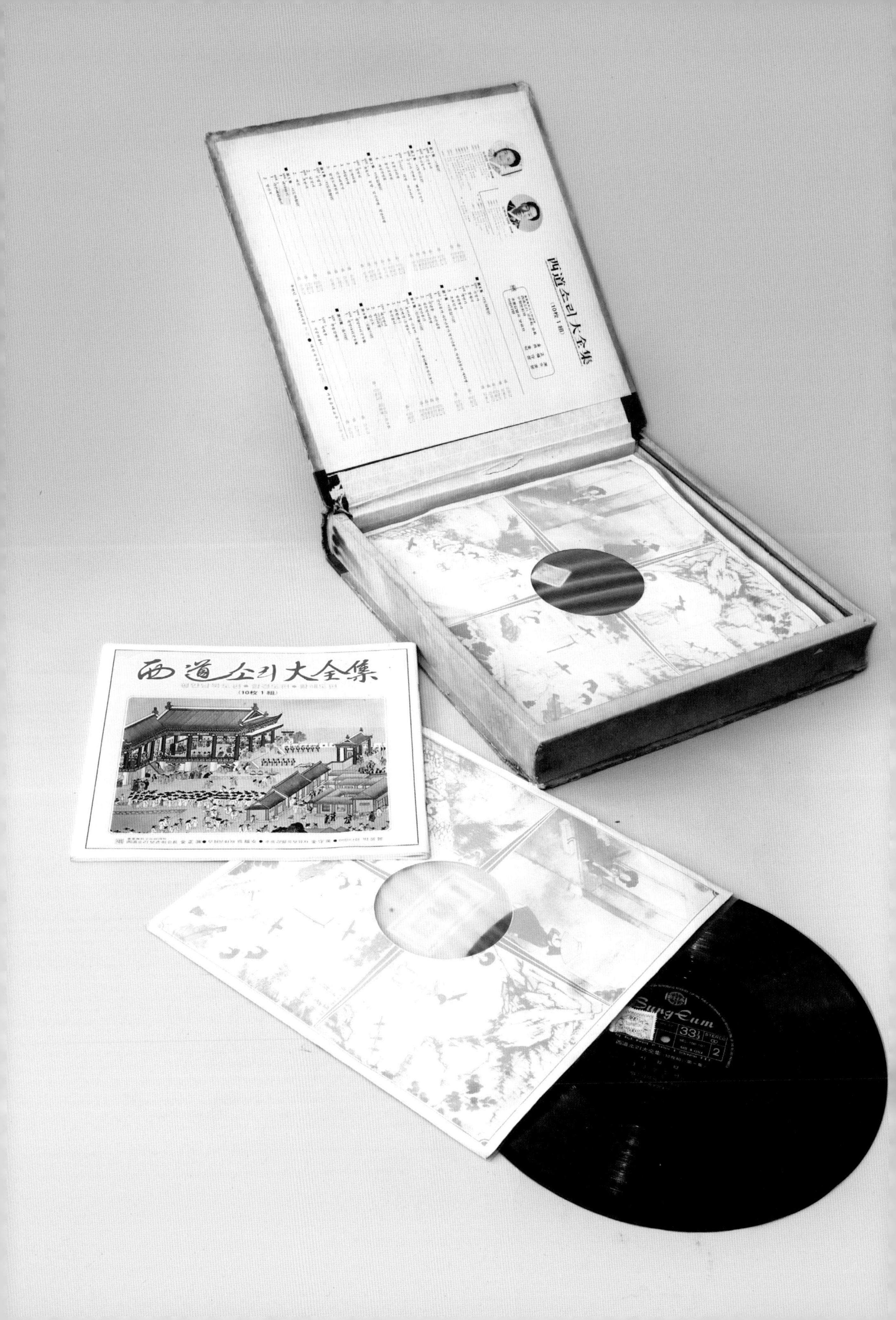
西道소리大全集
(10枚 1組)
西道소리大全集
(10枚 1組)
Sung Eum
33⅓
STEREO

자신만의 명반 한 장 구하기

발굴하는 즐거움

수많은 국내 SP음반들과 LP음반들은 고물상에서 모두 파기되었는데 30여 년 전만 하더라도 귀중한 SP 음반들이 수백 장씩 깨져서 고물상에 돌아다니는 것을 수시로 접하곤 했다. 그중에는 눈물 나도록 아까운 이동백의 〈새타령〉도 있었으며 손시향의 〈이별의 종착역〉도 있었다. 이런 종류의 디스크는 누구라도 잘 간직하여 후대에 남겨주어야 할 우리 민족의 문화유산으로 귀중한 가치를 지니고 있다고 생각한다. 버려지는 폐품 속에서 가치 있다고 생각되는 자신만의 음반 한 장 정도는 발굴해보는 것도 뜻 깊은 일이 될 수 있으리라 생각한다. 그것이 영영 사장되어 버릴 수도 있는 우리 시대의 아름다운 음악일 수도 있기에…. 자신만의 명반 한 장은 아날로그 오디오 인구 십만을 기준으로 한다면 '십만 장의 명반 구하기'가 될 수 있기 때문이다. 라이언 일병만 구할것이 아니다!

마인아르디나, 장막스 끌레망, 모리스 장드롱의 〈바흐 무반주 첼로 모음곡〉의 오리지널 초반 가격은 수백만 원 정도이며 또한 요한느 마르치, 이다 헨델 등의 〈바흐 무반주 바이올린 소나타와 파르티타〉초반가는 수백만 원을 초월한다. 그리고 결국 조르주 에네스코의 〈바흐 무반주 바이올린 소나타〉와 파르티타, 안드레 레비의 〈바흐 무반주 첼로 조곡〉의 초반에 이르면 수천만 원을 호가하는 참으로 놀라운 가격대가 형성된다. 이것은 그만큼 음악적으로나 역사적으로 가치 있고 희귀하기 때문이다. 이런 현상은 단지 클래식에서만의 상황은 아니라 비틀즈, 밥 딜런, 엘비스 프레슬리를 필두로 아트 록, 재즈에서까지도 그 초반의 가격은 상상을 초월한다.

최근 들어서는 가요나 국악의 SP음반 가격이 하늘 무서운 줄 모르고 치솟고 있으며 각 나라의 중요 LP는

»
헌책방에서 구한 〈서도소리 대전집〉은 필자의 애청 국악 음반이다

그야말로 그 나라의 문화재가 되어가고 있는 것이 확실하다. 그만큼 SP, LP의 역사적 음악적 기록가치는 대단한 위치에 있는 것이 사실이다. 학계에서는 버려지고 잊히는 국내 SP, LP음반 내용을 컴퓨터로 자료화한 후 일반인들이 열람할 수 있게 하고 차후 역사적 자료로도 사용될 수 있도록 하는 작업이 이미 진행되어 왔으며, 각 분야별 애호가나 수집가들이 개인적으로 자료화하여 박물관을 만들거나 책을 내는 경우도 상당수 있다. 어떻든 SP, LP 음반은 인류의 문화유산으로 세계 각지에서 특별한 사랑을 받고 있다. 이런 SP, LP들을 개인이 소장하기란 여간 힘든 것이 아닌데 경제력만 있어서 되는 일이 아니라 열정과 사랑이 있어야 가능한 일이다.

필자의 경우 세 가지 요건 중 두 가지는 있었으나 가장 중요한 경제력이 부족한지라 원하는 초반 한 장을 손에 넣기 위한 발품과 고생은 이루 표현할 길이 없을 정도였는데 그 노고 중 가장 재미난 것이 청계8가 노점상 돌아보기였다. 20년 전만해도 청계8가는 LP 마니아의 보고였다. 김추자, 김정미, 손시향, 배호, 신쾌동, 정정렬, 임방울을 비롯한 국내 가요, 국악 SP, LP들을 약간 신경만 쓰면 한 끼 식사 값 정도에서 손에 넣을 수 있었으며 헤리 벨라폰테, 팻 분, 빌리 본 등의 초반은 음료수 한 잔 값이면 족했다.

가장 기억에 남는 일은 6년 전 〈헨델의 수상음악〉과 〈파야의 삼각모자〉 중 'Three Dance'를 포함한 20여 매의 데카 와이드밴드 초반을 단돈 5만 원에 산 일이다. 아마 당시 가격으로도 5백만 원은 족히 넘었을 것이라 생각한다. 당연히 판매자들은 초반의 가치를 모를 뿐 아니라 국악이나 가요에 비해 상대적으로 클래식 음반의 가치를 저평가하는 것이 청계8가의 관례였기에 가능했으리라. 이것은 현재까지도 이어져 가끔 눈먼 LP 판들을 만나고는 하는데 최근에는 전문 업자를 포함한 수집가 애호가들의 눈이 너무 많아져 여간해서 손에 들어오지 않는다.

다음으로 매력있었던 LP 구매 장소는 바로 헌책방이다. 여기는 거주한 동네를 중심으로 몇 군데 확보한 후 부탁을 해놓으면 주인이 원하는 LP 판을 구한 후 전화를 해준다는 장점이 있다. 특히 국악이나 가요 등은 이렇게 모은 것이 많은데 비교적 저렴하게 국내 LP를 확보할 수 있어서 환상적이었다. 그러나 이제는 인터넷 덕택에 책방 주인들도 LP 사냥에 혈안이 되어 타락한 장소가 되어버렸다. 무조건 국내 LP면 높은 가격을 부르는 터라 어떨 때는 레코드점 가격을 훌쩍 뛰어 넘어 버리기 일쑤다. 그러나 몇몇 헌책방 주인들은 아직도 수집가들의 입장을 순수하게 이해해준다. 어떤 책방으로부터는 간판을 디자인해주고 좋은 가요 음반을 수십장 선물 받은 적도 있으며 양병집의 〈넋두리〉 초반 LP를 버려진 책 속에서 주은 적도 있는데 추억이 새롭다.

마지막 국내 LP 수집소는 고물상이다. 고물상에 나오는 LP는 그야말로 고물로 버려져 비닐 취급을 받는데 여름 햇볕에 휘거나 재킷이 엉망인 것들이 많아 더더욱 노동을 요한다. 국내 가요 SP나 국악 SP음반 등을 상당수 보았는데 거칠게 다뤄져 온전한 것이 없었던 기억이 난다. 그렇지만 가끔 신중현 LP를 비롯한 국악 LP를 다수 구해본 경험이 있다. LP의 경우 재킷의 테두리에 테이핑을 한 대량의 수거품이 나돌았지만 좋은 LP를 구해본 기억은 많지 않다. 나중에 알고 본즉 수많은 중간 상인들이 하루에도 열두 번씩 드나들기 때문

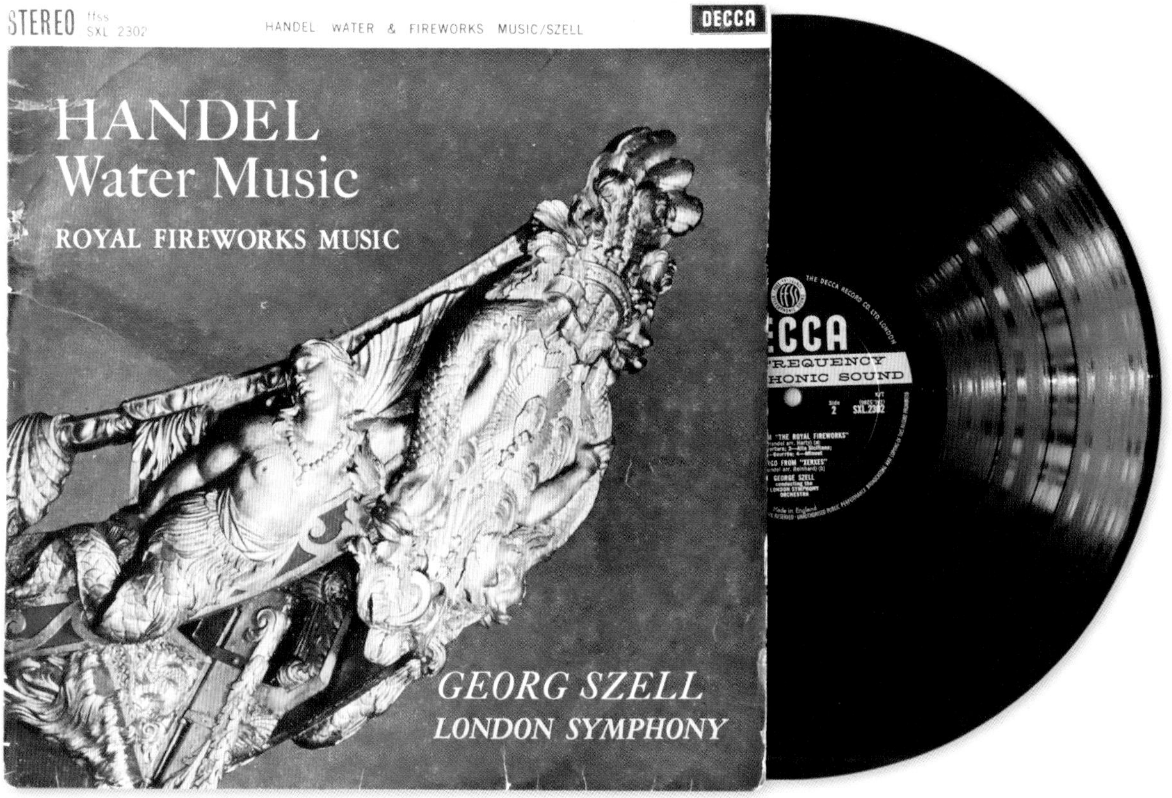

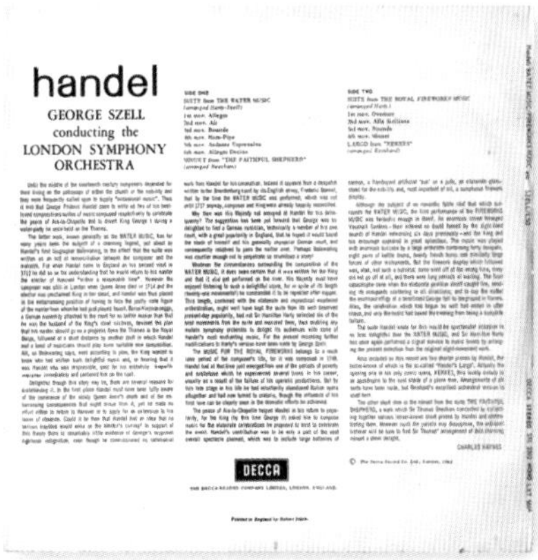

»
조지 셀 지휘, 런던 심포니 연주의 〈헨델의 수상음악〉
DECCA, SXL-2302

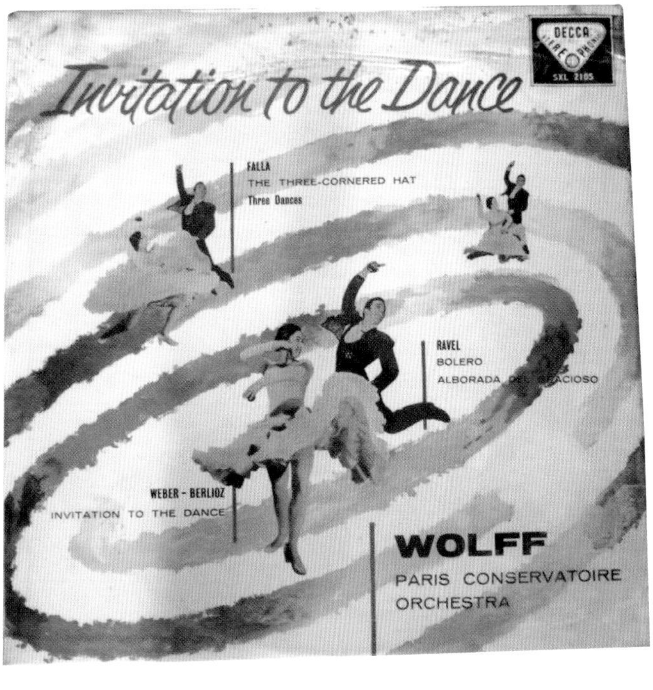

»
청계8가에서 구한 데카 와이드 밴드 초반
DECCA, SXL-2015

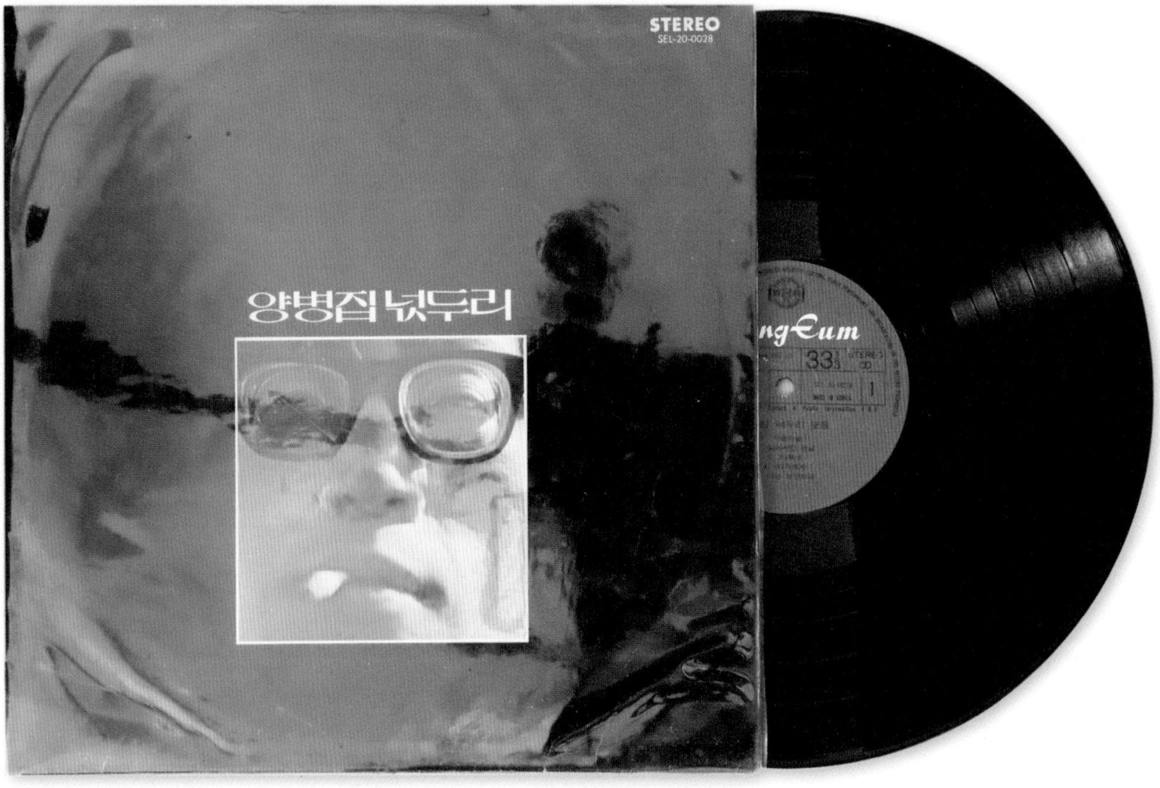

»
버려진 책 더미 속에서 구해낸 양병집의 초반 〈넋두리〉

»
고물상에서 구매한 김상희의 신중현 작곡집

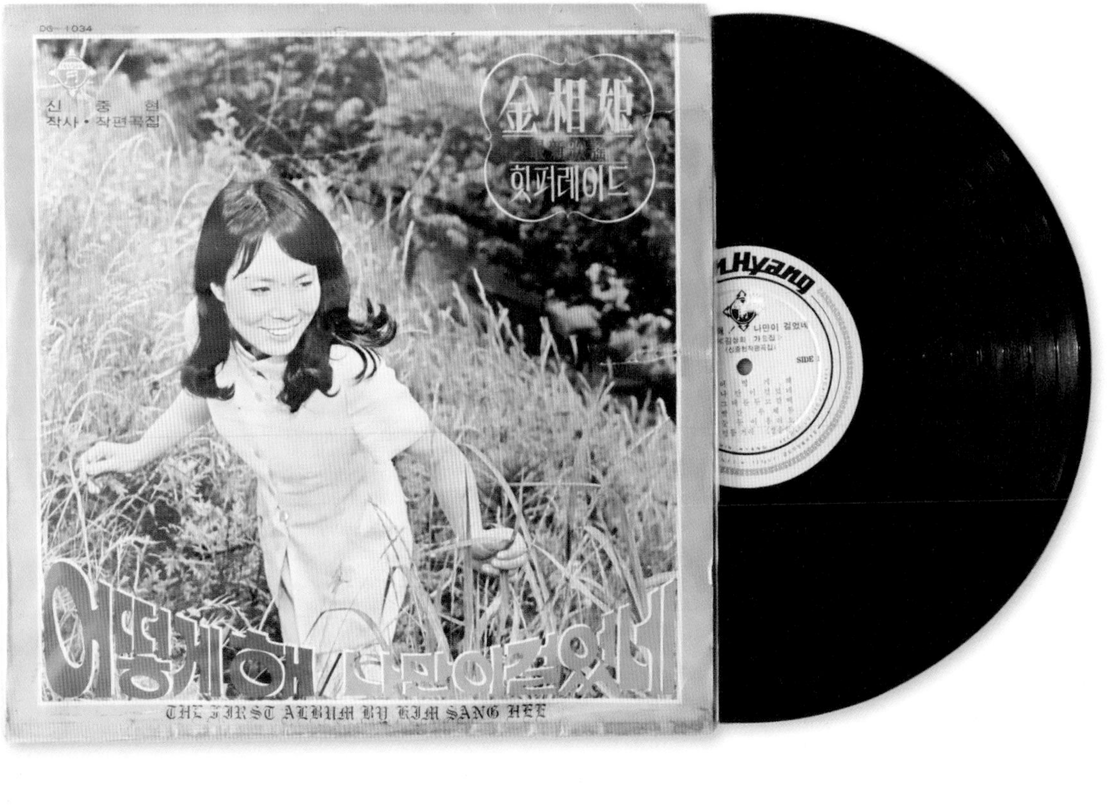

에 내 차지로 돌아오는 LP는 없었던 것이다. 이미 초토화되어 차후로는 전혀 매력이 없는 장소지만 가끔 그럴싸한 LP도 나돌아 심심풀이로 들를만한 곳이다.

외국 출장 시에는 플리마켓 즉 벼룩시장이 LP를 헌팅하는 장소로 단연 1위이며 레코드숍에서도 비교적 저렴하게 구할 수 있으나 역시 마니아를 대상으로 하는 숍에서는 가격도 치솟아 조심해야 한다. 특히 재즈류는 국내 시세보다 더 비싼 음반 가게도 많았던 기억이 난다. 매년 열리는 오디오 쇼를 참관한다면 입구부에서 노점을 펼쳐 놓고 수집가용 LP를 파는 상인들을 종종 볼 수 있는데 비교적 숍 가격보다는 비싼 편이다. 그러나 쉽게 오디오 파일용 LP를 구할 수 있다는 장점이 있다.

최근 들어 LP를 가장 쉽게 빨리 구할 수 있는 곳은 바로 인터넷 시장이다. 낙찰받아 내 손에 들어올 확률이 조금 낮은 단점이 있는 경매 중고장터부터 전문 LP 쇼핑몰까지 실로 각국에 다양하게 산재되어 있어 잘만 뒤지면 좋은 판을 의외로 싸게 구한다. 다만 신용 문제가 뒤따르며 운송 시 파손이나 변질의 위험성이 있는 것이 단점이다. LP는 나이 드신 분들의 서재에도 꽂혀있고 창고 한 구석에 먼지가 뽀얗게 쌓인 채 잠자고 있기도 하며 재활용품 사이에서 쓰레기 취급을 받기도 한다. 구하고 싶은 LP를 이런 무더기 속에서 찾아내 듣는 재미는 한 번 해보기 전에는 절대 알 수 없다.

우연히 얻은 명반 한 장의 희열은 그 실제 가격의 몇 배를 능가할 정도로 크다. 그야말로 폐품 바이닐에서 예술적 감동을 주는 음반으로의 지위 역전이 이루어지는 것이기에 말이다. 이런 LP야 말로 아날로그 마니아의 초고가 음반에 해당한다. 스스로가 발굴한 명음반의 가치인 것이다. 그렇다고 에네스코나 마르치 초반을 이렇게 구하려 해서는 안 된다. 절대 시간 낭비일 테니까. 국악이나 가요 SP, LP는 한 번 꿈꿔볼만한 일이다.

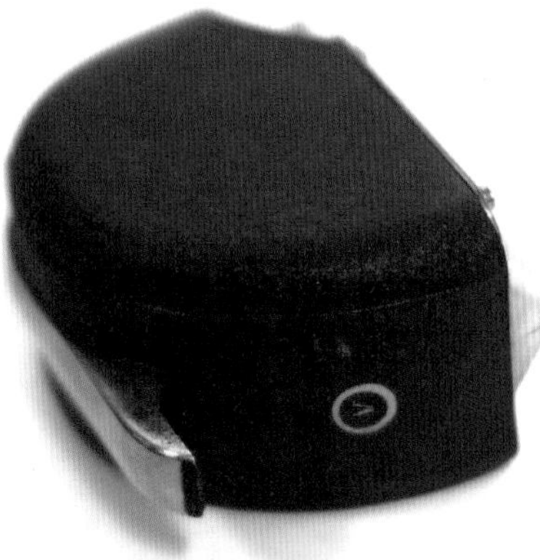

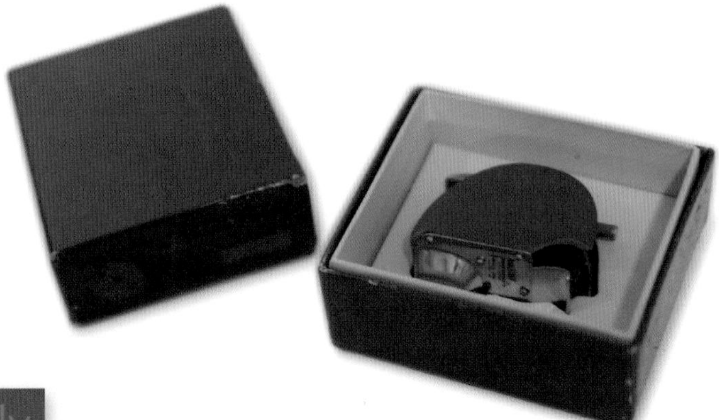

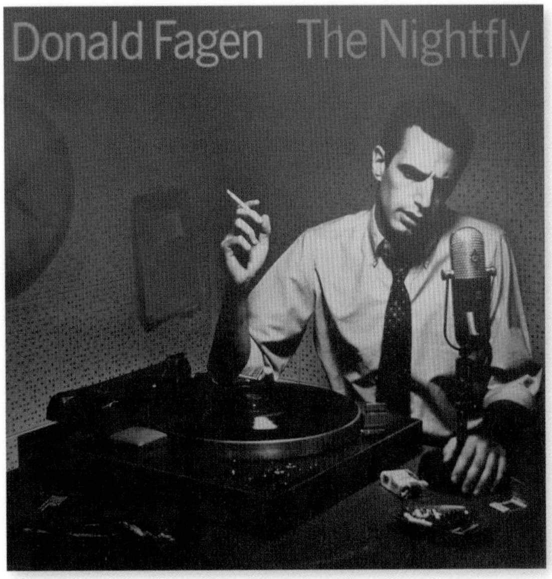
Donald Fagen
The Nightfly

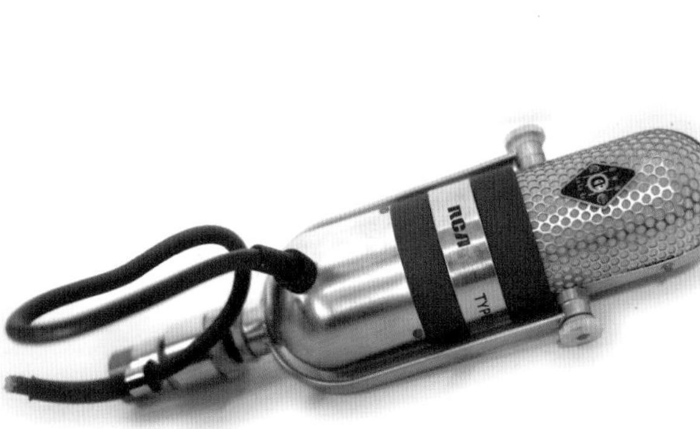

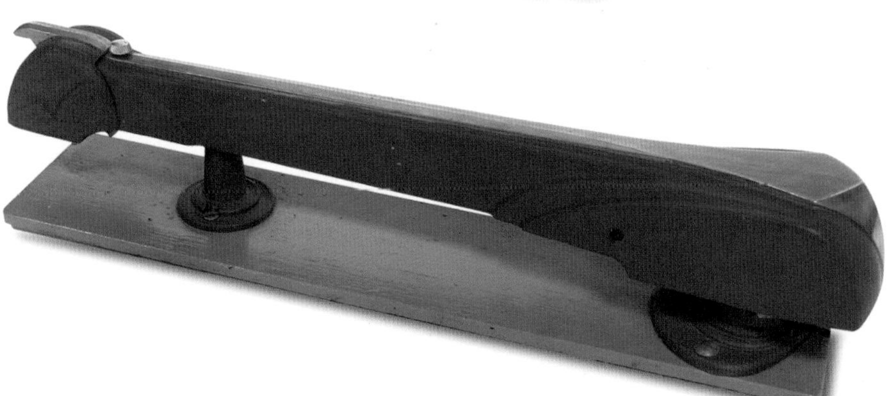

정리에서 얻는 희열

소유는 욕심이며 버림은 깨달음이다

그동안 아날로그를 하는 과정은 끊임없이 기술적 이해를 추구하고 자료를 수집하고 소프트웨어인 SP, EP, LP를 모으는 여정이었다. 그러다보니 주변 소프트웨어인 오리지널 카세트 테이프나 릴 테이프에까지 손이 미치게 되었고, 또한 그에 따른 하드웨어 장비로 수많은 턴테이블과 톤암, 카트리지, 카세트 및 릴 데크에도 덩달아 관심을 쏟았다. 결과적으로는 리스닝룸과 서재, 심지어 거실과 창고까지 필자의 아날로그 용품으로 가득 차기 시작했고, 그것은 어느 날부터 역으로 필자를 소유하기 시작했다. 판의 수량이 적을 때는 찾기도 쉽고 정말 소유하고 사랑하며 음악을 찾아 듣던 습관에서 이젠 판들을 정리하고 보수하다가 하루가 가기도 했다. 특히 LP 특유의 냄새와 먼지가 필자에게 부담을 주어 먼지 알러지가 시작되었고, 부피 크고 무거운 LP판이 공간을 점령해 나가자 필자의 실내 활동 공간은 점점 포위되어 좁아져 나갔다. 물론 아내의 눈총도 더욱 따가워져 가장의 입지는 땅바닥에 추락할 지경에 이르렀다. 그러던 어느 날 2만여 장이나 되는 판들을 둘러보다가 깨달음을 얻었다. 듣지도 않는 까만색 원형 비닐 때문에 왜 이 넓은 집을 좁게 쓰면서 필자의 삶까지 고달픈가 하는 깨달음이 섬광처럼 양쪽 귀 아래 뇌를 꿰뚫고 지나간 것이다. '없애자. 필요한 것만 남기자, 아니 그 이상으로 없애고 미니멀리즘 오디오 생활을 하자. 까짓것 CD로 듣고 PC 파이로 듣자. 그래 다 버리자…, 아니 팔자….'

그리고 판을 정리하기 시작했다. 정말 무겁고 냄새나고 먼지가 많아 정리마저도 고달픈 중노동이었다. 꼭 들어야 하고 필자의 인생 추억의 배경으로 박힌 판들만 제외하고, 한 장씩 한 장씩 정리되어 나왔다. 아예 오

»
(맨 위부터) 모노 LP용 MC 카트리지, SP용 MC 카트리지, 도날드 페이건 오리지널 디스크, RCA 77DX, RMC 롱암

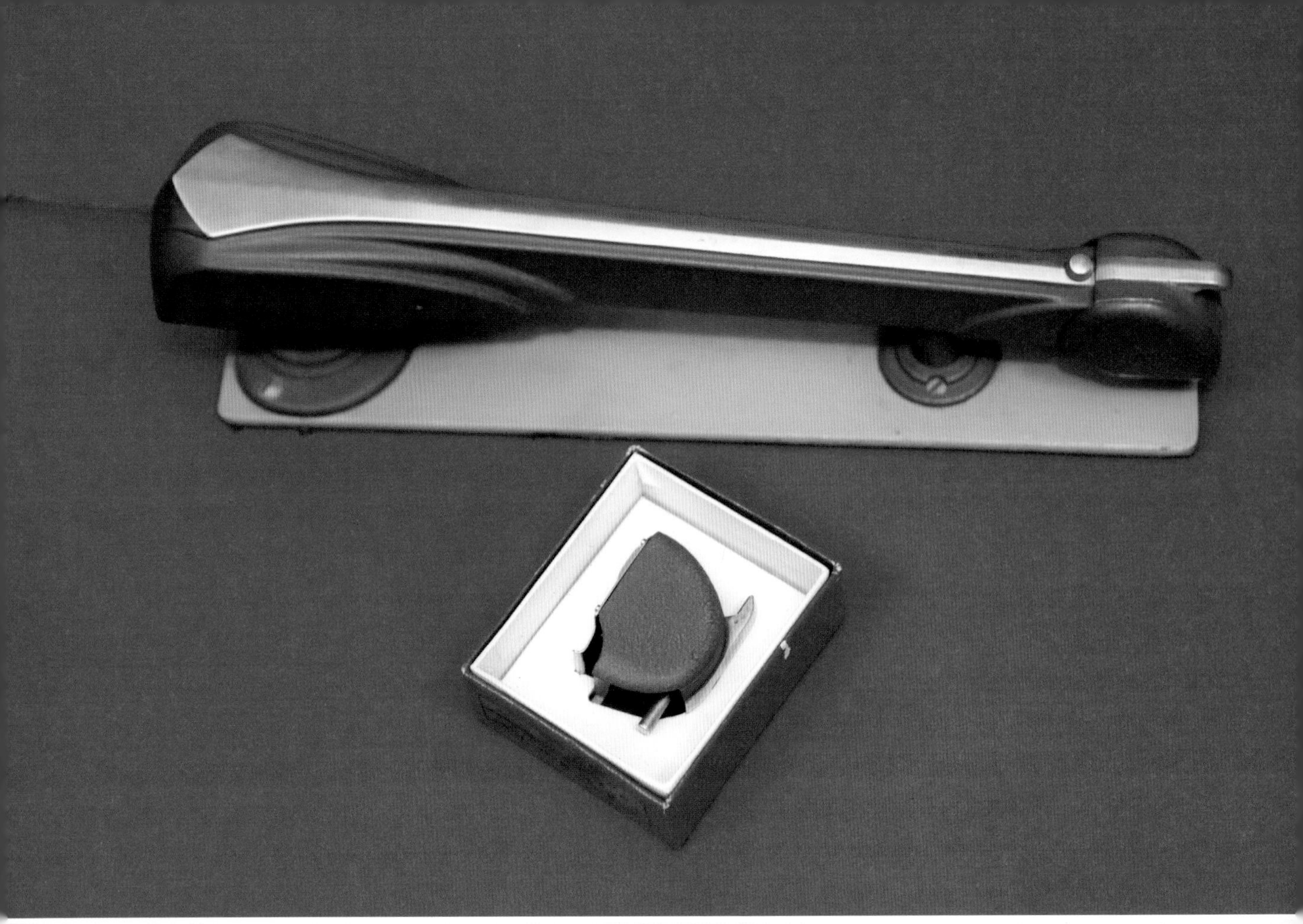

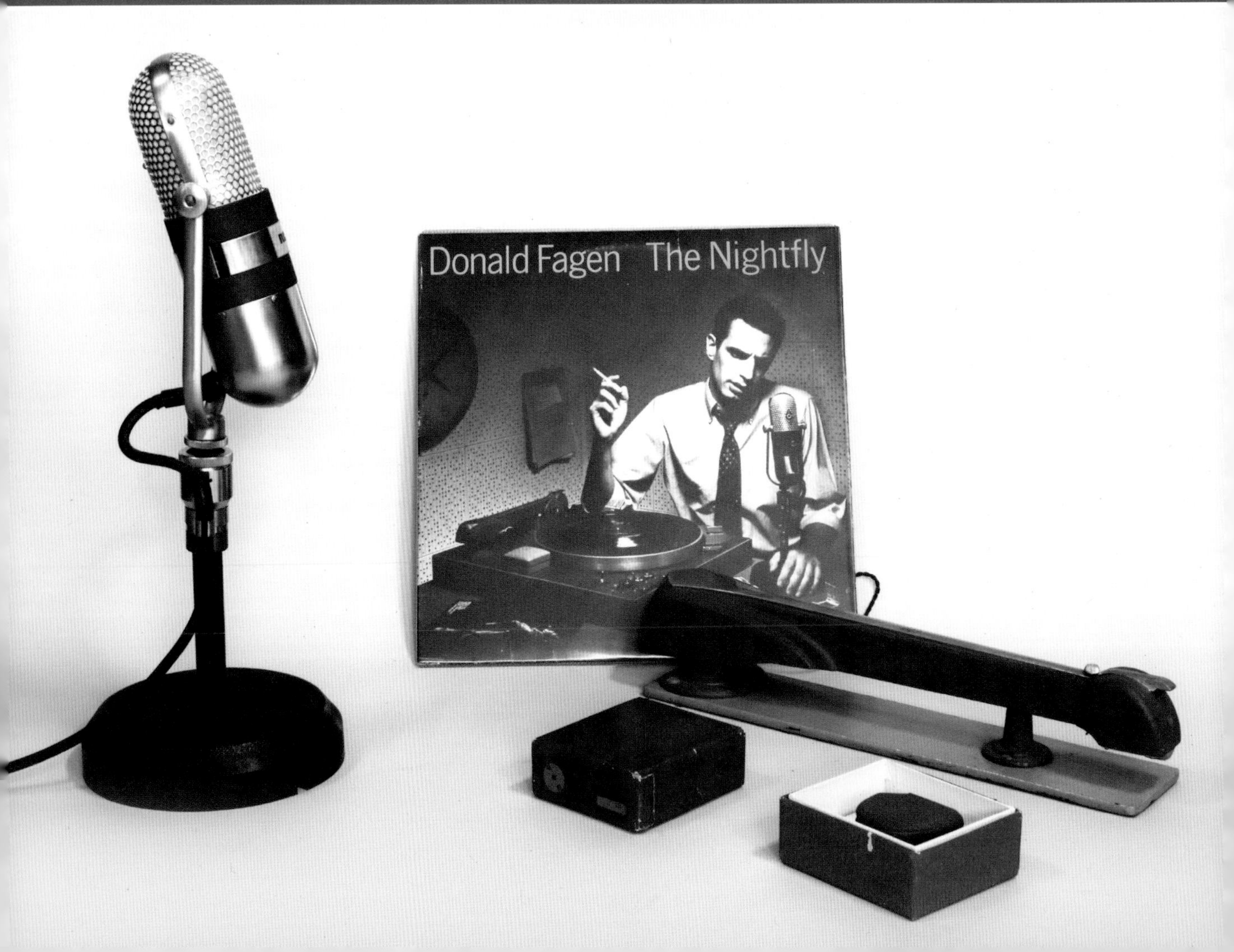
Donald Fagen The Nightfly

픈도 안 된 판도 많았다. 그러나 국악, 가요, 그리고 중학교 시절 추억의 멜로디가 담긴 낡은 판들, 그 판들을 보자 갑자기 듣고 싶어져 정리하다 말고 턴테이블에 올려놓는다. 〈The House of the Rising Sun〉 애니멀스 초반… 정말 눈물이 나도록 좋았다. '이렇게 좋은 것을 왜 버려…' 하며, 다시 팔려고 내놓은 판 중에서 몇 장을 골라 보관용 판이 있는 곳으로 옮긴다. 이 짓을 수십 번 반복해 드디어 2만여 장 중 1만 6천 장을 골라 팔기로 하고, 나머지 4천 장을 보관 장소에 정리하기 시작했다. 이 정리도 또한 등골이 빠지는 노동이었다. 판은 정말 무겁고 분류하기가 힘든 대상인 것만은 확실하다. 그러나 이 결정으로 마음은 너무나 홀가분했다. 더군다나 업자를 불러서 판매한 판값은 그 판을 구할 때 가격의 다섯 배 이상 올라있어 아무리 업자 구입가라 할지라도 조그만 오피스텔 한 채 값이나 되는 돈이 생겼다. 웃음이 절로 나왔다. 판에 대고 절을 했는데 마치 그 판들이 필자에게는 훌륭한 스승같았기 때문이다. 문학적으로는 그리스 작가 니코스 카잔차키스를 사부로 모시고 있지만, 그 반열에 LP판도 올려놓고 싶어졌다. 음악으로 예술적 감동을 주었을 뿐 아니라 깨달음도 주었고, 더불어 재산도 늘려주었기 때문이다.

소유는 욕심이며 버림은 깨달음이다. 소유는 깨달음 없이 누구라도 할 수 있지만 집념을 버리든 소유한 물건을 버리든 무엇이나 버리는 것은 깨달음 없이 행해지는 바가 없다. 버릴 때는 모을 때보다 더 큰 기쁨이 있다는 것을 알게 해준 필자의 스승 LP판…. '사람은 정말 무엇이든 버리고 살아야 돼', 비우는 것의 진정한 쾌락을 알게 해준 것이 바로 판이기에 판은 필자의 스승의 위치에까지 올라선 것이다. 이번 정리에서 얻은 소득은 깨달음과 재산뿐 아니라 잊어버렸던 옛 추억과 예상치 않은 대상들도 튀어나왔는데, 이것은 정리하였기 때문에 덤으로 얻은 경사였다. 무엇인고 하니, 보이지 않은 구석진 LP 랙 사이에서 도널드 페이건(Donald Fagen)의 〈The Nightfly〉 앨범과 함께 아직 사용하지 않은 프로용 구형 암 RMC(Radio Music Corp.)와 교환용 MC 카트리지 헤드가 나왔기 때문이다. 이 두 품목이 같은 자리에 숨겨져 있던 이유는 도날드 페이건 앨범 사진에 이 암이 장착된 턴테이블과 함께 페이건이 담배를 피우면서 RCA 마이크 앞에 있는 모습 때문이었다. RMC 암은 12인치 프로 버전 롱암으로 묵직하면서도 디자인적 매력이 있는 중침압용 암이다. 전면 나사를 돌리면 LP용, SP용 두 가지 MC 헤드 카트리지가 다이렉트로 교환되는 방송국용 프로 암이다. 페이건 앨범에 나오는 턴테이블처럼 꾸미고 싶어 하나씩 하나씩 부속을 수집하다 언젠가 그 꿈을 잊어 버리고 수십 년이 바람처럼 지나가 버린 모양이다. 그 바람 뒷자락에 이제 장년 나이가 된 청년 수집가의 꿈이 세월의 폭풍 언덕 위에 덩그러니 놓여 있는 것이다. 이 한 장의 판과 이 하나의 암이 필자의 삶에 또 하나 배경이 되어, 버림의 깨달음 속에서 커다란 목단 꽃처럼 피어난 것이다.

»
RMC 구형 암(NOS)과 카트리지(상단)와
도널드 페이건의 앨범 〈The Nightfly〉와 재킷 속에 담긴 RCA 마이크와 프로용 RMC 구형 암(교환용 MC 헤드 카트리지, 하단)

실황을 듣는 듯한 생생함, SP음반

31.5×31.5cm에 담긴 낭만, LP음반

오디오를 품은 LP재킷

클래식 LP

재즈 LP

팝 LP

국악 LP

가요 LP

통기타 가수들의 LP

김광석·김두수 LP

조용필 LP

아날로그로 마누라 죽이기

ROMANTIC LP

낭만 LP

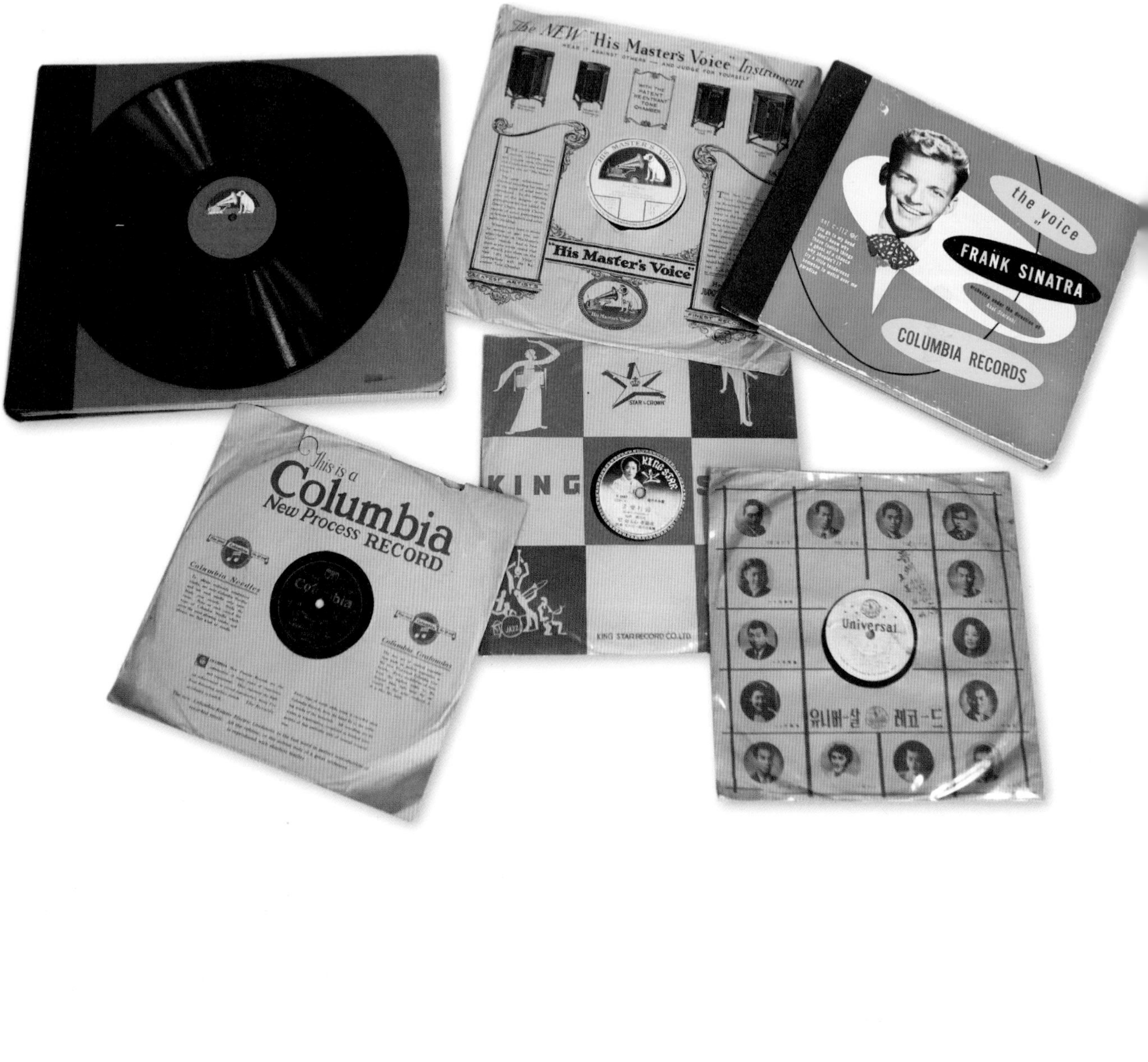
The NEW "His Master's Voice" Instrument
"His Master's Voice"
the voice of
FRANK SINATRA
COLUMBIA RECORDS
KING
KING STAR RECORD CO.LTD.
This is a Columbia New Process RECORD
Universal
유니버-살 레코-드

실황을 듣는 듯한 생생함, SP 음반

'아직도 SP음반을 듣는 사람이 있을까?' 하는 사람들도 많겠지만 놀랍게도 SP음반 마니아가 국내는 물론 세계적으로도 많다. 세계적인 음반 컬렉터들의 진정한 기초 음반은 모두 SP이고, 국내의 학술연구나 가요, 국악연구 및 음악사 관련자들의 수집대상 목록의 최선단은 모두 SP음반으로 일관된다. 그래서 중요한 SP음반의 거래가격은 상상을 초월한다. 외국에서는 릴리 퐁스, 갈리구르치, 카루소, 로테 레만 등의 성악과 앙드레 레비, 카잘스 엘만 등의 현 연주, 그 외에 에디트 피아프, 헤리 벨라폰테, 엘비스 프레슬리, 프랭크 시나트라 등의 샹송과 팝, 국내에서는 유명한 윤심덕의 〈사의 예찬〉을 비롯하여 남인수, 이미자 등의 대중가요와 정정열, 김창룡, 송만갑 등 판소리 5명창의 SP초반 등이 수집대상이며, 특히 보존상태가 좋은 국악 초반 SP의 경우는 경매에 부칠 정도로 귀하고 윤심덕의 〈사의 예찬〉인 경우 수천만 원을 호가한다. 빅터 크리덴자나 HMV 157이상 203 정도의 좋은 유성기로 SP음반을 들어보면 그 발성의 깊이와 감동이 요새 오디오와는 비교가 되지 않는다. 피를 토하는 듯한 성악가의 발성을 그대로 느낄 수 있을 정도이고 카잘스의 바흐 무반주 첼로 조곡을 초반 SP음반으로 들어보면 정말 카잘스가 앞에서 연주하고 있는 착각이 들 정도로 감동이 온다. 전기적 증폭 장치가 없이 순 어쿠스틱 진동을 확성하여 내는 음의 밀도는 너무나 사실적이고 집중력이 강하다. 음질로만 본다면 SP 음반을 정점으로 스테레오로 오면 올수록 무언가 퇴보하여 음밀도가 허전한 감이 있다.

1877년 에디슨이 발명한 실린더 유성기는 상업적으로는 성공하지 못하고 10년 후 1887년 독일 에밀 베를리너가 발명한 원반형 유성기 그라모폰에 밀려난다. 베를리너 이전은 원통형 실린더판이어서 대량생산에 불리했지만 베를리너는 평판형이어서 대량생산과 대중화에 성공한 것이다. 물론 음질도 많이 개선되어 엔리코 카루소의 경우 베를리너 덕택에 당대 최고의 세계적 성악가 위치에 오른 대표적 인물이다. 1948년 미국 콜롬비아에서 LP를 발표하고 그 후로도 약 10년 이상 SP음반 시대는 이어진다. 그러나 SP음반은 잘 깨지는 셀락이라는 재질로 이루어져 있어 보관에 불리한 탓에 남아있는 명반이 극히 드물다. 특히 국내 국악과 가요 분야는 더욱 희귀한 형편인데 결과적으로 고가의 소스가 되어버렸다. 그러나 SP음반으로 듣는 국악이나 가요는 누구라도 한번 들어보면 헤어나올 수 없는 중독적인 음색으로 대단히 매력적이다.

실린더 음반은 2분, 4분 두 종류가 있지만 감상용으로는 음질이 부족하여 수집가가 많지 않고 결국 에디슨사에서도 나중에 다이아몬드 치펀데일 평판형 SP음반(두께가 5mm정도로 두꺼우며 그루브가 섬세한 셀락판)용 유성기를 출시하였지만 결국 이 또한 음질이 감상용까지는 가지 못했다. 전기녹음시대 이전에는 집음기에 의한 어쿠스틱 녹음으로 소리가 작은데 현재 감상용으로 사용되는 SP음반은 1925년 전기(電氣)녹음시대 이후의 음반이 대부분으로 재생음질도 좋고 음량도 크다. 국내 SP음반의 가치는 시간이 갈수록 치솟을 예정이고 해외 SP음반도 소장가들을 중심으로 높아지고 있다. 이제 국악이나 국내 가요분야의 SP는 우리의 사료로 생각하고 잘 발굴하여 보관하는 제도가 시급하다. 기회가 된다면 좋은 유성기로 SP명반을 감상할 무대를 마련해보고 싶은 것이 필자의 소원이다.

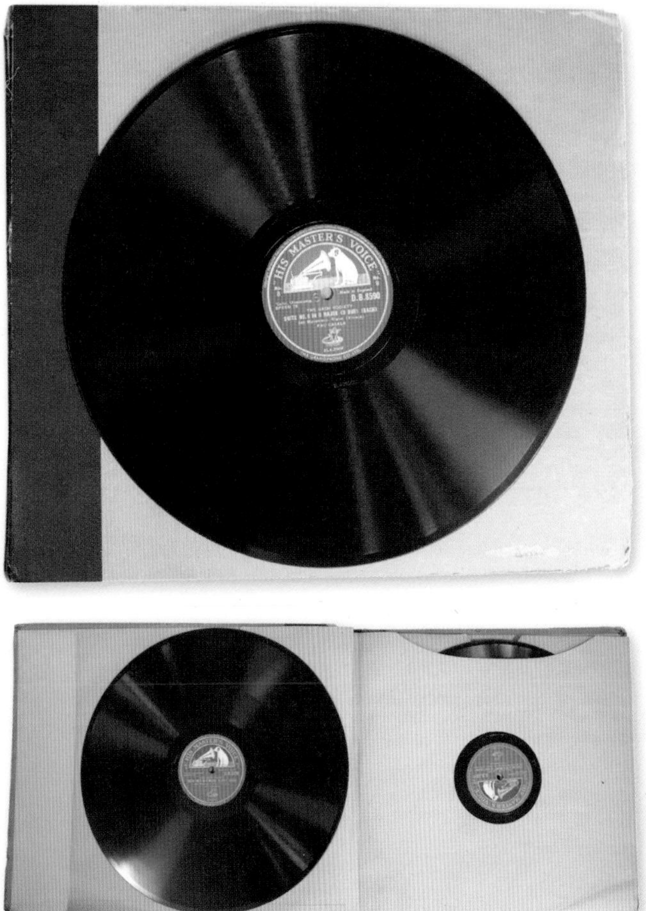

1 >>
HMV, 12인치, DB 8590~DB 8596
카잘스가 연주한 바흐 무반주 첼로 조곡 SP 초반

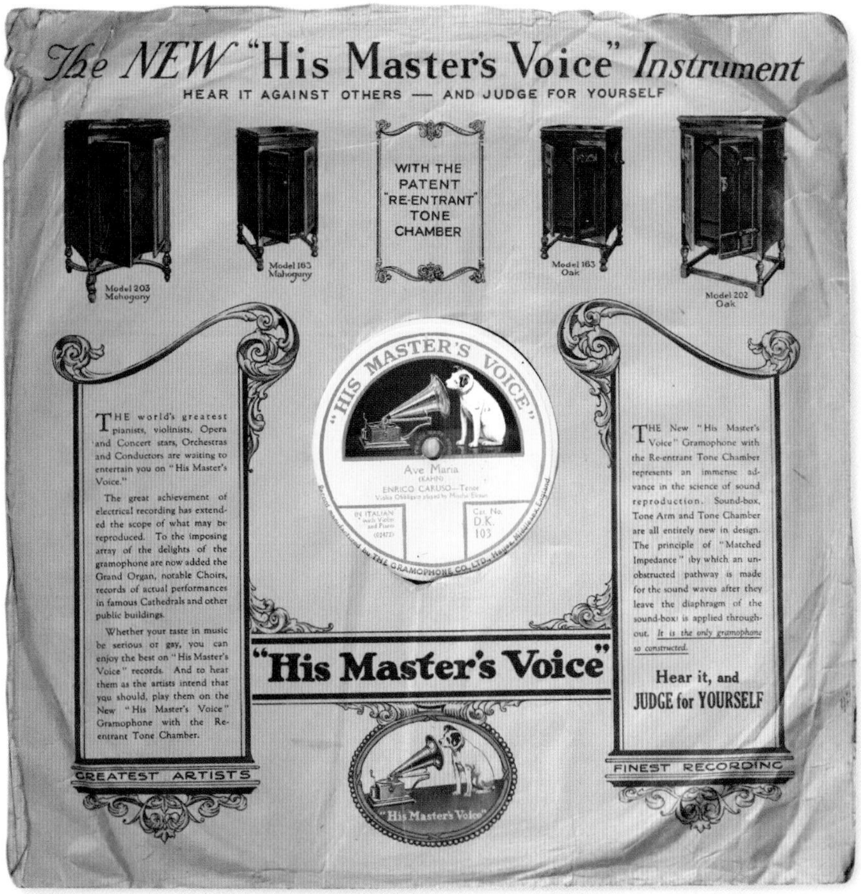

2 »
HMV, 12인치, DK 103

1. 1934년 파블로 카잘스가 영국 HMV에서 녹음한 바흐 〈무반주 첼로 조곡〉 12인치 SP음반. DB 8590～8596의 30cm 7장 SP에 수록된 카잘스 첫 녹음으로 들어보면 카잘스가 비로 앞에서 연주하는 듯하며, 바흐 음악의 깊이를 실감나게 하는 음반이다. 우리가 듣는 LP복각음반의 원반으로 LP로 듣는 것과는 천지차이다. 당시 마스터가 없기 때문에 이 SP음반을 마스터로 복각한 LP가 우리가 보통 현재 듣는 음반이다. 놀라운 첼로의 해상력과 음밀도, 집중도를 보여 주는 SP명반. 물론 희귀하지만 그래도 구하고자 한다면 구할 수 있는 영역에 있다. 윤심덕처럼 초고가반은 아니다. (국내 거래가 120만 원 내외)

2. SP음반. 역시 영국 HMV 시대의 명테너 엔리코 카루소가 연주한 12인치 유성기 음반이다. 카루소는 녹음 수량이 많기 때문에 음반이 흔해 가격은 비싸지 않지만 성량 풍부한 그의 목청 때문에 음량도 크고 음질도 훌륭한 디스크가 다수 있다. 이 음반에는 칸의 아베마리아와 마스네의 엘레지가 수록되어 있는데 그의 목소리를 역시 유성기 HMV 163으로 들어보면 눈물을 흘리지 않을 수가 없을 정도로 감동적이다. 이 음반은 전기녹음이 아니라 집음기에 의한 순수한 어쿠스틱 녹음이다. (국내 거래가 8만 원 내외)

3 »
Columbia, 10인치, 36918～36921

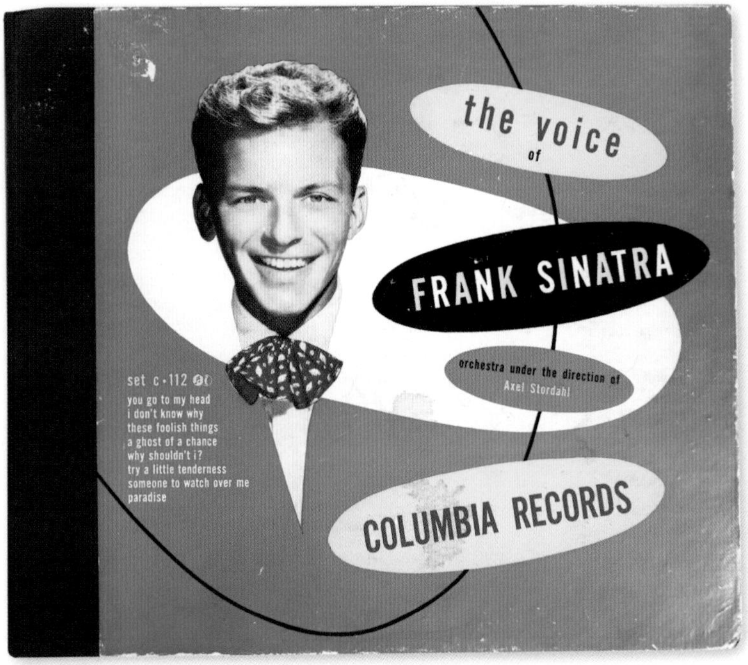

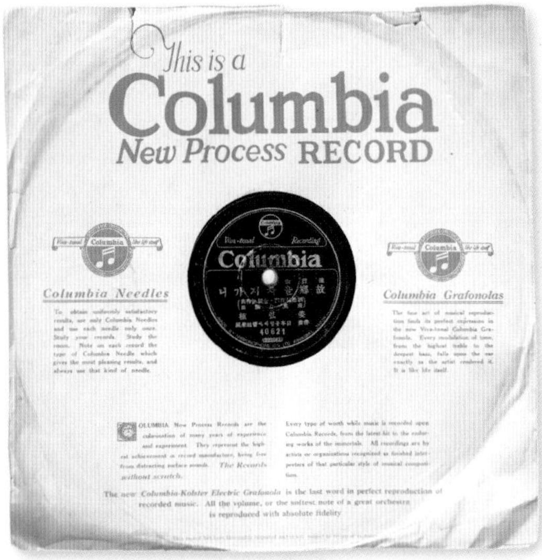

4 »
Columbia(일본), 10인치, 40621

3. 미국 프랭크 시나트라의 10인치 4장짜리 세트로 콜롬비아 36918～36921이다. 그의 풋풋한 청년시절, 노래를 막 시작할 무렵의 목소리가 우렁차게 녹음되어 있다. 물론 'My way'는 없다. 'My way'는 LP 후반 시절 녹음이니 말이다. 전기녹음 시절이어서 음질, 음량, 모두 발군이다. (국내 거래가 10만 원 내외)

4. 일제강점기 때 일본의 콜롬비아가 10인치 SP로 녹음한 것이다. 당시 유행가인 채규엽의'아득한 천리길'과 강홍식의 '고향을 차저가니'가 수록되었으며 일본 콜롬비아 관현악단 반주이나 국내 가요사적으로 의미가 깊다. 고향의 향수와 외지생활에 대한 설움 등이 잘 표현된 희귀음반이다. 당시 국내 녹음이 드물었고 시설 면에서나 음반의 상품화 면에서나 일본이 강세였던 시절이기에 아쉽지만 일본 녹음이나마 남아있는 것이 위안이 된다. (국내 거래가 50만 원 내외)

5. 조선 최고의 남성가수 남인수의 '기다리겠어요', '밤비는 온다'가 수록된 유니버설 10인치 SP음반. 비교적 후반에 발매된 음반으로 해방 후 LP가 나오기 바로 직전 음반이다. 남인수의 구슬픈 발성이 돋보이는 SP음반으로 당대 최고의 가수였던 그의 관록에 힘입어 다수 남아있다. 그러나 이마저도 이제는 보기가 힘들고, 특히 남인수 음반은 유성기로 들은 횟수가 많아서 대부분 음구가 닳은 것들인데 결과적으로 상태가 좋은 것은 구하기 어렵다.(국내 거래가 35만 원 내외)

6. 후반기 킹스타 10인치 국악 SP로 김옥심, 이은주의 '군밤타령', '경복궁 타령'이 수록되었다. 특이하게 가수의 얼굴 사진이 중앙 라벨에 인쇄되어 있다. 해외 소개반이라 표기되어 있는데 아마 국외에 국악을 소개하기 위해 특별히 제작한 음반인 것 같다. 특히 김옥심의 발성이 선명하고 구성지며 경기민요의 진가를 여실히 드러내는 보급반이다. 국내 가요 SP음반은 일제강점기 시절부터 꾸준히 제작되었는데 초반들은 일축조선, 빅터, 콜롬비아 등의 메이저 브랜드로 발매되었고 명창들의 음량이 워낙 출중해 고음질, 고음량의 명반이 있으나 세월이 세월인지라 남아 있는 것은 많지 않다.(국내 거래가 30만 원 내외)

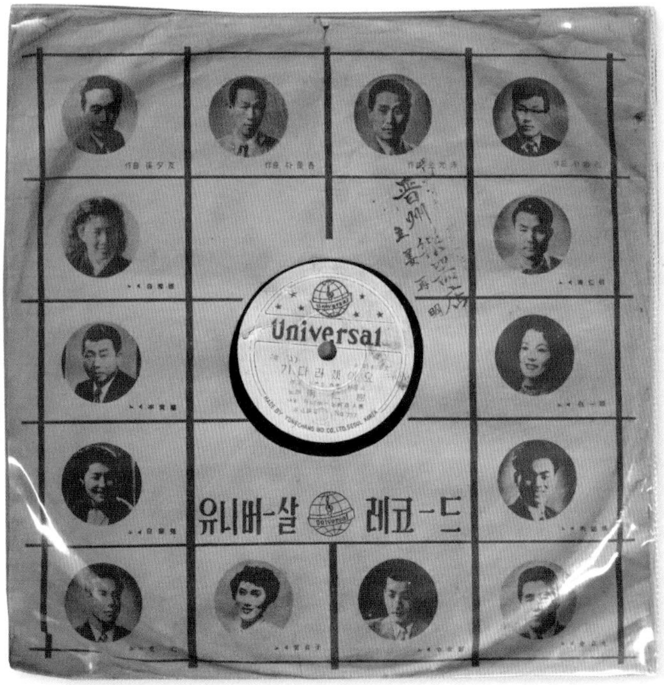

5 »
Universal(한국), 10인치, P-1014(A)·1014(B)

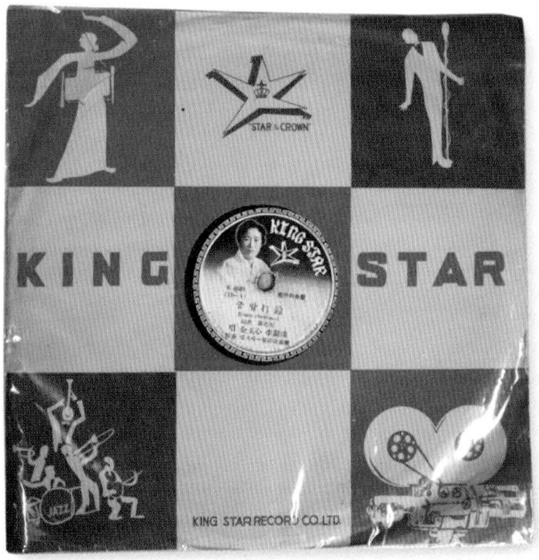

6 »
King Star(한국), 10인치, K-6640·6641

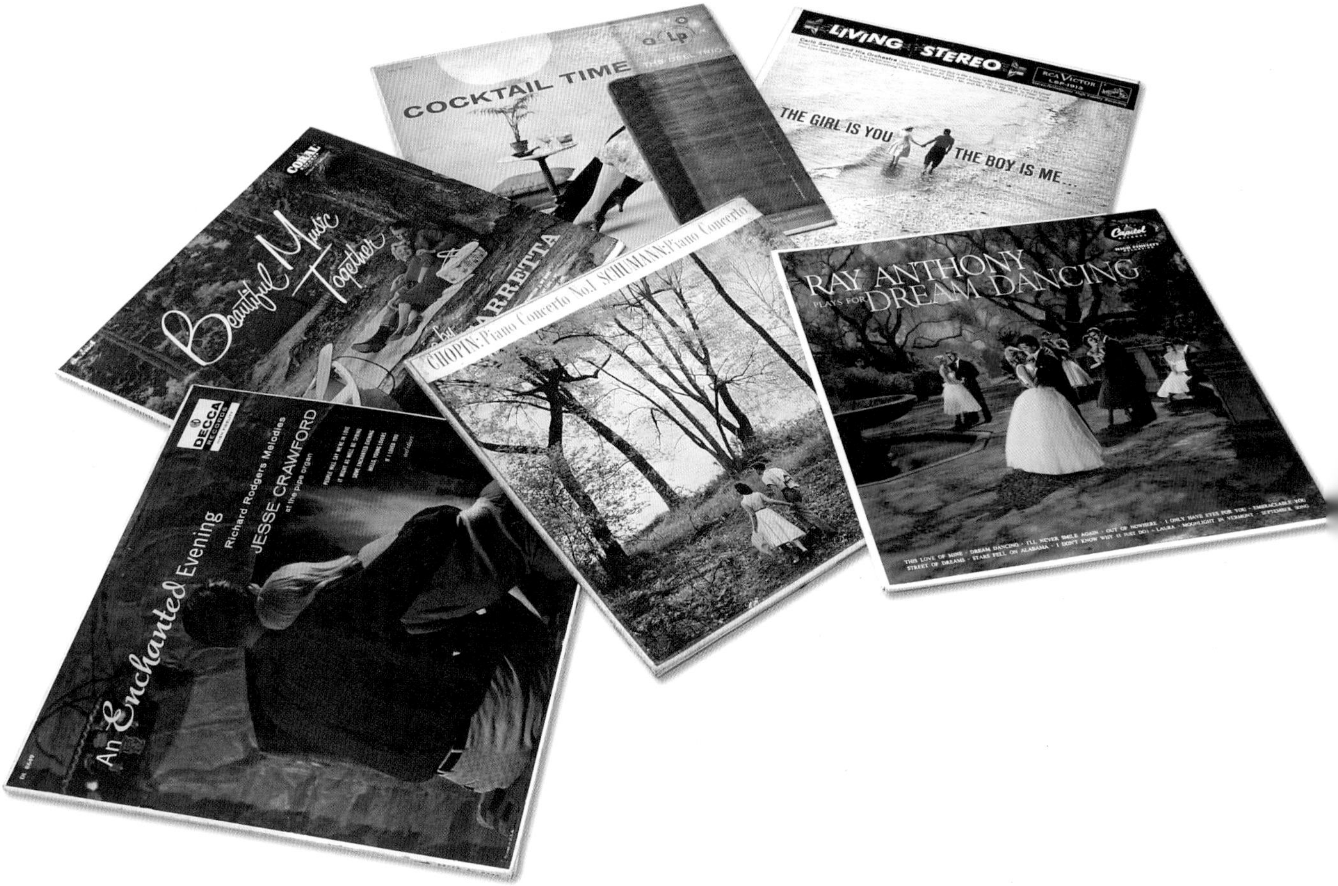
COCKTAIL TIME
LIVING STEREO
RCA VICTOR
THE GIRL IS YOU
THE BOY IS ME...
Beautiful Music Together
CHOPIN: Piano Concerto No.1 SCHUMANN: Piano Concerto
RAY ANTHONY
PLAYS FOR DREAM DANCING
DECCA
An Enchanted Evening
Richard Rodgers Melodies
JESSE CRAWFORD
at the pipe organ

31.5×31.5cm에 담긴 낭만, LP음반

LP디스크의 회전은 33⅓rpm이다. 1분에 33회전으로 도는 완만한 속도다. 정신없이 도는 금속성 CD와는 그 격이 다르다. 검은 염화 바이닐의 음구에 빛이 비치면 마치 연슬(물여울)처럼 반짝인다. 그 자체로 일렁이며 도는 모습은 검은 밤바다를 보는 것처럼 마음이 깊어진다. 그 속이 깊고도 깊어 심연의 검은색으로 필자의 영혼에 다가온다. 물이 깊을수록 파도가 잔잔하다고 했던가. 조용하면서도 마음이 깊은 그곳에 필자의 영혼까지 다다르는 음악의 깊고 잔잔한 파도 소리가 들린다. 그 아늑하면서도 알 수 없는 깊이로 다가서는 낭만은 검은색 바이닐 속에 고대 암각화처럼 변함없는 부호로 새겨져 있다. 이미 수십 년을 동굴 속처럼 어두운 재킷 속에서 잠자고 있던 바이닐도 꺼내서 툭툭 먼지만 털고 턴테이블에 올려놓으면 그 속에 잠재되어 있는 알 수 없는 조각의 암호에서 완벽한 음으로 살아나 여지없이 심금을 울리고야 만다. 놀랍디 놀라운 것은 그것이 이 시대의 디지털 수록 기술을 넘어서 있는 완전체라는 것이고, 그 시대 대연주가의 숨결을 가장 가까이 담은 절대 버전이라는 것이다. 이제 세월이 흐른 지금 어느 녹음도 이 조각된 음구를 넘어 더 뛰어난 완전체로 필자에게 다가설 수 없다. 옛 시절의 대연주가들은 갔지만 그 녹음은 LP 디스크에 묘비명처럼 남아 있다. 이 놀라움이 LP가 주는 그 첫 번째 낭만이다.

두 번째 낭만은 음악을 틀기도 전에 접하는 약 31.5×31.5cm의 사각 재킷에 영상으로 남아있다. 아날로그 디스크 LP의 재킷은 그야말로 각양각색이다. 방형의 우주라 할 만큼 LP디스크 재킷 속에는 수십, 수백만 가지 철학과 예술 표현이 LP판에 수록되어 있는 음악을 반영하며 담겨있다. 조그만 CD 재킷을 볼 때는 LP와는 달리 큰 감동이 오는 경우가 극히 드물다. 그러나 LP재킷은 볼 때마다 감동이 넘쳐나는 경우가 대부분이다. 묘하게도 재킷 사이즈가 큰 것과 감동이 큰 것은 비례하는 것 같다. 우선 그 예술적 디자인과 색감

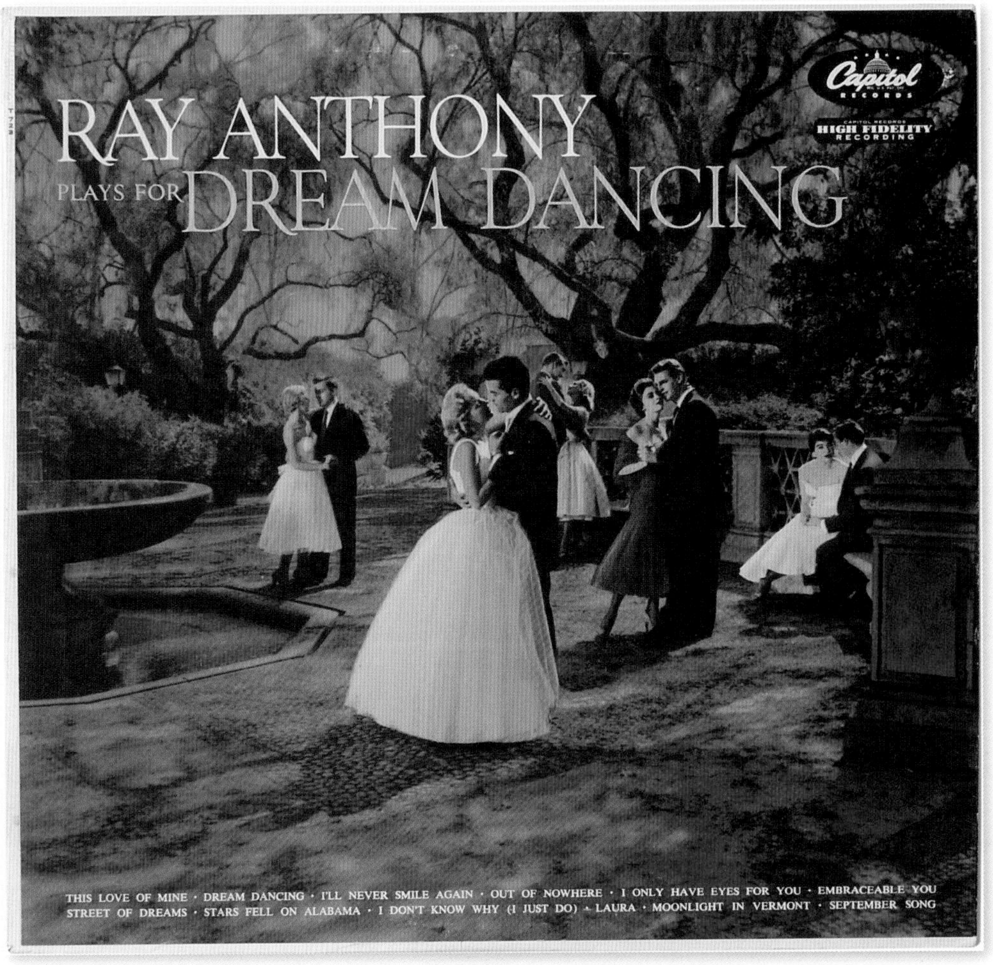

»
Capitol, T–723

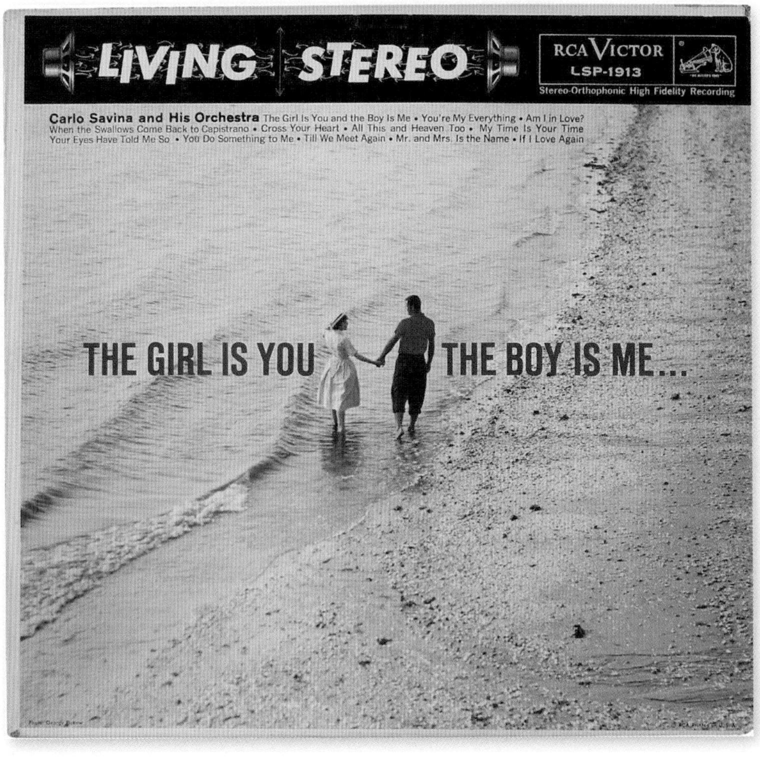

»
RCA, LSP–1913

이 각 음악 장르별, 국가별로 각양각색인데, 실로 놀랍도록 다양한 표현력이 잠재되어 있다. 더욱이 재킷의 사진은 그 음반 내용, 즉 음악적 경향을 예고하고 있어 더욱 흥미롭다. 부드러운 재킷 디자인에는 부드러운 음악이, 파격적이고 강렬한 표현의 재킷에는 그에 상응하는 음악이 실려 있다. 클래식의 경우 초반 음반은 재킷만의 값이 따로 있을 정도로 높이 평가받고 있고, 희귀 음반일수록 재킷 가치가 있고 가격도 높다. 실제 클래식, 재즈, 국악, 가요를 막론하고 재킷만으로도 실거래되고 있어 그 비중을 짐작할 만하다.

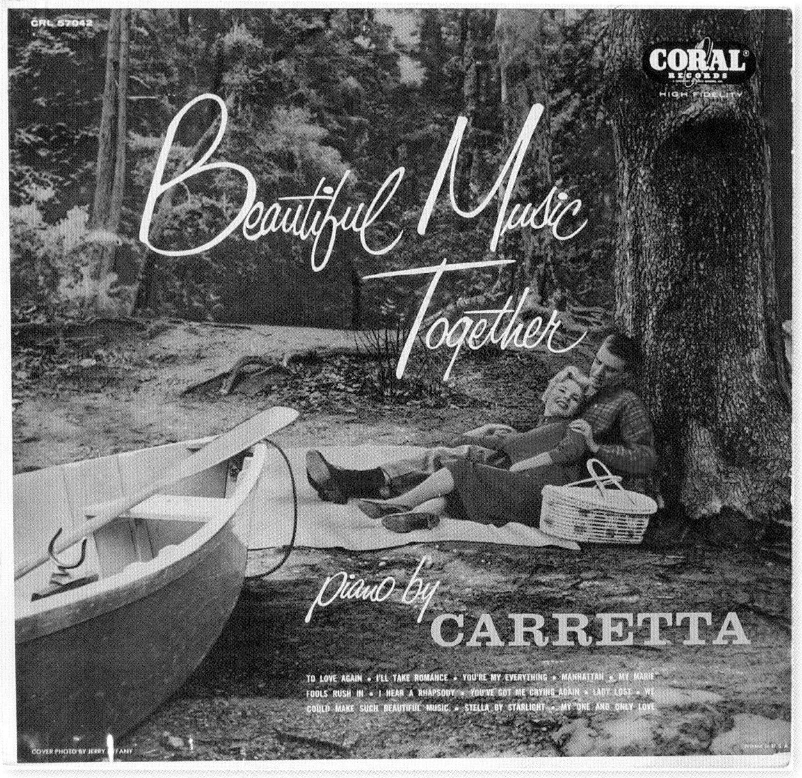

»
Coral, CRL-57042

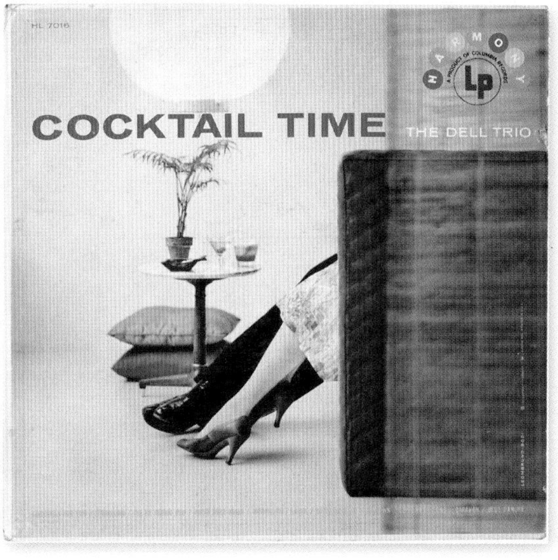

»
Harmony, HL-7016

필자가 본 앨범 재킷 중에는 실로 기상천외한 것이 많은데, 그냥 재킷만으로도 소장하고 싶은 욕심이 일만큼 매력적이다. 일본 비너스 레코드의 경우 오로지 그 재킷 위 여성의 섹시한 그래픽 때문에 소장하는 분도 있는데, 사실 그 음악적 내용도 훌륭해 음질과 음악성 모두 탁월한 레코드다. 국내 레코드 중 시완레코드도 재킷과 더불어 레코딩, 음악성 모두 훌륭한 컬렉터스 아이템이며, 미국 RCA 리빙 스테레오의 경우도 리빙 스테레오 초반 마킹과 음질 양면을 추구하는 LP에 속한다. 프랑스 듀크릿 톰슨(Ducretet Thomson)도 재킷과 내용 모두 예술적이고 희귀해 컬렉터들이 찾는 디스크다. 그 외에 내부 LP판 자체에 연주자 사진을 프린팅시켜 판매한 픽처 디스크도 마니아층이 두텁다. 특히 재킷 사진이 섹시하다 못해 극도로 야한 앨범도 많은데, 내부 이너 슬리브를 여성 팬티 스타일의 시스루 천으로 만든 것과 또 외부에 바지 지퍼를 실제로 달아 발매한 롤링 스톤즈의 〈스티키 핑거스〉 앨범은 초반의 경우 시스루 팬티 상태나 지퍼 상태가 그 디스크의 선택 포인트가 될 정도로 중요하다.

나이가 들어 세상만사에 대해 시들해지고 낭만도 어디론가 멀리 집 나가버린 것 같은 권태증이 찾아올 때 낭만이 가득한 LP를 한 장씩 꺼내 보다 보면 필자도 모르게 낭만이 돌아와 가슴 가득 충만해있는 것을 느낀다. 특히 퇴색되어버린 국내 가요 LP재킷이나 SP재킷을 들여다보고 있으면 어느덧 그 애환의 시절에 가 있는 자신을 느끼고는 하는데, 보는 것만으로도 참으로 낭만스럽다. 물론 그 안에 들어 있는 퇴색된 음악과 음질을 되새길 수 있다면 더 한층 행복할 것이다. LP 한 장이 가져다주는 낭만과 행복은 음악을 떠나 재킷만으로도 그 가치가 무한하다는 느낌이며, 그 안의 음악까지 더한다면 이 세상 인간이 만든 공산품 중 손에 꼽히는 낭만체가 아닌가 싶다.

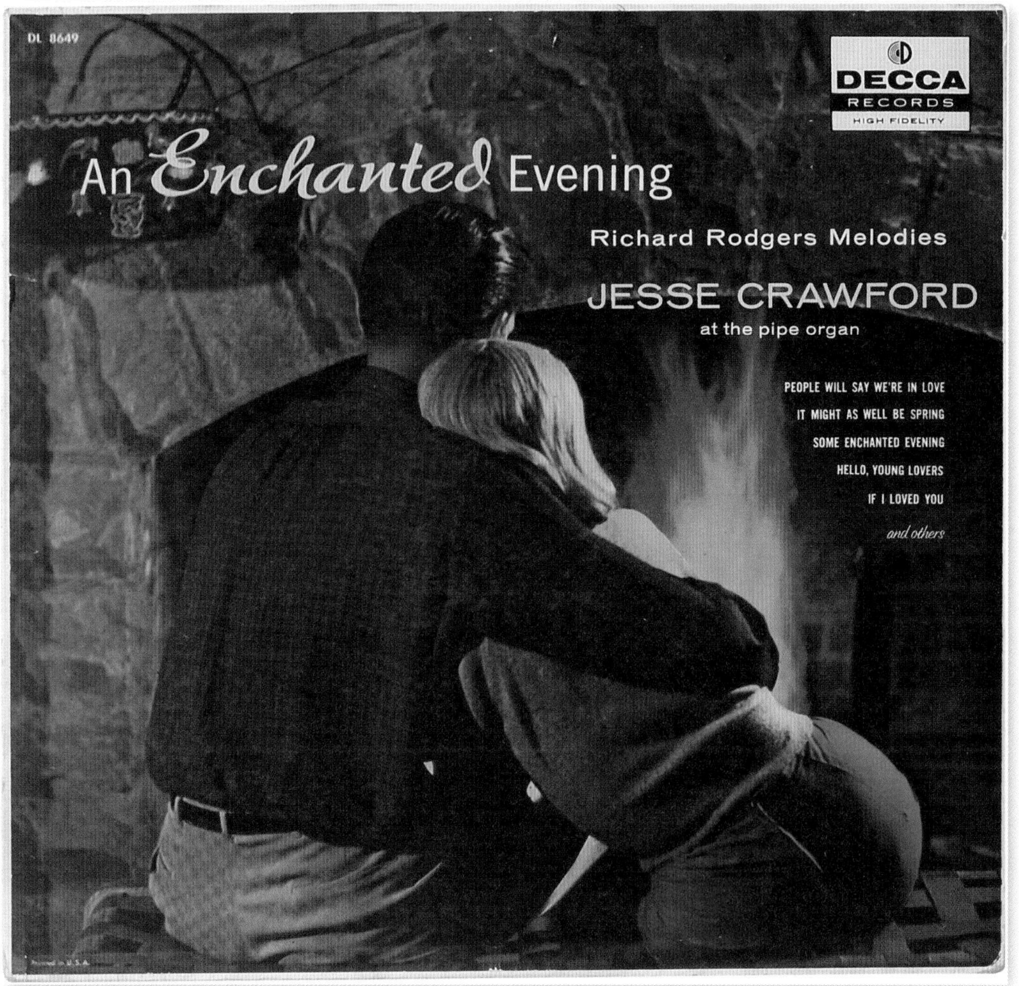

>>
DECCA(미국), DL–8649

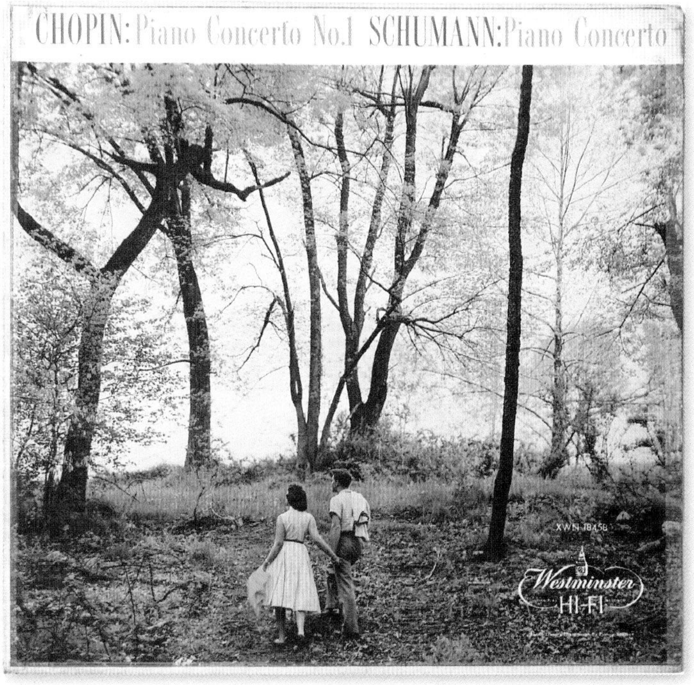

>>
Westminster, XWN–18458

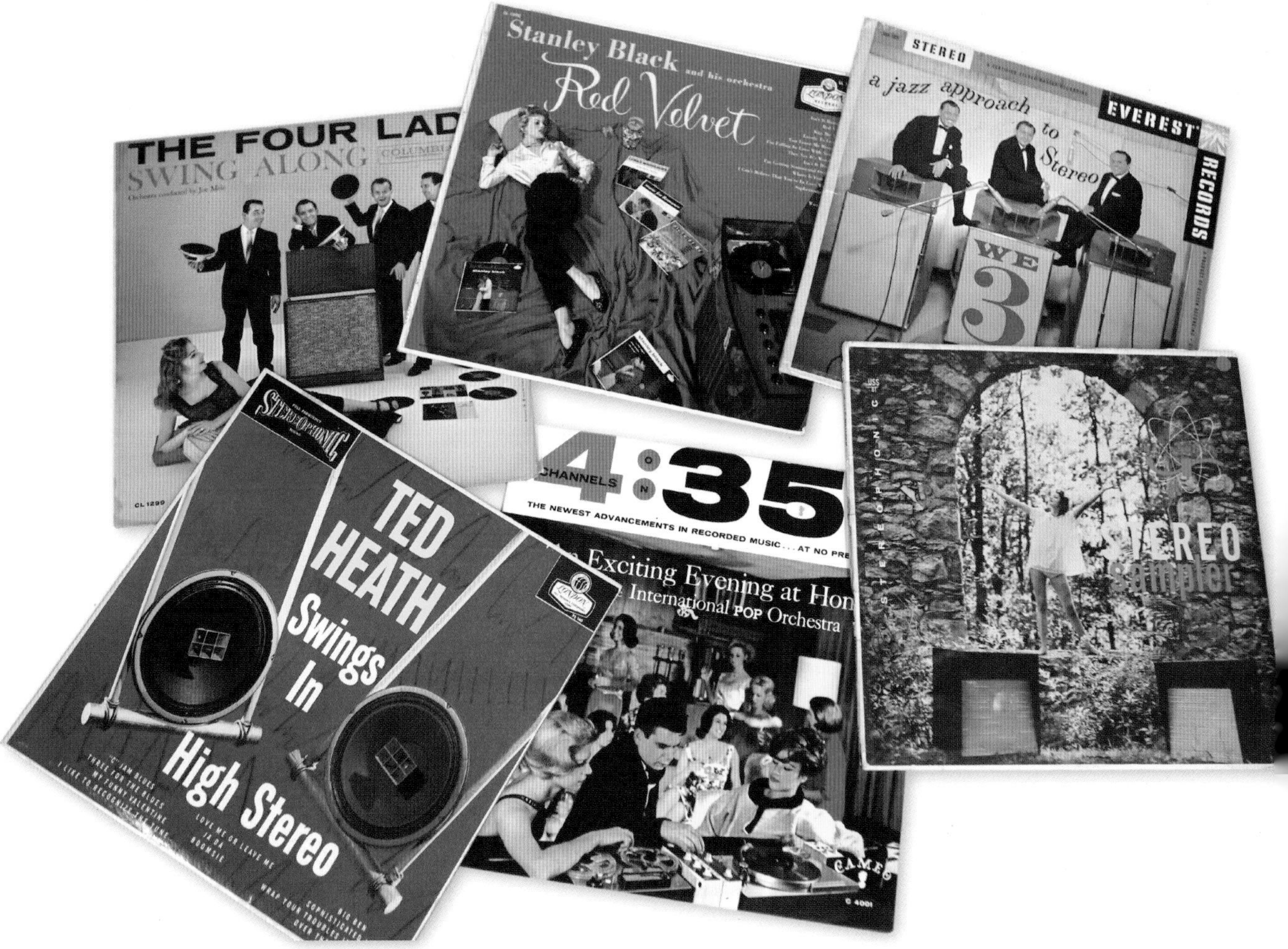
THE FOUR LAD
SWING ALONG
CL 1299
Stanley Black and his orchestra
Red Velvet
STEREO
a jazz approach to Stereo
EVEREST
RECORDS
WE 3
TED HEATH
Swings In High Stereo
CHANNELS 4 ON 35
THE NEWEST ADVANCEMENTS IN RECORDED MUSIC . . . AT NO PRE
Exciting Evening at Hon
International POP Orchestra
C 4001
Sampler

오디오를 품은 LP재킷

LP재킷을 섭렵하다 보면 스피커나 앰프, 턴테이블 자체가 주제가 되어 구상된 LP가 의외로 많다. 모노시절에는 연인과의 낭만이 주제이거나 가정에서 화목한 시간을 보내는 부부애 또는 댄스파티 등을 타깃으로 하여 선전적 내용을 펼치면서 LP 판매가 진행되었음이 역력하다. 그러다 스테레오로 넘어오면 모노에서 스테레오로 바뀐 입체음향의 사진적 묘사가 두드러진다. '스테레오 슈퍼 사운드(Stereo Super Sound)', '2채널 하이 스테레오(2channel High Stereo)', '듀오 포닉(Duo Phonic)' 등의 문구와 함께 스테레오 시스템이 무엇이고, 입체 음향이 무엇인지 노골적으로 설명한다. 이 시대에는 초기 스테레오 구성이 어떤 콘셉으로 이루어졌는가를 단적으로 보여주는 LP도 있는데 초기 스테레오 방식이 세계적으로 통일되지 않았을 때는 좌측, 중앙센터, 우측으로 3채널 구성이 엔지니어 사이에서 주장되었기 때문에 이 3채널의 엔지니어적 표현을 들어낸 재미있는 LP재킷도 보인다. 그러나 결국 1958년 45/45 방식의 미국 RIAA 커브가 채택되면서 스트레오 LP는 급속도로 규격화되고 발전하였다.

스테레오 녹음 규격이 결정된 1958년부터 약 1965년까지가 스테레오 녹음의 황금기다. 대부분의 스테레오 명반은 이 시절 것이며 그 이후로는 오히려 쇠퇴하는 바도 있는데 이것은 당시에도 고가였던 음반을 염가화 대량생산화하는 과정에서 일어난 부작용이었다. 이러한 LP 역사는 LP재킷만 보아도 추정 가능하고 그에 따른 오디오 변천사도 고스란히 LP재킷에 담겨있다는 것은 매우 흥미로운 사실이다. LP재킷에는 실로 다양한 삶의 서정이 담겨있는데, 한눈에 그 음악적 내용이나 추구하는 바를 알아볼 수 있도록 하고 있어 LP판은 가히 예술의 최고 경지에 오른 몇 안 되는 공산품 중에 하나라 생각한다. 국내 가요 LP의 경우 영화사(史)나 당시 사회적 풍조 발전상을 볼 수 있는 재킷도 있어 사료로 LP를 구하는 사람도 있으며 외국 LP의 경우는 앤디 워홀의 작품이나 재킷 디자인 자체의 예술성을 추구한 명반들이 많아 재킷만으로도 수집대상이 될 뿐 아니라 고가에 거래되고 있기도 하다.

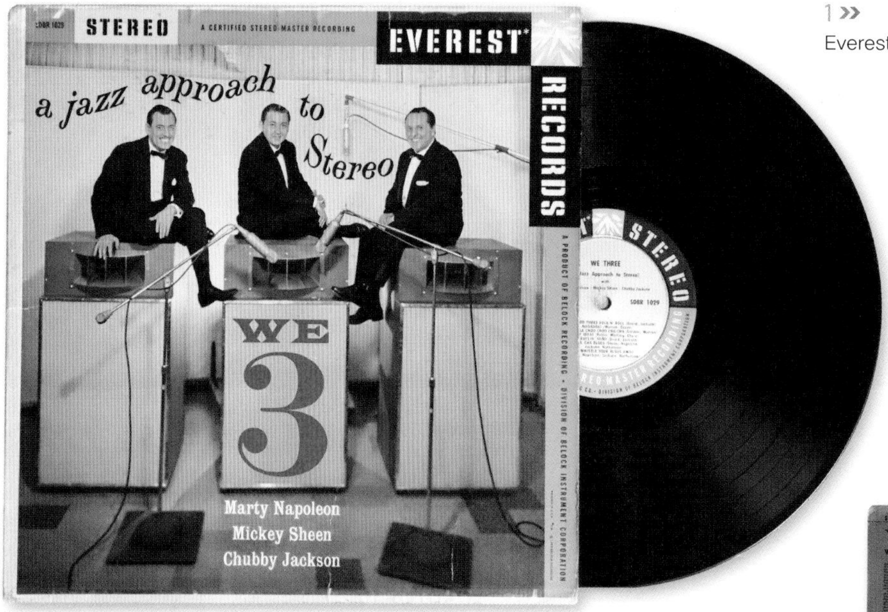

1 »
Everest Records, SDBR–1029

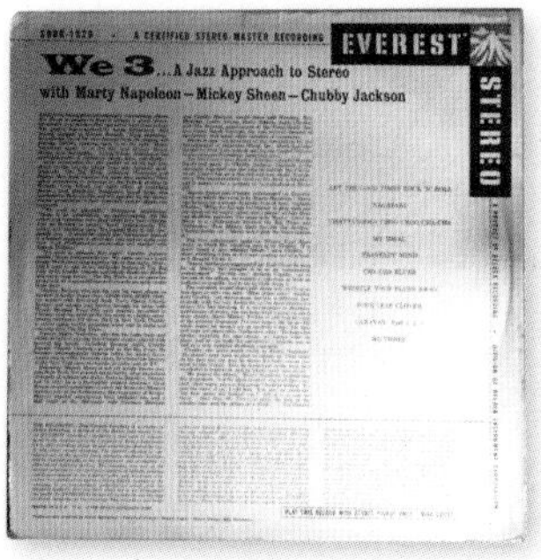

2 »
London Records, PS–140

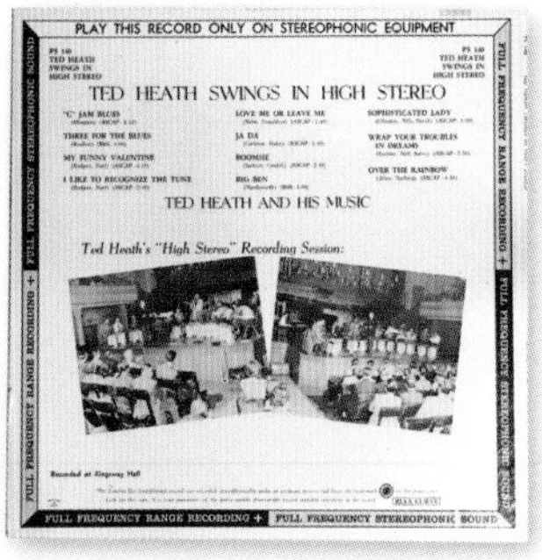

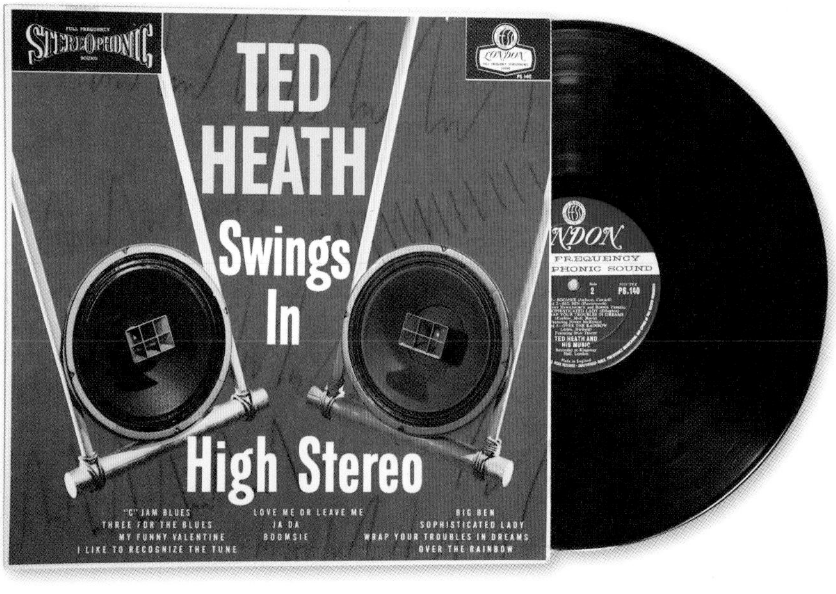

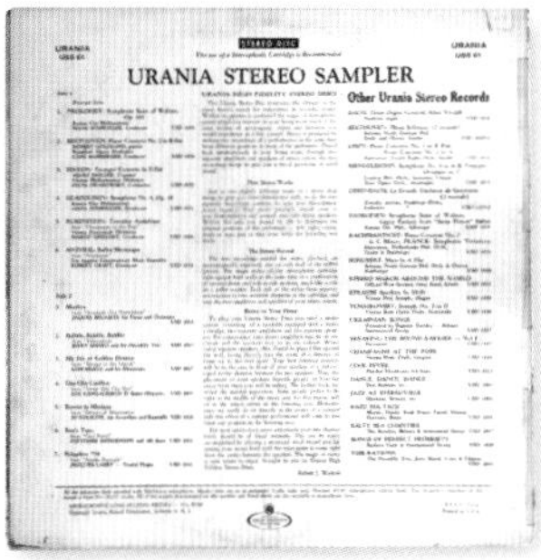

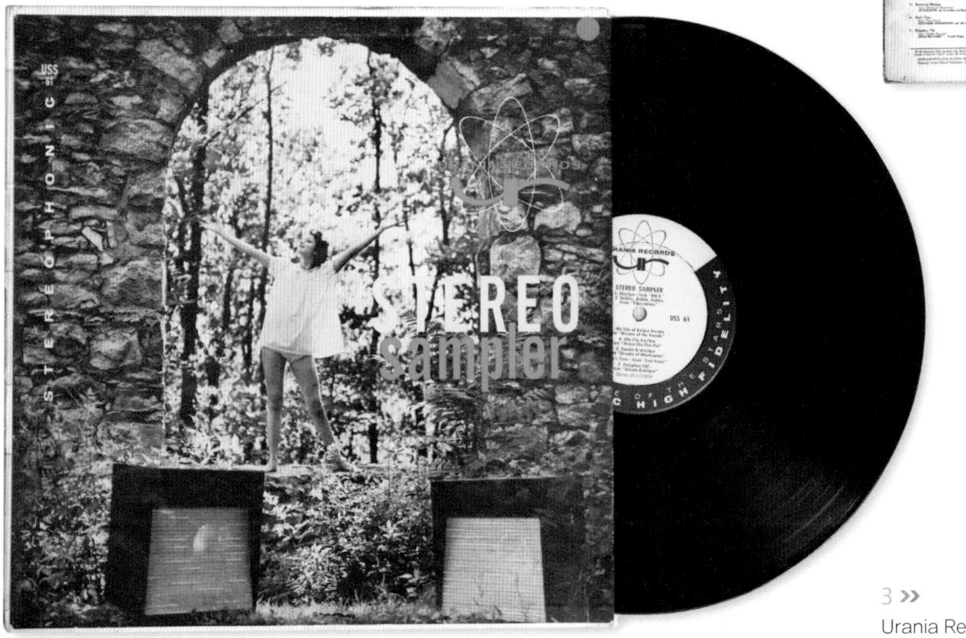

3 »
Urania Records, USS-61

1. 스테레오의 가장 초창기인 1959년 발매된 에베레스트 레코드의 WE-3 앨범이다. 앞에 언급한 바와 같이 3채널 스테레오 구성이 되었으면 하는 엔지니어의 이미지가 영상화되어 있는데 만약 자료의 2채널 스테레오가 아닌 3채널 스테레오로 LP 규격이 통일되었다면 전면에 L.C.R 채널 3개의 스피커와 3개의 앰프를 기초로 하여, 보다 완벽한 스테레오 스테이징이 형성되었을 것임을 시사해주고 있다. 지금에 와서는 2채널로 중앙 센터 채널 이미지를 표출해 내려다보니 애로사항이 많다. 그래서 초기 스테레오 앰프 중에는 별도의 센터 채널 출력을 마련해 한 개의 추가 파워앰프와 스피커를 첨가 세팅하기를 권하기도 하였다. 개인적으로는 사진과 같이 중앙 스피커가 하나 더 있는 것이 바람직하다는 주장이다. L.C.R 정위감이 확실한 3싱어의 재즈적 접근 테스트용 LP로, 녹음이 훌륭하다. (국내 거래가 4만 원 내외)

2. 알텍 602D를 1조 사진 찍어서 연출한 테드 히스의 〈Swing in High Stereo〉. 알텍 트위터 H-3000을 센터캡에 장착시킨 알텍 602A의 신버전을 앞에 내세운 재미있는 앨범 재킷이다. 소위 FFRR(Full Freguency Range Recording) 영국 데카의 미국 버전 런던 디스크로, 당시 미국에는 이미 데카(DECCA)라는 미국 고유 LP브랜드가 있어 영국에서는 원래대로 데카로 프레싱하고 미국에서는 할 수 없이 런던(London) 마크로 발매하였다. 테드 히스 밴드의 연주를 대단히 고음질로 담아놓았다. (국내 거래가 3만 원 내외)

3. 스테레오 초기 작품으로 뒷면에 45/45 기준의 RIAA 커브가 사용되어 30~20,000Hz까지 평탄하게 재생한다는 주의표기가 프린팅되어 있다. 두 개의 스피커로 스테레오 이미지를 구현하는 즐거운 LP 재생을 나타내는데 표현이 퍽 재미있다. (국내 거래가 2만 원 내외)

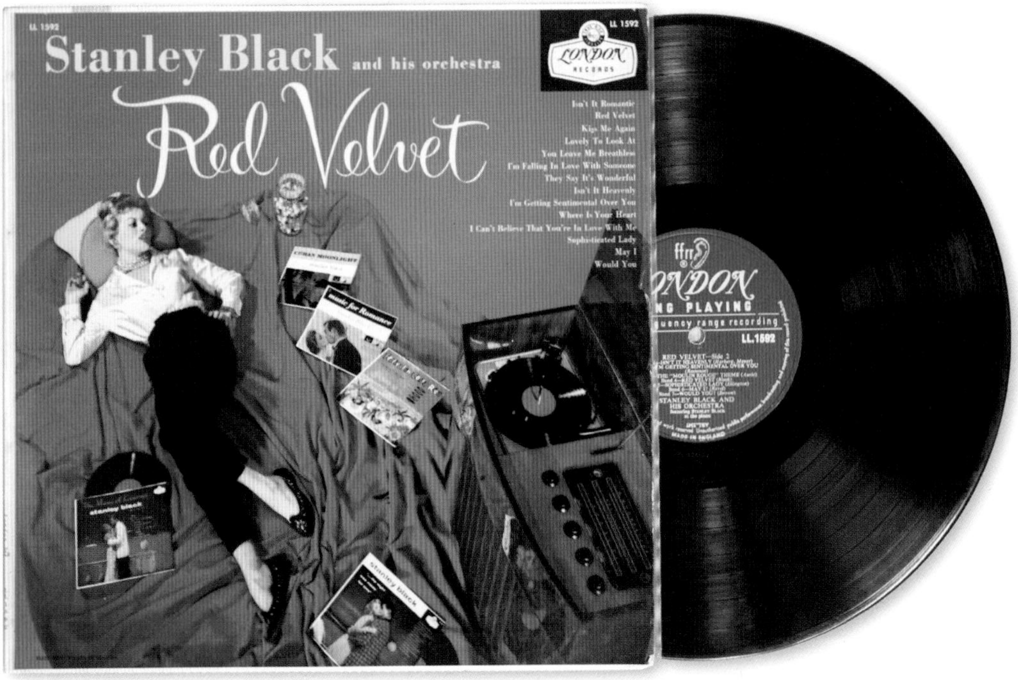

4 »
London, LL–1592

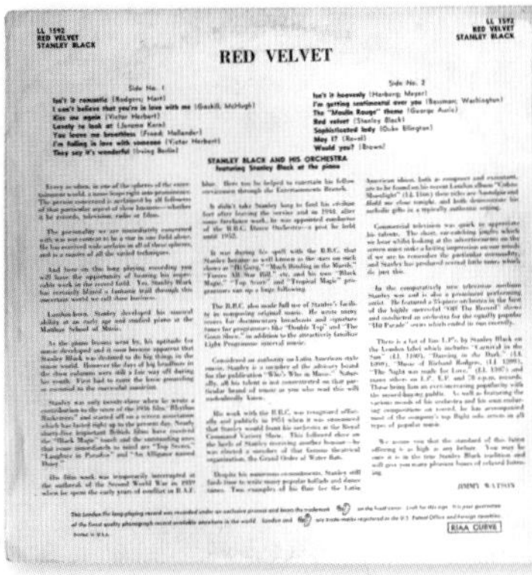

5 »
Columbia, CL–1299

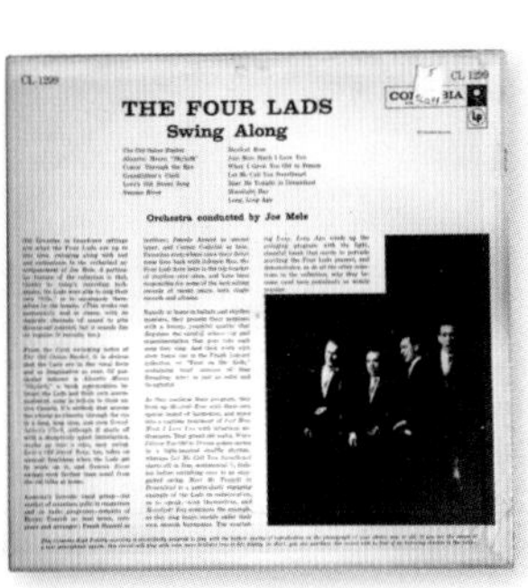

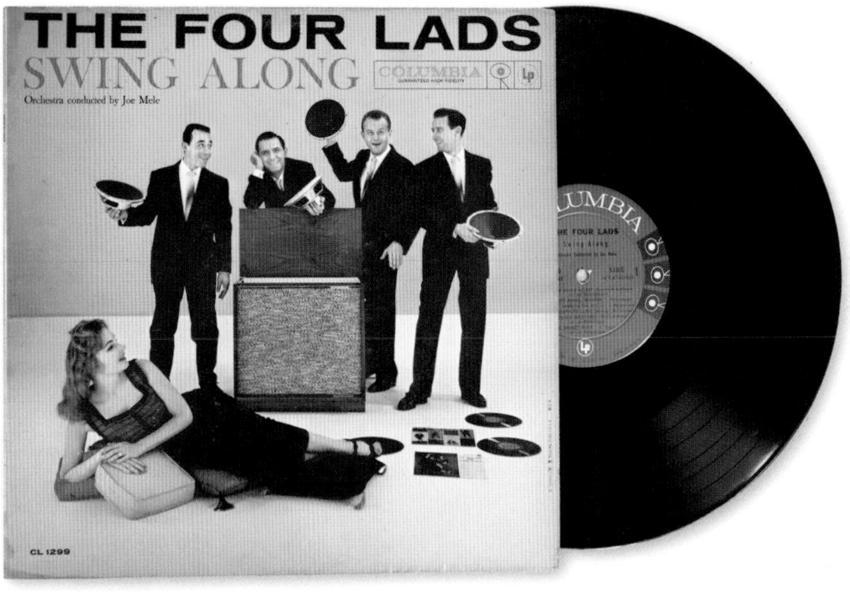

4. 런던 모노 시절의 낭만적 느낌을 과시하는 재미있는 재킷. 모노 진공관 전축 앞에 본인이 즐겨 듣는 LP를 펼쳐 놓고 감상에 젖어 있는 여성의 표정이 사랑스럽다. (국내 거래가 2만 원 내외)

5. LP레코드를 가장 먼저 생산한 콜롬비아 레코드의 스윙디스크 〈THE FOUR LADS〉의 모노 디스크. 진공관 전축 앞에서 알니코 스피커를 들고 멤버들이 개성적인 표정으로 서 있는데 이는 곧 그와같이 싱어들이 무대에서 나타나 감상자 앞에서 노래를 들려준다는 의미다. 역시 감성적 여인의 사랑스러운 표정이 싱어들과 어울려 유머러스하다. (국내 거래가 2만 원 내외)

6. 35mm의 광대역 마그네틱 테이프로 4채널 녹음하여 고음질 스테레오 LP로 컷팅하였다는 인터내셔널 팝 오케스트라의 이브닝 파티를 위한 음악. 모노 또는 스테레오 모두 재생 가능하다는 문구가 후면에 들어있다. 턴테이블 진공관 앰프 테이프덱이 어우러져 있는데 스테레오 재생 장치에 대한 두 여성의 호기심 어린 눈빛과 오디오를 소유한 한 남성의 자부심 어린 표정이 일미다. 가만히 보면 모두 여성이고 남성은 혼자인데 스테레오 장치의 주인인 이 남자의 집에서 벌어지는 이브닝 파티, 그리고 자신의 독보적 존재가 오디오에 의해 이루어진 것 같은 이야기를 담고 있지만, 어떻든 매우 흥미롭다. (국내 거래가 2만 원 내외)

6 »
Cameo, C-4001

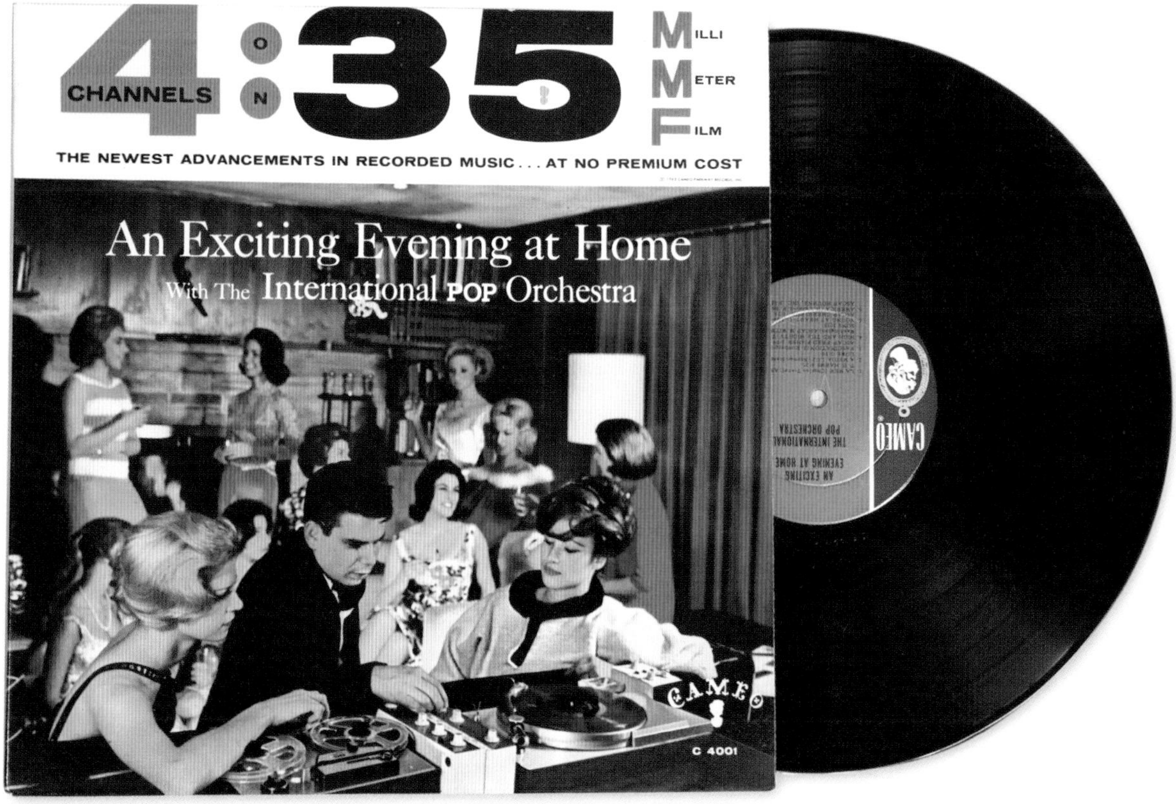

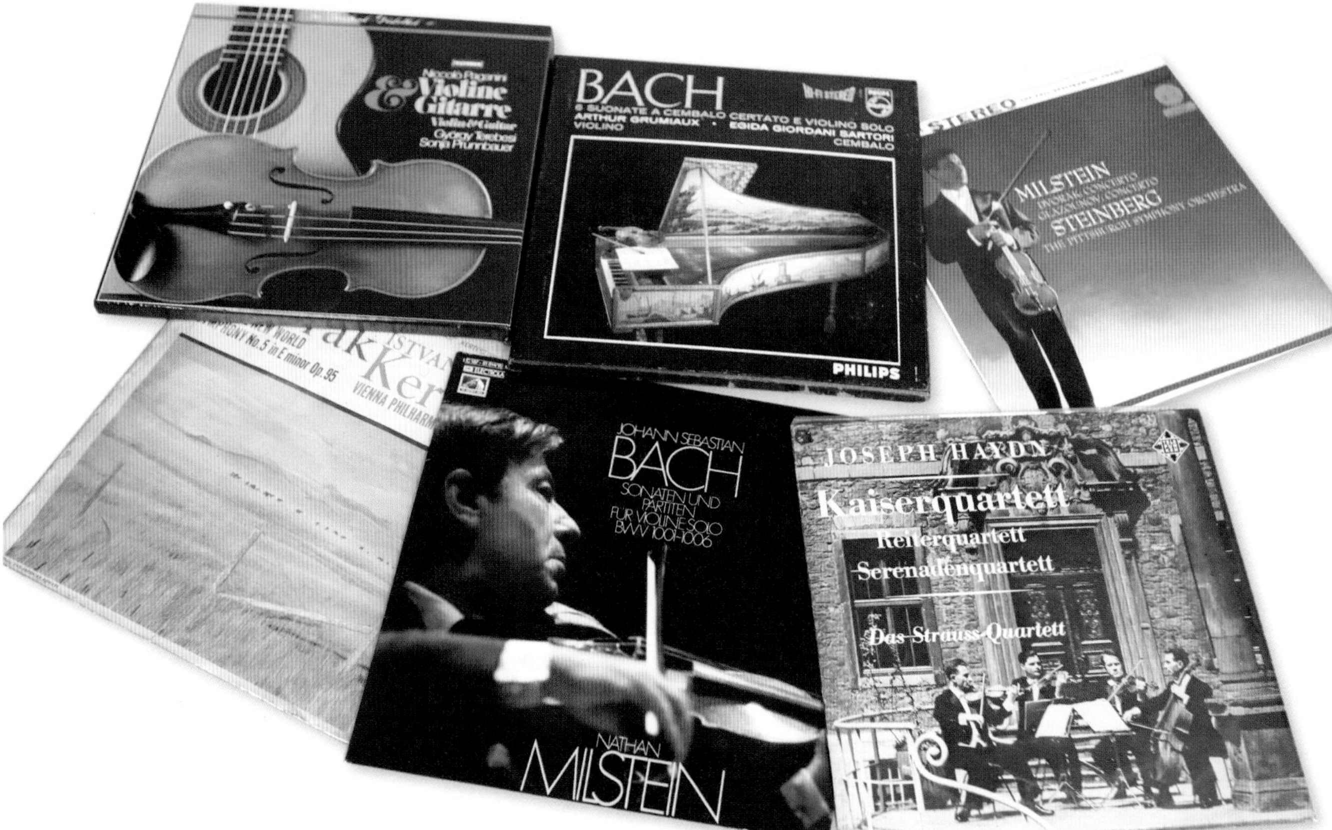
Niccolò Paganini
Violine & Gitarre
Violin & Guitar
György Terebesi
Sonja Prunnbauer
BACH
6 SUONATE A CEMBALO CERTATO E VIOLINO SOLO
ARTHUR GRUMIAUX · EGIDA GIORDANI SARTORI
VIOLINO
CEMBALO
PHILIPS
STEREO
MILSTEIN
STEINBERG
THE PITTSBURGH SYMPHONY ORCHESTRA
ISTVAN
No.5 in E minor Op.95
JOHANN SEBASTIAN
BACH
SONATEN UND PARTITEN FÜR VIOLINE SOLO BWV 1001-1006
NATHAN
MILSTEIN
JOSEPH HAYDN
Kaiserquartett
Serenadenquartett
Das Strauss-Quartett

클래식 LP

LP음반 중 가장 광범위한 분야가 바로 클래식이다. 대부분의 클래식 LP는 스테디셀러로 초반부터 재반, 염가반, 리바이벌 음반, 각국의 라이선스 음반, 리이슈 음반까지 실로 다양한 격차를 가지고 있다. 클래식 음반의 등급 분류와 연주 깊이를 포함하는 음질 구분 및 가치 평가는 실로 대단히 깊어 웬만큼 공부해가지고는 접근하기도 힘들고 음질 상태에 따른 까다로운 판매가는 소비자들을 혼란에 빠트리기 일쑤다. 같은 재킷의 동일 음반인데도 프로모셔널 디스크와 대중 초반 음반의 가격이 2~3배 차이가 나는 것은 보통이며 음질은 비슷한데도 초반과 재반 음반이 열 배 이상 차이 나는 음반은 부지기수로 많다. 이것을 단순히 희소성이나 수집가치로 평가하기에는 고급 카트리지와 턴테이블로 음반을 검청해보면 엄격한 차이가 나기 때문에 함부로 매도할 수는 없다. 세계 희귀음반과 고가음반의 대부분은 영국 음반이 70~80%정도를 차지하는데 그중에서도 영국의 데카, HMV, 콜롬비아 3사의 EMI 그룹 디스크가 대부분이다. 소위 이야기하는 와이드 밴드(데카), 크림앤골드(HMV), 블루앤실버(콜롬비아)가 그들의 스테레오 초반으로 높이 평가되며 그 뒤를 이어 홀랜드 필립스사의 하이피(HiFi를 통칭하는 말로 하이파이 스테레오)가 초반 멜룬 컬러 위에 실버 프린팅으로 새겨져 있다. 독일의 도이치 그라모폰의 게젤샤프트 알레(ALLE)튤립, 프랑스 르샹드 몽드(Le chant du monde), 듀크릿 톰슨(Ducretet thomson), 미국 RCA 리빙 스테레오의 쉐이드 독, 머큐리 리빙 프레젠스의 다크 멜룬, 캐피털의 사이드 오벌 레인보우 로그 등이 마니아들의 컬렉션 대상이 된다.

그러나 초반 라벨만이 퍼스트 프레싱은 아니다 재반 라벨이 퍼스트 프레싱인 경우도 많은데 이런 경우 라벨과는 상관없이 대단히 훌륭한 음질을 제공한다. 특히 데카 와이드 밴드의 경우 재반인 내로우밴드가 음질이 좋은 경우도 있는데 당시로는 초반의 재반 프레싱 시간차가 적어 마스터 손실은 거의 없는데다 재반 발매 시 초반의 약점을 보완하였기 때문이다. 이런 현상이 가장 두드러진 것은 재반 피아노 음반으로 초반보다 두툼하고 타건의 힘이 명징해진 경향이 있다. 이런 현상은 타 레이블도 동일하다. 그러나 시간이 지나 발매된 3반이나 대중들이 쉽게 접할 수 있게 발매된 염가반은 음질이 현저하게 떨어지는 것이 보통이다. 그렇다고 거기에 담겨져 있는 연주의 음악성이 손실되는 것은 아닌만큼 음악성이라는 거시적 안목에서는 그리 염려하지 않아도 된다.

초반의 경우 두드러진 음질과 함께 연주 해설서나 기타 리플릿이 훌륭하게 들어있어 수집이라는 측면에서 확실히 가치가 높은 것은 사실이다. 그러나 알려져 있는 것처럼 그 가격이 만만치 않아 망설여진다. 아날로그 마니아라면 가능한 초반에 근접한 재반 정도를 권하며 깨끗하다는 이유로 리이슈 음반을 구매하려든다면 전문가 입장에서 도시락 싸들고 말리고 싶은 심정이다. 이미 마스터가 훼손된 상태에서 LP를 리마스터링했기 때문에 도저히 초반 시절의 음질이나 오리지널 음반을 따라갈 수 없기 때문이다. 이 현상은 팝이나 재즈보다는 클래식에서 음질 격차가 큰데 명연주 음반의 연대가 앞서고 정보량이 많은 것이 대부분이어서 마스터 음질 훼손율이 큰 것이 원인이다. 그러나 최근 발매되는 LP 중에는 새로 녹음한 초반도 있고 디지털 시절의 녹음을 리이슈 LP로 출발하는 경우가 있는데 이런 음반은 음질이 대단히 좋다. 초반이든 재반이든 염가반이든 이 시대에 꼭 들어야만 할 여섯 장의 클래식 LP를 선정해본다.

1 »
Philips, 835-227 AY(2LP-2nd)

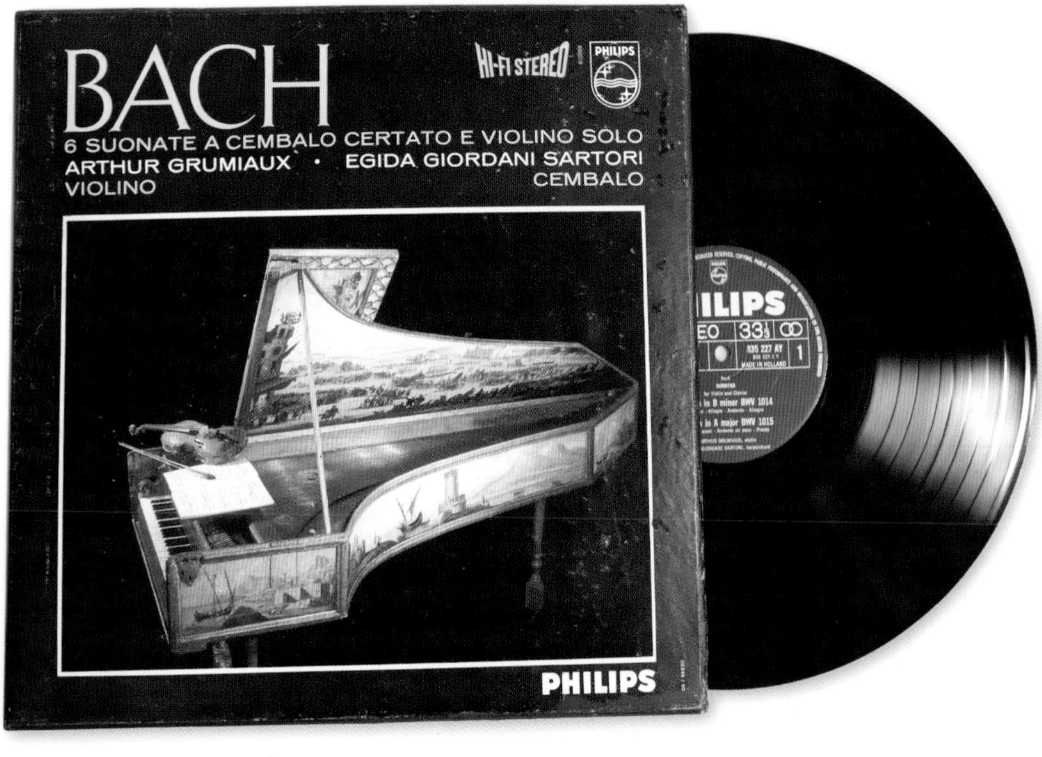

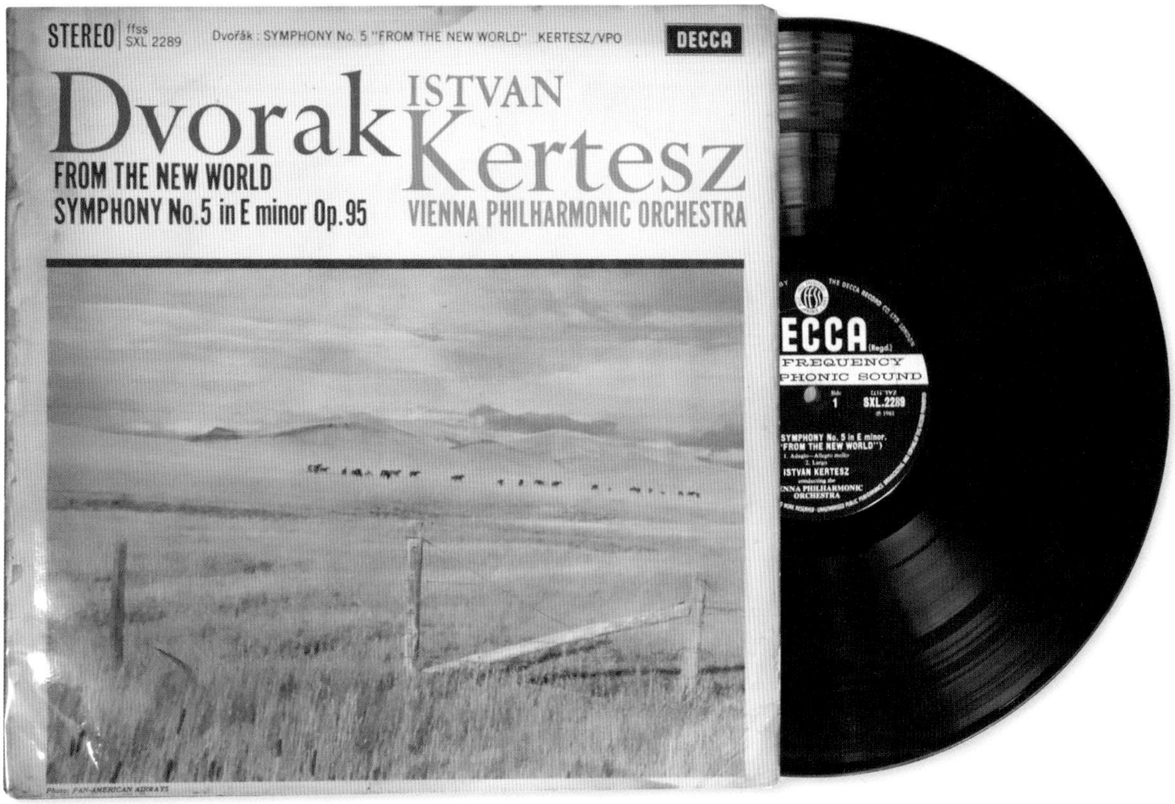

2 »
DECCA, SXL-2289(1st)

1. 필립스에서 발매한 바흐의 〈챔발로와 바이올린을 위한 소나타〉로 아르투르 구르미오의 바이올린과 E·G 사르토리의 챔발로 연주다. 이 음반은 역시 하이피(HiFi)가 초반이다. 그러나 재반이 음질이 더 좋다는 평을 받고 있는 음반 중의 하나다. 필자가 직접 두 음반을 비교 시청해 보았는데 전체적인 바이올린의 사실적 음색은 재반이 따뜻하며 초반이 좀 강한 경향이나 필자의 귀로는 재반이 자연스러운 음색이어서 더 손이 간다. 코간 등 수많은 동일 연주가 있지만 바흐가 아내를 잃고 느끼는 비통함을 공감하기에는 이 음반이 최고다. 국내 클래식 마니아 수집랭킹 10위 안에 든다. 재반도 비싸다면 붉은색 라벨의 3반도 괜찮다. (국내 거래가 초반 120만 원 내외, 재반 50만 원 내외)

2. 영국 데카의 드보르자크 〈신세계 교향곡〉이다. 이스트반 케르테츠(Istvan Kertesz)가 지휘하며 빈 필하모닉이 연주한다. 가장 심도 있는 2악장과 힘찬 4악장의 목가적이면서도 민속적인 음악성이, 필자에게는 마치 국악을 듣는 듯한 착각을 준다. 이 음반은 게이트폴드(Gatefold) 재킷의 와이드 밴드가 초반이다. 고가음반이고 리이슈음반도 나와 있지만 그 음질 차이는 하늘과 땅이다. (국내 거래가 초반 200만 원 내외)

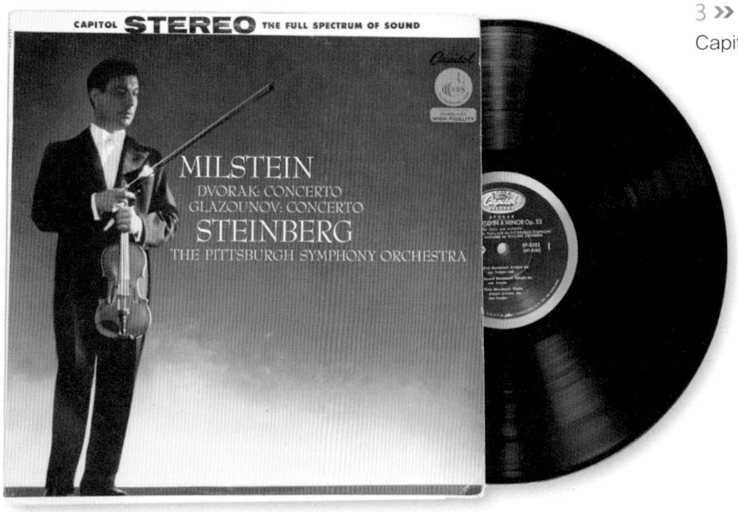

3 »
Capitol Records, SP-8382(2nd)

4 »
Electrola, 1C-187-81 814M/815M(2LP-2nd)

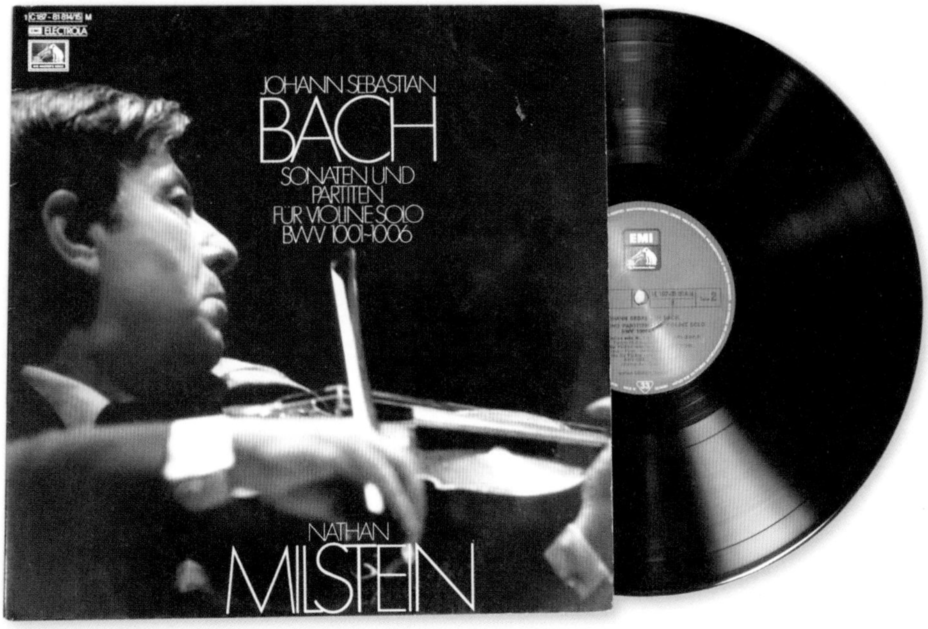

3. 미국 캐피털사의, 드보르자크 바이올린 콘체르토와 그라즈노프 바이올린 콘체르토를 밀스타인(Milstein)이 스타인버그 지휘의 피치버그 심포니 오케스트라와 협연한 음반으로, 국내에 팬이 많은 밀스타인의 명연이 돋보인다. 물론 오케스트라가 좀 빠지는 경향이지만 연주, 녹음 모두 훌륭한 음반이다. 초반은 캐피털 사이드 로고이지만 이 음반은 재반인 탑로고의 재반이다. 그래도 음질은 훌륭하며 음악성은 최고조에 이르러 있다. (국내 거래가 초반 50만 원 내외, 재반 10만 원 내외)

4. 밀스타인의 음반으로 〈바흐의 바이올린을 위한 소나타 앤드 파르티타〉이다. 이 음반은 독일 도이치 그라모폰의 또 다른 스테레오 음반이 있지만 모노인 이 버전을 더 높게 평가한다. 물론 연주는 다르며 이 음반이 먼저다. 미국 캐피털 음반이 초반이지만 이 음반도 음질이 좋고 무엇보다 가격이 미국반의 1/5 정도 밖에 되지 않아 부담이 덜하다. 물론 영국반은 미국반보다 오히려 1.5배 정도 더 비싸서 150만 원을 호가한다. (국내 거래가 20만 원 내외, 미국 초반 100만 원 내외, 영국 초반 150만 원 내외)

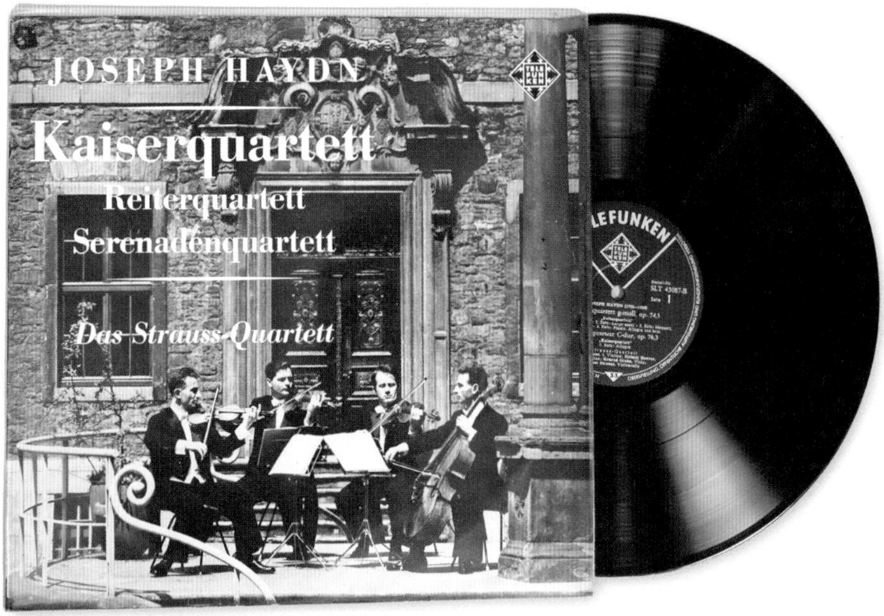

5 »
Telefunken, SLT-43087(1st)

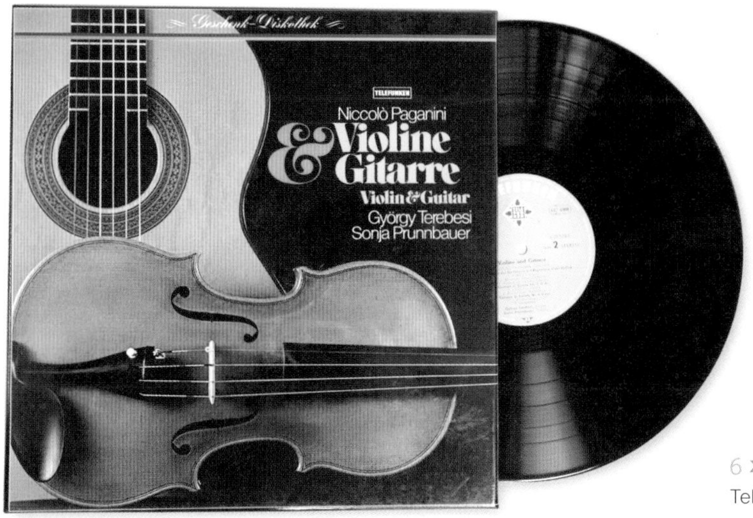

6 »
Telefunken, 6-35574(2LP-1st)

5. 독일 텔레푼켄 로열사운드의 하이든 〈카이저 4중주〉 초반으로 스트라우스 4중주단이 연주했다. 같이 실린 세레나데 4중주는 이 음반이 역사상 최고인 것 같다. 음질도 대단히 훌륭하며 연주도 최고봉, 출혈이 나더라도 초반을 구입하기를 권하는 명반. (국내 거래가 초반 60만 원 내외)

6. 텔레푼켄 블루라벨의 니콜로 파가니니의 〈바이올린과 기타를 위한 소나타〉. 초반 조르지오 테레바시(György Terebesi) 바이올린의 소냐 푸른바우어(Sonja Prunnbauer) 기타 연주로 완벽하다 할 만큼 좋은 연주와 음질로 유명한 명반이다. 낱장으로 3장 시리즈가 있고 박스 반으로는 이 두 장이 발매가 되었는데 어느 음반이라도 좋다. 탄탄한 음밀도와 정숙성이 탁월하며 기타음색이 무엇이고 바이올린의 자연스러움이 무엇인지 한번에 보여주는 명반 중의 명반이다. 턴테이블이 있는 LP 마니아라면 누구라도 한번 들어보면 감탄을 금치 못할 것이다. '아날로그 음질이 여기까지 올 수 있는 것이구나' 하는 찬사를 보내게 된다. (국내 거래가 두 장 박스 60만 원 내외)

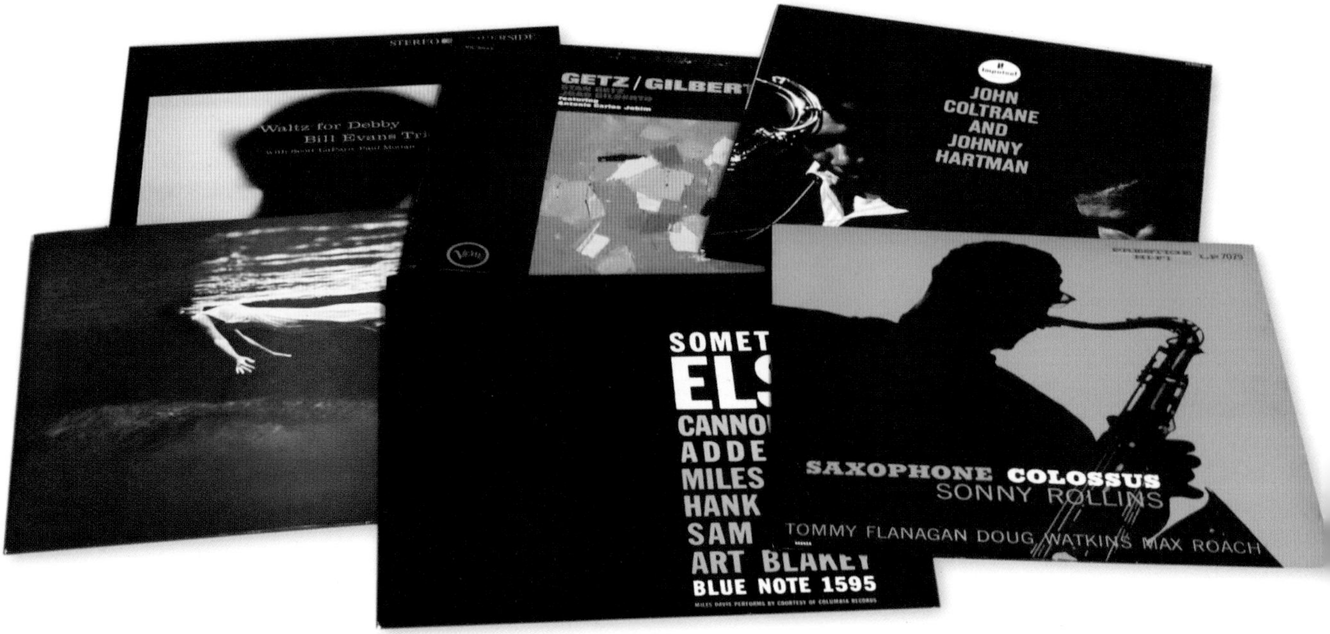
STEREO
Waltz for Debby
Bill Evans Tri
GETZ / GILBERT
JOHN
COLTRANE
AND
JOHNNY
HARTMAN
SOMET
ELS
CANNON
ADDE
MILES
HANK
SAM
ART BLAKEY
BLUE NOTE 1595
SAXOPHONE COLOSSUS
SONNY ROLLINS
TOMMY FLANAGAN DOUG WATKINS MAX ROACH

재즈 LP

가을이 짙어 가면 떠오르는 곡, 고엽(Autumn Leaves)은 헝가리의 피아니스트 조셉 코스마가 작곡해 이브 몽땅이 샹송 버전으로, 냇 킹 콜이 팝송으로 부른 것 외에도 토니 베넷, 프랭크 시나트라, 빙 크로스비, 그리고 재즈 버전으로 조 스태포드 등 수많은 싱어가 불렀지만 그 종착에 다다르면 재즈 연주로 유명한 캐논볼 애덜리(Cannonball Adderley)의 〈Somethin Else〉 앨범에 수록된 마일즈 데이비스의 고엽이 생각난다. 재즈 자체가 흑인들의 단순한 노동요에서 시작된 단선율로, (아무도 정확한 기원을 알지 못하지만) 그들의 노예 삶을 스스로 위로하고 노동의 고통을 잊기 위해서 시작되었기 때문에 우수에 차고 슬프면서도 스윙(Swing, 리듬에 맞춰 몸을 흔드는 것)을 할 수 있는 흥겨움이 함께 존재하고 있다. 물론 1948년 경에 태동된 쿨 재즈가 좀 더 서정적이며, 차가운 모던 재즈로 확립된 백인 주도의 웨스트코스트 재즈가 있지만, 차후 흑인을 중심으로 한 이스트코스트 재즈에 밀려 조금은 지지부진한 활동을 펼치기도 했다. 그러나 후반에 들어서는 빌 에반스, 데이브 브루벡과 콰르텟, 키스 자렛, 쳇 베이커, 짐 홀 등의 명연주가와 각국의 신예 연주자들이 주도하는 흐름이 매우 강해졌다. 그 외에 팝이나 포크 뮤직과 결합된 크로스오버 재즈 등 다양한 변주 형태를 띠는데, 역시 고전적 메인스트림 재즈에 마니아층이 깊고, LP 역시 명문인 블루노트, 프리스티지, 임펄스, 버브, 리버사이드, 콜롬비아 등의 메인 스트림 재즈반이 컬렉션 대상에 오르고 있다.

특히 명레코딩 엔지니어인 루디 반 겔더(Rudy Van Gelder)의 1500번대 블루노트 모노 LP는 후반기 제작된 스테레오 음반보다도 더 음질이 좋고 가치도 높아 일부 모노 초반은 수백만 원대를 호가한다. 블루노트 최초의 30cm LP인 1501·1502는 마일즈 데이비스의 음반으로 컬렉션 대상인데 초반이면 300만 원대를 넘어선다. 사실 마일즈 데이비스를 빼놓고는 재즈를 이야기하기 힘들다. 물론 같은 트럼페티스트인 리 모건

(Lee Morgan)이 블루노트사를 먹여 살리다시피 했지만 후기 콜롬비아사로 마일즈가 이적하기 전까지는 블루노트의 음반들 중 최고에 위치한 컬렉션은 모두 마일즈 음반이다. 후반기 세계의 모던 재즈 LP는 키스 자렛을 중심으로 ECM과 짐 홀을 영입한 CTI 레코드사가 주도한다. 물론 그 외의 메이저 브랜드에서도 실로 다양한 재즈 LP가 움직이고 있으며, 리이슈 음반들도 대단히 강세이지만, 역시 재즈에서도 리이슈 음반들의 음질은 초반이나 원반에 미치지 못하고, 그나마 클래식 리이슈 음반에 비해 양호한 편이다.

1 »
Blue Note, 1595

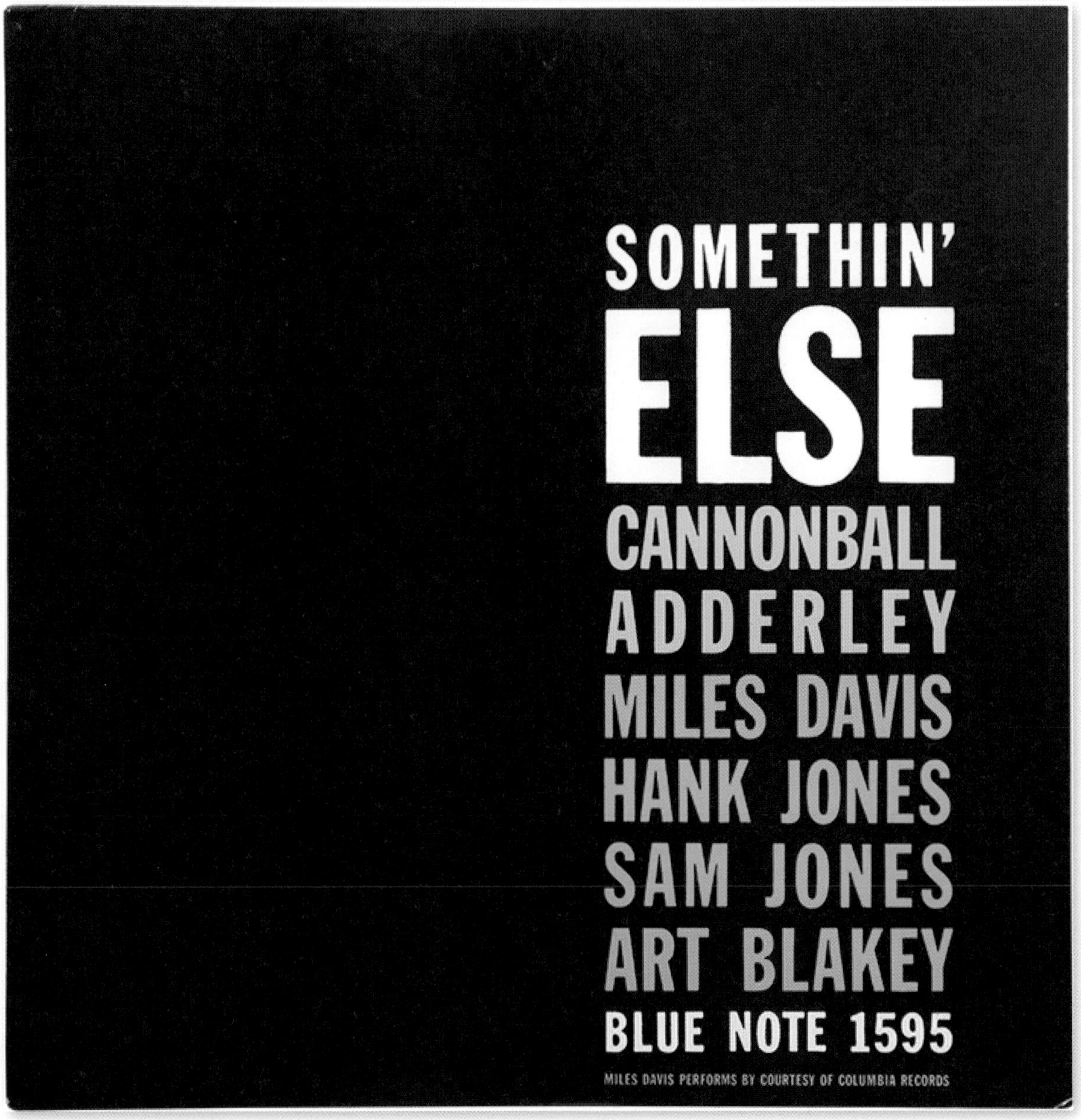

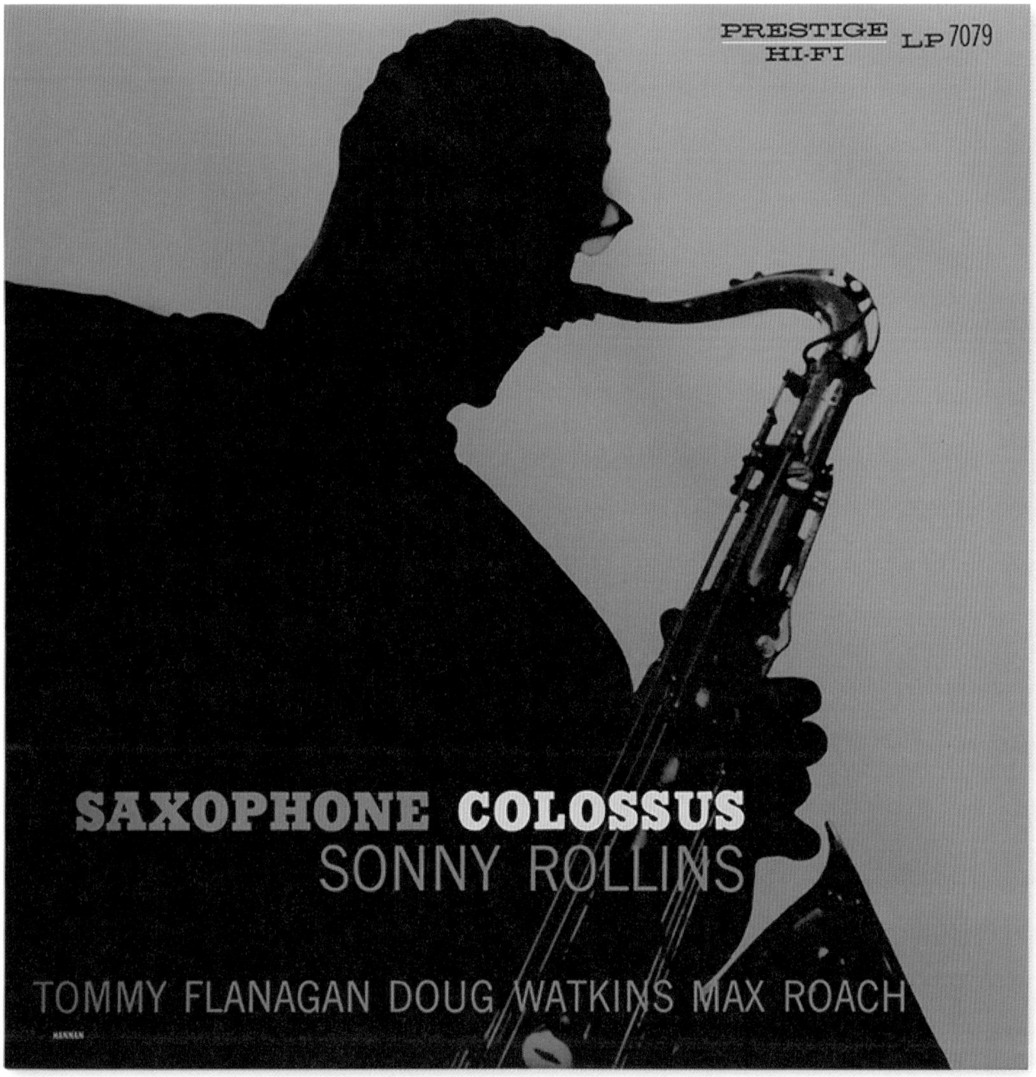

2 »
Prestige, LP-7079

1. 국내에서 재즈 LP 수집대상 1위인 〈Somthin's Else〉로 그 유명한 '고엽'이 수록된 음반이다. 마일즈 데이비스의 트럼펫, 캐논볼 애덜리의 알토 색소폰, 행크 존스의 피아노, 샘 존스의 베이스, 아트 블래키의 드럼 연주를 만날 수 있는 명반이며, 고엽을 따라가는 마일즈의 트럼펫 연주가 스산한 가을의 낙엽을 정말 잘 표현해주고 있다. 역시 반 겔더 녹음의 초반의 음질은 소름이 끼칠 정도이다. 물론 음반 가격도 소름이 끼치지만…. 만약 초반을 구하지 못한다면 일본 도시바 EMI 초기 재반도 음질이 좋다. 특히 고역은 초반보다도 섬세한 부분이 있을 정도. 그러나 그 중역의 두툼함과 함께 찾아오는 겔더의 독특한 음색은 당연히 초반에 못 미친다. (국내 거래가 초반 120만 원 내외, 1980년대 도시바 EMI반 10만 원 내외)

2. 〈Saxophone Colossus〉로 프레스티지 음반사의 간판스타인 소니 롤린스(Sonny Rollins)의 명작이다. 소니의 테너 색소폰 음색이 코앞까지 살아있는 듯하다. 사이드 B면의 모리타트(Moritat) 외에도 모두 명곡이다. 색소폰의 질감 표현과 솔로 연주의 진면목을 보여주는 음반. (국내 거래가 초반 150만 원 내외, 일본반 8만 원 내외)

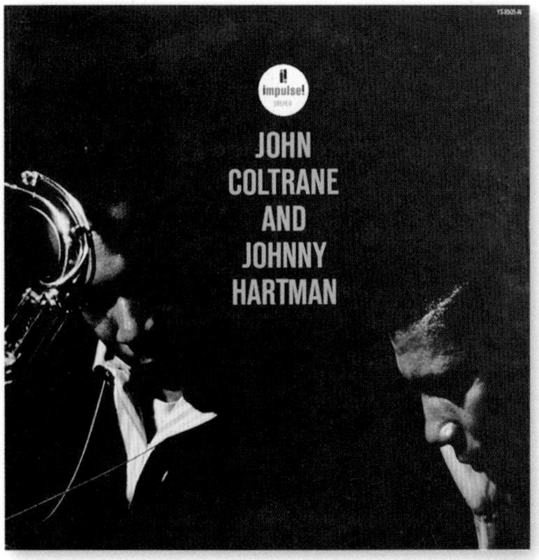

3 »
Impulse!, YS-8505

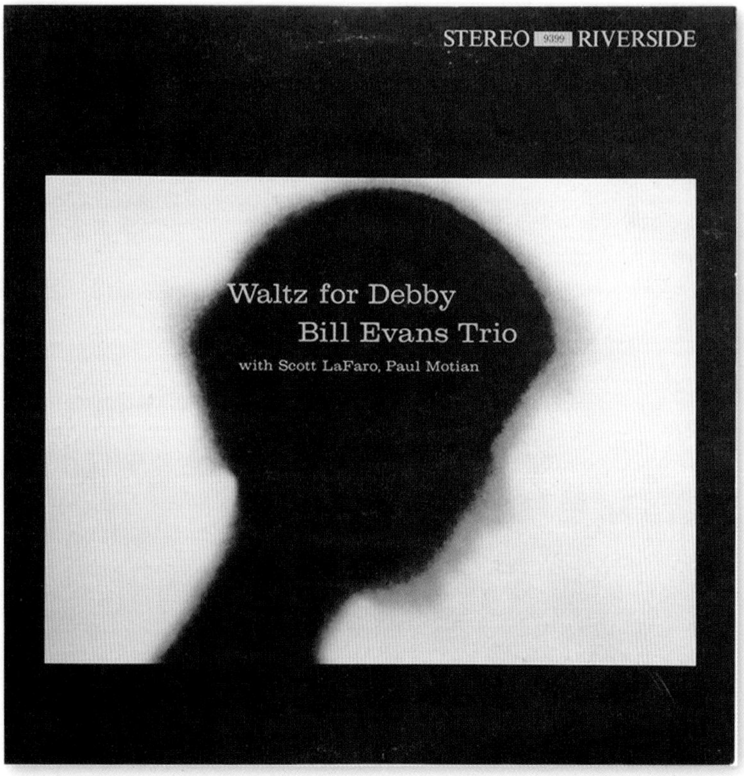

4 »
Riverside, PLP-9399

3. 재즈 역사상 가장 훌륭한 남성 보컬 중에 한 사람인 조니 하트만(Johnny Hartman)과 존 콜트레인(John Coltrane)의 임펄스 명반 〈John Coltrane And Johnny Hartman〉로, 조니의 우수에 젖은 굵직하고 깊은 재즈 보컬이 일품이다. 조니 하트만은 듀크 엘링톤이 인정한 최고의 재즈 남성 보컬리스트다. (국내 거래가 초반 35만 원 내외, 1980년대 일본반 8만 원 내외)

4. 쿨 재즈의 대가 빌 에반스(Bill Evans) 트리오의 〈Waltz for Debby〉로 빌의 재즈 피아노 터치가 깊숙이 심금을 울리는 리버사이드 명반이다. (국내 거래가 초반 100만 원 내외, 1980년대 일본반 8만 원 내외)

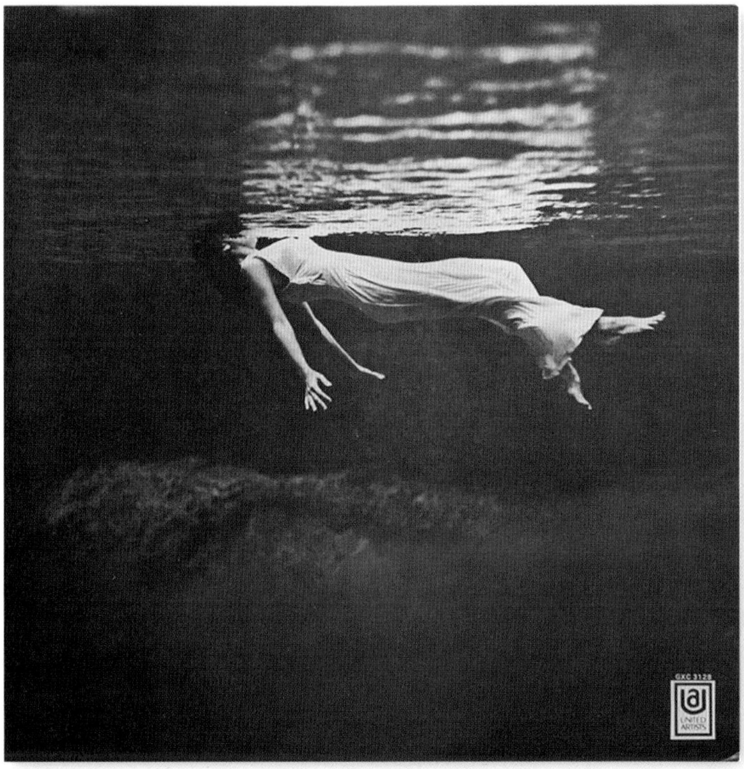

5 »
United Artists Records, GXC-3128

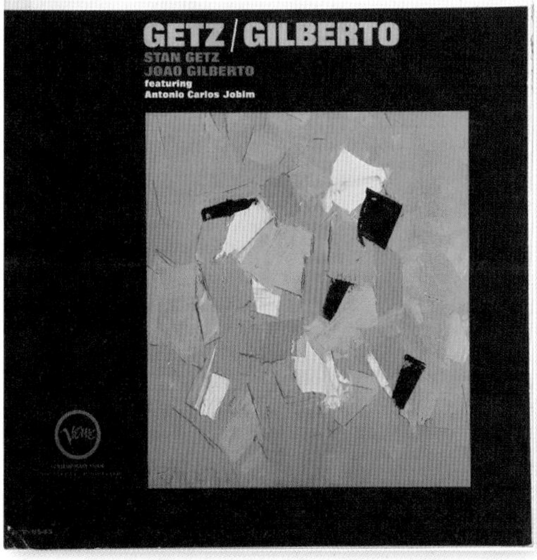

6 »
Verve, V-8545

5. 빌 에반스(Vill Evans)와 짐 홀(Jim Hall)의 쿨 재즈 명반인 〈Undercurrent〉로 피아노의 음률이 마치 물 흐르듯 전 음악을 지배하고 있다. 재킷도 유명하며, 여러 회사에서 리이슈 음반을 발매했는데, 최근에는 모바일 피데리티의 중량반이 인기 있다. (국내 거래가 초반 50만 원 내외, 1980년대 일본반 8만 원 내외)

6. 버브사의 명반 〈Getz/Gilberto〉이다. 안토니오 카를로스 조빔(Antonio Carlos Jobim)의 피아노 피처링과 스탄 게츠의 테너 색소폰, 조아 질베르토의 기타로 이뤄진 3중주가 담긴 보사노바의 걸작 앨범이다. (국내 거래가 초반 40만 원 내외, 1980년대 일본반 8만 원 내외)

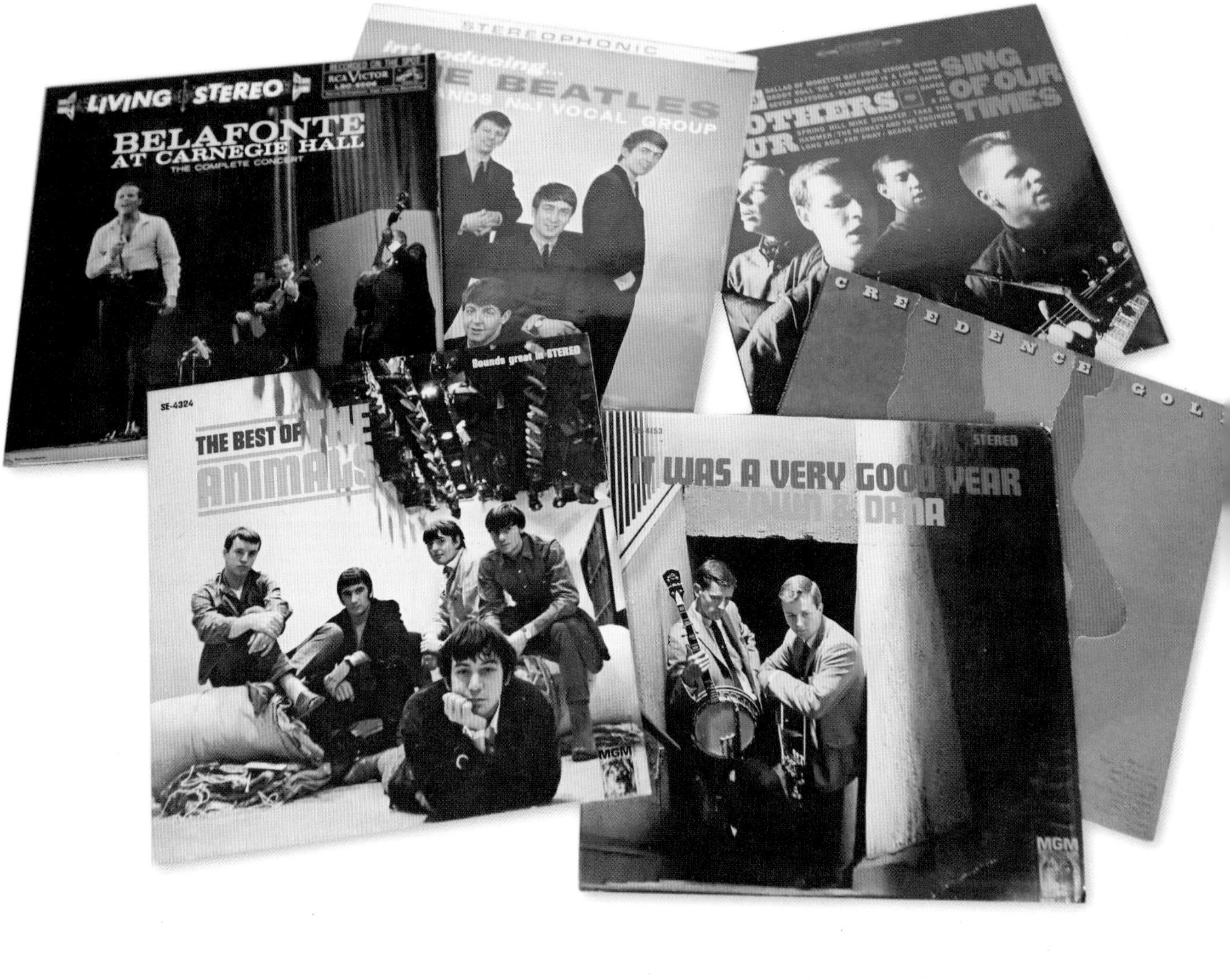
LIVING STEREO
RECORDED ON THE SPOT
RCA VICTOR
BELAFONTE
AT CARNEGIE HALL
THE COMPLETE CONCERT
STEREOPHONIC
Introducing...
BEATLES
VOCAL GROUP
SING
OF OUR
TIMES
CREEDENCE
SE-4324
THE BEST OF
Sounds great in STEREO
STEREO
WAS A VERY GOOD YEAR
MGM
MGM

팝 LP

수많은 히트 팝송 중에 6장의 LP를 고르기가 난해하다 못해 괴롭기까지 하다. 억지로라도 골라보자 각오하고 6장을 추렸다. 그러나 수십 장의 레코드가 이 6장 뒤에서 울먹이고 있었다. '어떻게 나를 제외시킬 수가 있어…'하며 말이다. 팝은 각자의 취향이 크게 작용하여 마니아마다 선택의 격차가 클 수 밖에 없다.

국내 외국곡 중에서 가장 먼저 입수된 것이 아마 미국의 팝일 것이다. 6·25 한국전쟁 때문에 상륙한 미군을 통해 미국 본토에서 유행한 팝이 선착륙했고 그 다음 휴전 후 주둔한 미군들을 통해 그들 취향의 팝이 밀려들어 왔지만 국내 정서에 맞는 곡들만이 걸러져 우리의 애청곡이 되었다. 그러다보니 국내 가수들이 번안곡으로 소개하여 마치 우리 곡인양 자리 잡은 팝송도 많다. 물론 프랑스 샹송이나 이탈리아의 칸소네 중에도 그런 곡들이 많지만 말이다. "아, 이 가요의 원곡이 바로 이 팝송이네!" 또는 "이 곡이 칸소네였구나"하는 새삼스런 감탄이 가끔 원곡 위에서 들려온다.

대부분의 팝송이나 외국곡은 당시에는 원판(Original disk)으로 듣기 어려웠고 더군다나 초반으로는 더욱 힘든 실정이어서 대부분 '빽판'이라 불리는 불법 복사판으로 우리의 전축 위에 올려졌다. 이로 인해 한국은 한동안 불법 복제의 천국이란 오명을 안기도 했다. 사실 이 전축도 대부분 정품이 아니라 동네 라디오 전파사라는 곳에서 진공관으로 꾸미거나 자작 앰프 또는 기껏해야 삼양이나 천일사 등의 초기 제품들이 대부분이었다. 물론 당시에도 오리지널 피셔나 매킨토시, 알텍 등의 하이엔드 버전을 사용하는 오디오 선구자들도 있었는데 그들은 선택받은 자들로 당시로는 보통 부자들이 아니었다. 예를 들어 매킨 진공관 앰프나 알텍 스피커들은 변두리 서울 집 한 채 값에 해당했고 토렌스 124 턴테이블 값이 외제 짚차 한 대 값에 해당 하였기 때문이다. 필자가 중학교 때 5구 슈퍼헤테로다인 진공관 라디오를 꾸밀 때, 가장 선망하던 친구의 집에는 당시만해도 집 채 만하게 느껴졌던 전자동 오토 체인저 턴테이블이 달린 콜롬비아 진공관 장전축이 있었다. 그 소리가 얼마나 좋았던지 학교만 파하면 그 친구 집에 가서 살았던 기억이 난다. 그러나 전축은 함부로 틀지도 못하고 그냥 구경만 하면서 신기해했었다. 그러던 중 어느날 친구 아버님이 그 소리를 들려주셨는데 그때 들은 판이 바로 헤리 벨라폰테의 카네기 실황반이었다. 마치 음악당 현장에 있는 것 같은 묘한 착각을 일으켰다. 이국적 음색과 정서가 가득 담긴 'Merci Bon Dieu'를 들려주었는데 이 곡은 나중에 필자의 뇌리를 떠나지 않으며 영원한 벨라폰테의 명곡이 되어버렸다.

팝송 LP와 함께 필자의 영혼에 다가오는 너무나 아름다운 추억이 많았다. 아마 이 현상은 단지 필자에게만 국한된 기분은 아닐 것이다. 여기에 수록된 팝송 LP들을 듣고 보고 자랐던 많은 아날로그 마니아들에게 공통으로 일어나는 현상일 것이라 상상해보는 아름다운 겨울 오후다.

1 >>
RCA Victor, LSO-6006(2LP-1st)

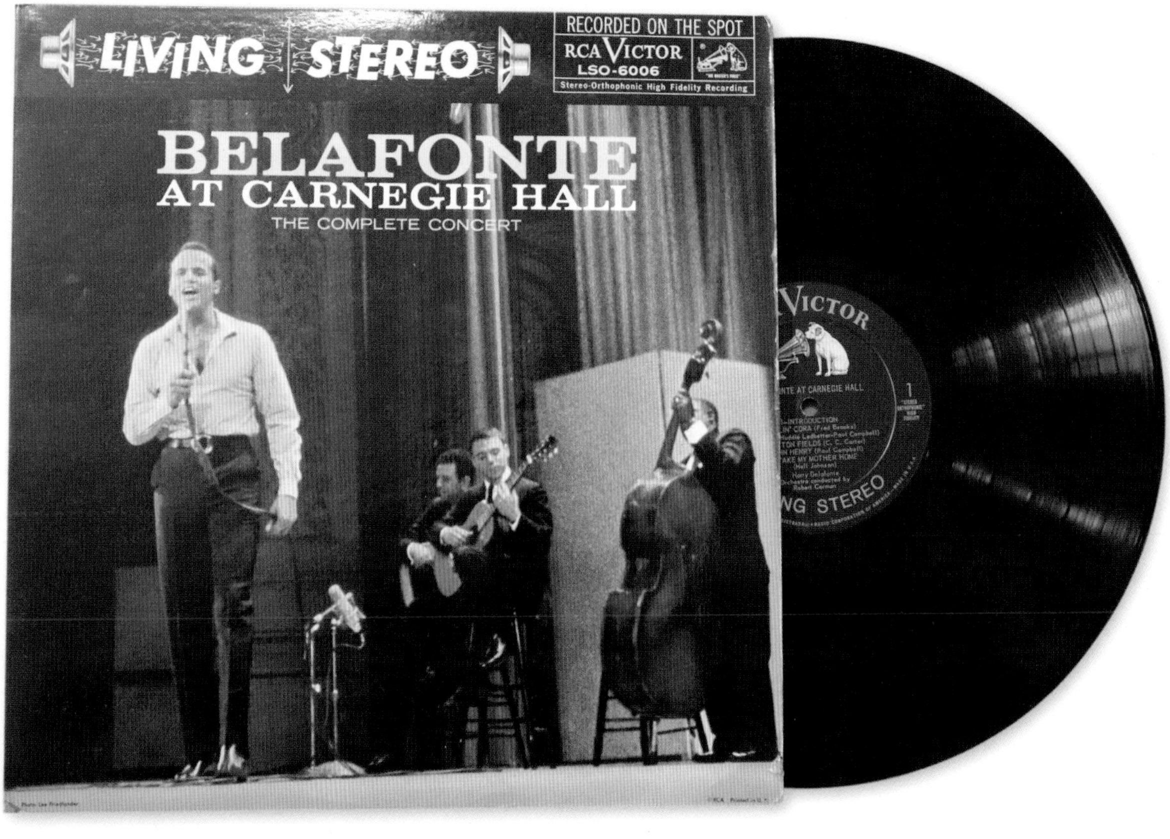

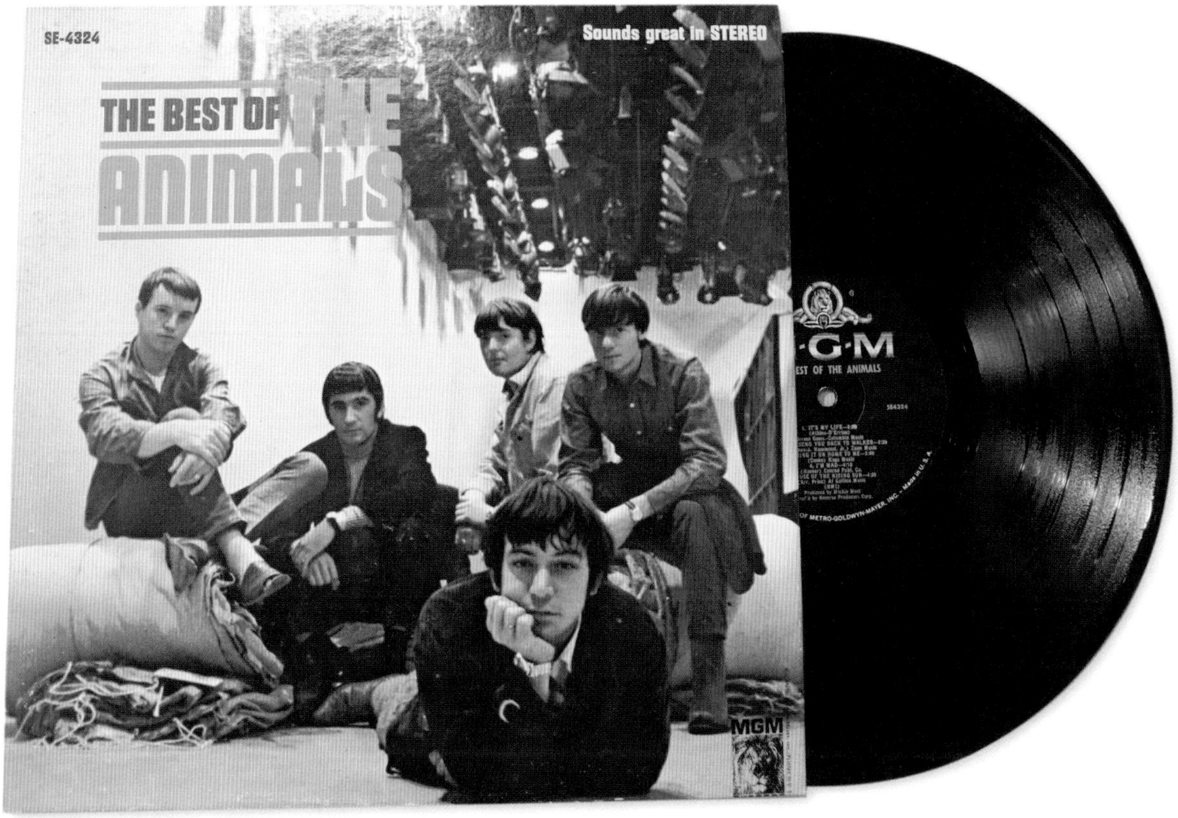

2 »
MGM, SE-4324(1st)

1. 'Merci Bon Dieu'보다 더 유명한 'Matilda', 'Take My Mother Home' 등이 함께 수록되어 있지만 어렸을 때 들었던 이 곡의 감동을 넘어서지는 못했다. 그때 그 음반이 초반인지 재반인지는 기억나지 않는다. 그러나 시간이 지나 30대 중반에 이 카네기홀 공연 실황 초반이 손에 들어왔을 때의 황홀감은 또 다시 필자 인생에서 맛볼 수 있는 그런 행복이 아니었다. (국내 거래가 초반 35만 원 내외)

2. 벨라폰테 음반과 비슷한 감동을 준 곡은 애니멀스(The Animals)의 'House of the Rising sun'이다. 이 곡이 수록된 초반은 모노 음반인데 오히려 나중에 나온 스테레오 음반이 더 귀하다. 중고등학교 때 복사반으로 수없이 들었던 명곡으로 복사반으로 들어도 음질이 꽤 좋았던 기억이 나는데 실제 원반을 들어보면 그 이유를 알 수 있다. 원래 녹음이 너무나 잘되어 여타 팝송에 비해 원반 자체가 탁월한 음질을 보유하고 있기 때문이다. (국내 거래가 초반 35만 원 내외)

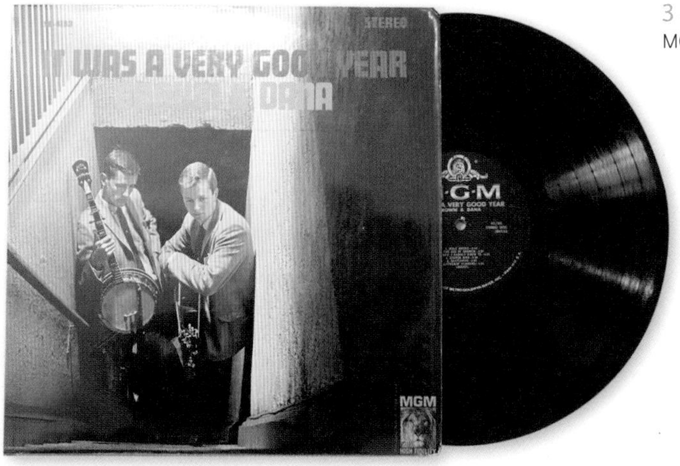

3 »
MGM, SE-4153(1963, 1st)

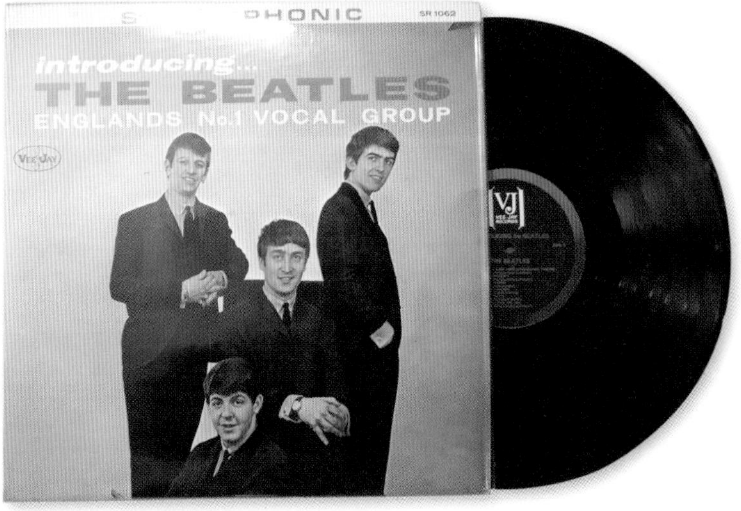

4 »
VEE-JAY, SR-1062

3. 최근 들어 리이슈반으로 나온 브라운 & 다나(Brown & Dana)의 〈It Was A Very Good Year〉 앨범이다. 필자가 40대일 때 입수한 음반으로 아직도 애청한다. 그 안에 송창식, 윤형주가 트윈폴리오 시절에 부른 '슬픈 운명'의 원곡 'The Ace of sorrow'가 수록됐다. "아, 이 곡이 원곡이구나"하는 감탄과 함께 처음 이 음반을 대했을 때가 벌써 10여 년 전 일이다. 당시 음반가격은 이미 40만 원이 넘어 팝송으로는 대단한 고가 음반이었다. 물론 이 가격은 국내에서만 통용되었을 것이다. 아마 본토 미국에서는 10달러 내외였을 것이라 생각되는데 미국 출장 중에 아무리 음반 가게를 뒤져도 이 음반은 한 번도 본적이 없었다. 사실 정작 미국 사람들은 좋아하는 음반이 아니기 때문이다. 결국 눈물을 머금고 국내 단골 음반가게에서 빚까지 지고 산 첫 음반이었다. 그리고 그 이후 닳도록 틀었지만 아직도 음악적 감동은 변함이 없어 그 비싼 가격이 전혀 아깝지 않은 국내에서만 꼽히는 명반이다. (국내 거래가 초반 90만 원 내외)

4. 미국에서 초반으로 발매된 VEE-JAY 레코드사의 〈Introducing The Beatles〉. 이 음반은 복사반도 많고 여러 버전이 있지만 초반인 경우 1천 달러를 넘는 고가 음반이다. 비틀즈의 대부분 초반이 영국 팔로폰(Parlophone) 레이블로 발매된 모노 음반인데 그 앨범들의 프로모셔널 초반은 대부분 1만 달러를 호가하며 그 이상의 것도 있다. 이 음반 역시 초반은 아니지만 대단히 귀한 비틀즈 앨범으로 'P.S. I love you'를 비롯한 'Love me do'등 미국적 취향의 비틀즈 곡이 잔뜩 수록되어 있다. (국내 거래가 초반 100만 원 내외, 2nd 10만원 내외)

5 »
Fantasy, F-9418

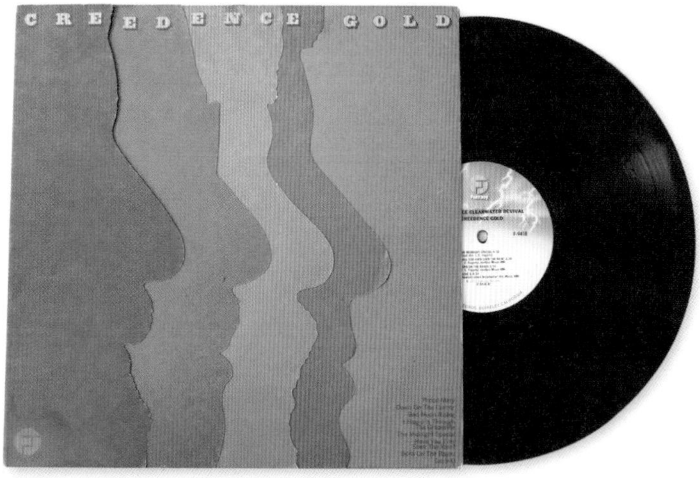

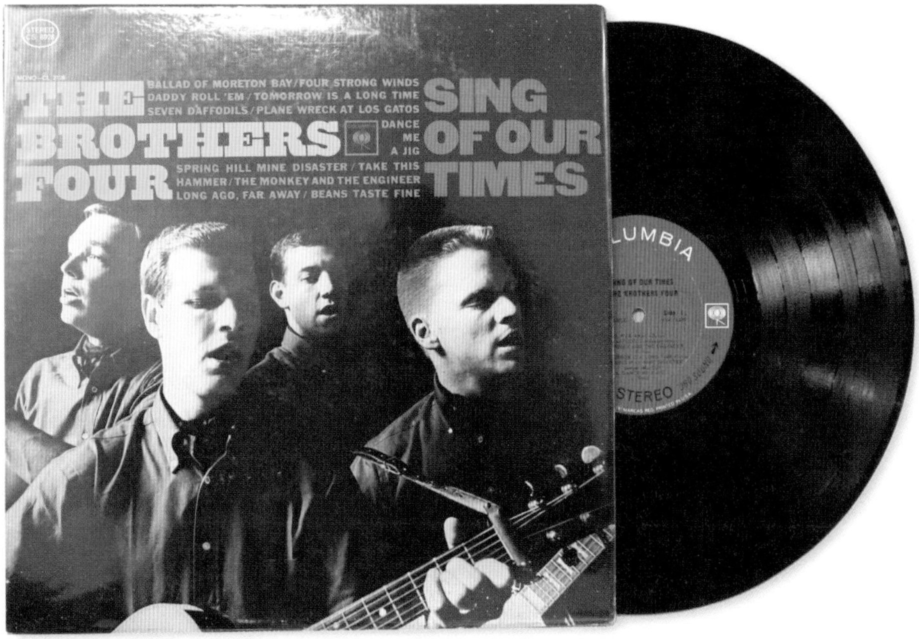

6 »
Columbia, CS-8928(1st)

5. 크리던스 클리어워터 리바이벌(C.C.R)의 〈Creedence Gold〉 앨범으로 한국 사람들이 사랑하는 'Proud Marry', 'Suzie Q', 'Have you Ever seen the rain?' 등 8곡이 수록되어 있는 음반. 멤버들의 옆 얼굴 실루엣이 종이로 오려져 펼쳐지게끔 되어 있는 독특한 앨범재킷이 이채롭다. 음질 또한 훌륭하다. (국내 거래가 초반 10만 원 내외, 2nd 5만원 내외)

6. 브라더스 포(The Brothers Four)의 〈Sing of our Times〉 앨범. 'Seven Daffodils', 'Four Strong Winds'등 필자가 좋아하는 곡들이 수록된 좋은 녹음의 LP이다. 브라더스 포 멤버들의 보컬이 리얼하면서도 차분하게 녹음된 명반이다. 한국 사람들이 가장 좋아하는 'The Green Leaves of summer'는 들어있지 않지만 그들의 음반 중에서 필자에게는 가장 선호도가 높은 음반이다. 이 음반은 2 EYES가 초반이다.(국내 거래가 초반 10만 원 내외, 2nd 5만 원 내외)

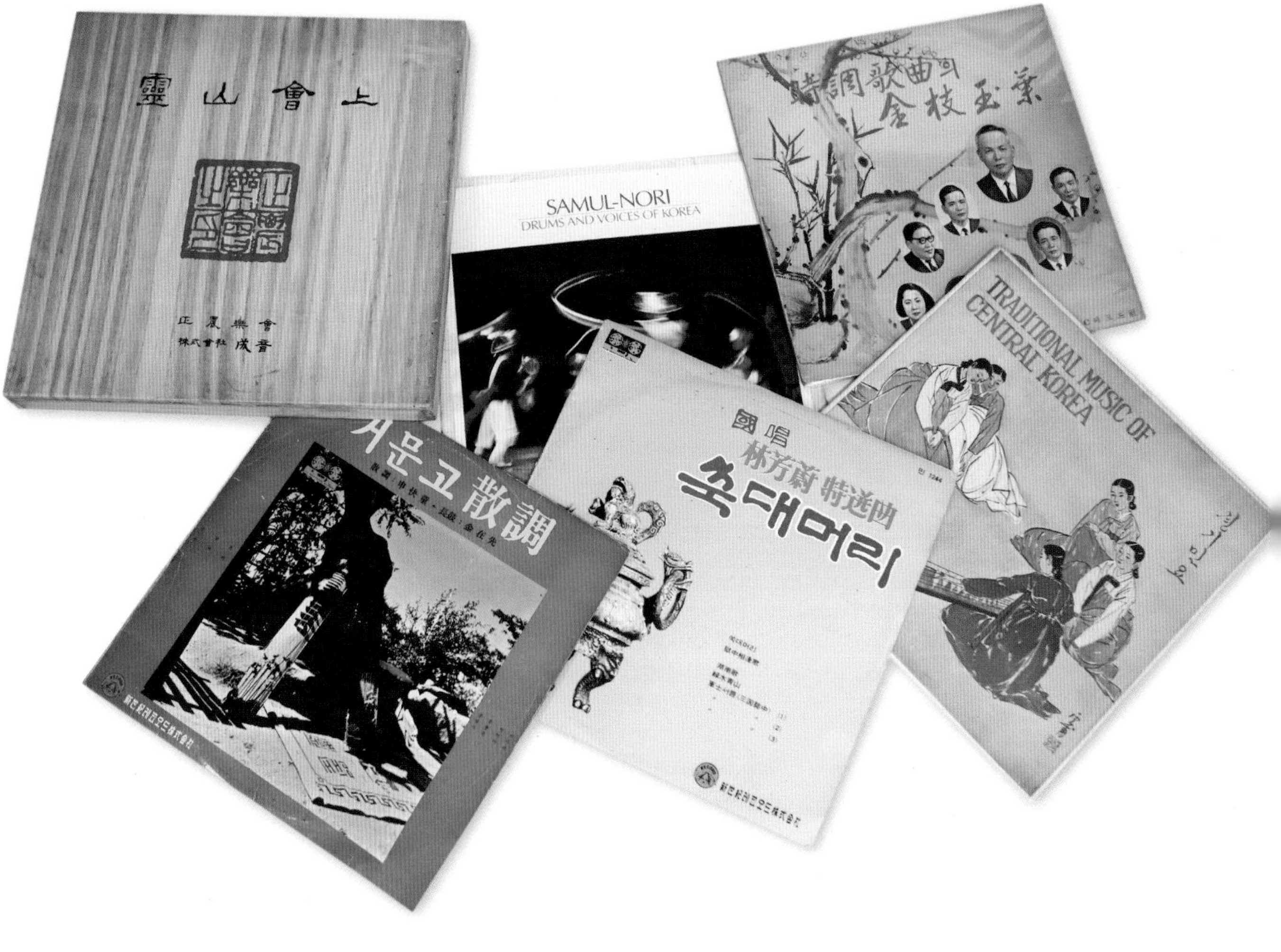

靈山會上
SAMUL-NORI
DRUMS AND VOICES OF KOREA
TRADITIONAL MUSIC OF CENTRAL KOREA
거문고散調
쑥대머리

국악 LP

LP에 깊게 빠지다 보면 국악과 만난다. 필자에게는 국악이 LP의 끝일 뿐 아니라 음악의 끝이기도 하다. 미국 사람들이 음악을 접하다 보면 컨트리 음악으로 귀결되고 클래식 음악을 듣다 보면 바흐 음악으로 되돌아가듯 한국 사람이 끝까지 음악을 듣다 보면 결국 국악에 이르는 것이 당연하다. 국악은 우리 뼈와 살 속에 유전적으로 전달되어 남아 영혼에 새겨져 있다. 태어날 때 이미 우리 몸에 배어있다는 소리다. 듣기만 하면 느껴지는 장단의 깊이와 샘솟는 음악적 카타르시스가 절로 느껴진다. 필자에게는 남도민요나 경기민요는 친숙하고 서도민요는 들어보면 처음 들어서 좀 낯설게 느껴지지만 즉시 우리 심금을 깊이 울리며 슬픔과 즐거움의 정서로 다가온다. 우리 음악의 묘미는 슬픔 속에 있는 즐거움이며 즐거움 속에 담겨진 슬픔이다. 이 양면성 즉 어떻게 보면 극단의 두 감정을 함께 섞어 한 선율에 담는다는 것은 극히 어려운 창작이다. 그럼에도 불구하고 우리 음악에는 이 묘한 감정이 가슴이 뻥 뚫리도록 시원하고 자연스럽게 표현된다. 긴긴 우리 삶의 큰 흐름 속에 배어있는 한과 슬픔, 즐거움이 차곡차곡 다져져 하나의 음악적 선율로 승화되었기 때문이다. 세계 어느 나라에서도 우리 국악과 같은 깊이의 슬픔과 즐거움이 승화된 음악을 본적이 없다. 적어도 한국사람인 필자에게는 말이다. 이 훌륭한 국악을 한때 가장 등한시 한 사람들은 놀랍게도 한국사람이다. 클래식이나 팝송, 가요는 들어도 고상한 국악이 나오는 시간이 되면 잘 듣던 방송채널을 획 돌려버리기 일쑤이고, 세계 각국의 많은 LP음반을 소장하고 있는 사람일지라도 국악음반은 한 장도 소장하고 있지 않은 것이 보통이었다. 오히려 외국인들이 놀랍게 여기며 우리음악인 사물놀이의 음악성을 미국인들이 먼저 알아보고 그들 나라에서 첫 음반을 내기도 하였다. 세계 어디에도 사물놀이처럼 멜로디와 장단을 동시에 갖는 타악기 연주는 없다. 재즈의 명인들도 한국의 국악장단은 그들의 상상을 뛰어넘는 초유의 예술성을 가지고 있다고 극찬하며 한국으로 국악장단을 배우려고 오는 재즈 뮤지션도 있을 정도이다. 국악은 우리 음악이다. 우리음식이 우리 몸에 맞듯 우리음악은 우리 영혼에 맞는다. 그냥 듣기만하면 슬금슬금 스며들어와 나의 몸과 하나가 되어버린다.

필자가 국악을 듣기 시작한 것은 대학 1학년 때이니 약 30여 년 전이다. 그때만해도 전문 국악방송은 KBS FM에 하루 한 시간 프로로 자리잡혀 있어 어디서든 국악을 접하기가 여간 어렵지 않았다. 가끔있는 연주회를 가기에는 학생으로서 벅찼고 겨우 LP음반들을 통해서나 들을 수 있었는데 그 국악 LP음반들은 왜 그리 귀하고, 음질은 또 그리 형편이 없었는지 노심초사하였던 기억이 난다. 국악 LP를 구하려 절 앞에 있는 LP 레코드점을 뒤지거나 전주, 남원 등에 있다는 정보를 듣고 득달같이 달려갔던 기억이 새롭다. 그런 곳에 가보면 팔리지 않아 오랫동안 재고로 먼지만 가득 쌓인 국악 LP를 접하게 되는데 그 기쁨은 이루 말로 표현할 길이 없었다. 그러나 턴테이블에 올려놓고 들어보면 우선 음질에 실망하고 두 번째 재킷의 허술한 디자인과 사진 녹음정보 등에 실망한다(심지어는 연주자 이름, 언제 어디서 녹음했는지조차도 정보가 없다). 수요가 적기 때문에 투자도 적게 해 허술한 국악 LP를 만들었던 것이다. 그러나 가끔 신세기, 유니버설, 지구 등에서 맘먹고 발매한 고음질의 국악 LP가 있었는데 그런 LP를 접하게 되면 잔치 분위기였다. 이제 세월도 흘러 국악의 위상이 높아지고 좋은 음반도 속속 발매된다. 그러나 이미 돌아가신 국악인의 명반들은 상대적으로 더더욱 귀한 음원이 되어 버렸다. 그 시절 구했던 몇몇 추억의 국악 LP를 소개해본다. 너무 귀한 것들은 차후로 미루고 그나마 지금도 구할 수 있는 국악음반을 골라본다.

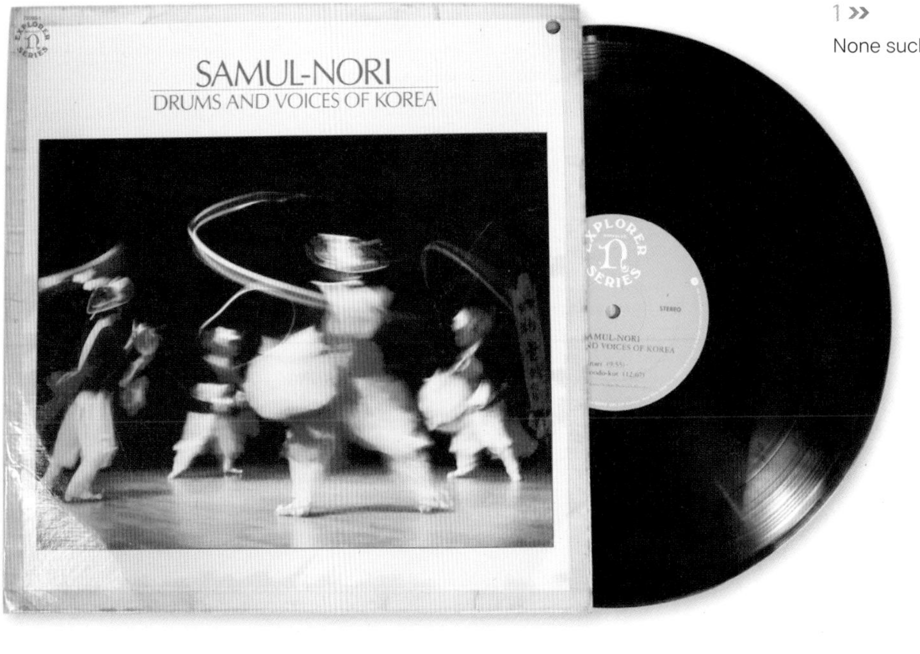

1 »
None such Records(미국), 72093(1st)

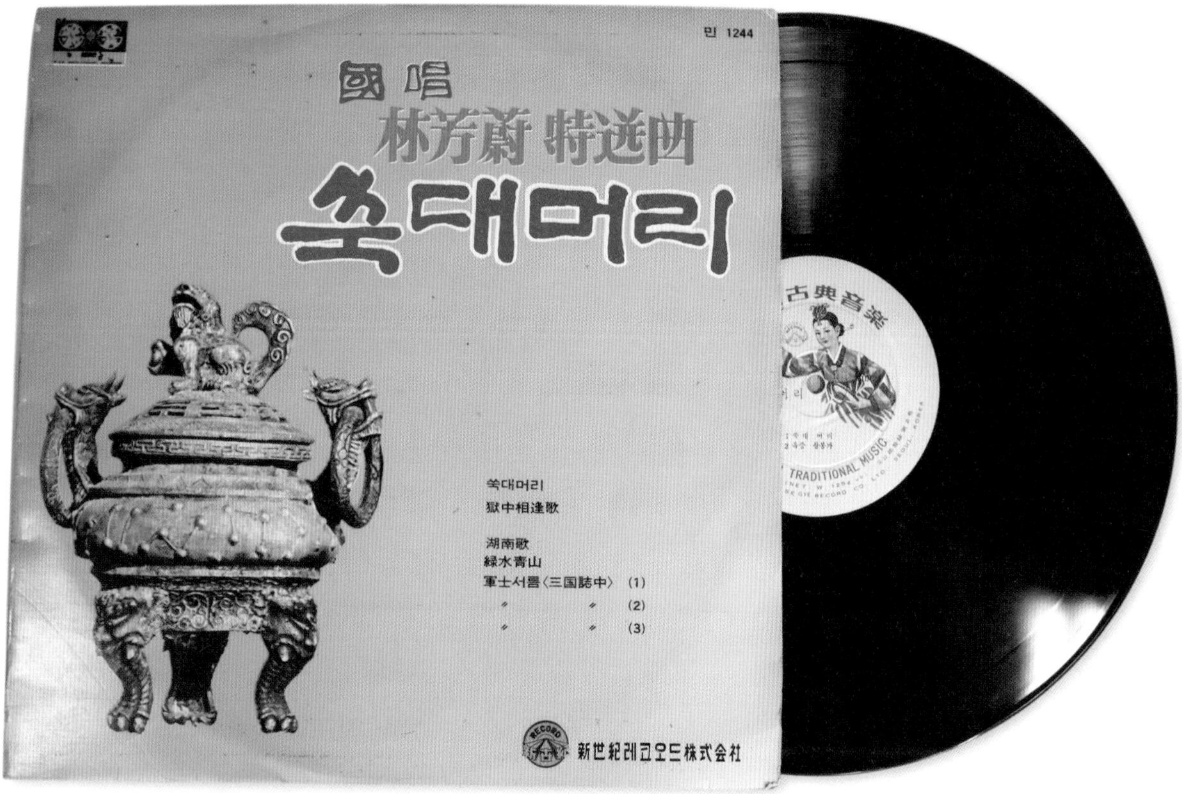

2 »
신세기 레코드, 민-1244(1st)

1. 첫 번째 음반은 초기 사물놀이를 태동시켜 지금에 이르게 한 상쇠 김영배의 꽹과리, 이광수의 북, 최정실의 징, 김덕수의 장구 연주로 이뤄진 사물놀이 명연주 음반 〈Samul-Nori (Drum and Voices of Korea)〉이다. 1984년 미국 논서치 레코드사에서 익스플로러(Explorer) 시리즈로 초반이 나왔다 나중에 역수입되어 국내 라이선스로도 발매되었고 원반과 라이선스 음반의 음질차가 너무 심해 다른 녹음이 아닌가 하는 착각이 들었던 레코드이다. 현재 CD로도 나와있고 오리지널 LP, 라이선스 LP 모두가 눈에 띈다. 가격이 비싸지는 않기 때문에 가능한 초반으로 꼭 가지고 있어야 할 명반이다. (국내 거래가 초반 20만 원 내외, 라이선스반 2만원 내외)

2. 두 번째 음반은 신세기 레코드의 국창 임방울 특선곡 〈쑥대머리〉다. 명창 임방울 선생의 춘향가 중 '쑥대머리' 눈대목과 '옥중상봉가' 외 '호남가', 적벽가 중 '군사서름' 등이 들어있다. 이 음반은 하도 유명한 국악반이어서 팝 음반처럼 복사반이 있을 정도다. 복사반은 인쇄가 조잡하고 음질 또한 엉망. 가능한 초반이나 재반 정도로 구입하여야 하는데 신세기 레코드의 한복 라벨이 초반이다. (국내 거래가 초반 20만 원 내외, 재반 10만원 내외)

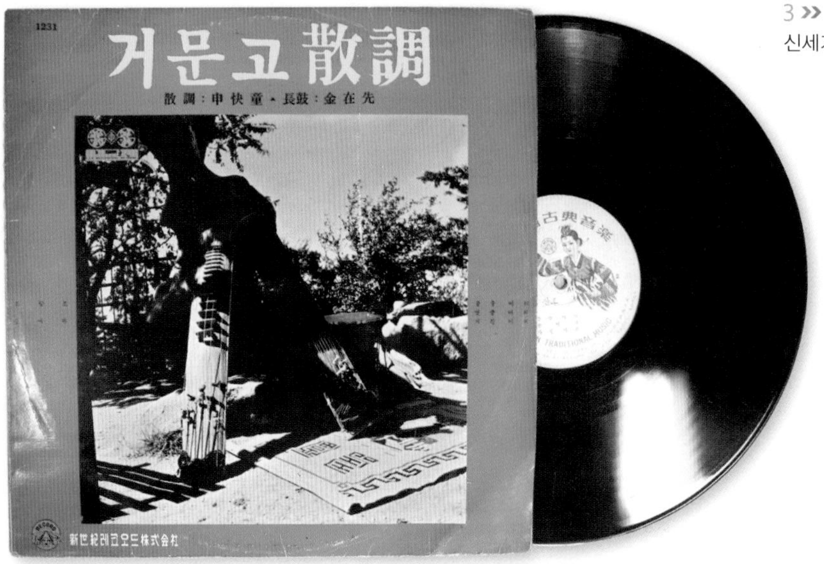

3 »
신세기 레코드, 민-1231(1st)

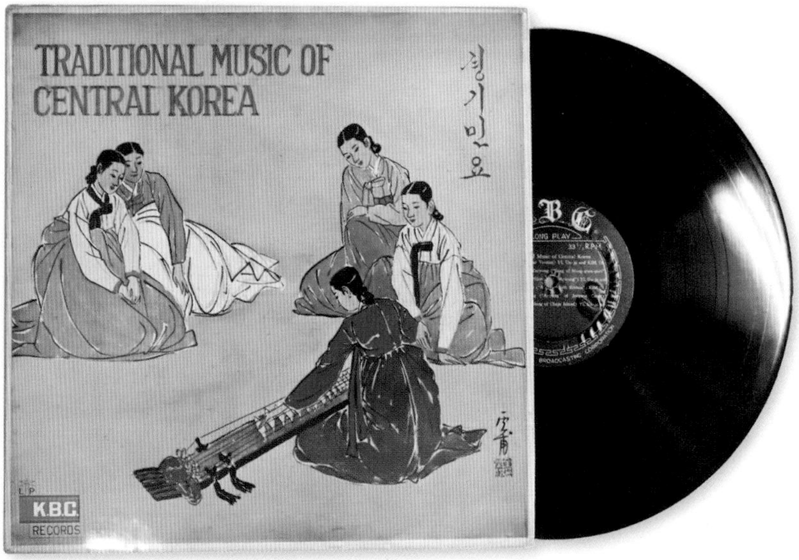

4 »
KBC 레코드, KBC-16(1st)

3. 세 번째 국악반은 신쾌동 선생이 김재선의 북장단으로 녹음한 〈거문고 산조〉로 역시 신세기 레코드의 한복라벨이 초반이다. 이 음반도 수십 장의 재반과 복사반이 나돌 정도이며 당시 음반으로는 음질도 대단히 좋고 연주도 최고조에 이른 명반. 신쾌동 선생이 이 연주를 할 때 실제로 학이 날아와 춤을 같이 추었다는 소문이 있다. (국내 거래가 초반 20만 원 내외, 2nd 8만원 내외)

4. 네 번째 국악반은 〈경기민요〉이다. KBC(Korean Broadcasting Coporation)에서 수출용으로 녹음 발매한 LP로 전면 재킷 사진을 운보 김기창 화백의 그림으로 한 것이 특징이며 곡명과 연주가들의 이름이 모두 영어로 표기되어 있다. 사이드A에 김옥심의 '정선아리랑'이 수록되어 있는데 정선아리랑을 이 녹음보다 더 훌륭하게 부른 음반을 아직까지 보지 못했다. 그 외에 '양유가', '오봉산 타령', '궁초댕기'가 당시 명창들의 정서로 녹음되어 있는데 이 정서는 더 이상 들을 수 있는 성격의 것이 아니며 현존하는 국악 녹음으로는 최고의 것이라 생각한다. 이 음반도 가끔 보이는 음반으로, 사람들에게 많은 무시를 당한 보석 같은 음반. 지금도 무시당하고 있어 가격이 저렴하니 만약 구입했다면 횡재다. (국내 거래가 초반 5만 원 내외)

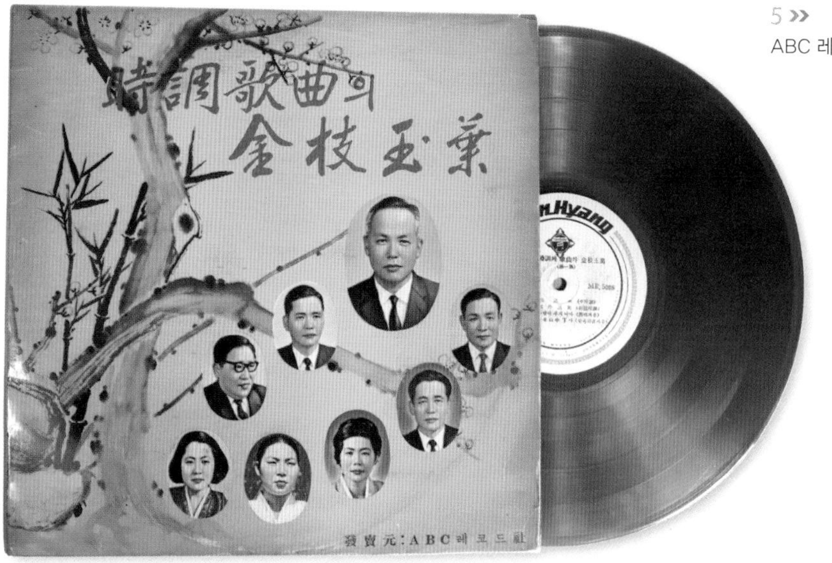

5 »
ABC 레코드, MR-5008·5009(1st)

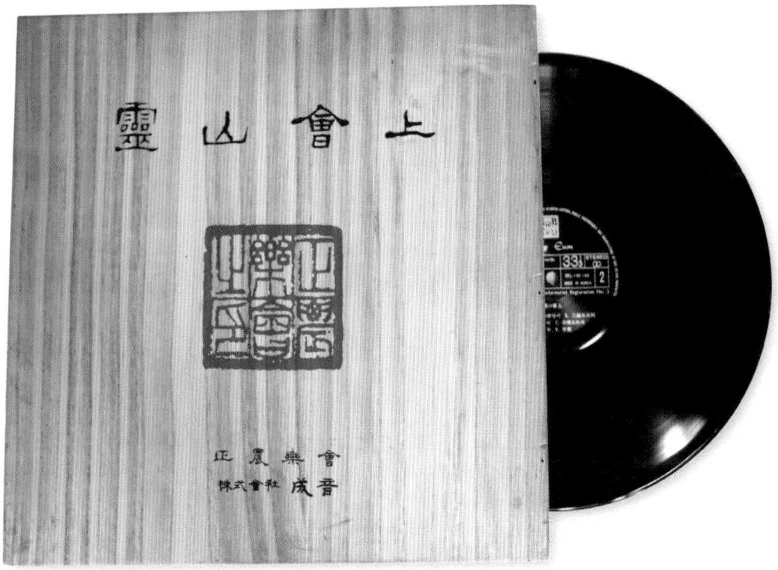

6 »
성음레코드, SEL-100122(1st)

5. 다섯 번째 국악반은 〈시조와 가곡의 금지옥엽〉으로 ABC 레코드(신양레코드)사에서 게이트폴드 레코드로 발매한 시조 가곡집이다. 정경태 선생의 엮음사설지름시조 '푸른산중하에'를 비롯해 가곡과 지름시조 16곡이 수록되어 있다. 정경태 선생은 가사로도 유명한데 이 분의 목소리를 들을 수 있는 것만으로도 기쁜 국악명반이다. (국내 거래가 초반 10만 원 내외)

6. 여섯 번째 국악반은 성음레코드에서 정농악회의 연주로 발매한 〈영산회상〉이다. 영산회상은 초기에는 영산회상불보살의 가사를 갖는 성악곡이었으나 가사를 상실하고 순기악곡으로 보전되어 있는 것을 정농악회가 연주한 것. 필자는 이 곡을 바흐의 무반주 조곡 만큼이나 우리 정서에 파고드는 명곡이라 생각하는데 이 곡을 즐겨 듣는 사람은 잘 보지 못했다. 초반은 오동나무 박스에 4장 1세트로 발매되었고 후반에 들어 하드보드 박스로 재반이 발매되었다. 오동나무반은 잘 보이지 않지만 하드보드 박스반은 가끔 눈에 띈다. 보이는 대로 무조건 사서 들어보기 바란다. 녹음도 좋고 연주도 기가 막히다. (국내 거래가 초반 40만 원 내외, 재반 15만 원 내외)

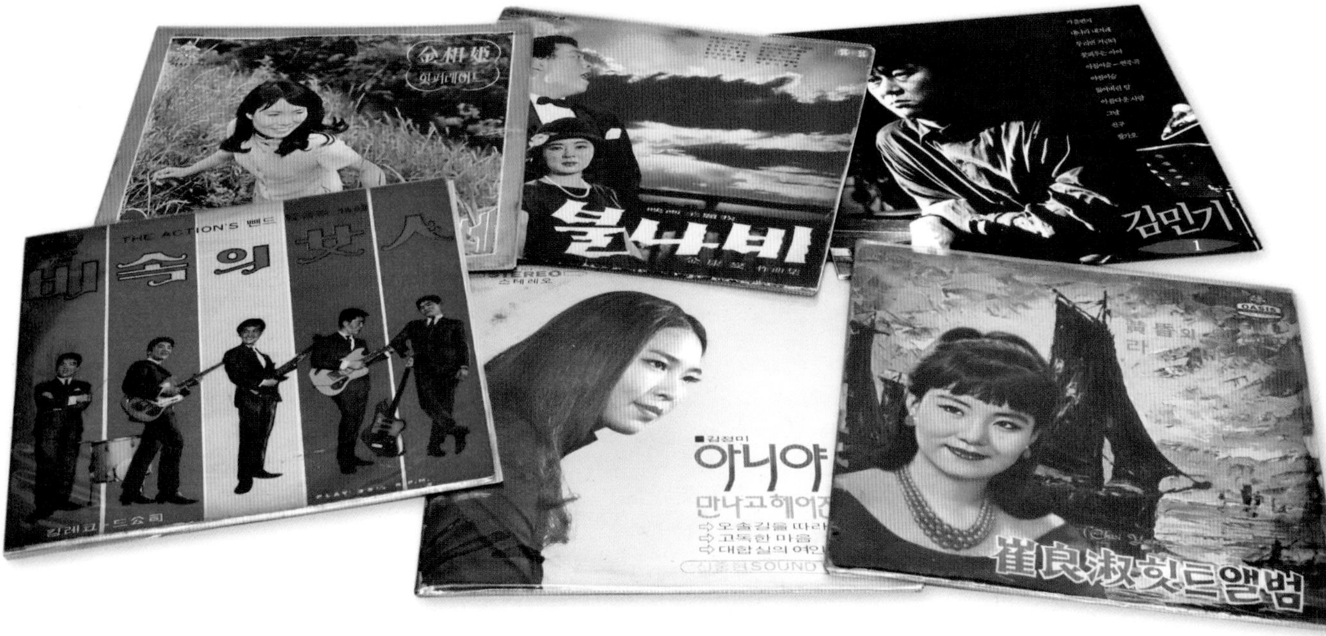
THE ACTION'S
불나비
STEREO
김정미
아니야
고독한 마음
崔良淑힛트앨범
김민기
1

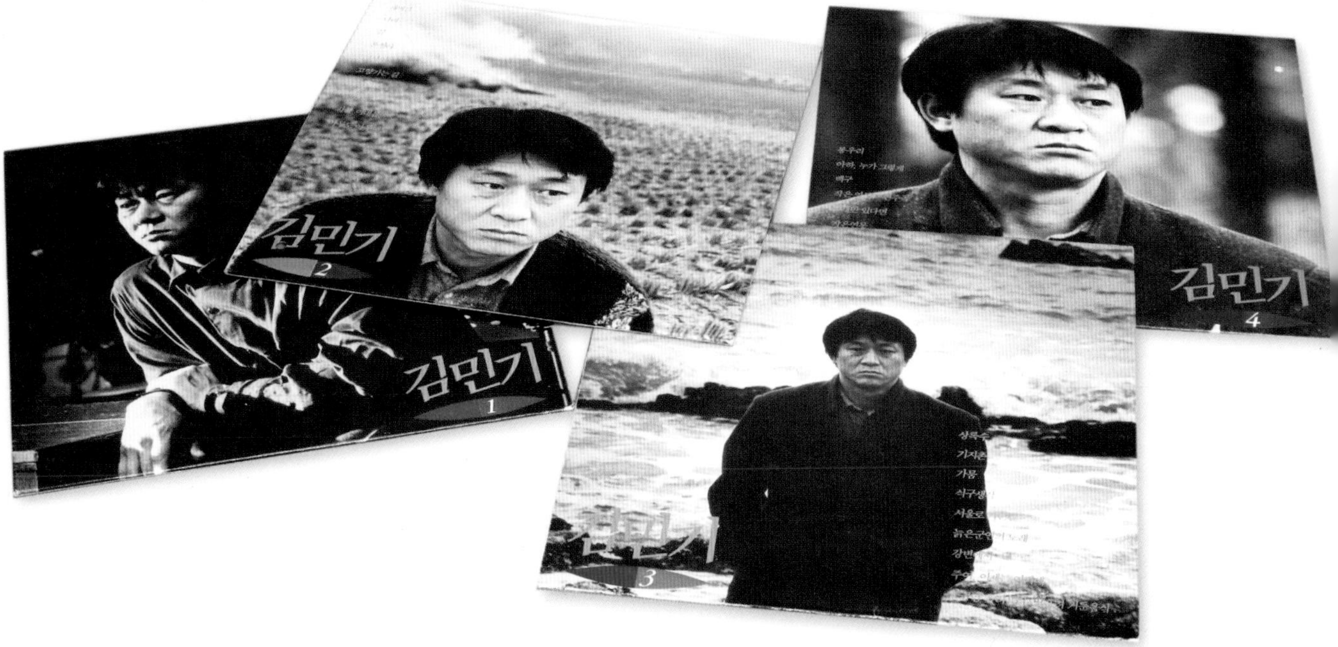
김민기
2
김민기
4
김민기
1
3

가요 LP

요즘은 저조한 경제 상태와 더불어 LP를 포함한 오디오 소스 시장이 말이 아니다. 특히 CD는 제작량 자체가 적고 소량으로 수입해 슬쩍 배포하고 마는 등 모든 것이 침체되어 있다. 그런데 특이하게 없어서 못 파는 음원이 있다. 바로 가요 LP가 그것이다. 애호가층이 많은 희귀 가요 소스는 구하지 못해 복사반까지 나오고 있는데, 물론 마스터 음원을 구해 리이슈반을 찍는 것도 있지만, LP to LP로 LP반을 마스터로 한 허가된 복사반을 만드는 경우도 많다. 전자든 후자든 그 음질은 옛날 초반에 비하면 어림없을 뿐 아니라 (리이슈반이 아닌) 초기 재반에도 미치지 못하는 경우가 대다수다. 특히 가요 재반의 경우 알판(내부 바이닐 레코드 자체)을 잘 다루지 못해 재킷에 넣는 과정에서 때가 묻거나 손상된 경우가 있어 가뜩이나 음질이 열화되어 마음이 상하는데 엎친 데 덮친 격으로 화까지 나는 경우도 종종 있다. 제조사 측에서 그만큼 마인드가 부족하다는 뜻일 것이다. 그러나 점차 개선 일로에 있다. 어떻든 대부분의 인기 가요 LP의 경우 보관 상태도 안 좋고 절대적 수량 측면에서 턱 없이 부족한 것이 실상이어서 가격이 천정부지로 오르고 있다.

신중현 사단을 중심으로 한 에드포(Add 4), 액션스 밴드, 신중현과 엽전들, 김정미, 임아영, 박인수 등은 1백만 원을 호가하는 LP들이 수두룩하고, 그 외에 양병집, 서유석, 오세은, 에보니스, 이연실, 양희은, 방주연, 김광석, 김두수 등의 포크송 싱어들의 LP음반들도 귀하고 비싸다. 또한 나훈아, 남진, 손시향, 배호, 남인수, 황금심, 이난영, 이미자, 패티김 등 근현대 가요의 팬층도 두텁고, 희귀 가요의 경우는 정해진 값도 없어 그야말로 부르는 것이 값이다. 이 현상은 앞으로 더욱 심해질 전망이며, 그 뒤를 이어 국악을 포함하는 국산판 자체의 가치가 점차적으로 상승하고 있다. 그중에도 오래된 국내 가요음반은 그 가요사적 가치뿐 아니라 생활사적 가치, 영화사적 가치까지 포함되어 그 자료성이 극대화되고 있다. 더 나아가 일제강점기 하에서 제작된 국악, 가요 SP음반과 6·25 전후로 발매된 국내 국악, 가요 SP 음반도 모두 희소성이 높아져 특정 음반은 수천만 원이 넘게 거래되고 있는 상황이다. 그 중심에 있는 SP음반이 윤심덕의 '사의 찬미', 그리고 송만갑, 김창룡, 정정렬, 이동백, 임방울 등의 판소리와 민요 등이다.

이번에는 가요 LP 중 옛날 정서가 듬뿍 묻어나는 음반들을 소개한다. 물론 쉽게 구할 수 있는 음반은 아니지만 이 가을 그 정서에 깊이 빠져보기 바란다. 수많은 가요 음반 중에 무엇을 고를지 망설여진다. 그러나 리이슈반 말고 그래도 가치가 있는 6장을 골랐다.

1 »
킹 레코드, KL-7035(1st)

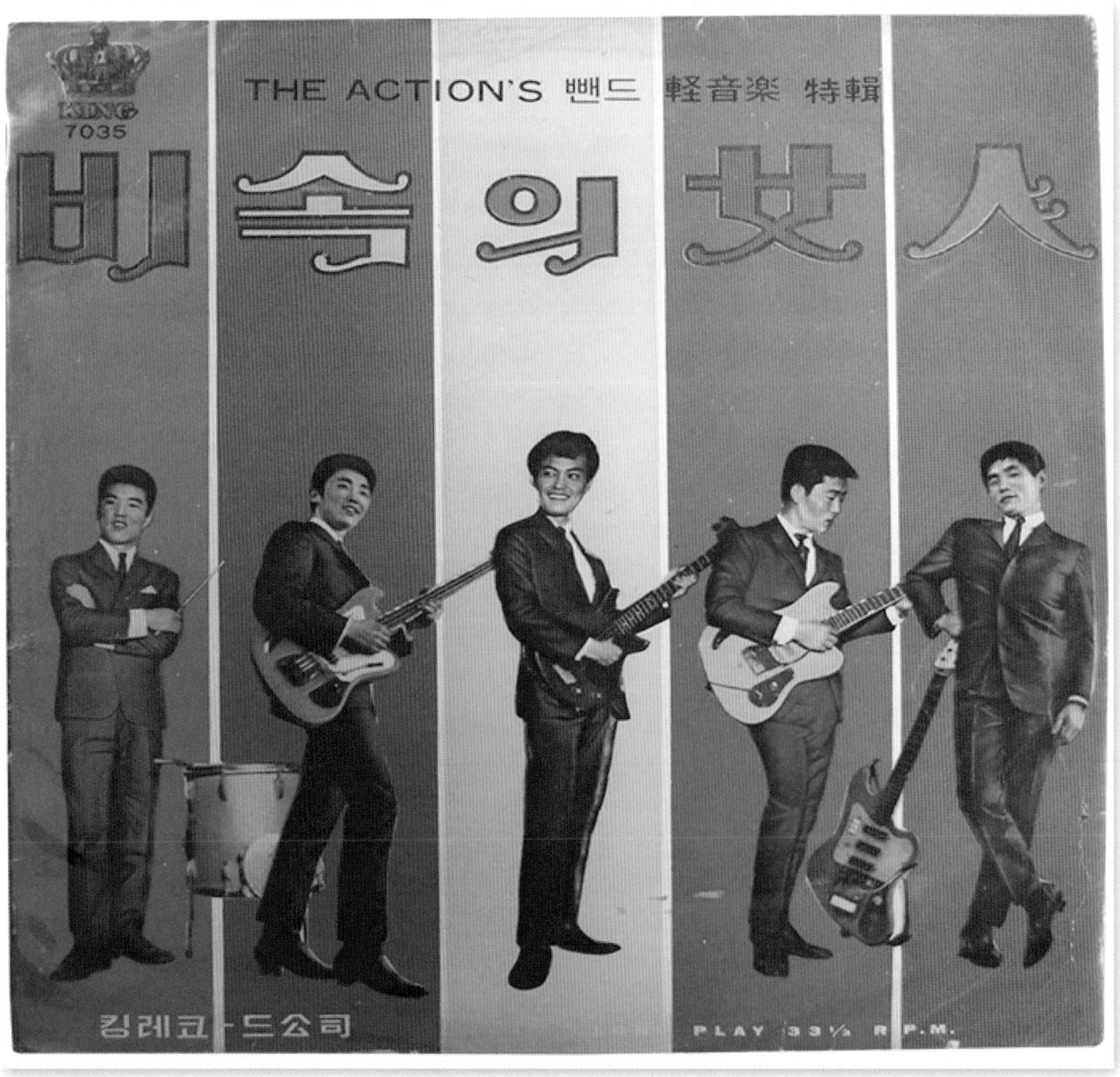

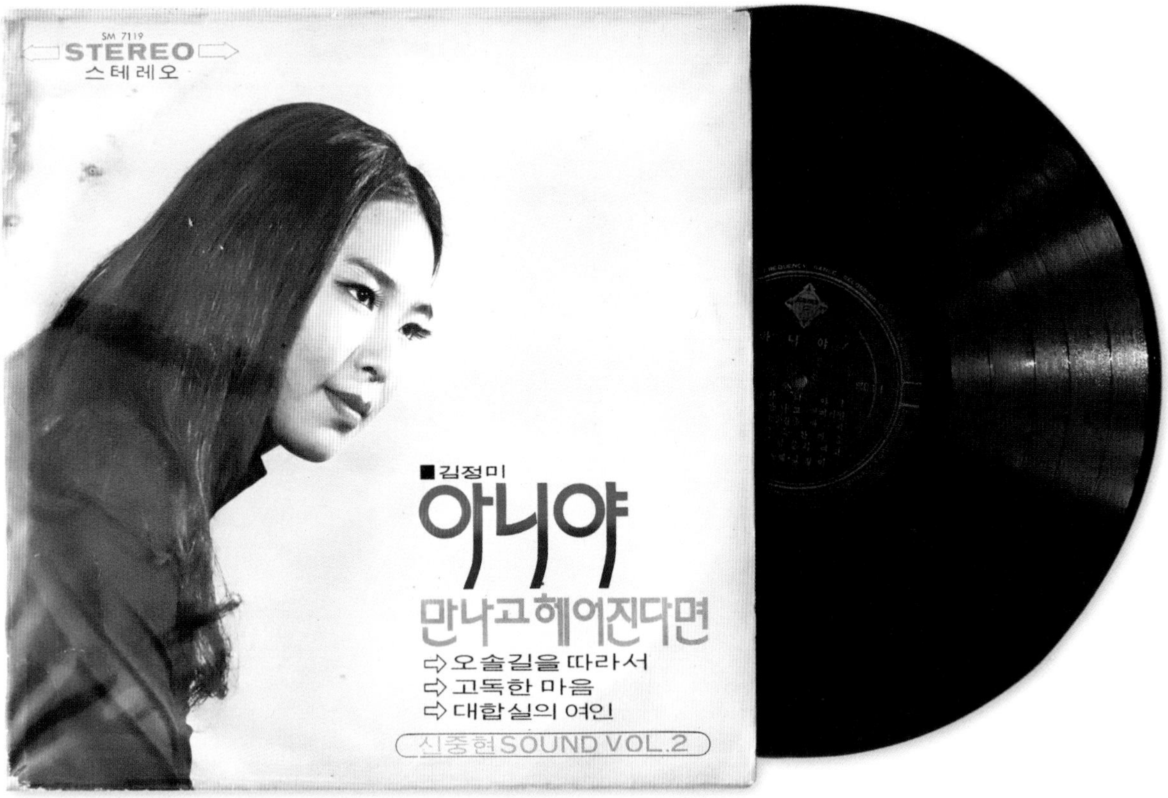

2 »
프린스 레코드, SM-7119(1st)

1. 맨 먼저 고른 음반은 신중현의 액션스 밴드 국내 가요 연주 음반 〈비속의 여인〉이다. 물론 이보다 더 가치 있는 신중현의 음반이 많지만 소위 그의 손맛을 흠뻑 맛볼 수 있고 잘 소개된 적이 없는 음반이어서 선택해본다. 잘 알다시피 신중현의 음반은 연주 음반이 가장 고가이다. 이 음반은 유명한 히키 신, 에드포(Add 4) 등 쟁쟁한 음반보다는 떨어지지만 희귀 음반에 속한다. 멤버들이 나열한 모습이 재미있다. (국내 거래가 초반 80만 원 내외)

2. 두 번째 음반 역시 신중현 사단의 간판스타 김정미의 희귀 음반 〈아니야〉다. 프린스 레코드 제작 음반으로 신중현 반주에 김정미, 주현, 민아, 바니걸즈가 노래하고 있다. 음질도 대단히 훌륭해서 '당시 음반 맞아?'할 정도로 녹음이 잘 되었다. 김정미의 '아니야', '만나고 헤어진다면', '오솔길을 따라서', '고독한 마음', '대합실의 여인' 모두 다 주옥같은 곡이다. 김정미의 깊은 보컬 발성이 잘 살아있다. 김정미의 앨범 〈Now〉(1973)와 쌍벽을 이루는 고가 LP다. (국내 거래가 초반 300만 원 내외)

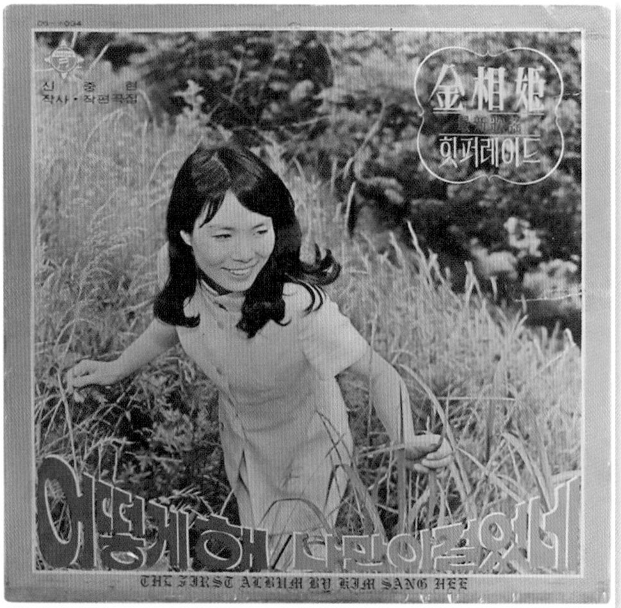

3 »
신향 레코드, DG–1034(1st)

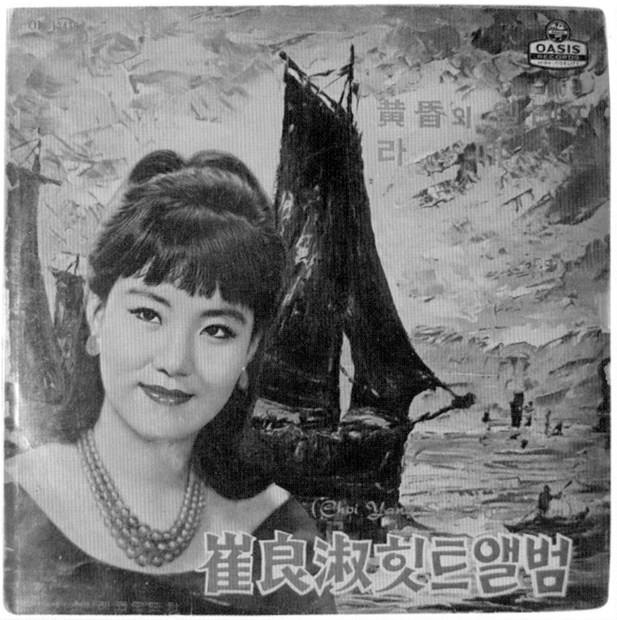

4 »
오아시스 레코드, OL–12439(1st)

3. 세 번째 디스크는 김상희의 최고가 앨범 〈어떻게 해〉다. 역시 신중현의 작·편곡집으로 그가 반주하고 있다. 김상희의 일반 보컬과는 또 다른 면목을 보여주는 희귀 LP. 신향 음반 제작으로 김상희를 키워보려는 신중현의 의도가 가득 담긴 중요한 디스크다. (국내 거래가 초반 100만 원 내외)

4. 네 번째 디스크는 국내 최초 학사 가수로 통하는 우수 깊은 여성 보컬 최양숙의 앨범이다. 이 디스크는 오아시스 제작으로 그녀의 유명한 '황혼의 엘레지'와 번안 샹송이 수록된 음반이다. 대도 레코드에서 나온 〈꽃 피우는 아이〉보다는 덜 높게 평가되지만 그녀의 젊었을 때의 목소리가 생생하게 수록된 귀한 음반이다. (국내 거래가 초반 60만 원 내외)

5 »
지구 레코드, LM-120078(1st)

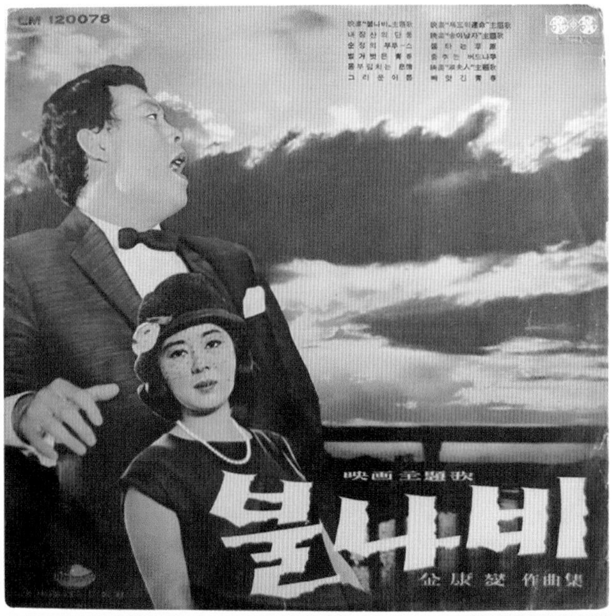

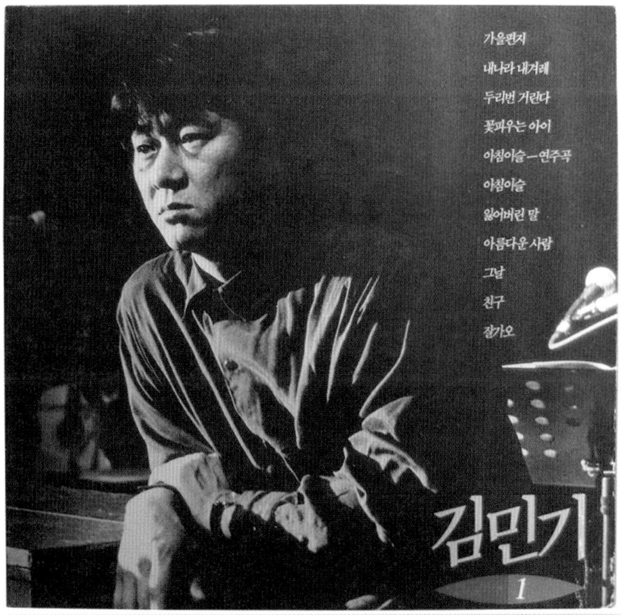

6 »
서울음반, SPDR-331(1st)

5. 다섯 번째 음반은 옛 여배우 김지미 주연의 영화 〈불나비〉의 음악이 수록된 디스크로 지구에서 발매된 음반이다. 김상국이 부른 '불나비 사랑'이 수록되어 인기가 높다. 그 외에 '송이낭자', '숙부인' 등 영화 주제가가 녹음되어 있다. (국내 거래가 초반 40만 원 내외)

6. 여섯 번째 음반은 김민기의 1990년대 초 제작 음반이다. 서울음반에서 4장 시리즈로 발매되었는데, 최근에는 이마저도 귀한 LP가 되어버렸다. 물론 금지곡 시대의 그의 '아침이슬'이 수록된 초반은 더욱 구하기 힘들다. 이 녹음반은 김민기가 좀 나이가 있을 때 녹음한 것으로 초기 음반과는 그 녹음과 창법 자체가 다르지만 음질, 음악성 면에서 탁월해 아날로그 마니아 사이에서 인기가 높다. 이 음반도 4장을 다 모으면 100만 원이 훌쩍 넘어간다.

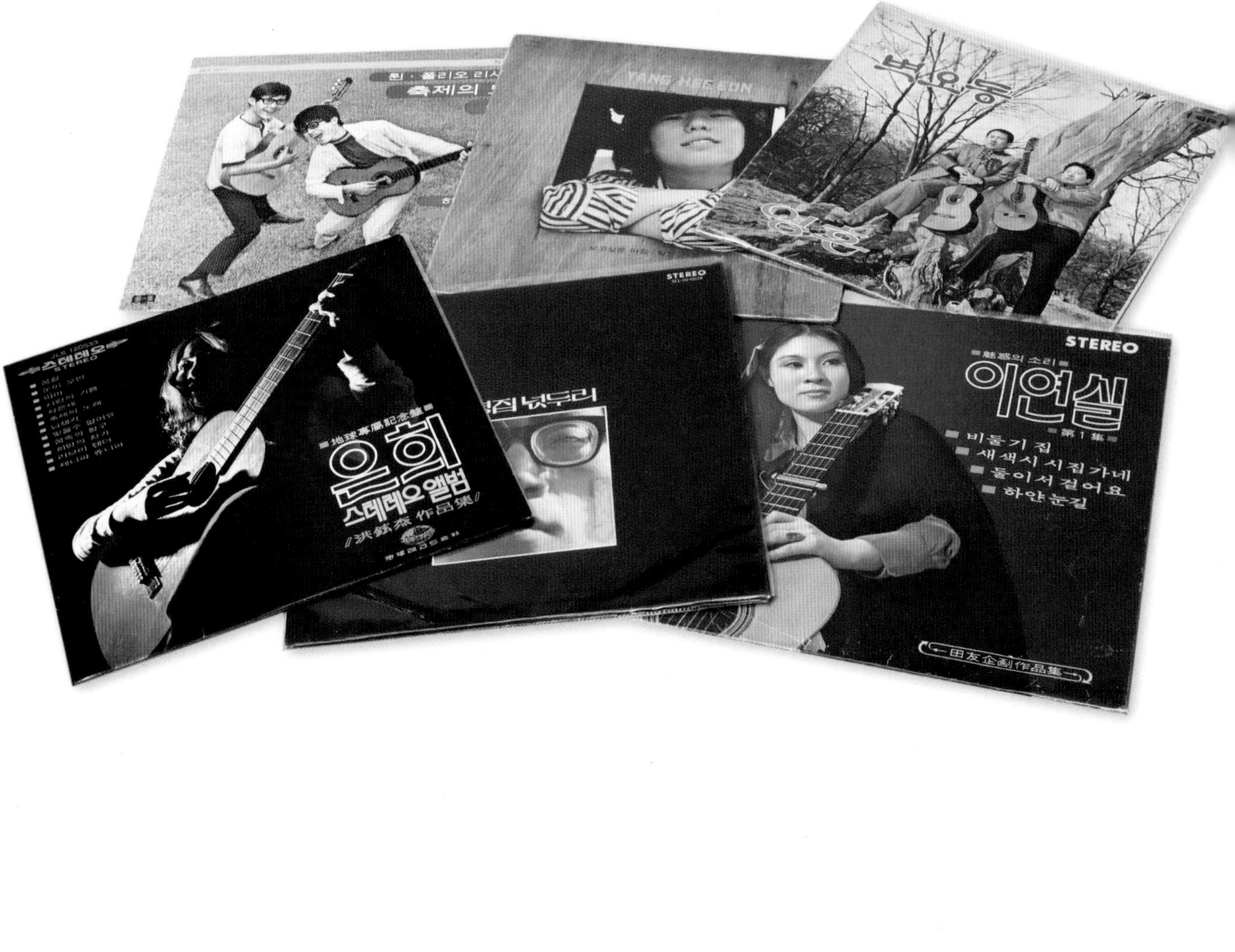

YANG HEE EUN
STEREO
STEREO
魅惑의 소리
이연실
第1集
비둘기 집
새색시 시집가네
둘이서 걸어요
하얀눈길
田友企劃作品集
은희
스테레오 앨범

통기타 가수들의 LP

현시점에서 가요 LP의 꽃은 포크 싱어들의 명반이다. 특히 통기타를 반주로 하는 LP들인데 그 중심에 서 있는 싱어가 양병집, 한대수, 송창식, 윤형주, 양희은, 이정선, 박인희, 김도향, 김민기, 은희, 이필원, 이연실, 김광석, 김두수 등이다.

그 이유는 통기타가 작은 오케스트라고 할 정도로 깊은 표현력을 가지고 있는데다 문학적 가사와 멜로디를 통해 당시 시대상과 사회참여적 정신을 넘어 정권 저항 정신까지 담아내고 있기 때문이다. 통기타 가수들이 표현한 내용들은 어둡고 반항적이며 사랑까지도 슬프기 그지없지만 지금 다시 들어보면 노래 하나에 담겨있는 추억의 공감대가 '맞아 그랬었지, 딱이네'하고 치는 무릎박자 속에 형성된다는 것을 알 수 있다. 더욱이 아름다운 서정적 멜로디에 얹혀서 말이다.

이것이 가요포크를 대중의 관심사 맨윗자리에 올려놓은 원동력이라 말할 수 있다. 그러나 그 LP들은 정부의 탄압으로 폐기되거나, '노래부르고 어울려 싸돌아 다니지 말고 공부나 하라'는 부모들의 성화에 숨겨지고, 많은 시간이 지나 세월의 녹이 슬어 파손되고 버려졌기에 이제와서는 구경조차 하기 힘든 음반이 되어 버렸고, 결국 희귀 음반들로 고가반이 되어있다.

그러나 아무리 비싸도 사서 들어야 한다. 그래야만 더 많은 음반들이 발굴되고 우리 시대에 가장 아름다웠던 음악들이 다시 살아나올 수 있기 때문이다. 이 시대 음반들의 최고 음원으로는 여타 초반 LP들과 같이 리이슈반이나 CD가 아니고 당시 발매된 초반들이 차지하고 있다. 어떻게보면 역사적 사료 가치로서도 발굴해내야 한다. 아직도 우리가 모르는 가요음반이 수두룩하기 때문이다.

음반의 음악과 함께 색바랜 LP재킷 역시 좋은 추억거리가 되어 종종 텔레비전이나 신문에 등장하는 것을 볼 수 있다. 통기타 가수들의 핵심 음반들은 유니버셜 제조반에 주로 모여있다. 물론 신향, 오아시스, 지구, 대도, 프린스, 서라벌 등 여타 레코드사에서도 드문드문 발매하여 특정 레코드사에 치중하면 편파적 수집이 될 수 있지만 유니버셜 레코드만 섭렵해도 통기타 가수의 상당 부분이 확보된다. 시적 정서가 스며든 우리 시대의 마지막 음악성을 그나마 LP를 통해서라도 들을 수 있다는 것을 행복으로 여기고 대표곡들 중 몇몇을 살펴보았다.

1 »
지구레코드, JLS-20372(1st)

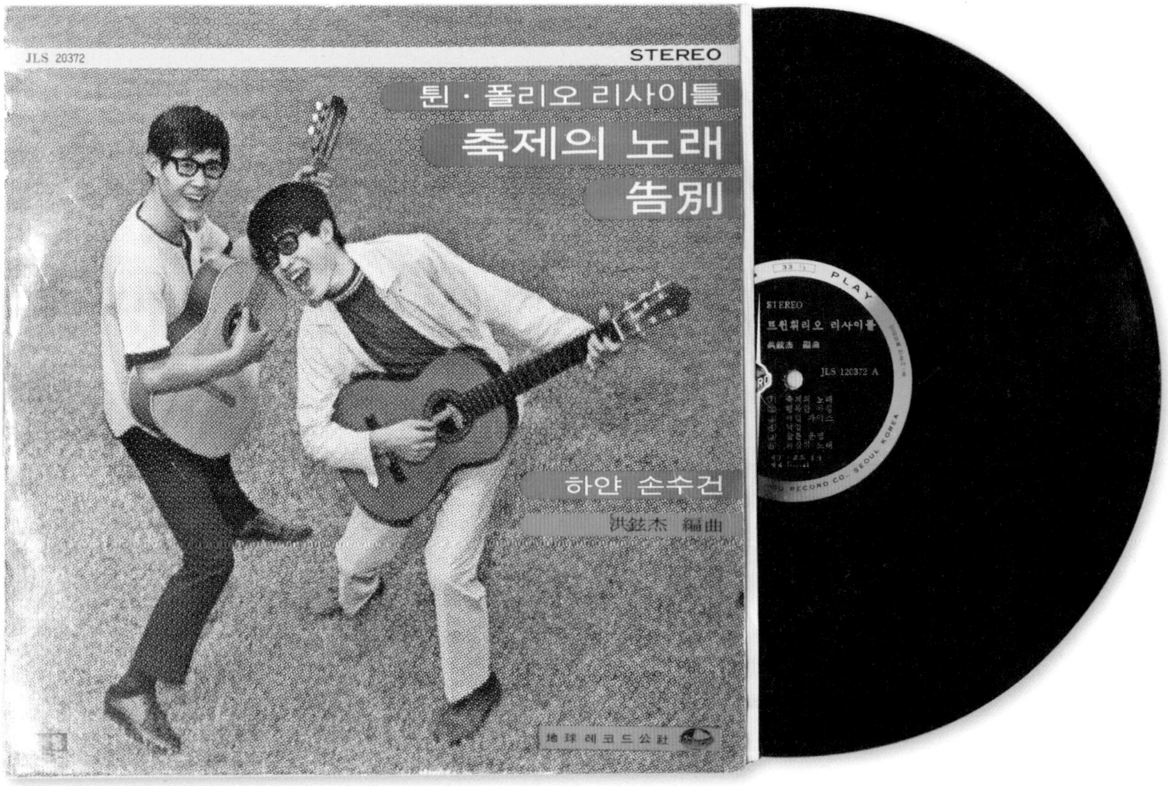

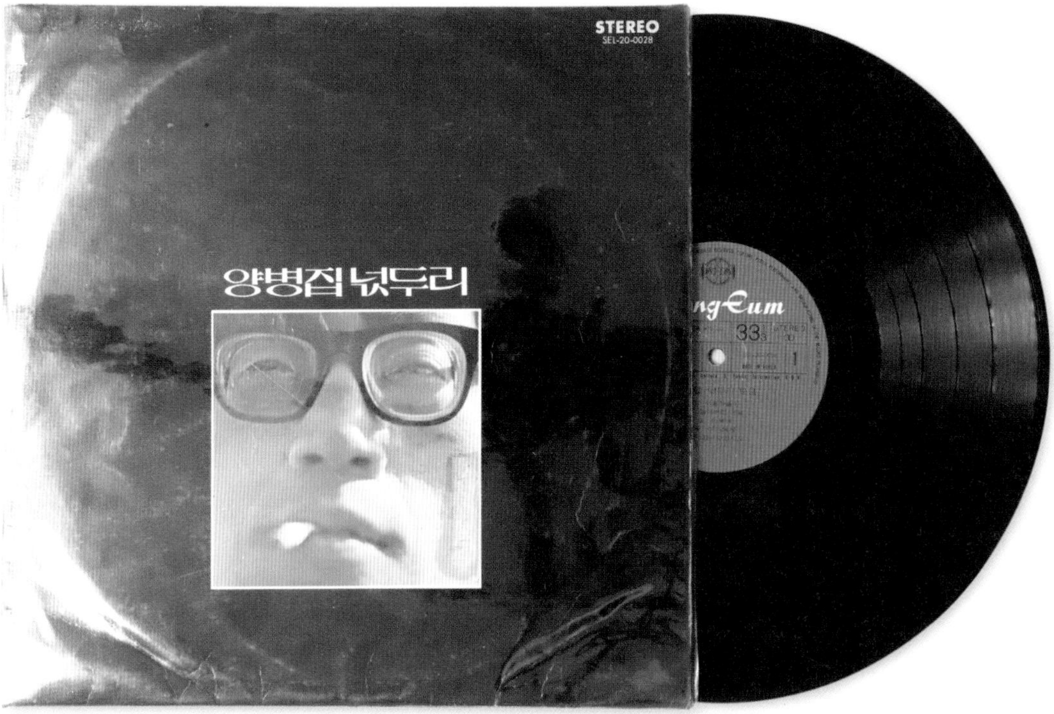

2 »
성음레코드, SEL-20-0028(1st)

1. 이 음반은 지구레코드 1976년도 녹음으로 유명한 녹음 엔지니어 최성락 씨가 믹싱한 수작이다. 트윈 폴리오(윤형주, 송창식)가 홍현걸, 지명길 작사로 직접 편곡한 외국곡을 싣고 있는데 모두 주옥 같은 곡들이다. '축제의 노래', '고별', '하얀손수건', '낙엽(Let it be me)', '웨딩케익' 등 번안가요지만 우리 정서에 합당하여 심금을 울린다. 윤형주, 송창식의 화음 밸런스가 매우 좋고 기타음이 사실적이다. 송창식의 우수에 젖은 목소리가 디테일 손상 없이 리얼하게 표현되어 있고 윤형주의 목소리 역시 초점을 잃지 않고 조화되어 나온다. 서로 섞이면 음상이 흐릿해지고 목소리 간의 밸런스가 무너지는 국내 음반들을 많이 보아왔지만 이 음반은 그 모든 면에서 뛰어난 음색과 음악성을 함께 잡은 수준반이다. 판매량이 많아 가격도 저렴하며(5만 원 내외), 국내 통기타 앨범의 레퍼런스 디스크로 소장하면 음악감상뿐 아니라 음질 테스트나 타 음반과의 보컬 비교 디스크로 유용하다. (국내 거래가 초반 10만 원 내외, 재반 5만 원 내외)

2. 양병집의 주옥같은 명곡, '타복네', '서울하늘1, 2', '잃어버린 전설', '소낙비', '역' 등 10곡을 수록한 음반이다. 10곡 모두 탁월하여 버릴 것이 한 곡도 없다. 1974년 발매한 2천 4백매의 초반 중 1천 6백장이 수거, 파기되고 미리 유통된 8백매 정도가 이 LP의 전부인데, 다시 말하면 이 음반은 그 8백매 중 한 장이다. 남아있는 수가 극히 적어 3백만 원이 넘는 초희귀고가 음반이 되어버렸다. 곡, 노랫말, 가창력 모두 발군인 포크 LP의 명반. 양병집의 싱어송라이터로서의 재능과 사회참여적 가사 소화력 등이 완전히 녹아있다. 이 음반은 방송부적격으로 판매금지된 것으로 대부분 번안곡을 그가 소화하여 부르는데 가사는 원곡의 것이 아니라 독특하게 스스로 개사하였다. 양병집은 한대수, 김민기와 함께 저항가수로 유명하다. '역'은 번안곡으로 원곡은 밥 딜런의 'Don't think twice, it's alright'인데 어머니를 생각하며 작곡한 '아가에게'를 제외하고 모두 번안곡이다. 힘있고 신념에 차 굵직하게 나오는 양병집 목소리가 좋은 음질로 녹음되어 있다. (국내 거래가 초반 300만 원 내외)

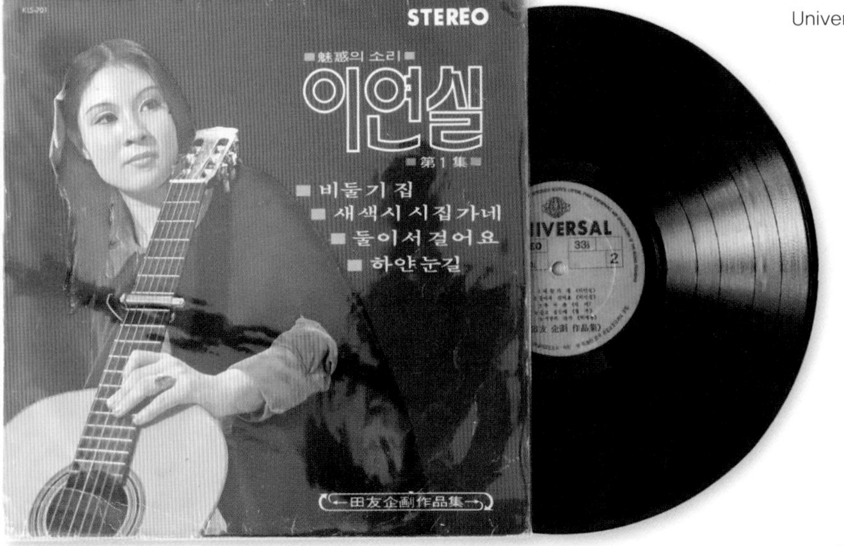

3 »
Universal, KLS-701(1st)

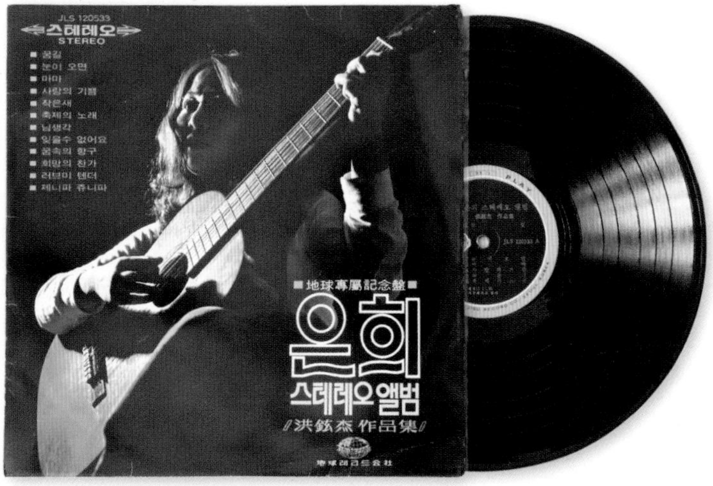

4 »
지구레코드, JLS-120533(1st)

3. 짙은 향수와 아기자기한 여성취향의 서정적인 곡들을 자신의 통기타 반주로 연주한 '비둘기집', '새색시 시집가네', '둘이서 걸어요', '하얀눈길' 4곡과 동료 가수 박재란, 조영남, 이탄, 이석의 노래 여섯 곡 등 10곡이 수록된 음반으로 단독집이 아닌 컴필레이션 음반이다. 이연실은 '조용한 여자', '찔레꽃', '목로주점' 등 다수의 자작곡이 있는 싱어송라이터지만 번안곡도 많이 만들어 소화하여 양병집과도 인연이 깊다. 같이 노래한 이탄의 '하얀눈길', 조영남의 '길'도 표현이 깊고 박재란의 번안곡도 모두 좋아 손이 자주가는 음반이다. 가격은 40만 원 내외 정도로 만만치 않지만, 그 돈이 아깝지 않은 LP이다. (국내 거래가 초반 40만 원 내외)

4. 중고등학교 시절 가장 깊이 빠졌던 목소리가 바로 은희였다. 호소력 깊고 정확한 발음 속에 피어있는 극단의 여성성은 당시 모든 남성들을 녹였으리라 생각한다. 우수한 가창력과 자신의 통기타 반주를 강점으로 자신의 작사와 홍현걸, 지명길 작사의 번안곡을 수록하고 있는 음반이다. 은희의 매력있는 목소리 디테일과 숨소리까지 깊게 녹음되어 있어 듣고나면 영혼이 정화된 것 같은 느낌을 받는다. 기타를 연주하고 있는 은희의 모습이 멋있는 재킷 사진도 이 음반의 가치를 한단계 올려 놓았다. (국내 거래가 초반 30만 원 내외)

5. 1974년 발매반으로 양희은이 김정호 작곡, 작사의 곡과 김기웅, 이수만, 이탄 곡들을 소화한 음반이다. 초창기 양희은 목소리에 김정호의 목소리와 창법이 살짝 얹혀있어 두 사람의 노래를 함께 듣는 듯한 착각에 빠지게 한다. 앳된 양희은의 익지 않은 목소리가 오히려 앞으로의 가능성을 시사하고 있다. 앰보싱 재킷에 새겨져 있는 양희은의 얼굴이 귀엽다. (국내 거래가 초반 70만 원 내외)

6. 1971년 신진레코드 제작의 김도향 편곡과 김민기 작곡집이다. 유명한 곡 '벽오동'이 우렁찬 김도향의 목소리로 퍼진다. 목소리의 디테일은 약간 흐리지만 전체 톤은 좋다. 재킷을 보면 통기타 가수의 듀엣곡집이라는 것이 확연히 드러난다. 당시의 곡이라고 하기에는 무언가 실험적이고 해학적인 진보성이 압도적이다. (국내 거래가 초반 60만 원 내외)

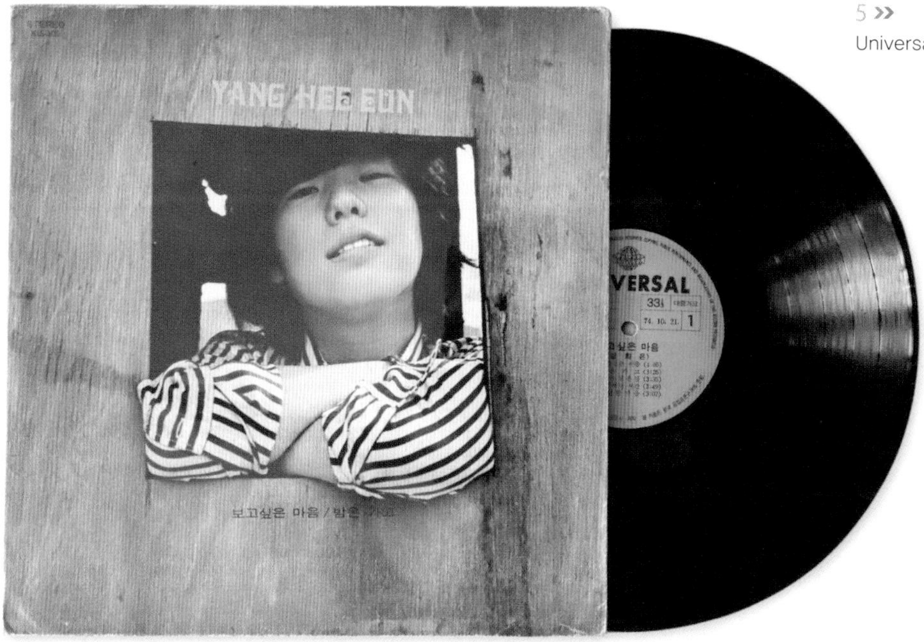

5 »
Universal, KLS-105(1st)

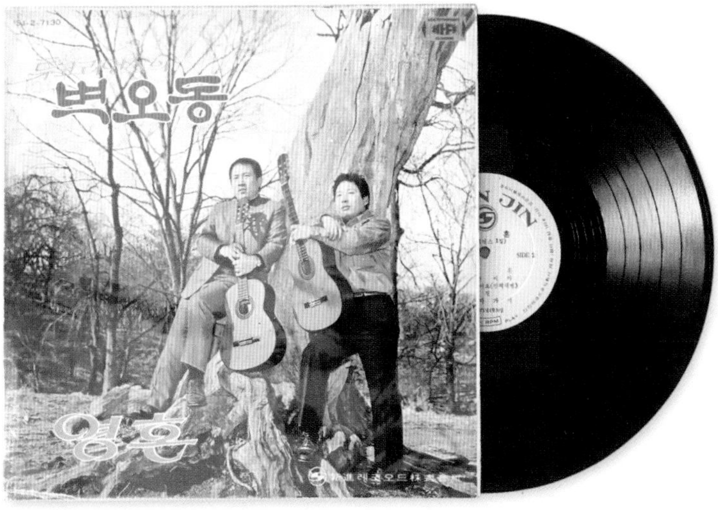

6 »
신진레코드, SJ-2-7130(1st)

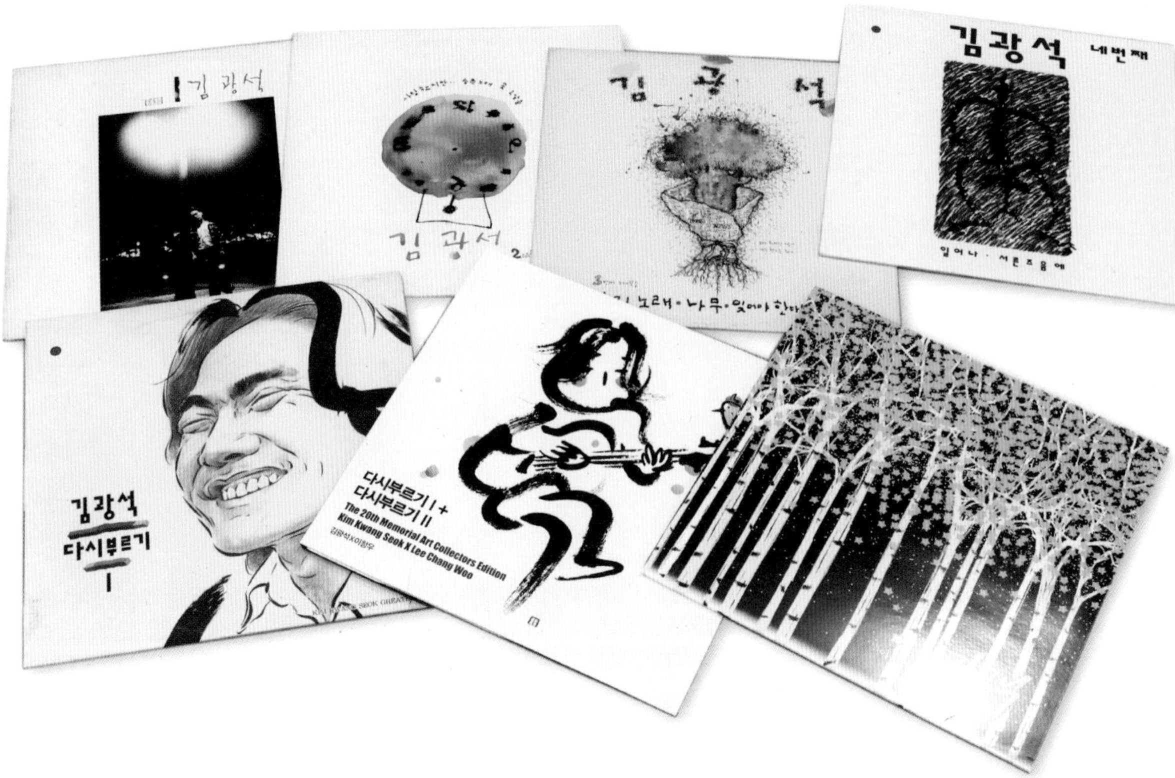
김광석
김광석
김광석
김광석 네번째
김광석
다시부르기
I
다시부르기 I +
다시부르기 II
The 20th Memorial Art Collectors Edition
Kim Kwang Seok X Lee Chang Woo
김광석X이창우

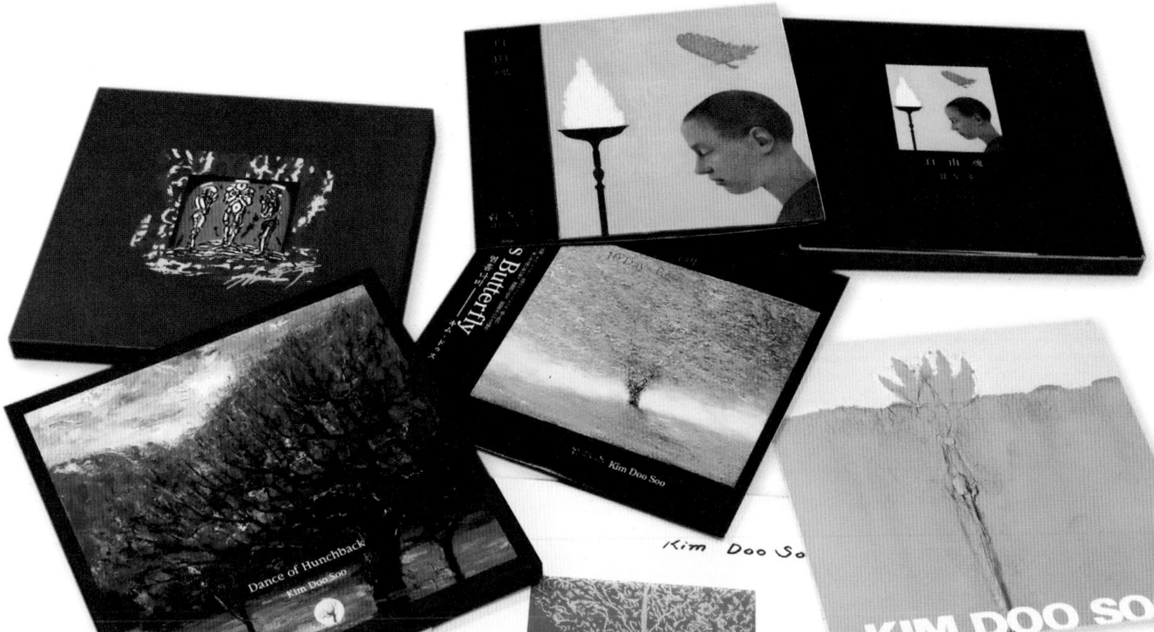
Butterfly
Kim Doo Soo
Dance of Hunchback
Kim Doo Soo
Kim Doo Soo
KIM DOO SOO

김광석·김두수 LP

아날로그 부흥기를 다시 맞아 LP 시대를 대표하는 싱어송라이터 포크 뮤지션으로 필자에게는 두 사람이 떠오르는데 그중 한 사람이 김광석이다. 그는 1964년 대구 출생의 사회참여 가수로 1982년 대학 입학 후 꾸준히 활동하여 운동권으로부터 알려진 포크 싱어다. 그의 젊은 시대는 참으로 암울한 세대로, 온전히 몸과 음악으로 기성세대에 굴하지 않고 꾸준히 작품 활동을 하였다. 또한 그의 성향은 남루한 의상과 깊은 고뇌의 인상으로 노래에 깊이 박혀있다. 이런 그의 모습은 자신의 내부에 들어앉아 있는 갈등과 정신적 영적 고독감과 외로움의 발현인데 그와 하나도 다르지 않게 그의 노래에 가사와 음율로 스며들어 있다. 84년 최초의 LP 〈노찾사 : 노래를 찾는 사람들〉 1집과 '마른잎 다시 살아나'가 실린 〈노찾사〉 2집까지가 그의 예술혼 태동기이다. 이 시절을 지나 87년도 학교 친구들과 녹음한 동물원 1집을 거쳐 꾸준히 그룹 음반을 내다가 드디어 89년 솔로로 독립해 흑백사진의 암울한 재킷으로 디자인된 김광석 1집을 발표한다.

그러나 아무도 그 앨범에 주목하지 않았다. 91년 2집, 92년 3집, 심지어 94년 〈다시부르기〉와 4집까지 내고도 그의 인기는 상승하지 않았다. 그러다 1996년 젊은 나이로 암울함을 머금고 이 세상과 작별한 김광석의 후담이 세상에 퍼지기 시작하고 그의 노래들을 매스컴에서 다시 조명되었다. 그의 창작성과 특유의 어두운 독창적 예술성이 인정 받기 시작하면서 그의 모든 앨범들이 마니아들의 수집대상이 되기 시작하였고 그의 LP들은 품귀 현상을 빚으며 세상에 재조명되었다. 김광석 노래에는 모두 김광석이 몸으로 살아내며 터득한 특유의 고독한 우수가 바람처럼 퍼져 나온다.

'기다려줘'를 시작으로 일련의 노래에 고독한 힘을 불어 넣는 창작 여정은 '이등병 편지', '일어나', '기대어 앉은 오후에는'에서 간간히 힘을 내 일어서려 했지만 '먼지가 되어', '거리에서' 그리고 끝으로 '너무 아픈 사

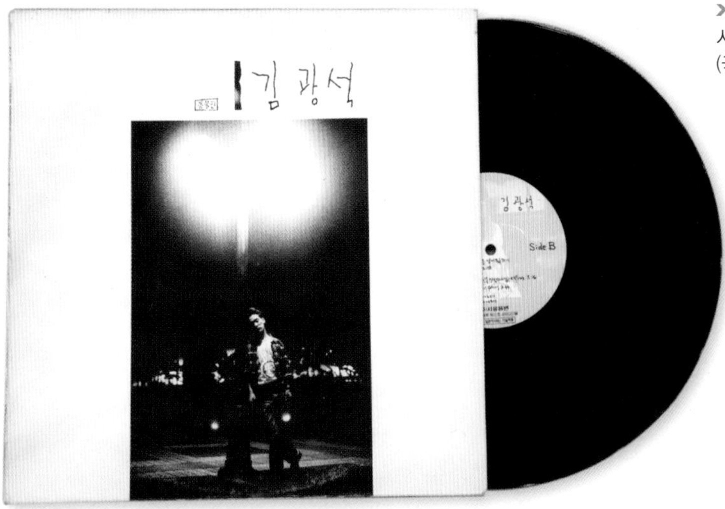

»
서울음반, SPDR-181(1st)
(국내 거래가 50만 원 내외)

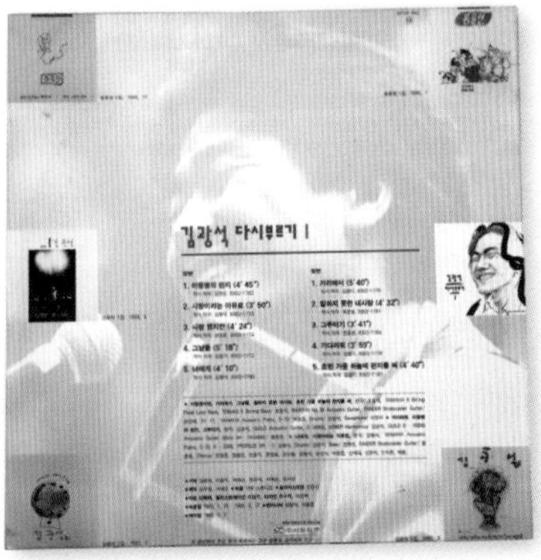

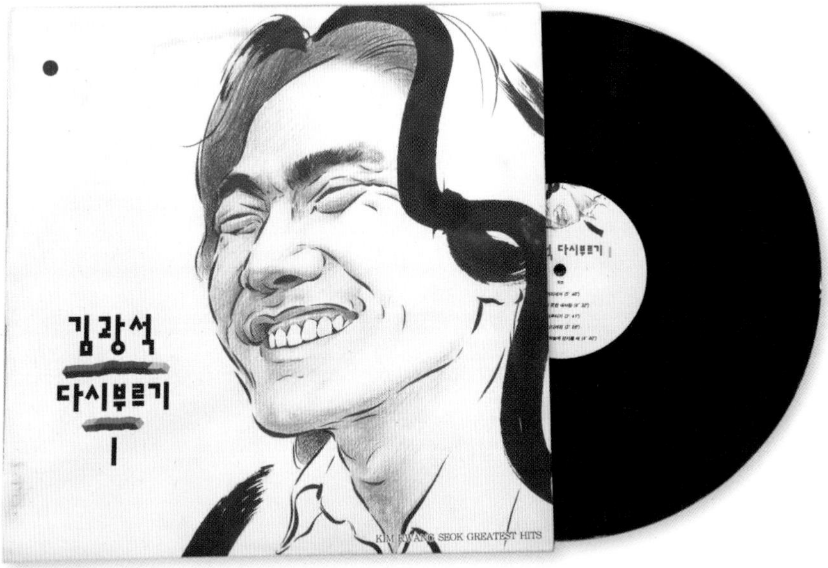

»
킹레코드, KSL-3045(1st)
(국내 거래가 초반 60만 원 내외,
재반 20만 원 내외)

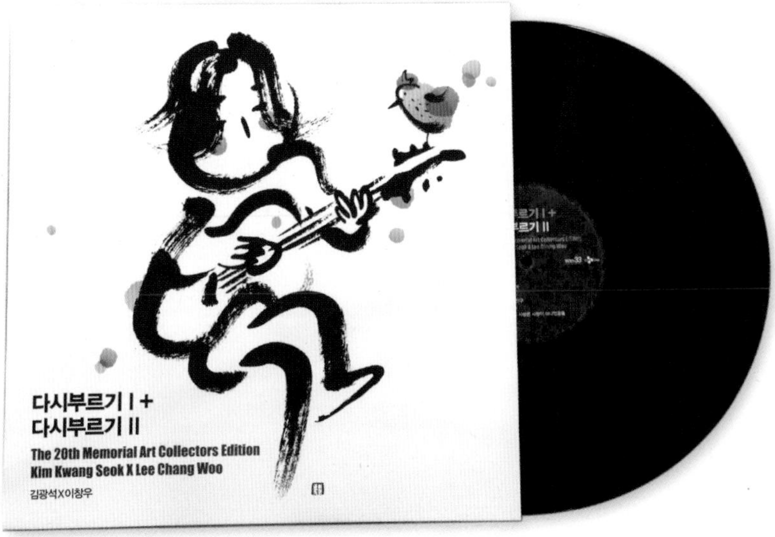

»
〈다시부르기〉(재반)

랑은 사랑이 아니었음을'에서 젊고도 너무도 아쉬운 짤막한 고뇌의 여정으로 끝낸다. 그의 죽음에 대한 여러 추정이 있지만 그것이 어떻든 그것으로 김광석 예술혼을 폄하해서는 안될 것이다. 그의 노래들은 우리 포크뮤직 계보에서 마치 러시아 마지막 낭만주의 라흐마니노프처럼 우리에게 영원히 살아남을 가치로 조금도 부족함이 없기 때문이다.

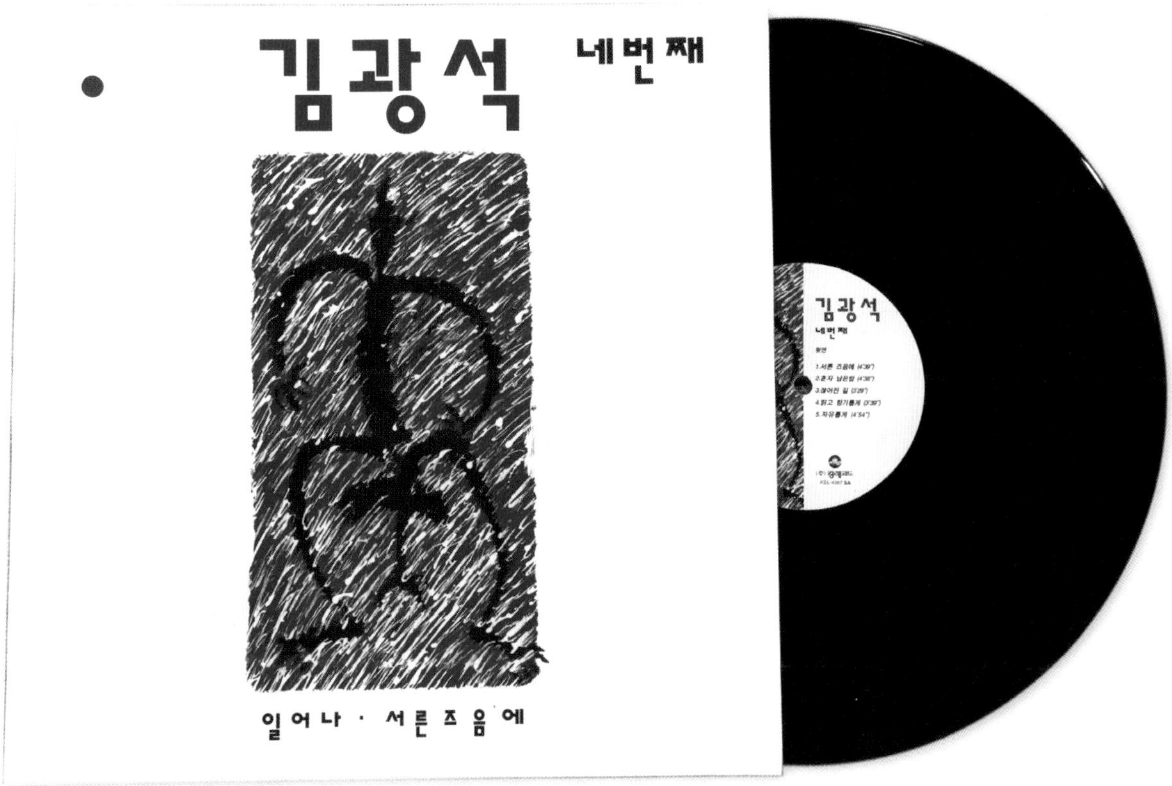

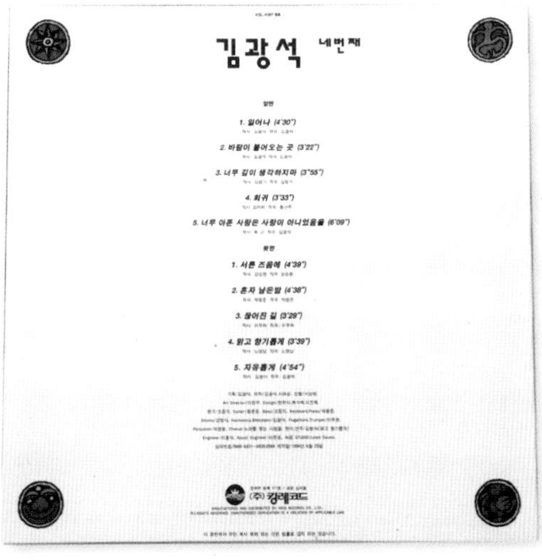

»
킹레코드, KSL-4087(1st)
(국내 거래가 초반 150만 원 내외,
재반 40만 원 내외)

두 번째 이 계보를 이어나갈 포크송 가수가 바로 김두수다. 김광석은 아는데 김두수는 잘 모르는 마니아들이 의외로 많아 필자도 놀랐는데 그도 그럴 것이 그는 일절 매스컴에 나타나지 않고 암암리에 마니아들 사이에서 잔잔히 활동하는 가수이기 때문이다.

사실 김두수는 거의 LP 마지막 시대인 1986년부터 LP를 취입하여 LP세대 마지막 포크 싱어송라이터라고 볼 수 있는데, 말하자면 김광석과 우연히 활동시기가 겹치고 대구출신인 것도 동일하다. 그 역시 포크 싱어로 처음부터 알려지지는 못하고 알음알음 서서히 인기를 회복하다가 3집을 발표한 1991년 갑자기 공식석상에서 자리를 감추어 상승하던 인기는 소원해지고 말았는데 불운하게도 치명적 지병으로 투병차 강원도 대관령에 은둔하였기 때문이다. 이때부터 그는 '은둔의 가수'로 통칭되다가 광팬들의 성화로 다시 세상에 나타나기를 조심스레 타진하던 중 2002년 유명한 4집 〈자유혼〉을 365 카피 LP판으로 한정발매하면서 유명세를 다시 얻었다. 이미 LP가 끝나고 리이슈 LP 등이 대부분이던 시절 과감히 상업성과는 거리가 먼 예술성 하나만으로 LP를 발매한다는 것은 그야말로 대단한 결정이었다고 본다. 그러나 그 365 카피 LP는 이 시대 최고 걸작 LP가 되어 있고 최고음질의 포크송 LP로도 다시 부각되고 있어 희귀 음반의 반열에 올랐다.

초반의 열화와 같은 반응에 힘입어 2003년 재반 박스반이 생산되었는데 이 마저도 다시 희귀음반이 되는 기 현상을 일으켰다. 그의 감성적이지만 허허한 바람으로 일으키는 독특한 바이브레이션을 모든 곡에서 느낄 수 있는데 마치 한숨이 노래가 되어 나오는 듯한 마력을 지니고 있다. 유명한 '보헤미안', '강'이 수록되어 있는 3집과 4집 〈자유혼〉이 그의 대표작이고, 최근 들어 6집 〈곱사무〉 등 새로운 음반을 기획하여 한정반으로 발매하였다. 1집과 2집 모두 훌륭하며 2003년 9월 콘서트를 CD로 담은 〈청개구리 고운 노래 모음집〉도 좋다. 그러나 이 앨범은 LP가 없다.

이 두 포크싱어의 LP는 계속 리이슈가 발매되고 그 리이슈마저도 즉시 품귀현상을 일으킬 뿐 아니라 가격도 매년 급상승하고 있어 특히 김광석 4집 초반은 최근들어 가장 뜨거운 LP가 되어 부르는 것이 값이며 김두수 1집, 2집, 3집, 4집 초반 역시 모두 수십만 원을 호가하는 고가 음반이 되어버렸다. 무언가 결여된 음악들이 판치는 세상, 이 두 명의 포크 싱어송라이터가 없었다면 마지막 LP시대, 암울한 시절 태동된 포크싱어 계보마저 끊기고 잇지 못했을 수 있었겠다는 아찔한 생각마저 든다.

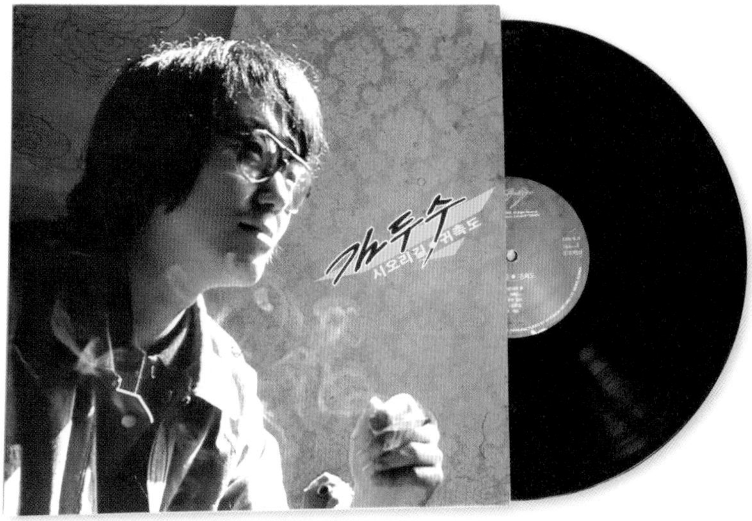

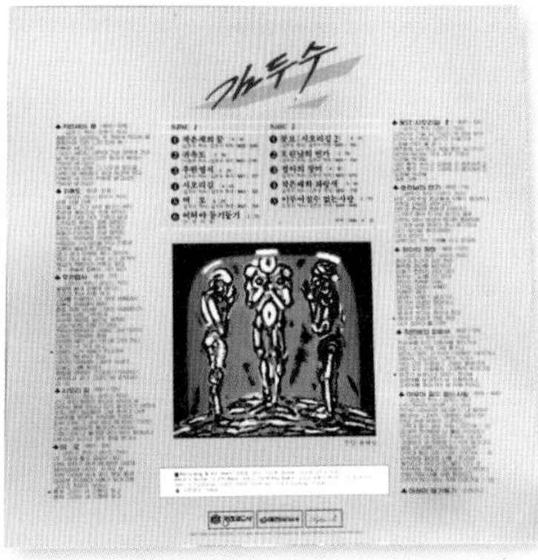

»
킹레코드, GEBL-SL25(재반)
(국내 거래가 초반 50만 원 내외,
재반 10만 원 내외)

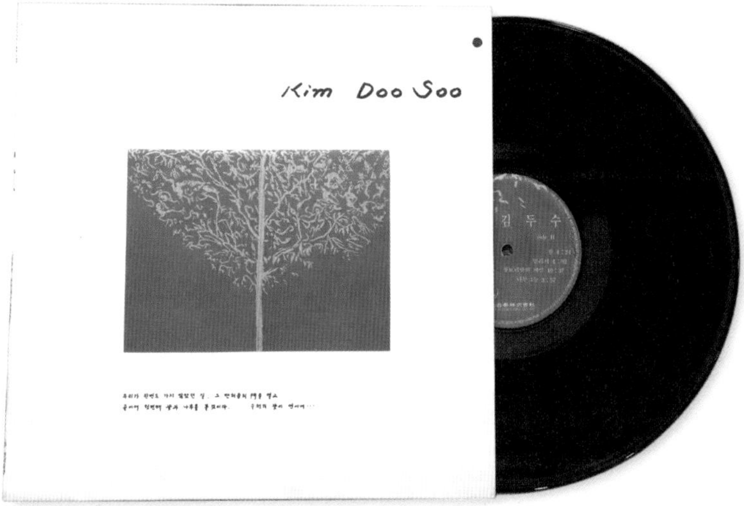

»
현대레코드, HDP-159(재반)
(국내 거래가 초반 50만 원 내외,
재반 10만 원 내외)

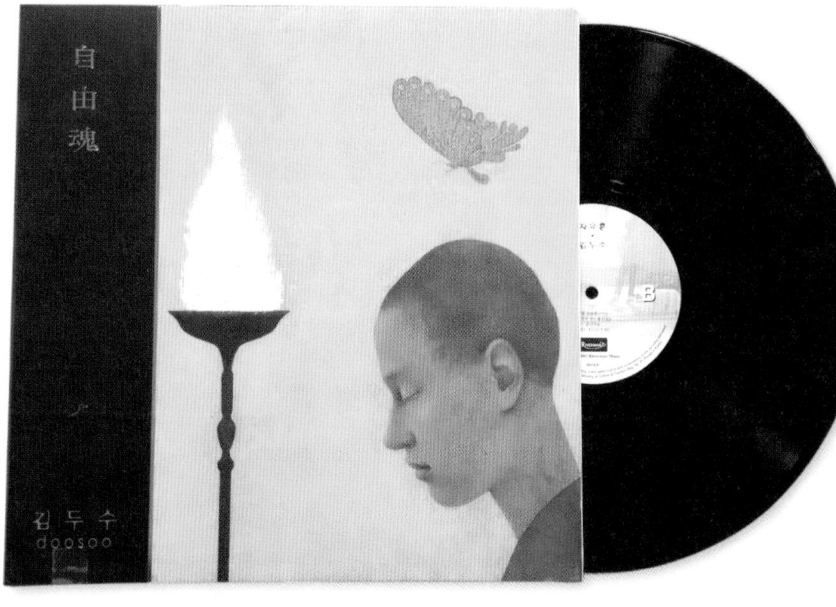

»
리버맨 뮤직, 0201-LP(1st)
(국내 거래가 초반 80만 원 내외,
재반 40만 원 내외, 3반 15만 원 내외)

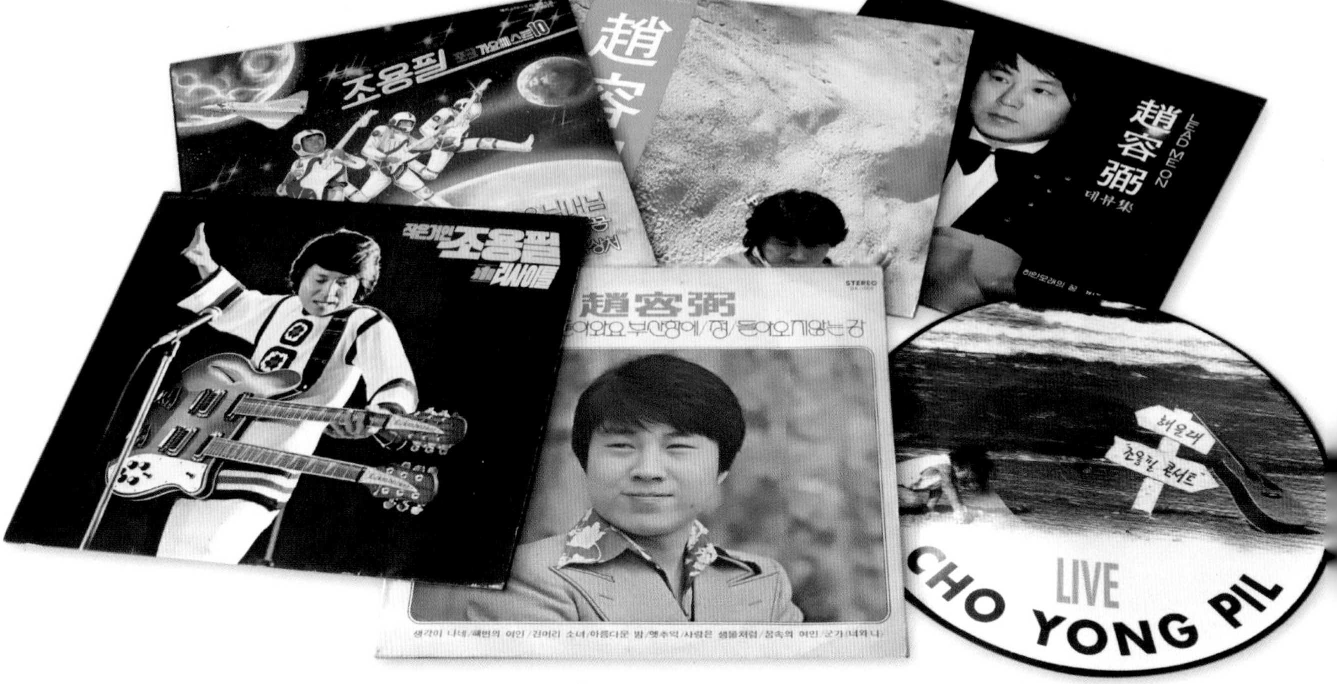
조용필
가요베스트10
趙容弼
LEAD ME ON
데뷰集
작은거인 조용필
趙容弼
STEREO
해운대
조용필 콘서트
LIVE
CHO YONG PIL

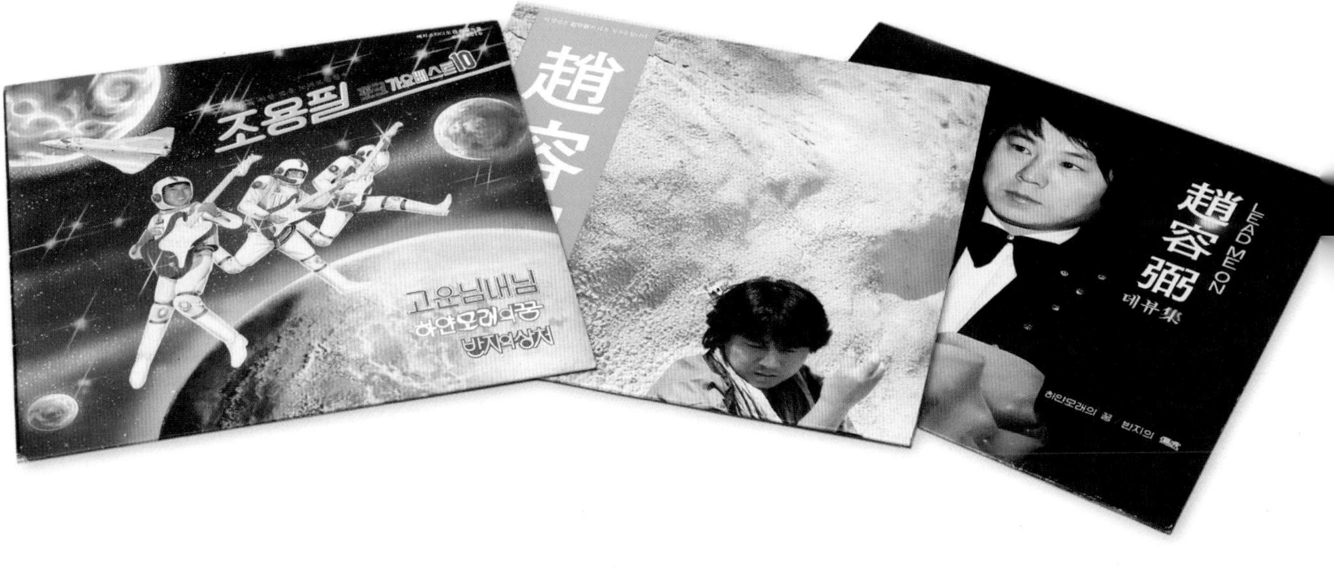
조용필
가요베스트10
고운님내님
하얀모래의꿈
趙容弼
LEAD ME ON
데뷰集
하얀모래의 꿈

조용필 LP

지금까지 국내 음반은 명가요 음반, 즉 고가 음반을 위주로 리이슈 음반을 캐나다나 일본, 체코 등지에서 제작해 국내에 유포한 것이 대다수이나, 김두수·조수미·산울림·신중현·조용필을 중심으로 LP음반의 새로운 기획이 시도되고 있기도 하다. 특히 국내에도 LP를 커팅하고 프레싱할 수 있는 시설들이 다시 구축되어 이 분야에 대한 새로운 발전이 주목되는 시점이다. 이런 와중에 최근 조용필의 〈Hello〉 LP음반이 발매되어 LP 마니아의 한 사람으로서 뿌듯한 마음을 금할 길이 없다. 그동안 조용필은 수십 장의 LP를 발매했고, LP 음반으로 성장한 가수이기에 아날로그 시대의 스타 음반으로 조용필 음반을 골라보았다. 조용필의 전성기 음반은 주로 서라벌 레코드에서 녹음·발매되었고, 대도음반, 오아시스, 지구, 서울, 현대 그리고 최근의 유니버설 뮤직 등 실로 다양한 음반사들이 그의 음반을 출반했다. 그의 음반은 국내 아날로그 음반사들의 메이저 레이블들을 상당수 거치며 초반으로 출반되고 또는 재출반되기도 하였다.

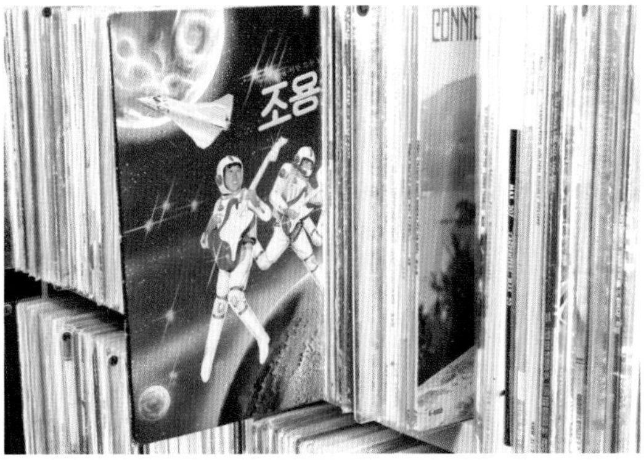

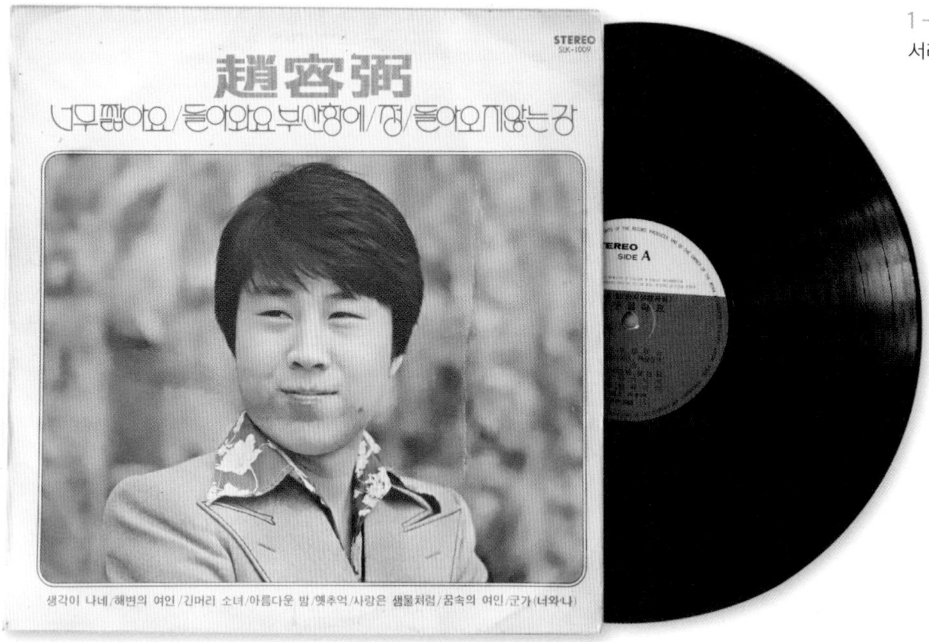

1-1 »
서라벌 레코드, SLK-1009(2nd)

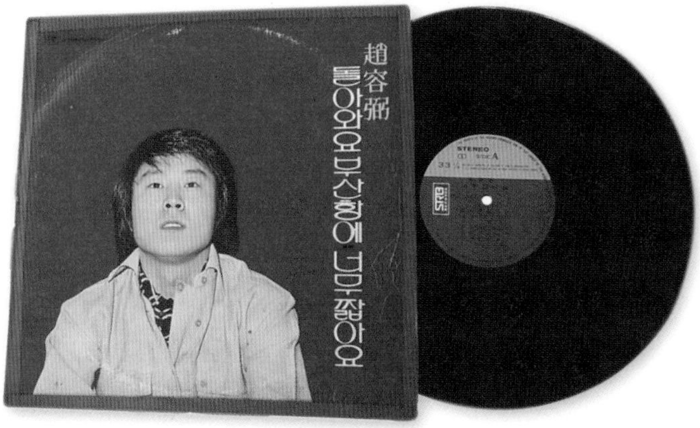

1-2 »
서라벌 레코드, K-8015(1st)

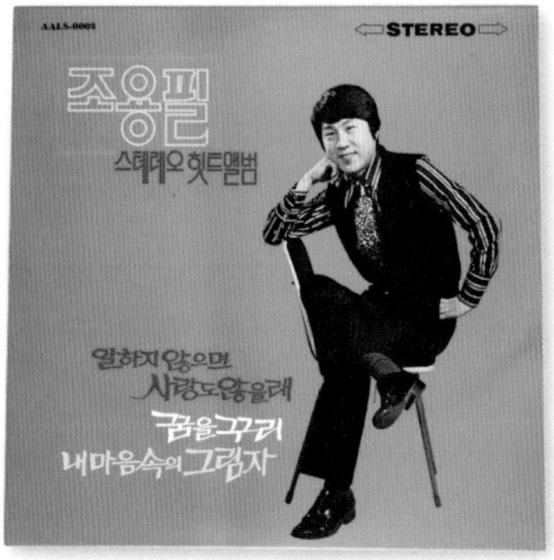

1-3 »
아세아 레코드, AALS-0002(리이슈반)

1-1. 그의 히트 음반은 익히 알려진 서라벌 레코드사의 SLK-1009로, '너무 짧아요', '돌아와요 부산항에' 등이 수록되어 있다. (국내 거래가 5만 원 내외) **1-2.** 그러나 제일 유명한 이 음반 이전에 조용필 '돌아와요 부산항에', '너무 짧아요' 음원이 서라벌 레코드 K-8015 음반으로 있는데, 이 음반은 발매수가 SLK-1009에 미치지 못해 그 숫자가 극히 적다. 그러나 수록곡은 동일한 것으로 보아 K-8015(국내 거래가 10만 원 내외)의 히트로 SLK-1009를 재반으로 다시 찍은 것이 아닌가 싶다. 실제 음질을 들어보면 K-8015가 보컬의 디테일과 악기의 생동감이 자연스러우면서도 부드럽다. 두 음반 모두 1976년도 발매지만 날짜는 K-8015가 4월 25일, SLK-1009가 8월 20일로 약간 뒤진다. **1-3.** 조용필의 '돌아와요 부산항에'가 실린 최초 음반은 아세아 레코드 〈조용필 스테레오 힛트앨범〉으로 단아한 기타반주의 포크송 스타일로 녹음되어 있다. '꿈을 꾸리' 등 10곡의 조용필의 작편곡이 실려있다. (국내 거래가 초반 150만 원 내외, 리이슈반 8만 원 내외)

2-1. 개인적으로 조용필 음반 중 가장 선호하는 것은 그의 데뷔집이다. 이 음반은 지금도 제일 손이 가는 음반으로, 조용필이란 싱어로서의 필링을 가장 깊게 느낄 수 있는 음반이라고 생각한다. 이 음반의 특징은 조용필 초기 시대의 포크 음반 시절 기타 반주로만 녹음된 그의 노래에 약간의 오버 더빙을 입혀 새로 제작된 마스터로 LP를 제작했다는 것이다. 특히 '사랑해'로 유명한 변혁의 곡 '하얀 모래의 꿈'을 조용필이 데뷔곡으로 불러 녹음한 것을 싣고 있다. 이 데뷔 음반을 각기 다른 3종류의 음반으로 가지고 있는데, 약간의 연주곡을 더하고 뺐을 뿐 동일한 녹음이다. 셋 중에서도 가장 아끼는 음반은 〈조용필 포크가요 베스트 10〉으로 1982년 7월에 발매한 대도음반사의 EH-8010 음반이다. 특징으로는 '고운님 내님'이 악단 반주 오버 더빙한 것과는 별도로 자신이 솔로 반주로 연주한 곡이 들어있는데, 단아한 반주와 목소리의 2중주를 듣는 듯하다. 이 녹음이 처음은 아니고 오스카 레코드의 〈사랑의 자장가〉가 처음이지만 음질은 이 음반이 제일 좋다. (국내 거래가 2nd 10만 원 내외) **2-2.** 〈사랑의 자장가〉는 조용필의 첫 번째 데뷔음반으로, 조용필이 조영필로 표기되어 있고 '사랑의 자장가'이외 '님이여', '케사라', '하얀 모래의 꿈' 등 총 4곡이 수록되어 있지만 음질은 좋은 편이 아니다. (국내 거래가 120만 원 내외로 추정. 거래되지 않은 비매품 판)

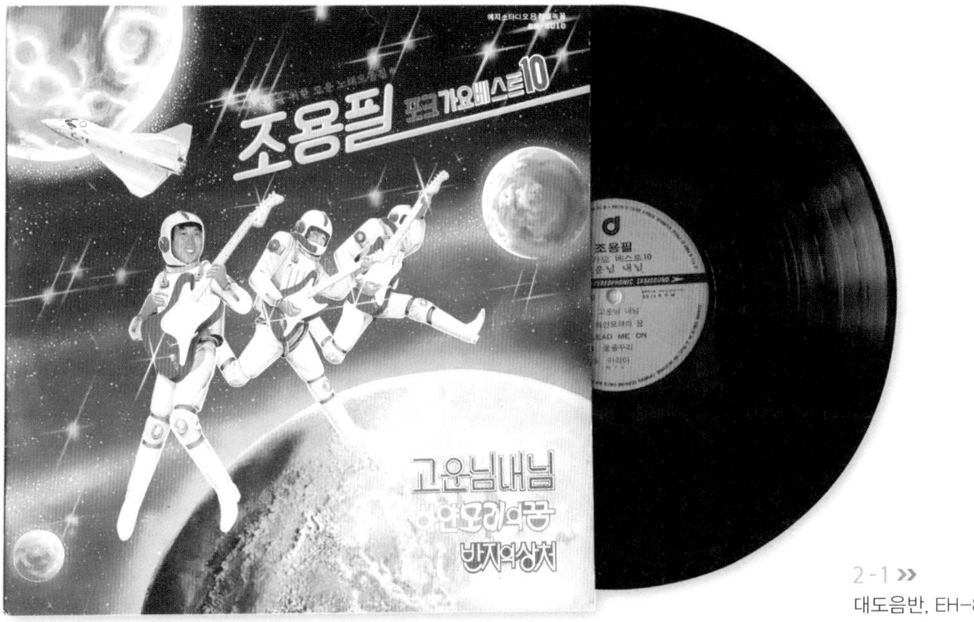

2-1 »
대도음반, EH-8010(2nd)

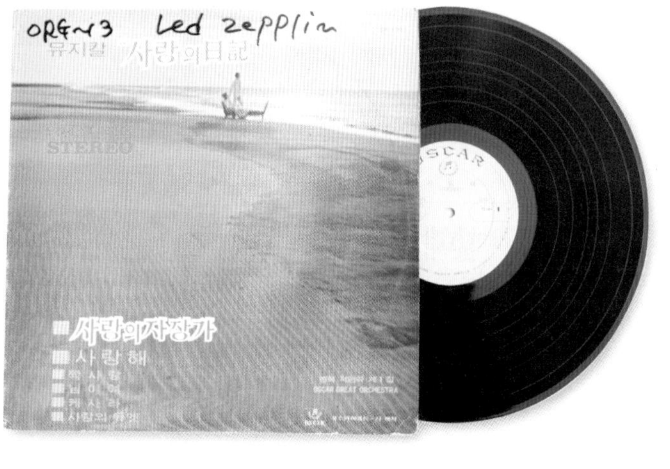

2-2 »
오스카 레코드, OR-1001(1st)

3. 두 번째 역시 대도음반사에서 1985년에 발매한 SM-1001이다. 섬세함이 EH-8010에 뒤지나 전체적인 톤이 두툼한 인상을 준다. 기타 솔로 반주의 '고운님 내님'이 빠져 있으며, 나머지 곡 전부가 동일하게 수록되어 있다. '조용필 데뷔집'으로 앨범 타이틀이 붙어 있으며, 이 음반 역시 흔하지 않다. (국내 거래가 10만 원 내외)

4-1. 세 번째 데뷔집 음반은 1988년에 현대음반에서 나온 것인데, 음반 넘버가 없다. '허공'과 '미워 미워 미워'가 경음악으로 추가되어 있고, 'Lead Me On'이 추가로 한 트랙 더 삽입되어 있으나 기타 솔로의 '고운님 내님'은 역시 없다. (국내 거래가 5만 원 내외) **4-2.** 음반의 음질로 보나 내용으로 보나 첫 번째 EH-8010이 가장 가치 있다고 볼 수 있다. 〈작은 거인 조용필 제1회 리사이틀〉 음반도 그의 첫 번째 리사이틀 음반이란 점에서 가치가 있다. 음질은 다소 무겁고 현장 기분을 살리려는 시도가 있지만 약간 어색하게 녹음되어 있다. (국내 거래가 30만 원 내외)

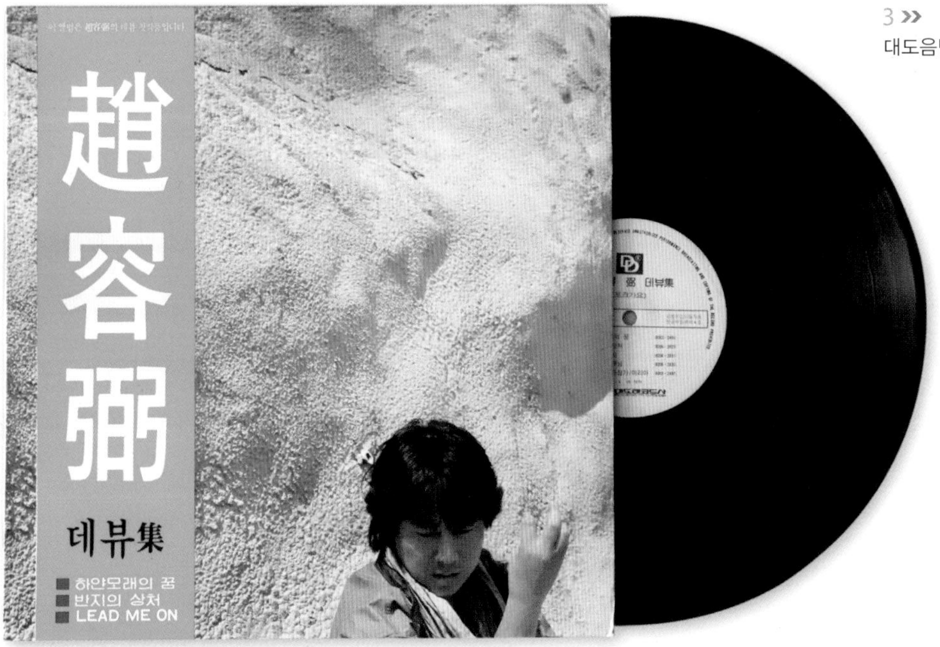

3 »
대도음반, SM-1001(3rd)

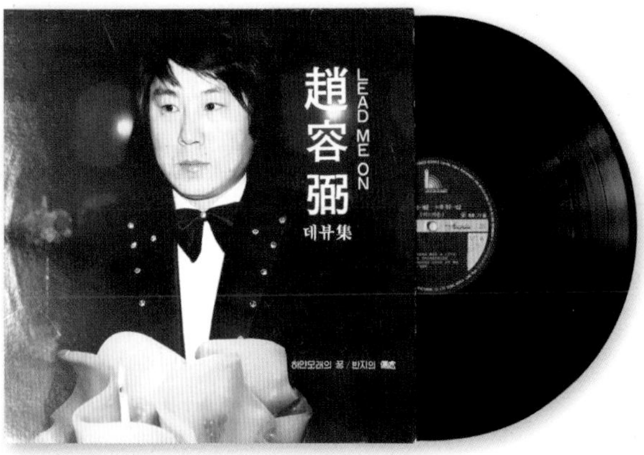

4-1 »
현대음반(레코드 번호가 없다)

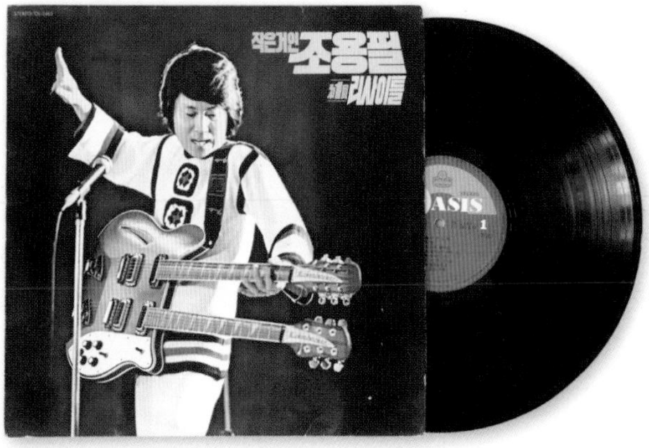

4-2 »
오아시스, OL-2465(1st)

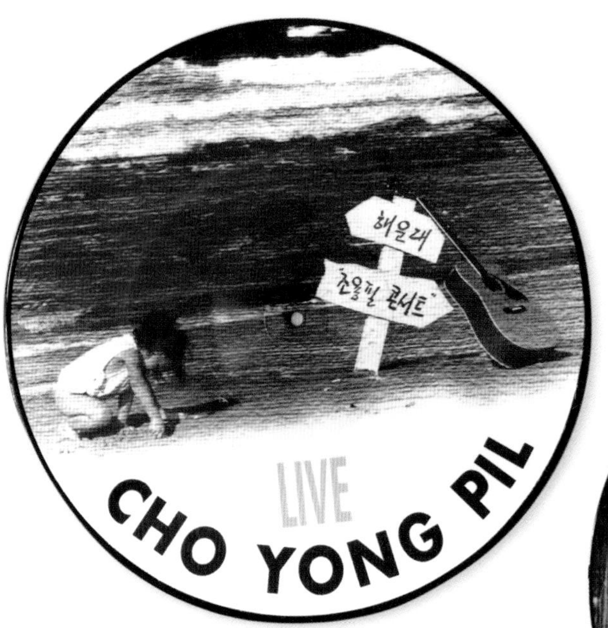

5 »
서울레코드, SPDR-383(1st)

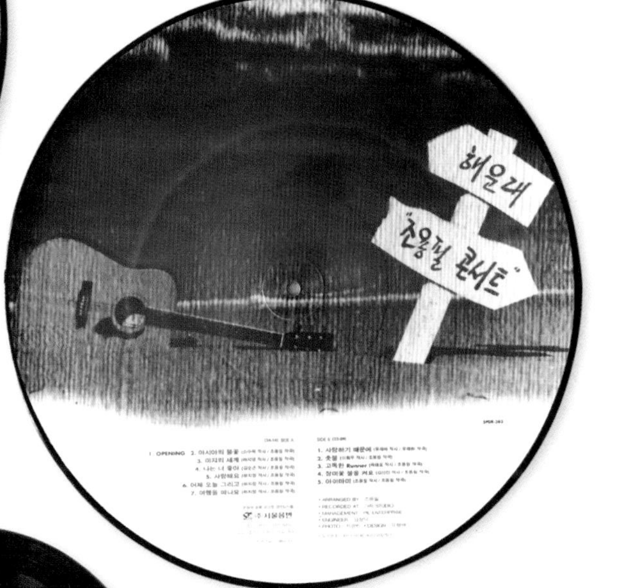

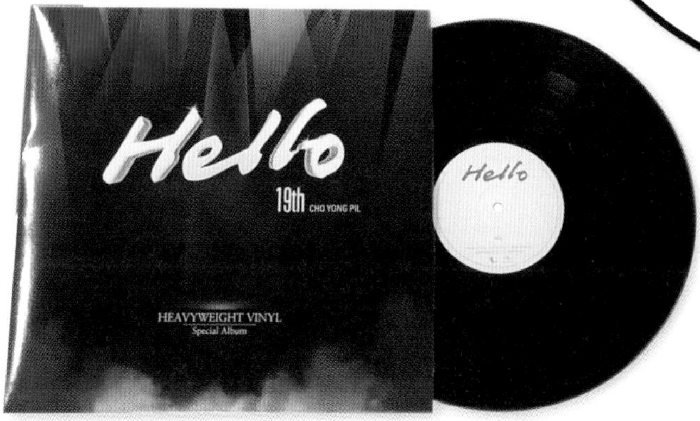

6 »
〈HELLO〉
유니버설 뮤직(1st)

5. 조용필의 가장 특이한 앨범은 1993년 LP시대가 끝나갈 무렵 서울레코드에서 발매한 해운대 조용필 콘서트 픽처 디스크다. 음반자체에 사진이 프린팅되어 있다. LP 자체의 앞뒷면에 해운대 사진이 박혀있는 기념 LP로 재킷이 없다. 음질은 디지털 성향을 띄지만 지금에 와서는 희귀음반이 되었다. (국내 거래가 초반 40만 원 내외)

6. 가장 최근(2013. 5)에 유니버설 뮤직에서 발매된 〈Hello〉 앨범은 조용필의 최신 LP이면서 국내 최신 LP라는 더블 타이틀을 가지고 있다. 발매되자마자 LP 마니아와 음반 애호가들의 인기를 독차지하고 있는 앨범이다. 180g의 중량반 고음질 음반으로 제작되었으며 한정반이다. 지금까지 나온 조용필 음반과는 디자인부터 색다르며, 곡도 색다르지만, 그의 역량을 여지없이 발휘하고 있다. 그러나 LP 마니아 입장에서는 서운한 감도 없지 않아 있는데, 과거 그의 LP 음반에 비해 해상력이나 자연스러운 음색 등에서 부족한 점이 많아 아직은 LP 제조가 정상궤도에 올라와 있지 않음을 알 수 있다. (국내 거래가 8만 원 내외)

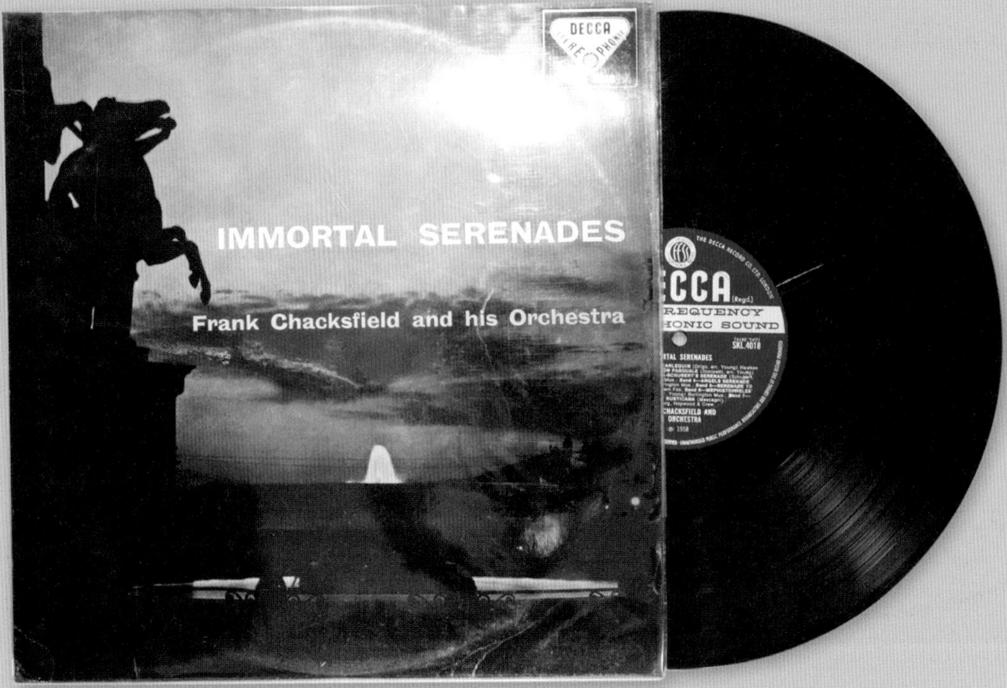

»
〈불멸의 세레나데〉
DECCA, SKL 4018(1st)
(국내 거래가 4만 원 내외)

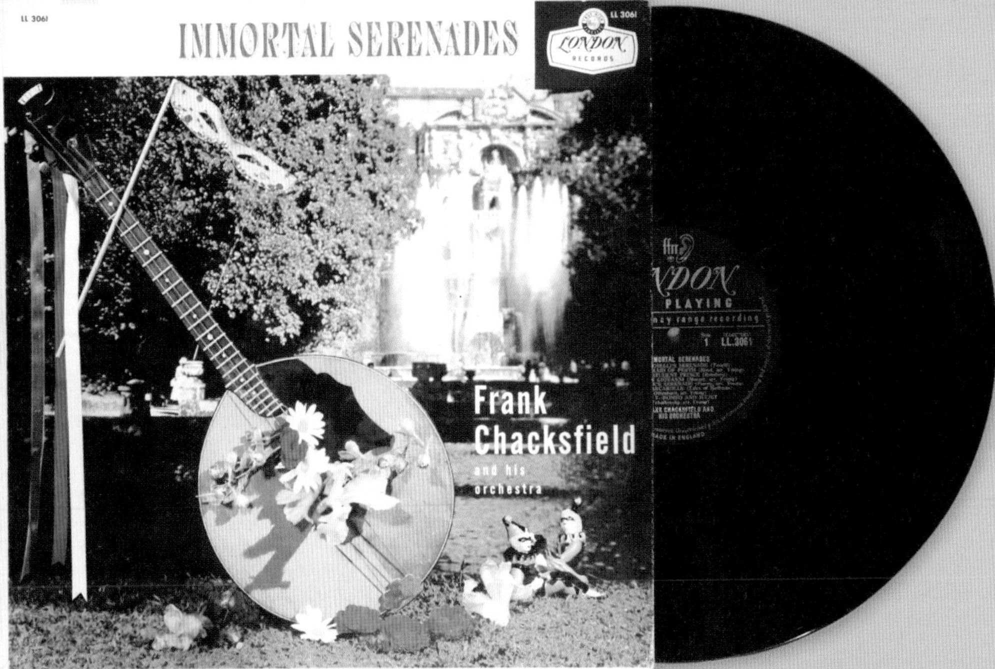

»
〈불멸의 세레나데〉 런던 프레싱
London, LL 3061(1st 모노)
(국내 거래가 2만 원 내외)

아날로그로 마누라 죽이기

결혼 이후로 20여 년을 아내와 같이 음악을 들어왔다고 생각하는데 사실 함께 음악을 감상한 적은 손에 꼽을 정도이다. 물론 음악회가 있다거나 특별한 행사가 있어 동행한 것은 제외하고 말이다. 아내가 아내 나름대로 조그만 주방 시스템을 마련해놓고 본인이 좋아하는 음악을 듣고 있으면 그 사이 필자는 본격적인 음악감상을 여유 있게 리스닝룸에서 펼쳐왔다. 가끔 필자가 없을 때에도 리스닝룸에 들어와 원하는 곡을 부담없이 들으라고 해도 고가 카트리지 이야기에 기가 죽어 부담되는지 좀처럼 접근을 꺼린다. 많이 듣는 것이 오히려 남는 장사라 해도 부담감을 감추지 못하고 리스닝룸 주위에서 맴돌다 결국 아내의 조촐한 시스템에 손이 가는 것이 보통인 모양이다. 이런 상황에 수십 번 반성하여 바늘이 부러져도 좋으니 자주 사용하기를 권하기도 이제는 지쳤을 무렵이랄까.

어느 날 필자의 애장 LP를 차분히 틀던 날 아내가 자신의 시스템을 끄고 슬며시 리스닝룸의 문을 열고 들어오면서 지금 나오는 판의 재킷이 어떤 것이냐고 물은 적이 있다. 애잔하게 깔린 선율이 분주한 아내의 설거지 손길을 멈추게 하고 앞치마를 벗어던지게 했는데 결국 조명을 죽이고 포도주 잔을 기울이며 나란히 리스닝룸 소파에 기대 앉아 연애시절부터 미래의 늙은 노부부의 희망까지 이야기한 후 가벼운 춤과 따뜻한 포옹 그리고 긴 입맞춤까지 이어지는 정말 행복의 BGM이 되어버렸다. 그 아름다운 선율이 담긴 LP판이 바로 프랭크 책스필드 오케스트라의 〈불멸의 세레나데〉다.

이 앨범은 필자가 지금까지 가장 많이 들은 LP 중에 하나이다. 어슴푸레 퇴색한 궁전의 석상과 멀리 보이는 희망적이지 않은 노을, 결코 세차게 치솟지 않은 분수 등이 인간의 덧없는 삶과 진정 추구해야할 것이 무엇인지를 암시적으로 내비치면서도 아련한 추억과 향수를 불러일으키는 묘한 서정적 분위기를 연출한 재킷이 인상적이다. 재킷은 보아도 보아도 질리지 않으며 항상 새롭게 보이는 불가사의한 잠재력을 지니고 있는데 필자에게는 표제 음악의 강력한 주제처럼 느껴진다. 이 음반은 제목처럼 여러 작곡가의 세레나데를 모아 레온 영(Leon Young)이 편곡한 것을 책스필드가 연주하고 있다.

전반적으로 레온 영의 편곡이 가슴을 따뜻하게 하면서도 슬픔을 머금고 있는데, 책스필드 연주 자체도 약간 어두운 편이다. 이 양자가 상승효과를 보여 더욱 깊은 예술적 카타르시스를 남긴다. 사실 세레나데가 저녁에 사랑하는 이의 창가에서 상대를 유혹하기 위해 부르는 곡인지라 무언가 긍정적이고 밝음도 있으련만 이 곡에서는 아예 눈 씻고 찾아 보아도 없다. 무언가 결국 깨지고야 마는 첫사랑 애인의 구슬픔을 예고하는 순수하고 강력한 포도주 병에 담긴 눈물의 화이트 와인 같은 달콤함만이 가득 차 있다. 남녀의 사랑은 결코 달콤하지만 않다는 것을 강력하게 시사하고 있는 것이다. 책스필드의 세레나데는 행복한 슬픔처럼 듣는 이의 가슴을 적신다. 아내의 가슴에도 그 화이트 와인잔이 잔잔하게 다가갔던 모양이다.

이 음반은 두 가지 버전이 있다. 영국 내수용 데카반과 미국 수출용 런던반인데 연주 내용은 동일하지만 재킷 디자인은 전혀 다르다. 런던 프레싱에는 예의 그 서정적 재킷 디자인은 간 곳 없고 밝고 해맑은 정원을 배경으로 하는 류트 사진으로 대치되어 있다. 물론 필자는 데카 프레싱을 추천하지만 음악만을 듣는다면 양쪽 어느 음반이든 상관없다. 이 음반은 이 세상에 태어나서 듣지 못하고 죽는다면 정말 억울할 불세출의 명반이다. 물론 필자의 감성으로 말이다. 이 음반은 시중에 상당히 많이 돌아다니는데 대부분 마니아들이 간과하여 지나간 덕분에 가격도 싸다. 특히 라이선스 음반도 많다. 그중 엠보싱 재킷의 라이선스 초반은 데카 와이드 밴드 초반과 비교해도 음질이 결코 뒤지지 않는다.

특히 A면의 두 번째 비제곡 '아름다운 퍼스의 처녀'와 B면 마스카니의 '카발레리아 루스티카나' 중 시실리아노는 음반의 백미이다. 어스름한 저녁 이 곡들을 들으며 하염없는 눈물을 흘린 적이 한두 번이 아니다. 그 하염없는 눈물은 인간이 영감으로 창조한 음악만이 줄 수 있는 가장 아름다운 감동이다.

또 다시 필자의 리스닝룸 문을 열고 아내가 살며시 들었던 음악은 트윈 폴리오(송창식, 윤형주 듀엣반)의 포크 뮤직음반이다. 1976년 지구레코드 발매로 레코딩 엔지니어 최성락 씨 작품이다. 외국 곡을 홍현걸이 편곡한 것을 트윈 폴리오 한창 때 목소리로 노래한다. A면 '축제의 노래'부터 B면 '내 사랑 어디에'까지 열 두곡이 수록되어 있는데, 모두 주옥같은 곡이다. 그리고 결국 리스닝룸에 주저 앉고 말게한 마지막 음반 두장이 바로 〈박인희〉와 〈박인희 고운 노래 모음〉이다. 박인희의 눈물 고인 고운노래 영혼까지 스며드는 감동 '돌밥', '모닥불', '어느 여름날', '아사녀' 그리고 '하얀조가비', '사랑의 추억', '재회', '당신은 없었어요', '그리운 사람끼리' 여기까지 함께 들으면 아무리 목석같은 아내들일지라도 그녀가 결국 소녀의 감성을 가지고 있는 아름다운 여성이라는 것을 서서히 느끼게 될 것이다. 그녀가 평생 감추어 두었던 뒤뜰 정원의 열쇠를 당신에게 넘겨줄 것이니까….

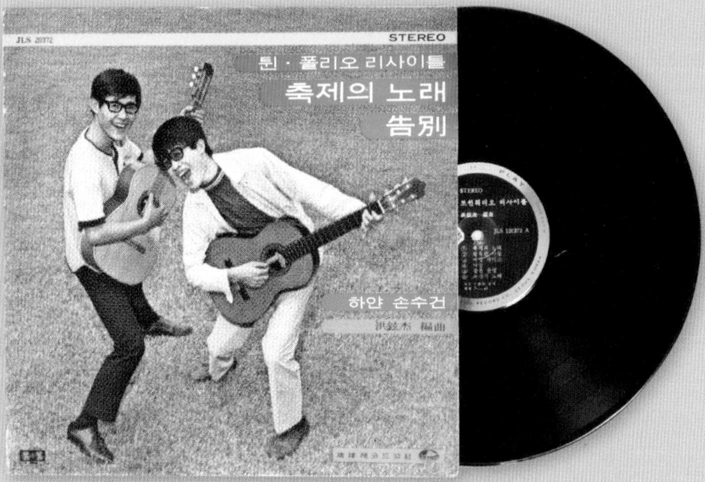

»
〈트윈 폴리오 축제의 노래〉
지구레코드, JLS-20372 (국내 거래가 10만 원 내외)

»
〈박인희 고운노래 모음집〉
지구레코드, JLS-120914 (국내 거래가 10만 원 내외)

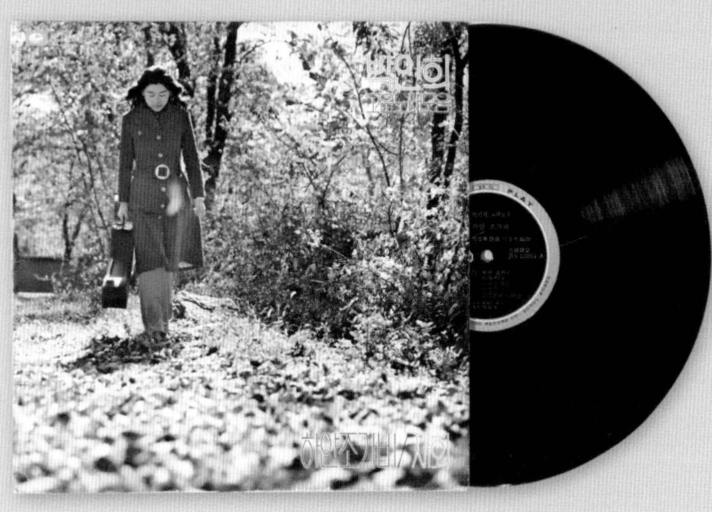

»
〈박인희〉
프린스 레코드, PLS-101 (국내 거래가 25만 원 내외)

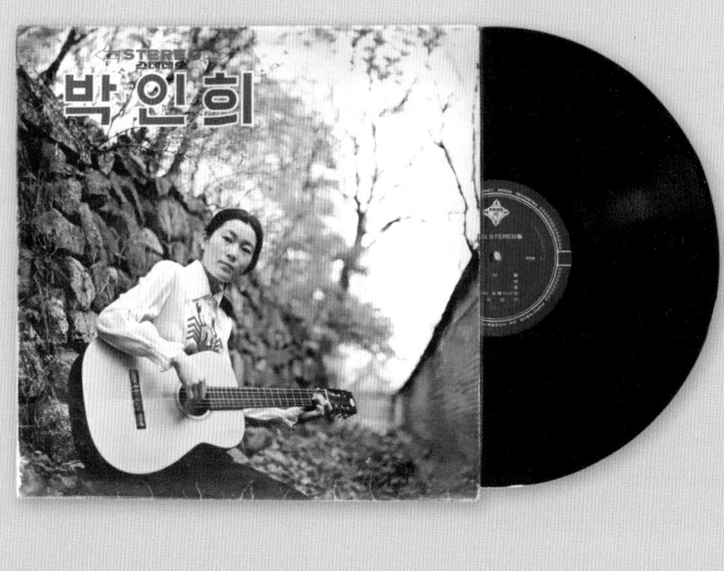

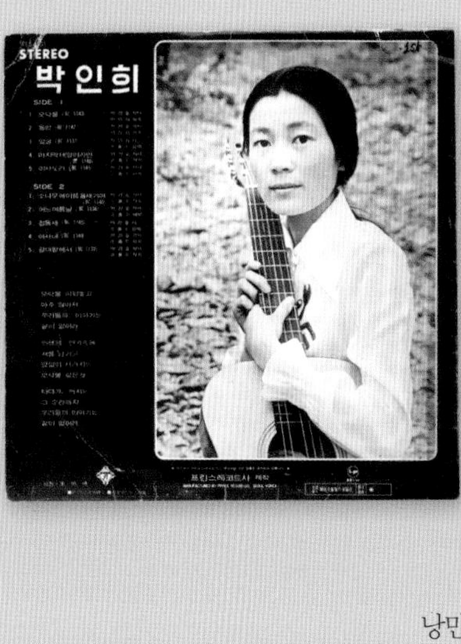

부록 1

오르토폰 SPU 카트리지 시리얼 넘버(S/N) 보는 법

오르토폰 구형 카트리지의 시리얼 넘버(S/N)를 보는 것은 의외로 상당히 어렵다. 제조연도와 제조주차 그리고 자체 시리얼 넘버로 표시되어 있는 6자리 숫자는 묘하게도 간단하지 않다.

SPU 시리얼 넘버는 6자리 수 가운데 첫 번째 숫자가 제조년도의 끝자리 년도 표시로, 즉 4는 1954, 1964, 1974, 1984, 1994, 2004, 2014년 등을 뜻한다. 그러나 끝자리 제작년도가 4년이라는 것은 알 수 있으나, 그 앞의 년도수는 알 수 없다. 무엇때문에 이렇게 하였는지는 모른다. 그러나 그들만의 제조 시리얼 넘버(S/N) 표기법은 하루 아침에 이루어진 것 같지는 않고 아마 10년 단위로는 기본 모델변경이 있는 경우가 대부분이어서 이 정도면 충분히 구분되리라 생각했던 모양이다. 그러나 SPU 경우는 현재까지도 동일형이 생산되고 있으니 그들의 예측이 빗나가도 많이 빗나갔다. 두 번째 두 자리 수 21은 그해 21번째 주를 의미하며 나머지 세 자리수는 해당 주 순번차 제조넘버이다. 따라서 이 카트리지는 0004년 21째주 047번차로 제조된 것이다.

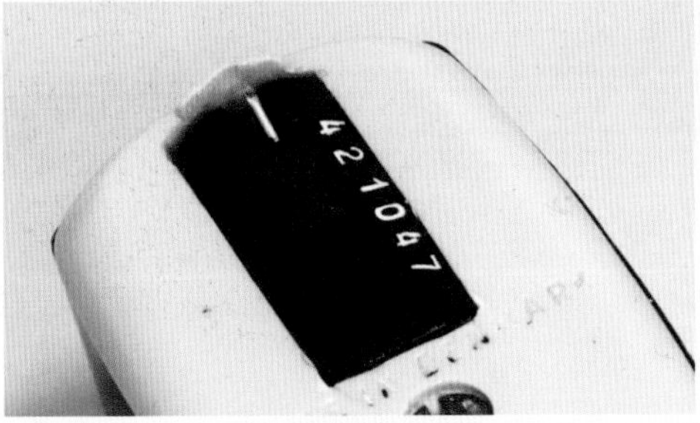

ex) 421047 → 4 / 년 21 / 주 047 / S/N

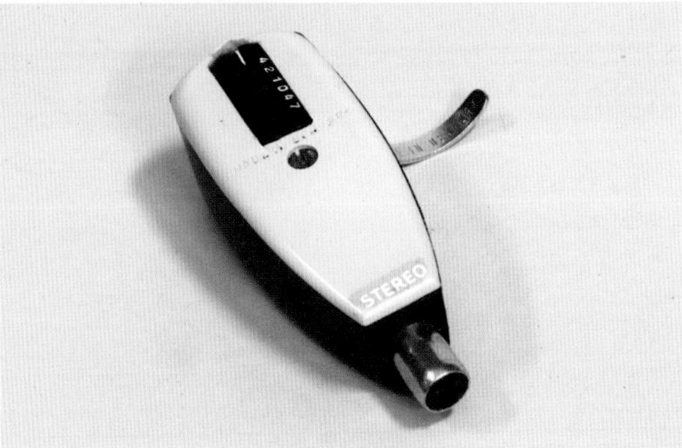

그러면 정확한 제조년도는 어떻게 알 수 있을까? 이것은 카트리지의 모양이나 기타 특징으로 추정할 수 있는데 첫째, 카트리지 뒷면 단자 부위의 나사 조임 록타이트 페인팅이 흰색이 구형이며 노란색이 후기형이다. 특히 시리얼 넘버가 흰색 에나멜로 되어 있는 것은 1960년대 이전의 초기형으로 볼 수 있으며 1970년대가 되면 흰색 에나멜 페인팅 S/N이 없어지고 그냥 숫자만 각인된 S/N으로 바뀐다. 따라서 바디가 흰색 록타이트 페인팅에 흰색 에나멜 S/N이라면 이 카트리지는 64년 제조일 확률이 높고 흰색 록 타이트 페인팅에 각인 S/N이라면 70년대로 74년 제조일 것이다. 둘째, 내부 바디의 몸체가 윤이 날수록 초기이며 후기로 갈수록 무광이 된다. 셋째, S/N 각인이 선명할수록 초기이며 후기로 갈수록 흐려지고 각인 깊이가 얕아진다. 따라서

각인이 선명한 S/N에 노란색 록타이트라면 84년일 확률이 높고 S/N의 각인이 흐릿하고 깊이가 얕다면 94년형일 것이라 추정된다. 그러나 이것은 정확한 것은 아니므로 그냥 참고하기 바란다. 일본 오르토폰 수입제품의 경우, 일본 하만 그룹에서 수입하기 전인 1950~60년대 오디오 닉스 수입분만 구형으로 치고 70년대 하만그룹 수입분은 중기, 80년대 이후 오르토폰 JAPAN 수입분은 후기로 친다. 대부분 마니아들은 초기형을 선호하는데 중요한 것은 초기형이냐 중기형이냐를 따지기 전에 카트리지의 스타일러스 상태나 캔틸레버 및 댐퍼 상태가 더 중요하다는 것이다. 무조건 초기형을 선호하는 것은 한마디로 넌센스다.

»
2000년대 제조의 SPU 마이스터 실버(상단)
1964년 생산의 SPU GTE 초기형(하단 좌우)

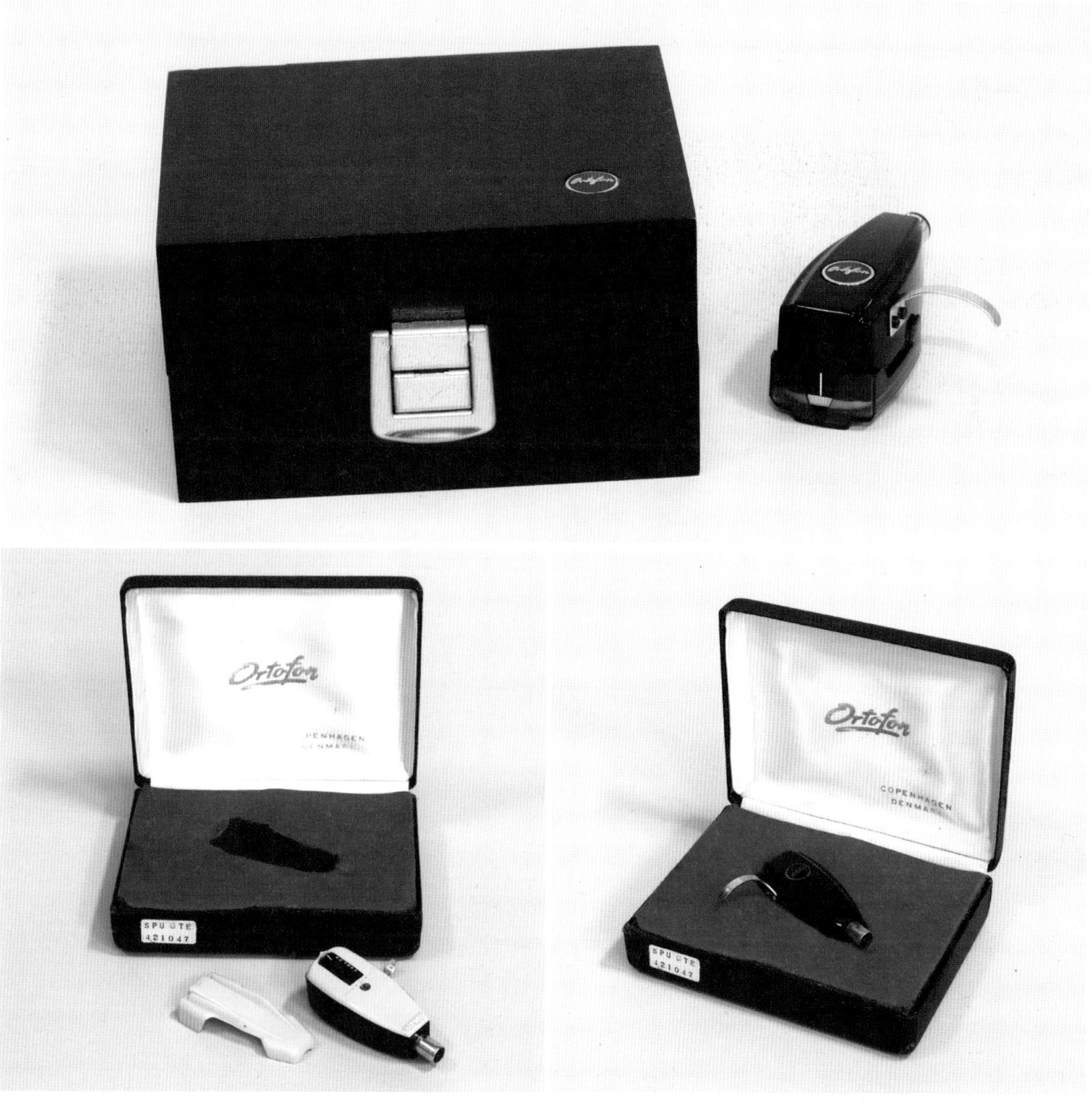

초기형이 소리가 좋은 것은 그 상태가 충분히 퀄리티를 유지하고 있을 때 이야기다. 카트리지 상태는 전문가에게 점검을 받아 댐퍼가 굳었다면 교체해야 하며 특히 스타일러스가 마모되거나 교체되었다면 딱히 구형이라는 이유로 사용할 필요가 없다. 구형이 소리가 좋은 것은 80%는 스타일러스와 자기회로(당시는 알니코 자석임)의 질이 좋은데서 오는 결과이기 때문이다. 물론 현미경으로 보면 코일의 권선 정밀도나 댐퍼 삽입술 등이 현재 제조분들보다는 퀄리티도 높고 정성이 들어가 있다는 느낌이 든다. 댐퍼가 굳은 경우는 당연히 댐퍼를 교체해야 제소리가 나는데 이것은 스피커의 에지와 같은 역할로, 교체하였다고 소리의 질이 크게 달라지지는 않으니 교환해도 좋다. 그러나 댐퍼의 탠션은 오리지널 고무 댐퍼나 실리콘 댐퍼 탄성을 그대로 유지할 수 있는 동일 성분의 것으로 하여야만 한다.

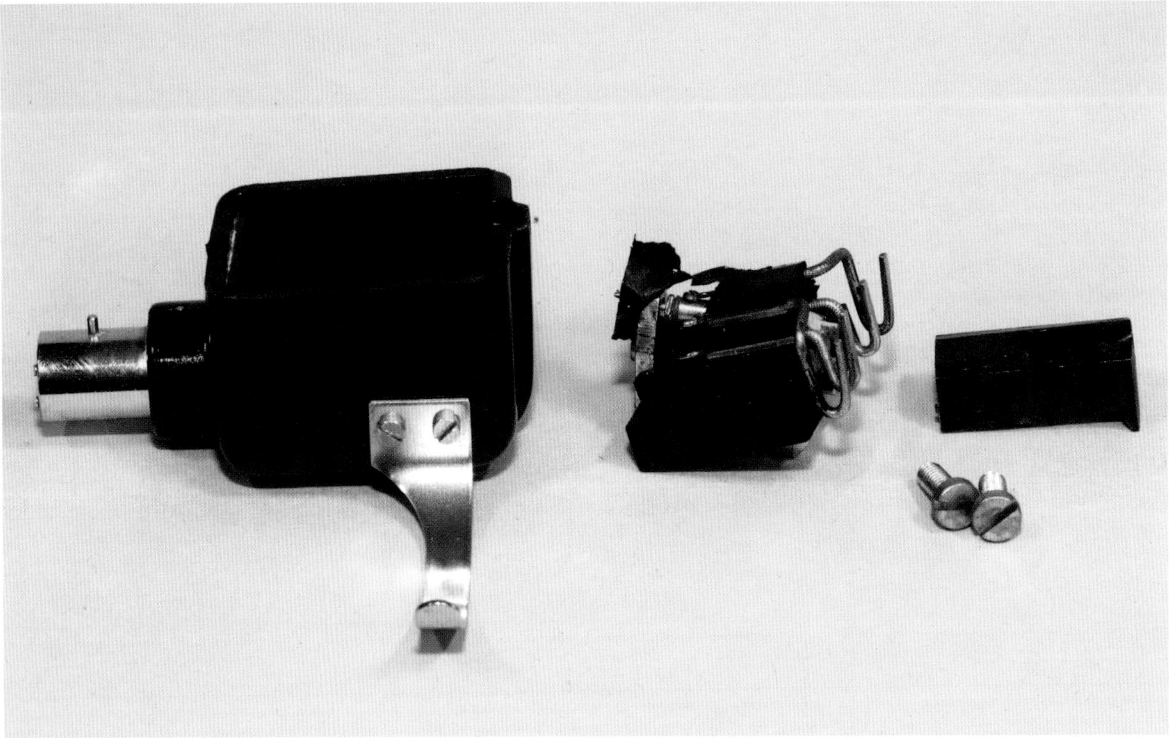

»
SPU A구형을 분해한 모습

그밖에 코일이 단선되었다거나 캔틸레버가 부식되어 손상되었다면 아무리 구형 SPU일지라도 포기하여야 한다. 쓸 수 있는 것은 헤드셸과 자기회로뿐으로 카트리지로서의 완전한 가치는 잃고 만다. 모노 카트리지의 경우 댐퍼 재생 후 스타일러스까지 교체해서 쓰는 경우가 있는데 실제 교체하기가 용이하기도 하고 재생 시에도 오리지널에 가까운 음질을 유지할 수 있어 꼭 살리고 싶다면 수입사에 의뢰해 본사로 보내 수리하든지 온전한 장인에게 맡겨야 한다. 기본도 모르는 수리공에게 맡기면 카트리지 수리가 아니라 파손이 되어버리는 경우를 여러 번 보았기 때문이다. 소리가 난다고 해서 전부가 아니다. 카트리지는 대단히 섬세한 뉘앙스로 비닐 레코드의 음구를 재생하기 때문에 대충해서는 안된다. 기본으로 스테레오는 스타일러스 라디우스(반경)의 15μ이하, 모노는 25μ, SP는 65μ으로 규격화되어 있기 때문에 이 원칙은 지켜야 하며 다이아몬드 스타일러스를 사파이어로 교체한다거나 댐퍼나 자석을 첨가 또는 이 형으로 삽입하는 것은 금물이다.

초기 오르토폰 카트리지는 1948년 Holger Christian Arentzen에 의해 컷팅머신의 열로 그루브 컷팅된 라커디스크(알루미늄판에 락커를 입혀 열로 컷팅) 재생 검청용으로 개발되어 프로용 버전에 해당한다. 당시는 SP와 모노 LP가 주류를 이루었기 때문에 아직 스테레오 카트리지(스테레오 카트리지는 1958년부터 생산)는 개발되지 않았었다. 따라서 초기형으로 TypeA(스탠다드 타입 일반재생용 침압 7~15g), TypeB(브로디캐스팅 스튜디오 사용기 침압 5~15g), TypeC(스페셜타입 주로 라커판 검침용 침압 3~10g)가 있으며 상기 TypeC의 발전형으로 CA25D, CG25D, CA25S, CG25S, CA65D, CG65D, CA65S, CG65S가 있는데 중앙 숫자 25, 65는 스타일러스 즉 바늘 끝 부분의 반경이 각각 25μ, 65μ을 뜻한다. 각각 모노 LP, 모노 SP용 카트리지로서 마지막 알파벳 D와 S는 스타일러스의 재질이 다이아몬드 또는 사파이어를 뜻한다. 사파이어를 사용하는 것은 라커판 검청 시 라커판의 손상을 막기 위해 경도가 높은 다이아몬드보다는 경도가 낮은 사파이어가 바람직하기 때문이다. 따라서 일반 LP판을 사파이어 스타일러스로 재생하면 음이 부드럽고 온도감이 상승하나 수명은 다이아몬드 스타일러스에 비해 약 1/5정도 밖에 되지 않는다.

»
각종 모노 MC형 카트리지

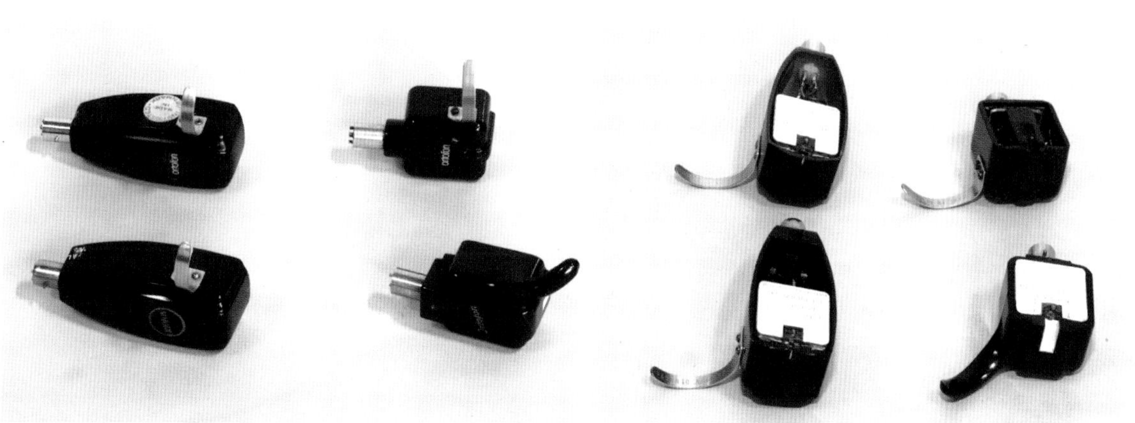

참고로 초기 SP, 모노 카트리지 각 A, B, C 타입의 상부 로고 색깔별로 침선의 반경을 구분해 놓았는데 빨강은 25μ원형, 주황은 30/75μ타원, 노랑은 45μ원형, 녹색은 55μ원형, 파랑은 65μ원형, 보라는 75μ원형, 회색은 85μ원형, 백색은 95μ원형을 뜻하는 것으로, 당시는 SP, LP 레코드의 그루브 간격, 즉 피치와 그루브형이 규격화되어 있지 않았기 때문에 제조사 스스로의 검침 카트리지를 선택하도록 배려하였다. 예를 들어 적색 CA25S(CG25D)의 경우 발전 방식은 MC형으로 출력 0.3mV, 내부 임피던스 2Ω, 침압 3~10g, 침선 형태 25μ 라디우스 환침 사파이어(다이아몬드)이며 카트리지 자중은 30g이다. 또한 적색 OFS25(OFD25)의 경우는 모노 고출력 MC형 출력 1.5mV 내부 임피던스 32Ω(DCR)이며, 녹색 OFS65(OFD65)의 경우는 SP 모노 고출력 MC형으로 출력 1.5mV 내부 임피던스 22Ω(DCR)이다. 초기 스테레오 카트리지는 1958년 경 ESL C-99과 C-100이 출시되었는데 C-99는 일반 헤드셸 장착형이며 캔틸레버가 수지로 두툼하게 되어있는 반면 C-100은 A셸에 삽입되어 있고 캔틸레버가 두랄루민이다.

»
CG 25D(좌)와 CG 25Di(우)의 밑면

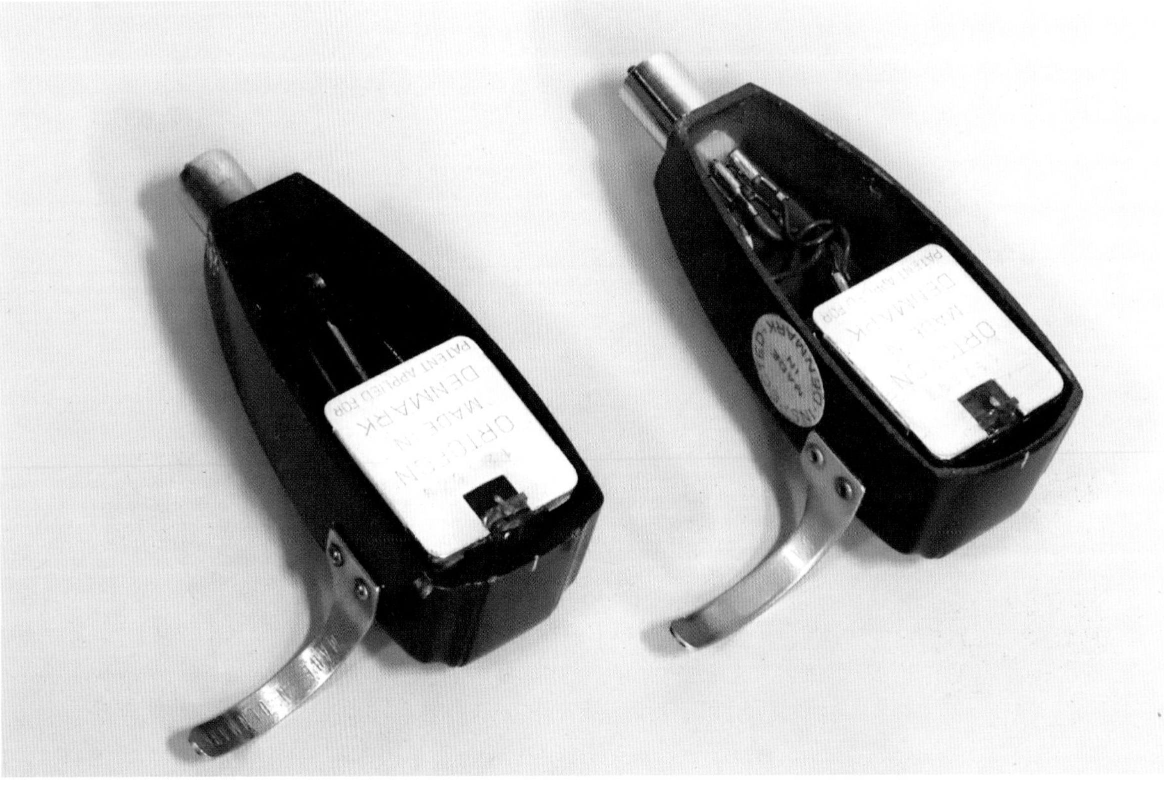

스테레오 초기형들은 12μ라디우스 다이아몬드 팁을 사용하였고 후기로 가면서 점차 15μ팁이 장착된다. 일반적인 스테레오 SPU A 또는 G는 내부임피던스 2Ω 내외 출력 0.2~0.3mV 침선 15μ원형이나 타원팁 또는 특수 리프리컨트팁을 장착하여 침압 3~5g, 카트리지 전체무게 A타입 31g, G타입 32g이 기준이다. 경험상 구형 모노 카트리지 사용자들의 가장 빈번한 실수는 카트리지 침압을 너무 낮게 주어 노이즈가 증가된다는 것이다. 전술한 바와 같이 모노 구형 카트리지의 적정 침압은 5~10g으로 스테레오 타입에 비해 월등히 높다는 것을 염두에 두기 바란다. 상식적으로 침압을 높게 주면 바늘이나 LP판 손상이 많을 것 같으나 오히려 적게 주는 경우가 스타일러스나 LP음구를 더욱 망가 트린다는 것은 LP 마니아라 할지라도 잘 모르니 만큼 참고하기 바란다.

»
CG 25D(1960년대 금속 리드선 플라스틱 헤드셀, 좌)
CG 25Di(1970년대 일반 셀리드선에 알루미늄 헤드셀, 우)

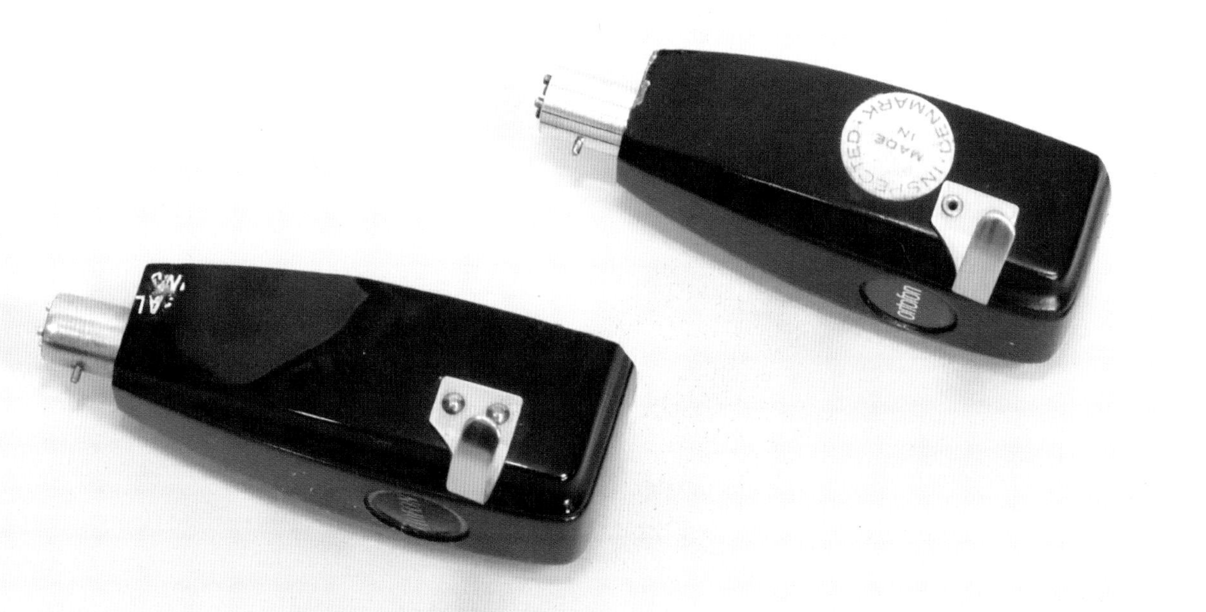

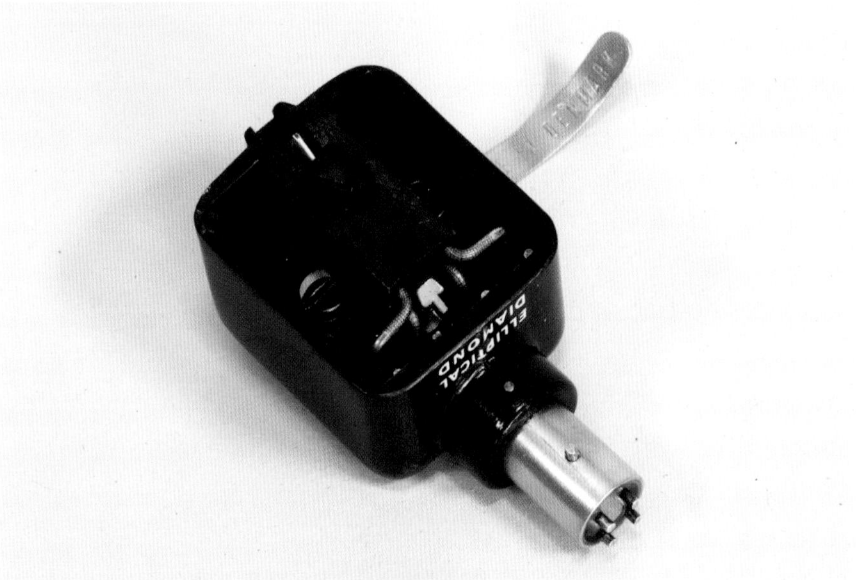

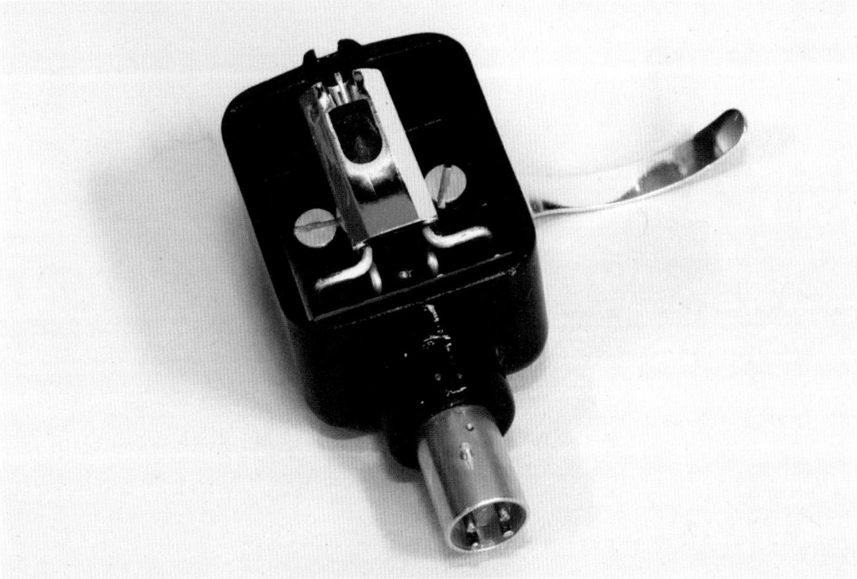

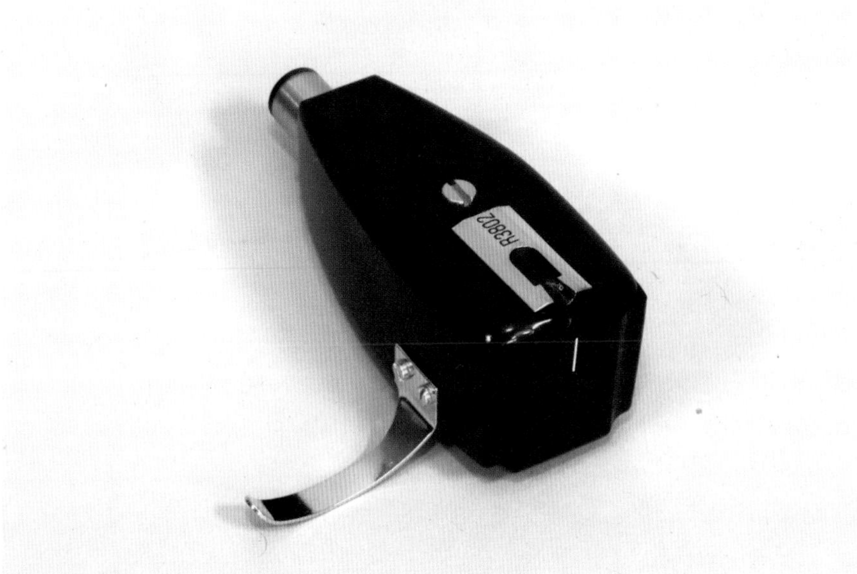

»
(맨 위부터)
SPU A 스트레오(1980년대)
SPU A Synergy A(2010년대)
SPU G Royal(2010년대)

»
상단은 SPU A(1980년대)와 중앙은 SPU Wood A Anniversary Limited edition (2010년대, 200개 한정으로 제작되었다), 하단은 SPU Wood A Anniversary의 내부이다.

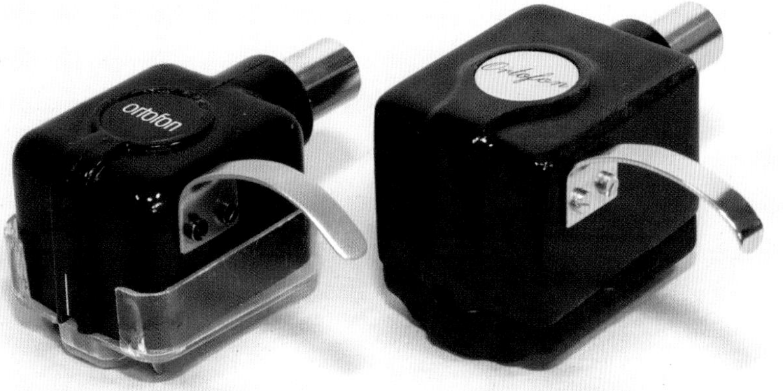

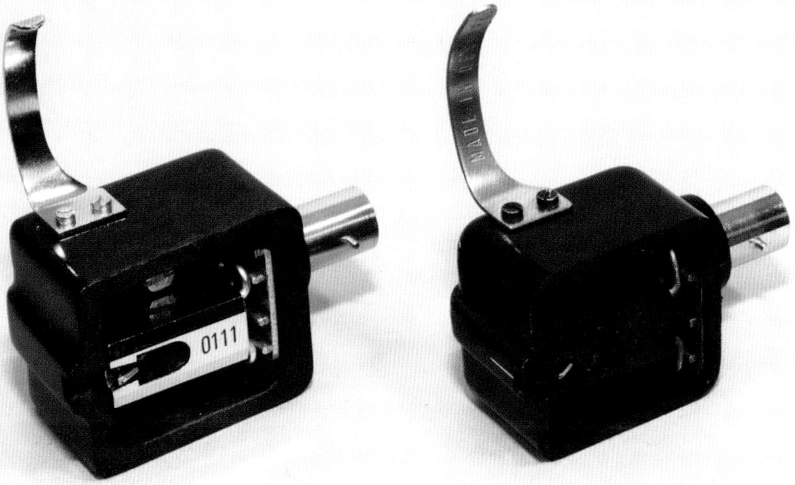

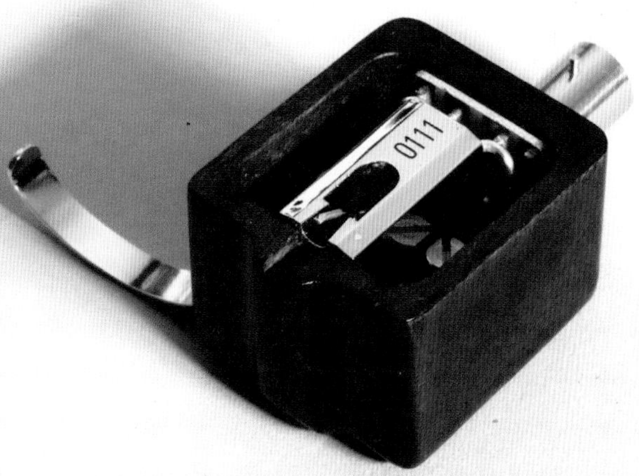

부록 2

탄노이 듀얼 콘센트릭(2중 동축형)의 역사

최근 가장 인기 있는 탄노이 동축형 모델의 개발과정과 변천사에 대해 알아본다. 미국에 웨스턴이 있다면 영국에는 탄노이가 있다. 양사는 각각 아메리칸 사운드와 브리티시 사운드를 대변하며 세계 각국의 빈티지 마니아들의 심금을 울리고 있는데 탄노이 동축형 개발과 역사에 대해 알아보고 각 시대별 유닛의 시리얼 넘버 형번 특징 등을 일목요연하게 정리해보기로 하겠다.

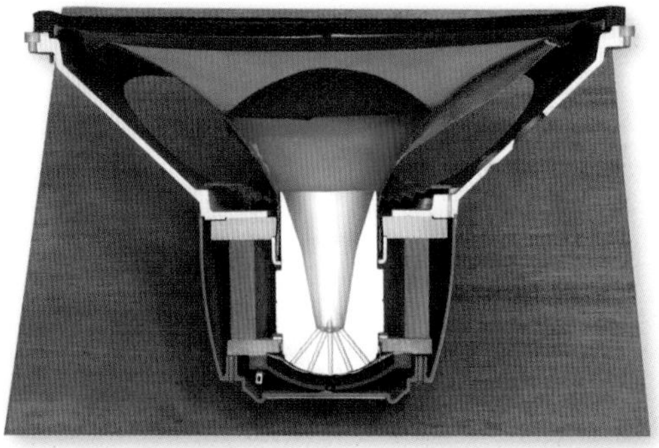

» 탄노이 골드유닛의 섹션 뷰

» 오리지널 모니터 인클로저(1940년 말 제품) 탄노이 모니터 블랙 15″가 장착되어 있다.

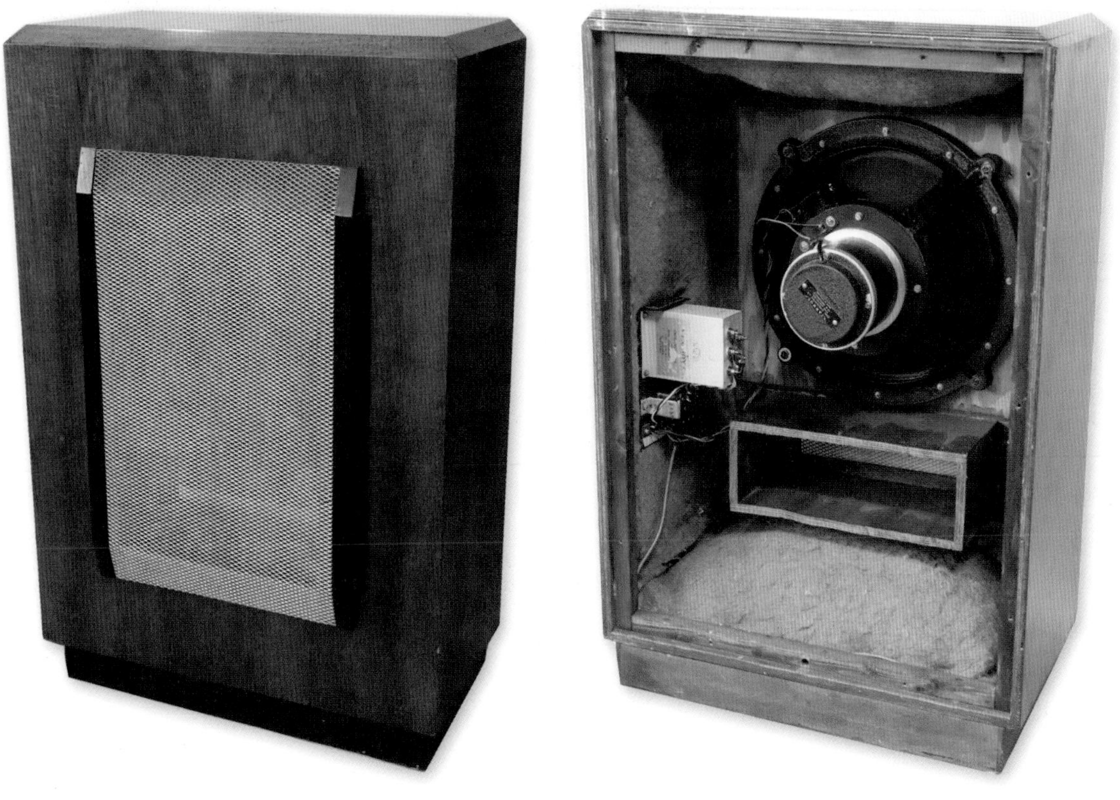

탄노이가 설계한 첫 스피커는 CD-4라는 15인치 우퍼로 프레임과 콘지가 우리가 잘 아는 오리지널(블랙) 모니터를 닮아있다. CD-4는 1935년에 익스포넨셜 커브드 콘지(exponential curved cone)로 웨스턴의 질감을 닮아있는데 당시는 세계적으로 미국의 스피커 설계를 벤치마킹한 데서 온 결과로 사료된다. CD-4는 같은 해 개발된 SD-5 드라이버와 2웨이 혼 시스템으로 사용된다. 로니 랙험(Ronni Racham)이 CD-4의 중앙에 콘커브와 같은 익스포넨셜 커브의 구멍을 뚫어 그 뒤편에 SD-5를 장착한 후 CD-4의 콘커브를 그대로 고역 드라이버의 연장혼으로 사용하기 위해 구상한 것이 15″ 듀얼 콘센트릭, 즉 오리지널(블랙) 모니터이다. 실제 초기 제작년도에 이 유닛을 블랙이라 부르지 않았고 차후에도 블랙이란 형번은 탄노이 역사에 없다. 그러나 곧이어 제조되는 실버와 레드, 골드유닛의 형번에서 역으로 추정하여 그냥 블랙 모니터라 부른 것 같은데 이는 이웃나라 일본에서 시작된 것이 아닌가 싶다. 어떻든 블랙이란 모델은 없지만 최근 모두 그렇게 부르니 앞으로는 필자도 그냥 블랙이라 칭하겠다.

»
모니터 블랙 15″스피커와 네트워크(상단 좌)와 모니터 블랙의 콘지(웨스턴의 질감이 느껴진다. 상단 우)
12″, 15″ 모니터 블랙의 앞면(하단 좌)와 12″, 15″ 모니터 블랙의 뒷면과 오리지널 네트워크(하단 우)

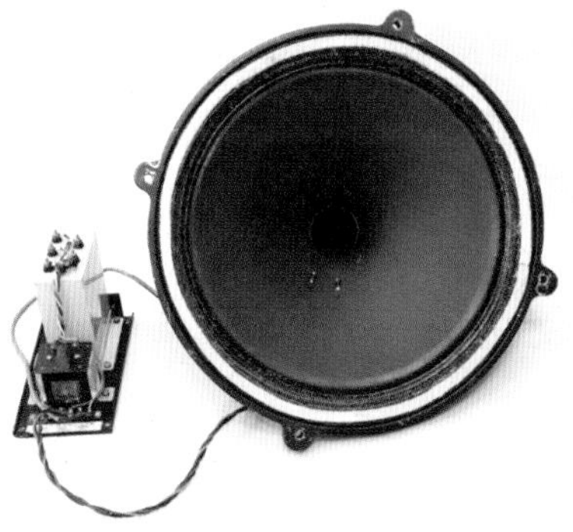
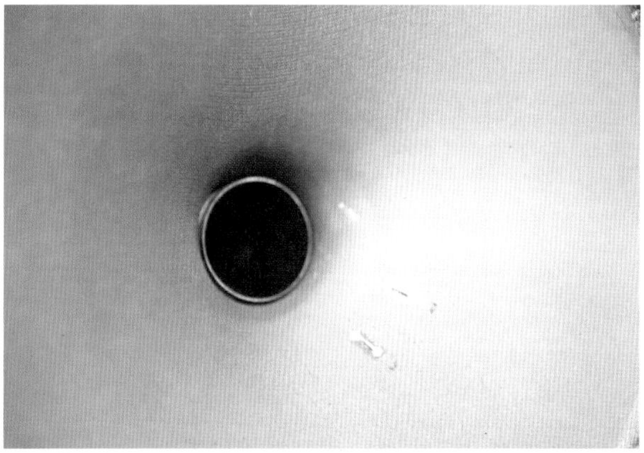
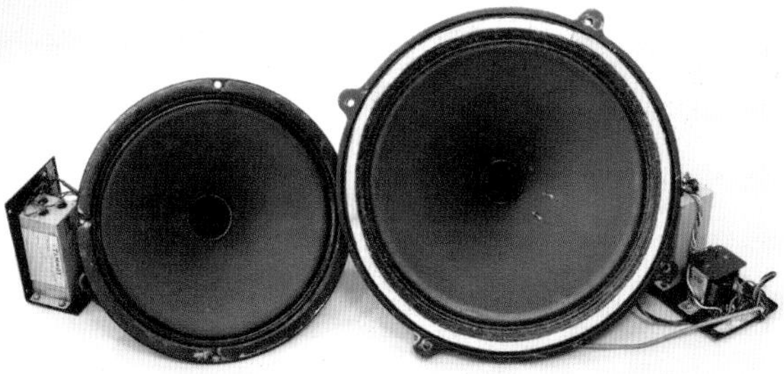
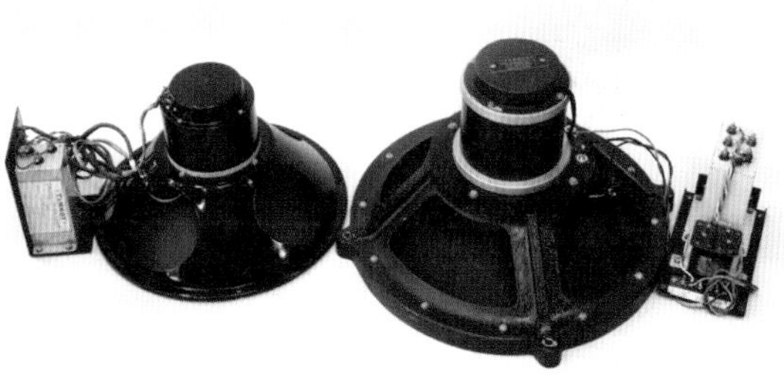

랙험은 초기 개발된 15″ 블랙 모니터를 유명한 레코딩 그룹 데카(DECCA)로 보냈는데 데카의 톤 마이스터와 엔지니어들이 대단한 관심을 보였다고 한다. 그도 그럴 것이 블랙을 개발한 1947년경 데카는 'FFRR(Full Frequency Range Recording)레코드'로 초광대역 LP 레코딩과 바이닐 레코드 제작을 성공적으로 이끌어가고 있었기 때문이다. 당시에는 레코딩 퀄리티가 일반 홈 오디오 재생기의 수준을 항상 추월하고 있었는데 아무래도 사운드 재생에 불만족을 느끼던 데카가 고성능의 FFRR 레코드 재생에 혈안이 되어 있었던 터라 이를 위해 데카 데콜과 전축을 수시로 업그레이드 하고 있는 중이었다. 데콜라 전축 하부에는 센터와 레프트 라이트 스피커로 가상 스테레오 모노 전축의 콘셉으로 보이는 12″ 풀레인지 스피커 3개가 내장되도록 설계되었는데 월넛 마감의 베니어로 럭셔리하게 디자인된 고급 면모를 갖추고 있었다. 이미 장착되었던 굿맨 12″ 풀레인지 스피커와 새로 개발된 탄노이를 비교해본 결과 관계자들의 생각은 어떻게 해서든지 탄노이 동축형 스피커를 한번 장착해보고 싶었던 모양이다.

당시 구형 데콜라는 포노 재생보다는 라디오 재생에 많은 투자를 하였기 때문에 이를 순도 높은 포노 재생에 돌려서 투자하고자 하였는데 그 일환이 우선적으로 스피커 유닛을 개선하는 것이었다. 이것을 'Knights Bridge' 프로젝트라 부르고 샘플로 약 20대의 디럭스 데콜라를 한정 생산하기로 한다. 이 시기와 잘 맞아 떨어진 것이 바로 탄노이사의 블랙 모니터 개발이었던 것이다. 그런데 기존 데콜라 전축은 12″ 굿맨 풀레인지를 바탕으로 하는 모델이어서 15″ 유닛 장착이 기본적으로 어려웠다. 이에 데카는 탄노이사에 수주내로 12″ 동축형 모델을 만들 수 있겠냐는 요구를 한다.

»
모니터 블랙 12″ 블랙 유닛의 앞면과 뒷면

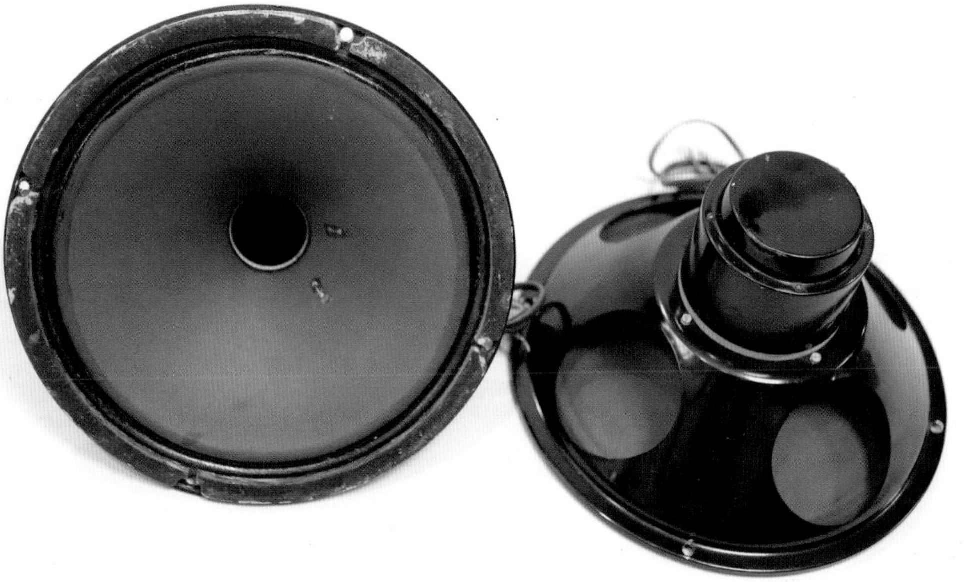

탄노이사는 듀얼 콘센트릭의 사활이 걸린 문제이기 때문에 엔지니어 랙험에게 강력하게 지시한다. 랙험은 파손된 구형 굿맨 12″ 풀레인지 프레임에 CD-4의 자석을 장착하여 설계에 들어간다. 그러나 콘지가 문제였다. 콘지는 그 제조틀도 필요하고 순식간에 제조될 수 있는 성격의 제품이 아니었기 때문이다. 그러다 대책을 마련하던 중 세레스천사에 12″ 익스포넨셜 콘지가 있다는 것을 알게 되었는데 이를 랙험의 구상에 적용하여 일사천리로 10일 내에 12″ 듀얼 콘센트릭 유닛이 제조된다. 이 유닛이 데카 데콜라 센터에 장착되자 그야말로 혁신적인 사운드의 데콜라 스페셜이 되었다. 이후 3~4년동안 세레스천사로부터 콘지를 납품받아 데콜라용 12″ 듀얼 콘센트릭을 생산하였다. 이때 당시 데카는 약 1천 개의 12″ 듀얼 콘센트릭(블랙 12″ 유닛의 원조)을 네트워크 없이 납품받았는데 개당 17파운드였고 듀얼 콘센트릭이 아닌 12″ 저역 유닛은 9~10파운드로 2천 개를 납품 받아 데콜라에 사용한다. 그러니까 탄노이 듀얼 콘센트릭이 장착된 1천 개의 데콜라 한정 생산품이 제조되었다는 뜻이다. 이런 이유로 15″ 보다는 12″ 블랙이 양산체계에 보다 먼저 들어갔다. 12″ 듀얼 콘센트릭 양산체계 하에서도 15″ 듀얼 콘센트릭은 계속 개발단계에 있었다. 결국 15″ 듀얼 콘센트릭은 끝끝내 프로토 타입의 일로에서, 즉 시험 제품의 단계에있다가 실버로 바톤을 넘겨준다. 우리는 초기 듀얼 마그넷트 자기회로를 좋다고 이야기한다. 그러나 그것은 초기 제조 단계에서의 기술상의 문제로 야기된 구조이지 결코 의도적 발상은 아니다. 그것을 가지고 무조건 자석이 두 개니까 좋다고 이야기해서는 안된다. 그런데 특이한 것은 후기 넘버 중에도 듀얼 마그넷이 있다는 것이다. 아마 재고 소진 면에서 발견된 초기 자석을 그대로 사용했기 때문일 것이다.

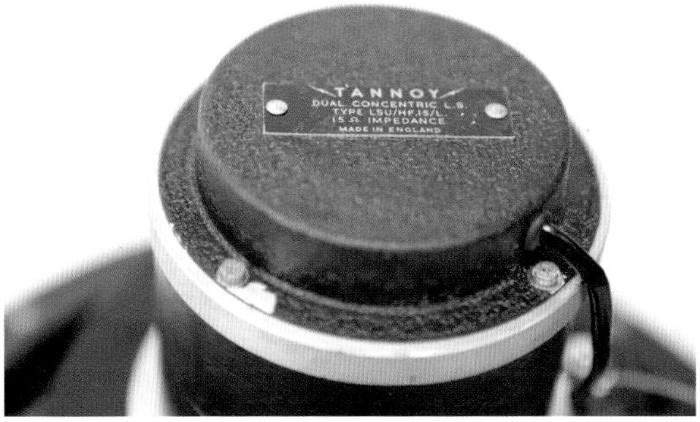

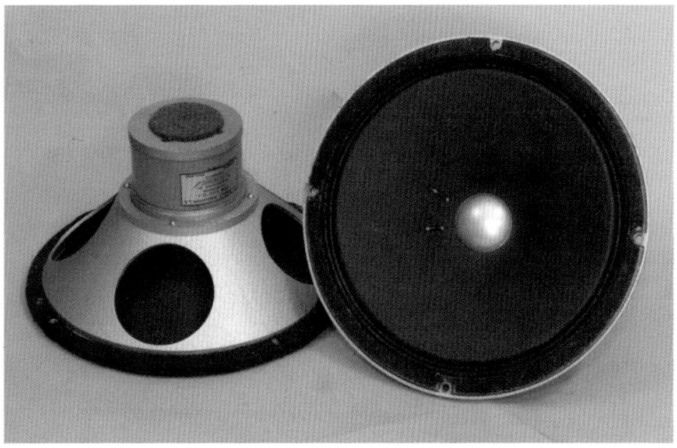

»
모니터 블랙 12″의 뒷면(좌)
초기 실버 12″ 풀레인지 유닛(듀얼 콘센트릭은 아님, 우)

중기 이후 대형자석의 양산체계 하에서 블랙은 모두 일체화된 통알니코 자기회로를 사용하게 된다. 1947~53년까지 생산된 블랙 유닛은 15″가 12000번대까지, 12″는 10000번대까지 생산되었는데 시리얼 넘버가 생산 유닛수는 아니고 실제 생산대수는 시리얼넘버 숫자의 1/2정도 밖에 되지 않으리라고 추정된다. 초기 15″의 경우 300xx로 시작되어 앞의 300뒤 두자리 S/N 넘버가 제조대수가 되기 때문인데 앞의 3이 무엇을 뜻하는지는 밝혀진 바가 없다.

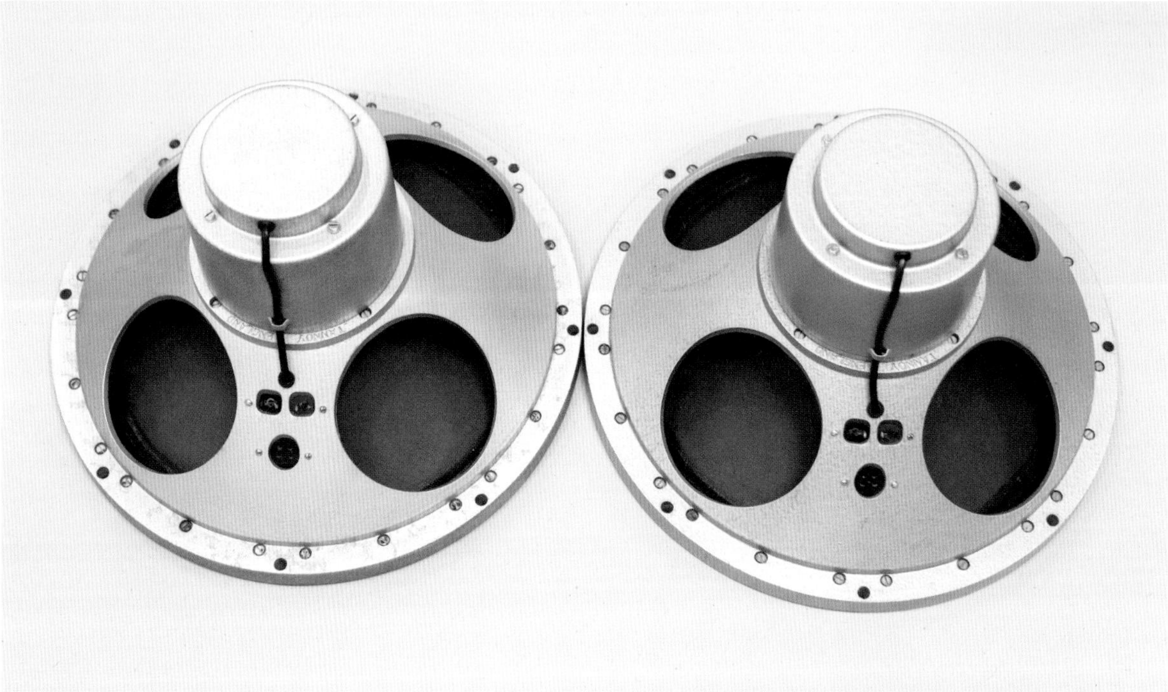

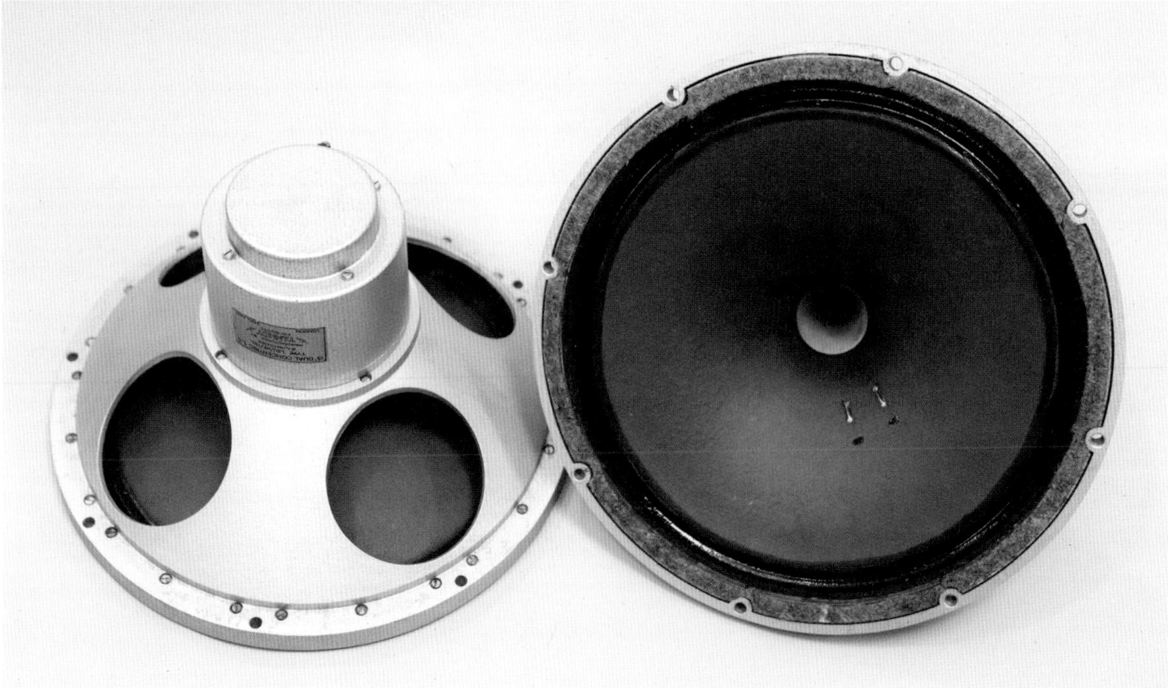

15″ 모니터 실버는 1953년부터 58년까지 15000번대에서 27000번대까지 생산되었고, 12″모니터 실버는 14000~26000까지 생산되었는데, 모두 후반기로 가면 네트워크의 형태가 모니터 레드의 것으로 바뀌어 제조되었다. 15″ 정식 모니터 레드는 1958~67년까지 28000번대에서 69000번대까지 생산되었는데 41000번대까지가 오렌지 센터캡이며 이후 블랙 센터캡으로 바뀌어 후반기 변형 레드 108000번대까지 8만 개 정도가 생산되었다. 12″ 레드는 28000에서 68000번까지 생산되었고 이 중 37000번대까지가 오렌지 센터캡, 43000번대까지가 오렌지/브라운 센터캡, 이후부터 블랙 센터캡으로 제조되었다. 15″모니터 골드는 1967~74년까지 68000번에서 134000번까지 생산된다. 그러나 초기 63000번대에서 100800번대까지는 공장에서 재작업한 후반기 변형 레드와 시리얼 넘버가 겹친다.

»
610쪽. 모니터 실버 15″의 뒷면과 앞면
611쪽 상단. 모니터 레드 15″ 뒷면과 앞면(블랙 센터캡)
611쪽 하단 왼쪽부터. 모니터 레드 15″ 앞면. 모니터 레드 15″ 뒷면과 앞면(오렌지 센터캡). 모니터 레드 15″ 뒷면(블랙 센터캡)

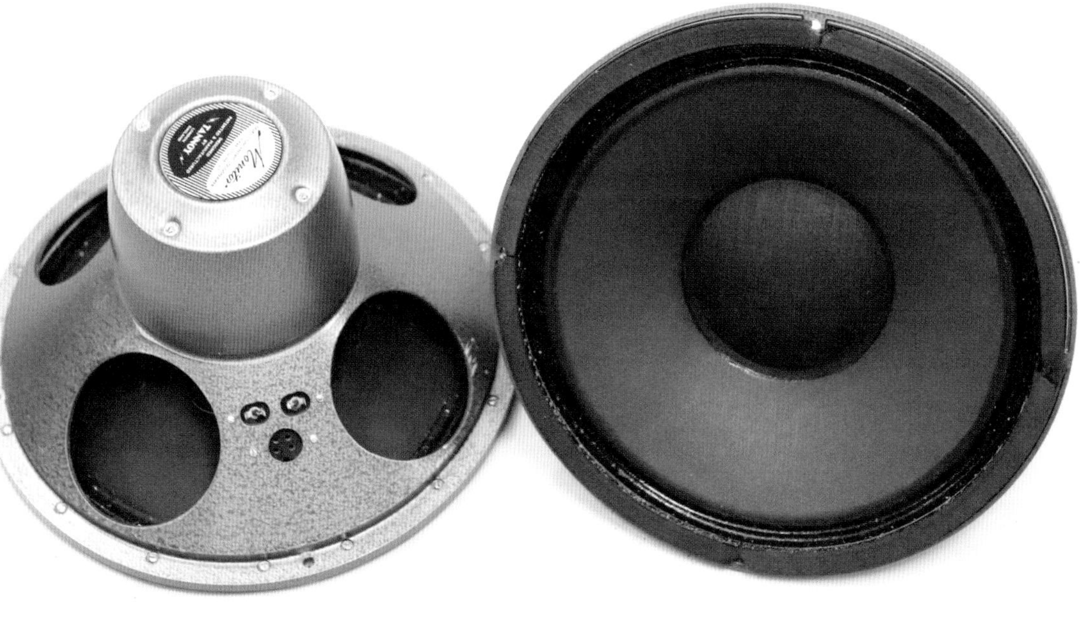

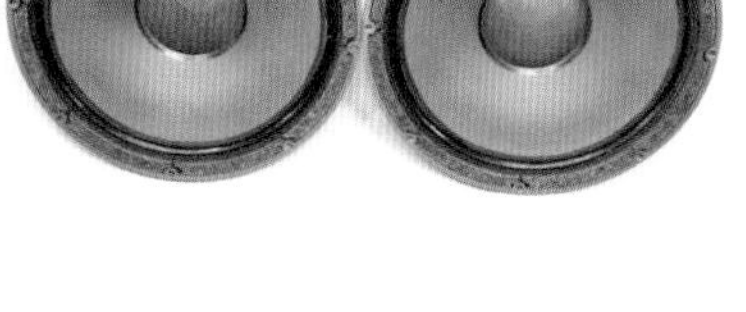

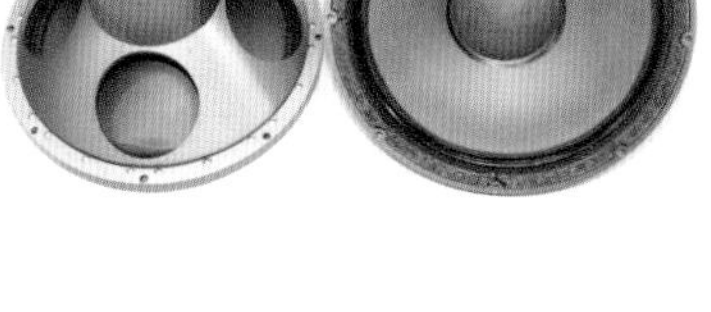

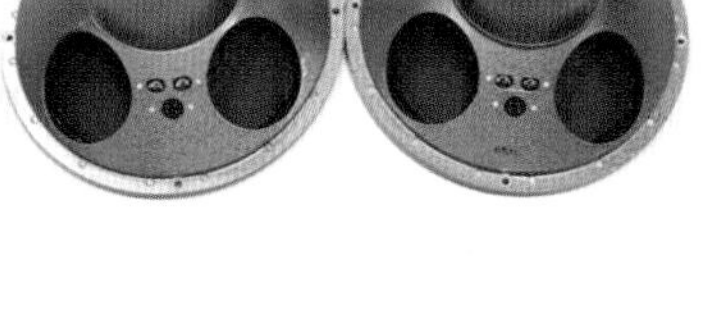

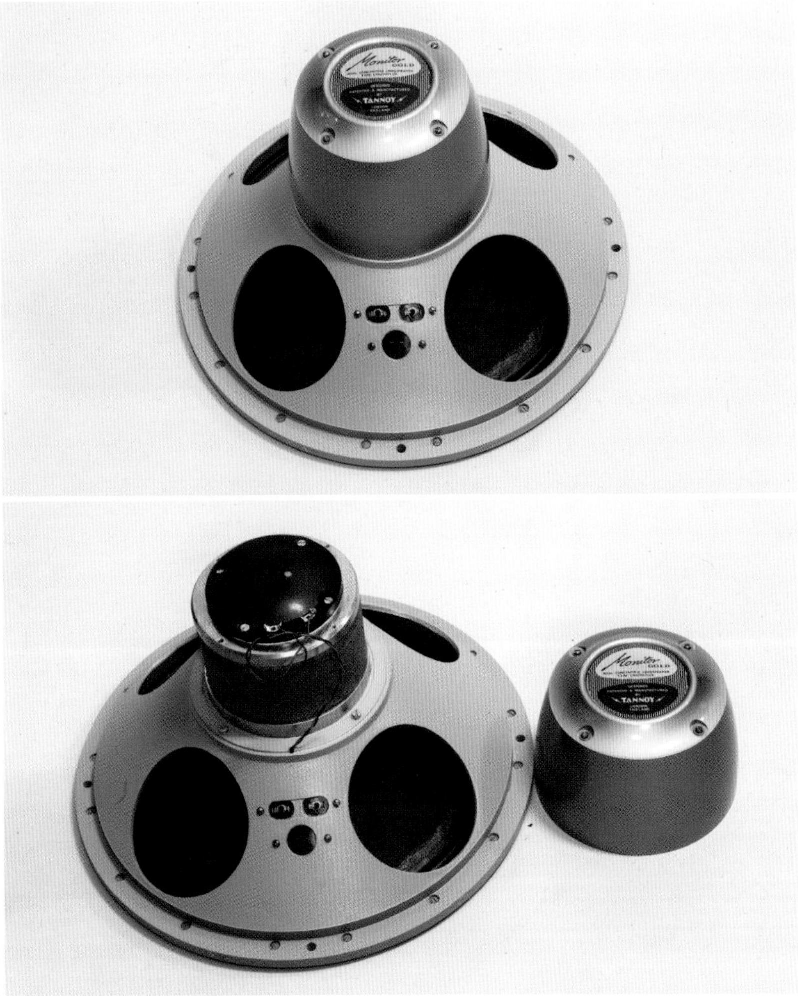

»
모니터 골드 12″와 뒷면(위)
자석커버를 제거한 모습(아래)

초기 레드가 실버 프레임을 그대로 사용하여 단자가 실버와 동일한 형태의 레드가 있는 것처럼 초기 골드도 프레임을 레드 것과 같이 사용한 것이 많다. 이는 제조과정에서 재고를 소진시키는 일환으로 진행된 것인데 프레임만 보아도 초기 모델임을 확인할 수 있고 이에 덧붙여 콘지도 앞전 모델 것을 사용한 것이 있어 가끔 블랙 비슷한 실버, 실버 비슷한 레드, 레드 비슷한 골드 소리를 들을 수 있다. 12″ 모니터 골드는 67000번대에서 143000까지, 10″ 골드는 59000번대에서 145000까지 생산되어 레드 S/N과 겹치는 기간이 길다. 이후로 넘어가서 1974년부터 1979년까지 모니터 HPD385(15″)가 200000번대에서 524000번까지, HPD315(12″)가 200300번대에서 517000번대까지 HPD295(10″)가 203000번에서 510000번대까지 생산되어 알니코 자기회로를 종료하고 이후 세라믹 페라이트 자기회로의 DC386, K3808, 3859 W(웨스턴민스터용), M(GRF 용) 등으로 변경되며 생산되었지만 빈티지 마니아들에게는 후기로 갈수록 점차 인기를 잃게 되었다. 결국 골드까지를 탄노이 정통 유닛으로 간주하며 초기형 모니터 블랙으로 갈수록 인기가 높지만, 가장 완성도 높은 1.0버전의 듀얼 콘센트릭은 역시 모니터 실버라고 말할 수 있겠다.

최근 들어 실버나 레드 모니터의 초기 버전을 답습하여 새로이 픽스드 콘지와 알코막스3를 사용하는 알니코 버전 스피커 시스템들이 탄노이사에서 나오고 있지만 구형의 얇고 가벼운 픽스드 콘지 타입 알니코 스피커와는 음색도 디테일도 다르다. 스피커의 소리는 자기회로나 콘지 인클로저 네트워크 등의 종합적 조화의 결과로 형성되는 독특한 영역으로 기술적으로 쉽게 풀어나갈 수 있는 분야가 아니고 오랜 시행착오와 역사가 있어야만 명기가 태어날 수 있는 분야로서 세계 각국에서 쉽게 도전은 하지만 그 성공사례는 그리 많지 않다. 탄노이 유닛의 제조년대와 시리얼 넘버별 특성을 일목요연하게 표로 정리해놓았으니 참고하기 바란다.

»
모니터 골드의 다이어프램(위)과 다이어프램을 제거한 모습(아래)
이 구조는 블랙이나 실버 레드가 거의 동일하다

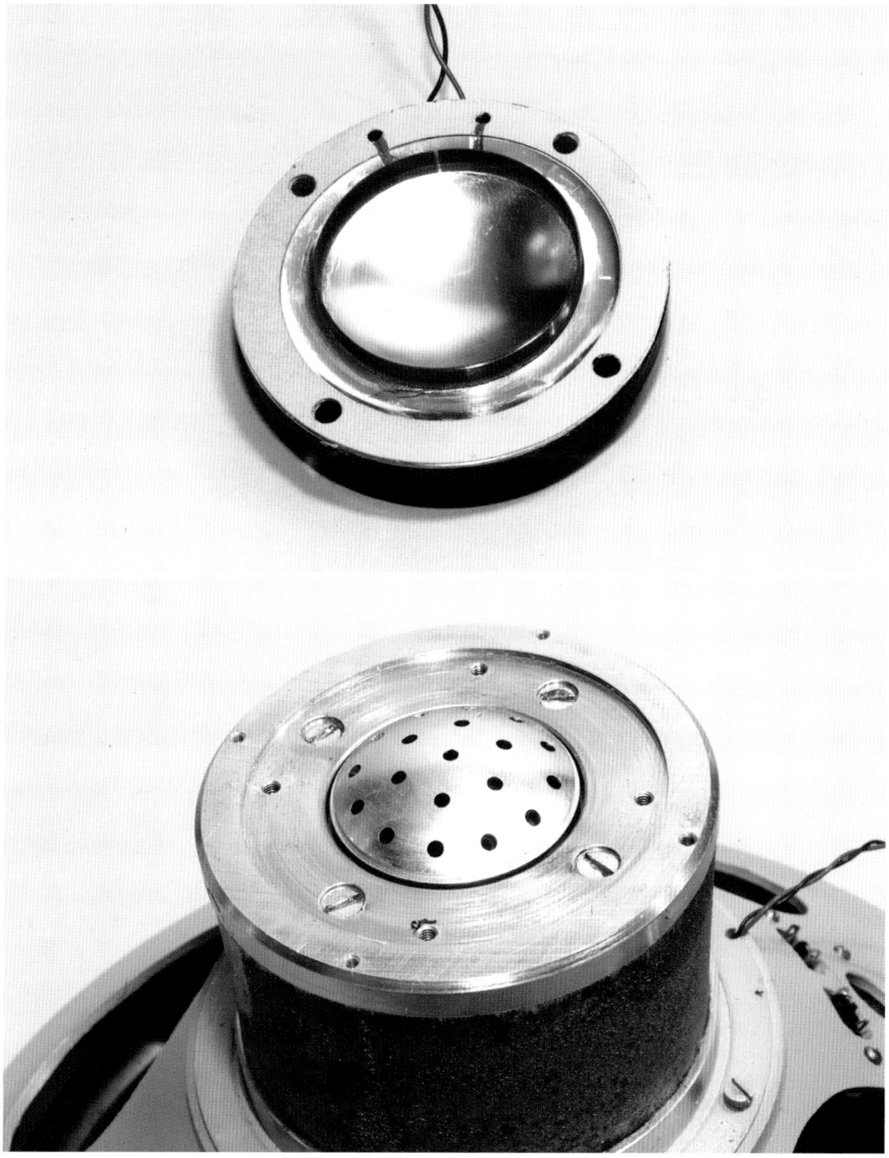

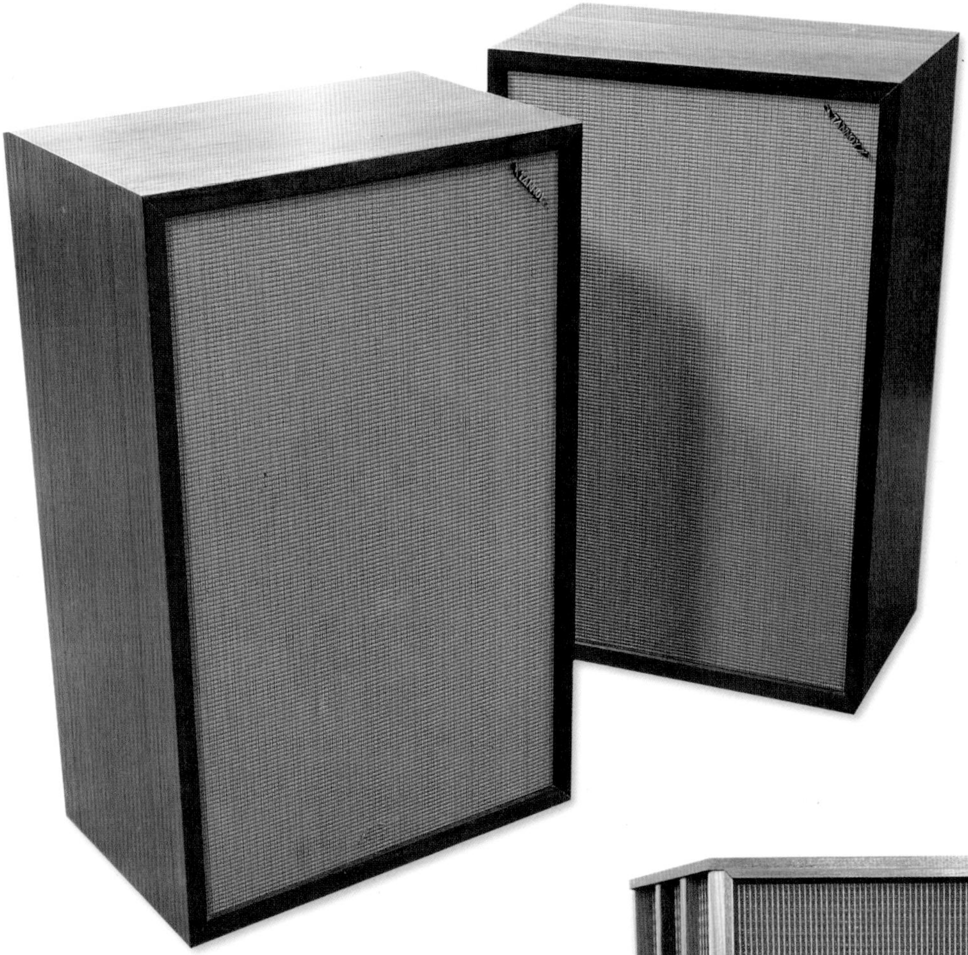

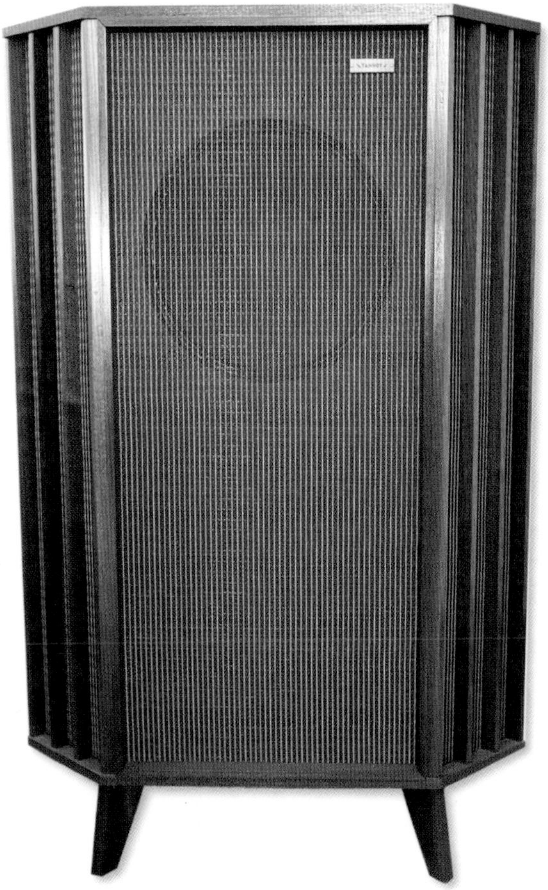

»
614쪽. 15″ 골드가 수납된 랜카스터 오리지널(상단)
12″ 레드가 수납된 채스워스 국내 제작통(아래)
615쪽. 각종 오리지널 탄노이 인클로저와 오리지널 유닛(상단)
15″ 레드가 장착된 탄노이 오리지널 코너 요크(하단 좌)
탄노이 15″ 실버가 수납된 국내 제작 오토 그라프(하단 우)

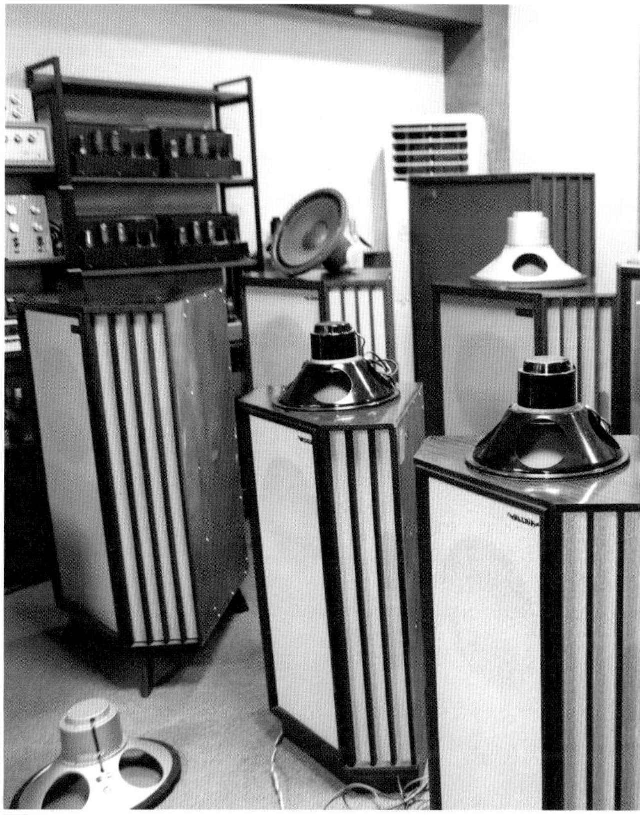

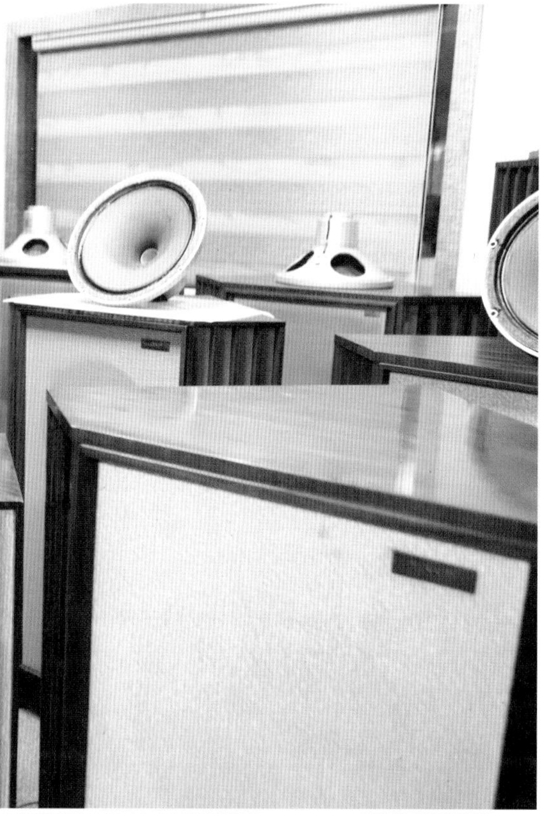

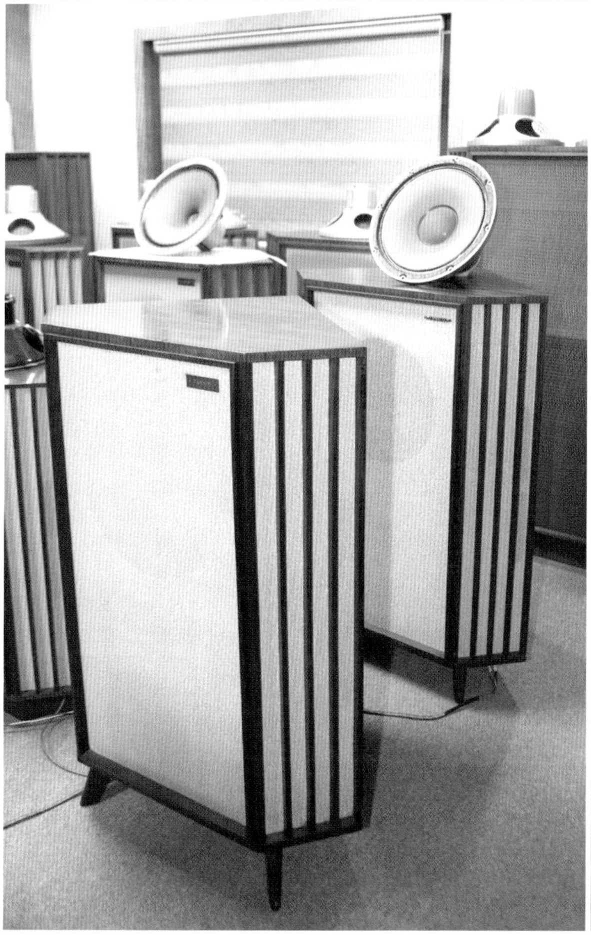

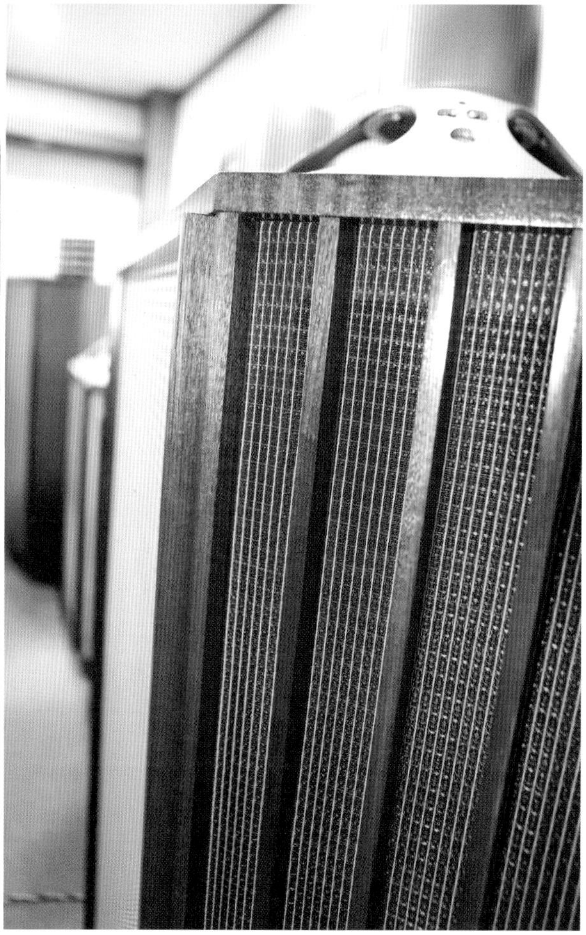

탄노이 유닛 구분표

구분 유닛	연대	주파수 특성 (Hz)	공진 주파수 (Hz)	크로스오버 주파수 (Hz)	저역자속 밀도 (가우스)	고역자속 밀도 (가우스)	보이스코일 직경 (인치)	자기회로 종류	혼변조의 (%)	무게 (kg)
CD4 : 우퍼 SD5 : 고역 드라이버	1935 ~ 1947	40 ~ 1,100 1,100 ~ 15,000	40	1,100	12,000 	 18,000	LF : 2″ HF : 2″	Ticonal–G (알니코 자석 상품명)	3% 이하	10.2 6.8
오리지널 모니터 (모니터 블랙)	1947 ~ 1953	40 ~ 15,000	40	1,100	12,000	18,000	LF : 2″ HF : 2″	Ticonal–G (알니코 자석 상품명)	2% 이하	13.6 (네트워크 포함)
모니터 실버	1953 ~ 1958.8	32 ~ 20,000	32	1,000	12,000	18,000	LF : 2″ HF : 2″	Ticonal–G (알니코 자석 상품명)	2% 이하	9.8(본체) 2.2(네트워크)
모니터 레드	1958.8 ~ 1967	32 ~ 20,000	32	1,000	13,500	18,000	LF : 2″ HF : 2″	Ticonal–G (알니코 자석 상품명)	2% 이하	9.8(본체) 2.2(네크워크)
모니터 골드	1967 ~ 1974	26 ~ 20,000	26	1,000	13,500	18,000	LF : 2″ HF : 2″	Ticonal–G	2% 이하	10(본체) 1.8(네트워크)
모니터 HPD	1974 ~ 1979	20 ~ 20,000	20	1,000	13,500	18,000	LF : 2″ HF : 2″	Alcomax–5 (알니코 자석 상품명)	2% 이하	10(본체) 1.6(네트워크)

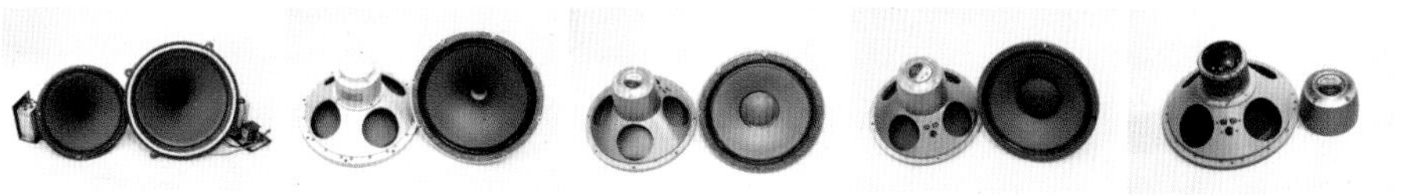

1947년 1953년 1958년 1962년 1967년

임피던스 (Ω)	콘지구경(mm)	유닛크기 (mm)	최대허용 입력 (W)	형식 (제품명)	S/N (시리얼 넘버)	변경내용	유통가격 (만 원)
15	370	390×280	20	CD4		· 최초의 탄노이 설계 15″우퍼 유닛과 고역 드라이버	1,000~2,000
15		125×125	10	SD5			300~400
15	370	390×280	25	Dual consentric (LSU/HF/15L)	15″ : 300xx~012xxx 12″ : 300xx~010xxx	· CD4와 SD5의 동축화 · · CD4 중앙에 익스포넨셜 홀을 뚫고 중앙에 SD5 설치 후 CD4의 콘지를 연장 혼으로 사용 · 네트워크 분리(후기)	15″ : 4,000~6,000 12″ : 1,800~2,800
15	360	380×230	25	15″Dual Consentric (LSU/HF/15L)	15″ : 015600~027200	· 프레임과 외장 변경 · 콘지 변경 · 마그넷 변경 · 소형화	15″ : 1,700~2,400
				12″Dual Consentric (LSU/HF/12L)	12″ : 014300~026700		12″ : 900~1,400
15	360	380×230	50	Monitor 15″(LSU/HF/15L)	15″ : 028500~041900 (orange center cap) 041900~069900 (black center cap) 063000~108100 (후기변형레드 유닛)	· 자속밀도 강화 · 네트워크 변경 · 내입력 강화 · 자기회로 모양 변경	15″ : 1,000~1,400 (orange C.C) 600~1,100 (Black C.C)
				Monitor 12″(LSU/HF/12L)	12″ : 028400~037600 (orange center cap) 037600~043900 (orange brown center cap) 043900~068100 (black center cap)		12″ : 500~900 (orange C.C) 400~800 (orange brown C.C) 400~700 (Black C.C)
8	360	380×230	50	Monitor Gold 15″ (LSU/HF/15L)	15″ : 068700~134900	· 임피던스 15Ω → 8Ω · 네트워크에 롤오프 및 롤에너지 변경 컨트롤 첨가	15″ : 400~600
				Monitor Gold 12″ (LSU/HF/12L)	12″ : 067000~143000		12″ : 200~300
				Monitor Gold 10″ (LSU/HF/10L)	10″ : 059000~145000		10″ : 150~300
8	360	380×230	85	Monitor HPD 15″ (HPD 385/8)	15″ : 200000~524000	· 공진주파수 저하 · 내입력 강화 · 콘지 분할 진동억제용 리브를 콘지 뒷면에 설치	15″ :150~300
				Monitor HPD 12″ (HPD 315/8)	12″ : 200000~500000		12″ : 100~200
				Monitor HPD 10″ (HPD 295/8)	10″ : 203000~510000		10″ : 80~150

부록 3

웨스턴 일렉트릭(Western-Electric) 사운드 시스템

빈티지 사운드를 추구하다 보면 결국 그 끝에 웨스턴 일렉트릭(Western–Electiric, 이하 WE)가 있다는 것을 알 수 있다. WE는 초기 토키(Talkie)영화 음향 사운드 시스템의 태동기인 1920년대부터 왕성한 연구 활동을 하는데 최초 설립시기는 유성기 시대인 1869년 전기 기구를 제조하는 그레이 앤드 바턴(Gray&Barton)사로 시작하였다. 그리고 1872년 회사명을 '웨스턴 일렉트릭 메뉴팩터링 컴퍼니(Western Electiric Manufacturing Company)'로 바꿔 상업용 타자기 등을 제조해 돈을 벌었다. 또한 1876년에는 그레이엄 벨이 전화를 발명하면서 미국 내 전기 통신망이 급속도로 확장되는데, 이에 미국 거대통신회사인 AT&T에 1881년 흡수 합병되면서 WE는 전성기를 맞이한다. 그러나 1995년 AT&T가 장비사업을 분리하게 되고 WE사는 사라진다. 그 사이 WE는 수많은 전자관련 특허와 음향관련 장비를 개발하면서 이 계통에 막대한 영향력을 행사한다. WE는 부품이나 제품을 자체생산한 것도 많지만 전문 장비의 경우 해당 최고 업체에 OEM으로 생산한 후 자사의 철저한 품질관리(Quality–Control)로 명품을 생산해내기도 했는데 우리가 잘 아는 웨스턴의 스피커는 젠센이나 알텍, 혼은 빅터컴퍼니, 케이블은 요코나이트(Yokonite, USA), 벨덴(Belden) 등에 의뢰해 자사에 적용했다는 것은, 빈티지 마니아라면 다 아는 사실이다. 결국 웨스턴은 스페셜리스트라기보다는 제너럴리스트로 오케스트라 지휘자처럼 전체 제품생산을 지휘하고 컨트롤한 것으로도 유명하다.

»
웨스턴 선풍기

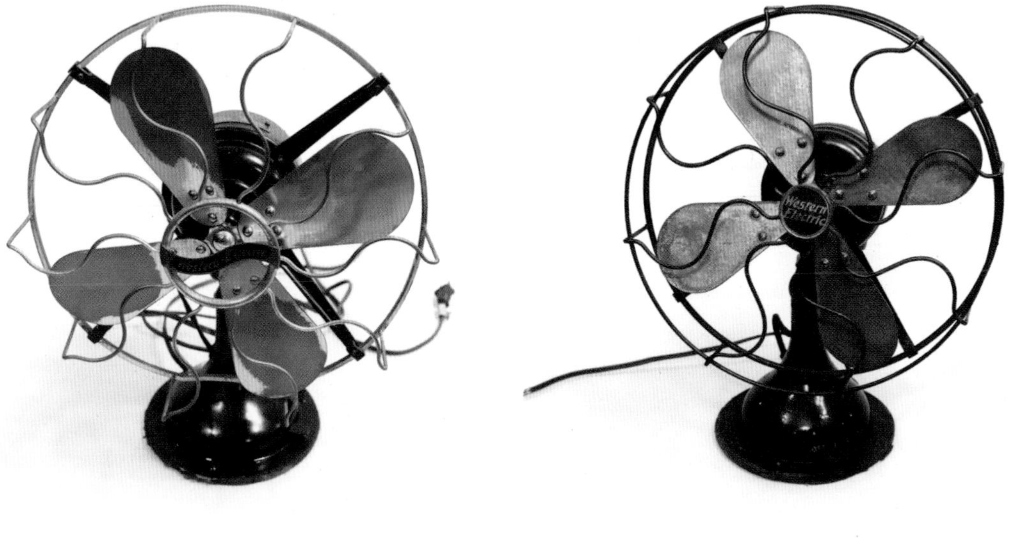

그렇기 때문에 그들의 마크가 붙어있는 제품인 경우 OEM 하도업체의 동일모델에 비해 무언가 완성도도 높고 한 단계 깊은 품질을 유지하고 있는 것이 사실이다. 그 좋은 예가 바로 8″ 플레인지 유닛 WE-755A와 알텍 브랜드의 755A다. 이 둘은 동일 모델이지만 한층 강화된 WE의 품질관리 덕분에 그 상품가치를 더욱 높일 수 있었던 좋은 예다. WE는 유성기 시대의 꾸준한 발전에도 불구하고 토키 영화산업이 미국을 휩쓸었던 1920년대 극장 음향기기와 함께 극적으로 도약한다. 이 시기는 세계적인 토키음향 시스템의 선풍적 수요로 각국마다 경쟁적으로 음향기기를 연구 발전시켰는데 그 중심에 WE가 자리하고 있었던 것이다. 수많은 천재들이 AT&T에 입사하고 그중에서도 날고 기는 엔지니어들이 WE에 배치되어 해당 프로젝트를 추진해 나갔다. 그들은 초기 발진관이나 증폭관 등의 진공관 설계와 개발에 주력했고 점차 출력이 높은 3극관 등에 열을 올려 자사 진공관을 채용한 3극관 앰프 개발에 나선다.

››
오리지널 웨스턴 드라이브관(상단 좌)과 300A, 300B 오리지널 각인관(상단 우)
205D 오리지널 각인관(하단 좌)과 각종 웨스턴 오리지널 관(하단 우)

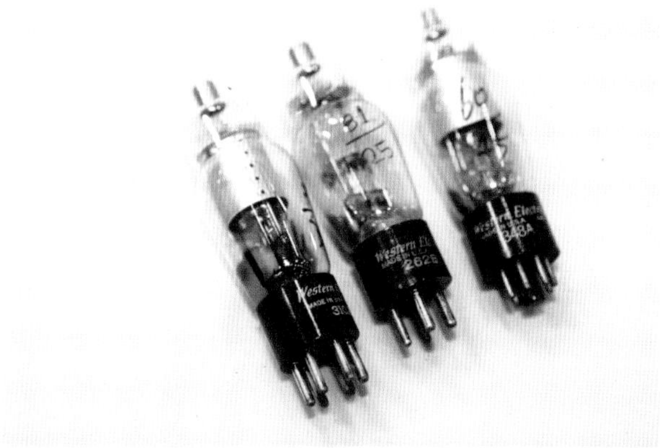

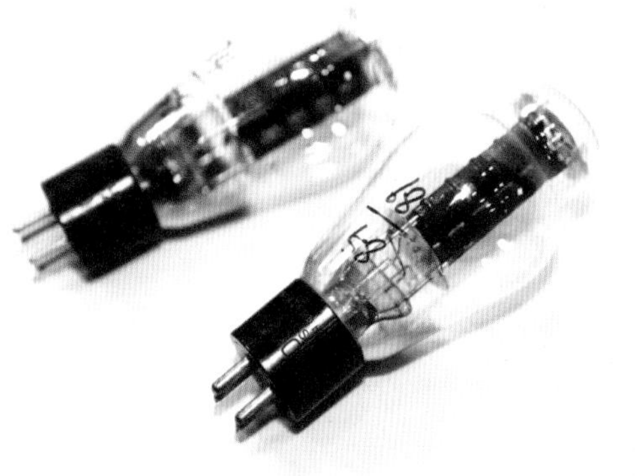

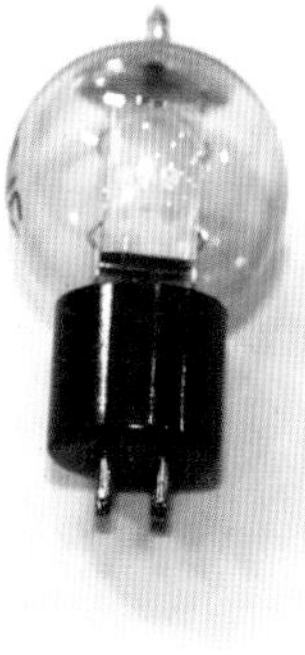

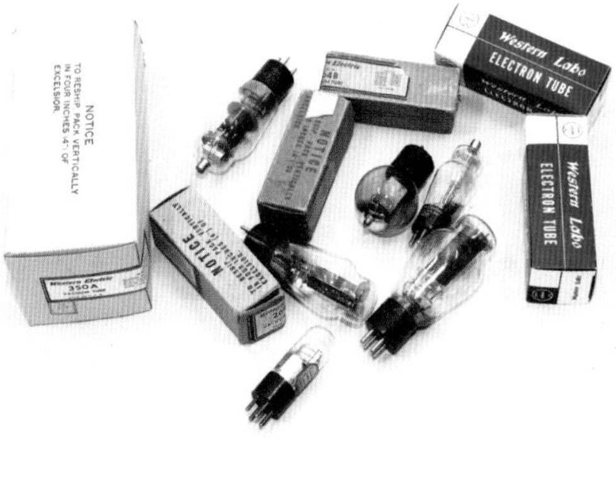

당시 그들의 앰프들은 토키용이나 공지방송 음성 확성용이라기보다는 통신 중계용 시그널 증폭 장치에 가까웠는데 이것을 발전시켜 음성확성장치에 응용하였다. 그러나 초기 앰프류들의 출력은 205D 싱글도로 0.19W, PP로 1.69W 정도의 대단히 미약한 것들이 대부분이었다. 어떻든 당시로는 최첨단이었으나 빈약하기 그지없는 초기 소출력 진공관 앰프를 연구하는 과정에 토키 영화시대를 맞이했고, 필요에 의한 공급차원에서 극장용 확성시스템을 완성하는 단계에 나타난 것이 바로 WE의 올혼 시스템으로, 필드형 고능률 드라이버와 우퍼 혼 스피커가 이때 출현한다. 당시 앰프 수준으로는 아무리 출력을 확장해도 10W를 넘기기 힘들었다. 따라서 스피커는 고능률이 될 수 밖에 없었던 것이다. 이런 배경에서 생산된 WE의 스피커와 앰프류를 가정으로 들여와 음악용으로 사용하려는 시도는 일본에서 시작되었다. 이 일련의 과정에서 후기 극장용 확성시스템인 알텍 A-4·A-5·A-7 등이 잇달아 그 거친 모습 그대로 가정에 들여놓은 것 역시 일본의 마니아다. 그만큼 음에 대한 일본의 실험정신은 열정적인 것이라 칭찬하지 않을 수 없다. WE를 가정으로 들여놓는 것은 '일반적인' 오디오 상식으로 되는 것이 아니다. WE를 타깃으로 한다면 적어도 세 가지를 갖추고 있어야 한다. 첫째, 전반적 전자공학에 대한 해박한 지식과 건축음향, 심리음향, 전기음향을 망라하는 토털 코디네이터 역량을 가지고 있든지, 그런 전문가를 고용할 능력이 있든지. 둘째, WE 시스템을 설치할 수 있는 충분한 공간 즉 10m×20m×4m(H : 천장고) 이상의 리스닝룸을 소유하고 있어야 하며, 셋째, 최소한 집 한 채 정도를 오디오에 투자할 수 있는 경제적 여력을 갖추고 있어야 한다.

»
웨스턴 사운드 시스템(그 옆에 서있는 마니아와 비교하면 그 크기가 얼마나 큰지 짐작된다)

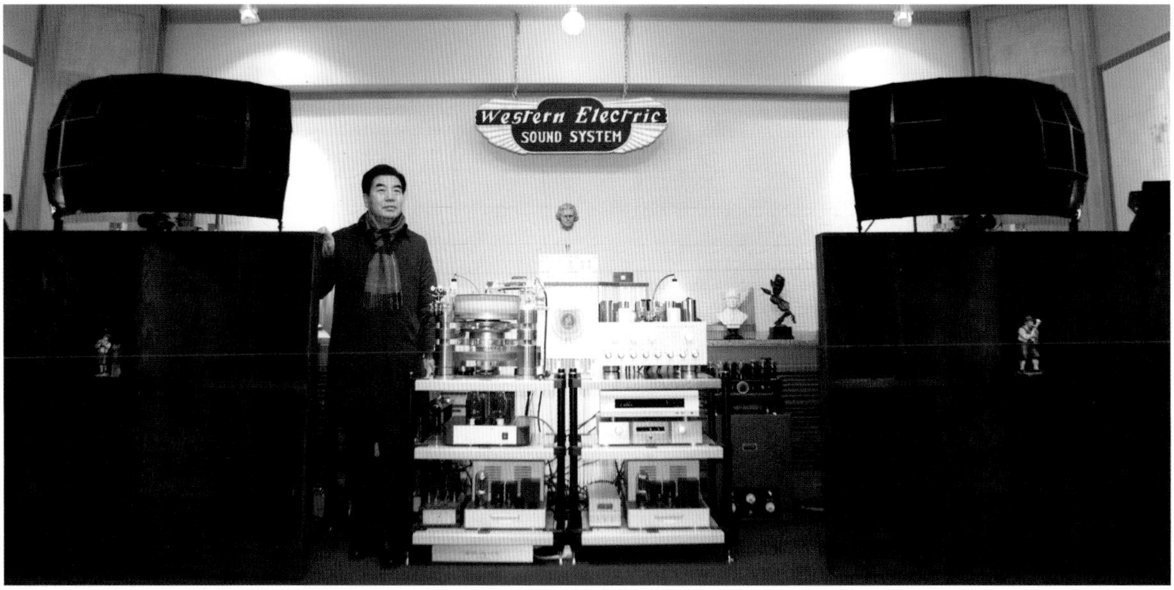

»
WE 124 앰프(350B PP)

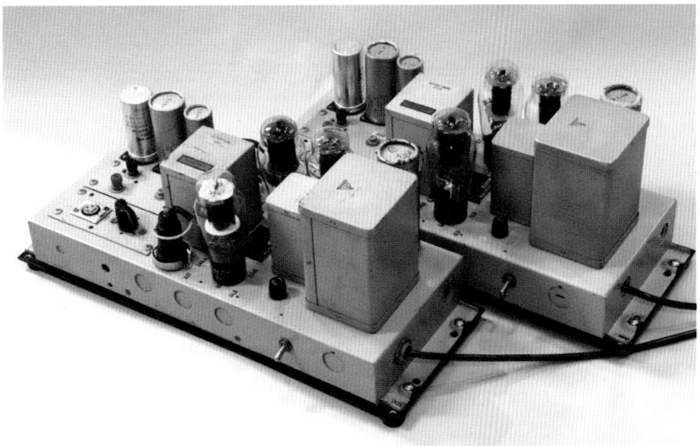

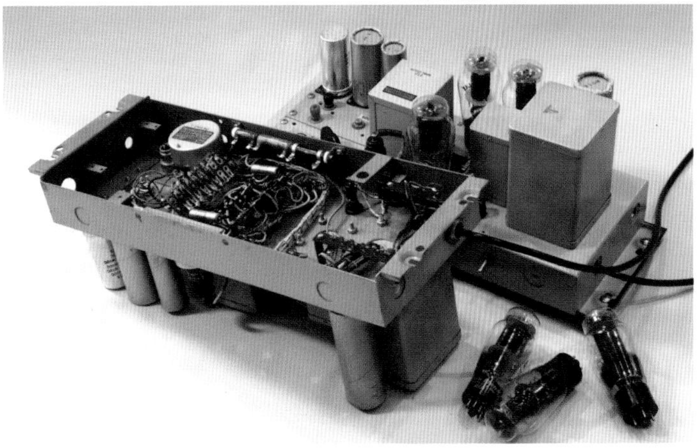

WE 장비는 오디오 시스템 중 가장 거품이 심하다. 그 이유는 두말할 것 없이 프로 SR(Sound Reinforcement), PA(Public Address) 장비로 생산 대수가 많지 않은 데다가 남아있는 실물조차 적은 데서 오는 희소가치 때문이다. 거기다 WE면 무조건 좋다는 편견과, WE를 가지고 있는 마니아를 무조건 최고 경지라며 말도 안되게 선망의 대상으로 만들었기 때문이다. WE를 논할 수 없으면 대화에 끼워주지도 않는 마니아 그룹도 있다. 그러나 그 소리를 들어보면 도저히 유구무언으로 상식을 벗어난 자만성 마니아들을 수도 없이 보아왔다. 1천 명, 2천 명을 대상으로 하는 초대형 극장 혼 시스템의 기본 동작 원리를 이해 못하고 조그만 8평짜리 거실에서 혼자만의 독성(毒聲)을 듣고 있는 WE 마니아들을 보면 아예 어디서부터 조언을 시작해야 할지 모를 때가 한두 번이 아니었다. 기본적으로 빅마우스 현상과 대역밸런스 불균형에서 오는 귀아픔 현상 등 스피커로부터 거리가 두 배로 늘어나면 음압은 6dB씩 감쇄하나 고역과 저역 감쇄율이 다르다거나, 혼의 개구부 각도와 멀티셀이나 익스포넨셜 혼의 수직, 수평음 분산 각도가 어떻게 달라지는지도 모르고 룸 어쿠스틱에 따른 정재파형성이나 SPL 분포를 모르면서 막무가내식 음질 튜닝으로 웃지 못할 헤게모니를 연출하는 것이 WE 마니아다. 조그만 방에서는 WE 755A나 728B 풀레인지 시스템으로도 WE 사운드를 충분히 맛볼 수 있다. 조금 더 욕심을 낸다면 753 도는 757 시스템이면 차고도 넘친다.

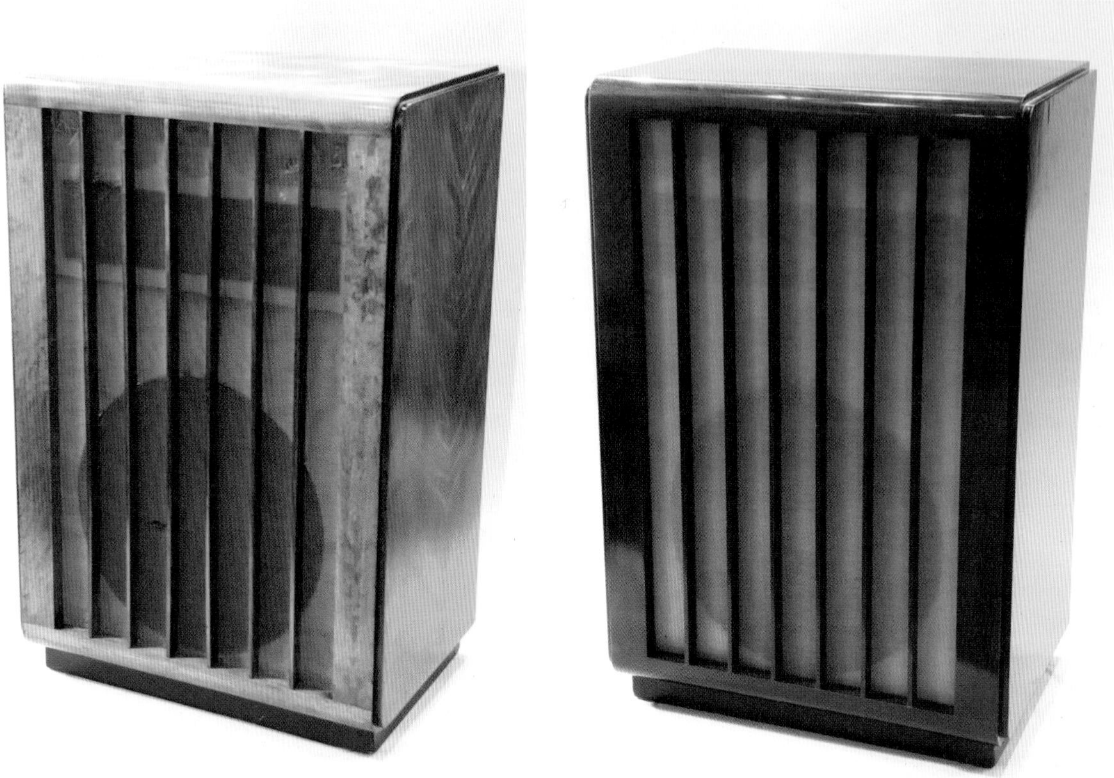

»
713A 드라이버, 32A 혼, KS-12004 우퍼, D-173048 네트워크로 구성된 753 오리지널.
왼쪽과 오른쪽의 제품은 연대가 달라 마감도 다르다.

이런 시스템들은 규모는 작지만 웨스턴의 기본 음질 특성을 모두 가지고 있다. WE의 대형시스템들은 이 소규모 시스템의 연장선상에 있으며 그 음색면에서는 동일한 바가 많다. 말하자면 시스템이 커질수록 음량은 커지나 음질은 비슷하다는 뜻이다. 이것이 WE의 강점이다. 그들은 스스로 추구하는 음질의 기준을 철저히 지키고 있어 어느 부품이든, 어떤 시스템이든 그 기준적 음색을 흠뻑 머금고 있는데, 한 부품만이라도 WE가 들어가면 그만큼 그들의 음색이 배어 나오는 것을 볼 때 그저 놀라울 따름이다. WE의 본격적 시작은 혼에서부터이고 혼을 운영하는 심장부가 바로 555와 594A 드라이버인데, 이 두 명품에 대해 간략히 짚고 넘어가보자. WE의 명품은 너무 많은지라 일일이 논하는 것은 차후로 미룬다. 사실 555와 13A 또는 15A 혼만 있어도 풀레인지 혼 시스템으로 간단한 스피커 운영이 가능하다(물론 오리지널은 억대인지라 부족하지만 복각혼을 사용할지라도…). 그리고 이 풀레인지 혼이 멀티웨이 시스템보다 대역 밸런스가 훌륭하다. 풀레인지라 하여도 약 80~8,000Hz 주파수 대역 커버에 불과한데 실제 들어보면 음악 듣는 데 큰 지장이 없고 음악성, 음장감, 투명도 등 모든 면에서 만족스럽다 555는 1925년대 초 개발되어 1926년 본격적 생산에 들어가는데 초기 555W 메쉬를 거쳐 555W, 555로 생산 종료된다.

초기 555W 메쉬는 다이어프램의 보빈이 베이클라이트제로 얇고, 중후기로 넘어오면서 종이보빈으로 바뀐다. 물론 모두 알루미늄 에지와 운도 보이스 코일을 사용하며 2인치 보빈직경으로 생산되었다(DCR−12.8Ω, LCR16~25Ω 그러나 실제 측정해보면 LCR도 DCR과 비슷하다). 뒤의 W(Wide−Range의 뜻)는 초기 540, 560 등의 마그네틱 에너지 변환계에 비해 '와이드'라는 의미로 해석되는데 과도기형 드라이버 551W에서도 W가 사용되었음을 알 수 있다. 후기로 가면서 W가 의미가 없어지자 그냥 555드라이버로 꾸준히 생산되었다. 555W와 555W 메쉬의 음질차이는 후면 메쉬커버의 밀폐형 변화에서 오는 컴프레션 차이로 보이며 커버를 제거하면 압력이 걸리지 않아 음색이 맑은 쪽으로 크게 변한다는 것을 알 수 있다. 필자가 보기에 555W와 555는 거의 음색 차이가 없는 바 깨끗한 555를 구하는 것이 비싼 555W를 구하는 것보다 이롭다고 생각한다.

»
(좌측 위부터)
555W 메쉬용 초기 오리지널 다이어프램과 555W 메쉬 드라이버

(우측 위부터)
555 드라이버
초기형 다이어프램(후기형과 달리 보빈이 베이클라이트다)
555 중기형과 후기형 드라이버와 초기형 다이어프램

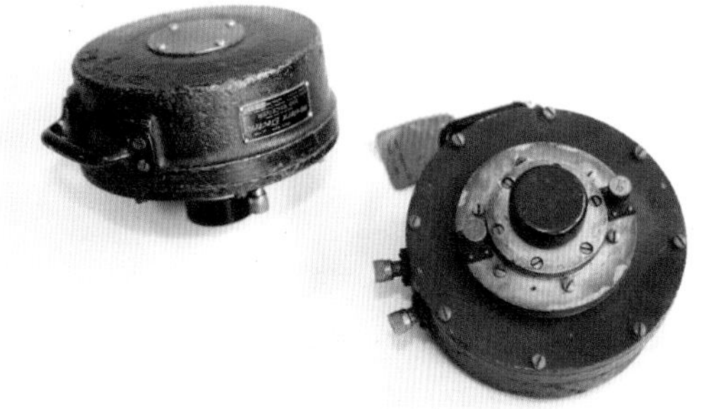

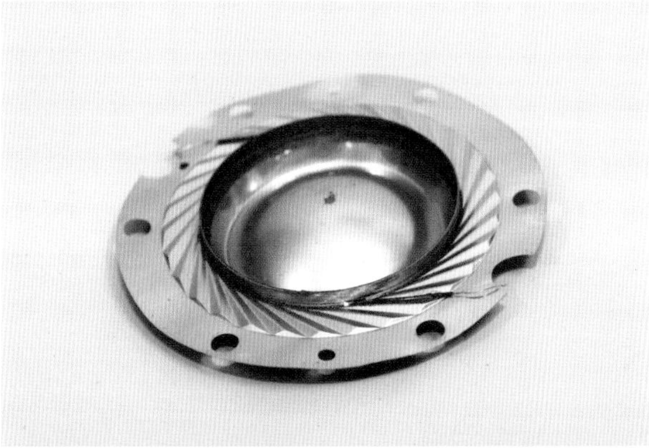

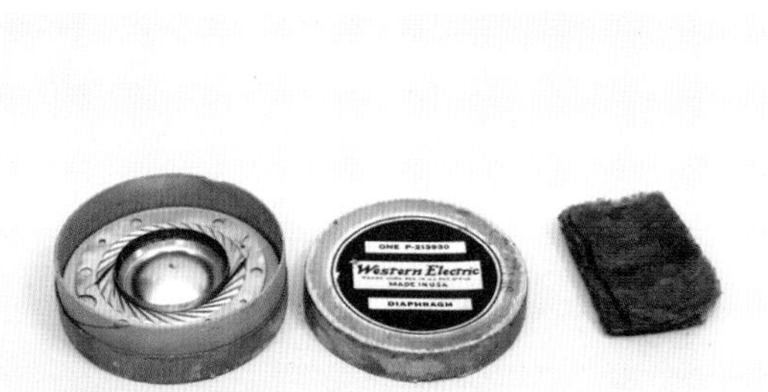

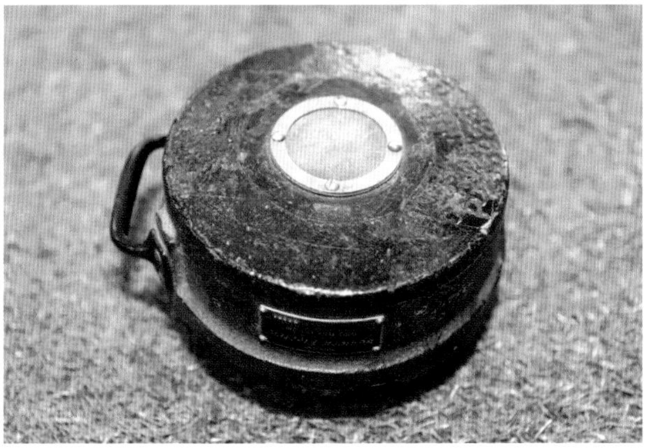

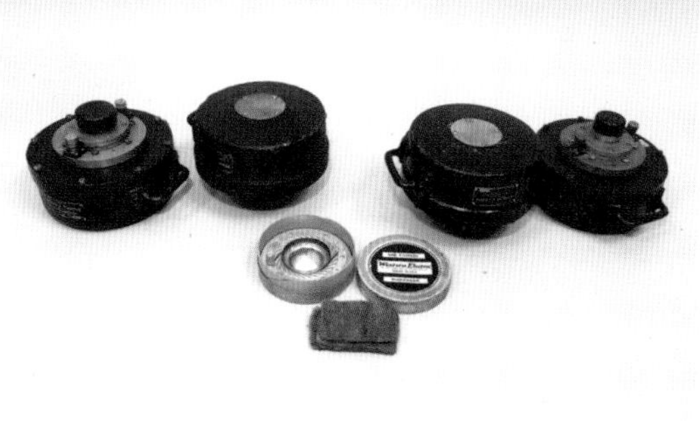

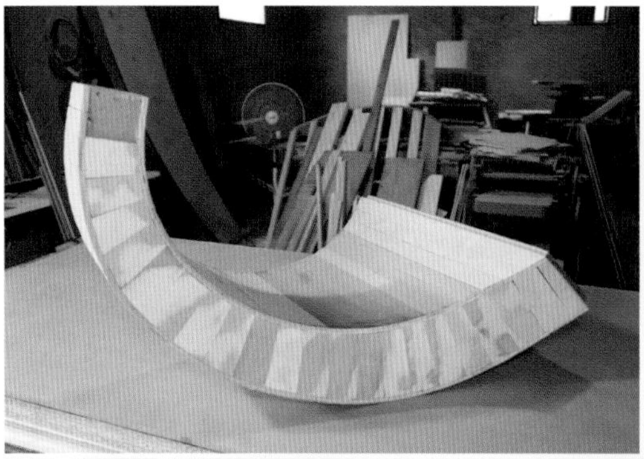
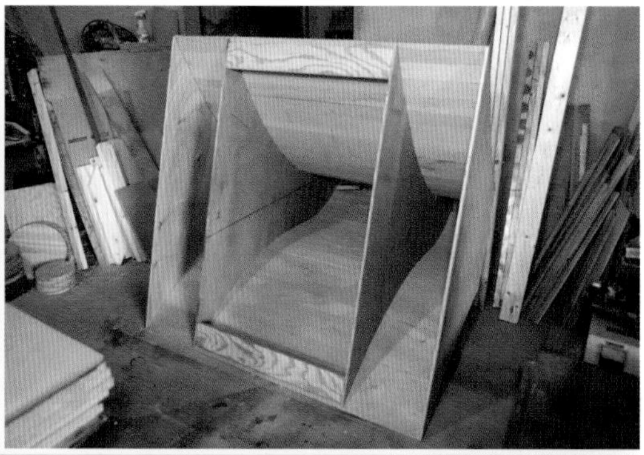
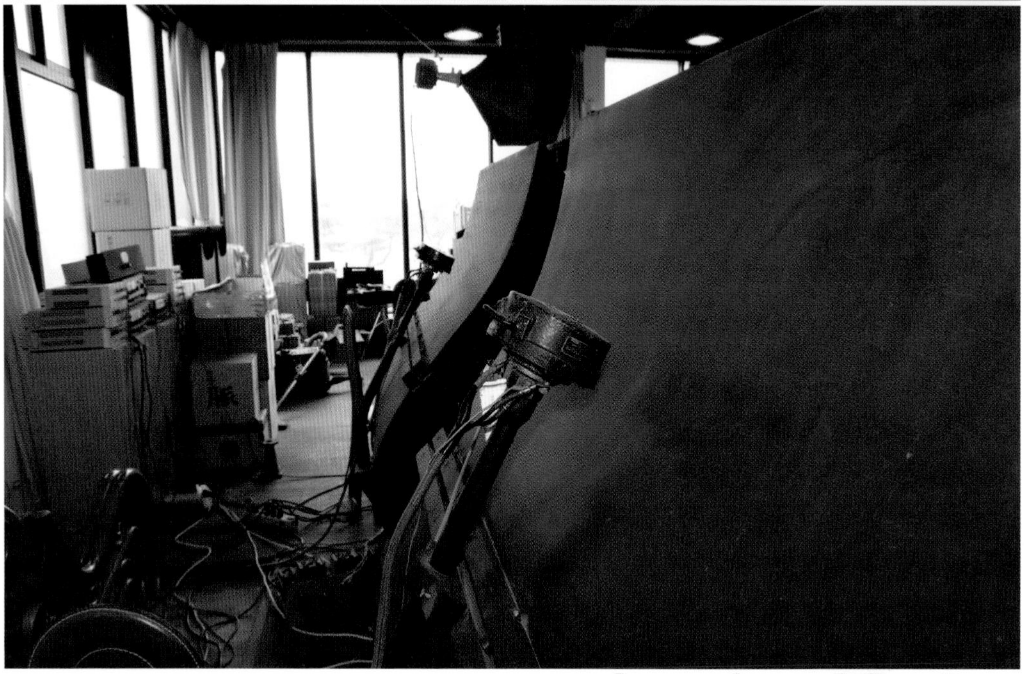
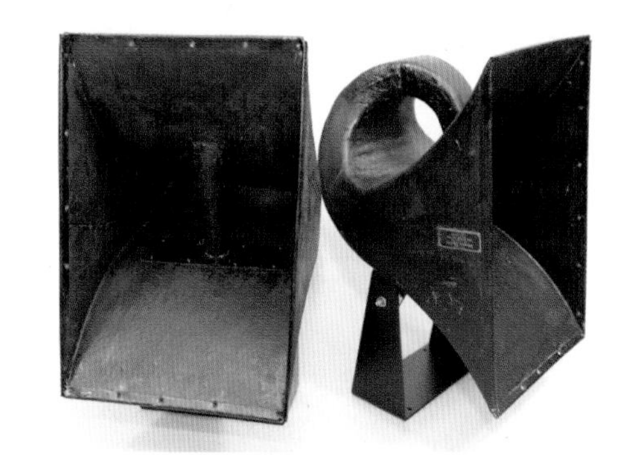
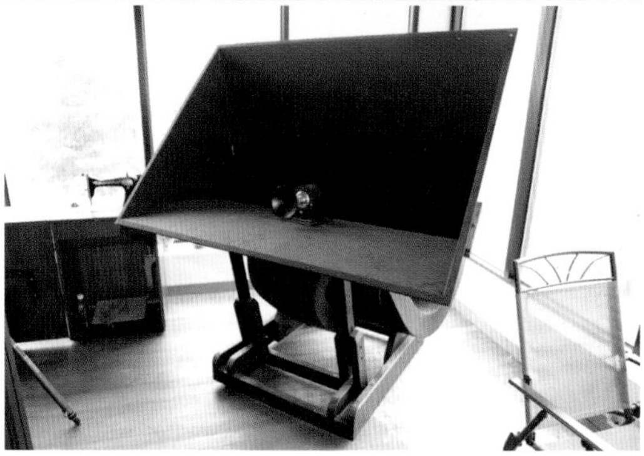
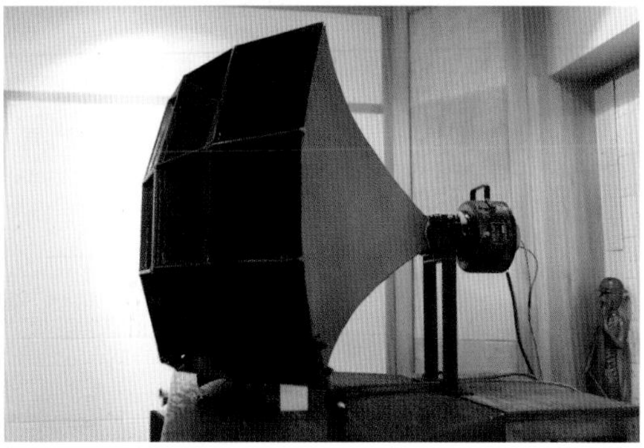

»
첫 번째 단의 왼쪽과 오른쪽은 국내에서 제작 중인 WE 혼, 두 번째 단은 오리지널 13A 혼 세트와 555드라이버이다. 세 번째 단 왼쪽은 KS-6368 펄프 혼, 오른쪽은 복각된 13A혼이며, 마지막은 고가의 웨스턴 혼을 대신하여 사용하는 듀케인 혼이다.

555와 22A혼을 조합해 4181A 또는 4151A 우퍼와 함께 쓰는 경우가 많은데 이는 편법으로 2웨이 이상으로 사용할 때는 4인치 다이아프림의 300Hz 이상 대역 카버 드라이버 594A와 조합하는 것이 맞다. 알다시피 594A가 훨씬 고가며 구하기도 쉽지 않기에 555를 대신 사용할 뿐이다. 대역 300~10,000Hz인 594A의 경우는 4181A가 적절하지만 555의 경우는 4151A와 상성이 맞고 2웨이 구성일 경우 약간 텁텁한 음색이 낀다. 이를 해소하기 위해서는 597 트위터를 추가할 필요가 생기는데 이러다 보면 결국 스피커 시스템 하나만해도 수억 원이 후딱 넘어가버린다.

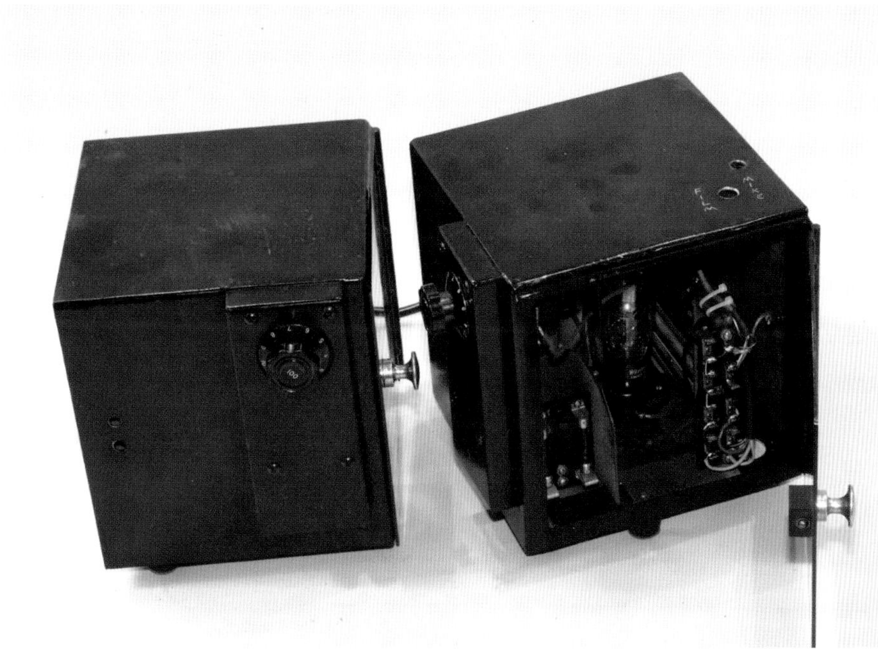

»
웨스턴 62A 프리앰프 오리지널

결국 WE 트랜스 프리 · 파워앰프 케이블 등에 함께 밸런스를 맞추어 세팅하려면 서민으로서는 상상도 못할 거금이 투자되어야만 일련의 WE 라인업이 완성될 수 있는 것이다. 그런면에서 WE 풀레인지 유닛 755A와 풀레인지 드라이버 555는 WE 사운드의 시점이자 종점이 될 수도 있는 스피커로 꿈틀대는 WE 로망을 잠재울 수 있는 좋은 접근법이 될 수도 있으리라 생각한다. 그러나 도저히 이것으로는 WE의 로망을 잠재울 수 없다면 잘 꾸며진 WE의 사운드를 한번 들어보기 바란다. 이것이 과연 자신에게 맞는 사운드인지…. 그러고도 매혹이 가시지 않으면 그때서야 시작해도 늦지 않다. 전술한 세 가지 자격조건을 만족시키기 위하여 아마 돈부터 벌어야 할 것이다. 그러나 필자의 경험으로 말하건데 아무리 WE라 하여도 오디오 시스템에서는 특별한 소리는 나오지 않는다는 것이다. 음색만으로 깊이 들어간다면 오히려 유성기 소리가 한 차원 깊다. 나에게 가장 좋은 시스템은 따라갈 수도 없는 꿈의 오디오가 아니라 내 방에서 음악을 음악답게, 소박하지만 편안한 소리를 들려주고 있는 나만의 간편한 오디오가 아닐까.

»
(좌측 위부터) WE 4A MC 픽업헤드, TA-4151을 대신해서 사용하기도 하는 Capehart 필드 우퍼, WE-728B, WE-4181A를 대신하여 사용하기도 하는 젠센 18"우퍼(HF 18)
(우측 위부터) WE 2A암, WE TA-4181A

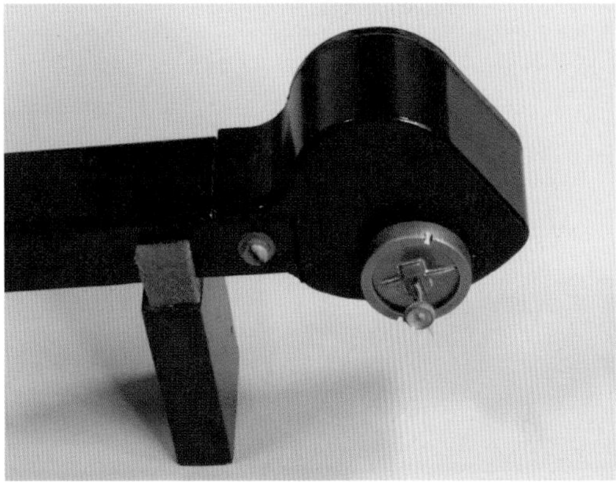

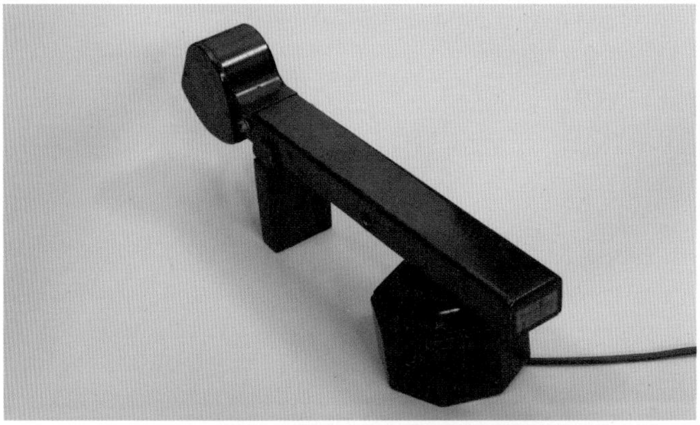

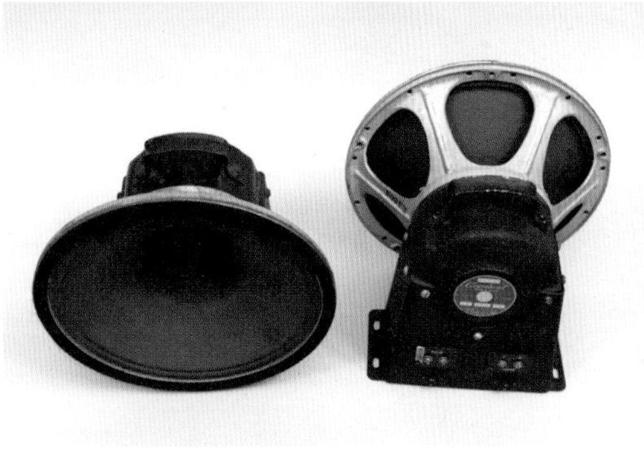

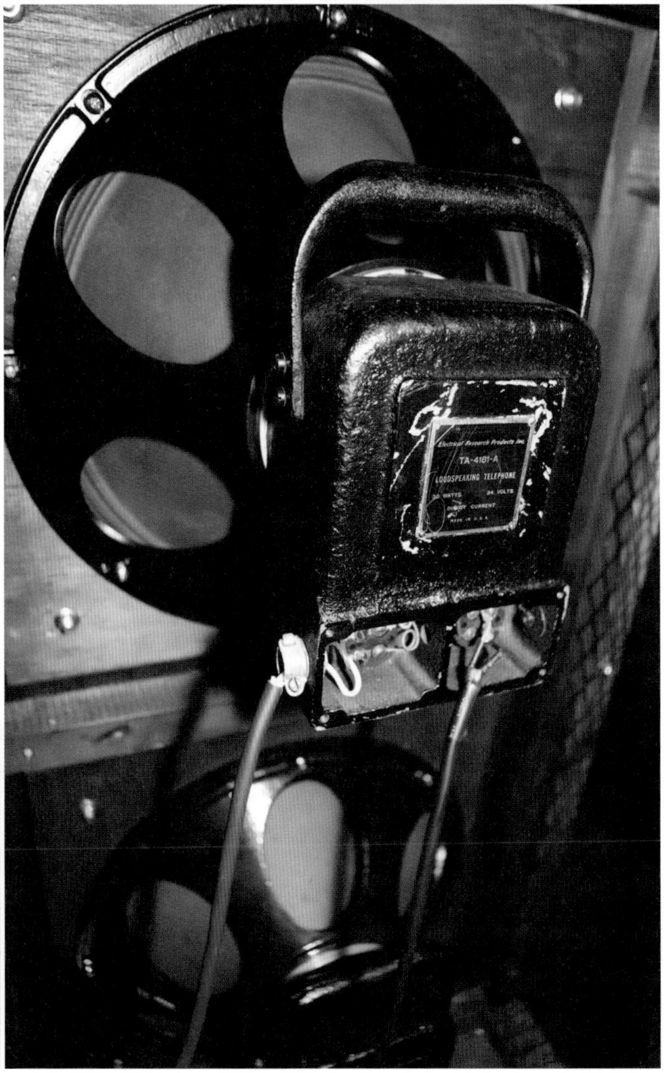

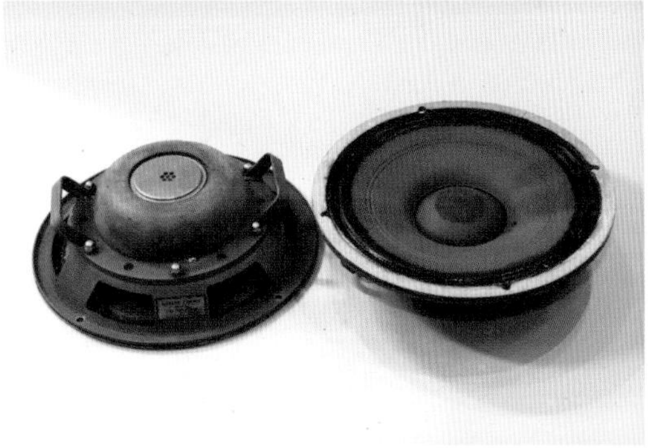

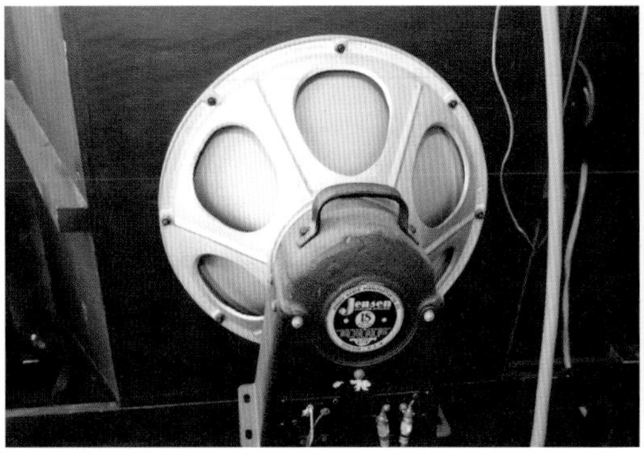

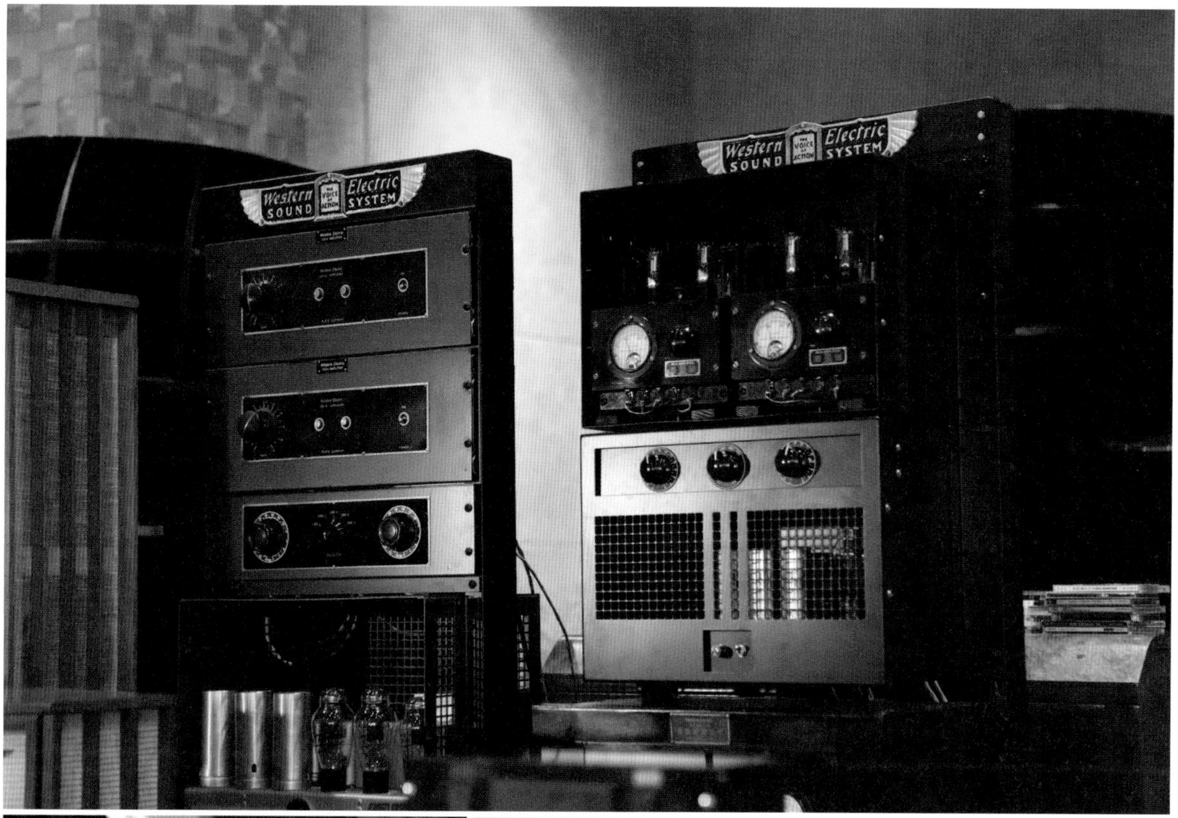

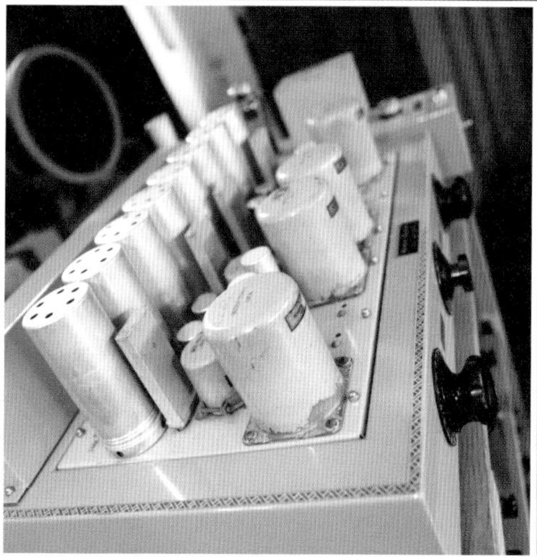

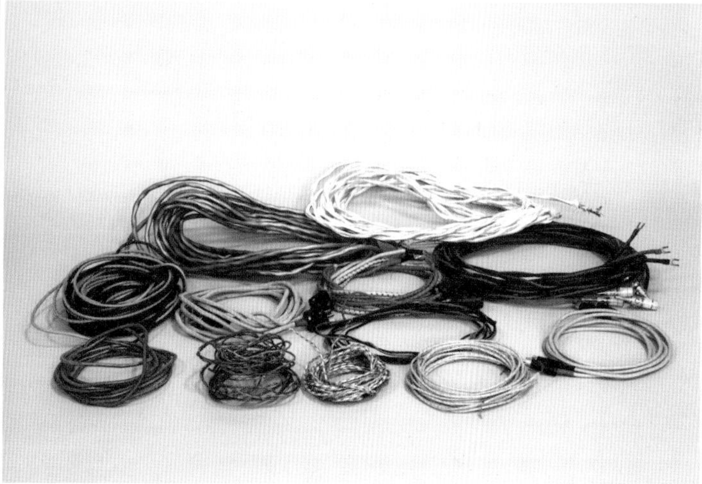

››
각종 웨스턴 파워앰프들(상단)
웨스턴 모듈을 사용해서 만든 자작 프리앰프(하단 좌)와 각종 웨스턴 케이블들(모두 WE OEM으로 시그널 선이 아닌 전원선도 있다. 하단 우)

부록 4

오디오 스펙 보는 법

오디오 기기의 특성을 나타내는 스펙은 기기 매칭이나 제품 선택 시 중요한 자료가 된다. 그러나 일부 스펙은 음질과 무관한 경우도 있어 올바른 이해가 필요하다. 많이 사용되는 스펙의 허와 실을 알아본다.

오디오 스펙(Specification)은 대부분 전기적, 물리적 수치로 나타내며 음질과 사용방법 및 매칭관계를 표시해야 한다. 그러나 그 규정된 스펙이 가장 중요한 음질은 규정짓지 못할 뿐 아니라 오히려 소비자를 현혹하고 상술에 이용되기도 한다. 이것은 측정방법에 따라 그 결과 수치가 달라지며 꼭 어떻게 표시해야 한다는 강제규정이 아니기 때문이다. 또한 측정된 수치가 좋다고 반드시 음질이 좋은 것만은 아니어서 오히려 좋지 않은 스펙의 제품이 음질은 우수한 경우도 많다. 우리는 지금 음질과 전혀 관계없는 엉뚱한 그 무엇을 측정하고 있을지 모른다. 음질을 좌우하는 스펙은 전혀 다른 그 어떤 미지의 것일 수도 있다는 것이다.

최근 들어서 스펙을 표시하지 않고 그것을 소비자가 판단할 수 있도록 하거나 실용적 측면에서 필요 없는 스펙(주파수 특성 등)을 과감히 생략하는 보급품 스피커도 많이 등장했다. 이런 류의 제조사들은 '들어보고 구입하기'를 강조하며 스펙의 무용함을 내세운다. 또한 어떤 메이커들은 스펙에 얽매이지 않고 '청감상' 우수한 음질을 위해 과감하게 나쁜 사양을 선택하기도 한다. 풍성한 저역은 디스토션이 많고 고역을 매스킹 하여 윤곽이 분명하지 못한 사운드가 재생될 우려가 있기 때문에 저역을 롤오프시켜 주파수 특성을 협대역으로 만들고 필요로 하는 깨끗한 이미지의 저역만 제공하는 스피커가 그 좋은 예다. "저역을 얼마든지 재생할 수 있으나 스스로 절제미를 갖추는 것이 훌륭한 스피커 생산 과정"이라는 모 스피커사의 주장은 필자에게 대단히 설득력 있게 들린다.

음질은 사양보다는 제품의 무게에 비례한다는 애호가들의 주장은 확실하지는 않지만 스펙에 관한 정확한 판단일지도 모른다. 사실 사용자가 음질을 판단할 수 있는 척도가 스펙에는 나오지 않는다. 다만 추측에 의해 '이 정도겠구나' 하는 것으로 만족해야 한다. 그러나 최근 들어 양을 재는 스펙과 기능적 스펙도 대단히 중요해지고 있으며 그 외에 몇몇 중요한 사양은 소비자가 꼭 알고 넘어가야 할 것들이다. 대부분의 오디오 애호가들은 기술자가 아니라 사용자에 속한다. 따라서 기본 스펙은 여러 가지 전자적, 물리적 상식을 모르면 이해하기 힘든데 이것에 대한 상세한 설명을 풀어서 표기하는 회사는 없다. 사용자가 스펙을 참고하여 구매나 매칭에 따른 시행착오를 줄일 수 있다면 얼마나 다행한 일인가. 이러한 관점에서 실제로 짚고 넘어가야 할 제품별 스펙 보는 법을 실사용자들이 쉽게 이해할 수 있도록 설명해보고자 한다.

1. 스피커 관련 스펙

1) 주파수 특성 Frequency Response

주파수 특성은 스피커가 재생할 수 있는 주파수 범위를 나타내며 어떻게 보면 음질과 무관할지도 모른다. 대부분의 음악 성분들은 70~8,000Hz 정도이고 애호가들은 보통 30~15,000Hz 사이의 주파수만을 들을 수 있을 뿐이지만 실제 음향학상으로 인간의 가청 주파수 대역은 20~20,000Hz로 대부분의 스피커들이 이와 근접한 주파수 특성으로 설정되어 있거나 고역의 경우 50,000Hz를 넘는 초음파 영역까지 재생하는 스펙을 갖는 경우도 많다.

그러나 광대역의 주파수 범위를 가지고 있는 스피커를 실제 시청해보면 음역이 절반도 안 되는 스피커보다도 청감상 응답특성이 좁을 뿐 아니라 음질도 그다지 좋지 못해 실망할 때가 많다. 이것은 수치상의 스펙과 청감상 특성은 큰 거리가 있음을 뜻하는 것으로 그 이유는 귀의 특성이 수치만큼 예민하지 못하고 측정방법에 따라 많은 오차가 발생하기 때문이다.

주파수 특성은 평탄한 것(청감상 저역이나 중역, 고역이 같은 음압으로 느껴지는 것)이 가장 이상적인데 저역이 강조되면 양감은 있지만 음이 무겁고 화사하지 못하며 답답하고, 고역이 강조되면 반대로 화사하고 윤기는 있지만 양감이 생기지 않는다. 주파수 특성은 각 대역별 응답 특성이 ±3dB 이내에 드는 것을 원칙으로 하지만 주파수 특성을 넓게 하기 위해 허용범위 오차를 넓게 잡는 경우도 많기 때문에 현혹되지 말아야 한다. 즉 50~20,000Hz±6dB보다 50~20,000Hz±3dB이 평탄한 응답특성이며, 좋은 스피커 주파수 특성일수록 오차 한계 대역이 좁아져 50~20,000Hz±1dB 등으로 표기된다. 따라서 응답 주파수 대역은 항상 뒷부분의 한계 대역 범위를 함께 봐야 하며 만약 주파수 대역을 넓히기 위해 오차 한계를 ±6dB로 잡은 스피커가 있다면 요주의 대상이므로 그 응답특성에 대한 자세한 검토가 뒤따라야 한다. 3dB 오차는 스피커에 입력되는 전력의 2배 증가를 의미하는 것으로 실제 전기에너지상 오차가 대단히 큰 것을 뜻한다. 또한 저역 한계가 낮은 스피커는 저역의 디스토션이 발생할 확률이 높기 때문에 오히려 롤 오프 시켜 저역을 제한하고 깨끗한 음상의 사운드를 재생하는데 역점을 두는 메이커도 많은 만큼 주파수 특성에 너무 얽매일 필요는 없다.

PERFORMANCE	
Recommended amplifier power	50 – 250 Watts
Continuous power handling	150 Watts RMS
Peak power handling	550 Watts Peak
Maximum SPL	115dB(150 Watts RMS / 1m) 121dB(550 Watts Peak / 1m)
Sensitivity	94dB(2.83Volts @ 1 metre)
Nominal impedance	8 ohms
Frequency response	23Hz – 22,000Hz ±6dB
DRIVE UNIT	
Dual Concentric™ High frequency	52mm (2″) Aluminium alloy dome, alnico magnet system with PepperPot Waveguide™
Dual Consentric™ Low frequency	300mm (12″) treated paper pulp cone with HE twin roll fabric surround, 52mm (2″) flat copper ribbon voice coil
Dispersion	90 degrees conical
CROSSOVER	
Frequency	1.1KHz
Type	2nd order compensated LF, 2nd order compensated HF
Adjustment	± 3dB over 1.1KHz – 22KHz Shelving +2dB to –6dB per octave over 5KHz–22KHz slope
CABINET	
Enclosure type	Twin rear ported
Dimensions mm	1080×620×447
Weight kgs	61.5
Volume litres	200
Cabinet Finish	Teak

[표1. 스피커 사양의 예]

2) 감도 또는 능률 Sensitivity

감도는 스피커에서 중요한 스펙으로 어떤 출력의 앰프를 사용할 것인가와 관련된다. 스피커는 에너지변화계(트랜스듀서)로서 입력되는 에너지의 소리 변환율이 매우 저조해 대부분 15% 미만에 불과하며 나머지는 거의 열에너지로 방출된다. 능률은 무향실에서 스피커 전방 1m에 마이크를 설치하고 1W(2.83V)를 입력하여 음압(SPL, Sound Pressure Level)을 측정한 것이다. 따라서 기본 단위가 dB/1W·1m이며 87dB 이하는 저능률, 88~93dB이면 중간 능률, 94dB 이상이면 고능률 스피커로 구분할 수 있다. 능률 92dB 스피커의 에너지 변환율은 1%정도로 스피커에 입력되는 앰프 출력이 100W라면 단지 1W만 소리가 되고 나머지 99W는 열로 손실된다는 것을 뜻한다. 만약 86dB 감도의 스피커라면 더욱 낮아 0.25% 불과한 0.25W만 소리가 되며 99.75W가 열로 손실되는 것이다. 95dB이면 2W, 98dB이면 4W, 101dB이면 8W, 102dB이 되어야 겨우 10W

의 소리 에너지 변환율을 보인다. 나머지 에너지는 스피커 코일에서 열로 변화되거나 네트워크에서 열로 손실된다. 따라서 감도 92dB/1W·1m 스피커에 100W 앰프를 연결한 것과 102dB/1W.1m 감도 스피커에 10W 앰프를 연결한 것은 같은 음량이며 86dB/1W.1m의 스피커 경우에는 400W 출력의 앰프를 걸어야만 앞의 스피커들과 동일한 결과를 얻을 수 있다. 스피커의 음압은 입력 전력이 2배가 되어야만 겨우 3dB 증가한다. 즉 100W가 입력된 스피커의 동일거리상 음압이 100dB이라면 입력을 200W로 올리면 소리 크기는 3% 정도 증가한 103dB로 들린다는 뜻이다. 이것은 인간의 귀가 전기에너지 변화량과는 다른 감응도를 지니고 있음을 의미한다.

스피커와의 청취위치가 2배가 되면 6dB이 감소하므로 감상위치와 스피커 간의 거리 및 감도, 스피커에 입력되는 앰프의 출력을 알면 쉽게 청감상 음압을 계산할 수 있다. 일반적으로 음압, 전압, 전류는(턴테이블, 튜너, S/N 등) 상용로그의 20배수를 취하여 20logχ의 10배=20dB, 100배=40dB, 1,000배=60dB, 10,000배=80dB이 된다. 즉 20dB마다 10배씩 증가하며, 2배는 6dB, 3배는 9dB, 4배는 12dB, 5배는 14dB이 되고 예를 들어 30배는 30=3×10 이므로 9dB(3배)+20dB(10배)=29dB로 각 수에 대응하는 dB을 곱하지 말고 더하면 답이 나오니 상식으로 알아두면 좋다. 최근에는 공업용 계산기가 일반화되어 20log30을 계산하면 쉽게 29dB이라는 값을 얻을 수 있다. 출력전력(파워앰프 등)은 10logχ의 10배수로 상용로그 값을 취하면 되는데 위의 1/2이므로 10배=10dB, 100배=20dB, 1,000배=30dB, 10,000배=40dB이 되면 2배=3dB, 3배=4.5dB, 4배=6dB, 5배=7dB이 된다. 이와 같이 전기적 신호 비율을 dB로 바꾸어 사용하는 이유는 사람의 귀에 감응하는 비율이 dB로 변환한 것과 비슷하여 감각적인 척도가 되기 때문이다. 0dB은 인간이 들을 수 있는 최소 음압으로 소리진동이 귀청에 주는 압력이 0.0003μb(1기압=1,013mb)일 때를 의미하여 50dB은 일반인들의 대화음압 정도이고, 고속도로 주변은 60dB, 오케스트라의 음압은 90~100dB, 지하 전동차 소리 120dB, 비행기 소리는 130dB정도인데, 140dB이면 귀가 불편하고 150dB에 이르면 고막이 파괴된다. dB에 대한 기초가 없으면 오디오 스펙을 이해하기가 어려우므로 잘 익혀둘 필요가 있다. dB의 d는 라틴어 decimus에서 온 것으로 1/10을 뜻하며 뒤의 B는 전화 발명자 벨(Bell)의 이니셜인데 그가 이 음압의 단위를 규정지었기 때문이다.

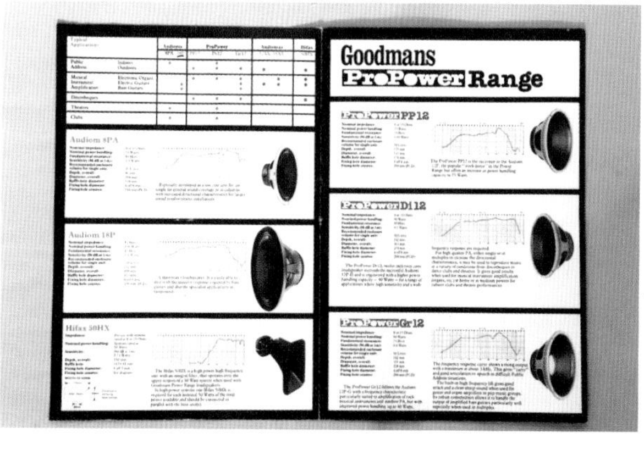

»
스피커 유닛의 주파수 특성 그래프

3) 최대 출력 Maximum Output (SPL)

스피커에 앰프 출력을 증가시켜 입력시키면 그에 비례하여 음압이 대수적으로 증가하게 된다. 다만 어느 정도에 이르면 아무리 볼륨을 올려도 (스피커 파괴한계점 이하에서) 음압이 증가하지 않게 되는데, 이를 포화점이라고 하고, 이때를 최대 음압이라 하며, 이는 스피커 인클로저의 강도나 유닛의 강도에 관련되어 있다. 포화점이 100W 입력 시 112dB이라면 200W를 입력시켜도 112dB이상 음압이 올라가지 않는다. 스피커 최대 출력은 리스닝 룸이 넓고 감상자와 스피커간의 거리가 크다면 꼭 감안해야 할 스펙이며 그렇지 않은 경우는 크게 문제없다. 따라서 가정용 스피커보다는 프로용 스피커에서 중요한 스펙이다. 스피커 최대 입력은 스피커에 입력할 수 있는 최대 입력을 뜻하며 이 이상 입력하면 스피커가 훼손될 수 있다는 뜻이다.

4) 크로스오버 주파수 Crossover Frequency

fc로 표기하며 스피커 유닛별로 분리하여 주파수를 끊어주는 점이다. 따라서 Fc가 1개면 2웨이, 2개면 3웨이, 3개면 4웨이가 되는데, 이것이 많다고 좋은 스피커는 아니다. fc가 없는 풀레인지의 경우가 오히려 좋을 수도 있으며 가능한 3웨이를 넘지 않는 것이 바람직하다. 스피커 내에서 주파수를 분리하는 역할을 하는 것이 디바이딩 네트워크(Dividing Network)인데 교차점의 감쇄율에 따라 1차 6dB/oct, 2차 12dB/oct, 3차 18dB/oct, 4차 24dB/oct로 나뉜다. 옥타브(oct)는 주파수가 2배가 되는 지점을 뜻하는 것으로 1KHz의 한 옥타브 위는 2KHz, 3옥타브 위는 4KHz가 된다. 앞의 dB수는 이 옥타브에 해당하는 음압 감쇄율로 숫자가 클수록 급경사를 이룬다.

급경사를 이룰수록 크로스오버 주파수 지점을 샤프하게 끊어 크로스오버 주파수 지점에서의 음질왜곡이나 디스토션을 감쇄시킬 수 있지만 그만큼 네트워크 회로가 복잡해져 능률상 부작용도 뒤따른다.

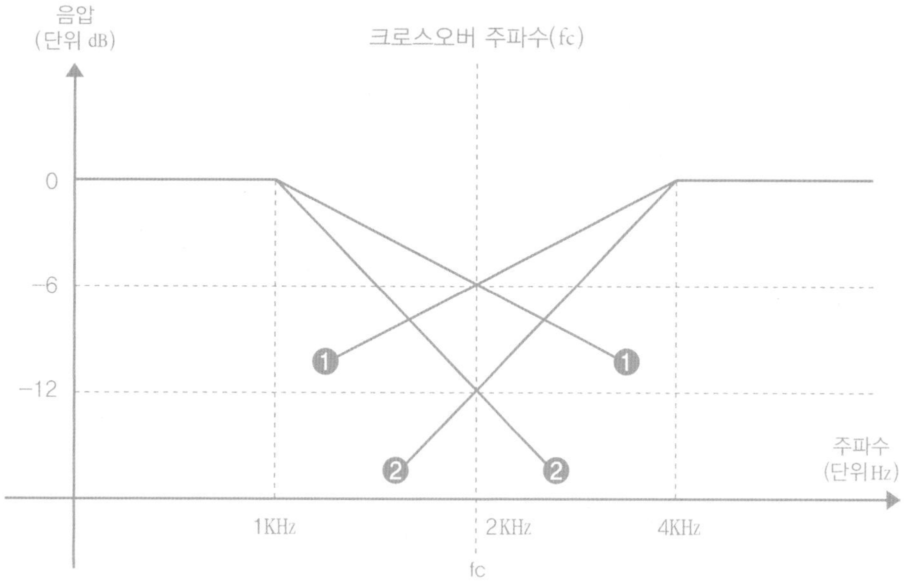

❶번 사선→ fc 2KHz 6dB/oct 네트워크

❷번 사선→ fc 2KHz 12dB/oct 네트워크

[표2. 크로스오버의 단위 옥타브당 음압 감쇄율]

따라서 보통 CR형에서는 1차, 2차 네트워크가 일반적이며 고차가 되려면 능동소자에 의한 액티브 필터가 되어야 한다. 어떻든 fc점이 많을수록 크로스 오버디스토션(찌그러짐, 의율)이 증가하여 해가 되는 경우도 많다. 스피커 형식 스펙에 대한 구분을 별도로 하지는 않겠지만 저음 반사형과 트랜스미션 라인의 차이에 대해서는 언급해두기로 하겠다. 이 둘은 대부분의 애호가들이 혼동을 일으키는 것으로 외형상 둘 다 덕트가 뚫려 있기 때문이다. 저음반사형의 덕트는 길이가 짧고 저역의 증가용으로 사용되나 트랜스미션 라인의 덕트는 스피커 유닛 뒷편으로부터 백로딩 로드를 설치하여 차츰 그 폭을 줄여 나가면서 (혼 스피커의 백로딩 혼은 차츰 넓혀 나가는 것이 다르다) 생긴 최종 출구인 것이다. 저음반사형은 저역의 양이 많아 밀도가 떨어지며 경쾌하나 트랜스미션 라인 스피커는 저역의 느낌이 유려하고 낭창한 반면 혼의 느낌을 약간 가지고 있지만 아주 낮은 저역까지는 잘 내려가지 않는다. 이에 반해 밀폐형의 저역의 양은 저음반사형에 비해 떨어지지만 음상이 무겁고 박력 있으며 양감이 있다.

2. 파워·프리 앰프 관련 스펙

1) 출력 Power output

파워앰프의 출력은 기준을 무엇으로 하느냐에 따라 그 변화폭이 대단히 크므로 단순히 몇 와트(Watts)인가 하는 숫자로 판단하지 말고 어떤 상태에서 측정된 것인가에 주의해야 한다. 이것에 대해서는 세계적으로 통일된 규정이 없으며 따라서 각 회사마다 표기 방법이 다양하다. 출력이 꼭 앰프의 성능을 좌우하는 것은 아니지만 출력과 성능은 비례하는 경우가 많고 또한 스피커와의 매칭을 생각해야 하기 때문에 정확한 출력량에 대한 이해가 없으면 시행착오의 늪에 빠지기 쉽다. 요즘은 거의 사용하지 않지만 뮤직 파워는 순간적으로 낼 수 있는 출력을 표시하는 것으로, 이는 실효출력(RMS : Root Mean Square Value로 피크 투 피크(P−P) 값을 $\sqrt{2}$÷1.41로 나눈 값이다)보다 약 40% 증가한 값을 말한다. 또한 앰프 출력은 중역 1KHz를 입력시켜 증폭하면 가장 큰 출력을 얻을 수 있는데 저역이나 고역에서는 출력이 감쇄하므로 기준 주파수를 20~20,000Hz 전대역으로 표시하는 것이 바람직하다. 스테레오 앰프의 경우 양채널을 동시에 동작시키는 것보다 1채널만 동작시키는 경우가 출력값이 큰데, 이는 전원 공급 능력이 출력을 좌우하기 때문이다. 전원 설계가 빈약할수록 양채널 동작 시와 1채널 동작 시 출력값의 차가 크며 따라서 반드시 양채널 구동 시의 출력을 기준하여야 한다. 출력 디스토션의 양도 출력에 민감하게 작용하는데 적으면 적을수록 좋으며 THD 0.1% 이하가 바람직하다(고급앰프는 0.05% 이하도 있다). 최근에 나오는 대부분의 TR 앰프는 OCL 방식이므로 스피커의 부하 임피던스가 1/2로 떨어지면 앰프 출력은 약 40% 정도 증가하여 100W/ch 8Ω은 140W/ch 4Ω이 된다. 그리고 앰프의 바이어스를 거는 방식에 따라 A, B, C, D 클라스 등으로 구분되는데 A클라스 앰프들은 출력이 작아도 스피커핸들링능력이 크며 항상 바이어스를 높게 걸기 때문에 기본 열이 많다. 그러나 음질은 특유의 고역 온화함과 우아한 깊이를 가지고 있어 고급앰프에 채택된다. 최근에는 AB 클라스 앰프가 주류인데 낮은 출력부에서는 A클라스, 높은 출력시에는 B클라스로 동작하는 특징이 있으며 의외로 D클라스이지만 힘과 음질을 구사하는 앰프도 많아졌다.

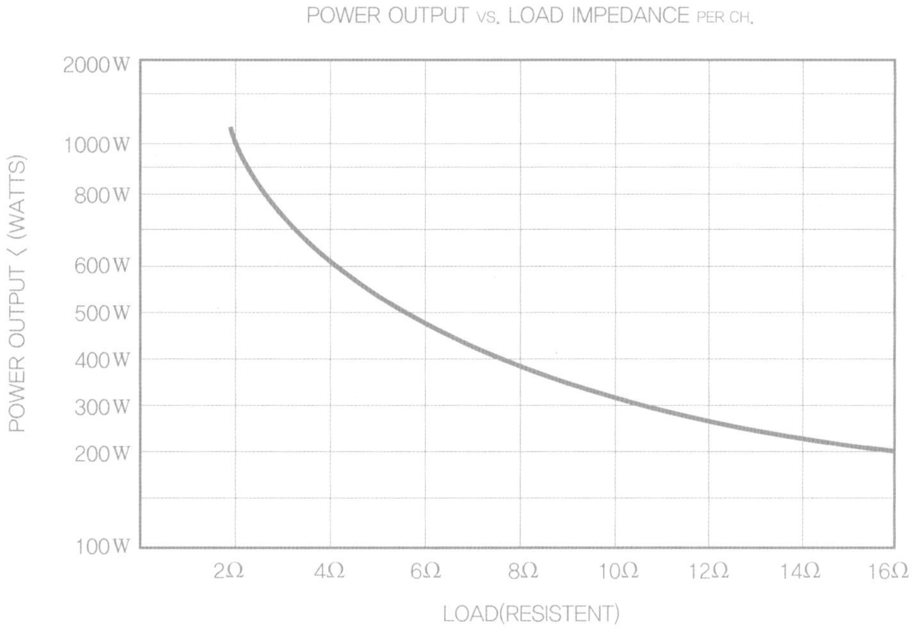

[표3. 스피커 부하 임피던스에 따른 파워앰프 출력 변화]

Configuration &Load(ohms)		FTC Continuous Average Power at 0.1% THD		Max Average Power at 0.1% THD	EIA Watts at 1% THD
		20Hz~20Hz	1KHz	1KHz	1KHz
Stereo (both channels powered)				700	
	4Ω	400	470	495	495
	8Ω	295	320	320	330
	16Ω	175	185	185	190

[표4. 앰프의 측정규격에 따른 출력비교표의 한 예]

2) 댐핑 팩터 Damping Factor

댐핑 팩터는 앰프가 스피커를 제어하는 능력을 말하는데 연결되는 스피커의 부하 임피던스와 앰프 출력단 내부 임피던스와의 상관관계이므로 아래와 같은 공식이 된다.

$$\text{댐핑 팩터} = \frac{\text{스피커의 공칭 임피던스}}{\text{파워앰프 출력단의 내부 임피던스}}$$

스피커 임피던스가 2배로 커지면 댐핑 팩터도 2배로 커진다. 보통 진공관 앰프의 경우 30~40 내외이며, 가정용 TR앰프의 경우 300~500 정도인데 프로용 파워 앰프 중에는 20,000까지도 올라가는 제품이 있다. 물론 이 값이 크다고 좋은 소리가 나는 것은 아니지만 그 값이 클수록 박력 있고 고급설계라는 것은 예상할 수 있다. 또 이 수치와 청감상 댐핑은 비례하지 않는다. 표기 방법은 500 : 1 at 8Ω Below 500Hz 등이다. 그래서 앰프 중에는 댐핑팩터를 조절할 수 있는 가변저항이나 저항연결단자를 갖추고 있어 사용자 취향에 따라 임의로 절환할 수 있는 제품도 있다.

POWER
Nominal Power : 2×175 Watts RMS(8 Ohms)
2×100 Watts RMS(16 Ohms)
Maximum Power : 2 × 350 Watts RMS(3 Ohms)
Maximum Voltage Swing : 55 Volts peak
Maximum Current Swing : 35 Amps peak
These figures are for both channels driven

CROSSTALK
Separation: 〉 100dB between channels, Isolated ground

INPUT SENSITIVITY
Nominal Level : 1.55 Volts(+6dB)
Input Impedance : 50 kOhms

POWER SUPPLY
Nominal Line Voltage : 117 Volts, 234 Volts (by internal wiring)
or 100V on special order
AC Vltage Range : ± 10%
Maximum Power Consumption : 1200W
Standby Power Consumption : 80W
4 Toroidal Transformers, 8 Separate Power Supplies

[표5. 파워앰프 스펙의 한 예]

이 앰프는 B클라스 앰프임을 예상할 수 있는데 스탠바이 소비전력이 80W로 낮기 때문이다. 만약 A클라스 앰프면 기본 스탠바이 소비전력이 맥시멈 소비전력 1200W에 육박하는 1000W 정도는 될 것이다.

3) 입력 감도 Input Sensitivity

이 값은 프리앰프, 파워앰프 간의 매칭에 대단히 중요한 데이터이다. 물론 양적인 척도지만 말이다. 파워 앰프의 입력감도는 대부분 0.775V(0dB)~1.4V(+4dB)이며 이 전압이 프리앰프로부터 입력될 때 최대 출력이 된다는 뜻이다. 따라서 입력감도 0.775V가 1.4V보다 증폭도가 크며 입력감도와 비슷한 상용출력(Nominal Level)의 프리앰프를 연결하는 것이 바람직하다. 즉 입력감도 1.4V의 파워앰프에는 상용출력 1.4V 출력의 프리앰프를 연결해야 게인 밸런스가 정상이 되고, 만약 0.775V 출력의 프리앰프를 연결했을 때는 2배 이상 볼륨을 올려야만 정상 출력이 나온다는 것이다. 파워앰프 중에는 입력감도를 가변할 수 있어 입력게인의 조정에 의해 음질이 가장 좋은 지점에서 정상 음량이 나오도록 배려한 것도 많다. 또 프리앰프나 파워앰프에 스위치를 장착하여 0.775V나 1.4V 모두에 사용하도록 설계한 제품도 있다. 그러나 스위치가 첨가되므로 음질열화가 생긴다. 앰프의 주파수 특성 역시 넓고 평탄한 것이 좋으며 그래프로 표시되는 경우는 0dB 기준으로 1dB의 허용오차 한도 내에서 설정하여 20~20,000Hz±1dB로 표시되지만 이상적인 것은 0~100,000Hz(±0.1dB) 정도다. 출력 대역폭은 1KHz 중심으로 실효출력 시 디스토션을 일정하게 정하고 출력이 1/2로 감쇄하는 대역폭을 말하며 동일 앰프의 음압변동 대역에 따른 출력 대역폭의 예를 들면 다음과 같다. 30Hz~15KHz(±0.1dB), 0~50KHz(±1dB), 0~100KHz(±3dB)로 음압 변동 범위 폭을 넓히면 출력 대역은 대단히 넓어진다.

4) S/N비 Signal/Noise Ratio

S는 Signal, N은 Noise를 뜻하며 신호성분 중 잡음성분이 얼마나 들어있는가를 나타낸다. S/N은 dB로 표시하며 S/N 100dB이란 신호성분이 잡음성분의 100,000배라는 뜻으로 신호 100,000 중에 1이 잡음이라는 것이다. 좋은 파워 앰프라면 S/N비가 110dB(20~20,000Hz)이상은 되어야 하며 프리앰프 라인입력의 S/N비는 80dB(20~20,000Hz) 이상이 바람직하다. (앞 장 스피커의 감도 또는 능률에서 음압, 전압, 전류는 상용로그의 20배수 계산법 참조)

5) 채널 분리도 Channel Separation or Crosstalk

앰프나 소스에서 L.R 채널간의 신호 누설량을 뜻하며 역시 dB로 표기한다. 이 신호 누설은 중역에 비해 저역과 고역이 불리하기 때문에 채널 분리도는 기준 주파수를 표기하는 것이 원칙이다. 일반적으로 프리앰프의 채널간 크로스토크는 80dB 이상이 바람직한데 이는 1/10,000의 시그널이 상대 채널로 유입된다는 뜻이다. 카트리지의 경우 30~40dB(최근 45dB이 넘는 것도 있다) 내외가 보통이며 CDP의 겨우 95dB(20~20,000Hz) 내외가 스탠더드다.

6) 고조파의 Harmonic Distortion

앰프의 입력단에 1KHz의 사인파 시호를 입력시키면 출력된 신호에 1KHz 외에 짝수배인(우수차 고조파) 2KHz, 4KHz, 6KHz 등의 신호와 홀수배인 (기수차 고조파) 3KHz, 5KHz, 7KHz 등의 새로운 성분 신호도 증폭되어 나오는데, 이를 통틀어 고조파의라 하며 음성신호 대역에서 생기는 전고조파의 합을 THD(Total Harmonic Distortion)라 하고 %로 표시한다. 이는 실험실에서 단일 주파수를 입력하여 얻는 정특성으로 실제 오디오의 복합적 주파수 음성 증폭 때와는 상황이 다르므로 음질과 직접적으로 관계있는 것은 아니라는 주장도 있지만 1%가 넘으면 귀로 감별할 수 있을 만큼 거슬리며 짝수차 고조파보다는 홀수차 고조파가 청감상 거슬림이 많다. 이는 짝수차 고조파가 원파와 배음관계에 있기 때문이며 최근의 앰프들은 THD 0.05% 이하가 대부분이다. 어떻든 상대적으로 작은 수치가 좋은 것은 당연하고 최고급 앰프의 경우 0.005%까지도 내려간다. 그러나 단순히 THD값만으로 음질을 평가하는 것은 금물이다. 짝수차 고조파의가 많은 진공관 앰프의 2% THD가 오히려 홀수차 고조파의가 많은 TR앰프 0.02% THD 보다 음질이 좋은 경우는 허다하기 때문이다.

7) 혼변조의 IM(Inter Modulation) Distortion

고조파의가 하나의 기준 주파수 신호에 의해 발생되는 찌그러짐으로 정특성에 가깝다면, 혼변조의는 동특성으로 2개 이상의 음성신호가 입력되었을 때 파생되는 찌그러짐으로 실제 음성신호 성분에 가까우며, 따라서 음질을 좌우하는 정도가 고조파의보다 높지만 일반 스펙에서는 THD만 표시되어 있는 경우가 많아 아쉬움이 남는다. 예를 들어 1,000Hz의 고음과 90Hz의 저음이 동시에 앰프에 입력될 때 출력단에는 1,000Hz 외에 1,000+90=1,090Hz 그리고 1,000−90=910Hz와 같은 새로운 혼변조 디스토션이 발생하는데, 이는 고조파의와 같이 입출력간의 전기적 밸런스가 무너질 때 많아지며, 앰프의 증폭한계 이상으로 큰 신호가 입력되면 출력신호의 피크 부분에 디스토션이 생기기 시작하여 결국에는 직류성분에 가까운 방형파가 되는데, 이와 같은 클리핑 디스토션은 스피커를 손상시키는 주요 원인이 된다. 이런 이유로 내입력 100W의 스피커에 200W 앰프를 걸 때보다 50W 앰프를 걸 때 스피커가 나갈 확률이 높다. 그 이유는 50W의 앰프가 스피커를 핸들링하지 못해 DC성분의 방형파가 생길 확률이 높고 이 방형파 성분은 곧바로 스피커 코일을 태워버리는 원인이 되기 때문이다. 전술한 바와 같이 IM 디스토션이 THD보다 음질에 끼치는 영향이 몇 배나 큰 만큼 IM 디스토션은 꼭 체크해야 하며 좋은 앰프라면 0.05% 이하가 바람직하다.

8) 다이내믹 레인지 Dynamic Range

어떤 음향기기가 재생하는 최소 소리와 최대 소리간의 폭을 의미하며 역시 dB로 나타낸다. CDP는 100dB 내외이며 아날로그 테이프가 60dB, LP 레코드가 50dB 내외로 디지털이 아날로그에 비해 약 2배에 가깝다. 다이내믹 레인지 100dB은 최소 신호와 최대 신호의 비가 1:100,000이라는 뜻이며 60dB은 1:1,000이라는 뜻이므로 실제 전기적 신호 비율에는 대단히 큰 차가 있는 것이다. 그러나 최근 들어서는 90dB이 넘는 아날로그 카트리지도 개발되었으며 청감상 50dB의 LP가 100dB의 디지털 CDP의 다이내믹감을 넘어서 들리는 경우도 많으므로 절대적 다이내믹 판단 기준은 되지 못한다. 실제 우리 귀는 다이내믹에 그리 예민하지 못하다.

9) 밸런스 입출력 Balanced Input Output

밸런스 회로 구성에는 트랜스식과, +신호단 −신호단을 차동증폭(差動增幅)하여 전자회로에 의해 밸런스 회로를 구성하는 전자 밸런스식이 있다. 트랜스식은 트랜스의 성능이 음질을 좌우하는 요소가 되며 주파수 특성이나 노이즈에 대해 불리한 반면 음질이나 구동력이 우수하다. 또한 전자 밸런스는 주파수 특성과 노이즈에는 유리하지만 구동력이나 안정도가 부족한 경향을 보이는데 공식적으로 통용되는 특성은 아니다. 최근 하이파이 앰프에 도입되는 밸런스 회로는 대부분 전자 밸런스이며 구형 진공관 앰프의 경우는 트랜스 밸런스가 대부분이다. 밸런스 입출력의 구성은 보통 캐논잭으로 통하는 XLR 타입의 커넥터를 사용하며 언밸런스와는 달리 그라운드(G) Cold(−) Hot(+) 세 가닥의 라인으로 구성되는데 보통 2P(내부2심)짜리 실드선을 사용하여 실드를 G, 내부 2심을 전기적으로 각각 플러스(+), 마이너스(−)로 하게 된다. 캐논단자의 1번이 그라운드, 2번은 Hot, 3번을 Cold로 하는 것이 보통이지만 2번과 3번이 바뀐 사양도 있다. 밸런스 연결일 경우 장거리 전송이나 노이즈에 대해서 유리해 보통 프로용 기기의 입출력에 도입되지만 음질상 큰 변화는 없다고 할 수 있다. 밸런스와 언밸런스는 서로 연결할 수는 있지만 언밸런스와 밸런스 연결 시에는 Cold(−)

핀의 처리가 항상 혼동된다. 전자 밸런스에는 Cold핀을 단선시켜 놓는 것이 좋으며 트랜스 밸런스일 경우는 Cold핀을 그라운드와 연결하는 것이 상식이다. 전용 콜드(Cold)앰프와 전용 핫(Hot)앰프를 구성하여 만든 풀 밸런스 앰프류는 부품이 2배로 들어가 가격은 비싸지지만 완벽한 동일위상 노이즈 제거 효과가 보장되므로 S/N감이 좋아지고 증폭율이 2배(3dB) 확장되어 에너지감도 따라서 좋아지는 특징이 있다.

10) 언밸런스 입출력 Unbalanced Input Output

보통 RCA핀을 사용하여 중앙 코어를 플러스(+), 외부를 그라운드 처리한 것인데, 전기적인 마이너스(−) 신호와 그라운드를 함께 사용한다. 따라서 중앙의 1P(1심짜리) 코어의 실드선을 연결라인으로 사용하는데, 길이가 길어지면 노이즈 유입이나 음질열화 정도가 밸런스보다는 큰편이어서 가능한 짧게 사용해야 한다. RCA핀 자체의 접촉 불량도 밸런스형 잭보다 많기 때문에 정확하게 접속되었는지를 잘 살펴보아야 하며, 가끔 접촉면을 청소해주는 것이 음질 열화를 막는 지름길이다.

»
밸런스와 언밸런스 잭(연결 케이블)

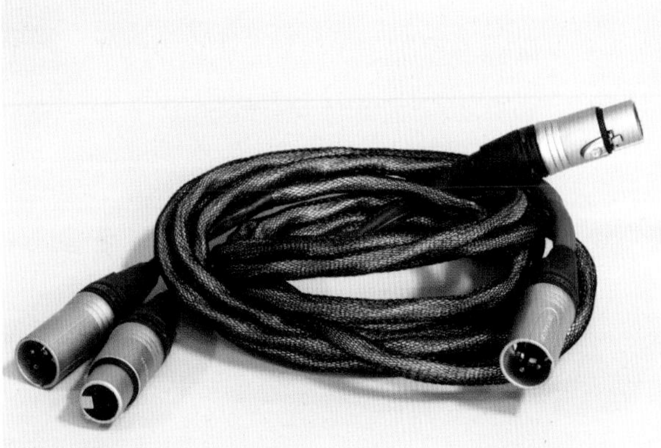

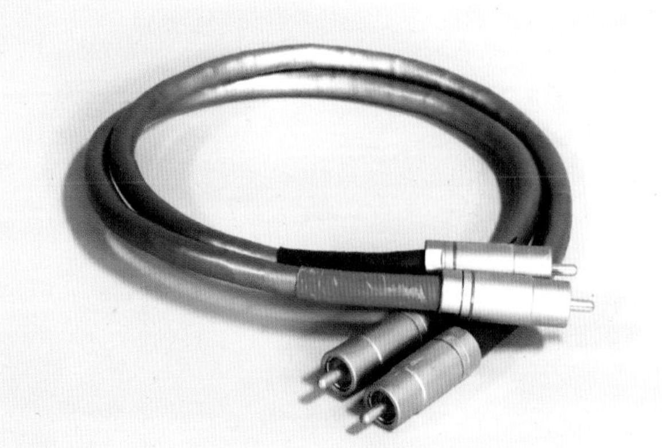

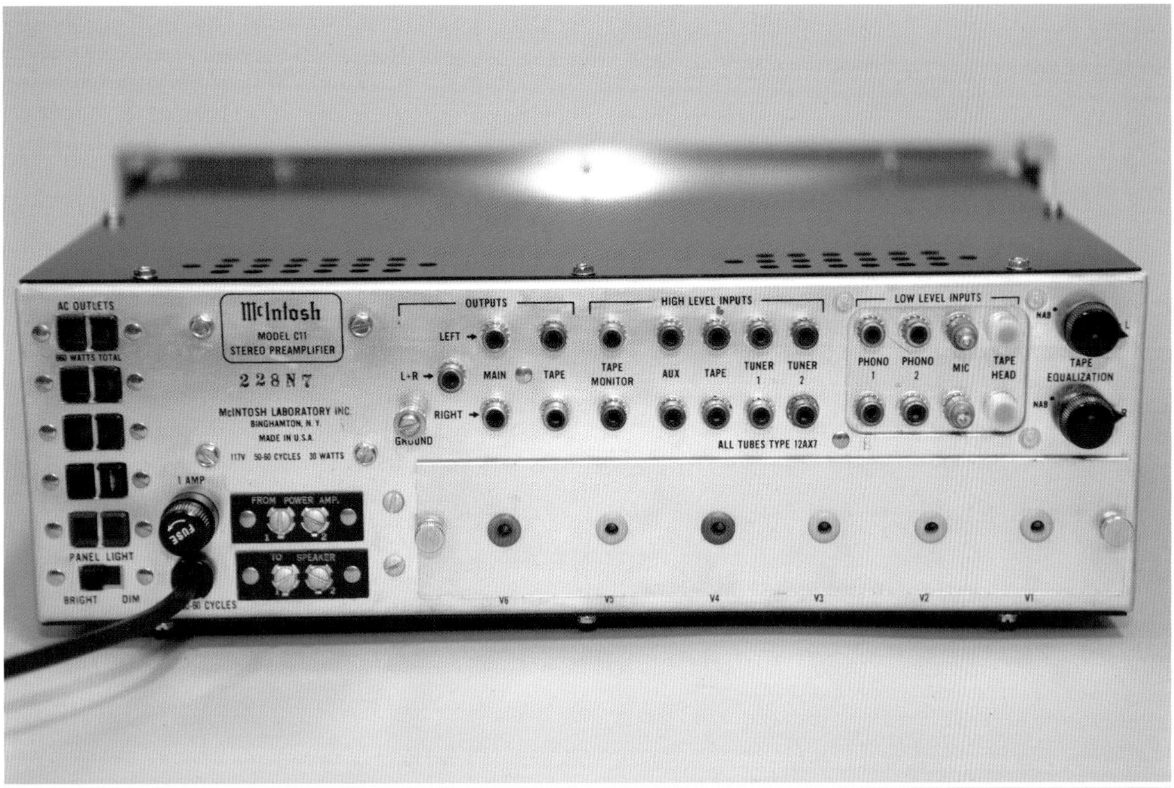

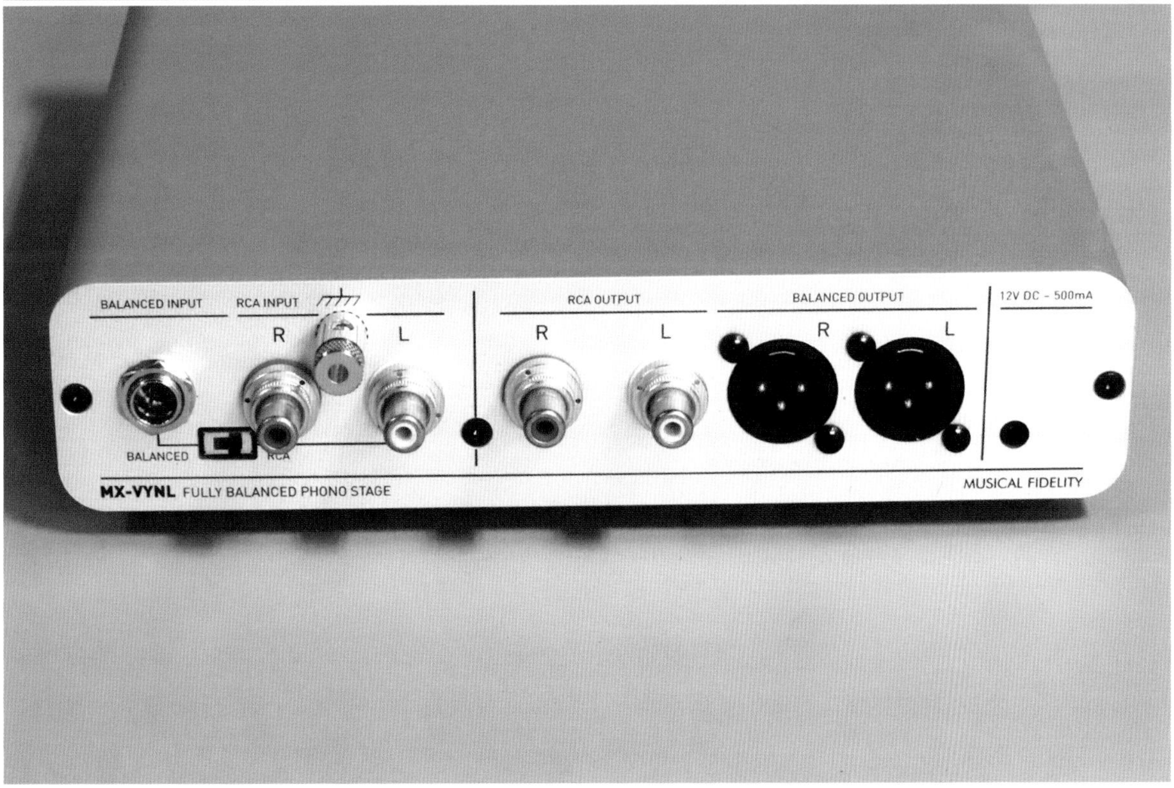

»
언밸런스 입출력단자(기기몸체, 위)
언밸런스와 밸런스 입출력단자(기기몸체, 아래)

3. 디지털 계통 관련 스펙

1) 입력 단자와 출력 단자 Input terminal & Output terminal

디지털 입출력단자는 계통과 규격이 여러 가지여서 일반 애호가들이 혼동하기 쉬울 뿐 아니라 단자별 특징도 잘 모르는 것이 보통이다. 그러나 각각의 장단점과 음질적 특색이 있으므로 취향에 맞게 사용하면 좋은 결과를 얻을 수 있을 것이다. 우선 디지털 입출력은 크게 광신호 전달용과 전기신호 전달용으로 나뉘는데 전기신호 전달형은 다시 동축형과 밸런스형으로 나뉜다. 동축형에는 SP/DIF 규격인 RCA핀 타입과 BNC(Bayo Net Connecter)단자가 있는데 RCA핀은 보급형이며 BNC는 방송기자재나 전기, 전자 측정기용 규격으로 고주파 신호대역 전기 특성이 좋아 프로용이나 고급 D/A 컨버터에 많이 사용된다. 동축형과 별도로 AES(American Electric Society), EBU(Europa Broadcast Union) 규격의 XLR 캐논단자형 타입도 고급기와 방송기자재에 많이 사용되어 장거리 디지털 전송과 노이즈에 대처하고 있다. 초장거리 전송에는 전기신호보다는 광신호가 유리한데, 일본 미쓰비시에서 개발한 보급용 옵티컬 디지털 전송단자 TOS 링크와 미국 AT&T·일본의 NTT가 공동 개발한 ST 링크가 있으며 고속 전송이 가능하다. 최근에는 영상과 음향신호를 압축하지 않고 전송하는 디지털 전송장치로 HDMI(High Definition Multimedia Intenface) 단자가 유행인데 이것 하나면 번거로운 음향 영상신호를 간편하게 해결할 수 있으며 손신율도 적은 특징을 가지고 있다. 또 개인 컴퓨터의 인터페이스 규격인 USB(Universal Serial Bus)로도 영상 음향 정보 내용을 쉽게 공유할 수도 있게 되었다. 디지털 라인은 이론적으로 음질에 영향을 줄 것 같지 않지만 단순한 디지털 신호전달인데도 불구하고 실제 음질에 미묘한 변화를 일으킨다. 국내에서는 음질특성상 전기신호 계통의 동축 케이블이 인기가 있으며 광신호 계통은 음이 지나치게 투명하고 기계적 느낌이 강하다 하여 사용자가 많지 않았지만 최근 추세는 다시 옵티컬로 변화되고 있는 실정이다. 둘 다 전송과정에서 생기는 지터 노이즈를 제거하기 위한 기술이 고안되어 있으며, 광전송 케이블도 재질 개발로 여러 가지 라인이 시판되고 있는데 플라스틱 계열보다는 석영, 장석 등의 글라스 계열이 고급품으로 가격도 비싸다. 근본 재질인 석영 장석의 재료값이 비싸서라기보다는 파괴되기 쉬운 유리도체이기에 도체의 보호피복에 드는 비용이 많기 때문이다.

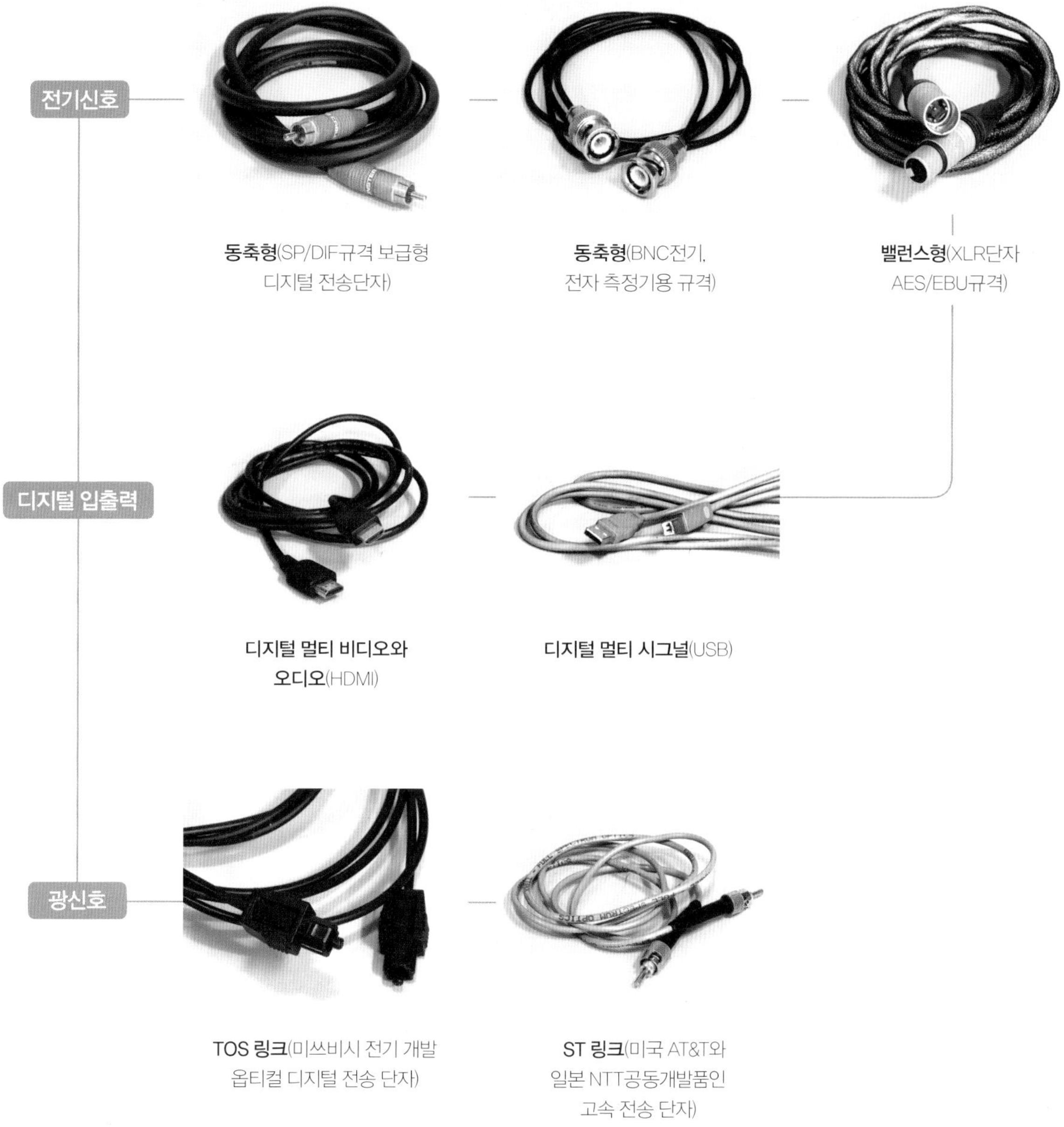

[표6. RCA, BNC, AES/EBU, TOS, ST 링크와 HDMI, USB 구분]

2) 멀티 비트와 원 비트 Multi bit & One bit

최근 멀티 비트와 원 비트의 경쟁이 치열한 때에 원 비트는 소니가 만든 MASH칩과 같이 저레벨에서의 선형성이 멀티 비트보다 우세하기 때문에 많이 채택되었지만, 고급형에서는 멀티 비트를 택하는 것이 보통이다. 멀티 비트와 원 비트의 차이는 디지털 시그널을 한꺼번에 많은 양을 처리하느냐 아니면 한 번에 하나씩 빨리 처리하느냐의 차이로 전자가 멀티 비트, 후자가 원 비트다. 디지털에서 아날로그로의 전환은 오버 샘플링 된 디지털 신호를 그 디지털 시그널에 해당하는 정확한 아날로그 신호로 변환시키는 과정이다. 각 디지털 데이터 시그널이 정확히 분할된 초정밀 간격에 맞춰 D/A 컨버터 칩에 입력되면 D/A 컨버터 칩은 이 디지털 데이터 언어를 아날로그로 환원시킨다. 다시 말해 모든 비트들이 동작 상태가 되면 D/A 컨버터 출력은 2V가 되며 최소 비트만 동작하면 7.7㎶(7.7/1,000,000V)가 나온다. 대부분 소량 비트 동작 시 D/A 컨버터에 문제가 발생하기 쉬운데 이를 간략하게 설명하면 다음과 같다. 18비트 컨버터의 경우 잠정적으로 262,144개의 개별 스탭을 환원시킬 수 있다(16비트의 경우는 65,536개로 스탭 수가 적어지며 반대로 비트 수가 올라가면 스탭 수가 많아져 20비트 20^{20}=1,048,573개, 24비트 2^{24}=16,777,216개, 32비트 2^{32}=4,294,967,296개로 늘어나 좀 더 세밀한 스텝 변환을 예시한다).

최소 비트 시 발생하는 7.7㎶는 D/A 컨버터 선형성의 척도가 되는데 D/A 컨버터에 제시된 디지털 언어가 0~262,144개에 이를 때, 또 컨버터 출력은 언어 1개가 늘어날 때 약 7.7㎶씩 증가한다. 컨버터의 선형성은 이 스탭 볼트 증가의 정확도인 것이다. 원 비트는 이선형성이 저전압 부근에서 장점이 있다는 것인데 어떻게 보면 원 비트는 멀티 비트의 대안이라고도 말할 수 있다. 그러나 최근 들어서는 저전압 부근에서 문제점을 새롭게 해결한 24비트 또는 32비트의 멀티비트 컨버터가 대세를 이룬다.

3) 오버 샘플링 Over Sampling

2배, 4배, 8배, 16배, 32배, 64배, 128배 … 등으로 표시되는 오버 샘플링 배수는 고급 D/A 컨버터의 척도가 되는데, 오버 샘플링이란 CD에 기록된 완벽하지 못한 원자료점들 사이에 수학적 계산을 통해 부가점들을 첨가한 후 보간법에 의해 원신호를 추정하여 보다 정확한 파형을 재생하기 위한 방법이다. 44.1KHz의 CD 샘플링 주파수에는 음의 파형을 재생하기 위해 매초마다 44,100개의 자료점들이 수록된다. 만약 부가점들을 2개의 불완전한 원신호 사이에 1개씩 삽입할 수 있다면 보다 완벽한 신호 재생이 가능해지는데 이는 2배인 88,200개의 신호점이 생기는 것으로 88.2KHz의 샘플링 주파수, 즉 원래 수록한 샘플링 주파수의 2배가

되는 것이다. 이로 인해 샘플링은 2의 제곱으로 증가하는데 오버 샘플링을 더욱 고차로 진행시키려는 이유는 더욱 정교한 출력 필터와 높은 디지털 해상력을 얻기 위해서이다. 따라서 배율이 높은 것이 음의 해상력이나 밀도감이 좋고 정보량도 많은 것이 보통이며 고급기의 척도라 해도 무리는 아닐 것이다. 보통 8~16배 오버 샘플링이 보급기의 스펙이며 32배, 64배 정도이면 고급기로 가격도 급격히 상승한다. 샘플링 주파수도 최근은 96KHz 또는 192KHz로 상승추세이며 자체 오버 샘플링 배수를 점차 높여가서 64→128→256배 등으로 자체 상승시킬 수 있지만 이 배율이 높다고 해서 음질이 무조건 좋아지지는 않는다.

지금까지 최근 오디오 제품의 기본사양에 대해 알아보았다. 그러나 이모든 사양과 음질이 반드시 비례하는 것이 아니라는 것을 재차 강조하고 싶다. 음질을 평가하는 척도는 본인의 귀라는 사실을 잊지 말아야 한다.

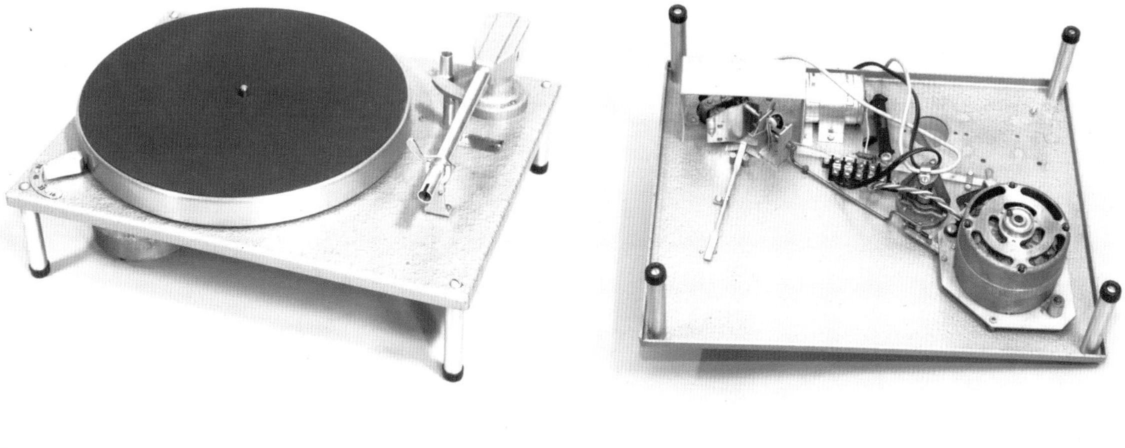

»
프랑스의 명기 피에르 클레망(Pierre Clement) 아이들러 턴테이블 상부와 하부구조

부록 5

초반 LP재킷과 라벨

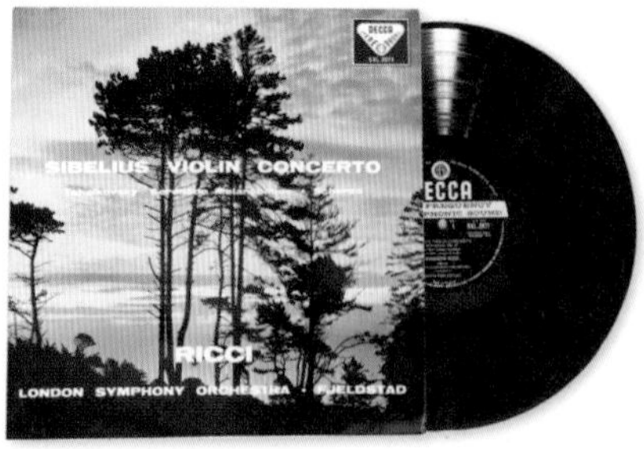

DECCA, 와이드 밴드 ED1, SXL 2077,
70만 원 내외

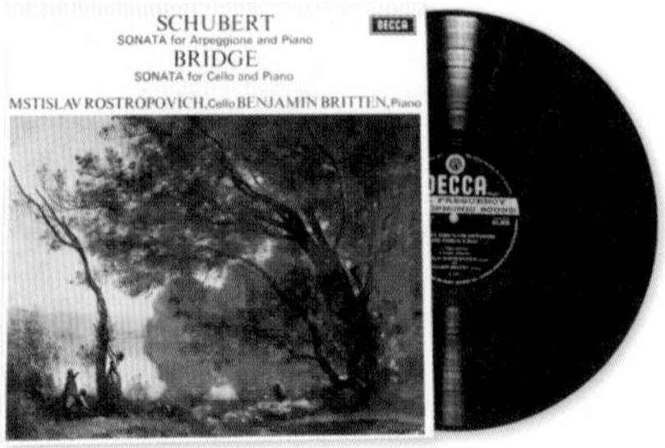

DECCA, 와이드 밴드 ED3, SXL 6426(1st),
200만 원 내외

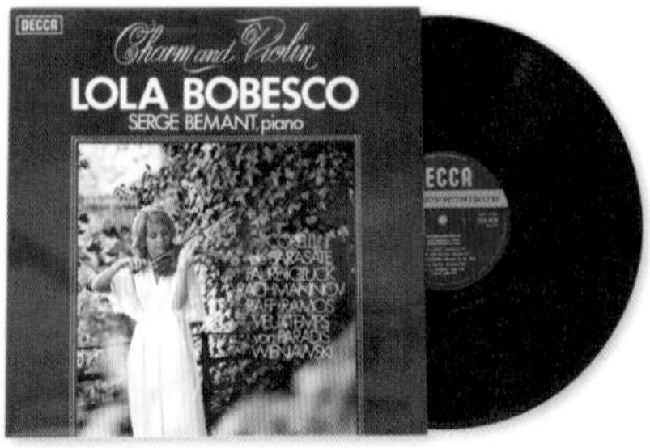

프랑스 DECCA, 와이드 밴드, 153.009(1st),
80~150만 원 내외

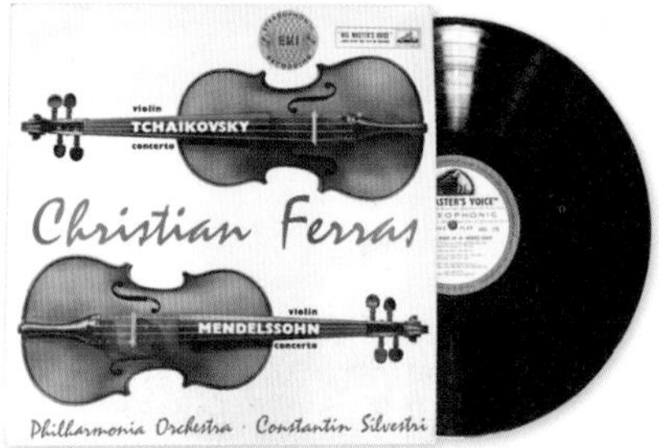

영국 HMV, 크림앤골드, ASD 278(1st),
40만 원 내외

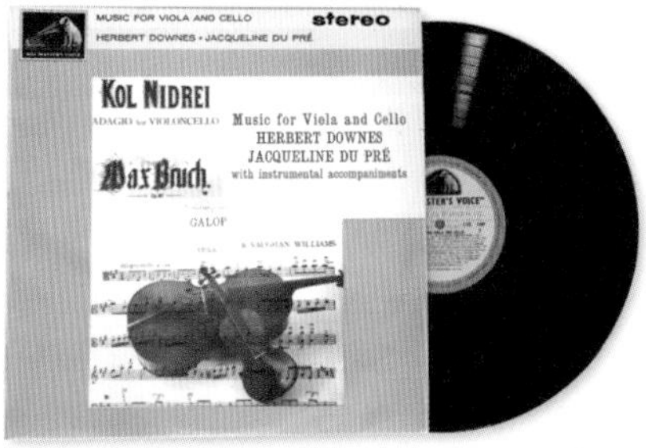

영국 HMV, CSD 1499(1st),
200만 원 내외

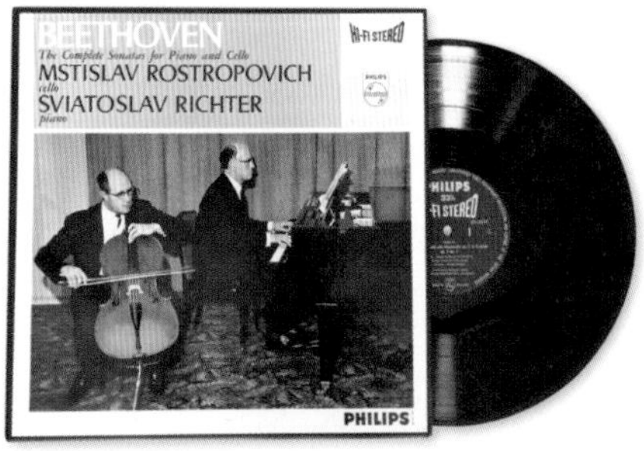

Philips, 하이파이 스테레오, 835 183 AY,
150만 원 내외

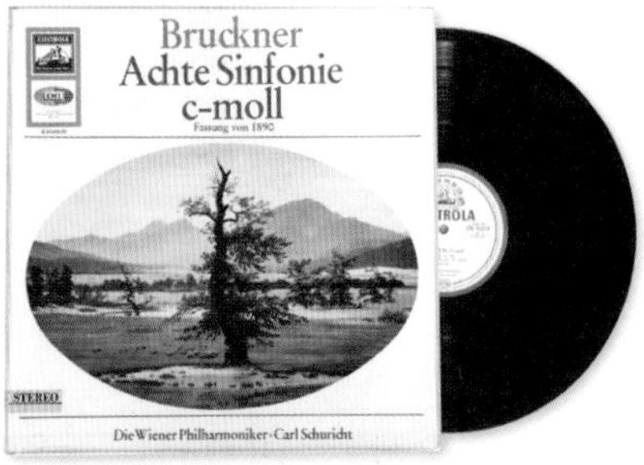

Electrola, 화이트앤골드, STE 91273,
독일 프레싱 100만 원 내외
(영국 프레싱 500~1,000만 원 내외)

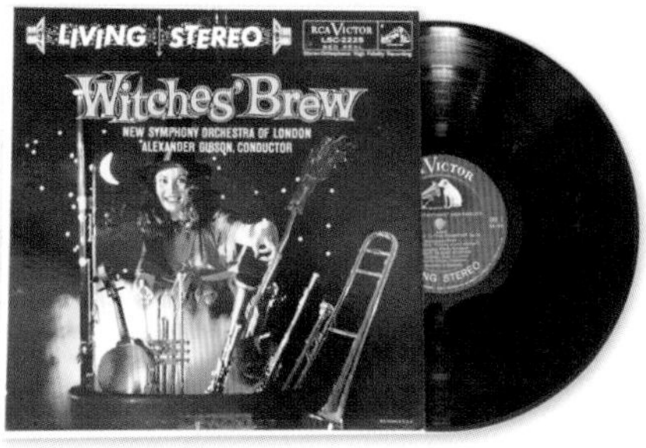

RCA, 리빙 스테레오 쉐이드 독, LSC-2225,
60~80만 원 내외

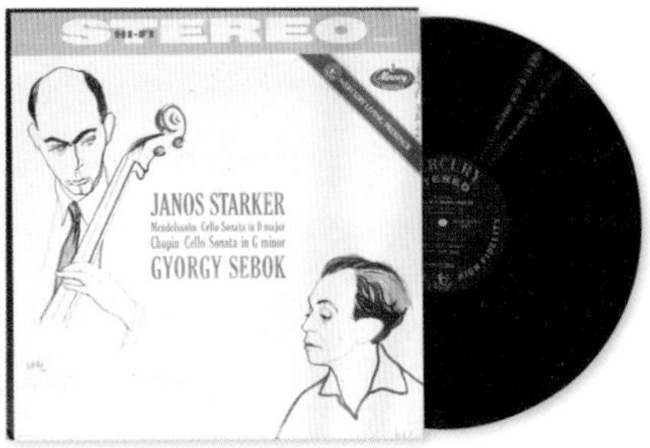

Mercury, 리빙 프레젠스 다크 멜룬, SR 90320,
35만 원 내외

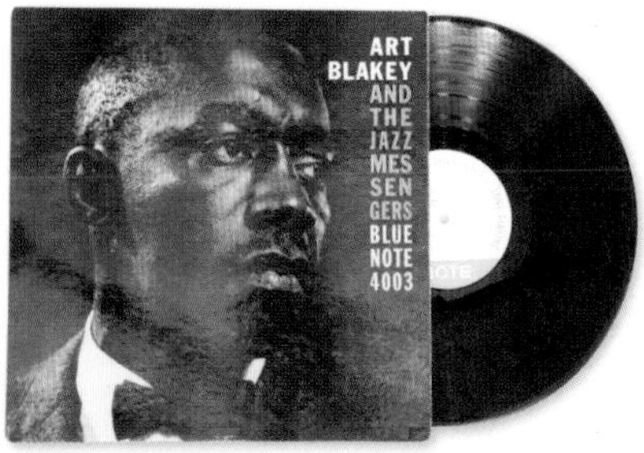

Blue note, 47 웨스트 BLP 4003(1st),
50만 원 내외

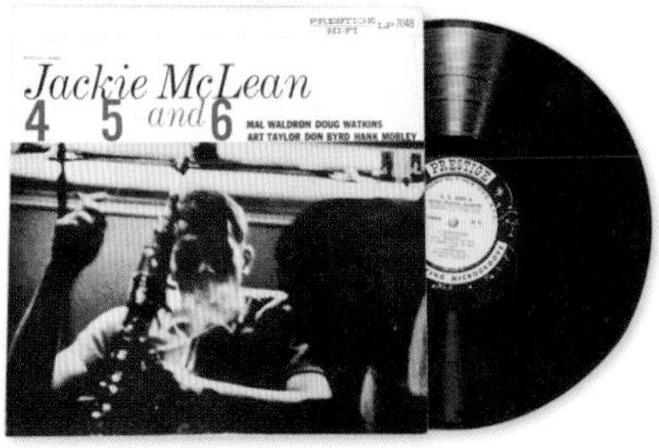

Prestige, 446 W PRLP 7048(1st),
70~80만 원 내외

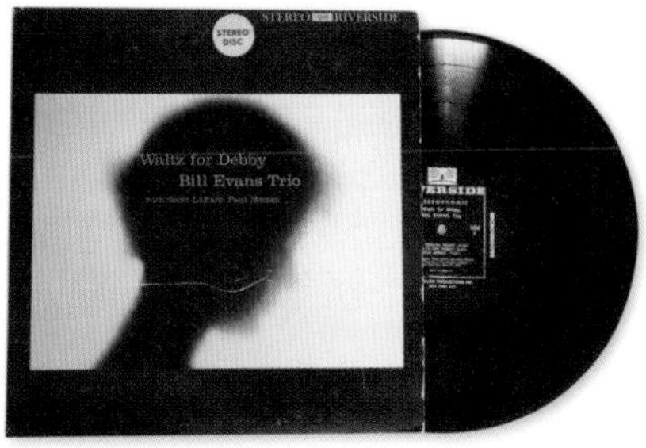

Riverside, 스테레오, RLP 9399,
50~60만 원 내외(모노 60~70만 원 내외)

*초반 레이블을 구분하는 방법을 알려주기 위해 넣었고, 각 레이블별 귀중한 초반 LP를 선별하였다.
*레이블(원어), 라벨(한글), 넘버, 국내 거래가 순으로 기입하였다.

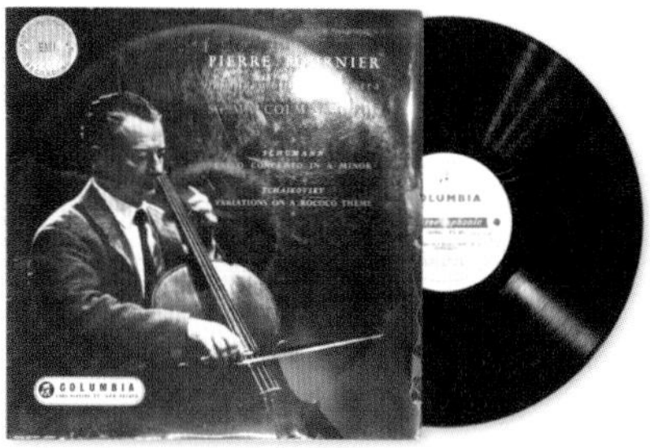

영국 Columbia, 블루앤실버, SAX 2282,
120만 원 내외

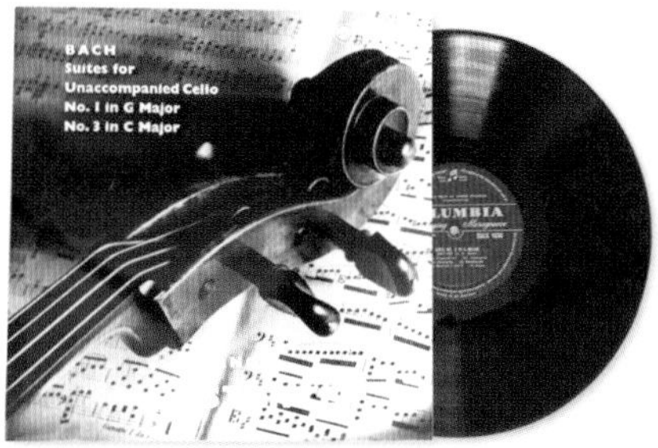

영국 Columbia, 다크블루, 33cx 1656 모노(1st),
150~200만 원 내외(3LP)

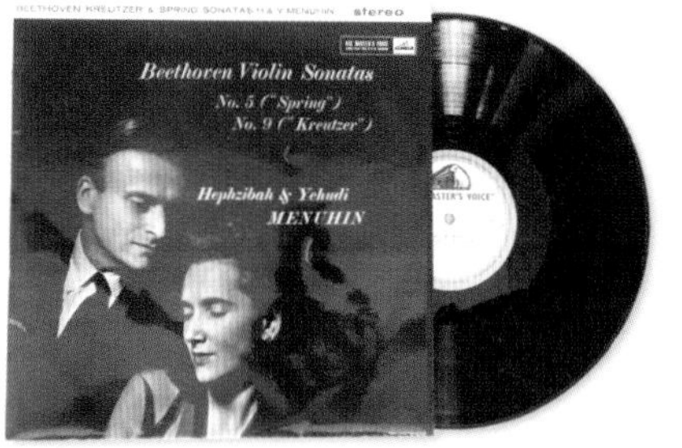

영국 HMV, 크림앤골드, ASD 389,
20~30만 원 내외

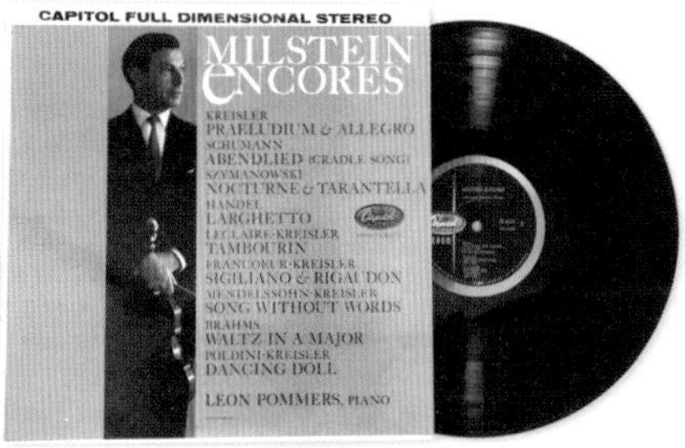

Capital, 사이드 오벌, SP 8536(1st),
60만 원 내외

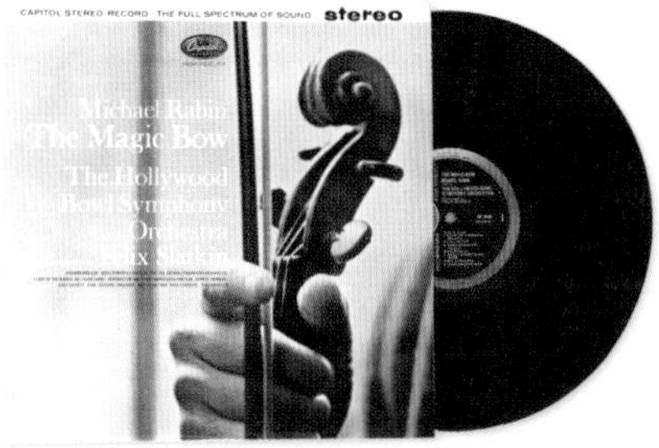

Capital, SP 8510(1st),
영국 프레싱 100~120만 원 내외
(미국 프레싱 100만 원 내외)

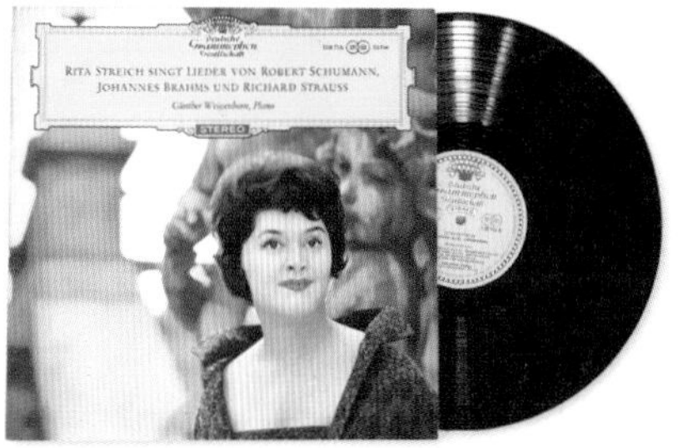

DG, 알레 튤립, ST 33 138 716,
20~30만 원 내외

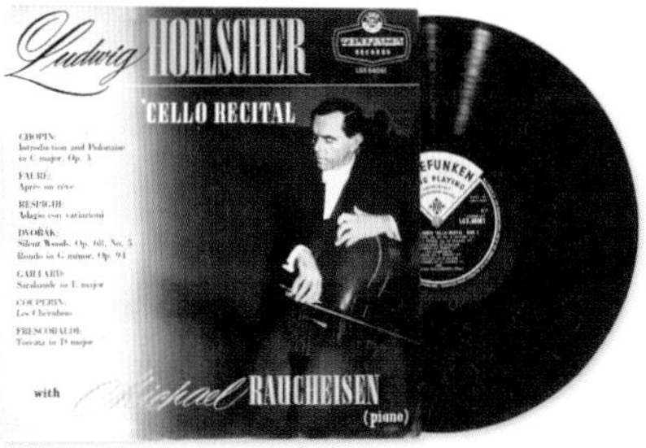

Telefunken, LGX 66061,
100~150만 원

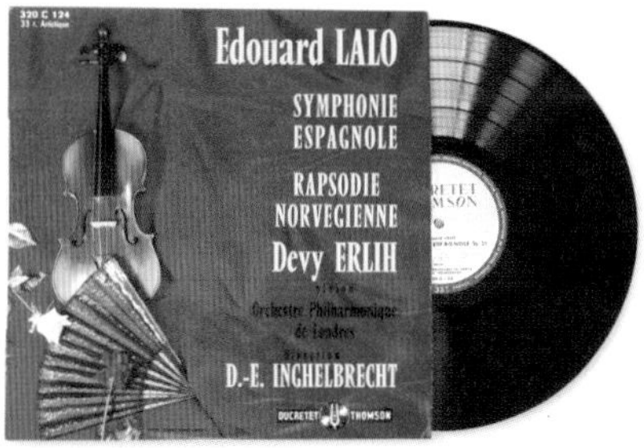

Ducretet Thomson, 1759,
150만 원

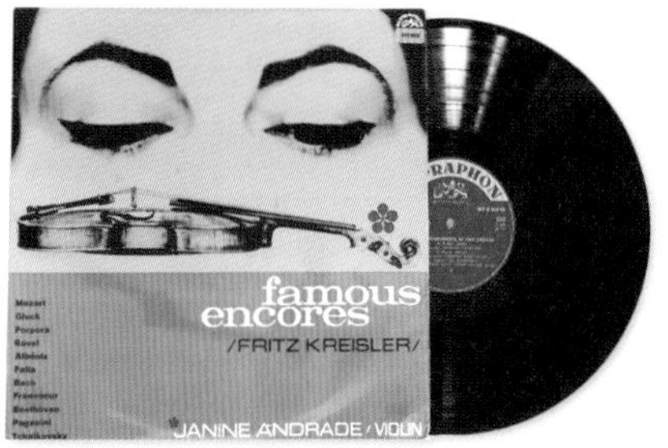

Supraphon, 레드로고, E 604(1st),
50~60만 원 내외

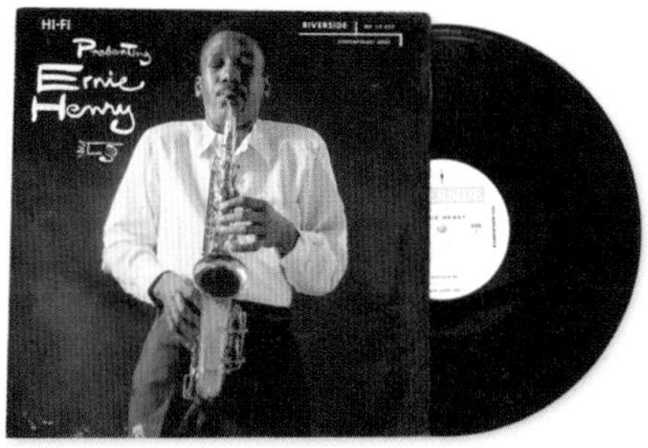

Riverside, RLP 12-222,
60만 원 내외

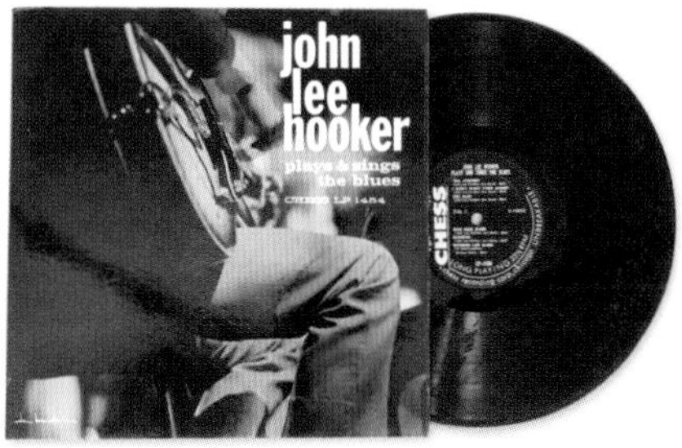

Chess, LP-1454,
60만 원 내외

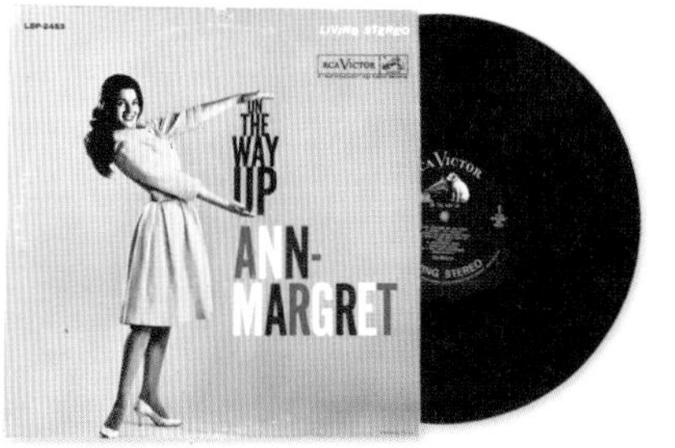

RCA, 리빙 스트레오, LSP 2453,
40만 원 내외

많은 사람들이 아날로그에 대한 추억과 감동을 간직하고 있다. 지금이야 음원으로 쉽게 음악을 들을 수 있는 세상이지만, 그때 그 시절 어렵게 듣던 음악의 감동은 쉽사리 잊을 수 없는 것이다. 굳이 오디오 애호가가 아니더라도, 어릴 적 듣던 전축이나 LP는 다양한 추억들을 떠올리게 한다. 그 당시에는 참으로 익숙한 것이었는데, 이제는 그야말로 낯설고, 보기 어려운 것이 되었다. 특히 고전 오디오 명기들을 살피면, 더더욱 귀중한 제품들로 자리매김했다. 이제 국내에서는 구할 수 없어, 해외에서 어렵사리 구매해야 될 제품들도 많다. 당연히 직접 들을 수 있는 기회도 전무하다. 또한 사진으로도 담아내기 힘든 것이지만, 실제 사용기를 듣는 것은 더더욱 어렵다. 제품은 물론이고, 사진이나 글조차도 찾기 힘든 것이 현실이다.

시중에 출시된 책들을 보아도, 이런 부분에 주목한 출판물은 그야말로 흔치 않다. 이런 시점에서 소중하고 가치 있는 책이 출간되었다. 그 옛날 한 시대를 풍미한 오디오 명기부터, 반드시 들어야 할 아날로그 LP 명반, 아날로그 애정을 느낄 수 있는 따뜻한 에세이, 여러 오디오의 비교 시청기 및 특징 등 오디오 애호가라면 관심을 가질 수밖에 없는 매력적인 내용들이 아낌없이 수록되어 있다. 특히 자신이 직접 사용하고 보유했던 제품들을 직접 촬영하고 이야기한다는 것은, 어지간한 열정 없이는 도전조차 못할 내용인데, 국내 아날로그 애호가 및 평론가의 1인자, 김기인 씨의 책이 드디어 완성된 것이다.

「월간 오디오」에 '김기인의 아날로그 기행'를 연재한 지도 어느덧 10년이 지났다. '자연의 소리에 귀 기울이라'를 시작으로 매월 한 번도 빠짐 없이 진행되었는데, 횟수로는 벌써 141회에 달한다. 시작은 남들과는 좀더 다른 '아날로그 이야기'를 담고 싶다는 것이었는데, 매월 새로운 사진과 가슴 따뜻한 에세이 그리고 심도 있는 제품 평론으로, 독자들에게 큰 반응과 반향을 불러일으켰다. 역시 이제는 사진으로도 보기 힘든 제품들을 수록하고, 또 실제 사용기와 아날로그 노하우를 가감 없이 이야기하는 것이 주요했는데, 특유의 탁월한 필력을 바탕으로 자신만의 아날로그 기행을 그려나갔다. 때론 가슴 따뜻한 자신의 추억을, 때론 그 옛날 감동받았던 옛 오디오 명기를, 때론 최근 어렵사리 구한 고전 오디오 시스템들을 오디오 애호가이자 아날로그 전문가 입장에서 소개한 것이다. 그야말로 아날로그와 오디오에 대한 열정과 애정이 없었다면 시작조차 못할 프로젝트다.

이 책은 그동안 「월간 오디오」에 연재된 내용들을 보완하고 가다듬은 것과 책 출간을 위해 새로 집필한 내용까지, 그의 아날로그에 대한 남다른 애정과 깊은 열정이 모두 집대성되어 있다. 여러 고전 명기들과 숨겨진 매력의 시스템에 대한 누구도 하지 못했던 진실된 이야기. 누군가에게는 추억이 될 것이고, 또 누군가에게는 바이블이 될 아날로그와 빈티지에 대한 필수 정보들이 그야말로 가득하다. 사진으로만 보아도 즐겁고, 그 내용은 더욱 값어치 있는, 오디오 필독서가 탄생했다.

「월간 오디오」발행인

성 기 명

그동안 국내외에서 발간된 오디오 관련 여러 책들을 보아왔지만 항상 만족스럽지못한 그 무언가가 있었다. 그러던 중『아날로그 오디오』의 초고를 보고 그 목마름이 단번에 해소되는 듯한 느낌을 받았다. 약 650페이지에 달하는 방대한 저술에는 음구에서 음출까지 모든 중요한 자료들이 총망라 되어있는데, 이를보면 저자의 노력에 새삼 놀라움을 금할 길 없다.

사실 오디오에 대한 내용적 설명은 잘 찍은 사진 한 장으로도 족할 것이다. 오디오에는 기준이 없고 판단은 순전히 마니아들의 몫이기 때문이다. 책은 필자의 열정으로 엮어지는 결과물로서 그 열정은 독자가 느낄 수 있어야만 할 것이다. 이 책 안에는 그 뜨거운 열정이 가득 담겨 있음을 책을 펼치는 순간 느낄 수 있었다.

이 책의 사진과 글들은 전문가의 시각과 마니아의 열정으로 꾸며져 있다. 각각의 사진들은 잘 짜여진 한편의 설명이며 또한 쓰여진 모든 글들은 한 컷의 사진과 같다. 깊은 안목의 자료들과 직접 찍은 소중한 사진들을 보고 나면 저절로 아날로그 오디오에 대한 안목이 생기는 동시에 계속해서 넘겨보고 싶은 추억이 되어 버리는 놀라운 책이다. 우리 시대 가장 충실한 아날로그 레퍼런스 북의 출간에 아날로그 오디오를 사랑하는 한 사람으로서 다시 한 번 저자의 노력에 감사하며 이 책의 출간을 결심한 출판사에도 깊은 감사의 말을 전한다.

엠케이사운드 대표이사

송중행

참 오래됐다. 오디오잡지에 실리던 김기인의 글을 읽고 가끔 얼굴 마주치며 살아온 세월 말이다. 이제 나와 그를 보고 누구도 젊었다고 하지 않는다. 섭섭할 것도 없다. 모이면 건강이야기로 화제를 삼던 아저씨들을 경멸하던 우리들이 이젠 똑같은 짓거리를 벌이고 있다. 그래! 나와 김기인은 예전부터 동료로 혹은 친구로 오디오판에서 함께 뒹굴던 사이다.

세대교체는 오디오 판이라고 예외가 아니다. 더 젊고 유능한 후배들이 현재를 채워나간다. 잠시만 멈추면 알 방법 없는 전문용어를 구사하며 예측까지 펼친다. 머무르지 못하는 시대의 속성을 더 빨리 이해하고 설명하기 위한 노력은 대단하다는 생각마저 든다. 모든 이의 로망으로 친숙했던 오디오의 시대는 저물었다. 끝 모르는 디지털의 진화와 몸을 섞은 정체불명의 기기들이 그 자리를 메워나갈 것이다. 오디오 평론하는 후배들은 디지털을 더 많이 안다.

컴퓨터를 곧잘 쓰고 모바일 기기에 익숙해도 아날로그 세대의 디지털은 버겁기만 하다. 보이지도 않는 음악파일과 작동의 모습도 드러내지 않는 네트워크 플레이어가 성큼 다가오지 않는 이유다. 오디오란 음반이란 악보를 기기로 연주하는 행위임을 믿어 의심치 않던 이전 세대의 당혹감은 당연하다. 음악을 듣는 행위란 이런 과정이 만들어내는 즐거움이기도 했다. 차가운 디지털 기기가 오디오의 주축으로 자리 잡은 지금 이전 세대들의 이탈은 당연할지도 모른다. 아는 것과 사랑하는 것은 별개의 문제다. 반복의 익숙함으로 굳어진 사랑 또한 지켜야 할 충분한 이유가 있다.

아날로그 시대의 오디오를 중점적으로 다룬 김기인의 저작은 이 지점에서 큰 의미를 지닌다. 한때의 사랑이 낡은 것만은 아니란 깨달음을 눈여겨봐야 한다. 당시엔 당연하고 흔해서 알지 못했던 의미의 재발견이 중요하다. 불충분한 여건에서도 이상의 음을 향한 최선의 노력과 접근의 성과들이다. 과거로 거슬러 갈수록 더 좋은 음이 나오는 오디오 기기란 얼마나 많은가. 오디오에 담긴 인간의 흔적을 파헤치지 못하면 해독불능의 신화로 떠돌 법한 내용들이다. 시대정신의 관점에서 이를 짚어낸 통찰은 날카롭다.

김기인의 부지런함과 열정은 소문났다. 책에 실린 오디오 기기들은 한 번쯤 써 봤거나 가지고 있던, 아니 지금도 소장하고 있는 물건들이다. 직접 써 본 이가 아니라면 알 수 없는 아름다움과 확신의 판정이 믿음으로 다가오는 이유다. 번거로운 사진작업조차, 일일이 찍어 책에 실은 열성은 대단하다. 적당히 아는 척 하며 긁어모은 자료의 열거가 아닌 평생의 밑천을 다 드러낸 역작이라 불러도 좋다.

이 책은 아날로그 오디오의 아름다움에 빠진 추억팔이가 아니다. 지나간 일들을 기억하지 않는 우리의 잘못된 습성을 일깨워준다. 말만 무성하고 근거는 별로 없는 파편화된 오디오의 실상을 이토록 디테일하게 담아낸 작업은 보지 못했다. 오디오기기란 단면으로 우리의 취향과 선호의 지점을 짚어낸 섬세함을 놓쳐선 안 된다. 시대의 기록이란 이런 것일지도 모른다.

김기인이 더 즐겁게 살기위해 차렸다는 용산의 사무실 겸 놀이방을 찾아보시라. 행여 다 들려주지 못한 이야기가 멋진 소리와 함께 터져 나올지도 모른다. 그리고 이 책을 한 권씩 사서 서재에 꽂아두기 바란다. 빈티지 컬렉션을 위한 최적의 가이드가 될 것이기 때문이다. 버릴게 하나도 없는 알짜배기 정보란 바로 이런 거다.

『소리의 황홀』저자

윤광준

아날로그와 오디오를 어떻게 시작해야 할지 막막하다면 이 책이 해답이 될 수 있겠다. 저자처럼 클래식, 국악, 가요 등의 소프트웨어와 아날로그 오디오 하드웨어만 아니라 오디오 전반에 관한 해박한 지식을 가지고 있는 음반 및 오디오 평론가는 드물다. KBS FM '음반 가이드' 에 출연하기도 한 저자는 건축을 전공하여 건축음향과 심리음향, 전기음향에도 능통한 건축음향 전문가이자 설계자이기도 하다. 국내 유수한 프로젝트에 참여한 그의 이력을 보면 어떻게 이 많은 프로젝트를 한 사람이 해낼 수 있었는지 놀라울 따름이다.

재미 요소도 있는 이 책을 읽다보면 저절로 오디오와 아날로그, 특히 LP를 어떻게 운용하여 오디오 취미를 전개할지 그 해답을 찾을 수 있다. 그동안 마니아들도 궁금해했던 탄노이 연대표와 유닛 구분법, 오디오 스펙 보는 법 등이 꼼꼼한 자료 조사로 잘 정리되어 있다. 가까이 두고 평생 꺼내 읽는 참고자료로 효용도가 높은 책이다.

음악에 관심 있는 누구나 편안하게 읽을 수 있도록 쉽게 쓰였으며, 놀라운 참고사진들도 많이 수록되어 있어 마치 한눈에 들어오는 조감도 같은 이 책을, 이 시대 아날로그 오디오 취미를 가진 분들이나 음악을 사랑하는 모든 애호가들에게 권하고 싶다.

KBS 클래식 FM 명연주 명음반 진행자

정 만 섭

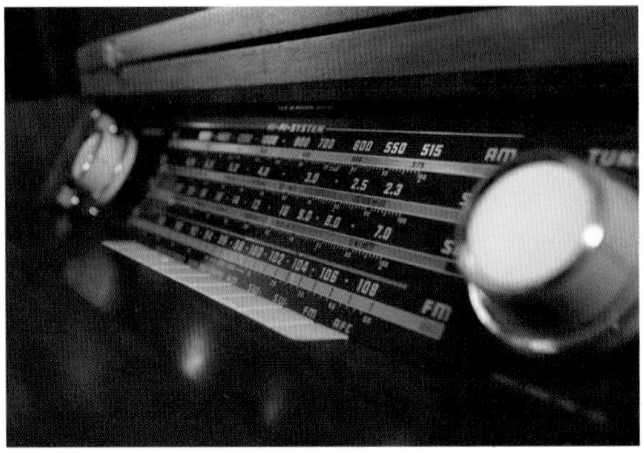

아날로그 오디오
ANALOG AUDIO

초판 **1쇄** 2018년 11월 1일
개정판 **1쇄** 2022년 6월 1일

글 · 사진 김기인

편집 이동은, 김주현, 성스레
미술 강현희
마케팅 사공성, 강승덕, 한은영
제작 김호겸

발행처 북커스
발행인 정의선
이사 전수현

출판등록 2018년 5월 16일 제406-2018-000054호
주소 서울시 종로구 평창30길 10
전화 02-394-5981~2(편집) 031-955-6980(마케팅)

ISBN 979-11-90118-37-8 (03600)